DEUTSCHE DICHTER DER GEGENWART

Ihr Leben und Werk

Unter Mitarbeit zahlreicher Fachgelehrter

herausgegeben von

Benno von Wiese

ERICH SCHMIDT VERLAG

ISBN 3 503 00731 8
Library of Congress Catalog Card Number 72-95583

Druck: A. W. Hayn's Erben, Berlin 36
Printed in Germany

INHALT

Inhalt

VORWORT

Die ebenso reizvolle wie schwierige Aufgabe, einen Band *Deutsche Dichter der Gegenwart* an die bereits früher im gleichen Verlag erschienenen Bände über die Epochen von der Romantik bis zur Moderne anzuschließen, bedarf an sich kaum einer Rechtfertigung. Ist doch das Interesse am deutschsprachigen Schrifttum unserer Zeit eher im Zu- als im Abnehmen begriffen! Jedoch wird die Auswahl der behandelten Autoren in einem Zeitabschnitt, der — so liegt es in der Natur der Sache — noch in keiner Weise abgeschlossen ist, unvermeidlich auf Kritik stoßen. Für die einen werden es zu viele, für die anderen zu wenige Autoren sein. Der Herausgeber hat sich bemüht, den Umkreis in diesem Falle weiter zu fassen als in den früheren Publikationen. Er hat außerdem diesmal eine allgemeine Einleitung „Zur deutschen Dichtung unserer Zeit" vorangestellt, die in der hier gebotenen und unvermeidlichen Kürze über den behandelten Zeitraum in Umrissen informieren und Entwicklungsphasen, Tendenzen und Aspekte, so vorurteilsfrei wie möglich, wenigstens andeuten soll. Zugleich will diese Einleitung auch zur Rechtfertigung der für diesen Sammelband getroffenen Auswahl dienen. Manche Autoren stehen zugleich stellvertretend für andere. Der Gesichtspunkt für die Auswahl war das Typische und Charakteristische der hier behandelten Dichter und Schriftsteller für die Literaturentwicklung im Ganzen. Welche von ihnen „überleben" werden, können wir heute nicht wissen, höchstens vermuten. So ist denn oft der jeweilige Essay des einzelnen Mitarbeiters eine Art Plädoyer für seinen Autor geworden, in einigen Fällen allerdings ebenso eine kritische Auseinandersetzung mit ihm. In diese unvermeidlich subjektiven Entscheidungen habe ich meinerseits nirgends eingegriffen. Sie müssen von ihren Verfassern selbst verantwortet werden.

Nach zwei Seiten waren Abgrenzungen für diesen Band unvermeidlich. Das Spektrum unserer zeitgenössischen Literatur konnte bei der Überfülle der Autoren nur im Ausschnitt gegeben werden. Das gilt auch von meiner Einleitung, wenn sie auch über den Umkreis der sonst behandelten Autoren deutlich hinausgeht. In dem vorliegenden Band ist z. B. nicht die Unterhaltungsliteratur berücksichtigt worden, obgleich literarische Qualität und literarische Unterhaltung nur manchmal, keineswegs immer Gegensätze zu sein brauchen. Die Grenzziehung soll freilich nicht bedeuten, daß ich die Unterhaltungsliteratur gering schätze oder ihre gesellige oder gesellschaftliche Relevanz verkenne. Aber nach wie vor soll auch hier wie in den vorausgegangenen Bänden der Versuch gemacht werden, den Lesern Autoren von literarischem Rang vorzustellen, auch dort, wo diese Autoren gar nicht mehr „Dichtung" im überlieferten Sinne schreiben wollen. Hingegen sollten nicht die Schriftsteller nach Bestsellerlisten oder Auflagenhöhe ausgewählt werden. Da aber eben die Frage nach dem „Rang", zumal bei Autoren der eigenen Gegenwart immer umstritten sein wird und überdies die Kriterien für Wert und Rang einer Dichtung je nach den Voraussetzungen, von denen aus danach gefragt wird, sehr verschiedener Art sein können, habe ich mich bemüht, eine größere Zahl von Autoren zur Diskussion zu stellen als in den früheren, inzwischen überschaubaren Epochen.

Die zweite Grenze liegt in der zeitlichen Zuordnung. Dieser Band widmet sich in erster Linie den Lebenden. Aber einige von den bereits Verstorbenen gehören zeitlich noch in unseren Zusammenhang und wirken so nachhaltig weiter, daß ich glaubte, nicht auf sie verzichten zu dürfen. Darum findet man in diesem Buch auch Nelly Sachs, Heimito von Doderer, Stefan Andres, Paul Celan und Johannes Bobrowski.

Vielleicht bedarf auch der eingeschlagene Weg, das Schrifttum unserer Zeit in Einzelportraits darzustellen, der Begründung. Es ist ein Weg neben anderen, die man mit gleichem Recht gehen kann und auch wiederholt schon gegangen ist. Ich denke dabei an Veröffentlichungen, die stärker die „Tendenzen", „Strukturen" und „Aspekte" der zeitgenössischen Literatur berücksichtigen oder sich nachdrücklicher mit den ökonomischen und gesellschaftlichen Bedingungen der Literatur beschäftigen. Dieser Band schlägt einen anderen Weg ein, da er von der lebendigen Persönlichkeit und ihrem Lebensgang ausgeht und zugleich deutlich machen will, was diese im Rahmen einer noch fließenden, noch nicht abgeschlossenen Epoche geleistet hat und in vielen Fällen wohl auch später noch leisten wird. Ich meine, man sollte auch weiterhin einen Pluralismus der Forschungswege gelten lassen.

Die Abfolge des Bandes ist nach Generationen gegliedert und geht dabei vom Prinzip der Gleichzeitigkeit des Ungleichzeitigen aus. Jedoch folgen die Autoren nicht exakt nach Geburtsjahrgängen, da mir in einigen Fällen ein etwas freierer Spielraum sinnvoller schien, z. B. dort, wo Autoren früher geboren, aber erst relativ spät hervorgetreten sind. In meiner Einleitung, die in allen Fällen das Geburtsjahr nennt, ist der generationsgeschichtliche Gesichtspunkt beibehalten, aber zugleich auch der der Gattungen (Prosa, Lyrik, Drama) nach Möglichkeit miteingebaut worden. Unterschiede und Gegensätze im Schrifttum der beiden deutschen Staaten konnten in diesem Buch nicht erörtert werden; selbstverständlich sind jedoch einige bedeutende Schriftsteller der DDR in den Umkreis unserer Portraits mitaufgenommen worden. Wenn dennoch in diesem Band manche Autoren aus Ost und West nicht genannt sind, die es vielleicht ebenso verdient hätten, so bitte ich zu berücksichtigen, daß dieses Buch kein Nachschlagewerk ist — von ihnen gibt es bereits einige vorzügliche —, sondern eine Auswahl und Darstellung des Wesentlichen und Typischen, soweit das im gegenwärtigen Zeitpunkt überhaupt auszumachen ist.

Vorwort

Der Aufbau des Ganzen in Essays und Anmerkungen (nach Texten, Literatur und Nachweisen gegliedert) folgt dem bereits in den früheren Bänden erprobten Verfahren. Das neu hinzugekommene Register, für das ich Frau Christa Steinecke zu danken habe, soll es darüber hinaus ermöglichen, sich über die zahlreichen Querverbindungen in den einzelnen Aufsätzen bequem zu unterrichten.

Die Essays wurden im Spätsommer 1972 redaktionell abgeschlossen. Nach diesem Zeitpunkt erschienene Publikationen einzelner Autoren konnten in den Artikeln nicht mehr berücksichtigt werden.

Ich möchte nicht versäumen, meinen zahlreichen älteren und jüngeren Mitarbeitern aus dem In- und Ausland, ohne die dieser Band nicht zustande gekommen wäre, ausdrücklich an dieser Stelle zu danken. Solche Kollektivarbeit stößt zwar immer wieder auf Kritik, scheint mir aber trotzdem nach wie vor sinnvoll, wenn ich mir auch der Grenzen eines solchen Unternehmens durchaus bewußt bin. Zugleich darf ich den Wunsch an meine Leser und Kritiker aussprechen, daß ihr, sei es mehr positives, sei es mehr negatives Verhältnis zur deutschen Dichtung unserer Zeit durch dieses Buch kritische Anregung und Förderung erfahren möge.

September 1972

Benno von Wiese

BENNO VON WIESE

ZUR DEUTSCHEN DICHTUNG UNSERER ZEIT

Jede zusammenfassende Charakteristik der deutschen Literatur unserer Zeit sieht sich der Schwierigkeit gegenüber, daß sehr vieles rasch veraltet und auch Gegenwärtiges oft nur vom modischen Augenblick her repräsentativ ist. Keiner weiß mit Gewißheit, wie es weiter geht, nur Vermutungen sind gestattet, wie es weiter gehen könnte, die sich ihrerseits am bereits Vergangenen orientieren müssen. Vieles existiert in einem Zeitalter gleichzeitig nebeneinander, das dennoch seinem Wesen nach ungleichzeitig ist. Schon aus der Folge der Generationen ergibt sich eine solche Gleichzeitigkeit des Ungleichzeitigen; denn nach Alter und Herkunft und literarischem Stil divergieren die einzelnen Autoren oft sehr nachdrücklich, gehören also verschiedenen Entwicklungsstufen an, ohne daß darum die älteren immer „konservativ-reaktionär", die jüngeren immer „progressiv" sein müssen. Das Tableau der Literatur, soweit es sich räumlich im Nebeneinander darbietet, ist viel zu kompliziert, als daß es sich mit solch einfachen Formeln fassen ließe. Auch der Tod setzt hier keine endgültigen Grenzen. Bereits Verstorbene können — literarisch gesehen — noch sehr lebendig oder Anwärter auf eine Neuentdeckung sein, während noch Lebende manchmal schon zu ihrer Zeit als „überholt" oder als „epigonal" gewertet werden. Das Schrifttum des eigenen Zeitalters ist einem ununterbrochenen Prozeß der Verwandlung ausgesetzt.

Gleichzeitigkeit des Ungleichzeitigen! Carl Zuckmayer vermag als „älterer" Autor (geb. 1896), dessen Anfänge noch in die 20er Jahre zurückreichen, in seiner Autobiographie *Als wär's ein Stück von mir* (1966) noch ungebrochen, ja geradezu naiv und ohne „Sprachbarrieren" zu erzählen; das gleiche gilt von einer so hervorragenden Erzählerin wie Anna Seghers (geb. 1900), die leidenschaftlich für die Unterdrückten und Verfolgten eingetreten ist, in erster Linie von ihren früheren Werken wie der *Aufstand der Fischer von St. Barbara* (1928) und *Das siebte Kreuz* (1942). Trotz ihres konsequenten Festhaltens am Kommunismus ist ihr Erzählstil „konservativ". In der Bundesrepublik hat sie bis heute viel zu wenig Beachtung gefunden. Die Kluft dieser Autoren zu jüngeren wie Peter Weiss (geb. 1916), H. C. Artmann (geb. 1921), Helmut Heißenbüttel (geb. 1921) und Peter Handke (geb. 1942), für welche die Sprache nicht nur zum Problem, sondern auch zum Gegenstand ihres Schreibens geworden ist, dürfte unüberwindbar groß sein. Aber dennoch wird nicht einfach das eine durch das andere abgelöst. Jüngeren Autoren wie Siegfried Lenz (geb. 1926) und Günter Grass (geb. 1927) fehlt es gewiß nicht an Fabulierfreudigkeit, auch nicht an Bindungen an rein innerdeutsche Erzähltraditionen, während wiederum ältere wie Elias Canetti (geb. 1905) und Wolfgang Koeppen (geb. 1906) mit ihren stärker von ausländischen Vorbildern (Joyce, Dos Passos), aber auch von inländischen wie Döblin und Kafka bestimmten Ausdrucksmitteln sehr komplizierte Gebilde geschaffen haben, die intellektuell so durchinstrumentiert sind, daß man nicht mehr von einer Naivität des Erzählens sprechen kann. Ein so eigensinniger Autor wie Hans Henny Jahnn (1894—1959), in seinen Widersprüchen zwischen Sexualpathologie, Pathos und Mystik einer der umstrittensten unserers Zeitalters, entzieht sich in seinem Outsidertum radikal jeder bequemen Einordnung ebenso wie der jüngere, ganz anders geartete, avantgardistische Arno Schmidt (geb. 1914) mit seiner Rebellion gegen den Roman des Realismus und gegen die diskursive Sprache. Gerade in solchen Fällen wie bei Jahnn und Schmidt schwankte die literarische Kritik zwischen totaler Ablehnung und grenzenloser Bewunderung.

Längst hat man eingesehen, daß es den so gern postulierten „Nullpunkt" des Jahres 1945 für die Literatur in Wahrheit nie gegeben hat. Wohl konnte es sich kein Autor der deutschen Nachkriegszeit leisten, an dem, was geschehen war und an seinen Folgen vorüber zu gehen, aber oft geschah das in Anknüpfung an früher entwickelte literarische Traditionen, also in einem literarisch gesehen „konservativen" Sinne. Nicht nur Friedrich Georg Jünger (geb. 1898), auch der weit jüngere Johannes Bobrowski (1917—1965) haben sich in ihrer Lyrik zum Einfluß Klopstocks bekannt. Erst in den 60er Jahren entwickelte sich eine Literatur, die, oft im Anschluß an ausländische Vorbilder, vor allem an den nouveau roman, den Bruch mit bisherigen Traditionen, darüber hinaus den Bruch mit der schöngeistigen Literatur überhaupt vollzog. Das führte einmal zu einer weitgehenden Politisierung des Schrifttums, aber auch zu den von der Sprache ausgehenden Experimenten, die mit den Mitteln der Literatur die Literatur selbst in Frage zu stellen suchten. Beide Vorgänge scheinen entgegengesetzt, sind aber in Wahrheit benachbart. Denn die Politisierung verlangte eine Abkehr vom Fiktiven zugunsten eines dokumentarischen Realismus; das sprachliche Experiment wiederum wollte oft nicht nur „formalistisch" sein, sondern verstand sich darüber hinaus selber als gesellschaftlichen Vorgang, durch den kritisch mit rein sprachlichen Mitteln bestimmte typische Haltungen und Verhaltensweisen von Menschen und Menschengruppen entlarvt werden sollten. Das im banalen Wortgebrauch erstarrte oder das durch die Gesellschaft „manipulierte" Bewußtsein sollte auf solchen Wegen „verändert" werden. Erstaunlich zu sehen, welche Bündnisse das extreme Spiel mit der Sprache und die extreme gesellschaftskritische revolutionäre Auflehnung miteinander eingegangen sind! Man braucht dafür nur Heißenbüttel und Hans Magnus Enzensberger (geb. 1929) zu studieren.

Von den jüngeren Autoren aus gesehen erscheinen viele ältere heute als „Epigonen" des Existenzialismus, die sich noch im Bereich des Glaubens, des Mythos, der Innerlichkeit, der existenziellen Entscheidung, oft unter dem Einfluß zeitgenössischer Philosophen wie Karl Jaspers und Jean Paul Sartre, angesiedelt haben. Nach 1945 und auch schon vorher haben katholische, meist konvertierte Autoren ihren Einfluß in der Richtung eines christlichen Humanismus und einer in die Innerlichkeit verlegten Problematik von Gewissen, Schuld und Verantwortung ausgeübt. Elisabeth Langgässer (1899—1950) veröffentlichte 1946 ihren damals viel beachteten Roman *Das unauslöschliche Siegel,* der dämonische Phantastik, Obszönität und sakramentales Geheimnis ineinander spielen ließ. Lange Jahre, ja Jahrzehnte, hatten Gertrud von Le Fort (1876—1971), Werner Bergengruen (1892—1964), Reinhold Schneider (1903—1958), Stefan Andres (1906 bis 1970) — seine Novelle *Wir sind Utopia* (1943) war damals ein Bestseller — bis zu Edzard Schaper (geb. 1908) und Luise Rinser (geb. 1911) eine Breitenwirkung, die von der Esoterik vieler jüngerer Schriftsteller niemals erreicht wurde. Von evangelischer Seite sind besonders Ina Seidel (geb. 1885) — *Michaela* erschien erst 1959 und erreichte 1965 bereits das 165. Tausend! — und Manfred Hausmann (geb. 1898) zu nennen. Dieser schrieb seit 1946 konsequent unter dem Einfluß Kierkegaards und der dialektischen Theologie Karl Barths. Aber auch, wo solche christlichen Bindungen fehlten, wie bei den Brüdern Ernst und Friedrich Georg Jünger (geb. 1895 und 1898), wurde der Bereich des Mythos und der Metaphysik noch ernstgenommen. Ernst Jüngers wandlungsreiche Produktion stand noch für ganze Generationen stellvertretend, als Spiegel und Antwort für die Jahrzehnte nach der ersten Nachkriegszeit über die Jahre des Nationalsozialismus bis zum Zusammenbruch mit allen seinen Folgen. Sein Bruder Friedrich Georg blieb ein Bewahrer klassischer Traditionen und zugleich ein unermüdlicher Widersacher der automatisch perfektionierten, seelenlos technischen, nur zivilisierten Welt. Unter dem starken Einfluß von Kafka und Camus konnte ein gespenstisches, fiktives Zwischenreich eine suggestive Wirkung auf das Publikum haben wie in Hermann Kasacks (1896—1966) damals viel gelesenem Roman *Die Stadt hinter dem Strom* (1947) oder in Ernst Kreuders (1903—1972) Traumwelt *Die Gesellschaft vom Dachboden* (1946). Von der sog. „neuen Sachlichkeit" der nachexpressionistischen Zeit blieb hier kaum etwas übrig. Eine direkte Auseinandersetzung mit den vorausgegangenen Zeitereignissen wurde eher vermieden als gesucht. Von politischem Radikalismus ist hier noch wenig zu spüren; selbst die gesellschaftliche Kritik bleibt im restaurativen Zeitraum der Adenauer-Ära meist zaghaft und provinziell und beschränkt sich vorwiegend auf die Wohlstandsgesellschaft wie in Gerd Gaisers (geb. 1908) Roman *Schlußball* (1958). Wohl hat der frühe Heinrich Böll (geb. 1917) sein Bekenntnis zur „Kriegs-, Heimkehrer- und Trümmerliteratur" abgelegt, aber trotz aller Kritik an der verwalteten Welt, am „Wirtschaftswunder" und an einer weltlich gesinnten katholischen Kirche blieb diese, oft in satirischen und grotesken Kurzformen sich äußernde Prosa nicht die eines zornigen Autors, sondern die eines Schriftstellers, dessen „Auge"

„menschlich und unbestechlich sein" wollte.[1] Selbst die Dramatik, soweit sie sich auf zeitnahe Ereignisse einließ wie Max Frisch (geb. 1911) in seinem *Versuch eines Requiems. Nun singen sie wieder* (1947) spiegelte die Katastrophe von gemordeten Geiseln und ihren Henkern vom Un- und Überwirklichen aus. Siegfried Lenz hat in seinem ersten Theaterstück *Zeit der Schuldlosen* (Uraufführung 1963) aus einem solchen Thema ein typisches Problem- und Diskutierstück der möglichen oder nicht mehr möglichen sittlichen Entscheidung gemacht.

Für die vorwiegend von der Prosa beherrschte, heute schon fast Vergangenheit gewordene literarische Epoche der 40er und 50er Jahre muß die starke Wirkung von Heimito von Doderer (1896—1966) hervorgehoben werden, dessen Romane *Die Strudlhofstiege* und *Die Dämonen* ja erst 1951 und 1956 erschienen sind. Viele sahen in seiner barocken Erzähltechnik und in seiner realistisch psychologischen, unideologischen Darstellung des österreichischen Lebens noch eine Weiterführung der universalen und enzyklopädischen Romanform von Robert Musil, Thomas Mann und Hermann Broch. Auch Albert Paris Gütersloh (geb. 1887) gehört mit seinem an Assoziationen und Metaphern überreichen Hauptwerk, dem „historischen Roman aus der Gegenwart" *Sonne und Mond* (1962) noch in diese österreichische Tradition. Trotz Doderers Einsicht in die „Krise unserer Wirklichkeit", die für ihn mit der „Krise des Romans" identisch ist, hält er, in betonter Bindung an Goethe, am Roman als universaler Gattung fest und fordert, in Opposition zu Proust, Joyce und Musil, den „festen Konnex zwischen Innen und Außen", das heißt nicht den in Deutschland so beliebten utopischen und transrealen Roman, sondern den, der sich den empirischen Fakten und dem Dinglichen geöffnet hat. Wenn dieser sich des fiktiven Gewandes bedient, so geschieht es doch nur, um „bei wirklichen Ärmeln herauszukommen"[2]. Die Funktion des Romans sei „die Realisierung auch des Irrealen, das ihm zur Erfahrungstatsache und darstellbar wird".

Aber eben diese Realisierung des Irrealen blieb vorerst anziehender als die Darstellung des Tatsächlichen. Elias Canettis phantastischer Roman *Die Blendung* erschien zwar schon 1935, wurde aber erst in der neuen Auflage von 1961 voll rezipiert. Was hier als Realität vom Detail her registriert wird, brutal oder auch humoristisch, aber dann auf makabre Weise, dient in einer absichtlich übertreibenden Darstellungsweise zugleich als allegorischer Spiegel für eine absurd gewordene Welt. Die Nähe zu Kafka ist hier ebenso spürbar wie später bei Thomas Bernhard (geb. 1931). Eine vermittelnde Stellung zwischen der Realität und dem Irrationalen nimmt auch Hans Erich Nossack (geb. 1901) ein. Wiederholt behan-

1 Heinrich Böll: Bekenntnis zur Trümmerliteratur, 1952. In: Erzählungen, Hörspiele, Aufsätze, Köln 1962, S. 342.

2 Heimito von Doderer: Grundlagen und Funktion des Romans, 1958. In: Die Wiederkehr des Drachen, Aufsätze, Traktate, Reden, hrsg. von W. Schmidt-Dengler, München 1970, S. 163—170.

delt er in seinen zahlreichen Prosawerken die äußersten Möglichkeiten des Menschen angesichts von Katastrophen, das heißt von Erfahrungen, die Menschen in der Grenzsituation machen, nicht als Gruppe, sondern als Einzelne. Wenn man will, kann man auch das noch „existenzialistische" Literatur nennen, obgleich ein solches Schlagwort der an der Grenze vom Realen zum Surrealen stehenden Prosa Nossacks nicht gerecht wird. Nossack gestaltet seine Themen nicht heroisch verklärend, sondern mit der für seine Generation charakteristischen Skepsis, ja sogar mit Resignation, mit der nun einmal dieser „Aufbruch ins Nicht-Versicherbare" verbunden ist. Noch einmal widersetzt sich hier, wenn auch auf vieldeutige und verschlüsselte Weise, ein Autor der älteren Generation der Situation des Menschen im „Ameisenhaufen", der Funktionalisierung des Einzelmenschen durch die Gesellschaft. Das skeptisch Resignierende hat er mit Wolfgang Koeppen gemeinsam. Aber im Gegensatz zu Nossack ist Koeppen in seinen großen Nachkriegsromanen *Tauben im Gras* (1951), *Das Treibhaus* (1953), *Der Tod in Rom* (1954) als einziger deutscher Autor zum Zeitroman vorgestoßen, der die zunächst abgerissene Verbindung mit der großen Erzähltradition von Joyce, Döblin und Dos Passos wiederherstellt. Die nahezu hoffnungslose, in die Einsamkeit gedrängte Situation des Menschen in der Nachkriegszeit wird an zahlreichen individuellen Beispielen in dem Roman *Tauben im Gras* in ihrer typischen Struktur sichtbar gemacht. Dabei verbindet sich diese kontrapunktische und episodische, oft satirische Darstellungsform eines präzisen Realismus mit mythologischer Ausdeutung. Wie sehr Koeppen schon 1953 die bedenklichen Seiten der restaurativen Nachkriegssituation zu durchschauen wußte, wird besonders in seinem nicht gehässigen, aber unbestechlichen Roman *Treibhaus* sichtbar. Die Romane Koeppens halte ich für eine der bedeutendsten Leistungen der Nachkriegszeit, deren Wirkungsgeschichte noch längst nicht vorüber sein dürfte.

Der literarische Durchbruch der mittleren und jüngeren Generation vollzog sich weitgehend im Wirken der Gruppe 47, die in ihren halbjährlichen und jährlichen Tagungen unter Leitung von Hans Werner Richter (geb. 1908) im In- und später auch im Ausland und unter Mitwirkung zeitgenössischer Kritiker wie Walter Jens, Joachim Kaiser, Walter Höllerer, Hans Mayer und Marcel Reich-Ranicki manchem zeitgenössischen Autor bei Lesungen meist unveröffentlichter Texte durch wechselseitige Aussprache und Kritik zu seinem ersten Erfolg verhalf. Die Gruppe 47 war aus der politischen Zeitschrift *Der Ruf* hervorgegangen, die 1947 von der Militärregierung verboten wurde. Hans Werner Richter hatte damals in einer Zuschrift das Programm für die Zukunft formuliert. „Von der Illusion zur Wirklichkeit, aus der Welt der schönen Täuschungen" — die Anspielung auf Hans Carossas Roman von 1941 *Das Jahr der schönen Täuschungen* ist unverkennbar — „in die Welt der nüchternen Realität, das ist der Weg, den auch wir gehen müssen, unabhängig von unseren Wünschen und unabhängig von unseren Hoffnungen".[3] Freilich: das war leichter gesagt als durchgeführt. Die Produktion der Gruppe 47 war zwar politisch meist „links" orientiert; ja, man kann sogar sagen, daß der inzwischen geläufig gewordene Begriff vom „Linksintellektuellen" weitgehend auf ihr erfolgreiches Wirken zurückgeht. Auch ist das gesellschaftliche Engagement aller dieser Schriftsteller unverkennbar, aber dennoch führten ihre Produktionen oft zu jenem artistischen Formalismus, zu jener Autonomie des Ästhetischen, die ihnen von ihren Kritikern wiederum als mangelnder „Realismus" oder als Ausbildung bloß musealer Kunstformen vorgeworfen wurde.

Noch mehr gilt das von dem von Walter Höllerer (geb. 1922) ins Leben gerufenen „Literarischen Colloquium", das zwar avantgardistisch sein wollte, aber darunter nur die formal progressiven Tendenzen in allen Kunstgattungen verstand. Hans Mayer hat gewiß nicht Unrecht, wenn er über die „deutsche bürgerliche Literaturgesellschaft" dieser und späterer Jahre boshaft bemerkt: „ihre Fähigkeit zur ästhetischen Vereinnahmung unbekömmlicher Speisen erwies sich als nahezu unbegrenzt."[4] Eine neue Phase setzt mit dem Autor Max von der Grün (geb. 1926) ein, der mit der von ihm begründeten Gruppe 61 die Rezeption der industriellen Arbeitswelt forderte, daß heißt eine Literatur nicht nur von Arbeitern, sondern auch für Arbeiter. Diese Zielsetzung war jedoch nicht mehr „ästhetisch", sondern gesellschaftspolitisch. Darin läßt sie sich mit den zwei Konferenzen des „Bitterfelder Weges" (1959 und 1964) in der DDR vergleichen. Dort trat man entschieden für die Kunst des sozialistischen Realismus ein und verlangte, daß gesellschaftliche Leitbilder in einer von aller Stilisierung freien Darstellungsweise herausgestellt werden sollten. Für solchen naiven Realismus mit derber und bunter Wiedergabe des Arbeiter- und Bauernmilieus unter sozialistischer Perspektive steht in unserem Band der 1912 geborene Erwin Strittmatter stellvertretend. Auch in der Bundesrepublik sind mittlerweile die Ansätze zur Arbeiterliteratur, die von der Grün gegeben hat, auf breiter Basis, besonders in Hans Günter Wallraffs (geb. 1942, Mitglied der Gruppe 61) Industriereportagen weitergeführt worden.

In den Anfängen der Gruppe 47 waren es Autoren wie Alfred Andersch (geb. 1914) und Wolfdietrich Schnurre (geb. 1920), die damals die junge Generation repräsentierten und die sich von der „verlorenen" Generation der Väter abwandten, weil diese ihnen nicht nur rauchgeschwärzte Ruinen, sondern auch geistige und sittliche Trümmerhaufen hinterlassen hatte. Statt fragwürdiger irrationaler Abenteuer forderten die jüngeren Schriftsteller moralische und politische

[3] Zitiert nach Herbert Lehnert: Die Gruppe 47. Ihre Anfänge und ihre Gründungsmitglieder. In: Die deutsche Literatur der Gegenwart, hrsg. von Manfred Durzak, Stuttgart 1971, S. 32.

[4] Hans Mayer: Deutsche Literaturkritik der Gegenwart IV, 1, 1971. Einleitung, S. 52; vgl. dort auch über die Gruppe 47, S. 46 ff.

Entscheidungen. Aber sie vermochten sich meist nur zögernd von den ästhetischen Voraussetzungen zu befreien, die im Umkreis des Existenzialismus entwickelt waren. Typisch dafür war Alfred Andersch' Roman *Sansibar oder der letzte Grund* (1957), der auf seinen provozierenden „Bericht" *Die Kirschen der Freiheit* (1952) gefolgt war. In *Sansibar* wurden die Erlebnisse und Schicksale von nur fünf, sehr verschiedenartigen Personen in einer kleinen Ostseestadt im Jahre 1937 kunstvoll ineinander verflochten. In allen diesen Fällen wird das Thema „Flucht" aus einem totalen Staat variiert, aber so, daß die politische Thematik (Nationalsozialismus, Judentum, Kommunismus, Verfolgung der „entarteten" Kunst) hinter der persönlichen, die von der Existenz des einzelnen und seinem Schicksal her ihre Profilierung erhält, zurücktritt.

Das gilt ebenso von anderen, an sich spärlichen Dichtungen, die in der Nachkriegszeit in dieser oder jener Weise auf die Vernichtung der Juden in und außerhalb von Deutschland eingingen. Rolf Schroers' (geb. 1919) Roman *Jakob und die Sehnsucht* (1953) war damals kühn durch seine starke moralische Beteiligung, aber er blieb „poetisch" und individuell, nicht dokumentarisch und gesellschaftsbezogen. Ilse Aichingers (geb. 1921) ergreifender Jugendroman *Die größere Hoffnung* (1948) — schon der Titel deutet ins Utopische — liest sich wie ein traurig bitteres Märchen. Ähnliches ließe sich auch von der meisterhaften Erzählung von Anna Seghers *Der Ausflug der toten Mädchen* (1943/44) sagen. Erst Peter Weiss hat mit dem „Oratorium" *Die Ermittlung* (1965), etwa 15 bis 20 Jahre später als Schroers, Seghers und Aichinger, die ungeheuerliche Thematik auf dokumentarischer Grundlage in distanzierender Sprachform darzustellen versucht. Theodor W. Adorno schrieb den viel zitierten Satz: „nach Auschwitz ein Gedicht zu schreiben, ist barbarisch, und das frißt auch die Erkenntnis an, die ausspricht, warum es unmöglich ward, heute Gedichte zu schreiben."[5] Aber sowohl Celans berühmt gewordene *Todesfuge* (geschrieben bereits 1945)[6] wie Heißenbüttels *Deutschland 1944*[7] zeigen recht deutlich, daß es sogar gelingen konnte, selbst Auschwitz zum Thema einer lyrischen Aussage zu machen.

Dennoch stellt sich für das Schrifttum der Gegenwart immer wieder die Frage, wie sich politisches Engagement und ästhetische Gestaltung miteinander vertragen. Niemand wird z. B. einem so begabten Autor wie Schnurre die intensive Auseinandersetzung mit der „jüngsten Vergangenheit" absprechen können. Aber der Reiz seiner Prosa liegt nicht so sehr im Stofflichen, sondern in den satirischen, ironischen, humoristischen, ja skurrilen Formelementen, besonders in seinen vorzüglich erzählten, von Ernest Hemingway beeinflußten Kurzgeschichten, in

---

5 Theodor Adorno: Kulturkritik und Gesellschaft, in: Prismen, 1963, S. 26.

6 Nach der Angabe von Klaus Wagenbach in: Paul Celan, Gedichte, Eine Auswahl, Frankfurt/Main 1959.

7 In: Das Textbuch, Neuwied, Berlin 1970, S. 268—272. Zuerst in: Neue Abhandlungen über den menschlichen Verstand, 1965/67.

denen der Blick auf das Individuelle, auf das „verunstaltete Menschenantlitz" in unserer Zeit weit wichtiger ist als die Analyse gesellschaftlicher Strukturen. „Denn gebrannte Kinder, die wir waren, haben wir uns in unseren Geschichten von Anfang an zur Menschlichkeit bekannt, und in unseren Satiren sind wir immer quälend exakt von der Realität ausgegangen."[8] Solche „Ästhetik des Humanen", die sich mit der Verteidigung des Humors zwanglos verbinden ließ, fand vor allem in Heinrich Böll ihren Fürsprecher. Die für Böll charakteristische Mischung von Weichheit und Zeitkritik, von Sentimentalität und Moralität, ließ ihn zum repräsentativen und sehr erfolgreichen Schriftsteller der deutschen Nachkriegsepoche werden. Dazu mochte auch seine Sympathie für das Kleine-Leute-Milieu beigetragen haben, von dem allein — nach Bölls Meinung — in unserem Zeitalter noch lebensecht erzählt werden könne. Später wandte er sich dann im erweiterten Spielraum der Darstellung von Zeitereignissen zu. Im gleichen Jahr 1959 erschien Bölls Geschichte von den drei Generationen in einer rheinischen Großfamilie *Billard um halbzehn,* aber auch schon Grass' Roman *Die Blechtrommel* und Uwe Johnsons *Mutmaßungen über Jakob.* Damit war ein gewisser Höhepunkt im Romanschaffen der Nachkriegszeit erreicht.
Vorausgegangen waren bereits die erfolgreichen Romane von Max Frisch *Stiller* (1954) und *Homo faber* (1957), denen 1964 *Mein Name sei Gantenbein* gefolgt ist. Noch einmal setzte sich in ihnen das leidenschaftliche Interesse an der eigenen privaten Person durch, wenn auch bereits mit dem Wissen um deren Fragwürdigkeit. In Frischs Vortrag über *Theaterprobleme — in eigener Sache* hieß es 1968: Die Domäne der Literatur sei „das Private, das, was die Biologie, die Physik, die Soziologie nicht erfassen: die Person in allen ihren biologischen und gesellschaftlichen Bedingtheiten, die leben muß mit dem Bewußtsein, daß sie irrelevant ist." Diese Suche nach der Person, die sich als Person der Entdeckung entzieht, die Frage nach dem ins Abstrakte gedrängten Ich, das zum austauschbaren Icherzähler werden kann, der Geschichten wie Kleider anprobiert bzw. das Spiel mit der Lebensgeschichte überhaupt, dem Wiederholbaren oder nicht Wiederholbaren der eigenen Lebensmöglichkeiten und Entscheidungen wie in Frischs Bühnenstück *Biografie* (1967) blieb sein immer wieder variiertes Grundthema. Andere Autoren der älteren und mittleren Generation wie Joseph Breitbach (geb. 1903), Wolf v. Niebelschütz (1913—1960), Ernst Schnabel (geb. 1913) und Paul Schallück (geb. 1922) konnten sich als Erzähler nur mit einzelnen Werken durchsetzen.

Wenn schon Frisch kompliziert erzählt, so gilt das erst recht von der etwa fünfzehn Jahre jüngeren Generation der Grass, Walser, Johnson und Bernhard. Der hier erreichte Grad einer bereits indirekten Prosa kann schon so erheblich sein, daß sich die überlieferte Struktur des Romans dabei aufzulösen droht. Nur Siegfried Lenz und, stärker ins Phantastische und Satirische gewandt, Günter

[8] In: Fünfzehn Autoren suchen sich selbst, hrsg. von U. Schultz 1970, S. 30.

Grass, halten bei aller Verwendung moderner Techniken an überlieferten Erzählformen, z. B. Grass am Abenteuerroman und am bereits parodierten Entwicklungsroman, noch fest, und gerade dieser konservative Zug in ihren Dichtungen bei sonst „progressiver“ gesellschaftskritischer Haltung mag einer der Gründe für ihren großen Publikumserfolg gewesen sein.

Daß alle diese Autoren sich im wachsenden Maße der Techniken der neueren Prosa: Perspektivismus der Darstellung, innerer Monolog, Montage, Kunst des Zitierens, Kontrapunkt, sprachliche Verfremdung, Überlagerung von Zeit- und Erzählebenen, bedienen, verdanken sie sicher auch ausländischen Einflüssen. Was in den 20er und 30er Jahren Joyce, Proust oder Gide für Theorie und Praxis des Romans bedeutet haben, was in der Nachkriegszeit für den deutschen Nachholbedarf mit Hemingway, Faulkner, Wilder, Dos Passos, Camus und bald auch mit Beckett übermittelt wurde, das setzte sich in den 60er Jahren mit dem *nouveau roman* fort, mit Autoren wie Robbe-Grillet, Butor und Nathalie Sarraute, die alle mit dazu beitrugen, den Geruch des Provinziellen, der der deutschen Prosa seit langem anhaftete, stärker zurücktreten zu lassen.

Aber diese an sich positive Entwicklung hatte auch wieder ihre spezifischen Gefahren. Zur Identität von Roman und Gesellschaftskritik hatten sich Autoren wie Andersch und Koeppen schon 1956 bekannt, und kritische Denker und Ästhetiker wie Adorno und Walter Benjamin haben dafür die Begründungen gegeben. Aber das allmähliche Zurückdrängen des Imaginativen, Individuellen und Privaten und damit auch der „Ästhetik des Humanen“ zugunsten des Kollektiven und Typischen führte langsam zu einer immer stärkeren Abkehr vom Fiktiven und darum Unglaubwürdigen des Romans bis zur Preisgabe des Romans mit den Mitteln des Romans selbst. Schon Autoren wie Musil und Broch kannten sich in dieser Problematik aus. Aber sie haben dabei nirgends den Roman als solchen in Frage gestellt. Anders sieht es bei den späteren Nachfahren aus, die einen neuen „Realismus“ proklamieren. Unter diesem Wort verbirgt sich sehr Verschiedenartiges. In der DDR, die im ganzen daran festgehalten hat, daß Literatur Wirklichkeit abzuspiegeln habe, versteht man darunter etwas ganz anderes als oft in der Bundesrepublik. Dieter Wellershoff (geb. 1925) und seine „Kölner Schule“ z. B. meinen damit die total gesetzte Erlebnisperspektive des Subjekts, innerhalb derer sich jede objektive Bedeutung auflöst und an deren Stelle das Augenblickshafte, Ungeordnete, hypothetisch Imaginäre der äußeren und inneren Wahrnehmung tritt. Bei Martin Walser wird darüber hinaus der Versuch gemacht, einen Realismus der Bewußtseinsreaktionen zu entwickeln, der zugleich deren gesellschaftliche Voraussetzungen mitreflektiert. Helmut Heißenbüttel (geb. 1921), für den die „Wahrheit des Herzens“ angeblich „zu Recht in die unterste Stufe der Unterhaltungsliteratur abgesunken ist“ und der alle „ewigen Formen, ewigen Werte und ewigen Kriterien in der Rumpelkammer des Aberglaubens abstellen"[9] will, verlangt in Prosa und Lyrik, daß Wirklichkeit aus der Sprache heraus „halluziniert"[10] werden soll. Das bedeutet den radikalen Verzicht der Literatur auf jedes „Spiegelbild", soweit es nicht aus den Mitteln der Sprache selbst entwickelt wird. Hier ist der zunehmende Einfluß der Sprachphilosophie Ludwig Wittgensteins (1889—1951) unverkennbar; denn eben dieser hatte eine in sich schlüssige Logik der Sprache nach den Regeln der mathematischen Konstruktion zu entwickeln versucht. Reinhard Baumgart (geb. 1929), der sich auf die experimentelle Prosa Arno Schmidts beruft, fordert die Ausrottung der wahllos gewordenen individuellen Erfahrung zugunsten eines dokumentarischen Realismus, dessen neue Objektivität eine wortwörtliche, nicht eine symbolische ist. Schmidts erstes Buch *Leviathan* war bereits 1949 erschienen, und er ging seinen sehr originellen, aber auch befremdenden Weg bis zu seinem bisher letzten, monströsen Werk *Zettels Traum* (1970). Die verblüffende Begabung für Kombinationen, für Wortexperimente, für Stilparodien, für linguistisches Neuland überhaupt wird man ihm nicht absprechen können, und eben damit hat er weit mehr auf die jüngere Generation eingewirkt als durch seine alexandrinische Gelehrsamkeit. In der gleichen Linie liegen noch die Bemühungen des jungen Jürgen Becker (geb. 1932), der sich seinerseits auf Johnson beruft und an seinem Beispiel zu zeigen sucht, wie hier bereits „das Versagen der erzählerischen Kategorien vor der zeitgenössischen Realität ... thematisch geworden" sei.[11] Die Absage an den Einzelfall der erzählten Geschichte wird von Becker so weit getrieben, daß es bei ihm heißen kann: „erst jenseits des Romans findet das Schreiben den Sinn des Authentischen, erst seine aufgelösten Kategorien entlassen den utopischen Text, der jedem Roman schon eingeschrieben ist."[12] Beckers Prosabücher *Felder, Ränder* und *Umgebungen* erschienen 1964, 1966 und 1970.

Jedoch darf das Komplexe der literarischen Situation nicht übersehen werden. Autoren wie Heißenbüttel, Baumgart, Becker, die das subjektiv schöpferische Moment weitgehend auflösen wollen zu Gunsten einer nicht mehr täuschenden, sondern demonstrierenden, die zitierende Alltagssprache miteinbeziehenden Kollektiv-„Fassade", stehen andere wie Max Frisch, Wolfgang Hildesheimer (geb. 1916), Marie Luise Kaschnitz (geb. 1901), Ilse Aichinger, Herbert Eisenreich (geb. 1925) und Heinrich Böll gegenüber, die nicht wie jene eine geschlossene Gruppe bilden, wenn auch einige von ihnen ihren produktiven Anteil zur Gruppe 47 geliefert haben. Hier überkreuzen sich deutlich die Jahrgänge. Gemeinsam ist diesen Autoren jedoch, daß sie in Prosa und Lyrik das artistische und das humane

---

9 In: Heißenbüttel/Vormweg: Briefwechsel über Literatur, Neuwied, Berlin 1969, S. 46 f.

10 Ebenda, S. 64 f.

11 Jürgen Becker: Gegen die Erhaltung des literarischen status quo. In: Sprache im technischen Zeitalter, Heft 9/10, 1964.

12 Ebenda.

Moment eng miteinander zu verbinden suchen. Allerdings halten sie dabei alle an der Geltung der Kunstsphäre fest, an einem meist schon abstrakter gewordenen Begriff von schöner Literatur und überlassen sich einem oft sehr sublimen artistischen Spiel mit den von ihnen erfundenen Figuren, ohne daß diese ihre Gegenbilder in der Wirklichkeit haben mußten. Diese Grundhaltung, so bemerkt Hans Mayer mit Recht, „verbindet insgeheim so divergierende Schöpfungen wie die ‚Blechtrommel', die letzten Erzählungen Heinrich Bölls, den Roman ‚Tynset' (1965) von Wolfgang Hildesheimer, den *Gantenbein*-Roman von Max Frisch oder die Erzählung ‚Ungenach' (1968) von Thomas Bernhard."[13]

Bei Mayer ist das kritisch gemeint. Aber ich finde, es hat auch seine positive Seite. Sie liegt in dem erweiterten Spielraum nach der Seite des Imaginativen, des Traum-, ja Märchenhaften. Nach wie vor wird hier eine Realisierung auch noch des Irrealen gesucht. Die artistischen und sprachlichen Finessen solcher Darstellungsformen, bei Hildesheimer in einer gewollten Poesie des Absurden, die zum Spiegel der Sinnlosigkeit modernen Lebens geworden ist, werden allerdings mit einer weitgehenden Ausklammerung des gesellschaftlichen Horizontes bezahlt, mit einem Verlust also an „Wirklichkeit". Umgekehrt gerät eine nur am Kollektiv orientierte Literatur, die das Individuelle bewußt zu löschen versucht, mit ihren neuen Darstellungsformen oft in die Gefahr des Inhumanen. Freilich gelingt es ihr dabei, die durch die Literatur gezogenen Grenzen zu sprengen und auch das außerliterarische Material, z. B. die Sprache der Massenmedien, des Werbeslogans, des Sportes, der Mundart, der alltäglichen Umgangssprache, wie es bei Artmann und Walser geschehen ist, in ihre Darstellung miteinzubeziehen und so die Literatur vom außerliterarischen Felde her umzugestalten. Wirklichkeit soll mit den Mitteln einer nicht ästhetisch verstandenen Sprache, gleichsam auf einem Umweg, wieder in die Literatur eingeführt werden. An die Stelle des von Adorno gescholtenen „Jargons der Eigentlichkeit", tritt ein neuer Jargon des Uneigentlichen, der die Grenzen zum mindesten des Poetischen, wenn nicht der Literatur überhaupt, überschreiten will. Beides, Sprachskepsis und Sprachexperiment, werden nunmehr zu Organen für eine Literatur, die dem hermetisch Ästhetischen oder auch dem „Musealen" abgesagt hat und die nicht mehr allegorisch-symbolisch, nicht mehr als Metapher, sondern „buchstäblich" beim Wort genommen werden will.

Bezeichnenderweise flüchten sich Autoren wie Uwe Johnson und Christa Wolf (geb. 1929), obwohl oder gerade weil sie sich um „Realismus" bemühen, in „Mutmaßungen" über ... oder „Nachdenken" über ..., die vom Icherzähler vorgetragen werden und in denen sich das Widerspruchsvolle und Vieldeutige der zeitgenössischen Wirklichkeit spiegelt. So manche Erschwerungen gibt es für den Konnex zwischen dem „Innen" und dem „Außen", zumal, wenn man es mit den

[13] Hans Mayer: Zur aktuellen literarischen Situation. In: M. Durzak, Die deutsche Literatur der Gegenwart, 1971, S. 71.

Problemen zu tun hat, die die Existenz der beiden deutschen Staaten aufgeben. Andere Autoren wiederum, wie Heißenbüttel und Handke, weichen in das Zitat und in eine bereits vom gesellschaftlichen Material her vorfabrizierte Welt aus.

Muß man die künstliche, allzu künstliche, oft neurotische, ja hysterische Welt der Clowns, Zwerge, Verbrecher, Narren und Wahnsinnigen, die im Schrifttum der Gegenwart von Böll bis zu Bernhard und Gisela Elsner (geb. 1937) einen so großen Raum einnehmen, darum ablehnen, weil sie keine Beziehung zur Wirklichkeit mehr besitzt und damit „menschenlos" (Mayer) geworden ist? Oder kann man sie gelten lassen, weil diese Beziehung zur Wirklichkeit hier dennoch auf eine indirekte, gleichnishaft allegorisierende Weise erhalten bleibt, die nicht ein „konservatives" Überbleibsel ist, sondern ein integrierender Bestandteil von Dichtung überhaupt?

Gewiß: jene andere, neuere Richtung steht in weitaus stärkerer Verbindung mit einer revolutionären Umgestaltung der gesellschaftlichen Wirklichkeit, aber ihre Fragwürdigkeit beginnt eben dort, wo sie sich allen ästhetischen Prinzipien und damit auch aller Kritik zu entziehen versucht. Letzten Endes wird es darauf ankommen, ob man das „humane Engagement", das immer an das Individuum appellieren muß, weiter gelten läßt oder ob man den kollektiven Vorgang der Überwindung von Klassengegensätzen — und sei es auch mit den Mitteln der Gewalt — zunächst für wichtiger hält. Über den Rang der betreffenden Literatur ist damit weder in dem einen, noch in dem anderen Falle etwas entschieden.

Auch darf nicht übersehen werden, daß sich bei vielen jüngeren Prosaisten, die meist erst in den 60er Jahren hervorgetreten sind wie Peter Bichsel (geb. 1935), Günter Herburger (geb. 1932), Alexander Kluge (geb. 1932), Peter Härtling (geb. 1933), Rolf Dieter Brinkmann (geb. 1940), Reinhard Lettau (geb. 1929), Hubert Fichte (geb. 1935) und Günter Seuren (geb. 1932) weitgehend jene „Literatur der kleinen Schritte" — so hat sie Reich-Ranicki treffend genannt — durchsetzt. „Den Platz von Chiffren und Symbolen nahmen wieder Fakten und Details ein."[14] An die Stelle des Utopischen und Absurden tritt jetzt vorwiegend die illusionslose Schilderung des konkreten, kleinbürgerlichen, meist freudlosen Milieus und damit eine auf den Umkreis des banal Alltäglichen beschränkte Darstellung. Die Zeitkritik äußert sich dort mehr indirekt, indem Leerläufe von Menschen unseres Zeitalters genau beobachtet und beschrieben werden wie in Gabriele Wohmanns (geb. 1932) bereits erfolgreich gewordener Prosa.

Entwicklungen ähnlicher Art kann man auch im Umkreis der Lyrik beobachten, obgleich oder gerade weil die Lyrik bisher als die individuellste Gestaltungsform des Dichterischen galt. In der älteren Generation sind neben den großen

---

14 Marcel Reich-Ranicki: Literatur der kleinen Schritte, München 1967, S. 324. Ferner sei hingewiesen auf sein Buch: Deutsche Literatur in West und Ost, Prosa seit 1945, München 1963.

Erzählern auch einige bedeutende Lyriker hervorgetreten, während das Drama, abgesehen von Zuckmayer, längere Zeit in Deutschland zurückgedrängt war. Dem Jahrgang nach gehört Nelly Sachs (1891—1970) noch in die Nähe des 1886 geborenen Gottfried Benn, der nach und auch noch neben Rilke in den unmittelbaren Nachkriegsjahren eine erstaunlich große Wirkung ausgeübt hat. Das bedeutete nicht nur ein indirektes weiteres Nachwirken von Nietzsche, nicht nur eine stärkere Betonung des „Machens" statt des Erlebens, sondern vor allem auch ein betontes Festhalten an der ästhetischen Form, die für Benn die einzige Gegenmacht gegen den Nihilismus war. Nelly Sachs hingegen ist erst sehr verspätet, erst nach 1947, ins öffentliche Bewußtsein eingegangen, und bis heute bedarf ihre verschlüsselte Lyrik mit ihren Motiven aus der jüdischen Tradition, mit ihrer Apostrophierung des jüdischen Schicksals in der Form der Totenklage, mit ihren Bildern und Bildzusammensetzungen und ihrer Nähe zu mythischen Vorstellungen der noch kaum geleisteten näheren Auslegung. Auch ihre poetischen Traumspiele aus den Jahren 1942—1962 entziehen sich durchaus den Formprinzipien einer klassischen Dramaturgie. Nelly Sachs steht am Beginn unseres Bandes, weil sie Abschluß und Neubeginn zugleich bedeutet.

Unverkennbar ist der Rang des lyrischen Werkes, der von einigen Dichtern der DDR geschaffen wurde, mochten sie dort nun Anerkennung gefunden haben oder nicht. Lyriker wie Peter Huchel (geb. 1903), Stephan Hermlin (geb. 1915) und neben diesen vor allem Johannes Bobrowski gehören zu den stärksten Begabungen in unserem Zeitalter, und es ist erstaunlich, wie gerade sie eine Kontinuität der deutschen Lyrik fortsetzen, die sich bis in die Romantik zurückverfolgen läßt, ohne deswegen schon „epigonal" zu sein. Vor allem bleibt die Verknüpfung mit der Naturlyrik weiter erhalten, und von Wilhelm Lehmann (1882 bis 1968) mit seiner Verwendung von Märchen-, Sagen- und Mythenstoffen und von Georg Britting (1891—1964) führt ein relativ ungestörter Weg bis zu Bobrowskis freilich weitaus verschlüsselterer Lyrik über die östliche Landschaft Sarmatien, die immer wieder zum Ausgangspunkt auch schwieriger und chiffrierter Aussagen geworden ist. Zu den Stationen dieser Naturlyrik gehören ebenso die Landschafts- und Jahreszeitengedichte Peter Huchels, in denen die melancholische Stimmung des lyrischen Subjektes im virtuosen, Sprache gewordenen, aber nie gekünstelten Naturbild ihre Antwort erhält, wie manche, vor allem frühe Gedichte von Marie Luise Kaschnitz, die von traditionellen, oft liedhaften Formen ausging, dann freilich in Erzählung und Lyrik immer stärker die Auseinandersetzung mit Kriegs- und Nachkriegszeit in den weitgespannten, auch das Hörspiel mit einbeziehenden Bogen ihrer Dichtung miteinschloß. Trotz aller Sympathie für moderne avantgardistische Literatur hat Marie Luise Kaschnitz an jenem Bekenntnis festgehalten, daß sie 1945 in der Zeitschrift *Die Wandlung* formuliert hat: „Kehren wir noch einmal zurück an die Schwelle des wachen Lebens. Beginnen wir wieder mit dem Worte Ich . . ."

Auch die mittlere Generation, die erstaunlich viele begabte Lyriker hervorgebracht hat, von Günter Eich (1907—1972) über Rudolf Hagelstange (geb. 1912), Ernst Meister (geb. 1911), Hilde Domin (geb. 1912), Stephan Hermlin (geb. 1915), Christine Busta (geb. 1915), Christine Lavant (geb. 1915), Karl Krolow (geb. 1915) bis zu Johannes Bobrowski (1917—1965), Paul Celan (1920—1970), ja noch bis zu den jüngeren, Heinz Piontek (geb. 1925), Johannes Poethen (geb. 1928), Christa Reinig (geb. 1926) und Ingeborg Bachmann (geb. 1926), war nicht eigentlich revolutionär. Zwar bildeten sich nunmehr weit abstraktere Sprachformen heraus als bisher, die Lyrik wird komplizierter und intellektueller; ja, sie sieht sich bis an die Grenze des Sprachlosen gedrängt, weil das, was sie sagen will, sich nicht mehr auf herkömmlich überlieferte Weise aussprechen läßt. Sehr häufig werden jetzt Sprache und Sprachlosigkeit selber zum Gegenstand des Gedichtes. Aber der Bezug auf das private Ich bleibt dennoch erhalten, wenn auch die Bilder und die Metaphern sich verschlüsselter darbieten. Das Zeitschicksal wird zwar keineswegs ausgespart, aber individuell artikuliert.

Dennoch zeichnen sich dabei verschiedene Phasen ab. An den Beispielen von Eich, Bachmann und Celan seien sie wenigstens angedeutet. Eich steht dem Jahrgang nach, er wurde 1907 geboren, an der Grenze von der älteren zur mittleren Generation. Sein lyrisches Hauptwerk, das erst in den Jahren von 1948 bis 1955 geschaffen wurde, ist jedoch weit mehr ein Vorbote der nachfolgenden Lyrik und weit weniger eine traditionelle Fortsetzung der Naturlyrik, obgleich diese auch bei ihm noch vorhanden ist. Aber sie wird jetzt aus dem Emotionalen ins Intellektuelle übersetzt. Gedichte betrachtet er „als trigonometrische Punkte oder als Bojen, die in einer unbekannten Fläche den Kurs markieren“ und Schreiben ist für ihn „die Entscheidung, die Welt als Sprache zu sehen“.[15] Gedankliche Prozesse münden bei Eich in eine oft kühne, verfremdende Metaphorik. Auch als erfolgreicher Hörspielautor und als Verfasser kleiner Prosaskizzen steht er an der Grenze von Tradition und Neubeginn: auf der einen Seite noch surreale Fabeln, traumhafte und magische Bereiche, in lyrischer Folge zu dramatischen Bildern verdichtet, auf der anderen das Spiel mit paradoxen Wort- und Begriffsverknüpfungen, das Übersetzen aus der Welt der Dinge in die Welt der Sprache; auf der einen Seite nach wie vor die Betonung der privaten Existenz, auf der anderen das nie erlahmende Interesse am Öffentlichen.

Weniger distanziert, aber ebenso intensiv erlebt Ingeborg Bachmann die Zeit in den Verwundungen und Schmerzen, die sie dem Einzelmenschen zufügt. Nach wie vor ist die Nachwirkung der Existenzphilosophie unverkennbar, Ingeborg Bachmann promovierte mit einer Arbeit über Martin Heidegger, aber ebenso gewinnt auch schon die Sprachphilosophie Wittgensteins Einfluß auf ihr Schaffen. Mit dem immer wiederkehrenden Motiv der Verlorenheit des Menschen in einer

[15] Günter Eich: Der Schriftsteller vor der Realität, in: Über Günter Eich, hrsg. v. S. Müller-Hanpft, edition suhrkamp 402, 1970, S.19.

„Nachgeburt der Schrecken", mit dem Wissen um die Alltäglichkeit des Unerhörten, mit der Klage um die Gefährdung des Humanen überhaupt, steht sie stellvertretend für eine ganze Generation von Lyrikern: Lyrikern einer „unheilen" Welt, die dennoch die Sehnsucht nach dem urtümlich Heilen behalten haben.

Erst bei Paul Celan löst sich die Sprache radikal von jedem Realbezug; das ist nicht mehr eine Poesie „scharf von Erkenntnis und bitter von Sehnsucht", wie sie die Bachmann in ihren Frankfurter Vorlesungen gefordert hatte. Mit Hilfe der „absoluten Metapher" sucht Celan eine Sphäre anzusprechen, die, sofern man sie direkt angeht, nicht mehr aussprechbar ist. Inmitten der völligen Verlorenheit des Einzelmenschen gilt ihm nur noch die Sprache als „unverloren", auch sie freilich ständig davon bedroht, ins völlige Verstummen gedrängt zu werden. Für eine solche Lyrik müssen sehr komplizierte Mittel eingesetzt werden, nicht nur die inzwischen längst gebräuchlich gewordenen der Verfremdung. Dinge und Sachen werden bei Celan zusammengeführt, die „normaler"weise nicht zusammengehören, weil ihnen kein Gegenbild in der Erfahrung entspricht. Aufgabe der lyrischen Dichtung ist es, durch Sprache eine Wirklichkeit zu entwerfen, die jenseits unserer sonstigen, bereits abgenutzten Erfahrung liegt. Celans hoch entwickelte, oft schwer verständliche Artistik einer *poésie pure,* sie verdankt vieles den französischen Symbolisten, ist ein Endpunkt, der bereits den Standort des lyrischen Ich und seiner Klage verlassen hat. Das Gedicht verrätselt sich bis an jene Grenze, wo der immer noch gemeinte, wenn auch dunkle „Sinn" sich noch gegen die Alltagssprache und den Sprachgebrauch durchsetzen muß.

Eich, Bachmann, Celan, sie lassen sich noch als verschiedene Stufen einer lyrischen Entwicklung begreifen, die man nicht als bloßen „Formalismus" abtun sollte. Aber dennoch wird hier die „Hermetik des Ästhetischen" bis an die Grenze des Sprachlosen getrieben, so daß der Gegenschlag unvermeidlich war. Er erfolgte in den 60er Jahren nach verschiedenen Seiten hin: einmal in der Politisierung des Gedichtes und damit in einer Abwendung vom Abstrakten der Form zum inhaltlich Aktuellen. Typisch dafür ist der pointiert aufklärerische Stil mit seiner knappen direkten Ausdrucksweise in der späteren Entwicklung von Erich Fried (geb. 1921); es sind engagierte Zeitgedichte, die noch oder wieder an die Lyrik Brechts anknüpfen und deren sozialistisches Engagement sich der gedanklichen Dialektik und des Lehrhaften bedient. Die Politisierung der Lyrik kann aber auch wie bei Hans Magnus Enzensberger (geb. 1921) in mehr indirekter Weise erfolgen, in der Demontage von Zusammenhängen, im überraschenden Einbau von Redensarten oder auch nur von Satz- und Wortteilen, in der Verwendung des Sprachgebrauchs der Technik und der Fachsprachen usw. Solche nicht mehr klagende, sondern anklagende Lyrik liebt die Provokation, die Paradoxien, die Widersprüche und Kontraste bis zum gewollten Auseinanderklaffen von Ton und Inhalt. Wie sehr die Lyrik zwischen 1945 und 1970 zugleich „privat" blieb und doch auch wiederum als „öffentliches" Gedicht gemeint war, zeigt sich deutlich in der von Hilde Domin herausgegebenen Anthologie[16] wie auch in Hilde Domins eigenen Versen.

In der Lyrik der jüngsten Zeit lassen sich die divergierenden Richtungen von politisch satirischer Dichtung auf der einen und von der sogenannten „konkreten Lyrik" auf der anderen Seite beobachten. Größeren Raum gewinnt jetzt das zitierende und durch das Zitat entlarvende Verfahren bzw. das ironische Rollengedicht, das nicht mit bloßer Parodie verwechselt werden darf, Formen, in denen sich Peter Rühmkorf (geb. 1929) ebenso provozierend wie amüsant hervorgetan hat. Hier ist nichts mehr von falscher Feierlichkeit zu finden, der Poet selbst nimmt sich nicht mehr so wichtig; der Klagegesang der Einsamen ist in die Groteske, das Pathos in Ironie umgeschlagen. Ein politisch engagierter Lyriker und Prosaist wie Horst Bienek (geb. 1930) hat wieder den Mut zur einfachen Mitteilung einfacher Dinge, ohne sich auf die forcierten Sprachexperimente einzulassen. Auch Christoph Meckel (geb. 1935), der das Absurde mit dem Wirklichen, das Traum- und Märchenhafte mit dem Zeitkritischen in seiner erstaunlich reichen Klaviatur zu mischen versteht, geht als Lyriker unbekümmert seinen eigenen Weg, so wie es in der DDR kabarettistisch schockierende und satirische Begabungen wie Wolf Biermann (geb. 1936) und Günter Kunert (geb. 1929) getan haben. Auch Reiner Kunze (geb. 1933) hat, vor allem in *Sensible Wege* (1969), einen eigenen, unverwechselbaren Ton.

Auf der anderen Seite steht das Programm der „konkreten Lyrik". Der Schritt dazu war vorbereitet durch Heißenbüttels Produktion von Sprachfeldern und seine kombinatorischen Vexierspiele mit semantischen Beziehungen. Diese geschahen jedoch nicht um ihrer selbst willen, sondern wollten bereits vom Sprachbild her bestimmte Verhaltensweisen der Menschen auf eine nicht emotionale, sondern rationale Weise entlarven. In der letzten Konsequenz führte jedoch diese Verselbständigung der Sprachelemente zur Auflösung jedes Sinns und jeder syntaktisch noch geordneten Darbietungsform zu Gunsten einer völligen Entgrenzung der Lyrik. Das neue Schlagwort wurde von Eugen Gomringer (geb. 1925) im Jahre 1955 geprägt. Geht man noch von einer Bindung an den Inhalt aus, müßte man sie eher abstrakte Lyrik nennen. Konkret nennt sie sich, weil sie sich dem konkreten Material zuwendet, mit dem es der Lyriker zu tun hat. Auf diese Weise soll er „zum sprachformer und sprachdirigenten" werden, zum „abenteurer" der „mit worten" „bejaht".[17] Die Wirkung semantischer und phonetischer Komponenten wird in ihrem Reizwert bewußt gemacht, z. B. bei Franz Mon (geb. 1926) und Friederike Mayröcker (geb. 1924). Diese Art Lyrik will aber auch das Druckbild und die typographischen Möglichkeiten miteinbeziehen und

[16] Nachkrieg und Unfrieden, Gedichte als Index 1945—1970, hrsg. und mit einem Nachwort von Hilde Domin, Neuwied, Berlin 1970.

[17] Manifeste und theoretische Texte, in: Eugen Gomringer, worte sind schatten, 1969, S. 291, 293.

sucht dann visuelle Texte zu entwickeln wie bei Gerhard Rühm (geb. 1930) und Dieter Rot (geb. 1930). Sie kann aber auch das Akustische in phonetischen Texten variieren wie in den sogenannten Lautgedichten von Ernst Jandl (geb. 1925). Wie weit es sich hier um mehr als bloße Mode- und Sprachspielereien handelt, kann heute noch nicht entschieden werden. Ähnliches gab es bereits beim Dadaismus der ersten Nachkriegszeit. Sehr oft stecken hinter dieser Auflösung aller Sprachkonventionen und aller „ästhetischen" Texte auch noch bittere, gesellschaftskritische Entzauberungen wie besonders bei Gerhard Rühm.

Was nun die sogenannte Wiener Gruppe betrifft, deren führender Kopf H. C. Artmann ist, eine Art Hexenmeister bei der Verwandlung von Sprache in Sprache, und zu der noch Konrad Bayer (1932—1964), Friedrich Achleitner (geb. 1930), Gerhard Rühm und Oswald Wiener (geb. 1935) gehören, so hat diese das linguistische Engagement bis in die Mundart hinein mitgemacht; Sarkastisches mischt sich hier mit Verspieltem und Pittoreskem; manches bleibt unverständlich, ohne daß man sich gleich darüber zu entrüsten braucht. Wie weit diese Dichter freilich über die bloße Zerstörung von Klischees und über die radikale Entmythologisierung hinausgelangen werden, ist nach wie vor offen. Auch der entlarvenden und zitierenden Rekapitulation von Sprech- und Verhaltensweisen, auch des Jargons der Uneigentlichkeit, kann man müde werden.

Erst in jüngster Zeit ist der Bereich des Dramas stärker im Spektrum der Literatur hervorgetreten. Was früher liegt, in erster Linie Carl Zuckmayers ausgedehntes dramatisches Schaffen, das unmittelbar nach dem Kriege mit dem spektakulären zeitgenössischen Drama *Des Teufels General* (1946) einen neuen Höhepunkt erreichte, ist bereits Geschichte geworden. Trotzdem durfte Zuckmayers vitale und humane Kunst in unserem Bande nicht fehlen. Was später kam, steht weitgehend unter dem Einfluß von Bert Brecht (1898—1956), der heute bereits eine Art moderner „Klassiker" geworden ist. Auch diejenigen Dramatiker, die Brechts marxistische Position keineswegs teilen, wie Max Frisch und der zehn Jahre jüngere Friedrich Dürrenmatt (geb. 1921), haben wie viele andere die Abwendung vom aristotelischen und die Zuwendung zum epischen Theater mit ihm gemeinsam, ebenso die Aufgeschlossenheit für parabolische Darstellungsformen, für Modelldramen mit oft sozialkritischer Tendenz, sei es nun in realistischer, grotesker oder utopischer Abwandlung. Dramatiker wie Martin Walser, Wolfgang Hildesheimer, Rolf Hochhuth (geb. 1931), Tankred Dorst (geb. 1925) und aus der DDR Peter Hacks (geb. 1928) seien dafür beispielhaft genannt. Zur Nachfolge Brechts gehört nicht nur die Bloßstellung einer anonymen gesellschaftlichen Maschinerie wie in Dürrenmatts viel gespieltem Stück *Der Besuch der alten Dame* (1956), freilich hier ohne das Thema des Klassenkampfes, nicht nur das Exemplifizieren politisch-moralischer Fragen an Hand frei erfundener Modelle wie in Frischs *Andorra* (1961), nicht nur die Weiterführung der marxistischen Dialektik im Widerstreit zu einer Utopie mit märchenhaften Zügen wie bei Peter

Hacks, sondern auch die Wiederaufnahme der „epischen" Reflexion über die Handlung wie im *Marat*-Drama (1964) von Weiss. Realistische, satirische und phantastische Momente gehen auch noch in der dramatischen Produktion von Martin Walser sehr eigenwillige Verbindungen miteinander ein, oft mit dem Ziele, durch parodistische oder polemische Imitation die Bühne von den Stagnationen der Überlieferung zu befreien. Dramatiker aus der DDR, wie Hacks, Heiner Müller (geb. 1929) und auch Hartmut Lange (geb. 1936) haben auf antike Stoffe wieder zurückgegriffen.

Frisch wiederum verlangt ausdrücklich, daß das Drama nicht eine komplexe Realität „abbilden", auch nicht eine „bessere" Welt entwerfen soll, sondern eine „spielbare" d.h. „eine Welt, die Varianten zuläßt, insofern eine veränderbare, veränderbar wenigstens im Kunst-Raum".[18] Auch bei Dürrenmatt überwiegt die Freude am Spiel, am „Einfall" und am „Zufall". Auch er sprengt die Grenzen der Gattungen, verabschiedet die Tragödie zu Gunsten der Komödie oder zum mindesten der Tragi-Komödie. Das Mißtrauen in das tragische Pathos ist inzwischen so groß geworden, daß sich, nicht nur bei Dürrenmatt, das Theater mehr und mehr selbständig macht im ausgelassenen paradoxen Spiel mit allen seinen Möglichkeiten. Der Dramatiker vertraut auf seinen Instinkt für das Groteske und balanciert zwischen der Gesellschaft im allgemeinen und dem Publikum im besonderen.

Ausländische Vorbilder wie Samuel Beckett, Eugène Ionesco, Jacques Audiberti, Jean Genet und Antonin Artaud mit seinem Theater der Grausamkeit haben besonders die Entwicklung zum „absurden" Theater beeinflußt, in der das Prinzip einer überschaubaren und noch irgendwie geordneten Welt zu Gunsten von widerspruchsvollen Spielverläufen aufgegeben ist. Sucht man hier noch eine Einheit, so besteht sie nur im Formalen. Surrealistische Grotesken schrieb bereits der frühe Weiss, auf seine Weise, freilich mehr als Spaß und Clownerie, auch Grass in seinen Anfängen. Oft nimmt aber auch die Bildersprache der drastischen Parabel traumhafte und überwirkliche Motive auf, z.B. bei Dürrenmatt und Hildesheimer; ebenso kann sich die Satire phantastischen Assoziationen überlassen wie in manchen Stücken von Walser. Bei Handke schließlich wird das Artifizielle so weit getrieben, daß der Autor bewußt ein Anti-Theater proklamiert, das nur noch Sprachmuster und sprachlos gewordene Spiele vorführt. „Das Theater", so schreibt Handke provokatorisch, „bildet ... nicht die Welt ab, die Welt zeigt sich als Nachbild des Theaters."[19]

Solchen Tendenzen stehen jedoch andere gegenüber, die das Parabolische, Phantastische und Absurde zugunsten des Zeitgenössischen und Tatsächlichen zurückdrängen wollen. Aber auch das heute in den Vordergrund getretene „Do-

---

18 Max Frisch: Der Autor und das Theater (entstanden 1964). In: Öffentlichkeit als Partner, Frankfurt/Main 1967.

19 Peter Handke: Straßentheater und Theatertheater. In: Theater heute 4, 1968, S. 7ff.

kumentartheater", z. B. bei Weiss und Enzensberger, kommt um die Auseinandersetzung mit dem Ästhetischen nicht herum. Recht widerspruchsvoll zeigt sich das bei Hochhuth. Ihre Aktualität gewinnen seine Dramen durch das Übergewicht des Stofflichen und durch das Angehen gegen bestimmte politische Tabus. In ihrer Gestaltungsform jedoch gehen sie auf „klassische" Traditionen zurück, nicht nur auf Gerhart Hauptmanns Naturalismus, sondern auch auf Schillers Ideendrama. Im 5. Akt seines *Stellvertreters* (1963) versucht Hochhuth sogar das brisante Auschwitzthema auf die Bühne zu bringen. Jedoch geschah das auf eine mehr oder weniger melodramatische und keineswegs „dokumentarische" Weise und gab damit der Kritik manche Angriffsflächen. Auf andere Art versucht es das Dokumentartheater von Peter Weiss mit *Die Ermittlung* (1965). Weiss baut ganz auf der Sprache auf und sucht mit einem Minimum an Bewegungen auszukommen. Dennoch steht auch hier die distanzierend beschreibende Bestandsaufnahme, die auf das Aktenmaterial zurückgeht, in einem unvermeidlichen Widerspruch zur Form des „Oratoriums in elf Gesängen", das ohne die artifizielle, rhythmisierende Sprachleistung des Dichters nicht auskommen konnte. Die Zurückdrängung des Ästhetischen zugunsten des Wirklichen, Heinar Kipphardts (geb. 1922) Erfolgsstück *In der Sache J. Robert Oppenheimer* (1964) sei als weiteres Beispiel dafür genannt, mußte im Endeffekt bis zu jenem Punkt gelangen, wo das Theater selbst überflüssig geworden ist und nur noch das Ereignis aufgrund von dokumentarischen Unterlagen als solches diskutiert zu werden braucht.

Das oft vergebliche Zurückdrängen des Ästhetischen, das dann auf einem Umweg unerwartet sich doch wieder einstellt, verrät sich auch dort, wo, wie bei Walser, bestimmte typische, gesellschaftliche Verhaltensweisen parodierend sichtbar gemacht werden sollen. Noch in der Absage an überlieferte Traditionen setzen sich diese wiederum durch, und das Theater, das sich selbst überflüssig machen will, bleibt auch weiterhin Theater. Alle neuesten Versuche, zur alten Schaubude zurückzukehren, auf dem Theater selbst zu improvisieren oder darüber hinaus ein revolutionäres Straßentheater zu schaffen, das der Agitation und der Demonstration mit „Pop" und „Agitprop" dienen soll, also direkt politisch wirken will[20], ändern nichts daran, daß hier nur Realität und Theater miteinander vermischt werden, mag auch das „Happening" dabei auf alle ästhetischen und ethischen Kategorien verzichten; die Grenzen zwischen der noch

---

20 Vgl. dafür den Aufsatz von Marianne Kesting: Das deutsche Drama seit Ende des zweiten Weltkriegs. In: M. Durzak: Die deutsche Literatur der Gegenwart, S. 76—98. Ferner ebenda Rolf Peter Carl: Dokumentarisches Theater, S. 99—127. Ferner in dem Sammelband: Tendenzen der deutschen Literatur seit 1945, hrsg. von Thomas Koebner, Stuttgart 1971, den Aufsatz des Herausgebers: Dramatik und Dramaturgie seit 1945. Auch auf die beiden sehr orientierenden, wenn auch in ihrem Standpunkt recht einseitigen größeren Aufsätze von Frank Trommler: Der zögernde Nachwuchs. Entwicklungsprobleme der Nachkriegsliteratur in Ost und West, S. 1—116 und: Realismus in der Prosa, S. 179—275 in dem gleichen Band sei hier hingewiesen.

„poetisch" verstandenen Politik und der „politisch" verstandenen Poesie verwischen sich bis zur Unkenntlichkeit, und am Ende kapitulieren die Künstler vollends, wenn sie die Wirklichkeit selbst zum Kunstakt stempeln wollen.

Weit ernster zu nehmen ist, damit verglichen, die Destruktion und Reduktion, die durch das Stereotype von Redeautomatismen erreicht wird (Peter Handke) oder auch die Wiederbelebung des Dialektspiels (Martin Sperr, geb. 1944, Rainer Werner Fassbinder, geb. 1946, Franz Xaver Kroetz, geb. 1946), nicht etwa als verklärte Volkskunst von „Blut und Boden", sondern gerade umgekehrt als Entlarvung des Menschen und seines Verhaltens von der Umgangssprache, vom uneigentlichen Sprechen her. Hinter solchen Versuchen steht allerdings meist das große, unerreichte Vorbild von Ödön von Horváth (1901—1938).

Entzauberung des Mythos und des Helden, absichtlich provozierter Schock wie in den gewollt trivialen, selber zum Happening gewordenen Szenen des jungen, begabten Wolfgang Bauer (geb. 1941), die sich von politischer und sozialkritischer Tendenz freihalten wollen, aber in der punkthaften Darstellung die Deformation des Menschen von heute uns dennoch aufzwingen, ferner Clownerie und Spiel mit den Objekten, politisches Agitations- und Diskussionstheater, das alles sind Schattierungen der deutschen Bühne der Gegenwart, die ich hier nur andeuten kann. Was scheinbar entgegengesetzt ist, das Drama als Artistik — nicht die Bühne muß sich vor der Welt, sondern die Welt muß sich vor der Bühne rechtfertigen — oder umgekehrt das Drama als politische und gesellschaftliche Demonstration und Dokumentation, beides finden wir oft in paradoxer Verknüpfung; ja selbst noch die um die Wende vom 19. zum 20. Jahrhundert virtuos ausgebauten Techniken der psychologischen und soziologischen Analyse (Tschechow, Wedekind, Strindberg, von Horváth u. a.) sind noch keineswegs abgeklungen.

Wie sehr hier Entgegengesetztes sich in der Entwicklung eines Dichters miteinander verbinden kann, dafür sei abschließend noch einmal auf die zeitsymptomatische Erscheinung von Peter Weiss hingewiesen: in der Prosa, besonders in der Erzählung *Der Schatten des Körpers des Kutschers* (1960, entstanden 1952), Herstellung einer fiktiven, an das Puppenspiel erinnernden, dem Ich feindlichen Wirklichkeit, die dann vom Dichter wiederum in allen, auch trivialen Einzelheiten genau wahrgenommen und durch eben diese Wahrnehmung, verbunden mit der virtuos verwandten Technik der Kollage, paradoxerweise entwertet und entwirklicht wird; im Drama sowohl das rein Komödiantische wie das Politische, kabarettistische Revue und nüchterne Dokumentation oder auch wie im *Marat*-Drama totales Spektakel mit der Verfremdung des Theaters auf dem Theater selbst, mit einer Vielfalt von meist geräuschvollen Bühnenmitteln wie Musik, Tanz, Pantomime, Diskussion usw.; schließlich die Vieldeutigkeit in der Rolle des einzelnen, seiner Situation im „Fluchtpunkt" und seiner auf anarchische Weise gesuchten, jedoch stets utopisch bleibenden Befreiung, aber auf der anderen Seite dennoch die Entwertung des einzelnen in der Betonung der Geschichte als einer Geschichte von Klassenkämpfen, das Festhalten am Kollektiven und am revolutionären sozialistischen Engagement.

Diese Widersprüche, die in der Stilgebung sowohl das Dokumentarische wie das absurd Phantastische und das Groteske zulassen, sind nicht Unvermögen; sie spiegeln das Widerspruchsvolle unserer Epoche. Die Wirklichkeit, die schon zu konstatieren immer schwieriger wird, scheint sich mehr und mehr jeder poetischen Sinngebung zu entziehen, und dennoch ist vielleicht niemals in so strapazierender Weise vom Autor Sinngebung verlangt worden wie heute.

Literatur
(in Auswahl)

1. Nachschlagewerke

Helmut Olles (Hrsg.): Lexikon der Weltliteratur des 20. Jahrhunderts. 2 Bde., 3. Aufl., Freiburg i. Br. 1963.

Franz Lennartz: Deutsche Dichter und Schriftsteller unserer Zeit. 10. Aufl., Stuttgart 1969 (Kröners Taschenausgabe 151).

Hermann Kunisch (Hrsg.): Handbuch der deutschen Gegenwartsliteratur. 2. verb. und erw. Aufl., 2 Bde., München 1969/70.

Helmut Olles: Rowohlt Literaturlexikon 20. Jahrhundert, Reinbek bei Hamburg 1971 (auch als Taschenbuch, 3 Bde., rororo 6161—6163).

Deutsche Literaturgeschichte in Tabellen, begründet von Fritz Schmitt und Gerhard Fricke, neu hrsg. von Karl Stackmann und Benno von Wiese, 10. Band: Elisabeth Endres: Deutsche Literatur der Gegenwart (erscheint im Athenäum-Verlag, Frankfurt).

2. Sammlungen und Anthologien

Peter Hamm: Aussichten, Junge Lyriker des deutschen Sprachraums. München 1966.

Klaus Wagenbach (Hrsg.): Lesebuch, Deutsche Literatur der 60er Jahre. Berlin 1968.

Deutsche Dramaturgie vom Naturalismus bis zur Gegenwart, hrsg. von Benno von Wiese. Tübingen 1970.

Hilde Domin (Hrsg.): Nachkrieg und Unfriede, Gedichte als Index 1945—1970. Neuwied, Berlin 1970 (Sammlung Luchterhand 7).

Deutsche Literaturkritik der Gegenwart IV, 1, hrsg. von Hans Mayer. Stuttgart 1971.

Hans-Jürgen Schmitt: 19 Erzähler der DDR. Frankfurt/Main 1971 (Fischer Bücherei 1210).

Marcel Reich-Ranicki: Erfundene Wahrheit, Deutsche Geschichten 1945—1960. München 1972; Verteidigung der Zunkunft. Deutsche Geschichten seit 1960. München 1972.

Theorie und Technik des Romans im 20. Jahrhundert, hrsg. von Hartmut Steinecke. Tübingen 1972.

3. Darstellungen

Horst Bienek: Werkstattgespräche mit Schriftstellern. München 1962.

Clemens Heselhaus: Deutsche Lyrik der Moderne. 2. Aufl., Düsseldorf 1962.

Walter Jens: Deutsche Literatur der Gegenwart. München 1962.

Marcel Reich-Ranicki: Deutsche Literatur in West und Ost. München 1963.

Hans Werner Richter und Walter Mannzen (Hrsg.): Almanach der Gruppe 47 1947 bis 1962. Reinbek bei Hamburg 1963 (Rowohlt Paperback 14).

Reinhard Baumgart: Literatur für Zeitgenossen. Frankfurt/Main 1966 (edition suhrkamp 186).

Helmut Heißenbüttel: Über Literatur. Olten, Freiburg/Br. 1966.

Hilde Domin (Hrsg.): Doppelinterpretationen, 3. Aufl., Frankfurt/Main 1967.

Reinhard Lettau (Hrsg.): Die Gruppe 47, Dokumente, Kritik, Polemik. Neuwied, Berlin 1967.

Marcel Reich-Ranicki: Literatur der kleinen Schritte. München 1967.

Hans Mayer: Zur deutschen Literatur der Zeit. Reinbek bei Hamburg 1967.

Georg Rühm (Hrsg.): Die Wiener Gruppe. Reinbek bei Hamburg 1967 (Rowohlt Paperback 60).

Werner Welzig: Der deutsche Roman im 20. Jahrhundert. Stuttgart 1967 (Kröners Taschenausgabe 367).

Dieter Weber (Hrsg.): Deutsche Literatur seit 1945 in Einzeldarstellungen. Stuttgart 1968.

Heinrich Vormweg: Die Wörter und die Welt. Neuwied, Berlin 1968.

Peter Hamm: Kritik von wem, für wen, wie? Eine Selbstdarstellung deutscher Kritiker. München 1969 (Reihe Hanser 12).

Helmut Heißenbüttel und Heinrich Vormweg: Briefwechsel über Literatur. Neuwied, Berlin 1969.

R. Hinton Thomas und Wilfried van der Will: Der deutsche Roman und die Wohlstandsgesellschaft. Stuttgart 1969.

Dieter Wellershoff: Literatur und Veränderung. Köln, Berlin 1969.

Peter Demetz: Die süße Anarchie, Deutsche Literatur seit 1945. Frankfurt/Main, Berlin 1970.

Reinhold Grimm und Jost Hermand (Hrsg.): Basis, Jahrbuch für deutsche Gegenwartsliteratur. Frankfurt/Main 1970 ff.

Marcel Reich-Ranicki: Lauter Verrisse. München 1970.

Heinz Ludwig Arnold (Hrsg.): Gruppe 61, Arbeiterliteratur — Literatur der Arbeitswelt. Stuttgart 1971.

Manfred Durzak: Der deutsche Roman der Gegenwart, Böll, Grass, Handke, Härtling, Jens, Johnson, Wiener, Wolf. Stuttgart 1971.

Manfred Durzak (Hrsg.): Die deutsche Literatur der Gegenwart, Aspekte und Tendenzen. Stuttgart 1971.

Thomas Koebner (Hrsg.): Tendenzen der deutschen Literatur seit 1945. Stuttgart 1971.

Werner Brettschneider: Zwischen literarischer Autonomie und Staatsdienst. Die Literatur in der DDR. Berlin 1972.

Fritz J. Raddatz: Traditionen und Tendenzen. Materialien zur Literatur der DDR. Frankfurt 1972.

Hans Dietrich Sander: Geschichte der Schönen Literatur in der DDR. Ein Grundriß. Freiburg 1972.

Lili Simon

NELLY SACHS

Am 18. Oktober 1965 betrat Nelly Sachs, eine bis dahin in Deutschland wenig bekannte Dichterin, am Arme des ersten israelischen Botschafters, Asher Ben-Natan, die Frankfurter Paulskirche, um als erste weibliche Preisträgerin den Friedenspreis des Deutschen Buchhandels entgegenzunehmen. Neben der hünenhaften Gestalt Ben-Natans wirkte Nelly Sachs noch zarter, noch zerbrechlicher als sonst; man begriff, welch eine seelische Anstrengung dieser Auftritt für die Ausgezeichnete bedeutete. „Für mich ist alle Öffentlichkeit Tortur", hatte sie schon 1960 vor der Droste-Preisverleihung in Meersburg der Brieffreundin Hilde Domin gegenüber bekannt.[1] Nicht nur der öffentliche Akt war ihr schwer; das sensible Künstlergemüt war bis an die Grenze des Erträglichen getroffen durch die Wiederbegegnung mit Deutschland, dem Lande, dem die Jüdin 1940 im allerletzten Moment entkommen war. Ihre Rettung ist wiederholt als „Wunder" bezeichnet worden: Im Mai 1940 brachte der Briefträger in Berlin mit derselben Post die Visa für Mutter und Tochter Sachs und die Verpflichtung der Tochter ins jüdische Arbeitslager. „In der einen Hand hatte ich mit dem schwedischen Visum das Leben, in der anderen Hand mit dem Gestellungsbefehl ins ‚jüdische Arbeitslager', das uns allen schon als KZ bekannt war, — den Tod", berichtet Nelly Sachs.[2] Als die beiden Frauen sich am Tage vor der Ausreise bei der geheimen Staatspolizei melden mußten, „gab den zitternden Frauen ein Kommissar — es gab auch solche Kommissare! — den Rat, nicht mit dem Zug zu fahren; wenigstens die jüngere würde an der Grenze festgenommen werden. Am 16. Mai 1940 kamen sie mit dem Flugzeug nach Stockholm".[3]

Die der Rettung vorausgegangenen Ängste haben in Nelly Sachs unauslöschbare Spuren hinterlassen. Ein Verhör bei der Berliner Gestapo, nach welchem sie fünf Tage lang im Kehlkopf gelähmt war, schlug sich so in einer autobiographischen Aussage nieder: „Fünf Tage lebte ich ohne Sprache unter einem Hexenprozeß. Meine Stimme war zu den Fischen geflohen, ohne sich um die übrigen Glieder zu kümmern, die im Salz des Schreckens standen."[4]

Immer spiegelt sich die Grundsituation der Ausweglosigkeit im Werk der Nelly Sachs. Wieder und wieder fliehen Menschen vor Menschen; die einen jagen, und die anderen werden gejagt. Nicht allein im Gedicht versucht die nach Schweden emigrierte Autorin dieser Thematik Gestalt zu geben, sondern auch in hymnisch-ekstatischen, kultisch-symbolischen Dramen umkreist sie „jene furchtbare

Frage, eine der Kernfragen der Menschheit: Warum es des Bösen bedarf, um den Heiligen, den Märtyrer zu schaffen. Niemand wird darauf Antwort geben können ...“[5] Nachdem sie ihr 1945 begonnenes Drama *Nachtwache* abgeschlossen vorgelegt hat, merkt sie schmerzerfüllt an: „Der Mensch, das unentwirrbare Universum mit blutdurchlaufenen Sternstraßen, wird immer schuldig werden; das ist seine Tragik auf Erden. Warum? Darum! Der Grad seines Schuldanteils ist verschieden — je feiner veranlagt, je zerreißender sein Schuldgefühl.“ Die wirklichen Henker im KZ-Drama *Nachtwache* morden, „weil es ihnen aufgetragen — am Ende mit der Raubtierlockung, sich auf Hilfloses zu stürzen. Mit dem Hintergedanken der Feigen, ungestraft zu bleiben ... Das ewige Spiel von Jäger und Gejagtem, von Henker und Opfer ...“

Eben diesem Drama *Nachtwache*, einer Neun-Bilder-Folge von KZ-Erfahrungen, stellt Nelly Sachs ein Tolstoi-Zitat als Motto voran: „Nur was in der Seele geschieht, verändert die Welt.“ Damit charakterisiert sie auch sich selbst. In äußerster seelischer Anstrengung versucht sie, den „Alptraum einer Henkerzeit“[6] zu verarbeiten und damit die Welt zu verwandeln. In dieser ganz persönlich angenommenen Mission wird sie 1965 als Friedenspreisträgerin geehrt. In der Begründung für die Auszeichnung heißt es: „Der Friedenspreis des Deutschen Buchhandels wird 1965 der großen jüdischen Dichterin deutscher Sprache Nelly Sachs verliehen. Das dichterische Werk von Nelly Sachs steht ein für das jüdische Schicksal in unmenschlicher Zeit und versöhnt ohne Widerspruch Deutsches und Jüdisches. Ihre Gedichte und szenischen Dichtungen sind Werke der Vergebung, der Rettung, des Friedens. Als Übersetzerin verbindet sie die junge Literatur Schwedens mit der unsrigen ...“ Und die preisgekrönte Dichterin erwiderte: „Wenn ich heute, nach langer Krankheit, meine Scheu überwunden habe, um nach Deutschland zu kommen, so ... um den neuen deutschen Generationen zu sagen, daß ich an sie glaube. Über alles Entsetzliche hinweg, was geschah, glaube ich an sie.“[7] Schon 1945 hatte Nelly Sachs an Gudrun Dähnert, ihre wirkliche Lebensretterin und Freundin seit Kinderzeiten, geschrieben: „Ja, was übrigblieb und gerettet wurde durch all das Entsetzliche hindurch ist nur der Glaube an das Ewige, Göttliche, das Unzerstörbare in euch guten Menschen. Ihr seid es, wenn ich meinen schwedischen Freunden begreiflich machen will, daß es außer den Untieren, die in den Konzentrationslagern den Namen ‚Mensch‘ bis zur Unkenntlichkeit schändeten, und den Lauwarmen noch etwas gibt, was diesen Namen verdient in diesem verirrten Volk.“[8]

Kunstwerk und Künstlerbiographie pflegen einander zu belichten, obwohl Nelley Sachs über das Autobiographische besonders tiefe Diskretion walten läßt. Bis zur Auswanderung im Jahre 1940 verläuft das Leben der am 10. Dezember 1891 Geborenen völlig eingeebnet in das bürgerlich-wilhelminische Zeitalter. Nelly Sachs' frühe dichterische Äußerungen dürften diesen Zeitgeschmack widerspiegeln. Jedenfalls wäre eine Wiederentdeckung ihres Frühwerks „kaum wünschenswert, ... von Nelly Sachs auch nicht vorgesehen".[9] Noch späterhin, auf der Höhe ihres Schaffens mögen ihr viele triviale, sentimentale Verse unterlaufen sein, darunter manche gewagte Wortschöpfungen, die Geschmacksfragen aufwerfen. Nelly Sachs stammt aus dem Tiergartenviertel und genoß ihre Schulbildung zumeist als Privatunterricht, ganz wie um die Jahrhundertwende manch andere „höhere Tochter". Eine Berufsausbildung hat sie nie erhalten. Die einzige Tochter respektierte ihren Vater und hing an ihrer Mutter. Zu den abendlichen Improvisationen des Vaters auf dem Klavier liebte sie es, ausdrucksvoll zu tanzen. Auch später als Dichterin hielt sie den Tanz und das Mimische für ihre eigentliche Ausdrucksgebärde. Des Vaters Bibliothek vermittelte ihr die ersten literarischen Bekanntschaften: Goethe, die deutschen Romantiker, Sagen, Märchen und orientalische Weisheitsbücher. Tatsächlich bestand vor 1940 ihre einzige Begegnung mit zeitgenössischer Dichtung in der Lektüre von Selma Lagerlöf, mit der Nelly Sachs schon als junges Mädchen ehrerbietig korrespondierte, der sie ihre eigenen dichterischen Versuche übersandte und die sie ihr „leuchtendes Vorbild" nannte.[10] Der verehrten schwedischen Dichterin widmete die 30Jährige sodann ihre einzige in Buchformat erschienene Publikation vor 1947, *Legenden und Erzählungen.* Es war diese Beziehung zu Selma Lagerlöf, die sich später schicksalhaft auswerten ließ, als Mutter und Tochter Sachs inmitten der ärgsten Phase der hitlerischen Judenverfolgung nach Schweden emigrieren durften. Neuerdings ist zwar in Zweifel gezogen worden, ob Selma Lagerlöf persönlich diese Einwanderung befürwortet hat.[11] Nelly Sachs hatte während ihrer Berliner Jugendzeit offensichtlich keine Beziehung zu Repräsentanten der damals bestimmenden Geistesströmungen gefunden. Weder auf literarischem noch auf politischem Sektor hat sie mitgetan, ganz anders als die etwa seit Anfang des Jahrhunderts ebenfalls in Berlin lebende Else Lasker-Schüler. Erst auf schwedischem Boden wurde Nelly Sachs nicht nur zur eigenständigen und politisch aussagekräftigen deutschen Dichterin, sondern auch zur gewichtigen Gesprächspartnerin zeitgenössischer Schriftsteller. Sicherlich ist außer ihrem persönlichen, notvoll-dramatischen Verfolgungsschicksal und ihrem sich selbst nicht schonenden, krassen Nacherleben der Auschwitz-„Endlösung" der andere bestimmende Impuls, der die fast 50Jährige zur Dichterin umschuf, die Begegnung mit der schwedischen Literaturwelt, insbesondere mit der modernen schwedischen Lyrik gewesen. Teils aus finanziellen, teils aus inneren Gründen — die Emigrantin wollte ihrem Gastland eine Dankesschuld abstatten — wurde Nelly Sachs zur meisterlichen Übersetzerin schwedischer Lyrik ins Deutsche. Diese Übersetzertätigkeit muß ihr eine unvergleichliche Sprachschulung und Formbewußtheit vermittelt haben, deren ihr inspirativ strömender Dichtergenius bedurfte. Kein Zweifel überdies, daß das großartig-riskierte Vokabular, einschließlich manch eigenartiger Grundworte ihrer Lyrik, nicht nur eigene Erfindung, sondern Leihgut und Ausbeute aus der schwedischen Dichtung sind.[12]

Wesentlich für ihr Fußfassen im Gastlande war ihre Entdeckung von der Mitbetroffenheit der schwedischen Dichterkollegen mit eben dem Zeitgeschehen, das sie auf schwedische Erde geworfen hatte. So bemerkt sie: „In den vergangenen, entwürdigten Jahren der Menschheit erleben die schwedischen Dichter ein explosives ‚Außer-Raum-geschleudert-Werden', jene Verzweiflung, nirgend mehr einen Strohhalm zum Festhalten zu finden. In ihrem neutralen Lande sehen sie keine andere Möglichkeit, als sich mit der Ekstase der Worte in ihrem wie vom Wind gespaltenen Gedicht zu den Opfern zu werfen."[13] Aber das, was Nelly Sachs an den modernen schwedischen Dichtern hochschätzt, deren Sinn fürs Martyrium, deren Solidarität mit den Opfern, mag möglicherweise das gleiche sein, was ihrem eigenen Werk, dessen Auflagenzahl und wirklichem Leseumsatz innerhalb Deutschlands abträglich wurde; denn das Volk der „Unfähigkeit zu trauern"[15] wendet sich ab von der großen Totenklage. Und doch ist diese Trauerdichtung frei von Haß, verharrt auch nicht beim unwiederbringlich Verlorenen, sondern klingt zukunftshaltig aus in einen Aufruf zur Versöhnung und zum Frieden.

Das wurde 1965 deutlich anläßlich der Verleihung des Friedenspreises. Bei diesem Anlaß rezitierte Nelly Sachs sieben Gedichte, darunter auch dieses nach Thematik und Sprache charakteristische:

In der Flucht

welch großer Empfang
unterwegs
Eingehüllt
in der Winde Tuch
Füße im Gebet des Sandes
der niemals Amen sagen kann
denn er muß
von der Flosse in den Flügel
und weiter —
Der kranke Schmetterling
weiß bald wieder vom Meer —
dieser Stein
mit der Inschrift der Fliege
hat sich mir in die Hand gegeben —
An Stelle von Heimat
halte ich die Verwandlungen der Welt —[15]

In diesem Gedicht aus dem Zyklus *Flucht und Verwandlung* von 1959 sagt Nelly Sachs etwas über den aktuellen Anlaß hinaus Gültiges. Die beiden Pfeiler, die dieses Gedicht tragen, sind die in der ersten und letzten Zeile enthaltenen Substantive „Flucht" und „Verwandlung". Das elementare Erlebnis Flucht bereitet Verwandlung. Aktualisiert dürfte man die Deutung wagen: Die ungestört Seßhaften werden immer in Gefahr sein, sich faule Prioritäten im Machtbereich der herrschenden Gesellschaft zu ersitzen und zu manipulierten Menschen der verlogenen Klischeesprache verbildet zu werden. Dieser Typ Mensch bedarf geradezu der Störung, um überhaupt wieder ein menschlicher Mensch zu werden! Nur ein Mensch des Aufbruchs und des Umbruchs hat Zukunft, an der er sich verwandelt — im Verzicht, im flüchtigen Wandern, im eiligen Fluge. So wird der von Besitz und Position wider Willen befreite Flüchtling repräsentativ für den eigentlichen Menschen. In der Fluchtsituation wird mitten im schwebend-riskierten, wiewohl widerstrebenden Loslassen „großer Emfang" erfahren, ein vorher nicht Gekanntes. Die unübliche Fassung „in" der Flucht (statt „auf" der Flucht) zeigt Unentrinnbarkeit, faktisches Ausgesetztsein an. Es gibt da kein Zurück, sondern nur ein Weiter, ein Fort aus dem Eingekreistsein — die Flucht als Existenzform, wert, ergriffen und begriffen zu werden als Identität von Menschsein und Opfersein. Eben dieser Opfer-Mensch wird (2. Strophe) „eingehüllt", d. h. in Schutz genommen, allerdings „in der Winde Tuch". Kein Lagern, keine Rast wird ermöglicht, sondern „weiter" „muß" der Flüchtling. In Windeseile, jedoch geschwisterlich vereint mit *Wind* und *Sand* und *Fisch* und *Vogel,* mit *Schmetterling* und *Meer* und *Stein.* Sie alle (Grundworte bei Nelly Sachs!) sind dem Flüchtenden als neue Weggenossen beigegeben. — Heimat wurde verwehrt. Aber die der Dichtung und der Persönlichkeit von Nelly Sachs eigene Gefaßtheit, die große Reife, erwirkt ein neues kostbares Bewußtsein: „An Stelle von Heimat halte ich die Verwandlungen der Welt". Der erniedrigte, verjagte Mensch gewinnt eine neue Haltung, die dem Halten eines unsichtbaren Zepters ähnelt. Im „großen Empfang" wird der Blick frei für den Kosmos. Allverschwisterung ist hinzugewonnen durch „Flucht und Verwandlung". Die Dichtung von Nelly Sachs läßt die Möglichkeit destruktiver Verzweiflung an Mensch und Menschlichkeit hinter sich. Der Ungeist der Machthaber wird überwunden in der neuen Zuwendung der Opfer zur Schöpfung, zum Kosmos. Sprache wird wiederhergestellt. Und Heilung der Sprache ist Mitarbeit an der Versöhnung. Hier stoßen wir auf die zentrale Leistung der Nelly Sachs. Nach der Friedenspreisverleihung wurde die Dichterin eine Weile vielfach beachtet. — In ihrer Seele herrschte nach Frankfurt und dem unmittelbar anschließenden Besuch in Berlin nur Hochstimmung und Dankbarkeit, ähnlich wie 1960 nach dem allerersten Wiedersehen mit Deutschland in Meersburg. Die Berliner Schriftstellerin Ingeborg Drewitz, die Nelly Sachs 1965 mitbegleitet hat zur Kinderheimat Tiergartenviertel, weiß zu berichten, wie die Jugendleidenschaft des Tanzes die Spätheimkehrerin überkam und wie Nelly Sachs sich für eine Weile in ekstatisch-rhythmischen Gebärden im Grase erging — an eben der Stelle, wo einst die elterliche Villa gestanden hatte.

Was Nelly Sachs' Dichtung für Zeitgenossen und Nachwelt an Heilung bewirken kann, drückt niemand so treffend, so eindringlich aus wie Hilde Domin, Droste-Preisträgerin des Jahres 1971, in ihrem *Offenen Brief an Nelly Sachs* zu deren 75. Geburtstag im Dezember 1966: „Liebe Nelly, ich schreibe Dir diesen Brief, publice. Ich will öffentlich aussprechen, was Du für mich getan hast, denn ich denke, Du hast es für viele getan und kannst es für viele tun. Für alle, die ... an dem gleichen Trauma leiden ... Bei Kriegsende sah ich zum ersten Mal Bilder aus dem Konzentrationslager ... Am schlimmsten waren mir die Leichenhaufen: All diese nackten, hilflosen Körper, wie ein Lager von verrenkten Puppen übereinander gestapelt ... Mein Entsetzen war nicht mitteilbar ... Als ich Deine Gedichte las, im Winter 59/60, also fast 15 Jahre später, da hast Du meine Toten bestattet, all diese furchtbaren Toten, die mir ins Zimmer kamen, ... und sie gingen ein in das Gedächtnis aller Gestorbenen. In Schmerz, aber ohne Bitterkeit lösten sie sich in Deinen Worten ... Diese große Katharsis, diese Erlösung haben Deine Gedichte bewirkt. Das müssen wir alle Dir danken: wir, die Überlebenden. Du hast diesen Toten die Stimme gegeben. Mit Deinen Worten sind sie — klagend, aber doch gegangen, den Weg, den die Toten gehen. Das konnte nur einer tun, der ein Opfer und ein Ausgestoßener war und zugleich ein Dichter. Einer, dem die deutsche Sprache zu eigen ist und der also ganz ein Deutscher ist. Und zugleich ganz zu den Opfern gehört ... Daß der Ausgestoßene überdies ein besonders waches Verhältnis zum Wort hat, gerade wegen seiner Intimität mit fremden Sprachen, daß er ganz von selbst zum ‚Botschafter' wird, in fremde Sprachen die eigene hineintragend, und umgekehrt, der Muttersprache ‚Welt' anverwandelnd, ist nur ein weiteres der Paradoxe, die sein Leben ausmachen ...“[16]

Diese Aussage ergänzend, stellt Hans Magnus Enzensberger, der „junge linke“ Bahnbrecher der Nelly Sachs im Lande ihrer Muttersprache, die historisch-literarische Funktion ihrer Dichtung heraus: „Adorno hat einen Satz ausgesprochen, der zu den härtesten Urteilen gehört, die über unsere Zeit gefällt werden können: Nach Auschwitz sei es nicht mehr möglich, ein Gedicht zu schreiben. — Wenn wir weiter leben wollen, muß dieser Satz widerlegt werden. Wenige vermögen es. Zu ihnen gehört Nelly Sachs. Ihrer Sprache wohnt etwas Rettendes inne. Indem sie spricht, gibt sie uns selber zurück, Satz um Satz, was wir zu verlieren drohten: Sprache.“[17]

Ähnlich wie die Dichterin selbst machte auch ihr Werk eine Art Emigrationsschicksal, ein von-Tür-zu-Tür-Wandern durch, bevor es angekommen war. Tatsächlich hatte Nelly Sachs während all der Jahre nicht im Blick auf Veröffentlichung gearbeitet: „Ich schrieb, um zu überleben“, so begründet sie selber ihre tränendurchtränkte Dichtung. Die 1944 abgeschlossene Gedichtsammlung *Dein Leib im Rauch durch die Luft,* ihre allererste Nachkriegsveröffentlichung, erschien 1947 im Aufbau-Verlag in Ost-Berlin unter dem Titel *In den Wohnungen des Todes.* Ebenfalls 1947 erschien an gleicher Stelle der erste Band ihrer Gedichtübersetzungen aus dem Schwedischen. 1949 wagte der Bermann-Fischer Verlag/Amsterdam die Veröffentlichung ihres zweiten Gedichtbandes, *Sternverdunkelung*; aber „er wurde verramscht“.[18] 1957 eroberte die Gedichtsammlung *Und niemand weiß weiter,* in welcher die Totenklage um die Mutter mitenthalten ist, einen westdeutschen Verlag.[19] Endlich 1960 anläßlich der Droste-Preisverleihung in Meersburg faßten maßgebliche Persönlichkeiten des Suhrkampverlages den Entschluß, von nun an das gesamte Werk von Nelly Sachs bei Suhrkamp in Frankfurt zu beheimaten.

Es wäre berechtigt zu fragen, ob dieses bei Suhrkamp veröffentlichte Werk sich auch verbreitet hat. Wer kennt und kauft Nelly Sachs? Wer lebt mit dieser Dichtung? Wer weiß solche Gedichte auswendig? Und wer von der dennoch vorhandenen Lesergemeinde geht soweit mit, daß er sich selber einem Denk- und Wandlungsprozeß aussetzt, der sich nicht in „Cleverness" beim Umfunktionieren von Strukturen erschöpft, sondern dessen Veränderung „in der Seele" geschieht? Und wer macht gar die Spätwendung der Nelly Sachs zur Bibel hin mit?! Denn Abraham, Jacob, David, Hiob und die Propheten sind ihr zu Vertrauten, zu Weggenossen geworden. Diese biblischen Gestalten, Träger der Mahnung und Botschaft, durchziehen ihr Werk. So tönt in einem ihrer stärksten Gedichte die biblische Herausforderung:

> ...
> Wenn die Propheten einbrächen
> durch Türen der Nacht
> mit ihren Worten Wunden reißend ...
> in die Felder der Gewohnheit,
> ein weit Entlegenes hereinholend
> für den Tagelöhner,
> der längst nicht mehr wartet am Abend —
> Wenn die Propheten einbrächen
> durch Türen der Nacht
> und ein Ohr wie eine Heimat suchten —
> Ohr der Menschheit,
> du nesselverwachsenes,
> würdest du hören?
> Wenn die Stimme der Propheten
> auf dem Flötengebein der ermordeten Kinder
> blasen würde,
> die vom Märtyrergeschrei verbrannten Lüfte
> ausatmete —
> wenn sie eine Brücke aus verendeten Greisenseufzern
> baute —
> Ohr der Menschheit,
> du mit dem kleinen Lauschen beschäftigtes,
> würdest du hören? ...
> Wenn die Propheten mit den Sturmschwingen der
> Ewigkeit hineinführen,
> wenn sie aufbrächen deinen Gehörgang mit den Worten:
> Wer von euch will Krieg führen gegen ein Geheimnis,

wer will den Sterntod erfinden?
Wenn die Propheten aufständen
in der Nacht der Menschheit
wie Liebende, die das Herz des Geliebten suchen,
Nacht der Menschheit,
würdest du ein Herz zu vergeben haben?[20]

So erklingt unentwegt wie im Kehrreim der unbequeme Appell dieser Dichtung, denkbar ungeeignet für erbaulichen Konsum. Es fügt sich günstig, daß die alternde Autorin es verstanden hat, sich mit solchen Menschen — vorerst in Schweden, sodann über die ganze Welt hin — freundschaftlich zu verbinden, die das Mißtrauen gegen die Poesie selbst zu ihrem Ausgangspunkt gemacht hatten, gegen jene unverbindlich aufgefaßte Poesie des kulinarischen Konsums.

Bei Nelly Sachs fallen ihr Menschsein und ihr Dichtersein zusammen. Jegliche Doppelrolle oder gar Doppelbödigkeit ist ihr fremd. Immer bleibt sie kompromißlos eindeutig. Manche fromme jüdische Reminiszenz, die in ihrer Dichtung auftaucht, mag anempfunden sein; aber das Motiv dazu ist stets ehrlich, pietätvoll und ihr gemäß. In dem dichterischen wie politischen Reifungsprozeß, dem sie sich noch spät im Leben aussetzt, bewahrt sie sich — bei aller Veränderung ihrer Denk- und Aussagestrukturen — als Mensch und als Dichterin das Gefühl einer persönlichen Verantwortung. Damit gewinnt sie sicherlich ein unzeitgemäßes Profil. Understatement, Ironie und Parodie sind wahrlich nicht ihre Sache. Formal wie inhaltlich dürfte sie dem modischen Geschmack nicht entsprechen. Ihre zwar verschlüsselte, aber dennoch unreflektierte Direktsprache löst bei uns Verlegenheit aus. Schöpferisches Sprachkalkül werden wir vermissen; denn das Intellektuelle dominiert bei Nelly Sachs nicht. Vielmehr gibt sie sich ungeniert emotional, um intensiv einzuprägen, was ihre eigene Leid-Erfahrung eingebracht hat.

Des ungeachtet trug ihr das dritte Dichtungsjahrzehnt, also die Zeit der sechziger Jahre, bedeutende öffentliche Erfolge ein. So erhielt sie am 10. Dezember 1966, ihrem 75. Geburtstag, zusammen mit dem israelischen Dichter Samuel Josef Agnon, den Nobelpreis für Literatur. Doch es bleibt eine widersprüchliche Tragik, daß — wie im Gleichschritt mit äußerer Anerkennung — beginnend schon 1960 nach Meersburg — schwere psychische Krankheitsphasen und entsprechende monatelange Krankenhausaufenthalte sie belasteten. Waren die inneren Widerstandskräfte aufgezehrt, welche Verfolgung, Flucht, Armut, Pflege der kranken alten Mutter, Fremdspracheerlernung und viele beträchtliche Erschwernisse des Emigrantenlebens hatten bewältigen müssen? — Tatsächlich kommt Nelly Sachs nicht mehr recht in den Genuß ihrer verbesserten Situation. Als endlich der harte Kampf ums Überleben bestanden war und die Anerkennung kam, brach sie zusammen. Bis zu ihrem Tod am 12. Mai 1970 wurde sie immer wieder von quälendem Verfolgungswahn gepackt, fühlte sich in ihrer

Stockholmer Wohnung von Lauschern und Häschern umstellt, durchlitt in der eigenen Vorstellung die letzten grausigen 10 Minuten der in den KZ-Lagern Ermordeten. So blieb ihr Leben bis ins hohe Alter eine Flucht ohne Ende, ein beständiger Angstzustand.

Wir Geretteten,
Immer noch essen an uns
Die Würmer der Angst[21]

Zu Zeiten ging es ihr so schlecht, daß sie in geistiger Umnachtung versunken war. Trotz allem war sie auch während der Krankheitszeiten dichterisch tätig: „... Habe, wie immer, wenn ich am Boden bin, einen neuen Gedichtzyklus gegeschrieben."[22]

Emigranten haben immer etwas Lebensnotwendiges, weil seelisch Unentbehrliches in ihrem persönlichen Leben verpaßt — irgendetwas Elementares, nie mehr Nachzuholendes. Bei Nelly Sachs ist das wohl die Verbindung mit dem geliebten, im KZ ermordeten Manne, der in ihrer Lyrik eine zentrale Rolle spielt und den sie den „Bräutigam" nennt. Gleich anfangs der vierziger Jahre schrieb sie die *Gebete für den toten Bräutigam,* einen[23] Dichtungszyklus sui generis: 10 Liebesgedichte, Anreden an den toten Geliebten, zugleich in der Gebärde des Gebetes vor Gott:

...ich habe meinen Geliebten verloren!...
Trug ihn ein Wind von einem Stern, den ein Nachtmahr behext
Wie Totenschnee hinab auf eine Schar, die sich zu Gott hindurch leidet...[24]
Dein Haus, mein Geliebter, ich spür
Ist ganz von Gott verschneit.[25]
Wenn ich nur wüßte
worauf Dein letzter Blick ruhte.
War es ein Stein,...
Oder war es Erde,...
Oder war es Dein letzter Weg, der Dir das Lebewohl von allen Wegen brachte
Die Du gegangen warst?...[26]

Auch durch ihre Dramen *Nachtwache, Verzauberung, Der magische Tänzer* führt die Spur der Suche nach dem todverfallenen Geliebten — „steigt" „der Bräutigam" „aus dem Sehnsuchtsgrab", und das liebende Mädchen hält die Totenmaske des Bräutigams in ihren Händen.[27]

Fast ein Vierteljahrhundert später als die frühen Klagedramen und die *Gebete für den toten Bräutigam* erschien die in sieben Teile aufgefaltete Totenklage *Die Suchende.*[28] Hiermit hat Nelly Sachs ein letztes, alles Vorige überhöhendes Denkmal gesetzt. Sangartig tönt diese Ballade einer Liebe, gelebt am Horizont der Transzendenz:

... Sternbild des Geliebten
Vom Henker ausgeblasen
Der Löwe vom Himmel gefallen — ...
Sie sucht sie sucht ...
Sie sucht den Geliebten
Findet ihn nicht
muß die Welt neu herstellen ...
Die Suchende in ihrer Armut ...
Aufersteht weiter — ...

Wiederherstellung, Neuschöpfung, Auferstehung — so lautet die Zukunftsvision der Beraubten. Fast neutestamentliche Anklänge meint man zu hören, wiewohl man sich vor Überinterpretation hüten möchte! Hier in der Welt findet *Die Suchende* den Geliebten niemals wieder; aber das Entsetzen über den Verlust gebiert in ihr eine neue Weise von Leben.

Ein ungewöhnliches Thema durchzieht diese Dichtung der Nelly Sachs: Das Opfer duldet den Henker. — Verfolgte und Verfolger werden in einer übersinnlichen, nicht enträtselbaren Co-Existenz verklammert gesehen. Diese Schau ist einzigartig in der Literatur, die das „Dritte Reich der Deutschen" zur Sprache brachte. Das unterscheidet Nelly Sachs auch von Paul Celan (beispielsweise in seiner *Todesfuge*). In seinem Nelly Sachs zugeeigneten Gedicht *Zürich, zum Storchen*[29] umreißt er ihrer beider unterschiedliche Einstellungen zu den letzten Dingen:

... Von deinem Gott war die Rede, ich sprach
gegen ihn.
Dein Aug sah mir zu, ich sah hinweg,
Dein Mund
sprach sich dem Aug zu, ich hörte:
„Wir wissen ja nicht, weißt du,
wir wissen ja nicht,
was gilt ..."

Aber auch bei Nelly Sachs „gilt" nicht eigentlich Glaube, sondern Liebe; und zu Liebe gehört Nachsicht, Vergessen-Können, auch dann, wenn der Schuldner die Schuld nicht tilgen kann — auch gegenüber dem, der kein Verzeihen begehrt. Als Paradigmen solch konstruktiver Vergeßlichkeit stehen in dieser Dichtung die ganz Alten. Nicht die sprichwörtliche Weisheit des Alters, wohl aber die versöhnliche Vergeßlichkeit der Alten wird gepriesen. So hat Nelly Sachs der vergasten A. R. eine Grabschrift „in die Luft geschrieben", betitelt *Die alles Vergessende*[30]:

Aber im Alter ist alles ein großes Verschwimmen.
Die kleinen Dinge fliegen fort wie die Immen.
Alle Worte vergaßt du und auch den Gegenstand;
und reichtest deinem Feind über Rosen und Nesseln die Hand.

Ohne moralische Überforderung und ohne persönliches Verdienst kann Befriedung, Versöhnung mit dem Feind real werden in „Vergeßlichkeit". Nur solche Menschen am Rand des Normalen können nicht mehr nachtragen! In Alter und Verfall Heilvolles zu sehen, dazu gehört allerdings die Bereitschaft zum Loslassen, die innere Ruhe des Sterben-Mögens.

Das Vorsterben des menschlichen Gedächtnisses ist nur den ganz Alten vorbehalten — aber auch den Geistesschwachen und seelisch Umnachteten. Diese ungewöhnliche Perspektive der Versöhnlichkeit hat die Dichterin mit einbezogen in ihr Werk. So erhält krankheits- und altersbedingte Gedächtnisverwirrung in dieser Dichtung „nach Auschwitz"[31] einen neuen, einen jenseitigen Stellenwert.

Aber auch die Jungen, die ganz Normalen und Gesunden, weiß die Dichterin sich anvertraut — um des menschlichen Miteinander, um des Weiterlebens willen. Sie möchte speziell die neue Generation in Israel davor warnen, zu viel schmerzlichen Rückblick zu halten. Sie, „die das neue Haus bauen"[32], möchte Nelly Sachs wegweisen vom Beharren in der Trauer und Bitternis. Sie wünscht den Heutigen, das durch anderer Schuld Verlorene verwinden zu können! Freilich „bangte die Dichterin" ständig „um den Sendungscharakter Israels", „revoltierte gegen die ‚Normalisierung'"[33] und mahnte in Briefen nach Israel: „Aus den Verfolgten dürfen keine Verfolger werden!"[34]

Die Schöpferin der größten Totenklage der Moderne hat wohl darum so nachhaltig zurückgeblickt, um entschlossen nach vorn schauen zu können. In dieser bewußt vollzogenen Flucht nach vorn weist die Tränengewohnte ihre Zeitgenossen mit Entschiedenheit an die Zukunft:

Baue, aber weine nicht![35]

Anmerkungen

Texte

Fahrt ins Staublose. Die Gedichte der Nelly Sachs. Frankfurt 1961.

Suche nach Lebenden. Die Gedichte der Nelly Sachs. 2. Band. Frankfurt 1971.

Zeichen im Sand. Die szenischen Dichtungen der Nelly Sachs. Frankfurt 1962.

Aber auch diese Sonne ist heimatlos — Schwedische Lyrik der Gegenwart, übersetzt und ausgewählt von Nelly Sachs. Darmstadt (mit Nachwort von Nelly Sachs. Stockholm 1956).

Gunnar Ekelöf, Poesie, Texte in zwei Sprachen, hrsg. von Hans Magnus Enzensberger, schwedisch-deutsch, übersetzt von Nelly Sachs, Nachwort von Bengt Holmqvist. Frankfurt 1962.

Literatur

Nelly Sachs zu Ehren. Gedichte, Prosa, Beiträge. Frankfurt 1961 (mit Bibliographie).

Nelly Sachs: Ausgewählte Gedichte. Nachwort von Hans Magnus Enzensberger. Edition Suhrkamp, Nr. 18, 1963.

Nelly Sachs: Das Leiden Israels, ELI, In den Wohnungen des Todes, Sternverdunkelung. Nachwort von Werner Weber. Frankfurt 1964.

Nelly Sachs, Ansprachen anläßlich der Verleihung des Friedenspreises des Deutschen Buchhandels. Frankfurt 1965.

Walter A. Berendsohn: Nelly Sachs, Ekstatischer Aufstieg und künstlerische Entwicklung. In: Börsenblatt des Deutschen Buchhandels, Frankfurter Ausg., 21. Jahrg., 20 .Sept. 1965.

Doppelinterpretationen. Das zeitgenössische deutsche Gedicht zwischen Autor und Leser, hrsg. von Hilde Domin, 2. Aufl., Frankfurt 1966 (auf S. 190—196 interpretiert Horst Bieneck das Gedicht *In der Flucht*).

Renate Trautmann: Ein Besuch bei der Dichterin Nelly Sachs. Das Leben leise wieder lernen. In: Die Kirche, Evangl. Wochenzeitung, 18. bis 25. Dez. 1966, 32205, Ost-Berliner Ausgabe, S. 5.

Olof Lagercrantz: Versuch über die Lyrik der Nelly Sachs, edition suhrkamp 212, 1967.

Das Buch der Nelly Sachs, hrsg. v. Bengt Holmqvist. Frankfurt 1968 (Bibliographie, S. 419 ff.).

Walter Jens: Botschafter guten Willens (Verse der Verjagten). In: Die Zeit, Nr. 4, S. 17, Freitag, 27. Jan. 1967.

Stärker als die Angst. Den sechs Millionen, die keinen Retter fanden. Hrsg. und mit einem Vorwort versehen v. Heinrich Fink. Berlin/Ost 1968. Union-Verlag.

Hilde Domin: Wozu Lyrik heute, Dichtung und Leser in der gesteuerten Gesellschaft. München 1968 (S. 190—196, Offener Brief an Nelly Sachs).

Paul K. Kurz: Über moderne Literatur. Standorte und Deutungen, 3. Aufl. Frankfurt 1968.

Deutsche Literatur seit 1945; in Einzeldarstellungen hrsg. von Dietrich Weber. Kröners Taschenausgabe, Band 382, Stuttgart 1968.

Alexander und Margarete Mitscherlich: Die Unfähigkeit zu trauern. München 1968.

Franz Lennartz; Deutsche Dichter und Schriftsteller unserer Zeit. Einzeldarstellungen zur schönen Literatur in deutscher Sprache, 10. erweiterte Aufl. Kröners Taschenausgabe, Band 151, Stuttgart 1969.

Text und Kritik, Zeitschrift f. Literatur, hrsg. v. Heinz Ludwig Arnold, Nr. 23: Nelly Sachs, Juli 1969 (siehe auch Paul Kersten: Auswahlbibliographie auf S. 48—51).

Peter Sager: Nelly Sachs, Untersuchungen zu Stil und Motivik ihrer Lyrik. Diss. Bonn 1970.

Peter Sager: Die Lyrikerin Nelly Sachs. In: Neue Deutsche Hefte, Nr. 128, S. 26—45, Berlin 1970.

Lili Simon: Hilft Lyrik uns, wir selbst zu sein? In: Der Wegweiser, Nr. 9, Sept. 1970, 23. Jahrg., S. 238—242 und Literaturverzeichnis auf S. 244.

Siegfried Unseld: Zum Tode von Nelly Sachs. In: Börsenblatt des Deutschen Buchhandels, Nr. 45, Frankfurter Ausg., 26. Jahrg., 5. Juni 1970.

Bernhard Doerdelmann: Zum Tode von Nelly Sachs und Paul Celan; Max Tau: Meine erste Begegnung mit Nelly Sachs, aus *Ein Flüchtling findet sein Land*. In: Zeitschrift ISRAEL FORUM, XII. Jahrg., Heft 3, 1970, S. 2—6.

Heinz Ludwig Arnold; Eine Landsmännin, die vertrieben wurde. In: Frankfurter Rundschau, 14. Mai 1970, Nr. 110, S. 8.

Nelly Sachs

Nelly Sachs: The slow return of reason. Israelische Wochenend-Zeitschrift: Jerusalem Post Magazine, 22. Mai 1970, S. 13 (Book Page).

Fritz J. Raddatz: Welt als biblische Saat: Nelly Sachs. In: F. J. R., Verwerfungen. Sechs literarische Essays. Frankfurt 1972, S. 43—51.

Nachweise

1 Aus unveröffentlichtem Brief von Nelly Sachs aus Stockholm, 24. Februar 1960, an Hilde Domin, Heidelberg.

2 Heinrich Fink, Stärker als die Angst, Berlin/Ost 1968: S. 227.

3 Das Buch der Nelly Sachs, Frankfurt 1968, S. 36—37.

4 W. A. Berendsohn, Frankfurt 1965, zitiert aus Nelly Sachs' *Leben unter Bedrohung* in: Ariel, Heft 3, Darmstadt 1956.

5 Nelly Sachs, *Zeichen im Sand,* S. 349; vgl. auch *Suche nach Lebenden,* S. 50.

6 A. a. O., S. 348/349.

7 Ansprachen anläßl. Friedenspreis, Frankfurt 1965, S. 43.

8 Siehe Nachweis 2, S. 228. Zitat aus Nelly Sachs' erstem Brief nach Deutschland nach 1945, gerichtet an Gudrun Dähnert, geb. Harlan, Dresden.

9 Peter Sager, Die Lyrikerin Nelly Sachs. Berlin 1970, S. 26.

10 A. a. O., S. 32.

11 Siegfried Unseld, zum Tode von Nelly Sachs. Frankfurt, 5. Juni 1970, S. 1287.

12 Siehe Nachweise 9, S. 39.

13 Schwedische Lyrik, übersetzt von Nelly Sachs. Stockholm 1956, S. 62.

14 A. u. M. Mitscherlich, Die Unfähigkeit zu trauern. München 1968, S. 79 ff.

15 Nelly Sachs, *Fahrt ins Staublose.* Frankfurt 1961, S. 262.

16 Hilde Domin, Wozu Lyrik heute. München 1968. Offener Brief an Nelly Sachs.

17 Edition Suhrkamp Nr. 18, Frankfurt 1963. Siehe den der Titelseite vorangedruckten Text von H. M. Enzensberger.

18 Siehe Nachweis 11.

19 Es ist der Ellermann-Verlag, Hamburg. Siehe Nachweis 9, S. 27.

20 Siehe Nachweis 15, S. 92—94 (aus Zyklus *Sternverdunkelung*).

21 Siehe Nachweis 15, S. 50. Siehe auch S. 89 im Nachwort von Bengt Holmqvist zu Gunnar Ekelöf, Poesie ... Frankfurt 1962.

22 Siehe Nachweis 11, S. 1288.

23 Siehe Nachweis 15, S. 22—32.

24 A. a. O., S .29.

25 A. a. O., S. 29.

26 A. a. O., S. 31.

27 Nelly Sachs, *Zeichen im Sand,* S. 319 und 321 (in Drama *Verzauberung.*

27 Nelly Sachs, *Zeichen im Sand,* S. 319 und 321 (in Drama *Verzauberung*).

29 Nelly Sachs zu Ehren. Frankfurt 1961, S. 32.

30 Siehe Nachweis 15, S. 46.

31 Siehe Nachweis 17.

32 Siehe Nachweis 15, S. 9: Gedicht *An euch, die das neue Haus bauen.*

33 und 34 Zitate aus unveröffentlichten Briefen aus Stockholm von Nelly Sachs an Schalom Ben-Chorin, Jerusalem aus dem Jahre der Staatsgründung Israels, 1948.

35 Siehe Nachweis 32.

Herbert Eisenreich

HEIMITO VON DODERER

Doderers heute schon agnoszierbare Leistung besteht in der synthetischen Fruchtbarmachung nahezu aller wichtigen Tendenzen, die im naturalistischen (d. h. nicht-parabolischen) Roman seit rund hundert Jahren wirksam waren. Anders ausgedrückt: Doderer leistete nicht irgendeinen Beitrag zum Romanschaffen der Gegenwart, sondern steht in jeder Hinsicht — sowohl technisch und methodisch als auch stofflich und thematisch — voll auf der Höhe der Zeit.

*

Heimito von Doderer wurde am 5. September 1896 in Weidlingau bei Wien geboren. Sein Stammbaum wurzelt nicht nur in Österreich, sondern auch in Deutschland, Frankreich und Ungarn (entfernte Verwandschaft mit Lenau). Der Vater wurde bekannt als Erbauer von Gebirgseisenbahnen.

Doderers großes Jugenderlebnis, das in ihm den Schriftsteller weckte, war die vierjährige Kriegsgefangenschaft als junger Offizier in Sibirien (1916 bis 1920). Nach der Heimkehr studierte er in Wien Geschichtswissenschaften (1925 Dr. phil.). Inzwischen (1923) war sein erstes Buch, der Gedichtband *Gassen und Landschaft*, erschienen. Nach verstreuten Publikationen fand Doderer früh eine Heimstatt bei C. H. Beck (Biederstein) zu München, der auch heute noch das Werk betreut. Der Zweite Weltkrieg unterbrach die Tätigkeit als freier Schriftsteller auf sechs Jahre, da Doderer von 1940—1946 zur deutschen Wehrmacht eingezogen war. (Insgesamt elf Jahre Militärdienst. Dazu Doderers eigener scherzhafter Kommentar: „Eine gute Ausred', wenn nix wird aus mir!")

Wieder in Wien, nahm Doderer nicht nur die literarische Arbeit, sondern auch das Studium der Geschichte wieder auf und wurde 1950 Mitglied des exklusiven Instituts für Geschichtsforschung. 1952 verehelichte Doderer sich zum zweiten Mal: mit einer Verwandten des bayerischen Dichters Ludwig Thoma; eine frühere Ehe war bald geschieden worden. Von da an lebte er abwechselnd in Wien und in Landshut. Gestorben ist er am 23. Dezember 1966 in Wien.

Doderers frühen Publikationen war kein dauernder Erfolg beschieden, zumal er wenig und unregelmäßig veröffentlichte; auch stand er kaum in Kontakt mit den literarischen Größen der Zwischenkriegszeit. Bewundernde, deswegen aber nicht unkritische Freundschaft verband ihn schon damals mit dem etwas älteren Dichter und Maler A. P. Gütersloh. (Wörtliche, also bewußte Identität gewisser Fundamental-Sätze!) In dieser Zurückgezogenheit begann 1931 die Arbeit an dem (an Dostojewski angelehnten) Roman *Die Dämonen*, dessen erster von drei Teilen 1937 fertig vorlag, in Anbetracht der politischen Situation in Deutschland aber von Autor und Verlag zurückgehalten wurde. Dafür erschien 1938 der psychologische Kriminalroman *Ein Mord den jeder begeht* — noch etwas gewaltsam in der Komposition, aber schon meisterhaft in den einzelnen Partien, insbesondere in der schlechthin unvergleichlichen Schilderung einer (wohl auch eigenen) Jugend —, und 1940 der Barock-Roman *Ein Umweg*, in welchem der Autor gleichsam ein schon im Titel deklariertes Modell seines ganzen Œuvres lieferte. Aber erst dem Fünfundfünfzigjährigen gelang mit der *Strudlhofstiege* (1951) der Durchbruch bei Kritik und Publikum. Kleinere, zum Teil aber höchst gewichtige Publikationen und endlich, nach fünfundzwanzigjähriger Arbeit daran, das Romanwerk *Die Dämonen* (1956) festigten Doderers Position als Erzähler höchsten Ranges. 1962 überrumpelte Doderer seine Leser mit dem grotesk-humoristischen Roman *Die Merowinger oder Die totale Familie*, einer Zeit- und Gesellschaftsdiagnose von einer zumindest im Deutschen nicht mehr bekannten Souveränität.

In seinen letzten Lebensjahren überraschte Doderer seine Leser neuerdings: 1963 mit dem *Roman No 7 / Erster Teil: Die Wasserfälle von Slunj* — einer fast schon kommentarlosen oder, wie der Autor selber sagt, „stummen" Erzählkunst —, und 1964 mit einem denkbar gründlichen Kommentar, dem Tagebuch *Tangenten* aus den Jahren 1940—1950. Im Todesjahr selbst erschienen noch ein Band Erzählungen und, zum siebzigsten Geburtstag, die kostbare Kleinigkeit *Meine neunzehn Lebensläufe und neun andere Geschichten.* Aus dem Nachlaß wurden gehoben: der (Fragment gebliebene) zweite Teil von *Roman No 7*, zwei Bände Essays und Aphorismen sowie die Fortsetzung der Tagebücher.[1] Neu herausgebracht wurden die *Frühe Prosa* und „Die Erzählungen", die vom späteren Werk her zusätzliches Gewicht erhalten und jedenfalls die thematische Konsequenz und Kontinuität im Schaffen des Dichters beweisen.

Preise und Ehrungen sind Doderer erst sehr spät zuteil geworden (1954 Preis des Bundesverbandes der deutschen Industrie, 1958 Großer Österreichischer Staatspreis). Seit den *Dämonen* galt Doderer als Österreichs Nobelpreiskandidat, doch rechnete er selbst sich keine Chancen aus, auch aus politischen Gründen: eine kurzfristige intellektuelle Liaison mit dem damals in Österreich illegalen Nationalsozialismus wurde ihm trotz baldiger ostentativer Bekehrung niemals völlig verziehen.

Übersetzt worden sind verhältnismäßig wenige Bücher Doderers. Sie teilen damit das Schicksal nahezu aller typisch österreichischen Dichtungen, deren Sprache sich jeder Übertragung in eine fremde spröd widersetzt.

Neben erzählenden und essayistischen Büchern hat Doderer auch zwei Gedichtbände publiziert, die ihn nicht als einen eigentlich lyrischen, sondern vielmehr als einen epigrammatischen Dichter ausweisen. Der dramatischen Literatur endlich war Doderer aus tiefer Seele abhold. Erwähnenswert ist noch, daß für schwierige Formulierungen, vor allem im Tagebuch, auf die lateinische Sprache zurückgegriffen wurde.

*

Doderers eigentliche Qualitäten lassen sich erst den Werken seiner zweiten Lebenshälfte ablesen, beginnend mit dem *Mord* und dem *Umweg*: dieser, der Umweg, ist das Charakteristikum seines Lebens wie seiner Literatur: zumindest insofern der äußerste Gegensatz zu Hofmannsthal, der von Jugend auf in seiner Art perfekt war und sich denn auch nie mehr übertroffen, nur noch variiert, interpretiert, kommentiert hat. Doderer kennt zwar nur ein einziges Thema: die Menschwerdung auf dem Umweg; aber dies eine Thema ist ständig mit ihm gewachsen, und er mit ihm. Die im Leben bitter gewonnene Erkenntnis, daß „wir nie das eigentlich von uns Gemeinte bewirken", wird bei ihm zum Kunstprinzip; und umgekehrt kann Hilfe (fürs eigene Leben, und fürs Leben des Lesers) nur erzielt werden auf dem Umweg über das Artistische. „Denn schon war die für dieses Leben wichtigste Entdeckung in der Mechanik sowohl des Geistes als auch des äußeren Geschehens gemacht worden: die des indirekten Weges; die des lebensgemäßen Denkens, sehr zum Unterschiede von den immer erneut rundum praktizierten Versuchen, denkensgemäß zu leben, die allesamt verurteilt waren, im Doktrinarismus, im Reformertum und schließlich im totalen Staate zu enden ... Schon war entdeckt, für wie viel wichtiger gehalten werden muß, zu sehen, was ist, als festzustellen, was sein soll; denn, erstens ist dieses so allgemein nur als Verabsolutierung möglich; zweitens aber führt es zur Apperzeptions-Verweigerung (dessen was ist nämlich), also zu jener verheerenden Form der modernen Dummheit, welche heute bereits die Verständigung über die einfachsten Dinge glatt unmöglich macht: vermittels der sogenannten Gesinnungen" (1953). Dies eminent Politische — dem Kenner und Verehrer Roms ganz natürlich — exemplifiziert Doderer nun aber nicht in den aus der Zeitung bekannten Ereignissen (wenn wir von dem blutigen 15. Juli 1927 in den *Dämonen* absehen), sondern an einzelnen Individuen, weil Innen und Außen einander stets entsprechen, zumindest korrespondieren, und das, was wir nachher Geschichte nennen, sich also auch in der Brust des Menschen abgespielt hat. Kein Buch seit dem *Mord,* in dem die Figuren nicht in solcher Befangenheit stecken — in einer „zweiten Wirklichkeit" — und dann entweder darin zugrunde gehen oder aber, am Ende des heilsamen Umwegs, an kaum zu träumen gewagte Ziele gelangen.

Weiter im Vordergrund, im Stofflichen, gilt Doderer als der präziseste Schilderer Wiens im ersten Jahrhundertdrittel, wobei die Skala vom Aristokratenpalais bis zum Stundenhotel, von der Bankdirektion bis ins Vorstadtcafé, vom Tennisplatz bis ins Kanalsystem reicht (und zwar alles aus eigener Anschauung);

er ist nicht der Dichter einer Klasse, eines Standes, eines Klüngels, sondern einer ganzen Gesellschaft. Im *Umweg* und im *Letzten Abenteuer* ist Doderer tiefer in die Vergangenheit zurückgetaucht — dort ans Ende des Dreißigjährigen Krieges, hier sogar in eine Zeit, da es nicht nur Ritter, sondern auch noch Drachen gegeben hat —, während die *Merowinger* eine in dieser Hinsicht krönende Synthese darstellen: frühes Mittelalter und gegenwärtiges Wien werden eins, weil es eben durchaus nicht um das Stoffliche geht, sondern um die Form als „die Entelechie jedes Inhaltes".

Technisch steht Doderer in der Tradition des Naturalismus (allerdings ohne jede Verbundenheit mit dessen diversen Gesinnungen). Daß Roman Handlung habe, ist ihm selbstverständlich, und zwar wiederum aus der Einsicht in die Korrespondenz von Innen und Außen. Das äußere Schicksal eines Menschen — daß einem ein Bein abgefahren wird, daß einer eine Erbschaft macht, daß man in den Krieg ziehen muß — ist kein Zufall, es ist auch nicht etwas, das man beliebig ablegen oder ignorieren, gegen das man innerlich anleben könnte; im Gegenteil: um „schicksalsgesund" zu sein, muß man sich mit seinem äußeren Schicksal inwendig einverstanden erklären, es sich gleichsam einverleiben — im Sinne alter asiatischer Weisheit (Sibirien!) oder der Stoa etwa. So wenig es nur ein äußeres oder nur ein inneres Leben gibt, so wenig gibt es für Doderer einen sozusagen nur äußeren oder nur inneren Roman: daher seine kritische Distanz einerseits zur Reportage, zum Zeitroman, zur „Zeitung zwischen Buchdeckeln", und anderseits zu Dichtern wie Joyce. Im Gegensatz zu Musil ist Doderer ein strenger Architekt, der seine Bücher tatsächlich auf dem Reißbrett entwirft (und sich dank solcherart hergestellter Gesetzlichkeit dann unbesorgt der Freiheit des Fabulierens erfreuen darf). Dem Leser freilich verbirgt sich das Kalkül unter buntester Gegenständlichkeit und einer Vielzahl von Handlungsfäden, die, scheinbar unentwirrbar, doch plötzlich zum kunstvollen Muster sich flechten. Auf Doderer trifft daher wirklich zu, was über so viele österreichische Dichter, meist mit weniger Berechtigung, schon geäußert worden ist: daß hier das Barock noch fortlebt.

*

Eine kritische Sichtung des Œuvres setzt vielfach noch immer den aus *Zihal, Strudlhofstiege* und *Dämonen* gebildeten Komplex an die oberste Stelle: dies eigentlich erste universale Bild von Wien, in dem zugleich — und nicht nur im hinreißend beschriebenen Brand des Justizpalastes anno 1927 — die Zeichen der Zeit aufleuchten. Dieses Urteil wird voll verständlich, wenn man sich den in der ersten Jahrhunderthälfte (unter anderm bei Valéry, bei Gide, bei Thomas Mann) praktizierten Rückzug auf das Artistische, ja auf die artistische Selbstinterpretation und Selbstbespiegelung ins Gedächtnis ruft; einen Rückzug, der dann notwendig das Gerede von der Krise des Romans provozierte. Und mitten in diese fruchtlose Diskussion hinein erschien 1951, just zum Beginn der zweiten

Jahrhunderthälfte, ein Roman, dessen artistische Qualitäten nicht nur um keine Spur geringer sind als diejenigen der ganz aufs Artistische gestellten Romane, sondern darüber hinaus sich als unbeschränkt anwendbar erweisen; ein Roman, in dem das eigentlich Künstlerische triumphiert, und zwar nicht etwa dadurch, daß es sich gleichsam autark macht, sondern, im Gegenteil, dadurch, daß es, anstatt sich selber zu produzieren, Leben hervorbringt, pralles, saftiges, schwitzendes, duftendes (und natürlich auch stinkendes) Leben. Der Roman *Die Strudlhofstiege* mag beurteilt werden unter welchem Aspekt auch immer: er hält, was ein halbes Jahrhundert hindurch auf vielerlei Weise versprochen wurde. Was einzelweis angestrebt wurde (und in der jeweiligen Vereinzelung auch bis zur Perfektion gedeihen konnte), vereinigt Doderer scheinbar mühelos in diesem 900-Seiten-Komplex:

Einen Roman-gemäßen Stoff, nämlich die geschlossene, in sich aber vielschichtige Wiener Gesellschaft der Jahre kurz vor und nach dem Ersten Weltkrieg, wodurch dieser Roman (im Gegensatz zu der Musilschen Karikatur Kakaniens) auch historiographische Funktionen erfüllt;

ein aktuelles Thema, nämlich die Geschichte von einem, der auszog, ein normaler Mensch zu werden (was die Roman-Literatur fünfzig Jahre lang nicht mehr für notwendig gehalten hat);

eine bis ins Detail nachprüfbare konkrete Welt-Erfahrung, eine intime Seelenkenntnis und eine fachlich geschulte Intelligenz;

eine seinsgemäße, das heißt unideologische Art der Darstellung;

eine geschmeidige, die zarte Seelenregung ebenso wie den handgreiflichen Gegenstand fassende Sprache, deren Mutter der Wiener Dialekt und deren Vater das Lateinische ist;

ein jeweils ad hoc um eigene Wortschöpfungen vermehrtes, geradezu lexikalisches Vokabular, welches den Nährboden bildet von Witz und Humor;

und — ohne daß wir damit die Aufzählung schon für vollständig hielten! — ein am Reißbrett ständig kontrolliertes, damit allein aber noch nicht erklärbares Augenmaß für große Komposition, wobei sowohl an ein Werk der Architektur (an die Strudlhofstiege im IX. Wiener Gemeindebezirk) als auch an eine Symphonie gedacht werden kann.

So unerläßlich jede einzelne dieser Qualitäten für das Gelingen des Ganzen auch sein mag: für entscheidend muß die Komposition gehalten werden. Sie ist es ja, die jene anderen Qualitäten zusammenhält und am jeweils rechten Ort zum Einsatz bringt; sie ist das Gesetz, welches Freiheit gibt; die Beschränkung, in der sich der Meister zeigt. Aber mehr noch: die Komposition überwindet die Illusion von Zeit, Kausalität und Psychologie; in ihr erhalten die Phänomene anstelle einer motivierten eine seinsgerechte Ordnung, wo die Motive nämlich irrelevant werden. So und so geschieht's — und damit basta! Keine „Erklärung", keine „Deutung", und schon gar nicht eine „Meinung" dazu! Aber wenn dann

Melzer „zufällig" Augenzeuge und erster Helfer bei dem Unglück wird, das der Frau Mary K. „zufällig" widerfährt, während sie dem „zufällig" in einer Straßenbahn vorbeifahrenden Doktor Negria nachblickt, und wenn dann „zufällig" noch die Thea Rokitzer dazukommt (das alles in nicht einmal hundert Zeilen der Seiten 832 und 843/844): dann verstehn wir den Zufall plötzlich in seinem eigentlichen, durch lässigen Sprachgebrauch fast verlorengegangenen Sinn — so wenig wir ihn uns freilich erklären können. Aber nicht das Erklären, sondern das Sichtbarmachen des Lebensrätsels ist die Aufgabe des Romanciers; und diese Aufgabe löst Doderer vorzüglich mit Hilfe der Komposition, welche den Zufall als das erscheinen läßt, was er ist: das, was uns zufällt, und gar — wenn wir dieses uns Zufallende wahrnehmen und akzeptieren — das, was wir Schicksal nennen.

Die Komposition mag also verstanden werden als das den Sinn zu Tage fördernde Element. So wenig sie ein Abstraktum bleibt, so wenig abstrakt, so wenig um seiner selbst willen erscheint irgendein anderes formales Element in Doderers Prosa. In ihr ist der sowieso fruchtlose Dualismus von Inhalt und Form völlig beseitigt; vielmehr beweist sie von Zeile zu Zeile deren Identität (was, ins Negative gewendet, nichts anderes heißt, als daß eine inhaltlose Form eben keine Form und ein formloser Inhalt eben kein Inhalt ist).

Nach einem halben Jahrhundert der Befangenheit im artistischen Ghetto hat die Literatur durch Doderer zweierlei zurückgewonnen: die souveräne, wesentlich unproblematische Verfügungsgewalt über ihre Mittel, und damit deren direkte Anwendbarkeit auf das Leben selbst.

Der Roman *Die Dämonen* ist zweifellos das (nicht nur dem Umfang nach) größere, das bedeutendere Werk, die *Strudlhofstiege* aber das poetisch reifere. Genauer gesagt: diesem eignet nicht ein höherer Grad, sondern eine andere Art von Reife, eine übersatte, sanft platzende, eine Reife fast schon am Übergang zur natürlich-schönen Verwesung, im Gegensatz zu der gleichsam trockenen und harten Reife der *Dämonen*. Ja, in gewissem Sinne bildet die *Strudlhofstiege* nicht deren „Rampe", nicht deren Kulisse, sondern den Humus, aus dem heraus die wiederkehrenden Figuren leben: Mary K., René Stangeler, Kajetan von Schlaggenberg, Grete Siebenschein, der Rittmeister. Gerade dieser. In den *Dämonen* tritt er nur mehr als Exponent einer bestimmten Tendenz auf, in der *Strudlhofstiege* aber lebte er sozusagen untendenziös.

In den *Dämonen* selbst fehlt dieser Humus; der 1300-Seiten-Roman ist das knappere Buch als der 900-Seiten-Roman: mehr Bedeutungs-Konzentrat als Seins-Gerank'. Auf so schmalem Nährboden steht vor allem die wichtigste Figur, der Arbeiter Leonhard Kakabsa, welcher fast nur auftritt, um etwas zu dokumentieren: seine „Menschwerdung". Nun ist zwar gerade diese gewagte Figur — gewagt auch als ein Novum im literarischen Personenverzeichnis — gelungen konzipiert: wie dieser Einzelne weder den Weg der „Fortbildung" zum „Höheren", noch den des Arbeiterfunktionärs, des „Organisierten", sondern den höchst persönlichen Weg über die „Dialektgrenze" geht, welcher eo ipso einerseits in die Bibliothek des Prinzen Alfons Croix und anderseits in die Arme der schönen Frau Mary führt. Aber wir erfahren vergleichsweise wenig, aus welchen Gründen (im doppelten Wortsinn) Leonhard aufbricht, diesen Weg zu beschreiten, wie wir das wissen von René Stangeler (Elternhaus, Krieg, Gefangenschaft, Studium) oder von Frau Mary (Familie, Gesellschaft, Doktor Negria, Straßenbahnunfall). Der „Menschwerdung" Leonhards geht kein „Unfall" voraus, sie vollzieht sich nicht auf einem „Umweg" wie die der Personen dieses früheren Romans oder wie die des Herrn Amtsrats Julius Zihal; und selbst aus dem Dreieck der Verführung (Malva, Elly, Trix) hüpft er so leicht wie über Kreidestriche auf dem Asphalt. Leonhard ist der Held a priori: Held nicht aus seiner Lage heraus (wie die ihres rechten Beines beraubte Mary K., wie der dem „Zivilverstand" entfremdete Melzer, wie der auf Augen-Abwegen irrende Herr Amtsrat Zihal), sondern von Geburt auf. Seine persönliche Leistung besteht somit nicht darin, ein Held zu werden, gewissermaßen ad hoc, sondern das zu sein, was er sowieso schon ist, „ab ovo". Und somit wäre gerade dieser Leonhard Kakabsa die deutlichste Dokumentation der „Schicksalsgesundheit", dieses zentralen Begriffs im Denken Doderers; er also wäre somit der einzige wirklich konsequente Avantgardist auf der Vormarschstraße des Menschen zu sich selber. Er der wahre Pionier des wahren Fortschritts, wiewohl doch gerade er den kürzesten Weg zu gehen hat. Aber gerade der kürzeste Weg ist der schwierigste aller Wege, weil er, eben seiner unscheinbaren Kürze wegen, gar nicht ins Auge und ins Gewicht zu fallen scheint: ein Schritt nur ... Aber gerade dieser eine Schritt — Leonhard tut ihn im Halbschlaf — entscheidet, er erst rechtfertigt den Umweg (zum Beispiel über „dicke Damen") oder den Anmarsch, führte dieser auch durch halb Sibirien (wie der des immer noch hatschenden René).

Nach diesen zweieinhalbtausend Seiten — der *Zihal* gehört als eine Art humorvolle private Fußnote des Autors auch noch zu diesem Komplex — zeigte Doderer in den *Posaunen von Jericho,* wie man auf knappstem Raume (60 Seiten) erzählen kann: in der bruchlos geglückten Synthese von beschreibendem Verweilen am Gegenstand und unaufhaltsamem Fortschritt der Handlung ein Kabinettstück österreichischer Erzählkunst! Seine Meisterschaft ist wider alle Theorie imstande, typisch Novellistisches mit typisch Romanhaftem zusammenzuzwingen; eben insofern, als die Präzision der Schilderung nirgendwo die Rasanz der Diktion behindert oder gar hemmt, und umgekehrt diese Rasanz nirgendwo eine Vernachlässigung jener Präzision zur Folge hat. Und diese ganz und gar künstlerische Verfahrensweise reinigt den an sich makabren Stoff dermaßen, daß dem Leser jede Peinlichkeit materieller Natur erspart bleibt; denn der traurige Held der Erzählung ist aus der Normalität — oder sagen wir ruhig: aus der Ordnung — in nur mehr klinisch definierbare Tiefen abgesackt, ein menschliches

Wrack, sehr ähnlich dem Schiffswrack, in dessen wässrigem Bauch ein anderer das vollzieht, was dann beider Schicksal wendet.

Das humane Bekenntnis Doderers liegt uns in der Erzählung *Das letzte Abenteuer* vor: ein *Alter Mann und das Meer* aus abendländisch-humanistischem Geist heraus. Und wiewohl die Erzählung, scheinbar romantisch, nur von einem Ritter handelt, der auszieht, einen Drachen zu töten, um dadurch die Königstochter zu gewinnen, wohnt ihr organisch ein bedeutender Aktualitätsgehalt inne: gerade bei verfeinertem Gewissen wird das „letzte Abenteuer" nicht eigentlich um der Trophäe willen gewagt; und nicht der Sieg, sondern die Tapferkeit zählt.

Auch in den kürzeren Geschichten — in den Bänden *Die Peinigung der Lederbeutelchen, Unter schwarzen Sternen* und „Die Erzählungen" — bleibt Doderer seinem unendlichen Thema treu, selbst wenn er es nur in einzelnen seiner Facetten aufblitzen läßt oder bis in den Ulk und Jux hinüberspiegelt. Doderer war ein zwar monomanischer, deswegen aber durchaus kein monotoner Autor.

*

Das bewies er ganz eklatant 1962, nur sechs Jahre nach den *Dämonen,* mit den *Merowingern*: mit Tragik in der Maske des Kauzes. Aber aus dem oft ungeheuerlichen Humor des Buches filtert sich zwanglos die Essenz seiner Philosophie: Lebensgemäß denken, nicht denkensgemäß leben! Die letzte Spur von artistischer Bemühung, von literarischer Bemühtheit ist getilgt, die Sätze fallen — auch bei schwerstem Gewicht! — mit der selbstverständlichen Leichtigkeit, die sonst nur den naturgesetzlichen Ereignissen eigen ist: die Kunst hat sich selber überrundet, hat die Natur wieder eingeholt (im Sinn des berühmten Sonetts von Goethe). Es wird auch nichts mehr, wie früher, erklärt: „Sinngebung" — so hat unser Autor einst theoretisch formuliert — „erfolgt vielfach, weil man zu wehleidig ist, das Sinnlose bei seinem Begriffe zu belassen. Ein ganzes Netz von Sinngebungen dient uns am Ende, die Schrecklichkeiten des Lebens zu verschleiern"; und mit diesem Postulat, „das Sinnlose bei seinem Begriffe zu belassen", wird hier, in den *Merowingern,* praktisch ernst gemacht: Schnippedilderich verzichtet darauf, den abtrünnigen Majordomus wie eine Fliege an die Wand zu klatschen, und bei dem Faktum dieses Verzichtes bleibt's auch, als einer unverschleierten „Schrecklichkeit des Lebens". Kein Wenn und kein Aber: facta loquuntur.

Denn — um auf die *Strudlhofstiege* zurückzugreifen —

> jeder untersteht oder unterliegt den Gesetzen derjenigen Kategorie, in welche ihn das äußere Leben gestellt hat, ganz unangesehen ob sein Kopf jetzt Wahres oder Falsches über diesen Punkt enthält. Es kann einer Sektionsrat im Finanzministerium sein und dabei gar kein Beamter im gewöhnlichen Sinne, ja, er kann wider Willen in diese Carrière hineingezwungen worden sein, oder er kann wesentlich zu einem ganz anderen Menschentypus gehören, etwa zu dem des Künstlers — die Welt wird ihn als

Beamten nehmen, ihn immer wieder förmlich in seine Kategorie zurückdrängen und ihn zugleich darin halten, aufrecht erhalten, stützen. Und die Welt weiß in diesem Falle wirklich was sie tut. Genau das gleiche hast du, wenn einer als Rekrut einrücken und Soldat werden muß oder als Reserve-Leutnant herumlaufen. Er mag der überzeugteste Anti-Militarist sein, so steht er doch jetzt unter den Gesetzen seines nunmehrigen Standes. Und damit meine ich jetzt aber nicht die geschriebenen Gesetze und deren äußeren Zwang, die Dienst-Pragmatik des k. k. Finanzministeriums oder das Dienst-Reglement beim Militär. Sondern durchaus das innere Funktionieren. Man kann nicht das, was man vorstellt, um mit Schopenhauer zu reden, dauernd negieren von dem her, was man ist oder nur sein will. Es ist unmöglich, ein Kleid zu tragen, ohne daß es von uns durchwärmt wird, sich dem Körper entsprechend faltet und so weiter: es geht sozusagen in uns ein. Der Herr Leutnant wider Willen oder der Herr Hofrat gegen seine eigentliche Welt-Anschauung: sie befinden sich in einer Verschmelzung, ja in einer wirklich chemischen Verbindung mit dem, was sie verneinen, von dem allerersten Augenblicke an, wo sie entgegennehmen was ihnen gebührt, sei es die respektvolle Ansprache eines Kellners, den strammen Gruß eines Soldaten, oder das Taferl mit dem Titel an der Türe des Amts-Zimmers; oder wenn sie tun, wozu sie berechtigt sind, einen Befehl geben, abends die Kaserne verlassen und erst am nächsten Tag wiederkommen, was im allgemeinen nur die Offiziere dürfen, soviel ich weiß, oder als Hofrat im Ministerium einen Akt durch die Unterschrift endgültig erledigen. Mit alledem geht das Äußere in ihr Inneres ein, und es wird, was ursprünglich nur ein Kleid oder gar nur Mantel war, in höchstpersönliche Falten gelegt, es wird ein Teil der Biographie: das ist nicht zu vermeiden. Weil der Mensch nur leben kann, wenn er in irgend einer Weise sich mit dem Leben fusioniert, amalgamiert. Er muß sich darauf einlassen. Leben besteht darin, daß man sich einläßt; sich selbst hineinläßt. Niemand kann das äußere Leben ausschließlich einer Maske in Auftrag geben und dahinter integral bei sich selbst bleiben. Über solcher Kluft würde die Brücke der Wirklichkeit, die Innen und Außen verbindet, einstürzen. Jener ganze, mit bedingungsloser Sicherheit wirkende Zwang aber ließe vielleicht darauf schließen, daß jeder doch, mag er bewußt darüber denken wie er will, jederzeit genau an dem Punkte äußeren Lebens steht, auf den er seinem tatsächlichem, nicht seinem gedanklichen Sein nach gehört ... Ablehnen kann niemand eine Charge, die ihm das Leben verleiht ... Nun freilich, wenn die früher erwähnte Chemie durchaus nicht entstehen will, wenn zwischen Außen und Innen ein luftleerer Raum bleibt, dann ist's ja auch schon wieder eine Charge: nämlich die einer tragischen Figur. Die Tragik aber ist ein der Sphäre des Dramatischen entnommener Begriff. Sie ist nicht stationär und dauernd, sondern sie muß sich entscheiden, ob sie's nun will oder nicht, so oder so

— das ist, in der *Strudlhofstiege,* noch Variation; Variation des Themas „Liebe zum eigenen Schicksal", wie's wörtlich heißt in den *Merowingern,* und auch jenes anderen, schon zitierten Satzes darin: „Nicht etwa denkensgemäß zu leben kann angestrebt werden ... Sondern lebensgemäß zu denken ist unsere Sache: und das erste macht sich von selbst." Indessen enthält die zitierte Passage des früheren Romans die uns wichtig erscheinende Auffassung Doderers von der Tragik, und sie erweist sich nicht als überholt: Im Streben nach Totalität —

oder: weil er nicht mehr lebensgemäß denkt, sondern denkensgemäß leben will — geht Childerich der wirklichen Einheit seines Daseins verlustig; er verleiht sich selber damit die Charge einer tragischen Figur, mit der unaufhaltsamen Tendenz zur Entscheidung, so oder so; und dann kommt's eben, wie wir es in dem Romane lesen.

Und an diesem Punkte stellt sich mit äußerster Dringlichkeit die Frage: wie aber denn, bei Verzicht auf Sinngebung, den Schrecklichkeiten des Lebens könnte standgehalten, wie die Tragik könnte gemeistert werden.

Wir glauben nicht fehlzugehen, wenn wir aus dem Roman diese Antwort herauslesen: Indem man das (gleichsam zur Stationierung neigende) Unerträgliche auf die Spritze treibt und damit zum Umkippen bringt, wonach es, mit dem Tone eines Gelächters, in tausend Scherben fällt. Kürzer: Die Möglichkeit der Rettung liegt in dem Umschlag der Tragik zum Humor. Und konkret: In den *Merowingern* schildert Doderer die Welt, wie sie wesentlich ist, bei stattgefundener Realisierung ihrer positiven und negativen Potentialitäten (während der Pseudo-Humorist, der Pseudo-Satiriker uns nur eine Phantasmagorie, einen privaten Alptraum als wesentliche Welt offeriert). Und deshalb vergeht uns auch immer wieder das Lachen bei dieser Lektüre: weil's fürchterlich wahr ist, dies oft grell und bis ins Groteske, ja bis ins Makabre hinein Übertriebene. Indessen bleibt uns, aus dem Miterleben des Umschlags von Tragik in Humor, mit der vertieften Kenntnis der Welt eine höhere Souveränität: gerade auch Künftigem gegenüber, welches wir ja, in der Übertreibung, vorauserlebt und vorausbewältigt haben (denn die Tendenzen sind nur im übertragenen, nicht auch im handgreiflichen Sinne feststellbar).

Zeitkritik setzt in Wahrheit aber keineswegs voraus, daß der Künstler die Zeitung lese oder überhaupt sich, wie man zu sagen pflegt, informiere, sondern: daß in ihm, und zwar nicht in dem Behältnis seiner Kenntnisse, sondern im affektiven Urgrund seiner Existenz, die ganze Zeit mit all ihren Strebungen und Hemmungen, mit all ihren Chancen und Gefahren effektiv vorhanden und wirksam sei; so daß er Zeitkritik in der Selbstkritik übt. Der Künstler ist Modell der Epoche, Stellvertreter seiner Generation: also, sehr im Gegensatz zu seinem gegenwärtigen sozialen Status, der am wenigsten private Mensch von allen, wie scheinbar privat er sich auch gebärde, dieser doch nur am Zeitgeist, wie an unsichtbaren Fäden, zappelnde Hampelmann. Anders als der Weltverbesserer, dieser privateste aller Menschen (da er nicht ein Organ des Zeitgeistes ist, sondern seine Meinungen darüber, wie irgend etwas sein sollte, der Zeit aufschwätzen, also gleichsam Meinungen exportieren will); anders als der Weltverbesserer also steht der (eo ipso zeitkritische) Künstler, selbst wenn er nicht nur die Zeitungen liest, sondern Soziologie studiert, in keinem direkten Kontakt zur Welt (worunter wir Zeit und Generation zusammenfassen wollen): von niemandem fühlt er sich beauftragt („engagiert", wie das Modewort heißt), niemanden will er belehren, bessern, heilen. Nur von sich selber ist er beauftragt, nur sich selber will er — genau gesagt: muß er — belehren, bessern, heilen. Er kämpft um sein ganz persönliches Heil, als ging' es um das der Welt — und gerade um dieses geht es ja (was er selber freilich erst im nachhinein merkt). Kurzum: Zeitkritik muß, damit sie's wirklich sei, zuerst einmal Selbstgericht sein.

Anders gewendet: Der Künstler ist Kosmos, oder er ist eben — kein Künstler! Erst wenn alle, wirklich alle in ihm wie in der Welt wirkenden Tendenzen zur Sprache kommen, tagt das Selbstgericht; und erst wenn alle, wirklich alle diese Tendenzen auf die Spitze getrieben werden, bis zum Umkippen: dann erst findet Erlösung statt: indem einerseits das Sinnlose ganz bei seinem Begriffe bleibt, und anderseits die Schrecklichkeit in Scherben — in die Scherben eines Gelächters — fällt. „Des Künstlers Schicksal ist letzten Endes ganz in seiner Technik enthalten", hat Doderer dezidiert erklärt — wobei unter Technik nicht bloß die Anwendung der verfügbaren artistischen Mittel, sondern zuerst schon das Funktionieren der Geistesmechanik verstanden wird —, und die eigentliche Leistung dieser seiner Technik ist, mit des Autors Worten: „den ganzen Schrecken oder Klimbim gewichtlos zu machen". Und eben dies ist in den *Merowingern* gelungen wie in keinem der früheren Bücher: der ganze Schrecken und auch der ganze Klimbim ist gewichtlos geworden, er drückt uns nicht mehr zu Boden, und das allein empfinden wir schon als Erlösung — trotz des hier erstmals ausgesprochenen furchtbaren Wortes von der „letzten und endgültigen Niederlage". Zum Sieg ist der Mensch nicht geboren. Die Niederlage aber ermöglicht ihm den Eintritt in die höchste Kategorie: in die der Würde. So endet die Geschichte Childerichs denn auch nicht eigentlich mit dessen Entmannung, sondern mit dessen immer noch, ja jetzt erst wahrhaft männlichem Leben danach.

☆

Doderer war ein existentieller Schriftsteller par excellence; das will heißen, daß Leben und Werk in einer sich gegenseitig begründenden Wechselwirkung standen, wie sonst nur bei Stifter, den Doderer affektiv ablehnte — wie man ja immer affektiv ablehnt, was einem allzu nahe kommt. Ohne deswegen direkt autobiographisch zu werden, nahm Doderer seine Lebens-Daten zum Rohstoff seiner Dichtung, und diese wiederum benützte er als ein Mittel seiner Menschwerdung. Die Befreiung von Kampf und Krampf nun vollzog sich deutlichst in den *Merowingern*; hier schrieb Doderer sich die Bahn frei für ein absichtsloses Erzählen und für dessen Voraussetzung: für ein absichtsloses Sehen der Welt. Die Bahn war frei für den *Roman No 7*: zuerst für *Die Wasserfälle von Slunj*, die 1962 abgeschlossen und 1963 gedruckt wurden.

Der Roman hebt an wie etwa die *Strudlhofstiege* (1951), und weitere zwei- oder dreihundert Seiten lang fragt der Leser sich, ob also die *Merowinger* (1962) tatsächlich nichts weiter gewesen seien als eine Eskapade. Von diesem Roman rückblickend, gewahrte man nämlich in den Werken der fünfziger Jahre eine sorgsame Vermeidung der Tragik oder, positiv ausgedrückt, einen leidenschaftlichen Glauben ans Funktionieren: da wurde so massenhaft geheiratet wie bei Shakespeare gestorben (was freilich meist sowieso auf das selbe hinausläuft!). In den *Merowingern* aber wurde ganz und gar nicht geheiratet, im Gegenteil! Wer imstande ist, die vom Autor vielfältig geschürzten Vorhänge von Skurrilität und makabrer Groteske beiseite zu schieben, wird dahinter, in dem Verhältnis von Childerich III. und Ulrike, die nackte Tragik stehen sehen, in der Aura freilich der Würde. Denn just um diese ging's in diesem Roman, wie in den früheren um den Erfolg. Und eben die Kategorien der Tragik und Würde scheinen jetzt, in den *Wasserfällen,* wieder preisgegeben zu sein: alles funktioniert wieder — sogar zwei Prostituierte werden zu einem bürgerlich-arbeitsamen Leben bekehrt —, oder könnte jedenfalls funktionieren. Aber dann auf einmal bricht's herein, das so lang unter scheinbar harmlosem Wellengekräusel getarnte Tragische, wie eben nur ein Wasserfall; und hat man, nach diesem Schock, zu kritischem Verstehen sich wiederbelebt, dann sieht man in diesem Roman die wie selbstverständlich geglückte Synthese aus *Strudlhofstiege* und *Dämonen* einerseits und den *Merowingern* anderseits.

Das wirkt nach beiden Seiten hin: Die Menschwerdungen geschehen gleichsam zögernder, mit sehr viel Vorbehalt: „Nein, man kommt auf Stufen aus einem schmierigen Material nicht hinauf in ein reineres Leben. So geschehen Verwandlungen nicht." Und die Tragik bedarf zu ihrer Sichtbarwerdung keines tretenden, tobenden und schließlich entmannten Childerich mehr, sondern schleicht sich ein mit einem Minimum an Sensation. Gewiß: dieser neue Doderer ist noch immer der alte: „Er fügte sich. Das war entscheidend": ein Satz wie dieser stammt aus dem innersten Kern seiner Lebens-Einsicht, wie wir sie kennen, jedenfalls seit dem *Umweg* (1940). Aber die Mittel haben sich weiter verfeinert, in der Figur des Chwostik zum Beispiel, der ein entfabelter Kakabsa (aus den *Dämonen*) ist. Und die Sprache, in der da erzählt wird, fließt ohne die letzte Spur manieristischer Trübung: als eine Kunst, der man keine Artistik mehr anmerkt. Es wird, in irgendeinem Handlungs-Zusammenhang, einmal gesagt: „Je ungezielter einer spricht, desto eher trifft er in des anderen Ohr", und damit hat Doderer selbst uns den Fingerzeig gegeben zu dem Geheimnis seiner ganz unvergleichlichen Erzählkunst. Und hier gedenken wir einer theoretischen Schrift unseres Autors, und zwar der folgenden Bemerkung: „Der totale Roman sollte die Welt sehen mit einem fast schon verglasten Auge, welches alsbald nach oben brechen und in das sich dann nur mehr der leere Himmel schlagen wird. Jedoch dieser Augenblick des Abschieds, wo man noch ganz da ist, aber durchaus nichts mehr will, müßte wohl auch einzigartig sehend machen."

Diesen Augenblick lebte Doderer, seit er an diesem Roman-Werk schrieb. Aber ja, wir wiederholen's: durch weite Passagen gemahnt uns der Inhalt der *Wasser-*

fälle recht sehr an die früheren Romane. Auch hier wieder: ein fast schon unentwirrbares Geflecht von Lebenslinien, geworfen von Mensch zu Mensch, da nur über eine Gasse und dort in ein fremdes Land, mit handgreiflichen Verknotungen an diesem, mit zartesten Berührungen an jenem Punkte; doch nun, in einem freilich erst jetzt recht wahrnehmbaren Gegensatz zu den „Wiener Romanen", nicht nach der Kompositions-Idee des Verfassers, sondern nach der „Regie des Lebens", welcher der Autor gleichsam nur noch assistiert. „Wenn", sagt Doderer in *Grundlagen und Funktion des Romans,* „wenn zwei Ketten, denen ein augenscheinlicher Bezug nicht nahe liegt, sich an irgendeinem Punkte ineinanderschlagen — sei's auch nur ganz vorübergehend und mit Effekten, die über das bloße Vorstellungsleben kaum hinausgelangen — so könnten sie im totalen Roman beide mit gleicher Betonung dargestellt werden, ohne auf eine von ihnen interpretierend die andere zu beziehen, also ohne vorwiegende Betonung. Es gibt im totalen Roman keine Haupt- und Begleitstimmen, viel weniger noch wie in der Kontrapunktik, die doch irgendwo hinauswill." Und Doderer will, in diesem Roman, eben nirgends mehr hinaus; mit einer Gelassenheit, welche wohl wirklich nur der oberwähnte Augenblick gewährt, mischt er sich nirgends mehr ein, nicht als Interpret und schon gar nicht als Arrangeur. Sein Maximum an (literarischer) Technik verhilft ihm zu einem Maximum an Natürlichkeit. Schon früher hat ein Doderer-Verehrer geäußert: „Wenn man nach Wien kommt, trifft man dort lauter Schatten. Nur die Menschen aus der ‚Strudlhofstiege' gibt es wirklich." In gleichem Maß trifft dies zu auf die Menschen aus diesem Roman, der einlädt zum Eintritt in die hier in Buchform gefangene Totalität der Lebenswirklichkeit, in der es ja nie um die sogenannten Probleme geht oder um weltfremde Isolierungen sonst. Im Vordergrund handelt der Roman zwar von dem Generationenproblem um die Jahrhundertwende: wie ein Sohn an seinem lebendigeren Vater zugrunde geht; dahinter aber lehrt er, wie die Dinge in Wahrheit zusammengehören: daß eines nicht ist ohne alles, und alles nicht ohne jedes eine. Aber er lehrt's nicht redend und auch nicht zeigend, sondern indem er uns teilnehmen läßt; technisch gesprochen (und zwar wiederum mit jener theoretischen Schrift über den Roman) durch „das Verfahren, einen Vorgang nicht ganz bis zum Ende zu erzählen, sondern ihn nur bis zu einem Reifepunkt zu führen: den letzten Vollzug besorgt der Leser selbst und wird zustimmen, wenn er den Sachen später und in anderem Zusammenhange schon auf diesem Punkte begegnet". Ein Verfahren (wie wir hinzufügen möchten), mit dem der Autor nicht nur uns in das Buch hineinzieht, sondern, mehr noch, den eigentlichen Schauplatz der Handlung in unserer Brust etabliert. So wird, zuletzt, die höchste künstlerische Qualität zur höchsten moralischen. Seit Stifter hat's das im deutschen Sprachraum nicht mehr gegeben.

Mehrmals hat Heimito von Doderer versichert, er habe seine Technik der Komposition bei den Tondichtern gelernt; und nachdem er etliche seiner Erzählungen als Divertimenti und Sonatinen deklariert hatte, bezeichnete er folgerichtig das auf vier Bände veranschlagte Roman-Werk dann nicht als Tetralogie, sondern als eine aus vier Sätzen bestehende Symphonie, woraus sich der in der Literatur nicht übliche Titel erklärt: *Roman No 7*. Die *Wasserfälle* sind der erste Satz dieser geplanten Symphonie von zusammen vier Sätzen, deren jeder aber auch ganz allein für sich genommen werden kann und, dementsprechend, seinen eigenen Titel trägt. Die Einheit des vierteiligen Ganzen sollte nicht im Thematischen und schon gar nicht im Stofflichen begründet sein. Schon der zweite Satz führt den Leser aus dem Österreich der Jahrhundertwende ins Rußland des Bürgerkriegs, um wiederum darzustellen, daß Geschichte eigentlich immer nur in der Brust des Menschen sich abspielt. Der dritte Teil war konzipiert als ein Roman aus dem Berlin der späten zwanziger Jahre und sollte die Thematik der *Dämonen* wieder aufnehmen: daß die Quellen einer „zweiten Wirklichkeit“ im ganz Privaten sprudeln, ehe sie, angeschwollen und breit, zum Strom der Geschichte werden. Der vierte Band endlich war gedacht als eine Art Kontrapunkt zu dem ersten: Hat hier noch die Väter-Generation triumphiert, so ist es nun, in diesem vierten, in der Gegenwart angesiedelten Teil, an den Vätern, die Verlierer zu sein — um aber dennoch zu triumphieren im Anerkennen des jeweiligen Hic et nunc, dem keiner entflieht, und wär's nach Tristan da Cunha.

☆

Schon um die Zeit, da die *Wasserfälle* erschienen, dürfte Doderers Todeskrankheit sich angemeldet haben, und zu eben der Zeit begann er, als zweitem Teil des *Roman No 7*, den *Grenzwald*; und was nach den *Wasserfällen* unmöglich schien: eine weitere Steigerung hin zur absoluten Prosa: das gelang dann dennoch in diesem Roman, der nur als Fragment und trotzdem in höchster Vollendung auf uns gekommen ist. Er atmet, bei aller Turbulenz der geschilderten Ereignisse, einen Frieden aus, der schon nicht mehr von dieser Welt ist. Und diesen Frieden hat Heimito von Doderer mit diesem Buch für sich selber gewonnen.

Diesen seinen letzten Roman, über dem er dann selber verstummt ist, hat Doderer einen „Roman Muet“, einen stummen Roman genannt: „Der Roman Muet gibt nur höchst Subjektives. Das Fatologische wird nirgends ausgesagt. Es resultiert aus den Faktizitäten der Komposition.“ Das notierte der Dichter am 16. Oktober 1966, zehn Wochen vor seinem Tod; und am 31. Oktober, in der letzten diesbezüglichen Tagebuchnotiz, ergänzt er: „Erst wenn wir BT“ — das ist Doderers Sigel für die Figur Béla Tiborski — „erreicht haben werden, wird diese Komposition für mich wirklich reizvoll sein.“

Da nun BT in dem vorliegenden Fragment nicht erreicht worden ist, könnte man folgern, daß dem Leser das Eigentliche dieses Romanes vorenthalten bleibe. Indessen: die vorliegenden 230 Seiten sind etwas Unvollendetes nur in einem recht äußerlichen Verstand; als Sprachkunstwerk ist dieses Fragment vollendet. Wir brauchen gar nicht zu wissen, wie's weitergeht; denn was bis zu dem Moment des Abbruchs geschieht, das lebt nicht aus der Kausalität, sondern aus den Sinnbezügen. Wir erfahren zwar nicht, wohin den Heinrich Zienhammer sein halber Verrat im sibirischen Kriegsgefangenenlager einst führen wird, doch wir erfahren unendlich viel mehr, nämlich etwas von der undefinierbaren Kraft und Fülle und wilden Schönheit des Lebens.

Selten hat ein Dichter so wenig Dramatik, so wenig Sensationen gebraucht, um die Dramatik und das Sensationelle des menschlichen Lebens sichtbar zu machen. Das Wunder erklärt sich vielleicht aus der Tatsache, daß Doderer, wie die angefügten Tagebuch-Notizen bezeugen, die Arbeit an diesem Roman als den letzten, den alles entscheidenden Akt seiner eigenen Menschwerdung empfunden hat: Kunst-Bemühung und Lebens-Weise gelangen zur völligsten Dekkung, das im Kampf und zuweilen im Krampf erstrebte Ziel ist erreicht, Leben und Werk dürfen enden; es kehrt, was als Auftrag gegeben ward, als ein Geleistetes zu dem Ursprung zurück. Ja: wir trauern, wie um den Verstorbenen, um die gedachte Fortsetzung und Vollendung des Werkes. Indessen: wenn wir's genauer bedenken, dann tröstet uns die Erkenntnis, daß der Dichter der Schicksalsgesundheit offenbar in dem fatologisch rechten Moment gestorben ist: in der seligen Sekunde, nein, in der seligen Ewigkeit der Vereinigung von Werk und Leben. Wie Stifter, übrigens.

Das letzte Buch Doderers enthält, im Jargon der Germanistik gesprochen, nichts weiter als die Exposition des Romans, und strotzt dennoch, ohne eine einzige leere Zeile, von Leben. So daß wir uns fragen müssen, ob alles Leben vielleicht nichts anderes sei als Exposition: Exposition des zwar irdisch Unerreichbaren, aber dennoch — oder gerade deswegen — immer Mitzudenkenden und immer Anzustrebenden?

☆

In solchem Sinn provisorisch wollte Doderer offenbar auch sein eigenes Denken verstanden sehen, das sein Dichten ständig begleitete. Denn da der Schriftsteller — wie er zu sagen pflegte — den anderen Künstlern eines voraus habe, nämlich: in seinem Material nicht nur gestaltweise, sondern auch zerlegungsweise arbeiten zu können, hat er selber denn auch nicht nur erzählende, sondern auch reflektierende Prosa verfaßt: Essay, Aphorismus, Tagebuch.

Theorie (oder was man, schlampig, so nennt) hat Doderer freilich niemals direkt geboten; sondern so etwas wie eine Entwicklungsgeschichte seiner Technik. Und da, wie er mehrmals konstatierte, des Künstlers Schicksal in seiner Technik enthalten ist, lesen wir also eine Art Autobiographie: chronologisch in den *Tangenten* von 1964 und in deren Fortsetzung, den *Commentarii,* alphabetisch im *Repertorium* von 1969, und thematisch gegliedert in der Sammlung von Aufsätzen, Traktaten und Reden, die 1970 unter dem Titel *Die Wiederkehr der Drachen* publiziert worden ist.

Anekdotisches freilich darf da nicht erwartet werden, denn: „Alle Anekdoten sind Lügen. Entweichendes Leben, dem man plötzlich das letzte Schwänzchen angenagelt hat: wie im Schreck erstarrte das Ganze." (So im *Repertorium.*) Es galt ja, das Leben in Fluß zu halten, und zwar als Mäander, nicht kanalisiert — womit wir, fast nolens volens, im Kern der von Doderer stets in Rede gestellten Sache stecken. Aber wir brauchen auch hier den (von Doderer vielfach beschriebenen) Umweg:

Den Freund und Meister Gütersloh meinend, doch zutiefst von sich selber sprechend, sagt Doderer: „Sich selbst heilend, entdeckte er das Mittel gegen die Zeitkrankheit." Die Krankheit ist der Auseinanderbruch von Sprache und Sache und damit das Entstehen einer Pseudologie, und dies nicht bloß im psychiatrischen Sinn, sondern mehr noch verstanden als „zweite Wirklichkeit", als „Untertatsächlichkeit". Heilung finden wir in der „Wörtlichkeit als (der) Kernfestung der Wirklichkeit", wo nichts mehr mitgeteilt, aber alles gesagt wird: im eigentlich Grammatischen, was aber nichts zu tun hat mit der sogenannten Beherrschung der Grammatik. Auch die Sprache darf direkt — im lateinischen Sinn des ganzen Wortstammes — nichts mehr wollen, wenn sie das eigentlich (mehr von ihr als von uns) Gemeinte treffen soll: insofern also die Technik als Schicksal des Künstlers. Ein paradigmatisches Schicksal, versteht sich, und eine paradigmatische Technik, wenn im Hinblick auf Gütersloh und in Erahnung des eigenen Spätwerks schon 1947 von jenem „einzigartig sehend machenden Augenblick des Abschieds" die Rede ist, „wo man noch ganz da ist, aber durchaus nichts mehr will".

Aber vor lauter Wünschbarkeiten, ja eigentlich Velleitäten, sind wir aus der Anschaulichkeit gefallen, wir praktizieren „das Unanschauliche als Motiv und Gesinnung, ja geradezu als Stil des Denkens", wir üben Apperzeptions-Verweigerung nicht mehr nur gegenüber Argumenten, sondern sogar auch schon gegenüber Fakten. „Die moderne Form der Dummheit, auf welche wir hier stoßen, (ist) längst keine Eigenschaft mehr, sondern eine Gesinnung und Haltung ... ja eigentlich eine Intelligenz mit umgekehrtem Vorzeichen." Sie postuliert, denkensgemäß zu leben (anstatt lebensgemäß zu denken): es wird „eben dasjenige, was nur vollkonkret hinzugegeben werden kann, unanschaulich und vorwegnehmend in's Auge gefaßt und dem Leben entwendet"; bis zu der gar nicht mehr seltenen Fähigkeit, „eine Situation und Konkretion nicht für das Ergebnis inappellabler Mechanik äußeren Lebens zu halten, sondern für ein Produkt, das man erzielen könne ... Die Geschichte des Materialismus, mit jener seit jeher vorhandenen Materie, zu welcher die Form nur ein Accidens bilden soll, kann hiefür als bekanntes Beispiel gehen." So etwa zieht, in dem erst posthum publizierten Essay *Sexualität und totaler Staat* von 1948, bzw.

1951, Heimito von Doderer die Summe: und zwar nicht eben bloß des eigenen Denkens oder auch Lebens, sondern wahrhaftig der Zeit, in dem oben zitierten Satz von Krankheit und Heilung.

Heilung, natürlich, nicht als Rezept, sondern als paradigmatischer Prozeß: als Frage nach der Mechanik des Geistes, „gegen welche wir bis zum Auseinanderbrechen verstießen; aber der klaffende Spalt gewährt jetzt die Einsicht" in „die Art des Zustandekommens schwerer Häresien", hinab bis in deren „psychologische Wiege" zu dem „Wechselbalg aus Nichts und Etwas". So erscheint der Verlust der Analogie (und deren Ersatz durch Pseudologie) nicht als ein undurchsichtiges Verhängnis — so wenig wie, im besonderen dann, der totale Staat, den „der Europäer durch lange Zeit in sexueller Praxis vorgeübt" hat: mit der Konstituierung von „zweiten Wirklichkeiten" schon dort, wo man nun wirklich nichts „nehmen" — insbesondere auch: vorwegnehmen — darf, sondern „appercipieren" — aperte percipere, offen aufnehmen — können muß, „was durchaus nur hinzu-gegeben werden kann".

Doderers Reflexionen korrespondieren innig mit seinem Erzählen, und wie dieses kreisen auch sie stets, über Jahrzehnte hinweg, um ein und den selben Themenkomplex; zumindest seit dem *Fall Gütersloh,* welcher damals, 1930, als und indem er beschrieben wurde, als „wendender Punkt" sich erwies. Von seinem Lehrer A. P. Gütersloh handelnd, gibt Doderer ein Zeugnis eigenen Hinüberwechselns von der „bloß psychologischen Ebene" auf die der „Mechanik des Geistes", in jene Dimension, wo erstmals die äußere Welt erkannt und erstmals deren Einheit mit der inneren wahrgenommen wurde: als ein Einander-Übergreifen beider, welches nichts Geringeres bedeutet als die Entstehung von Wirklichkeit.

Mit diesem Opusculum des jungen Doderer war der Hut über den Bach geworfen: Nun spring hinterdrein! Und tatsächlich: ein halbes Menschenalter später, 1959, lesen wir, in *Grundlagen und Funktion des Romans,* daß unser epochales Problem wesentlich darin bestehe, die zwischen Innen und Außen gerissene Kluft zu schließen, die durch die Entzweiung geminderte Wirklichkeit wieder in ihr volles Recht zu setzen, und weiter: daß der Roman, als unser zeitgemäßes Mittel zur Universalität, auch das zeitgemäße Mittel zur Wiederherstellung voller, ungeminderter Wirklichkeit sei. Daher im Roman auch das, was man, insbesondere seit Musil, entbehren zu können, ja überwinden zu müssen glaubte: Handlung. Denn die Mechanik des Geistes, einmal in Bewegung gesetzt, manifestiert sich und wird anschaulich in der Mechanik des äußeren Lebens, in der „Dialektik der Tatsachen": facta loquuntur. Oder, in Güterslohs Version: „Die Tiefe ist außen."

*

Bei allem Pro und Contra um Doderers Werk — wie bei Jean Paul gibt's da nur glühende Bewunderer und eiskalte Verneiner — ist doch nie die enorme psychologische Begabung des Autors bestritten worden, der selber aber die Psychologie nur als eine von mehreren Hilfswissenschaften gelten ließ. Der Romancier sei wesentlich nicht Psychologe, sondern Fatologe, hat Doderer einmal zu dem Verfasser dieser Zeilen gesagt. Erst dadurch werde seine Kunst, im Gegensatz gerade eben auch zum psychologischen Roman des vorigen Jahrhunderts, zu dem, was sie auf höchstem Niveau zu sein vermag: die „Wissenschaft vom Leben".

Anmerkungen

Texte

Ein Mord den jeder begeht. Roman. München und Berlin 1938 und München 1958.

Die erleuchteten Fenster oder Die Menschwerdung des Amtsrates Julius Zihal. Roman. München 1951.

Die Strudlhofstiege oder Melzer und die Tiefe der Jahre. Roman. München 1951.

Die Dämonen. Nach der Chronik des Sektionsrates Geyrenhoff. Roman. München 1956.

Die Posaunen von Jericho. Neues Divertimento. Zürich 1958.

Die Merowinger oder Die totale Familie. Roman. München 1962.

Roman No. 7 / Erster Teil: Die Wasserfälle von Slunj. München 1963.

Tangenten. Tagebuch eines Schriftstellers 1940—1950. München 1964.

Roman No. 7 / Zweiter Teil: Der Grenzwald. Ein Fragment. Mit einem Nachwort von Dietrich Weber. München 1967.

Repertorium. Ein Begreifbuch von höheren und niederen Lebens-Sachen. Herausgegeben von Dietrich Weber. München 1969.

Die Wiederkehr des Drachen. Aufsätze, Traktate, Reden. Vorwort von Wolfgang H. Fleischer. Herausgegeben von Wendelin Schmidt-Dengler. München 1970.

Die Erzählungen. Herausgegeben von Wendelin Schmidt-Dengler. München 1972.

Literatur

Dietrich Weber: Heimito von Doderer. Studien zu seinem Romanwerk. München 1963.

Ausführliche Bibliographie, auch der Sekundärliteratur, in: Dietrich Weber: Heimito von Doderer. S. 300 ff.

Deutsche Literatur seit 1945 in Einzeldarstellungen. Herausgegeben von Dietrich Weber. 2. Auflage. Stuttgart 1970. S. 125 ff.

Nachweis

1 Zu dem Zeitpunkt, da dieser Essay in Druck geht, befinden sich die von Dr. Wendelin Schmidt-Dengler editorisch betreuten *Commentarii*, die Tagebücher 1951—1966, in die Einblick zu nehmen der Verfasser reichlich Gelegenheit hatte, erst in Vorbereitung; sie sollen 1973 erscheinen.

Siegfried Sudhof

CARL ZUCKMAYER

„Der Wahrheit zu dienen" war Zuckmayers Maxime für sein literarisches Tun. Diese Forderung, die er als Verpflichtung dem toten Freund Ödön von Horváth in der Grabrede (1938) gegeben hat[1], bestimmte sein Schaffen aber schon früher, spätestens seit den zwanziger Jahren. Die Notzeit des Exils, die ihn gleich zu Beginn der Naziherrschaft traf, hat dieser Maxime einen besonderen Akzent gegeben: wenn sie zunächst mehr ausschließlich literarisch bezogen war, erhielt sie jetzt eine politische und moralische Dimension. Hierbei ging es Zuckmayer nie um ein enges tages- oder parteipolitisches Programm; sein Ziel war es, den Menschen zu schützen, den Anspruch des Humanen zu formulieren. In dieser Weise versuchte er, die Traditionen der deutschen Klassik und des deutschen Idealismus in die Moderne zu transponieren. Die Wege, die er zur Erreichung dieses Zieles versuchte und einschlug, hat er in seiner Autobiographie *Als wär's ein Stück von mir* (1966) beschrieben. Hier hat er selbst die Epochen seines Lebens und seines Werkes bezeichnet.[2] Es ist bemerkenswert, daß die politische Zeitgeschichte sein Leben entscheidend mitbestimmte.

Zuckmayer wurde am 27. Dezember 1896 in Nackenheim in Rheinhessen geboren. Diese Landschaft hat er stets als ein bedeutendes Element auch seiner geistigen Existenz angesehen; er hat sie als „Kelter Europas" bezeichnet: „Weil sich die Völker dort vermischt haben. Vermischt — wie die Wasser aus Quellen und Bächen und Flüssen, damit sie zu einem, großen, lebendigen Strom zusammenrinnen. Vom Rhein — das heißt: vom Abendland. Das ist natürlicher Adel."[3] Eine solche Hervorhebung dieser bodenständigen Bindung kommt in fast allen seiner größeren Werke vor, und das in der gesamten Schaffenszeit.

Es gibt noch ein drittes Charakteristikum für Zuckmayers Dichtung: dieses Werk ist nicht prophetisch angelegt, es will keine bestimmte politische oder weltanschauliche Lehre verkünden. Es ist immer als eine Antwort des Dichters zu verstehen, auf Fragen und Probleme, die seine Umgebung oder seine Zeit ihm aufgeben. Die Thematik war zunächst — unmittelbar nach dem Ersten Weltkrieg — politisch begründet; später — bis 1933 — lag sie stärker im Sozialen, um dann wieder eine mehr politische Wendung zu nehmen. Zuckmayer war auf die Resonanz des Lesers oder des Zuschauers in hohem Maße angewiesen. Als diese nach 1933 bzw. 1938 weithin ausblieb, ließ auch die schriftstellerische Tätigkeit nach, vornehmlich die Arbeit fürs Theater. Ähnliches ist für die Zeit der späteren fünfziger Jahre feststellbar. Hiernach ergibt sich wie von selbst, daß das Werk wie ein Spiegel seiner Zeit wirkt. Zuckmayer war bemüht, dieses Bild so einzufangen, daß die positiven, die guten Seiten nicht verdeckt werden: er ist ein ausgesprochen optimistischer Autor, der an das Gute im Menschen glaubt.

Das Erlebnis des Ersten Weltkrieges, in den Zuckmayer zwar als Kriegsfreiwilliger zog, den er aber als absoluter Kriegsgegner verließ, hat seinem Beruf als Schriftsteller direkt vorgearbeitet. Die Problematik dieser Zeit, der Wandel in der Auffassung von Gesetz und Verantwortung, von Individualität und Gemeinschaft, von Freiheit und Ordnung, hat ihn dahin gebracht, seine Gedanken darüber zu formulieren. Als er dann 1918/19 endlich mit Studium und Berufsausbildung beginnen sollte, war das eigentlich schon nicht mehr möglich. Er konnte seine Aufgabe nicht mehr darin sehen, Jurisprudenz oder Nationalökonomie zu studieren; zwei andere Ziele nahmen ihn fester gefangen: die Persönlichkeit Carlo Mierendorffs und das Frankfurter Theater.

Zuckmayer dürfte der erste gewesen sein, der Mierendorff, der im Dezember 1943 bei einem Luftangriff auf Leipzig getötet wurde, ein Denkmal setzte. Am 12. März 1944 hielt er in New York eine Gedächtnisrede.[4] Diese Rede ist ein ganz persönliches Wort, eine Erinnerung an den Freund und ein Bekenntnis zu seinen politischen Idealen. Er hat — bis in die späte Emigration — Mierendorff bewundert, wie er in unbeirrbarer Zielstrebigkeit den Rahmen für sein Leben schuf: „Sein Werk — damit meine ich nicht nur seine politische Arbeit, sondern, mehr sogar, seine Haltung. Seine Charakterbildung. Denn diese — anscheinend irrealen Größen — sind die einzigen Wirklichkeiten, auf die wir heute bauen können.“[5] Zugleich bedeutete die Gestalt Mierendorffs für ihn aber auch ein Stück des eigenen Lebens: die persönliche und gesellschaftliche Emanzipation in der ersten Nachkriegszeit. Indem er für Mierendorffs *Tribunal* schrieb, versuchte er, seine Zeit und seine Umgebung so zu erfassen, daß die veränderten historischen Positionen deutlich zum Ausdruck kamen. — In diesen Kreis gesellten sich bald noch Theodor Haubach und Hans Schiebelhuth.

Ein ähnliches Bild einer veränderten Gesellschaft wird aus der Theaterbegeisterung des jungen Zuckmayer deutlich. Dies betraf zunächst das Frankfurter Theater, das durch seine Expressionismus-Aufführungen berühmt war. In der späteren Zeit in Heidelberg spielte Wilhelm Fraenger, Kunsthistoriker und Volkskundler, die dominierende Rolle. Dies ist allerdings schon Vorbereitung zum eigenen Drama. Das Stück über Carl Michael Bellmann und Ulla Winblad (1938 bzw. 1953)[6] hat hier ein direktes Vorspiel. Anderseits stellen die kunsthistorischen Anschauungen Fraengers, etwa die über Hieronymus Bosch und Rembrandt, aber auch die über die zeitgenössische Kunst, ein gut Teil der theoretischen Voraussetzungen für Zuckmayers Volksstücke dar. Darüber hinaus hatte er in Heidelberg eine Reihe von persönlichen Begegnungen, die sein künstlerisches Schaffen in solcher Weise bestimmten, daß sich sein eigener Weg abzuzeichnen begann: etwa die mit Theodor Däubler, Oskar Kokoschka oder Paul

Hindemith. Merkwürdig, daß ein Zusammentreffen mit Gustav Regler nicht zustande kam, der die gleiche Zeit in Heidelberg in seiner Lebensgeschichte[7] ähnlich emphatisch beschreibt. — Heidelberg und Frankfurt waren für Zuckmayer aber nur Durchgangsstationen, Erlebnisse, die für den Tag wichtig waren und für die Entwicklung; sie waren aber nicht für eine Dauer bestimmt. Die literarisch wie theatergeschichtlich interessante Epoche beginnt erst mit der Übersiedlung nach Berlin.

Im Jahre 1921 erschien das erste Drama — *Der Kreuzweg* — im Verlag von Kurt Wolff, ein Stück, das von Leopold Jessner und Ludwig Berger begeistert aufgenommen wurde. Berger schrieb darüber an Kurt Wolff: „Zuckmayer ist so ein bischen mein Schüler (soweit Genies überhaupt ‚Schüler' sind) ... und einer der ersten, die aus dem Literatentum heraus die ‚Liedkurve' zum episch (stofflichen) Volks-stück (im ganz hohen Sinn! Shakespeare!) finden! ... Die Verleger werden sich wie Hunde auf ihn stürzen, wenn die Annahme [des ‚Kreuzwegs' vom Berliner Staatstheater] publik wird. Zuckmayer tut nichts ohne mich. Ich will, daß S i e ihn verlegen."[8] Kurt Wolff erklärte seinerseits, daß er „den stärksten und erfreulichsten Eindruck" von diesem Stück habe.[9] Es fiel dennoch durch. Alfred Kerr urteilte im *Berliner Tageblatt*: „Es gab drei Stunden lang nur Geharftes, Weichexpressionistisches, Zufälliges, Hingereihtes, Ballungsloses, Ungestaltetes, Willkürliches, zu rasch Wechselndes, Verschwommenes, ... allgemein Blühendes, Fragen der Welt Bedichtendes ... Die kreißende Welt unsrer Tage lockt leider jedermann, die letzten Menschheitsdinge zu reimen, zu skandieren, zu verbrettern. ... Es bleibt somit ein Werk aus der großen Fabrik für Erlösungsliteratur."[10] Dennoch hob er, ähnlich wie andere Beurteiler, — bei aller Kritik an der dramatischen Konzeption — dennoch die poetische Leistung des Dichters hervor. Die Rezension schließt, wenn auch nicht ohne Ironie, mit dem Wort „Hoffnung". Zuckmayer hat die Gründe für den Mißerfolg selbst bald erkannt. Am 20. Februar 1921 schrieb er darüber an Kurt Wolff: „Am ‚Kreuzweg' habe ich viel gelernt, vor allem durch das Glück, von Regisseuren wie Berger und Jessner bestes Theater zu sehen. Und so glaube ich, über viele Mängel des ‚Kreuzweg' in diesem neuen Stück [vielleicht das Wiedertäuferdrama] hinausgekommen zu sein, und auch ‚technisch' ein Drama, ein dem einfachen, naiven Menschen sicher verständliches Spiel für die neue Bühne geschrieben zu haben."[11] Dieses „neue Stück" wurde nie beendet. Es scheint Zuckmayer aber nicht losgelassen zu haben. In seiner Autobiographie berichtet er darüber: das Stück „scheiterte am Stoff. Doch war in seinen wilden Prosa-Szenen — sie existieren noch — schon etwas von Theatergriff und -sprache zu spüren; ich wurde von den Freunden, Schauspielern und Regisseuren, ermutigt und verbiß mich in die Arbeit, der ich nicht gewachsen war."[12] Trotz des Mißerfolgs bei der Aufführung des ersten Stücks begann mit diesen neuen künstlerischen Bemühungen Zuckmayers große Berliner Zeit. In äußerer Not, ohne Einnahmen, mit großen persönlichen

Schwierigkeiten, lernte er die Berliner Kunstwelt kennen. Den entsprechenden Partien der Autobiographie ist noch anzumerken, von welchem Schwung diese Unternehmungen getragen waren, etwa die Liebe zu Annemarie Seidel, die Begegnung mit Walter Mehring oder der Tanz der Pawlowa.[13] Aber auch dies war nur Intermezzo, eine direkte Vorbereitung auf das eigene Theaterleben und Theaterdichten. — Diese Vorbereitungszeit wurde — glücklicherweise — bald wirtschaftlich gesichert durch eine Anstellung als Dramaturg am Stadttheater in Kiel. Hier konnte nun ein individueller Aufführungsstil erprobt und ein eigenwilliger, progressiver Spielplan eingerichtet werden — solange, bis es den Abonnenten und der Theaterverwaltung zu bunt wurde. Diese Kieler Tätigkeit, deren allgemeine theatergeschichtliche Bedeutung von Zuckmayer wohl etwas zu hoch eingeschätzt wird, wurde bestimmt von einer Art höherem Kaspertheater (um eine Formulierung Thomas Manns im *Versuch über Schiller*[14] abzuwandeln), eine Form natürlich-kindlichen Spiels, die auch im späteren dramatischen Schaffen des Dichters nicht verlorenging.

Nach der Tätigkeit an den Städtischen Bühnen in Kiel folgten noch zwei Stationen praktischer Theaterarbeit, München und Berlin. Hier standen allerdings die persönlichen Bindungen im Vordergrund, etwa die zu Hermine Körner, Heinz Hilpert oder Julius Elias. Im besonderen rühmte Zuckmayer später aber seine Begegnung mit Brecht. Für beide ist es bezeichnend, daß die direkte Verbindung durch den Vortrag eines Liedes zustande kam, durch Zuckmayers Seidelbast-Moritat *Cognac im Frühling*[15]. Zuckmayer, der — nach eigenen Worten — mehr und mehr dazu kam, „das Theatergefühl zu entwickeln, bis man es in den Fingerspitzen“ hat[16], erkannte die dramatische Genialität seines Gegenüber; ja, er glaubte sogar, eine enge künstlerische Übereinstimmung mit Brecht feststellen zu können, indem er annahm, „daß es in der Dichtung des jungen Brecht einen religiösen — wenn man will, heidnisch-religiösen, naturmythischen Zug gab. Für ihn war da noch etwas, das außerhalb und oberhalb des Menschen lag, nicht in ihm selbst allein und seinen ökonomischen Verhältnissen: der große Himmel des ‚Baal‘, der choralische Himmel, der keineswegs nur als physikalische Erscheinung zu verstehen ist, sondern als eine kontrapunktische Gegenstimme zu Tod und Vergängnis. ... Worte wie ‚die Veränderung der Welt‘ gehörten damals nicht zu seinem Vokabular. Er verabscheute die Phraseologie des Aufrufs, wie sie bei den Pathetikern des Expressionismus gang und gäbe war. ... Damals stand er jeder Ideologie, der Politik überhaupt, distanziert und kühl gegenüber. ... Ich war damals der politisch stärker ‚Engagierte‘, mit der Zeit hat sich das in gewisser Weise umgedreht. Ich gab ihm Ernst Bloch, Lukács, die er nicht kannte — es interessierte ihn kaum. Er gab mir dagegen Kipling: an dem kannst du lernen.“[17] Es wäre gewiß eine lohnende Aufgabe, diese Aussagen an den frühen Texten beider Autoren zu prüfen. Zuckmayer stellte aber auch den Unterschied, der sich in der späteren Zeit stärker herausbildete, deutlich vor: „Er

[Brecht] wollte die feste Regel, den Ordo, die gültige Bindung, und er nahm die nächste und beste, in seinem Betracht die menschlichste, die sich ihm anbot."[18] Seinen eigenen Weg hat Zuckmayer ganz anders gesehen. Gesprächsweise hat er sich Günther Rühle gegenüber darüber erklärt: „Ich bin aus auf Dinge, die nicht soziologisch erfaßbar sind. ... Ich glaube nicht, daß der Mensch nur ein Zoon politikon ist und auch nicht, daß er ganz erziehbar ist." Ins Positive gekehrt fuhr er dann fort: „Der soziale Fortschritt ist unter allen Umständen zu betreiben. Aber ansprechen muß man die Menschen anders, durch Methoden, die man heute nicht wahrhaben will: durch Symbole, durch Gleichnisse, durch Ritualisierungen, durch vorbildhafte Figuren."[19] Obschon diese Formulierungen neueren Datums sind, reicht die Begründung viel weiter zurück, bis in die Zeit der ersten Begegnung mit Brecht.

Der eigentliche Theatererfolg begann mit dem *Fröhlichen Weinberg*. Zuckmayer schien hier die seit Jahren gewonnenen Erfahrungen, aber auch die in dieser Zeit gesammelten Energien genutzt zu haben. Das Ergebnis ist ein scheinbar naturalistisches Werk, eine neue Art der Komposition, das Volksstück.[20] Ein negatives Indiz fiel allen Kritikern auf: die Abkehr von expressionistischen Formen. Alfred Kerr eröffnete seine Kritik: „‚Der fröhliche Weinberg'. Oder: der bekehrte Zuckmayer."[21] Der Inhalt tritt in diesem Stück ganz zurück. Monty Jacobs charakterisierte ihn mit wenigen Worten: „Es passiert nichts anderes darin, als daß ein rüstiger Vater noch einmal ein Mädchen fürs Herz findet, und daß seine Tochter einen Laffen mit Stehkragen stehenläßt, um einem Rheinschiffer an den kragenlosen Hals zu fliegen."[22] Das ist fast Fontane nachgesprochen in seiner berühmten Inhaltsangabe des *Stechlin*. Das Stück lebt in den auftretenden Gestalten, die eine Mischung darstellen von Individuellem und Typischem; es lebt durch die natürliche Sprache, die diese Gestalten sprechen, einem ausgeglichenen Gemisch von Hoch- und Umgangstönen; schließlich lebt das Stück durch die besondere Art des dargestellen Milieus, das dem des Zuschauers bzw. Lesers zumeist nicht identisch, das für ihn aber vorstellbar und einsichtig ist — dies nicht zuletzt durch die das ganze Stück durchziehende erotische Komponente. Zuckmayer hat diese Elemente souverän eingesetzt. Die Personen des Stücks sind zu einem gut Teil dem Milieu direkt zugehörig, sie besitzen aber auch ein gut Teil völligen Eigenlebens, sie sind — gewissermaßen — die „Helden" des Stücks. In dieser Weise gelang Zuckmayer eine Verbindung des klassischen Dramas mit der Moderne, eine Verbindung, die dem allgemeinen Theaterstil der zwanziger Jahre weithin entsprach. Bernhard Diebolds Kritik der Frankfurter Aufführung zeigt dies deutlich an: „Man denke: kein Schreidrama, kein Bilderkino, keine Menschheitspassion, keine Bourgeois-Mörderei, kein Kriegs- und Revolutionsspiel. ... Sondern völlige Ausschaltung der ‚Moderne'; kecker Abbruch alles literarischen Savoir vivre. Ein Eulenspiegelstreich gegen all und jede Clique. Ein gemütliches Zurückfinden zum lustigen Theaterspiel. Ein unbefangenes Übernehmen traditioneller Form und ein sympathischer Verzicht auf stilistische Originalität."[23] Diese Bedeutung für den Theaterstil muß mitbedacht werden, wenn über das Stück geurteilt wird. Es ist zugleich aber auch eine Absage an das militant weltanschaulich engagierte Theater. — Zuckmayer konnte sich nicht zur Form des epischen Theaters entschließen. Für ihn besteht „die echte Realität des Theaters, und damit sein Erfolg ... in der nachhaltigen Unruhe, der produktiven Beunruhigung, die es in den Herzen und Geistern der Jugend zu erregen vermag." Für ihn entspringt „das Theater einem Elementarbedürfnis der menschlichen Existenz", ja es ist ihm „eine öffentliche Angelegenheit, eine res publica ersten Ranges, ein freier Staat im Staate".[24] Auf dem Wort „frei" liegt hier der Akzent. Dieses Theater ist nämlich nicht zu manipulieren, es ist nicht auszurichten. „Dazu gehört ... die Konzeption des politischen Theaters als einer Plattform oder Tribüne antithetischer Meinungsverschiedenheiten und ideologischer Propaganda. ... Das Postulat des politischen Theaters bestand letzten Endes immer in der kämpferischen Verkündung der menschlichen Freiheit —, der Befreiung des Einzelmenschen von Druck und Zwang unwürdiger, der menschlichen Würde unerträglicher Gewalten. ... Der politische Haß hat immer Unrecht, ganz gleich auf welcher Front und aus welchen Rückschlägen heraus er gezeugt und entfesselt wird."[25] Es ist nach Zuckmayers Ansicht die Aufgabe des Theaters, die Gesellschaft widerzuspiegeln; gelingt dies, so ist das ein positives Zeichen für die Gesellschaft, in der es sich abspielt: dieses „Sinnspiel der Unterhaltung" ist dann der „Widerschein einer geheimen göttlichen Gerechtigkeit auf Erden".[26] Eine solche Auffassung, die einem sakralen Anspruch des Theaters nahekommt, ist von der Fixierung eines ästhetischen Selbstzwecks weit entfernt.

Der Erfolg des *Fröhlichen Weinberg* setzte sich in den nächsten Stücken fort, im *Schinderhannes* und in *Katharina Knie*, wenn auch nicht ungeteilt. So war es zu erwarten, daß die konsequente Weiterführung des Volksstücks von den Anhängern des Expressionismus nicht gebilligt wurde. Kurt Pinthus urteilte etwa über *Katharina Knie*: „Ein schwebendes Stück, wirklich ein Seiltänzerstück hätte es werden müssen. ... Wie eine Gänseleber erstarrt dieser Stoff in dickem Schmalz."[27] Eine solche Kritik, die das Vergangene wieder aufleben lassen wollte, stach hier nicht. Alfred Kerr hob dagegen eine empfindliche Schwäche hervor: die Grenze zum nicht mehr glaubwürdigen, eine „betriebsstarke" „zeitweilige Kitschnähe".[28] Dies übrigens für beide Stücke. Ein zweiter Vorwurf hängt damit eng zusammen, die übertrieben starke Bindung an das Bodenständige. Kerr urteilt hier gewiß hart, doch trifft er eine entscheidende Nuance: „Zuckmayers Kraft liegt in bodenwüchsiger Frische. (Doch auch die Frische, lieber Sohn der Gegenwart, hat ihre Grenzen.) Zuckmayers *pro*: das Volkstum. Zuckmayers *contra*: das Volkstümliche."[29] Dies zum *Schinderhannes*; über *Katharina Knie* schrieb er ähnlich: „Ein hübsches, etwas gemütvolles Genrebild aus der

Heimat. Das auch vor fünfzig Jahren spielen könnte."[30] Eine solche Formulierung gibt den Abstand zu den Volksstücken Horváths deutlich an. — Beim *Schinderhannes* zeigt sich schließlich die Tradition, in der Zuckmayer steht, zu Schiller, zu Hauptmann, zu Büchner. Zu Büchner hat er sich gern bekannt: „Eigentliche Vorbilder habe ich nicht gehabt, wenn man nicht gerade das große Vorbild aller modernen Dramatik nennen will, von dem auch Gerhart Hauptmann und auch Brecht beeinflußt waren: Georg Büchner. Der war noch außerdem dazu ein Hesse-Darmstädter, also fast aus derselben Gegend wie ich."[31] Die Bindungen zu Hauptmann und zu Schiller werden am besten aus den Reden bzw. Aufsätzen deutlich, die er zu ihrem Ruhm verfaßt hat.[32] — In den Aufführungskritiken über die frühen Stücke fällt schon auf, daß bestimmte Schauspieler in bestimmten Rollen besonders hervorgehoben werden. Zuckmayers Stücke sind nicht nur wirkungsvoll durch ihren Inhalt oder ihre Form, sie gestatten auch dem einzelnen Schauspieler, sich nach seinen Vorstellungen (oder nach den Anweisungen des Regisseurs) in eine Rolle einzuleben, sie ganz auszuspielen. Von *Katharina Knie* an hat Zuckmayer gewiß auch an die Übernahme der einen oder anderen Rolle durch einen ihm gut bekannten Schauspieler gedacht, so etwa die des alten Knie durch Albert Bassermann oder die Wilhelm Voigts durch Werner Krauß. Der späte Erfolg des *Schinderhannes* in der Darstellung durch Alfred Schieske (1953 in Bochum) zeigte noch einmal die große Theaterwirksamkeit, die in diesem Stück und in dieser Rolle steckt.

Der letzte bedeutende Erfolg vor 1933 ist der *Hauptmann von Köpenick*, das genialste Stück, das Zuckmayer gelungen ist. In der Autobiographie erzählt er die Geschichte der Entstehung, wie das Stück „mit allen Szenen und Figuren"[33] an einem Abend bei Max Reinhardt im Schloß Leopoldskron bei Salzburg ganz da war, ohne daß eine einzige Zeile auf dem Papier stand. Die Niederschrift war dann in einigen Wochen abgeschlossen. Das Stück ist eingebettet in zwei Märchenzitate der Brüder Grimm, einmal aus dem Rumpelstilzchen, zum anderen aus den Bremer Stadtmusikanten. Diese Zitate gehören nicht mehr zum Text des Dramas, sie stellen eine besondere Art der Interpretation dar, eine Variation des Stücks.[34] Hiermit stimmt die Notiz über die Ort- und Zeitangabe überein: „Die tatsächlichen Begebenheiten bilden nur den Anlaß zu diesem Stück. Stoff und Gestalten sind völlig frei behandelt."[35] Dies bedeutet, daß sich der gleiche Vorgang stets wiederholen könnte; er wird sich sogar wiederholen, wenn wieder etwas Äußerliches mehr gilt als der Mensch, wenn der Buchstabe der Gesetze allein im Vordergrund steht, wenn er allein das Leben bestimmt, und nicht ihr Sinn. — Die hier vorgeführte Geschichte spielt zwar während der Kaiserzeit „um die Jahrhundertwende" bzw. „zehn Jahre später"[36] in Deutschland, sie könnte aber auch zu jeder anderen Zeit vorkommen, in der „der Despotismus der Uniform"[37] herrscht. Diese historische Ambivalenz hat der *Hauptmann von Köpenick* mit Heinrich Manns *Untertan* gemeinsam. Alfred Kerr hat dies in seiner Aufführungskritik deutlich erkannt: „Aber wer schreibt mir ein Stück der deutschen Geschichte; der übel erprobten tausendjährigen Vergangenheit ..., das vielleicht ihr abzuhelfen vermag? Heute das Schauspiel einer Republik ..., die mit sehenden Augen alles zuläßt, was auf ihren Sturz gerichtet ist? Und die nicht eingreift. Wer schreibt es, ... wenn auch zu spät???“[38] Dies war im Juni 1931. Das von Kerr so dringend geforderte Stück wurde nicht geschrieben. Zwei Jahre später begann die Nazizeit, die den Spuk des *Hauptmanns von Köpenick* zu einer neuen, bitteren, nun aber tragischen Realität machte. Damit war Zuckmayers Wirksamkeit in Deutschland jedoch zu Ende. — Es ist keineswegs so, daß der Stoff, die Fabel, die Tendenz des Stücks bereits weitgehend festgelegt hätte. Der Roman Wilhelm Schäfers, der das gleiche Thema behandelt und im gleichen Jahr (1930) erschien, zeigt eine ganz andere Lösung. Ein wesentliches Element in Zuckmayers Drama ist die Verbindung des Historischen mit dem Allgemeinen, des Persönlichen mit dem Sachlichen. Zuckmayer hat zwei Handlungsstränge nebeneinander gestellt: die Geschichte Wilhelm Voigts und die Geschichte der Uniform. Beide Vorgänge berühren sich mehrfach und treffen schließlich zusammen: der gerade aus der Strafanstalt entlassene Schuster Voigt sieht in einer Militärschreinerei eine Hauptmannsuniform. Er ist Zeuge, wie der Besitzer dieser Uniform, der (wirkliche) Hauptmann (wenn auch in Zivil), gefangengenommen und abgeführt wird. Die jetzt herrenlose Uniform wird von Obermüller (Leutnant der Reserve), dem (wirklichen) Bürgermeister von Köpenick, erstanden und dann später, wieder mit Hauptmannsabzeichen versehen, als Kostüm bei einem Maskenball verwendet. Diese Kostümuniform wird schließlich von dem erneut eingesperrten und wieder entlassenen Voigt gekauft. Die Heranziehung dieses weiten Personenkreises gibt dem Autor Gelegenheit zur Ausmalung unterschiedlicher Milieus, in denen jeweils eine milieu-eigene Sprache gesprochen wird. So spricht man in Offiziers- und Beamtenkreisen hochdeutsch, Voigt und sein Umkreis sprechen berlinerisch. Die Verkleidung Voigts zum Hauptmann wird durch den Sprachwechsel glaubhaft gemacht. Werner Krauß muß dies in seiner Darstellung, den Berichten zufolge, meisterhaft beherrscht haben. — Schließlich ist noch eine moralische Komponente zu nennen, die in den frühen Stücken zwar nicht fehlte, die von diesem Stück an aber bestimmend hervortritt. Es geht Zuckmayer um die Verantwortlichkeit des Menschen vor einem höheren Gesetz, um seine Bindung an eine göttliche Ordnung. In den späteren Dramen, etwa im *Gesang im Feuerofen,* wird diese Tendenz noch stärker. Im *Hauptmann von Köpenick* erreicht er durch die moralisch-sittliche Begründung eine neue, tiefere Dimension für sein Drama: das Stück wird dadurch zu einer Anklage gegen die Unterdrückung, zu einer Verteidigung des Menschlichen überhaupt. Die Szenen in der Wohnung des Schwagers in Rixdorf stellen dies eindringlich vor. Als Voigt daran geht, Rechenschaft über sein Leben zu geben, steht sein Entschluß fest: „Aber so knickerich, verstehste, möcht ick mal nich vor mein

Schöpfer stehn. Ick will ihm nichts schuldig bleiben, verstehste? Ick wer noch was machen mit." Hoprecht, der Schwager, hat das verstanden; seine Antwort: „Du pochst an de Weltordnung, Willem."[39] Zuckmayer schlägt hier Töne an, die auch Brecht später aufgreifen wird, in *Schweyk im zweiten Weltkrieg* (1941—44); das so ganz andere Ergebnis kennzeichnet erneut die großen Unterschiede zwischen beiden Autoren.

Dem *Hauptmann von Köpenick* war auf der deutschen Bühne zunächst nur eine kurze Lebenszeit beschieden. Ohne den Machtwechsel 1933 wäre dem Stück gewiß ein über viele Jahre andauernder Erfolg sicher gewesen. Für die Theater Österreichs und der Schweiz war das Stück mit diesem preußisch-deutschen Thema und dem berlinerischen Dialekt nicht von so brennender Aktualität. — Die Wiederaufnahme des Stücks in Deutschland nach dem Zweiten Weltkrieg und die mehrfache Verfilmung haben die Gestalt des Dichters weithin mit diesem Werk identifiziert. Es ist übrigens sein einziges Drama, das auch im Ausland erfolgreich war. — Es ist nun merkwürdig, daß Zuckmayer, als ihm die Bühnen in Deutschland versagt waren, auch mit dem Schreiben von Stücken aufhörte — oder fast aufhörte. Zu erwähnen ist noch das Schauspiel um *Carl Michael Bellman,* dessen geplante Wiener Erstaufführung der deutsche Einmarsch in Österreich zunichte machte; die nachgeholte Zürcher Premiere, gerade in den Tagen der Tschechenkrise, blieb eine Episode.

Zuckmayer zog sich 1933 in sein Haus in Henndorf bei Salzburg zurück. So änderte sich äußerlich zunächst nicht viel. Die verführerische Ruhe dauerte einstweilen fort. Die Verbindung zu Freunden und Bekannten, die in Salzburg wohnten oder die Festspiele besuchten — im besonderen etwa die zu Stefan Zweig — hielt die persönliche Diskussion wach. Dennoch wähnte man sich in allzugroßer Sicherheit. Nur so ist es verständlich, daß Zuckmayer 1938 nur mit knapper Not dem Zugriff der Parteiorgane entkam. In seiner Autobiographie hat er diese Flucht, mit ausdrücklicher Anspielung auf den *Hauptmann von Köpenick,* ausführlich erzählt: ein Muster seiner Erzählkunst. — Der Aufenthalt in der Schweiz war nur vorübergehend. In diesem Zusammenhang zitiert er Friedrich Engels: „Die Schweiz zeigte damals den Emigranten ihre rauhe Seite" und berichtet, daß sich die Verhältnisse zwischen 1848/49 und 1938/39 nicht wesentlich geändert hätten. Dennoch dachte er zunächst nicht an eine Weiterreise in die Vereinigten Staaten; das Leben dort mußte sich für einen deutschen Dichter ungleich schwieriger gestalten. Als er sich dann doch dazu entschloß, war es eigentlich schon zu spät; der Abschied schien jedenfalls ein ewiger zu sein: „Es führt kein Weg zurück."[40] Am 6. Juni 1939 kam Zuckmayer in New York an. Wie viele emigrierte Schriftsteller ging er zunächst nach Hollywood, ebensowenig wie andere hat er sich dort wohlgefühlt. Doch hat er mit der filmischen Bearbeitung eines Stoffes begonnen, dessen Ausführung (nicht zuletzt wegen seiner außerordentlich geglückten szenischen Einrichtung des *Blauen Engels*) gewiß zu den interessantesten Experimenten der Zeit gehört hätte: Arnold Zweigs *Streit um den Sergeanten Grischa*. Über den Plan hinaus scheint das Projekt nicht gekommen zu sein. Enttäuscht ging Zuckmayer nach New York zurück und von dort in den neuenglischen Staat Vermont weiter. Dort begann er — abseits jedes Kulturbetriebs — das Leben eines Farmers in den „grünen Bergen". Die Beschreibung der Farm und des Lebens dort hat Alice Herdan-Zuckmayer, die Gattin des Dichters, aufs liebenswürdigste ausführlich erzählt.[41] Zuckmayer selbst hat die Jahre in Vermont in seiner Autobiographie nur kurz erwähnt; über die Konsequenzen des neuen Berufes war er sich jedoch bald im klaren: „Das war der einzige Beruf, zu dem ich zwar keine Vorkenntnisse, aber Interesse und Neigung mitbrachte, der einzige auch, der mir ermöglichte, wenn auch durch konstante körperliche Arbeit, auf dem Land zu leben und eine gewisse Unabhängigkeit zu bewahren. Mein heimlicher Hintergedanke war natürlich der gewesen, daß mir die Existenz auf einer abgelegenen Farm auch ermöglichen würde, wieder zu schreiben, was in den ersten Emigrationsjahren aus inneren und äußeren Gründen nicht gegangen war. Daß ich in meinen freien Stunden, etwa an langen Winterabenden, ein Buch oder ein Stück oder gleich mehrere und sehr viele Gedichte schreiben könnte. Ich mußte bald erkennen, daß diese freien Stunden eine reine Illusion waren, und daß die Kombination ‚Dichter und Bauer' unabänderlich der Opernwelt angehört. ... Die ersten zweieinhalb Jahre habe ich die Farm nicht einen Tag verlassen."[42] Für den Autor Zuckmayer bedeutete dies, daß er nur wenig, fast nichts schreiben konnte. Hierfür waren aber nicht nur äußere Gründe maßgebend. Mit dem fast völligen Verlust eines Publikums hörte für ihn auch der innere Zwang zu schreiben auf. Mit dem Englischen konnte er sich nicht anfreunden; er fühlte auch keinen Drang, diese ihm neue Welt darzustellen. Es ist bezeichnend, daß *Das Leben des Horace A. W. Tabor* erst viele Jahre nach der Rückkehr nach Europa — 1964 — erschienen ist. Doch hat Zuckmayer Amerika insgesamt recht positiv beurteilt: „Amerika hat mir die Chance gegeben, in meinem Beruf, in meinem Denken und Schaffen, in meiner Voraussetzung und meiner Arbeit, europäisch, ja sogar deutsch zu bleiben, und doch von ganzem Herzen ein Bürger Amerikas zu sein."[43]

Nach dem Aufführungsverbot seiner Stücke auf den deutschen Bühnen und dem merkwürdigen Aufhören der dramatischen Produktion begann Zuckmayer eigentlich erst mit seinem epischen Werk. Er hat zwar immer schon Erzählungen geschrieben, etwa die *Geschichte eines Bauern aus dem Taunus* (1925); diese Stücke nehmen sich aber wie Gelegenheitsarbeiten aus. Die *Liebesgeschichte* hatte sogar das eigenartige Schicksal, daß ihr Erscheinen in der *Berliner Illustrierten Zeitung* nach dem 25. Februar 1933 unterbrochen und erst am 12. März fortgesetzt wurde — ein Zeichen, welche Angstpsychosen bereits in den ersten Wochen nach der sogenannten „Machtübernahme" in den Presseredaktionen ausbrechen konnten. — Später, in den fünfziger Jahren, als die Aufführungen seiner

Stücke wiederum seltener wurden, hat sich Zuckmayer erneut mehr der Erzählung gewidmet. Diese epischen Arbeiten werden von der Kritik, und wohl auch vom Publikum nicht sonderlich beachtet. Petra Kipphoff fragte den Autor nach seiner eigenen Einschätzung seiner Erzählprosa; seine Antwort: „Ich halte meine Prosa — zum Teil — für qualitativ besser als meine dramatischen Arbeiten. Daß das Theater eine größere Publizität mit sich bringt, versteht sich von selbst. Aber ich bin ja jetzt auch als Erzähler nicht mehr unbeachtet."[44] Diese Antwort befriedigt gewiß nicht; sie kennzeichnet anderseits aber die Genugtuung eines Autors, der einen gewichtigen, doch bisher unbeachteten Teil seines Werkes nunmehr anerkannt sieht. In diesem Zusammenhang sind vornehmlich zwei Werke zu nennen, der Roman *Salwàre oder die Magdalena von Bozen* (1935 bzw. 1936) und die Erzählung *Die Fastnachtsbeichte* (1959). — *Salwàre* sollte 1935 in Berlin herauskommen; als das Buch unmittelbar vor dem Erscheinen beschlagnahmt und vernichtet wurde, konnte es erst nach der Verlegung des Fischer-Verlages nach Wien — 1936 — publiziert werden. — Zuckmayer beschreibt die Geschichte eines alten Schlosses in Südtirol, das von der gräflichen Familie Salwàr dej Striës bewohnt wird. Das Geschwisterpaar Firmin und Magdalena spielt die Hauptrolle. In der Nähe des Schlosses gibt es eine Gastwirtschaft, in der ein junges Mädchen, ebenfalls Magdalena mit Namen, bedient. Das sind die wichtigsten Personen, mit denen der „Held" des Romans, der Maler Thomas Stolperer, zusammenkommt. Der Roman wird indirekt erzählt; es ist als eine Nacherzählung fingiert, die ein Freund Stolperers aufgezeichnet hat. Die Höhepunkte der Romanhandlung fallen manchmal mit den am besten erzählten Partien zusammen, etwa in der Darstellung der Natur, speziell der Landschaft, vornehmlich in der Nacht; in der Schilderung der Liebesszenen; hin und wieder auch in der Durchführung des Dialogs. Doch gelingt es Zuckmayer nicht, diese stilistische Sicherheit durch den ganzen Roman zu erhalten. Der Leser hat den Eindruck, als ob einige Bilder vorzüglich gestaltet, ausgemalt sind, während andere über eine Skizzierung nicht wesentlich hinauskamen. So geriet der Autor in den Partien, in denen dämonische oder gar metaphysische Bezüge angedeutet werden, in Gefahr, nicht mehr glaubwürdig zu sein. Der Schluß der Geschichte überzeugt vielleicht am wenigsten. Wenn das Buch, trotz der angedeuteten Schwächen, in den fünfziger Jahren auch einen gewissen Erfolg hatte, so hat sich Zuckmayer doch nicht mehr an der Form des Romans versucht. Sein Metier blieb nach der Rückkehr aus dem Exil — neben dem Drama — die novellenartige Erzählung. Das bedeutendste Werk ist hier gewiß die *Fastnachtsbeichte* (1959). Es handelt sich um eine komplizierte Kriminalgeschichte, in der es in erster Linie um das Faktische zu gehen scheint. Bei der Aufklärung des Falles werden die handelnden Personen vorgeführt, die lange Vorgeschichte wird erzählt, die mit der Ermordung des Ferdinand Bäumler endet. Am Schluß kennt der Leser die Geschichte Bäumlers; er weiß zwar nicht, was dieser „am Fastnachtsamstag des

Jahres 1913“[45] beichten wollte, wohl aber, was er hätte beichten können. Das Vorbild Kleists ist auf Schritt und Tritt spürbar, die *Marquise von O. . . .*, der *Findling* oder der *Zweikampf*. Dies gilt allerdings nur für den Aufbau der Erzählung. Im Sprachlichen hält Zuckmayer seinen natürlichen Berichtsstil bei, mit großzügiger Verwendung der direkten Rede; hier könnte der Abstand zu Kleist kaum größer sein. Bei der in der angedeuteten Weise freigelegten Geschehensfolge wird ebenso deutlich, wie weit die Umwelt Bäumlers — das Leben in der Familie, im Hause Panezzas oder im Dorf Nieder-Keddrich — an der Ausbildung bestimmter allgemeiner Konstellationen und persönlicher Entscheidungen beteiligt war, wie sie solche sogar entscheidend bestimmt hat. Die genaue Kenntnis der Lokalitäten, die selbst durch die mehr andeutenden Zeichnungen deutlich wird, verstärkt den Eindruck von der Bedeutung der Umwelt. Wie andere Erzählungen spielt auch diese um die Zeit des Ersten Weltkrieges.

Diese Jahre haben den Dichter selbst wesentlich geprägt. Die zu Ende gehende Epoche der Weltgeschichte, die soldatische Gemeinschaft, der unbedingte Wille zum Frieden, diese Ereignisse bedeuten ihm so viel, daß ihre Schilderung in der Autobiographie einen weiten Raum einnimmt. Auch der Titel *Als wär's ein Stück von mir* aus dem Lied vom „guten Kameraden“ erinnert an diese Zeit. — Hier liegt wohl auch der Grund für die verbreitete Ablehnung Zuckmayers durch die jüngere Generation. Es dürfte nur wenige Autoren geben, in deren Werk die Verschiedenheit der Generationen so deutlich wird. Dies geht bis in die Anlage des Buches, bis in die Art, in der bestimmte Ereignisse, bestimmte Zusammenhänge dargestellt werden oder wie über Personen geurteilt wird. Es ist ihm in solchem Grade gelungen, daß sich die Generation Zuckmayers in diesem Buche wiedererkannt hat. Das gilt zunächst für die Darstellung des Erlebten. Zuckmayer ist mit vielen Menschen an wichtigen Orten zusammengetroffen, er hat bedeutende Ereignisse unmittelbar miterlebt. All dies hat er in sympathischer Weise erzählt, das Schwierige, des guten Ausgangs gewiß, stets etwas verharmlosend, das Angenehme mit dem Gefühl der Genugtuung und der Freude. Unausgesprochen werden dadurch auch der Schrecken und der Terror der Nazizeit scheinbar gemildert. Zuckmayer war es ausschließlich um die Versöhnung zu tun; er wollte helfen, den Haß zu begraben. Nichts lag ihm ferner, als das Unrecht zu protegieren. Wenn noch ein Beweis dazu notwendig wäre, kann dies ein Wort aus der Rede zum 20. Juli 1969 tun: „Für uns steht das Memento des 20. Juli . . . als ein Mahnmal, in der Geschichte Deutschlands, in der Weltgeschichte, für das Gedächtnis aller jener Menschen . . ., die . . . nicht aufgehört haben, der Gewalt zu widerstehen, der Niedertracht und der Lüge Trotz zu bieten, den Rechtsgedanken und die Freiheit der inneren Entscheidung höher zu achten als ihre persönliche Freiheit und ihr Leben.“[46] Den Vorwurf des Militarismus, der Zuckmayer von Kritikern der DDR gemacht wurde — dies vornehmlich in Zusammenhang mit *Des Teufels General* — hat er auf indirekte, doch sehr scharfe Weise zurückgewiesen; eine förmliche Entgegnung hätte schon zu weites Eingehen auf den Vorwurf bedeutet: in der Festschrift für Hans Speidel, *Soldatentum und Kultur*, beschrieb er (ein Fremdkörper in diesem Buch) die *Franzosenzeit 1918 bis 1930* in Mainz. Dieser Artikel, „geschrieben beim Abzug der französischen Truppen 1930", schließt mit dem Satz: „Diese Leute gehen heute nicht als Feinde. Und wir sehen sie ohne Feindschaft ziehen."[47] Ein stärkerer antimilitaristischer Ausdruck dürfte aus dieser Zeit kaum zu finden sein.

Von den späteren dramatischen Arbeiten steht *Des Teufels General* im Vordergrund. Keine der übrigen — weder der *Gesang im Feuerofen* noch das *Kalte Licht* — ist auf dem Theater recht heimisch geworden. Die Gründe dafür liegen in erster Linie in Zuckmayers dramatischem Stil, der dem traditionellen Theater verpflichtet ist. Moderne Techniken, seien es das epische Theater oder das Reportagestück, hat Zuckmayer nicht verwandt. Ein moralisch begründeter Humanismus, die Vervollkommnung des einzelnen ist sein Ziel geblieben. Im *Kalten Licht* hat er das deutlich ausgesprochen: „Es gibt etwas, woran wir glauben, worauf wir vertrauen dürfen — auch in unserer Welt der erschütterten Fundamente — das ist die Lauterkeit eines Menschen." In diesem Zusammenhang spielte er auf Schillers Begriff der „Treue" an: „Bescheiden wir uns damit — versuchen wir das, in unsrem kleinen Kreis — zu leben."[48] Diese klischeehafte Sprache ist gleichweit entfernt vom Ausdruck eines allgemeinen Sozialismus wie von einer philosophischen Formulierung durch das Absurde. — Auch in den späten Stücken steht der dramatische Held, der „große Schauspieler" im Vordergrund; dieser Held dominiert, seine Meinung ist maßgeblich, durch ihn werden die anderen Figuren bestimmt. Zuckmayers Gestalten vertreten das im voraus definierte Gute; der umgekehrte Weg ist kaum denkbar. Mystische Elemente können bei dieser Wahrheitsfindung mitwirken, etwa im *Gesang im Feuerofen*. Die Erde ist eingeschlossen in ein kosmisches Geschehen, alle Ereignisse sind durch diese höhere Ordnung bestimmt. In dieser Weise ist der einzelne vergleichbar dem Steinchen in einem großen Mosaik. — Dies alles wird direkt ausgesagt, es ist durch den Inhalt der Stücke festgelegt. Darüber sagte Zuckmayer Horst Bienek: „Die Fabel ist das A und O jeder Dramatik. Es kann die einfachste sein, aber es muß eine da sein. Stücke ohne Fabel, die können durch Theatertricks oder Wortspiele, oder durch sonstige artistische Effekte vorübergehend fesseln, aber sie haben keinen Bestand, weil keine Gleichniskraft enthalten ist. Die hat nur die Fabel."[49] Dementsprechend war Zuckmayer stets auf Stoffe aus, die er nach seiner Vorstellung ergänzen oder gar abwandeln konnte. Einem bestimmten Programm oder einer literarischen Richtung hat er sich nie verpflichtet gefühlt. Bewußt hat er sich als „Einzelgänger" bezeichnet; seine Ansicht der Zeit glaubte er gestalten zu müssen, unabhängig von jedem „Zeitstil", selbst wenn dieser „für eine kulturelle Phase epochemachend" war.[50] Dies ist deutlich und für seine Person auch wohl zutreffend gesagt. Die politische und gesellschaftliche Bedeutung des Theaters ließ er dabei weithin außer acht. Eine der Folgen ist, daß das gegenwärtige Theater mit seinen Stücken, vornehmlich mit denen der späteren Zeit, nur wenig anzufangen weiß.

Der letzte große Erfolg war des *Teufels General*, den Zuckmayer im amerikanischen Exil in Vermont schrieb und der 1946 im Zürcher Schauspielhaus zum erstenmal aufgeführt wurde. Regie führte Heinz Hilpert, der auch die Erstaufführung des *Hauptmanns von Köpenick* eingerichtet hatte (1931). Über die Entstehung des Stücks hat Zuckmayer ausführlich in seiner Autobiographie berichtet. In der Gestalt des General Harras, dessen Vorbild der Fliegergeneral Ernst Udet war, versuchte Zuckmayer einen hohen Offizier darzustellen, der in Hitlers Armee diente, ohne ein Nazi zu sein. Zu Harras' Befehlsbereich gehört der Ingenieur Oderbruch, der dem wirklichen Feind, Hitler, durch Sabotage zu schaden versucht. Um diese Personen gruppiert sich ein Kreis von Soldaten, Parteileuten und verbogenen jungen Menschen, die durch Harras' menschliches Vorbild zu der Erkenntnis kommen, daß es jenseits von Macht und Gewalt noch die Position des Humanen, der Wahrheit gibt. Oderbruch war in den Aufführungen der ersten Nachkriegszeit die wirklich problematische Gestalt. Damit war vor allem die Frage aufgeworfen, ob der Kampf gegen den inhumanen inneren Feind, der die Freiheit bedroht, nicht eher und leidenschaftlicher geführt werden müßte als gegen einen äußeren, dessen Sieg den Anfang einer neuen Zeit selbst für den Unterlegenen bedeuten könnte. Heinrich Mann hat in ähnlichem Zusammenhang von den „Geschenken der Niederlage"[51] gesprochen. — Zuckmayer fehlten, als er das Stück schrieb, die Detailkenntnisse über die Vorgänge. Er kannte aber die Persönlichkeit Udets und ahnte, daß bei der Anordnung eines Staatsbegräbnisses für den angeblich Verunglückten etwas nicht stimmen konnte. Es spricht für Zuckmayers Wissen um den Menschen und für seine Auffassungen von Recht und Freiheit, schließlich aber auch für seine Kenntnisse der deutschen Verhältnisse, daß er ein solches Stück aufgrund der wenigen Fakten komponieren konnte. — Die Zürcher Premiere war ein großer Triumph. Keinem zweiten Emigranten war eine solche Rückkehr nach Europa beschieden. Es war aber nicht nur ein äußerliches Ereignis: neben dem Wiedersehen mit alten Freunden nach vielen Jahren der Trennung datiert von dieser Aufführung die Freundschaft zu Karl Barth und Carl J. Burckhardt. — Das Stück ging dann über fast alle deutschen Bühnen, über 300 Vorstellungen gab es allein in Berlin. Zuckmayers politische Erklärung für dieses Stück wurde anscheinend von den meisten Zuschauern geteilt: „Der innere Vorgang, das war die unaufhörliche Auseinandersetzung mit dem Schicksal der Deutschen in der Heimat, die ich hatte verlassen müssen, der Versuch, sich ihre Lage nicht mit den Augen des Ausgewanderten, des Verbannten, der weit weg ist, sondern des trotz allem Zugehörigen genau vorzustellen."[52] — Allein aus dem sozialistischen Lager kamen gewichtige Gegenstimmen; man fürchtete eine gewisse Rechtfertigung oder gar

Verherrlichung des Militärs, das doch schließlich Hitlers Feldzüge ausgeführt hatte. Wolfgang Harich sprach von einer „Geschichtsfälschung", da er den Anteil der Wehrmacht an den Verbrechen des Krieges zu harmlos dargestellt sah. In der [*Neuen*] *Weltbühne* konnte man lesen: „So wird die Schuld zum Schüldchen, zum kleinen Ausrutsch ... So wird regeneriert, restauriert ... So wird der mühevolle Weg zu einem neuen Staat mit Gemütshindernissen bepflastert."[53] Eine solche Auslegung geht an Zuckmayers Intention völlig vorbei, die gerade darauf zielte, die Tragik einer Gestalt aufzuzeigen, die an das Militär durch einen Eid gebunden war, der zwar nicht galt, aus dem sie sich dennoch nicht befreien konnte. Brechts *Furcht und Elend des Dritten Reiches* ist nicht das Gegenteil dieses Stücks, sondern seine Ergänzung.[53a]

Die Feiern zum 75. Geburtstag haben Zuckmayer den Rang eines modernen Klassikers zu verleihen versucht.[54] Der Dichter selbst sieht sein Werk aber keineswegs als abgeschlossen an. Seinen Grundzug hat Carl J. Burckhardt, der Freund, in einem Brief an Dino Larese vom 14. Dezember 1971 zu formulieren versucht: „Das so spärlich gewordene Wissen über all dasjenige, was noch bis vor kurzem dem Menschen als das Gemässe, das Nötige gegenüberstand, ist bei ihm in dichterischer Weise zur immer gegenwärtigen Vision in epischem Zusammenhalt geworden."[55]

Anmerkungen

Texte

Gesammelte Werke. Frankfurt/M. 1960 (1. Gedichte, Erzählungen; 2. Erzählungen; 3. Dramen; 4. Dramen). Nach dieser Ausgabe wird zitiert; abgekürzt: GW.

Kakadu-Kakada. Ein Kinderstück. Berlin 1929.

Die Uhr schlägt eins. Ein historisches Drama aus der Gegenwart. Frankfurt/M. 1961.

Das Leben des Horace A. W. Tabor. Ein Stück aus den Tagen der letzten Könige. Frankfurt/M. 1964.

Als wär's ein Stück von mir. Horen der Freundschaft. Frankfurt/M. 1966.

Carlo Mierendorff, Porträt eines deutschen Sozialisten. Berlin 1947.

Die Brüder Grimm. Ein deutscher Beitrag zur Humanität. Frankfurt/M. 1948.

Die langen Wege. Ein Stück Rechenschaft. Frankfurt/M. 1952.

Ein Weg zu Schiller. Frankfurt/M. 1959.

Memento zum 20. Juli 1969. Frankfurt/M. 1969.

Über die musische Bestimmung des Menschen. Rede zur Eröffnung der Salzburger Festspiele 1970. Salzburg 1970.

Henndorfer Pastorale. Erzählung, Salzburg 1972.

Literatur

Arnold John Jacobius: Carl Zuckmayer. Eine Bibliographie 1917—1971; ab 1955 fortgeführt und auf den jüngsten Stand gebracht von Harro Kieser. Frankfurt/M. 1969. — Diese Bibliographie umfaßt alle gedruckten Schriften des Dichters sowie die über ihn erschienene Literatur. Eine wesentliche Ergänzung enthält die Rezension von Siegfried Mews in: The German Quarterly 45 (1972), S. 768—774. — Aus der Sekundärliteratur brauchen daher hier nur wenige Titel genannt zu werden:

Wilfried Adling: Die Entwicklung des Dramatikers Carl Zuckmayer. Schriften zur Theaterwissenschaft, Bd. 1. Berlin 1959.

Ingeborg Engelsing-Malek: „Amor fati" in Zuckmayers Dramen. Konstanz 1960.

Paul Meinherz: Carl Zuckmayer. Sein Weg zu einem modernen Schauspiel. Bern 1960.

Ludwig Emanuel Reindl: Zuckmayer. Eine Bildbiographie. München 1962.

Wolfgang Paulsen: Carl Zuckmayer. In: Deutsche Literatur im 20. Jahrhundert, hrsg. von O. Mann und W. Rothe, 5. Aufl., Bd. 2. Bern — München 1967.

Rudolf Lange, Carl Zuckmayer. Velber 1969.

Arnold John Jacobius: Motive und Dramaturgie im Schauspiel Carl Zuckmayers. Versuch einer Deutung im Rahmen des zwischen 1920 und 1955 entstandenen Gesamtwerkes. Schriften zur Literatur, Bd. 19. Frankfurt/M. 1971.

Siegfried Mews: Die Zuckmayerforschung der sechziger Jahre. In: Modern Language Notes 87 (1972), S. 465—493.

Nachweise

[1] Diese Grabrede, *Abschied von Ödön von Horváth,* wurde zum erstenmal Horváths Roman *Ein Kind unserer Zeit* (Amsterdam 1938, S. 203—212) angehängt. Zuckmayer hat als einer der ersten auf die Bedeutung Horváths aufmerksam gemacht. Später, 1963, hat er sehr früh auf Thomas Bernhard hingewiesen als „eine der stärksten Talentproben ... der jüngeren Generation" (Die Zeit, 21. Juni 1963).

[2] Eine umfassende Autobiographie war schon früh in seinem Werk angelegt; früher erschienen *Pro Domo* (Stockholm 1938) und *Second Wind* (New York 1940). — Bemerkenswert ist der Aufbau des Buches, das mit dem Kauf des Hauses in Henndorf bei Salzburg (1926) beginnt; die Ereignisse werden dann zunächst bis zur Emigration aus Europa (1939) geführt. Dann erst wird die Zeit der Kindheit und Jugend nachgeholt. Die Erzählung geht chronologisch weiter bis zum Jahr 1933, dem Exil aus Deutschland. Der Schluß behandelt die Zeit in den Vereinigten Staaten und die Rückkehr nach Europa; am Ende steht die Überreichung des Bürgerbriefes von Saas-Fee (1966).

[3] GS 3, S. 544.

[4] Die Rede erschien zunächst in den *Deutschen Blättern* (Santiago de Chile) 2, 1944, S. 3—12, dann in dem Sammelband: Carlo Mierendorff. Porträt eines deutschen Sozialisten. Gedächtnisreden ..., New York 1944, S. 15—40, und schließlich als selbständige Publikation 1947 in Berlin; diese Ausgabe liegt hier zugrunde.

[5] Ebd., S. 37. — Vgl. hierzu auch: In Memoriam Carlo Mierendorff. Literarische Schriften. Darmstadt 1947. — Fritz Usinger, Carlo Mierendorff. Eine Einführung in sein Werk und eine Auswahl. Wiesbaden 1965.

[6] Die Sammlung *Castrum Peregrini* hat sich Wilhelm Fraengers Werk mit besonderer Sorgfalt angenommen; Mathilde Meng-Koehlers Arbeit: Zum Gedächtnis von Wilhelm Fraenger. Aus seinen Briefen. (Nr. XCV, 1970) hat Zuckmayer ein kurzes Vorwort (S. 30f.) vorangestellt. Hier bezeichnet er Fraenger als einen „Mann ..., der zu den originellsten Köpfen, den produktivsten Forschern und Schriftstellern, den bedeutendsten Stilisten unseres Jahrhunderts zählt." — Das Kapitel über Fraenger in der Autobiographie *Als wär's ein Stück von mir* wurde im *Castrum Peregrini* (Nr. LXXV, 1966, S. 20—33) vorabgedruckt.

[7] Das Ohr des Malchus. Köln — Berlin 1958.

[8] Am 23. September 1920 (Kurt Wolff, Briefwechsel eines Verlegers 1911—1963, hrsg. von Bernhard Zeller und Ellen Otten. Frankfurt/M. 1966, S. 367).

9 An Zuckmayer am 25. Oktober 1920 (Ebd., S. 371).

10 Am 11. Dezember 1920; zitiert nach Günther Rühle, Theater für die Republik 1917—1933 im Spiegel der Kritik. Frankfurt/M. 1967, S. 275.

11 Kurt Wolff, Briefwechsel ... (siehe oben Anm. 8), S. 371 f. — Das Drama trug Zuckmayer die erste scharfe Kritik der literarischen Linken ein. In der *Aktion*, in der Zuckmayer gerade noch einige Gedichte und kurze Prosastücke veröffentlicht hatte, schrieb Oskar Kanehl: „Der Literat Carl Zuckmayer nannte sich ‚Soldat Zuckmayer', gebärdete sich im deutschen Revolutionsnovember aufgeregt. Schweinehund! — Die vorläufige Pleite der deutschen Revolution entlarvte auch ihn wie alle novembergeborenen ‚geistigen' deutschen Revolutionäre. Am Kreuzweg zwischen Revolution und Literatenkarriere entschied er sich für die Karriere. Er schmierte ein Drama ‚Kreuzweg' und ließ es von den Vorstellern des Berliner ‚Staatstheaters' aufspielen. — Das Stück hat Bürgerfeigheit geschrieben. Aus Feigheit, die Dinge bei ihrem wahren Namen zu nennen, zu sagen, was ist, wird die Revolution als romantisches Motiv für Pubertätslyrik mißbraucht. Kabbalistik. Symbolisierung. Allegorie. Rätselecke. Unklarheit soll Tiefe, Wortgeschraube und Satzgeleier sollen dichterischen Schwung, Lungentechnik soll Pathos sein. — ... Dieser Zuckmayer ist ein neues Beispiel der Entlarvung eines Literaturrevolluzzers. Legt es zu den übrigen. — Die Schmocks der Bürgerpresse schrieben: ‚Man wird sich den Namen merken müssen. ['] Genossen: auch wir werden uns den Carl Zuckmayer zu merken haben." (10. Jg., 25. 12. 1920, Heft 51/52, S. 717) — Diese Zeilen scheinen den späteren Essay Paul Rillas, Zuckmayer und die Uniform (in: Literatur. Kritik und Polemik. Berlin 1950, S. 7, 27) bereits anzukündigen.

12 S. 326.

13 Dies ist auch noch spürbar aus den Antworten eines Interviews, über das Günther Rühle in seinem Artikel zu Zuckmayers 75. Geburtstag *Der Mann aus den Bergen* (Frankfurter Allgemeine Zeitung, 24. Dezember 1971, Nr. 298) berichtet hat.

14 Thomas Mann spricht in diesem Zusammenhang von „einem Ewig-Knabenhaften", das zu „Schillerscher Grandiosität" gehöre, „dieser Lust am höheren Indianerspiel" (Nachlese. Prosa 1951—1955. Frankfurt/M. 1967, S. 64).

15 GS 1, S. 15.

16 Als wär's ein Stück von mir, S. 391.

17 Ebd., S. 380 f.

18 Ebd., S. 382.

19 Der Mann aus den Bergen; in: Frankfurter Allgemeine Zeitung, 24. Dezember 1971, Nr. 298.

20 Zum folgenden vgl. auch Erwin Rotermund, Zur Erneuerung des Volksstückes in der Weimarer Republik: Zuckmayer und Horváth. In: Volkskultur und Geschichte, Festgabe für Josef Dünninger. Berlin 1970, S. 612—633.

21 Am 23. Dezember 1925 im Berliner Tageblatt; zitiert nach Günther Rühle, Theater ... (siehe oben Anm. 10), S. 669.

22 Am 23. Dezember 1925 in der Vossischen Zeitung; ebd., S. 668.

23 Am 26. Dezember 1925 in der Frankfurter Zeitung; ebd., S. 673.

24 Theater und Jugend. Eine Rede. In: Maske und Kothurn 1 (1955), S. 9 bzw. 8.

25 Ebd., S. 11—13.

26 Ebd., S. 14.

27 Am 22. Dezember 1928 im 8-Uhr-Abendblatt; zitiert nach Günther Rühle, Theater ... (siehe oben Anm. 10), S. 913.

28 Am 22. Dezember 1928 im Berliner Tageblatt; ebd., S. 912.

29 Am 15. Oktober 1927 im Berliner Tageblatt; ebd., S. 804.

30 Am 22. Dezember 1928 im Berliner Tageblatt; ebd. S. 911.

31 Im Spätsommer 1961 gegenüber Horst Bienek (Werkstattgespräche mit Schriftstellern, dtv 291. München 1965, S. 213).

32 Zu Hauptmann und zu seinem Werk hat sich Zuckmayer mehrfach geäußert, am ausführlichsten in seinem Hauptmann-Essay in dem Sammelwerk *Die großen Deutschen*, 4. Bd. Berlin 1957, S. 227—244. Eine Huldigung an den großen Dichter enthält sein Brief an Hauptmann vom 29. Juli 1929: „Was das für uns bedeutet, an deren Lebensanfang der Krieg, die Zertrümmerung aller Bindungen, stand — einen Menschen zu wissen, einen Mann in unsrem Volke, vor dem man im höchsten, schönsten Sinne Respekt haben darf, dessen Werk und Person Meisterschaft, Vorbild, Verpflichtung heisst — das lässt sich nur ahnen und gar nicht voll ermessen. Es ist nur mit dem zu vergleichen: einen Vater zu haben. Einen Glauben zu haben. Eine Sprache zu haben. (Gerhart Hauptmann, Leben und Werk. Eine Gedächtnisausstellung des Deutschen Literaturarchivs ... Marbach a. N., Ausstellung und Katalog Bernhard Zeller. Stuttgart 1962, S. 344.) — Seine Schiller-Rede hat Zuckmayer am 10. November 1959 gehalten: Ein Weg zu Schiller. Frankfurt/M. 1959.

33 S. 440 f.

34 In der Mitte des Stücks kommen Grimms Märchen noch einmal vor, als Voigt dem kranken Mädchen etwas vorlesen sollte (II, 12; GS 3, S. 365). Vgl. hierzu auch Zuckmayers Essay: Die Brüder Grimm. Ein deutscher Beitrag zur Humanität. Frankfurt/M. 1948.

35 GS 3, S. 300.

36 Ebd.

37 So Ludwig Marcuse in seiner Kritik im Frankfurter General-Anzeiger am 7. März 1931; zitiert nach Günther Rühle, Theater ... (siehe oben Anm. 10), S. 1083.

38 Am 2. Juni 1931 im Berliner Tageblatt; ebd., S. 1086.

39 II, 14; GS 3, S. 379.

40 Als wär's ein Stück von mir, S. 461.

41 Die Farm in den grünen Bergen, Hamburg 1949.

42 Als Emigrant in Amerika. In: Verbannung. Aufzeichnungen deutscher Schriftsteller im Exil, hrsg. von Egon Schwarz und Matthias Wegner. Hamburg 1964, S. 150 f.

43 Ebd., S. 154.

44 Die Zeit, 24. Dezember 1971.

45 Mit diesen Worten beginnt die Erzählung (GS 2, S. 323).

46 S. 6.

47 S. 177.

48 II, 8; GS 4, S. 434. — Die Aufführungsstatistik ist in diesem Zusammenhang höchst interessant. Der *Gesang im Feuerofen* wurde nach der Uraufführung in Göttingen am 30. Januar 1951 in der Spielzeit 1950/51 noch 32mal aufgeführt. In der folgenden Spielzeit (1951/52) hat sich nur noch ein weiteres Theater des Stückes angenommen. Einzelne Aufführungen folgten in den Spielzeiten 1953/54, 1956/57 und 1966/67. — *Das kalte Licht* wurde am 3. September 1955 im Schauspielhaus Hamburg uraufgeführt. In der gleichen Spielzeit (1955/56) kam das Stück noch bei 29 weiteren Theatern heraus, in der Spielzeit 1956/57 bei weiteren zwei. Einzelne Aufführungen folgten 1957/58 und 1966/67. Die neuen Aufführungen des *Hauptmanns von Köpenick*: 1960/61: 9; 1961/62: 8; 1962/63: 6; 1963/64: 5; 1964/65: 4; 1965/66: 3; 1966/67: 1967/68: 7; 1968/69: 4; 1969/70: 4; 1970/71: 6.

49 Werkstattgespräche (siehe oben Anm. 31), S. 206.

50 Gegenüber Petra Kipphoff (siehe oben Anm. 44).

51 In seinem Essay über *Zola*, 1915 (Macht und Mensch. München 1919, S. 84).

52 Horst Bieneck, Werkstattgespräche (siehe oben Anm. 31), S. 207.

[53] Zitiert nach Günther Rühle, Ein Stück von ihm. Rückblick auf „Des Teufels General". Die *Weltbühne* fühlte sich durch das Stück in solchem Maße angesprochen, daß sie 1948 (3. Jg.) gleich viermal antwortete: Gottfried Beutel, Carl Zuckmayer: „Des Teufels General" (Nr. 1/2, S. 34—36); Rolfkurt Gebeschus, Kritik vor der Premiere (Nr. 25, S. 750—752); Walther C. F. Lierke, Des Gröfaz „sympathischer" Luftclown (Nr. 30, S. 910—912); Karl Schnog, An Carl Zuckmayer (in Form einer ironisierenden Gedichtadresse, ebd., S. 912—914).
In: Frankfurter Allgemeine Zeitung, 24. Dezember 1966, Nr. 299.

[53a] Berthold Viertel hat in einem nicht abgeschlossenen Essay *Wiedersehen mit dem Berliner Theater* (1948) ebenso den Zusammenhang beider Stücke gesehen: „Die konkretesten, dramatischen Ansätze [der Auseinandersetzung mit Vergangenheit und Zukunft] wurden im Exil geleistet, meiner Meinung nach von Bertolt Brecht. Und Zuckmayer schrieb sein wirksames Theaterstück, ‚Des Teufels General', auf einer Farm in Vermont. Die Abrechnung mit dem Nazitum, die in diesem Stück erstrebt wird, hat nicht die unbedingte Schärfe eines bis auf die Knochen gehenden Schnitts, wie ihn Brecht in seiner Szenenfolge ‚Furcht und Elend des Dritten Reiches' vornimmt. Zuckmayers Stück ist viel eher eine Elegie, die schweren Herzens Abschied nimmt von Idealen, die dem deutschen Volk teuer gewesen sind, bevor sie in den Abgrund führten. Ich sah das Stück in Köln und überzeugte mich davon, daß seine theatralische Wirkung tiefer und wahrer ist, als ich bei der Lektüre gedacht hätte. — Nach der Aufführung der Brechtschen Einakter am Deutschen Theater in Berlin hörte ich junge Leute, die vielleicht eben erst die Uniform abgestreift hatten, die Wahrheitstreue eines solchen Realismus leugnen." (Schriften zum Theater, hrsg. v. Gert Heidenreich, München 1970, S. 264).

[54] Höhepunkt dieser Feiern war ein Festakt in der Kirche Amriswil, bei dem Emil Staiger die Festrede hielt (abgedruckt: Neue Zürcher Zeitung, 16. Januar 1972, Nr. 25).

[55] Der helle Klang. Zu Carl Zuckmayers 75. Geburtstag in Amriswil. Amriswil 1972, S. 11.

Rolf Schroers

ERNST JÜNGER

Ernst Jünger wurde am 29. März 1895 als Sohn eines Apothekers geboren. Seiner frühen Afrikasehnsucht folgend ging er 1913 zur Fremdenlegion. Der Vater holte ihn aus Marseille zurück. Bei Kriegsbeginn meldete er sich freiwillig und wurde, vielfach verwundet, Leutnant, Träger des Pour le mérite. Er blieb bis 1923 Offizier der Reichswehr, heiratete in Hannover Gretha v. Jeinsen, von der er die Söhne Ernst und Alexander hatte. Der junge Ernst Jünger fiel nach einem Urteil wegen Wehrkraftzersetzung in einer Strafkompanie in Italien. Alexander wurde Arzt.

Von 1923—1926 studierte Ernst Jünger Zoologie in Leipzig und Neapel. Seit 1926 lebte er als freier Schriftsteller in Berlin, in Goslar, in Kirchhorst bei Hannover. Nach dem Krieg zog er wegen Editionsverbots aus der britischen in die französische Zone nach Ravensburg, von dort nach Wilflingen/Württ. ins Forsthaus des Stauffenbergschen Gutes, wo er jetzt lebt.

Ernst Jünger wurde als Hauptmann zum zweiten Weltkrieg eingezogen und kam 1941 nach Paris in den Stab des Deutschen Militärbefehlshabers in Frankreich. 1944 wurde er wehrunwürdig gesprochen. Er gehörte zum Freundeskreis der Offiziere, die am 20. Juli gegen Hitler revoltierten.

Jüngers Biographie ist unmittelbar Gegenstand seiner Literatur. Die Eskapade zur Fremdenlegion schildert sein Buch *Afrikanische Spiele*, seine Bücher über den ersten Weltkrieg hoben ihn in den ersten Rang der Nachkriegsliteratur. Seine Beschäftigung mit der Zoologie machte ihn zu einem leidenschaftlichen und wissenschaftlich anerkannten Käfersammler, was nicht nur in zahlreichen Essays, sondern in seinem großen Buch über *Subtile Jagden* Ausdruck findet.

Ohne unmittelbar politisch zu sein, durchzieht sein ganzes Werk ein politisches Engagement, das essayistisch schon früh in den beiden Essaysammlungen des *Abenteuerlichen Herzens* zum Ausdruck kam, das auch literarisch der Kern seines als Widerstandsroman eingeschätzten Buches *Auf den Marmorklippen* ist, das in dem 1932 erschienenen großen Werk *Der Arbeiter* in Erscheinung tritt und für das eines der letzten großen Zeugnisse seine Schrift über den *Frieden* war, die 1944 für den deutschen Widerstand gegen Hitler niedergeschrieben wurde.

☆

Die Muse Ernst Jüngers ist die Gefahr. Dazu gehört, daß er sichs in den Gefechtspausen behaglich macht. So ergibt sich das Bild eines kontemplativen Aktivisten. Zur Kontemplation befähigt ihn vornehmlich sein optischer Sinn; zur Aktion sein amor fati, der die Grausamkeit nicht scheut und dem die Trauer nicht fremd ist. Diese Konstellation wird kompliziert dadurch, daß ein Dritter hinzutritt, der Autor, und aus dem Material ein sinnvolles Ganzes zu machen trachtet. Er zitiert als Devise Pascal: „Jeder Autor hat einen Sinn, in welchem alle entgegengesetzten Stellen sich vertragen; oder er hat überhaupt keinen Sinn."[1] Sinnvoll soll für Jünger, dieser Devise entsprechend, nicht nur sein Werk, sondern durch sein Werk auch dessen Gegenstand, sein Leben, werden. Ein solcher Vorgang ist nur mitteilungswert, wenn er exemplarisch ist, wenn er als Beispiel Gewicht hat. (Etwas anderes ist es, aus dem Beispiel ein Vorbild zu machen; das tendiert dann zu dem Ablauf „Hosiannah-Kreuziget ihn!").

Ernst Jünger sucht die Gefahr; doch haßt er die Willkür. Vielmehr sucht er die Gefahr als eine unausweichliche Disziplin, als Disziplinierung durch den Schmerz. „Als Disziplin bezeichnen wir die Form, durch die der Mensch die Berührung mit dem Schmerz aufrechterhält" (*Über den Schmerz*). Und es ist charakteristisch, daß er auch die naturwissenschaftlich wertfreie Disziplin, die er ebenfalls — etwa als Käferforscher — vertritt, mit der Disziplin des Schmerzes verbindet[2], daß er mit aller Intensität darauf abzielt, diese beiden Disziplinen zu verschmelzen. Seine großen Augenblicke — als Autor und im Leben — sind die, wo ihm der Guß gelingt.

Gelingt? Also, auf beispielhafte Weise, den Nachweis zu führen, daß Sinn im Leben steckt — nicht im Werk, im Leben selbst, das im Werk zum Ausdruck kommt? Das Urteil des Lesers muß immer auch Jüngers Leben bestätigen; es muß ihm glaubwürdig sein. Und auch die Disziplinen müssen ihm glaubwürdig sein, die den Sinn im Doppelgriff — von Schmerz und Ratio — erfassen. Dem Vorgang angemessen wäre vielleicht allein ein Blick, wie ihn Jünger auf die Käfer wirft, und gelegentlich auf sich selbst: die metaphysische Diagnose. Daran muß man interessiert sein, nicht an moralischen (oder unmoralischen) Konfessionen, an poetischem Divertissement, an Wert- oder Unwertbestätigung oder einfach an Lebensphilosophie. Wer den *Arbeiter* liest, erhält keine Sozialdiagnose, sondern er wird einem Ich-Entwurf konfrontiert, der die Welt auf sich zuordnet und dabei eine höchst bemerkenswerte, ja faszinierende Geschlossenheit der Ingredienzen erreicht; jedoch nicht die geringte Ähnlichkeit mit einem konkreten Arbeiter. Die Sache ist keine sozialtechnische Frage, sondern die vitale eines Lebensstils: nur so gewinnt der *Arbeiter* in Ernst Jünger den ihm (Jünger) eigentümlichen Sinn. Solche Entwürfe sind keine Rezepte, wenn auch unbestritten bleiben muß, daß Jünger einschlägige Auslegungen nicht abweist (die ihn zum Verkünder eines neuen Erdzeitalters machen würden; die ihn auch als solchen bekämpfen). Sie verweisen zu allererst einmal auf die Möglichkeit, sich die Welt der Person angemessen zu denken. Die überpersönliche Deckung eines derartigen Weltentwurfs ist für Jünger keine Sache irdischer Akklamation, sondern ein transzendentales Experiment mit fragwürdigem Ausgang. Es ist auch ein fragwürdiges Experiment, zu dem sich positiv vorerst sagen läßt, daß wir nicht reicher würden, wenn es unterbliebe. Die Lage entspricht der von Pascals Wette.

Nur ist die Situation weiter fortgeschritten. Ein überindividueller Sinn wird in keiner heutigen Institution oder Geglaubtheit noch allgemeinverbindlich aufgehoben. Der Nihilismus wurde im Pluralismus perfekt; wer des Sinnes bedürftig ist, ist an sich selbst verwiesen, und das gibt nicht viel her, denn nicht einmal mit sich selbst kann jemand in grenzenloser Subjektivität seinen Sinn oder Gegensinn ausmachen. Von Verbindlichkeit aber, der Voraussetzung von Disziplin, kann keine Rede sein. Nicht nur und nicht erst Ernst Jünger hat in dieser Lage auf die Aktion gesetzt. Anders war für den geistig Redlichen Sinn nirgend zu holen. Oder man ließ die Sinn-Frage fallen und richtete sich ein; etwa wie Benn, der seine Gedichte wie Drogen herstellte, um den Ekel vorm fäkalischen Leben zu betäuben.

Der Krieg ist für die Aktion nur akzidentiell. Ernst Jünger war schon 1913 von zu Hause ausgerückt, um in die Wildnis Afrikas einzudringen. Lawrence brachte den arabischen Krieg eigentlich erst recht in Gang, um ein Aktionsfeld zu haben. Hemingway inszeniert seine Dichtungen, die stark autobiographisch imprägniert sind, immer hart vorm Tod, um ihnen Intensität abzugewinnen. Malraux zog aus, um eine Idee zu finden, die den Einsatz lohnte, und gab sich selbst in Zahlung. Der autobiographische Zwang dieser Schriftsteller pocht auf die Beweiskraft des eigenen Lebens, wo sonst nichts beweiskräftig blieb, kein Gott, keine Moral, keine Gerechtigkeit und nicht einmal die Schönheit. Die Antworten sind unterschiedlich; für T. E. Lawrence war es die Selbstvernichtung. Doch die Beweislage bietet überzeugende Ähnlichkeiten; sie argumentiert mit der bestandenen (und im wesentlichen frei gesuchten) äußersten Gefahr, als der Probe auf den Lebenssinn. Das Phänomen beschränkt sich nicht auf die Literatur (und innerhalb der Literatur nicht auf die Aktivisten); es tritt ebenso in den Geisteswissenschaften wie in den Rechtswissenschaften (Dezisionismus) auf, deren substantielle Voraussetzungen zerfielen, und ist überall an einer Wendung zum Ästhetizismus zu erkennen, der auf sonderbare Weise beschworen wird, um den Verlust an konkreter Substanz wettzumachen. In den Naturwissenschaften äußerte sich der Vorgang in Tabu-enthemmter Praxis. Die Ratio drang nunmehr unaufhaltsam vor, ohne noch um philosophische Deckungen bemüht zu sein. Die Deckung ergab sich aus den Resultaten; die besten Resultate ergaben sich aus der absoluten Unvoreingenommenheit. Zur methodischen Disziplin dieser Wissenschaften gehört es, diese Unvoreingenommenheit zu bewirken. Doch eben dadurch wird die Sinnfrage im Rahmen dieser Wissenschaften sinnlos.

Mit der gefährlichen Selbsterfahrung ist zunächst nicht viel mehr gewonnen als die damit verbundene Sensation. Sie ist jedem Soldaten bekannt. Die Lage erschließt zudem Instinkte, auch Bedürfnisse, die im zivilen Leben ungeweckt bleiben, wo man ihrer nicht bedarf oder wo sie stören würden. Die unberechenbare Todesnähe und ihre stets gegenwärtige Repräsentation, beides so aktiv wie passiv, schaffen eine Wirklichkeit unverwechselbar eigentümlicher Bezüge, in denen alle Bedeutungen präzisiert sind. Der Soldat ist darin Subjekt wie Objekt zugleich, ist der Krieg und sein potentielles Opfer. Und das ist ihm unmittelbare Erfahrung, eine Erfahrung von erotischer Vehemenz. Vermutlich läßt diese Erfahrung den Soldaten — solange er das ist — so gleichgültig gegenüber Kriegszielen, Propaganda und Gegenpropaganda, Vaterlandsliebe und Gottes Segen; diese schönen oder unschönen Attribute werden von der elementaren Tatsächlichkeit der Situation Krieg schlechterdings abgewiesen. Sie dringen nicht ein, sind Unwirklichkeiten.

Diese allgemeine Lage wird dem Aktivisten Ernst Jünger zur Position gegenüber dem Leben schlechthin. Er baut sie nach dem Krieg um die zweite, die naturwissenschaftliche Position aus, doch führend bleibt die des Soldaten. Der späte Ernst Jünger liebt das Doppelbild der Münze, als Prägstock und Prägung; das entspricht seiner Kriegserfahrung: prägend geprägt. Er fordert danach eine Welt, die dieser Erfahrung entspricht, und spürt nach Belegen, die ihm diese Qualität bestätigen. Was ihn dafür auszeichnet, ist die hohe Intelligenz seines Instinkts — eine Intelligenz, die strauchelt, wo sie sich von der Eigenwitterung trennt und spekulativ wird. Immer muß sie am Puls der eigenen Erfahrung bleiben, an der Schlüsselkraft dieser Erfahrung, an ihrer Subjektivität, weil außer dieser keine Legitimation sich unabweisbar bezeugt. Doch auf dieses Zeugnis ist Jünger aus. Er entwirft sein Leben wie sein Werk als Frage nach dieser zeugenden Antwort; er stellt gleichsam Gott eine Falle. Sofern es Gott gibt, was die Annahme des Unternehmens ist, ist das riskant, zweifellos. Aber nicht die Gefahr wird von Jünger gescheut — sie ist seine Muse; sondern die Eventualität gefürchtet, daß die Annahme nicht stimmt. Und diese Furcht hat Konsequenzen. Jünger beginnt, aus metaphysischen und mythologischen Eigenschaften eine jenseitige Welt kombinatorisch aufzubauen.

*

Krieg bedeutet vielfache Todeserfahrung. Als Krieg ist er von extremer Wirklichkeit in jenem Doppelsinn des Konkreten, sowohl Widerfahrnis als auch Tat zu sein, in einer elementar durch den Tod bestimmten, unausweichlichen Lage. Er wird auf diese Weise das Muster von Wirklichkeit, die Geltung hat, überhaupt. Den Menschen, die zu schwach sind, in einer solchen Wirklichkeit zu leben (die nach dem Muster des Krieges, jedoch nicht unbedingt als Krieg zu begreifen ist), nutzen die zivilen Illusionen nicht, mit denen sie sich ihrem Schicksal entziehen wollen. — In dieser Grundhaltung wird Ernst Jünger zum Polemiker gegen den Ideologismus der „veralteten“ bürgerlichen Welt und der Prophet des Arbeiters.

Jedoch aus einer Distanz heraus, die zu beschreiben er nicht müde wird; die er unter dem Namen Désinvolture begreift; oder als Eigenschaft des Julius Cäsar kennzeichnet; die er in der Figur der *Schleife* abbildet als die Kraft, die „Wände unserer stumpfen Sinne zu durchschreiten", wobei es eine „Schleife" gibt, „die auch der letzte zu beschreiben fähig sei, und daß das Todestor, als das wichtigste der unsichtbaren Tore, für uns alle, ohne Unterscheidung, Tag und Nacht geöffnet sei." Der Tod wird „die wundersamste Reise, die der Mensch vermöchte, ein wahres Zauberstück, die Tarnkappe aller Tarnkappen ... die letzte und unangreifbare Burg aller Freien und Tapferen ...", so spricht Nigromontanus in *Das abenteuerliche Herz,* so verheißt das „Burgenland" von *Heliopolis.*

Ernst Jünger ist im Tod gewesen. In *Stahlgewitter* beschreibt er seine letzte Verwundung. Das Bewußtsein, sterben zu müssen — so heißt es da — habe ihn mit einem der wenigen Augenblicke beschenkt, in denen er wirklich glücklich gewesen ist: „In ihm begriff ich, wie durch einen Blitz erleuchtet, mein Leben in seiner innersten Gestalt." Das euphorisch traumwandlerische Erlebnis wird — im Kapitel „Langemarck" der *Stahlgewitter* — durch einen eingefügten Bericht des Bruders Friedrich Georg vervollständigt, der gleiche Erfahrungen ausdrückt. Der Tod, das „unsichtbare Tor", hat sich aufgetan; was heißt, daß er der Person kein Ende setzt. Hier schließen sich eine Fülle von Bemerkungen an, die dies Todeserlebnis zu ihrer Deckung voraussetzen. „Die Möglichkeit des Selbstmordes gehört zu unserem Kapital." „Der Tod ist die tiefste Erinnerung." Und 1958 lautet ein „Mantra": „Das L e b e n ist außerhalb der Zeit und reicht in die Zeit hinein. Wenn der Tod kommt, zieht es die Fühlhörner ein." Das Abenteuerliche Herz operiert von der Burg Tod aus, in der es sich immer geborgen weiß. Im Essay *Über den Schmerz* erklärt Jünger: „Wir betrachten es also als ein Kennzeichen der hohen Leistung, daß das Leben sich von sich selber abzusetzen oder mit anderen Worten, daß es sich zu opfern vermag. Dies ist überall dort n i c h t der Fall, wo es sich nicht als Vorposten betrachtet, sondern sich selbst als den maßgebenden Wert erkennt."

Der Kunstgriff des A u t o r s Ernst Jünger besteht nun darin, sich selbst und eigenen Erfahrungen gegenüber auf die Distanz zwischen L e b e n und Leben zu gehen, vom L e b e n her über das Leben zu sprechen. Nicht der Mensch — der kontemplative Aktivist —, jedoch der Autor spricht von jenseits des unsichtbaren Tores, wohin er sich durch die „Schleife" verfügt. Die begriffliche Trennung zwischen einer irrealen Autor-Person und einer konkret anwesenden kann nur ein Hilfsmittel sein, um bestimmten Schwierigkeiten der Jünger'schen Diktion beizukommen; doch kommt dem entgegen, daß Jünger nach einer solchen Anordnung verfährt, über die er genauere Auskünfte gibt.[3] So heißt es schon anfangs der ersten Fassung des *Abenteuerlichen Herzens* — zur Erklärung der starken Anteilnahme, die Jünger nicht leugnet, für sich selbst aufzubringen —, er verfüge über die Optik von einem Fixpunkt aus, „den ich als ein zweites, feineres und unpersönlicheres Bewußtsein bezeichnen möchte ... Ja, es schien mir oft, als ob in sehr menschlichen Augenblicken ... dort oben etwas vorginge, was ungefähr einem mokanten Lächeln verglichen werden könnte." Im übrigen empfindet er sich dort als eine ans „Zeitmotiv gebundene Variation oder eine, vielleicht absonderliche Spezies, die jedoch keineswegs aus dem Rahmen der Gattungskennzeichen fällt. Aus diesem Bewußtsein heraus meine ich auch, wenn ich mich mit mir beschäftige, nicht eigentlich mich, sondern das, was dieser Erscheinung zugrunde liegt ...". Zu ergänzen wäre, daß Jünger jedem Objekt gegenüber zu erschließen trachtet, was dessen Erscheinung zugrunde liegt; womit die Realität zu zerfließen droht. Das Leben wird vom L e b e n her befragt, auch, gewiß, gefährlich bestanden. Doch ist dabei eine merkwürdige Ambivalenz zu beobachten, zwei Zielrichtungen: einmal die, Auskunft zu erhalten über das L e b e n, zum anderen die, (vom L e b e n her) Lagebeurteilungen über das Leben zu erarbeiten. Die Wirklichkeit, und mit ihr die Sinnfrage, wäre evident, wenn die beiden Ansätze kulminierten. Jünger agiert hier mit einer experimentellen Theologie, die auf Methode und Inhalt noch zu prüfen ist.

*

Das Elementarereignis für Jünger ist der Krieg und sein gültiges Todeserlebnis. Das erste gibt ihm den Instinkt für die Wirklichkeitsbeurteilung, das zweite einen Abstand, der es ihm erlaubt, das auch ungeheuerlich Konkrete nur als Symptom, als Erscheinung, als Schlüssel für im Grunde metaphysische Rätsel zu deuten. Der Mensch ist dann nur Figur im Spiel, das ihm, wie der Krieg, hart und läuternd (nämlich desillusionierend) zusetzen kann; das auch glimpflichere Varianten kennt; dem aber letztlich durchaus nicht zu widerstehen ist. Freiheit ist nur zu gewinnen durch Einsicht in die Notwendigkeit, das ist den Plan dessen, was gelegentlich „Weltgeist" heißt. Sie ist also abhängig davon, dessen Züge geistig einsichtig zu machen, den Menschen zum Mitspieler zu erheben und ihm dadurch Rang zu verleihen. Eine rein diesseitige Pragmatik und politische Praxis dient nur — blind — der Vollstreckung. Aufgabe des Autors aber ist es, die Pläne des „Weltgeistes" zu entziffern und damit die dumpfe Vollstreckung zu einsichtiger Heiterkeit zu erheben. Nur wo diese erreicht ist, kann dann auch die volle Wirklichkeit gewonnen werden, wie Jünger sie im Doppelsinn der „Münze" begreift.

Eine unmittelbare Folge dieser Einstellung ist die durchgehende Transzendierung sonst platt diesseitiger Lebensvorgänge, die nur als Symbole eines entrückten Geschehens gelten, als Oberfläche (deren Lehre die Symbolfigur des Nigromontanus besorgt) tieferer Wirklichkeiten, mit denen wir durch den Tod hindurch — aber etwa auch durch Traumeinsicht — kommunizieren. Doch ist der „Weltgeist" zunächst nur eine axiomatische Annahme. Insofern läuft Jüngers Wahrnehmung der Welt als hieroglyphisch stets die Gefahr, in Willkür abzugleiten und damit unverbindlich zu werden, es sei denn, man bewerte das ganze Werk als metaphysisch-ästhetisches L'art pour l'art, einschließlich der zugehörigen Moralität. Es handelte sich dann um Solipsismus — das ist eine Jünger gegenüber durchaus tragfähige Kategorie —, der eine teils klassizistische, teils konservative Gemütslage projiziert. Die demütige Wahrheit einer glanzlosen Kirchgängerin in ihrem Gebet vor dem Allerheiligsten, der wirklichen Anwesenheit Gottes kraft ihres Glaubens, wäre stärker. Nur daß eben diese Kirchgängerin nicht an der Verwirklichung eines gläubigen Gemeinbewußtseins wirkt, das vielmehr in voller Auflösung begriffen ist. Entscheidend ist die nihilistische Ausgangslage. Goethe, auf den Ernst Jünger sich gern beruft, hat die gesättigte Gegenwart in ihrer Wirklichkeitsfülle; er ist ruhend, berufend, anwesend, mitlebend, antwortend; er ist mit keiner Faser Spezialist. Jünger sieht sich zu, wie sein abenteuerliches Herz die imaginären Positionen dieser Welt als Schauspiel durcheilt. Er ist konsequent auf sich spezialisiert.

Freilich, mag Jünger sich gelegentlich mit solipsistischen Spielen vergnügen, so sucht er doch unzweifelhaft die Zauberringe zu durchdringen, wobei ihm die Gefahr und die Erfahrung des Schmerzes als Kompaß dienen. Ein Kernstück in diesem Zusammenhang ist der *Sizilische Brief an den Mann im Mond*. Er kommt darin zu folgender Konklusion:

> Gewiß, die Mondlandschaft mit ihren Felsen und Tälern ist eine Fläche, die der astronomischen Topographie ihre Aufgaben stellt. Aber ebenso gewiß (!) ist es, daß sie zugleich jener magischen Trigonometrie, von der wir eben sprachen, zugänglich ist — daß sie zugleich ein Gebiet der Geister ist und daß die Phantasie, die ihr ein Gesicht verlieh, mit der Tiefe des kindlichen Blickes die Urschrift der Runen und die Sprache des Dämons verstand. Aber das Unerhörte für mich in diesem Augenblick war, diese beiden Masken (!) ein und desselben Seins unzertrennlich ineinander einschmelzen zu sehen. Denn zum ersten Male löste sich hier ein quälender Zwiespalt auf, den ich ... bislang für unlösbar gehalten hatte. Das geschah nicht etwa so, daß sich ein Entweder-Oder in ein Sowohl-als-auch verwandelte. Nein, das Wirkliche ist ebenso zauberhaft, wie das Zauberhafte wirklich ist.

Phantasie, elementare (das ist ereignishafte) Anschauung und rationales Instrumentarium erlauben den kombinatorischen Schluß, der allein die Wirklichkeit in ihrer Fülle erschließt — das macht die Textstelle zu einem wichtigen Beleg, und es ist bemerkenswert, daß Jünger hier fast ohne jede Beschwörung einfach sagt: so war es! Augenblicke solchen „Eintreffens" bestätigen zumindest dem Autor selber die Triftigkeit seiner Position. Der „quälende Zwiespalt" ist ja deren fundamentale Infragestellung.

☆

Es ist naheliegend, daß der Autor Jünger sein Organ, die Sprache, ebenfalls unter dem Doppelaspekt von innewohnendem Sinn und aktiver Sinndeutung begreift. Er traut ihr — wie er mehrmals dartut — atomare Sprengkraft zu, womit sie seinem Bedürfnis nach der Disziplin der Gefahr genügt. Zum anderen eignet sie sich zu Aussagen von rationaler Präzision und genügt unter diesem Gesichtspunkt seinem Bedürfnis, die naturwissenschaftliche Disziplin einzusetzen: das Wirkliche zauberhaft, das Zauberhafte wirklich zu machen. Die Sprache wird zum Instrument der ausgezeichnetsten Aktion, weil einzig in ihr die Polarität L e b e n / Leben unmittelbar gegeben ist: sie operiert so hier wie da. Sie erlaubt die Kommunikation, die Vermittlung und — das Gefährlichste — den Anschluß; wiederum stellt sich das Bild von der Münze ein.

Durch sein naturwissenschaftliches Studium ist es Jünger bekannt, daß die rational eindringende Erkenntnis immer nur der experimentellen Konstellation entsprechende Attribute, also Masken des Objekts erbeutet. Das Objekt reagiert zwar, aber es gibt auch nur seine Reaktionen preis. Nicht als totale Erfahrung tritt es zutage, sondern nur in spezifischen, der Fragestellung zugeordneten Bezügen. Die moderne Naturwissenschaft weiß mit diesen Attributen zu operieren und sie folgenschwer in Dienst zu nehmen: Masse in Energie zu verwandeln, Partikel zu unerhörter Durchschlagskraft zu beschleunigen, das Unsichtbare zum Explosivstoff in ihren Maschinen zu machen. Sie weiß Axiome mathematisch hochzuzüchten und Kausalitäten zu erfinden, deren Systemrichtigkeit konkrete Eingriffe ermöglicht. Die Materie bleibt sozusagen keine Antwort schuldig und lockt immer tiefer in ihre Labyrinthe hinein. Das ist ein Jenseits von Gut und Böse, wo kein Ariadnefaden der sittlichen Orientierung hilft. Auch Mathematik ist Sprache, wenn auch eine Spezialistensprache für besonderen Gebrauch; und daß diese Sprache gefährlich ist, zeigen die Atompilze an.

Was nun Jünger den „Hauptschlüssel", den „stereoskopischen Genuß" oder den „kombinatorischen Schluß" nennt, wäre — sprachlich — die Anwendung des naturwissenschaftlichen Zugriffs für das Erkenntnisvermögen der Phantasie, das „Interesse" von Liebe, Neigung und Bewunderung. „Die Pflanzen und Tiere" so schreibt er einmal, „sind nicht nur Objekte wissenschaftlicher Meßkunst und Betrachtung, sondern unendlich viel mehr. Sie sind auch schön, geheimnisvoll und mannigfaltig in einer Weise, die nie ergründet werden wird. Sie sind nicht Ausschnitte, Spezialitäten, sondern Schlüssel zur gesamten Natur. Was ihnen an Liebe, an Neigung, an Bewunderung zugewandt wird, ist a n s i c h bedeutender und wichtiger als alle ‚Ergebnisse'."[4] Weil es — so darf interpretiert werden — der Zugang des Erlebnisses ist, und nicht der Ratio, deren Ergebnis durch das „Erlebnis" verfälscht würde. Die Anwendung des wissenschaftlichen Zugriffs besteht nun darin, im E r l e b n i s entschlüsselbare Signale des „Weltgeistes" aufzufangen, nicht also sich vital darin aufzulösen (als in gesättigter Gegenwart), sondern die Symptome so zu registrieren, wie der Wissenschaftler im Labor Reaktionen auf eine Versuchsanordnung. Das meint Jüngers Beschäftigung mit dem, „was eigentlich dieser Erscheinung zugrunde liegt".

Benennung wird so ein Doppeltes, wird: Die-Sache-im-Griff. Nicht die Sache allein, nicht der Zugriff allein, sondern Frage plus Reaktion: Erlebnis und Symbol. Es gibt nur beides zusammen. Jünger und seine Leser haben ihren Gegenstand immer nur mit dem Zugriff zusammen und also nur, was der Autor in den Griff bekommt. Deshalb ist Jüngers Sprache beunruhigend. Sie kann nicht verweilen, nicht still werden, nur besetzen, jedoch nicht besitzen. Wo das so scheint, täuscht eine fata morgana — und zu einer fata morgana wird dem Dürstenden vielleicht am Ende die ganze, handsame Welt. So sind die Bombenflieger über Paris ihm nicht schlechthin entsetzlich, sondern Chiffren von Vollzügen, die keine Ratio durchdringt; und als solche werden sie dem Zapporoni als *Gläserne Bienen* zu gruseligen Spielzeugen. Wo der Leser jedoch der Sprachkraft Jüngers diese Erlebnis-Erkenntnis abgewinnt, schlägt sie wie ein elektrischer Stromstoß durch.

*

„Was kümmert den das Jenseits, für den es nichts gibt, was nicht auch jenseitig ist? — Was not tut, ist eine neue Topographie.“ Wie sollte der Begriff Topographie anders zu verstehen sein, denn als Ersatz für den Begriff Theologie? Es fehlt hier nicht an mißglückten Missionierungsversuchen von außen, wohl aber an einer systematischen Arbeit, die Jüngers Verweise auf Mythologie und Bibel, auf Märchenwelt und philosophische Zeugnisse samt seiner einschlägigen Metaphorik prüfend ordnete. Harmlos wäre es, sich hier nur auf eine philologische Begriffstreue einzulassen, wie sie Friedrich Georg Jünger so gelehrsam zur Eröffnungsnummer des *Antaios,* der Zeitschrift seines Bruders, lieferte. Gäa und das Titanische, Heraklit und Hamann, Hiob und Angelus Silesius, Nigromontanus und die Burgenwelt, Weltgeist und heroische Komperative; Traum, Rausch und Weisheit, der Oberförster, die blaue Natter, die Mauretanier, der Arbeiter schließlich — sie alle wirken assoziativ an einem Vokabular für jenseitige Anwesenheiten, die ins Diesseits transzendieren. Aber auch damit noch kein Ende; denn stärker als die Bewegung sei die Ruhe, tiefer als die Sprache reiche das Schweigen, das Partielle ruhe auf dem Ungeteilten und wirke aus diesem, was es wirkt (als politische Kraft zum Beispiel). Die Sprache hebt nur becherweise aus dem Meer[5] —: alles mythologisierende Umschreibung des erkenntniskritischen Grundtatbestandes etwa der Molekularphysik, daß wir eben nur Reaktionen, nicht So-Sein wahrnehmen können.

Die einschlägige Metaphorik hatte auf dekorative Weise eine nur stellvertretende Funktion, solange der Autor Jünger von seiner distanzierten Position hier die Lebenswirklichkeit und ihre Figuren, das eigene Lebensschicksal eingeschlossen, musterte und beschrieb. Solange er darauf verzichtete, die Autor-Position selbst zu kommentieren. Das tat er später und errichtete sein verwirrendes Jenseits, vermutlich doch verzweifelt bewegt von den Fürchterlichkeiten des letzten Krieges, die ihn unmittelbar berührten und — betrachtet man die durchgeführte Revision der jetzt abgeschlossenen Werkausgabe daraufhin — die Einsicht zu Revisionen nicht nur ästhetischer, sondern auch moralischer Natur zwangen.

Jünger war, dem geläufigen Urteil und geringfügigen eigenen Versehen in den 20er Jahren entgegen, niemals im landläufigen Sinn politisch engagiert. Er vertraute der tiefer reichenden sprachlichen Wirkung, die nicht direkt zum Leser sprach, sondern im verwandelnden Durchgang durch die „Schleife". Er meldete seine Positionen; und seine Werke waren solche Positionsmeldungen: *Marmorklippen, Gärten und Straßen, Der Friede.* Er hatte seine Lagebeurteilung im *Arbeiter* geliefert, und er hielt sich daran. Er beteiligte sich nicht an Hitlers teuflischem Aufräumungswerk — als welches der Prozeß ihm erscheinen mußte —, aber er stellte sich auch nicht dagegen (wenn in seinem Fall der qualifizierten Absage nicht doch das Verdienst des Widerstandes zugesprochen werden muß). Die Pariser Beteiligten am 20. Juli waren seine Freunde, und er war eingeweiht; aber er nahm nicht teil, gab weder dem Aufstand eine Chance (besonders nach Rommels Tod nicht), noch sah er dort eine Aufgabe für den von ihm erstrebten Stand über dem Geschehen. Seine Freunde wurden ermordet. Der Sohn Ernst, der Hitler hörbar verachtete, wurde wegen Wehrkraftzersetzung zum Tode verurteilt, zur Strafkompanie begnadigt und fiel so bei Carrara, büßte mit dem Leben für seine aufständische Rückhaltlosigkeit. Es ist nur zu verständlich, daß solche Heimsuchungen bei einem Autor wie Ernst Jünger, der sein eigenes Leben als Text zu lesen gewohnt und geübt war, schwer wiegen mußten. Daß in der Folge das Leben ein vornehmlicher Bereich seiner Zuwendung wurde (der theologische Ausbau der Position des Autors mithin), könnte in den Erlebnissen des zweiten Krieges begründet sein.

„Mein Ort ist an der Spitze einer Brücke, die über einen dunklen Strom geschlagen wird. Die Existenz auf diesem vorgeschobenen Bogen wird mit jedem Tag unhaltbarer, der Absturz drohender, falls nicht von drüben spiegelbildlich ihm die Entsprechung, die Vervollkommnung zuwächst. Aber das andere Ufer liegt in dichtem Nebel — und nur zuweilen dringen unbestimmte Lichter und Töne aus der Dunkelheit. Das ist die theologische, die psychologische, die politische Situation . . .", notieren die *Strahlungen.* Es gab fromme Leute, die da ein bißchen schubsen wollten, aber vergeblich: das Bild wurde bis heute nicht komplettiert. Doch es enthält einen merkwürdigen Hinweis, der die theologische Interpretation[6] fraglich macht. Erwartet wird die spiegelbildliche Entsprechung. Spiegel, Spiegelungen spielen im Wortschatz Jüngers eine Rolle. Im *Sizilischen Brief* schreibt er: „Was sind wir anders als die Spiegelbilder unserer selbst . . .". Die Stelle aus den *Strahlungen* kann auch bedeuten, daß die „Schleife" unterbrochen wurde, daß der Panzer unangreifbarer Désinvolture zerbarst. Gewiß nicht, ohne daß die Heraldik des Bildes vom verlorenen Posten mythisch durchleuchtet.

Doch sind Spiegel auch Fallen. Als solche hat sie der „Oberförster" im Gebrauch. Von der Fallenstellerei ist im *Sizilischen Brief* ebenfalls die Rede: „Der Jäger (sprich Autor) kann seine Schlingen wohl knüpfen, muß aber warten, ob ein Wild sie zuziehen wird." Es gibt reichlich Varianten für diese Stelle. Die Betonung des Ranges der Frage über dem der Antwort gehört in den Zusammenhang: sie gibt am genauesten die Attitude des distanzierten Autors zur Wirklichkeit wieder, und bei Jagden dieser Art — zu denen auch die Reisen gehören — ist Jünger ungebrochen in seinem Element. Weniger gern verweilt man hingegen mit ihm zu Besuch auf *Godenholm,* in der Schicht seiner Werke also, die sich einer jenseitigen Ortsbeschreibung widmen, wie sie dem späten Jünger mit seinen Mythologemen zum Bedürfnis wurde. Hier geht seine Beschreibung nicht mehr als Dechiffrierkunst von der Wirklichkeit aus, wie etwa im *Arbeiter,* sondern die Metaphorik zitiert Wirklichkeit nach dem jeweiligen Stand der Argumentation, in der häufig nur noch die Metapher zur Deckung der Metapher herangezogen wird: „Wir dürfen diesen Überfluß (des Ungeteilten) nur ahnen, sonst würden wir wie Midas verschmachten im massiven Gold."[7]

Das Vokabular wird hier so imaginär wie sein Gegenstand. Ein ahistorischer Grundzug tritt offener zutage, der freilich schon aus dem Hang zur Symbolisierung aller Erscheinung und ihrer irrationalen Ergründung erschlossen werden konnte. So meint Jüngers Rückgriff auf die mythologische Nomenklatur eine in den Namen geronnene uralte Menschheitserfahrung anrufen zu können, ohne daß doch mehr als Philologie darauf antwortet. Die moderne Psychologie hat die Säkularisierung gründlich besorgt. Überdies gehört zu unserer konkreten Lage die Geschichte, die sehr tatsächlich Menschen machen, und die im Banne des Hegel'schen Weltgeistes steht. Was in diesem Fall Mythos wäre, beschrieb Carl Schmitt in seiner schmalen Schrift über *Hamlet oder Hekuba; der Einbruch der Zeit in das Spiel.* Sie behandelt den Unterschied zwischen Zitat und Wirklichkeit und den angemessenen Tränen.[8]

*

Andererseits ist die Mythologie auch für Ernst Jünger doch nur eine Hilfswissenschaft. Sie dient — wie der auch gegebene Hinweis auf die Astrologie — der Einübung im Sehen. Es sind Bereicherungen zur Methode der „stereoskopischen Optik" und des „kombinatorischen Schlusses": Versuche, der Einlinigkeit der rationalen Kausalität aufzuhelfen, in der die Seele verkrüppelt. Eine Demonstration geht von solchen Beschwörungen aus, die nachhaltig erinnern will: das war einmal der Mensch! Jünger bemüht sich um die Dimensionen einer möglichen Anthropologie, in der der Mensch nicht „titanisch" vernutzt wird, sondern Einsicht in seine Lage gewinnt, die ihm die geistige Heiterkeit des freien Menschen zurückbringt. Solcher Einsicht gibt er die Hoffnung mit, die er 1964 in den *Adnoten zum Arbeiter* noch einmal bekräftigte: „Auch die Welt des Arbeiters wird eine Heimat der Menschen sein.“ (Gewiß, dieser *Arbeiter* meint Jüngers Gestalt-Entwurf.) Wo es an Einsicht fehlt, bleibt der Mensch Werkzeug, selbst noch am Feierabend, an dem er den vom Sozialprodukt angelieferten Konsum abarbeitet. Freiheit würde sich darin äußern, daß der *Arbeiter* kultisch produktiv wird und neue Feste und Feiern ersinnt, die der durch ihn geformten Welt entsprechen (wie etwa Turniere der ritterlichen Welt entsprachen).[9] Bis dahin überwiegen die dumpfen, unerlösten Züge — vor denen Jünger auf die Distanz des Autors geht, um Übersicht zu gewinnen.

Dabei ist klar, daß der *Arbeiter* aus der Erlebnissphäre des Frontsoldaten des ersten Weltkrieges entworfen ist, jener einzigen Wirklichkeit, die Ernst Jünger als unausweichlich, als notwendig, als „Münze“ erfuhr. Sie bleibt ihm der existentielle Prüfstein. In den *Stahlgewittern*[10] hieß es: „Ich kochte vor einem rasenden Grimm, der mich und uns alle auf eine unbegreifliche Weise befallen hatte. Der übermächtige Wunsch zu töten, beflügelte (!) meine Schritte. Die Wut entpreßte mir bittere Tränen. — Der ungeheuere Vernichtungswille, der über der Walstatt lastete, verdichtete sich in den Hirnen und tauchte sie in roten Nebel ein. Wir riefen uns schluchzend und stammelnd abgerissene Sätze zu ...“. Und noch in der Friedensschrift heißt es: „Doch besser ist es, länger zu kämpfen, länger zu leiden, als zurückzukehren zur alten Welt. Mögen die Städte fallen, wenn in ihnen nicht Recht und Freiheit, mögen die Dome stürzen, wenn in ihnen nicht Andacht möglich ist.“ Noch nach zwei Weltkriegen stellt der Krieg für Jünger die Alternative dar, wenn die Menschen die Lehre nicht annehmen und in die leeren Zerstreuungen der Zivilisation fliehen.

Indessen hat der 2. Weltkrieg die heroische Valuta, die Jünger aus dem ersten noch retten wollte, endgültig außer Kurs gesetzt. Es hat auch im 2. Weltkrieg nicht an Situationen der Art gefehlt, die Jünger in den *Stahlgewittern* überliefert; aber die Währung ist nichtig geworden, unheilbar verbraucht von den Greueltaten der beamteten Mörder, durch Menschenverbrennung und Massenexekutionen; durch die atomare Vernichtung schließlich. Die Soldaten des 2. Weltkriegs sind stumm nach Hause gekommen; der Nachhall dieses Krieges fängt sich in den Gerichten, die Verbrecher aburteilen. Säuglinge wurden an den Beinen hochgehalten und mit dem Pistolenknauf erschlagen. Daran erstickt die heroische Heiterkeit. Kot und Eiter verweigern sich mythologischen Ehren; sie sind und bleiben von dieser, der Fäulnis anheimgegebenen Welt.

Ernst Jünger hat versucht, auch hier mit metaphorischer Benennung Distanz zu gewinnen. Die bestialischen SS-Wachmannschaften werden „Lemuren“, die ihren Frevel auf dem „Schindanger“ betreiben. Da verflüchtigt sich die unausweichlich konkrete Zeit in eine zeitlose Symptomatik, die heillose Zustände anzeigt, einen bösen Barometerstand: ohne eine neue Theologie, die den Frevel mit dem „konsekrierten Schwert" trifft, ist Reinigung nicht möglich. Es spricht viel dafür, daß Jünger in der Sache recht hat. Doch verschlägt dagegen auch kein voluntaristischer theologischer Entwurf, keine Theologie des Experimentes, die, ohne Gott, darauf wartet, daß Gott ihr in die Falle geht. Der „Hauptschlüssel", scheint es, liegt in Auschwitz unterm Rasen. Nur muß man sich bei solchen Aussagen peinlich genau gegen die Mißverständnisse derer schützen, die mit den Opfern ihre ideologisch drapierten irdischen Geschäfte machen und, um mit Jünger zu reden, „von den Untaten der Väter leben".[11]

*

Bald achtzigjährig, ist sich Ernst Jünger in den Wechselfällen unseres Jahrhunderts der Inflationen und Revisionen treu geblieben. Er hat seine Fragen und Antworten in die Waagschale geworfen. Er wollte eine Anthropologie behaupten, in der das Leben des Menschen durch das Leben seinen Sinn gewann. Er entwarf eine Art Linné'schen Systems — zuletzt in *Typus, Name, Gestalt* — von metaphysisch-poetischen Deutungen, die am autobiographischen Material zunächst der Einübung im Sehen dienten. Dazu hat er sich schonungslosen Disziplinen unterworfen. *Das abenteuerliche Herz* operierte im nihilistischen Raum, um Wirklichkeiten ausfindig zu machen, in denen der Mensch seine Größe wiedergewinnen konnte. Als Größe gilt ihm tätige Mitwisserschaft, prägend geprägte Teilnahme. Die Fronterfahrung des ersten Weltkrieges gab ihm die frühe Erfahrung dieser Wirklichkeit, eine unmittelbar körperliche Tatsächlichkeit; er hat den Krieg deshalb begrüßt. Doch nicht als Krieg, sondern als durchdringende Wirklichkeit blieb ihm diese Erfahrung das Muster aller späteren Orientierung. Sie drang in andere Konstellationen ein, in die des *Arbeiters,* in die Bilder der Romane, die metaphysischen Topographien der Essays. Seine Fragestellung bleibt weiter triftig unter der Bedingung ihrer sehr persönlichen Individuation.

Dieser Essay begann mit der Behauptung, die Muse Ernst Jüngers sei die Gefahr. Die Frage nach dem Sinn des Menschenlebens mußte unter den Bedingungen des Nihilismus vom eigenen Leben ausgehen und durch das eigene Leben weitergetrieben werden. Die theologischen Auskünfte, die Jünger erteilt, dürfen als Notdach akzeptiert werden, ungeachtet der apodiktischen Diktion, die ihm Festigkeit verleihen sollen; als ein Notdach, das daran erinnert, daß wir des Daches bedürftig sind, und gleichzeitig davon warnt, sich einfach bei Jünger unterzustellen. Denn was immer sich als Antwort aus seinem Werk ablesen läßt, es ist unbrauchbar für Objektivierungen (und insofern ist es eher komisch, daß der Autor des *Arbeiters* so von Kommunisten[12] wie von Faschisten umworben wurde). Seine „Lagebeurteilungen" entsprechen den persönlichen Bedürfnissen, keinen allgemeinen, und so sind sie auch nicht zu verallgemeinern, weder durch Akklamation, noch durch Denunziation. Sie deuten freilich darauf hin, daß diese Bedürfnisse bestehen.

Wenn es richtig ist, die Äußerungen Ernst Jüngers als Positionsmeldungen zu verstehen, dann ist damit für den Leser eine Haltung gegenüber diesem Autor angemessen, die seiner eigenen entspricht. Nicht das ist wichtig, ihm als Führer zu folgen, sondern zu begreifen, was seiner „Erscheinung zugrunde liegt", und von der eigenen Person her zu fragen. Dafür allerdings bietet das Werk Ernst Jüngers eine Methodenlehre, die sich durch reiche Ergebnisse qualifiziert. Man nimmt andere Modelle wahr, die aus ähnlichen Grundkonstellationen entworfen wurden, so Leben und Werk von T. E. Lawrence, von Malraux, aber auch von Musil, von Franz Kafka, von Beckett; man verfolgt die Experimente der Surrealisten, die Studien des Rausches; die technischen Weltentwürfe; die Philosophie und den abgegriffenen Alltag; man zweifelt mit Ernst Bloch, ob die Metaphysik nicht nur ein Lückenbüßer sei, um die Lücken in den idealistischen Systemen zu überbrücken, und man zweifelt angesichts der lückenlosen Administration aller Menschlichkeiten, ob der Mensch noch möglich sei.

Hierzulande ist man mit Ernst Jünger noch lange nicht „fertig", so sehr man sich den Anschein gibt. Zwar ist die Welle der Diffamierungen abgeklungen, die den „präfaschistischen Militaristen" brandmarken wollten. Doch die Klischees, die verbreitet sind, entheben von der eindringlichen Beschäftigung mit 60 Jahren intensiver literarischer Arbeit, die doch unauslöschlich zum geistigen Bestand dieser heftigen Zeit gehört. Sie prägte die Kontur eines großen Einzelgängers, der sich in dieser Zeit, mit ihr und gegen sie, zu behaupten wußte wie nur wenige.

Anmerkungen

Texte

Werke in 10 Bänden, Stuttgart 1960—1965.
Vom Autor revidierte Gesamtausgabe.

In Stahlgewittern. Aus dem Tagebuch eines Stoßtruppführers. Hannover 1920.
Der Kampf als inneres Erlebnis. Berlin 1922.
Das Wäldchen 125. Eine Chronik aus den Grabenkämpfen 1918. Berlin 1925.
Das abenteuerliche Herz. Aufzeichnungen bei Tag und Nacht. Berlin 1929 (1. Fassung; 2. Fassung 1938).
Der Arbeiter. Herrschaft und Gestalt. Hamburg 1932.
Blätter und Steine. Hamburg 1934.
Afrikanische Spiele. Hamburg 1936.
Auf den Marmorklippen. Hamburg 1939.
Strahlungen. Tübingen 1949.
Heliopolis. Rückblick auf eine Stadt. Tübingen 1949.
An der Zeitmauer. Stuttgart 1959.
Sgraffiti. Stuttgart 1960.
Subtile Jagden. Stuttgart 1967.
Annäherungen, Drogen und Rausch. Stuttgart 1970.

Literatur

Karl O. Paetel: Ernst Jünger. Die Wandlung eines deutschen Dichters und Patrioten. New York 1946.

Alfred von Martin: Der heroische Nihilismus und seine Überwindung. Ernst Jüngers Weg durch die Krise. Krefeld 1948.

Karl O. Paetel: Ernst Jünger. Weg und Wirkung. Eine Einführung. Stuttgart 1949.

Hubert Becher: Ernst Jünger. Mensch und Werk. Warendorf 1949.

Gerhard Nebel: Ernst Jünger. Abenteuer des Geistes. Wuppertal 1949.

Hans Rudolf Müller-Schwefe: Ernst Jünger. Wuppertal 1951. (Dichtung und Deutung, 4).

Gerhard Loose: Ernst Jünger. Gestalt und Werk. Frankfurt a. M. 1957.

Eugen Gottlob Winkler: Ernst Jünger und das Unheil des Denkens. In: Deutsche Zeitschrift 49 (1936), S. 335—355. Wiederabdruck in: Winkler, Gestalten und Probleme. Leipzig 1937.

Jürgen Rausch: Ernst Jüngers Optik. In Merkur 4 (1950), S. 1069—1085. Buchveröffentlichung: Stuttgart 1951.

Chr. von Krockow: Die Entscheidung. Eine Untersuchung über Ernst Jünger, Carl Schmitt und Martin Heidegger. Stuttgart 1958.

Emil Staiger: Ernst Jüngers „Gärten und Straßen". In: Schweizer Monatshefte 22 (1942), S. 167—173.

Max Rychner: „Strahlungen". „Das Haus der Briefe". „Fahrt nach Godenholm". In: Rychner, Sphären der Bücherwelt. Zürich 1952, S. 199—225.

Nachweise

1 Einleitung zu *Blätter und Steine*, 1934.

2 Andere Disziplinen von Gültigkeit gibt es für Jünger nicht mehr; doch klingt seine Bewunderung für die alten Orden im Vokabular stets an. Sie sucht die reale Entsprechung.

3 *Die Schleife* enthält den Hinweis auf eine esoterische Wissenschaft, die zahlreiche Varianten der „Schleife" kennt.

4 *Laudatio für Adolf Horion,* Werke VIII.

5 *Typus, Name, Gestalt.*

6 Vgl. Gerhard Nebel: Ernst Jünger, 1949.

7 *Typus, Name, Gestalt.*

8 Carl Schmitt beschreibt den *Hamlet* als Mythos des geschichtsbewußten Abendlandes. Aufschlußreich in diesem Zusammenhang ist Jüngers Anmerkung zu einer Maxime von Rivarol (Werke VIII, S. 637), die zusätzlich eine Interpretation Martin Heideggers anführt. Es geht um Distinktionen zur Zeit.

9 *Die gläsernen Bienen* geben einen Ansatz zu solchen Spielen, wenn auch mit einigem Schauder. Vgl. die Besprechung von Margret Boveri in: Merkur, April 1958.

10 Unsere Betrachtung kann sich nicht mit den Schmähungen auseinandersetzen, die Ernst Jünger als einen Kriegstreiber denunzieren. Mit Recht wird André Gide als Zeuge zitiert, der schrieb: „Das Buch von Ernst Jünger über den Krieg 1914, ‚Stahlgewitter', ist unbestreitbar das schönste Kriegsbuch, das ich gelesen habe, von Glauben (d'une bonne foi), Wahrheitsliebe und vollkommener Wahrhaftigkeit (honnêté) erfüllt."

11 Adnoten zum Arbeiter.

12 Vgl. den Hinweis auf die Versuche von Karl Radek, in K. O. Paetel: Ernst Jünger. Rowohlts Monographien 1962, Anm. 13.

Erwin Jaeckle

FRIEDRICH GEORG JÜNGER

Das Werk Friedrich Georg Jüngers liegt jenseits der Urteile, die viele Wege, die zu ihm hinführen, verbauen. Daß einer es zwischen Josef Weinheber und Oskar Loerke in der Konservativen Renaissance ansiedelt[1], ginge noch hin; wer es aber in seiner „magischen Naturanschauung" als stark reflexiv und essayistisch dem antiken Form- und Lebensgefühl und der deutschen Klassik zugesellt[2], verkennt mit dem Schlagwort eine eigene Art, und überheblich gar hört es sich an, wenn Jünger wohl als „konzentrierter" aber „weltarmer Kopf", dem sich die große Form versage, charakterisiert wird[3] und ein anderer seine „allzu formsicher, anmutig und schön spielenden Verse" als epigonal vom Entscheid schiebt[4]. Ein Weimarer Nachschlagewerk verurteilt Jüngers Zeitkritik, weil sie die Bedeutung der vom Menschen beherrschten Technik in einer von Ausbeutung befreiten Gesellschaftsordnung außer acht lasse.[5] Nur der Redner des Bodensee-Literaturpreises, Eugen Thurnher, Benno von Wieses Düsseldorfer Laudatio und wenige Seiten von Karl August Horst werden der Fülle und dem Rang ihres Gegenstandes gerecht.

Friedrich Georg Jünger wurde — drei Jahre nach seinem Bruder Ernst — am 1. September 1898 in Hannover geboren. Seine Kindheit ist im alten Bauernland dieses Himmelstrichs, unter dem ein Königreich Provinz wurde, verwurzelt. Der Urgroßvater Georg Christian Jünger war als Schuhmacher aus dem Württembergischen zugezogen, der Großvater aber lehrte am städtischen Lyzeum Latein. Seine Gattin stammte aus dem osnabrückschen Flecken Bramsche. Der Vater des Brüderpaars Ernst und Friedrich Georg kannte schon als Eleve der Pyrmontschen Hofapotheke seinen Homer. Er, der sich später an der Lucaeschen Apotheke in Berlin, der deutschen Apotheke in London, den Universitäten Marburg, München und Heidelberg ausgebildet hatte, besaß in Hannover als Gerichts- und Handelschemiker ein eigenes Laboratorium. Er lernte seine Gattin, die in einem katholischen Hause aufgewachsen war und deren Eltern aus Diessen am Ammersee und Eichstädt stammten, in München kennen. Diese folgte ihm entgegen dem elterlichen Willen nach Heidelberg, Hannover, ins Erzgebirge, wo er die Apotheke der Stadt Schwarzenburg kaufte. Später kehrten die Eltern wiederum nach Hannover zurück, ehe sie sich in Rehburg am Steinhuder Meer niederließen. Hier verbrachte Friedrich Georg mit den Begabungen einer Großmutter, die „rund und kurz" zu erzählen verstand, seine Jugend inmitten einer weiten Landschaft, der naturkundigen Anregung des Vaters, einer vielseitigen

Bücherei. Damals streiften die Brüder mit Sinnen und Sinn durch die Moore und Wälder. Ehe Friedrich Georg das Gymnasium in Detmold besuchte, fuhr er täglich zur Realschule in Wunsdorf. Er erinnert sich beglückt der Wasser in den Lüneburger Teichen, der Symmetrien eines Sternkaleidoskops, der überdachten Ordnungen seiner Kristallsammlung, der Besuche im Naturalienkabinett des Provinzmuseums.

1916 wurde Friedrich Georg Jünger im 73. Füsilierregiment, dem auch der Bruder angehörte, Kriegsfreiwilliger, im Grabenkrieg an der Somme Gefreiter, in einem Kurs zu Döberitz Unteroffizier. Während der Flandernschlacht des Augusts 1917 traf ihn ein Lungenschuß. Der Bruder rettete ihn aus dem Getümmel. Nach seiner Genesung wurde er zum Fähnrich, zum Offizier befördert.

Nach Kriegsende mietete sich Jünger in Hannover ein. Im März 1920 wurde er aus dem Heer entlassen. Inzwischen hatten die Eltern im sächsischen Leissnig die Löwenapotheke übernommen. Friedrich Georg gehorchte einem Wunsch des Vaters, als er das Rechtsstudium aufnahm. In der Folge verbrachte er ein Semester mit theologischen, philosophischen, philologischen, zoologischen Studien in Halle, bestand er 1922 an der Universität Leipzig das erste juristische Staatsexamen. Hernach arbeitete er als Referendar an den Amtsgerichten Leipzig, Meißen und in Abraham Gottlob Werners, des alten Berggeists, Freiberg.

1924 doktorierte Jünger mit einer Dissertation über das Stockwerkseigentum, und 1926 bestand er das zweite juristische Staatsexamen am Oberlandesgericht in Dresden. Er, der immer empfunden hatte, „daß alle wirkliche Ausbildung, jedes mit Neigung durchgeführte Lernen außerhalb der Schule liege“[6], der auch das Wissen nie als Technik verstehen wollte, vermochte sich mit dem Anwaltsberuf nicht zu befreunden. Er siedelte deshalb 1928 zu seinem Bruder nach Berlin über und machte von seinen Studien nur mißmutig Gebrauch. „Dabei wiederholte sich, was bei meiner Ausbildung zum Soldaten und Offizier geschehen war; sie endete dort, wo sie bei anderen beginnt.“[7] Er wollte nach eigenem Gesetz tätig sein. Mit diesem Entschluß wird die Biographie zur Werkgeschichte. Als solche ist sie seit 1937 Überlingen und der Bodenseelandschaft verbunden.

Zwei Erinnerungsbücher, *Spiegel der Jahre* und *Grüne Zweige,* bewältigen die Werdensjahre Jüngers. Sie zeugen von den Kristallisationen der Persönlichkeit, sichten und werten die Zeitereignisse bis zur Schwelle des Dritten Reichs. Sie vergegenwärtigen die Herkunft aus verdichteten Landschaftserlebnissen, dem Gartenwesen des väterlichen Hauses, aus wachen Gängen durch die Bilderwelten der Antike und der orientalischen Märchen, bezeugen die Auseinandersetzungen mit Freunden — dem Bruder und Ernst Niekisch —, geben den Urteilen jenes Profil, das im berühmten Gedicht *Der Mohn*[8] die Gaukler der Dreißigerjahre hart von sich wies.

Die Rechenschaft Jüngers vollzieht sich als Bericht, und genau, wie sie verfährt, wird sie transparent und so dichterisch. Doch immer rauschen die „Gespielen, der Kindheit Bäche" durch die Zeilen, vertraut, heimatlich, aber im Zwielicht der Zeit gefährdet,

> Denn mit den Gästen tritt ein schlimmer
> Gefährte zu mir ein ...[9]

Der „Fremde" menschlichen und dämonischen Anspruchs, der Störer, der das Heimatliche heimlich werden ließ und der aus allen unvertrauten Gesichtern blickt, begleitet Jünger fortan durch das Werk. „Allen Wahrnehmungen war diese Empfindung zugesetzt ... in ihr wurde ein Gefühl der Zugehörigkeit verletzt, das ich bis dahin unverletzt bewahrte."[10] Die Erinnerungsbücher retten die Feste der Wildnis; sie nehmen die Lebensverfremdungen in ihren getrosten Atem auf, opfern und retten zugleich. Bei allen Verzauberungen, denen Jünger Raum gibt, dringt der Dichter auf Reinlichkeit. Da er so viel liebende Strahlkraft wie bewahrenden Takt besitzt, bleibt seine Darstellungskunst unmittelbar und schwebend in einem.

Jünger wird der Erinnerung als Vergegenwärtigung des Vergangenen jenseits der zeitlichen Abläufe inne. Er will, daß in ihr das Vergängliche überdauere: „rund wird nur das, was sich ablöst."[11] Das ist keine Sache des Gedächtnisses, sondern eine solche des Gedenkens: „Erinnerung ist das Brot, das wir essen. Wir leben davon."[12] Dieses Brot mehrt sich. Man wisse daher: „Die Erinnerung arbeitet nicht wie ein Feld- und Landmesser, nicht mit Meßstangen und Winkelberechnungen, Zahlen und Rissen ... der Innenraum läßt sich so nicht bewältigen."[13] In der Erinnerung werden zwei Gärten eins, werden wir durch die Erzählung *Die Pfauen* belehrt, und in den *Griechischen Mythen* stellt uns Jünger die Erinnerung als Mutter des musischen Lebens vor. In ihr finden sich die Zeiten trotz aller Verwerfungen, die dazwischen liegen. Erinnerungen schenken die Erlebnisse abermals, doch anders. Diese werden vom Ende her erkennbar. Mnemosyne ist die Herrin ihrer Wiederkehr. Solchen Einsichten hat Jünger sein Buch *Gedächtnis und Erinnerung* gewidmet.

Was sich in den Erinnerungsbüchern dem Wurzelgrund zuneigt, gelangt in den Erzählungen zu Gestalt und künstlerischer Blüte. Diese erwachsen aus dem persönlichen Erlebnis und geben ihm eigene Form. Als Jünger einmal des Nachts vor das Heidelager trat, das nach Kriegsende die Gefangenen zurückerwartete, zeigte sich ein Nordlicht, dessen Strahlen sich zitternd und schwingend — in der Krone der Aurora borealis am stärksten — bewegten. Dieser Vorgang ist in die Erzählung *Beluga*[14] eingegangen und hat dort im Raume der Dichtung seinen Ort gefunden. Andere Erzählungen erwachsen ähnlich aus erfahrener Landschaft. Ihr Einsatz mißt jeweils eine Augenwelt aus und verdichtet sie zum Schicksal. So wird in der *Spargelzeit*[15] das Zauberkraut wirksam; es verändert den Boden und die Menschen. Die Spargelhexe verwandelt und läßt in Verwandeltes hineinsehen. In der kleinen Geschichte *Die Pfauen*[16] wuchert im verwilderten Park die Erinnerung rettend mit der Gegenwart zusammen. Die *Dalmatinischen Nächte*[17] geben der Karstlandschaft in Gesprächen der Freundschaft erotischen Kairos, der sinnlichen Gegenwart das glückhafte Leben. In der Erzählung *Kreuzwege*[18] löst das Geschenk einer Kalzeolarie Wortwechsel um Ähnlichkeit, Täuschungen, Identität und die Geschicke, den Verrat, den sie meinen, aus. Im *Urlaub*[19] wird das ursprüngliche Leben mitten im Kriegszug angesiedelt. „Der Urlaub war umgattert wie das Gehege, in dem das Wild sich tummelt ..." Er endet und nimmt den Urlauber unerbittlich in die Zeit zurück. *Im Kloster*[20] reift eine Waise unter Klausur und tastenden Verschwiegenheiten zum Alltag heran. Die Erzählung *Der blaue Stein*[21] zerbricht das Mädchen, das im Kristall seiner Jungfräulichkeit wohnt, am Verlöbnis mit den Ahnungen.

Viele der Erzählungen kreisen die Wildnis ein, die jenseits der Gärten sprießt. Sie ist „göttlich gebaut", ursprünglich. Anders die Steinbrüche. Die Streifzüge der Brüder führten am Haarberger Bruch vorbei, in dem wilde Kirschbäume blühten, und die Erzählung *Laura* braut sich von einer Ziegelei her zusammen. Vieles in den Erzählungen Jüngers grenzt so an die fremde Welt, grenzt sie ein. Geisterhaft geschieht es in dem novellistischen Meisterstück *Der weiße Hase.*[22] In ihm erzählt der Autor von seinem Urgroßvater, der, wenn die Hasen zwischen den nächtlichen Strünken des Grünkohls auftauchten, vom Zimmer aus zu jagen pflegte. Der weiße Hase kündigte in eisiger Winternacht den Heimkehrer an, der sich, am Fenster aufgetaucht, nicht mehr zeigt, weil er vom Knecht des Hofes und der Bäuerin erschlagen und verscharrt worden war. Der weiße Hase verrückt dem Ahn, der den Mord aufdeckt, den Verstand keineswegs. Doch bleibt er Vorzeichen unheimlicher Ereignisse. Als solches kehrt er in den *Gedichten* als Geisterhäsin, in der *Winterfrühe,* dem Gedicht *Die Hirtin* des Bandes *Es pocht an der Tür* wieder.

Jünger mißt Grenzbezirke aus. Dort sind Schatten und Träume begünstigt. Zu den Träumen gehören die Vorahnungen. Im Erinnerungsbuch *Grüne Zweige* erzählt Luise, daß sie auf den Tod ihrer Mutter vorbereitet war, weil ihr der verstorbene Vater in der Nacht vor dem Ableben einen brennenden Leuchter ins Traumzimmer gebracht hatte. Die Erzählung *Major Dobsa*[23] berichtet von der Erkundungsfahrt eines madjarischen Rittmeisters, der sein Ende im Traum vorwegnehmen sollte. Der Jünger der *Griechischen Mythen* lehrt uns, daß die Gabe der Divination nach allgemeiner Überzeugung jedem Menschen gegeben sei. Doch ist das Prophetische an die Sprache gebunden. Im Wissen um das unausweichliche Verhängnis erzählt Jünger seine zehn Seiten des Titels *Der Knopf*[24], die ihre Katastrophe aus lauter niederer Besessenheit schürzen.

In dieser Welt ist es nicht verwunderlich, daß in den Erzählungen immer und immer wieder der Strom des Lebens durch Brücken bezwungen wird. In den Erinnerungen führt eine Brücke durch den Nebelabend zu einem fremden Mädchen und der fausse reconnaissance. Auf der Brücke winkt es seinen Abschied.

Im *Spiegel der Jahre* gefallen die Elbbrücken von Dresden. *Die Brücke*[25] heißt eine der Kriegserzählungen. Sie trennt und verflicht Lebenswege. „,Wenn Sie sich jetzt umdrehen, können Sie die Brücke sehen.' ,Ich bin oft über sie gegangen.' ,Sie sind nicht der erste und nicht der letzte. Über sie zogen die Soldaten schon nach Oudenaarde und Malplaquet. Prinz Eugen, Marlborough . . .' Sie beugte sich über das Geländer und sah auf das Wasser hin, das ruhelos fortlief." Brückenköpfe verbinden, bedürfen der Verteidigung. Auch wo keine Brücken sind, ist ein Weg, lernen wir im Roman *Der erste Gang*. Im andern Roman, *Zwei Schwestern,* liest der Icherzähler eine Abhandlung *Über den Zusammenhang*, der in geringem Anlaß Lebensepochen verknüpft und in solchen *ponticuli* sich des ursächlichen Denkens entschlägt. Die römischen Brücken erinnerten daran. „Über die ponticuli ließ sich nachdenken." Selbst im Gedicht:

Blind an den Augen sind die Seher,
Denn ein zu helles Licht hat ihnen
Hinweggenommen die Brücke
Zwischen den Bildern.[26]

Die Brücken der Somme im Gedicht an den Bruder Ernst sind von besonderer Bedeutung. Bei all dem geht es Jünger nicht um Gleichnisse, sondern um Dinge und Vorgänge. Ihr Sinn ist gegenwärtig Sinn.

Während der Roman *Zwei Schwestern* in den Kunstmitteln und im Fluß der Folge der Erzählungen zugehört, leitet der vorangegangene, *Der erste Gang*, die zeitkritischen Bedenken Friedrich Georg Jüngers und deren Werke ein. Jener führt in das Rom Mussolinis. Der durchreisende Icherzähler gerät in das internationale Geflecht der Gegner und ihrer Büttel, rettet sich aber für eine Frist und am Rande der Handlung in eine unbeschwert eingegangene Liebe im ummauerten Garten der Zeitlosigkeit, der Feste und der Lebensfeiern über Katakomben, des bunten Volkstreibens in dieser Stadt. Schon hier erhebt der Staat den Anspruch, des Menschen in toto habhaft zu werden, und der einzelne verfängt sich im Netz unsichtbarer Rädelsführer. Die Verstrickung gibt der Ausflucht seltene Rechte und den düsteren Hintergrund, der den glücklichen Zufall einer aussichtslosen Liebesbegegnung um so leuchtender erscheinen läßt.

Im Gegensatz zu diesem Roman ist *Der erste Gang* in Facetten gebaut. Er setzt im galizischen Raume des Jahres 1914 ein und schildert, wie das Magma der Zerstörung durch das Königreich, Lodomerien, das Großherzogtum Krakau, die Herzogtümer Auschwitz, Zator und ihre brüchigen Formen vordringt. Viele persönliche Schicksale laufen zum einen Ende hin; die kleinen Garnisonsstädte und Gutshöfe stehen im Abendlicht einer Epoche, die sich in Gesprächen und Reflexionen zu Ende fiebert. *Der erste Gang* führt die Generation unserer Väter in die kriegerische und revolutionäre Selbstentfremdung. Es ging Jünger in hoher Darstellungskunst um eine augenfällige Diagnose. Er stellt die Kavaliere alter Schule den Mechanikern in Offiziersuniform gegenüber, die Pferde den

Motoren. Die bunten Uniformen mit Achselstücken und Spiegeln weichen dem hechtgrauen Tuch der Wühlmäuse. Der Krieg wurde zum Existenzkampf des Menschen. Je unfaßlicher er wurde, um so rationaler verfuhr er.

Das Bild Jüngers ist dicht gewoben. Das Anliegen des Romans mündet in die Anklage der wiederholt überarbeiteten und ergänzten Untersuchung *Die Perfektion der Technik.* Auch in ihr wird dargelegt, daß das Unmaß mechanischer Arbeit im Krieg den Menschen umformt. Schlachtfelder werden zu Industrielandschaften. Der Krieg bekommt Arbeitscharakter und pilzt in Plänen und Berechnungen. Die technische Perfektion will den totalen Einbezug. So schafft sie Massen, kämpft mit Massen gegen Massen. Diese Entwicklung gibt der Zeit ihr Gepräge. Die Imagination versiegt; der mythenbildende Geist erlischt. „Das freie Denken löst sich ab von dem Grunde, aus dem es hervorgeht“[27], hat Jünger in seinem Werk über *Griechische Mythen* festgehalten. Die Symptome dessen liegen überall zutage. Das Heideland wird nutzbar; das gemäße Wachstum eingeschränkt. Die Landschaft wird häßlich, der Anbau Raubbau. Der lineare Zeitbegriff leugnet die Periodizitäten.

Mit solchen Ergebnissen schließt *Die vollkommene Schöpfung,* ein Buch, das die Alternative „Natur oder Naturwissenschaft?“ in bewunderungswürdiger Kenntnis erörtert, an *Die Perfektion der Technik* an. In ihm findet sich der Satz: „Der technische Fortschritt ist seinem Begriffe nach verbunden mit einer Vermehrung der Organisation, mit einem stets wachsenden Bürokratismus, der ein ungeheures Personal erfordert, ein Personal, das nichts hervorbringt, nichts erzeugt, und das an Kopfzahl um so mehr wächst, je weniger an Erzeugtem und Hervorgebrachtem vorhanden ist.“[28] In der Nietzscheschrift wird der Nivellierungsprozeß ähnlich als zehrender Ausbeutungs- und Konsumationsprozeß verstanden. Nietzsche selbst sprach von der „tiefen Unfruchtbarkeit“ des neunzehnten Jahrhunderts, von der „immer fester ineinander verschlungenen ‚Maschinerie‘ der Interessen und Leistungen“. Jüngers *Nietzsche, Perfektion der Technik, Die vollkommene Schöpfung* stehen mit aller wissenschaftlichen Schulung unserer Stunde in der Erbfolge des *Willens zur Macht.*

Im Roman *Zwei Schwestern* verwirft der Icherzähler den Sozialismus, weil er auf Bürokratie, zentrale Maschinerien und Maschinisten hinauslaufe. Im *Spiegel der Jahre* hat Jünger unser mechanisiertes Dasein verworfen, in der *Perfektion der Technik* uns den Ausbeutungszug der Mechanisierung vor Augen gestellt. Je unabdingbarer die Uhrzeit herrscht, um so größer werden die Verluste. Im Gespräch *Ein Besuch in Valençay*[29] meint Talleyrand vom Kaiser, daß er die Muße umbringe. Mußelos sei unherrschaftlich, werden wir in *Spargelzeit* belehrt. „Muße ist die Vorbedingung jedes freien Gedankens, jeder freien Tätigkeit.“[30] Ist der Mensch in seinem Drange zur Perfektion unterwegs, sich selbst zu überwältigen, den Nihilismus zu mechanisieren, so wird er vom technischen Funktionalismus deformiert. Der Mensch, der sich von seinen Wurzeln gelöst hat, kann nicht gradgewachsen sein. Jünger geht es aber um den aufrechten Wuchs und die ewigen Gesetze, die ihn nähren und schützen. In diesem Sinne bekennt der Deuter der Mythen: „der Künstler, der musische Mensch wird sich immer dagegen zur Wehr setzen."[31]

Die Gedichte Friedrich Georg Jüngers siedeln in heiler Welt und stiften heile Welt. Diese hat keine Ziele; sie folgt den rhythmischen Chiffren des Lebens. Lineare Absichten schließen das zyklische Erlebnis aus, stellen es zurück. Sie laufen freudlos ab und feiern keine Feste. So hegt Jünger seine lauterste dichterische Leistung, die lyrische, inmitten der Trümmerlandschaft der Gegenwart unbeirrt. Damit sind die Mißverständnisse unausweichlich gegeben. Es ist richtig: Jünger kommt von den Griechen, der hymnischen Dichtung Klopstocks, jener aus dem Umkreis Hölderlins her, und er fühlt sich durch Nietzsches Dithyramben, durch Trakl bestätigt, es ist ferner wahr, daß er sich mit Goethes Alterslyrik trifft; beides zusammen macht aber ein Drittes aus.

Wir danken Jünger die verständigste Arbeit über Klopstock.[32] Wie er ihn werten lernte, hat er in seinem Buch *Grüne Zweige* geschildert und in seinem Versuch über *Rhythmus und Sprache im deutschen Gedicht* dem Flug der zumeist alkäischen Strophen die aufmerksamste Erörterung gewidmet. Gab Klopstock die metrischen und syntaktischen Gruppen im Gedicht preis, so schöpfte er frei Atem. Dieser freie Atem eignet auch den Gedichten Jüngers, die sich am neu belebten Hexameter schulten. Ihm regen sich die „fröhlichen Trochäen" im Liebeskampf der Verse:

dem Metren Erfindenden weigre
Nicht das Maß, nach dem er dich bildet, du hast es
gelehrt ihn[33]

heißt es im Anruf des Hexameters.

Das neue Strombett, das Klopstock der deutschen Sprache gebrochen, befruchtete bis heute weite Ländereien der Lyrik zwischen Goethe und Celan. So atemfrei, verzichtet Jünger aber keineswegs auf die Reimsymmetrien, für die Opitz auf dem Grunde von Otfried einstand. Auch ihnen ringt er, sie zu bestätigen, die äußerste Freiheit ab. Es geht ihm mit ererbten Mitteln um eine Landnahme, die mitten im unheimlichen Geschichtsgange pochendes Leben bewahren will.

Dino Larese hat berichtet, daß Jünger den Vers durch die rhythmische Bewegung evoziere, und diese rhythmische Erregbarkeit läßt dem Dichter zwischen der antikischen Langzeile und sprudelnden Kurzzeilen spielerischer Lieder alle Möglichkeiten offen. Jene treten besten Zeugnissen ihrer Überlieferung an die Seite, diese sind kraft der gewählten Rhythmen goethenah. Es gelingen Jünger Zauberspiele von Reimen, Anklängen, Nachklängen über glücklichen Versen und Strophen. In der Mitte der Gedichte wirkt immer reine Beschwörung, die Beschwörung einer ungespaltenen Einbildungskraft, ein „Figurendenken" von bezaubernder Sicherheit. Die Imagination besitzt verwandelnde Kraft, vollzieht sich in Neigung und Numen.

Ein schmächtiger und schäbig gekleideter Jude hatte sich Jünger eines Abends angeboten, aus Hand, Gesicht und Schrift zu lesen, sah ihn mit traurigen Augen an, als sehe er ihn nicht, und murmelte: „Sie sind ein sinnlicher Mensch; in ihnen schlummert eine Kunst."[34] Kunst und Sinnlichkeit gehören zusammen. Blinde und Dichter sind Auge. Wir werden in den *Gedanken und Merkzeichen* belehrt: „Wir sind nicht sinnlich genug. Aber wir sind es nicht deshalb, weil wir zu wenig Sinnlichkeit, sondern weil wir zu wenig Geist haben."[35] Zu diesem Geist gehört das Zugeständnis, daß sich alles Leben berührt[36], die „Sympathie des Mitlebens"[37].

Auf diese Weise sind die Gedichte Jüngers durch und durch sinnlich. Reseden duften köstlich, Nattern eigentümlich stechend, frisches Leinen rein, Pferdemist gesund; das Meer schwemmt den Geruch von Salz, Jod und Fisch an; Zikaden zirpen im Duft von Fenchel und Harz, virginischer Wacholder strömt einen Bleistiftgeruch aus, zerriebene Blätter von Riesenthujen starkes Aroma. In den Romanen Dostojewskis riechen die Zimmer nach ungewaschenen Seelen, Duft wittert aus den Geschäften der Frauen. Das Totenreich hat seinen eigenen Hauch. Geruch, Duft, Aroma sind Schlüssel des Erinnerns — der Duft des Heues, der Obstgärten, der Vergänglichkeit. Bilder ohne Duft haften schwer in der Erinnerung. Erinnerungen, mahnt Jünger, lassen sich mit einem ausgebildeten Geruchssinn stärken. Die Welt der harten Arbeit aber ist duftlos.

Was in diesem sinnlichen Bereich gilt, meldet sich auch anderswo. Jünger fängt die verletzliche Baumliebe, die verfahlenden Farben der Forelle in Gesichten ein. Der Geruch der Spargel reizt auf, der „Umgang mit Pflanzen" stärkt. Der Hang zu den Pflanzen ist Haut zu Haut geistvoll. Und wie viele Pflanzen finden sich in den Dichtungen Jüngers! Man könnte ihr umfängliches Herbarium anlegen, wie man der dichterischen Palette gemäß eine Farbenlehre umreißen müßte. Bei Jünger ist die Botschaft sinnlich; die Erde leuchtet im Stein unter den Gestirnen, Blüten und Tieren nah. Wie die Metrik ihre Schule des Ohrs, hat die Metaphorik ihre Schule des Gesichts. Darin ist Jünger der Lehrmeister einer bedeutungsvollen Sinnlichkeit.

Die Werke Friedrich Georg Jüngers sind wie Inseln unter sich verbunden; sie antworten sich in den Motiven wie in ihrer erregbaren und erregten Sprachkunst. Doch erweist sich das Gesamtwerk als kentaurisch. Die philosophische Werkhälfte deutet die dichterische. Sie kann nicht außer acht gelassen werden. Die wissenschaftlichen Bemühungen begeben sich aber dann der Unmittelbarkeit nicht, wenn sie sich der Blickpunkte und der Terminologie des Autors bedienen. In der Folge dessen muß man im Falle von Friedrich Georg Jünger miterwägen, daß die Sprache jenseits der logischen und grammatischen Anliegen durch das Numen bestimmt wird.[38] Das Wort löst sich nicht von den Bildern. Numen, so definiert Jünger, meint die Berührung des Menschen mit der Gottheit. Es ist motivierende Macht. Die Landschaften Jüngers sind wie mythische Bezirke numinös, und sie wirken so auf die Geschicke, die sie tragen. Dabei geht es bei den Göttern um Rettungen des Lebens, den Anruf des Unverlierbaren, einen gegenwärtigen Natur- und Seelenvollzug. Die Numina gehen in die Sprache ein, rühren sie auf. Das Gedicht bringt in der Sprache hervor. Der Dichter ist Sprache. Andere haben Sprache. Sie machen Worte über Worte, sind Redner. Die dichterische Sprache liegt also zwischen der vorrhythmischen Interjektion und der nachrhythmischen Verhärtung des Wortes zum Mittel. In der Mitte ist die Sprache Mensch und der Mensch Sprache.[39] Um der Welt des Werdens gerecht zu werden, muß man ihrer Irrationalität vertrauen.

Von hier läßt sich die Poetologie Jüngers in ihrer eigenständigen Anschauung verstehen und anwenden. Um an der Sprache und ihrem Vermögen zu bleiben, verfolgt der behutsame Beobachter an zahlreichen Stellen die Etymologie der Wörter, die in den Text treten, und in seinen Untersuchungen beschäftigt er sich mit dem Grundverhältnis von Vers und Satz als dem doppelten Kontinuum des Gedichts, wobei der Satz in die vorgegebene Bewegung eintritt und in ihr zum Leben gelangt. Im Dialog *Die Offenbarung* verrät Hafis: „Der Wohllaut kommt zu mir mit einem Sprunge. Der Vers eilt herbei wie eine Tänzerin, der Satz wie ein Tänzer."[40]

Jünger achtet vorab in den späten Gedichten auf die Modulation der Verse.[41] Diese sollen fehllos, von schlankem Einfall, federleicht sein. Die Verse geben den Stimmen der Elemente Laut. In diesem Sinne atmen die Gedichte Jüngers. Sie atmen in ihren tonlosen Zeiten.

Diese Gedankengänge bestätigen den Kreislauf der Natur, der geheimnisvoll Lied an Lied schließt. Viele der Gedichtsammlungen Jüngers sind mit solch genauem Sinn zyklisch. Zum Kreis gehört der Tanz, gehören Werden und Verwandlung. Daher birgt das Gedicht verwandelnde Kräfte. Diese wirken in ihrer Wiederkehr. Wiederkehr schließt Langeweile aus und läßt den Menschen, der ihr zu lauschen versteht, nicht gewöhnlich werden.[42] Wiedersehn, Wiederkehr des Reims rettet das Entfliehende, vergeistigt die Erinnerung, das Leben und tritt damit neben die Geschichte, aus der sie ausgebrochen ist. So habe Nietzsche, stellt Jünger fest, in dem Maße der Geschichte entsagt, in dem er sich der Wiederkunftslehre näherte. Unter solchen Voraussetzungen ist denn auch der Wiederkunftsgedanke so uralt, wie er immer wieder zu vollziehen ist. Die Wiederkehr ist zeitlos, einer absoluten Weltzeit zugehörig, sie widerspricht dem finalen Denken aller Mechaniker, verwirft den Fortschritt und heiligt die Feste. In der Wiederkehr des Gleichen schließen sich die Teile zum Ganzen, werden die Verse Gedicht, rundet sich das Leben-Tod-Geheimnis. Jünger versteht die Physiognomik als Rhythmus des Wahrnehmens, den Rhythmus als Sternbewegung. Das gilt mit naturwissenschaftlichem Recht: die Periodizität ist dem biologischen Geschehen übergeordnet.[43] Sie ist mit jeder linearen Zeit unvereinbar. Im Gedicht ist Rhythmus erinnerte Wiederkehr. Mnemosyne hat zur Flut, zum Wasser wesentliche Beziehung, und Jünger wird nicht müde, für die „Mitgift des Wassers" zu danken. Seine ersten Erinnerungen sind Wassererinnerungen. Er kennt die Wasserträume, das Wasserglück.

Diese Überzeugungen umschließen auch jene anderen, die symmetrische Ordnungen, Kristallgesetze, Interkolumnien betreffen. Sie erklären das Gedicht in den Spielen von Zäsur und Spiegelungen. Darin aber wird Jüngers Poetologie gleichzeitig Lebenslehre. Diese verehrt den geraden Wuchs, die große Art, den ganzen Menschen, das Ganze schlechthin, also auch die Regeneration zwischen ihm und den Teilen. Wohlgebaut, in sich unverletzt geschlossen, heißt bei Jünger „rund". Frisch und rund soll der Vers sein; was reift, rundet sich — die Knospe, die Frucht. Rund ist der Weltbau, der Morgen, das Glas; rund wird das Leben in der Erinnerung des Alters: „Indem unser Leben sich neigt, rundet es sich und zeigt seine Einheit ..."[44] Rund ist aber nur das heile Gedicht, der heile Mensch. Heil hat er das Leben angetreten. Er soll es unverletzt erhalten. In den *Zwei Schwestern* unterscheidet Jünger die heilen von den heillosen Menschen; „die Haut ist ein Merkzeichen des Heilen"[45]. „Die Dinge haben eine Haut. Und an dieser Haut haftet der Flaum, der Hauch, der Tau des Lebendigen."[46] Doch vergegenwärtigt das Werk Jüngers den verwundbaren Menschen, die verletzliche Haut. In der Antwort darauf gilt es das Schöne hervorzubringen.[47] Schönheit gibt sich in der Anmut. Zu ihr gehört die Luzidität des Leibes wie des Geistes, jene Transparenz des Seins, die sich in ihrer limpidezza, ihrer désinvolture auszeichnet. Anmut ist ungewichtig, unwichtig, die fließende Geschmeidigkeit des Tiers, das Spiel der Katze, ein Lächeln, die vertrauende Devotion, die schwebende Sicherheit einer Kuppel, die Bewegung ohne Reflexion.

Der Begriff der Grazie, der Anmut, steht über dem Werk Jüngers als Sternbild. Dieses geleitet den Seiltanz der Trochäen, das heitere Glück und zuletzt — die Welt als Spiel. Wäre sie leistbar, wie sähe sie aus? Ist der Schöpfer spielerisch, die Welt Spiel, so wird die Zeit Spielzeit, der Raum Spielraum und jeder Mechanisierung und ihren Zwecken entbunden. An die Stelle der Ziele träten Fest und Feier, und wer sie beginge, würde von den überbordenden Ansprüchen des organisierten Alltags absehn. Das ist als Verlockung aller Masse und ihrer Diktatur fern. Dieser Gedanke müßte erwogen werden. An die Stelle der Ismen träte das unbändige Leben. „Eine der mächtigsten Veränderungen aber würde daraus hervorgehen, daß der Mensch den Menschen jetzt nicht mehr als Mittel zum Zweck begreifen könnte. Jeder würde für jeden um seiner selbst willen da sein. Erst in der Welt des Spiels würden die Menschen einander lieben können."[48] Diese Welt des Spiels ist mythisch.

Friedrich Georg Jüngers Leistung, die einem unmittelbaren Schöpfertum ein genaues Werkbewußtsein vermählt, hat jene Unmittelbarkeit wiedergewonnen, die unserer Zeit fehlt. Sie ist, zeitfremd wie sie uns anmutet, zeitlos und darin von herausfordernder Anrede.

Anmerkungen

Texte

Erinnerungsbücher

Grüne Zweige. Ein Erinnerungsbuch. München 1951.
Spiegel der Jahre. Erinnerungen. München 1958.

Erzählungen

Gesammelte Erzählungen. München 1967.
Laura und andere Erzählungen. München 1970.

Romane

Der erste Gang. Roman. München 1954.
Zwei Schwestern. Roman. München 1956.

Gedichte

Gedichte. Frankfurt 1949.
Iris im Wind. Frankfurt 1952.
Ring der Jahre. Frankfurt 1954.
Schwarzer Fluß und windweißer Wald. Frankfurt 1955.
Es pocht an der Tür. Frankfurt 1968.

Philosophische Werke und Essays

Über das Komische. Frankfurt 1948.
Gespräche. Frankfurt 1948.
Nietzsche. Frankfurt 1949.
Gedanken und Merkzeichen. Frankfurt 1949.
Die Spiele. Ein Schlüssel zu ihrer Bedeutung. Frankfurt 1953.
Sprache und Kalkül. Frankfurt 1956.
Gedächtnis und Erinnerung. Frankfurt 1957.
Griechische Mythen. Dritte umgearbeitete und durchgesehene Auflage. Frankfurt 1957.
Sprache und Denken. Frankfurt 1962.
Rhythmus und Sprache im deutschen Gedicht. Stuttgart 1966.
Orient und Okzident. Zweite erweiterte Auflage. Frankfurt 1966.
Die Perfektion der Technik. Fünfte Auflage. Frankfurt 1968.
Die vollkommene Schöpfung. Natur oder Naturwissenschaft? Frankfurt 1969.

Literatur

Sophie Dorothee Podewils: Friedrich Georg Jünger. Dichtung und Echo. Hamburg 1947.

Eugen Thurnher: Friedrich Georg Jünger. Dichterisches Weltbild und lyrische Form. Ansprache zur Verleihung des Bodensee-Literaturpreises der Stadt Überlingen 1955. In: Wort am See. Preisträger des Bodensee-Literaturpreises der Stadt Überlingen 1954—1959. Überlingen 1960. S. 21—29.

Benno von Wiese: Friedrich Georg Jünger zum 60. Geburtstag. Rede bei der Verleihung des Immermann-Preises der Stadt Düsseldorf und aus Anlaß seines 60. Geburtstages erweitert. Passau (Druckort der Ausgabe der Verlage Carl Hanser, München, und Vittorio Klostermann, Frankfurt a. M.) 1958.

Karl August Horst: Kritischer Führer durch die deutsche Literatur der Gegenwart. Roman, Lyrik, Essay. München 1962. S. 185—188; 426—428; u. a.

Albert Soergel — Curt Hohoff: Dichtung und Dichter der Zeit. Vom Naturalismus bis zur Gegenwart. Zweiter Band. Düsseldorf 1963. S. 601—609; u. a.

Dino Larese: Friedrich Georg Jünger. Eine Begegnung. Amriswil 1968.

Nachweise

1 Soergel — Hohoff.
2 Lexikon der Weltliteratur. Unter Mitarbeit zahlreicher Fachgelehrter herausgegeben von Gero von Wilpert. Stuttgart 1963.
3 Joachim Günther: Hie Bürger, dort Narren. Der Erzähler Friedrich Georg Jünger. In: Die Welt der Literatur. 4. März 1971.
4 Annalen der deutschen Literatur. Geschichte der deutschen Literatur von den Anfängen bis zur Gegenwart. Herausgegeben von Heinz Otto Burger. Stuttgart 1952.
5 Deutsches Schriftstellerlexikon von den Anfängen bis zur Gegenwart. Von Günter Albrecht, Kurt Böttcher, Herbert Greiner-Mai, Paul Günter Krohn. Weimar 1961.
6 Grüne Zweige: S. 130.
7 Spiegel d. J.: S. 25.
8 Gedichte: S. 33—35.
9 Ebd., S. 116.
10 Grüne Zweige: S. 215 f.
11 Spiegel d. J.: S. 106.
12 Gesammelte Erzählungen: S. 352.
13 Laura u. a. Erz.: S. 240.
14 Ebd., S. 91.
15 Gesammelte Erzählungen: S. 25.
16 Ebd., S. 107.
17 Ebd., S. 5.
18 Ebd., S. 149.
19 Ebd., S. 79.
20 Ebd., S. 209.
21 Ebd., S. 132.
22 Ebd., S. 58.
23 Laura u. a. Erz.: S. 135.
24 Gesammelte Erzählungen: S. 48.
25 Ebd., S. 354.
26 Gedichte: S. 181.
27 Griechische Mythen: S. 8.
28 Die vollkommene Schöpfung: S. 270 f.
29 Gespräche: S. 47.
30 Gesammelte Erzählungen: S. 33.
31 Griechische Mythen: S. 11.
32 Orient und Okzident: S. 267.
33 Gedichte: S. 74.
34 Spiegel d. J.: S. 52 f.
35 Gedanken und Merkzeichen: S. 52.
36 Gedichte: S. 79.
37 Orient und Okzident: S. 261.
38 Griechische Mythen: S. 235 f.
39 Nietzsche: S. 32.
40 Gespräche: S. 100.
41 Ring der Jahre: S. 8.
42 Orient und Okzident: S. 332.
43 Die vollkommene Schöpfung: S. 41.
44 Gesammelte Erzählungen: S. 343.
45 Zwei Schwestern: S. 20.
46 Sprache und Kalkül: S. 18.
47 Spiegel d. J.: S. 203.
48 Die Spiele: S. 226—236.

Helmut J. Schneider

ANNA SEGHERS

Im jüngsten Werk der sozialistischen Erzählerin Anna Seghers, *Überfahrt. Eine Liebesgeschichte* (1971), bedeutet eine Schiffspassage von Brasilien nach Rostock Abschied von einem farbigen Leben und den Entschluß für ein stilles. Dem jungen Arzt Triebel, der als Sohn eines deutschen Emigranten in Brasilien aufwuchs, war seine brasilianische Jugendfreundin nicht gefolgt, als er kurz nach dem Krieg in der russischen Zone zu studieren begann. Was er von seinem Leben und den großen Veränderungen dort schrieb, verstand sie nicht. Sie heiratete einen reichen Schulfreund. Widersprüchliche Nachrichten über ihren Tod erreichen den DDR-Bürger, als er sich auf einer Reise Jahre später wieder im Lande aufhält. Vielleicht lebt sie noch; er glaubt sie kurz vor seiner Rückfahrt gesehen zu haben — als Schemen, geschminkt und geputzt, in kartenspielender Damengesellschaft eines Luxushotels. War sie es, so lebt sie als Tote, schattenhaft wie die Klasse, der sie anzugehören sich entschieden hat.

Der Bericht Triebels an einen Mitpassagier während der Überfahrt macht den Abschied endgültig und verjagt das Gespenst. Die Rückkehr nach Ilmenau wird als Heimkehr zur wirklichen Wirklichkeit akzeptiert — zur „kleinen, stillen, grauäugigen Herta".[1] „Ich verband das Wort Stille mit meiner Heimat." Die Landschaft des Goetheschen *Über allen Gipfeln ist Ruh*[2] steht für ein Land, in dessen ‚Stille' immerhin eine gesellschaftliche Umwälzung stattfindet.

Eine grunddeutsche und grundbürgerliche Tradition: die kleine substantielle Welt wird abstrakt gegen die große hohle ausgespielt. „Hertas bescheidene Schüchternheit" triumphiert über „Luisas schimmerndes Gold". „Ich schenkte ihr ein Ringlein, in das in Vergißmeinnichtform blaue Steinchen eingelegt waren." Dafür erhält der Weltreisende einen heimatlichen „Strauß Feldblumen" und ein „Dutzend besonders schöner Äpfel", was gegen Versuchungen des „bunten Schlamms" und der „flimmernden, farbigen Welt" feit.[3] Der Antagonismus zweier sozialer Systeme ist auf Dimensionen Theodor Storms oder schlimmer reduziert. Sozialismus wird zum Verzicht auf Südfrüchte. —

Überfahrt ist der vorerst letzte Beweis eines unbestreitbaren Niveauabfalls dieser Autorin seit 1945, für den das frühere Werk den hohen Maßstab setzt. *Überfahrt* ist aber auch Endpunkt eines für ihr ganzes Œuvre zentralen Themas, das die Begriffe ‚Stille' und ‚Veränderung' vage beschreiben. Einst nahmen Sprache und epischer Bericht in der Dumpfheit entfremdeten Lebens Sprengsätze eines radikalen Anderswerdens wahr. Hier verdrängt die Rahmenerzählung

Triebels irritierend ‚Anderes', verlockend Vitales in stiller, solider Entsagung. Einst war es die plötzliche Ahnung vitalen Glücks, die auf das öde Pflaster der Proletarierhöfe die revolutionären Lebenszeichen schrieb. Nun wächst unter dem grauen Boden der stillen DDR das Neue, das alles falsche Glück übersteigt. „Anspruchslos, mit den Reklamelichtern des Westens verglichen, aber durchdringend schimmern die Buchstaben ‚VEB'."[4]

Es geht nicht darum, in die Klagen westdeutscher Kritiker — die bundesrepublikanische Germanistik kennt den Namen Anna Seghers allenfalls beiläufig — über den schöpferischen Verfall und die ‚Linientreue' der hochdekorierten DDR-Bürgerin als seine Erklärung einzustimmen. Anna Seghers war auch vor 1945 Kommunistin, und sie wollte mit ihren Werken immer der Sache der kommunistischen Partei dienen. Die DDR ist für sie der prinzipiell gerechte und humane deutsche Staat. Ihr erklärtes Ziel ist es, am Aufbau des Sozialismus mitzuarbeiten.

Sondern das Problem ist die Darstellbarkeit dieses spezifischen sozialistischen Umsturzes mit den ihr zur Verfügung stehenden spezifischen künstlerischen Mitteln. Die große Stärke der frühen Anna Seghers war, elementare menschliche Bedürfnisse dort, wo ihre Entstellung am härtesten war, bei den proletarisierten Massen, als elementare Kraft zur Revolte freizusetzen. Die revolutionäre Aktion als das Leben des sonst stumpf dahinvegetierenden Proletariers: daraus bezogen ihre Werke von 1928 bis 1933 die poetische Energie. In der Periode der Emigration trat diese Perspektive naturgemäß zurück. Die Schriftstellerin versuchte in ihren großen Romanen, die ‚Heimat' und ihr ‚Volk' als „unangreifbar" und „unverletzbar"[5] zu retten. Im Zeichen der Volksfront diente die Kommunistin dem ganzen und ‚wahren' deutschen Volk.

Nach 1945, in der dritten Schaffensperiode, versucht Anna Seghers, diesen umfassenden Volksfront-Realismus auszubauen. Wie die DDR sich in erster Linie als antifaschistischer und in zweiter als sozialistischer Staat verstand, so erscheint in den DDR-Werken die sozialistische Umwälzung eher als Sache einer klassenlosen Moralität und kaum in den unmittelbaren vitalen Interessen der Arbeiterklasse begründet. Umerziehung ersetzt den Klassenkampf, die moralische *Entscheidung* — so der Titel des ersten DDR-Romans (1959) — den Aufstand der Proletarier. Das Neue ist nicht Glück und Leben derer, denen der Kapitalismus beides verwehrt; es ist einfach das Richtige, das getan werden muß. Die DDR wird zur Heimat aller, die das Gute wollen. Die revolutionäre Spannung und psychologische Introspektion des Frühwerks, die sich in der Emigration ‚abklärte' zu ausgewogenerem Realismus und dem stillen, beharrlichen Vertrauen in das auch vom Faschismus unversehrbare, wenngleich oft verdeckte „Innerste"[6] des Menschen — sie verflachen nun auf dem Boden einer sich mehr und mehr konsolidierenden DDR zum Biedermeierklischee vom unscheinbaren, aber einzig wahren Leben.

Die Entwicklung des epischen Werks von Anna Seghers in diesen drei Hauptperioden ist gebunden an die der kommunistischen Bewegung in Deutschland. Sie spiegelt diese, was für die sozialistische deutsche Literatur nicht untypisch ist, vom Standpunkt eines Schriftstellers ausgesprochen bürgerlicher Herkunft. Für die Krisenzeit der Weimarer Republik ist eine Verbindung bürgerlich-,progressiver' Kunstmittel mit revolutionärer Haltung bezeichnend. Die Richtung auf eine streng parteiliche proletarisch-revolutionäre Epik wird durch die faschistische Machtergreifung abgebrochen, die Elemente bürgerlich-realistischen Erzählens gewinnen in der Volksfrontperiode die Oberhand. Das DDR-Œuvre stellt konventionelle Erzählformen, vor allem den Gesellschaftsroman bürgerlicher Provenienz (in *Überfahrt* die Rahmennovelle!), in den Dienst einer sich integrativ verstehenden sozialistischen Nationalkultur.

Frühen Ruhm gewann Anna Seghers mit der Erzählung *Aufstand der Fischer von St. Barbara* (1928), die mit dem Kleist-Preis ausgezeichnet wurde. Über die Biographie der Annette Reiling ist wenig bekannt. 1900 in Mainz als einzige Tochter eines jüdischen Kunsthändlers geboren, studierte sie in Köln und Heidelberg Sinologie und Kunstgeschichte und promovierte 1924 über *Jude und Judentum im Werk Rembrandts.* 1925 heiratete sie den ungarischen Kommunisten Laszlo Radványi; während ihres Studiums war sie mit kommunistischen Intellektuellen in Kontakt gekommen. Nicht uninteressant ist, daß sie 1925 den holländischen Helden einer Seefahrergeschichte mit dem Namen Seghers, eines Graphikers der Rembrandt-Zeit, belehnte und ihre Autorin als seine Enkelin ausgab. Alltagsszenen des kleinen Mannes wie in der niederländischen Kunst und fremdartige Abenteuer, ,Stille' und ,Veränderung' tauchen hier schon als zwei Komponenten auf, die das Werk der Autorin, die sich Anna Seghers nennt, bestimmen werden.

Der *Aufstand,* ihre erste selbständige Veröffentlichung, beginnt mit einer Schiffspassage, die ähnlich aufschlußreich für die frühe Anna Seghers ist wie diejenige von *Überfahrt* für die späte. Hull, der Revolutionär, setzt von einer Insel, wo er die Verletzung aus einem Aufstand streikender Fischer gegen ihre Reeder auskurierte, zum Fischersdorf St. Barbara über, um dort den nächsten zu entfachen. Die geographische Lage ist absichtlich unbestimmt. Hull lebt von einem Punkt, d.h. Aufstand, zum anderen; dazwischen ist Dösen, Langeweile. Die Todesangst des steckbrieflich Verfolgten schlägt um in Lebensgier; seine Lebensgier ist sein revolutionärer Wille.

Die Überfahrt Hulls ist Bild der Zeit- und Geschehensstruktur im Frühwerk. „Hull verfolgte über dem Geländer die weiße Narbe, die das Schiff dem Meere riß, die wieder heilte und wieder riß und wieder heilte und wieder riß.“[7] Es gibt kein Zeitkontinuum. Es gibt nur die Leere der Zeit, die in jähen Stößen aufgerissen wird, und die kaum verheilten Narben werden jederzeit wieder aufbrechen: Narben revolutionärer Erfahrung, besser revolutionären Erlebens.

„Da schrie der Dampfer, die Küste kam mit einem Ruck näher. Dann war es wieder still, graue, schläfrige Fahrt. Dann hüpfte die Schiffsglocke."[8] Derart ‚ruckweise' verläuft auch der Aufstand, in einzelnen sich steigernden und schließlich in sich zurückfallenden Eruptionen. Sie sprengen eine unsprengbar scheinende Enge, in der der Horizont in ewigem Regen verhängt ist, eine langsame Kälte erstarren macht und die tote Ruhe durch das Kratzen von Löffeln auf leeren Blechtellern hörbar wird. „Dumpf und unbeweglich, bleigrau und regenschwer starrten Himmel und Erde gegeneinander, wie die Platten einer ungeheuren hydraulischen Presse."[9] In Räumen suggestiver Ausweglosigkeit siedelt die frühe Anna Seghers die Ausgebeuteten an. Der lyrisch geballten Darstellung kapitalistischer Entfremdung entspricht die spontane Revolutionsgeste, die sich in Hull verkörpert: „Er brauchte nur in die Hände zu klatschen, dann sprang der Aufstand aus ihm heraus."[10]

Zwar ist von sinkenden Tarifen, wachsender Lohnabhängigkeit der Fischer und Konzentration und Bürokratisierung der Reedereien die Rede. Aber die Situation des modernen Industrieproletariats ist nur gleichnishaft gespiegelt. Die spröde Berichtsdiktion und die exakte Wahrnehmung dienen nicht schlicht ‚realistischer' Schilderung, sondern sie stilisieren die Entäußerung des Lebens an seelenlose Dinglichkeit bis zu dem Punkt, wo sie umschlägt in Befreiung.

Diese Möglichkeit zum Umschlag ist ständig präsent. Die kurzen asyndetischen und parataktischen Sätze protokollieren mit großer sinnlicher Schärfe, aber sie fixieren nicht unabänderlich. Sie rauhen die einförmige Realität auf, geben ihr Zacken und Kanten, sparen Lücken aus, wo sie aufzubrechen ist. Kein umfassender Erzählerblick legt große Handlungsbögen fest, es wird aus der jeweiligen Situation und Person heraus registriert. Die Abschnitte sind, wie die Sätze, oft schroff gegeneinander gesetzt. Es ist der Stil, der der zitierten Schiffsüberfahrt Hulls entspricht und der, wenn auch immer mehr abgeschwächt bis zur Unkenntlichkeit der betulichen Ich-Erzählung von *Überfahrt*, charakteristisch ist für Anna Seghers.

In der ‚splitterhaften' Erzählweise hat das punktuelle Aufbegehren der Fischer sein Korrelat. Die unsinnigen Bruchstücke der entfremdeten Welt können zu „sonderbaren Stücken einer unsinnigen wilden Freude werden"[11]. Erlebte Rede und innerer Monolog, ebenfalls ein Charakteristikum des Seghersschen Erzählens von nun an, bezeugen die Verlagerung der Handlungsführung auf bruchstückhafte innere Erfahrung. Joyce und Dos Passos haben hier als Anreger gewirkt. ‚Äußerlich' scheitert der Aufstand denn auch; aber was übrigbleibt, ist entscheidend: in den Augen der Ausgepowerten „ganz unten etwas Neues, Festes, Dunkles, wie der Bodensatz in ausgeleerten Gefäßen"[12]. Die von revolutionärer Erfahrung und Hoffnung gezeichneten Gestalten werden sich stets an „Pünktchen" in ihren Augen erkennen — ein überstrapaziertes, aber wichtiges Motiv. Auflehnung, Veränderung ist Leben. Der revolutionäre Funken springt von innen nach außen und belebt das Tote. Vergleiche, Bilder, Personifikationen, häufig noch expressionistisch bestimmt, glühen aus der herben Sprache auf als Zeugnis solcher Belebung. „Die graue, eintönige Luft saugte sich voll, gierig auf so viel Rot"[13] — das Reedereibüro steht in Flammen.

Der Aufstand ist Befreiung und Freude, Liebe und Tod — alles in einem. Der Fischer Kedennek lebt einmal, im Moment seines selbstgewählten und objektiv unsinnigen Todes, sinnvoll; den Soldaten entgegengehen heißt „mitten durch die unsinnigen Dinge, die man an Land um ihn herum aufgepflanzt hatte — vier Wände und eine dickbäuchige Frau und Bohnen und Kinder und Hunger"[14]. Für seinen jungen Neffen Andreas, einen Waisen, wird Hull zum Vater, der ihm das zweite und wahre Leben schenkt. „Er hatte solche Lust nach Freude."[15] Sein Tod ist rauschhafte Befreiung: „etwas in ihm rannte noch immer weiter, rannte und rannte und zerstob schließlich nach allen Richtungen in die Luft in unbeschreiblicher Freude und Leichtigkeit."[16] Dieses „Etwas" inkarniert sich im Werk Anna Seghers' in jungen Schülern der Revolution stets von neuem, Pfand ihres Weiterlebens.

St. Barbara ist symbolischer Ort einer im Scheitern unbesiegbaren Revolution. Die Erzählung verweist auf mangelnde Solidarität als Grund des Scheiterns; aber dafür gibt es keine Gründe: die nicht mithalten, „sind eben Leute aus Blé und nicht aus Barbara"[17]. Das heißt nichts anderes als es sind eben keine wahren Revolutionäre. Wenn Hull sich, obwohl bereits in Sicherheit, in die Falle von St. Barbara zurückbegibt, und wenn auch Andreas nach seinem Sabotageakt dort bleibt, so ist dies objektiv so unsinnig wie Kedenneks Tod. Auf der symbolischen Ebene der Erzählung ist es die Treue zur Revolution.

Damit ist die politische Grenze der Erzählung benannt. Das „Pünktchen Küste" eröffnet keine Perspektive revolutionären Kampfes über das unauslöschliche Feuer der Revolution in der Brust der Revolutionäre hinaus. Es handelt sich nicht um konsequente proletarisch-revolutionäre Dichtung. So konnte es in der Begründung zur Preisverleihung von Hans Henny Jahnn mit einem vielsagenden Bild heißen, „alles, was als Tendenz erscheinen könnte", verbrenne „in einer leuchtenden Flamme der Menschlichkeit".[18]

Der *Aufstand* ist das Werk einer bürgerlichen Autorin, für die die Revolution politisch eine noch abstrakte Perspektive ist, das emotionale Engagement für die Befreiung des Proletariats aber um so intensiver. Durch den Abstand zu den realen Kämpfen der Arbeiterklasse wird die Revolution zu einem „Daseinsvorgang in fast metaphysischer Verklärung"[19] (Jahnn). Dennoch handelt es sich nicht um eine Verabsolutierung und Mythifizierung der Revolution um jeden Preis, aus der eindeutige Schlüsse auf die Physiognomie der Autorin zu ziehen wären.[20]

Denn der *Aufstand* ist ebenso eine symbolische Widerspiegelung der Lage des deutschen Proletariats nach den revolutionären Kämpfen 1918 bis 1923 in der Konsolidierungsphase der Weimarer Republik und am Beginn eines neuen Aufschwungs der kommunistischen Partei. Die häufig zitierte Eingangsphase enthält sie in konzentrierter Form. In — sonst fehlendem — souveränem Erzähler-Überblick wird die totale äußere Niederlage des Aufstands nüchtern-chronikhaft vorweggenommen. Der Präfekt meldet in die Hauptstadt, daß Ruhe und Ordnung wiederhergestellt sind.

> St. Barabara sah jetzt wirklich aus, wie es jeden Sommer aussah. Aber längst, nachdem die Soldaten zurückgezogen, die Fischer auf der See waren, saß der Aufstand noch auf dem leeren, weißen, sommerlich kahlen Marktplatz und dachte ruhig an die Seinigen, die er geboren, aufgezogen, gepflegt und behütet hatte für das, was für sie am besten war.

Hinter der Ruhe der Herrschenden und hinter der Niederlage steht die Ruhe der Mutter Revolution, die für ihre Kinder sorgt: das Symbol macht den unsichtbaren Sieg sichtbar, wo der Bericht das ergebnislose Scheitern festhält. Von diesen beiden Polen aus erhält die unterkühlte ‚Ruhe' der Erzählung ihre innere Spannung. Es ist die Ruhe nach dem Sturm als die Ruhe vor einem neuen; die kaum verheilte Narbe, die bald wieder aufbrechen kann. Das — künstlerisch raffinierte — Schwanken zwischen (scheinbar) realistischem Bericht im einzelnen und Symbolik im ganzen, das im Eingangsabschnitt für einmal klar und fast programmatisch in seine beiden Pole auseinandertritt, ist nicht nur bedingt durch die bürgerliche mit dem Proletariat sympathisierende Autorin; vielmehr trifft sich deren sozialer und politischer Standort mit der realen historischen Situation, d. h. dem Abstand des Proletariats zu seinen eigenen vergangenen Kämpfen.

Die Erzählungen des Bandes *Auf dem Wege zur amerikanischen Botschaft* (1930) zeichnen den Weg Anna Seghers' zu fester kommunistischer Parteinahme nach. Die beiden ersten, noch vor dem *Aufstand* geschriebenen, *Grubetsch* (1926) und *Die Ziegler* (1927/28), beschreiben das monotone Leben verkommener Hinterhöfe vor der Kulisse wohl eines stilisierten Mainz. Die letzte, *Bauern von Hruschowo* (1929/30), kennt als Perspektive des Kampfes eines bulgarischen Dorfs um seinen Wald bereits Lenin und die junge Sowjetunion, als seinen Organisator die kommunistische Partei. Aber sie spielt nicht in Deutschland.

Der KPD trat Anna Seghers 1928 bei, ebenfalls dem gerade gegründeten Bund Proletarisch-Revolutionärer Schriftsteller, den sie 1930 beim Kongreß in Charkow mit vertrat. In den theoretischen Auseinandersetzungen des Bundes um die Linie der kommunistischen Literatur scheint sie keine größere aktive Rolle gespielt zu haben. Theoretische Fragen, ästhetische oder politische, liegen Anna Seghers nicht. Wie ihr Eingreifen in die berühmte Expressionismus-Debatte 1938 jedoch zeigt, vertrat sie eine aufgeschlossene Haltung gegenüber literarischen Experimenten und fühlte sich, zu Recht, von Lukács' klassisch-realistischem Totalitätsanspruch und seinem Bannstrahl gegen die bürgerliche Dekadenz auch in eigener Sache getroffen.

Grubetsch, ein Flößer, ist der unpolitische Vorläufer Hulls. Er verkörpert in einem öden Arbeitslosenmilieu das Abenteuer (auch Hull erzählt Andreas von fremden Häfen). Er weckt Wünsche, an denen die zerstümmelten Menschen blutig und sinnlos zugrunde gehen. Der Traum ist nicht auszuhalten, Grubetsch wird schließlich erstochen. In der Stille und Normalität aber ist die Lebensgier nicht getötet. „Niemand wartete mehr, höchstens wartete irgendwo irgendein junges Ding auf einen roten Fleck im grauen Pflaster, auf einen Ton in der Stille, auf ein Ereignis, das aus der Luft bricht wie ein Traum aus dem Schlaf, auf irgend etwas, ... selbst ein Unglück."[21]

Auswegloser noch ist die Lage der ruinierten Handwerkerfamilie der Ziegler. Nur der Sohn findet Anschluß an die Arbeiterschaft und bringt einmal kurz den Wind von Demonstrationen und Kämpfen in die abgerissene Wohnung. Die Tochter Marie geht elend zugrunde. Wie im *Grubetsch,* auch im *Aufstand,* spielt die erotische Verkrüpplung eine große Rolle. Zerbrochene, ausgemergelte Mädchengestalten wie Marie, die Dirne Marie im *Aufstand*, Katharina in der *Rettung* sind das verhunzte Leben, was nach Änderung schreit. (Bezeichnenderweise werden sie von der grauen, aber harmonischen Herta aus *Überfahrt* beerbt; Maries schöne und lebenslustige Schwester wäre zur DDR-Zeit wohl eher im Westen zu finden, freilich korrupt.)

Lethargie und Langeweile lasten auf den Menschen und ihrer Umgebung. „Im Küchenfenster steckte ein Stück Himmel, Dächer und Hofmauer, wie eine alte schmierige Ansichtskarte."[22] Zu dieser Zeit forderte die Autorin: „An Gegenständen Spuren finden, die Spuren einer Lage!"[23] Die atmosphärische Verdichtung der Milieubeschreibungen, ihre suggestive Genauigkeit im Detail erwecken bisweilen in den frühen Erzählungen den Eindruck des Unentrinnbaren. Die *Ziegler* bilden hier einen Höhepunkt, zumal kein Gegenpol, kein Grubetsch und kein Hull, dargestellt ist. „... es war so still, als sei die Zeit zerbrochen."[24] Der Tag „zog sich endlos und dünn wie Gummi ... Nach dem Abendessen war die Dunkelheit sauer, wie abgestanden."[25] In dem einzigen Zimmer, in das sich die Familie schließlich aus den übrigen vermieteten Räumen der Wohnung zurückgezogen hat, waren die „Möbel über sie gekommen ... und bissig und gefräßig geworden wie Tiere in einem Käfig"[26].

Mit tragischer Ananke, die von interessierter politischer Seite einmal bemüht wurde[27], hat das nichts zu tun. Auch wenn die Milieuschilderungen die Tendenz haben, sich zu verselbständigen, wird damit keinesfalls die soziale „Lage" verwischt. „Abgestanden" ist in den *Zieglern* der Teil des Kleinbürgertums, der, faktisch proletarisiert, an seinen Ehrbegriffen und Illusionen zäh festhält. Richtig ist freilich, daß kein eindeutiger Weg, gar ein parteilich sozialistischer, zur Überwindung dieser Lage gewiesen wird.

Die Titelgeschichte der Sammlung (1929/30) ist symptomatisch dafür, wie bei Anna Seghers die politische Aktion unmittelbar aus dem dumpfen Alltagsmilieu entsteht. Sie kann als repräsentativ für die poetisch-politische Struktur des Frühwerks gelten.

Ein Mann, der aus der Provinz für einmal in die Hauptstadt (wahrscheinlich Paris) gereist ist, gerät sogleich in einen großen Demonstrationszug. Er komplettiert eine Viererreihe und bleibt zwanghaft an sie gebunden. Ziel und Zweck der Demonstration — für die zum Tode verurteilten amerikanischen Gewerkschaftsführer Sacco und Vanzetti — kümmern ihn nicht. Kurz vor der amerikanischen Botschaft wird er von der Polizei erschossen. Ohne daß er es selbst klar wüßte, ist sein einziger Wunsch erfüllt, mit dem die Erzählung anfängt: „In dieser fremden Stadt will ich ganz anders sein."[28] Sein Tod wird zu ähnlicher Befreiung wie der des jungen Andreas im *Aufstand*:

> ... die Stille war aufgeplatzt, und alle Wildheit, die in ihr drin gewesen war, zerknallte in Schüssen ... Als wäre er hier geboren, schlug die Stadt über ihm zusammen, Beine und Röcke, Himmel und Häuser.[29]

Der Fremde wird vom Sog des Zentrums angezogen, wo authentisch, d. h. revolutionär Geschichte gemacht wird; das entfremdete Proletariat kommt erst durch die solidarische Aktion zu sich selbst. Das ist der wiederum symbolische und nicht realistische Punkt der Erzählung; und nicht blind gläubiges Mitmarschierertum unter irgendwelchen Parolen. Es ist dasselbe, was den von weit her gekommenen Fremden Hull an die Stätte seiner Revolte kettet. Nur der Ort der Aktion ist die Heimat. Nicht betrachtend, als Tourist, als Bürger, sondern handelnd wird man „ganz anders".

Zwar steht die Demonstration weniger unter dem Zeichen bewußter Aktion als dumpfen Getriebenwerdens. Dem entspricht die angewandte literarische Technik, eine Montage von inneren Monologen der vier in der Reihe. Aber gerade mit diesem Mittel versucht Anna Seghers dem Umschlag der eben nur scheinbaren Unentrinnbarkeit des ‚Milieus' in den Zwang zum Handeln gerecht zu werden. Die andrängenden Bewußtseinsfetzen vom Alltag werden aus den isolierten Gehirnen und isolierten Leben aufgelöst in einen kollektiven Strom — der Geschichte.

Es geht um die tiefen Wurzeln solcher Aktionen im seelischen Zustand der Ausgebeuteten. „Nichts geschieht. Morgens reißt man sich los, und abends kommt man wieder. Sein rundes braunes Gesicht mit dem rasierten Kinn, blau wie Tinte, war gequält vor Hoffnung."[30] Im entfremdeten Leben, dessen sinnlich schlagender Ausdruck stets Pauperismus, Arbeitslosigkeit, stumpfe Alltagsmonotonie sind, entspringt unmittelbar, ohne notwendige bewußt-politische Vermittlung, die Hoffnung. Die Stille enthält die Schüsse in sich (vgl. Zitat oben) wie die ‚Ruhe' im *Aufstand* (vgl. dessen Eingangspassage) Gewalt und Gegengewalt — sie muß nur aufplatzen. „Oh, solche Stöme von Mürrischkeit flossen aus ihm heraus, genug, eine Stadt zu ersäufen."[31]

Diese eindrucksvoll verwirklichte Struktur eines unmittelbaren Umschlags der Entfremdung in Hoffnung und Aktion muß man erkennen, wenn man, durchaus zutreffend, das kommunistische Engagement der Erzählerin Anna Seghers mehr emotional als intellektuell bestimmt sieht. Die ‚Bewußtlosigkeit' dieses Demonstrationszuges ist seine vitale Energie. Die fehlende intellektuelle Umsetzung in eine konkrete sozialistische Perspektive, die fehlende Einbettung in komplexe gesellschaftliche Zusammenhänge — diese in modifizierter Form auch das Werk der Emigration charakterisierende Schwäche ist zugleich die enorme Stärke der Autorin.

Festzuhalten ist die starke Betonung der Solidarität. Der Zwang zum Handeln ist auch der Zwang zum Dabeibleiben. Durch das gesamte Werk der Anna Seghers zieht sich das Motiv der Treue und des ‚Dazugehörens'. Der Tod des Fremden in der fest aneinandergeketteten Viererreihe ist nur sein stärkster Ausdruck. Die Behandlung dieses Motivs führt nicht selten zu einer irrationalen Verabsolutierung — dann gibt es die ‚Richtigen', die zusammenhalten, wie die Leute von St. Barbara, aber auch wie die anti-konterrevolutionären Kämpfer des 17. Juni, und auf der anderen Seite einfach die „Imstichlasser"[32]. Der Bürger neigt leicht dazu, seinen Anschluß ans kämpfende Proletariat schon für den Kampf selbst zu halten, das bloße Dazugehören zu überschätzen.

In der Zeit zunehmender Stärkung der KPD schrieb Anna Seghers ihren ersten Roman, *Die Gefährten* (1932). Stärker als die Erzählungen solle er, so die Intention der Autorin, „hinter der Verzweiflung die Möglichkeit und hinter dem Untergang den Ausweg"[33] aufzeigen. Er verfolgt in weitgehend unverbundenen Handlungssträngen die Schicksale geschlagener Revolutionäre in vielen europäischen Ländern und sogar China. Der Schwerpunkt liegt in Osteuropa, das ideelle Zentrum in der Sowjetunion. Der Roman beginnt mit der Niederlage der ungarischen Räterepublik: „Alles war zu Ende." Aber woanders fängt es mit frischer Kraft wieder an — das ist die Botschaft des Buchs. Alle Martyrien legen blutiges Zeugnis für das Fortleben der Revolution ab. Der „Ausweg" liegt, konkreter als im Symbol des Aufstandes von St. Barbara, in proletarischem Internationalismus. Der wird aber selbst kaum historisch konkretisiert, sondern als Ideal in der von Dos Passos angeregten Erzählstruktur gespiegelt.

Die *Gefährten* sollen den unmittelbaren Kampfwillen der Kommunisten stärken. Es ist ein Agitationsbuch mit dem Pathos von revolutionären Legenden. Aber nicht aus Siegen, sondern aus Niederlagen soll die Kraft geschöpft werden.

Die Machtergreifung Hitlers ließ es nicht zur Entwicklung proletarischer Agitationswerke kommen, auf die die *Gefährten* und einige Erzählungen hindeuten. Anna Seghers entzog sich ihrer Verhaftung durch die Flucht in die Schweiz. Sie emigrierte nach Paris. 1934 fuhr sie zu den Stätten des sozialdemokratischen österreichischen Februaraufstands gegen das Dollfuß-Regime und schrieb den reportageartigen Roman *Der Weg durch den Februar* (1934). Seine mißglückte

Form zeigt die Bereitschaft zum Experiment, um der Aktualität eines zeitgeschichtlichen Stoffs literarisch gerecht zu werden. Darüber hinaus erfüllte der Roman wohl eine Kompensationsfunktion für die kampflose Niederlage in Deutschland. Den sehr großen Eindruck, den der spanische Bürgerkrieg 1937 auf sie machte, hat die Autorin jedenfalls mit ihren gegensätzlichen deutschen Erfahrungen begründet.[34]

Kampflosigkeit und Ausmaß der Niederlage vor dem Faschismus bestimmen das weitere Werk Anna Seghers'. Sie versucht, Deutschland und die Massen des deutschen Volkes, die Hitler zumindest passiv dulden, für die richtige Seite zurückzugewinnen. Die Romane *Der Kopflohn* (1933), *Die Rettung* (1937) und vor allem *Das siebte Kreuz* (1942), ihr berühmtestes Buch, spielen alle im Deutschland der dreißiger Jahre. Der deutsche Faschismus an der Macht und die eigene Emigration führten die Schriftstellerin zu Stoffen der deutschen Gegenwart. Das hatte für den ‚Realismus' dieser Werke (im Unterschied zum Frühwerk) Konsequenzen.

Der Kopflohn. Roman aus einem deutschen Dorf im Spätsommer 1932 stellt das Eindringen der NSDAP in die arme Bauernschaft dar. Der Nazismus befriedigt den Wunsch der kleinen Leute, aus dem kümmerlichen Routinedasein auszubrechen, und täuscht dabei über die wahren Klassengegensätze hinweg. Die soziale und sozialpsychologische Differenzierung innerhalb des gesetzten engen Rahmens eines „deutschen Dorfs" ist beachtlich. Aber das mit gewohnter Intensität dargestellte Milieu von sexueller Brutalität, dumpfer Gewalttätigkeit, materiellem Egoismus und stumpfem Dahinvegetieren wirkt gerade in diesem realistischen Rahmen dämonisiert. Die symbolische Befreiung, die die proletarische abstrakt antizipiert, kann es hier nicht geben. Stattdessen gibt es die scheinrevolutionäre faschistische Befreiung. Als unmittelbarer Reflex von 1933 liegt ein lähmender Pessimismus über dem ganzen Buch.

Hier rächt sich die analysierte mangelnde Intellektualität der Segherschen Darstellungsweise. Aus der Dumpfheit des bäuerlichen Alltags entspringt der Faschismus, der die Hoffnung auf das „ganz Andere" für seine Ziele befriedigt und ausnutzt; er entspringt so zwanghaft wie zuvor die revolutionäre Hoffnung aus dem entfremdeten Proletarierdasein. Mit anderen Worten: die Anna Seghers des *Aufstand* und *Auf dem Wege zur amerikanischen Botschaft*, die symbolisch in eine offene revolutionäre Zukunft aufgebrochen war, sieht diese Zukunft plötzlich real und konkret vom Faschismus besetzt. Der *Kopflohn* rennt gleichsam in das offene Messer hinein; er reproduziert mit den alten poetischen Mitteln das, was den Faschismus, aus der Perspektive resignativen Rückblicks, unaufhaltsam zu machen schien. Daß die Autorin den Weg der Nazis zur Macht innerhalb der ländlichen Verhältnisse widerspiegelt, ist bezeichnend: hier war seine ‚Unaufhaltsamkeit' historisch am ehesten zu fassen. Die *Rettung* wird später aus größerer zeitlicher Distanz die Frage nach einem Versagen der Arbeiter aufwerfen.

Der Faschismus als Schein-Revolution, als Schein-Sozialismus, der gewisse emotionale und ästhetische Hüllen von ihren revolutionären Inhalten löste und so vor allem die proletarisierten kleinbürgerlichen Massen einfing — er war die in den Gegensinn verkehrte Kopie der primär emotionalen und symbolischen Darstellung der revolutionären Hoffnung und Aktion bei Anna Seghers. Es ist aufschlußreich, daß sie in den politischen Reden der dreißiger Jahre immer wieder den Faschismus im Zusammenhang mit zwei Komplexen anspricht: als Verführung zu Abenteuer und Glück, und als Verführung zur Volksgemeinschaft, also zu falscher Solidarität.[35] Es sind genau die beiden Werte, die sie bisher als sinnliches Unterpfand des „ganz Anderen" genommen hatte, womit die Kommunistin die sozialistische Revolution meinte, aber eben nur meinte.

Der sich nun im Kampf gegen diesen Faschismus herausbildende Realismus kennzeichnet sich durch solche Frontstellung als stiller, melancholischer, in gewisser Weise sogar entsagender. Still, weil der Faschismus lärmt, melancholisch, weil er gesiegt hat, entsagend, weil glühende Hoffnung und vitales Glück von ihm mißbraucht werden.

Die umfangreiche *Rettung* rückt die Lage und innere Verfassung der Arbeiterklasse von 1929 bis 1933 in den Mittelpunkt. Dieses große Werk ist zu Unrecht wenig bekannt. Es zeigt die veränderte Struktur um die beiden Pole ‚Stille' und ‚Veränderung' signifikant an.

Sieben verschüttete Bergleute werden im letzten Augenblick gerettet — um der Arbeitslosigkeit und beginnenden ökonomisch-politischen Krise ausgeliefert zu werden. Bentsch, der den Lebenswillen unter Tage wachgehalten hat, zermürbt sich in der Nutzlosigkeit des Stempellebens. Seine Wohnküche wird zum Mittelpunkt der vom gleichen Schicksal Betroffenen, die sich von ihm Rat und Hilfe versprechen. Aber Bentsch bastelt einen Dom aus Streichhölzern für seinen Pfarrer. Er sitzt an der Fensterbank buchstäblich festgeklebt, mit dem Rücken zu allem, was ihn angehen sollte. Wenige werden Nazis, eine Reihe Kommunisten, die meisten bleiben wie Bentsch nichts; obwohl alle nach einem „festen Halt" streben und ihr Leben nicht „aushalten" können, ein Schlüsselwort. Erst ganz zum Schluß, schon unter dem Zeichen der Machtergreifung, entschließt sich Bentsch zum Widerstand und geht in den kommunistischen Untergrund.

Die Entwicklung Bentschs, der die Masse des unpolitischen und unentschiedenen deutschen Proletariats personifiziert, verläuft dischron zu dem, was historisch notwendig gewesen wäre. Ein schlummernder Riese, gelähmt, aber ‚im Innersten' bereit zu einer großen Aufgabe: so sieht das Bild aus, das Anna Seghers zeichnet. „Eine unverwertete, unbenutzte Kraft brannte ihn inwendig."[36] So geht es vielen, die nur auf ein Zeichen, einen ‚Ruf' warten und später, 1933, manchmal die Rückkehr zur Arbeit, der gewohnten ausbeuterischen, für ihn halten. „Der Führer braucht jeden von euch! Er ruft euch alle!“[37] Warum erfolgt kein solcher Ruf von der Gegenseite?

> All das Falsche von den Nazis ist so viel leichter als unser Richtiges ... sie wollen jetzt endlich auf der Stelle etwas haben, lieber irgend ein kleines Glück. Deshalb müßten wir doch das Glück, unser wirkliches Glück, das dahintersteht, hinter all dem Schweren, wo wir durchmüssen, dieses Glück müßten wir doch ganz unwiderstehlich zeigen ...[38]

Das hält der junge Kommunist Lorenz seinem Genossen Albert vor; aber Albert fegt es weg, er sei wohl selber von den Nazis angesteckt. Alberts Augen sind „erstaunlich klar, wirklich ganz ohne Lügen, aber auch ganz ohne Träume“[39]. Die Welt zu „entzaubern“[40], das warf Anna Seghers wenig später in der Lukács-Debatte dogmatischen Schriftstellern vor, und sie selbst schrieb zur Zeit der Arbeit an der *Rettung* sagenhafte Erzählungen (*Die schönsten Sagen vom Räuber Woynok,* 1936; *Sagen von Artemis,* 1937).

Zwar setzt sie nicht zu einer grundsätzlichen Kritik der Strategie und Taktik der KPD vor 1933 an. Aber unverkennbar ist die Trauer darüber, daß Hull, ja auch Grubetsch vom kommunistischen Parteifunktionär nicht beerbt werden. Mit unverhohlener Sympathie stellt sie das selbstmörderische plötzliche Losschlagen eines jungen Genossen (wahrscheinlich desselben Lorenz) gegen die Nazis dar, obwohl sie es verurteilt. Dahinter stehen mit Sicherheit Zweifel an der Politik einer Partei, die sich optimistisch und kampfwillig gegeben und schließlich kapituliert hatte. Dahinter steht aber vor allem die Enttäuschung der Dichterin darüber, daß ihre Träume von der faschistischen Lüge okkupiert worden sind. Hitler mußte ihr gar wie der wiedererstandene Grubetsch erscheinen, den sie selbst so interpretiert hatte, daß er die „geheimen Wünsche der Menschen nach Zugrundegehen“[41] erriet. Aber die Wahrheit ohne den Traum, etwa eine durchdringende Analyse der Zeit vor 1933 — das will sie nicht, und sie hätte es auch nicht gekonnt.

Sondern der revolutionäre Traum wird mit jener Stille und Lethargie ausgeglichen, die zwar — wie im Frühwerk — Ausdruck des nutzlosen entfremdeten Lebens ist, die aber mit positivem Akzent nun bedeuten kann, der Verführung des falschen Glücks zu widerstehen. Der Roman endet mit dem Anbruch des Dritten Reichs: „Jetzt hätte man endlich lustig sein können. Endlich war es einmal anders als sonst, alle lachten, alle sangen. Wenn es ringsherum grau und eintönig ist, und man wünscht sich ein bißchen Freude, aber man wünscht sich das ganz umsonst — das ist schwer genug.“[42] Aber jetzt ist es eben falsch, nach faschistischem Gusto „anders“, und die Trauer darüber, sich dem versagen zu müssen, fällt auf die Darstellung als melancholische Stilisierung der politischen Lähmung zurück. Das ist der neue, elegische, fast resignative Traum der Anna Seghers, erzeugt von dem Trauma der nationalsozialistischen ‚Revolution‘.

Diesselbe Passivität und Lethargie, die den Sieg des Faschismus mit ermöglichte, birgt den Keim des Widerstands gegen ihn. Die dumpfe Küche Bentschs wird zum Symbol dieser Ambivalenz. Das Verhältnis des Bergmanns zu Lorenz verdeutlicht sie innerhalb der Handlung. Lorenz bewirkt das ‚Erwachen' des Älteren zum Handeln — freilich ist es da schon fürs erste zu spät, der Faschismus an der Macht. Lorenz seinerseits ist aber vorher durch die Ruhe und ‚ausdauernde' Geduld Bentschs von Schlimmerem abgehalten worden: „Damals wär ich am liebsten zur Fremdenlegion und saufen und zu den Nazis und Gas auf und alles zusammen, nur damit was passiert."[43]

Das ist paradox, würde man den Roman als historische Genese des Faschismus lesen. Schließlich boten Krise und Arbeitslosigkeit mehr Chancen für eine Politisierung der Arbeiter als der Griff der Nazis zur Macht — der die Gegenkräfte eher resignieren ließ als daß er sie ‚erweckt' hätte. Anna Seghers sucht gerade einen Ausweg aus der Resignation als Folge des Schocks von 1933. Die Entscheidung Bentschs zum Widerstand ist der plakative Ausdruck der Hoffnung, daß die Passivität des Proletariats vor dem Faschismus potentiellen Widerstand einschließt. Der schlummernde Riese hatte sich übertölpeln lassen, aber sein Schlaf war und ist passive Renitenz und nicht Einverständnis.

Die *Rettung* ist nicht ein realistischer Zeitgeschichtsroman. Eine historische ‚Erklärung' des Faschismus wird ebenso wenig geleistet wie eine konkrete Perspektive zukünftigen Kampfes aufgezeigt. Beides lag zu dieser Zeit außerhalb der Möglichkeiten nicht nur von Anna Seghers. Auf Einhaltung der Parteidisziplin kann man das Problem nicht reduzieren. Denn eine fundamentale Kritik der Partei hätte zwar ihre Einschätzung der realen Kräfteverhältnisse und die darauf basierende Politik treffen müssen. Den Bruderkampf mit der SPD z. B. stellt die Autorin zumindest bedauernd dar. Aber das änderte nichts an dem Faktum der Niederlage und an dem Faktum, daß die Massen der Arbeiter sie hinnahmen, obwohl sie gegen den Faschismus mehr als alle anderen Klassen immun blieben. Von dieser Perspektive aus schrieb Anna Seghers ihr Werk als Widerstandsroman gegen den Nazismus. Ihre Hoffnung gegenüber dem fest etablierten faschistischen Regime ist, daß die Bedingungen seiner Macht zugleich die Bedingungen seiner zukünftigen Niederlage sind.

Allerdings ist nicht zu leugnen, daß diese aktuell-politische Ebene des Romans mit der zeitgeschichtlichen nicht zum Ausgleich gebracht werden konnte. Das äußert sich auch in einer Uneinheitlichkeit seiner Form. Sie ist vom bürgerlichen Entwicklungsroman inspiriert, aber eine eigentliche Entwicklung, im Wechselverhältnis mit der historisch-gesellschaftlichen Situation, macht Bentsch nicht durch; die endliche Entscheidung des ständig Unentschiedenen ist eben programmatisch zu verstehen. So ist dieses Gattungsmuster nur ein loser Rahmen für verschiedenartige Formelemente, besonders reportagehafte Einsprengsel, anekdotische oder parabelhafte Episoden (zumal gegen Schluß). Die Charakterdarstellung, psychologische Schilderung und vor allem die Darstellung der Arbeitslosigkeit allein reichen jedoch aus, dieses Buch neben die großen Werke von Anna Seghers zu stellen.

Der erste Teil der *Rettung* stellt die Verschüttung und die nicht ermüdende Hoffnung auf Rettung der sieben Bergleute dar. Dieses Symbol gegen den Faschismus, der real gesiegt hat, setzt das Symbol der Revolution vom Beginn des *Aufstand* fort, die die einzelne Niederlage überdauert. Nur geht es nicht mehr um die Latenz plötzlicher revolutionärer Eruption, sondern um die Latenz langsamen, ‚stillen' Widerstands. Im *Siebten Kreuz* wird sie, weit über die *Rettung* hinaus, zum beherrschenden Thema.

Von sieben entflohenen KZ-Häftlingen entkommt einer; sechs werden eingefangen und im Lagerhof ‚gekreuzigt'. Das leer bleibende siebte Kreuz mahnt an die gelungene Flucht des Georg Heisler und zeigt dem Kommandanten, „daß er nicht hinter einem einzelnen her war, dessen Züge er kannte, dessen Kraft erschöpfbar war, sondern einer gesichtslosen, unschätzbaren Macht"[44].

Es ist die Macht des ‚Volkes', vor allem der kleinen Leute, die instinktiv oder bewußt oder halbbewußt dem Flüchtling weiterhelfen. Heisler ist Kommunist, und es ist die durch seine Flucht wiedererweckte Organisation der alten Genossen, die ihn ins Ausland schafft. Diese Wiederbelebung durch Mißtrauen, Vergessen, Furcht hindurch gehört zu den packendsten Partien des packenden Romans. Aber der kommunistische Untergrund — dessen Umfang die Autorin übrigens nicht überschätzt — ist nur die Vorhut aller Unterdrückten, einschließlich der Vielen, die sich nicht unmittelbar unterdrückt fühlen. Das *Siebte Kreuz* ist der Volksfrontroman. Die Fluchthandlung legt einen Querschnitt durch eine Nation, die in einer Fülle von Einzelfiguren und Einzelepisoden differenziert vorgestellt wird; sein Ergebnis wird in dem bekannten letzten Satz ausgesprochen: „Wir fühlten alle, wie tief und furchtbar die äußeren Mächte in den Menschen hineingreifen können, bis in sein Innerstes, aber wir fühlten auch, daß es im Innersten etwas gab, was unangreifbar war und unverletzbar."

Die Atmosphäre dieses Romans ist heller als in jedem anderen Werk, obwohl es im faschistischen Deutschland spielt. Vor dem Hintergrund der Hetzjagd erscheint der Alltag, das ‚Milieu' gar leise verklärt.

> Macht und Glanz des gewöhnlichen Lebens, wie hat er es früher verachtet. Hineingehen können, anstatt hier zu warten, Geselle des Metzgers sein ... Er hatte sich in Westhofen eine Straße anders vorgestellt. Er hatte geglaubt, einem jeden Gesicht, einem jeden Pflasterstein sei die Schande anzusehen ... Die Straße hier war ganz ruhig, die Menschen sahen vergnügt aus. „Hannes! Friedrich!" rief eine alte Frau aus dem Fenster über der Wäscherei zwei SA-Burschen an, die mit ihren Bräuten daherspazierten. „Kommt rauf, ich koch euch Kaffee."[45]

Die Augen des Flüchtlings, hinter dem der Emigranten-Autor steht, poetisieren die banalste Alltäglichkeit. Den verfolgten Revolutionär Hull überfielen während seiner Überfahrt nach St. Barbara sinnliche Eindrücke mit einer Intensität, die sich zum spontanen Aufstand aus dem düsteren, entfremdeten Milieu zusammenballten. Der antifaschistische Flüchtling Georg Heisler hellt das Milieu bis zu dem Punkt auf, wo es einfach als die Unberührbarkeit des normalen Lebens der normalen Leute erscheint. Was im Frühwerk Ausgangspunkt plötzlicher Befreiung aus tiefster Entfremdung war, wird nun, den Ansatz der *Rettung* fortführend, zum Garanten potentiellen Widerstands.

Zwar nimmt der, der Bescheid weiß, in den Genrestücken des Alltags die blutigen Spuren wahr. Die Uniformen, die mit ihren Bräuten ruhig über die Straße schlendern, gehören den Schlägern des KZ's Westhofen. Umgekehrt zeigt sich auch das KZ seinen Besuchern keineswegs als die Hölle: da sind „nur saubere Baracken, ein großer, sauber gekehrter Platz, ein paar Posten, ein paar gekuppte Platanen [die Kreuze!], stille Herbstmorgensonne“[45]. Aber deshalb ist die Idylle nicht gemeiner Trug. Auch erschöpft der Roman sich nicht, wie man ihn meist auffaßt, in einem ästhetisch reizvollen elegischen Kontrast. Das Sehnsuchtsbild des Flüchtlings soll die verborgene Dimension der Gegenkräfte ans Licht bringen.

Eine von vielen Szenen. Georg versteckt sich bei einem Alarm in einem Dorf hinter einem Holzstoß. Zwei Frauen, eine alte und eine junge, nehmen die Wäsche ab, unterhalten sich über die Wäsche, über Alter und Jugend, über die Familie. Der SA-Ehemann der jüngeren schnauzt sie an — sich jetzt um Wäsche zu kümmern! Die Antwort: „Ach, etwas ist immer. Gestern der Erntedank und vorgestern für die Hundertvierundvierziger, und heute für den Flüchtling zu fangen und morgen, weil der Gauleiter durchfährt. Na, und die Rüben? Na, und der Wein? Na, und die Wäsche?“[46] Und die Frau des lärmenden SA-Manns wird getröstet: man muß das einfach „ertragen“.

Die Welt des Alltags behauptet sich gegen die hackenschlagenden und fähnchenschwingenden Aufrufe — jenseits großer Politik. Oft genug wird Heisler gerettet, indem er in diesen Alltag eintaucht. Sein Wunsch „dazuzugehören“ deckt sich mit seinem Instinkt durchzukommen. Das ist der denkbar einfache Sinn der Kriminalroman-Handlung. Die Tarnung des Verfolgten offenbart „Macht und Glanz des gewöhnlichen Lebens“ als die im Volk schlummernden renitenten und resistenten Kräfte. Dieselbe Sensibilität, die im *Aufstand* und den frühen Erzählungen das leiseste Zittern möglicher Veränderung und plötzlicher Entladung registrierte, nimmt nun unter dem Dröhnen der faschistischen Aufmärsche leisen aber unbezwinglichen Widerstand wahr. Und überhöht ihn emotional, ebenfalls wie im Frühwerk: durch Vertrauen in das, was man nicht sieht, ‚was in der Stille sich hält und wächst‘, stellt Anna Seghers, die Ausgeschlossene, die Verbindung zu dem Land her, dem sie sich ebenso zugehörig fühlt wie die Bürgerin dem Proletariat.

Nichts könnte den Abstand, zugleich aber die thematische Kontinuität zum Frühwerk schlagender zeigen, als daß der KZ-Wächter Zillich (der schon im

Kopflohn auftauchte) das „stille Land“[47] aus Abenteurersucht verlassen hat; während dasselbe stille Land das Opfer solcher faschistischen Sehnsucht nach dem „ganz Anderen“ aufnimmt und schützt. Vom HJ-Jungen Helwig, dessen falsche Aussage Georg hilft, heißt es: „Er war herangewachsen in einem wilden Getöse ... Plötzlich an diesem Abend war alles abgebrochen für zwei Minuten, Musik und Trommeln, daß man die feinen dünnen Töne hörte, die sonst unhörbar waren.“[48] Und allgemein: „... wenn erst einmal wo die Stille aufkommen kann, geht sie tiefer als Trommeln und Pfeifen.“[49]

Selbst den Liberalen muß dieser spezifische Optimismus des *Siebten Kreuz* verblüffen. Leser haben der Autorin vorgehalten, wenn alle Menschen so wie von ihr dargestellt gewesen wären, hätte es nie einen Zweiten Weltkrieg geben können.[50] Die Frage nach der Möglichkeit des Faschismus in Deutschland bleibt ebenso wie in der *Rettung* unbeantwortet. Heutiger sozialpsychologischer Erkenntnis vom ‚täglichen Faschismus‘ wird der Glaube dieses Romans nicht gerecht — der Glaube nicht an die aktiv begünstigende, sondern passiv subversive Indifferenz der Normalität.

Das *Siebte Kreuz* ist, wie öfter bemerkt, ein Heimatroman, als bewußte Umkehrung des Blut-und-Boden-Mythus. Die Landschaft der Heimat der Autorin zwischen Mainz, Worms und Frankfurt ist allgegenwärtig. Die Gehöfte der Marnets und Mangolds im Taunus bilden den ruhenden Pol der Handlung. Der episodenhaft auftretende Schäfer Ernst hat keine andere Funktion als die symbolische, das unzerstörbare Volk zu repräsentieren. Zu Beginn des Romans überblickt er bei seiner Herde die herbstliche Rheinebene — ein Stück Arkadien. Der Nebel, der über der Landschaft liegt, schützt zur selben Zeit den Flüchtling. „ Das ist das Land, von dem es heißt, daß die Geschosse des letzten Krieges jeweils die Geschosse des vorletzten aus der Erde wühlten“ — seit Kelten und Römern. „Jedes Jahr geschah etwas Neues in diesem Land und jedes Jahr dasselbe: daß die Äpfel reiften und der Wein bei einer sanft vernebelnden Sonne und den Mühen und Sorgen der Menschen.“ Das Volk wird der Geschichte entgegengestellt — weil Geschichte vom Faschismus besetzt ist. Die „Bewohner waren zwar nicht gerade rebellisch, sie waren nur allzu gleichgültig wie Leute, die allerhand erlebt haben und noch erleben werden“.[51]

Es versteht sich, daß die mit diesen Zitaten bezeichnete Grenze des Romans ihn für das Bürgertum besonders akzeptabel machte — sein Welterfolg legt davon Zeugnis ab. Was unter den Bedingungen des Faschismus an der Macht eine spezifische Funktion erfüllte: darzustellen, daß Deutschland nicht Hitler gehörte, konnte nach dem Krieg insbesondere im restaurativen Westdeutschland, aber auf andere Weise auch in der DDR, als Verharmlosung, ja Entschuldigung der Teilnahme breiter Massen an dem Regime mißverstanden werden.

In einer vielbewunderten Erzählung, *Der Ausflug der toten Mädchen* (1943/44), ruft sich Anna Seghers, die hier für ein einziges Mal in autobiographischer Identität erscheint, ihre Heimat und Jugend zurück. In einer kahlen Gegend in Mexiko, wohin sie 1941 aus Frankreich geflohen war, tauchen sie ihr als grüner Garten der Erinnerung auf. Sie erlebt einen Ausflug ihrer Gymnasialklasse vor dem Ersten Weltkrieg mit dem gegenwärtigen Wissen über die Schicksale der Teilnehmer. Die surrealistische Vergegenwärtigung der Mainzer Landschaft und Menschen wird durchsetzt mit einer Zukunft, die Erster Weltkrieg, Hitler, Zweiter Weltkrieg heißt und der alle Gefährten, schuldig oder nicht schuldig, zum Opfer fallen.

Die Erinnerung ist moralistisch. Heislers Flucht war ebenfalls „eine Art von chemischem Mittel, das untrüglich die geheime Zusammensetzung jedes Stoffes enthüllte, aus dem ein Mensch gemacht ist“[52]. Die Klassenzugehörigkeit spielt keine Rolle. Die Schaukel, auf der die beiden Freundinnen sitzen, deren spätere Gegnerschaft die Hauptachse der Erinnerung bildet — die eine verrät die andere an Hitler —, ist Waage der Gerechtigkeit und des Anstands. Geschichte prüft den Charakter mehr als sie ihn bestimmt.

Autobiographie und Moralismus sind Ausdruck eines Zurückgeworfenseins auf das eigene Ich; einer bürgerlichen Haltung. Der Garten der Vergangenheit in der grellen, trockenen Öde der Emigration ist zugleich eine Chiffre für das Schreiben: mit ihm allein ist der Öde, dem „unermeßlichen Strom von Zeit, unbezwingbar wie die Luft“[53], zu begegnen. Nun wird, ein völliges Novum im Werk der Anna Seghers, Schreiben zur Überwindung der Entfremdung; eine weitere Stufe zur ‚Verbürgerlichung‘ der Kunst der Emigrantin.

Der dritte große Roman, *Transit* (1943), thematisiert die Problematik des emigrierten Schriftstellers. — Der KZ-Flüchtling Seidler erzählt einem Unbekannten seine Geschichte. Im besetzten Paris geriet er an die Papiere des toten Schriftstellers Weidel, mit denen er in Marseille seine Abreise nach Übersee vorbereitet. Dort trifft er zufällig die Frau Weidels, ohne ihr den Tod ihres Mannes mitzuteilen. Schließlich verhilft er ihr zur Abreise und bleibt selbst zurück. Das Buch beginnt — wie viele Werke der Seghers das meist scheiternde Ende vorwegnehmen — mit der Nachricht vom vermutlichen Untergang des Schiffs.

Es scheint, als sei Anna Seghers, selbst auf gefahrvoller Flucht aus Paris, wo sie gerade das *Siebte Kreuz* vollendet hatte (1940), dann in Marseille, dem letzten offenen Hafen, ihre und ihrer Familie Abreise betreibend, schließlich auf einer abenteuerlichen Überfahrt, die zur Kreuzfahrt wurde — als sei sie in dieser hektischen Zeit vor allem mit sich beschäftigt gewesen. Das Buch, das in Marseille begonnen und auf der Reise fortgesetzt wurde, atmet Authentizität, ist leicht, locker, manchmal fast schnoddrig geschrieben; sogar ein leiser Anflug von Humor fehlt nicht, was einzigartig in ihrem Werk bleibt. Beißender Spott fällt auf die Künstlerkollegen; eitel, egoistisch beteiligen sie sich an der allgemeinen Hatz nach den begehrten Papieren, die den Ich-Erzähler (auch dies ein bezeichnendes Novum) immer mehr anwidert.

Die irrwitzige Maschinerie der Behörden, die den Ausreisewilligen von Visum des Gastlandes zu Aufenthaltsgenehmigung zu Transit zu Schiffspassage zu Kaution zu Visa de Sortie etc. etc. im Wortsinn im Kreis herumjagt, ist zunächst der bestimmende Eindruck des Buchs. Mit Recht hat man an Kafka erinnert. Aber dieses hektische und stumpfsinnige Räderwerk der Bürokratie, in dem sich die Menschen zermalmen, mit Illusionen, Falschmeldungen, Gemeinheiten, ist nur das Bild für die Situation des Emigranten, und der Emigrant ist die Figur dessen, der sich nirgendwo zugehörig fühlen kann.

Weder als Zeugnis ideologischer Bedrängnis, etwa als Reflex des Hitler-Stalin-Paktes[54], und schon gar nicht als existentielle Ausweglosigkeit ist dieser Roman zu lesen. Eine Fokus-Gestalt ist der Kommunist Heinz; der Erzähler möchte sich an ihr orientieren, und Heinz' Vorbild ist an dem Entschluß dazubleiben beteiligt.

Auf dieses Dableiben kommt es an. Seidler entzieht sich dem unwirklichen „Transitärleben"[55], dem „tödlichen Getratsche"[56] über Visen und Abreise, dem Reich der Toten, die in den Hades übersetzen. Er entschließt sich zu ‚substantiellem' Leben und arbeitet auf einer Obstfarm bei Marseille. Auch wenn die Nazis dorthin gelangen, auch wenn man ihn „zusammenknallt, kommt es mir vor, ... ich kenne das Land zu gut, seine Arbeit und seine Menschen ... Wenn man auf einem vertrauten Boden verblutet, wächst etwas dort von einem weiter wie von den Sträuchern und Bäumen, die man zu roden versucht."[57] Er wird für immer zum „Leben der echt Lebendigen"[58] gehören. Einfach, weil er dazugehört.

„Jetzt sind wir hier. Was jetzt geschieht, geschieht uns"[59] — so schloß die einleitende Heimat-Passage mit dem Schäfer im *Siebten Kreuz*. Seidler bekommt von seinem französischen Genossen Binnet gesagt: „Du gehörst zu uns. Was uns geschieht, geschieht dir."[60] Binnet ist, wie der Schäfer, ruhender Pol in seiner „Unverstricktheit", seinem „Daheimsein"[61]. Eine Schlüsselstelle ist der Bericht des Kahlköpfigen, der sein Schiffsbillett ebenfalls abtritt und in seine südfranzösische Heimat zurückkehrt. Die deutschen Kontrolloffiziere spotten, er bilde sich doch nicht ein, daß ihn „ein Extraempfang erwarte. Ich sagte: ‚Es handelt sich nicht um Empfänge. Es handelt sich hier um Blut und Boden. Das müssen Sie doch verstehen.'"[62]

Anna Seghers leidet unter der Sterilität der Emigration, sie leidet darunter, daß ihr die Nazis den deutschen und europäischen Boden entzogen. Dieses Leiden wird dadurch so scharf, daß hinter der Trennung von der Heimat das Trauma bürgerlicher Isolation vor authentischer, d.h. proletarischer Geschichte steht. Eben hier setzt das Schriftsteller-Thema ein.

Weidel hat Selbstmord begangen, weil ihn alles im Stich zu lassen schien — seine Frau, die Kollegen, die „Zeit selbst"[63]. Der Arbeiter Seidler will nicht zu den „Imstichlassern" gehören. Was es bedeutet, im Stich gelassen zu werden, erfährt er gerade an dem Schriftsteller. Seine Reaktion auf die Lektüre eines von Weidel zurückgelassenen Manuskripts wird zu einem pathetischen Bekentnis Anna Seghers' zu Literatur als Lebenshilfe. ‚Zauber', Verzaubertsein ist der Begriff, der auch schon in der Debatte mit Lukács aufgetaucht war. Im Zauber des „Märchens"[64] werden Handlungen klar und begreifbar, wird alles Verwirrende übersehbar. Literatur bewahrt vor der tödlichen Langeweile, dem Pendant zu dem sinnlosen Transittreiben, vor dem „cafard", den der Roman fast auf jeder Seite anspricht. Sie ist der Sinn und die Rettung: „Mich überfiel von neuem die grenzenlose Trauer, die tödliche Langeweile. Warum hat er sich das Leben genommen? Er hätte mich nicht allein lassen dürfen ... Er hätte noch weiterschreiben sollen, zahllose Geschichten, die mich bewahrt hätten vor dem Übel."[65]

Indem Seidler in die Existenz des toten Schriftstellers hineinschlüpft, ist er Beweis für dessen Weiterleben. Es ist die Paradoxie seiner Liebesgeschichte, die Witwe Weidels durch sein Auftreten auf Behörden unter Weidels Namen ständig in ihrer Hoffnung und Suche nach ihrem immer noch geliebten Mann zu bestärken. (Sie ahnt nichts von Seidlers Doppelleben, eine Unwahrscheinlichkeit der Fabel, die deren allegorischen Kern nur unterstreicht.) Führe er mit ihr zusammen ab auf einem Schiff, müßte er ihr seine Identität mit jenem bürokratischen ‚Weidel', damit den Tod ihres Mannes enthüllen — und für Marie wäre er dessen gespenstischer Schatten. Andererseits aber erfüllt er, indem er dableibt, den ‚Sinn' des Schriftstellers. Denn: „Um jeden Satz, um jedes Wort seiner Muttersprache" hat Weidel gekämpft, „damit seine kleinen, manchmal ein wenig verrückten Geschichten so fein wurden und so einfach, daß jeder sich an ihnen freuen konnte ... Heißt das nicht auch, für sein Volk etwas tun? Auch wenn er zeitweilig, von den Seinen getrennt, in diesem Kampf unterliegt, seine Schuld ist das nicht ... Ihn hab ich übrigens eben gesehen."[66] Er bleibt lebendig. Er rettet die Heimat der Deutschen in ihrer Sprache. „Sie knarrte und knirschte nicht wie die Sprache, die aus den Kehlen der Nazis kam ... sie war ernst und still"[67]: wie Anna Seghers' Werke.

Seidler /Weidel versöhnt Emigration und Heimat, Wort und Tat, Schriftsteller und Arbeiter. Den einen hat ein Faustschlag ins KZ gebracht, der andere hat sich durch eine Reportage aus dem spanischen Bürgerkrieg mißliebig gemacht und bekommt — als Seidler — die Repressalien des falangistischen Spaniens zu spüren. Beides, Faustschlag aus spontanem Zorn und Reportage aus plötzlichem Engagement — nichts deutet darauf, daß Weidel ein politischer Schriftsteller war —, ist der Beweis eines „jähen Eingreifenmüssens in einem Nur-eben-dahin-Leben"[68]. Schreiben bewirkt etwas, daran will Anna Seghers fest glauben. Schreiben ist Leben wie einst die jähe Revolte Hulls, und es ist Dazugehören. Schreiben ist das alles gerade jetzt als Klarheit, Einfachheit, Feinheit, Zauber. Dazu paßt, daß Anna Seghers in der wirren Situation im besetzten Paris zur Zeit der Niederschrift dieses Romans ausgerechnet von Racines klassizistischer Formwelt beeindruckt wurde.[69] Dazu paßt auch die Stilisierung des mittelmeerischen Südens, seine Mythisierung als das Sich-immer-Gleichbleibende im Gegensatz zu allem Chaos der Geschichte.

Aus Mexiko kehrte Anna Seghers 1947 in die deutsche Ostzone zurück; im selben Jahr erhielt sie den Büchner-Preis für das *Siebte Kreuz,* als dessen Verfasserin sie auch im antikommunistischen Westdeutschland der fünfziger und frühen sechziger Jahre überleben durfte. Sie brachte aus der Emigration das Manuskript eines neuen Romans mit, der die deutsche Geschichte von 1918 bis 1945 behandelt, *Die Toten bleiben jung* (1949).

Zum erstenmal werden die herrschenden Klassen dargestellt. Was hier noch abgestuft, zum Teil sogar nicht ohne Verständnis — DDR-Kritik herausfordernd — geschieht, erstarrt in der *Entscheidung* und im *Vertrauen* (1968) zu Stereotypen. Dort handelt es sich nur noch um zackig-lässig-zynische, aperitiftrinkende Drahtzieher. In der *Rettung* sagte ein Arbeiter nach einem Empfang bei der Werksleitung: „Sogar wenn wir pechkohlrabenschwarz sind, sehen wir alle ganz verschieden aus ... Diese Leute aber ... sehen sich alle ähnlich, die sehen alle wie Vettern und Basen aus, aus einer Familie."[70] Das wäre in Ordnung, wenn sie so, aus der Perspektive von unten, dargestellt würden. Aber Anna Seghers will höher hinaus. Sie will den sozialistischen umfassenden Gesellschafts- und Geschichtsroman. Dieser späte Sieg von Lukács ist ihre Niederlage. Nur noch bedingt in den *Toten,* in den folgenden Romanen überhaupt nicht mehr, erreicht sie ihre eigenen Qualitäten.

Man nennt das in der DDR den in der Emigration begonnenen konsequenten Weg zum ‚nationalen Zeitgeschichtsroman' — das paßt zur Ideologie der sozialistischen Nationalkultur und des kulturellen Erbes. Etwa: von Kleist und Büchner zu Balzac und Tolstoi. Nur führte der Weg von den „Splitterchen, die irgendeinen Bruchteil unsrer eignen Welt aufrichtig spiegelten", zu jenem „Scheinspiegel", den sie 1938 als Folge von Lukács' Forderungen befürchtet hatte.[71] Die DDR-Kritik geht mit dem Hinweis auf die ‚neue Qualität' der genannten Werke vulgärdialektisch über die auch von ihr konstatierten Mängel hinweg.

In den *Gefährten* plagte sich ein Intellektueller mit Zweifeln:

> ‚Ja, solchen Menschen wie euch geht es gut! Geht in die Partei, und dann habt ihr, was gewöhnlich dem Menschen im allgemeinen fehlt. Anschluß, Geborgenheit. Eine einfache Antwort.' — ‚Wieso denn einfach?' — ‚Natürlich gibt es eine wirkliche und eine verstellte Einfachheit. — Wieso einfach? Eine einfache Antwort auf alle Fragen bereit haben. — Aber alles Lebbare auf der Welt hat hundert Seiten, hundert Möglichkeiten, hundert Lösungen, und der Mensch hat nur ein Leben.' — ‚Hundert? Ich glaube nur zwei!'[72]

Niemand verlangt von Anna Seghers, die Zweifel des schwankenden Intellektuellen zu teilen. Aber was sie in ihren drei Nachkriegsromanen macht, ist, eine mehr moralische als politische Alternative einer weitverzweigten Handlung aufzupfropfen. Die „wirkliche Einfachheit" wäre, aktuelle Unterdrückung und aktuellen Kampf gegen sie darzustellen, anschaulich zu machen — die Realität des Klassenkampfes, und zwar auf dem Resonanzboden vielschichtiger gesellschaftlicher Verhältnisse. Oder, zweite Möglichkeit, bewußt plakativ-agitatorisch zu schreiben, wie es in den *Gefährten* andeutungsweise geschah. Ihre Einfachheit ist jedoch „verstellt", insofern sie ein anspruchsvolles ‚realistisches' zeitgeschichtliches Panorama mit einem abstrakten Entweder-Oder kurzschließt. Die Kämpfe setzen sich nicht durch lebendige Menschen und ihre Verhältnisse durch, sondern ein großer Weltrichter sitzt in jedem Moment über ihnen. Von ihm werden alle Bemühungen zu Abstufung, Differenzierung kassiert. Die konkrete Fülle ist nur Schein.

Die zwei Seiten sind in den *Toten* der ermorderte Spartakist Erwin und seine reaktionären Mörder: der rheinische Industrielle, der preußische Offizier, der vertriebene baltische Gutsherr und der arme mecklenburgische Bauer. Der erste Satz gibt den Befehl zum ‚Schlußmachen' — aber es wird nur oberflächlich Schluß gemacht: Erwin zwar erschossen, aber sein ungeborener Sohn Hans wird den Kampf weiterführen. Der Roman endet mit der Erschießung dieses Hans' wegen Sabotage an der Ostfront, und zwar durch eben denselben Offizier. Doch schon wartet im Mutterleib der Freundin Hans' der nächste Kämpfer, Erwins Enkel. Die Toten bleiben jung. Die Mörder, die den unheilvollen Gang der deutschen Geschichte auf dem Gewissen haben, werden gerichtet.

Der realistische Anspruch desavouiert sich selbst. Er macht aus der allegorischen Handlungsstruktur einen blinden Vererbungsmechanismus, den die Autorin nicht wollen kann. Für einen umfassenden zeitgeschichtlichen Roman bedeutet eine solche mystische Fortzeugung des Revolutionsgeistes ohne gesellschaftliche Vermittlung — Hans kennt seinen Vater nicht, seine Mutter gibt ihm dessen Gedankengut nicht weiter — geradezu eine Verdrängung konkreter revolutionärer Arbeit. Symbolischer, in die Zukunft weisender Sieg und reale Niederlage klaffen weit auseinander. Bentsch und Heisler empfingen ihre symbolische Repräsentanz für potentiellen Widerstand durch den Resonanzboden einer konkret dargestellten Umwelt. Hans erhält sie durch seine geheimnisvolle Abstammung, wie ein illegitimer Inkognito-Fürstensohn. —

Die *Entscheidung* und das *Vertrauen* sind jeweils um zwei Zentren angeordnet: dem Wiederaufbau des Stahlwerks Kossin als volkseigenem Betrieb steht die Restauration des kapitalistischen Mutterwerks im Rheinland gegenüber. Unendliche Mühen, Opfer, Schwierigkeiten hier, die von den ‚Richtigen', „die aus einem Guß sind"[73], mit unendlicher Befriedigung aufgewogen werden; schneller Wiederaufstieg auf Kosten der Arbeiter, des Friedens, und Subversion gegen den Osten dort. Die *Entscheidung* spielt im Zeitraum von 1948 bis 1952, das *Vertrauen* setzt bis 1953 fort. Im Mittelpunkt des ersten Romans steht eine großangelegte Abwerbeintrige gegen das Ostwerk, im Mittelpunkt des zweiten mehr die internen Konflikte mit dem Höhepunkt des 17. Juni.

Die Romane sind aus überzeugter SED-Parteilichkeit geschrieben und haben in der DDR ziemlich hohe Auflagen. Für den westdeutschen Leser bieten sie Informationen, wie die Probleme des sozialistischen Aufbaus vom Standpunkt derer, die ihn wollten, aussahen. Die Schwierigkeiten sind das Hauptthema: eine überwiegend negativ oder indifferent-abwartend eingestellte Arbeiterschaft; die anfängliche Isolierung der Partei; die Freudlosigkeit des äußeren Lebens; der Zwang zur Produktionssteigerung und der unselige Lebensstandard-Vergleich mit dem Westen; die politische Kontrolle, der bewußte Druck; das „Abhauen" nach drüben. Im *Vertrauen* spielt die Kritik am Stalinismus eine gewisse Rolle, allerdings als eher zaghafte Ankränkelung junger überzeugter Kommunisten.[74] Sie wird durch die Figur des Werkleiters Ulsperger abgefangen. Er vertritt am 17. Juni eine harte Haltung; man erfährt zum Schluß, daß er in einem stalinistischen Lager eingesperrt war.

Die Titel der Romane zeigen ihren moralischen Überdruck an. Prinzipielle Entscheidung für die bessere Welt und Vertrauen in ihre Vertreter auch in Krisensituationen wie dem 17. Juni, aber Vertrauen auch zu den Menschen, daß sie sich für das Gute entscheiden. Anna Seghers formuliert aus der Sicht eines positiv eingestellten nicht-kommunistischen Ingenieurs: „Das Wichtigste in seinem Leben. Das Zweitwichtigste wird aber darum nicht kleiner. Es bleibt nach wie vor unglaublich wichtig. So ist es nun einmal auf Erden. Das Zweitwichtigste spürt man nämlich andauernd, das Wichtigste spürt man nur bei der Entscheidung."[75] So ist es jedenfalls in ihren DDR-Romanen. Das Wichtigste kann oft gar nicht begreiflich gemacht werden, geschweige anschaulich; eher der Verzicht auf das Zweitwichtigste. Die Veränderung „geschieht im Innern. Das liegt aber nicht in den Schaufenstern aus" wie im Westen.[76]

Anschaulich ist, was in kapitalistischen Schaufenstern ausliegt, richtig und gut, was sich in der Innerlichkeit sozialistischer Entsagung vollzieht. „Kein Spaß springt dabei heraus und kein Geld und auch kein Abenteuer. Das Andere springt dabei heraus."[77] Bezeichnend ist die Pimi-Handlung im *Vertrauen*. Der gradlinige Thomas gerät in den Verdacht hinreichend harmloser Jugendkriminalität und verliert das Vertrauen seiner FDJ- und Parteiführer (durch seinen Einsatz am 17. Juni gegen die Streikenden gewinnt er es wieder). Pimi, die kleine flinke mit den schrägschillernden Augen, die in Westberlin Konserven klaut, ist das verdrängte Abenteuer. „Mit ihr war es lustig."[78] Folgendermaßen erscheint Thomas der Westen:

> Mehr Lichter als Sterne. Und was sie bescheinen, funkelt und glitzert. Und hier nur müdes und graues Plaster. Wie wir dort tanzten in hundert Spiegeln ... Die sind aber froh drüben, wenn hier bei uns etwas Schlechtes passiert. Damit es bei uns nie Lichter und Spiegel gibt.[79]

Das ist historisch gar nicht falsch, aber es ist schlimm zu lesen. Schlimm zu lesen ist auch, daß der Parteisekretär „klein wie ein Bub und zäh wie ein Mann"[80] ist, daß „die Lina, weißt du, eine Ordentliche, Stille, ... ein braves Mädel"[81] ist, daß es Neger „von klugem und heiterem Aussehen"[82] gibt, und daß jemand „etwas Besonderes zum Frohsein" „brauchte": „Ihm fiel Toni ein. Und auf ihrem Haar lag ein goldbrauner Schimmer."[83] Schlimmer als zu Dutzenden in jedem Kapitel aufzutreibende Stilblüten ist die Charakterisierung Oppositioneller. Die wahren und schlichten Gemüter sind hilflos angesichts der „spitzigen, witzigen"[84] Räsonnements solcher „jungen frechflinken Burschen" oder „trocknen und bösen, selbstsüchtigen Männlein"[85]. Witzig sind immer die Falschen; die Richtigen nur ernst. Oft ist ein Schulterzucken die einzige Antwort auf wichtige Fragen, eine Geste, hinter der sich ein vor Kampf müdes Leben verbergen mag, das nicht immer wieder anfangen kann, alles von vorne zu erklären. Solche ausgesparten Lücken, Räume der Stille, in denen das Richtige vernehmbar werden soll, sind nicht die spannungsvolle ‚Ruhe' des Frühwerks, hinter der der revolutionäre Aufbruch stand, und nicht die ausgeglichene ernste Stille der Emigrationswerke, deren Schwingungsraum der latente Widerstand des Volkes war. Sie sind leer, weil das „müde und graue Pflaster" des „langweiligen Kossin"[86] nur immer wieder affirmiert werden kann als einziger Garant zukünftigen, eben nicht sichtbaren Glücks. Es ehrt Anna Seghers, daß sie keine „Leitartikel" schreiben will.[87] Statt ihres früheren verknappten Aussparungsstils bringt sie es aber nur noch zu abgebrochenen Leitartikeln.

Anschaulichkeit sucht die Erzählerin nun in der Vergangenheit, und zwar im spanischen Bürgerkrieg. Die Genossen, die die DDR aufbauen, in einer Höhle kauernd, über sich Francos Truppen, nur ein Lichtstreif der Hoffnung von außen: das ist das Symbol (vgl. die Verschüttung in der *Rettung*), das als romantische historische Reminiszenz für die Gegenwart eher entschädigt als sie transparent auf die Zukunft hin macht. Anna Seghers eigene historische Erzählungen und ihre Vorliebe für exotische Kulisse in dieser Periode (vgl. besonders die, übrigens sehr spannenden, *Karibischen Geschichten* [gesammelt 1962]) zeugen wenn nicht von Flucht, so doch einem nun gleichsam verstofflichten Bedürfnis nach Farbigkeit und Fremdartigem. Mag sein, daß für die junge Anna Seghers das proletarische Milieu auch den Reiz des Exotischen besaß, ein ästhetischer Anstoß zu seiner Darstellung (vgl. besonders *Grubetsch*), der sich in die revolutionär-vitale Intensität umsetzte. Die Emigrantin lieh ihrer fernen Heimat die Farben der Erinnerung. Der Abstand der Erzählerin zu ihrem Gegenstand gab dessen Darstellung jedenfalls die Dimension der Zukunft und Hoffnung. Die leitmotivartig auftretende Spanien-Episode vergegenständlicht, verdinglicht diese Dimension, die Anna Seghers ihrem Gegenstand selbst, der Umwälzung in der DDR, nicht mehr mitteilen kann. Durch ein Bildungserlebnis, das Buch, das der Schriftsteller Melzer über das von ihm miterlebte spanische Abenteuer geschrieben hat, gelangt es in die graue DDR. Das *Transit*-Thema wird aufgenommen, aber bieder-bürgerlich ist die Lektüre eher Ersatz als Erkenntnis. „Wahrhaftig, in diesem Buch knistert und rauscht die Wirklichkeit. Wie schwach wir auch sind, sie knistert und rauscht wie ein Waldbrand. Viel stärker als die wirkliche Wirklichkeit."[88]

Das Buch im Buch holt nicht nur verdrängtes Abenteuer und verdrängten Kampf herauf für die, die im DDR-Alltag leicht vergessen, daß der Aufbau des Sozialismus das erfüllte Leben ist; es beschwört auch, was Anna Seghers durch ihre Dichtung gerne leisten möchte, aber nicht mehr leisten kann. — Dazu als Abschluß noch eine Anmerkung zur Form. Der Episodenstil der früheren Werke wird aufgebläht durch eine Vielzahl von Handlungssträngen, die höchst künstlich miteinander verknüpft sind. Quantitative ‚Totalität' soll qualitative vortäuschen. Ein Beispiel, das zugleich die Beziehung zum Inhalt deutlich macht:

> Im Herbst 1947, in derselben Woche, in der Janausch in Kossin mit seinen alten, mißtrauischen Augen die fremden Menschen [sc. privilegierte Techniker] unter dem Fenster betrachtet hatte, erhielt der Leiter eines amerikanischen Büros in Berlin Anordnungen von seinem Vorgesetzten, die dieselben Menschen betrafen ... Bald darauf stieg ein Mann namens Clark auf dem Flugplatz der Stadt Mexiko aus und in das Auto ein [!], mit dem ihn seine Kollegen erwartet hatten.[89]

Hier liegt mehr vor als rührende formale Unbeholfenheit. Das Mißtrauen des alten vergrämten, immerhin antifaschistischen Arbeiters, daß sich durch die Umwandlung seines Werks in einen volkseigenen Betrieb nicht viel geändert habe, wird mit der weltweiten imperialistischen Abwerbeaktion der Führungskräfte in Verbindung gebracht, in unterschwellige. Das ist, auch wenn es die Autorin nicht so will, perfide. Eine Figur wie Janausch kann nicht lebendig werden, wenn sie durch die Alternative DDR/SED — Imperialismus von vornherein getötet wird. Die Romanstruktur ist zu einem leeren mechanischen Raster geworden, das nur noch pro und contra registiert, in Mexiko und Mecklenburg, in Berlin und Brasilien.

Anmerkungen

Texte

Gesammelte Werke in Einzelausgaben. Berlin 1951—1953.
[Enthalten so gut wie alle Werke bis zur Erscheinungszeit. Davon in Westdeutschland nicht wieder aufgelegt: Der Kopflohn. — Der Weg durch den Februar. — Weiterhin wichtig im Rahmen dieser Ausgabe, da in Westdeutschland nie gedruckte Erzählungen aus der frühen DDR-Zeit enthaltend:]

Der Bienenstock. Ausgewählte Erzählungen in 2 Bänden. 1953.

Gesammelte Werke in Einzelausgaben. Neuwied/Berlin 1962 ff. [Enthalten im wesentlichen alle Werke mit Ausnahme der oben aufgeführten sowie der folgenden:]

Aufstellen eines Maschinengewehrs im Wohnzimmer der Frau Kamptschik. Erzählungen. Mit einem Nachwort von Christa Wolf. Neuwied/Berlin 1970. (=Sammlung Luchterhand 14.)

Überfahrt. Eine Liebesgeschichte. Neuwied/Berlin 1971. (= Sammlung Luchterhand 48.)

Das Vertrauen. Berlin 1968. [Nicht in der BRD erschienen.]

Über Kunstwerk und Wirklichkeit. 3 Bände. Bearbeitet und eingeleitet von Sigrid Bock. Berlin 1971. Bd. 1: Die Tendenz in der reinen Kunst. Bd. 2: Erlebnis und Gestaltung. Bd. 3: Für den Frieden der Welt. [Enthält sämtliche theoretischen Artikel, Aufsätze und Äußerungen.]

Bibliographie

Anna Seghers. Leben und Werk. Ein Literaturverzeichnis. Bearbeitet von Joachim Scholz. Leipzig 1960.

Literatur

Paul Rilla: Die Erzählerin Anna Seghers. In: Ders.: Essays. Berlin 1955, S. 284—327. [Zuerst in *Sinn und Form* 1950.]

Inge Diersen: Kritik des Militarismus und Gestaltung der nationalen Perspektive in Anna Seghers' Roman „Die Toten bleiben jung". In: Zeitschrift für deutsche Literaturgeschichte 7. 1961, S. 80—98.

Hans Mayer: Anmerkung zu einer Erzählung von Anna Seghers. In: Ders.: Ansichten. Zur Literatur der Zeit. Reinbek 1962. [Zuerst als Nachwort zu Anna Seghers: Der Ausflug der toten Mädchen. Leipzig 1962.]

Marcel Reich-Ranicki: Die kommunistische Erzählerin Anna Seghers. In: Ders.: Deutsche Literatur in West und Ost. München 1963, S. 354—385.

Friedrich Albrecht: Die Erzählerin Anna Seghers 1926—1932. Berlin 1965.

Inge Diersen: Seghers-Studien. Interpretationen von Werken aus den Jahren 1926 bis 1935. Ein Beitrag zu Entwicklungsproblemen der modernen deutschen Epik. Berlin 1965.

Gudrun Fischer: Anna Seghers. Bedeutung und Gestaltung des Gegenwartssujets in ihrem Schaffen nach 1945. Diss. Berlin 1966.

Gerhard Haas: Veränderung und Dauer. Anna Seghers: Das siebte Kreuz. In: Deutschunterricht 20. 1968. H. 1, S. 69—78.

Kurt Batt: Variationen über Unmittelbarkeit. Zur ästhetischen Position der Anna Seghers. In: Sinn und Form 21. 1969, S. 943—962. [Auch in: Positionen. Beiträge zur marxistischen Literaturtheorie in der DDR. Hg. Werner Mittenzwei. Leipzig 1969, S. 134 ff.

Frank Wagner: Transit-Lektüre im Jahre 1969. In: Weimarer Beiträge 15. 1969, S. 149 bis 167.

Werner Zimmermann: Anna Seghers. Der Ausflug der toten Mädchen. In: Deutsche Prosadichtungen unseres Jahrhunderts. Bd. 2. Düsseldorf 1969. S. 329—343.

Peter Keßler: Anna Seghers und der Realismus C. N. Tolstois und F. M. Dostoevskijs. In: Weimarer Beiträge 16. 1970. H. 11, S. 18/61.

Theodore Huebener: Anna Seghers. In: Ders.: The Literature of East Germany. New York 1970. S. 66—77.

Heinz Neugebauer: Anna Seghers. Ihr Leben und Werk. Berlin 1970.
Fritz J. Raddatz: Der ambivalente Sozialismus. Anna Seghers. In: Ders.: Traditionen und Tendenzen. Materialien zur Literatur der DDR. Frankfurt/M. 1972. S. 215—240.

Nachweise

1 Überfahrt. Neuwied/Berlin 1971, S. 174.
2 Ebd., S. 136 f. (statt „Gipfeln" „Wipfeln").
3 Ebd., S. 138 f.; „bunter Schlamm", S. 163.
4 Rede über *Tiefe und Breite in unserer Literatur* auf dem Deutschen Schriftstellerkongreß 1961. In: Anna Seghers: Über Kunstwerk und Wirklichkeit. Hg. S. Bock. Bd. 1. Berlin 1970, S. 134.
5 Aus dem Schlußsatz des *Siebten Kreuz* (vgl. S. 123 dieses Aufsatzes).
6 Ebd.
7 Aufstand der Fischer von St. Barbara. Frankfurt/M. [2]1962 (= Bibliothek Suhrkamp 60), S. 8.
8 Ebd., S. 9.
9 Ebd., S. 10.
10 Ebd., S. 25.
11 Ebd., S. 61.
12 Ebd., S. 119.
13 Ebd., S. 84.
14 Ebd., S. 33.
15 Ebd., S. 18.
16 Ebd., S. 131.
17 Ebd., S. 100.
18 Kleist-Preis 1928. In: Der Schriftsteller. H. 11/12. 1928. Zit. nach Raddatz a. a. O., S. 216.
19 Hans Henny Jahnn: Rechenschaft Kleist-Preis 1928 (eine Verteidigung gegen Angriffe von rechts). Zit. nach I. Diersen: Seghers-Studien, S. 312.
20 Reich-Ranicki a. a. O. hat das Verdienst, das Frühwerk Anna Seghers' gegen sozialistische Fehldeutungen zurechtgerückt zu haben. Die DDR-Literatur, vor allem Diersen und Albrecht, zogen detailliert nach. Der Kritiker überzieht allerdings seine These von der „Fideistin" Anna Seghers und verschließt die Augen vor der politischen Entwicklung der Autorin sowie deren objektiven Ursachen, soweit er sie nicht antikommunistisch verwerten kann. Seine Deutung hat, mangels anderer, in Westdeutschland bisher Monopolstellung gehabt. Raddatz a. a. O. schließt sich in allen wesentlichen Punkten an den Vorgänger an. Beide scheinen übrigens nichts von der Existenz der *Rettung* zu wissen.
21 Erzählungen. Bd. 1. Neuwied/Berlin 1964, S. 65.
22 Ebd., S. 108.
23 Kleiner Bericht aus meiner Werkstatt. In: Über Kunstwerk und Wirklichkeit. Bd. 2, S. 15.
24 A. a. O., S. 118.
25 Ebd., S. 109.
26 Ebd., S. 114.
27 Günther Zehm: Antikisches Elend von 1926. In: Welt der Literatur. Jg. 1. Nr. 7 (11. 6. 1964).
28 Erzählungen. Bd. 1, S. 121.
29 Ebd., S. 144.

30 Ebd., S. 126.
31 Ebd., S. 135.
32 Transit. rororo 867. S. 19.
33 Selbstanzeige der Autorin in: Das Tagebuch. 12. Jg. H. 2, S. 72 (10. 1. 1931). Zit. nach Diersen: Seghers-Studien, S. 89.
34 Wilhelm Girnus: Gespräch mit Anna Seghers. In: Sinn und Form, 1967, S. 1054.
35 So z. B. in *Vaterlandsliebe,* der Rede auf dem ersten internationalen Schriftstellerkongreß zur Verteidigung der Kultur in Paris 1935. Dort heißt es: „Der Mensch an der Stempelstelle, am laufenden Band, im Arbeitsdienstlager ist ein Niemand. Der dem Tod konfrontierte Mensch scheint wieder alles. In gewissem Sinne ist die Lüge wahr und deshalb furchtbar verlockend: ‚Das Vaterland braucht dich.' ... Der Krieg wird zur Verwertung der Unverwertbaren, zum Ausweg der ausweglosen Welt." (Über Kunstwerk und Wirklichkeit. Bd. 1, S. 65.) Vgl. auch die Reden *Deutschland und wir* und *Volk und Schriftsteller* im selben Band.
36 Die Rettung. Neuwied/Berlin 1965, S. 364.
37 Ebd., S. 478.
38 Ebd., S. 393.
39 Ebd., S. 419.
40 Briefwechsel mit Lukács. In: Über Kunstwerk und Wirklichkeit. Bd. 1, S. 175. (Hervorhebung im Original.)
41 In der Selbstanzeige zu den Erzählungen. Vgl. Anm. 33.
42 A. a. O., S. 493.
43 Ebd., S. 413.
44 Das siebte Kreuz. rororo 751/2, S. 310.
45 Ebd., S. 124.
46 Ebd., S. 38.
47 Ebd., S. 247.
48 Ebd., S. 67.
49 Ebd., S. 124.
50 Rede auf dem 4. Deutschen Schriftstellerkongreß 1956. In: Über Kunstwerk und Wirklichkeit. Bd. 1, S. 94.
51 A. a. O., S. 12 f.
52 Siebtes Kreuz. A. a. O., S. 172.
53 Erzählungen. Bd. 1, S. 238.
54 Wie Reich-Ranicki a. a. O. will. Raddatz schließt sich an.
55 Transit. rororo 867, S. 110.
56 Ebd., S. 61.
57 Ebd., S. 185.
58 Ebd., S. 186.
59 A. a. O., S. 14.
60 A. a. O., S. 184.
61 Ebd., S. 117.
62 Ebd., S. 174.
63 Ebd., S. 183.
64 Ebd., S. 89.
65 Ebd., S. 18 f.
66 Ebd., S. 183.
67 Ebd., S. 18.
68 Ebd., S. 140.
69 Aus dem Briefwechsel von Anna Seghers. In: Weimarer Beiträge 16. 1970. H. 11, S. 14.

70 Die Rettung. A. a. O., S. 91.
71 Briefwechsel mit Lukács. A. a. O., S. 183.
72 Die Gefährten. Berlin (Aufbau) 1959, S. 164.
73 Das Vertrauen. Berlin (Aufbau) 1968, S. 402.
74 Reich-Ranicki in seiner Rezension des *Vertrauen* (*Die Zeit* vom 14. 3. 69, wiederabgedruckt in ders.: Lauter Verrisse. München 1970) nennt die „Liebe zu Stalin" der Anna Seghers „obszön" (ebd., S. 139). Der Verfasserin geht es aber, wie sie in einem Interview aussagt (Ilse Hörning: Gespräch mit Anna Seghers. In: Weim. Beitr. 16. 1970, H. 11, S. 10/13) um die Wirkung der Kritik an Stalin bei jungen Menschen, denen in der Schule ein anderes Bild vermittelt worden war. Für eine etwaige Fortsetzung des Romans werde der 20. Parteitag besonders wichtig werden.
75 Das Vertrauen. A. a. O., S. 25.
76 Die Entscheidung. Berlin (Aufbau) 1959, S. 301.
77 Das Vertrauen. A. a. O., S. 26.
78 Ebd., S. 250.
79 Ebd., S. 331.
80 Ebd., S. 288.
81 Ebd., S. 426.
82 Überfahrt. A. a. O., S. 144.
83 Das Vertrauen. A. a. O., S. 304.
84 Ebd., S. 58.
85 Ebd., S. 130.
86 Die Entscheidung. A. a. O., S. 194.
87 Vgl. das Vorwort zur Nachkriegsauflage der *Rettung*. A. a. O., S. 6.
88 Das Vertrauen. A. a. O., S. 402.
89 Die Entscheidung. A. a. O., S. 100.

Wendelin Schmidt-Dengler

HANS ERICH NOSSACK

Nicht um die individuelle Biographie darzulegen, sondern um das Exemplarische seiner Situation als Schriftsteller zu erläutern, hat Hans Erich Nossack in zahlreichen Essays auf seinen Lebenslauf verwiesen: *Jahrgang 1901* ist die umfangreichste und wichtigste dieser *Pseudoautobiographischen Glossen,* in denen der Autor versucht, seinen Standort verständlich zu machen. Dieser sei im Exil, unter dem „das Heraustreten des Intellektuellen aus seiner ihm angeborenen, kleinen geschichtlichen Zeit in eine geistige Zeit verstanden sein" will.[1] Von den vielfach gebrochenen Beziehungen des Intellektuellen zu seiner geschichtlichen Zeit ist Nossacks Biographie und Werk bestimmt. Die hierin gelagerte Widersprüchlichkeit zu erfassen ist notwendig als Vorverständnis des Werks, dessen Entwicklung heute erst ab dem Jahr 1943 einigermaßen klar nachgezeichnet werden kann. Die Julitage dieses Jahres, in denen Hamburg zerstört wurde, bedeuteten für Nossack nicht nur den durch den Verlust sämtlicher bis zu diesem Zeitpunkt entstandener Manuskripte erzwungenen Neubeginn seiner schriftstellerischen Tätigkeit, sondern auch eine Neuorientierung, die durch die Ereignisse dieser Tage bestimmt wurde. Hier schien für Nossack das geschichtliche Ereignis die Bahnen des Erfahrenen zu verlassen; die Zerstörung Hamburgs konnte nicht als rational historisch beschreibbare Begebenheit erfaßt werden, in denen sich Raum und Zeit als fest gegebene Anschauungsformen unseres Bewußtseins verstünden, sondern nur als Erfahrung eines Vorganges, dem allenfalls die mythische Modellwelt Vergleichbares an die Seite stellen könnte. Daß Vision hier zur Wirklichkeit wurde, diese Wirklichkeit jedoch vom Standpunkt des Intellektuellen, der sich selbst exilierte, erlebt werden mußte, formte für die Folgezeit die Gestaltung der Werke Nossacks in gehaltlicher und thematischer Hinsicht entscheidend. Ein Intellektueller zu sein, bedeutet für Nossack freilich nicht, sich im Sinne traditioneller akademischer Gelehrsamkeit auszuzeichnen; der Intellektuelle, wie ihn Nossack sehen will, weist sich als solcher vornehmlich dadurch aus, daß er in Opposition zu einer Gesellschaft lebt, deren Normen die Individualität zu ertöten drohen. Um jedoch der sich aus dieser Haltung ergebenden Konflikte Herr zu werden, könne der Intellektuelle sein Verhalten der Gesellschaft gegenüber nur als Rollenspiel, dessen Hauptzweck Tarnung sei, verstehen. Dieses Prinzip, das zunächst vordergründig als eine Bereitschaft zum Kompromiß scheinen mag, bestimmt in einigen Punkten auch Nossacks Biographie.

Hans Erich Nossack wurde am 30. Januar 1901 in Hamburg als Sohn eines Kaufmanns geboren. Nach dem Besuch des humanistischen Gymnasiums studierte er Philologie und Jurisprudenz in Jena, gehörte während des Studiums zeitweilig einer Studentenverbindung an, verließ diese mit Eklat und versuchte, nach dem Verzicht auf weitere finanzielle Unterstützung durch seinen Vater, sich den Lebensunterhalt als Fabrikarbeiter zu verdienen. Zweimal schloß er sich der Kommunistischen Partei Deutschlands an; in beiden Fällen war dafür nicht ideologische Ausrichtung verantwortlich, sondern es ging Nossack wesentlich darum, nicht in eine bestehende Ordnung eingegliedert zu werden und dadurch die Kontrolle über die eigene ethische Verantwortlichkeit zu verlieren. Nach dem Ersten Weltkrieg stellte sich Nossack auf die Seite der Arbeiter, weil er sich hier wirksame Opposition gegen negativen Traditionalismus und Verwertbarkeit des Individuums in der Gesellschaft erhoffte. Aus innerer Distanz unterstützte Nossack noch einmal die KPD von 1930 bis 1933, da er sich von ihr allein erfolgreichen Widerstand gegen den Nationalsozialismus versprach. Nachdem dieser die Macht ergriffen hatte, war die Veröffentlichung von Nossacks Texten unmöglich geworden, obwohl mit seinem Verleger die diesbezüglichen Abmachungen getroffen worden waren. So begann Nossack, in der Hamburger Kaffeeimportfirma seines Vaters zu arbeiten. Auf Grund seiner politischen Vergangenheit war Nossack in dieser Zeit ständiger Verfolgung ausgesetzt, so daß Tarnung für ihn unerläßlich wurde. Dazu dienten ihm auch ein paar „lächerliche Schmisse", die er seiner Zugehörigkeit zum Corps verdankte. „Ein Mann mit Mensurnarben konnte doch unmöglich ein Kommunist sein."[2] Der ironisch komische Akzent, der diese Anekdote kennzeichnet, ist im Werk Nossacks häufig anzutreffen. Nach dem Krieg leitete Nossack die Firma seines Vaters bis 1956. Allerdings war Nossack durch seine literarischen Arbeiten bald nach dem Zweiten Weltkrieg bekannt geworden, konnte aber vom Erwerb seiner schriftstellerischen Tätigkeit nicht leben und war, als er mit ungefähr 55 Jahren freischaffender Schriftsteller wurde, auf die Unterstützung durch einen Mäzen angewiesen.

Die Zäsur von 1943 hat Nossack für sich als verbindlich bezeichnet und sein früher entstandenes Werk für unerheblich erklärt. Aus der Zeit vor dem Verlust der Manuskripte liegt allerdings das etwa 1928 entstandene Drama *Die Rotte Kain* vor, das 1946 in einem Durchschlag aufgefunden und 1951 aufgeführt und veröffentlicht wurde.[3] Einige Gedichte sind vor 1943 entstanden; auch von diesen hat sich Nossack entschieden distanziert. Gewiß sind jene Texte für das Verständnis der zentralen Gedanken und Themen Nossacks, so wie sich diese heute präsentieren, kaum bedeutsam, doch läßt sich gerade von diesen Arbeiten die Herkunft des Autors ablesen. Von den 1947 erschienenen Gedichte sind einige Dichtern gewidmet: Aischylos, Barlach, Hebbel, Kleist, Strindberg. Hebbel hat den jungen Nossack zur Führung eines Tagebuchs angeregt; Konstellationen aus Strindbergs Dramen finden sich bei Nossack wieder; die produktive Umgestaltung der Atriden-Sage weist deutlich auf Aeschylos' Orestie. Typisch für die Generation Nossacks ist das Dostojewski-Erlebnis, dessen *Memoiren aus einem Totenhaus* für den Autor wichtig wurden. Georg Büchner, die Tagebücher Cesare Paveses, die Briefe Vincent van Goghs an seinen Bruder Theo, die Märchensammlungen aus dem Diederichs-Verlag sind von Nossack namentlich angeführte Zeugen seines Entwicklungsganges. Das alles versteht sich bei Nossack nicht als Hinweis auf eine unmittelbare Filiation oder selbstgefällige Geistesverwandtschaft, auch wenn er erklärt, in Barlach etwa einen Vater sehen zu können oder im Tode Albert Camus' den eines jüngeren Bruders zu beklagen.[4]

Die Skepsis und die Ablehnung einer Literatur gegenüber, die sich als Selbstzweck gefällt, und die nüchterne Frage nach dem Nutzen eines Textes bestimmt Nossacks Verhältnis zum literarischen Schaffen. Im allgemeinen entschieden, im Einzelfall jedoch vorsichtig hat Nossack seine Ablehnung selbstgenügsamer literarischer Tätigkeit formuliert. So sei ihm Rilke zu luxuriös, die Privatmythologie eines D. H. Lawrence peinliche Spielerei, ja selbst des von ihm sonst hochgeschätzten Hans Henny Jahnns sektiererische Utopien empfand Nossack als Flucht vor der Realität und als politisches Gift. Sein Tatsachensinn bestimmte sein Verhältnis zur Literatur.[5]

So fühlt sich Nossack zwar verschiedenen Autoren verpflichtet, es ist aber verfehlt, Nossack in einen festumrissenen Traditionszusammenhang einordnen zu wollen. Das frühe Drama *Die Rotte Kain* läßt gewiß eindeutige Bezüge zu Dramen des Expressionismus erkennen, wobei die Verwandtschaft mit Barlach kaum zu verkennen ist. Man hat ferner häufig bei Nossack Beeinflussung durch Kafka vermutet, allerdings ist der Autor selbst erst durch die Kritik an seinem Werk auf diesen Bezug aufmerksam geworden. Immer wieder hat sich Nossack gegen eine vereinfachende Rubrizierung seines Werks gewandt, dessen Berührungspunkte mit zeitgenössischer Literatur meist nicht durch unmittelbaren Zusammenhang erklärt werden können. Im wesentlichen handelt es sich hier um spontane Analogien, deren Feststellung allerdings aufschlußreich ist, um Nossacks Position zu bestimmen. Eindrucksvoll ist die frühe Rezeption Nossacks in Frankreich, die durch Sartre gefördert wurde; die exemplarischen Situationen aus *Interview mit dem Tode* und *Nekyia* mochten sowohl Sartres philosophischen Konzeptionen als auch der daran sich orientierenden französischen Literatur entsprechen. Die Verbindung Nossacks mit Sartre wurde jedoch bald zum Ausgangspunkt geistesgeschichtlicher Kombinationen, denen weitgehend jegliche pragmatische Grundlage fehlte.[6]

Durch *Nekyia* (1947) und den Sammelband *Interview mit dem Tode* (1948) schien der Kritik die Situation des Menschen nach dem Zweiten Weltkrieg gültig formuliert. Mit seinen Bühnenstücken hatte Nossack, der sich eher für eine dramatische als für eine erzählerische Begabung hält, kaum Erfolg. *Die Rotte*

Kain wurde zwar ein Achtungserfolg, *Die Hauptprobe* (entstanden vor 1944, 1953 uraufgeführt, 1956 veröffentlicht) konnte nicht gefallen. Auch dem bislang letzten Stück, *Ein Sonderfall* (1963), das einige technisch interessante Aspekte bietet, blieb nachhaltige Wirkung versagt. Es geht in den drei genannten Dramen um Nossacks zentrale Probleme, doch ist die Gestaltung derselben im Essay und in der erzählenden Prosa weitaus zwingender. Nach der Publikation zahlreicher Erzählungen an verschiedenen Stellen erschien mit *Spätestens im November* (1955) der erste Roman, in dem Nossack das Wagnis auf sich nehmen wollte, eine Liebesgeschichte der Gegenwart zu gestalten. Die Frau eines reichen Industriellen folgt dem Schriftsteller Berthold Möncken, kehrt nach ein paar Monaten unsteten Lebens zu ihrer Familie zurück, folgt dem Schriftsteller dann noch einmal, um den Verhaltensnormen ihrer Gesellschaft zu entkommen. Die seltsame Affäre findet ihr Ende durch den Tod des Paares bei einem Autounfall. Dem Aufbruch dieser Frau aus ihrem materiell wohlfundierten Lebensbereich ist der Aufbruch ins „Nicht-Versicherbare", dem Zentralmotiv in *Unmögliche Beweisaufnahme,* analog. Dieser Text ist das Kernstück des Sammelbandes *Spirale. Roman einer schlaflosen Nacht* (1956), in dem fünf Erzählungen vereinigt sind; *Unmögliche Beweisaufnahme* gibt in Form eines Gerichtsprotokolls die Verhandlung gegen einen Versicherungsbeamten wieder, der beschuldigt wird, seine Frau ermordet zu haben. Das freiwillige Verschwinden dieser Frau aus der Gesellschaft wird von den Institutionen mißverstanden, jedes Abweichen von der kleinkarierten bürgerlichen Moral und Verhaltensweise wird zum Verdachtsmoment. 1958 folgte mit *Der jüngere Bruder* wieder ein Roman, dessen Hauptfigur Stefan Schneider bereits aus der Erzählung *Die Schalttafel,* die auch in *Spirale* enthalten ist, bekannt war. Schneider kehrt nach dem Zweiten Weltkrieg aus Brasilien nach Deutschland zurück, innerlich gleichgültig gegen das, was sich in seiner Familie und in seiner Heimat zugetragen hat. Sein ganzes Interesse gilt dem „jüngeren Bruder", einem Mann namens Carlos Heller, der auf mysteriöse Weise den Tod der Frau Schneiders verursachte. Doch wie Schneider meint, Hellers Spur gefunden zu haben, verunglückt er auf tragikomische Weise. Neuerdings versucht Nossack mit dem Roman *Nach dem Letzten Aufstand* (1961), dessen Anfänge noch in die vierziger Jahre gehören, sowie mit der Erzählung *Das kennt man* (1964) die mythische Welt im Sinne von *Nekyia* zu evozieren. *Nach dem Letzten Aufstand* führt mit den Aufzeichnungen des Münchner Nachtportiers Alois Mörtl in ein fiktives Land, in dem noch nach archaisch roher Gesetzgebung der sinnlose Brauch des Menschenopfers herrscht.

Die beiden Romane *Der Fall d'Arthez* (1968) und *Dem unbekannten Sieger* (1969) vollziehen eine völlige Abkehr von den Mythologemen der früheren Werke, obwohl sich deren Reflexe an einigen Stellen noch deutlich erkennen lassen. In Nossacks erzählerischem Werk nimmt *Das Testament des Lucius Eurinus* (1965) in Hinsicht auf seine Thematik eine Sonderstellung ein: Der Verfasser des Testaments begründet seinen Entschluß, freiwillig aus dem Leben zu scheiden, als Protest gegen den propagandistisch verwertbaren Opfertod der Christen. Der Clown d'Arthez und der Bibliothekar Lambert, der alte Hinrichs, der eigentlich der unbekannte Sieger ist, der vornehme Römer Lucius Eurinus — diese vier sind verbunden im negativen Protest gegen eine Lebensform, die sich an den starren Dogmen einer Ideologie ausrichten will.

Es ist heute bereits schwer, Nossacks umfängliches Werk zu überschauen, da zahlreiche Texte noch nicht in Sammelbänden erfaßt sind. Zum Verständnis der erzählenden Prosa sind die zwei Essaybände *Die schwache Position der Literatur* (1966) und *Pseudoautobiographische Glossen* (1971) unbedingt nötig: Im Essay und in der Glosse ist Nossacks Gedankenführung in expliziter, im künstlerischen Werk in impliziter Form enthalten. Das heißt allerdings nicht, daß mit Nossacks theoretischen Schriften der Zauberschlüssel für die schwer verständlichen Partien seines Erzählwerks gegeben wird. In beiden Fällen ist die Grenzlinie des rational Faßbaren von Nossack in aller Schärfe markiert.

Versucht man, die Entwicklung Nossacks in knappen Linien zu kennzeichnen, so läßt sich allgemein wohl eine Abwendung von einer recht konfusen Mythologie und Chiffrensprache und die Hinwendung zu einer eindeutigeren Darstellungsweise feststellen. Dabei ist die Frage der Präsentation für Nossack von sekundärer Bedeutung. Für ihn kommt den Inhalten gegenüber der Form die entschiedene Priorität zu. Man hat oft auf die Bedeutung des monologischen Elements bei Nossack hingewiesen. Nicht nur für sich, für die schriftstellerische Tätigkeit im allgemeinen erkennt Nossack das monologische Sprechen als einzige Möglichkeit der Äußerung an:

> Was von der Literatur unserer Tage übrigbleiben wird, kann nur Monolog sein. Weil der Monolog genau der Situation des im Dickicht abstrakter Wahrheiten verlorenen Menschen entspricht. Aber ist das nicht immer so gewesen? Ist nicht alles, was über die Zeiten hinweg lebendig an unser Ohr dringt, Monolog? Sollte die Größe des Menschen in seiner Einsamkeit liegen?[7]

Die Antwort auf diese Frage, die in Hinblick auf Nossacks Werk eine gewisse Selbstgefälligkeit verrät, bestimmt nicht nur die äußere Form seines Werks, sondern auch dessen Feinstruktur. Das Monologische als Stilform bedingt Konsequenz und Monotonie in einem. Im Zentrum eines Nossackschen Textes steht immer derselbe Problemkomplex, nur die Perspektive, aus der dieser angesprochen wird, wechselt. Daraus erklärt sich auch die Konstanz der Figuren, Situationen, Themen, Motive, Chiffren, mythologischer Konstellationen, daraus erklärt sich die oft auffallende Verwendung gleicher Floskeln und Bilder. Besonders signifikant ist die Verwandtschaft oder Wiederkehr einzelner Figuren: Berthold Möncken aus *Spätestens im November* entspricht dem Schriftsteller Arno Breckwaldt in *Der jüngere Bruder* und der Erzählung *Ein Sonderfall.* Diese Erzählung wiederum schließt an *Spätestens im November* an. Die Art der Bezüge, von denen leicht mehr angeführt werden könnten, sowie das persönliche Näheverhältnis des Autors zu seinen Figuren weist Nossacks Werk als Comédie humaine im Sinne Balzacs aus, deren innere Kohärenz durch äußerlich gesetzte Bezugspunkte erhärtet werden soll.

Nossacks entscheidende Themen lassen sich bereits dem Frühwerk, das maßgeblich durch die Ereignisse des Jahres 1943 bestimmt wurde, ablesen. In *Der Untergang*, einem Mittelding zwischen autobiographischem Essay und Erzählung, hat Nossack seine grundlegende Erfahrung des großen Bombenangriffs auf Hamburg, den er unweit der Stadt während eines Landaufenthaltes erlebte, durch die Form eines nüchternen Tatsachenberichtes vom Einzelfall weg ins Allgemeine zu heben versucht. „Wir hatten nicht viel Zeit, wir hatten überhaupt keine Zeit mehr, wir waren aus der Zeit heraus."[8] Die Subjektivität, an die die Erkenntnis gebunden ist, wird für Nossack zum Ausgangspunkt paradoxer Einsicht, an der sich sowohl ethisches wie praktisches Verhalten auszurichten hat. Was zeitlicher Veränderung nicht unterworfen schien, wurde angesichts der Erfahrung relativiert. Was sich als moralisch gültige Maxime gibt, wird als Phrase entlarvt. Das bedeutet nicht, daß Nossack einer unbedachten Anarchie das Wort redet, sondern an der Formulierbarkeit eines gültigen Sittengesetzes zweifelt. Diesem Gesetz gilt noch 1965 seine bange Frage:

> Gibt es über die gebrechlichen Rechtsbegriffe und Übereinkünfte, deren Wirksamkeit eine Zivilisation zur Voraussetzung haben, ein Gesetz, das man auch in äußerster Not nicht verletzen würde? Sozusagen ein menschliches Gesetz, das uns Verlaß auf uns selbst gewährt? Denn sonst sähe es ganz hoffnungslos um die Zukunft aus. Kein noch so ausgeklügelter und mit Ideologien, Religionen und Verhaltenslehren aufgeputzter Funktionalismus würde uns vor der endgültigen Katastrophe schützen können.[9]

In der Erzählung *Nekyia* erfährt der Bericht Nossacks von seinem Besuch im zerstörten Hamburg die Transposition ins Mythische. Die Anlehnung an den elften Gesang der Odyssee bedeutet nicht eine modernisierende Paraphrase der antiken Sage, sondern die sinnfällige Kontamination mythischer Elemente. In *Der Untergang* erwähnt Nossack das verstörende Auftreten großer möwenartiger Vögel im Mai des Jahres 1943. Das unerklärliche Ereignis kehrt im mythologischen Rahmen der *Nekyia* als Prodigium wieder.[10] Für Nossack ist somit die Grenzlinie zwischen mythischem Vorgang und der intersubjektiv gegebenen Tatsache aufgehoben.

Der Berichterstatter in *Nekyia* kann und will auch keine Grenzlinie zwischen Traum und Wirklichkeit ziehen; die Traumstruktur bestimmt die Darbietung der Vorgänge, die, ohne deutlich voneinander abgehoben zu sein, dem freien Prinzip der Assoziation gehorchend angeordnet sind. Selbst in *Der Untergang* fällt die Bezugnahme auf real gegebene Verhältnisse nicht ins Gewicht; vollends bar jeder historischen Konkretion ist der Bericht in *Nekyia*. „Ich habe keinen

Namen und kein Spiegelbild mehr. Es ist mir unmöglich anzugeben, was ich vorher unter den Menschen galt", bekennt der Erzähler in *Nekyia* von sich.[11] Namenlosigkeit oder Verneinung des Individuellen durch einen Dutzendnamen dient dazu, das Beispielhafte der Situation zu erfassen.

Das Faktische als unerheblich hinzustellen und somit den Raum für das Essentielle auszusparen, ist selbst dann bei Nossack gern geübte Praxis, wenn der Vorgang in unserer gesellschaftlichen Wirklichkeit angesiedelt ist. So ist für das Stilbild Nossackscher Sätze das Adverb, und zwar meistens das Modaladverb, bestimmend. Auf dieses fällt das semantische Gewicht einer Periode. „Ja, so ungefähr war es" — mit diesen Worten schließt der Roman *Spätestens im November,* und damit wird der Leser noch einmal in bezug auf den Inhalt vom Ende her verunsichert. Mit dem Ausruf „Genau!" beginnt der Roman *Dem unbekannten Sieger*: Hier ist der Einsatz insofern spezifisch, als er den in seinem Genauigkeitsdünkel befangenen Erzähler trifft, der sich im Grunde völlig verfehlt hat. Der junge Studienrat Hinrichs hat in seiner Selbstsicherheit völlig übersehen, daß es sein Vater gewesen sein könnte, dessen Taten bei der Besetzung des Hamburger Rathauses im Jahre 1919 er in seiner Dissertation behandelte und den er als strategisches Genie feierte. Vater Hinrichs berichtet denn auch, sich vorsichtig tarnend, von seinen eigenen Taten im Stile des „als ob", im Potentialis, läßt mit Nonchalance manches im Ungewissen, während der Sohn seiner Akribie als seinem Dogma blindlings traut. Daß der Vater, der vom Wesentlichen der Vorgänge weiß, seine Tat aber als Fiktion ausgibt, der Sohn hingegen unabdingbar an die Tatsächlichkeit seiner wissenschaftlichen Ergebnisse glaubt und sich dabei grundlegend täuscht, gibt dem Buch die für Nossack kennzeichnende effektvolle paradoxe Verspannung.

Nossack mußte auf Grund der Erfahrung des Jahres 1943 die Tätigkeit des Schriftstellers fragwürdig erscheinen:

> Ich meine: Wozu dies alles niederschreiben? Wäre es nicht besser, es für alle Zeiten der Vergessenheit preiszugeben? Denn die dabeigewesen sind, brauchen es nicht zu lesen. Und die anderen und spätere? Wie, wenn sie es nur läsen, um sich am Unheimlichen zu ergötzen und ihr Lebensgefühl dadurch zu erhöhen? Ist dazu eine Sintflut nötig? Oder ein Gang in die Unterwelt? Und wir, die wir dort gewesen sind, wagen noch nicht einmal eine mahnende Prophezeiung auszusprechen. Noch nicht![12]

Auf diese in *Der Untergang* in aller Schärfe aufgeworfene Frage wird versucht, aus dem mythischen Kontext der *Nekyia* heraus eine Antwort zu geben. Die Verse:

> Wozu ward eine Stimme uns verliehn,
> wenn wir nicht auch am Abgrund singen? Wann
> ging eine Stimme je verloren dann?

werden vom Erzähler als Tarnung empfunden; sie hätten ihn immun gegen die Geschehnisse gemacht.[13] Der Sinn dieser Stelle ist leicht zu entschlüsseln: Der Schriftsteller ist der Gesellschaft zwar integriert, seine Sonderstellung könne er aber nur getarnt einnehmen, als ob er so wäre wie alle andern. Seine „Stimme", der er seine Sonderstellung verdankt, erhalte aber ihre Gültigkeit erst am Abgrund, in der Grenzsituation. Diese Tarnung bestimme das Verhalten des Schriftstellers seiner Umwelt gegenüber und sei — wie Nossack mehrmals aus eigener Erfahrung versichert — die einzige Chance des Intellektuellen, sich den Folgen des Ärgernisses, das seine Person provoziere, zu entziehen. Denn für die Andersartigkeit des Intellektuellen habe gemeine Unverfrorenheit einen untrüglichen Instinkt.

In dieser Tarnkappe präsentiert Nossack nun nahezu alle seine Protagonisten. Der Erzählung *Die Schalttafel* ist als Motto eine Stelle aus Büchners Novelle *Lenz* vorangestellt: „Er tat alles so wie es die anderen taten." Diese Worte bedeuten für Nossack „die erschütterndste Anklage des Menschen gegen den Nihilismus als Endzustand, gegen ein versicherbares So-hin-Leben, ohne Angst, ohne Verlangen".[14] Die peinigende Paradoxie aber besteht für den Intellektuellen darin, diese Diagnose angesichts der institutionalisierten Tendenz, alles versichern zu wollen, unausweichlich stellen zu müssen. Sich in seine Rolle zu fügen, ist bei Nossack von ambivalenter Wertigkeit. Auf der einen Seite bedeutet die naive Hingabe an das nur Funktionelle die drohende Vernichtung alles Individuellen, auf der anderen Seite sieht sich der Intellektuelle um jeden anderen Ausweg gebracht. In der angeführten Erzählung *Die Schalttafel* hat der Chemiestudent Schneider für sich das System einer perfekten Mimikri ersonnen, demnach trotz Verfügbarkeit über das Einzelindividuum durchaus auch die Wahrung der Persönlichkeit möglich sein sollte. Die Erzählung spiegelt einen Vorgang aus Nossacks Biographie wider: Der Erzähler hat sein Corps mit einer scharfen Austrittserklärung verlassen. Als Abgesandter der Verbindung kommt nun Schneider, entlarvt sich aber selbst als einen, der in Opposition zu seiner Umwelt steht, sich ihren Praktiken aber zum Schein fügt.

Derselbe Schneider tritt als der Erzähler in *Der jüngere Bruder* auf. Wenn er sich von seiner Familie löst, die Beziehung zu seiner verstorbenen Frau, seinem Sohn und seinem älteren Bruder als völlig gleichgültig empfindet, so bedeutet dies das Heraustreten des einzelnen aus einem fundamentalen Traditionszusammenhang zugunsten der mit aller Entschiedenheit vorgetragenen Absicht, allein sein zu wollen. In diesem Roman zeigt sich bei Nossack eine bei weitem subtilere Chiffrierung als dies in *Nekyia* der Fall war. Vor seiner Arbeit an *Der jüngere Bruder* hatte Nossack einen Roman beinahe fertiggestellt, in dessen Mitte das Land „Aporée" stand. Das Territorium von Aporée ist nicht so wie Thule oder Orplid bloß der Sage oder Fiktion angehörig, sondern soll geographisch sehr wohl fixiert sein und ist in der Landkarte, wenn auch als leerer

Fleck, eingezeichnet. Von diesem Erzählkomplex ist allerdings nur die Partie *Ankunft in Aporée* veröffentlicht. Aporée ist ein undeutliches Anagramm für Europa; der Begriff der Ratlosigkeit mag gewiß mitgehört werden. In dem Roman *Der jüngere Bruder,* der auch indirekt auf diesem Erzählkomplex basiert, heißt eine Künstlerkneipe Aporée, deren Beschreibung eine chiffrierte Deutung Europas nach dem Zweiten Weltkrieg erkennen läßt: „Nichts hat sich verändert, das ist das Unechte. Die langweilige Person hinter der Theke [...] Alles Attrappe. Ausgelaugte Farben."[15] Für Schneider wird sein Aufenthalt in Europa, sein Besuch in Hamburg und Jena zu einem erneuten Gang in die Unterwelt, der der Katabasis des Erzählers in *Nekyia* verwandt ist.

Nossacks Parabeln — und hierin ist der grundlegende Unterschied zu den meisten erzählenden Texten Kafkas zu sehen — sind, wenn auch meist mehrschichtig, so doch auflösbar, übertragbar und lassen sich für den Einzelfall argumentativ verwerten. Jeder Abschnitt in *Spirale* scheint eine Schlüsselepisode zu sein, in denen das Verhältnis des Intellektuellen zu seiner geschichtlichen Zeit variiert wird.

Große Schwierigkeit bedeutet allerdings bei der Deutung der Texte Nossacks die Gestalt des Engels. Diese soll als tatsächlich existent erfaßt werden, hat aber nichts mit den Engeln der religiös bestimmten Vorstellungswelt zu tun. An den Figuren des Engels wie des „jüngeren Bruders" ist bereits viel herumgedeutet worden, ohne daß eine befriedigende Erklärung gegeben werden konnte. Der Engel — soviel läßt sich heute mit einigem Vorbehalt sagen — ist für Nossack eine Emanation der übergeordneten Wirklichkeit, welche das schafft, was wir als Wirklichkeit zu erfassen meinen. Dieser Engel tritt nur in Situationen auf, die „den Menschen willenlos machen und zur Selbstaufgabe zwingen", sein Anblick ist kaum zu ertragen.[16] Nossacks persönliches Credo, das vor allem diesem Engel gilt, ist in das System seiner privaten Erkenntnistheorie einzuordnen:

> Mich interessiert brennend, was die Dinge wohl sein mögen, wenn sie nicht nur unser Objekt sind. Oder deutlicher ausgedrückt: was sind sie in ihrer Einsamkeit, was sind sie, bevor sie Mythos geworden sind, denn der Mythos ist doch nur eine Vorderseite, die sie uns zukehren, und die wir verbrauchen. Darf ich ein wenig sentimental sein? Ich habe manchmal das Gefühl, daß auf dieser uns nicht zugekehrten Seite der Wesen meine Heimat liegt.[17]

Daß gerade bei der Beschreibung dieser „Heimat" bei Nossack jene Unklarheiten unterlaufen, die seine nüchterne Diktion in die Nähe fragwürdiger Spekulation bringen, war für die Kritik mit Recht ein entscheidender Angriffspunkt: Die Schmucklosigkeit und Trockenheit Nossackscher Prosa kontrastiert ungünstig jener mystifizierenden Emphase, durch die dem Leser die Existenz der Engel glaubhaft gemacht werden soll.

Es wurde bereits darauf verwiesen, daß die Perspektive, aus der Nossack seine Probleme anvisiert, die äußere Gestalt der Werke bestimmt. Die jeweilige Wahl der Position entspricht einem Gedankenexperiment, mit dessen Hilfe Nossack die Lösung seiner Fragen zu erreichen versucht. Hat man den Experimentcharakter seiner Prosa erkannt, darf es nicht verwundern, daß es dabei auch innerhalb derselben zu unterschiedlichen oder nicht befriedigenden Lösungen kommt.

Es sind immer wieder Rollen, in die sich der Schriftsteller Nossack hineindenkt, häufig auch Rollen, die für den Menschen schwer nachvollziehbar sind. In der Erzählung *Der Neugierige* spricht ein Fisch, der den Grenzen des ihm gegebenen Lebensbereiches entfliehen will. Was den anderen Fischen als Nichts erscheint, löst sich — nach den Worten Hans Henny Jahnns — zu einer „ungeheuren Tatsächlichkeit" auf, zu einem Nichts, das „zu einem Etwas vernichtet wird".[18] Dieses Nichts, mit dem „Nicht-Versicherbaren" etwa identisch, wurde von der Kritik vielfach als ein Bekenntnis Nossacks zum Nihilismus mißverstanden. In der Erzählung *Der Kelte* spricht wiederum der Totenkopf eines Selbstmörders, den man für den prähistorisch interessanten Schädel eines Kelten hält. Lucius Eurinus widersetzt sich dem erfolgreichen Christentum, das als verhängnisvolle ideologische Epidemie aufgefaßt wird. Für ihn gibt es nur den Freitod als Ausweg. Die Christen propagieren den Tod, um durch das Martyrium das ihnen geschehene Unrecht zu dokumentieren. Die Konsequenz, die Lucius daraus zieht:

> Gegen diese öffentliche Entheiligung gibt es nur ein Mittel: das von ihnen geschmähte Leben ins Unsichtbare flüchten zu denen, die es nicht nötig haben, ihre Existenz in einer Zeit der Unfrömmigkeit durch profanierende Erpressung zu beweisen. Der selbstgewählte Tod ist der absolute Gegensatz zu dem propagandistischen Martyrium.[19]

Die Christen der Unfrömmigkeit zu zeihen, ist nicht bloßes Spiel mit der historischen Perspektive, sondern zugleich auch Protest gegen eine Ideologie, deren Abstraktionen das Individuelle verneinen. Diesen Abstraktionen zu entrinnen, muß auch Lucius ins „Nicht Versicherbare" aufbrechen. Sein Freitod ist das entschiedene Bekenntnis zum Leben: Leben ist für Nossack ein positiver Zentralbegriff, dessen Anspruch in der Grenzsituation auch mit dem Tode durchgesetzt werden muß. Im *Testament des Lucius Eurinus* wirkt Nossacks Vorstellung vom „Nichts" oder „Unsichtbaren" am überzeugendsten, nicht zuletzt dadurch, daß hier auf blasse Mythologeme verzichtet wird und die durch die beispielhafte Situation des Römers experimentell gebotenen Möglichkeiten folgerichtig durchdacht werden.

Bei einer Besprechung der Werke Nossacks tritt die Behandlung der formalen Eigentümlichkeiten notwendigerweise in den Hintergrund. Auf die Funktion des Adverbs und die durchexerzierte monologische Grundhaltung wurde bereits hingewiesen. Die Festlegung auf die Perspektive eines monologisierenden Sprechers ist nicht immer günstig, da sich Nossack dem Fluß der Assoziationen großzügig hingibt. Das Gestaltungsprinzip bewährt sich hingegen im *Testament des Lucius Eurinus,* wo durch die Mimesis des lateinischen Stils und die Beschränkung im Umfang der hier gewählten Rolle entsprochen werden soll.

Auf eine Konstruktion, die den Ablauf eines erzählenden Werkes in seiner Gesamtheit vorsieht, verzichtet Nossack mit der Begründung, daß dadurch dem lebendigen Fortgang des Gedankens Einhalt geboten würde. So wesentlich für Nossack die scharf profilierte Ausgangssituation ist — das läßt sich von *Die Rotte Kain* bis zu *Dem unbekannten Sieger* eindeutig feststellen —, so unscharf werden die Episoden, in denen diese Situationen gefaßt werden, geboten. Die einzelnen Vorgänge gehen konturenlos ineinander über; der Hauptstrang visiert das Ende einer Erzählung keineswegs an, sondern öffnet gerade für dieses mit dem Fortschreiten des Textes weitere Möglichkeiten. Symptomatisch dafür ist der Abbruch des Protokolls in *Unmögliche Beweisaufnahme,* deren prätendierter Fragmentcharakter die Auflösung der pragmatischen Fragestellung — hier an das bewährte Muster der Kriminalgeschichte erinnernd — als nebensächlich erweist.

Nossack geht — sieht man von seinen Gedichten ab — einer Gestaltung aus dem Weg, der man den Vorwurf eines preziösen Formalismus machen könnte. Vielmehr ist stets die Reduktion auf die nüchterne Sprache des Alltags beabsichtigt, die sich in umgangssprachlichen Formeln — „Das kennt man", „So ist das" — niederschlägt. Die schmucklose Stereotypie dieser Formeln markiert die Grenze zu dem, das sich sprachlich nicht mehr positiv erfassen läßt, die Grenze zum „Nicht-Versicherbaren", um das der Autor zu wissen vermeint. Nossacks Stilbild reflektiert seine Denkweise: Auch der Stil bedeutet Tarnung; die unauffällige sprachliche Gestaltung evoziert zwar das Mißverständnis, daß hier bloß Banalitäten oder Bagatellen mitgeteilt würden; es gilt aber, diese als Chiffren zu erkennen, die auf das Nichts, so wie es Nossack verstanden wissen will, verweisen.

Die formale Gestaltung erhellt auch Nossacks politische Position: So wie er in stilistischer Hinsicht nicht als Neutöner gelten kann oder will, so ist für ihn auch in politischer Hinsicht nicht die durch revolutionäre Dogmatik fundierte Auflehnung des einzelnen gegen die Ordnung Inhalt intellektuellen Partisanendaseins, sondern eine von vornherein gegebene Andersartigkeit, die sich an bloß äußerlichen Verhaltensweisen nicht messen läßt. Wer um seine Andersartigkeit weiß, tarnt sich.

Als Tarnung empfiehlt Nossack in letzter Zeit besonders die Maske des Clowns, der in der „Leere zwischen der sogenannten Realität und ihrem Abbild komische Gesichter schneidet".[20] Der Clown ist für manche der Figuren Nossacks zur Chiffre intellektuellen Verhaltens geworden. In *Der Fall d'Arthez* soll die Maxime dieser Form der Tarnung erprobt werden. Lambert und d'Arthez, mit ihrem bürgerlichen Namen Ludwig Lembke und Ernst Nasemann, haben sich nicht nur durch ihr Pseudonym, das Romanfiguren Balzacs entlehnt ist, sondern auch durch ihre Verhaltensweise ihrer gesellschaftlichen Provenienz entschlagen und halten die Verbindung zu ihrer Umwelt nur zum Schein aufrecht. Dabei ist d'Arthez, so wie Nossacks andere Zentralfiguren, wohlhabend und erfolgreich. Lambert und d'Arthez ziehen Gleichgesinnte an, darunter Edith, die Tochter des Clowns, und den Berichterstatter, einen jungen Juristen. So bildet sich ein im Grunde recht esoterischer Kreis, der nicht ohne eine gewisse Anmaßung sich dem zeitlichen Getriebe enthoben dünkt. Gerade aber in *Der Fall d'Arthez,* in dem die Devise der Tarnung ihre perfektionierte Durchführung erfahren soll, wird die Fragwürdigkeit der Haltung Nossacks am deutlichsten. Gegen kein Werk Nossacks wurden so scharfe Vorwürfe erhoben wie gegen dieses: Schon der Grundeinfall — der bundesdeutsche Geheimdienst hält den Clown d'Arthez und den Bibliothekar Lambert auf Grund einiger abstruser Kombinationen für gefährliche Konspiratoren — ist bedenklich, da er den sich sonst realistisch gebärdenden Bericht als solchen diskreditiert. Wilhelm Emrich hat gegen Nossacks Konzept der Tarnung entscheidende Einwände unter einem einheitlichen Aspekt vorbringen können: Revolution als Tarnung sei in sich ein Widerspruch, da der als Partisan lebende Clown doch an die Gesellschaft gebunden bleibt, deren Verbindlichkeit er aber für sich leugnet. Zum Vergleich sei hier auf Hans Magnus Enzensberger verwiesen, der in seinem Gedicht *ins lesebuch für die oberstufe* auch Tarnung empfohlen hat, doch nicht als Dauerlösung, sondern als vorbereitendes Stadium der wirksamen Umsetzung revolutionärer Theorie in die Praxis. Das von Nossack gewählte Exil ist nach Emrich nicht mehr als eine selbstgefällige Pose, die dazu dient, die im wesentlichen bürgerliche Einstellung zu verdecken: le bourgeois partisan. Bürger und Partisan seien einander komplementär, die beiden Parteien stünden im geheimen Einverständnis und der Konflikt zwischen den beiden sei ein bloßer Scheinkonflikt, weil den Opponenten „jeder wirkliche Gegner abhanden kam".[21] Worin dieser „wirkliche Gegner" nun konkret zu sehen sei, kann Emrich auch nicht angeben. Ihm kommt es vor allem darauf an, den „Escapismus der Intellektuellen", ihren „Verrat am absolut fordernden Geist" zu erweisen.[22] Der schon früher gegen Nossack erhobene Vorwurf, sich der Versuchung des Nichts und dem Anarchismus anheimzugeben, hat hier eine modifizierte Wiederholung erfahren, deren Zielpunkt es ist, dem Werk Nossacks die Verbindlichkeit abzusprechen, die dem Werk der Vätergeneration noch zugekommen wäre.

Gewiß provoziert Nossacks Werk diesen Vorwurf. Wenn Emrich meint, von einem „bequemen Nossackschen Dualismus zwischen Exterritorialität und Gesellschaft" sprechen zu können, so trifft er damit zu Recht Teile von Nossacks Werk, in denen diese Position spielerisch durchexerziert wird.[23] Auch gegen

Dem unbekannten Sieger könnten ähnliche Einwände vorgebracht werden, wobei hier allerdings durch die geglückte Themenwahl und die humoristische Darstellung die oben angeführten Widersprüchlichkeiten nicht in derselben Intensität fühlbar werden. Der Vorwurf Emrichs fällt aber nicht auf die Person Nossacks und seinen Standort als Schriftsteller zurück. Nossack trat stets entschieden für ein Optimum an Unabhängigkeit ein, über das der Schriftsteller verfügen müsse, Unabhängigkeit vor allem von den Ansprüchen einer Ideologie. Seine Position außerhalb jeder Ideologie mag als unglaubhaft, relativierend oder unklarer Ausweg aus einer bedrückenden Alternative gelten: Man übersieht dabei, daß es Nossack nicht auf das Credo, sondern auf die ständige Bewährung in der Praxis ankommt; man übersieht dabei auch, daß Nossack den grundlegenden Antagonismus zwischen dem Intellektuellen und der bürgerlichen Gesellschaft klar herausgearbeitet hat. Es ist unrichtig, in Nossack einen Schriftsteller zu sehen, der sich in Grenzsituationen eingenistet hat und hier mit dem Nichts kokettiert; es ist ebenso verfehlt, seine Haltung als die eines Bürgers entlarven zu wollen, der sich modisch als Revolutionär und Dissident aufführt. Wertet man Nossacks erzählende Prosa als Experimente, so heißt das nicht, daß es sich hier um ein selbstgenügsames Spiel handelt: Das Experiment ist zur Erkenntnis unerläßlich. Das Experiment, das Nossack mit seinem „Partisanen“ d'Arthez vorgenommen hat, mag sowohl in der künstlerischen als auch gedanklichen Konzeption gescheitert sein, nicht gescheitert aber ist Nossacks positive Ethik, die sich deswegen schwer ins Bewußtsein heben läßt, da sie noch nicht zufriedenstellend in Worte gefaßt werden konnte und ihre Definition per negationem erfolgen mußte.

Anmerkungen

Texte in Buchform

Gedichte. Hamburg 1947.

Nekyia. Bericht eines Überlebenden. Hamburg 1947; Neuausgabe Frankfurt 1961.

Interview mit dem Tode (Erzählungen). Hamburg 1948; 2. Aufl. unter dem Titel: Dorothea, Hamburg 1950; Neuausgabe unter dem Titel der 1. Aufl., Frankfurt 1963. (Enthält u. a.: Interview mit dem Tode, Kassandra, Der Untergang.)

Die Rotte Kain (Schauspiel). Hamburg 1949.

Spätestens im November (Roman). Berlin 1955.

Der Neugierige (Erzählung). München 1955.

Die Hauptprobe (Schauspiel). Hamburg 1956.

Spirale. Roman einer schlaflosen Nacht. Frankfurt 1956. (Enthält: Am Ufer, Die Schalttafel, Unmögliche Beweisaufnahme, Die Begnadigung, Das Mal.)

Begegnung im Vorraum. Zwei Erzählungen. Olten 1958.

Der jüngere Bruder (Roman). Frankfurt 1958.

Unmögliche Beweisaufnahme (Erzählung). Frankfurt 1959.
Der Untergang (Erzählung). Frankfurt 1961.
Nach dem Letzten Aufstand. Ein Bericht (Roman). Frankfurt 1961.
Begegnung im Vorraum (Erzählung). Frankfurt 1963. (Enthält: Begegnung im Vorraum, Am Ufer, Die Schalttafel, Helios GmbH, Der Nachruf, Das Mal, die Begnadigung, Der Neugierige, Ein Sonderfall, Ameisen! Ameisen!, Vier Etüden.)
Ein Sonderfall (Schauspiel). Neuwied/Berlin 1963.
Das kennt man (Erzählung). Frankfurt 1964.
Sechs Etüden (Erzählungen). Frankfurt 1964.
Das Testament des Lucius Eurinus (Erzählung). Frankfurt 1965.
Das Mal und andere Erzählungen. Frankfurt 1965.
Die schwache Position der Literatur. Reden und Aufsätze. Frankfurt 1966.
Der Fall d'Arthez (Roman). Frankfurt 1968.
Dem unbekannten Sieger (Roman). Frankfurt 1969.
Pseudoautobiographische Glossen (Essays). Frankfurt 1971.
Die gestohlene Melodie (Roman). Frankfurt 1972.

Texte in Zeitschriften und Sammelbänden (Auswahl)

Publikum und Dichter. (Rede zur Hamburger Buchaustellung 1949.) In: Neues Hamburg. Zeugnisse vom Wiederaufbau der Hansestadt, hrsg. von Erich Lüth. Hamburg 1950, S. 43—50.
Der Kelte. In: Merkur 18 (1964), S. 160—163.
Wir Intellektuelle. Ebd., S. 657—660.
Schwierigkeiten heute die Wahrheit zu schreiben. Eine Frage und einundzwanzig Antworten, hrsg. von Heinz Friedrich. München 1964, S. 130—138.
Das Verhältnis der Literatur zu Recht und Gerechtigkeit. In: Akademie der Wissenschaften und der Literatur, Mainz. Abhandlungen der Klasse der Literatur, Nr. 2. Wiesbaden 1968.
Ankunft in Aporée. In: Aus aufgegebenen Werken. Frankfurt 1968, S. 51—82.

Literatur

Horst Bienek: Werkstattgespräche mit Schriftstellern. München 1965, S. 85—101.
Margrit Henning: Die Ich-Form als Prinzip der Aussparung in Hans Erich Nossacks ‚Spirale'. In: M. H.: Die Ich-Form und ihre Funktion in Thomas Manns ‚Doktor Faustus' und in der deutschen Literatur der Gegenwart. Tübingen 1966, S. 171—186.
Christof Schmid: Monologische Kunst. Untersuchungen zum Werk von Hans Erich Nossack. Stuttgart, Berlin, Köln, Mainz 1968.
Über Hans Erich Nossack. Hrsg. von Christof Schmid. Frankfurt 1970. (Enthält Beiträge von Hans Erich Nossack, Hans Henny Jahnn, Daniel-Henry Kahnweiler, Eugen Biser, Heinz W. Puppe, Peter Prochnik, Gotthard Montesi, Karl August Horst, Karl Korn, Karl Heinz Kramberg, Luc Estang, Christa Wolf, Reinhard Baumgart, Karl Krolow, Walter Helmut Fritz, Helmut Uhlig, Urs Jenny, Marcel Reich-Ranicki, Wilhelm Emrich, Heinrich Vormweg und eine ausführliche Bibliographie.)
Hans Geulen: Hans Erich Nossack. In: Deutsche Literatur seit 1945 in Einzeldarstellungen. Hrsg. von Dietrich Weber. 2. Aufl., Stuttgart 1971, S. 225—251.

Nachweise

1 Pseudoautobiographische Glossen, S. 123.
2 Pseudoautobiographische Glossen, S. 136.
3 Pseudoautobiographische Glossen, S. 89; vgl. auch Schmid, Monologische Kunst, S. 27.
4 Über Hans Erich Nossack, S. 162.
5 Pseudoautobiographische Glossen, S. 142 f.
6 Vgl. über Hans Erich Nossack, S. 7.
7 Die schwache Position der Literatur, S. 60 f.
8 Interview mit dem Tode, S. 224.
9 Pseudoautobiographische Glossen, S. 59.
10 Interview mit dem Tode, S. 242; Nekyia, S. 43—45.
11 Nekyia, S. 46.
12 Interview mit dem Tode, S. 231 f.
13 Nekyia, S. 8 f.
14 Die schwache Position der Literatur, S. 55.
15 Der jüngere Bruder, S. 232.
16 Pseudoautobiographische Glossen, S. 14.
17 Bienek, Werkstattgespräche, S. 93.
18 Über Hans Erich Nossack, S. 24.
19 Das Testament des Lucius Eurinus, S. 99.
20 Über Hans Erich Nossack, S. 17.
21 Über Hans Erich Nossack, S. 137.
22 Über Hans Erich Nossack, S. 144.
23 Über Hans Erich Nossack, S. 144.

Lotte Köhler

MARIE LUISE KASCHNITZ

Marie Luise Kaschnitz gehört wie C. F. Meyer und Theodor Fontane zu jenen Gestalten der deutschen Literatur, die spät zur vollen Entfaltung ihrer dichterischen Kräfte gelangt sind. Ähnlich wie die beiden großen Realisten trat auch sie erst im fünften Lebensjahrzehnt mit ihren ersten Gedichtsammlungen hervor: *Gedichte* (1947) und *Totentanz und Gedichte zur Zeit* (1947). Zwar waren in den dreißiger Jahren schon zwei Romane erschienen, *Liebe beginnt* (1933) und *Elissa* (1937), aber erst nach dem Zweiten Weltkrieg setzt die eigentliche Entwicklung ein, die in den folgenden Jahrzehnten ein umfangreiches Werk in mannigfaltigen Ausdrucksformen (Lyrik, Erzählungen, Aufzeichnungen, Essays, Hörspiele) entstehen läßt.

Marie Luise Kaschnitz zählt nicht zu den umstrittenen Schriftstellern ihrer Generation — Generation hier im Sinne derer, die seit dem Kriege Bedeutung erlangt haben. Diese fast[1] einhellige Anerkennung verdankt sie vor allem ihrer besonderen, Distanz haltenden Geistigkeit und ihrem Sprach- und Stilbewußtsein, die sie davor bewahren, deutlich empfundene Grenzen zu verletzen. In beispielhafter Selbsteinschätzung beschränkt sie sich auf Themen und Formen, die ihrer lyrisch-epischen Begabung entsprechen und bringt sie in wachsender Reife zu einer Meisterschaft, die in weitem Abstand zu jenen „Texten" steht, die sich in verkrampften Attitüden und mühsamen Manieriertheiten gefallen. Dabei ist Marie Luise Kaschnitz ebenso „modern" wie viele ihrer dichtenden Zeitgenossen, ebenso leidenschaftlich anteilnehmend, ebenso erschreckt und verstört von den destruktiven Tendenzen der gegenwärtigen Zivilisation. Aber bei der verwandelnden Aneignung verfährt sie mit der Gelassenheit und Disziplin ihres klärenden, ordnenden Geistes, der, von Sprach- und Bildungsüberlieferung belehrt, ihren Dichtungen ein einzigartiges Charakteristikum verleiht, nämlich die aufs glücklichste gelungene Verbindung von Tradition und Moderne.

Marie Luise Kaschnitz wurde am 31. Januar 1901 als Tochter des badischen Offiziers von Holzing-Berstett in Karlsruhe geboren und wuchs zusammen mit zwei Schwestern und einem Bruder in Potsdam und Berlin auf. Sie lernte in Weimar und München den Buchhandel und heiratete 1925 den Wiener Archäologen Guido Freiherr Kaschnitz von Weinberg, mit dem sie sieben Jahre in Rom verbrachte, bis ihn seine Berufungen nach Königsberg, Marburg und Frankfurt führten. Von 1955 bis zu seinem Tode 1958 war Kaschnitz von Weinberg Direktor des Deutschen Archäologischen Institutes in Rom. Seitdem lebt Marie Luise Kaschnitz wieder in Frankfurt.

War es Ende der fünfziger Jahre noch angemessen, das „Lebensthema" der Kaschnitz im „Geheimnis der Doppelheit des Lebens", im „unzerreißbaren Zusammenhang ... des Lebens und des Todes"[2] zu erkennen, so ist das in dieser Ausschließlichkeit heute kaum mehr möglich. Das Thema ist zwar eins der wichtigsten geblieben und in gewissem Sinne vertieft bedeutungsvoll geworden, wie nicht nur Gedichte in *Dein Schweigen — meine Stimme* (1962) zeigen. Aber inzwischen hat sich der Themenkreis der Kaschnitz so geweitet, daß der Grundcharakter ihres Werkes wohl nicht mehr von diesem einen, wenn auch recht umfassenden Thema her gedeutet werden kann.

Schließt man bei der Betrachtung des Gesamtwerkes außerdem die entgegengesetzten Gestaltungstendenzen ein, das exakte, oft chronistenhafte Beobachten der Wirklichkeit und die dieser Neigung scheinbar widersprechende Vorliebe für Mythologisches, Märchenhaftes, Mystisch-Irreales, so fällt es schwer, einen Kristallisationspunkt zu nennen, von dem her ihre Dichtungen jeweils aufzuschließen wären.

Dennoch ist eine deutliche Kontinuität zu erkennen, die allerdings nicht von einem Thema des Kaschnitzschen Werkes, sondern von einem Grundzug ihres Wesens herrührt. Es ist die Neigung, die Welt nicht nur liebend zu ergreifen und mit poetischer Einbildungskraft neu zu gestalten, sondern sie auch bewußt erkennen zu wollen. Dies mag bereits für das Kind der dunkel gefühlte Beweggrund gewesen sein, ein Tagebuch zu führen.[3] Später spricht Marie Luise Kaschnitz es offen aus, daß sie es für das „geheime Bestreben jeder Niederschrift"[4] hält, über Erfahrungen und Erlebnisse Klarheit zu gewinnen. Zeit ihres Lebens bemüht sie sich um „eine Art von Standortbestimmung"[5], immer auf der „Suche nach Wahrheit".[6] In welchem Umfange ihr Schaffen von dieser reflektierenden Haltung beeinflußt wird, erhellt vor allem aus ihren Aufsätzen, Interviews, Aufzeichnungen und Betrachtungen, die, mit dichterisch durchgeformten Partien, das episch-lyrische Werk ergänzen und häufig aufschlußreich kommentieren. Dazu gehören *Menschen und Dinge 1945* (1946), *Engelsbrücke* (1955), *Wohin denn ich* (1965), *Tage, Tage, Jahre* (1968) und *Steht noch dahin* (1970). Marie Luise Kaschnitz' Verhalten zur erfahrbaren Realität und zum eigenen Tun ist so auffällig von Reflexion und Kontemplation bestimmt, daß es von da her möglich erscheint, ihr Werk zusammenfassend unter dem Aspekt der Selbstbesinnung zu verstehen, und zwar im Sinne einer fortschreitenden Erweiterung und Vertiefung ihres Welt- und Zeitverhältnisses.

Diese Neigung, alles zu Gestaltende erst durch Prozesse der erkennenden Betrachtung zu filtern, die nicht als rein zerebrale Vorgänge mißzuverstehen sind, wirkt sich auf ihre Arbeitsweise aus, läßt sich im Werk nachweisen und findet schließlich noch in der Kritik ihren Widerhall. Über ihre Arbeitsweise sagt und schreibt sie, daß sie Erlebnisse und Einfälle nicht unmittelbar umforme, sondern erst in ihr Tagebuch, das „kleine, schwarze Heft", aufzeichne[7]; sie

„verstecke" den Stoff gewissermaßen vor sich selbst, um ihn dann später, wenn sie „sich einen Vers darauf machen"[8] könne, wieder hervorzuholen. In Komposition und Stil ihrer Gedichte und Erzählungen erscheint diese mit Bedacht eingelegte Besinnungszeit als jene Überlegenheit und Distanz, die ihr einmal als Stärke[9], d.h. als gelungene Bändigung der Affekte, ein andermal als Schwäche[10], d.h. als mangelnde Leidenschaftlichkeit ausgelegt werden.

Marie Luise Kaschnitz' Lebensgefühl ist für ihr Werk ebenso bedeutungsvoll wie der Erkenntniswille. Ursprünglich eher gleichmütig und sogar zumeist vom Leben entzückt, wird sie durch ihre seismographische Empfänglichkeit für alles Leiden in der Welt, ihre Fähigkeit, zum „bittren Kern der Wirklichkeiten"[11] vorzudringen, so heftig erschüttert, daß vor allem in den Gedichten ein trauernd klagender Grundton fast immer hörbar ist. Dennoch hat ihr Lebensgefühl nichts gemeinsam mit der in der Gegenwartsliteratur anzutreffenden Absurdität im Sinne Camus', der abgründigen Bodenlosigkeit derer, die ohne „Erinnerungen an eine verlorene Heimat" und ohne „Hoffnung auf ein gelobtes Land"[12] sind. Diesen Grad des Verstoßenseins gibt es in den Dichtungen von Marie Luise Kaschnitz nicht. Selbst die schmerzerfüllteste Klage erhebt sich aus der in ihrem Wesen wurzelnden Überzeugung von der Existenz eines geordneten Kosmos.

Die Gedichte des *Tutzinger Gedichtkreises* gehören zu denen, die unmittelbar von ihrem Verhältnis zu den Letzten Dingen zeugen. Gott, der „Unsichtbare", lebt, aber er hat „das alte Gespräch" abgebrochen, ein ungeheurer Abgrund tut sich zwischen ihm und den „Sterblichen" auf. „Allein gelassen", meint sie dennoch seine Forderung zu hören, nämlich seine Schöpfung zu singen als sein „Gedächtnis". Charakteristischer für ihre Scheu vor der „Ungeheuerlichkeit"[13] der Glaubensfrage ist eines ihrer besten Gedichte, *Nicht gesagt*, das in reflektierender Selbstbescheidung die Grenzen des eigenen Dichtens nennt und mit den Zeilen schließt:

Den Teufel nicht an die Wand
Weil ich nicht an ihn glaube
Gott nicht gelobt
Aber wer bin ich daß

Marie Luise Kaschnitz wuchs vor dem Ersten Weltkrieg auf, als die Väter „noch immer Götter"[14] waren, und auch für ihren eigenen unnahbaren, aber „sehr bewunderten"[15] Vater die Wohlerzogenheit der Kinder selbstverständlich war. Trotzdem unterschied sich ihr Elternhaus von der Konventionalität ihrer Gesellschaftsschicht durch den „Geist der Aufklärung und des Fortschritts"[16], der es erfüllte. Nach dieser Kindheit, in der sie schon „nichts anderes" wollte, „als aus vertrauten Dingen unvertraute Welten aufbauen"[17], erfährt sie als Neunzehnjährige ihre „erste große Erschütterung durch das Wort".[18] Es sind die schwermütigen Gedichte Georg Trakls, seine rätselhafte Sprache, seine seltsam sanften, gereihten Bilder, die sie bezaubern. Trakl wird, wie sie schreibt, ihr „großes Vorbild", bis er sie zu Hölderlin führt, der, „härter und großartiger", nun ihre höchste Bewunderung hat. Es gibt deutliche Verbindungen zu anderen Dichtern im Werk der Kaschnitz, die auffälligste ist die Hofmannsthal-Nachfolge in den lyrischen *Totentanz*-Szenen, aber ein Bezug zu Trakl ist schwer nachzuweisen; am ehesten vielleicht noch in dem unvergleichlichen Gedicht *Gennazano* in der Art, wie die Bilder assoziativ verbunden werden, wie Zeichen und Zeit, in einer magischen Welt miteinander verwoben, aus einem Bereich der Wirklichkeit in einen anderen übergehen. Dennoch verrät ein einzigartiges Wort die verborgene Verbindung mit den beiden großen Vorbildern: es führt von der „schönen Fremdlingin Kreatur"[19] der Kaschnitz über Trakls schwesterliche „Fremdlingin" zu Hölderlins Nacht, der „Fremdlingin unter den Menschen".

Zehn Jahre später schreibt Marie Luise Kaschnitz ihre ersten Gedichte. Mit der langsamen Entwicklung zu eigener schriftstellerischer Entfaltung geht eine umfassende Aneignung der klassischen und der europäischen Tradition einher. Marie Luise Kaschnitz gehört zu den belesensten und gebildetsten Dichtern der Gegenwartsliteratur. Die beiden Romane und ein Band eigenwilliger Nacherzählungen alter Sagen, *Griechische Mythen* (1943), fallen in dieselbe Zeit ihrer ersten dichterischen Phase.

In dem autobiographisch beeinflußten Roman *Liebe beginnt* findet ein unverheiratetes Paar nach Mißverständnissen und Entfremdungen am Ende einer Italienreise zu einem neuen Beginn gemeinsamen Lebens. Diese „Geschichte von Tod und Auferstehung der Liebe"[20], wie es im Text heißt, ist vom Gefühl und inneren Erleben der Ich-Erzählerin her geschrieben, die, anfangs noch ganz befangen in ihrer weiblichen, aus dem Kreatürlichen lebenden Natur, allmählich sich selbst verstehen lernt und zugleich die ganz andere geistige Verfassung des Mannes, dem es um „die Wahrheit" geht, „diese letzte unerreichbare Stufe der Forschung".[21]

Elissa ist trotz aller Unterschiede dem ersten Roman im Grundthema verwandt; ein phantasievolles, leidenschaftliches Mädchen erfährt heranwachsend sich selbst, ihre Umwelt und wiederum die Andersartigkeit des geliebten Mannes, der sie am Ende verläßt. Der Roman, in der dritten Person verfaßt, wiederholt in den Hauptzügen die Geschichte der Dido (Elissa ist die phönizische Form des Namens) und läßt dabei bewußt Ort und Zeit des Geschehens (die nordafrikanische Küste in vorchristlicher Zeit) in undeutlichen Umrissen, um das Exemplarische dieser Liebesgeschichte um so eindringlicher hervortreten zu lassen. Sprache und Stil unterstreichen in ihrer Gewähltheit und Melodik die eigentümliche Entrücktheit des Geschehens und scheinen wie beflügelt vom Zauber der fremden, fernen Kultur.

Warum diesen beiden Romanen keine weiteren gefolgt sind, begründet Marie Luise Kaschnitz damit, daß man im Roman „eigentlich eine Fülle von Blickpunkten haben" müsse, und das sei etwas, was sie nicht beherrsche.[22] Gleichzeitig entscheidet sie sich auf die Frage, in welcher Form sie ihre „Existenz am deutlichsten zu verwirklichen"[23] glaube, für das Gedicht; es ist auch diejenige Gestaltungsform, bei der sie, anders als bei Erzählung, Hörspiel, Essay, nie im Zweifel ist, daß Form und Stoff zusammengehören.

Das Gedicht ist die zuerst erprobte und durch das ganze Leben hindurch lebendig bleibende Form ihrer poetischen Begabung. In über dreihundert Gedichten, die in sieben Sammelbänden erschienen sind, breitet sich die Fülle des lyrischen Werkes aus, das in seiner Entwicklung durch beachtliche thematische und formale Wandlungen hindurchgegangen ist. Am Beginn stehen die wohlklingenden, der Tradition verpflichteten Gedichte in klassischen Versmaßen, vor allem in Sonettform, die altvertraute Gegenstände besingen: Heimat, Natur, die wechselnden Jahreszeiten, aber auch klassische Stätten des Südens, zu denen Marie Luise Kaschnitz ihren Mann auf seinen Forschungsreisen begleitete. Sie werden bei Kriegsende von den großen Zyklen in fließendem Rhythmus mit unregelmäßigen Reimen abgelöst, die von nun an zur bleibenden, immer freier werdenden lyrischen Ausdrucksform der Dichterin gehören. Die Gedichte in den seit 1950 veröffentlichten Bänden (*Zukunftsmusik* 1950; *Ewige Stadt* 1952; *Neue Gedichte* 1957; *Dein Schweigen — meine Stimme* 1962; *Ein Wort weiter* 1965) setzen die Loslösung von der strengen Vers- und Reimform und die Befreiung von noch verbliebenen Abhängigkeiten fort. In ihren besten Gedichten wie *Die Kinder dieser Welt, Ostia antica, Ich und ich, Ein Gedicht, Zoon politikon* hat Marie Luise Kaschnitz ihren eigenen unverwechselbaren, knappen, bekennenden Ton gefunden und mit ihren kühnen Wort- und Formentdeckungen eine Vollkommenheit erreicht, die sie neben Ingeborg Bachmann zur bedeutendsten lebenden deutschen Dichterin macht.

Marie Luise Kaschnitz schreibt, wie sie selbst sagt, „Gedichte ohne Sinn und ohne Mitteilung so gut wie nie".[24] Diese „Mitteilung" der Gedichte hat sich in ihren vorherrschenden Themen und Motiven ebenso gewandelt wie die formale Ausdrucksform, von der sie nicht getrennt verlaufend gedacht werden kann. War in den frühen Gedichten das „Klassische" in Stoff und Form bestimmend, so gewinnt mit den lyrischen Zyklen die „Moderne" immer mehr an Boden, beginnend mit der Hinwendung zur deutschen Wirklichkeit nach Kriegsende. Zerstörung, Hunger, Elend und der mühsame Wiederbeginn des Lebens sind vor allem in der Klage um das zerstörte Frankfurt (*Rückkehr nach Frankfurt*) in der Verbindung von elegischem Trauergesang und gesättigter Wirklichkeitsanschauung eindringlich vor Augen gestellt.

Beeindruckt von einer Pariser Gesamtausstellung des Malers Courbet, hatte Marie Luise Kaschnitz in den Jahren 1942/43 eine Biographie über ihn geschrieben, die 1949 unter dem Titel *Gustave Courbet* erschienen und 1967 als *Die Wahrheit, nicht der Traum* wieder aufgelegt worden ist. Unter den kunst- und literaturbetrachtenden Arbeiten der Kaschnitz ist dies vielleicht die beste. Eindrucksvoll wirken hier entscheidende Seiten ihrer Begabung zusammen: Beobachtungsgabe, Einfühlungsvermögen und die Kraft der alles ordnenden, hier den historischen Hintergrund einschließenden Darstellung. In der Ergriffenheit vom eigenen Thema überzeugt sie den Leser von der Größe der Courbetschen Gemälde ebenso wie von der Besonderheit dieses kraftvollen, naiven Malergenies, das wie ein Stück der mächtigen Natur erscheint, wie sie auf seinen Bildern leuchtet.

Marie Luise Kaschnitz sieht in dieser Biographie den „Wendepunkt" ihrer „künstlerischen und menschlichen Entwicklung"[25]; sie bilde „eine Überleitung zu einer neuen Epoche ..., in der nicht nur die Natur, sondern auch die Antike langsam verschwinden, während der heutige Mensch in den Vordergrund tritt".[26] In dem Gedicht *Der Dichter spricht* wird diese Wandlung als bewußter Vorsatz in feierlichen, weitausschwingenden Langzeilen lyrisch gestaltet. Auf die Frage, was im Umkreis der Schöpfung „Wort werden" solle, drängt der Dichter die zauberischen Dinge der Welt, „das süße Vollkommene", zurück angesichts des überwältigenden Leidens des Menschen, dessen Schicksal es nun zu „singen" gelte. Diese Wendung in der Entwicklung der Kaschnitzschen Lyrik führt nicht zu einer Abkehr von den Themen ihrer bisherigen Welterfahrung. So sind auch die vertrauten, kraftspendenden Landschaften ihres Lebens, der Breisgau und der Mittelmeerraum, noch im zuletzt erschienenen Band im Gedicht gegenwärtig, jetzt jedoch auf eine Weise verwandelt, die dem sprachlich-formalen Fortgang entspricht: das „Singen" geschieht „mit kleinerem Atem"[27], es klingt wie beherrschtes Sprechen, tastet sich vor, hat aber bei wachsender Gedämpftheit an Ausdruck und Intensität gewonnen. Bereits in den fünfziger Jahren spiegeln die Gedichte, etwa *Wenn aber die Kinder,* durch das Zersprengen der Syntax die aller modernen Kunst eigene neue Sehweise, die wie auf Umwegen die Wirklichkeit in Erscheinung zu bringen sucht. In der Wortwahl aber zeigen sie, auch wenn mythisch-mystische Bereiche berührt werden, niemals die äußersten Formen metaphorischer Schreibweise, wie sie sich bei Nelly Sachs finden.

Die Wahrhaftigkeit, mit der Marie Luise Kaschnitz die Hinwendung zum Menschen vollzogen hatte, führte folgerichtig zur bewußten Teilhabe an den politisch-sozialen Bedingungen und Verhängnissen ihrer Zeit. Wie tief diese Teilhabe lotet, läßt sich aus den neun Gedichten des Zyklus *Zoon politikon* ablesen, in denen ihre leidende Augenzeugenschaft einen Höhepunkt in der dichterischen Gestaltung erreicht.

Vergleicht man die Hauptthemen der Lyrik und der Erzählungen, so zeigt sich eine weitgehende Übereinstimmung: Heimat und Kindheit, Leiden und Einsamkeit des Menschen, seine Angst, sein Scheitern und sein Verschulden, seine Trauer in der bedrohten Welt sind beiden gemeinsam. Unter diesen treten die

Themen der Kindheit und der heimatlichen Landschaft in drei autobiographisch bedeutsamen Erzählungen besonders hervor.

Das Haus der Kindheit (1956) hat die Form eines fingierten Tagebuches, das sich eine ältere Journalistin anlegt, um ihre unwirklich phantastischen Besuche in einem sonderbaren Museum darin zu verzeichnen, das sie eines Tages in einer Sackgasse ihrer Stadt entdeckt. Es befindet sich in einem Gebäude mit zugemauerten Fenstern und ist eine Art Lehranstalt für „erinnerungslose oder erinnerungsunwillige“[28] Erwachsene. Diese Rückschau auf die eigene Kindheit kann in der Atmosphäre und in den Hauptzügen als beispielhaft für die vor dem Ersten Weltkrieg heranwachsende Generation gelten, ist aber in den einzelnen Erinnerungsbruchstücken autobiographisch. Autobiographisch ist auch jener Teil der surrealistischen Fassung dieses Werkes, der auf die abgebrochene Verbindung der Tagebuchschreiberin mit der Umwelt hinweist: ihr Freund Carl verreist auf unbestimmte Zeit; sie übersiedelt, mehr und mehr in den Bannkreis des Museums gezogen, in ein in der Nähe gelegenes altmodisches Kaffee, in dem es keine Uhr gibt, stellt ihre berufliche Tätigkeit fast ganz ein und öffnet keine Briefe mehr. Die „Egozentrik“ dieses Verhaltens, wie es die Ich-Erzählerin nennt, das durch die Art ihrer „Forschungen“ gerechtfertigt erscheint, entspricht der Kaschnitzschen Neigung einer „zeitweiligen Entfernung aus dem Gewohnten“[29], dem Distanz schaffenden Rückzug in das Alleinsein, das ihr zu ihrer dichterischen Besinnung unerläßlich ist.

Die Belehrungen im *Haus der Kindheit*, das mit den raffiniertesten technischen Mitteln ausgerüstet ist, führen der Besucherin in anfangs willkürlich scheinender Auswahl — später kann sie selbst bestimmen — nicht nur Vorgänge in weiten Landschaften vor Augen, sondern lassen sie auch Gefühle der Freude und des Entsetzens wieder durchleben, erwecken von neuem in ihr bestimmte Geräusche, Gerüche, Geschmacksempfindungen und zeigen Filme, die den zeitgeschichtlichen Hintergrund zum Gegenstand haben. Das Düstere überwiegt in diesen „künstlichen Vorspiegelungen des Museums“.[30] Angst ist eins der entscheidenden Erlebnisse des „dicken kleinen Mädchens“ und eins der bedeutungsvollen, immer wieder aufgenommenen Motive der Kaschnitz.

Man hat es diesem Erinnerungsbuch mißbilligend vorgeworfen[31], daß die einzelnen Kindheitserfahrungen nicht „gedeutet“ und mit der erwachsenen Erzählerin in Verbindung gebracht werden, wodurch dann eine Art psychoanalytischer Krankengeschichte entstanden wäre. Es weist aber nichts im Werk darauf hin, daß Marie Luise Kaschnitz derartiges vorgehabt hat. Ihre Ich-Erzählerin ist keine „Patientin“, deren möglicherweise vorhandene Schwierigkeiten einer „Behandlung“ bedürften. Marie Luise Kaschnitz' Einstellung zur Kindheit läßt alle analytische Betrachtung außer acht, es ist eine dichterische und zugleich erkennende Hinwendung, die vor der Darstellung differenzierter psychischer Vorgänge nicht zurückschreckt, jedoch nie auf Entlarvung zielt, vielmehr einen meisterlichen Schwebezustand bewahrt zwischen dem, was zu enthüllen und dem, was zu verschweigen ist. Das schönste Beispiel dafür ist ihre Erzählung *Das dicke Kind* (1952), in der das Thema der Selbstbegegnung auf eine überraschende und die Spannung bis zuletzt haltende Weise höchst kunstvoll durchgeführt ist.

Jahrzehntelang war Marie Luise Kaschnitz mit dem Plan umgegangen, die Familienheimat der Kindheit, das Dorf Bollschweil im Breisgau, „in seiner Gesamtheit dichterisch zu erfassen".[32] In der Lyrik klingen von Anfang an immer wieder einzelne, besonders eindringlich erlebte Motive dieses großen Themas an. Zwei spätere Gedichte stellen ihre „... eingeborene Landschaft / Immer aufs neue gezeichnet" als Ganzes poetisch vor Augen: *Alles das Neue* nimmt die Kinderheimat nah am Realen auf, während *Herbst im Breisgau* sie in einer Weise ins Magische verwandelt, die zwar einzelne geliebte Erinnerungsbilder deutlich hervorhebt, sie aber zugleich in ein Zauberreich neuer geheimnisvoller Zusammenhänge entrückt.

In der *Beschreibung eines Dorfes* tritt das alte Thema in der ganzen Fülle neugewonnenen Reichtums in Prosa, allerdings sehr lyrischer, hervor und ist damit zugleich ein Beispiel für die nicht nur der Kaschnitz eigene Tendenz moderner Dichtung, die Grenzen zwischen den früher klar getrennten Gattungen fließend werden zu lassen, neue Übergänge zu schaffen.

Außer der Nähe zur Lyrik unterscheidet sich dieses Werk noch durch eine gewichtige neue Dimension von den beiden voraufgegangenen Erzählungen, die ebenfalls „auf der Suche nach der verlorenen Zeit" waren. Es ist die erschreckende Erfahrung von der wachsenden Schnelligkeit, mit der wir unbarmherzig fortgerissen in die Zukunft stürzen. Diese Erfahrung hatte bereits in den *Neuen Gedichten* ihren Ausdruck gefunden: „... weiß ich, keiner hält / Den Schwung des Rades" und „Schaudern macht mich Dein furchtbares accelerato". In der *Beschreibung eines Dorfes* enthüllt sie sich im allerletzten Abschnitt als der eigentliche Beweggrund zu diesem Werk: „warum ich dies alles angefangen habe, diese Schilderung eines Dorfes, doch nur um entlassen zu werden aus der furchtbaren Beschleunigung." Marie Luise Kaschnitz weiß, daß man nicht entlassen wird, und versucht dennoch kraft ihres beschwörenden Wortes dadurch, daß sie Vergangenes vor Augen rückt, ja in allen Sinnen wachruft und mit Gegenwärtigem kontrastiert, den Prozeß der Beschleunigung anzuhalten und alles schwebend in der Zeitlosigkeit der fixierten Kunstform zu bewahren.

Marie Luise Kaschnitz hat für dieses Werk eine großartige, überraschende Erzählform erfunden. Sie gibt vor, einen Arbeitsplan für einundzwanzig Tage aufzustellen, an denen sie das Dorf von jeweils ausgewählten Gesichtspunkten her beschreiben will, und läßt diesen Entwurf zugleich zur endgültigen Form des Werkes sich entwickeln. Die einleitenden Sätze jedes Abschnittes ebenso wie alle späteren Hinweise auf den Arbeitsplan stehen in der Zeitform des Futurs.

Nach einem topographischen und historischen Überblick über die Landschaft aus der Vogelschau gewinnt allmählich die nähere Umgebung und schließlich das Dorf selbst deutliche Gestalt, inmitten von Wiesen und Wald, mit Gasthof, Kirche, Friedhof und Familienhaus.

Kindheits- und Jugenderinnerungen sind bedeutungsvoll mit Impressionen der Gegenwart verflochten, um dem beherrschenden Thema zu dienen, der „Grundnote", wie sie sie selbst nennt, die von Anfang an sinnfällig ist und immer aufs neue wiederholt wird. Es ist die Klage über den ruhelos weiterdrängenden Fortschritt, das bedrohliche Dahinstürzen in der Zeit: „wie jetzt alles anders ist", „was nun alles dahin ist", „Veränderung über Veränderung". Es ist unnachahmlich, wie es der Dichterin gelingt, bei der Schilderung der unaufhörlichen, überall durch rastlose Tätigkeit weitergetriebenen Veränderung dennoch eine Stimmung von Frieden und Aufgehobensein auszubreiten, allein durch die Anordnung der Erinnerungsausschnitte, durch die Art des Aufrufens der Gesichte, Geräusche, Gerüche. So beschwört sie etwa im siebten Abschnitt die „Geistergeräusche" der Vergangenheit, benennt dann die Motorengeräusche der Gegenwart und ruft am Schluß das Unveränderliche auf, „des Westwinds wie immer orgelnde Stimme, das Erschrecken der Rehe im Wald".

Aneinandergereihte, nüchtern genaue Angaben wechseln mit gefühlsgesättigten Bezeichnungen und Meditationen, die auf das Wesen der Dinge zielen. Metaphern und Vergleiche enthüllen die Bedeutsamkeit des Aufgerufenen und durchleuchten den kunstvoll aufgebauten Tatsachenbericht. So klingt, wenn die modernen Häuser des Dorfes wie Vögel erscheinen, „die sich für einen Augenblick niedergelassen", sogleich die zugvogelartige Beweglichkeit der Moderne an, ihre Mobilität, ja Wurzellosigkeit.

Um den Reichtum der Wahrnehmungen zu strukturieren und zugleich das Gefühl der Fülle der Eindrücke zu erhalten, verwendet Marie Luise Kaschnitz ein augenfälliges Mittel. Die einzelnen Skizzen für die Arbeitstage gliedern sich, den unregelmäßigen Strophen eines Gedichtes vergleichbar, in Absätze, die, durch ein eigenwilliges Satzzeichensystem in unaufhörlichem Fluß erhalten, oft ohne Punkt und selbst am Satzende zuweilen mit einem Komma enden. Ein Arbeitstag kann, wie etwa im siebten Abschnitt, in einem einzigen Satz ins Auge gefaßt und über vierzehn „Strophen" ausgedehnt werden.

Die *Beschreibung eines Dorfes* endet mit einer Zukunftsvision, unter deren Schrecken auch die Erzählung *Der Tag X* steht. Das Rad der Zeit weiterdrehend sieht die Dichterin im Geiste die kommenden Wandlungen, Glanz und Grauen des technologischen Zeitalters. Die Ahnungen einer möglichen Katastrophe werden mit beschwörenden Rufen abgewehrt, denen aber doch als letztes das Bild einer verödeten neuen Urlandschaft folgt, in der alles geliebte Leben im Schlamm und Wasser der Urwälder versunken ist.

Erkenntnishelle und Ausgewogenheit beherrschen das eingangs genannte essayistische Werk der Kaschnitz, nicht aber die Welt ihrer Erzählungen (*Lange Schatten* 1960; *Ferngespräche* 1966), in denen vieles dunkel und unaufgelöst bleibt. Reales kann sich unvermittelt in Phantastisch-Unbegreifliches steigern und Sinnloses sich als erschreckend real erweisen. Die Wirklichkeit ist durchlässig für Einbrüche aus einem Hinter- und Untergrund, in dem noch die mythische Vergangenheit lebendig ist. Marie Luise Kaschnitz ist Realistin, aber eine im Mystisch-Mythischen wurzelnde Realistin, deren einfühlendes Nacherleben bis in die Anfänge unserer Zivilisation reicht.

Diese besondere Weise ihres Welterlebens tritt in den beiden Gruppen ihrer Erzählungen in Erscheinung, bei denen man die im Alltäglich-Realen angesiedelten von den ins Phantastisch-Irreale hineinreichenden unterscheiden könnte. Sie stimmen jedoch in ihrer Grundstruktur überein und sind treffend als Schicksalserzählungen[33] charakterisiert worden. In allen geht es um entscheidende Lebenswenden, die oft im Gewande alltäglicher Begebenheiten daherkommen. Das bürgerliche Milieu Deutschlands und Italiens gibt den Hintergrund der Mehrzahl der Erzählungen ab. Ihre Hauptgestalten sind oft hilflos ihrer Natur und ihren Lebensumständen ausgeliefert, wie das Kind in *Popp und Mingel,* der Häftling in der *Pflanzmaschine,* die alte Frau in *Ja, mein Engel.* Andere wiederum wachsen an den Herausforderungen ihres Lebens und bestehen die Konfrontationen mit sich selbst oder mit fremdem Leben, wie der Deserteur in der gleichnamigen Geschichte und der junge Jurist in *Zu irgendeiner Zeit.*

Etwa die Hälfte aller Erzählungen der Kaschnitz sind Ich-Erzählungen. In dieser Darstellungsform fühlt sich die Verfasserin, wie sie selbst sagt, am unbefangensten, man identifiziere sich stärker „mit dem sogenannten Helden oder der Heldin".[34] Als Ich kann ein Mann sprechen, eine Frau oder auch ein Kind. Manche dieser Erzählungen ähneln Beichten oder Tagebuchmonologen, in anderen ist das Ich nur der Zeuge und Übermittler der Begebenheiten oder der Gesprächspartner der Hauptperson.[35]

Charakteristisch für die Erzähltechnik von Marie Luise Kaschnitz sind die Anfänge, die, konkret und sachlich, sogleich die Erwartung spannend, einsetzen, wie etwa: „Sofort nachdem der Häftling Nr. 304 die Telefonnummer des Polizeireviers gewählt ... hatte, fing er an zu reden."[36] Sie erzählt mit präziser Anschaulichkeit, sich auf genaue Milieu-Kenntnisse stützend, knüpft assoziativ reflektierend an Gegenstände und Vorgänge ihrer Geschichte an und führt sie so weiter. Die Spannung wird bis zum Schluß durchgehalten, der die Lösung bringt oder, wiederum kennzeichnend für die Kaschnitz, offen bleibt; das letztere vor allem in jenen Erzählungen, wo übernatürliche Kräfte in das Alltagsleben eingreifen. Nur einmal nimmt sie ausdrücklich Stellung: „Ich glaube vielmehr, daß es auf unserer von der Technik beherrschten Erde ... immer noch Orte gibt, die den Geistern gehören."[37]

Was es eigentlich bedeutet, daß so viel unausweichliches Leiden, so viel unverständliche Grausamkeit, so viel eigene und fremde Lieblosigkeit ihr Leben bedroht, ist den Hauptfiguren meist nur dunkel bewußt. In der Erzählung *Zu irgendeiner Zeit* drängt die das Geschehen vermittelnde Rahmen-Erzählerin dem Leser diese Erkenntnis als Eingangsbelehrung auf: nämlich „daß die Existenz des Menschen eine tragische ist". Wenn das Grausige und Gräßliche, das manchen Figuren widerfährt (*Das ewige Licht*; *Ein Tamburin, ein Pferd*), sich ihnen wie im Traum nicht oder kaum begriffen nähert, so entspricht das nicht nur dem besonderen, von der eigenen Zurückhaltung diktierten Stilwillen der Kaschnitz, sondern auch einer liebevoll schonenden Grundhaltung. Sie bekennt selbst, daß ihr immer, wenn sie „richtig zuschlagen" wolle, ihr „Erbarmen mit den Menschen" in die Quere komme.[38]

Mit dem Hörspiel *Jasons letzte Nacht* wendet sich Marie Luise Kaschnitz 1950 einem neuen Ausdrucksmittel zu[39], dessen Besonderheit, „nur auf das Wort gestellt zu sein"[40], sie reizt. Das Hörspiel untersteht, wie sie selbst in ihren theoretischen Überlegungen schreibt, anderen Gesetzen als das Drama.[41] Es ist im wesentlichen episch, aber zugleich für das Lyrische empfänglich und dadurch ein wie für sie, die glaubt, „zum Stückeschreiben nicht fähig" zu sein, weil ihr „der Sinn für den Aufbau und die Verschränkung" fehle[42], ureigens geschaffenes Medium. Die Hörspiele von Marie Luise Kaschnitz wirken wie aus Szenen aufgebaute lyrische Erzählungen, in denen die ihr eigene und ihr ganzes Werk durchdringende Überzeugung zur Entfaltung gelangt, daß es kein Leben gibt, „das nicht vom Außergewöhnlichen gestreift wird und in dem nicht das Übersinnliche eine Rolle spielt".[43] Der Themenkreis der Erzählungen ist um solche mit griechisch-mythologischen, biblischen und historischen Fabeln erweitert.

Die dichterischen Möglichkeiten eines Hörspiels, nämlich durch Rückblenden frei mit Raum und Zeit zu schalten, Sprecher einzuführen, die den Rahmen schaffen und Erklärungen geben, Geister, Tote und Dinge sprechen zu lassen, verlangen eine besondere strukturierende Kraft, wenn das Ganze der Gefahr des Zerfließens entgehen soll. Marie Luise Kaschnitz beherrscht diese Technik mit derselben Leichtigkeit, mit der sie über alle ihre Darstellungsformen gebietet, was nicht ausschließt, daß einige Hörspiele weniger gelungen sind, wie *Der Hochzeitsgast,* in dem ein überzeugender Zusammenhalt der einzelnen Szenen untereinander nicht gewahrt scheint.

Unter den im Druck erschienenen Hörspielen (*Hörspiele* 1962; *Gespräche im All* 1971) nimmt *Gespräche im All* eine besondere Stellung ein, da es seiner Konzeption nach kaum in irgendeiner anderen dichterischen Form denkbar ist. Die Sprechenden sind eine kürzlich verstorbene weibliche Seele und eine ihr vor längerer Zeit vorausgegangene männliche, frühere Eheleute, die im Weltraum durch die Sterne hintreiben und immer wieder voneinander getrennt werden. In den Gesprächen zwischen diesen Trennungen erfährt die Frau durch die seltsamen Reaktionen ihres Mannes, was es heißt, nicht mehr am Leben zu sein: man verlernt das Leben, vergißt es, verliert im wahrsten Sinne des Wortes die Sinne, Gesicht, Geschmack, Gefühl, Geruch und schließlich auch das Gehör. Anfangs versucht sie verzweifelt, für sie beide das alte Leben „aus Worten" wieder aufzubauen, bis sie selbst überwunden wird, alle Erdenerinnerung und persongebundene Liebe entschwindet und nur einem Bewußtsein noch Raum läßt: in der allumfassenden göttlichen Liebe zu sein.

Den *Gesprächen im All* liegen Vorstellungen zugrunde, die die Einbildungskraft von Marie Luise Kaschnitz schon seit ihren lyrischen Anfängen beschäftigen[44] und noch im Zyklus *Jenseits* ihres letzten Gedichtbandes die dichterische Anschauung bestimmen. Das Hörspiel steht außerdem im Zusammenhang mit Erzählungen, Gedichten und Betrachtungen, die die Dichterin nach dem Tode ihres Mannes geschrieben hat und die von der Erschütterung durch dieses Ereignis geprägt sind. Unter ihnen ist der Gedichtband *Dein Schweigen — meine Stimme* durch die Läuterung des überwältigenden Schmerzes in der poetisch gebundenen Form ergreifend und überzeugend, während die Erzählung *Am Circeo* und einige Passagen der Aufzeichnungen *Wohin denn ich* durch das intime direkte Ansprechen des Verstorbenen zuweilen einen zwiespältigen Eindruck hinterlassen.

Auf die Frage nach dem geistigen und künstlerischen Ort der Kaschnitzschen Dichtungen innerhalb der Gegenwartsliteratur soll im Zusammenhang mit ihren eigenen Überlegungen eingegangen werden. Marie Luise Kaschnitz glaubt, daß „ohne Vordenkopfstoßen in irgendeinem Sinne ... große Kunst nicht gedeihen kann".[45] Sie bewundert Samuel Beckett, der „das alte Tabu des idealistischen Menschenbildes auf Schritt und Tritt verletzt" und dessen Romane, Theaterstücke und Hörspiele sie gern geschrieben haben möchte[46], wobei sie sich nicht einen Augenblick im unklaren ist, daß sich Beckett zu ihr „verhält wie ein Riese zu einem Zwergen". Bei Beachtung des Rangunterschiedes wird gerade im Vergleich dieser beiden Dichter ihr ungleicher „Standort" deutlich. Unerbittlich hält Beckett seiner Zeit den Spiegel vor, die erbarmungslose Reduktion des Menschlichen bis zum Äußersten treibend. Marie Luise Kaschnitz stellt sich zwar rückhaltlos den Angriffen auf das überlieferte Welt- und Menschenbild; ihre Werke, auch der zuletzt erschienene Band hintergründiger kurzer Prosastücke *Steht noch dahin*, zeugen von den Angstträumen des Zeitalters, von ihrer eigenen Betroffenheit und ihrem Verantwortungsgefühl. Aber es entspricht ihrem Wesen, nicht über äußerste Grenzen vorzudringen, sondern, wie es in *Tage, Tage, Jahre* heißt, „nach Ausgleich, nach Versöhnung und Harmonie"[47] zu streben. Es ist gerade die Neigung, dem zu widerstehen, was sie selbst als Zeichen der Zeit diagnostiziert hat, nämlich dem „wachsenden Verlust an Sicherheit und Würde"[48], die ihr eigentliches Verdienst ausmacht. Innerhalb dieses Rahmens, den sie sich selbst gesetzt hat, hat Marie Luise Kaschnitz einige Dichtungen geschaffen, die durch ihre Aufrichtigkeit und durch die Kühnheit der sprachlichen Mittel zum bleibenden Bestand der deutschen Literatur gehören werden.

Anmerkungen

Texte

Eine Gesamtausgabe der Werke von Marie Luise Kaschnitz ist noch nicht erschienen; die Hauptwerke sind im folgenden chronologisch mit Erscheinungsort und -jahr aufgeführt.

Liebe beginnt. Roman. Berlin 1933.
Elissa. Roman. Berlin 1937.
Griechische Mythen. Hamburg 1946.
Menschen und Dinge 1945. Heidelberg 1946.
Gedichte. Hamburg 1947.
Totentanz und Gedichte zur Zeit. Hamburg 1947.
Gustave Courbet, Roman eines Malerlebens. Baden-Baden 1949.
Zukunftsmusik. Gedichte. Hamburg 1950.
Das dicke Kind und andere Erzählungen. Krefeld 1951.
Ewige Stadt. Rom-Gedichte. Krefeld 1952.
Engelsbrücke. Römische Betrachtungen. Hamburg 1955.
Das Haus der Kindheit. Hamburg 1956.
Neue Gedichte. Hamburg 1957.
Lange Schatten. Erzählungen. Hamburg 1960.
Dein Schweigen — meine Stimme. Gedichte 1958—1961. Hamburg 1962.
Hörspiele. Hamburg 1962.
Wohin denn ich. Aufzeichnungen. Hamburg 1963.
Ein Wort weiter. Gedichte. Hamburg 1965.
Ferngespräche. Erzählungen. Frankfurt 1966.
Tage, Tage, Jahre. Aufzeichnungen. Frankfurt 1968.
Überallnie. Ausgewählte Gedichte 1928—1965. Mit einem Nachwort von Karl Krolow, Hamburg 1965.
Steht noch dahin. Neue Prosa. Frankfurt 1970.
Gespräche im All. Hörspiele. Frankfurt 1971.
Zwischen Immer und Nie. Gestalten und Themen der Dichtung. Frankfurt 1971.

Bibliographie

Elsbeth Linpinsel: Kaschnitz-Bibliographie. Hamburg 1971.

Literatur

Fritz Usinger: Die Dichterin Marie Luise Kaschnitz. In: Deutsche Rundschau, Nr. 6, Jg. 1958, S. 544—533.

Walter Jens: Erzählt aus großem Überfluß. In: Die Zeit, Nr. 41, 7. Oktober 1960.

Marcel Reich-Ranicki: Marie Luise Kaschnitz: „Ferngespräche". In: Literatur der kleinen Schritte. München 1967, S. 225—233.

Walter Krolow: Nachwort. In: Marie Luise Kaschnitz, Überallnie. Gedichte. München 1969.

Interpretationen zu Marie Luise Kaschnitz, verfaßt von einem Arbeitskreis. Herausgegeben von Rupert Hirschenauer und Albrecht Weber. München 1969.

Siegfried Lenz: Eignung zum Opfer. In: Beziehungen. Ansichten und Bekenntnisse zur Literatur. Hamburg 1970, S. 226—232.

Nachweise

[1] Sehr kritisch urteilt Günter Blöcker: Jenseits der Schmerzgrenze. In: Frankfurter Allgemeine Zeitung, 24. Dez. 1966.

[2] Fritz Usinger: Die Dichterin Marie Lusie Kaschnitz. In: Deutsche Rundschau, Nr. 6, Juni, Jg. 1958. S. 544—553.

[3] M. L. Kaschnitz: Warum ich nicht wie Georg Trakl schreibe. In: Fünfzehn Autoren suchen sich selbst. Herausgegeben von Uwe Schultz. München 1967, S. 84.

[4] M. L. Kaschnitz: Wohin denn ich. S. 41.

[5] M. L. Kaschnitz, Tage, Tage, Jahre. Fischer Bücherei, 1971, S. 36.

[6] Siehe Nachweis 4, S. 172.

[7] a) Horst Bienek: Werkstattgespräche mit Schriftstellern. München 1962. S. 38;
b) M. L. Kaschnitz,Bericht zu einem Gedicht. In: Mein Gedicht ist mein Messer. Herausgegeben von Hans Bender. München 1964.

[8] Siehe Nachweis 4 und *Neue Gedichte*, S. 81.

[9] Besonders Karl Krolow in seinem Nachwort zu M. L. Kaschnitz, Überallnie. Ausgewählte Gedichte. Hamburg 1965.

[10] Siehe Nachweis 1.

[11] *Die Worte* in *Gedichte* 1947.

[12] Albert Camus, Der Mythos von Sisyphos. Hamburg 1969, S. 11.

[13] Siehe Nachweis 4, S. 46.

[14] M. L. Kaschnitz, Ein Vater vor sechzig Jahren. In: Die Väter. Herausgegeben von Peter Härtling. Frankfurt 1968.

[15] M. L. Kaschnitz, Autobiographisches Nachwort. In: Caterina Cornaro. Die Reise des Herrn Admet. Reclam Nr. 8731, S. 66.

[16] Siehe Nachweis 3, S. 89.

[17] Siehe Nachweis 15, S. 65.

[18] Siehe Nachweis 3, S. 94.

[19] *Blick aus dem Fenster* in *Zukunftsmusik.*

[20] M. L. Kaschnitz, Liebe beginnt, S. 7.

[21] Ebd., S. 37.

[22] Siehe Nachweis 7 a, S. 42.

[23] Ebd., S. 37.

[24] Ebd., S. 40.

25 Siehe Nachweis 5, S. 177.
26 Siehe Nachweis 15, S. 68.
27 Dein Schweigen — meine Stimme, S. 40.
28 Das Haus der Kindheit, S. 88.
29 Siehe Nachweis 7 a, S. 36.
30 Siehe Nachweis 28, S. 22.
31 Wolfgang Hildesheimer, Ein Haus der Kindheit. In: Merkur, 11. Jg., 1. Heft, 1957.
32 Engelsbrücke, S. 242.
33 Siegfried Lenz, Eignung zum Opfer. Über Marie Luise Kaschnitz' Erzählungen „Ferngespräche". In: Beziehungen. Hamburg 1970.
34 Siehe Nachweis 7 a, S. 43.
35 *Das ewige Licht*; *Das Öllämpchen.*
36 *Die Pflanzmaschine* in *Ferngespräche.*
37 *Der schwarze See* in *Lange Schatten.*
38 M. L. Kaschnitz, Die Schwierigkeit, unerbittlich zu sein. In: Die Welt, 11. Nov. 1965.
39 Siehe Nachweis 15, S. 69.
40 Siehe Nachweis 7 a, S. 45.
41 Engelsbrücke, S. 181.
42 Siehe Nachweis 38.
43 Siehe Nachweis 15, S. 69.
44 *Die Ewigkeit* in *Gedichte* 1947.
45 Siehe Nachweis 5, S. 207.
46 Ebd., S. 206, S. 148.
47 Ebd., S. 223.
48 Engelsbrücke, S. 141.

Inge Meidinger-Geise

PETER HUCHEL

> Die Gedichte Peter Huchels sind Prozesse, deren Schicksal die Revision ist.
>
> Wolf Wondratschek

Selten wiegt Gegenwart als Spannungsfeld und Vorläufiges so schwer wie bei der Betrachtung von Werk und Leben Peter Huchels. Im Zeitraum von knapp zwanzig Jahren erschienen drei schmale Gedichtbände. Sie ließen in steigendem Maße den Lyriker Huchel als Alleingänger hohen Ranges wirken, mitten durch die Zeit und ihre literarischen Strömungen. Im selben Zeitraum bewegte immer wieder das persönliche Geschick des Dichters. Über dieses Geschick wurde mindestens ebensoviel, zeitweilig mehr geschrieben als über Huchels Lyrik. Wir lesen, aus Anlaß seiner Veröffentlichungen, aber auch seiner Lebensumstände, verstreut in Zeitschriften Porträts von ihm, die in immer anderen Verschiebungen das Literarische, das Politische mit leisem Aufgestörtsein durch Ungewöhnliches und doch so Zeit-Typisches hervorheben. In jüngeren Spezialabhandlungen zählt Huchel als Vergleich, Hinweis, Namensformel für Exemplarisches. Es gibt — zu seinem 65. Geburtstag 1968 — eine *Hommage* durch westdeutsche Autoren und Kritiker; es gibt seit 1953 eine monographische Analyse von Huchels Lyrik, den Nationalpreisträger der DDR von 1951 entsprechend vorstellend. Nach jahrelang anhaltender, mehr oder weniger lebhafter Huchel-Diskussion, erhob sich nun im unmittelbaren Heute neues Warten auf den neuen Huchel in der Lyrik, da der Mensch Huchel in einen neuen Lebensabschnitt trat.

Absurde, unfreiwillig ins Blickfeld gerückte Zeitgenossenschaft eines Dichters, dessen Leistung vielleicht erst viel später ohne Emotionen, ohne tragisches Brennglas gesehen werden kann: Im Heute scheinen Werk, Leben, Ruf dieses Mannes die ganze Problematik eines human-sozial engagierten Lyrikers, der sich durch Ideologien nicht zum Blinden und zum Schreier machen ließ, aufzudecken. Dem Betrachter bieten sich kommentierte Fakten an, deren einseitige Ausdeutungen pro oder contra Bundesrepublik oder Deutsche Demokratische Republik Ingo Seidler mit Recht für gefährlich fragwürdig hält.[1] Wo sich Stimmen, Urteile solchen Einseitigkeiten entziehen wollen, deuten sie Diskrepanzen an, ohne die, wie auch immer, keine Charakterisierung von Huchels und seines Werkes Position auskommt. Hier zur Auffächerung ein paar Beispiele: Ingo Seidler meint selbst, Huchels Ruf als Dichter sei — „in Abwandlung eines bekannten Musil-Wortes gut, aber unhörbar".[2] Rino Sanders äußert: „Dreißig Jahre deutscher Politik haben den tief unpolitischen Huchel daran gehindert, seinen Platz in unserer Literatur einzunehmen. Sein Werk, ein schmales, unaufdringliches freilich, bleibt beinah apokryph."[3] Hans Mayer charakterisiert im Zusammenhang mit der deutschen Literatur der Nachkriegszeit die Autoren-Generation der Nossack, Eich, Huchel: Sie „debütierten als reife Männer" und gewannen durch ihr Schicksal nie „so großartigen Einklang von jugendlicher Selbstaussage und spontaner gesellschaftlicher Zustimmung wie die Debütanten der zwanziger Jahre oder dann auch wieder unserer sechziger Jahre. Man hat sie um die Zeit zwischen 1933 und 1946 betrogen. Da gab es im Leben dieser Menschen, die nichts anderes sein konnten als Schriftsteller, die Verurteilung zum Doppelleben."[4] Speziell auf Peter Huchel angewandt, kann man ergänzen: Man hat diesen Autor, der keine Doppelrolle zu tragen gewillt war, ebenfalls um die Jahre von 1962 bis 1971 betrogen. Was für eine dichterische Ernte dies vorläufig ergibt, läßt Huchels Leben und Werk abermals eng miteinander verknüpft im Beobachtungsfeld verbleiben.

Die vorläufigen wertenden Stimmen sind mitgetragen vom Wissen und Meinen um das Zeitgeschehen im geteilten, zweistaatlichen Deutschland. Ein Überspitzen ist unvermeidbar. So kann und muß aus seiner Sicht der tschechoslowakische Lyriker und Essayist Ondra Lysohorsky schreiben: „In Anbetracht der für den westlichen Schriftsteller unvorstellbaren äußeren und noch mehr inneren Schwierigkeiten, in denen die Schriftsteller ‚im Osten' zu leben und zu schaffen haben, kann man sagen, daß ... ein gutes Gedicht der Huchels hundert gute westliche Gedichte" aufwiegt.[5] Daneben aber sieht Hans Egon Holthusen kritisch auf Peter Huchels „Bahn der Vergeschichtlichung", sein zeitweiliges „Bekenntnis zu seiner geschichtlichen Pflicht, ja zum strikten politischen Engagement im Gedicht".[6] Die nicht gelingende Doppelrolle, für die Peter Huchel nur ein neues Beispiel ist, entlarvt sich selbst, da sie sprachlich und thematisch das huldigende Pseudofeuer für Lenin, für Mao Tse-tung schürt: Der Lyriker Huchel ‚versagt' dann vor dem Polit-Sänger, die eigene Handschrift erlischt im Spruchband-Text (vgl. Holthusen, a. a. O.).

Eine Überbewertung von solcher Zeit-Lyrik Huchels kann bei den bedrängenden historischen Zickzacksprüngen unseres Jahrhunderts im Geistigen und Politischen nicht maßgeblich sein, wenngleich hinter Werner Wilks Worten die ganze stete Last, Anfälligkeit und Leistung dieses Zeitgenossen Peter Huchel begreifbar wird: „Die Zeitläufte dieses Jahrhunderts haben deutschen Schriftstellern ganz erheblich und von allen nur denkbaren Seiten zugesetzt. Auch den größten unter ihnen widerfuhr es, daß ihre Fähigkeit von philosophischen, ästhetischen, modischen, natürlich von politischen und sozialen und von allen möglichen Zweifeln und Bedrängnissen und schließlich auch von Konsumentenerwartungen beeinträchtigt wurde. Von solchen Strömungen hielt sich Huchel zurück, oder anders, von solchen Versuchungen wurde er nicht im Innersten berührt."[7] Man bestätigt Huchels Sicherheit in sich selbst keineswegs glorios, eher leise bewundernd: Franz Schonauer betont, Huchel sei „kein Widerstandskämpfer, kein Mann der ‚inneren Emigration' oder gar ein dezidierter Feind des Sozialismus. Weder das eine noch das andere wäre ihm seiner Natur und seiner Herkunft nach möglich."[8] Noch deutlicher weist Wolfgang Hädecke jede anhaltende Doppelrolle Huchels als politischer Dichter zurück und betont die besondere Situation und Qualität dieses außenseiterischen Lyrikers: „Huchel ist weder ein politischer Dichter noch eine Kämpfernatur. Seine Kämpfe, seine Waffen sind nicht die seiner Verächter; denn was wissen sie von seinem Ringen, von den lautlosen und einsamen Kämpfen mit den Widerständen des schöpferischen Wortes, das Wirklichkeit beschwört und bewältigt? Was von der ungewöhnlichen Leistung, Rang und Ruhm zu gewinnen mit kaum hundert Gedichten in vierzig Jahren?"[9]

All diese Äußerungen, wie ein Spektrum aus Zeitungen und Zeitschriften gewonnen und wie eine Ouvertüre dem literarisch und menschlich beachtlichen ‚Fall Huchel' vorausgeschickt, kulminierten um die sechziger Jahre, als feststand, daß Huchel „zur Hoch-Zeit der fünfziger Jahre in der Lyrik" gehörte[10], jener „Goldenen Fünfziger einer elitären Literaturform, die sich nur unter Verzicht auf Qualität ‚demokratisieren' läßt".[11] Der Beweis für diese These des Lyrikers Piontek lag im Hinblick auf Huchels Position und Gefährdung als Keim bereits in der Tatsache, daß Huchels 1948 in der DDR erschienene *Gedichte*, die erste Buchveröffentlichung, deren spätes Datum der Dichter in freiwilligem Warten und stillem Arbeiten gesetzt hatte, Peter Nell, dem nachmaligen Hauptabteilungsleiter im Becher'schen Kulturministerium, der „mit den Sachen nichts anfangen konnte, im Hinblick auf die Entwicklung in der sowjetischen Zone, gefährlich" vorkam.[12] Unnatürliche Grenzen aber überwanden äußere und innere Begegnungen Huchels mit den Lyrikern und der Lyrik der Zeit: Walter Jens berichtet von „einem glücklich-verbindenden Gespräch in Leipzig, wo die Bachmann, Enzensberger, Hermlin und Huchel zusammen kamen. Plötzlich besann man sich darauf, daß die Fronten im Grunde gar nicht so starr sind: Huchel ist immernoch ein großer deutscher Poet."[13] Wenige Jahre später war Huchel in der DDR gemaßregelt und isoliert, spalteten die Jahre nach 1960 immer mehr spirituell gerichtete Nachkriegslyrik und politische Gebrauchslyrik, Pop-Verse, sub-kulturellen lyrischen Neurealismus. In diesen Jahren nennt man Huchel bereits in Zusammenhängen, die solche tatsächlichen neuen Gruppierungen meinen: „Das Gerüst einer zitierten poetischen Welt als Realitätsvokabular des Gedichts konstituiert sich noch in der gegenwärtigen deutschen Lyrik, bei Celan oder Huchel oder Ingeborg Bachmann ..."[14] Fritz J. Raddatz spricht in seiner Untersuchung über Peter Huchel davon, daß „Huchel sein eigenes Werk bereits als Bestandteil aufzuarbeitender Tradition versteht" (Traditionen und Tendenzen — S. 130).

Peter Huchels Biographie hat Gewicht, drängt sich nicht von außen her in sein Werk, sondern bestimmt es mit, unlösbar von Gehalt und auch Gestalt. Das Motto gibt sich Peter Huchel mit eigenen Worten. „Ein Mensch mit seinem Widerspruch", sagt Ingo Seidler, „... immer noch einer, der, wie vor dreißig Jahren, etwas vertrotzt sich sagen darf, er lebe ‚ohne Entschuldigung'."[15] Kennzeichnend mag für dieses Leben und seine eigenwillige dichterische Aufgabe bleiben, was als Wesenszug bei Besprechungen des *Sinn und Form*-Redakteurs Huchel mit andern auffällt: „Sein Zögern und seine Zähigkeit."[16] Man kann vertiefen und sagen: Seine so stille wie kräftige Unbeirrbarkeit hat das Leben und Schaffen dieses Mannes zu einem merk-würdigen Exempel heutigen Dichterdaseins gemacht. Hierzu paßt das „Bauerngesicht", das Hans Mayer zeichnete, zuweilen beim Durchsetzen von Plänen „grinsend, um die Augen zog es sich besonders eng und vielfältig zusammen".[17]

Ein „Sohn der Mark", wurde Peter Huchel am 3. April 1903 als Beamtensohn in Berlin-Lichterfelde geboren. Die Kindheit verbrachte er auf dem Bauernhof seines Großvaters im Dorfe Alt-Langerwisch, in der Niederungslandschaft zwischen den nördlichen Havelseen und den südlichen Seen um den Nuthe-Verlauf. Der Großvater, berichtet Eduard Zak, war „ein recht sonderbarer Kauz, der Historienbücher und alte englische Romane mehr liebte als seine Rechnungsbücher und der darüber seine ansehnliche Wirtschaft vernachlässigte. Überdies schrieb der Alte Gedichte, die er nicht selten dem Enkel vorlas, der sein einziges Publikum war. Es ist nicht unwahrscheinlich, daß die frühe Bekanntschaft mit dieser Art von Hausdichtung das Vertrauen des jungen Mannes in die Möglichkeit selbständigen dichterischen Ausdruckes gestärkt hat."[18] Nach dem Schulbesuch in Potsdam und dem Abitur folgen die Anfangssemester des Literatur- und Philosophiestudiums in Berlin, dann wechselt Huchel nach Freiburg i. Br., später nach Wien. Sparsame frühe Veröffentlichungen, wichtige enge Freundschaften, dies ist das Fazit der Jahre, die Huchels Existenz begründen als freier Schriftsteller (gefährlich verlockende Formel für persönliche Askese im Karrieregetriebe der Neuzeit, für voranbringende oder nur einsiedlerische Arbeit vertiefende Zufallsbeschäftigung!). Paul Westheim druckt als erster ein Gedicht von Huchel Mitte der zwanziger Jahre in seinen *Kunstblättern.* Alfred Kantorowicz, 1926 Feuilleton-Redakteur bei der *Neuen Badischen Landeszeitung*/Mannheim druckt ebenfalls frühe Lyrik. Er und vor allem der Freiburger Essayist, Kritiker und Literarhistoriker Hans Arno Joachim, der später in den Gaskammern umkam, setzten sich für den jungen Huchel ein, der es „seinen Freunden allezeit erschwerte, ihn nach Verdienst bekannt zu machen".[19]

Das Nachhaltige, Prägende dieser Kindheit und des Aufbruchs: Keine Land-Idylle, aber ländlicher Werktag, notwendig, realistisch, ordnend. Kein dekorativer Zauber der Erinnerung, aber eine zweite Wirklichkeit, mit Sinnen und Bedenken erfaßt. Natur-Gestalt der Niederungswelt. Dazu der Tod, das Verhängnis, das Dunkel, die Aufgabe, dies zu sehen, zu ertragen.

Der für das nackte Leben der kleinen Leute und Armen, nicht für das gerade in diesen Jahren literarisch verbrämte, ‚einfache Leben' engagierte junge Huchel reist 1928 mit den Freunden Joachim und Kantorowicz nach Paris, verdient sich Geld mit Übersetzungen und bekommt ein Stipendium, das Dr. Monty Jacobs, Feuilleton-Redakteur der *Vossischen Zeitung*, vermittelt. Dann geht Huchel in die Bretagne, geht in den Süden und wird zehn Monate Bauernknecht bei Grenoble. Es folgen zwei Jahre darauf die Berliner Wohnstationen zu dritt in der City am Bülowplatz, dann in einem Gärtnerhaus in Kladow. Kantorowicz, der diese Stationen skizziert, läßt mit lapidaren Worten jene Zeit der dreißiger Jahre aufleben, in denen man zirkeleng in Berlin zusammenrückte, zusammen kämpfte gegen die kommende Hitler-Ära. In diesen Jahren ist Huchel durch die Förderung von Willy Haas der *Literarischen Welt* verbunden und erhält 1932 für seinen Lyrikband *Der Knabenteich* den Lyrikpreis der Zeitschrift *Die Kolonne*. Das Jahr 1933 ist sogleich eine entscheidende Zäsur: Freunde wie Kantorowicz fliehen. Willy Haas geht nach Prag und fordert Huchel zur Mitarbeit an der neuen, dort von Haas begründeten Zeitschrift *Die Welt im Wort* auf. Huchel lehnt ab: „Er habe sich entschlossen", schreibt er, „das Dichten bis auf weiteres ganz aufzugeben".[20] Die Veröffentlichung des Lyrikbandes *Der Knabenteich* wird zurückgezogen von Huchel, der erneut beginnt, auf dem Land zu leben ‚durch die Arbeit seiner Hände', wie er Haas geschrieben hatte. Der Lyriker schreibt ohne Echo weiter. Die literarische Existenz wird äußerlich hinhaltend bestätigt durch Hörspiel-Arbeiten, die nie gesammelt wurden, obwohl die naheliegende Hinwendung des Lyrikers Huchel zu der sich entwickelnden modernen, einzig auf gehörtes Sprach-Erleben bauenden funkischen Neuform eine intensive vergleichende Untersuchung herausfordern könnte.

Parole dieser Jahre der ersten Persönlichkeits-Bestätigung: Sozialgerichtetes Engagement. Es leitet das Verhalten in der Zeit und im Alltag, es bestimmt die Aussage, es fordert später zu Summierungen der Porträtisten heraus: „Sozialist aus persönlicher Neigung mag er wohl immer gewesen sein. Er gehörte in den zwanziger und dreißiger Jahren zu den jungen Künstlern und Schriftstellern, die gern ‚die Aktion' gegen die Vernunft postulierten, also zu Affektlösungen rieten und den extremen Straßenkämpfern gegenüber ihre individuellen und kritischen Vorbehalte verloren. Diese sozialsentimentalen Regungen, diese Blickfeldverengungen wurden durch Erfahrungen begünstigt, die Huchel ... einige Jahre in Frankreich, auf dem Balkan, in der Türkei, sich als Knecht, Hirt und Gelegenheitsarbeiter durchschlagend, sammelte. Macht und Besitz fand er allzu ungerecht verteilt."[21] Unbürgerlich immer, letztlich unbeirrt gegenüber jeder Form von ungerechter Macht, ungerechtem Besitz, unverengt im Blick auf das

Wesentliche erkennender Freiheit will mir Huchel erscheinen in seinem Nachwort zu seinem 1931 in der *Literarischen Welt* abgedruckten *Lebenslauf*: „... er hat sich nicht an dem Start nach Unterschlupf beteiligt ... da ihm selbst die marxistische Würde nicht zu Gesicht steht, wird er sich unter aussichtslosem Himmel weiterhin einregnen lassen ...“[22] In solcher Haltung handhabte er zweimal nach außen hin, ein parteiloser Kohlhaas und Anwalt unterdrückter Geistigkeit, die „Waffe des Schweigens“[23] — zuerst gegenüber dem Dritten Reich und später gegenüber den Ideologen der DDR. Der Zweite Weltkrieg zwingt Huchel, von 1941 bis 1945 Soldat zu sein. Der „Muß-Soldat“ desertiert aus Haß auf die Nazis, läuft in die sowjetische Gefangenschaft.[24] In den Bombenangriffen verbrennen die in den zwölf Jahren Hitlerherrschaft geschriebenen Gedichte. Huchel „rekonstruiert und sammelt sie wieder nach Gedächtnis“.[25]

Dies scheint bezeichnend: Heraufführen von Geleistetem, zu dem Huchel steht. Eine zähe und sicher mühsame Konzentration, die Schmalheit und das Gewicht des Werkes miterklärend. Äußerlich bieten sich Chancen, die der Heimgekehrte — wie es fraglos jeder getan hätte — aufgreift: „Bald nach Kriegsende hatte man ihn auf einem Lastwagen amerikanischen Fabrikats aus einem sowjetischen Gefangenenlager direkt ins Berliner Funkhaus gefahren, wo er stehenden Fußes die Sendeleitung der eben installierten neuen ‚deutschen‘ Anstalt zu übernehmen hatte.“[26] Bis 1948 bleibt Huchel künstlerischer Direktor im Funkhaus, siedelt aus „rein privaten Gründen“ aus dem rundfunkeigenen Haus in der Westberliner Bayernallee nach Wilhelmshorst bei Potsdam über. Er kann nicht ahnen, daß dies schon eine besondere Entscheidung ist und Ort und Haus das schöne und isolierende Refugium der kommenden Jahrzehnte sein werden. 1949 bietet sich die zweite Chance, ein weit bedeutenderes Ventil zu kultureller Arbeit, die Huchel als großen geistig-brüderlichen Brückenschlag ohne jede Sentimentalität versteht: Er wird Chefredakteur der neuen, von Paul Wiegler und Johannes R. Becher begründeten Zeitschrift *Sinn und Form*. Damit mußte Huchel, dem nur seine literarischen Spürsinne für Qualität und seine fast listig-stille Beharrung in eigenen Vorstellungen von solch einem Vorhaben zur Seite stehen, der nur in Brecht und mit Abstand in Becher Freunde und Förderer hat, als er seine qualitätsbezogene Autorität, seinen Alleingang als Redakteur entfaltet, irgendeinmal in den Parteiverhau des ideologisch konsequenten, sich schließlich staatlich festigenden östlichen Deutschlands kommen. Es dauerte für solche Spannungsgewißheiten lange. Huchel errang sich und der Zeitschrift den Ruf vermittelnder Größe, höchster literarischer Qualität, die sich nur in Texten, in Dokumentationen, nicht in Rezensionen darstellte. Der Individualist Huchel schuf mit seinem hoffenden Wissen um sozialistische Bewegung in der Nachkriegswelt — absurderweise im Hinblick auf die sich versteifenden Wirklichkeiten, natürlicherweise im Zeichen geistiger Offenheit — ein Forum der weltweiten Begegnung östlicher und westlicher Dichter und Denker. Huchel wird

Mitglied des PEN. Huchel erhält den — allerdings niedrig gestuften — Nationalpreis für Kunst und Literatur III. Klasse 1951. Man sieht Huchel als einen, dem die politische sozialistische Aufbauarbeit der DDR neue, entscheidende Impulse gibt.[27] Den ganz und gar in das Thema *Freier Schriftsteller heute* passenden Einwurf gibt dazu nüchtern Alfred Kantorowicz: Er sieht den in seinem Landhaus arbeitenden, dichtenden, redigierenden, als honoriertes Mitglied der Deutschen Akademie der Künste, als Chefredakteur von *Sinn und Form* finanziell zum „erstenmal in seinem Leben" gesicherten Peter Huchel und fragt, was das Leben eines Mannes, der im Jahre „kaum mehr als zehn bis fünfzehn spröde Gedichte schreibt" im Westen wert gewesen wäre, wie es hätte gelebt werden sollen.[28] Die wenigen Reisen in den Westen, zur Gruppe 47, nach Amsterdam, in diesen Jahren drängen Huchel bereits in die problematischer, schließlich untragbar werdende Doppelrolle als bedeutenden Lyriker und Kulturträger der DDR. Es sind die Jahre, in denen der erste Band *Gedichte* 1948 in Ost- und 1951 in Westdeutschland erscheint. Es sind die Jahre, in denen Huchels Äußerung zu Stalins Tod in ihrer klischeehaften Knappheit die verzwickte Doppelrolle eines von jeher Engagierten, der nun im äußeren Engagement steckenbleiben muß, anzeigt: „Der Mensch, frei von Hunger und Ausbeutung", Stalins „Vermächtnis"![29] 1959 ist Willi Bredel, dekorierter DDR-Autor und alter Kämpfer, mit anwesend, als Huchel in Hamburg westliche Ehrung durch die Verleihung der Plakette der Freien Akademie der Künste zuteil wird, nachdem 1955 der Theodor-Fontane-Preis der Mark Brandenburg als weitere östliche Auszeichnung an Huchel ging. Bredel wirft wenige Jahre später, als Huchel die Chefredaktion und jede weitere Mitwirkung an *Sinn und Form* 1962 genommen werden, diesem vor, ein „Wanderer zwischen zwei Welten zu sein!"[30] Die Errichtung der Mauer war ein Jahr vorher Zeichen genug für notwendige Entscheidung, die Huchel in sich nicht fällen konnte und wollte. Huchel zahlte dennoch nach den Worten von Alfred Kantorowicz den „Überpreis", den jeder zahlen muß, der sich „Maximen des Regimes nicht bequemen will".[31] Huchels Distance, eine nun, will es scheinen, so trotzig klare wie nach all den biographischen Zickzackwegen tragische, findet sparsam eindeutige Worte: Es wird berichtet, wie er sich rechtfertigen soll für die Angriffe gegenüber seiner „nicht den Fortschritt zum Sozialismus fördernden" Redaktionsarbeit. Und: „Was kommt heraus? ... Er sagt ‚euer Staat', nicht ... ‚unser Staat', ... sagt ‚euer Marxismus' ..."[32] Nun kommt die neue Isolierung, kommt das neue Schweigen. Es ist noch möglich, daß 1963 in der Bundesrepublik der zweite, nicht mehr in der DDR veröffentlichte Gedichtband *Chausseen Chausseen* erscheint, 1967 der ebenfalls nur in Westdeutschland herausgebrachte dritte und letzte *Die Sternenreuse*. Huchel nimmt 1963 den (West-)Berliner Kunst-(Fontane-)Preis für Literatur an. Dann können solche Grenz-Übertritte nicht mehr erfolgen, eine Mauer hinter der Mauer baut sich auf, erst werden westliche Besuche, dann auch Briefe nicht mehr möglich. Eine führende Zeitung will wissen, daß Huchel 1966 dem Ruf zu einer Poetik-Dozentur als Gast der Frankfurter Universität ebensowenig folgen konnte wie er den Großen Kunstpreis von Nordrhein-Westfalen 1968 entgegennehmen konnte.[33] ‚Gegen den Strom' wird ein Interview mit Peter Huchel, das Hansjakob Stehle für *Die Zeit* führte, genannt (2. Juni 1972, S. 22). Huchel skizziert dort seine jahrelange Arbeitslage als Redakteur bis zur Aufgabe: „Die Kulturpolitik drehte sich ständig: Was heute stimmte, galt morgen nicht mehr und übermorgen wieder. Ich hielt meinen Kurs: Ich wußte, daß ich manchmal verzweifelt und mit verkrampften Rudern gegen den Strom schwamm."

Was hielt den Mann, der in Hamburg, als er die Plakette der Akademie bekam, 1959 zu Willy Haas im Gespräch entschieden sagte: „Ich gehöre nach drüben und werde drüben bleiben?" Der nachdenklich polemisierende Werner Wilk fragt: Hielt ihn die Zeitschrift? Scheute er die Freiheit? Denn — „er suchte und brauchte nicht Wettbewerb, sondern den Status einer Institution".[34] Man darf vielleicht weitergehen, im Hinblick auf die in den sechziger Jahren sich steigernde Konsum-Problematik der Literatur, die zumeist das Individuelle nur noch benutzt, nicht sachlich zu fördern gewillt ist: Huchels Beharren mochte, um den Preis welcher Düsternisse und Bitternisse auch immer, wie sie Werner Wilk und Wolf Wondratschek in das neue Schweige-Jahrzehnt des alternden Huchel einkalkulieren, ein Sich-Bewahren vor neuem (westlichem, von der Presse lüstern genährtem) Rampenlicht sein.

1970 fragte der internationale PEN beim Staatsratsvorsitzenden der DDR, Walter Ulbricht, nach dem isolierten Dichter Peter Huchel, ohne eine Antwort zu erhalten. Überraschend konnte aber Ende April 1971 Peter Huchel mit Frau und Sohn aus der DDR ausreisen. Joachim Kaiser umreißt vorsichtig das befreiende, aber auch fragwürdige neue Risiko des abermals sich nicht, wie es vielleicht die literarische Sensation haben wollte, festlegenden fast siebzigjährigen Peter Huchel, der zunächst in Rom wohnte und von dem ein neuer Lyrikband fast fertig mitgebracht wurde.[35] Die Deutsche Akademie für Sprache und Dichtung in Darmstadt verlieh dem Dichter 1971 den Johann-Heinrich-Merck-Preis für literarische Kritik. „Ich bin ein alter Mann", sagt Huchel, „weit entfernt davon, sentimental zu sein". Dies berichtet Ursula Bode 1971 aus der Villa Massimo in Rom: „Ein Mann in den Sechzigern, grauhaarig, in Cordhosen und Pullover ... Er wiederholte, wie schwierig es sei, eine Wohnung zu finden, wies auf das kleine Haus an der Mauer zur Straße. Da wolle er bald arbeiten."[36] 1972 erhielt Peter Huchel den Österreichischen Staatspreis für europäische Literatur. Vorangegangene Einladungen von der Österreichischen Gesellschaft für Literatur und anderen Instituten hatten ihn nie erreicht, wie er in seiner Dankesrede zur Verleihung in Wien sagte: „Ich verließ ein Land ..., wo für Menschen meiner Art die letzte Freiheit die Einsamkeit ist, keine Post, keine Reisen, acht

Jahre totale Isolation, eine traurige Bilanz, nicht nur für mich." Peter Huchel wählte im selben Jahr Staufen im Breisgau als seinen neuen Wohnsitz.

Was bisher an poetischer Dokumentation von Peter Huchel vorliegt, ordnet sich aus der Kraft und überzeugenden Identität von Gedanken und Formung bereits mit den ersten Gedichtveröffentlichungen Huchels ein in die Reihe bedeutender Namen, in den aufschlußreichen Prozeß, der traditionelle Übernahmen durch ein neues Verhältnis zu diesen neu verwandelt. In modische ‚Ismen' ließ sich auch bereits der junge Huchel nicht pressen. Man bestätigt ihm im deutschen Osten (Zak) und Westen (Schonauer) Unbefangenheit gegenüber dem späten Expressionismus. Die bis in die sechziger Jahre anhaltenden, schillernden, mit vagen Komplimenten oder kühnen Vergleichen erfüllten Etikettierungen Huchels als ‚Naturlyriker' bieten einen abschattierten Strauß von Namen an: Ernst Lissauer denkt 1933 an Billinger[37], Wilk will Huchels „Wurzeln wie Loerkes und Lehmanns im Eichendorffschen Grundwasser sehen"[38], öfter werden später Trakl und Lenau genannt, Zak spricht nicht von ungefähr vom selten seit der Droste bis zu Huchel genutzten, das idyllisch Regionale hinter sich lassenden realistischen Naturerleben.[39] In der konzeptionell verwandten und doch sich stark differenzierenden Gruppe um die Zeitschrift *Die Kolonne*, zwischen dem ihm noch längere Zeit in der Dinglichkeitsvorliebe nahestehenden Günter Eich, der mythisch-mystischen Elisabeth Langgässer, arbeitet Huchel sogleich in unverkennbar eigener Gebärde der „Vergegenständlichung" und der „sinnlichen Rede", wie Holthusen geistesgeschichtlich summiert.[40] Gedichte wie *Der Knabenteich*, *Löwenzahn* oder *Die Magd* aus jener Zeit in der *Kolonne* zeigen die Spuren des von Huchel verehrten Mentors Wilhelm Lehmann ebenso wie sie die unpathetische Detail-Exaktheit der Droste aufnehmen:

Wenn heißer die Libellenblitze
im gelben Schilf des Mittags sprühn,
im Nixengrün der Entengrütze
die stillen Wasser seichter blühn,
hebt er den Hamen in die Höhe,
der Knabe, der auf Kalmus blies,
und fängt die Brut der Wasserflöhe,
die dunkel wölkt im Muschelkies. (Die Sternenreuse, S. 22/23)

Als ein Muster zeigt dieser Beginn von *Der Knabenteich* im Keim, was sich als Ernte nach über einem Jahrzehnt im ersten Band *Gedichte* spiegelt: In immer neuen Varianten erinnerte Kindheitswelt der Niederung von Alt-Langerwisch; in die lange bevorzugte Kreuzreimform wird immer sparsamer, dinglicher das Leben der Mägde und Knechte, der Landfahrenden und kleinen Handwerker gefaßt. Die Sprache zeichnet mit Sachlichkeit dieses Leben und seine Arbeitswelt, sie nimmt aber auch ohne Schnörkel, in einer selbstverständlichen Offenheit, die „Dämonen und Gespenster" dieser Landschaft hinein.[41] Das Erzählgedicht Huchels, mit dem Regionales literarisch ohne Form- und Sprachexperiment neue Dimensionen der Wirklichkeit, der Welt, wie sie ist, in die Natur-Thematik bringt, wird im Gesamtwerk Huchels breiten Raum behalten. ‚Belebte Natur' bleibt als markantes Stichwort: „Natur als von Menschen erlebte, erlittene Natur, nicht vorstellbar ohne das lyrische Ich" — mit dieser Sehweise scheint Huchel sogar in der jüngeren, ernstzunehmenden DDR-Lyrik (Wulf Kirsten, wie ihn J. P. Wallmann sieht) Nachfolger zu haben.[42] Die Grenzen solchen ‚belebten Naturgedichts' mit dem Ziel der Mitwirkung am Menschengeschehen praktizierte Huchel in langen Jahren: Sein Fragment gebliebenes, lyrisch erzählendes Groß-Gedicht *Das Gesetz* wurde abgedruckt in *Sinn und Form.* Streng überarbeitet, ausgewählt in Teilen, die für sich stehen, deren einer dem Band *Chausseen Chausseen* den Titel gab, erscheinen Fragmente des Fragments dortselbst. Gefahren des Eigen-Klischees, in Variationen holzig, saftlos versteift, zeigten sich an:

O Mensch und Himmel, Tier und Wald,
o Acker, der vom Wetzstein hallt —
die Ärmsten sind im Dorf geblieben,
die Schwächsten haben es gewagt.
In neuen Mauern steht's geschrieben.
Und jede Ähre still es sagt.

(Chronik des Dorfes Wendisch-Luch. — In: Sinn und Form 4/1951, S. 139)

Solches hier und da spürbare Erlahmen bei diesem leidenschaftlich begonnenen Hymnus auf die DDR-Bodenreform, die der Idealist Huchel von der staatlichen Wirklichkeit verfärbt fand, mochte seinen geistigen Grund haben.

Huchels neue Begegnungsstufe mit der Natur und mit der Menschenwelt, eine literarisch nach dem Kriege zu hohen Resultaten führende, zeigt jedoch das *Gesetz* in seinen besten Passagen ebenso wie der Zyklus *Der Rückzug*, dessen Beginn von Huchel-Interpreten wie Hädecke, Holthusen, Zak und Göpfert[43] als neben Celans *Todesfuge* stärkstes lyrisches Dokument aus dem Zweiten Weltkriege angesehen wird. Von einer an Gryphius erinnernden Schwere spricht man und von einer an Grimmelshausen denkenlassenden Einfachheit:

Ich sah des Krieges Ruhm.
Als wärs des Todes Säbelkorb,
durchklirrt von Schnee, am Straßenrand
  lag eines Pferds Gerippe.
Nur eine Krähe scharrte dort im Schnee nach Aas,
wo Wind die Knochen nagte, Rost das Eisen fraß.

(Die Sternenreuse, S. 81)

Zwischen den Polen Natur und Zeitgeschehen, die sich durchdringen, zwischen der Problematik „Mühsal und Gnade trägt der Mensch" (mit dieser Zeile schließt das Fragment *Das Gesetz*), siedeln Spruchdichtung und historische Allegorie, siedeln Widmungsgedichte für Freunde wie Paul Eluard, steht das mottohaft Huchels Geisteshaltung anzeigende Erinnerungsgedicht *In Memoriam Hans A. Joachim*:

Das zeitlos Abgekehrte
die Zeit bewacht. (‚Gedichte' — 1951 — S. 80)

Im Spiegel westlicher und südlicher Reisen treffen sich für Huchel Heimat und Welt, konzentriert er in fortschreitend nüchterner Trauer vergebliche Lehren der Geschichte:

Polybios berichtet von den Tränen,
Die Scipio verbarg im Rauch der Stadt.
Dann schnitt der Pflug
Durch Asche, Bein und Schutt.
Und der es aufschrieb, gab die Klage
An taube Ohren der Geschlechter.

(An taube Ohren der Geschlechter — in: Chausseen Chausseen, S. 77)

Die lyrische Leistung Huchels, mit seiner in den Jahren knapper, reimlos odischer werdenden Form, seiner abstrakt-geistiger werdenden Grundthematik, vom Menschen in der widersprüchlichen Menschenwelt aus Natur-Heimat-Zeiterleben in immer neue, mahnend-deutende Dimensionen zu wachsen, erfährt eine letzte persönliche Ausweitung: Der isolierte Mensch, der registrierende Dichter bezeugen mit letzten Versen eine gefaßte Trauer, die den bisherigen Schaffensabschnitt Huchels abschließt:

Gezählte Tage

Gezählte Tage, Stimmen, Stimmen,
Vorausgesandt durch Sonne und Wind,
Noch ehe sich rötet das frostige Gras,
Der Fluß den Nebel speichert im Schilf.
. . . . . .
Zwei Schatten,
Rücken an Rücken,
Zwei Sträucher,
Zwei Männer warten vor deinem Haus.
Stunde,
Die nicht mehr deine Stunde ist,
Stimmen,
Vorausgesandt durch Nebel und Wind.[44]

Peter Hamm versuchte 1964 erstmalig eine Gliederung von Huchels lyrischem Gesamtwerk in vier Gruppen aus den Texten selbst heraus: „Herkunft, Späte Zeit, Das Gesetz, Winterpsalm." Der Bogen spannt sich mit diesen Titeln von

Geborgenheit in Öde, von zeitgenössischer Mahnung und Teilhabe zum Verstummen.[45]

Nun liegt mit dem Titel *Gezählte Tage* der neue Lyrikband Peter Huchels vor. Von den bereits bekanntgewordenen Dichtungen erscheinen die meisten, auch das Titelgedicht, überarbeitet — teils mit ausfeilenden Zusätzen, teils mit radikal wirkenden Streichungen. Die Grenze zwischen dieser Strenge Huchels zu einer Schwäche hin wird dünn. Die Thematik blieb sich treu, vertieft Kerben von Liebe zur Kindheitswelt, zum Süden, vertieft das Gespür für Geschichte als unumgängliches Exempel ohnmächtig-mächtiger Menschenwelt, offenbart rückhaltlos bittere Zeiterfahrung und findet zu großartigen Konklusionen von Naturereignis als Zeichenhaftem. Die Sprache, entschlackt zumeist, Härten annehmend und Verharschungen, bleibt im Bewußtsein, daß das Wort erringbar ist:

> Könnte ich stürzen
> heller hinab
> ins fließende Dunkel
> . . . . .
> um mir ein Wort zu fischen.
>
> (Die Wasseramsel. — In: Gezählte Tage, S. 24)

Bestimmend bleiben eine wachsende Trauer, ein Positionswissen wie an Abgründen — nicht hochmütig, eher voll geistiger Schwermut: „Die Erben sind tot“ heißt es in dem Gedicht *Nachlässe.* Jedoch „Erde“ bleibt Huchels „Gedächtnis“ (Ölbaum und Weide) — so heißt es in einem der reinsten Verquickungen von südlichem Erleben und wendischer Vision. Elementares Erkennen und Abrechnungen, die das eigene Ich mitbetreffen, heben abermals mit diesem neuen Lyrikbande Peter Huchels Stimme aus schnoddrig gewordener Billigkeit des Gedichts und seiner Sprache, gestalten neue Menetekel:

> Die Ruhe des Stroms,
> das Feuer der Erde,
> die leere Finsternis des Himmels
> sind meine gefährlichen Nachbarn.
> . . . . .
> Geknetet in Gleichmut,
> essen die Menschen, meine Nachbarn,
> täglich ihr Brot.
> Keiner will Asche sein.
> Keinem gelingt es,
> die Münze zu prägen,
> die noch gilt
> in eisiger Nacht.
>
> (Die Nachbarn. — In: Gezählte Tage, S. 55)

Lastend in der einfachen Aussage, die hier ohne Attitüde Huchels Schicksal skizziert, erscheinen die autobiographischen Gedichte, denen der Reiz innewohnt, daß nun Bild wurde, was Tagtägliches war. Der Sechzigjährige sagt:

Ich bette mich ein
in die eisige Mulde meiner Jahre.
Ich spalte Holz
das zähe splittrige Holz der Einsamkeit.
Und siedle mich an
im Netz der Spinnen,
die noch die Öde des Schuppens vermehren,
im Kiengeruch
gestapelter Zacken,
das Beil in der Hand.

(April 63. — In: Gezählte Tage, S. 77)

Bekenntnis, das weiterwirkt in Huchels Wesen und Sprache, zeigen die Worte aus *Das Gericht* an:

Nicht dafür geboren,
unter den Fittichen der Gewalt zu leben,
nahm ich die Unschuld des Schuldigen an.
...
Nicht jeder geht aufrecht
durch die Furt der Zeiten.
Vielen reißt das Wasser
die Steine unter den Füßen fort.

(Gezählte Tage, S. 88)

Mit diesen Dichtungen, so merkspruchhaft sie scheinen mögen, ergänzt Huchel in einer nachdenklich anmutenden Frömmigkeit seine unbeschönigte Naturschau, seine Lyrik über Gestalten und Vorgänge der Geschichte.

Konrad Franke spricht in seiner Studie über Peter Huchel von der „Trauer als immer anwesendes Element“ in Huchels Dichtung und stellt fest, daß die „Mehrzahl seiner Arbeiten den Charakter von Elegien erhält“ (Die Literatur der Deutschen Demokratischen Republik, S. 205). Die Gefahr des Privaten, des Gleichförmigen für den Leser, die dort angemerkt wird, widerlegt für wachgebliebene Leser dieser neue Lyrikband Huchels.

Die „gezählten Tage“ sind für Huchel vorbei. Seinem Leben und Werk, jener kritisch erregenden, fesselnden Einheit im Widerspruch von sozialem Engagement und Einsamkeit, folgte ein Anhang. Die Summe der Leistung heißt: Ein Dichter blieb seiner Aufgabe treu, die Zeit durchschauend in Sprache zu bannen, das Naturgedicht in einen neuen Rang zu heben.

Anmerkungen

Texte

Gedichte. Ost-Berlin 1948. Karlsruhe 1951.
Chausseen Chausseen. Gedichte. Frankfurt/M. 1963.
Die Sternenreuse. Gedichte 1925—1947. München 1967.
Das Gesetz. In: Sinn und Form 4/1950, S. 127—136; Sinn und Form 4/1951, S. 137 bis 139.
Dankrede. — Anläßlich der Überreichung des Öst. Staatspreises für europ. Literatur. — In: Literatur und Kritik 63/April 72, S. 130/131.
Gezählte Tage. Neue Gedichte. Frankfurt/M. 1972.

Literatur

Eduard Zak: Der Dichter Peter Huchel. Berlin 1953.
Otto F. Best, Hrsg.: Hommage für Peter Huchel. München 1968.
Konrad Franke: Die Literatur der Deutschen Demokratischen Republik. — Kindlers Literaturgeschichte der Gegenwart in Einzelbänden. München 1971.
Fritz J. Raddatz: Traditionen und Tendenzen. Materialien zur Literatur der DDR. Frankfurt/Main 1972.

Nachweise

1 Ingo Seidler: Peter Huchel und sein lyrisches Werk. In: Hommage 1968, S. 90.
2 Ebd., S. 93.
3 Rino Sanders: Peter Huchel, Chausseen Chausseen. In: Neue Rundschau 2/64, S. 324.
4 Hans Mayer: Zur deutschen Literatur der Zeit. Reinbek/Hamburg 1967, S. 311/312.
5 Ondra Lysohorsky: Humanistische Spiritualität. In: Brennpunkte. Wien 1971, S. 44.
6 Hans E. Holthusen: Natur und Geschichte in Hs. Gedicht. In: Hommage 1968, S. 74.
7 Werner Wilk: Peter Huchel. In: Neue Deutsche Hefte 90/Nov. bis Dez. 1962, S. 81.
8 Franz Schonauer: Peter Huchel — Porträt eines Lyrikers. In: Das Wort, Lit. Beilage der Monatsschrift DU, Nr. 11/64, S. 65.
9 Wolfgang Hädecke: ‚Ich fischte Gold und flößte Träume'. In: Christ und Welt, Nr. 26/1963.
10 Horst Bienek:Am Ende eines lyrischen Jahrzehnts? In: Akzente 5/66, S. 493.
11 Heinz Piontek: Große Flaute für Lyrik. In: Welt und Wort 3/71, S. 113.
12 Werner Wilk, a. a. O., S. 85.
13 Walter Jens: Deutsche Literatur der Gegenwart. München 1961, S. 34.
14 Wolfgang Preisendanz in der 7. Sitzung des Kolloquiums, insgesamt veröffentlicht von Wolfgang Iser: Immanente Ästhetik. München 1966, S. 489.
15 Ingo Seidler, a. a. O., S. 92.
16 Werner Wilk, a. a. O., S. 92.
17 Hans Mayer: Erinnerungen eines Mitarbeiters von ‚Sinn und Form'. In: Hommage 1968, S. 62.

[18] Eduard Zak, a. a. O., S. 17.
[19] Alfred Kantorowicz: Peter Huchel. In: Deutsche Schicksale. Wien — Köln — Zürich 1964, S. 79/82.
[20] Willy Haas: Ein Mann namens Peter Huchel. In: Hommage 1968, S. 56.
[21] Werner Wilk, a. a. O., S. 87.
[22] Franz Schonauer, a. a. O., S. 66.
[23] Willy Haas: Ansprache an Peter Huchel. In: Kontraste, Jahrbuch Freie Akademie der Künste in Hamburg 1960, S. 13.
[24] Alfred Kantorowicz, a. a. O., S. 84.
[25] Ebd., S. 79.
[26] Werner Wilk, a. a. O., S. 88.
[27] Eduard Zak, a. a. O., S. 55.
[28] Alfred Kantorowicz, a. a. O., S. 86.
[29] Peter Huchel. In: Sinn und Form 2/1953, S. 12.
[30] Marcel Reich-Ranicki: Literarisches Leben in Deutschland. München 1965, S. 108.
[31] Alfred Kantorowicz, a. a. O., S. 92.
[32] Kurt Hager: Freude an jedem gelungenen Werk. In: Neue Deutsche Literatur 8/1963, S. 68.
[33] Rheinische Post, Ausgabe vom 30. 4. 71.
[34] Werner Wilk, a. a. O., S. 87/88.
[35] Joachim Kaiser: Peter Huchel im Westen. In: Publikation 5/71, S. 15.
[36] Ursula Bode: Auch das Schweigen schließt Staunen ein. In: Publik, 30. 7. 1971, S. 25.
[37] Ernst Lissauer: Neue Lyrik. In: Der Querschnitt 13/1933, S. 298.
[38] Werner Wilk, a. a. O., S. 82.
[39] Eduard Zak, a. a. O., S. 18.
[40] H. E. Holthusen, a. a. O., S. 72.
[41] Wolfgang Hädecke, a. a. O.
[42] Vgl. Jürgen P. Wallmann: Entwurf einer Landschaft. In: Publik, 16. 4. 71, S. 26.
[43] Außer Zak, Holthusen, Hädecke, a. a. O. noch: Herbert G. Göpfert: Der Rückzug I. In: Mein Gedicht. Wiesbaden 1961, S. 123.
[44] Zitiert nach dem Gedichtzitat im Aufsatz Ingo Seidler: Peter Huchel und sein Lyrisches Werk. In: Neue Deutsche Hefte 1/1968, S. 30.
[45] Peter Hamm: Vermächtnis des Schweigens. In Merkur 5/64, S. 480—488.
Gegen den Strom. Interview mit PeterHuchel. In: Die Zeit, 2. Juni 1972, S. 22.

Käte Lorenzen

STEFAN ANDRES

„Denn das Werk kommt aus der Mitte der Person, von dort also, wo sich die einsehende, wertende und vom Absoluten sich abhängig fühlende Vernunft trifft und überschneidet mit dem vitalen Pulsschlag unsrer Triebkräfte, und dazu Erbe und Erinnerung und die sogenannte Begabung mit einmünden."[1] Stefan Andres' Selbstverständnis, das sich in seinem Beitrag *Über die Sendung des Dichters* in der Festschrift für Karl Jaspers findet, wird durch sein umfangreiches Werk, wie sich zeigen wird, bestätigt.

Zunächst soll daher, wenn es auch nur in großen Zügen geschehen kann, die Herausbildung der „Mitte der Person" im Zusammenhang mit der Entstehung der Hauptwerke betrachtet werden. Stefan Andres wurde am 26. Juni 1906 als Sohn eines Müllers in Breitwies im Moselland geboren und verbrachte seine Kindheit in dieser alten Kulturlandschaft, wo heidnisch-antikes, keltisches und christlich-katholisches Erbe sich mischen. Von ihm wurde der Vater des Dichters geprägt, dessen naturhafter Gottesglaube und mythisches Denken auf den Sohn stark einwirkten und den Samen für des Dichters spätere Verbindung von antiker Philosophie und Christentum legten. Zeitlebens hat Stefan Andres die Bedeutung des Vaters für seine geistige Entwicklung betont und ihm darüber hinaus ein Denkmal der Liebe im autobiographischen Roman *Der Knabe im Brunnen* gesetzt.

Im Unterschied zur Kindheit, die den Wurzelgrund der Persönlichkeit bildete, bedeuteten der Besuch der Klosterschulen (1917—1926) und das Noviziat im Kapuzinerorden (1926—1928) lediglich weiterführende Durchgangsstationen auf dem Wege der Selbstfindung. Das gilt ähnlich für das Studium der Germanistik, Philosophie und Kunstgeschichte an den Universitäten Köln, Jena und Berlin (1928—1932). Zwar fallen in diese Zeit schon die ersten dichterischen Versuche, aber das erste größere Werk erschien 1933 nach seiner Heirat mit Dorothee Freudiger, der so eng verbundenen und unentbehrlichen Gefährtin seines Lebens, und einer Reise in den Mittelmeerraum, zwei tiefgreifenden Erlebnissen. Die Veröffentlichung seines Romans *Bruder Lucifer* fand Beifall, unter anderm den Bergengruens, der die dichterische Gestaltung lobte, ist aber wegen des stark, wenn auch nicht ausschließlich autobiographischen Charakters noch zu subjektiv. Seinen endgültigen dichterischen Standort gewann Andres in der dichterischen Bewältigung seiner Gegnerschaft zum Nationalsozialismus. Als er durch Zufall auf El Grecos Bild des Großinquisitors stieß, bot sich ihm der geeignete Stoff, die Aufgabe des Künstlers, für den der große Maler stellvertretend steht, in der Schreckensherrschaft der spanischen Inquisition, mit der das Dritte Reich gemeint ist, darzustellen. Dabei ist Andres der drohenden Gefahr einer tendenziösen, leicht verbrämten Maskierung der politischen Zustände völlig entgangen. In der meisterhaft verdichteten Novelle ist ihm gelungen, was El Greco mit seiner Kunst erreichen will: „Was wir können, ist das Antlitz dieser Ächter Christi festzuhalten" (S. 43) und: „Meine Bilder schneiden die Welt mitten durch" (S. 54). Von nun an schrieb Andres nicht mehr aus überströmender Subjektivität, sondern er suchte für seine Stoffe die „gegenständliche Entsprechung", T. S. Eliots „objective correlative", das in der Literatur der Moderne so großen Widerhall fand. Der Dichter war sich dieses Marksteins seiner Entwicklung stets bewußt, denn er wollte die beiden zwischen *Bruder Lucifer* und der Novelle entstandenen Romane *Eberhard im Kontrapunkt* (1933) und *Die unsichtbare Mauer* (1934) nicht in sein Gesamtwerk aufnehmen.

Trotz der politischen Schwierigkeiten in Deutschland, das er 1938 endgültig verließ, und trotz der Notjahre in Positano und Rom, wo seine Familie bis zum Kriegsende durch Ausweisungen und Denunziationen gefährdet war, schuf er unermüdlich an seinem Lebenswerk. Noch in Deutschland schrieb er die *Moselländischen Novellen* (1936) und die heiteren Geschichten *Vom heiligen Pfäfflein Domenico*, deren gelöster Humor kaum ein Gegenstück in der deutschen Literatur findet. Während seiner Emigration entstand der erste voll ausgereifte Roman, *Der Mann von Asteri* (1939). Ein Jahr später erschien wieder eine Novellensammlung unter dem Titel der besten von ihnen: *Das Grab des Neides*. 1941 veröffentlichte Andres die Erzählung *Der gefrorene Dionysos*, die er 1951 als Roman *Die Liebesschaukel* herausgab. 1943 war ein Jahr der Erzählungen, die sich im Band *Wirtshaus zur weiten Welt* befinden, und der Meisternovelle *Wir sind Utopia*, die inzwischen eine sagenhaft hohe Auflageziffer erreicht hat. Zwar durfte sie während des Krieges nicht mehr verkauft werden, gelangte aber durch den Mut des Verlages noch heimlich in viele Soldatentornister. Ferner entstanden eine Reihe von Gedichten, darunter die ergreifende Sonette *Requiem auf ein Kind*, die später in den Lyrikband *Der Granatapfel* eingehen sollten (1950). Auch die erste dramatische Dichtung, *Der Tanz durchs Labyrinth*, lag für den Druck bereit (1948). Vor allem aber waren die beiden ersten Romane der großen zeitkritischen Trilogie, die ursprünglich als Tetralogie geplant war, beendet. Jedoch konnte der erste Sintflutband, *Das Tier aus der Tiefe*, erst 1949 und der zweite, *Die Arche*, noch zwei Jahre später in Deutschland erscheinen. Hingegen fanden die beiden anderen in Italien geschriebenen Romane, *Die Hochzeit der Feinde* 1947 und *Die Ritter der Gerechtigkeit* 1948, einen Verleger in der Schweiz.

1950 siedelte Stefan Andres mit seiner Familie nach Unkel am Rhein über. Dort widmete sich der Dichter in den ersten Jahren beinahe ausschließlich dem geistigen

Wiederaufbau Deutschlands, hielt Vorträge, verfaßte Beiträge für Zeitungen und Zeitschriften und sprach im Rundfunk. Neben der Umformung der Novelle zum Drama *Gottes Utopia* (1950) entstanden lediglich das humor- und phantasievolle *Main-Nahe zu Rhein-Ahrisches Saarpfalz Mosel-Lahnisches Weinpilgerbuch* (1952) und die überarbeitete Reportagensammlung *Der Reporter Gottes* (1952). Der kraftvolle autobiographische Roman *Der Knabe im Brunnen* (1953) leitete eine neue Periode des Romanschaffens ein. 1954 erschien *Die Reise nach Portiuncula* und 1959 wurde die Romantrilogie mit dem Band *Der graue Regenbogen* abgeschlossen. Ferner veröffentlichte Stefan Andres zwei Geschichtensammlungen mit Erzählungen aus der italienischen Schaffenszeit. Der Band *Positano* enthält 16 Zeichnungen des Dichters und erschien 1957. Die zweite Sammlung *Die Verteidigung der Xantippe* wurde 1961 veröffentlicht. Von den verschiedenen Dramen, die während dieser Zeit entstanden, zum Teil aus Umarbeitungen älterer Werke, wurde lediglich das zeitkritische Werk *Sperrzonen* (1957) aufgeführt. Außerdem publizierte Andres ein Sachbuch *Die großen Weine Deutschlands* (1961).

Da er in Italien bessere Voraussetzungen für sein Schaffen zu finden hoffte, kehrte er 1960 endgültig dahin zurück. In dieser abschließenden Periode seines Lebens schrieb Andres vier Romane: *Der Mann im Fisch* (1963), *Der Taubenturm* (1966), *Die Dumme* (1969) und *Die Versuchung des Synesios* (1970), ein Werk, das in mancher Hinsicht die Summe seines Lebens zieht. Er konnte es kurz vor seinem überraschenden Tode vollenden, der ihn in Rom mitten aus dem vollen Schaffen am 26. Juni 1970 hinwegraffte.

Stefan Andres hat, auch ohne die vielen Essays, Kurzgeschichten und Feuilletons zu berücksichtigen, ein mehrtausendseitiges Erbe hinterlassen, dessen Schwergewicht eindeutig auf dem Epischen liegt. Mehr noch als der imponierende Fleiß beeindrucken die innere Geschlossenheit und Einheitlichkeit des Werks, die sich bei einer gründlichen Untersuchung des Welt- und Menschenbildes und dessen künstlerischer Formgebung zeigen. Dieses Ergebnis steht im Widerspruch zu Henneckes Eindruck, als ob das „bisherige Lebenswerk" (1962) „eigentlich von verschiedenen Verfassern" stamme, „die alle nur seinen Namen gemeinsam haben".[2] Zumindest trifft diese Impression wohl nicht des Dichters Selbstverständnis, der als „christlicher Humanist" die vier Kardinaltugenden als Leitprinzipien über sein Schaffen stellte. „Ohne Sinn für das Maß nämlich ist das Werk überhaupt nicht vorstellbar; ohne Weisheit geschieht kein richtiger Blick in die Welt; ohne Stärke des Herzens wird dieser Blick nicht ertragen, und ohne Gerechtigkeit vollends wird der Zufall zur Herrschaft aufgerufen, Tyche, die Furchtbare! — und statt eines aus Schmerzen und Geduld aufsteigenden Lobgesanges auf diese ebenso schöne wie furchtbare Welt erschallen Lästerungen oder das böse Gelächter der Verzweifelten, wie wir es heute so häufig hören."[3] Daher kann der Schwede Karl Nordstrand, der bisher die wesentlichste und erschöpfendste Interpretation des Andresschen Werkes geschrieben hat[4], mit Recht sagen: „daß das vielgestaltige Werk mit allen seinen Spiegelungen und Spannungen sich auf einige wenige sehr einfache Formeln zurückführen läßt.“[5]

Im Vorspiel zur *Sintflut-Trilogie* sagt der „Urheber“ Andres: „Ich suche die Welt zu verstehen und — schaffe Gestalten“ (S. 13). Obwohl der Dichter sein theatrum mundi mit einer schier unerschöpflichen Zahl von Figuren bevölkert hat, sind sie alle aus der Zentralperspektive der christlichen Liebesauffassung, mit der sich zuweilen platonisches und neuplatonisches Gedankengut verbindet, gesehen. Kraft seiner christlichen Freiheit kann sich der Mensch für oder gegen die Liebe entscheiden. Das wird bereits im Frühwerk, und zwar am deutlichsten in der Novelle *Wir sind Utopia,* ausgesprochen. Padre Damiano, das Sprachrohr des Dichters, rät Paco: „Nehmen Sie also die Blanco-Vollmacht, die ihnen Gott ausgestellt hat, ich meine Ihre Freiheit des Handelns, nehmen Sie das himmlische Aktenstück zurück, es gehört Ihnen ... Sie verfügen mit Gottes Genehmigung über sich und alles, was Sie sind und haben ... Aber passen Sie auf: der letzte Scheck im Buch ... den stellen Sie auf die Liebe aus, in irgendeiner Form auf die Liebe, auf etwas, was nicht Sie sind — sondern das Sie braucht“ (S. 38). Wie Paco entscheiden sich alle Protagonisten für die Liebe, und zwar in allen Formen, die zwischen den beiden Extremen: christlicher Opfertod im vollen Blick auf Gott und humanistischer Menschenachtung und Liebe liegen. Zwischen einerseits Paco, dem Fürsten di A. (R. d. G.), Don Evaristo (Sintflut) und Synesios und anderseits Emil Clemens (Sintflut) bewegt sich die Vielzahl der Protagonisten, die sich, jeder auf seine ganz persönliche Weise, für die Liebe entscheiden. Abgesehen von den jugendlichen Protagonistinnen: Louise (H. d. F.), Charis (Sintflut), Felicitas (R. n. P.), Lina (Dumme) und Prisca (Synesios), die von Anfang an aus wahrer Liebe handeln, sie oft aber gegen schier unüberwindliche Widerstände bewahren müssen, finden die Protagonisten erst über mehr oder minder lange Irr- und Leidenswege zu ihrem wahren Menschsein durch die Liebe. Das gilt selbst für jugendliche Gestalten wie Fabio (R. d. G.) und Lorenz Gutmann (Sintflut), die schwere Krisen überwinden müssen. Sie alle sind sehr vielschichtige Charaktere und keineswegs Typen, die eine bestimmte Variante der Andresschen Liebesauffassung verkörpern. Für fast alle gilt Gratians Tagebuchnotiz: „Ich will kein anderes Bild zurücklassen als das eines Menschen, der sehr lange dazu brauchte, das Eine zu begreifen: wie schwer es sei, ein Mensch zu sein“ (M. v. A., S. 59).

Da die Liebe entweder christlich aus der Liebe Gottes oder humanistisch als Prinzip des Kosmos, des Seins, verstanden wird, haben alle Protagonisten eine Bindung zum Metaphysischen, sind Teil des großen Ganzen, zu dem auch die Natur gehört, die Andres häufig als „Sprache Gottes“ bezeichnet. Deswegen erfahren viele von ihnen in glückhaft erfüllten Augenblicken das Geheimnis der Schöpfung oder des Seins in der Landschaft, vor allem am Meer oder auf Bergen oder im Garten mit seinen Pflanzen. Ein typisches Beispiel dafür ist ein Meererlebnis, wie es Fabio mit vielen Gestalten teilt. „So von der Flut wie vom All selber geschaukelt und von der eigenen Person erlöst und doch sein Ich wahrend, aber mit einem Bewußtsein, das dämmerig blau wie die Tiefen des Meeres war: dieser Zustand bewegter Ruhe reichte an die Seligkeit, gab einen Vorgeschmack vom Elysium" (R. d. G., S. 209). Aber auch harte Arbeit in der Natur kann den komplizierten und leidenden Protagonisten Hilfe und Befreiung von sich selbst bedeuten. Aus diesem Grunde legt Gratian einen Weinberg auf dem Hymettos an; deshalb folgt Sulpiz Kasbach (R. n. P.) dem Vorbild des amerikanischen Transzendentalisten Thoreau und will in kärgster Gebirgslandschaft Boden urbar machen und mit seinem Freunde ein Leben in franziskanischer Armut und Frömmigkeit führen, in Zwiesprache mit der Natur. Aus den Wirren und der Verdorbenheit der Stadt flieht Synesios, wenn immer er kann, auf die paradiesische Insel des Doroshofes, treibt Landwirtschaft, jagt und philosophiert. Aber auch technische Berufe, wenn sie dem „mythischen Denken und Fühlen" nahestehen, schenken das Erlebnis der erfüllten Teilhabe am Ganzen[6], wie sie z. B. Ina, die Fliegerin, erfährt (G. d. N.).

Auf der „Stufenleiter der Weisheit", die El Greco dem Großinquisitor vorhält, ergibt sich die Hierarchie der aus dem Glauben stammenden Leitwerte des Andresschen Menschenbildes. Der unterste ist die Furcht, die „unter den übrigen Stufen: Freiheit, Freude und Liebe" liegt (E. G., S. 29). Die Freude steht danach der Liebe am nächsten. In einem Essay „Über die ‚ernste' Sache der Freude" zeigt Andres auf, daß die „tapfere Freude" notwendig ist, um das „Grauen" unserer Endzeit zu bekämpfen.[7] Diese Freude besteht in einer geistgeführten Bejahung des Lebens, die von der tiefen Beglückung durch Pflanze und Tier über ein gastliches Mahl, das zur Agape wird, und viele Zwischenformen bis zum mystischen Allerlebnis reichen kann. Alle Protagonisten erfahren solche Freude in irgendeiner Form, wenn nicht unmittelbar, so mittelbar im Traum, dem Zeichen ihres Eingebettetseins in das Ganze der Schöpfung.

Diese Bindung zum Metaphysischen im Glauben fehlt allen Antagonisten, denn sie haben sich alle gegen die Liebe und damit auch gegen die Freude entschieden. Deswegen können sie den befreienden oder gar beseligenden „Auszug aus sich selber", wie es häufig im Werk heißt, sei es in der Natur, im Traum oder mitmenschlichen Bezug, nicht erfahren. Kennzeichnenderweise bedeutet die Liebe für sie lediglich die Befriedigung körperlicher Bedürfnisse wie für den Philosophiedozenten Latten, der sie daher „in einer Reihe mit Essen, Trinken und Schlafen" nennt, oder sie entartet zur wollüstigen Hurerei wie bei Andronikus (Synesios), oder ihre Existenz wird geleugnet, wie es der Großinquisitor tut. Die Grundverhaltensweisen der Antagonisten sind: Entpersönlichung zum Automaten und Befehlsempfänger, so z. B. in Don Pedro (W. s. U.) Selbstgenuß wie beim „denkenden Narziß" Latten (D. L.), gewissenloser bürgerlicher Opportunismus, der in Joseph Himmerich (Dumme) kulminiert, und schließlich die Selbstvergötzung, verbunden mit Machtdämonie, wie sie extrem durch den Normer, den „deus terrenus", verkörpert wird, dessen Herrschaft erst durch die Heerschar der entpersönlichten Massenmenschen ermöglicht wird. Entsprechend den Protagonisten, die die Abgründe des Bösen in sich kennen und ihnen zeitweilig verfallen, sind die Antagonisten nicht ausschließlich Typen der verschiedenen Urphänomene des Bösen, wie Andres sie versteht. Es gibt sogar Übergänge wie bei dem Arzt Clairmont (H. d. F.), der durch die unbedingte Liebe der Mitmenschen aus seiner Ichgefangenschaft befreit wird. Jedoch im ganzen gesehen stellt der Dichter die Antagonisten nicht so komplex wie die Protagonisten dar.

„Ich suche die Welt zu verstehen und — schaffe Gestalten" — Menschen- und Weltbild bedingen bei Andres einander aufs engste. Das gilt zunächst für die Lebenswirklichkeit, deren Gestaltung Gott den Menschen überläßt. Der alte Fürst di A. kann als Sprachrohr des Dichters gelten, wenn er sagt: „Aber am freien Willen liegt es, da beginnt der Widerspruch zur Welt, zum Ganzen. Da gibt es Menschen, die genau wüßten, was sie zu tun hätten, aber es nicht tun — und da hört das Walten der höchsten Vernunft auf. All unser Elend kommt aus der Unvernunft: Hunger, Bomben, Herzeleid, Unkultur — alles!" (R. d. G., S. 46). Aber auch die Verabsolutierung der Ratio, wie sie die Wissenschaft und Technik häufig vollziehen, bewirkt eine grauenvolle, menschengefährdende Wirklichkeit. Als Ersatzreligionen lösen sie den Menschen aus seiner Bindung zum Metaphysischen und damit der gottgewollten Ordnung, sei es im christlichen Sinne, oder sei es im Sinne der griechischen Philosophie, die den Kosmos als alles Sein umgreifendes Gesetz versteht, „das seinen Ausdruck im sichtbaren Kosmos findet", der alles umfaßt, „das in ihm seinen ‚gemäßen Ort' hat ... die Götter wie die göttlichen Gestirne ... wie die irdischen Menschen und die niederste Wirklichkeit überhaupt".[8] Diese Gefahr ist am eindrucksvollsten in Lorenz Gutmanns Schreckenvision verdichtet, hinter der sich Andres' Erschütterung über die Atombombe verbirgt. Ein schwarzer Regenbogen bewegt eine gewaltige Sense, die die Erdoberfläche so abmäht, daß die Erde wie ein „rasierter toter Kopf durch den Himmel treiben" wird (D. g. R., S. 421). Im Unterschied zu den echten Religionen fehlt den Ersatzreligionen der Wissenschaft und Technik der Kern der Mythen, die den Menschen „in Verbindung halten mit der aus den Urzeiten aufsteigenden, ersten und größten Bemühung des Menschen: hinter dem scheinbar Sinnlosen und Zufälligen höchst lebendige und personale Kräfte am Werke zu sehen, die für den Text des Ganzen verantwortlich sind."[9] Aus diesen Worten des Dichters läßt sich gut verstehen, daß die Mythen für ihn göttliche Wahrheit verkörpern. Deshalb gilt für ihn selbst, was er vom Kaiser Ashoka sagt, der in der „Wahrheit die Mutter aller Dinge" erblickt, „und das heißt ja zuerst: aller Ideen, aller Mythen, aller lebendigen und Leben schützenden und formenden Gedanken, aller Beschwörungs- und Gestaltungsversuche, den deus absconditus im Bilde (zu) offenbaren, sein göttliches Raunen in der Seele zu artikulieren und zum religiös verbindlichen Wort werden (zu) lassen. Somit ist die Wahrheit in der Tat die Mutter a l l e r Religionen, die diesen Namen verdienen."[10] Diese Mythosauffassung berührt sich mit der von Karl Jaspers, den Andres sein Leben lang verehrt hat. Wie weit der Dichter von dem Philosophen beeinflußt ist, dessen Anschauung ist: „Mythen ... führen zu Lösungen existentieller Spannungen, nicht durch rationale Erkenntnis. Die Wirklichkeit selbst als mythisch zu sehen, bedeutet nicht, das Wirkliche zu entwerten; das Wirkliche wird als wirklich zugleich in der Bedeutung gesehen, die ihm Transzendenz, der eigentliche Bereich des mythischen Denkens, verleiht"[11], muß offen bleiben. Ähnliches gilt auch für die jahrelange alte Freundschaft des Dichters mit dem Mythologen und Religionswissenschaftler Karl Kerényi. Ebenfalls ist der Schweizer Kulturhistoriker Jacob Burckhardt ein Geistesverwandter, dem Andres viel verdankt. „Auch dieser Mann, welcher das in die Gräber der Vergangenheit mitgegebene Korn suchte und es anblickte und zum Samen der Zukunft erfrischte" ist wie sein bewundernder Nachfahre „ein ernsthafter Liebhaber des Lebens" (M. v. A., S. 46 f.). Weiter bestehen Ähnlichkeiten zwischen dem mythischen Denken des Dichters und dem des Schweizer Psychologen Carl G. Jung, und zwar weil dessen „Archetypen" allgemein menschliche Grundwahrheiten des „kollektiven Unterbewußtseins" symbolisch ausdrücken. Jedoch steht fest, daß Andres sich nicht von Jung beeinflussen lassen hat, ihn aber schätzte.

Trotz aller Affinitäten zu außerchristlichen Denkern ist Andres entschiedener Christ, „weil ihm dieses himmlische Gewand von den Eltern überliefert wurde" (W. s. U., S. 35). Wie für seinen Protagonisten Lorenz Gutmann ist „die alte abendländische Kirche, die Roms ... seine geistige Heimat", und wie der junge Theologe bewohnt er „diesen mütterlichen Boden auf seine Weise" und entzieht ihm nur „jene Stoffe, die er braucht(e)" (Arche, S. 567). Diese entnimmt Andres vor allem den Kirchenvätern, Thomas von Aquino, Meister Eckhart, Nikolaus Cusanus, Giordano Bruno, also Christen, die fast alle Gedankengut der griechischen Philosophie mit dem christlichen Glauben verschmolzen haben. In seinem Glaubensbekenntnis beruft sich Andres vor allem auf Pascal, wenn er glaubt, „daß es das Herz, also die intuitive und mit dem Gefühl wertende Zentralkraft unseres Wesens ist, die sich für oder wider eine Wahrheit entscheidet".[12] Wenig später erwähnt er Plotin, der ihn von den Neuplatonisten am meisten beeinflußt hat, vor allem durch seine „Dreifaltigkeitslehre", „wie sie mehr und minder deutlich in allen großen Religionen wirkt und zumal bei Meister Eckhart herrlich hervortritt".[13] Plato hat dem Dichter besonders wegen seines mythischen Denkens und seiner Auffassung von der Schönheit viel gegeben, und die Vorsokratiker haben sein Naturbild mit geformt. Diese Prägungsfaktoren, die im Rahmen dieses Essays nur gestreift werden können, zeigen, daß die tragenden positiven Werte des Andresschen Weltbildes weitgehend in der Tradition wurzeln.

Jedoch hat sich der Dichter auch gründlich mit der modernen Philosophie und Theologie auseinandergesetzt. Das gilt besonders für Nietzsche, dessen Begriff der Norm er in der Sintflut-Trilogie für die Lehre des Diktators übernommen hat. Andres sieht in Nietzsche den Wegbereiter für die totalitären Staaten. Der Übermensch ist das Vorbild des Normers und *Der Wille zur Macht* dessen Lieblingsbuch. Darüber hinaus spielt der Herrenmensch, „die blonde Bestie", auch in anderen Werken eine Rolle. Es ist kaum möglich, hier alle anderen Philosophen zu erwähnen, mit denen Andres sich befaßt hat. Er nennt in seinem Schrifttum lediglich wiederholt Karl Jaspers, der ihn in mancher Hinsicht beeinflußt hat. Abgesehen von der Mythologie finden sich auch Übereinstimmungen in der Betonung der Eigentlichkeit des Menschen in unserer Zeit der Apparaturen. In dieser Einstellung berührt sich der Dichter auch mit Ortega y Gasset, der das Recht der Einzelseele beim *Aufstand der Massen* vertrat. Da Andres kurz nach Kriegsende den christlichen Existentialisten Gabriel Marcel in Paris besuchte, sind Rückschlüsse auf eine Geistesverwandtschaft möglich. Sehr summarisch ausgedrückt liegt sie wohl in Marcels Auffassung vom Sein als „Ort der Gläubigkeit", einem „Mysterium", das nur durch starkes „Engagement" erschlossen werden kann. Ferner war Andres sehr durch Tillichs theologische Konzeption beeindruckt, weil dieser die Gegenwart Gottes in der Welt und seine Nähe zum Menschen sehr ernst nimmt und sie nur durch Zuhilfenahme von Pantheismus und Mystik voll erfahren kann. Die Affinitäten zu Andres Anschauung sind offensichtlich. Jedoch hat die Auseinandersetzung mit den modernen Lehren Andres' Welt- und Menschenbild nicht grundlegend geprägt, sondern nur bestimmte Akzente darin gesetzt.

Aus der Eigenwilligkeit seines christlich-humanistischen Weltbildes leitet sich Andres' Selbstverständnis als das eines mythischen Dichters ab; denn ihm erschließt sich die Weltwirklichkeit unserer Gegenwart sehr stark in Mythen und Sinnbildern, die über das Private hinausreichen und den Menschen in seiner Bindung zum Metaphysischen, dem „Ganzen", zeigen. Das wird am deutlichsten in der zeitkritischen Trilogie, in der das Gegenwartsgeschehen aus dem Mythos der Sintflut gesehen und gedeutet wird. Die große Flut bricht über Città morta herein wie damals über Palästina, der Normer, das „Tier aus der Tiefe", gleicht dem grausamen Herrscher Tolül aus den Noah-Legenden, Noah kehrt wieder in der Gestalt des blinden Sehers Emil Clemens. Ebenso wie der Noah der frei erfundenen Legenden eine neue Arche bauen muß, planen die geretteten Archenbewohner der Moderne den Bau einer weiteren Arche, da sie statt eines echten Neubeginns den „schicksalsmechanischen Ablauf des Gleichen" wie auf einem Karussell erleben (D. g. R., S. 203). Die Parallelität von Gegenwartsgeschehen und dem alttestamentarischen Geschehen, die in der ganzen Trilogie gesetzt wird, zeigt, daß es immer wieder Sintfluten und Archenbauer geben wird. Auch der Roman *Der Mann im Fisch* ist ganz aus der Perspektive eines alttestamentarischen Mythos gesehen. Hier wird die Zeitlosigkeit nicht nur in der Wiederkehr des Propheten Jona in der Figur des Dr. Jonas sinnfällig, sondern auch darin, daß sie einander in der „Nicht-Zeit" begegnen.

Auch dort, wo Andres seine Romane nicht auf einer mythischen Grundkonzeption aufbaut, finden sich mythische Bilder und Figuren. Sie verleihen der Gestaltung des Werks eine ungewöhnliche Geschlossenheit und Einheitlichkeit. Fast in allen Werken verdichtet sich z. B. Gehaltliches im mythischen Bilde des Brunnens, in den die Protagonisten hineinschauen und so ihre Herkunft aus dem Reich der Mütter, dem Schoße des Lebens, erfahren. Ähnlich häufig kommt das mythische Bild der Schlange vor. Diese Beispiele verdeutlichen, wie sich Transzendentes, heidnischer und christlicher Herkunft, in den mythischen Bildern erschließt. Das gilt ebenfalls für die mythischen Gestalten. Am häufigsten begegnet dem Leser Dionysos, der einmal sogar mit Paraklet, dem Stellvertreter Jesu und Künder der Wahrheit, zu einer Gestalt verbunden wird (H. d. F.). Vorwiegend jedoch schenkt Dionysos dem Menschen die rauschhafte Erfahrung elementaren Seins, vor allem in der Natur, und erlöst sie so aus der Ichbefangenheit, aber zur „wahren Freude" wird dieses Erleben nur unter „Apolls Führung", da es sonst zur „dionysischen Lebensvergötzung" führt.[14]

Außer diesen mythischen Bildern, zu denen noch Weinstock, Weizenkorn, Baum, Frucht und Pflanze gehören, und außer den mythischen Gestalten, zu denen auch Orpheus, Prometheus, Kain und Abel zählen, in denen der Dichter immer wieder Welt- und Wirklichkeitserfahrung verdichtet, gibt es in seinem Werk eine Fülle von Symbolen, die aus der Einmaligkeit der Erfahrung stammen wie das Porzellanpferdchen (R. d. G.), die Festungsmodelle (H. d. F.) und die „Wurmkostüme" (Vermummten), um einige aus der Vielzahl zu nennen.

Über der Gestaltung des Bildes, das seine Häufigkeit dem Weltbild des Dichters verdankt, vergißt er nicht das Handwerkliche, das ebenso zum Schaffen gehört. Wie Andres den deutschen Dichtern rät, zu lernen, „wie man eine Handlung baut", so ist er selber bei den englischen Romanciers in die Lehre gegangen, von denen er in diesem Zusammenhang Defoe und Fielding nennt.[15] Sie sind seine Vorbilder für eine geschehnisreiche Handlung, die zugleich unterhaltsam ist. Für Andres ist darüber hinaus die Mannigfaltigkeit, mit der er die Erzählperspektive wechselt, kennzeichnend. Wiederholt läßt er die Handlung von einer Nebenfigur in der Ich-Form erzählen und erreicht dadurch eine Vielschichtigkeit, wie sie Wolfgang Kayser beispielsweise am *Gefrorenen Dionysos* lobt.[16] Sie wird auch gewonnen, wenn die Hauptgestalten erzählen, wie es z. B. Gratian und Prisca tun. Ihre Charaktere erstehen dann unmittelbar vor dem Leser. Werden darüber hinaus noch Wechsel in der Erzählperspektive vorgenommen wie in Andres' letztem Roman, wo Synesios in langen Briefen und Berichten die

Erzählerrolle übernimmt, erreicht die Darstellung ein Höchstmaß an Vielschichtigkeit. Auch in einem andern Spätwerk ist dem Dichter ein äußerst reizvoller Perspektivenwechsel gelungen, und zwar im *Taubenturm,* wo das Geschehen einmal mit den Augen des gelehrten Tagebuchverfassers gesehen wird und zum andern aus der Sicht der zehnjährigen Tochter. In all diesen Varianten der Icherzählung wird, um mit Lämmert zu sprechen, die Gegenwart der Handlung „durch eine noch unmittelbarere Erzählergegenwart, aus der der Dichter erläuternd, bekräftigend oder kritisierend kommentiert, überbaut".[17] In den mehr objektiven personalen Erzählwerken wechselt Andres die Erzählperspektive entweder durch eingeschobene Briefe oder Tagebücher oder durch die „erlebte Rede", durch die die Gestalten an Intensität und Lebensnähe gewinnen, wie Storz es an der Novelle *Wir sind Utopia* überzeugend nachgewiesen hat.[18] Sie findet sich auch in den auktorialen Romanen, deren traditionelle Form Andres durch die in der deutschen Romanliteratur wohl einmalige Verwandlung des Autors in einen „deus creator" erweitert hat. Goethes *Vorspiel auf dem Theater,* und Fieldings Vorworte und schließlich Thackerays Rahmen, wo er als Direktor seiner Marionetten auf dem Jahrmarkt der Eitelkeiten auftritt, können nicht mehr als leichte Anregungen zu Andres' Einleitungen der drei Sintflutbände vermittelt haben. Im Vorspiel erschafft er die Gestalten und entläßt sie in das Romangeschehen, dann spricht er im „Interview im Traum" mit ihnen, und im „Nachspiel" fordert er die inzwischen verstorbenen Gestalten auf, ihr Schicksal in das große aufgeschlagene Lebensbuch einzutragen. Dadurch wird der gewaltige Romanbau architektonisch zusammengefügt. Alle diese Varianten zeigen Andres als Meister der Erzählformen.

Ebenso reich ist das Register seiner Sprache, so daß er sie stets auf Person und Situation abstimmen kann. So finden sich Ausdrucksebenen von sensibelster Sprachgestaltung bis zum derbsten Jargon in seinem Werk. Seine sprachliche Schöpferkraft zeigt sich vor allem in der Lyrik und verleiht den tradierten Formen des Sonetts und der Ode einen sehr eigenwilligen Ton.

Bei dem Versuch, Andres in die zeitgenössische Dichtung einzuordnen, muß zunächst festgestellt werden, daß er mehr Bewahrer als Neuerer ist. Für ihn gab es die Frage nicht: *Aussichten des Romans oder Hat die Literatur eine Zukunft?,* die unlängst wieder von einem Vertreter der jungen Generation, Reinhard Baumgart, gestellt worden ist. Im Unterschied zu Andres existiert für ihn nicht mehr das „Individuum als Maßstab für Erfahrenes", ihm wird nicht mehr ‚Stoff' zu ‚Welt'.[19] Andres' Kunstauffassung, die in seinem letztlich traditionsgebundenen Weltbild wurzelt, läßt keinen Raum für formzersprengende Experimente. Er gießt neuen Wein in alte Schläuche. Dem verdankt er einerseits seine große Lesergemeinde und die starke Beachtung in der Tagespresse des In- und Auslandes, anderseits liegt wohl die Haltung der Literaturwissenschaft, die, von einigen Ausnahmen abgesehen, das Werk des Dichters übergeht, darin begründet.

Pohl, der Urheber des Klassifikationsbegriffes „Magischer Realismus", hat diese Kategorie aus dem Werk von Stefan Andres, Horst Lange, Elisabeth Langgässer und Hermann Kasack abgeleitet. Er kennzeichnet das Wesen dieser Literaturrichtung als Verschmelzung von Realismus und Expressionismus zu einer neuen Form, in der christlich-humanistische Gehalte gestaltet werden. Diese „neuen Gebilde waren fraglos realistisch, doch auf eine bislang ungekannte zauberische Weise, die den Vorgang der Wirklichkeit in das Legendäre, überraschend Gültige hob".[20] Diese Einordnung wird vom Dichter selber gerechtfertigt, der die Bezeichnung „magischer Realismus" für die ursprüngliche Fähigkeit, Abstraktes im anschaulichen Bild einzufangen, gebraucht (D. g. R., S. 236). Mittelbar drückt sich die Haltung eines magischen Realisten in den zusammenfassenden Worten über die Sendung des Dichters aus: „daß er in seinem Werk die verborgene Ordnung der Dinge bloßlegt (und wieder leicht mit Sand bestreut!); daß er den Geist der Sprache beschwört und mit ihm zusammen vor das Unscheinbare, Zerfallene, Unansehnliche oder auch Allzugroße, Niebedachte, Entlegene, Märchenhafte dieser Welt hintritt und es leise oder mit furchtbarer Stimme über die Schwelle herüberruft, über die Schwelle der Form; und daß er mit heiligem Ernst und Schweiß und Tränen das wirke, was den andern zur höchsten Lust gereichen soll."[21]

Anmerkungen

Texte

Die Hauptwerke sind bei R. Piper in München erschienen. Nach ihnen wird in der Regel zitiert. Ausnahmen sind:

El Greco malt den Großinquisitor. Leipzig 1936.

Der Mann von Asteri. Berlin 1939.

Wir sind Utopia. München 1948.

Über die Sendung des Dichters. In: Der offene Horizont. Festschrift für Karl Jaspers, München 1953.

Mythos und Dichtung. In: Die Wirklichkeit des Mythos hrsg. Kurt Hoffmann, Knaur-Taschenbuch 1965.

Literatur

Stefan Andres: Eine Einführung in sein Werk, München 1962. (Hier findet sich eine Zusammenstellung der wichtigen Literatur.)

Karl O. Nordstrand: Hinter Hundert Generationen, Monographisches zu St. A. in der Exil- und Nachkriegszeit, Stockholm 1968. (Hier findet sich ein vollständiges Werkverzeichnis und die Publikationen über St. A. bis 1968.)

Karl O. Nordstrand: Stefan Andres und die innere Emigration. In: Moderna Språk, Jg. 1969, S. 247—264.

Nachweise

1 Über die Sendung des Dichters, S. 362.
2 Hans Hennecke: Stefan Andres. In: Stefan Andres, S. 9.
3 Über die Sendung des Dichters, S. 362.
4 Karl O. Nordstrand: Hinter Hundert Generationen.
5 Karl O. Nordstrand: St. A. und die innere Emigration, S. 263.
6 Stefan Andres: Mythos und Dichtung. In: Hoffmann, S. 24.
7 Stefan Andres: Über die ‚ernste' Sache der Freude. In: St. A., S. 61 ff.
8 Alwin Diemer: Metaphysik. In: Philosophie, Fischer Lexikon XI, S. 181.
9 Stefan Andres: Mythos und Dichtung. In: Hoffmann, S. 23.
10 Stefan Andres: Toleranz. In: St. A., S. 48.
11 Kurt Hoffmann: Die Wirklichkeit des Mythos, S. 6.
12 Stefan Andres: Daran glaube ich. In: St. A., S. 45.
13 Ebd.
14 Stefan Andres: Über die ‚ernste' Sache der Freude. In: St. A., S. 69.
15 Stefan Andres: Über die Sendung des Dichters, S. 363 f.
16 Wolfgang Kayser: Das sprachliche Kunstwerk, 3. Aufl., Bern 1954, S. 214.
17 Eberhard Lämmert: Bauformen des Erzählens, 3. Aufl., Stuttgart 1968.
18 Gerhard Storz: Über den ‚Monologue intérieur' und die ‚Erlebte Rede'. In: Der Deutschunterricht, Jg. 1955, H. 1, S. 41 ff.
19 Reinhard Baumgart: Aussichten des Romans oder Hat Literatur eine Zukunft? Berlin 1968, S. 9.
20 Frank Trommler: Realismus in der Prosa. In: Thomas Koebner: Tendenzen der deutschen Literatur seit 1945, Kröner Verlag, Stuttgart 1971, S. 192.
21 Stefan Andres: Über die Sendung des Dichters, S. 365.

Manfred Durzak

ELIAS CANETTI

I.

Unter den zeitgenössischen deutschsprachigen Autoren ist Elias Canetti eine singuläre Erscheinung. Er ist ein Einzelgänger in einem weit radikaleren Sinn als etwa Arno Schmidt, dessen Absage an jeglichen Literaturbetrieb eine esoterische Aura nach sich zog, die im wesentlichen subjektive Gründe hat. An Canettis Distanz vom Literaturbetrieb sind andere Gründe beteiligt, die in seiner Biographie, seiner literarischen Herkunft, seinem Exilschicksal, seiner schriftstellerischen Arbeit in einem fremden Sprachbereich wurzeln, nämlich England, wo er seit 1939 lebt: ein Exulant, der, obwohl inzwischen von seiner ehemaligen Heimat Österreich mit kulturellen Auszeichnungen versehen und nach dem Tod von Doderer als letzter Vertreter einer bedeutenden literarischen Tradition gerühmt, dennoch nicht daran denkt, seine Wahlheimat England zu verlassen. Im literarischen Leben der Bundesrepublik spielt Canetti erst seit kurzem eine Rolle, obwohl es schon vor der Verleihung des Büchner-Preises im vergangenen Jahr Versuche gegeben hat, ihn in dieses literarische Leben einzubeziehen. So haben beispielsweise Mitte der sechziger Jahre Günter Grass und Peter Weiss Canetti im Namen der Berliner Akademie die Mitgliedschaft der Literaturklasse angetragen und ihn zu einem längeren Aufenthalt in Berlin eingeladen. Canetti hat das letztere abgelehnt und seinen Standort an der Peripherie des deutschsprachigen kulturellen Lebens nicht aufgegeben. Auch dies ist eine Entscheidung, an der mannigfache Gründe beteiligt sind, die zwar als Affektreaktion eines Exilierten verständlich wäre, aber bei Canetti nichts mit Affekt zu tun hat.

Dennoch ist Canettis Ruhm auf paradoxe Weise mit dem literarischen Leben der Bundesrepublik verbunden. Sein Ruhm ist eine Sache der Gegenwart, obwohl das Werk, das diesen Ruhm auslöste, großenteils in die erste Schaffensphase des heute über fünfundsechzigjährigen Autors zurückreicht. Seiner wohl bedeutendsten schriftstellerischen Leistung, dem Roman *Die Blendung*, gelang es gleichsam erst im dritten Anlauf jene Wirkung zu finden, die dazu geführt hat, daß man den Roman in den letzten Jahren dem Kanon überragender epischer Leistungen in der ersten Jahrhunderthälfte eingefügt hat, der von Büchern wie Kafkas *Prozeß*, Musils *Mann ohne Eigenschaften*, Brochs *Schlafwandlern* oder Döblins *Berlin Alexanderplatz* bezeichnet wird. Das Buch erschien 1935/36 zum ersten Mal in Wien und, obwohl von Autoren wie Broch, dessen *Schlafwandler* fünf Jahre zuvor in der Schweiz erschienen war, gefördert, blieb sein Erfolg auf einen kleinen Kreis von Literaturkennern beschränkt. Die politische Verseuchung Deutschlands hatte bereits damals ein solches Ausmaß angenommen, daß auch die Auswirkungen auf Österreich deutlich erkennbar wurden. Jene beiden Romane, nämlich *Die Schlafwandler* und *Die Blendung*, die, wenn auch auf ganz verschiedenen Ebenen, den Gründen der sich im Politischen andeutenden Katastrophe nachgingen, wurden kaum mehr rezipiert. Auch als Canettis Roman 1948 in einer Neuauflage in München erschien, trat eigentlich selbst nach dem Ablauf der Katastrophe und im Rückblick auf die Gründe nicht jene Wirkung ein, die man erwartet hätte. Erst als der Roman 1963 in einer dritten Auflage erschien, zwei Jahre später von einer Taschenbuchausgabe gefolgt, setzte ein umfassendes Echo ein, das die Feststellung rechtfertigt: „Der Roman ist dabei, sich im großen Stil durchzusetzen; englische und französische Übersetzungen sind erschienen und weitere werden sicherlich folgen.“[1]

Was inzwischen immerhin bei der *Blendung*, dem Werk des noch nicht dreißigjährigen Canetti Gewißheit geworden ist, daß es sich hier nämlich um einen bedeutenden epischen Wurf handelt, läßt sich allerdings nur mit Einschränkung auf das dramatische Werk Canettis ausdehnen, das mit dem ersten Stück, der szenischen Groteske *Hochzeit* (1932), ebenfalls in die Frühzeit gehört, während die *Komödie der Eitelkeit* (1950) und *Die Befristeten* (1964) aus den späteren Jahren stammen. Mag man auch bereits über Canettis Dramatik gelegentlich das Urteil hören: „Sie gehört zu den modellhaften Schöpfungen für das Theater unseres Jahrhunderts; ihre Nichtkenntnis ist nicht länger entschuldbar“[2], so bleiben die Aufführungen nach wie vor vereinzelt, und von einem Durchbruch Canettis auf dem Theater läßt sich heute eigentlich noch nicht sprechen.

Ähnliches gilt wohl auch für die Wirkung von Canettis großangelegter essayistischer Untersuchung *Masse und Macht* (1960), in der sich vielfältige Impulse (politische, psychologische, anthropologische, kulturhistorische, philosophische, soziologische) mischen bei dem Versuch, in souverän verwertetem historischen Beispielmaterial Strukturen menschlichen Verhaltens bloßzulegen, die den Begriffskomplex Masse und Macht und damit eine der zentralen Wurzeln des Faschismus differenzieren. Auch hier bei Canettis zweitem Hauptwerk, das Dichtung und Theorie miteinander verbindet und die Imagination zu wissenschaftlicher Schärfe präzisiert, wird erneut eine Verbindung zu Hermann Broch sichtbar, dessen letzte Lebensjahre ebenfalls im Zeichen seiner massenpsychologischen Arbeiten standen. Die Leistung Canettis auf diesem Gebiet ist ebenfalls erst auszuloten. Es mag durchaus möglich sein, daß sich die Aussage: „Den eigentlich Ruhmwürdigen spart man aus: den Philosophen, den Autor von ‚Masse und Macht‘ “[3], bewahrheitet.

Canettis Ruhm ist also zum Teil noch eine Sache der Zukunft, aber zum Teil schon eine Sache der Gegenwart. Diese Verzögerung seiner Wirkung hat nicht nur mit seinem außergewöhnlichen literarischen Werdegang, mit der Besonderheit seines Schicksals zu tun, sondern ebenso mit einer an Kafka erinnernden Enthaltsamkeit, was die Publikation seiner Arbeiten betrifft. Das literarische Werk, das er in den letzten Jahren mit größerer Bereitwilligkeit der Öffentlichkeit zugänglich machte, ist nur die Spitze des sprichwörtlichen Eisberges. Bereits Canettis erster und bisher einziger Roman *Die Blendung* wurde als erster Band eines Zyklus entworfen, den Canetti als eine „Comédie Humaine an Irren"[4] beschrieb. Von diesem großangelegten Plan einer Romanreihe wurde keineswegs nur *Die Blendung* ausgeführt. Vielmehr ist ein zweiter Roman, der sich mit der Figur eines Verschwenders beschäftigt, zu großen Teilen verwirklicht worden, und auch weitere Romanteile — acht Bände sollte der Zyklus umfassen — wurden zumindest im Ansatz skizziert. Darüber hinaus sind ein später geschriebener Roman und weitere Dramen im Manuskript so gut wie abgeschlossen, werden aber von Canetti zurückgehalten. In den Umrissen deutet sich also hier ein zu erwartender immenser Nachlaß an, der das Bild von Canettis literarischer Leistung möglicherweise völlig neu profilieren könnte. Allerdings hat Canetti seine Manuskripte in einer eigens entworfenen Kurzschrift aufgezeichnet, zu der nur er allein den Schlüssel besitzt. Die Zone von Schweigen, die zum Werk dieses Autors zu gehören scheint, bleibt also gewahrt.

II.

Die Besonderheit von Canettis literarischer Wirkung findet ihr Äquivalent in seinem eigentümlichen Schicksalsweg. Er ist in einem Kultur- und Sprachraum verwurzelt, der sich weit über die Grenzen Kakaniens hinaus bis in die Tschechoslowakei und weiter in den Balkan hinein erstreckt. Er entstammt also einem Gebiet, das um die Jahrhundertwende als Kreuzungspunkt vielfältiger politischer und kultureller Ausstrahlungen wichtig wurde, das, politisch durch die österreichische k. u. k. Monarchie zusammengehalten, nach dem Ende des Ersten Weltkrieges zum Modell einer untergehenden Epoche wurde und sich, wie das Werk von Kafka, Musil, Broch, Kraus oder Doderer bezeugt, als künstlerische Reizzone ohnegleichen bewährte. Dieser von vielen Kultureinflüssen und Sprachen durchsetzte Raum ist mit der Biographie Canettis eng verknüpft. Am 25. Juli 1905 in Rustschuk (Bulgarien) geboren, gehörte er zwar auf Grund familiärer Herkunft zur deutschsprachigen Oberschicht des Landes, ohne jedoch völlig assimiliert zu sein. Das verrät sich bereits in Canettis Vielsprachigkeit. Nicht Deutsch ist seine Muttersprache, auch nicht Bulgarisch, sondern am ehesten jenes altertümliche Spanisch des 15. Jahrhunderts, das seine Vorfahren, spanische Juden, 1492 bei der Vertreibung aus Spanien mit in die neue Heimat, das damalige türkische Reich, brachten und das sich in Bulgarien in Sprachinseln bis in die Gegenwart erhielt. Dieses archaische, fast zur Kunstsprache gewordene Idiom ist Canettis Muttersprache. Diese besondere Sprachsituation impliziert zugleich ein besonderes Verhältnis zur Wirklichkeit: Wirklichkeit, von der die Sprache auf naive Weise Besitz ergreift, kann es in einer solchen Situation nicht geben. Sprache wird von vornherein zu einem Kunstprodukt, wird, von der Wirklichkeit abstrahiert, als Instrument von Ausdrucksmöglichkeiten erfahren und ist nicht unmittelbar Ausdruck von Wirklichkeit. Diese besondere Konstellation ist für den Dichter Canetti wichtig geworden.

So berührt es denn fast als folgerichtig, daß es das elisabethanische Englisch Shakespeares ist, an dem Canetti zum ersten Mal die Faszination zu Dichtung gewordener Sprache erfährt. Er liest als Zehnjähriger zusammen mit seiner Mutter die Shakespeareschen Dramen. Die langen Gespräche darüber werden zum nachhaltigsten Eindruck, der noch nach Jahrzehnten gegenwärtig ist: „... ich glaube, diese Gespräche ... waren ... der Inhalt, der Hauptinhalt meiner frühen Jugend."[5] Erst auf so bedeutsamen Umwegen gelangte Canetti zu der Sprache, von der er auch im englischen Exil nie abließ: „Deutsch war die vierte Sprache, die ich lernte ..."[6]

Canetti, der dann von 1921 bis 1924 in Frankfurt die letzten drei Jahre des Gymnasiums bis zum Abitur verbrachte und in der politisch aufgeheizten Inflationssituation erste Erfahrungen zu einem Thema sammelte, das sich später kristallisierte, nämlich zum Thema der Masse, ging 1924 an die Universität Wien, um Chemie zu studieren, weil es sich hier, seinem Zeugnis nach, um ein Gebiet handelte, von dem er am wenigsten verstand und das ihn deshalb besonders reizte.[7] Die Promotion in diesem Fach stellt nur eine äußerliche Zäsur dar. Das Ereignis, das sein Leben in eine bestimmte Richtung drängte, hatte sich schon früher abgespielt: „Ich war etwas über zwanzig Jahre alt, als mir eines Tages auf der Straße der erste Gedanke zu einem Werk über die Masse kam. Es war wie eine Erleuchtung: Ich beschloß, mein Leben der Erforschung der Masse zu widmen."[8] Das erwies sich unter zweifachem Aspekt als Keim seines Lebenswerkes: Sein Roman *Die Blendung,* damals in Angriff genommen und abgeschlossen, und sein erst in den vierziger Jahren im englischen Exil entstandenes theoretisches Hauptwerk *Masse und Macht,* das von einem zweiten Band fortgeführt werden wird, gehen darauf zurück.

Ebenso wichtig wie diese thematische Kristallisation ist allerdings ein anderer Vorgang, der Canettis spezifisches Verhältnis zur Sprache beleuchtet. Die deutsche Sprache, zu der er erst auf Umwegen gelangte, erschloß sich ihm nicht als Mittel der Verständigung, sondern im Gegenteil als Hindernis, als Verzögerung des Verstehens. Deutsch war die Wortbarriere, hinter der die Eltern Erfahrungen austauschten, die sich dem Verständnis der Kinder entziehen sollten. Daraus ergab sich für den jungen Canetti, der vielsprachig aufwuchs, mit einer immensen Sprachempfänglichkeit begabt war, eine charakteristische und folgenreiche Situation. Sein Eindringen in die deutsche Sprache begann gleichsam auf einer vorlogischen Stufe. Die Sprache erschloß sich ihm nicht unmittelbar in ihrer rationalen Aussage, sondern sie war für ihn primär Klangbild, Wortbild, wenn man so will, Mythos, magische Wirklichkeit, die sich noch nicht, im Logos aufgehoben, in der Aussage verbirgt und im alltäglichen Gebrauch bis zur Unkenntlichkeit abgeschliffen wird: „Wenn wir etwas nicht verstehen sollten, sprachen die Eltern miteinander deutsch. Nun hörte ich diese deutschen Laute — man erklärte mir nur ein Wort, und das war Wien. Sonst habe ich nie ein deutsches Wort verstanden, aber es ging mir sehr nahe, daß ich das nicht verstand, und so ging ich als Kind — ich erinnere mich genau — in ein anderes Zimmer und übte diese Laute für mich ein, wie magische Laute — ohne sie zu verstehen. Ich lernte ganze Sätze auswendig, im genau richtigen Tonfall, in der richtigen Geschwindigkeit — wie ein Kind eben lernt, und da es so geheimnisvoll war, kam es mir vor, als wäre es die schönste aller Sprachen.“[9] Es fällt nicht schwer, in dieser Beschreibung den Keim eines zentralen dichterischen Motivs Canettis zu erkennen, zugleich die modellhaft entworfene Genese eines kunsttheoretischen Zusammenhangs, dessen Bedeutung für *Die Blendung* wie für seine Dramen gilt.

III.

Die Sprache als Tor zu einer mythisch erfahrenen Wirklichkeit stellt für Canetti nicht durch Reflexion gefilterte Erkenntnis dar, sondern eine unmittelbar erfahrene Gegebenheit: in der Erinnerung der Kindheit wurzelnder Besitz. Diese Konstellation erscheint auf der dichterischen Gestaltungsebene ganz ähnlich in der *Blendung*, nämlich in jener für den berühmten Psychiater Georg Kien, den Bruder des Sinologen, schicksalhaften Begegnung mit jenem Verrückten, der, Bruder eines reichen Bankiers, in dessen Haus in Verborgenheit lebt, aus der oberflächlichen konventionellen Wirklichkeit ausgebrochen ist, sich in das Fell eines Gorillas hüllt und die angestrebte Verwandlung seiner Existenz in einer neuen, künstlich geschaffenen Sprache auszudrücken versucht. Es heißt über Georgs Reaktion: „Wenn der Gorilla nur wieder sprach. Vor diesem einen Wunsch verschwanden alle Gedanken . ., als hätte er von Geburt an den Menschen oder Gorilla gesucht, der seine eigene Sprache besaß . . . Jeder Silbe, die er hervorstieß, entsprach eine bestimmte Bewegung. Für Gegenstände schienen die Bezeichnungen zu wechseln. Das Bild meinte er hundertmal und nannte es jedesmal verschieden; die Namen hingegen hingen von der Gebärde ab, mit der er hinwies. Vom ganzen Körper erzeugt und begleitet, tönte kein Laut gleichgültig.“

Sprache geht hier über die Bedeutung eines rationalen Signalsystems weit hinaus, ist identisch mit einer neu erfahrenen, einmaligen Wirklichkeit, ist selbst in sich Wirklichkeit. Der Erkenntnisumschwung, der sich in Georg vollzieht, zum Eintritt in ein „neues Leben“ bei ihm führt, wird von ihm selbst artikuliert: „Er sah sich selbst als Wanze neben einem Menschen . . . Welche Anmaßung, mit einem solchen Geschöpf an einem Tisch zu sitzen, . . . ohne den Mut zum Sein, weil Sein in unserer Welt Anders-Sein bedeutet, eine Schablone für sich . . ., immer dieselben leeren Sätze leiernd, immer aus gleicher Entfernung verstanden." Das von äußerlichen Konventionen bestimmte gesellschaftliche Leben, das auf Karriere und Erfolg abgestimmt ist, das den einzelnen zur Funktion vielfältiger Bedingtheiten reduziert, ein Leben, dessen Mechanik bis zu diesem Augenblick für Georg selbst galt, wird nun in seiner seelenlosen Betriebsamkeit erkannt, wird abgewertet. So wie der einzelne hier um sein Ich betrogen wird, ist auch die Sprache nicht mehr als ein sinnlos rotierendes Systems, in dem die Worte sich stereotyp wiederholen, die Sätze leer geworden sind.

Die Verhältnisse haben sich verkehrt. Der sich im Fell des Gorillas Verbergende, äußerlich als Tier Erscheinende ist der eigentliche Mensch, der der Schablone widersteht und anders ist, der sich der Konvention Einfügende, Erfolgreiche hingegen erscheint als Tier, als „Wanze". Hier ist gleichsam in metaphorischer Verkürzung der Hinweis auf Kafka enthalten, der in seiner *Verwandlung* gerade das dargestellt hat, auf was Georg hier reflektiert: Die metaphorische Mutation ist bei Gregor Samsa nur die in die äußere Wirklichkeit projizierte Konsequenz einer inneren Verformung, die sich schrittweise in seiner Einstellung zum Beruf, zu den Kollegen, zu seiner Familie längst vollzogen hat. Wir wissen, daß Canetti nach der Niederschrift der ersten acht Kapitel der *Blendung* auf Kafka stieß, die Bewunderung, mit der er ihn damals für sich entdeckte, nie aufgegeben hat und gerade über jene Erzählung eingestand: „Es hat mich nie ein modernes Stück Prosa tiefer beeindruckt als ‚Die Verwandlung'. Die Romane Kafkas habe ich erst Jahre später gelesen."[10]

Zentral für Canetti ist, daß die konventionell vergesellschaftete Wirklichkeit sich vor allem in der Sprache für ihn demaskiert. Die sterile, in sich befangene Wortrotation, die die Absicht von Kommunikation ins Gegenteil verkehrt, ist ihm auffälligstes Symptom dieser entleerten Wirklichkeit. Georgs Einsicht: „... immer dieselben Sätze leiernd ..." ist freilich schon vorbereitet in seiner Abneigung gegen die konventionelle Glätte jener Sprache, die als sogenannte „schöne Literatur" das Bewußtsein der Menschen verformt. Denn hinter Georgs von Karrieredenken und äußerem Erfolg bestimmter erster Lebenshälfte, hinter diesem Leben eines „großen Schauspielers" erscheint die „schöngeistige Lektüre" als Filter, durch das sein Bewußtsein geht. Es heißt über jene Zeit: „Früher hatte er mit Leidenschaft gelesen und an neuen Wendungen alter Sätze, die er schon für unveränderlich, farblos, abgegriffen und nichtssagend hielt, großes Vergnügen gefunden. Damals bedeutete ihm die Sprache wenig. Er forderte von ihr akademische Richtigkeit: die besten Romane waren die, in denen die Menschen am gewähltesten sprachen." Die Monotonie dieser Literatur, die formales Korrelat der geistigen Leere in seiner ersten Lebenshälfte war, wird nun erkannt. „In Romanen stand immer dasselbe ...", heißt es nun und über den salonfähigen Gesellschaftsroman generell: „Die gesamte Romanliteratur ein einziges Lehrbuch der Höflichkeit."

Hinter Georgs Angriff auf den konventionellen Roman erscheint hier sicherlich Canetti selbst. Es ist in den Roman eingebaute poetologische Standortbestimmung des eigenen Werks. Wirklichkeitsvielfalt und konsumierbare ästhetische Glätte bezeichnen im konventionellen Roman die unüberbrückte Kluft, die ihn künstlerisch erledigt. Denn als Absicht des „schöngeistigen" Autors wird von Georg erkannt: „... die zackige, schmerzliche, beißende Vielgestalt des Lebens, das einen umgab, auf eine glatte Papierfläche zu bringen, über die es sich rasch und angenehm hinweglas." Indem Georg auf den Gorilla-Verkleideten trifft, mit unsäglicher Mühe seine Sprache lernt, dringt er in seine, in die Wirklichkeit ein, und es heißt folgerichtig nach dieser Begegnung: „Von der schönen Literatur hatte er genug." Wenn man so will, erscheint in diesem Handlungssegment des dritten Romanteils die Utopie des Romans, das kontrapunktisch gesetzte Gegengewicht zu den beiden ersten Teilen. Das tritt in den Titeln dieser Teile formelhaft hervor.

„Ein Kopf ohne Welt" ist das Titelstichwort, das das Schicksal des berühmten Philologen Peter Kien, „des ersten Sinologen seiner Zeit", definiert. Kien, dessen Gedankenmonolog ihn im Gespräch mit den Großen der Philosophie zeigt, dessen Privatbibliothek die faktische Wirklichkeit ersetzt, der, ohne seine Wissenschaft in Aktivität umzusetzen, ohne ein akademisches Lehramt auszuüben, als Privatgelehrter eine inselhafte Existenz führt, sich in ein grotesk wirkendes Selbstbewußtsein hineinsteigert, als Dreißigjähriger „seinen Schädel samt Inhalt einem Institut für Hirnforschung" vermacht, der unter dem Titel „Spaziergänge eines Sinologen" ein Tagebuch über die „Dummheiten der Menschen" führt, der den Kontakt zur Realität immer mehr verliert, eine Philosophie der Blindheit erfindet, um schließlich, „blind" und „verdummt" für die Realität, der primitiven Tücke einer reizlosen altjüngferlichen Haushälterin zu erliegen, die ihn seines vermeintlichen Reichtums wegen heiratet, ihn aus seiner Wohnung jagt und als brutale, mitleidlose Außenwelt ihn liquidiert. Kien — das bedeutet: eine Haltung extrem gesteigerter Intellektualität, ohne Verbindung zur Wirklichkeit.

Stellt der erste Teil den Einbruch einer triebhaften Realität in eine steril gewordene, sich selbst vergötzende Intellektualität dar, so erscheint im zweiten Teil, „Kopflose Welt", der Gegenpol. Es ist Wirklichkeit auf der Ebene Thereses, der Haushälterin, für die der lange vorenthaltene sexuelle Genuß und das Geld die „fixen Ideen", die Wahnvorstellungen darstellen, die ihre Aktionen ausschließlich bestimmen. Canetti entwirft eine beklemmende Galerie wahnhaft besessener Existenzen am Rande der menschlichen Gesellschaft. Der verwachsene Gnom Fischerle, der Thereses Werk fortsetzt und Kien für sich auszunutzen versucht, dessen alles beherrschende Leidenschaft das Schachspiel ist und der davon träumt, als Schachweltmeister nach Amerika zu gehen: „In dreißig gigantischen Sälen spielt Fischerle Tag und Nacht dreißig Simultanpartien, mit lebenden Figuren, denen er zu kommandieren hat.“ Ihm gesellen sich die andern Figuren ebenbürtig an die Seite: „die Fischerin“, die kleine verwachsene Zeitungsverkäuferin, die ihren Fischerle unglücklich liebt, der „Kanalräumer“, der, von seiner Dummheit und seiner Frau versklavt, in Fischerles „Firma“ eintritt, um den bücherrettenden Kien mit stets demselben Paket von Büchern Geld zu entlocken; der Hausierer, der trotz seiner hündischen Ergebenheit Fischerle gegenüber hinter das Geheimnis seiner Pakete zu kommen hofft, der „Blinde“, der Bettler, der als scheinbar Blinder bettelt und dessen beherrschende Wahnvorstellung zwischen seinen Weiberphantasien und dem Angsttraum, mit Knöpfen beim Betteln betrogen zu werden, ohne sich wehren zu dürfen, hin und her schwankt, der davon träumt, reich zu werden, sich ein Kaufhaus zu erwerben, in dem Knöpfe polizeilich verboten sind. Diese Wahnvorstellung führt zu der grausamen Konsequenz, daß er Fischerle eines Knopf-Scherzes wegen — von Canetti mit sezierender Kälte beschrieben — den Buckel abschneidet, um sich anschließend mit Fischerles „Pensionistin“, deren Zuhälter er war, im Bett, der Leichnam des Zwergs darunter liegend, zu vergnügen. Das ist weit mehr als ein Schock suchendes und provozierendes Detail, ist als ins Verbrechen umschlagende Steigerung dieser Knopf-Wahnidee von erschreckender Konsequenz.

Die Statisten der „Kopflosen Welt“ repräsentieren im Kontrast zum Sinologen Kien gleichsam eine in beängstigende Bewegung geratene triebhafte Wirklichkeit, die von jeder Intellektualität und geistigen Durchdringung der Erscheinungen abgespalten ist: Marionetten, aus dem Mittelpunkt ihrer „fixen Idee“ dirigiert. Im dritten Teil nun, „Welt im Kopf“, wie angedeutet, im dialektischen Dreischritt die Aufhebung, die Züge der Utopie tragende Synthese, dargestellt am Beispiel jenes sich seine eigene Welt und seine eigene Sprache erschaffenden Tier-Verkleideten, über den es heißt: „Er bevölkerte zwei Zimmer mit einer ganzen Welt. Er schuf, was er brauchte, und fand sich nach seinen sechs Tagen am siebenten darin zurecht. Statt zu ruhen, schenkte er der Schöpfung eine Sprache.“ Diese Utopie nimmt in Georg Kien Züge der Realisierbarkeit an, da er das, was als Möglichkeit im Gorilla-Verkleideten faktisch erscheint, in Erkenntnis umsetzt, die die beiden auseinandergebrochenen Realitätshälften, Intellektualität und Triebhaftigkeit, zu vereinen sucht, die mythische Wirklichkeitseinheit im Gorilla-Verkleideten akzeptiert, in sie eindringt, indem er seine Sprache lernt, die Überlegenheit seiner jetzigen Existenz gegenüber seiner früheren ausdrücklich bekennt: „Er verzichtete auf einen Heilungsversuch. Die Fähigkeit, ihn von einem Gorilla in den betrogenen Bruder eines Bankiers zurückzuverwandeln, traute er sich, seit er sich seiner Sprache bemächtigt hatte, wohl zu. Doch hütete er sich vor einem Verbrechen . . .“ Die Zerstörung dieser mythischen Wirklichkeitsganzheit durch Rückverwandlung in die Normalität der konventionellen Wirklichkeit wäre das Verbrechen gewesen, Zerstörung eines quasi paradiesischen Glücks.

Man mag gegen die Verbildlichung dieser mythischen Wirklichkeitsganzheit Zweifel anmelden. Zentral bei Canetti ist — und das hebt den möglichen Vorwurf der Unreflektiertheit, der Idolisierung von geistloser Natur auf —, daß die Reflexion zu diesem mythischen Zustand gehört: Sie erscheint verwandelt in der neuerschaffenen magischen Sprache. Und im Unterschied zu der sich isolierenden, steril werdenden Intellektualität des Sinologen Kien ist dieser utopische Zustand hier nicht mit einer wehrlos machenden Verinselung der individuellen Existenz verbunden. Canetti hat hier äußerst bewußt die Akzente gesetzt. Die „Erblindung" Kiens für die Realität, deren Opfer er in Therese wird, ist mit eine Folge seiner Vereinsamung, seiner korrumpierten Fähigkeit zu mitmenschlicher Beziehung. Während Canetti in der Gemeinsamkeit zwischen Kien und Therese die Schreckensbilder ihrer Ehehölle, die sich immer neue Torturen ersinnt, „wie mit Scheinwerfern von außen her" ableuchtet, erscheint in der naturhaften Liebesbeziehung zwischen dem Gorilla-Verkleideten und seiner ehemaligen Sekretärin das Gegenbild. Auch sie hat sich unter dem Eindruck des Mannes verwandelt, ein „neues Leben" begonnen: „Diese Sekretärin aber, von Haus aus ein gewöhnliches Weib, nicht anders als andere, ist unter dem mächtigen Willen des Gorillas zu einem eigenartigen Wesen geworden: stärker, erregter, hingebender." Nicht Verherrlichung eines reflexionslosen Elementaren ist bei Canetti beabsichtigt. Der Mensch w i r d nicht zum Tier, sondern erscheint in der Verkleidung des Tieres verwandelt, die ihm die Freiheit zum Selbstsein ermöglicht.

Selbst das Bild des Tieres gehört hier in einen für Canetti bedeutsamen Zusammenhang. Er hat in seinem Tagebuch *Aufzeichnungen 1942—1948* (1965), das er kürzlich durch den Band *Alle vergeudete Verehrung. Aufzeichnungen 1949—1960* (1970) ergänzte, den Verlust der menschlichen Beziehung zum Tier beklagt und in diesem Zusammenhang Sätze geäußert, die unmittelbar auf den in der *Blendung* angesprochenen Sachverhalt verweisen: „Das allmähliche Verschwinden der Tiere halte ich für die vielleicht gefährlichste Verarmung des Menschen. Durch seine Begabung zur Verwandlung ist er ja erst zum Menschen geworden, und der Inhalt dieser Verwandlungen waren alle diese Tiere, mit denen er je zu tun hatte. Der Mensch ist auch die Summe aller Tiere, in die er sich im Laufe seiner Geschichte verwandelt hat." Dieser Prozeß der Verwandlung, in dem die tierische Existenzform an den Menschen gebunden ist und in dieser Beziehung die menschliche Existenz potenziert, wird in der *Blendung* in der Darstellung des Tier-Verkleideten zurückgewonnen, neu entdeckt. Der Topos der Tier-Verwandlung ist hier folgerichtig auf die Steigerung der menschlichen Existenz bezogen.

Canettis Verhältnis zur Sprache erweist sich also als Einstieg zu zentralen Themen seines Romans. Entfernung von der Sprache und intensive Annäherung an ihre verdeckten magischen Tiefenschichten sind in diesem Verhältnis gleichermaßen enthalten: Distanz nämlich durch die von außen her geschärfte Empfänglichkeit für ihren Gebrauchscharakter, Sprache als sinnlos rotierendes System und damit von vornherein Aufhebung jener naiven Unmittelbarkeit im Sprachgebrauch des in einer Muttersprache Aufgewachsenen; äußerste Versenkung zugleich in die Sprache durch die magische Erfahrung ihrer klang-rhythmischen Wirklichkeit. Sprache also, die in gleicher Weise zur Tarnung der Realität dienen kann, wie die Realität aufzuschließen vermag.

Der Durchbruch zur eigentlichen Realität, der sich in einer magischen Sprache vollzieht, ist am Beispiel der *Blendung* gezeigt worden und erscheint sehr viel später nochmals der Andeutung nach in jenen vollkommenen Prosastücken, einer Sammlung von Epiphanien im Joyceschen Sinne, in den 1954 geschriebenen und erst kürzlich veröffentlichten *Stimmen von Marrakesch* (1967). Etwa in jener Episode, die „Familie Dahan" überschrieben ist: Nach der lästig werdenden Aufdringlichkeit eines jungen Arabers, der den Reisenden um Protektion, englische Empfehlungsbriefe bittet, lernt er den Vater des jungen Arabers kennen, mit dem er sich nicht verständigen kann, der aber dennoch im Aussprechen seines Namens gleichsam dessen Ursprung erfährt: „‚E-li-as Ca-ne-tti?' wiederholte der Vater fragend und schwebend ... In seinem Mund wurde der Name gewichtiger und schöner. Er sah mich dabei nicht an, sondern blickte vor sich hin, als wäre der Name wirklicher als ich, und als wäre er es wert, daß man ihn erkunde ... In seinem Singsang kam mir mein Name so vor, als gehöre er in eine besondere Sprache, die ich gar nicht kannte ... Ich wußte, er würde Sinn und Schwere meines Namens finden; und als es so weit war, blickte er auf und lachte mir wieder in die Augen." Ein Vorstoß in eine verborgene Sinnschicht findet statt, der im Namen die Existenz des Trägers erkennt. Epiphanie der Sprache, die auch in der Episode „Erzähler und Schreiber" erscheint: der Reisende, der die Sprache der Erzähler nicht versteht, aber „das Leben zu Häupten der Hörer" fühlt, für den sie „eine Enklave alten und unberührten Lebens" darstellen. Epiphanie der Sprache schließlich in der Schlußepisode des Bandes, im durchdringenden, schon fast nicht mehr Sprache zu nennenden Laut des blinden Bettlers, von dem es heißt: „... bis es auf dem ganzen weiten Platz der einzige Laut geworden war, der Laut, der alle anderen Laute überlebte."

Beide Pole sind für Canettis Sprachbeziehung entscheidend: die mit äußerster Präzision erfahrene konventionelle Abnutzung von Sprache, die Erfahrung von Sprache nicht als Mittel der Kommunikation, sondern als Ausdruck eines monologisierenden verbalen Leerlaufs und auf der andern Seite die Epiphanie der Sprache. Freilich ist mit beidem, der satirischen Enthüllung durch die Sprache und dem Aufbau der Wirklichkeit von der Sprache her, der wegweisende, Canetti von 1924 an auf fünf Jahre in Bann schlagende Einfluß von Karl Kraus verbunden. In ihm erkannte Canetti Voraussetzungen, die in seiner eigenen Entwicklung vorbereitet lagen, zur Vollendung gebracht. Canettis eigenes akustisches Sprachgedächtnis fand in Kraus eine vielleicht noch virtuosere Verkörperung. Canetti hat in seinem Aufsatz *Warum ich nicht wie Karl Kraus schreibe*[11] diesen überwältigenden Eindruck von Kraus auf ihn nicht eingeschränkt, aber differenziert und spricht vom „akustischen Genie" bei Kraus. Das Wörtlichnehmen der von Phrasen ausgelaugten Sprache, das, was Canetti bei Kraus „Wörtlichkeit" nennt, wurde für ihn zum nachwirkenden Eindruck: Wörtlichnehmen im Sinne der vollkommenen sprecherischen Reproduktion, als Schärfung des Gehörs für gesprochene Nuancen, und Wörtlichnehmen im hintergründigen Aufdecken der Sinnlosigkeit, die sich in der zur Phrase verformten Alltagssprache verbirgt. Genauigkeit in der sprachlichen Deskription der Figuren und satirische Enthüllung der Sprache gehen Hand in Hand, sind zwei Seiten derselben Sache. Beides fand Canetti bis zur höchsten Kunstfertigkeit in Kraus repräsentiert.

Sein poetologisches Konzept der „akustischen Maske", das er im April 1937 in einem im Wiener *Sonntag* veröffentlichten Gespräch zum ersten Mal definierte, ist sicherlich auf dem Hintergrund dieser Faszination entwickelt worden. Canetti bezeichnet mit diesem Begriff die Erkenntnis, daß jede Person „eine ganz eigentümliche Art des Sprechens an sich hat."[12] Die präzise Nachgestaltung dieser Sprechaura erzeugt die unverwechselbare Physiognomie von Canettis Figuren. Hier liegt der Grund, warum es Canetti in der *Blendung*, in seinen Dramen gelingt, in wenigen Sätzen eine sprachliche Momentaufnahme seiner Personen zu entwerfen, die das Profil der Figuren scharf wie ein Schattenriß konturiert: „Diese sprachliche Gestalt eines Menschen, das Gleichbleibende seines Sprechens, diese Sprache, die mit ihm entstanden ist, die er für sich allein hat, die nur mit ihm vergehen wird, nenne ich seine akustische Maske."[13]

Von dieser Technik werden besonders Canettis Dramen bestimmt, die jeweils einen bestimmten zentralen Einfall mit parabolischer Konsequenz durchspielen. Die 1932 abgeschlossene Groteske *Hochzeit*, die entstehungsgeschichtlich unmittelbar in die Nähe der *Blendung* gehört, demonstriert das an einem Personal, das, einen sozialen Querschnitt durch das Wiener Bürgertum darstellend, von der Veräußerlichung menschlicher Beziehungen beherrscht wird. Das Wahnsystem, das all diese Menschen konditioniert, ist das Besitzdenken, die Gier nach einem Haus, die folgerichtig die menschlichen Beziehungen korrumpiert. Denn auch die sich zügellos entfaltende Sexualität, die menschliche Kommunikation ersetzt, verwandelt das Gegenüber in ein Objekt, das man sich im pausenlosen Wechsel verfügbar macht. Die eigentliche Hochzeitsfeier erweitert sich durch ein eher zufällig entstehendes Gesellschaftsspiel aus einem Ritus bürgerlicher Honorigkeit in einen Totentanz bürgerlicher Heuchelei, an dessen Ende der Kollaps gerade dieser bestimmten Gesellschaft, verdeutlicht im Zusammenbruch des Hauses, steht. Das apokalyptische Ende der *Blendung* findet hier seine Entsprechung. Canetti gelingt es, die Fülle von Personen — im ganzen 29 — in erstaunlicher Knappheit voneinander abzuheben, indem er verschiedene Sprachebenen, vom Dialekt, Slang bis zur Hochsprache, heranzieht und die Figuren jeweils durch ihr spezifisches Sprachmaterial, ihren Sprachgestus, bestimmte wiederholte Wortformeln, unverkennbar charakterisiert.

Die Dialektik von exaktester Sprachwiedergabe und zugleich satirischer Widerlegung durch die Sprache läßt sich auch in Canettis zweitem Stück erkennen, der *Komödie der Eitelkeit* (1950), die ebenfalls ein im Wienerischen Sprachmilieu verwurzeltes umfangreiches Personal — wiederum 29 Figuren — vorführt. Der Einfall, den dieses Stück in einer Fülle von locker aneinandergereihten Szenen durchexerziert, weist unmittelbar auf die Reflexionen von *Masse und Macht* zurück: Dargestellt wird die parabolische Genese eines Massenwahns. Das von einem totalitären Staat ausgesprochene Verbot der Eitelkeit löst eine Massenhysterie aus, der alle Spiegel, Bilder, Fotografien, Filme zum Opfer fallen. Der von außen ausgelöste Zerstörungstaumel erweist sich zugleich als Sog, der die Reste menschlichen Verhaltens absorbiert. Im zweiten Teil, der ein Leben ohne Spiegel präsentiert, steigert sich der Prozeß der Entmenschlichung, da Mißtrauen und wechselseitige Denunziation menschliche Kommunikation ersetzen. Im dritten Teil schließlich wird der Umschlag in ein neues Wahnsystem gezeigt: In einem Spiegelsaal gehen die Menschen heimlich dem Laster der Eitelkeit gegen Bezahlung nach, bis es zum revolutionären Umsturz und zur Katastrophe kommt.

Das auch in der *Komödie der Eitelkeit* in der Sprachgestaltung zu erkennende Prinzip der „akustischen Maske" hat Canetti in seinem letzten Stück, *Die Befristeten* (1964), aufgegeben. Obwohl auch hier die Parabel auf *Masse und Macht* deutet, bleibt sie jedoch zu abstrakt-philosophisch und sprachlich zugleich zu einförmig, um die Faszination der beiden ersten Stücke zu erreichen. Vorgeführt wird ein totalitäres Machtsystem, das die Menschen durch die Fiktion des im voraus bestimmten Todes, den jeder als den ihm bestimmten „Augenblick" in einer Kapsel auf der Brust trägt, beherrscht und sie in betrügerischer Sicherheit wiegt. Durch die Revolte Fünfzigs, der das Tabu der Kapsel bricht und sich davon überzeugt, daß die Kapseln nichts enthalten, wird die Herrschaft des Kapselans gebrochen, obwohl Fünfzig die fiktive vorherige Sicherheit nun gegen die Angst vor dem Tode eintauscht. Canettis bisher letztes Stück, das stark an die philosophischen Parabelspiele Camus' erinnert, läßt gerade jene sprachliche Vielfalt und satirische Prägnanz vermissen, die seine beiden ersten Dramen und nicht zuletzt die *Blendung* auszeichnen.

Die an Kraus geschulte satirische Schärfe des Blickes, läßt sich an vielen Beispielen der *Blendung* erkennen, an deren Ende ein apokalyptische Züge tragendes Autodafé steht: Der wahnsinnig gewordene Sinologe Kien verbrennt sich mit seiner Bibliothek. Wird Kiens Schicksal damit, wie man gemeint hat, zu einer mächtigen Metapher für den Untergang des zivilisierten Europa? Zur dichterischen Analyse eines Rückfalls der Kultur in Atavismus und Zerstörung, der im Deutschland der dreißiger Jahre politische Wirklichkeit wurde? Mit solchen Verallgemeinerungen wird man vorsichtig sein müssen, wie auch Bieneks Charakteristik des Romans als Metapher „für die Bedrohung durch die Masse in uns selbst" leicht mißverständlich ist. Bemerkenswert ist, daß Broch z. B. in seiner Einführung[14] Canettis das Phänomen der Masse in der *Blendung* betont positiv gesehen hat. Er spricht von Canettis „Glauben an die überindividuelle Masse und an das Massenbewußtsein ... Denn Canettis nahezu haßerfüllte Bevorzugung der grotesken und abseitigen Menschengestalt entspringt der Überzeugung, daß das Individuelle von vornherein bloß Verzerrung sein kann, daß das Ewige erst in der Gemeinschaft der Individuen ruht, und daß die Aufspaltung der großen Einheit in Individuen immer nur das im wahren Sinne Abnormale ergeben muß ... Er will das Individuum zu jenem letzten Nichts reduzieren, von dem aus erst wieder die Umkehr möglich wird. Und diese Umkehr ist Rückkehr ins Überindividuelle, ist die Gnade des Meers, in das der Tropfen zurückfällt." Für Broch wird also Kiens Schicksal in der *Blendung* nicht zur Allegorie des Intellektuellen, der dem Einbruch der Masse, verkörpert im Spießer Benedikt Pfaff, in der Primitivität Thereses und im Krüppel Fischerle, erliegt. Masse ist also damit auch nicht eindeutig negativ definiert wie etwa in jener Szene des Romans, in der die von Gerüchten aufgehetzte Menschenmenge Fischerles Freundin, die verkrüppelte Zeitungsverkäuferin, hysterisch lyncht. Das könnte man sozusagen als Zusammenfassung dessen ansehen, was Kien in verlangsamter Tortur allmählich widerfährt.

In der Tat steht dieser im Schicksal des Sinologen verdeutlichten apokalyptischen Seite des Romans eine andere, eine utopische gegenüber, wie im Hinweis auf den Gorilla-Verkleideten und vor allem auf die Rolle Georg Kiens, des Psychiaters, für den jenes Erlebnis zum Beginn eines „neuen Lebens" wird, bemerkt wurde. Für Georg ist diese Wende mit dem Erlebnis von „Masse" verbunden, die keineswegs negativ definiert wird: „Auf eine Entdeckung tat sich Georg etwas zugute, auf eben diese: die Wirksamkeit der Masse in der Geschichte und im Leben des einzelnen; ihr Einfluß auf bestimmte Veränderungen des Geistes. Bei seinen Kranken war es ihm geglückt, sie nachzuweisen. Zahllose Menschen werden verrückt, weil die Masse in ihnen besonders stark ist und keine Befriedigung findet." Masse wird für ihn zur „eigentlichsten Triebkraft der Geschichte". „Sie brodelt, ein ungeheures, wildes, saftstrotzendes und heißes Tier in uns allen ... Sie ist trotz ihres Alters das jüngste Tier, das wesentliche Geschöpf der Erde, ihr Ziel und ihre Zukunft."

So wie die Bildung „ein Festungsgürtel des Individuums gegen die Masse in ihm selbst ist" und die „Ertötung der Masse in uns" immer weiter vorantreibt, erscheint die Voraussetzung für Kiens Untergang eben in dieser totalen Verleugnung der „Masse", in seiner alles andere verneinenden Intellektualität. Verstand wird bei ihm zum Besitz veräußerlicht, zur vom Menschen losgetrennten intellektuellen Funktion: „Wir sitzen auf unserem Verstand wie Habgeier auf ihrem Geld. Der Verstand, wie wir ihn verstehen, ist ein Mißverständnis." Es geht Georg Kien darum, den Verstand wieder zu jenen archetypischen Schichten des Menschen in Beziehung zu setzen, die zu seiner Existenz unverlierbar gehören, die auf rationale Plausibilität eingeschränkte, sterile Intellektualität zu überwinden: „Wir brauchen Visionen, Offenbarungen, Stimmen — blitzartige Nähen zu Dingen und Menschen . . ." Es ist also eine Erkenntnisform, die ebenso aus dem Geist wie aus dem, was er „Masse" nennt, erwächst.

Der Bruder Georgs, der Sinologe, repräsentiert also auf diesem Hintergrund eine Verirrung des Geistes, da er die „Masse" in sich völlig abgetötet hat und dann folgerichtig dem Ausbruch dieser zurückgestauten Masse, also sich selbst, psychologisch: seiner Angst erliegt. Die Irren in der Anstalt sind Georg eben deshalb so wichtig, weil die in ihnen zum Durchbruch gelangte Masse sie der Existenzform Peter Kiens überlegen macht. Georg Kien, der in der ersten Hälfte seines Lebens ein „Verwaltungsbeamter für Irre" war, erkennt nun in den Irren eine den gewöhnlichen Menschen weitgehend verlorengegangene Existenzform.

Mir scheint, daß dieses für Canetti so zentrale Thema sich einer spezifischen geistesgeschichtlichen Topographie am Anfang des Jahrhunderst einordnet, die auch für seine Zeitgenossen, Broch und Musil, gilt. Canettis satirische Entlarvung des sich zu rationalen Funktionen veräußerlichenden Geistes ist nur auf dem Hintergrund des Positivismus zu verstehen, der das philosophische Denken jener Zeit lähmte und der, vom naturwissenschaftlichen Einfluß vergewaltigt, in der Ausschaltung aller metaphysischen Fragestellungen, in der einseitigen Konzentration auf beweisbare rationale Plausibilität sein Ziel sah. Wie von Broch und Musil wird hier auch nicht von Canetti einem billigen Irrationalismus das Wort geredet. Wie Broch in seiner Rationales und Irrationales verbindenden Gesamterkenntnis und Musils Synthese von ratioidem und nachratioidem Verstehen auf die eine unaufgespaltene, einheitliche Wirklichkeit gerichtet sind, die es zu erkennen gilt, zielt auch Canetti auf die aus Geist und „Masse" gleichermaßen erwachsende universale Erkenntnis.[15]

Anmerkungen

Texte

Die Blendung. München 1963.

Dramen. München 1964.

Aufzeichnungen 1942—1948. München 1965.

Alle vergeudete Verehrung. Aufzeichnungen 1949—1960. München 1970.

Masse und Macht. Hamburg 1960.

Die Stimme von Marrakesch. München 1967.

Der andere Prozeß. München 1969.

Die gespaltene Zukunft. Aufsätze und Gespräche. München 1972. Macht und Überleben. Drei Essays. Berlin 1972.

Literatur

Claus Henning-Bachmann: Katastrophe, Massenwahn und Tabu. In: Wort in der Zeit 10/12 (1964), S. 44—50.

Idris Parry: Elias Canetti's Novel ‚Die Blendung'. In: Essays in German Literature, hrsg. v. F. Norman. London 1965, S. 145—166.

Ernst Fischer: Bemerkungen zu Elias Canettis ‚Masse und Macht'. In: Literatur und Kritik 7 (1966), S. 12—20.

Manfred Moser: Elias Canetti ‚Die Blendung'. Diss. Wien 1968.

Annemarie Auer: Ein Genie und sein Sonderling — Elias Canetti und die Blendung. In: Sinn und Form 21 (1969), S. 963—983.

Manfred Durzak: Versuch über Elias Canetti. In: Akzente 17/2 (1970), S. 169—191.

Elias Canetti, Sonderheft von Text + Kritik 28 (1970), mit Beiträgen von Joachim Schickel, Wolfgang Hädecke, Dieter Dissinger, Klaus Völker und Rudolf Hartung; umfassende Bibliographie.

Dieter Dissinger: Elias Canettis Roman ‚Die Blendung' und seine Stellung im Werk des Dichters. Bonn 1971.

Elias Canetti, Sonderheft von Literatur und Kritik 65 (1972), mit Beiträgen von Rupprecht Baur, W. G. Sebald, Dagmar Barnouw, Mechthild Curtius.

Nachweise

1 Annemarie Auer: Ein Genie und sein Sonderling — Elias Canetti und die Blendung, S. 975. In: Sinn und Form 21 (1969), S. 963—983.

2 Claus Henning-Bachmann: Katastrophe, Massenwahn und Tabu, S. 44. In: Wort in der Zeit 10/12 (1964), S. 44—50.

3 Joachim Schickel: Aspekte der Masse, Elemente der Macht. Versuch über Elias Canetti, S. 17. In: Text + Kritik 28 (1970), S. 9—23.

4 Unsichtbarer Kristall, S. 66. In: Literatur und Kritik 22 (1968), S. 65—67.

5 Zitiert nach: Selbstanzeige. Schriftsteller im Gespräch, hrsg. v. Werner Koch, Frankfurt/Main 1971, S. 27—38.

6 Zitiert nach: Selbstanzeige, S. 28.

7 Ich beziehe mich hier wie bei einer Reihe anderer Mitteilungen auf ein Gespräch mit Canetti im Oktober 1970 in Kiel.

8 Zitiert nach Erich Fried: Einleitung (= Fried), S. 19. In: E. C., Welt im Kopf, Graz — Wien 1962.

9 Zitiert nach: Selbstanzeige, S. 28.

10 Gespräch mit Horst Bienek (= Bienek), S. 39. In: Borges, Bulatovič, Canetti: Drei Gespräche mit Horst Bienek, München 1965, S. 31—41.

11 In: Wort in der Zeit 1 (1966), S. 41—48.

12 Zitiert nach Fried, S. 13.

13 Ebd.

14 Zitiert nach dem Ms. Ansprache von Hermann Broch (23. 1. 1933).

15 Konkretes Beispiel für diese Erkenntnissynthese ist Canettis zwischen Wissenschaft und Dichtung stehender großer Essay *Masse und Macht* (auf dessen Analyse in diesem Rahmen verzichtet werden mußte) wie auch — in stärkerem Bezug auf die Literatur — seine Reflexion über *Kafkas Briefe an Felice* in *Der andere Prozeß* (1969).

WOLFDIETRICH RASCH

WOLFGANG KOEPPEN

Das Grundmotiv in den zahlreichen Reden und Aufsätzen, die Heinrich Mann in den zwanziger Jahren über die Situation der Zeit veröffentlichte, ist das Bewußtsein der Unsicherheit. „Jeder einzelne", so schrieb er 1926, „hat sein Morgen so wenig sicher wie du selbst".[1] Auch noch 1930 erscheint in diesen Schriften „das Bild einer Zeit, die nichts Sicheres vor sich sieht".[2] In Wolfgang Koeppens erstem Roman, *Eine unglückliche Liebe* (1934), der nur ein ganz persönliches Schicksal zu gestalten scheint, lebt das gleiche Bewußtsein. Nicht nur, daß Friedrich — die Hauptfigur — als Student vor dem Nichts steht und in einer Lampenfabrik als Prüfer die Nacht hindurch arbeiten muß, um sein Leben zu fristen, ohne Aussicht und Zukunft. Er fühlt auch später, als es ihm etwas besser geht, daß die Menschen in dieser Zeit nicht mit einem Morgen rechnen können. „Der Boden, auf dem sie standen, wankte." (106)[3] Die kleine Schauspielertruppe, die aus Versprengten, Heimatlosen besteht, und bei der Friedrich die geliebte Sibylle findet, tritt in Zürich in einem Varieté auf und wohnt im „Logierhaus zum Heiligen Petrus". Friedrich entdeckt da im Schankraum eine alte Tafel, auf der das Logierhaus bezeichnet wird als „Doktor Magnus alte Stiftung für die Verfolgten aus allen Ländern" (55). Aber das ehemals zuverlässige Asyl ist jetzt nicht mehr gesichert, da der Sohn des alten Magnus die Stiftung nur halbherzig weiterführt, in seinen Mitteln beschränkt. Er ist einer von den schwachen Söhnen der stärkeren Väter. „Die Söhne haben sich nie der Verfolgten angenommen in einer Welt, in der sie täglich selber verfolgt werden können ... Die Söhne meistern das Leben nicht mehr ..." (107) Das scharfe Bewußtsein völliger Unsicherheit erzeugt in den Menschen dieser Zeit das Lebensgefühl der Verfolgten.

So fügt sich Koeppens Konzeption in das „Bild einer Zeit, die nichts Sicheres vor sich sieht". Heinrich Mann expliziert diese Formel ein Jahr später in dem Vortrag *Die geistige Lage*. Er fragt hier, was „diese berühmte, bei uns jetzt heimische Lebensangst" eigentlich bedeute. „Zuerst ist es Existenzangst und erfaßt sogar die Reichen."[4] Der Reflex dieser Lebensangst in Koeppens Erstlingsroman ist deutlich, aber es zeigt sich auch schon die veränderte Tonlage. Heinrich Mann fand es begreiflich, daß die jungen Literaten in dieser Situation sich zunächst damit begnügten, von den Tatsachen der beschämenden Wirklichkeit „Kenntnis zu nehmen". „Sie mußten eine Zeit lang nur sachlich sein." Mit Vorbehalt stimmt Mann jener „Literatur der neuen Sachlichkeit" zu, die er als eine Übergangsform gerechtfertigt sieht. Aber er fügt hinzu: „Literarisch fängt sie an, überholt zu werden." Einige Junge, so sagt er, wollen höher hinaus. „Es sind Leute im glücklichsten Alter von 25 bis 35."[5] Koeppen war 1930, als der Aufsatz entstand, 24 Jahre alt. Vier Jahre später erschien sein erster Roman, dessen literarischen Ort jene Bemerkung Heinrich Manns bezeichnet. Als er gedruckt vorlag, war Hitlers Machtergreifung vollzogen, die von Heinrich Mann anvisierte literarische Entwicklung abgebrochen. In der jäh veränderten Umwelt erhielten die Worte von den Verfolgten eine sehr verstärkte, übermäßige Resonanz. Wer den Roman damals las, erinnert sich daran. Die Lebensangst war ringsum vermehrt und gewachsen, und alle jene, die ihr dadurch zu entgehen suchten, daß sie sich aus Verfolgten zu Verfolgern machten, richteten mit dieser Pervertierung der Lebensangst das schlimmste Unheil an.

Als Erstlingswerk, dem man einige Unbeholfenheiten leicht nachsieht, ist dieses Buch ein erstaunlicher Wurf. Es wurde 1934 nicht mehr breit rezipiert, aber von Kennern und urteilsfähigen Kritikern hoch eingeschätzt, als „ein Ereignis" (H. K. Ruppel) begrüßt. „Ein herrliches Buch", schrieb Herbert Ihering.

Ein paar biographische Daten sind hier notwendig. Wolfgang Koeppen, am 23. Juni 1906 in Greifswald geboren, verbrachte seine Schulzeit auf dem Gymnasium in Ortelsburg, wo er im Hause seines Onkels, eines Mathematikers, aufwuchs. Die Landschaft Masurens, die ostdeutsche Umwelt haben ihn spürbar geprägt. Schon damals wurde Koeppen der leidenschaftliche, unermüdliche Leser, der er immer blieb. Lesend entdeckte er „die Realität von Kunst und Phantasie".[6] In Opposition zur Schule las er die großen Romane der Weltliteratur, auch die moderne Dichtung, die z. B. die schwarzen Hefte der berühmten Reihe *Der jüngste Tag* vermittelten. In den Studienjahren in Greifswald, Berlin, Würzburg galt sein Interesse der Germanistik, der Theaterwissenschaft und vielen anderen Gebieten, aber er studierte ohne akademisches Berufsziel. Was ihm vorschwebte, war die Arbeit des Schriftstellers. Er versuchte sich am Würzburger Theater als Dramaturg, fand Kontakt mit Berliner Theaterleuten, wurde 1930 Feuilletonredakteur beim *Börsen-Courier*, einem der großen Berliner Blätter. Ende 1933 wurde die liberale Zeitung eingestellt. Eine Stellung an einem „gleichgeschalteten" Blatt, die man ihm anbot, lehnte Koeppen ab. Ermuntert von Max Tau, dem spürsinnigen und großherzigen Förderer junger Talente, schrieb er jenen ersten Roman, der 1934 noch bei Bruno Cassirer erscheinen konnte. Er ging für ein halbes Jahr auf eine Reise nach Italien, verließ dann ohne äußeren Zwang das Deutschland des Hitlerregimes und schlug sich als Emigrant in Holland durch.

Der Roman *Eine unglückliche Liebe* beginnt damit, daß Friedrich in eine Stadt außerhalb Deutschlands reist, um seine geliebte Freundin Sibylle zu besuchen und dann weiterzureisen nach Süden. Die Stadt ist, deutlich erkennbar,

Zürich, aber der Name wird nicht genannt. Auch der Name der Stadt Berlin, in der Friedrich sonst lebt, wird verschwiegen, ebenso wie etwa der Name der Heimatstadt von Friedrichs Freund Beck. Diese Anonymität der Städte ist ein etwas absichtsvoll wirkendes Mittel, den fiktionalen Raum des Romans zu sichern, sich schon damit abzuheben von der Neuen Sachlichkeit und die Distanzierung von ihr zu verwirklichen, die Heinrich Mann für die Generation Koeppens vorausgesagt hatte.

Wirklichkeiten aller Art werden mit sinnlicher Präsenz eingebracht in den Roman, aber — das gilt auch für Koeppens spätere Arbeiten — sie erscheinen nicht als Selbstwert; nicht ihre Identifizierbarkeit mit faktischen Gegebenheiten ist gemeint. Koeppens Text ist bei aller Genauigkeit des Konkreten stets Transformation der Realität. Wo die Gegenständliches zeichnende Darstellung ins Visionäre übergeht, ist das Imaginäre nicht aufgesetzt auf einen Untergrund gespiegelter Wirklichkeit, sondern bruchlos eingelassen in das erzählte, erzählend evozierte Geschehen, das sich auf einer Ebene bewegt.

Die Einheitlichkeit des dichten Gewebes erzählter Welt erweist sich auch darin, daß Bericht und innerer Monolog unvermittelt ineinander übergehen, sich mischen und binden. „Friedrich fürchtete, im Theater Erleuchtungen anheimzufallen ... Ich werde ihr einen Brief schreiben, sie kann mir eine Artwort geben ...“ (11) Diese Technik ist offensichtlich von James Joyce übernommen, sie findet sich sehr häufig im *Ulysses,* den Koeppen 1926 in der eben erschienenen deutschen Übersetzung las. Die Perspektiven des Erzählers und der Figur wechseln so plötzlich und unvermittelt, ohne informierendes Signal, daß ihr Unterschied zwar nicht aufgehoben, aber spürbar relativiert wird. Was das Ich aus dem Unbewußten ins erinnernde Bewußtsein hebt, was in ihm vorhanden ist und vorgeht, wird nicht radikal geschieden von dem, was über dieses Ich als ein „Er“ erzählt wird, was ihm in der Begegnung mit der Umwelt geschieht.

Auch die Handhabung der Assoziation, die bei Koeppen häufig ist, findet sich bei Joyce vorgebildet. All diese Formprinzipien: Transformation der Realität, Verschmelzung des Imaginären mit dem sinnlich Wahrnehmbaren, Verschmelzung von Bericht und innerem Monolog, assoziative Anknüpfungen, — all diese Stilmittel kennzeichnen auch Koeppens Romane der fünfziger Jahre. Seine Sprachkunst, gewiß reich entfaltet und weitergebildet nach dem zweiten Weltkrieg, zeigt ihre Eigentümlichkeit schon im Erstlingswerk. Auch die viel breitere Aufnahme von Welt, die Vielfalt und Farbigkeit der reifen Romane knüpft an die Formungsweise der Zeit um 1930 an, etwa an Döblins *Berlin Alexanderplatz* und an Dos Passos *Manhattan Transfer.*

Wenn der erste Satz des Romans von Friedrichs Reise „über eine Grenze“ berichtet, so löst das Wort Grenze sogleich assoziativ den Hinweis auf Friedrichs frühere Erfahrungen mit Grenzen aus: die „östliche Blockhauslinie“, an der im ersten Weltkrieg „Rauch und Flammen“ die Häuser zerstörten. (5) Gleich am Anfang also wird fixiert, was Friedrich entscheidend geprägt hat. Auch die anderen Personen haben meist ähnliche Erfahrungen. Etwas später heißt es: „Waren sie nicht im Grunde alle eines Krieges Kinder?" (59) Die Zerstörung herkömmlicher Ordnungen, die eine anscheinend wieder intakte Fassade nicht ausreichend verdeckt, bewirkt in den Menschen Unsicherheit, Ruhelosigkeit, Angst, Mangel an fester Orientierung. Der arme Student Friedrich, der nachts in einem stechend heißen Fabriksaal mit tausenden von brennenden Glühlampen aufpassen muß, ob eine Birne erlischt, erlebt ein modernes Inferno, das Koeppen suggestiv schildert. Die quälende Angst wird dadurch gesteigert, daß der Prüfer „von der Technik dieser Anlage nichts wußte", daß er die Gesamtheit der technischen Funktionen nicht durchschaute und deshalb überall unbekannte Gefahren sah. Eines Nachts gerät er dann auch, von der Begegnung mit Sibylle verwirrt, an eine der stromgeladenen Kupferschienen und wird mit Brandwunden am Arm in sein Zimmer transportiert. In diesem armseligen Hinterzimmer aber war am Tag vorher mit seinem Freund Beck Sibylle erschienen, und er hatte im ersten Augenblick Liebe für sie gefühlt. Das Pathos im Ausdruck dieser absoluten Liebe wird dissonierend gebrochen durch die groteske Situation, in der sie beginnt: Friedrich beim Rasieren, mit Seifenschaum bedeckt, in seinem schäbigen Zimmer, hinkend vor hilfloser Erregung: das ist die Szenerie. Aber Koeppen benützt sie, um die Kraft des übermächtigen und unzerstörbaren Gefühls, dessen Strahl das trübste Medium durchdringt, deutlich zu machen. Was im Augenblick des ersten Sehens aufflammt, wird sofort fest, absolut, unaufhebbar. Die schöne, reizvolle, phantasiereiche Sibylle, Schauspielschülerin und Geliebte eines berühmten Kritikers, hat viele andere Liebhaber, verweigert sich aber Friedrich, der sie mit qualvoller Heftigkeit begehrt, obwohl sie ihm liebevoll und intensiv zugewandt bleibt. Das ist die Konstellation, die im ganzen Roman unverändert bleibt. Friedrichs Liebe wird „das Gesetz, unter dem sein Leben stand" (44). Eine „unsichtbare Wand" trennt die beiden immer, aber wenn sie sie respektierten, „konnten sie ein Herz und eine Seele sein" (84). Friedrich „blieb verrannt in das Resultat all seines Denkens ...: einmal werde ich doch gewinnen" (54). Er ist oft verzweifelt, demütigt sich, dient der Geliebten, die stets freundlich und abweisend bleibt, gleichzeitig fern und nah.

Was weiterhin erzählt oder in Rückblicken berichtet wird, sind nur Variationen der immer gleichen Grundsituation. Friedrich fährt schließlich mit Sibylles Freundin Ania nach Italien, trifft aber die Geliebte für einige Tage in Venedig. Auch in diese Nähe ist, trotz eines einzigen Kusses, immer Ferne gemischt. Beide wissen, „daß sich nichts geändert hatte", die trennende Wand bleibt bestehen, aber gerade dadurch bleibt auch die enge Verbundenheit der beiden unlösbar fest.

Das Thema der unglücklichen Liebe hat eine reiche literarische Tradition. Der nächste Vorläufer Friedrichs ist wohl Flauberts Frédéric in der *Education senti-*

mentale mit seiner unerfüllten Liebe zu Madame Arnoux, die ihren Anbeter bis zum Ende des Romans nie erhört. Bei Koeppen hat diese Konstellation einen neuen, zeitgemäß spezifischen Sinn. Freilich bietet der Erzähler auch psychologische Erklärungen für Sibylles sonderbare Verweigerung an. „Vielleicht", so überlegt Friedrich, war sein übermäßiger „Besitzwunsch", der in das Innerste der Geliebten gewaltsam eindringen wollte, ihr „unheimlich". Aber diese Erklärung verblaßt dann vor anderen Motiven. Sibylle ist an Friedrich gebunden, da sie „das Gefühl brauchte, daß Friedrich sie liebte" (230). Sie brauchte es wohl so notwendig, daß sie sich ihm versagt, um ihn durch sein nie erfülltes Verlangen zu binden. Sibylle braucht einen absolut festen Punkt in der total ungewissen Lebenswelt, der sie ausgeliefert ist wie Friedrich. Das gleiche Absolutum braucht Friedrich, „der eine von jeder Bindung entbundene, einsame Existenz führte" (103); in der quälenden Ferne von Sibylle erfährt er „das Glück, von einem einzigen Begehren erfüllt zu sein" (195).

In der Bewußtseinslage radikaler Unsicherheit wird das scheinbar Positive bedeutungslos, das angeblich Erfüllte nichtig, das Liebesglück ein Trug. Was als Erfüllung angesehen wird, wäre schon Anpassung, Relativierung, nur in der Negation läßt sich das Absolute als Anspruch festhalten.

In einem erweiterten Deutungsaspekt ist diese Konstellation auch eine Art Modell für Koeppens Verhältnis zur Wirklichkeit, das sich nicht direkt, aber gebrochen in ihr spiegelt. Friedrich ist überzeugt, daß Sibylle für keinen ihrer Liebhaber „bestimmt ist", nur für ihn, daß bloß ein „Mißverständnis" sie beide trennt. Er sagt von Fedor, einem der Liebhaber Sibylles, er „ist der Mann, für den Sibylle nicht bestimmt ist, und der (o rätselvolle Welt!) sie doch, wenn er sie auch verkennt, ... besitzt" (72). „O rätselvolle Welt": hier wird der Gleichniswert dieser unglücklichen Liebe halb erkennbar. Die Welt ist so beschaffen, daß sie das Sinnvoll-Notwendige nicht zuläßt, das Sinnwidrige realisiert. Die Welt ist für den Menschen bestimmt, für ein sinnerfülltes Dasein. Das hält Koeppen fest, aber er weiß ebenso sicher, daß sie es den Menschen trotz dieser Bestimmung versagt. Ein solches Wissen ist der Grund seiner Melancholie, die Walter Jens als Grundcharakter Koeppens hervorhebt.[8] Aber die Überzeugung von der Bestimmung der Welt für den Menschen hält er dennoch fest, so daß Liebe zur Wirklichkeit sich immer wieder verrät in den Romanen und Reisebüchern. Koeppen weiß keinen Ausweg, aber die melancholische Darstellung des Versagens der Wirklichkeit mahnt an die wahre, humane Bestimmung der Welt.

Koeppens erster Roman behauptet sich neben den um 1930 erscheinenden Werken der großen älteren Autoren wie Döblin (*Berlin Alexanderplatz,* 1929) oder Musil (*Der Mann ohne Eigenschaften,* 1930) als Zeugnis der stärksten, verheißungsvollsten literarischen Begabung seiner Generation. Kaum zu Wort gekommen, wird Koeppen wie seine Altersgenossen sogleich zum Schweigen verurteilt. Ein zweiter Roman, *Die Mauer schwankt,* konnte gerade noch bei Cassirer erscheinen, aber nicht mehr verbreitet werden, da der Verlag aufgelöst wurde. Dieses zweite Buch, in Holland geschrieben in einer Zeit zunehmenden Druckes des stabilisierten Hitlerregimes, ist ein wenig blasser, gedämpfter als der Erstlingsroman, der auch einiges Mißtrauen bei den Parteistellen erregt hatte und einen braunen Kritiker „nach dem Arbeitslager rufen ließ“.[9]

Der Roman vermeidet jeden direkten Bezug zur Gegenwart des inzwischen stabilisierten Dritten Reiches, schildert aber mit verstecken Bezügen die Zeit des ersten Weltkriegs, den Beginn jener „Unsicherheit“, die im Erstlingsroman das Lebensbewußtsein bestimmt, d.h. den Anfang der Erkenntnis, „daß man sich getäuscht hatte in der scheinbar sicheren Behausung der Zivilisation, und daß noch weit mehr, als geschehen war, geschehen würde“ (247). Derartige Sätze gelten untergründig auch für die schlimme Gegenwart von 1935 mit, in der die Zerstörung der hergebrachten Ordnung (jener Mauer, die „schwankt“) weiterwirkt, und die zaghaften, im Roman ebenfalls angedeuteten Ansätze zu einer neuen, mehr Freiheit und Gerechtigkeit sichernden Ordnung durch Gewalt und Terror vernichtet werden. Der Roman beginnt, wie Musils *Mann ohne Eigenschaften,* im August 1913 und endet mit der Niederlage von 1918. Der Architekt Johann von Süde, Erbe des preußisch strengen Pflichtbewußtseins seiner als Staatsbeamte tätigen Vorfahren, gründet seine Existenz auf die bis zur Blindheit konsequente Pflichterfüllung „auf dem Platz, auf den man ihn gestellt hatte“ (336). Gehorsam gegen seine Obrigkeit, das Ministerium, nimmt er trotz seinem Verlangen nach großen Aufgaben die untergeordnete Stellung als Stadtbaumeister in einer kleinen, entlegenen ostpreußischen Provinzstadt an. Die kümmerliche Kleinlichkeit des dortigen Lebens wird von Koeppen breit geschildert, aus der Erinnerung an seine eigene Kindheitswelt. Als der Krieg beginnt, gilt der erste Schlag dem ostpreußischen Grenzbezirk, die Russen dringen ein, die Einwohner der Provinzstadt fliehen, die Stadt wird zerstört. Nach Hindenburgs Sieg kehren die Bewohner zurück, von Süde wird beauftragt, den Wiederaufbau der Stadt zu leiten. Er sieht hier endlich eine bedeutende Aufgabe, entwirft neuartige Stadtplanungen. aber Einwohner und Regierung widersetzen sich jeder Neuerung, alle sind bestrebt, „das Alte zu wiederholen“ (268). So muß von Süde die überkommene Bauweise reproduzieren. Er tut das als „knöcherne Maschine der Pflicht im Dienste des Staates“ (225) um so strenger und pedantischer, als er es mit innerem Protest und schlechtem Gewissen tut. Denn er spürt, daß „der große Umbruch“ kommt. Es wird ihm bewußt, daß das bürgerliche Zeitalter zu Ende geht und ein neues beginnt. Zu dieser Erkenntnis befähigt ihn die im ersten Viertel des Romans erzählte Begegnung mit einer Führerin im Freiheitskampf eines terroristisch regierten Balkanstaates. Dort gerät von Süde 1913 auf einer Reise in Kontakt mit revolutionären Gruppen. Er verliebt sich in die leidenschaftliche Kämpferin Orloga, die erschossen wird, entzieht sich aber der Mitwirkung am Freiheitskampf und kehrt zu seinen beschränkten Pflichten in der Heimat zurück. Aber er empfindet das später als Schuld, und „er fühlte auch sein Versagen" (336). Er sieht, daß der starre Pflichtbegriff nicht ausreicht, daß „seine Generation" ihre wahre Pflicht „versäumt" hat, den Söhnen neue Wege finden zu helfen. (379) Die Zeitenwende des Krieges, gespiegelt im reflektierenden Bewußtsein des passiven, aktionsunfähigen Pflichtmenschen, — das ist das zentrale Thema des Romans, der, reich an eindrucksvollen Episoden, im ganzen nicht völlig gelungen, aber als Konzeption überaus wichtig ist im Werk Koeppens. Wenn er später im *Treibhaus* das Versagen der im ersten Weltkrieg aufgewachsenen Generation darstellt, weist das zurück auf die Versäumnisse der Väter dieser Generation.

Im holländischen Exil entstand ein weiterer Roman, *Die Jawanggesellschaft*, dessen unvollendetes Manuskript im Krieg verloren ging. Der Krieg zwang Koppen zur Rückkehr nach Deutschland, er blieb zunächst in Holstein (Reinfeld), eine Zeitlang in Kampen auf Sylt, ehe er die Übersiedlung nach Berlin wagte. Er fand einen Broterwerb als anonym bleibender Mitarbeiter bei einer Filmgesellschaft, wo er als „begabter Unbrauchbarer" eingeschätzt wurde. So konnte er sein Leben fristen, ohne eine Zeile zu veröffentlichen. Nach 15 Jahren des schweigenden Wartens war Koeppen, als das Kriegsende kam, „erschöpft".[10] Er war vergessen, unbekannt, um seine Wirkung, um die jugendlichen Jahre schöpferischer Spannkraft betrogen. Aber nach einiger Zeit bedurfte es doch nur eines leisen Anstoßes durch den Verleger Goverts, um die so lange gestaute Produktivität zur Entladung zu bringen. Nach München übergesiedelt, schrieb er in den Jahren von 1950 bis 1954 in rascher Folge die drei Nachkriegsromane, die Werke seiner Meisterschaft. Es sind Darstellungen der Zeitsituation, geschrieben von einem wachsamen, scharfsichtigen Mann, gereift als Zeuge einer Zeit der blinden Zerstörung, deren Ergebnis er nun vor sich sah im München von 1950. Der Roman *Tauben im Gras* schildert einen Tag in dieser Stadt, von morgens bis mitternachts. Daß Koeppen — es wurde schon gesagt — stilistisch an seine literarischen Anfänge anknüpfte, ist völlig natürlich. Radikale neue Formexperimente mochten Sache der Jüngeren sein. Das Ausgehen von den deutschen und außerdeutschen Romanformen der dreißiger Jahre, von Joyce, Dos Passos, Döblin, zu denen auch Wolfe und Faulkner sich gesellten, stellte eine legitime Kontinuität her.

Auch thematisch ist die Anknüpfung an *Eine unglückliche Liebe* erkennbar. Dort erschienen „eines Krieges Kinder", die entwurzelt und der Unsicherheit ausgeliefert waren. Solche aus der Bahn gerissene Menschen hatte Koeppen nun wieder vor sich. Nur waren es viel mehr als 1930. Nicht nur an einzelnen versprengten Gruppen war die absolute Unsicherheit zu demonstrieren, sondern sie war das Los aller Menschen. Nach der Katastrophe saßen sie, angstvoll einen flüchtigen Ruheplatz suchend, wie *Tauben im Gras*: Gertrude Steins Formel

„pigeons on the grass alas" ergibt das Motto und den Titel. Nur eine „Atempause auf einem verbrannten Schlachtfeld" (234) schien den Menschen zugeteilt. Gegen Schluß des Romans zitiert der amerikanische Dichter Edwin (hinter dessen Figur T. S. Eliot steht) diese Formel der Gertrude Stein, um sie abzulehnen als schlimmen Versuch, „das Sinnlose und scheinbar Zufällige der Existenz bloßzustellen" (221). Edwin „beschwört" in seinem Vortrag im Amerikahaus die „abendländischen Werte", die antike und christliche Tradition, an der die Menschen sich weiter orientieren sollten. Der Vortrag bleibt ohne Wirkung, die Zuschauer schlafen dabei ein: das bestätigt die Berechtigung des Bildes von den Tauben im Gras. Es wird in allen Abschnitten des Romans gleichsam variiert. In jedem dieser Abschnitte erscheinen Menschen, die ratlos, desorientiert, schwankend, zukunftslos sich irgendwo an der hektischen Betriebsamkeit beteiligen, die den Vordergrund des städtischen Lebens beherrscht. Alle sind beschädigt vom Krieg oder von beiden Kriegen.

Eine dominierende Handlung fehlt. Koeppens souverän gehandhabtes Formprinzip ist das der Reihung meist kurzer Abschnitte, in denen Teilstücke von Einzelvorgängen vermittelt werden. Der Bericht wird schnell und unvermittelt abgebrochen, im folgenden Abschnitt setzt ein anderer Vorgang mit anderen Personen ein, der wiederum abbricht. Auf ihn folgt zuweilen die Fortsetzung des vorletzten Abschnitts, oder ein dritter Faden wird angesponnen. Manche Figuren der Teilvorgänge erweisen sich später als miteinander verbunden, andere begegnen sich, — so verschlingen sich die Fäden. Das Abbrechen, die anscheinend willkürliche Folge der Teilstücke ist genau kalkuliert, alles ist aufeinander bezogen, „die Erzählung kommentiert sich auf diese Weise selbst".[11] Dank Koeppens außerordentlichem konstruktivem Vermögen entsteht aus diesen Mosaiksteinen eine Totalität, ein Gesamtbild des in der Stadt konzentrierten Daseins dieser Zeit. Doch wird diese Totalität kein „organisches Ganzes", dieser Eindruck, der den wirklichen Zustand nach Koeppens Konzeption verfälschen würde, wird vermieden durch die Stückelung, durch die Reihung des Disparaten. Im Gesamtbild bleibt damit das Moment der Diskontinuität wirksam. Das entspricht der zersplitterten, destruierten Realität, die Koeppen schonungslos aufzeigt und auch dort kenntlich macht, wo sie den Überlebenden nicht bewußt wird.

Das Formprinzip der Reihung bestimmt auch die sprachliche Gestaltung, insbesondere die Struktur der charakteristischen überlangen Satzkomplexe, die Koeppen als ihm gemäße Ausdrucksform hier endgültig findet und auch noch in den Reisebüchern beibehält. In diesen Satzgebilden sind parallelgeschaltete, kurze Teilsätze, Satzfragmente und Wörterkombinationen aneinandergehängt, nur durch Kommata getrennt, gleichmäßig fortlaufend. Aber diese locker gefügten, äußerlich wenig gegliederten Satzgebilde sind rhythmisch sorgsam ausgewogen und in der Folge ihrer Teile ebenso präzis berechnet wie die Abfolge der Romanabschnitte, gerade auch dann, wenn sie Heterogenes hart nebeneinanderstellen. Sie reihen Bericht oder Kommentar des Erzählers und innere Monologe unvermittelt aneinander (wie schon im Erstlingsroman), weiterhin aber auch, ebenso unvermittelt, Aufzählungen von Fakten und Details, Ketten von Assoziationen, Zitate, mythologische Vergleiche und Anspielungen, schließlich interpolierte Schlagzeilen der Presse, Slogans, Schlagertexte usw. Der Text besteht nicht nur aus solchen Satzgebilden; sobald sie zur Monotonie zu führen drohen, wechselt Koeppen über zu Passagen mit kurzen, einfachen Sätzen, bei vorherrschender Parataxe. Aber jene Langsätze sind das Kennzeichen des Stiles, sie ermöglichen die sinnlich prägnante, scharf detaillierte Vergegenwärtigung zahlloser Wirklichkeiten aller Art, ohne daß der Roman „realistisch" wird. Transformation geschieht auch hier, und ganz mit Recht wehrt sich Koeppen in Vorbemerkungen zu diesem und dem nächsten Roman gegen eine Fehldeutung als Schlüsselroman.

Eine große Fülle sehr verschiedenartiger, scharf umrissener und individuell geprägter Figuren erscheint. Aber keine wird als Individualität mit ihrem Schicksal bedeutsam entfaltet, keine gewinnt um ihrer selbst willen ein intensives Interesse, sondern alle sind Figuranten des gleichen Gesamtschicksals als Kinder des Krieges, Kinder des durch zerstörende Kriege bestimmten Jahrhunderts, von dem jeder gezeichnet ist, der Schriftsteller Philipp so gut wie seine Frau Emilia, die verlassene Frau des Musikmeisters Behrend, ihre Tochter Carla oder deren halbwüchsiger Sohn ebenso wie etwa der unscheinbare Dienstmann Josef am Hauptbahnhof, der den gutmütigen Negersoldaten Odysseus auf seinem Streifzug durch die Stadt als Wegweiser begleitet.

> Unter dem Vordach des Bahnhofs wartete Josef, der Dienstmann. Die rote Dienstmannsmütze saß streng, militärisch gerade auf dem kahlen Haupt. Was hatte Josefs Rücken gebeugt? Die Koffer der Reisenden, das Gepäck der Jahrzehnte, ein halbes Jahrhundert Brot im Schweiß des Angesichts, Adams Fluch, Märsche in Knobelbechern, die Knarre über der Schulter, das Koppel, der Sack mit den Wurfgranaten, der schwere Helm, das schwere Töten. Verdun, Argonner Wald, Chemin-des-Dames, er war heil herausgekommen, und wieder Koffer, Reisende ohne Gewehr, Fremdenverkehr zum Gebirgsbahnhof, Fremdenverkehr zum Hotel, die Olympischen Spiele, die Jugend der Welt, und wieder Fahnen, wieder Märsche, er schleppte Offiziersgepäck, die Söhne gingen ohne Wiederkehr, die Jugend der Welt, Sirenen, die Alte starb, die Mutter der vom Krieg verschlungenen Kinder, die Amerikaner kamen mit bunten Taschen, Bagagesäcken, leichtem Gepäck, die Zigarettenwährung, die neue Mark, das Abgesparte verweht, Spreu, bald siebzig Jahre, was blieb? Der Sitz vor dem Bahnhof, das Nummernschild an der Mütze.

Hier werden — die Stelle (30 f.) ist zugleich ein Beispiel für die Struktur der langen Sätze Koeppens — Lebensgeschichte und Zeitgeschichte verwebt. In Stichworten vermittelt, wird ein einzelnes Durchschnittsschicksal zugleich als Zeitschicksal gegenwärtig. Dieser Dienstmann spiegelt Geschichte, er wie alle anderen Figuren des Romans. Da ist Emilia, die Frau des Schriftstellers Philipp, einst reiche Erbin, deren Erbe nun durch den Krieg zerronnen ist. Sie versteht das nicht, ist verstört. „Sie forderte ihr Erbe von jedermann, der älter war als sie." (35) Auch die Figur Emilias wird immer wieder erzählend aufgenommen. Ihre Postion „im Niemandsland" zwischen der Welt des zerstörten Besitzes und der Arbeitswelt (95), keiner von beiden zugehörig, wird in genauer, scharfblickender Analyse verdeutlicht, aber zugleich auch in vielen Episoden erzählerisch sinnfällig gemacht. Emilia umgibt sich mit Tieren, verfällt dem Alkohol, lebt vom Verkauf restlicher Schmuckstücke und Antiquitäten aus dem Familienbesitz, wird gedemütigt von den Antiquaren, die sie betrügen: eine verlorene Existenz. Frau Behrend, verheiratet mit einem Musikmeister aus Hitlers Armee, der sie verlassen hat und mit einer Tschechin lebt, trauert dem verlorenen Wohlstand nach, ihre Tochter Carla lebt mit dem gutherzigen Negeroffizier Washington Price, der sie heiraten möchte.

In anderer Weise beschädigt sind die Vertreter der Prominenz, der ausgelaugte, von der Filmindustrie auf ein Klischee fixierte Schauspieler Alexander und sein „lustwütiges Weib" Messalina, prestigesüchtig, Trinkerin, eine gespenstische Figur des Leerlaufs. Die amerikanische Besatzungsmacht wird genau in dem Maße vergegenwärtigt, in dem sie zur Wirklichkeit dieser Jahre gehört. Auch die Amerikaner sind, trotz ihrer Überlegenheit, innerlich beschädigt vom Krieg. Richard Kirsch kommt als Soldat der US-Luftwaffe nach München, fragt sich: „wo werde ich Bomben werfen? wen werde ich bombardieren? hier? diese? weiter vor? andere?."(44) Damit sind nur einige der zahlreichen Personen genannt, die Koeppen einfallsreich als immer andere Figuranten des Zeitschicksals erfindet. Einen besonderen Akzent erhält der Schriftsteller Philipp, weil er die Situation reflektiert, die eigene und die gesamte. Skeptisch, tief resigniert, innerlich gelähmt, läßt er sich treiben und fühlt sich „in die Enge getrieben" (17). Zum Beobachter bestimmt, versagt er auf diesem Posten. Er hatte vor dem Krieg ein jetzt vergessenes Buch veröffentlicht, plant ein neues, kann aber nicht mehr schreiben. „Er hatte nichts zu sagen." (60) Auch vor dem Interview mit Edwin schreckt er zurück, so wie dieser vor den Reportern flieht. Beide benützen den Hinterausgang des Hotels und treffen sich verlegen im Hinterhof zwischen abgestellten Fahrrädern. In dieser und vielen ähnlich grotesken, kunstvoll überbelichteten Szenen wird die aus den Fugen geratene Zeitwelt, die allgemeine Frustration sichtbar. Philipp hat seine Identität verloren, er ist ratlos und gesteht sich das ein. In die allgemeine Verwirrung und Hilflosigkeit ist er trotz seiner Intelligenz selbst eingeschlossen, „er hätte mit jedem Schritt und mehr als tausendmal am Tag seine Meinung zu den Verhältnissen in der Welt ändern können" (174).

Auch in den Rückblicken auf sein Leben (z.B. 156f.) erkennt er sich als einen, der versagt hat. „Ja, meine Schuld, jedermanns Schuld, alte Schuld, Urväterschuld, Schuld von weither ..." (157) Die betrogene, um ihre besten Jahre und ihre natürliche Entfaltung durch Hitler betrogene Generation, die Philipp als Intellektueller repräsentiert, zeigt sich hier als Generation der Versager. In den Nachkriegsromanen wird nicht ein übermächtiges Schicksal für die Zerstörung, für das Verfehlen einer menschenwürdigen Welt verantwortlich gemacht, sondern das liegt in der Verantwortung der Menschen selbst. Es ist aber nicht ausschließlich die Schuld der verbrecherischen Machthaber, die zu dem Elend von 1950 geführt hat, sondern es besteht in Koeppens Sicht eine Mitschuld, ein Versagen auch der anderen, eine Schuld aller, weil jedem die Mitwirkung an einer rechten Ordnung der Welt auferlegt ist.

Tauben im Gras ist eine strenge, schonungslose, umfassende Bestandsaufnahme des Zustandes „kurz nach der Währungsreform". „Diese Zeit, den Urgrund unseres Heute, habe ich geschildert", schreibt Koeppen 1952 im Vorwort zur zweiten Auflage des Romans (1). Wohin der Weg führen wird, deutet der Roman nicht an. Zuweilen meint Philipp: „Die Welt lag in der Schwebe. Alles schien möglich zu sein" (175), und auch der Dichter Edwin sieht die Stadt „in der Schwebe", sie konnte „ins Alte und immerhin Bewährte, sie konnte ins Neue und Unbekannte schwanken ..." (113)

Ende der fünfziger Jahre stellte Koeppen in einem Essay über die Stadt München fest, daß die Entscheidung für Rückkehr „ins Alte" gefallen war. „Die Stadt hatte gelitten, aber bald zeigte sie sich blind für die Möglichkeiten der Erneuerung, die in der Zerstörung verborgen lag."[12] Viel früher schon hatte Koeppen diesen Zug zur Restauration in Westdeutschland wahrgenommen. Er ergibt den entscheidenden Aspekt seines zweiten Nachkriegsromans, *Das Treibhaus,* 1953 erschienen. Der Titel, zunächst eine Anspielung auf das schwüle Klima in der Bundeshauptstadt Bonn „im Kessel zwischen den Bergen", wird zum Kennwort für die Zeitlage, wie sie durch Bonn bestimmt wird, für den hektischen Wiederaufbau, das überschnelle Wachstum des „Wirtschaftswunders". „Deutschland war ein großes öffentliches Treibhaus ... aber es war eine Üppigkeit ohne Mark und Jugend, es war alles morsch, es war alles alt ..." (268) Die lokalen Gegebenheiten Bonns werden ebenso genau zur Anschauung gebracht wie die Münchens in *Tauben im Gras,* und mit ähnlicher Erzähltechnik wie dort wird eine reiche Vielfalt von Figuren und Vorgängen der politischen Welt Bonns vorgeführt: die Bürokratie, die Lobby, die Presse in ihren noblen und fragwürdigen Vertretern, die Opportunisten und Karrieremacher, die kompromißbereiten Politiker auf der Rechten wie auf der Linken und ihre ehrgeizigen Frauen. Ausschußsitzungen, Reden, Feste, Intrigen, alle Arten von Betriebsamkeit werden vorgeführt. Man erkennt natürlich leicht einige Züge Adenauers, wenn vom Kanzler die Rede ist, oder Eigenheiten Kurt Schumachers im sozialdemokratischen Parteivorsitzenden Knurrewahn u. s. w. Aber nicht die Personen sind gemeint, sondern die Repräsentanten eines politischen Lebens, das auf Wiederherstellung des Gewesenen bedacht ist. Keetenheuve, die Hauptfigur, erblickt diese Restauration überall, in gewichtigen Vorgängen wie in nebensächlichen Symptomen. „Es war alles wieder da, die Zeit lief zurück, die Kriege waren nie gewesen ... Wirklich, die Gründerjahre waren wiedergekehrt, ihr Geschmack, ihre Komplexe, ihre Tabus.“ (348)

Marcel Reich-Ranicki hat in seinem Essay über Koeppen die entlarvende Schilderung dieser Bonner Welt als gelungen anerkannt, aber Einwände erhoben gegen die passive, hilflos scheiternde Hauptfigur Keetenheuve. „Es war keine sonderlich glückliche Idee, der Bonner Welt, die Koeppen bloßstellen wollte, einen Mann entgegentreten zu lassen, der schon deswegen zu einer Kontrastfigur nicht taugte, weil er an seiner eigenen Unzulänglichkeit zugrunde geht.“[13] Dieser Einwand trifft jedoch nicht die entscheidende Konzeption des Romans, die gerade nicht eine wirkliche Kontrastfigur zur Bonner Welt vorsieht, sondern das Versagen Keetenheuves zum eigentlichen Thema macht. Er ist gewiß kein Opportunist, er durchschaut immerhin das hektische Spiel, bei dem es nie um wahre Erneuerung geht, aber er ist selbst nicht imstande, irgend etwas grundlegend Neues durchzusetzen, er dient gegen seinen Willen ebenfalls der Restauration, ist also keine Kontrastfigur. Keetenheuve repräsentiert (wie Philipp in den *Tauben im Gras*) jene Generation, die 1950 Mitte der Vierzig war und damals zu Wort und zu entschiedener Wirkung hätte kommen sollen. Weil das nicht geschah, weil man über Ansätze, Hoffnungen, Postulate nicht hinauskam, blieb die Erneuerung aus. Keetenheuve weiß, daß es ihm an Tatkraft und innerer Sicherheit fehlt, um die ihm zufallende Aufsgabe zu bewältigen. „Er hatte versagt ... Er hatte neunzehnhundertdreiunddreißig versagt und neunzehnhundertfünfundvierzig versagt. Er hatte in der Politik versagt.“ (241) Indem der Roman nicht nur die Fragwürdigkeit der allgemeinen Zustände aufdeckt, sondern die Unfähigkeit eines Repräsentanten jener Generation, von der die Erneuerung zu erwarten war, zum zentralen Thema macht, entfaltet er seine eigene, bedeutsame Wahrheit und ist vielleicht deshalb der wichtigste der drei Nachkriegsromane.

Das Treibhaus unterscheidet sich in seiner Struktur von *Tauben im Gras* dadurch, daß hier eine Hauptfigur, Keetenheuve, klar dominiert. Auch das kritisch durchleuchtete politische Treiben in Bonn wird vorwiegend aus seiner Perspektive gesehen. Seine bittere Kritik an dieser politischen Welt ist immer auch Selbstkritik oder wird durch Selbstkritik ergänzt. Diese trifft zunächst auch sein Versagen in der Ehe. Besessen von seiner Arbeit als Abgeordneter, stets unterwegs, hatte er seine Frau Elke vernachlässigt. So war sie unter den Einfluß einer verkommenen Lesbierin geraten, dem Trunk verfallen, hatte sich schließlich das Leben genommen.

Keetenheuve hatte während der Hitlerzeit als Emigrant in England gelebt, hatte im Londoner Rundfunk gegen das Dritte Reich gesprochen, war nach elf Jahren zurückgekehrt, „besessen von dem Gedanken, zu helfen, aufzubauen, Wunden zu heilen, Brot zu schaffen“ (244). Er war Abgeordneter der SPD geworden, als Mitarbeiter in vielen Ausschüssen, als eigenwilliger Vorkämpfer für Menschenrechte zu Ansehen gelangt. Doch er wurde auch mit Mißtrauen bedacht, war der eigenen Partei unheimlich und unbequem geworden, „ein Gewissensmensch und somit ein Ärgernis" (237). Seine ohnehin geringe Tatkraft wird gelähmt durch den Argwohn der Regierungspartei, das Mißtrauen seiner Parteifreunde, die Vergeblichkeit seiner oppositionellen Bemühungen. „Das Kriegsende hatte ihn mit Hoffnungen erfüllt, die noch eine Weile anhielten, und er glaubte, sich nun einer Sache hingeben zu müssen, nachdem er so lange abseits gestanden hatte. Er wollte Jugendträume verwirklichen, er glaubte damals an eine Wandlung, doch bald sah er, wie töricht dieser Glaube war, die Menschen waren natürlich dieselben geblieben, sie dachten gar nicht daran, andere zu werden, weil die Regierungsform wechselte und weil statt braunen, schwarzen und feldgrauen jetzt olivfarbene Uniformen durch die Straßen gingen ..." (247) Keetenheuve scheitert also nicht allein auf Grund seiner persönlichen Schwäche, sondern auch an der Gleichgültigkeit der Menschen, an der mangelnden Bereitschaft seiner Altersgenossen zu einer „Wandlung". Koeppens Roman ist Fiktion, nicht Geschichtsschreibung, ein Sprachgebilde hohen Ranges und eigener Gesetzlichkeit. Aber geschichtliche Wirklichkeit geht gleichwohl in die Romandichtung ein, nicht anders, als wenn etwa in Goethes *Werther* eine erfundene Szene auf den faktischen Standeshochmut des Adels zurückverweist, oder Büchners Drama *Dantons Tod* auf die wirkliche Revolution, Heinrich Manns *Untertan* auf das tatsächliche Verhalten der Emporkömmlinge in der Wilhelminischen Ära. Der Romancier Koeppen, sprach- und phantasiemächtiger Erfinder von Figuren und Geschichten, Vorgängen und Schicksalen, ist gleichzeitig Zeuge des Zeitgeschehens — diese Funktion schreibt er sich selbst zu[14] —, ein gewissenhafter, unbestechlicher, kritischer Zeuge. Als solcher gewahrt er die Unfähigkeit seiner Generation, nach der Katastrophe neue Wege und Ordnungen zu suchen, statt „in einer überlieferten Lebensform" (247) zu verharren. Jeder war nur darauf bedacht, in den Nöten des Zusammenbruchs wieder zu etwas zu kommen, ein wenig Sicherheit zu gewinnen, eine auskömmliche Existenz, und jede Ordnung war ihm recht, die diese Aussicht bot. Der Roman leugnet nicht, daß das nach der alles vernichtenden Katastrophe überaus verständlich war, zumal die von der Besatzungsmacht eingesetzte Regierung — im Roman wird sie eine „Exilregierung" genannt (314) — kaum eine Wahl ließ. Aber die Begreiflichkeit jener Passivität darf, so meint Koeppen, nicht hindern, das Enttäuschende und Bedrückende dieser Ohnmacht zu sehen. Koeppen macht es im Roman deutlich, und er zeigt insbesondere, daß es nur die halbe Wahrheit wäre, etwa festzustellen, wie nur die Durchschnittsmenschen, die gedankenlosen Mitläufer und kleinen Opportunisten ohnmächtig versagten. Er zeigt, daß dieser resignierte Verzicht auf öffentliches Wirken zur Veränderung der Verhältnisse, die bloße Sorge für das eigene Fortkommen auch bei den Einsichtigen vorherrschten, bei den Menschen eines höheren Bewußtseins, von denen neue Ideen, eine gesunde Aktivität zur Erneuerung der Lebensverfassung und Gesellschaftsordnung zu erwarten war. Die um 1905 geborene Generation brachte keine in diesem Sinne führenden Köpfe, keine neuen Entwürfe, keine konsequenten Energien hervor. Ihre Glaubensfähigkeit und Überzeugungskraft, ihr Elan waren gebrochen durch die Hitlerzeit, — das ist die bitterste Erkenntnis Keetenheuves:

> *wie in Blüte wäre er gewesen wenn er mit den Nazis marschiert wäre denn das war der Aufbruch der verfluchte Irrbruch seiner Generation und jetzt war all sein Eifer der Verdammnis preisgegeben der Lächerlichkeit eines grau werdenden Jünglings er war geschlagen als er anfing* (248).

Kursivdruck und Interpunktionslosigkeit dieser Stelle markieren sie als aus der Tiefenschicht des Unterbewußten aufsteigende Erkenntnis Keetenheuves.

Koeppen sieht Keetenheuves Versagen nicht etwa darin, daß er, von der Restauration abgestoßen, dennoch kein Revolutionär wird. Er „wollte die Revolution nicht, weil er sie gar nicht mehr wollen konnte — es gab sie ja nicht mehr. Die Revolution war tot ... Sie hatte ihre Zeit gehabt. Ihre Möglichkeiten waren nicht genützt worden ...“ Sie war „nichts als ein Schwarm- und Traumbegriff, eine duftlose Blume — nun ja, die blaue Herbariumsblume der Romantik“ (337 f.). Keetenheuves Unglauben an die Möglichkeit von Revolution entspricht Koeppens Anschauung, der sich gegen jede Gewaltsamkeit wendet und zum Beispiel auch im nachrevolutionären Rußland nicht die humanen Werte verwirklicht sieht, um die es ihm geht: Abbau der Rüstung, Reduktion der Macht, Tilgung von Unterdrückung und Zwang, Freundlichkeit, Freiheit. Er sieht weder in der marxistischen noch in einer sonstigen Doktrin eine Gewähr für die Verwirklichung dieser humanen Postulate. Wenn Keetenheuve sich fragt, ob er den Weg zu solchen Zielen weiß, muß er sich gestehen: „Er wußte ihn nicht.“ (248) Er ist im Innersten unsicher, er ist skeptisch gegenüber den eigenen Plänen, zweifelnd, verzweifelt. Da die anderen das merken, wirkt er nicht überzeugend. In einer wirksam erfundenen Konstellation, in der zwei Gegenspieler Keetenheuves hervortreten, wird das verdeutlicht. Der Katholik Korodin, erfolgreicher Mann der Regierungspartei, hofft Keetenheuve zu seiner Fraktion hinüberziehen zu können. Frost-Forestier, mächtigster Vertreter der regierenden Partei, möchte den unbequemen, störenden Anwalt des Gewissens loswerden und bietet ihm den Gesandtenposten in Guatemala an, verlockt ihn mit glänzender Versorgung bei ruhiger Tätigkeit in exotischer Ferne. Es ist eine wohlberechnete Versuchung für den kämpfenden Keetenheuve, der die Bonner Betriebsamkeit verabscheut, moderne Lyrik liebt, Baudelaire übersetzt. Doch er verzichtet auf diese Flucht, er hält im Parlament die lange vorbereitete Rede gegen die Wiederaufrüstung, die im *Treibhaus* das wichtigste und beweiskräftigste Zeichen für die restaurativen Tendenzen der Zeit ist. Aber er hält seine Ansprache im Bewußtsein, daß sie zwecklos ist. Er gibt auf, streift durch Bonns nächtliche Straßen, versucht schließlich seine Isolierung zu überwinden, indem er ein junges Heilsarmee-Mädchen in den Ruinen umarmt: eine unheimliche, visionär geweitete Szene. Sein verzweifelter Versuch, irgendeine menschliche Nähe zu gewinnen, bleibt vergeblich. „Es war ein Akt vollkommener Beziehungslosigkeit ..." (415) Keetenheuve ist am Ende, er stürzt sich von der Rheinbrücke in den Fluß.

Auch Koeppens dritter Zeitroman, *Der Tod in Rom* (1954), gilt den „Kindern des Krieges", schildert wiederum einen Untergang. Es hat innere Konsequenz, daß Koeppen hier nach der Darstellung von (wenn auch nicht unschuldigen) Opfern des Krieges und des Hitlerregimes nun einen der großen Schuldigen in den Mittelpunkt stellt, den SS-General und hohen Amtsträger Judejahn, der, in Nürnberg in Abwesenheit zum Tode verurteilt, entkommen ist, als Chefausbilder in einem arabischen Staat militärisch tätig bleibt und unter einem Decknamen nach Rom kommt, um Waffen für diesen Staat zu kaufen. Der Titel des Romans ist, wie das Motto und die Schlußworte bestätigen, eine Anspielung auf Thomas Manns *Tod in Venedig*. Koeppen gibt ein Gegenbild. Nicht ein sensibler Künstler wie Manns Schriftsteller Aschenbach repräsentiert hier das Deutschtum, sondern ein brutaler Gewaltmensch, und er stirbt am Ende des Romans zwar auch ohne äußere Einwirkung, aber nicht in erotischer Verstrickung, geschwächt durch die auszehrende Macht leidenschaftlicher Liebe, sondern im Erregungszustand eines wütenden Hasses, der den Schlaganfall auslöst, nachdem er eine deutsche Jüdin, die er im Fenster eines Hotels gegenüber dem seinen erblickt, erschossen hat.

Judejahn ist ein Unmensch, der noch immer völlig unverändert die Gewalttätigkeit gegen alles „Nichtdeutsche" für gerechtfertigt hält. Sohn eines Lehrers, der ihn als schlechten Schüler verprügelte, war als fanatischer Trabant und blindes Werkzeug Hitlers zu hypertrophem Selbstgefühl gelangt, durch Macht. „Die Macht war der Tod. Der Tod war der einzige Allmächtige." Er sah, „daß es nur diese eine Macht gab, den Tod, und nur eine wirkliche Machtausübung ...: das Töten" (471). „Judejahn hatte dem Tod gedient", und er tut das weiter, so wie es dem geflohenen Kriegsverbrecher möglich ist: er bildet arabische Soldaten zum Töten aus, kauft tödliche Waffen und mordet schließlich selbst. In Rom trifft er die Familie seines Schwagers Pfaffrath, auch die Schwester von dessen Frau, seine Gattin. Koeppen stellt dem gewalttätigen Aktivisten die vorsichtigeren, dennoch schuldigen Mitbeteiligten zur Seite. Pfaffrath war als Regierungspräsident ein ergebener Diener Hitlers, und er hatte es dann geschickt verstanden, in der Nachkriegszeit wieder Oberbürgermeister einer Großstadt zu werden. Sein Sohn Dietrich, Referendar und Burschenschaftler, bewahrt die nationalistische Tradition der Familie. Judejahn sieht durch die Glastür des bescheidenen, von den Pfaffraths bewohnten Hotels die Familie mit deutschen Gesinnungsgenossen zusammensitzen. „Er war weitergegangen als die Bürger in der Halle, aber sie waren es, die ihm erlaubt hatten, soweit zu gehen ... sie hatten all sein Tun gepriesen, sie hatten ihn den Kindern als Vorbild gezeigt ..." (470) Seine Frau Eva, auch sie noch immer fanatische Nationalsozialistin, ist enttäuscht, daß der totgesagte General überlebt hat und sich durchbringt, statt heldisch zu sterben. Pfaffrath jedoch möchte ihm vorsichtig die Rückkehr nach Deutschland ermöglichen.

Die Figurenkonstellation des Romans wird erweitert durch zwei Gegenspieler. Die Söhne Judejahns und Pfaffraths, auf einer Ordensburg erzogen, haben die Schuld der Väter erkannt und sich von ihnen völlig entfernt. Adolf Judejahn ist katholischer Priester geworden, Siegfried Pfaffrath Komponist extrem moderner Musik. Er ist in Rom, weil hier bei einem Musikkongreß seine neue Symphonie durch den Dirigenten Kürenberg aufgeführt wird. Dieser war in der Nazizeit Operndirektor in der von Pfaffraths Vater regierten Stadt und mußte seinen Posten aufgeben wegen seiner jüdischen Frau, der Tochter des von den Nazis umgebrachten Kaufhausbesitzers Aufhäuser. Diese Konstellation birgt vielfältige Spannungen, die sich in ein stets brisantes erzählerisches Spannungsgefüge umsetzen und in den Begegnungen der Personen entladen. Denn diese Personen, die zunächst einzeln erscheinen und wieder — in Koeppens üblicher Technik — in erzählten Teilvorgängen geschildert werden, deren Bericht oft abbricht, so daß andere Teilvorgänge sich dazwischenschieben, — diese Figuren treffen immer wieder zu zweit oder zu dritt zusammen, etwa Siegfried mit den Kürenbergs, mit dem angehenden Priester Adolf, dieser mit Judejahn, dieser mit der Familie Pfaffrath, mit seiner Frau usw. Alle aber — außer Judejahns von ihm nach Deutschland abgeschobener Frau — versammeln sich bei der Festaufführung von Siegfrieds Symphonie und nachher im Künstlerzimmer. In der genau durchdachten, überaus kunstvollen Komposition ist dieses Konzert der Höhepunkt. Es bringt natürlich keinen Ausgleich der Spannungen, macht vielmehr ihre Unaufhebbarkeit sichtbar.

Pfaffrath findet sein Leben „makellos" (507), und auch Judejahn fühlt sich völlig im Recht mit seinen Untaten. Die abtrünnigen Söhne jedoch sind in der gleichen Weise gebrochen, die Koeppen schon in den früheren Romanen an Philipp und Keetenheuve dargestellt hat. Adolf ist unsicher im Glauben, zweifelt an seiner Aufgabe als künftiger Priester, ist, wie Siegfried erkennt, „zu Gott übergelaufen" (552), zum Gott der Kirche. Aber der Dienst an der kirchlichen Institution wird ihn nicht wahrhaft erfüllen. Siegfried ist die bedeutendste Gegenfigur, auch formal ist ihm ein besonderes Gewicht zugeteilt. Er übernimmt oft die Rolle des Erzählers. Seine Empfindungen, Reflexionen, Erinnerungen werden nicht nur in inneren Monologen vermittelt, die im *Tod in Rom* weniger häufig sind als früher, sondern Siegfried spricht als Ich-Erzähler von seinen Erlebnissen, Erinnerungen, Gedanken. „Ich saß an einem Aluminium-Tisch, ... ich saß in Rom draußen vor der Espressobar an der Ecke der Piazza della Rotonda und trank einen Schnaps ... Ich wollte lustig sein, aber ich war nicht lustig ..." (424) Erst nach drei Seiten erfährt der Leser, daß hier Siegfried spricht, nicht der Erzähler. Durch diese oft wiederkehrenden Ich-Erzählungen gewinnt Siegfried Kontur und Eigenleben als die wichtigste Romanfigur neben dem massiven Protagonisten Judejahn. In seiner esoterischen, an Schönberg und Webern anknüpfenden Musik möchte Siegfried mit äußerst harter und fremder Tonsprache „die Furcht vor dem Dasein", „die uralte Angst" ausdrücken. (420) Der souveräne, meisterliche Dirigent Kürenberg, der Siegfrieds Musik sehr hoch schätzt, weiß ihre kommunikationsfeindliche Schroffheit durch straffe lateinische Klarheit der Interpretation den Hörern zu vermitteln und glaubt, daß sie „Neue Kunde" bringen könnte. Seine Frau freilich hört in Siegfrieds Musik allzu harte „Dissonanzen", „ein Suchen ohne Ziel"; „alles war von Anfang an brüchig, von Zweifel erfüllt und von Verzweiflung beherrscht", geschrieben von einem, „der nicht wußte, was er wollte" (429 f.). Wäre Keetenheuve Musiker, so würde er solche Musik schreiben, sie nimmt sich ganz aus wie seine verzweifelten und vergeblichen Bemühungen in der Politik. Siegfried, ein einsamer, kontaktarmer Päderast, der gelegentlich der Lockung eines schönen Knaben und seiner ordinären Gefährten am Badestrand des Tiber-Ufers erliegt (538 ff.)[15], glaubt selbst nicht an die Neue Kunde, die Kürenberg seiner Musik zuspricht. Er schrieb sie aus Angst und Verzweiflung, „ich stellte Fragen, eine Antwort wußte ich nicht" (551). Er sagt: „meine Musik ist sinnlos, aber sie brauchte nicht sinnlos zu sein, wenn ich nur etwas Glauben hätte. Aber woran soll ich glauben? An mich? ... aber ich kann nicht an mich glauben, auch wenn ich es manchmal versuche ... (527 f.)

Erstmalig in Koeppens Nachkriegsromanen erscheint hier ein positives Gegenbild zu den durch Schuld belasteten oder innerlich beschädigten Überlebenden der Kriege. Kürenberg ist ein innerlich ganz freier Mensch, integer, weltläufig ohne Hochmut, freundlich, „fest in sich ruhend und im Geistigen lebend" (451), ungebrochen erfüllt von seiner musikalischen Aufgabe, in völliger Harmonie mit seiner ebenso in sich selber sicheren Frau (die später das schuldlose Opfer Judejahns wird). Es ist der zerquälte Siegfried selbst, der voll Bewunderung diese humane Existenz der Kürenbergs beschreibt. Er ist ins Hotelzimmer zu einem Abendessen eingeladen, das Kürenberg — Gourmet wie Koeppen und leidenschaftlicher Koch — selbst bereitet, er spürt die liebende Verbundenheit des Paares, „und auf einmal begriff ich, daß Kürenbergs mir voraus waren, sie waren der Mensch, der ich sein möchte, sie waren sündelos, sie waren der alte und der neue Mensch ..." (459) Siegfried beschreibt das Abendessen, dann die Liebe der Kürenbergs zum antiken Rom, und er geht über zum Aussprechen seiner eigenen Liebe zum alten und besonders zum gegenwärtigen Rom, seiner Schönheit und Lebendigkeit. Es ist ein unverstellter Lobgesang, der alles, von den Brunnen und dem Straßenleben bis zu den üppigen Schaufenstern und den Lichtreklamen köstlich findet. (459—68) Diese zehn Seiten, die zu den schönsten Prosatexten der deutschen Nachkriegsliteratur gehören, sind von bejahender Freudigkeit, von einer entspannten Heiterkeit, wie sie nur dem Melancholiker möglich ist, der im Leiden an der Welt seinen Tribut an den Schmerz über ihre sinnlose Verödung reichlich gezahlt hat. Es ist ein unter exceptionellen Voraussetzungen realisiertes Wunschbild einer humanen Existenz und einer von ihr aus wahrgenommenen erfüllten Lebenswelt, eine Utopie, die Vorstellung, wie menschliches Dasein sein könnte. Dieser Existenz gilt der tiefste Haß des Unmenschen Judejahn, dessen Zerstörungswut sie schließlich vernichtet.

Der Autor Wolfgang Koeppen hat sich mit den drei Zeitromanen der Gegenwart gestellt. Er gehört selbst zu der von ihm dargestellten Generation der Beschädigten, Ungläubigen, Zweifelnden, daher ist seine Zeitdarstellung von tiefer Skepsis und Resignation bestimmt. Doch es ist keine zu Passivität und Quietismus einladende Resignation, sondern sie enthält in sich den Protest, ist provozierende Skepsis. Daß Koeppen die Wege und Mittel zu einer humanen Existenz nicht weißt und dies aufrichtig gesteht, besagt für ihn nicht, daß es solche Wege nicht geben könnte. Er sieht nicht die Lösung, aber um so entschiedener die Aufgabe, das Ziel. „Es gilt, die Ohnmacht so zu schildern, daß der Ohnmächtige aufsteht."[16] Koeppens „unglückliche Liebe" zur Wirklichkeit bleibt stets spürbar. Daß er die Welt, obwohl sie sich dem Menschen verweigert, doch als für den Menschen bestimmt ansieht, ist freilich keine metaphysische oder religiöse Gewißheit, keine außermenschliche, etwa in einer kosmischen Gesetzlichkeit begründete Wahrheit. Vielmehr ist für Koeppen die letzte Wahrheit durchaus verborgen. „Im Käfig der unseren Sinnen erreichbaren drei Dimensionen kann es nur Zweifler geben", sagt Siegfried im *Tod in Rom;* eine Wand trennt uns „von einer uns nicht zugänglichen Region, ... die ganz nahe sein mag". Wir sehen nicht, was dahinter liegt. „Vielleicht wäre es schrecklich. Vielleicht könnten wir es nicht ertragen." (582) Es mag sein, daß zu dieser Wahrheit die absolute, grausame Gleichgültigkeit der Welt gegenüber den Menschen gehört. Wenn Keetenheuve von einem irdischen Paradies träumt, so vergißt er zeitweilig, „daß auch diese Welt vom Himmel verstoßen, unwissend, antwortlos durch das schwarze All treiben würde, wo hinter den nahen trügenden Sternen vielleicht die großen Ungeheuer wohnen" (393). Die drei Romane aber zeigen das Unheil der Wirklichkeit nicht als Folge eines metaphysischen Verhängnisses, sondern als Schuld und Versäumnis der Menschen. Siegfried rühmt an den Kürenbergs, daß sie „sich's in einer vielleicht unwirtlichen Welt wirtlich gemacht hatten" (459). Vielleicht ist die Welt unwirtlich, und der Glaube, daß sie für den Menschen bestimmt ist, wäre dann nur ein Postulat. Auch als solches bleibt es für Koeppen gültig, als Forderung, die Wirklichkeit menschenwürdig einzurichten. „Als Mensch fühle ich mich ohnmächtig, als Schriftsteller nicht", sagt Koeppen. „Aber jede Zeile, die ich schreibe, ist gegen den Krieg, gegen die Unterdrückung, die Unmenschlichkeit, die Herzlosigkeit, den Mord gestellt."[17]

Nach den drei Romanen veröffentlichte Koeppen drei große Reisebücher: *Nach Rußland und anderswohin* (1958), *Amerikafahrt* (1959), *Reisen nach Frankreich* (1961). Obwohl diese sehr substantiellen, glänzend geschriebenen Reiseberichte erfolgreich waren und viel Anerkennung fanden, haben manche Kritiker darin ein Ausweichen Koeppens vor seiner eigentlichen Aufgabe als kritischer Romancier gesehen. Das ist kaum berechtigt. Koeppen selbst sieht in seinen Reisebüchern „Umwege zum Roman".[18] Freilich sind es Zeugnisse der Entspannung; ihr Ansatzpunkt liegt gewissermaßne in Siegfrieds Rom-Beschreibung im *Tod in Rom.* Koeppen führt auf seinen großen Reisen wenigstens zeitweise ein Leben, wie es Siegfried wünschenswert erscheint: „Ich liebe Rom, weil ich ein Ausländer in Rom bin, und vielleicht möchte ich immer ein Ausländer sein, ein bewegter Zuschauer." (553) Wenn aber Koeppen Umblick und Weltaneignung, die sein eigenstes Bedürfnis befriedigen, dem Leser vermittelt, so erfüllt er auch damit etwas von dem, wozu er den Schriftsteller „berufen" sieht.[19] Er ermöglicht Beseitigung von Vorurteilen, Erweiterung des provinziell verengten Blickfeldes (das der normale Tourismus nicht entgrenzt), Selbsterkenntnis durch Erkenntnis des Fremden. Darauf sind diese Reisebücher gerichtet.

Die Reisebücher bedürften einer eingehenden Interpretation, für die hier kein Raum mehr bleibt. Denn sie gehören vollgültig zum Oeuvre des Schriftstellers Koeppen.

Als „Umweg zum Roman" wird sich wenigstens das Amerikabuch wohl rechtfertigen durch den nächsten, fast vollendeten Roman Koeppens, der 1972 erscheinen soll. Er spielt in Washington, gilt dem Schicksal eines dort lebenden Deutschen und wird *Ein Maskenball* heißen, in Anlehnung an Verdis Oper, deren Libretto das Motto entstammt. Koeppens Arbeit galt in den sechziger Jahren zunächst einem anderen, umfangreicheren Roman. *Ein Maskenball* entstand bei einer Unterbrechung der Arbeit an diesem „Opus magnum", das autobiographisch angelegt ist. Einige im voraus abgedruckte Kapitel des unfertigen Manuskripts, eindrucksstark durch die Dichte des sprachlichen Formgefüges, spiegeln die Jugendwelt des Autors. Aber das Werk wird — nach dem gegenwärtigen Stand von Koeppens literarischen Plänen — nicht in der vorgesehenen Form weitergeführt, sondern durch eine „offene Biographie" ersetzt werden. Die fertigen, meist unveröffentlichten Teile des ursprünglichen Manuskripts sollen in einem Band als Fragment erscheinen. Es scheint, daß Koeppen, der einmal die Handlung eines Romans als „nebensächlich" bezeichnete[20], mehr und mehr spürt, daß die im Roman nun einmal notwendige Handlung, die Fabel, der literarischen Transposition der Wirklichkeit Widerstand leistet.[21] So werden sich wahrscheinlich die Reisebücher als Weg zur Autobiographie erweisen.[22] Es wäre ein folgerechter Weg, und sicherlich darf man erwarten, daß Koeppens besondere Fähigkeit, ein erfundenes Einzelschicksal transparent zu machen für das Zeitalter, das sich in ihm ausprägt, auch bei der Darstellung des erlebten eigenen Daseins sich bestätigen, unser Jahrhundert präsent machen wird.

Anmerkungen

Texte

Eine unglückliche Liebe. Berlin 1934.
Die Mauer schwankt. Berlin 1935. — Eine zweite Ausgabe dieses Romans erschien 1939 unter dem vom Verlag Universitas gewählten Titel *Die Pflicht.*
Tauben im Gras. Stuttgart 1951.
Das Treibhaus. Stuttgart 1953.
Der Tod in Rom. Stuttgart 1954.
Nach Rußland und anderswohin. Stuttgart 1958.
Amerikafahrt. Stuttgart 1959.
Reisen nach Frankreich. Stuttgart 1961.

Literatur

Horst Bienek: Werkstattgespräche mit Schriftstellern. München 1962, 1965[2] (DTV), dort S. 55—67.
Walter Jens: Melancholie und Moral. Rede auf Wolfgang Koeppen. Stuttgart 1963.
Marcel Reich-Ranicki: Deutsche Literatur in West und Ost. München 1963, S. 34/54.
Marcel Reich-Ranicki: Der Fall Wolfgang Koeppen. In: Literarisches Leben in Deutschland. München 1965, S. 26/35.
Reinhard Döhl: Wolfgang Koeppen. In: Deutsche Literatur seit 1945, hg. von D. Weber. Stuttgart 1968, S. 103/29.
R. Hinton Thomas / Wilfried van der Will: Der deutsche Roman und die Wohlstandsgesellschaft. Stuttgart 1969, S. 38—56.
Christian Linder: Im Übergang zum Untergang. Über das Schweigen Wolfgang Koeppens. In: Akzente 1972, S. 41—63.
Text + Kritik. Zeitschrift für Literatur, hg. von H. L. Arnold, Heft 34: Wolfgang Koeppen, April 1972.

Nachweise

1 Heinrich Mann: Die neuen Gebote. In: Essays. Hamburg 1960, S. 272.
2 Heinrich Mann: Morgen. Ebd., S. 363.
3 *Eine unglückliche Liebe* wird hier zitiert nach der in Stuttgart 1960 erschienenen Ausgabe. — Für den Roman *Die Mauer schwankt* wird die erste, 1935 in Berlin erschienene Ausgabe benützt. — Bei den drei Nachkriegsromanen wird die „einbändige Sonderausgabe", Stuttgart 1969, zugrunde gelegt. — Die Reisebücher werden nach den Erstausgaben zitiert. Die Seitenzahl der genannten Ausgaben wird den Zitaten in Klammern beigegeben.
4 Heinrich Mann: Die geistige Lage. In: Essays, Hamburg 1960, S. 353.

[5] Heinrich Mann: Morgen. Ebd., S. 367.
[6] Autobiographische Skizze, enthalten in der Reclam-Ausgabe von *New York*, Stuttgart 1961, S. 66.
[7] Horst Bienek: Werkstattgespräche mit Schriftstellern. München (DTV) 1965, S. 59.
[8] Walter Jens: Melancholie und Moral. Rede auf Wolfgang Koeppen. Stuttgart 1963.
[9] Autobiographische Skizze. A. a. O., S. 67.
[10] Ebd.
[11] R. Hinton Thomas / Wilfried van der Will: Der deutsche Roman und die Wohlstandsgesellschaft. Stuttgart 1963, S. 43.
[12] Süddeutsche Zeitung vom 31. Oktober / 1. November 1959.
[13] Marcel Reich-Ranicki: Deutsche Literatur in West und Ost. München 1965, S. 47.
[14] Autobiographische Skizze. A. a. O., S. 68.
[15] Auch hier ist eine Beziehung zu Thomas Manns *Tod in Venedig* erkennbar, wiederum im Sinne des Gegenbildes. Denn auch Siegfried wagt zwar den schönen Knaben nicht zu berühren, wohl aber den verkommenen, käuflichen jungen Mann, der ihn verfolgte. Siegfried verhält sich im Sinne von Kürenbergs Mahnung: „Um Gotteswillen — kein Leben für die Kunst!" Gehen Sie auf die Straße ... Experimentieren Sie mit allem, mit allem Glanz und allem Schmutz unserer Welt ...!" (468 f.)
[16] Mitgeteilt bei Christian Linder: Im Übergang zum Untergang. Über das Schweigen Wolfgang Koeppens. In: Akzente 1972, S. 57.
[17] Ebd., S. 61.
[18] Mitgeteilt bei Horst Bienek. A. a. O., S. 64.
[19] Dankrede bei der Verleihung des Georg-Büchner-Preises. In: Jahrbuch der Deutschen Akademie für Sprache und Dichtung. Darmstadt 1962, S. 105.
[20] Mitgeteilt bei Horst Bienek. A. a. O., S. 60.
[21] Schon Walter Jens verweist auf die Problematik der Romanfabel. A. a. O., S. 8.
[22] Ich verdanke diese Angaben wie auch die biographischen Einzelheiten den freundlichen Mitteilungen von Wolfgang Koeppen.

WOLF R. MARCHAND

MAX FRISCH

Jeder Versuch, sich über Frisch eindeutig zu äußern, muß scheitern. Man hat daher versucht, sein Werk in Paradoxa, fixen Formulierungen und Gegensatzpaaren zu fassen:

Frisch und das Problem der Identität: Man muß sich selbst annehmen. Aber wer ist das? — Er kennt und fürchtet die Bedrohung des Lebendigen durch das fixierende Bildnis. — Wie kann das Wirkliche wirklich sein, wenn sich das Mögliche ebenso denken läßt: Von „Die Sehnsucht ist unser Bestes" — (Bin, 89) bis „Ich stelle mir vor ..." (G, passim). — Wir erleben nicht Zeit (was die Uhren zeigen), sondern Vergängnis (als das Erschrecken darüber, daß wir unser Leben, das eine Allgegenwart alles Möglichen ist, verbrauchen) (vgl. T, 19 f. u. 134; Bin, 36 f.). — „Schreiben heißt: sich selber lesen." (T, 19) Wenn man sich einmal von außen sehen, kennenlernen könnte! Verraten sein (notfalls durch Selbstverrat), um in der Welt zu sein, wirklich zu sein (vgl. G, 419). — Kultur und Politik sind kein Gegensatz — aber der Intellektuelle (Kulturschaffende) ist ohnmächtig (also sinnlos?). — Schreiben heißt: das unsagbar Lebendige vom Schutt der Belletristik (der Geschichten) zu befreien, das Erlebnismuster als Blaupause des Lebendigen aus Geschichten zu filtern: Literatur gegen die Literatur. — Schreiben ist, da der Zufall und nicht der Sinn waltet, die Suche nach einem anständigen Leben für den einzelnen heute. (Die Reihe läßt sich beliebig verlängern.)

Das alles ist richtig. Doch ist zu vermuten, Frisch habe dies nicht gemeint. Ihm geht es um die Spannung dazwischen. In ihr ist die Wirklichkeit, das Lebendige, das Unsagbare. Die Wahrheit: Sie „ist keine Geschichte, sie ist da oder nicht da, die Wahrheit ist ein Riß durch den Wahn [...]."[1]

> Was wichtig ist: das Unsagbare, das Weiße zwischen den Worten, und immer reden diese Worte von den Nebensachen, die wir eigentlich nicht meinen. Unser Anliegen, das eigentliche, läßt sich bestenfalls umschreiben, [...]: man schreibt darum herum. [...] das Unsagbare, erscheint bestenfalls als Spannung zwischen diesen Aussagen. (T, 34)

☆

Am einfachsten hat man es mit Frischs Daten und Fakten, die niemand für sein Leben halten sollte:

Max Rudolf Frisch wurde am 15. Mai 1911 in Zürich geboren. Der Großvater väterlicherseits stammte aus Österreich; der Großvater (oder Urgroßvater — es gibt hierzu zwei widersprüchliche Äußerungen Frischs; vgl. T, 202 u. Ö, 135 —) mütterlicherseits kam aus Württemberg.

Frisch — und daran läßt er trotz seines Fernwehs, das ihn immer wieder an fremde Küsten und in entfernte Länder treibt, keinen Zweifel — ist Schweizer: „Selber weiß ich nur, daß ich nicht anderswo dazugehöre [als zur Schweiz]." (Ö, 135)

Max Frisch besuchte von 1924 bis 1930 das Realgymnasium in Zürich, in den letzten Jahren nur noch widerwillig, denn ein mit sechzehn Jahren verfaßtes und Max Reinhardt zugesandtes Drama *Stahl* erbrachte nicht nur die freundliche Aufforderung, weitere Werke einzuschicken, sondern auch „drei oder vier weitere Schauspiele, [...] Das einzige, was die Welt von alledem anerkannte, war die Matur. Der Gang an die Universität war unvermeidlich ..." (T, 204).

Von 1931 bis 1933 studierte er vor allem Germanistik, fand, „daß alles Gehörte ohne gemeinsame Mitte" (T, 204) war, und brach nach dem Tode seines Vaters das Studium ab. Als freier Journalist beschrieb er zunächst Ereignisse aller Art und finanzierte sich schließlich — unter anderem für die *Neue Zürcher-*, die *Frankfurter-* und die *Kölnische Zeitung* schreibend — eine Reise, die ihn weit in Ost- und Südosteuropa herumführte. In Dalmatien erlebte er einen Sommer, der als „ein erster, allzu jugendlicher Roman" (T, 205) — *Jürg Reinhart. Eine sommerliche Schicksalsfahrt* (1934) — Literatur wurde.

Sein zweites Buch *Antwort aus der Stille* erschien 1937 — ein Bergsteigerroman, der vor allem den Meister der Landschaftsschilderung zeigt, den Augenmenschen Frisch, der später Leben definiert als „[...] im Licht sein [...]: standhalten dem Licht, der Freude [...] im Wissen, daß ich erlösche im Licht über Ginster, Asphalt und Meer, [...]" (HF, 247).

Mit fünfundzwanzig Jahren erkannte er die hurtige Unaufrichtigkeit eines literarischen Journalismus, der auch dann „ins Öffentliche schreibt, um leben zu können" (T, 205), wenn man nichts zu sagen hat. Das noble Geschenk eines Freundes ermöglichte ihm, nochmals ein Studium zu beginnen. Frisch wurde Architekt. In der Zeit seines Studiums verbrannte er eines Tages alles bisher Geschriebene und das „heimliche Gelübde, nicht mehr zu schreiben, wurde zwei Jahre lang nicht ernstlich verletzt" (T, 206). Erst am Tage der schweizerischen Mobilmachung begann er wieder zu schreiben: Das Tagebuch *Blätter aus dem Brotsack* (1940). Die Überzeugung, daß auch die Schweiz in den Zweiten Weltkrieg hineingerissen und er wohl nicht zurückkommen würde, drängte den als Kanonier eingezogenen Architektur-Studenten, sich über sein Denken und Tun während des ersten Frontdienstes Rechenschaft zu geben.

1941 machte er in einem Urlaub vom Militärdienst sein Diplom. Wenig später heiratete er, baute sein erstes Haus — und schrieb seinen ersten ‚eigentlichen' Roman, so als könne er sich jetzt nach dem Beweis bürgerlicher Leistung Schreiben wieder erlauben.

Am Anfang der vierziger Jahre gewann Frisch einen Architektur-Wettbewerb um ein Volksbad in Zürich. Es kostete 4,5 Millionen Franken. Vom Honorar kann Frisch sich (1944) ein eigenes Büro einrichten. Das erlaubt ihm, seine Zeit freier einzuteilen. Er nutzte sie nicht nur zum Schreiben, sondern schon bald nach Kriegsende zu zahlreichen Reisen durch das verwüstete Europa. (Den Architekturberuf gibt er erst 1955 ganz auf.)

Die Daten und Fakten zeigen: Frisch ist Architekt, leidenschaftlicher Schreiber, unermüdlicher Reisender.

*

Frisch als Reisender: In den *Blättern* notiert er: „Menschen eines Kleinstaates, was haben wir denn in der Welt zu erobern, wenn nicht die Weite des Herzens, die Reinheit und den Adel einer Gesinnung?“ (Blätter, 74)

Sogleich nach Ende des Krieges reist Frisch, wann immer er kann, durch Europa: ein Zeitgenosse mit der nie nachlassenden „Spannkraft der Seele“ (Blätter, 27), sich von Vorurteilen freihalten zu können. Und er reist auch dann noch unbeirrt gegen Vorurteile an, nach West u n d Ost als ein beginnender Kalter Krieg solche Unvoreingenommenheit zu verdächtigen beginnt.

Dieses mit Charakter gehütete Talent vorurteilsfreier Zeitgenossenschaft verbindet den Schreiber mit der Welt. Frisch reist, um Augenschein zu nehmen, um selbst zu sehen, nicht allein um zu urteilen, sondern um in einem sehr direkten Sinn teilzunehmen (zu kommunizieren), um zu erforschen, ob ein neuer Anfang und welcher Anfang möglich ist. Und um sich selbst zu prüfen: Wenn gebildete Menschen wie du und ich „keineswegs gesichert sind vor der Möglichkeit, Unmenschen zu werden und Dinge zu tun, die wir den Menschen unsrer Zeit [...] vorher nicht hätten zutrauen können, woher nehme ich die Zuversicht, daß ich davor gesichert sei?“ (T, 240)

Und der allgemeine Aspekt:

> Das Erbarmen — kann es den Sinn haben, unser Urteil aufzulösen? Oder hat es nicht eher den Sinn, daß das Erbarmen uns über das Urteil, ohne es aufzulösen, hinausführte zum zweiten Teil der Aufgabe: zum Handeln, und wie sollte ein Handeln, das nicht aus einem Urteil kommt, jemals eine wirkliche Hilfe sein? Hilfe bedeutet Veränderung im Sinne einer Erkenntnis; beides im Maße unseres Vermögens — (T, 37)

Auch diese Hilfe meint Frischs Schreiben.

In seinem *Tagebuch 1946—1949* legt Frisch als Schriftsteller und Zeitgenosse von seiner Auseinandersetzung mit der Zeit Zeugnis ab. Hier, in dieser ernsten Zeitgenossenschaft, verbinden sich für Frisch Literatur und Alltag, Schreibstube und Marktplatz. Den Erfahrungen und Begegnungen dieser Reisen verdanken Frischs Bücher ihre — bei der Privatheit der Themen — erstaunliche Welthaltigkeit. Über weite Passagen des Tagebuchs ziehen sich seine Überlegungen zum wechselseitigen Verhältnis von Kultur und Politik, über die Stellung des Intellektuellen gegenüber den Herrschenden. Hier erarbeitet er sich Positionen, die noch sein privatestes Werk mit dem Allgemeinen verbinden und es im Grunde zur unnötigen Vorsicht machen, daß er im *Gantenbein* einen zuweilen erhobenen Vorwurf gegen sein Werk zurückweist:

> (Manchmal scheint auch mir, daß jedes Buch, so es sich nicht befaßt mit der Verhinderung des Kriegs, mit der Schaffung einer besseren Gesellschaft und so weiter, sinnlos ist, müßig, unverantwortlich, langweilig, nicht wert, daß man es liest, unstatthaft. Es ist nicht die Zeit für Ich-Geschichten. Und doch vollzieht sich das menschliche Leben oder verfehlt sich am einzelnen Ich, nirgends sonst.) (G, 103)

In einer Zeit, in der der einzelne sich hinter dem kollektiven Bösen verschanzt, befassen sich auch seine privaten Geschichten mit dem Notwendigen:

> Ich denke an Heydrich, der Mozart spielte; als Beispiel einer entscheidenden Erfahrung. Kunst in diesem Sinne, Kunst als sittliche Schizophrenie, wenn man so sagen darf, wäre jedenfalls das Gegenteil unsrer Aufgabe, und überhaupt bleibt es fraglich, ob sich die künstlerische und die menschliche Aufgabe trennenlassen. Zeichen eines Geistes, wie wir ihn brauchen, ist nicht in erster Linie irgendein Talent, [...] sondern die Verantwortung. (T, 89)

Kultur als Alibi (Ö, 15 ff., vgl. T, 239 ff.) läßt Frisch nicht zu:

> Wer sich nicht mit Politik befaßt, hat die politische Parteinahme, die er sich sparen möchte, bereits vollzogen: er dient der herrschenden Partei. (T, 242)

1943 fing Frisch vergleichsweise konventionell wieder an. *Die Schwierigen oder J'adore ce qui me brûle* ist ein Künstlerroman, der im ersten Teil in stark gekürzter Form den *Jürg Reinhart* wiederaufnimmt. Mit diesem Buch scheint Frisch sich von eigenen allzu hochfliegenden Jugendträumen freizuschreiben, ebenso wie er sich einiger seiner beständigen Themen für die Zukunft versichert.

Es ist auffällig, wie Frischs Biographie — offen oder verborgen — seine Werke trägt, ohne daß man das Gefühl hat, Konfessionen einer mitteilsamen Seele beizuwohnen: Jemand erweitert sein Leben in dieser Zeit, das er nicht selbst gewählt hat, durch Kommunikation zur Zeitgenossenschaft, damit zu seinem persönlichen Leben. Das ist ein Beglaubigungsprozeß: keine seiner — fiktiven — Figuren denkt, fühlt, erfährt, erkennt etwas Frisch Fremdes, etwas das Frisch nicht bereits gedacht, gefühlt, erfahren oder erkannt hat. Das Aufgeschnappte wäre nicht redlich, sondern Belletristik. Frischs nüchterner Subjektivismus wird deswegen nicht unverbindlich oder nichtssagend oder unerträglich, weil Frisch nie „fertig“ ist, sondern als lebendiger, sich wandelnder Mensch keine ewig gültigen Antworten weiß, und weil sein Subjektivismus die Öffentlichkeit als ehrlichen (Kommunikations-)Partner anvisiert.

Jürg Reinhart, ein Maler und ein „Schwieriger“, ist der erste einer langen Reihe von Männern, die ihr Eigentliches suchen, ihr Ich, den lebendigen Kern ihres Wesens; die sich zu erkennen suchen, um zu wissen, wer sie sind.

In einem Aufsatz von Gerd Hillen[2] steht ein Satz von Karl Jaspers, der zeigt, daß dieses Problem „weder ein moralisches noch ein gesellschaftlich-ökonomisches, sondern ein existentielles“ ist: „Ich kann nicht selbst werden, ohne in Kommunikation zu treten, und nicht in Kommunikation treten, ohne einsam zu sein.“[3] Beides — Ich-Suche und Erkenntnis der unwandelbaren Einsamkeit — entzündet sich immer wieder am Zusammentreffen mit einer Frau. (Niemals stellt Frisch in seinem Werk die existentielle Einheit einer Frau in Frage.)

Jürg Reinhart versuchte aus sich selbst zu sein, mit seinen Bildern sich selbst zu schaffen und also ohne eigentliche Kommunikation er selbst zu sein. Er lebt neben Yvonne. Ein anfängliches wortloses Einverständnis wird, sobald die Worte hinzukommen, zu einer zermürbenden Kette des Aneinander-vorbei-Redens. Als sich Yvonne von ihm trennt, erfährt er die Eifersucht als Angst vor dem Vergleich mit einem anderen (vgl. T, 310 f.), eine Leidenschaft, die noch den Gantenbein-Roman vorantreibt.

Nachdem dieser Versuch der Selbstverwirklichung gescheitert ist, verbrennt er jedes Zeichen, jede Erinnerung an sein bisheriges Leben (vgl. Frischs eigene Biographie).

Als Mann von 30 Jahren (vgl. Frischs Biographie) beginnt er in trotziger Bescheidenheit ein neues kleinbürgerliches Leben in einem Architektenbüro. Mit der anderen Frau, Hortense, die in sein Leben tritt, kommt dennoch die Frage zurück, wer er denn sei. Er weiß es nicht. Aber die Suche nach der Antwort führt in eine Katastrophe: Er ist das uneheliche Kind einer Hauslehrerin und eines Metzgers: ein Halbling, der sich vor sich selber ekelt.

Er wird Gärtner und lebt unerkannt ein tapfer einsames Leben, bis ihn nach Jahren Hortense zufällig erkennt und noch einmal zum Zusammenfassen zwingt:

> „Eigentlich gibt es nur drei Wege für jeden Menschen [...] Er darf das Erbe seiner Herkunft, das Ergebnis von Geschlechtern, deren Sinn oder Fluch und vergangenes Dasein er trägt, [...] in [...] einer einzigen Rakete verbrennen, [...] wenn er hoch genug reicht! Das sind die Gestalter des Lebens, jene, die [...] sich selber den Sinn geben [...] Das andere sind die Gesunden, die Erhalter des Lebens, daß sie weiterbieten, wie sie es empfangen haben, so unversehrt als möglich, das ist die bürgerliche Ehe.“
>
> [...]
>
> „Das Dritte, [...] man hat ein Leben so versehrt empfangen, daß man sich selber damit auszulöschen hat. [...]“ (J'adore, 281)

Die beiden ersten Versuche sind ihm gescheitert. Er versucht den dritten: Er tötet sich. Aber so einfach läßt sich das Leben nicht in Formeln fassen, sonst wäre es ja fixiert und also tot. Frisch korrigiert auch diesen Selbstmord: Jürg hat mit

Yvonne einen Sohn, von dem er nichts weiß und der Hortenses Tochter liebt — „alles wiederholt sich, nichts kehrt uns wieder, Sommer vergehen, Jahre sind nichts ...“ (J'adore, 243). Und alles Entscheidende geschieht immer wieder im Herbst. Der Herbst ist Frischs eigentliche Jahreszeit (so wie seine Lieblingsfarbe Blau ist, das Blau einer spröden, modernen Romantik). Er enthält den Schrekken, den so viele Helden Frischs zur „Hälfte des Lebens“ (Bin, 10) empfinden, wenn der steigende Lebensbogen mit einem Mal seinen Höhepunkt erreicht hat, einen Augenblick innehält und die eigene Vergängnis als eine der Frischschen Grunderfahrungen einbricht. Man erkennt, daß sich die jugendliche Offenheit des Allmöglichen langsam verbraucht hat im Fixierten und Verwirklichten. Dann brechen sie alle noch ein letztes Mal auf — Bin, Reinhart, Stiller, das Ich des *Gantenbein,* der Rittmeister, Graf Öderland, Kürmann — nur, um auf Umwegen erneut zu sich selbst geführt zu werden: „Ich liebe den Herbst, weil er den Grundklang unsres Daseins dichtet wie keine andere Zeit.“ (Blätter, 28)

Die zahlreichen Selbstmorde (Jürgs Mutter, Jürg, Karl [*Nun singen*...], Marion [T], Agnes [*Als der Krieg* ..., 1. Fassung], Öderland [1. Fassung], Stiller [versucht es], Homo Faber [denkt daran], Lehrer [*Andorra*], Leiche in der Limmat [?, G]) zeigen, wie wenig Frisch aus dieser Welt in eine andere, metaphysische auszuweichen gedenkt. Die Verfügungsgewalt über das Leben bleibt beim Einzelnen. Er entscheidet, ob ihm ein anständiges Leben aus menschlicher Kraft möglich ist. Frischs Ethos beginnt und endet in dieser Welt.

Der Dramaturg des Zürcher Schauspielhauses, Dr. Kurt Hirschfeld, hatte Frisch nach der Lektüre der *Schwierigen* aufgefordert, einmal ein Drama zu versuchen. Frisch schrieb 1944 die Romanze *Santa Cruz.*

Ein romantisches Spiel um eine Erfahrung, die im *Gantenbein* so zusammengefaßt wird: „Der nämlich bleibt, stellt sich vor, er wäre geflogen, und der nämlich fliegt, stellt sich vor, er wäre geblieben, und was er wirklich erlebt, so oder so, ist der Riß, der durch seine Person geht, der Riß zwischen mir und ihm, wie ich's auch immer mache, so oder so: — es sei denn, daß die Caravelle [!] [...] explodiert [...]“ (G, 200) — das heißt, es tritt der Tod dazwischen, der alle Vorstellungen von der jeweils anderen Möglichkeit beendet. Auf einem langsam einschneienden Schloß (Schnee: Erstarrung in der Routine, Ersticken des Lebendigen unter den Pflichten des Alltags, vgl. *Graf Öderland,* Tagebuchfassung: 2. Szene; 3. Bühnenfassung: 2. Bild), das von dem Satz regiert wird „Ordnung muß sein“ (Stücke I, 18 und öfter), treffen noch einmal der Rittmeister, seine Frau Elvira und Pelegrin zusammen. Jeder der Männer verwirklichte den Traum des anderen. Pelegrin, der durch die Welt fuhr, verwirklichte den Traum des Rittmeisters, den dieser der hilfebedürftigen Elvira opferte. Der Rittmeister, der gesichert (und eingeschlossen) im Schloß lebt und den der Alltag langsam einfriert, verkörpert Pelegrins heimlichen Wunsch nach einem Hafen, aus dem man nicht wieder auslaufen muß. Und Elvira ist beides: tagsüber Frau des Rittmeisters und in ihren

Träumen Geliebte Pelegrins. Pelegrin gefährdet die Ehe zum letzten Mal: Der Rittmeister versucht einen Ausbruch nach Hawai. Aber: „Man kann nicht beides haben, scheint es. Der eine hat das Meer, der andere das Schloß; der eine hat Hawai — der andere das Kind . . ." (Stücke I, 81) „Weil keiner ein anderes Leben hätte führen können als jenes, das er führte" (Stücke I, 61), kehrt der Rittmeister zurück, getreu der Weissagung des gefesselten (!), weil die Wahrheit sagenden Poeten, dem niemand glaubt, bis seine Geschichten wahr werden.

Pelegrins Tod befreit die Lebenden von dem quälenden Traum eines anderen Lebens und macht sie reif, einem Geheimnis offen zu begegnen, das lange schon keines mehr war: Viola ist Pelegrins Tochter. Daran, daß sie es jetzt aussprechen und ertragen können, bewährt sich ihre Liebe. (Genauso wird die Ehe Yvonnes mit Hauswirt durch diese Bedrohung endgültig.) Der Partner ist niemals der einzig mögliche. Aber er ist der wirkliche — um so mehr, je tapferer er den Traum erträgt, mit dem ihn das Gegenüber „betrügt" (vgl. G, 208 und 362: „Einmal, in einem Hotel, war er bestürzt, als er die Umarmung, während sie stattfand, in einem Spiegel sah, und froh, daß es sein Körper war, mit dem sie ihn betrog, und er schaute in den Spiegel, in dem er sie ebenso betrog.")

1945 erschien eine kleine Prosaträumerei *Bin oder Die Reise nach Peking*. Ein junger Architekt, Kilian, wird in der „Hälfte des Lebens" (Bin, 10) von einer der Grunderfahrungen Frischscher Existenz(en) betroffen: „insgeheim fangen wir an, uns vor dem Jüngling zu schämen, dessen Erwartungen sich nicht erfüllen" (Bin, 10). Er macht sich auf nach dem Ort seiner Sehnsucht, einem märchenhaften Peking, das man immer nur beinahe erreichen kann. (In *Santa Cruz* war es Hawai, im *Öderland* ist es Santorin, im *Stiller* die neue Welt Nord- und Mittelamerikas, im *Homo Faber* Habana, im *Gantenbein* Peru oder Jerusalem — Chiffren für das Sehnsuchtsland, in dem das Mögliche wirklich werden könnte, wenn das Verwirklichte uns nicht bereits endgültig fesselte in Maske und Rolle.) Mit ihm reist Bin, der andere — nicht verwirklichte Teil — seines Ich, der möglich war, ehe er sein Ich verwirklichte, der Teil, der immer Sehnsucht bleiben wird. Kilian hat eine Rolle unter dem Arm, die „immer wieder stört" (Bin, 16). „Eine Rolle, die man in Peking stehen ließe, wäre für immer verloren." (Bin, 17) Aber sowenig man Peking erreichen kann, sowenig kann man seine Rolle einfach stehenlassen. Sie enthält das eigene Leben, alle Verwirklichungen und Fixierungen, die uns zugleich einkerkern und vor dem Chaos bewahren. Aber man kann die Gnade erfahren, den Inhalt seiner Rolle von außen zu sehen und durch die Erkenntnis reifen, daß niemand anders als wir uns selbst die Rolle erwählt haben, daß sie uns durchaus nicht immer — wie im *Stiller* — und nicht nur von außen von der Gesellschaft aufgezwungen wird: Bin führt Kilian zu einem fremd-vertrauten Haus, das er von außen betrachtet, während er zugleich in dem Hause sitzt. Bin hat ihn nicht nach Peking gebracht, sondern zu sich selbst zurück. Er wird die Rolle nicht los, aber sich ihrer bewußt. Er hat sie (her-)ausgedrückt.

(Geschichten werden erzählt, um das Leben von ihnen zu befreien.) Und das befreit ihn von dem starren Druck des Fertigen. „Alles Fertige [...] hört auf, Behausung unsres Geistes zu sein“ (Bin, 92). Im Tagebuch fährt Frisch fort: „aber das Werden ist köstlich, was es auch sei —“ (T, 244). Das macht die Jugend so herrlich und das Leben, eine fortschreitende Minderung der Möglichkeiten durch fixierende Entscheidungen, immer einengender — bis man Vergängnis auch als Verwirklichung erkennt. Nun kann Kilian Schnittpunkt des Lebens werden: Der Tod klopft ihm auf die Schulter: sein Vater stirbt, ein Sohn wird ihm geboren. Hälfte des Lebens; Erschrecken und Erkennen: Ein Leben hat sich verbraucht — verwirklicht; ein neues Leben (vgl. Viola in *Santa Cruz*) ist alles Möglichen voll: Kilians Leben ist beides zur Hälfte.

Ebenfalls 1945 schrieb Frisch sein zweites Drama *Nun singen sie wieder. Versuch eines Requiems* — ein Abschnitt aus dem „sogenannt grosse[n] Geschehen, das vielleicht auch uns, wer weiss, wie ein grauer Scheme erfasst, zermalmt oder läutert — oder auch nur verbraucht“ (Blätter, 22 f.), und eine Auseinandersetzung um Macht und Geist, Kultur und Barbarei. Und es ist ausdrücklich ein Spiel, es sind „Szenen, die eine ferne Trauer sich immer wieder denken muß“ (Stücke I, 394), denn diese Wirklichkeit läßt sich schon gar nicht darstellen. Frisch ist sehr zurückhaltend: „Der einzige Umstand, der uns vielleicht zur Aussage [nicht: Urteil!] berechtigen könnte, liegt darin, daß wir, die es nicht am eigenen Leibe erfahren haben, von der Versuchung aller Rache befreit sind.“ (Stücke I, 394) Als Verschonter habe er „die selten gewordene Freiheit, gerecht zu bleiben“ (T, 115).

Nun singen sie wieder zeigt beide Seiten, die sich mit fast den gleichen Worten „Satane“ nennen. Es zeigt den Intellektuellen als zynischen und verzweifelten Mächtigen (Heydrich, der Mozart liebt), der den Geist mit immer neuem Unrecht zum Eingreifen herausfordert. Es zeigt den Intellektuellen als Mitläufer aus Angst, der sich mit zu später Wahrheit an den Henker ausliefert, und den ohnmächtigen Einzelnen, der die „Ausflucht in den Gehorsam“ nicht mehr mitmacht, der erkennt: „Nichts befreit uns von der Verantwortung, nichts, [...] man kann [sie] nicht [...] einem andern geben, damit er sie verwalte“, der „die Last der persönlichen Freiheit“ (Stücke I, 113) wieder auf sich nimmt — und sich nur noch erhängen kann. Es zeigt, daß alle Opfer vergeblich waren wie ihre Reue und Verdammnis, denn „Darum allein, daß wir als ihre Opfer starben, darum sind wir noch keine guten Menschen gewesen.“ (Stücke I, 133)

Sie hören die martialischen Reden der Überlebenden, aber sie können sie mit ihrer Friedensbotschaft nicht erreichen. Die Überlebenden haben nichts gelernt. Sie fangen alles von vorne an. „Traure nicht, Hauptmann“ sagt der Pope, „[...] Alles ist umsonst, der Tod, das Leben, die Sterne am Himmel, auch sie sind umsonst. [... Nur] Die Liebe ist schön, Benjamin, die Liebe vor allem. Sie allein weiß, daß sie umsonst ist, und sie allein verzweifelt nicht.“ (Stücke I, 148)

1950 erschien das *Tagebuch 1946—1949*. Dieses Tagebuch ist beispiellos in mehrfacher Hinsicht. Einmal, wie gesagt, wegen der geistigen Spannkraft, mit der sich Frisch als unvoreingenommener Zeitgenosse bewährt. Zum anderen, weil wohl kaum je ein zweites schriftstellerisches Gesamtwerk in einem Tagebuch aus nur drei Jahren derart umfassend vorweggenommen worden ist. Es enthält nicht nur die Keime zu *Andorra, Graf Öderland, Als der Krieg zu Ende war, Biedermann und die Brandstifter, Stiller* (? *„Skizze (Schinz)"*), sondern auch die „zwei oder drei Erfahrungen [...] [die einer hat: Bildnisverbot (T, 26 ff.); die Verschiedenheit von Zeit und Verhängnis (T, 19 ff., 129, 134); Erlebnis, Erfahrung sind nur in erfundenen Geschichten auszudrücken (T, 301 f.); Eifersucht (T, 309 ff.)], eine Angst und sieben Hoffnungen, eine nicht unbegrenzte Summe von Gefühlen, die sich wie ein Rosenkranz wiederholen, dazu die paar Eindrücke auf der Netzhaut, [...] dazu die tausend Ansätze zu einem Gedanken, der eigen wäre" (Prosa, 9). Bis hin zur Methode des *Gantenbein* (vgl. T, 136 f.: ein Ich (der Leser) als ungeschriebene, aber nicht unbestimmte Rolle; T, 216: Zerstörung der Illusion, „daß die erzählte Geschichte ‚wirklich' passiert sei") ist das Werk Frischs hier vorgebildet.

Daß Frisch nach dem *Tagebuch* nicht entmutigt aufhörte, weil fast alles schon gesagt war, zeigt, worauf seine Schreiblust zielt: wieder und wieder zu erproben, ob das Ich, das sich schreibend den Namen Max Frisch verfaßt hat[4], sich verändert habe, also entfaltet, also noch lebendig sei. Daher die immer wieder erstaunliche Einheit bei aller formalen und fabulistischen Vielfalt und die Vorliebe für Tagebuch-artigen Aufbau der Prosa. Frischs Gesamtwerk ist im Grunde nichts anderes als ein Über-Gantenbein auf der Suche nach dem Erlebnismuster (der letzten sagbaren Wahrheit) des Menschen Max Frisch.

Auch zu Frischs nächstem Theaterstück *Die Chinesische Mauer* (1947) findet sich der anfängliche Impuls im *Tagebuch*: „[...] die Sintflut wird herstellbar [...] Wir können, was wir wollen [...]; am Ende unseres Fortschrittes stehen wir da, wo Adam und Eva gestanden haben; [...] es liegt an uns, ob es eine Menschheit gibt oder nicht." (T, 52 f.) Der Heutige, ein Intellektueller, schleudert diese Formulierungen einer Versammlung auswechselbarer (je nach Fundus Napoleon oder Alexander) historischer Masken entgegen (vgl. Stücke I, 232), um sie aufzufordern: „Sie alle, meine Herrschaften, Sie sollten nicht wiederkehren. Es ist zu gefährlich. Eure Siege, eure Reiche, eure Throne von Gottesgnaden, eure Kreuzzüge [...], es kommt nicht mehr in Frage. Wir wollen leben. Eure Art, Geschichte zu machen, können wir uns nicht mehr leisten. Es wäre das Ende, eine Kettenreaktion des Wahnsinns —" (Stücke I, 170)

Aber dieser ehrenwerte Appell an die Vernunft entspricht nicht einem anachronistischen Bewußtsein, dem Napoleon wie die anderen „als Figur unseres Denkens, [...] durchaus noch lebendig [...] und gefährlich" (Stücke I, 159 f.) ist. Einem Bewußtsein, das Katastrophen mit den pathetischen Phrasen der Literatur hinwegeskamotiert; unserem Bewußtsein. Daher „die Shakespeare-Figuren, die nun einmal durch unser Bewußtsein wandeln, und Bibel-Zitate und so" (Stücke I, 156) neben den Figuren eines Welttheaters der Unbelehrbarkeit, das wir Geschichte nennen.

Heute wie je ist es der Dreischritt des ohnmächtigen Geistes, zuerst zum Unrecht ängstlich zu schweigen, dann sich aufzuraffen, die Wahrheit hinauszuschreien und dafür einen Preis und das Amt des Hofnarren zu bekommen, und schließlich, nachdem die Liebe geschändet und die Wahrheit von der Revolution in ihrem Namen verraten ist, ohnmächtig zu verstummen. Indem die Dichtung die Ohnmacht zeigt, „hat [sie] etwas von einem letzten Alarm, der ihr möglich ist" (T, 54) — und an den Frisch kaum noch glaubt.

Brecht glaubte an die Darstellbarkeit der Wirklichkeit, sofern sie als veränderbar dargestellt wird. Frisch glaubt nicht mehr daran, „Weil die ganze Farce (als dürften wir sie wiederholen!) soeben von vorne beginnt . . ." (Stücke I, 241). Das wehmütige Umsonst von *Nun singen sie wieder* — hier klingt der Sarkasmus schrill wie ein Kirmes-Leierkasten. Aus Einsicht schreibt Frisch trotzdem weiter und hofft, daß sein herausfordernder Pessimismus das Publikum dennoch aufrüttelt.[5]

Als der Krieg zu Ende war (1949) ist Frischs drittes Stück, das sich unmittelbar mit der Zeit auseinandersetzt (vgl. T, 160 f., 165). Es geht um das „ungeheuere Paradoxon, daß man sich ohne Sprache näherkommt", um „Sprache als Gefäß des Vorurteils", dessen „einzig mögliche Überwindung in der Liebe, die sich kein Bildnis macht" (T, 165).

Zwischen Agnes und dem russischen Oberst spielt sich eine Szene ab, die die Auseinandersetzung zwischen dem Kaiser und dem Stummen aus der *Chinesischen Mauer* spiegelbildlich wiederholt. Ist es dort das Schweigen des Stummen, das den Kaiser reizt, selber die volle Wahrheit herauszuschreien, so ist es hier das Schweigen des Obersten, welches Agnes durch alle Phrasen hindurch zum Geständnis der Wahrheit treibt, die aber ein Geheimnis bleibt, weil der Oberst sie nicht versteht. Da Sprechen keinen Sinn hat, muß man einander ins Gesicht sehen — und siehe, der Teufel von der anderen Seite ist ein Mensch. Der Unmensch ist auf der eigenen Seite: So wie Horst entdeckt, daß Agnes den russischen Oberst liebt, entdeckt Agnes die Beteiligung ihres Mannes an den Judenmorden in Warschau. Der Oberst, der die Untaten seiner Leute kennt, verläßt schweigend das Haus. Die Kluft zwischen Agnes und ihrem Mann ist unüberbrückbar.

Frisch selbst macht dieses eine Mal auf bewußte Namenswahl aufmerksam: „Agnes heißt Unschuld, Reinheit", ihre Liebe ist — trotz Ehebruch — „insofern heilig [. . .], als sie das Bildnis überwindet" (Stücke I, 398). Aber von Jürg Reinhart, der reinen Herzens ist, über Stiller, der am Ende verstummt, und Biedermann bis zu Svoboda (das heißt Freiheit) und Kürmann (das heißt der Mann, der die Wahl hat) — eine Fülle von Namen, die zwanglos das Schicksal ihrer Träger enthalten.)

1951 legt Frisch die erste von drei Fassungen seines Schmerzenskindes vor: das Drama *Graf Öderland.* Dürrenmatt hat sich mit dem „Scheitern" des Dramas auseinandergesetzt und meint, Frisch habe eine Mythe entdeckt, die man wohl nicht auf die Bühne stellen könne, ohne daß sie sich zu dem merkwürdigen Fall eines Staatsanwaltes reduziert, ohne daß anstelle eines bedrückenden Allgemeinen ein interessantes Privates rückt. Die Gestalt — das sei Frischs große dichterische Tat.[6]

Öderland ist eingekerkert in seinen Alltag zwischen Aktenordnern wie der Kassier in der Bank. Beide revoltieren gegen das ewige „Ordnung muß sein" und greifen zur Axt. Für einen blutigen Augenblick gibt es das Hochgefühl wirklicher Freiheit: „Kurz ist das Leben, und groß ist die Nacht, verflucht ist die Hoffnung auf den Feierabend, heilig der Tag, solang die Sonne scheint, und es lebe ein jeder, solang die Sonne scheint: Herrlich ist er und frei." (Stücke I, 347; vgl. 339)

Aber auch diese Freiheit bleibt Sehnsucht. Die Wirklichkeit ist nur insofern Wirklichkeit, als sie geformt ist, also begrenzt. Das Leben holt Öderland wieder ein, indem es sich wiederholt: Hilde, Inge, Coco — es ist immer dieselbe Frau. Jede Tat — auch die befreiende — ist eine neue Festlegung. Die rücksichtslose Verwirklichung seiner wilden Träume, die ihn endlich nach Santorin — ins Unbedingte — bringen sollte, führt in blutiges Chaos. Die kümmerliche Freiheit, die ihm bleibt: „— sind Sie bereit [...] als Mörder gerichtet zu werden, oder ziehen Sie es vor, um Ruhe und Ordnung wieder herzustellen, die Regierung zu bilden?" (Stücke I, 389)

So wird der *Öderland* zur alptraumartigen Umkehrung von *Bin* und *Santa Cruz.* Die Bereitwilligkeit des Spießers (Köhler, Gendarm, Taxifahrer u. a. m.) zu Terror und Brutalität weist auf den *Biedermann.* Die Moritat vom Staatsanwalt, dessen wohlbehütetes Bürgerdasein zur Raserei mit der Axt explodiert, handelt schließlich auch — das ist die politische Dimension — von dem Heydrich, der in jedem von uns schlummert. Schon im *Tagebuch* schließt Frisch seine Notiz über den Kassier, der kein Motiv für seinen Mord hat, mit der Frage: „Warum reden wir so viel über Deutschland?" (T, 55)

Don Juan oder Die Liebe zur Geometrie (1953) ist eine Komödie über die Literatur. Frisch führt uns vor, wie Don Juan zu dem Klischee wird, das unser Bewußtsein bewohnt, indem er ihn selbst als Werdenden zeigt. (Vgl. die *Chinesische Mauer*: Kaum stellt „ein jugendlicher Spanier" sich als Don Juan vor, weiß jedermann angeblich Bescheid. Schon hier klagt er: „Ich komme aus der Hölle der Literatur. Was hat man mir schon alles angedichtet!" (Stücke I, 165) Schon hier spielt er Schach im Freudenhaus und liebt die Geometrie.

Don Juan ist auch ein Drama zwischen der Nacht (dem Bereich des Traums, des Unbegrenzten, des Weiblichen, des passiven Daseins, des dem Tod Geweihten) und dem Tag (dem Bereich des Erkennens, des Umgrenzten, Geformten, Männlichen, des schöpferischen Tuns, des dem Leben Zugewandten), ein Drama des erotischen Dranges, der „Quelle jeder Künstlerschaft" (T, 236) ist, ein Drama des Künstlers, der als Hervorbringer beides ist: Zeuger und Gebärer, Mann und Weib, ohne Du dem Absoluten so nahe, daß seine Unerreichbarkeit schmerzt.

Die verzweifelte und brilliante Abwehr der Rolle, die man ihm angedichtet hat, wird im *Don Juan* zum sinnreichen Spiel. Je mehr er sich gegen seine Rolle wehrt, desto tiefer gerät er hinein (vgl. *Stiller* und Andri in *Andorra*). Ein purer Zufall läßt ihn tiefer erkennen als alles Grübeln („Das Verblüffende [...] jedes Zufalls besteht darin, daß wir unser eigenes Gesicht erkennen [...] Am Ende ist es immer das Fällige, was uns zufällt." (T, 341)): Zufällig (wie Leonce bei Büchner seine Lena) trifft er in der Nacht Anna, seine Braut, ohne sie zu erkennen. Sie lieben sich, ohne nach Namen zu fragen.

Damit ist das Pathos des „Wir-sind-für-einander-bestimmt", das mit der Ehe auch noch geweiht wird, derart widerlegt, daß Juan vor dem Altar Nein! sagt. Was bleibt, sind sture Konventionen: Väter, denen es um die Ehre geht, bis sie daran sterben; Ehefrauen und Mütter, die Juans anarchistische Freiheit nur ertragen, indem sie ihn verführen. Damit hat er die Rolle und den Ruf, die er gerade nicht wollte. Schließlich nimmt er seine eigene Legende an, indem er sie als Höllenfahrt selbst inszeniert, um verschwinden und endlich seine Ruhe haben zu können. Er wird Bürger und Vater und hört auf, Don Juan zu sein, während ein Mönch namens Tellez oder Tirso de Molina ihn als Legende in die Hölle der Literatur verdammt. Sein Leiden daran, „daß der Mensch allein nicht das Ganze ist", daß er „bis zum Verbluten ausgesetzt [ist] dem andern Geschlecht" (Stücke II, 81), kommt bei Frisch an den Punkt, wo das „Ungewöhnliche" „dem Gewöhnlichen verzweifelt ähnlich sieht" (Stücke II, 83).

In einer mehrjährigen Pause vom Theater erringt sich Frisch Weltgeltung als Romancier. 1954 erscheint *Stiller*; 1957 *Homo Faber*. Zwei Bücher, die wie konvex und konkav ineinandergeschliffene Linsen zusammengehören. Stiller hat die Erfahrung überlebt, an der Walter Faber mit Magenkrebs verendet. Die Erfahrung des zutiefst eigenen Ich, die sich nicht ausdrücken läßt; die Erfahrung eines unablösbar eigenen Schicksals.

Nach einer Flucht um die halbe Welt und durch zahllose Geschichten — eigene und fremde Erfindungen —, die wie Schlangenhäute von ihm abfallen (vgl. St, 391), versucht ein Mann vergeblich, sich das Leben zu nehmen. Statt dessen begegnet er seinem Engel (wie Marion im *Tagebuch*) (St, 420 f., 450), seiner „Wahrheit", seinem „Alles" (St, 448). Wenn man das zu erklären versucht, bleibt nichts übrig. Jedenfalls hat er „die Erinnerung an eine ungeheure Freiheit: [...] Ich durfte mich entscheiden, ob ich noch einmal leben wollte, jetzt aber so, daß ein wirklicher Tod zustande kommt. [...] Ich hatte die bestimmte Empfindung, jetzt erst geboren worden zu sein, [...]" (St, 451) — als James White (ein unbeschriebenes Blatt).

Er kehrt zurück und will mit „einer Unbedingtheit, die auch das Lächerliche nicht zu fürchten hat, [...] niemand anders [...] sein" (St, 451).

Aber das geht nicht. Seine vorige Existenz, die Rolle des Anatol Ludwig Stiller, hat zu vieles — Menschen und Dinge, Eigenes und von außen Herangetragenes — hinterlassen, aus dem er selbst seine frühere Existenz, sein Bildnis wieder konkretisiert. White wird dazu verurteilt, Stiller zu sein, als seine Träume ihn ahnen lassen, daß die ungeheure Freiheit seinen Kerker in eine „vollkommene Ohnmacht" (St, 449), eine entsetzliche Unwirklichkeit ohne Raum, ohne Zeit, ohne eigenes Sein öffnet, daß der Selbstmord nicht Tod, sondern Schluß gewesen wäre. Tod ist er-lebte Frucht eines verwirklichten Lebens. Leben ist nicht nur Kerker, sondern auch Selbstbestimmung.

Stillers verzweifeltes Aufbegehren gegen den Kerker der Rolle, des Bildnisses, der Belletristik der Geschichten, befreit ihn nicht von sich, es führt ihn aber zu sich. Sein Verstummen ist mehr als Resignation: „Schreiben ist [...] Kommunikation mit dem Unaussprechlichen. Je genauer man sich auszusprechen vermöchte, um so reiner erschiene das Unaussprechliche, das heißt die Wirklichkeit, die den Schreiber bedrängt und bewegt. Wir haben die Sprache, um stumm zu werden. Wer schweigt, ist nicht stumm. Wer schweigt, hat nicht einmal eine Ahnung, wer er nicht ist." (St, 391)

Stillers Geschichtenkarussell hat ihm zur Ahnung seiner Wahrheit verholfen. Er nimmt sie an und die Einsicht auch eigener Schuld. Der Staatsanwalt (der Stiller als einziger versteht; vgl. *Öderland*) schildert in seinem Nachwort die tote Julika mit Worten, die Stillers Beschreibung der Lebenden zitieren (St, 64 u. 69, 516 f.). Das ist Stillers „von keinem menschlichen Wort zu tilgende [...] Versündigung" (St, 517), „die wir, so wie sie an uns begangen wird, fast ohne Unterlaß wieder begehen —" (T, 30).

Er lebt in Glion, endlich selbstgenügsam mit seiner Wahrheit, ohne die „Angst, nicht erkannt zu werden" (St, 483; vgl. J'adore, 291), die ja auch die anderen nötigt, sich ein Bild zu machen.

So wenig Stiller weiß, wer er ist, so genau glaubt es Walter Faber, Ingenieur, im *Homo Faber* zu wissen. Er hat sich in einem präzis gezeichneten Bild von sich selbst sehr bequem eingerichtet. Er glaubt, ihm sei das Leben handhabbar, — eine Versündigung, die das Leben mit der Unentrinnbarkeit der antiken Tragödie rächt. Faber, der glaubt, sich sein Schicksal selbst zu geben, weckt die steinerne Erinnye, die ihn ebenso einholt wie einst den Oedipus. Die Zuverlässigkeit der Wahrscheinlichkeitsrechnung erweist sich als unmenschlicher, manipulierbarer Wahn: alle seine Berechnungen stimmen nicht (Sabeth ist doch seine Tochter) oder betreffen das Geschehen nicht (sie stirbt nicht am Schlangenbiß).

Stiller verfehlt das Leben aus Unsicherheit, kann sein Eigenstes aus Freiheitssucht nicht sehen. Homo Faber verfehlt das Leben in falscher Sicherheit, in mit allen technischen Errungenschaften unseres Jahrhunderts ausgestatteter Unfreiheit. Seine Fortschrittsreise führt nicht im 20. Jahrhundert voran, sondern an älteste Stätten der Menschheit (Inka- und Griechentempel). Die Ansicht wirklichen Lebens, wirklicher Freude in Habana wird ihm zu spät, nachdem er seine Zukunft, die wirkliche Freude in seinem Leben, seine Tochter mit dem Schrecken über seinen gewaltsam „fit" gehaltenen Körper getötet hat. Wer nicht altern kann, lebt nicht; sein Tod ist nicht Tod, sondern Schluß; sein Leben nicht Reifen, sondern Abbrechen: „08.05 Uhr Sie kommen." (HF, 252)

Auf den großen Erfolg dieser beiden Prosabücher folgen Frischs größte Bühnenerfolge.

Biedermann und die Brandstifter. Ein Lehrstück ohne Lehre (1958 nach einem Hörspiel von 1953) ist eine sehr pessimistische Klage über die unverbesserliche Blödigkeit der Biedermänner, die stets an ihren persönlichen Vorteil denken und beständig ihre Hände in Unschuld waschen; die sehenden Auges blind sind und die Wahrheit — die sie nicht wahrhaben wollen — mit humanistischen Phrasen verkleistern, nach denen sie nicht leben; die um jeden Preis ihre Ruhe haben wollen und dem Bösen gut zureden; die sich mit den Brandstiftern verbrüdern, bis die Welt wieder einmal in Flammen steht.

Aus den Trümmern in eine gegenüber dem Leben vergleichsweise harmlose Hölle auferstanden, die für sie nur der redlich verdiente Himmel sein kann, haben sie nichts begriffen, sondern verlangen „Wiedergutmachung" (Stücke II, 330). Sie werden nie begreifen.

Auch dieses Stück paraphrasiert das Thema Geist und Macht: Ein Dr. phil. beteiligt sich aus ideologischen Gründen am Zündeln, um die Welt zu ändern. Als er bemerkt, daß seine idealistische Dummheit von schierer Lust am Bösen ausgenutzt wird, geht seine Distanzierung im Sirenengeheul unter. In der Hölle ist er wieder unverbesserlicher Diener der Teufel. So wird die Ohnmacht des Geistes obendrein noch gefährlich, weil sie das Böse intellektuell rechtfertigt. Frisch zitiert gern die Worte, die Büchner seinen Danton sagen läßt: „Geht einmal euren Phrasen nach bis zum Punkt, wo sie verkörpert werden. Blickt um euch, das alles habt ihr gesprochen." (Ö, 45; vgl. T, 145)

Der *Biedermann* ist das spießbürgerliche Gegenstück zur *Chinesischen Mauer*. Die Geschichtsgrößen, deren Art, Geschichte zu machen, wir uns nicht mehr leisten können, und die Literaturgrößen, die nur noch als Bildungsschutt existieren, bevölkern das Hirn Gottlieb Biedermanns — er hält ihr fatales Kreiseln in Gang, und weil sie unsterblich sein Bewußtsein verstopfen, ist er ein Biedermann, ein monströser Jedermann, der seinen Nächsten (Knechtling) mit der leichtfertigen Phrase „soll er sich unter den Gasherd legen" (Stücke II, 99) ‚eigenwörtlich' umbringt.

Der *Biedermann* ist als genaue Beschreibung ihrer Funktion Zersetzung aller Ideologien, mögen sie Kommunismus oder Faschismus heißen, die mit 1. Wahrheit, die keiner glaubt, 2. Sentimentalität und 3. Scherz die Biedermänner übertölpeln. (*Mein Kampf* erschien zum Beispiel 1925/27).

Zugleich mit dem *Biedermann* erschien der Schwank *Die große Wut des Philipp Hotz.* Es ist ein grimmiges Spiel mit den Intellektuellen, die daran leiden, daß sie immerzu große Worte machen, aber nicht handeln können und das wissen. Eines Tages, „Nur jetzt nicht die Wut verlieren!" (Stücke II, 175), explodieren sie in lächerlichem Aktionismus — im vollem Bewußtsein, daß es lächerlich ist. *Graf Öderland* als bissiger Spaß. Die Welt, die Dorlis, leben derweil ungerührt ihren Alltag mit Tomaten und Rollmöpsen weiter.

1961 folgt *Andorra,* das andere Drama von den „Biedermännern", die Andri (den Menschen) in ein tödliches Bildnis sperren: sie halten ihn für einen Juden und sehen ihre Schuld auch dann noch nicht, als sie erfahren, daß er keiner war.

Der Ablauf dieses kollektiven Mordes wird von Frisch nach jedem Bild von einer Aussage der Mitschuldigen unterbrochen. So entsteht nicht eine belletristische Spannung aus Ungewißheit, sondern bedrückende Spannung aus unaufhaltsam ablaufendem Unheil (wie im *Biedermann,* der ebenso einsträngig, knapp, ohne Blick zur Seite und streng kalkuliert zum von vornherein bekannten Ziel kommt. Indem Frisch diese beiden Verläufe so herausfordernd als die einzig möglichen, als zwanghaft darstellt, protestiert er dagegen, daß es so kommen mußte.)

Ein Einwand wurde gemacht: Andri sei Andorraner. Sein Tod führe das Vorurteil ad absurdum. Damit werde jedoch noch nicht die Toleranz gegenüber dem wirklich anderen erreicht. Aber kann nicht die Zersetzung des Vorurteils wahre Toleranz freisetzen? Und zwar durch das Paradoxon, daß die Belehrbarkeit des Publikums herausgefordert wird durch das Zeigen der stupidesten, herzlosesten und grausamsten Unbelehrbarkeit auf der Bühne. (Ähnlich in *Nun singen sie wieder, Chinesische Mauer, Biedermann.*)

Andorra ist keine Parabel, sondern ein Modell. „Anders als die Parabel verdichtet und verfremdet das Modell nicht etwa tatsächliche Geschehnisse auf die ihnen innewohnenden beispielhaften, von allen Zufällen befreiten Züge (Beispiel: Brechts *Arturo Ui*), sondern entwirft eine soziologische Konstellation, die sich zur Wirklichkeit erweitern läßt."[7]

Der Roman *Mein Name sei Gantenbein* (1964) ist eine meisterhafte Zusammenfassung aller Frischschen Mittel, aller seiner Ansichten und Gedanken, all seiner Kunst in eine große Form.

Keine Geschichte, auch keine fiktive, gibt den einzig möglichen Verlauf aus einer Summe von festen Daten und Fakten. Also kann man Geschichten nicht mehr linear und nicht mehr im Imperfekt des So-war-es-und-nicht-anders erzählen. Schon Stiller und Walter Faber mußten (Mißtrauen gegen die Literatur) von außen mehr oder weniger gezwungen werden, zu schreiben. Da man die Wahrheit, das Lebendige, das Unsagbare so wenig aussagen kann wie das Gegenwärtige, das wirkliche Erlebnis, kann man auch nicht im Präsens des So-ist-es erzählen. Also konkretisiert sich die Erfahrung als Erfindung, als Einfall. Die erfundene Geschichte ist eine mögliche — sie entsteht notwendig im Konjunktiv: *Mein Name sei Gantenbein.* (Dieser Konjunktiv wandelt sich übrigens bei Frisch. Im *Bin* ist er vor allem zur Zukunft offen und Potentialis noch fast alles Möglichen voll, vom *Stiller* über den *Homo Faber* bis zum *Gantenbein* bekommt er immer mehr die Qualität des Irrealis: die Vergangenheit, die Erinnerung des Hätte überwächst das ehemalige Könnte.) Schon Stiller kann seinen „Engel" nur mit zum Teil abenteuerlichen Erfindungen umschreiben. Da eine Wahrheit in vielen Erfindungen umschrieben werden kann (muß), ist auch die geschlossene Form, das Vollendete nicht mehr möglich, es sei denn, man hat die festen Anker eines Glaubens an einen Gott, an die Vorsehung, an eine sinnvolle Ordnung der Welt. Die geschlossene Form unterstellt dem Spiel einen Sinn, den es nicht haben kann, den es noch sucht, sonst wäre es nicht Kunst, sondern Verkündigung oder Propaganda. Eine redliche Haltung ist allein die der „Frage, und ihre Form, solange eine ganze Antwort fehlt, kann nur vorläufig sein; für sie ist vielleicht das einzige Gesicht, das sich mit Anstand tragen läßt, wirklich das Fragment" (T, 94). Außerdem ist die erfundene Geschichte korrigierbar, also kein Verstoß gegen das Bildnisverbot, und zugleich Verwirklichung, also Gefäß des Lebendigen. Ebenso schützt die offene Form, das immer neue Ansetzen, gegen das Bildnisverbot.

Da schließlich „keiner ein anderes Leben hätte führen können als jenes, das er führte" (*Santa Cruz*, Stücke I, 61), muß sich in der endlichen Zahl von Erfindungen, die einem Ich möglich sind, ein Erlebnismuster ganz persönlicher Art manifestieren als beinahe Platoscher Schattenriß der eigenen Wahrheit.

All dies probt Frisch an einem Ich, das weder Gantenbein noch Enderlin noch Svoboda, auch nicht Burri, Niels oder Siebenhagen heißt. Es bleibt konsequent namenlos, damit seine Wahrheit aus all den Geschichten um so unverstellter deutlich werde. Damit dieses Ich um so endgültiger die Geschichten los wird, die sich als Fiktion über seinen Alltag legen und die Wirklichkeit verderben. (Die Geschichten, die „nicht gehen", sind Belletristik oder passen nicht zum Erlebnismuster.) Dieses Ich erfährt, das heißt es reagiert auf sein Leben mit Einfällen, die seine Erlebnisse in Erfindungen ausdrücken, die Verfestigung sprengen. Die Einfälle (oder Erfahrungen) sind bekannt: Leben als Möglichkeit zur Verwirklichung (der Botschafter, der seine Rolle annimmt, verwirklicht sie, das heißt sie hört auf, Rolle zu sein, daher seine Erfolge (G, 182 ff.)); Tod als das, was keine Veränderung, keine Geschichte mehr zuläßt; Vergängnis als Verbrauchen des Möglichen und Erstarren im Wirklichen; Eifersucht als Angst vor dem Vergleich; die ewige Unerreichbarkeit Perus oder Jerusalems, selbst wenn man dort ist; die tötende Wiederholung im Alltag; die im letzten unaufhebbare Einsamkeit jedes Ich — das ist es schon, und es gehört alles zusammen.

Hieran entfaltet sich das reich instrumentierte Erlebnismuster eines Ich. Der *Gantenbein* ist große Symphonie. Die heiter-gelöste Entfaltung wird möglich, weil sich das Ich zu einem hochbewußten Rollenspiel entschließt (man halte den Krampf Stillers dagegen), das ihm zwar auch nur eine Scheinfreiheit, dafür aber die seelische Entspannung verschafft, sich von außen zu sehen, sich selbst erkennen zu können, sich selbst zu verraten und so in der Welt zu sein (vgl. G, 419) — „Leben gefällt mir —" (G, 496).

Eine der Geschichten aus dem *Gantenbein,* die des Mannes, der seinen Tod überlebt und an seiner eigenen Beerdigung als Zaungast teilnimmt, sollte ein Film werden. Das Drehbuch erschien unter dem Titel *Zürich-Transit* (1966).

Ebenso hängt das Spiel *Biografie* (1967), das Frisch als Komödie gemeint hat, mit dem *Gantenbein* eng zusammen. Ein Mann bekommt an bestimmten Punkten seines Lebens nochmals die Wahl, die nur das Theater ermöglichen kann: Er kann sich anders entscheiden. Heraus kommen Retouschen, die ihn in den falschen Ruf bringen, die Welt verändern zu wollen. Obwohl er sich weigert, „allem, was einmal geschehen ist — weil es geschehen ist [...] — einen Sinn" zu unterstellen, „der ihm nicht zukommt" (Biografie, 49), bringt er nur die Kraft zu Kürmannschen Reflexen auf. Seine wissenschaftliche Entdeckung gleichen Namens erweist sich als falsch, sie — dieser Reflex — ist Ausdruck seines Erlebnismusters, das jede Wahl immer in derselben Richtung beeinflußt. Nur die Entscheidung des Partners kann er nicht beeinflussen: Staunend verdankt er seiner Frau eine uneigentliche Freiheit: Sie verläßt ihn.

1971 erschien als bisher letztes[8] Buch Frischs *Wilhelm Tell für die Schule.* Das ist eine sicher nicht nur in schweizerischen Augen landes- und hochverräterische Attacke auf das vollmundige Geschichts-Trara, mit dem Nationen ihre Existenz überhöhen, und den leicht vertrottelten Biedersinn, die detailbesessene Blindheit fürs Ganze einer vaterländischen Wissenschaft, der Frisch solange Erfundenes als Fußnote zwischen die Beine wirft, bis sie über die höchst eigene Methode stolpert und mit der Nase auf die eigentlichen Probleme (zum Beispiel die sogenannten Gastarbeiter und die böse Überfremdung) gestoßen wird. Die Desillusionierung des Tellen- und des Schweiz-Mythos zu einer beklemmend banalen Idylle aus Engstirnigkeit, Kopfweh und Käse durch den einfachen Trick, den Großbösewicht Geßler zu einem armen, tumben Würstchen zusammenschnurren zu lassen, hat die unwiderstehliche Kraft zur Wahrheit wie der Bub im Märchen, der des Kaisers neue Kleider partout nicht sehen kann.

Noch in diesem scheinbar abwegigen Buch ist Frisch ein Moralist, der keine fertige Moral hat. Ein Bildner, der das Bildermachen für Todsünde hält — und andauernd welche erfindet. Ein Spieler, dem das Ernste nicht stur und das Heitere nie albern gerät.

Jedes seiner aus privater Leidenschaft begonnenen Werke wird — an die Öffentlichkeit gekommen — zur beständigen Nötigung, daß die verwirrte Zeit mit dem konventionellen Gewissen nicht überleben kann.

Alle Bücher Frischs befassen sich deshalb auch mit dem allgemeinen Notwendigen. Aber sie verkleiden es ins Private, weil das persönlich beglaubigt werden kann. Und sie fassen es in Fragen, weil vorgegebene Antworten diskutierbar sind, also Ausflüchte öffnen. „Als Stückschreiber hielte ich meine Aufgabe für durchaus erfüllt, wenn es einem Stück jemals gelänge, eine Frage dermaßen zu stellen, daß die Zuschauer von dieser Stunde an ohne eine Antwort nicht mehr leben können — ohne ihre Antwort, ihre eigene, die sie nur mit dem Leben selber geben können." (T, 108) Das gilt auch für seine Prosa.

Anmerkungen

Texte und Bibliographie

Stücke I und II. Frankfurt 1969.
Biografie: Ein Spiel. Frankfurt 1967.

Jürg Reinhart. Eine sommerliche Schicksalsfahrt. Roman aus Dalmatien. Stuttgart 1934.
Antwort aus der Stille. Erzählungen aus den Bergen. Stuttgart 1937.
Blätter aus dem Brotsack. Zürich 1969[4] (zitiert: Blätter).
Die Schwierigen oder J'adore ce qui me brûle, Roman. Zürich — Freiburg 1959[3] (zitiert: J'adore).
Bin oder Die Reise nach Peking. Frankfurt 1965 (zitiert: Bin).
Tagebuch 1946—1949. München — Zürich 1965 (zitiert: T).
Stiller, Roman. Frankfurt 1963 (zitiert: St).
Homo Faber. Ein Bericht. Frankfurt 1966 (zitiert: HF).
Ausgewählte Prosa. Frankfurt 1965 (zitiert: Prosa).
Mein Name sei Gantenbein, Roman. Frankfurt 1964 (zitiert: G).
Zürich-Transit. Skizze eines Films. Frankfurt 1966.
Öffentlichkeit als Partner. Frankfurt 1967 (zitiert: Ö).
Dramaturgisches. Ein Briefwechsel. Berlin 1969.
Wilhelm Tell für die Schule. Frankfurt 1971.

Bibliographie (zusammengestellt von Klaus-Dietrich Petersen). In: Thomas Beckermann (Hg.), Über Max Frisch. Frankfurt 1971, S. 305—344.

Literatur

Eduard Stäuble: Max Frisch. Ein Schweizer Dichter der Gegenwart. Versuch einer Gesamtdarstellung seines Werkes. Amriswil 1957. 1967[3]. 1967 mit einer Bibliographie von Klaus-Dietrich Petersen.

Hans Bänzinger: Frisch und Dürrenmatt. Bern — München 1960.
Carol Petersen: Max Frisch. Berlin 1966 (Köpfe des XX. Jahrhunderts 44).
Eduard Stäuble: Max Frisch. Grundzüge in seinen Werken. Basel 1967.
Ulrich Weisstein: Max Frisch. New York 1967.
Beiträge in: Thomas Beckermann (Hg.), Über Max Frisch. Frankfurt 1971.
Weitere Literaturangaben finden sich in den Nachweisen.

Nachweise

1 Horst Bienek: Werkstattgespräche mit Schriftstellern. München 1962, S. 28.
2 Gerd Hillen: Reisemotive in den Romanen von Max Frisch. In: Wirkendes Wort 19, 1969, H. 2, S. 130.
3 Karl Jaspers: Philosophie, 2. Bd. Existenzerhellung. Berlin, Göttingen, Heidelberg 1956[3], S. 61.
4 Vgl. dazu den ausgezeichneten Aufsatz von Jürgen Schröder, Spiel mit dem Lebenslauf. In: G. Neumann, J. Schröder und M. Karnick: Dürrenmatt-Frisch-Weiss. München 1969, S. 61 ff.
5 Zum Problem der verschiedenen Fassungen vgl. Hellmuth Karasek: Frisch. Velber 1968.
6 Vgl. Friedrich Dürrenmatt: Eine Vision und ihr dramatisches Schicksal. Wiederabdruck in: Thomas Beckermann (Hg.): Über Max Frisch. Frankfurt 1971, S. 110 ff.
7 Karasek [vgl. Anm. 5], S. 81.
8 Erst nach Abschluß des Manuskripts erschien Frischs „Tagebuch 1966—1971".

WERNER BRETTSCHNEIDER

ERWIN STRITTMATTER

Als der Krieg im Frühjahr 1945 zu Ende ging, kehrte Erwin Strittmatter, der am 14. 8. 1912 in Spremberg geboren war, in das Dorf der Niederlausitz zurück, das er zehn Jahre vorher verlassen hatte. Er war nicht mehr jung und er hatte aus dem Krieg nicht mehr gerettet als das Leben, und was dieses Leben ihm bisher gebracht hatte, war ohne Glanz und ohne Aussicht für die Zukunft. Der Vater, Kleinbauer und Bäcker, hatte ihn auf das Gymnasium geschickt, damit er aufsteige, aber der Junge war ins Dorf zurückgelaufen und Bäcker geworden. Nicht lange, und es trieb ihn umher; er versuchte sich an vielen Orten und in vielen Berufen, ein Vagabund, in keiner Ordnung lange zu halten, ein Bursche mit viel Phantasie und wenig Sitzfleisch, den man schließlich in eine Uniform steckte und in den Krieg schickte. Er hatte sich durchgeschlagen wie Millionen andere und war am Ende davongelaufen, so daß ihm die Gefangenschaft erspart blieb. Er war hellwach und hatte viel gelesen, auch hier und da ein Gedicht versucht. Er hatte die Klassenkämpfe und den Aufstieg Hitlers erlebt, es war ihm schlecht dabei ergangen, aber es hatte ihn nur am Rande berührt. Er war ein kleiner Mann, durch keine Gruppe und keine Partei aus seiner Vereinzelung herausgehoben, kritisch beobachtend und nicht leicht zu täuschen, phantasievoll und gewitzt, aber stets außerhalb der Gesellschaft, ohne Bindung und Richtung.

Wie wurde dieser Unbekannte in wenigen Jahren zu einem Schriftsteller, der heute über sein Land hinaus gelesen und bekannt ist, der eine eindeutige und bedeutende literarische Physiognomie besitzt?

„Erwin Strittmatter gehört zu den neuen Schriftstellern, die nicht aus dem Proletariat aufsteigen, sondern mit ihm“ urteilte Bert Brecht, und der Autor selbst bekannte: „Ohne die DDR wäre ich nicht, was ich bin, wüßte ich nicht, was ich weiß, könnte ich meine zukünftigen Bücher nicht schreiben.“[1] Äußere Verhältnisse und innere Bereitschaft wirkten zusammen. Die erste Bodenreform gab dem Bäckergesellen Land, machte ihn über Nacht zum Kleinbauern. Als Amtsvorsteher von sieben benachbarten Gemeinden tummelte er sich in der neuen Dorfpolitik, stürzte sich in die marxistische Literatur, trat in die Partei ein, schrieb Berichte für die lokalen Zeitungen und erwachte zu dem Bewußtsein, endlich dazu zu gehören, sich in einer ihm gemäßen Gesellschaft auswirken zu können. Man muß die Erzählungen lesen, die er zu dem Band *Eine Mauer fällt* zusammenfaßte, um zu begreifen, was es für ihn bedeutete, Land zu besitzen, wie er das Neue als eine zweite Geburt begriff, kaum glaubend, daß sie wirklich sei.

Auf Strittmatter kann das Wort „ein Bauerndichter" sinnvoll angewandt werden, wenn es auch nicht alle Aspekte seiner Produktion umgreift, und es ist keine bloße Allüre, wenn der nun Sechzigjährige einen Hof bewirtschaftet und ländliches Leben in Dichtung umwandelt. Betrachtung und Schilderung der ländlichen Natur, Geborgenheit in der Natur, Sehnsucht nach ihr oder Identifikation mit ihr — das sind Motive der deutschen Literatur, seit Albrecht von Haller *Die Alpen* und B. H. Brockes sein *Irdisches Vergnügen in Gott* schrieb. Es gibt die bedeutende Naturlyrik unseres Jahrhunderts von Oskar Loerke bis zu Wilhelm Lehmann und Karl Krolow. Damit hat Strittmatter wenig zu tun. Das Mißverständnis, Naturdichtung und bäuerliche Dichtung seien Kinder gleicher Eltern, müßte zu Fehldeutungen seines Werkes führen.

Unter den wenigen Gedichten, die der Erzähler Strittmatter geschrieben hat, findet sich eins, das er *Regen* nannte:[2]

> Nicht weil ich vom Lande bin,
> lieb ich den Regen.
> Dort in den Feldern
> reimt er sich
> nicht nur auf Segen.
> Regen der Kindheit,
> hoch oben im Heu,
> Dämmerdunkel von Märchen durchfunkelt.
> Später als Fuhrmann unter der Plache:
> Kiengeruch vom Holz
> der durchnäßten Fuhre,
> duftender Dampf aus den Pferdefellen.
> Landstreicher-Langtag
> im modernden Schober,
> vor jedem Weiterweg
> Schranken aus Regen.
> Mit den Mäusen an Körnern kauen.
> Fröstelnd nach Wurzeln
> des Unrechts graben ...

Die Grundelemente der Schreibweise Strittmatters werden sichtbar: der autobiographische Bezug, der Ausgang vom Selbsterlebten, die Sinnlichkeit der Sprache und die Wirklichkeitsdichte der heraufbeschworenen Situation. Nicht Regen an sich, nicht Schickung der Natur oder Gottes, sondern Regen als Betroffenheit dessen, der ihn herbeiwünscht oder der ihn erduldet. Die Möglichkeit, ins Sentimentale zu gleiten, ist durch die Konkretheit und durch eine Art praktischer Vernunft beiseite geschoben. Gleichwohl wird der bloße Naturalismus durch die kühne Metapher der Schlußzeilen ins Geistige überhöht.

In der ersten Etappe seiner literarischen Entwicklung war Strittmatter vornehmlich mit dem beschäftigt, was für ihn und seine Umwelt revolutionär in Erscheinung trat, mit der Umwandlung des dörflichen Lebens. Ohne jede systematische Bildung, tastend in der fremden Theorie des Marxismus und bemüht, einen haltbaren Standort zu gewinnen, machte er sich daran aufzuarbeiten, was sich bisher in ihm aufgestaut hatte und was als Kontrast zu dem Neuen dieses erst in eine historische Perspektive rückte. 1951 erschien sein erster Roman *Der Ochsenkutscher,* an dem er seit seiner Heimkehr gearbeitet hatte, wie die in der *Märkischen Volksstimme* veröffentlichten Teile zeigen. Es ist ein Entwicklungsroman, in dem der Autor dem eigenen Werden nachspürt, aber es ist kein Bildungsroman. Lope, die zentrale Figur, unehelicher Sohn des Gutssekretärs und der Gutsmagd, gehört zu den Geringsten in dem Dorfe zwischen Herrenhaus und Kohlengrube. Sein Adoptivvater verkommt im Suff, seine Mutter im Irrenhaus. Seine soziale Entwicklung führt nicht weiter als zum Ochsenkutscher, dem niedrigsten unter den Knechten, und bleibt im geistigen Bereich in der Sehnsucht nach einem unbekannten Höheren stecken. Da wir die Welt mit Lopes Augen sehen und ihre Stimme in Lopes Sprache hören sollen, hat der Autor Lope das Erzählen übertragen. (Im *Wundertäter* und in *Tinko* hat er das gleiche Verfahren angewandt.) So gewinnt er die Chance einer verfremdenden Optik, welche die Gefahr des Dorfromans, den platten Naturalismus, bannt. Das Auseinanderfallen von Schein und Sein, die Diskrepanz zwischen Lopes Erwartung und Erfahrung erzeugen beides: Kritik und Gelächter. Ein Beispiel für viele: Lope wird vierzehn Jahre alt, wovon niemand Notiz nimmt; doch glaubt er, den Tag würdigen zu sollen. „Lope sitzt auf einem Hügel, der heißt vierzehn Jahr. Es kommen Leute, die holen ihn von dem Hügel herunter. Der Vogt tadelt ihn, die Mitkonfirmanden prügeln ihn, der Pfarrer macht ihm Vorwürfe, Mutter schlägt ihn. Sein Hügel ist nur Einbildung. Er sitzt in einem Sumpfloch." In einem Sumpfloch sitzen sie alle, das Gesinde auf dem Gutshof, die Bauern und die Grubenarbeiter, der Polizist, der Gutsverwalter und der Sekretär, der Baron und seine schöne Tochter, alle durch die Antinomien der Klassengesellschaft miteinander verknüpft, trostlos und ohne Zukunft. Es ist, trotz mancher Späße, ein galliger Roman, das Bild einer verfahrenen, zum Untergang bestimmten Lebensform, die zugrunde geht, nicht weil der Nationalsozialismus sie zerstört, sondern weil ihm nichts Gesundes und Starkes gegenübersteht. Aber es handelt sich um keine soziologische, noch weniger um eine marxistische Analyse. Es ist das Buch einer tief pessimistischen Erinnerung und es hat den einzig möglichen Schluß: Lope bricht auf in eine neue Welt, von der er nichts weiß, als daß sie anders sein muß als das Sumpfloch, das er verläßt.

Stellt man neben den *Ochsenkutscher* den später entstandenen *Wundertäter,* so wiederholt sich zwar das Stoffliche, das Historische und das Autobiographische und so erweist sich der Wundertäter Stanislaus als ein Verwandter des

Ochsenkutschers Lope; wiederum wird die Geschichte des kleinen Mannes in schlechter Zeit erzählt, wiederum hellt der Autor die dunklen Winkel durch das Komische auf, wiederum fehlt die Einsicht in die Gesetze der kapitalistischen und industriellen Gesellschaft, wiederum geht es um Restbestände aus dem 19. Jahrhundert, um Kleinbauerntum und Handwerkerschaft, wiederum bleibt der Held am Rand der politischen Kämpfe der Zeit, ein Einzelgänger, mit dem die Linken und die Rechten gleich wenig anfangen können. Aber Strittmatter strebt einen neuen Typus an, den Typus des Schelmenromans. Daher die anekdotische, lockere und rein aufreihende Komposition. Die Streiche und Abenteuer, in sich abgeschlossen, sind durch die Figur des Helden verbunden und nur durch sie, so daß die Kapitel in ihrer Reihenfolge in gewissem Grade austauschbar sind. Der Reiz liegt nicht in der Entwicklung, sondern in der variierten Wiederholung. Der immer gleiche Held stößt auf wechselnde Menschen und Situationen. Er ist der gesellschaftlich Unterlegene, aber er siegt durch Phantasie, Schlauheit, List. Seine Tumbheit erweist sich als die wahre Klugheit. Und wenn Strittmatters Wundertäter öfter verliert als gewinnt, wenn er viel geschunden wird und nur selten die Lacher auf seiner Seite hat, so liegt darin allerdings ein bedeutsames historisches Indiz. Die Klassenkämpfe des 20. Jahrhunderts sind nicht von der Art, daß ihr Ulenspiegel lachend triumphieren könnte.

Und wenn sich der Autor auch entschloß, was er im *Ochsenkutscher* weinend gesagt hatte, nun lachend zu erzählen, so läßt doch der Schluß die pessimistische Grundmelodie durchklingen: Als Stanislaus und sein Kumpel sich mit Hilfe von zwei griechischen Mädchen aus der letzten Oase im Untergang, ihrer Insel im Mittelmeer, gerettet haben, gerade als der Krieg auch dorthin greift, fragt der Freund: „Wissen möchte ich doch, ob sie uns geliebt haben.“ Und Stanislaus antwortet: „So wie wir sind, ist das nicht zu verlangen.“

Mit dem Roman *Tinko* und den Theaterstücken *Katzgraben* und *Die Holländerbraut* kehrte Strittmatter zu den Problemen zurück, welche die Neuverteilung des Landes und das Einströmen der Vertriebenen aufwarfen. Er sah, wie das neue Glück neue Schwierigkeiten bereitete. Als Bauer, als Verwaltungsmann, als Journalist hatte er mit den Gegensätzen zwischen den großen und den kleinen Bauern, den besitzenden Eingesessenen und den besitzlosen Hinzukommenden zu tun, und es waren diese Ärgernisse, mit denen er sich auch literarisch herumschlug, wobei sich zeigte, daß ihm die dramatische Form immer wieder ins Erzählerische entglitt, das offenbar seinem literarischen Temperament entspricht. Durch die Zusammenarbeit mit Bert Brecht, die zur Aufführung von *Katzgraben* im Berliner Ensemble führte, war der unbekannte Schriftsteller aus der Provinz zu schneller Anerkennung gelangt, was 1953 durch den Nationalpreis für Kunst und Literatur bestätigt wurde. „Er erzählt ein Stück Geschichte seiner Klasse als eine Geschichte der behebbaren Schwierigkeiten, der korrigierbaren Ungeschicklichkeiten, über die er lacht, ohne sie je auf die leichte Achsel zu nehmen", urteilte Brecht damals.[3]

Indessen wurde die zweite Agrarreform vorbereitet, die Aufhebung des bäuerlichen Einzelbesitzes und die Organisation von landwirtschaftlichen Produktivgenossenschaften, ein Vorhaben, das hart umstritten war und die Betroffenen vor die bittere Notwendigkeit stellte, das gerade Erlangte wieder aufzugeben. Jetzt entstand der Roman *Ole Bienkopp*, der Strittmatter erst eigentlich zu einer festumrissenen, ja symbolhaften Figur in der Literatur der DDR gemacht hat. Auf beiden Seiten der Elbe ist über *Ole Bienkopp* so viel gedacht und geschrieben worden, daß es schwer ist, von allem, was ausgelegt und untergelegt wurde, abzusehen und nachzuzeichnen, was da schwarz auf weiß steht.

Der Roman stellt den Übergang von ländlichem Privatbesitz zu Gemeinbesitz und von der Einzelwirtschaft zur Kollektivwirtschaft dar, einen historisch bedeutenden Vorgang also, der in der deutschen Geschichte eine Parallele nur in der Agrarreform des Freiherrn vom Stein findet. Doch ist er kein Spiegel der wirklichen Vorgänge, die sich ungleich härter und gewaltsamer abspielten. Es geht Strittmatter nicht um die literarische Aufarbeitung einer politischen Aktion, sondern um das, was Ernst Bloch „reale Utopie" nennt, nämlich am Beispiel eines kleinen mitteldeutschen Dorfes das Allgemeine sichtbar zu machen, nicht um Geschichte, sondern um Parabel. Darum kann er das Faktische ändern. Die revolutionäre Tat geschieht nicht durch Partei und Staat, sie ist die ganz persönliche Arbeit eines Einzelnen, welcher der gesellschaftlichen Entwicklung vorauseilt, des Mannes Ole Bienkopp. Die Kollektivierung gelingt, der Held aber bezahlt mit seinem Leben. Kein Bauernroman also als Preis bäuerlichen Lebens, kein Blut- und Bodenmythos, keine antizivilisatorische Romantik, sondern ein politischer Roman, dessen innere Spannung aus dem Zusammenstoß individueller und gesellschaftlicher Kräfte erwächst.

Der Autor verlegt seine Parabel in das Dorf Blumenau. Das durch die Landverteilung geschaffene Glück der bisher Landlosen, zu denen auch Bienkopp gehört, droht durch den Egoismus und die Besitzgier Einzelner zu einer neuen Klassenstruktur zu entarten. Das ist für Ole Bienkopp primär ein moralisches Problem, eine Frage des Verhaltens des Menschen zum Menschen. Man kann den andern ausnützen, man kann ihn lieben. Ole und seine Frau verkörpern beide Möglichkeiten, und so ist es kein Zufall, daß die Realisierung von Oles Idee mit dem Auseinanderbrechen seiner Ehe zusammengeht. Es ist die Idee der Bauerngemeinschaft, ein sozialistischer und chiliastischer Traum, für den zuerst nur die Armen und die Schwarmgeister gewonnen werden können, den Ole Bienkopp dann, kein Ideologe und kein Intellektueller, vielmehr ein ganz und gar praktischer Mensch, Stück um Stück praktisch verwirklicht. Das geschieht gegen die Großbauern und gegen die Parteileitung, die von Kollektivierung noch nichts wissen will und individuelles Handeln als Anarchismus denunziert.

Die Wertordnung Strittmatters ist von einer großen Naivität. Die objektiven Unterschiede sind identisch mit den subjektiven; die Reichen sind die Bösen und die Armen die Guten. Auch Oles Gegensatz zu der von der Partei, von seiner Partei eingesetzten Bürgermeisterin Frieda hat seine letzte Wurzel im Menschlichen. Hier Ole, „das große Kind, stark, arbeitsfroh und lebenslustig", dort Frieda, „ein Schmalreh mit ewiger Jungfernschaft", am Leben zu kurz gekommen, ehrgeizig, klug, doch ohne Weisheit.

Der Konflikt verschärft sich zum Bruch, Ole betreibt seine Bauerngemeinschaft auf eigene Faust. Es erfolgt ein Zeitsprung von sechs Jahren. Inzwischen hat die Partei die landwirtschaftliche Produktivgenossenschaften beschlossen, Ole ist gerechtfertigt und wird Leiter der dörflichen LPG. Aber es ergeben sich neue Gegensätze, zunächst technischer Art, die uns mit der sachlichen Akribie des Bauern vorgeführt werden. (Man erinnere sich an die genauen landwirtschaftlichen Anweisungen über Käserei oder die Anlage von Dunghaufen in den Romanen Jeremias Gotthelfs.) Es geht um Entenzucht, um Offenställe, um Viehfutter, um schnelle oder stufenweise Vermehrung des Viehbestandes. Entscheidend für das Gedeihen der dörflichen Wirtschaft wird die Frage, wie genügend Futter für das Vieh zu beschaffen sei. Ole hat unter den Wiesen Mergel entdeckt, will den Mergel fördern, um das Futter zu vermehren. Doch der bürokratische Apparat verweigert ihm die Maschinen. Ole stürzt sich allein in die Arbeit. Seine Geschichte, vordem breit und behaglich angelegt, eilt nun atemlos dem Ende zu. „Bienkopp steckt bis zu den Hüften in hohen Fischerstiefeln. Versteckt hinter Erlried, zwischen Kuhsee und Kalbsee, bohrt er sich in die moorige Wiesenerde. Er muß selber Bagger sein. Er schaufelt und scharrt wie ein Erdgeist, ist voller Zorn, doch geduckt und bedrückt ist er nicht. Er ist wie der Urmensch, der sich das Feuer suchte. Man hat ihn beurlaubt. Beurlauben kann ihn nur, wer ihn tötet." Als er den Mergel freigelegt hat, nach drei Tagen und drei Nächten, stirbt er. Er hat das Ziel nur in seinen Todesträumen gesehen. „Traktoren rumpeln über die Wiesen. Männer streuen Mergel. Sauergräser und Binsen verschwinden. Klee sprießt. Luzerne und Honiggras. Mächtige Kühe, gescheckte Hügel, stehen bis zum Euter im hohen Gras." Die anderen aber, durch seinen Tod einsichtig geworden, erfüllen seinen Plan.

Es ist die Geschichte eines kleinen Dorfes, aber Strittmatter hat ihr durch den Refrain von Anfang und Schluß eine bedeutendere Dimension gegeben: „Was ist ein Dorf auf dieser Erde? Es kann eine Spore auf der Schale einer faulenden Kartoffel oder ein Pünktchen Rot an der besonnten Seite eines reifenden Apfels sein." Und es ist eine Parabel, die mehr enthält als das Erzählte, die der Übertragung aus der Wirklichkeitsebene in die Sinnebene bedarf. Wir wissen aus dem Urbild aller Parabeln, aus den biblischen Gleichnissen, wie die Tragkraft des Erzählten erst durch die Vielfalt der möglichen Deutungen bezeugt wird. Zunächst ist alles real. Viehzucht, Stallbau, Düngung, das sind die alltäglichen

Dinge, aus denen sich die Zukunftsvision von der neuen Dorfgemeinschaft in alltäglicher Arbeit aufbaut. Erst der Tod Ole Bienkopps macht das Gesetz deutlich, den Widerspruch zwischen Traum und Wirklichkeit, die tragische Begegnung des Träumenden mit dem „Sumpfloch" Wirklichkeit. Doch wäre das eine zu allgemeine, unhistorische und unpolitische Formel. Sie muß auf die konkrete gesellschaftliche Situation bezogen werden. Es gehört zum Metier des „sozialistischen" Schriftstellers, das Wollen seines Helden an den „Verhältnissen" scheitern zu lassen. Doch trifft Ole auf die gleichen Verhältnisse, die den Ochsenkutscher und den Wundertäter bedrückten? Leben Ole und sein Dorf nicht in einem Staat, der Unterdrückung und gesellschaftliche Ungerechtigkeit beseitigt zu haben beansprucht? Die Antwort ist doppelt und sie hat den Kritikern doppelt zu denken gegeben. Ole Bienkopps Tod hat seine Ursache in menschlichen Unzulänglichkeiten, an denen auch der Sozialismus nichts zu ändern vermochte, und in einer Gesellschaft, die nicht wirklich sozialistisch ist, in der doktrinäre Enge, Intoleranz, eine verständnislose Bürokratie und das kalte Machtdenken der Funktionäre gedeihen.

Es gibt auf unserer Seite der Elbe keinen Grund, darüber zu triumphieren. Die Einsichtigen in seiner Gesellschaft haben Strittmatter verstanden. Dafür mag die Interpretation von Inge von Wangenheim stehen, einer der gründlichsten Kritiker in Ost-Berlin:

> Der Konflikt, der entsteht, wenn die Sehnsucht nach Gerechtigkeit mit der Unvollkommenheit ihrer Verwirklichung in Widerspruch gerät, hat selbst dann, wenn die Gerechtigkeit schließlich triumphiert, nicht nur einen erhebenden oder komischen, sondern auch einen deprimierenden oder tragischen Zug ... Wir selbst, wir Gerechten, sind unzulänglich ... Das Schicksal des untergehenden Siegers von Blumenau läßt keinen anderen Schluß zu als diesen: Zum Sozialismus auf dem Lande entweder mit Ole Bienkopp oder überhaupt nicht! Der Held ragt aus der Erscheinungen Flucht mit gleichsam apodiktischer Endgültigkeit heraus; er ist wie ein Felsen, den man nicht umgehen kann. Man muß ihn erklimmen. Er ist maßstabsetzend. Entweder gelingt es uns allen gemeinsam, eine Republik zu schaffen, in der die Schöpferkraft dieses Menschentyps in Ganzheit freigesetzt ist, oder aber wir werden keinen richtigen Sozialismus haben — keine richtige Gerechtigkeit.[4]

Strittmatter hat den Auftrag erfüllt, der dem Schriftsteller von jeher gestellt ist: nicht zu bestätigen, sondern zu beunruhigen; nicht das Seiende nachzuahmen, sondern ihm das Bild dessen gegenüberzustellen, das sein soll.

☆

In der Literaturbetrachtung der Gegenwart hat der Begriff der Volkstümlichkeit wenig Respekt zu erwarten. Von der Trivialliteratur vorgetäuschte und vom Staat geforderte „Volkstümlichkeit" haben das Wort verdächtig gemacht. Dennoch: Strittmatters Romane sind volkstümlich, und das ist kein Mangel: Umwelt und Lebensfragen der kleinen Leute — einfache, gradlinige Menschen ohne geistige Problematik — klare Scheidung in Gut und Böse — Derbheit, Lust am Fabulieren und eine eindeutige, simple Erotik. Das gilt auch für die Sprache. Kurze Sätze werden parataktisch aneinandergereiht. Die Wörter sind gegenständlich, sie stellen die Dinge unmitelbar vor das Auge. Die Metaphern sind sinnlich, nicht erdacht; die Namen der Personen Schilder, die ihre Träger durch einprägsame Zeichen charakterisieren: da ist der Lehrer Klüglich, der Professor Obenhin, der Geselle Hohlwind, der Fabrikant Drückdrauf, der Kanalarbeiter Modderpflug, der reiche Bauer Großmann und der arme Bauer Kleinschmidt. Die auf den Einzelfall bezogene Aussage wird ins Allgemeine erweitert und strebt nach der Bündigkeit des Sprichwortes. „Das Leben ist kein stinkender Teich, es ist ein Fluß." „Es regnet kein Futter vom Himmel, im Büro wird keins erzeugt." „In der Landwirtschaft haben das Wetter und die Tiere Stimmrecht." Beschreibungen der Menschen werden zu Bildern verkürzt, wie sie über Gasthäusern hängen könnten. Der zähe und unbeirrbare Waldarbeiter Dürr ist „ein Kienzapfen, ein Kiefernzapfen", seine zierliche Frau „eine flinke Zwerghenne", Oles liebes- und besitzgierige Frau „eine einsame Wölfin", Ole selbst „eine Wurzel, ein Baum, ein Stein, ein Fels". Der Zusammenhang zwischen einem Zustand und seiner Ursache wird zu ausdrucksstarken Wortschöpfungen verdichtet wie kümmerniswund, einspännertraurig, balzdumm, ehrgeizblaß, wassersatt. Strittmatter setzt nicht Gedachtes in Bilder um, er denkt in Bildern. So erhält ein Essay gegen den doktrinären Schematismus der amtlichen Literaturkritik die Überschrift *Ein Kind der dürren Dame Lebensunkenntnis* und das Problem von Form und Gehalt wird zu dem Satz konkretisiert „Der Geigenkasten wurde erst um die Geige herumgebaut, das Klopfen an diesem Kasten ergibt noch keine Musik", oder die geistigen Fortschritte eines Mannes werden in dem Bild verdeutlicht „der Lehrer Klüglich wächst von innen über seine Ränder hinaus".

Das Wort bezeichnet die Dinge. Darum enthalten Strittmatters Angaben über die natürliche Umwelt genaue Bezeichnungen. „Es herbstelte. Am Morgen lagen Nebelfladen in den Wiesen. Im Walde tropfte es. Die Butterpilze hatten schleimige Hüte. Mittags kam die Sonne und täuschte Frühling vor." Wo hört die Bezeichnung auf? Wo beginnt die Metapher? Ein Beispiel: es gilt, die tägliche Arbeit des Bäckers und seinen Kummer über das kurze Leben seiner Produkte ins Wort zu bringen: „Mehl wurde Teig. Teig wurde Gebäck. Das Gebäck verschlangen die Menschen. Am Abend waren Backstube und Laden leer. Neues Mehl mußte zu Teig, neuer Teig zu Gebäck geformt werden. Die Freude des Gärtners über Blumen und Sträucher währt ein Jahr und länger; die Freude des Bäckers über das Gebackene währt einen Tag."

Es scheint, als habe der alternde Strittmatter eine dritte Stufe seines Schaffens erreicht: kleine, sorgfältig gepflegte Prosa jenseits des politischen Engagements. Das sind einmal die *Sechszehn Romane in Stenogrammen*, zusammengefaßt unter dem Titel *Ein Dienstag im September*, zum anderen der *Schulzenhofer Kramkalender*, Arbeiten heiterer und besinnlicher Art, aus denen das derbe Lachen, die gesellschaftliche Anklage und der politische Vorsatz verschwunden sind, in denen das Stoffliche in hohem Grade in reine Form verwandelt wurde. Der *Kramkalender* enthält zweihundert kurze Prosatexte über Tiere, Tageszeiten, Arbeitsvorgänge, alltägliche Erlebnisse — „Geschichten oder so was", wie der Untertitel sagt. Die genaue Schilderung der Wirklichkeit weicht dem souveränen Recht der Sprache, die Wirklichkeit zu verändern, mit der Wirklichkeit zu spielen oder sie in das Gesetzmäßige zu erheben.

> Als ich absaß und meine Stute am Waldrand grasen ließ, wurde im Fliegennachrichtendienst folgende Meldung verbreitet: Frisches Pferdeblut am Waldrand eingetroffen. Oder: Am Sonntagnachmittag ritt ich aus. Am Waldrand ließ ich meine Stute grasen. Die Fliegen nahmen den Pferdedunst wahr. Sie überfielen die Stute und zapften ihr Blut ab. — In beiden Fassungen, in der märchenhaften und in der naturwissenschaftlichen, erzählte ich den Vorgang meinem Sohn Matthes, und als ich ihn fragte, welche Fassung ihm gefiele, sagte er: Die zweite natürlich, sie ist naturrein.

Dichtung also rückt in die Nähe des Märchens (dem freilich eine listig versteckte Kritik innewohnt). Was aber könnte das Märchen dem Leben wert sein? Wieder antwortet der Dichter mit einer Geschichte, die ihrer Struktur nach den chassidischen Gleichnissen Martin Bubers verwandt ist: Während eine Familie auf dem Felde hart arbeitet, beginnt der Vater zu singen. Man ist unwillig, und der Vater hat ein schlechtes Gewissen. Dennoch beginnt er ein neues Lied.

> Der kleine Vater erhob sich von den Knien und sang und sang mit den Lerchen zusammen, die bis über die Wolken stiegen, und wenn er aufhören und sich hinknien wollte, sagten die Schwestern: Nein, sing nur, sing! Sie rupften und summten und rupften auch Vaters Anteil Spörgel mit. Da war der kleine Vater glücklich, weil seine Lieder nicht weniger galten als Spörgelrupfen.

Solcher kostbarer Kleinigkeiten enthält der *Schulzenhofer Kramkalender* viele: anmutig, sinnlich, weltbejahend und weltdeutend, späte Nachfahren der Anakreontik, aber ohne jede Künstlichkeit, ohne irgendeinen Überschwang der Empfindung, nüchterne Idyllen, Weltbetrachtung und Weltlob eines denkenden Bauern. Und immer wieder verdichten sich Beobachtung und Meditation zu Parabeln, in denen der Gedanke sich im Leib einer erzählten Begebenheit verbirgt.

> Es begann zu regnen, und eine Mücke setzte sich auf die Unterseite eines Birkenblattes. Dort saß sie, und es regnete den ganzen Nachmittag, die ganze Nacht und noch den halben Vormittag des nächsten Tages. In all der Zeit war die Unterseite des Birkenblattes die Heimat der Mücke, und es war ein Glück für sie, daß kein Wind aufkam, der die Blattunterseite noch oben kehrte und die Mücke in den Regen und in den Tod trieb. Ja, das war das Glück der kleinen Mücke, und es war vielleicht nicht geringer als unser Glück manchmal.

Oder in einer höchst komplizierten Verzahnung des materiellen Vorgangs (der tropfende und reparierte Wasserhahn) mit der geistigen Auseinandersetzung die Parabel vom Wasserhahn.

> Der Wasserhahn tropft und tropft. Ich springe hinzu und ziehe ihn fest. — Die Jugend mag nicht, wenn man ihr sagt: Seid dankbar, seid dankbar, ihr habt es gut, wir Alten ordneten eure Wege! — Ich mag nicht, wenn mir ein Wasserhahn meine Lebenssekunden vorzählt.

Bäuerliches Leben, der Kampf des Menschen mit der Erde, der Gewinn des Lebens aus der Erde — das sind in der Tat keine Themen, die einem Schriftsteller aus dem 20. Jahrhundert zuwachsen, und insofern erscheint das Werk Strittmatters wie eine Erinnerung. Bedeutsamer ist, daß er einen fundamentalen Vorgang gesellschaftlichen Lebens in seinem Staate exemplarisch dargestellt hat. Was wir seinem großen Vorgänger Jeremias Gotthelf als geschichtlichen Wert zuschreiben, gilt auch für ihn: aus der Erfahrung dörflichen Lebens aufweisen, wie üble Zustände geheilt werden können. Wenn Josef Nadler über Gotthelfs Doppelroman *Wie Uli der Knecht glücklich wird* und *Uli der Pächter* urteilt: „Beide Bücher zeigten eine Lösung des drängenden gesellschaftlichen Vorwurfs, wie aus Dienst Besitz werden kann“[5], so darf Analoges auch über Strittmatter gesagt werden. Nur hatte sich, hundert Jahre später, der gesellschaftliche Vorwurf geändert. So ging es Strittmatter darum, zu zeigen, wie aus Besitz Dienst werden könne.

Anmerkungen

Texte

Der Ochsenkutscher. Roman. 1950.
Der Wald der glücklichen Kinder. Märchen. 1951.
Eine Mauer fällt. Erzählungen. 1952.
Katzgraben. Drama. 1953.
Tinko. Roman. 1954.
Paul und die Dame Daniel. Erzählung. 1956.
Der Wundertäter. Roman. 1957.
Pony Pedro. Erzählung. 1959.
Die Holländerbraut. Drama. 1960.
Ole Bienkopp. Roman. 1963.
Schulzenhofer Kramkalender. Erzählungen. 1966.
Ein Dienstag im September. Erzählungen. 1969.
Dreiviertelhundert Kleingeschichten. 1971.
Die blaue Nachtigall oder Der Anfang von etwas. Erzählungen 1972.
Sämtlich im Aufbauverlag Berlin und Weimar.

Literatur

Bertolt Brecht: E. Srittmatters „Katzgraben". In: Sinn und Form 1953, 3, 4.

Hans Jürgen Geerdts: Probleme der sozialistischen Landliteratur im Werk Erwin Strittmatters. In: Weimarer Beiträge 1958, Heft 4.

Marcel Reich-Ranicki: Heimatdichter Strittmatter. In: Deutsche Literatur in West und Ost. München 1963.

H. J. Thalheim: Zur Entwicklung des epischen Helden und zu Problemen des Menschenbildes in E. Strittmatters „Ole Bienkopp". In: Weimarer Beiträge 1964, Hefte 2 und 4.

Horst Haase: Komisches und Tragisches in E. Strittmatters „Ole Bienkopp". In: Neue Deutsche Literatur 1964/3.

L. und N. Krenzlin: Bitterfeld, einige Fragen der Literaturtheorie und „Ole Bienkopp". In: Weimarer Beiträge 1965, S. 872 f.

W. Neubert: Satire im sozialistischen Roman. In: Kritik der Zeit, Halle 1969.

Nachweise

[1] Helmut Hauptmann: Wie Erwin Strittmatter Schriftsteller wurde. (Neue Deutsche Literatur 1959, Heft 7, S. 122).

[2] Neue Deutsche Literatur 1960, Heft 12. Das Gedicht ist um das letzte Drittel gekürzt.

[3] Sinn und Form 1953, Heft 3/4, S. 92.

[4] Inge von Wangenheim: Die Geschichte und unsere Geschichten. Halle 1960, S. 62 und S. 77.

[5] Josef Nadler: Literaturgeschichte der deutschen Schweiz. Leipzig 1932, S. 344.

Gerhard Schmidt-Henkel

ARNO SCHMIDT

Vorbemerkung: Sein status quo

Arno Schmidt ist ein zeitgenössischer Schriftsteller in einem paradoxen Sinne. Er hat es verstanden, gegen alle scheinbaren Konventionen der Zeit zu schreiben und ist erfolgreich bei einer wachsenden Lesergemeinde. So sieht er sich seit dem Druck und dem Raubdruck seines letzten Werks, des 1330 Seiten starken, von 1963 bis 1969 entstandenen „Riesen-Nonplusultra-Poems" (so der verwandte Arno Holz über seinen *Phantasus*), *Zettels Traum,* einer Beachtung ausgesetzt, die seine paradoxe Zeitsituation widerspiegelt: seine Forderung nach Schweigen der Kritik für mindestens ein Jahr der Besinnung (und der Lektüre) hat aufgeregte Kommentare und vorläufige Berichte bewirkt[1], die dem zwanghaften Umsatzstreben unserer Verlagsproduktion (Schmidt wanderte von Rowohlt über Stahlberg mit diesem zu S. Fischer) wie selbstverständlich einräumen, was Arno Schmidt mehr kokett als ernsthaft verweigern wollte.

Wer drei Einführungen zu Arno Schmidt in knapper Form versucht, zieht doppelten Sarkasmus seines Objekts auf sich: sein bisheriges Leben und umfangreiches[2] Werk lassen sich eigentlich nicht einer derartigen Beschreibung einzwängen, und ein Literaturwissenschaftler hat bei der erklärten Abneigung des extravaganten Philologen Schmidt gegen diesen Berufsstand eine pikante Aufgabe. Aber es ist mit *Zettels Traum* immerhin eine Zäsur zu setzen: ein den Lesemöglichkeiten des nicht-privilegierten Publikums wieder angepaßter neuer Roman von etwa 400 Seiten mit dem (ge)fälligen Titel *Die Schule der Atheisten* und dem Untertitel *Novellen-Comödie in 6 Aufzügen* ist abgeschlossen, ein Vier-Spalten-Buch (*Zettels Traum* hat deren drei) mit dem vorläufigen Titel *Lilienthal* (gemeint ist der Ort Lilienthal bei Bremen, wo der Mondforscher Johann Hieronymus Schroeter lebte) wird vorbereitet — die Zettelkästen sind parat.

Wenn man *Zettels Traum* als das opus magnum und „gravissimum" Arno Schmidts würdigt, wenn man hier alle Stilqualitäten und poetischen Mitteilungen in ihrem Gipfelpunkt sieht, so scheint es vernünftig, von ihm ausgehend deduktiv die Charakteristika zu beschreiben. Aber Arno Schmidts literarische Artikulationsweisen und -möglichkeiten haben sich in einem so prekären Sinne verändert und zugespitzt, seine Außenseiterattitüde hat sich in eine solche Verachtung des lesenden Publikums gesteigert[3], daß man ihm und seinem Gesamtwerk unrecht täte, wollte man beide lediglich am Zettel-Kastengeist messen. Es sei denn, man bestimmte als den idealen Leser Arno Schmidt selber und begäbe sich in die Rolle eines so auctorial wie höhnisch geduldeten Voyeurs vor einem ins Absurde stilisierten Solipsismus aus verbalpsychologischer Selbstdarstellung und eigenwilliger Bibliomanie und Excerptomanie, die zudem, im „Zettel“ gar als poetisches Prinzip, in Bibliomantie umschlägt. Die soziale Rolle des Autors Schmidt definiert sich durch diese erklärte Absicht, den Leser zum Voyeur schmidtschen Zuschnitts herabzuwürdigen, und selbst die Druckform von *Zettels Traum* als Typoskript mit ihren handschriftlichen Zusätzen und Streichungen dient dieser Absicht. Natürlich wäre das ungerecht, sollte es gelingen, der selbstdeklarierten absoluten Größe des Autors die Qualität des literarischen Didaktikers beizumessen, sollte es gelingen, die provokative Selbstherrlichkeit und Idiolatrie in ihrer List zu honorieren und ihm zu danken für eine Fülle von literarischen Anregungen, von Tabuzerstörungen und von Sprach- und Bewußtseinserweiterungen, die eben nur einem derart sich einschätzenden Kopfe entspringen. Bibliomantie: das poetische Wahrsagen durch beliebiges Anschlagen von Textstellen wird hier geübt, weil der Leser eben nicht die idealen Voraussetzungen erfüllt: Edgar Allan Poe, Lewis Carroll und Joyce im Original zu kennen, dazu Dickens, Fouqué, Karl May, die Geschwister Brontë, J. G. Schnabel, die Encyclopaedia Britannica usw., — ganz zu schweigen von antiquarischen Nachschlagewerken und Vokabularien, deren Benutzer zu sein Arno Schmidt sich häufig rühmt. Mit anderen Worten: das diskursive Lesen muß ersetzt werden durch die Apperzeption epischer Bausteinchen und unterbrochen werden durch den Blick in Lexika, will man auch nur einen Teil der intendierten Realitätsvermittlung erfahren. Möglich, daß damit die in der herkömmlichen Poetik gemeinte Assoziationskraft des Lesers auf rigidere, abermals bibliomantische Weise dirigiert wird. Doch wo der traditionelle Wahrsager dem Ignoranten etwas vorgaukelt, da geschieht es bei Arno Schmidt dem Wissenden, und je mehr Autor und Leser wissen, je größer die Verständigungsbasis ist, desto effektiver ist die spezifische Poetizität dieser Texte. Dieser Tatbestand läßt sich in seiner Genese und seinen Bedingungen beschreiben. Die folgenden drei „Induktionen“ versuchen es.

*

1. Sein Leben

Arno Schmidt ist nicht nur sein idealer Leser, er ist auch sein bevorzugter, demiurgisch potenzierter, literarischer Gegenstand. Er ist es in seinen Anfängen und auch in den erzähltechnisch und sprachpsychologisch konsequent komponierten Romanen einschließlich *Kaff auch Mare Crisium* in einem legitimen und literarisch folgenreichen Sinne: das auctoriale Bewußtsein als Vermittler und Arrangeur epischer Elemente. Die Daten und Fakten seines Lebens sind mit den Motiven und Motivationen seines Werkes identisch — das Werk trägt aber auch die durch seine spezifische Empirie angeregten Reflexionen, Theorien und Urteile.

Arno Otto Schmidt wurde am 18. Januar 1914 als Sohn eines Polizeibeamten in Hamburg geboren. Mit vierzehn Jahren kam er mit der Familie nach Schlesien. Nach dem Abitur im Jahre 1933 begann er ein Studium der Mathematik und Astronomie in Breslau. 1934 brach er es ab; die zugänglichen biographischen Angaben sprechen von Schwierigkeiten mit dem Nazi-Regime[4], die offenbar mit der Heirat seiner Schwester zusammenhingen.[5]

Seine Tätigkeit als kaufmännischer Angestellter in der Textilindustrie in Greiffenberg/Schlesien hat ihm einen wichtigen und motivierenden Erfahrungsbereich vermittelt; seine Angestelltenfiguren (vgl. *Aus dem Leben eines Fauns, Das steinerne Herz,* die Textilzeichnerin Hertha Theunert in *Kaff*) sind in Mentalität und Wirklichkeitssicht scharf konturiert, die Ich-Erzähler auch in ihrer Spannungslage zwischen Sozialstatus des Kleinbürgers und Elitegesinnung des unzeitgemäßen Literaten; es wird ihm aber auch eine Außenseiterposition in seinen Entwicklungsbedingungen zudiktiert, die durch seine literarische Verwertung von Mathematik und Astronomie und durch sein zielstrebig geformtes Eigenbild vom Bürgerschreck kompensiert werden soll.

Seine Erfahrung aus den Jahren 1940 bis 1945 als Soldat (Artillerist und Geodät) produziert immer wieder neuformulierte Kritik an Militarismus, Nationalismus und Wiederbewaffnung; indes sind auch die furiosen Schilderungen von Kriegshandlungen, Bombenangriffen usw. in *Leviathan* und *Aus dem Leben eines Fauns* und die warnutopischen Tableaus einer atomkriegszerstörten Welt in *Schwarze Spiegel, Gelehrtenrepublik* und *Kaff auch Mare Crisium* ohne diese Erfahrungen nicht denkbar.

Ende 1945 wird Arno Schmidt aus britischer Kriegsgefangenschaft entlassen; seine in Schlesien gesammelte Bibliothek ist verloren, ebenso sein Frühwerk aus den Jahren 1930 bis 1945.[6] Diese Verluste wirken sich produktionspsychologisch im Gesamtwerk Schmidts aus: die zahlreichen Hinweise auf vermeintlich oder wirklich verkannte Autoren, wie sie nicht nur in den Radio-Essays (*Dya Na Sore. Gespräche in einer Bibliothek,* 1958; *Belphegor. Nachrichten von Büchern und Menschen,* 1961; und *Die Ritter vom Geist. Von vergessenen Kollegen,* 1965) versammelt sind, repräsentieren zugleich die sentimentale Suche nach einer verlorenen Bibliothek.

Bis 1950 wohnt Arno Schmidt in Cordingen, Kreis Fallingbostel. Nach einer Dolmetschertätigkeit an der Hilfspolizeischule des Bezirks Lüneburg lebt er als freier Schriftsteller. Es entstehen *Leviathan, Alexander, Brand's Haide, Schwarze Spiegel.* 1951 wohnt er in Gaubickelheim, Rheinhessen. Er bekommt den Großen Literaturpreis der Mainzer Akademie für den *Leviathan.* Ende 1951 zieht er abermals um, nach Kastel im Saarland. Hier schreibt er die Erzählungen *Seelandschaft mit Pocahontas, Aus dem Leben eines Fauns, Die Umsiedler, Kosmas* und den *Historischen Roman aus dem Jahre 1954, Das steinerne Herz.*

Eine für Schmidts weitere Existenz und Produktion wichtige Verbindung wird 1955 zu Ernst Krawehl und zum Stahlberg-Verlag geknüpft. Im September übersiedelt er nach Darmstadt; er befreundet sich mit dem Maler Eberhard Schlotter. Es entstehen *Tina oder über die Unsterblichkeit* und *Die Gelehrtenrepublik*. 1958 wird die Fouqué-Biographie publiziert, und Arno Schmidt zieht an den Dorfrand von Bargfeld, Kreis Celle. Er kehrt damit zurück in die ihm gemäße niederdeutsche Heidelandschaft — wo er heute noch wohnt, fern allem Kulturbetrieb.

1959 erscheint der Sammelband *Rosen & Porree*: er präsentiert von neuem vier früher erschienene Erzählungen oder *Kurzromane* und die poetologischen *Berechnungen I und II*. 1960 vollendet er den Roman *Kaff auch Mare Crisium*. 1963 erscheint die Karl-May-Studie *Sitara, und der Weg dorthin*. 1964 bekommt er den Berliner Fontane-Preis; Günter Grass hält die Lobrede. *Kühe in Halbtrauer*, ein Sammelband mit zehn Erzählungen, wird veröffentlicht. 1965 nimmt Arno Schmidt die Ehrengabe für Literatur des Kulturkreises im Bundesverband der deutschen Industrie an. 1966 erscheinen neue Erzählungen und Aufsätze unter dem Titel *Trommler beim Zaren*, 1969 seine Studien *Der Triton mit dem Sonnenschirm. Großbritannische Gemütsergetzungen*, und 1970 schließlich *Zettels Traum*.

Ein Teil der Titel ist vergriffen, ein großer Teil neu zugänglich in Taschenbuchform, vor allem im S. Fischer Verlag, die Essays und Erzählungen allerdings in neuer Anordnung und unter neuen Sammeltiteln: *Sommermeteor*, 1969; *Orpheus*, 1970; *Nachrichten von Büchern und Menschen 1 und 2*, beide 1971.

☆

2. *Seine Motivation*

Der Beweggrund für eine Entscheidung oder Verhaltensweise läßt sich hier nicht trennen in einen autorenpsychologischen, einen produktionspsychologischen und einen figurenpsychologischen. Die epische Darstellungsbedingung, die Darstellungsabsicht und die personalen Handlungsträger balancieren auf dem Spannungsbogen zwischen alterprobten plots und einem von Werk zu Werk forcierten Sprachmanierismus. Die Liebesgeschichte eines oder zweier Paare, die Reisegeschichte, kombiniert mit einer Entdeckungsfahrt (geographisch, historisch, antiquarisch), diese Handlungsgrundrisse tragen eine nach der Intention des Autors neue Bewußtseinskunst. Sie beruht auf dem Versuch, eine Identität zwischen den assoziativen Sprachspielen des Autors, einer derart (re)produzierten Realität und der Leseraktivität zu vermitteln. Also ist die „Motivation" ambivalent zu verstehen: als Handlungsbeweggrund, aber auch als die Anknüpfbarkeit der sprachlichen Zeichen: in ihrer absoluten Motivierung im Sinne einer weitergeführten Onomatopoetik und in ihrer relativen Motivierung im Sinne einer generellen Ableitbarkeit, doch mit souveräner Verfügungsgewalt, die sich über sprachgeschichtliche Regeln hinwegsetzt zugunsten einer orthographisch-optischen Reizwirkung.

Die Erzählungen *Brand's Haide* und *Schwarze Spiegel* (1951) und *Aus dem Leben eines Fauns* (1953), nach ihrem historischen Sujet chronologisch angeordnet unter dem Titel *Nobodaddy's Kinder* (1963), zeigen „Keines Vaters Kinder" in dieser ambivalenten Motivation: im letzten Krieg den *Faun*, einen Beamten namens Düring, in der Nachkriegsnot in *Brand's Haide* das nicht mehr durch einen anderen Namen verfremdete Autoren-Ich, und in der 1960 spielenden utopischen Geschichte *Schwarze Spiegel* einen der letzten Überlebenden nach einem ABC-Krieg, der durch das zertrümmerte Deutschland streift und sich in der Lüneburger Heide ansiedelt. Die Versammlung der drei Erzählungen gegen ihre Entstehungszeit zeigt die Schlüssigkeit der hier bereits entwickelten neuen Erzählmethode. Sie ist von Schmidts Bewußtseins-Theorie des Erzählens (vgl. *Berechnungen*) bestimmt.

Abschnittsweise, von kursiv akzentuierten Sätzen oder Wörtern eingeleitet, werden sinnliche Eindrücke und Reflexionen der jeweiligen Erzähler aneinandergereiht. Die Erzählperspektive der Ich-Form reißt den Leser in einen genau kalkulierten Wechsel von detailgetreuen Impressionen und inneren Monologen, von Szenenanweisungen und Dialogen. Seiner Spannung kann sich nur entziehen, wer die Berechtigung dreier Motivationen verkennt: seine kompromißlose Gesellschaftskritik, mag diese auch ihre eigentliche Wirkung in der Adenauer-Ära gehabt haben, seinen die sogenannten häßlichen Dinge des Lebens einschließenden Realismus, und seinen konsequenten, spätaufklärerischen Atheismus. Dieser zeigt jedoch bisweilen Formen der Ablehnung, die in ihrer engagierten Lästerung den Anspruch auf religiöse Vermittlung ernster zu nehmen scheinen als die reine Indolenz.[7] Hier schlägt der angestrengte Rationalismus ins Irrationale um, man vergleiche etwa die Dämonologie im *Leviathan*. Arno Schmidt traf mit diesen drei Motivationen und ihrer sprachlichen Darbietung in eine literarische Situation der Nachkriegszeit, die nach der sogenannten Kahlschlagliteratur und ihrer Skepsis gegen Sprachmißbrauch neuen Experimenten und Erzähltechniken zugänglich war. Er spiegelt auch in seinem kritischen Pessimismus die spezifische Bewußtseinslage der Deutschen oder doch der deutschen Intellektuellen wider[8] — mitsamt einem neuen Naturgefühl und der Neigung zur Idylle.

Das steinerne Herz (1956) verarbeitet neben den erwähnten drei Motivationen eine vierte, die schon in den früheren Werken zu registrieren ist, hier aber die Erzählstruktur mitbestimmt: der Ich-Erzähler Walter Eggers ist Statistiker und Kartograph, Regionalhistoriker und Numismatiker. Die drei ihm zugeordneten Hauptfiguren des Romans haben die Funktion, die Suche nach einem seltenen statistischen Handbuch und das Auffinden alter hannoverscher Münzen zu ermöglichen. Sein Anteil am Erlös der Münzen erlaubt es ihm, eine Kartei aller wichtigen Persönlichkeiten des Königreichs Hannover herzustellen. Die Titelanspielung auf Wilhelm Hauffs bekannteste Erzählung verweist nicht nur auf die Verbindung märchenhafter und realistischer Elemente, sondern auch auf das bescheidene Glück im Winkel: die Zustände in Deutschland im Jahre 1954, der erzählten Zeit, bewirken den „Historischen Roman"; vor der verworrenen Gegenwart flüchtet der Autor in eine antiquarisch-statistisch reduzierte Historizität, die Geschichte dient ihrer eigenen Rekonstruktion in Geschichtchen.

Genaue Lokalität und intimes Milieu bilden auch den genrehaften Gegenpol zur nächsten Motivation, der Warnutopie, in der *Gelehrtenrepublik*, 1957. Die utopische Wirklichkeit soll vermittels dieser Intimität und mit zahlreichen Anknüpfungen an unsere empirische Gegenwart plausibler werden. Aber was den im 19. Jahrhundert in der Genremalerei hervortretenden Defekt bewirkt, das Anekdotische, das Illustrative, die Spekulation auf die Pointe, das schlägt auch hier von der Anschaulichkeit in die Beschaulichkeit um, und selbst das Entsetzliche im Report des fiktiven Urgroßneffen Arno Schmidts, Harry Winers, wird erträglich durch die Isolation der Künstlerkolonie auf der schwimmenden Stahlinsel und eben gerade durch die spezifischen Formen der schmidtschen Anthropologie, die dem Zentaurenmädchen die erotischen Empfindungen und dem Künstler jene egozentrische Skurrilität zuweist, die ihr Autor für die schildernswerte Norm oder für das Objekt der Satire hält.

Alle genannten Motivationen treffen sich in *Kaff auch Mare Crisium* (1960), dem Roman, der schon im zweigliedrigen Titel das zweispaltige Druckbild und die Parallelität von „Kaff" (gleich „Dorf" und „Spreu") und lunarer Existenz von Amerikanern und Russen im Jahre 1960 nach einem erdzerstörenden Atomkrieg subsumiert. Die beiden Kolumnen sind aber nicht völlig parallel gestellt, sondern ländliche Idylle und Mondutopie, Utopie des einfachen Landlebens und lunare Fluchtidylle, sind gegeneinander und ineinander verschoben und verzahnt. Die Paradoxie ist mit diesem ersten Höhepunkt schmidtscher Erzählkunst und Wirklichkeitssicht so evident wie konsequent: das tertium comparationis zwischen den scheinbar so weit auseinanderliegenden Bezugspunkten, dem niederdeutschen Lokalkolorit und dem Dienstplan der Mondgefangenen, zwischen dem Genre der Geschichte und dem Genre des Kosmos, ist die Flucht aus der erlittenen Gegenwart, und das weltentlegene Kaff bildet nur die lokale Analogie zum Nichtmehr und Nochnicht. Die doppelte Fiktion — Karl erzählt Hertha die Mondgeschichte auf ländlichen Spaziergängen — wird gleichwohl plausibel durch die epische Technik und die Sprachmittel. Beide sind für beide Erzählbereiche identisch, und damit gelingt es Arno Schmidt, die Sicht seiner Wirklichkeit zur Wirklichkeit unserer Sicht zu machen.

Die Erzählungen in *Rosen & Porree* (1959) und in *Kühe in Halbtrauer* (1964, zum Teil schon 1960 ff. in *Konkret* publiziert) bestätigen den Eindruck: die erfindungsreiche und groteske Zustandsbeschreibung, nicht aber das epische Kontinuum konsequenter Handlungen, ist Schmidts Domäne. Gerade diese Beschränkung auf die facettenreiche Kurzform aber legitimiert die orthographisch-etymologische Kauzigkeit und die eigenwillige Causerie in ihrer Schnappschußqualität. Besonders in der Erzählung *Caliban über Setebos* (nach einem Gedichttitel Robert Brownings) mit ihren Allusionen auf das Orpheus-Motiv von der Antike bis zu Rilke wird eine stilistische Kunstfertigkeit geübt, die den doppelten Bezugspunkt der Motivation, den Handlungsanstoß und die Sprachattitüde, verbindet. Merkwürdig nur, daß die unter dem Titel *Sommermeteor* versammelten 23 Kurzgeschichten, besonders die Münchhausiaden um den Vermessungsrat a. D. Stürenburg, gänzlich ohne das assoziativ-poetisierende Zerstören unserer Sprachkonventionen auskommen, und daß sie dennoch die Absurdität dessen, was die literarische Sprache immer zu tragen hat, besonders transparent machen! Diese zum Teil schon in Darmstadt entstandenen, im *Trommler beim Zaren* erschienenen und seit 1969 im Taschenbuch zugänglichen Geschichten verbergen in ihrem anekdotischen Gewande und ihrer altfränkischen Erzählbetulichkeit wiederum eine Fülle von literarischen und kulturhistorischen, natürlich auch naturwissenschaftlichen Fakten und Anspielungen. Man kann sie gewissermaßen mit dem Strich und wider den Strich lesen und wird dennoch als Leser ungleich besser behandelt als in den Werken, die selbst den sogenannten Gebildeten zum Ignoranten abstempeln, nur weil seine Informationen weniger eigenwillig organisiert sind als die des Autors.

Zettels Traum, so umfangreich wie das gesamte zuvor erschienene Werk Arno Schmidts, stützt sich auf eine Fabel, die in ihrer Relation zu der Quantität des Mitgeteilten abermals sehr schlicht ist. Der in der Lüneburger Heide wohnende Privatgelehrte Daniel Pagenstecher bekommt Besuch von einem befreundeten Ehepaar und dessen sechzehnjähriger Tochter. Der ins Mythische gesteigerte Polyhistor soll ihnen Ratschläge für eine Übersetzung der Werke Edgar Allan Poes erteilen. Ob sie nun in „Däns Cottage“ sitzen oder sich als norddeutsche Peripatetiker geben, sie tauschen Impressionen, Theorien und Daten über Poes Leben und Werk aus. Der 24-Stunden-Tag auf dem Lande knüpft mit Fleiß an Joyces *Ulysses*-Spannweite zwischen Dubliner Alltag und genial erfaßten Bewußtseinsvorgängen und an die Traumwelten von *Finnegans Wake* an; Arno Schmidt beruft sich aber auch auf Moritz August von Thümmel, den Wieland- und Sterne-Epigonen, der sein ganzes Leben daran wenden wollte, um einen Frühlingsvormittag exakt zu beschreiben.[9]

Dieser Hauptzug der Handlung beansprucht die Mittelspalte der Druckseiten im DIN-A 3-Format (im Raubdruck DIN A 4). Der Charakter als Essay-Roman, aber auch als gigantisch ausgeweitetes szenisches Tableau im Stil der Radio-Essays wird in den Gedankenfäden und -sprüngen der Mittelkolumne zur linken Kolumne deutlich, dort, wo es um das eigentliche Poe-Thema geht; die rechte Kolumne beherbergt Exkurse: ins Zeitlose, von der „Handlung“ Abgelegene, in Kommentare, in Marginalien, die der Autor nicht glaubte unterdrücken zu sollen. Es kommt aber noch eine vierte „Erzähldimension" hinzu. Das sind die an freie Stellen gesetzten, zum Teil handschriftlichen Exzerpte und Glossen. In dem Gespräch mit G. Ortlepp wünschte Arno Schmidt, man solle sich das große Blatt nach hinten zurückgekrümmt vorstellen, so daß der rechte Rand den linken berühre, damit der eine dem anderen neue Anweisung erteile. Ob derart den zahlreichen Dimensionen des Buches eine weitere hinzugewonnen werden kann, mag der Leser selber erproben.

Die Dichtung des alexandrinischen Zeitalters war in erster Linie gelehrt, zeigte aber auch Interesse am Alltäglich-Genrehaften und an erotischen Motiven. Bevorzugte Formen waren die lyrisch-epische Erzählung und das umfangreiche Epos. In diesem Sinne ist *Zettels Traum* das Muster alexandrinischer Literatur in unserer Zeit.

Die Motivation liegt in der konsequenten Praktizierung aller bisher genannten Motivationen. Nur die Utopie ist endgültig in die Idylle eingegangen. Der im Verlagsprospekt angekündigte „Gegenwartsroman aus dem Kleinbürgeralltag der ‚Gehirntiere'" wird auf diese Weise zu einer „großangelegten Allegorisierung der in mehr als zwanzig Jahren herangezüchteten Schmidt-Mythe"[10], und Friedrich Schlegels Wort trifft abermals zu: „Offenbar gehören nicht selten alle Romane eines Autors zusammen, und sind gewissermaßen nur ein Roman."[11]

☆

3. *Seine Sprach- und Erzähltheorie*

Die „Mosaiksprache, aus Deutsch=Englisch, (& nicht=wähnijn Etyms)" (Zettels Traum, 1135) ist im Gesamtwerk entwickelt und begründet worden, und sie ist zugleich der formale Aspekt einer poetologischen Utopie, die in der modernen Literatur trotz Lewis Carroll und Joyce ein Unikum darstellt. „Der unschätzbare psychologische Wert von ‚Utopien'" ist nach Schmidt „nicht zuletzt darin begründet, daß der Autor ‚auf sich selber so ganz allein' dasteht, und diesmal nicht nur Gestalten & Handlungen, sondern auch Historie, Mythologie & Landschaften seines Binnenreiches aus sich selbst heraus zu spinnen hat: das (bewußt oder unbewußt) gelieferte Selbstporträt wird so noch weit ‚reiner', d. h. unverfälschter ausfallen, als sonst. Denn was der Nacht der Traum, das ist dem Tag das LG (Schmidts Terminus „Längeres Gedankenspiel"): die via regia ins Menscheninnere."[12]

Schmidts eigenwillige Variation von orthographischen, syntaktischen und Interpunktionsregeln beruht offenbar auch auf der enttäuschenden Erfahrung mangelnder Exaktheit dieser Regeln:

> Es gibt nichts schärfer Erregendes für meine Phantasie, als Zahlen, Daten, Namensverzeichnisse, Statistiken, Ortsregister, Karten.[13] ... meine wahnsinnige Lust an Exaktem: Daten, Flächeninhalte, Einwohnerzahlen — die sich also vermittels mei-

ner in nochmals Wirkendes umsetzen wollten: so hätte ich früher gesagt: heute etwa: Wer die Sein-setzende Kraft von Namen, Zahlen, Daten, Grenzen, Tabellen, Karten nicht empfindet, tut recht daran, Lyriker zu werden; für beste Prosa ist er verloren: hebe Dich hinweg![14]

Diese Konfessionen verraten nicht nur ein starkes Vertrauen in die Macht dieser reinen Ordnungsformen, nicht nur einen in der Gegenwartsliteratur seltenen Glauben an die Kraft der Vernunft und der Aufklärung[15] — sie provozieren auch die Gegenfrage, ob hier nicht der Versuch vorliegt, die Fiktion durch Fakten zu stützen, und zwar die unerhörtesten Fiktionen in den utopischen Geschichten durch unerhörteste topographische Exaktheit — bis hin zu dem monströsen Versuch, in *Zettels Traum* eine epische Identität zwischen Arno Schmidt (dem Poe-Übersetzer), Daniel Pagenstecher (dem allbeschlagenen Polyhistor), und Edgar Allan Poe (dem „großen Bruder"[16]), zu konstruieren. Es ist weiter zu fragen, warum Arno Schmidt unfähig ist zu erkennen, daß Statistiken und Lexika auch nur eine spezifische Form der Fiktion sind, des Irrglaubens nämlich, mit einem wie immer geregelten Ordnungsprinzip die Welt besitzen oder rekonstruieren zu können. Der Weg ins Menscheninnere ist nur dann ein Königsweg, wenn der Rückverweis auf poetische Bewußtseinsvorgänge durch konstruktive Fakten bei Autor und Leser gestützt wird. Aber erst auf der Basis dieser Glaubenswahrheiten konnte Arno Schmidt seine „Etym-Theorie" praktizieren, seine Attacken gegen „die ganze ferkorxde Orrto-Graffie" (Kaff, 298) reiten. Die intendierte Uminterpretation vertrauter Wörter durch phonetische und anspielende Schreibweise verblüfft, provoziert und regt zur Überprüfung an, ob es gelingt, neue Einsichten zu vermitteln, oder ob lediglich ein banaler Wortwitz herauskommt: „Oh rien Tierungs-Sinn", „Wal-Farcen" und „Anal-Logie-Schluß" (Kühe in Halbtrauer, 254, 273, 274) zeigen deutlich die Grenze zwischen einer metaphorisch produktiven Sprachzertrümmerung und sprachlicher Albernheit. Arno Schmidt will folgendes:

> Ein guter & witziger Schriftsteller nun, kann sich eines genau parallelen Verfahrens bedienen, um dem intelligenten Leser die sinnreichsten & hübschesten Doppel- oder gar Mehrfach-Bedeutungen einzublasen. Wie nett & selbstkritisch ist es nicht, wenn Joyce, der nicht nur soff, ... sondern der wahrlich ‚ingenious' war, diesem Wort 1 ganz lüttes orthografisches Schwänzchen dreht, und es ‚Inn-genius' schreibt, ein ingeniösester Hafis! (Für ‚intim' dürfte man also, wenn sich's um Stammtischbrüderlichkeiten handelt, gut & gern ‚inn-team' setzen.) (Sitara, 199 f.)

Die Frage, ob das derart behandelte Einzelwort mit Mehrfachbedeutungen angereichert wird, ob es sich im Kurzschluß des Witzes nicht gerade erschöpft, oder ob es der poetischen Genauigkeit dient, läßt sich nur im jeweiligen Kontext beantworten. Die Mittel der Homophonie (*Frisia non kann dat*, Kühe in Halbtrauer, 251), des silbischen Chiasmus (*Tabaretten und Ziegack*, ebd., 88) und der Verbalisierung (*Hasenlosung rosenkranzte*, ebd., 179) stimmen skeptisch. Erst wenn die Umkehrung der Beziehungsverhältnisse in einem syntaktischen Verbande angewendet wird, entstehen überzeugendere Bilder: „Männer rannten neben galoppierenden Koffern" (Seelandschaft mit Pocahontas, 7), und die Geschichte der *Umsiedler* (ebd., 50 ff.) ist formal nichts anderes als die vollkommen sinnliche Wiedergabe einer Eisenbahnfahrt, wobei die Bewegung des Zuges mit der Selbstbewegung der Geschichte identisch ist. Die Reduktion auf die „Etyms" führt demnach nicht immer zum Fokus einer Geschichte in einem entsprechend inokulierten Wort; sie können gerade die Vorform und Vorübung dessen bilden, was erst eine Geschichte ausmacht: Realität, vermittelt durch das Wort, nicht im Wort. Die glänzend erzählte und (selbst)kommentierte Übersetzer-Geschichte (Kühe in Halbtrauer, 216 ff.) ist nicht nur eine Vorstufe zu *Zettels Traum,* sie zeigt auch eindringlich die Differenz zwischen dem bloßen Schnappschuß und der sinnvollen Bildbewegung: das Entstehen der Übersetzung bestimmt das Erzählprinzip, nicht die Konstruktion der „Etyms". Aber die Mixtur aus Jargon, Dialekt, Missingsch, Hoch- und Fremdsprache in ihrer „ver-Schmidt-sten" Exzentrik, die den Autor nach eigenem Bekenntnis überwältigt[17], soll in *Zettels Traum* eine neue Qualität gewinnen, und zwar den Übergang des Sprachspiels ins „Gedankenspiel" und ins „Traumspiel", aus der „bloßn Literatur" in eine „Meta=Litteratur" (Zettels Traum, 510). Der Titel-Hinweis auf den Weber Zettel aus Shakespeares *Sommernachtstraum* und das Zettel-Zitat (aus der ersten Szene des IV. Aktes, nach dem Titelblatt des Romans) über sein „äußerst rares Gesicht" und seinen Traum, von dem er „eine Ballade schreiben" wolle, legt diese Deutung nahe. Ob mit dem Zitat zugleich die erste Reaktion des verdutzten Lesers auf Schmidts „Traum" umschrieben ist[18], sei dahingestellt. Jedenfalls ist er konfrontiert einem „meisterlich verworrene(n), „fleißig-kunstvolle(n)" „Großgebilde" von „verwickelste(m) Bau & ungeheuerliche(m) Umfang", getragen von „Buchstabengetümmel" und „Oberflächen-Nichthandlung". Er liest einen „nonsensikalisch(en) Gully-Matthias" (1147), pornosophisches „Gemorrhmel" (930), „docterinärrisch(es)" „schMirakel" (509) von „philPhälltiger Mann-IchphaltIchcoit" (535, 540): die „Voyage" des sich träumend autonomisierenden und zugleich zur Selbstvernichtung ausholenden Ich nach „Trans=etymia" (230) führt ins „Funhouse" wie ins „Frazzn-Haus" (1330).[19] Damit stellt sich das Problem, ob die von Arno Schmidt vermutete geringe Zahl seiner Leser von deren Intelligenz- oder Bildungsgrad oder vom Maße ihrer Geduld sich bestimmt. Aber der Sprung vom Sprachspiel zum „Gedankenspiel" ist in früheren Arbeiten erzähltheoretisch vorbereitet. Schon vor der Publikation des wichtigsten theoretischen Dokuments, den *Berechnungen I und II*[20], hat Arno Schmidt Betrachtungen über „Die aussterbende Erzählung"[21] angestellt. Die hier vorgebrachten Einwände gegen das anachronistische Epos und gegen den „Großen Roman" sind nicht neu. Schmidt trauert in Wahrheit den Almanachen und Taschenbüchern des 19. Jahrhunderts nach, ohne den rezeptionsästhetischen und soziologischen Gründen für ihr Verschwinden nachzugehen.

Erst die *Berechnungen* I stellen diese Frage im Zusammenhang mit den „bisher gebräuchlichen Prosaformen" — „als Nachbildungen soziologischer Gepflogenheiten": Hörerkreis, Korrespondenzen, Gespräche. Die Wiedergabe von Bewußtseinsvorgängen oder Erlebnisweisen in spezifischen Prosaformen sind abhängig von vier unterschiedlichen Bewußtseinstatsachen. Die „Berechnung" der Prosaform geht aus von Erinnerungskomplexen, „Foto-Text-Einheiten", zu einer Kette gegliedert. Zur „Illusion eigener Erinnerung" müßten dem Leser „schärfste Wortkonzentrate injiziert" werden. In diesen Zusammenhang könnten die eigenwilligen Sprachspiele gehören, von den Blitzlichtern der Bewußtseinsvorgänge bis zu den Metaphern und Zoten — sofern es dem Autor gelingt, sie kontextual zu verwerten und die Gefahr eines Phonembreis zu meiden. Denn: „Selbstredend hat der Autor, um überhaupt verständlich zu werden, dem Leser die Identifikation, das Nacherlebnis, zu erleichtern, aus diesem persönlich-gemütlichen Halbchaos eine klare gegliederte Kette zu bilden."

Mit der zweiten Prosaform wird das epische Kontinuum verabschiedet. Die „Perlenkette kleiner Erlebniseinheiten", ein „mageres Prosagefüge", rückt an die Stelle der „früher beliebten Fiktion der ‚fortlaufenden Handlung'": hier wäre einzuwenden, daß diese Perlenkette kleiner Erlebniseinheiten aber keinesfalls mit der anarchischen Menge von Erinnerungssplittern im Gedächtnis-Sieb identisch sein kann. Die von Arno Schmidt „berechneten" einzig belangvollen fünfzig Minuten von den 1440 des Tages sind denn auch sehr ordentlich einem geordneten Handlungsschema aufgereiht, jedenfalls bis zu *Zettels Traum.* Die restlichen Minuten füllen nicht etwa literarisch relevante Leerstellen, auch nicht durch Schmidts exzessive Interpunktion, sondern sie werden auf ganz traditionelle Weise eliminiert. Es wird auch in seinen Texten, gerade vermittels der Reflexionen und gesteuerten Assoziationen, die Illusion eines außerordentlichen Erlebniskomplexes durch literarische Organisation produziert.

Die weiteren Bewußtseinsvorgänge betreffen den „Traum" und das „Längere Gedankenspiel", deren „Transformationsgleichungen" Schmidt noch zu liefern verspricht. Wenn dieser mathematische Begriff eine Umformung meint mit dem Ziel, einen (mathematischen) Ausdruck auf eine Gestalt zu bringen, die sich (rechnerisch) leichter behandeln läßt, und wenn in der literarischen Theorie damit die altbekannte Ausdrucksnot, Bewußtseinsvorgänge sprachlich zu vermitteln, gemeint sein sollte, so könnte das in der Tat wichtig für das Verständnis von *Zettels Traum* werden. Und die *Berechnungen II* wollen denn auch „die unberechtigte Fiktion des ‚epischen Flusses' durch die bessere Näherungsformel vom ‚epischen Wassersturz'" ersetzen, und zwar mit der Differentation des „Sich-Erinnerns" in die Initialzündung und die späteren, reflektierend gewonnenen Kleinkommentare. Die weiteren Erläuterungen zum „Längeren Gedankenspiel" wollen sodann den Traum mit seiner passiven Erlebnisebene zugunsten des Gedankenspiels zurückstellen, das eine aktiv-auswählende Tätigkeit in der

Erlebnisebene erlaubt. Liegt hier das System zum Verständnis von *Zettels Traum*? Präsentiert sich die aktiv-auswählende Komponente in der humoristisch-satirischen Selbstvernichtung der zunächst aufbereiteten Romanfiktion?[22]

Schmidt beruft sich in der fortgeführten „Berechnung" auf die Grammatik. Sie erkenne dieses Gedankenspiel an, da sie das „ganze Riesengebäude eines besonderen Modus" dafür erfunden habe: den Konjunktiv. Jede konjunktivische Form sei die Einleitung eines LG (= Längeren Gedankenspiels), zugleich die Auflehnung gegen die Wirklichkeit, ein linguistisches Mißtrauen gegen Gott. Hier wurzeln gewiß die utopischen, aber auch die ursprünglich sozialkritischen und nonkonformistischen Komponenten in Schmidts Werk. Aber wie die Utopie in die Idylle sich verflüchtigt, so versanden die sozialkritischen Tendenzen im Räsonnieren über einen eigenwillig adaptierten Poe. Der Protest der Möglichkeitsform hat im „Zettel" seine Potenz eingebüßt. Die satirische, von Dämonisierung gleichwohl nicht freie Darstellung des Sexuellen im letzten Roman mag eine neugewonnene Distanz, eine Befreiung von einem Syndrom literarisieren, — die Entscheidung, ob kaleidoskopischer Bildeindruck, ob gigantischer Irrweg, ist noch zu treffen; denn den eigentlichen Selbstkommentar gibt der Autor gegen Ende seiner *Berechnungen*:

> Die ‚Fabel' des E II (die Erlebnisebene II der subjektiven Realität) bald Wadi, bald Wassersturz, bewegt sich, wie in solchen ludischen Prozessen üblich, in Wirbeln...; Assimilierbares wird aus E I (der Erlebnisebene I) nach der biologischen Regel von trial and error aufgenommen, und nach ‚persönlichen Gleichungen' transformiert; daneben aber gleichwertig auch die ‚Selbstvermehrung' von E II durch Sprossung, Teilung usw. Ständig zu beobachten die merkwürdige, Ichverändernde Kraft: das LG vermehrt durchaus den Schatz (? wohl besser Schutthaufen) der Erfahrungen.

Eine Zusammenfassung und Erweiterung dieser Überlegungen findet sich in dem Essay *Sylvie & Bruno* über Lewis Carroll.[23] Das Operieren mit den psychologischen Kategorien der Bewußtseinsebenen macht diese Theorie zu einer ins Allgemeine erhobenen Psychographie, und so ist sie die abstrakte Analogie zum auctorialen Anspruch der literarischen Texte. Die Addenda der Romane haben sich hier scheinbar entpersonalisiert und legitimiert. Aber die Grundzüge dieser Theorie sind auch den Romanen und Erzählungen selber zu entnehmen; alle den Romanfiguren zugesprochenen Bemerkungen zum Schreiben, „Registrieren", „Bildersammeln" sind Bemerkungen des Autors pro domo: abermals erscheinen die poetologischen Überlegungen gegen die linearen Handlungsabläufe gestellt. Ist die gleichzeitige Vergötzung und Entgötterung Poes der letzte Schritt von der Suche nach der verlorenen Bibliothek zur Suche nach einer neuen Identität? Arno Schmidt gilt als der hervorragende Vertreter eines zeitgemäßen Anachronismus in der Verknüpfung von Außenseitertum und gesellschaftlicher Integration.[24] Seine Position in der gegenwärtigen Literatur definiert sich durch seinen Versuch, nach Joyce die Rebellion des Romans gegen den Realismus mit einer Rebellion gegen die diskursive Sprache zu verbinden.[25] Mit dem Verzicht auf gesellschaftliche Erfahrung zugunsten eines neuen Alexandrinertums, mit dem Verzicht auf realistische Kritik zugunsten einer romantischen Verklärung seiner Entdeckungen, hat er noch nicht das Publikum, das sich seiner Meinung beugte: „Kunst herzustellen ist Schwerst=, sie richtig zu verbrauchen, Schwer-Arbeit" (Zettels Traum, 137). Denn: bei der Erklärung des Terenzischen *Lupus in fabula* besteht Unsicherheit darüber, ob der Wolf erscheint, wenn man ihn nennt, oder ob man verstummen muß, wenn er erscheint.

Anmerkungen

Texte

Leviathan. Drei Erzählungen. Hamburg 1949. Neuauflage (Bibl. Suhrkamp 104) Frankfurt 1963.

Brand's Haide. Zwei Erzählungen. Hamburg 1951.

Aus dem Leben eines Fauns. Kurzroman. Hamburg 1953. (Die beiden in *Brand's Haide* enthaltenen Stücke *Brandts' Haide* und *Schwarze Spiegel* und der Kurzroman *Aus dem Leben eines Fauns* erschienen zusammengefaßt als Trilogie unter dem Titel *Nobodaddy's Kinder,* Rowohlt-Paperback Nr. 23, Hamburg 1963.)

Die Umsiedler. Zwei Prosastudien. (*Die Umsiedler* und *Alexander oder was ist Wahrheit?.*) In: studio frankfurt, Nr. 6, Frankfurt 1953. (Neuauflage von *Die Umsiedler* in der Insel-Bücherei Nr. 818, Frankfurt 1964. Nachwort von Helmut Heißenbüttel.)

Kosmas oder vom Berge des Nordens. Erzählung. Krefeld/Baden-Baden 1955.

Das steinerne Herz. Historischer Roman aus dem Jahre 1954. Karlsruhe 1956. Zweite Auflage Karlsruhe 1965.

Dass., Dokumentarische Sonderausgabe zum 50. Geburtstag von Arno Schmidt. Mit Fotografien. Kronberg/Taunus 1964.

Dass., Taschenbuch-Ausgabe, Fischer-TB Nr. 802, Mai 1967.

Die Gelehrtenrepublik. Kurzroman aus den Roßbreiten. Karlsruhe 1957. Zweite Auflage Karlsruhe 1963.

Dass., als Fischer-Taschenbuch Nr. 685 im August 1965.

Fouqué und einige seiner Zeitgenossen. Biographischer Versuch. Darmstadt 1958. Zweite, verbesserte und beträchtlich vermehrte Ausgabe, Darmstadt 1959.

Dass., Buchausgabe, Karlsruhe 1958.

Dya Na Sore. Gespräche in einer Bibliothek. Radioessays. Karlsruhe 1958.

Rosen & Porree. (Enthält *Seelandschaft mit Pocahontas, Die Umsiedler, Alexander ...,* *Kosmas ...* und die *Berechnungen I und II.*) Karlsruhe 1959.

Kaff auch Mare Crisium. Roman. Karlsruhe 1960.

Dass., Sonderausgabe zum 55. Geburtstag von Arno Schmidt. 25 numerierte Exemplare mit sieben Radierungen von Eberhard Schlotter und acht Photographien von Jürke Grau. München/Darmstadt, Januar 1969.

Dass., Taschenbuchausgabe, Fischer-TB Nr. 1080, Februar 1970.

Belphegor. Nachrichten von Büchern und Menschen. Radioessays. Karlsruhe 1961.

Sitara und der Weg dorthin. Eine Studie über Wesen, Werk und Wirkung Karl May's. Karlsruhe 1963.

Dass., Taschenbuch-Ausgabe, Fischer-TB Nr. 968, Februar 1969.

Der sanfte Unmensch. Unverbindliche Betrachtungen eines Überflüssigen. (Auswahl der in *Dya Na Sore* enthaltenen Radioessays.) Ullstein-Taschenbuch, Frankfurt/Berlin 1963.

Tina oder über die Unsterblichkeit. Erzählung. Mit Radierungen von Eberhard Schlotter. Bibliophiler Sonderdruck der Bläschke-Presse. Darmstadt 1964.

Dass., zusammen mit zwei Funkessays und der historischen Revue *Massenbach*. Fischer-TB Nr. 755, September 1966.

Kühe in Halbtrauer. Zehn Erzählungen. Karlsruhe 1964.

Orpheus. Fünf Erzählungen (*Caliban über Setebos, Die Wasserstraße, Der Sonn' entgegen, Kundisches Geschirr, Die Abenteuer der Sylvesternacht*) aus *Kühe in Halbtrauer*. Fischer-TB Nr. 1133, Oktober 1970.

Die Ritter vom Geist. Von vergessenen Kollegen. Radioessays. Karlsruhe 1965.

Seelandschaft mit Pocahontas. Zusammen mit *Die Umsiedler* und *Kosmas* ... Fischer-TB Nr. 719, Februar 1966.

Trommler beim Zaren. Erzählungen und Aufsätze. Karlsruhe 1966.

Sommermeteor. 23 Kurzgeschichten. Auswahl aus *Trommler beim Zaren*. Fischer-TB Nr. 1046, Oktober 1969.

Der Triton mit dem Sonnenschirm. Großbritannische Gemütsergetzungen. Radioessays. Karlsruhe 1969.

Zettel's Traum. Faksimilewiedergabe des Typoskripts mit Randglossen und Handskizzen des Autors. Atlasformat 32,5 × 44 cm. Jedes Exemplar vom Autor signiert. Karlsruhe 1970.

Dass., Raubdruck. Lexikonformat. Faksimile des Faksimiles. Verleger unbekannt. Berlin, Herbst 1970.

Nachrichten von Büchern und Menschen. Zur Literatur des 18. Jahrhunderts. Radioessays aus *Dya Na Sore* und *Belphegor*. Fischer-TB Nr. 1164, Februar 1971.

Nachrichten von Büchern und Menschen 2. Zur Literatur des 19. Jahrhunderts. Radioessays aus *Die Ritter vom Geist, Belphegor* und *Dya Na Sore*. Fischer-TB Nr. 1217, September 1971.

Die Schule der Atheisten. Novellen-Comödie in 6 Aufzügen. Frankfurt 1972.

Literatur

Heinrich Böll: Das weiche Herz des Arno Schmidt. In: Texte und Zeichen, 3. Jg., 1957.

Karlheinz Deschner (Hg.): Was halten Sie vom Christentum?, München 1957.

Karl Schumann: Dichtung oder Bluff? Arno Schmidt in der deutschen Gegenwartsliteratur. In: Eckart, 27. Jg., 1958.

Jürgen Manthey: Arno Schmidt und seine Kritiker. In: Frankfurter Hefte 17, Frankfurt/M. 1962.

Karlheinz Schauder: Arno Schmidts experimentelle Prosa. In: Neue Deutsche Hefte 11, Gütersloh 1964, H. 99.

Theodor W. Adorno: Standort des Erzählers im zeitgenössischen Roman. In: Th. W. Adorno, Noten zur Literatur I, Frankfurt/M. 1965.

Erasmus Schöfer: Sprachsteller und Wirklichkeitsjäger. In: Wirkendes Wort, 15. Jg., 1965.

Hanns Grössel: Arno Schmidt / Trommler beim Zaren. In: Neue Rundschau 77, Berlin 1966, H. 4.

Helmut Heißenbüttel: Annäherung an Arno Schmidt. In: Merkur 17, Stuttgart 1963, und H. H., Über Literatur. Olten 1966.

Robert Minder: Lüneburger Heide, Worpswede und andere Heide- und Moorlandschaften. In: R. M., Dichter in der Gesellschaft. Frankfurt/M. 1966.

Hans Mayer: Zur deutschen Literatur. Hamburg 1967.

Günter Grass, Kleine Rede für Arno Schmidt. In: G. G., Über meinen Leher Döblin und andere Vorträge, Literarisches Colloquium. Berlin 1968.

Jörg Drews: Phänomenologie der Gehirntiere. Zu Arno Schmidts Funkfeatures. In: Text + Kritik. Zeitschrift für Literatur, Nr. 20, Mai 1968.

Jörg Drews: Thesen und Notizen zu „Kaff", ebd.

Jörg Drews: Schmidt & Schlotter, ebd.

Gerhard Schmidt-Henkel: Arno Schmidt und seine „Gelehrtenrepublik". In: Zeitschrift für deutsche Philologie, 87. Bd. 1968, Viertes Heft.

Text + Kritik. Zeitschrift für Literatur, Nr. 20: Arno Schmidt. Mai 1968. II. Aufl. Mai 1971.

Reimer Bull: Bauformen des Erzählens bei Arno Schmidt, Diss. Bonn 1970.

Gunar Ortlepp: Gespräch mit Arno Schmidt über „Zettels Traum". In: Der Spiegel, 20. 4. 1970.

Horst Denkler: Das heulende Gelächter des Gehirntieres. Vorläufiger Bericht über „Zettels Traum" von Arno Schmidt. In: Basis. Jahrbuch für deutsche Gegenwartsliteratur II (1971), hg. von Reinhold Grimm und Jost Hermand, Frankfurt/M. 1971.

Eberhard Henze: Nonsens und Philologie (Über „Zettels Traum"). In: Merkur 25, Stuttgart 1971.

Mark Redwitz: Wie man sich in Bargfeld (Kreis Celle) die Studentenrevolte vorstellt. In: Merkur 25, Stuttgart 1971.

Marcel Reich-Ranicki: Arno Schmidts Werk oder Eine Selfmadeworld in Halbtrauer. In: M. R.-R., Literatur der kleinen Schritte, München 1967, und: Ullstein Buch Nr. 2867, Frankfurt/M. 1971.

Karl Vormweg: Traum eines Babylonikers. (Über „Zettels Traum"). In: Merkur 25, Stuttgart 1971.

Oswald Wiener: Arno Schmidts Riesenwerk „Zettels Traum". In: Der Tagesspiegel, Berlin, 5. 9. 1971.

Oswald Wiener: Die Psychoanalyse und Arno Schmidt. Sigmund Freuds „Traumdeutung", übernommen für „Zettels Traum". In: Der Tagesspiegel, Berlin, 9. 9. 1971.

Oswald Wiener: Naturwunder aus dem Bildungsschatz des Lexikonlesers. Arno Schmidts Versuch, mit seiner Etym-Theorie Edgar Allan Poe beizukommen — Ein letztes Wort zu „Zettels Traum". In: Der Tagesspiegel, Berlin, 12. 9. 1971.

Nachweise

1 Horst Denkler, a. a. O., S. 246 ff.

2 Reimer Bull, a. a. O., S. 5 hat addiert: Das Gesamtwerk mit seinen Romanen, Erzählungen, Kurzgeschichten, Monographien, Polemiken, Aufsätzen und Radio-Essays umfaßt heute über 4600 Druckseiten. Es sind 20 eigene Bücher, 20 Bände Übersetzungen aus dem Englischen kommen hinzu.

[3] Arno Schmidt: „Und was meine Leser betrifft, da hat sich mir ein sehr schöner Erfahrungssatz ergeben: ... bei 60 Millionen Einwohnern in Westdeutschland etwa 390. Ich will gerne zugeben, daß um die herum eine schon etwas blassere Aura von vier- bis fünftausend vorhanden ist. Wenn Sie jetzt die eigentlichen Kulturerzeuger von mir wissen wollen, dann müssen Sie aus diesen 390 noch mal die dritte Wurzel ziehen. Das sind dann höchstens sieben bis acht". (Gunar Ortlepp, a. a. O., S. 225 ff.)

[4] Vgl. Text + Kritik, a. a. O. Dieses Heft ist Arno Schmidt gewidmet und vermittelt neben einigen wichtigen Aufsätzen die ausführlichsten biographischen und bibliographischen Materialien.

[5] Vgl. die Widmung des ersten gedruckten Werks, *Leviathan,* 1949: „Mrs. Lucy Kiesler, New York, USA, meiner Schwester, ohne deren nimmer fehlende Hilfe ich längst verhungert wäre", und die fiktionstragende Funktion dieser Verwandtschaft in der *Gelehrtenrepublik:* vgl. Gerhard Schmidt-Henkel, a. a. O., S. 581.

[6] Vgl. *Brand's Haide* in *Nobodaddy's Kinder,* Hamburg 1963, S. 94: „Kurze Erzählungen; früher süß, jetzt rabiat. In den Zwischenräumen Fouqué-Biographie: so als ewiges Lämpchen".

[7] Vgl. Arno Schmidt, Atheist? Allerdings!. In: Was halten Sie vom Christentum?, hg. v. Karlheinz Deschner, München 1957, S. 63 ff.

[8] Der um das Werk Schmidts besonders verdiente Jörg Drews hat in seinen Arbeiten (vgl. Text + Kritik, a. a. O., und seine Artikel in Kindlers Literatur-Lexikon) mehrfach darauf verwiesen, wie auch auf ähnliche Tendenzen beim frühen Heinrich Böll und Hans Erich Nossack. Jörg Drews ist auch der Initiator einer demnächst erscheinenden Zeitschrift, *Bargfelder Bote,* die sich mit den Geheimnissen und Entschlüsselungen in Arno Schmidts Werk befassen wird. Kein deutscher Autor unserer Zeit genießt eine solche publizistische Aufmerksamkeit seiner Gemeinde.

[9] Im Gespräch mit Gunar Ortlepp, Der Spiegel, 20. 4. 1970, S. 228.

[10] Horst Denkler, a. a. O., S. 258. Denklers Aufsatz ist die beste Einübung in das Wagnis der Romanlektüre. Wenn Kritiker, z. B. G. Ortlepp, Neue Rundschau, Jg. 1964, S. 320 ff., der Suggestion von Schmidts Orthographie und Sprachbehandlung erlagen und ihre Kritik parodistisch konzipierten, so hat es Denkler verstanden, das Wort- und Sprachzitat heuristisch zu organisieren.

[11] Kritische Ausgabe, hg. v. E. Behler, München usw., 1958 ff. 1. Abt., Bd. II, S. 158.

[12] Sitara, S. 26.

[13] Seelandschaft mit Pocahontas, TB, S. 129.

[14] Das steinerne Herz, S. 44.

[15] So Marcel Reich-Ranicki, a. a. O., S. 219.

[16] Nobodaddy's Kinder, S. 135.

[17] Vgl. Trommler beim Zaren, S. 267.

[18] So Horst Denkler, a. a. O., S. 253.

[19] Ich zitiere nach der Zusammenstellung Horst Denklers, a. a. O., S. 253.

[20] Rosen & Porree, S. 283 ff.

[21] Texte und Zeichen 2. Jg. 1, 1955, S. 266 ff.

[22] Horst Denkler, a. a. O., S. 257 f. ist dieser Meinung. Er sieht auch das breit ausgesponnene Wechselspiel ungezählter Einzelfälle nicht zum Mosaik erstarrt wie in den früheren Schriften Schmidts, sondern eine fluktuierende Bewegung, so daß ein kaleidoskopischer Bildeindruck entstehe, „mal pornographisches Lachkabinett, mal wüster Alp".

[23] Trommler beim Zaren, S. 253 ff.

[24] Vgl. Hans Mayer, a. a. O., S. 362.

[25] Vgl. dazu Theodor W. Adorno, a. a. O., S. 61 ff.

Dierk Rodewald

WOLFGANG HILDESHEIMER

„So war es zwar in Wirklichkeit nicht, aber wahr ist es doch." Mit diesem Satz beschließt Hildesheimer den ersten Abschnitt des 1969 publizierten Prosatextes *Die Häscher*[1]. Der Text gehört in einen größeren Komplex mit dem Arbeitstitel *Masante*, an dem der Autor seit einigen Jahren arbeitet und den er als „Inventarium" bezeichnet[2], also als ein Verzeichnis dessen, was sich vorfindet, was sich einfindet. Es schwingt aber, wenn man nur bedenkt, daß *inventarium* auf *invenire* zurückzuführen ist und daß *inventio* nicht fernliegt, eine zweite Bedeutung mit, die von jenem Satz her nicht überrascht: die der Erfindung. Jener scheinbar paradoxe Satz kann als Formel für die Spannung gelten, die Hildesheimers Schreiben bestimmt. Sie wird die folgende Darstellung leiten. Obwohl diese sich im großen und ganzen an die Chronologie des Werkes hält, ist nicht die Rekonstruktion einer ‚Entwicklung' beabsichtigt. Vielmehr soll versucht werden, den Blick auf Grundstrukturen zu richten; dabei wird ein Prinzip angesetzt, das man als ‚poetische Konsequenz' bezeichnen kann. Das Prinzip hat für die Darstellung vornehmlich heuristische Funktion; sein Ansatz beruht auf der Meinung, daß auch Grundstrukturen nur im Vollzug wirksam sind und daß sie sich nicht auf je einzelne Werke festlegen lassen.

Jene *Masante*-Formel hat theoretische Implikationen; sie ist zunächst jedoch nur erzählerische Raffung eines Erzählvorgangs, in dem schon demonstriert wird, daß es sich bei ihm nicht um einen Wirklichkeits-Report handelt, sondern um Konstruktion, auch aus Erinnerung. Es würde zu weit führen, wollte man die Begriffe, welche die Pole dieser Spannung bilden, ausgiebig diskutieren und das in der Formel angedeutete Problem von der Tradition her angehen — das hieße, bei Hesiod beginnen und bei Nietzsche nicht enden; im 20. Jahrhundert müßten vor allem Robert Walser und Max Frisch als Kronzeugen bemüht werden. Gleichwohl läßt sich schließen, daß die Formel eine Absage an alles enthält, was unter den Namen Naturalismus und Realismus einhergeht und der Abschilderung von Realität gilt. Dieser Absage widerspricht nicht die von Hildesheimer manchmal sehr weit getriebene Akribie seiner Schreibweise, die mit dem Versuch exakten Benennens häufig genug auf dessen Problematik reflektiert. Es ist die Akribie des erzählerischen Erfindens von Wahrheit. In theoretischen Zusammenhängen verwendet Hildesheimer hierfür gern den Begriff „Transposition".[3] Dieser Begriff meint, abgekürzt formuliert, die poetische Verarbeitung und Veränderung dessen, was man an Sprachlichem oder Außersprachlichem vorfindet; bloße Repetition nützt nichts, weil sie, als Vorgang, selbst leer bleibt. Bei dem Projekt der Transposition, in der dann eben auch Erfindung eine Rolle spielt, schwingt die skeptische Hoffnung mit, daß sich auf diese Weise überhaupt etwas mitteilen lasse; auf das schon von seiner Struktur her komplexe Wort ‚mitteilen' kommt es hier an. Dem Streben nach Transposition liegt auch die Einsicht zugrunde, die der *Tynset*-Erzähler — der ja seinen Versuch, ein Telefonbuch zu schreiben, aufgibt — in die These faßt, daß man „nirgends (...) der Spur eines Lebens weiter entrückt" sei, „als dort, wo man diese Spur zu imitieren sucht". Und er fügt, auf die Kluft zwischen Realität und Sprache anspielend, hinzu: „Es war als wolle ich mit meiner Hand den Abdruck einer Fußsohle in den Sand prägen."[4] Die Erfahrung der Unmöglichkeit eines solchen Unternehmens muß bereits für den Ausgangspunkt von Hildesheimers literarischer Tätigkeit angenommen werden: 1950.

Vorher war der am 9. Dezember 1916 in Hamburg geborene Autor, der 1933 mit seinen Eltern nach Palästina emigrierte, als Möbeltischler tätig, später als Maler, Zeichner, Designer in England, als Information-Officer der englischen Regierung in Jerusalem und nach dem Krieg als Simultandolmetscher bei den amerikanischen Kriegsverbrecherprozessen in Nürnberg. Bis 1950 hatte seine künstlerische Tätigkeit nur wenig mit Literatur zu tun — immerhin gibt es aus jener Zeit einen Joyce-Essay und die Übersetzung von Kafkas *Elf Söhne* ins Englische. Von 1950 an veröffentlichte Hildesheimer Kurzgeschichten, die, mit einer Ausnahme, 1952 in dem Band *Lieblose Legenden* gesammelt wurden. Es mag verwunderlich erscheinen, daß dieses Buch auch von konservativen Literaturkritikern begrüßt wurde[5], als wäre da ein etwas leichtsinnigerer Thomas Mann-Adept auf den Plan getreten. Man braucht jedoch nur einen Blick auf die literarische Szenerie zu Anfang der fünfziger Jahre zu werfen, um zu erkennen, was hier geschah. Der Holländer Adrian Morriën diagnostizierte die Sache von außen und sprach von der „angelsächsischen Invasion satirischen Sentiments in den Ernst der jüngeren deutschen Literatur"[6]; und was dieses satirische Sentiment auszeichnete, war die Schreibweise, die ein Gutteil der Errungenschaften des Satirischen und Ironischen in sich aufgenommen hatte, also an eine Tradition sich anschloß, die in Deutschland 1933 gewaltsam abgebrochen worden war. Hildesheimers ziselierter Stil mag manchem wie das Zeichen für den Anbruch einer gelassen-ironisch gestimmten Restauration vorgekommen sein — angesichts des ‚Kahlschlages', den einige Autoren der Gruppe 47, zu der freilich auch Hildesheimer zählte, proklamierten. Was auf den ersten Blick wie ‚Kahlschlag' aussah[7], erweist sich bei genauerem Zusehen als ungebrochene Fortführung stilistischer Konventionen der vorangegangenen Zeit, wie Urs Widmer gezeigt hat.[8] Überdeckt wurde dies durch die der Bewältigung des Faschismus geltende Thematik und durch den manchmal rüden Jargon. Hildesheimer setzte anders an, auch thematisch. Die stilistischen Mittel der

Lieblosen Legenden resultieren gerade aus dem traditionell abendländischen Kanon, den der Autor in den meisten seiner *Legenden* attackiert. Es handelt sich dabei vorwiegend um Texte jenes Typus, den Hildesheimer in einem der Zwischentitel des Bandes ironisch als „Ergänzungen zur Kulturgeschichte" klassifiziert.[9] In ihnen wird nicht die Spur des Lebens imitiert, sondern in parodistischer Weise gerade die Imitation jener Spur. Hildesheimer betreibt, zugespitzt formuliert, lügenhafte Historiographie. Er bringt seine konstruktiven ‚Geschichtslügen' so vor, als wären sie nicht nur unwiderleglich, sondern als wäre nach ihrem Wahrheitsgrund nicht einmal zu fragen. Das abendländische Geschichtsbewußtsein greift er von den Erfahrungen her an, die mit dessen Depravation gemacht worden sind. Ausdrücklich kommt dies erst in späteren Arbeiten zur Sprache. Hier geht es etwa um den scharfsinnigen Literaturkritiker Alphons Schwerdt, der, um in vernichtenden Rezensionen sein kritisches Talent leuchten zu lassen, unter dem Pseudonym Sylvan Hardemuth Lyrik fabriziert und nach glänzenden Anfangserfolgen als Hardemuth-Kritiker von den Verteidigern des Lyrikers so heftig angegriffen wird, daß er ökonomischerweise in dessen Rolle seine Tage beschließt. Nach seinem Tod kommt die Sache auf, und der Lyriker fällt in „postume und endgültige Ungnade" — aber: „Damit ist dann auch das Andenken Schwerdts ausgelöscht, denn die beiden heben einander gegenseitig auf."[10] Dieser Schluß des Textes *Bildnis eines Dichters* ist charakteristisch für Hildesheimers Verfahren. Es führt gleichsam hinter den Anlaß der erzählten Geschichte zurück und entlarvt am erfundenen Beispiel Historiographie als ein schon von ihrem Gegenstand her schwindelhaftes Unternehmen. In der Manier einer historisch-wissenschaftlichen Abhandlung (*1951 — ein Pilz-Jahr*) erfindet Hildesheimer den ausgerechnet 1789 „in Dinkelsbühl oder Nördlingen" geborenen Gottlieb Theodor Pilz, der mit großer Energie Dichter, Komponisten und Maler davon abhält, noch mehr Werke zu schaffen, als sie es ohnehin schon getan haben: „Wie viel ist uns durch ihn, den Großen, Einzigen, erspart geblieben!"[11] Das satirische Element des Jokus, den Hildesheimer mit Kultur und Kulturgeschichte treibt, läßt sich nicht verkennen. Es resultiert vornehmlich aus der Erkenntnis einer besonderen Lage, in der sich das Erzähl-Ich befindet. Deutlich wird das in der Erzählung *Das Ende einer Welt*. Die Marchesa Montetristo gibt auf ihrer Insel, die sie in der Nähe von Murano hat aufschütten lassen, eine Abendgesellschaft. Diese habe dem Erzähler „einen bleibenden Eindruck hinterlassen", wozu „natürlicherweise auch der seltsame, beinahe einmalige Abschluß beigetragen" habe.[12] Die Insel versinkt bei Flöten- und Cembaloklängen mitsamt den bis zuletzt festlich gestimmten Gästen im Meer — ein Vorgang, der von dem einzigen Überlebenden als ein perfektes, sich selbst liquidierendes Kunstwerk dargestellt wird. Die Situation des schreibenden Ich ist die der Isolation, aus der heraus es einen höhnischen, stilistisch aber ironisch-verbindlichen Nachruf verfaßt. Man darf dies nicht mit jener feuilletonistischen

Endzeit-Attitüde verwechseln, die meist in sentimentales Pathos verfällt. Vielmehr ist die Situation, die Hildesheimer für das Schreiber-Ich vorfindet und im Abbau des Überlieferten ausdrücklich macht, die eines potentiellen Aufbruchs. Auch dies kommt erst in Hildesheimers späteren Arbeiten richtig zum Zuge, aber in einer der *Legenden* wird doch die Richtung des Aufbruchs angedeutet: *Warum ich mich in eine Nachtigall verwandelt habe*. Im Titel ist genannt, was auch die meisten anderen *Legenden* auszeichnet: es ist das für die konstruktive Lüge unentbehrliche Motiv der Verwandlung. Die Verwandlungskraft weist Hildesheimer dem Ich selbst zu. Verwandlung ist hier fast durchweg thematisch bestimmt, doch von dem Zauberkasten, mit dem „Ich" sein Geschäft begann, heißt es, daß dieser nichts von dem enthalten habe, „was, wie es bei den meisten Spielzeugen der Fall ist, eine Miniatur der Wirklichkeit dargestellt hätte (. . .)."[13] Man sieht, daß Hildesheimer auf noch vergleichsweise naive Art versucht, alle Wirklichkeitsimitation aus seiner Konstruktion herauszuhalten. Der Schluß ist für das Motiv der Verwandlung noch aufschlußreicher: „Es ist Abend und es dämmert. Bald wird es dunkel sein. Dann fange ich an zu singen oder, wie die Menschen es nennen, zu schlagen."[14] Schien der Ort, von dem aus erzählt wird, zunächst ein ‚jenseitiger', der mit dem Vorgang der Verwandlung so wenig zu tun hat wie es bei einem ‚diesseitigen' der Fall wäre, so wird mit dem Rekurs auf die Sprache der Menschen klar, daß der Ort des Erzählens in der Aktualisierung des Sprachgebrauchs liegt, deren Exponent „Ich" ist — es kann springen, sich verwandeln, „Ich" vermag zu assoziieren und bildet, als eine Art grammatikalische Leerformel, auch das vereinbarende Element. Es mag waghalsig anmuten, mit dieser Interpretation den Text zu befrachten, bei dem man doch noch mit der These zurechtkäme, daß „Ich" verschiedene Gestalt annehmen kann. Es ist indes gut, sich schon jetzt zu vergegenwärtigen, daß, aufs Ganze gesehen, der Ansatz eines Rollen-Ich für Hildesheimer nicht hinreicht. In dem zitierten Satz wird das augenfällig durch die Wandelbarkeit des Ich in seiner scheinbaren Doppelsprache. Diese Wandelbarkeit ist auch das stilistische Indiz der Grundspannung, die jener spätere Ich-Erzähler mit dem Satz anspricht: „So war es zwar in Wirklichkeit nicht, aber wahr ist es doch."

Ein wichtiges Merkmal von Hildesheimers Verfahrensweise ist Variabilität. Es weist nicht auf Beliebigkeit hin, wenn er in dem *Prinzessin Turandot*-Hörspiel von 1954 zwei Schluß-Szenen schreibt, die über weite Strecken wörtlich identisch sind, aber durch kleine Abweichungen und stilistische Volten zu ganz verschiedenen Resultaten führen.[15] Die ein Jahr später aufgeführte Theaterfassung *Der Drachenthron* enthält Elemente beider Schluß-Szenen, dominant ist aber der drastischere Schluß der zweiten, in der Turandot aus machtpolitischen Gründen zur Gemahlin des echten Prinzen von Astrachan gemacht wird, der sich jedoch für seinen persönlichen Bedarf Turandots Sklavin Pnina als Nebenfrau hält — während der falsche Prinz, der Turandot besiegt hat, seiner Wege zieht, ohne Turandots Liebe zu erwidern. Im *Drachenthron* stellt Hildesheimer den echten Prinzen (einen barbarischen Eroberer) und den falschen Prinzen (einen fast moralistischen intellektuellen Hochstapler) erstmals auch einander gegenüber. In der ersten Hörspielfassung wurde der falsche Prinz noch der Mann der späteren Kaiserin von China. Dieser knappe Vergleich der drei Versionen zeigt, daß Hildesheimer seine Materialien für Abwandlungen schon vorbereitet. Auch in seiner bildnerischen Arbeit, die er zeitweilig unterbrochen hatte, nutzt er die Technik der Collage. Die Autorität einer Fabel ist für Hildesheimer nicht mehr verbindlich. Schon das Zentrum des Turandot-Stoffes hat er entscheidend verändert: jetzt müssen nicht mehr Rätsel gelöst werden, sondern es geht darum, die Prinzessin im Rededuell zu besiegen. Der falsche Prinz — er betritt die Szene gleichsam als Lügner — muß die verfänglichen Situationen, in die ihn Turandots Fragen manövrieren, durch rhetorische Finessen so zu seinen Gunsten verändern, daß die Prinzessin keine Worte mehr findet. In der 1961 veröffentlichten zweiten Theaterfassung *Die Eroberung der Prinzessin Turandot* hat Hildesheimer das Rededuell radikalisiert. Gehörte es in allen früheren Fassungen zur Voraussetzung des Stücks, daß die im Spiel Unterlegenen hingerichtet wurden, so setzt Hildesheimer seinen falschen Prinzen nun instand, im Rededuell zum nicht nur siegreichen, sondern auch detektivischen Partner zu werden: der falsche Prinz holt, auch indem er das in den früheren Fassungen angedeutete Wahrheit-Lüge-Motiv ausspielt, die Wahrheit aus der Hofgesellschaft erst heraus, nämlich daß seine Vorgänger, und die waren echte Prinzen, allesamt hingerichtet worden sind, und der scheinbar Unterprivilegierte bringt *damit* die Prinzessin zum Schweigen. Auch der Schluß wird nochmals geändert, das Hochstapler-Motiv kommt zu seinem Recht: Turandots Sklavin, die ehemalige Prinzessin Pnina, muß die Rolle von Turandot übernehmen, der echte Prinz wird zum Sieger erklärt. Turandot und der falsche Prinz werden im Hintergrund bleiben und die Politik bestimmen, aber diese beiden entscheidenden Figuren, sagt der falsche Prinz, „wird keine Chronik erwähnen."[16] So ist auch noch das Komödienschema, daß sich die Wirrnisse lösen und sich die Liebenden finden, in parodistischer Weise zu seinem Recht gekommen.

Die Entlarvung bewirkt Hildesheimer durch stilistische Mittel, die er ansatzweise schon mit der Umkehrung des Helena-Mythos in dem später zum Theaterstück umgearbeiteten Hörspiel *Das Opfer Helena* (1955) angewandt hat und die er in den Neufassungen von Theaterstücken Sheridans und Gozzis ausbaut.[17] Indem das Gesprochene beim Wort genommen wird, vollbringt Hildesheimer dialogische Kunststücke, die auch dramaturgisch rigorose Folgen haben. Die konsequente Anwendung dieser Verfahrensweise bestimmt die *Spiele, in denen es dunkel wird*[18]. Sie nehmen eine Schlüsselstellung in Hildesheimers bisheriger Arbeit ein. Damit sich dies besser ermessen läßt, ist es nötig, noch einmal zurückzublicken. Etwa gleichzeitig mit den letzten der *Lieblosen Legenden* und dem

1953 veröffentlichten Fälscher-Roman *Paradies der falschen Vögel* hat Hildesheimer sein erstes Hörspiel geschrieben: *Das Ende kommt nie.* In einer vorgeschalteten Anweisung fordert er, daß in dem Spiel „durch akustische Mittel angedeutet werden" müsse, „daß die Handlung auf ‚übertragener' Ebene stattfindet".[19] Abgesehen davon, daß Hildesheimer dem technischen Apparat zumutet, was der Autor zu leisten hätte, ist aufschlußreich, wie besorgt er jeden Eindruck vermeiden zu wollen scheint, es könne sich bei dem Spiel um Wirklichkeitsimitation handeln. Oberflächlich-thematische Anklänge an Kafka sind unverkennbar: eine Baubehörde, die als Instanz nicht in Frage gestellt wird, verlangt die Räumung eines Hauses, weil es abgerissen werden soll. Das Spiel handelt von den Reaktionen der Bewohner. Entscheidend ist, daß außer der Voraussetzung — jenem Räumungsbescheid — von ‚außen' her nichts geschieht. Zwischen den Bewohnern entwickelt sich ein Kleinkrieg, der nicht nur böse Vergangenheiten gesprächsweise zutagefördert, sondern auch zu einem Mord führt, versehentlich aber am ‚falschen' Opfer. Die auf Ende hin gespannte Situation hält bis zum Schluß des Hörspiels an. Dort wird thematisiert, was im Titel genannt ist; die Thematisierung hat eine zumindest für jene späteren *Spiele, in denen es dunkel wird* dramaturgische Funktion. Auf die Frage: „Glaubst du das? Es kann doch nicht so bleiben" erwidert eine der Figuren: „Ich weiß nicht. Die Drohungen verlieren allmählich an Schrecken. Sie wirken nicht mehr (...). Ich glaube, daß alles bleibt, wie es ist, nur wird es noch mehr so, verstehst du? Keine wirkliche Veränderung kommt plötzlich. Sie kommt allmählich. Wir merken es kaum. Und es scheint, als ob alles so bliebe, wie es ist." Die ins Theoretische übertragene Version bildet die für die meisten seiner dramatischen Arbeiten wichtige Kardinalthese Hildesheimers; sie lautet in ihrer schärfsten Fassung (für *Pastorale,* eines der *Spiele*): „Ich sage: das Geschehen, nicht die Handlung. Das Spiel hat keine Handlung, keinen ‚Stoff' in hergebrachtem Sinn. Der ‚Stoff' wird durch die ‚Situation' ersetzt, eine Situation, die sich im Laufe des Geschehens verschärft." Hildesheimer spricht weiter davon, daß die Situation und ihre Verschärfung mit Erscheinungen zu tun haben, „die sich im Klischee offenbaren."[20] Das Klischee und die Verschärfung einer anfänglichen Situation gilt es zunächst auseinanderzuhalten. Einerseits gelingt die Verschärfung der Situation gerade nur mit Hilfe jener Klischees, andererseits sind die Klischees zwar ohne die Verschärfung der Situation denkbar, aber sie wären doch funktionslos — nur Klischees, sonst nichts. Erst indem sie miteinander und gegeneinander gesetzt werden, erhalten sie ihre dramatische Funktion, die aber doch in ihnen oder genauer in dem sie hervorbringenden Prinzip bereits angelegt sein muß.

Die *Spiele, in denen es dunkel wird* wurden von der Literatur- und Theaterkritik oft als absurd bezeichnet, und Hildesheimer hat — zumal durch seine Rede *Über das absurde Theater* — dazu beigetragen, daß das Etikett ‚absurd' seinen Arbeiten wie ein Markenzeichen beigegeben werden kann. Aber weder die Klassifizierung ‚absurd' noch die Klassifizierung ‚gesellschaftskritisch' oder ‚satirisch' trägt entscheidend zum Verständnis der Spiele bei.[21] Man könnte — über die figuralen Konstellationen hinaus, die sich in diesen Stücken ergeben — abkürzend sagen, daß hier in den verfügbaren, weil vorgeformten Elementen der Sprachgebrauch selbst, mit allen seinen Implikationen, in Szene gesetzt wird. Die Figuren befinden sich von Anfang an in der Situation eines gewissermaßen konzertierenden und im Wettstreit entlarvenden Sprechens — das gilt nicht nur für die Musikgesellschaft des *Pastorale*[22].

Situationen, die durch ‚Ende' charakterisiert sind, bestimmen Hildesheimers Arbeiten fortan noch stärker. Hinzu kommt die Entfaltung des Themenbereiches ‚Nacht', auf dessen Tradition hier nicht eingegangen werden kann. Hildesheimer hat sich an ihm zunächst als Übersetzer versucht, indem er Djuna Barnes' *Nightwood* ins Deutsche übertrug: *Nachtgewächs,* 1959. Als ein auch wesentlich atmosphärisches Moment ermöglicht Nacht schon bei Djuna Barnes eine größere Freiheit im Herstellen von bei Tage undurchsichtigen Bezügen. Ein Beispiel dafür ist das Erzählen des Dr. Matthew O'Connor — für manche Figuren Hildesheimers und auch für seine Ich-Erzähler eine Art literarischer Vorfahr. Die kombinierende Verfahrensweise der *Spiele* wirkt in dem Zweiakter *Die Verspätung* von 1961 nach, wo der Professor auf offener Szene erfindet, korrigiert, destruiert. Es ist der Versuch eines letzten Aufbruchs mit Hilfe der ‚poetischen' Lüge, die von des Professors Sprechweise her in jeder Phase als Vorgang konzipiert ist. Die Gegenfigur, der Sargtischler, hält nur Rückblick, wie ein Autobiograph. Das erfinderische Sprechen des Professors und das in Erinnerung verweilende Erzählen des Sargtischlers werden kontrapunktisch geführt. Zu Ende des ersten Teils erzählt der Sargtischler von seinem schönsten Sarg, zu Ende des zweiten von seiner eigenen Wiege — während der Professor stirbt. Parallel dazu gibt sich der Professor schon gegen Schluß des ersten Teils ausdrücklich als ‚Erfinder' zu erkennen, und gegen Ende des zweiten Teils destruiert er, zunächst noch hoffnungsvoll, seine Erfindung. Der Professor scheitert mit der Erfindung des Vogels Guricht, in den alles Verlangen nach höherer Wahrheit projiziert ist; als er — niemand sonst — den Vogel schließlich sieht und ihn reduzieren muß, so daß er seine Hoffnungen jedenfalls nicht in ihn setzen kann, muß er sagen: „Nein — *Pause* — nein, — *er schüttelt den Kopf* — ich habe mich nicht überzeugt! *Er sinkt tot auf dem Stuhl zusammen.*"[23] Diese wohl auch dramaturgisch bedingte extreme Lösung des Ungenügens der ‚poetischen' Konstruktion wird von Hildesheimer in späteren Arbeiten nicht wiederholt. Das mag auch daran liegen, daß größerer Wert auf den Transpositionsvorgang gelegt wird, der in der *Verspätung* mit der Erfindung der erfinderischen Figur Professor auf halbem Wege steckengeblieben ist. Das 1962 geschriebene *Nachtstück* verstärkt den im Sprechen des Professors herrschenden Trend zum Monologischen. Der Mann, der nicht schlafen kann, ist auch Erzähler. Er spricht zunächst zu den Ahnenbildern an der Wand wie in mögliche frühere Spiegel. Ähnlich erfinderisch wie der Professor erzählt er aber von Schrecknissen: Geschichten, die im Erzählen erst sich herstellen, aus dem Fundus von Erinnerungen, mit deren Verarbeitung der Mann seine Situation zu bestimmen sucht. Auch er legt bereits ein Inventarium an. Das läßt sich stichwortartig mit einer eindrücklichen metaphorischen Äußerung des Mannes kennzeichnen: „Ich bin ein Sammler, der den Sand unter den Füßen sammelt, während er geht.“[24] Dieser Satz ist zugleich auch Teil der Situationsbestimmung. Die zweite Figur des Stücks ist der Einbrecher, den der Mann, indem er sich in ängstlicher Weise vor ihm zu schützen sucht, immer schon erwartet hat als einen wenn auch harmloseren Vertreter jener Schrecken, die er sammelt. Gerade ihm versucht er zu erzählen, aber der Einbrecher hört kaum zu. Denn der Mann spricht „die Sprache der Eidechsen“ — „Aber (...) wer spricht die, (...) außer mir und den Eidechsen? (...) Niemand.“[25] Das gilt der Bravour und Ohnmacht von Transposition, die mißlingt. Die Kunst des Sicheinrichtens in einer schrecklichen Situation geht einher mit dem Prozeß unbeabsichtigter Selbstisolation. Der Einbrecher — einer derer, die sich zurechtfinden zum Schaden anderer — gibt in seinen Schlußworten, aber ohne Kommunikation, eine Antwort auf jene auch für die Zeitproblematik aufschlußreiche Metapher des Sammelns; der Bezug auf sie wird eindeutig, wenn man bedenkt, daß es sich dabei um eine Heraklit-Parodie handelt, deren Drastik auch von der komischen Diskrepanz herrührt, in der die Wörter zu den Aktionen des Einbrechers stehen, während der Schlaflose schon „bewegungslos“ liegt (schlafend? tot?): „Kein Grund zur Besorgnis! (*Er nimmt sein Butterbrot und beißt ab*) Alles fließt, (*er trinkt einen Schluck*) alles läuft und rutscht, (*er kaut*) greift ineinander (*er schluckt*) und schiebt sich zurecht — (*er lächelt breit*) von ganz allein. (*Er frühstückt in Ruhe*).“[26]

Das Erzählen ist in den durchaus nicht ‚epischen‘ Theaterstücken immer stärker in den Vordergrund getreten. Schon während der Arbeit an ihnen hatte Hildesheimer erneut versucht, Prosa zu schreiben. Er konzipierte einen Hamlet-Roman, dessen Niederschrift er jedoch nach dem ersten Kapitel abbrach. Der wie ein abgeschlossenes Prosastück wirkende Text ist aufschlußreich für die Problematik von Hildesheimers Prosaschreiben. Helmut Heißenbüttel hat — von *Tynset* her — vermutet, daß die Arbeit fragmentarisch bleiben mußte, weil sie „vom Stoff in die plan auflösbare Parodie gedrängt“ worden sei, während Parodie in *Tynset* nicht mehr auf das Parodierbare hin auflösbar sei, sondern „ihre Gesetze in sich selbst sucht und findet wie in der Telephonsequenz oder der Bettfuge (...).“ Insofern markiere das Hamlet-Fragment für Hildesheimer, „der die Möglichkeiten der Parodie wie kein anderer deutscher Autor erkundet und ausgebeutet“ habe, „einen Wendepunkt“.[27] Das Hamlet-Fragment ist noch zu stark Hildesheimers Anfängen mit ihrer Umfunktionierung überkommener Stoffe verhaftet. Andererseits macht sich in ihm bereits deutlich die Nachtkomponente geltend. Dieser aber kann das Erzählverfahren nicht mehr genügen, weil sie Variabilität und Verwandlung fordert: der Ich-Erzähler ist an Hamlet gebunden. Trotz allen Erfindungsreichtums im Detail bleibt das Fragment fast so etwas wie Rollenprosa, in der „Ich" gerade nicht jene Wandelbarkeit hat, die der Spannung zwischen Wirklichkeit und Wahrheit entspricht; es ist fixiert. Dies wird einsichtiger, wenn man weiß, daß ein weiterer Ich-Erzähler, nämlich der Arzt Isaac, den zweiten Teil des Romans erzählen sollte; viel später als Hamlet, in Padua, aus der souveränen Sicht analysierenden Rückblicks.[28] Mit bloßem Positionswechsel ist Wandelbarkeit aber nicht zu leisten. Zwei weitere Prosaarbeiten, nämlich die 1962 publizierte *Schläferung*, eine erzählerische Paraphrase des Enzensbergerschen Gedichtes, von dem sich der Ich-Erzähler sozusagen abstößt wie von einer Materialbasis, und die *Vergeblichen Aufzeichnungen* von 1962 zeigen den Versuch, von „Ich" aus Verwandlung zu vollbringen. Daß dies kein lediglich artistisches Problem ist, wird sich an *Tynset* erweisen. Der Ausgangspunkt der *Vergeblichen Aufzeichnungen* ist nahezu identisch mit deren Ende: „Mir fällt nichts mehr ein. Kein Stoff mehr, keine Fabel, keine Form, noch nicht einmal die vordergründigste Metapher. Alles ist schon geschrieben oder schon geschehen, wenn nicht beides, ja, meist sogar beides."[29] Der Ich-Erzähler entschließt sich zu einem letzten Gang an den Strand, aus dessen Sand er allerlei hervorbringt — man denke an das Sammeln des Mannes im *Nachtstück*. An seine Funde knüpft er erzählerische Reflexionen, Ansätze zu manchmal sehr witzigen Geschichten; Möglichkeiten, die er verwirft. Die Geschichten, die der Leser gegen das erzählende Ich oder gegen den Autor fortführen mag, werden von der vorausgesetzten Negation ihrer Möglichkeit her erfunden oder — aus der Wirklichkeit referiert. Von seiner Situation her stellt der Text die Möglichkeit von Literatur überhaupt in Frage, aber ohne Diskussion. Er ist programmatisch und tendiert dazu, sich ad absurdum zu führen, da in ihm fast tautologisch ‚argumentiert' wird. Das ließe sich als ironische Maßnahme des Erzähl-Ichs interpretieren; doch bliebe die Ironie leer. Gleichwohl geschieht in diesem auch für das Wahrheit-Lüge-Motiv und für die Wirklichkeitsproblematik aufschlußreichen Text wichtiges: die Resignation des Erzähl-Ichs nimmt zu, aber nicht vom dogmatischen Ausgangspunkt her, sondern vom Erzählen und von den möglichen, in Andeutungen erzählten und verworfenen Geschichten her, an denen sich „Ich" versucht. Was sich thematisch als Resignation ausnimmt, läßt sich strukturell umschreiben als poetischer Erfahrungszuwachs, und darin liegt — sieht man von *Tynset* zurück — eine produktive Möglichkeit. Die *Vergeblichen Aufzeichnungen* ziehen eine erste und nur scheinbar endgültige Konsequenz aus dem Scheitern des Hamlet-Projekts — auch was die Figur Hamlet selbst betrifft, die in *Tynset* nicht vergessen wird.

Tynset, 1965 veröffentlicht, hat nicht einmal mehr einen festen Ort des Erzählens, obwohl der Erzähler sein Sommerbett und sein Winterbett und das

Haus, indem er mit Celestina lebt, beschreibt. Aber auch von einem Erzähler dürfte man nicht mehr sprechen, wenngleich das Ich, das hier sprachlich agiert, figurale Qualität gewinnt. Genau genommen kommt jetzt aber die grammatikalische Leerformel „Ich" zum Zuge.[30] Nur so kann es heißen: „Ich bin oft gestorben, jetzt allerdings sterbe ich seltener, aber einmal muß es das letzte Mal sein."[31] Durch den Hinweis auf das Absurde allein ist solches Sprechen nicht zu erklären, sondern eher dadurch, daß dieses Ich sammelnde Kraft besitzt und zugleich ins Extreme sich vereinzeln kann. Das beruht letztlich darauf, daß man überhaupt „ich" sagen, sich sprachlich beziehen kann, und daß genau dies aktualisiert wird. Im Hinblick auf Beckett, aber wohl auch aus der *Tynset*-Erfahrung heraus, hat Hildesheimer seine Hilfsbestimmung „absurdes Ich" präzisiert, indem er es „ein subjektives, extrem engagiertes Ich" nennt, „das über keine Thesen verfügt, da es selbst eine ist."[32] Aber eine flexible. Von „Ich" aus werden die Schrecken der Vergangenheit und der Gegenwart verarbeitet. Aus der Erfahrung des Ich, das die Geschichten erzählt, wird die »guricht«-ähnliche Konstruktion „Tynset" — Tynset heißt eine wirkliche Stadt in Norwegen — als Gegen-Ort zum Haus des Erzählers nötig. Dieses Haus ist schon ein Refugium, aber es genügt nicht mehr; denn „Ich" sammelt nicht nur, sondern es wird eingeholt von jenen Geschichten, deren Wirklichkeit es durch Erzählen — durch Transposition, auch ins Komische — zu vernichten trachtet. Es stößt sich von ihnen ab — „Los davon!".[33] Aber wohin? Tynset „wäre ein Ziel, das einzig mögliche, das einzig denkbare".[34] Man könnte hinzufügen: „aufs innigste zu wünschen." Hamlets Selbstmordmonolog steht im Hintergrund der Tynset-Konstruktion und auch hinter ihrem Abbau; schließlich ist Tynset „erledigt".[35] Der Prozeß, der in *Tynset* erzählt wird, verhält in Spannung auf Zukunft: der Ich-Erzähler liegt „tief gebettet", und das „für immer".[36] Das Verhalten in dieser Spannung impliziert einen sublimierten Selbstmord, der gar nicht mehr vollzogen zu werden braucht.

Diese Überlegungen mögen verständlich machen, daß ein Ort des Erzählens nicht mehr festzulegen ist. „Ich" bewegt sich zwischen dem Standort des Hauses und „Tynset", das erst aufgebaut wird. In dieser Bewegung hat das Erzählen seinen ‚Ort'. An einer räumlich orientierten metaphorischen Wendung läßt sich das erkennen: „richte ich mich ein in diesen Überlegungen" heißt es einmal in Parenthese und versuchsweise.[37] „Ich" ist unterwegs nach etwas Haltbarem, das nicht starr ist, in Atem gehalten durch „die ewige Fortsetzbarkeit der Frage", weil sich „nirgends Urstoff" findet.[38] Die Frage hat Hildesheimer auch in seinen poetologischen Überlegungen ins Spiel gebracht, als er Camus' Bestimmung des Absurden auf das Grundmuster reduzierte: „Der Mensch fragt, die Welt schweigt."[39] In *Tynset* geht es darum, „sorgfältig zu sichten, was Geheimnis ist, und was Nebel." Die Aufgabe heißt: „Ich sollte versuchen, eine Nebelgrenze zu setzen, endgültig."[40] Aber derlei muß auch von der These her verstanden werden: „Der Dichter arbeitet unter der Voraussetzung, daß sich ihm das Ziel entzieht. Die Fragen, die das Objekt der Dichtung sind, werden nicht beantwortet.[41] Das ist nach *Tynset* formuliert, aber der Abbau der Tynset-Konstruktion mutet wie die im voraus gezogene Konsequenz aus dieser Einsicht an. Die konstruktive Lüge hat nämlich moralische Impulse; daraus bezieht sie auch ihren Witz, der moralische, fast nie moralisierende Funktion erfüllt.

Einmal fragt das Ich: „Oder gab es Möglichkeiten? Nein, es waren scheinbare Möglichkeiten, ich war in einem weiten, wechselnden Raum, wechselnd im Schein der scheinbaren Möglichkeiten — in Wahrheit aber voller Täuschung."[42] Die poetische Antwort auf diese Selbstbestimmung des wandelbaren Ich und seine im voraus destruierten Möglichkeiten ist die Gegentäuschung. Jene Geschichten sind davon ein Teil; sie büßen, wenn man sie aus dem *Tynset*-Komplex herauslöst, ihre Legitimation ein und sind dann nur noch virtuose Kunststücke. Das *Tynset*-Ich ist isoliert aus zuviel Weltbezug, es hat jetzt außer Celestina nur den Hahn — „mein ferner guter Gesell"[43] — und den Nachttisch mit dem Kursbuch: „mein naher guter Gesell".[44] Seine Verfahrensweise ist nicht Analogon jener ‚Suche', die hier notgedrungen etwas grob als thematisch bestimmt werden mußte, sondern deren Vollzug selbst. Die Verwechslung mit der *stream-of-consciousness*-Technik liegt nahe.[45] Die Verfahrensweise von *Tynset* imitiert jedoch nicht, sondern sie ist ein kalkuliertes Unternehmen aus Vortrieb und Reduktion.

Die 1970/71 „aufgrund früherer Aufzeichnungen"[46] neu geschriebene Prosaarbeit *Zeiten in Cornwall* liegt nicht auf der gleichen Linie. Man könnte einen Rückfall hinter die mit *Tynset* erreichte Position vermuten; es wurde auch zu bedenken gegeben, ob die Aufzeichnungen nicht eine Konsequenz aus *Tynset* seien.[47] Das hieße, *Tynset* als eine Station auf dem Wege zum Autobiographischen ansetzen. In der Tat finden sich in *Tynset* Stoffe und Motive, die als Material einer Autobiographie denkbar wären. Die Konzeption des *Tynset*-Ich läßt so etwas wie Autobiographie im handgreiflichen Sinne aber gar nicht mehr zu.[48] In dieser Hinsicht sind die *Cornwall*-Aufzeichnungen unkomplizierter. Doch handelt es sich auch bei ihnen nicht um Autobiographie, obwohl Hildesheimers frühere Cornwall-Aufenthalte in den dreißiger Jahren und ein neuer Besuch in den sechziger Jahren den Stoff hergeben. Mit ihm setzt sich dieses Ich auseinander. Autobiographisch ist der Text nur insofern, als sich hier ausdrücklich ein Schriftsteller-Ich zu Wort meldet. Die *Cornwall*-Aufzeichnungen lassen sich nämlich auch als ein — stellenweise verkappter — poetologischer Text verstehen, der von der Verwandlung des Hildesheimerschen Schreiber-Ich Zeugnis ablegt und dessen Stil von äußerster Brillanz ist. Diese ist nicht Selbstzweck, sondern Moment einer skeptischen Anstrengung: „Alles Mitteilbare ist zweitrangig, und erst auf der Ebene des Zweitrangigen entscheidet sich, ob es dennoch mitteilenswert bleibt oder nicht."[49] Damit ruft Hildesheimer die Souveränität des Lesers an, ohne die Begrenztheit poetischer Möglichkeiten zu beschönigen.

1970 hat Hildesheimer auch wieder für die Bühne geschrieben: *Mary Stuart.* Die Beschäftigung mit dem Thema reicht viele Jahre zurück; greifbar ist sie zuerst in der Maria-Stuart-Passage der *Schläferung*[50]. Im Theaterstück wird Mary Stuart für die Hinrichtung zurechtgemacht, und sie selbst bereitet sich vor. Zu Beginn sitzt sie, mit einem Nachthemd bekleidet, im Dunkeln, betend auf dem mit Samt verkleideten Richtblock; der Schluß verharrt in einem lebenden Bild unmittelbar vor ihrer Enthauptung. Inzwischen wird die Bühne gefüllt. Die entscheidenden dramaturgischen Prinzipien sind das der Simultaneität und das der Quantität als eines Elementes von Spannung. Die Figur Mary bildet zwar das Integrationsmoment des Stücks, aber die Zofen, die Diener, Arzt und Apotheker, Henker und Henkersknecht sind keine Nebenfiguren, sondern wichtige Akteure. Ihre Handlungen laufen simultan ab; häufig sprechen die Akteure auch gleichzeitig. Simultaneität ist eine Konsequenz aus dem konzertierenden Sprechen der *Spiele, in denen es dunkel wird.* Alle Figuren, die die Szene einmal betreten — zuletzt sind es die Musikanten und die geladenen Gäste — bleiben auf ihr; es sei denn, sie werden ermordet. Auch dafür ist Mary, ihrer Pretiosen wegen, Anlaß. Sie wird nicht nur angekleidet und geschmückt, sondern auch wieder derangiert, und indem sie letzte Verfügungen trifft und Geschenke macht, trägt sie selbst dazu bei. Habgier und Geilheit sind die beherrschenden Motive der Handlungen fast aller dieser Figuren (außer dem Apotheker und dem Henker), mit denen Hildesheimer eine Art Welttheater aufführt. Aber trotz gehöriger Verlautbarungen beider Konfessionen hat das Stück nicht den geistlichen Halt des Welttheaters; es steht vielmehr gegen ihn. Das ergibt sich schon aus der dramaturgischen Konzeption: wieder ist es die Verschärfung einer anfänglich gegebenen Situation. In diesem Vorgang bekommt Marys Reden groteske Züge. Sie ist erfinderisch wie andere Bühnenfiguren Hildesheimers oder wie seine Ich-Erzähler, sie wechselt die Rollen, spielt verschiedene Marys — aber ihre Erfindungen und Spiele bleiben fragmentarisch, denn die Zeit eilt, Marys Erinnerungsfundus hat sich nahezu verbraucht. Daß sie am Schluß euphorisch ist und als Märtyrerin erscheint, muß man ironisch nehmen; denn sie wird dazu hergerichtet, nicht zuletzt durch Medizinen. Mary ist in diesem Stück von Anfang an ein Opfer, von Anfang an auch als dessen Parodie. Das Stück schließt, bevor der Henker zuschlägt. Es läuft ab in der Zäsur vor dem absoluten Ende.

In diesem Zwischenraum kann konstruiert werden; aber gerade weil Hildesheimers Stück den historischen Fakten näher ist als Schillers *Maria Stuart,* heißt das: von „Wirklichkeit" weg und auf das zu, was in jenem *Masante*-Fragment als „wahr" apostrophiert wird. Der Untertitel des Stücks — *Eine historische Szene* — bezieht seine Ironie aus der Erfahrung der Unmöglichkeit, Vergangenheiten und gar vergangene Charaktere sich vorzustellen und dann auch noch zu reproduzieren: „Historische Biografie ist (...) bestenfalls Spekulation, schlimmstenfalls Kitsch."[51] Die überlieferten Fakten werden in *Mary Stuart* neu arrangiert, im Zuge von Transposition. Die Macht von Wirklichkeit leugnet aber gerade nicht, wer solchermaßen skeptisch ist: in Hildesheimers *Dürer*-Rede von 1971[52] — wie schon in dem berühmten *Mozart*-Essay[53] — ist diese Skepsis Anlaß, die Pseudo-Mythen ‚Mozart' und ‚Dürer' zu destruieren und sie mit Reflexionen über die Werke des Musikers und des Malers zu kontern. Die Reflexionen sind dezidiert subjektiv, enthalten sich auch poetischer Transposition, erheben also keineswegs jenen dichterischen Wahrheitsanspruch, der schon lange ein Topos, aber darum noch nicht obsolet ist. Sie haben mit ‚Wahrheit' vielleicht trotzdem etwas zu tun: weil sie ihre eigene Bedingtheit demonstrieren und nicht von jener herrscherlichen und arroganten Attitüde bestimmt sind, die vorgibt, daß historisch Vergangenes als Geschehendes dargestellt und daß nicht-Erfahrenes ohne weiteres erfahrbar gemacht werden könne. Insofern fügen sich auch die Essays dem Leitmotiv dieser Skizze — das sich als korrekturbedürftig erweisen mag, wenn *Masante*, oder was sonst folgt, geschrieben ist.

Anmerkungen

Texte und Literatur

Eine vollständige Bibliographie der Werke Hildesheimers und eine Auswahl der Arbeiten über ihn findet sich in dem Band

Über Wolfgang Hildesheimer. Herausgegeben von Dierk Rodewald (edition suhrkamp 488). Frankfurt am Main 1971.

Nachweise

1 In: du, 29 (1969), S. 1014.

2 Ebd.

3 Ausführlich in: *Interpretationen* (edition suhrkamp 297). Frankfurt am Main 1969, S. 67—73.

4 *Tynset*, Frankfurt am Main 1965, S. 57.

5 Siehe die Rezensionen von H. Hupka (Welt der Arbeit, 18. Juli 1952), W. E. Süskind (Süddeutsche Zeitung, 15. März 1952) und R. Schroers (FAZ, 3. Mai 1952).

6 In: Über Wolfgang Hildesheimer, S. 85.

7 Zum erstenmal hat Wolfgang Weyrauch den Begriff verwendet (im Nachwort der von ihm herausgegebenen Anthologie *Tausend Gramm*. Hamburg, Stuttgart, Baden-Baden, Berlin 1949, S. 209—219).

8 Urs Widmer: 1945 oder die „Neue Sprache". Studien zur Prosa der „Jungen Generation". Düsseldorf 1966.

9 *Lieblose Legenden*, Stuttgart 1952.

10 Hier und im folgenden zitiert nach der (veränderten) zweiten Ausgabe: *Lieblose Legenden* (Bibliothek Suhrkamp 84). Frankfurt am Main 1962, S. 39.

11 *Lieblose Legenden*, S. 34 (hier: *1956 — ein Pilz-Jahr*).

12 *Lieblose Legenden*, S. 7.

13 *Lieblose Legenden*, S. 75.

14 *Lieblose Legenden*, S. 81.

15 Druck beider Fassungen in: Hörspielbuch 1955. Frankfurt am Main 1955, S. 81 bis 132.

16 *Die Eroberung der Prinzessin Turandot. Das Opfer Helena* (Fischer Bücherei 971). Frankfurt am Main und Hamburg 1969, S. 79.

17 Sheridan: *School for Scandal / Die Lästerschule* und *The Rivals / Rivalen*, Gozzi: *Un curioso accidente / Die Schwiegerväter* (alle 1961 erstmals aufgeführt). Buchausgabe: *Die Lästerschule*. München, Wien, Basel 1962.

18 Pfullingen 1958. Der Band enthält die Stücke: *Pastorale oder Die Zeit für Kakao*; *Landschaft mit Figuren*; *Die Uhren*. — In den gleichen Bereich gehören: *Der schiefe Turm von Pisa* (in: Akzente, 6, 1959, S. 98—126) und das 1962 geschriebene Hörspiel *Unter der Erde* (in: edition suhrkamp 77, S. 59—108).

19 Zitiert wird hier und im folgenden nach dem Typoskript des 1952 gesendeten Hörspiels.

20 Zitiert wird nach der Vorrede des Autors zur Hörspielfassung (Typoskript, Sendung: 1958).

21 Grundsätzlich nimmt dazu Stellung Norbert Oellers, Bemerkungen über „Mary Stuart". In: Über Wolfgang Hildesheimer, bes. S. 65—72.

22 Ausführlich handelt davon Bernd Scheffer, Transposition und sprachlich erzeugte Situation. In: Über Wolfgang Hildesheimer, S. 17—31.

23 *Die Verspätung* (edition suhrkamp 13). Frankfurt am Main, S. 118.

24 *Vergebliche Aufzeichnungen. Nachtstück* (edition suhrkamp 23). Frankfurt am Main, S. 53.

25 Ebd., S. 97.

26 Ebd., S. 101.

27 In seiner Rezension des Bandes *Aus aufgegebenen Werken*. Frankfurt am Main 1968 (nicht im Handel). In: Merkur, 22, 1968, S. 1164—1165.

28 Nach einer Auskunft Hildesheimers (4. Oktober 1971).

29 *Vergebliche Aufzeichnungen. Nachtstück*, S. 7.

30 Vgl. Heißenbüttels *Tynset*-Rezension. In: Über Wolfgang Hildesheimer, bes. S. 120.

31 *Tynset*, S. 78.

32 *Interpretationen*, S. 77.

33 *Tynset*, S. 110.

34 *Tynset*, S. 75.

35 *Tynset*, S. 257.

36 *Tynset*, S. 269.

37 *Tynset*, S. 27.

38 *Tynset*, S. 180.

39 *Interpretationen*, S. 66 u. ö.

40 *Tynset*, S. 17.

41 *Interpretationen*, S. 81.

42 *Tynset*, S. 95—96.

43 *Tynset*, S. 97. Der „gute Gesell" ist eine Reminiszenz an Hofmannsthals *Jedermann*.

[44] *Tynset*, S. 99.
[45] So Thomas Koebner, Entfremdung und Melancholie. In: Über Wolfgang Hildesheimer, S. 54—56.
[46] Rückseite des Titelblatts von *Zeiten in Cornwall* (Bibliothek Suhrkamp 281). Frankfurt am Main 1971.
[47] So Th. Koebner. In: Über Wolfgang Hildesheimer, S. 49—50.
[48] Ein Beispiel: in *Tynset*, S. 71, stellt „Ich" Reflexionen über ‚seinen' Namen an. Die Reflexionen werden nur dann ganz verständlich, wenn man den Namen „Wolfgang" einsetzt. Der Name fällt aber gerade nicht. Das ist kein Zug kryptischen Schreibens, sondern die Reflexionen können nur angestellt werden, weil kein Name fällt. Das ist ein Verfahren g e g e n alle Autobiographie.
[49] *Zeiten in Cornwall*, S. 101.
[50] *Lieblose Legenden*, S. 168—170.
[51] *Anmerkungen zu einer historischen Szene*. In: *Mary Stuart. Eine historische Szene*, Frankfurt am Main 1971, S. 77.
[52] In: Merkur 25, 1971, S. 327—338.
[53] Letzte Fasung in: *Wer war Mozart? Becketts ›Spiel‹. Über das absurde Theater* (edition suhrkamp 190). Frankfurt am Main 1966, S. 5—67.

Peter Michelsen

PETER WEISS

> ROSMER. Deine Vergangenheit ist tot, Rebekka. Sie hat keine Gewalt mehr über Dich, — keinen Zusammenhang mehr mit Dir, — so, wie Du jetzt bist.
> REBEKKA. Ach, mein Lieber, — das sind doch nur Redensarten.
>
> Henrik Ibsen, Rosmersholm[1]

Peter Weiss' gesamtes Werk — soweit es bis heute vorliegt — ist nichts anderes als ein Versuch über sich selbst. Das Isoliert-, wie Eingekerkertsein des Ichs führt zu den unendlichen Unternehmungen, Bemühungen, Halluzinationen des Ausbruchs. Die stilistische Vielseitigkeit Weiss', die verschiedenen Weisen seiner Ausdrucks- — Ausbruchs- — -versuche sind also, um seine eigene Deutung der Laokoon-Gruppe auf ihn selbst anzuwenden, nur „die Dehnungen und Krümmungen" des Gefangenseins (R 1, 180). Diese trotz der äußersten Bewegtheit seinem Werk innewohnende Unveränderlichkeit bedingt dessen Geschlossenheit und Faszination.

Peter Weiss lebt heute in Stockholm. Geboren während des ersten Weltkriegs am 8. 11. 1916 in Nowawes, einem Villenvorort bei Potsdam, wuchs er in der Hut eines gutbürgerlichen Elternhauses — der Vater war Textilfabrikant, die Mutter vor ihrer Ehe Schauspielerin — in Bremen und Berlin auf. 1934 begleitete er seine Eltern in die Emigration nach London. Trotz der durch die Fluchtsituation und durch das Exil bedingten unruhigen Jahre: der Übersiedlung nach Prag (1936) und nach Schweden (1939), gelang es dem offenbar außerordentlich fähigen und tatkräftigen Vater, der Familie stets eine gesicherte Existenzgrundlage zu bewahren oder jeweilig neu zu schaffen — eine Leistung, die gegenüber der herben Kritik des Sohnes an seinen Eltern hervorgehoben zu werden verdient. Weiss bildet sich in dieser Zeit als Maler aus: in Prag besucht er die Kunstakademie, Ausstellungen seiner Bilder veranstaltet er in London und Stockholm. Längere Aufenthalte nimmt er 1937 und 1938 in Montagnola: er begegnet dort Hermann Hesse. Den Werken Weiss' lassen sich weitere Details über sein Leben entnehmen. Wichtiger als das Faktische an seinen Lebensumständen ist uns aber die Stellung, die er zu ihnen wie zu seiner eigenen Existenz überhaupt einnimmt oder einzunehmen versucht.

Da Weiss' künstlerische Arbeit in hohem Grade als Niederschlag dieser Versuche zu gelten hat, nehmen seine autobiographischen Schriften — insbesondere *Abschied von den Eltern* und *Fluchtpunkt* (dazu noch einige kürzere Prosastücke[2]) — einen besonderen Platz in seinem Œuvre ein. In der präzisen Treue des Berichtens, die das Ich hier sich selbst gegenüber wahrt, sind sie, als Dokumente des Leidens an sich selbst, bedeutende Zeugnisse seiner dichterischen Kraft. Man wird sie als Gedankenbücher „ohne Anfang und Ende" (R 1, 87), nicht als abgeschlossene Werke zu sehen haben; sie sind Schreibversuche, „die niemals einen Abschluß erreichen würden, weil es keinen Abschluß gab, sondern nur ein einziges Strömen und Fließen" (F 55). Damit stehen sie in der Tradition jener säkularisierten Bekenntnisliteratur seit Rousseau, der Selbstanalyse nicht mehr Beichte vor dem Angesicht Gottes, sondern — auf den Pfaden der im Innern sich abspielenden Prozesse des Denkens und Fühlens — Suche nach dem Ich ist Des Ichs habhaft zu werden, dient das Schreiben, das doch — infolge der jeweiligen Fixierungsnotwendigkeit des Besonderen — der „Universalität, die jedem Ausdruck zugrunde liegt", nicht gerecht werden kann (R 1, 87).

Bedenkt man, daß der Autor in einem großen zeitlichen Abstand (von 20, 30 Jahren) von seinen Kindheits- und Jünglingsjahren berichtet, so fällt die geringe, kaum merkliche Distanz auf, die das schreibende Ich zu der zu beschreibenden Figur: dem Ich der Vergangenheit einnimmt. Die Identitätssuche reflektiert kaum eine Veränderung des Selbst, verzeichnet statt dessen stets eine erhebliche, schier unüberbrückbare Differenz zwischen diesem und seiner Umwelt, die — wie vorausgesetzt zu werden scheint — ihm äußerlich sei. Diese durchgängige Struktur bestimmt die eigene und starke, wie in sich versponnene, sprachliche Gestalt dieser Bücher. Vor der erzählten Wirklichkeit scheint der Erzähler, obgleich — oder weil — sie ihn völlig beherrscht, wie auf der Flucht zu sein. Sätze und Bilder läßt er hinter sich wie ein schweißendes Wild seine Fährte: als Spuren der Verletzung, und setzt so die Spannungen seiner Existenz in Sprache um.

Der 1960/61 geschriebene, als „Erzählung" deklarierte Prosatext *Abschied von den Eltern* beschreibt im Grunde keinen Abschied, sondern ein Verharren in der von vornherein vorhandenen Problematik, in welcher sich der Erzähler wie in einem Labyrinth hin- und herbewegt. Schon die Absatzlosigkeit des Buches zeugt davon: obgleich sie nicht ganz der inneren Gliederung entspricht (da der angeblich ununterbrochene ‚stream of consciousness' in Wahrheit des öfteren durch Einschnitte unterbrochen wird, die nur äußerlich nicht markiert sind), spiegelt der Verzicht auf Gliederungsmerkmale doch das In-sich-kreisen-Wollen eines Bewußtseins wider, dem die Außenwelt nichts bietet als „Begrenzungen", an denen es sich stößt (A 47). Wie in eine gläserne Kapsel in seine Bewußtseinswelt eingeschlossen, müht das Ich sich fieberhaft ab, die ihm entgegenstehende Fremdheit der Dinge durch — oft mikroskopisches — Heranrücken ihrer Oberflächen an das Auge zu überwinden. Nicht gelten lassen möchte es in hektischer Ungeduld seine Eingegrenztheit; Grenzen, Abmessungen — abzustecken wie Zäune oder Schranken im Raum — will es, in die eigene Grundlosigkeit verliebt, nicht anerkennen, im eigentlichen Verstande möchte es grenzen-, maßlos sein. Daher — um den Bedingtheiten des Äußeren aus dem Wege zu gehen — erfolgt immer wieder das Sich-Verkriechen, Sich-Verstecken des Erzählers (er verschließt z. B. die Tür und hängt ein Tuch über das Schlüsselloch [A 117]), sein Sich-Abdichten in Innenräumen, Zimmern, die als „Höhlen" (A 125), „Festungen" (A 69), „Hohlräume" oder „Grotten" (A 117) aus der Wirklichkeit wie ausgespart erscheinen. Welt wird von diesem Ich nur unverbindlich, in Form von Bruchstücken rezipiert, Partikularitäten, die von den Empfindungsorganen als „bildmäßige Erfahrungen", „Laute, Stimmen, Geräusche, Bewegungen, Gesten, Rhythmen" ohne Zusammenhang registriert werden (A 60). Jede Ordnung, in der sie sich darbieten, erscheint als Willkür.

Auf dem Hintergrund der stets axiomatisch angenommen Kontingenz von Ordnung ist die zentrale Stellung des Elternhauses für Peter Weiss zu sehen. Denn ausgehend von dem Tod des Vaters berichtet der Erzähler zwar, rückblickend und sich fast wie in suggestiv wirkenden Zwangsvorstellungen erinnernd, von seiner Kindheit und Jugend: vom Unfalltod seiner Lieblingsschwester kurz vor der Flucht, von den Zeiten in London und Prag und schließlich seiner Rückkehr zu den Eltern, seiner Arbeit in der Fabrik des Vaters in Schweden. Immer aber geht es um dasselbe: um seinen Drang, sich aus der ihn überall, selbst im eigenen Leib und in den eigenen Gedanken, umstrickenden Vergewaltigung durch das Elternhaus freizumachen. Dabei umgab dieses doch, das sich in einer bemerkenswerten Konstanz durch die Katastrophen hindurch zu bewahren vermochte, wie eine schützende Hülle das Ich, verkörperte also „eine Sicherheit für uns" (A 13) — und repräsentierte trotzdem, wegen seines Bindungsanspruches, den Ort der Unterdrückung.

Nicht zufällig und auf den Einzelfall Peter Weiss beschränkt ist solche Ambivalenz: es ist die des Bürgertums selbst, das seit seiner Emanzipation aus der alten (vorrevolutionären) Gesellschaft ihr verfallen zu sein scheint. Denn der Triumph des Bürgers im 18. Jahrhundert geschah ja im Zeichen des Kampfes gegen Autoritäten und Konventionen. ‚Bürger' sein hieß nicht als neuer Stand, sondern als ‚Mensch' auftreten, welcher, wie man meinte, in seinen Naturstand versetzt, alsbald auch auf die Höhe der Vernünftigkeit sich erhebe. In der Konkretheit der geschichtlichen Augenblicke aber vermochte das Bürgertum dieses Postulat — trotz immer hektischer werdender Wandlungen und Revolutionen — nicht zu verifizieren, weil, gerade dem Gesetz zufolge, nach dem es angetreten, die Verbindlichkeit von Formen — in deren Rahmen allein das Individuum seine Freiheit verwirklichen kann — nie herzustellen war. Als notgedrungen gesellschaftliches Wesen war der Bürger stets im Zwiespalt mit seiner eigenen jeweiligen Erscheinung zu leben verurteilt. Diese Spannung in seiner Existenz mißversteht Weiss, wenn er in einem bürgerlichen Buch par excellence, dem *Steppenwolf* von Hermann Hesse, seine eigene Situation als „die Situation des Bürgers, der zum Revolutionär werden möchte", gezeichnet sieht (A 119). Denn die Revolutionäre sind Bürger, die bürgerliche Kultur ist die der Revolutionen. „Peilend zwischen Aufruhr und Unterwerfung" (A 7) steht, wie Weiss seinen Eltern, der Bürger sich selbst und seiner Geschichte gegenüber. Dem dies nicht Erkennenden müssen alle „Versuche", sich aus den Fesseln des Gegebenen: aus der eigenen „Vergangenheit zu befreien" (A 82), Wege nach innen bleiben, Fluchtwege in Richtung auf eine Absolutheit, die jede Gegenständlichkeit als Zwang verwirft.

Wenn der junge Peter Weiss meinte, „im Munde seines Vaters" sei das, was dieser „Realität des Daseins" nenne, „zum Begriff alles Sterilen und Versteinerten" geworden (A 58), so hat das schon eine alte Tradition: es hallt in solcher Äußerung das Echo jener Jugendlichen, Ewig-Zukünftigen und Neuesten wider, die stets gegen das angeblich Verknöcherte des Bestehenden sich grenzenlos zu erdreusten gestatten.[3] Daß aber ein Fünfundvierzigjähriger solch Urteil zur Grundlage einer prinzipiellen Auseinandersetzung mit der Gesellschaft macht, scheint für die Situation des Intellektuellen in unserem Jahrhundert symptomatisch zu sein. Die große Wirkung Hermann Hesses auf Peter Weiss[4] verrät die Kontinuität dieser, wie man schon glaubte, ‚altmodischen' Problemlage.[5] Das Ausgesetztsein des Individuums, seine ‚wölfische' Fremdheit, wird als „Kontrast" zum Bürgerlichen verstanden, dem es zugehört. Bei einem Höchstmaß an Reflexivität erhebt es Unbewußtheit, ja Infantilität zum Programm. „Ich lernte, daß es unter der Logik eine andere Folgerichtigkeit gab, eine Folgerichtigkeit von undurchschaubaren Impulsen, hier fand ich mein eigenes Wesen, hier im scheinbar Unorganisierten, in einer Welt, die den Gesetzen der äußeren Ordnung nicht entsprach" (A 61). Der alte Hut des Irrationalen, unter dem seit gut 200 Jahren das Ich sich vor den Unbilden des Lebens bergen zu können meint, wird neu geschmückt mit den Federn psychoanalytischer Theoreme, um schließlich doch nichts anderes zu repräsentieren als die sich verweigernde Antithese. Der verlorene Sohn statuiert seine Verlorenheit als Gewinn.

Im „Exil" einer „Laube" entzieht schon das Kind sich dem Gefängnis des „Hauses" (A 16). Wann immer Weiss den Pol der Befreiung über Verneinungsformeln hinaus zu umschreiben versucht, bedient er sich solch konventionell archaischer Bilder: Die „Abwege" etwa, auf die er inmitten der modernen Fabrikwelt entgleitet, sind von „altertümlichen Häusern und hohen Kastellmauern", „Höfen" und „Ziehbrunnen" eingerahmt:

> Einige Augenblicke unterbrach ich mich, und bewegte mich zwischen dem mit Stoffballen gefüllten Regal und dem Lagertisch im Kontor meines Vaters und verglich die Angaben auf einer Liste mit dem Bestand der Waren im Regal. Dann trat ich

hinaus auf meinen Hof, sattelte ein Pferd und ritt über aufgebrochene Felder einer zerklüfteten Gebirgskette entgegen, am Rand eines Gehölzes saßen ein paar zerlumpte Gestalten, bewaffnet mit Messern und Hellebarden, langsam ritt ich an ihnen vorüber, das Zaumzeug klirrte, die Schreibmaschine klapperte, die Stimme des Teilhabers der Firma murmelte auf meinen Vater ein, und zwischen den kahlen Birkenstämmen schimmerten große, gehörnte Tiere und der weiße Torso einer Frau. (A 97 f.)

Diese der Opernwelt des 19. Jahrhunderts entstammende Dekoration eines ursprünglichen, gefährlichen und einfachen Lebens weist den Horizont der sie begleitenden Autoritäts- und Gesellschaftskritik als den einer nicht mehr offenen Innerlichkeit aus. Sie als solche vor sich selbst zu kaschieren, sollte immer mehr zur ständigen Übung der schriftstellerischen Exerzitien Peter Weiss' gehören.

Braucht aus diesem Grunde das Ich die Pose des Angriffs? Daß ihm sein den „Weg" nach dem eigenen Leben einschlagendes alter ego am Schluß in der Gestalt eines „Jägers" — eines nicht mehr Gejagten — begegnet (A 145 f.; vgl. auch schon 98), deutet wohl den Umschlag von Passivität in Aktivität, doch eben auch das Verbleiben im alten Antagonismus an. So gefiel das Ich sich schon früh im Bilde eines Mutterlosen, wie Moses im Schilf Ausgesetzten (A 14, 65, 86), und nahm sich auf solch emphatische Weise als Fremdling aus der Familie, unter deren Schutz es lebte, heraus. Die Mutter „wußte alles, konnte alles, bestimmte alles" (A 21); ihr Gesicht, schreibt Weiss ganz im Sinne der obengenannten Ambivalenz, „nahm mich auf und stieß mich von sich" (A 17). So nimmt es nicht wunder, daß gerade für das empfindliche Muttersöhnchen der Struwwelpeter ein verführerisches Vorbild abgibt (A 62 f.), wenn man auch zweifeln mag, ob schon dem Kind sich das mütterliche Antlitz in „eine Wolfsfratze mit drohenden Zähnen" verzerrte und aus den weißen Brüsten „Schlangenköpfchen" hervorzüngelten (A 17). Die literarische Nachrede, die hier vorliegt, ist Teil jener permanenten Attacke, mit der das Ich — um seine Sonderstellung außerhalb der Gesetze der Gesellschaft zu perennieren — von sich abzulenken und seine als Kind „erstickte Angriffswut" (A 62) auf die es umgebende Welt zu richten sich bemüht.

In wesentlich erweiterter Form geschieht das in dem autobiographischen „Roman" *Fluchtpunkt*. Die verschiedenartigsten Stoffelemente, von denen er erzählt — die Malversuche Weiss', seine Fabrikarbeit, Besuche bei einem Psychotherapeuten, seine Arbeit als Holzfäller, Zusammensein mit Frauen, seine Lektüre, politische Diskussionen usw. —, läßt dieses die Lebensspanne des Autors etwa von 1940 bis 1947 umfassende Werk alle in den Monolograum des Ichs geraten, wo sie sich in einer unaufhörlichen Zirkulation befinden, hier oder dort in den unverstehbaren Sprachwogen des Erzählers, wie Schiffstrümmer im Meer, auftauchend. Und im Dahinrinnen des Sagens wird die Unzugänglichkeit der Erscheinungen erst recht änigmatisch; unerlöst in ihrer wie geronnenen Sterilität üben sie die Bannkraft einer nature morte, stillgelegten Lebens, aus. Das Ich, das die Begrenzungen durchstoßen will, findet diese aber überall, auch in sich selber, wieder. Die Haltung der Aktivität, die — am Ende des *Abschieds* in die freundliche Figur des Jägers gekleidet — dem Ich Erlösung aus den Fesseln zu versprechen schien, verdüstert sich hier zu einer im Innern schon von je vorhandenen Potentialität, „Verfolger und Henker" sein zu können (F 13). Es ist gerade die fast manische Schonungslosigkeit solcher Ich-Analyse, die den Rang des Buches ausmacht, ihm unfragwürdigen literarischen Bestand sichert.

Indes: solch Schrecken vor sich selbst führt bei Weiss nicht zur Infragestellung, im Gegenteil zu einer fast krampfhaften Verfestigung des Autonomieanspruchs des Ichs, das meint, die „überlieferten Gesetze" seien es, aus denen die Mauer um und in ihm bestehe: „Ich brauchte nur einen Schritt zur Seite zu treten, um vor der Offenheit zu stehen" (F 100). Dieses Schrittes fähig zu sein, bedürfe es freilich zuvor des Wegwerfens alles Ballastes: „der Chimäre, an der ich mich abschleppte" (ebd.), alles Fremden. Und was ist dem Ich nicht fremd? So kommen all die Anstrengungen einer wahren Sisyphus-Fron zustande, das Sich-Abmühen, Stecken-Bleiben, Sich-Schinden, Aus-sich-Herausreißen und schließlich Angreifen, zu dessen Glaubhaftmachung es der Destruktion von Sinn bedarf. Zu deren Zweck allein bricht Weiss in das Abenteuer seiner stilistischen Experimente auf. So liebt er es, religiöse Zeremonien ihrer Bedeutung zu entkleiden, indem er, unter Verwendung von Vokabeln und Metaphern, die eine Art kindliches Unverständnis des Beschriebenen fingieren, die Bewegungsabläufe minutiös beschreibt (z. B. F 158 ff.). Wenn im Ritus sich wiederholende Vorgänge — etwa das Hin- und Hergehen der Priester (F 159) — durch gleichlautende Wiederholungssätze wiedergegeben werden, ergibt sich der Effekt eines rasselnd Maschinellen, das nur von den bunten Lappen eines faulen Jahrmarktszaubers verdeckt zu sein scheint. Dergestalt enthüllt solche Darstellung Leere: und es bleibt nur die Frage, ob sie aus der Substanzlosigkeit des Dargestellten oder der intendierten Blindheit der Methode erwächst.

Intendiert ohne Zweifel ist der methodische Zirkel, den Weiss im *Fluchtpunkt* (116—126) in einem zehnseitigen Versuch beschreibt, sich seiner „Fähigkeit des nüchternen Beobachtens" dessen hinzugeben, was er das „Gestaltlose" oder jedenfalls dessen „Grenzgebiet" nennt (F 116). Dabei handelt es sich, wie leicht zu bemerken ist, innerhalb des verwirrenden Dickichts der Erscheinungen in einer modernen Großstadt um die bewußte Ingangsetzung angeblich ‚ungezielter' Bewegungen des Ichs und deren Protokollierung im Bewußtsein. Die ungesetzlichen oder unkonventionellen Handlungen (wie Stehlen eines Buches in einer Buchhandlung, Einsteigen in ein parkendes Auto usw.) bleiben jedoch an der Zweckgebundenheit ‚normalen' Verhaltens kontrastierend orientiert. Als programmierte Ungezieltheit sind diese zehn Seiten das Modell des Weiss'schen Verfahrens in seinen Prosawerken: die Bewegungen des Lebens, Malens und

Schreibens sind experimentierende Veranstaltungen des Ichs, das in der Welt nur Materialien sieht, die durch das Farb- und Formenarsenal der empirischen Gegebenheiten wie den akustisch-optischen Wort- und Formelschatz der Sprache bereitgestellt werden und zu beliebiger Verwendung zur Verfügung stehen. Regeln einer Ordnung — sei es der Welt, sei es des Handelns — gibt es nicht.

Einer solcherart dekomponierten Wirklichkeit mangelt der Charakter der Ganzheit, der Gegenwart unwiederholbar machte. Zeit wird Übergang und Ort Durchgang. Wenn Weiss daher später, in einem kurzen erschütternden Aufsatz, als seine Ortschaft: „die Ortschaft, für die ich bestimmt war", Auschwitz bezeichnete (R 1, 114), so hat — über den tödlichen Ernst der Betroffenheit hinaus — die Aussage noch einen Sinn: den nämlich der „totalen Sinnlosigkeit", den er sowohl dem Tode der dort Vernichteten zuschreibt (R 1, 123) als seinem Hiersein. Dem Tode jeder Art gegenüber ist die Supposition von Sinn nur als religiöser Akt möglich; den Aufenthalten des Menschen im Irdischen indessen ist Bedeutung verliehen: sie erwächst ihnen aus seinem Nicht-Alleinsein, seiner (ihm in Auschwitz beraubten) gegebenen Gesellschaftlichkeit: seinem Schicksal, heißt das, Mitmensch zu sein und Erbe (und sei es von Schuld). Weiss will, was er von seinen Vätern hat, weder erwerben noch besitzen.

Daß *Fluchtpunkt* als die Existenzform Peter Weiss' bezeichnet werden kann, geht also nicht allein — ja, wenn man ihm selber glauben will, überhaupt nicht — auf das Schicksal der Emigration zurück. „Die Emigration war für mich nur die Bestätigung einer Unzugehörigkeit, die ich von frühster Kindheit an erfahren hatte" (A 143). Nun gehört es zum Selbstwiderspruch des Bürgers, daß er die Situation, die zu verwirklichen er durch die Abkehr von allen Dazugehörigkeiten — seien sie familiärer, sozialer oder anderer Art — gerade betreibt, zugleich als „Unzugehörigkeit" beklagt. Diese ist aber nichts anderes als der negative Ausdruck dessen, was das Individuum einmal als seine Autonomie gepriesen hatte. Sie nicht als relativ, in den Grenzen so oder so beschaffener Verhältnisse, sondern als absolut erfahren zu wollen, schafft die radikale Ablehnung aller — selbst freundlich sich dem Ich anbietender — Bindungen: sie ist nur als Fluchtbewegung zu realisieren (deren Rastlosigkeit Weiss später — umdeutend — als permanenten Progreß interpretieren wird). Weiss' „Suche nach dem Absoluten" (F 47) ist die — ganz undialektische — Negation. „Widerspruch", „Haß" und „Aufruhr" (F 142): in solchen Momenten einer Feindschaft an sich bleibt das Ich befangen und gefangen.

Weiss benennt im *Fluchtpunkt* eine seiner — meist als Spiegelbilder beschriebenen — Gestalten mit dem sprechenden Namen „Hieronymus". Indem dieser um sich herum Sprache in Form von beziehungslos gewordenen Bruchstücken, Fragmenten versammelte, sie in zahllosen Pappschachteln zu einer grotesken Kartothek anhäufte, um aus ihnen ein Universalbuch von Ausschnitten zu montieren, glaubte er sich „über die Begrenzung des persönlichen Lebens hinweg" zu setzen (F 141). In Wahrheit baute er, wie mit Ziegelsteinen, mit den verkrusteten Sprachbrocken Mauern um sich auf, steinerne Begrenzungen, die immer weniger zu durchstoßen waren. Daß er sich im Zusammenleben mit einer Minderjährigen — vielleicht eine Fiktion nach dem Vorbild der ‚Lolita'? — die Pose des Tabubrechers verschaffte, öffnet ihm die Bahn in eine Absonderung, die der Verfasser als „allerletzte Konsequenz" verherrlicht (F 145). Die Zelle eines Irrenhauses ist das Gehäuse, in dem der moderne Hieronymus schließlich den Ort seiner Selbstverwirklichung findet: in der Vernichtung durch die Gesellschaft noch manifestiert sich der Trotz, ein Rechthabenwollen des Ichs, das Welt verneint. „Ver-rückt", aus dem Ort gerückt sein, wo Menschen, wie unvollkommen auch immer, sinnvoll miteinander leben zu können meinen, ist folgerichtig nur für den aufs Stückwerk Versessenen. Denn das monströse Unternehmen der absichtlich zufälligen Aneinanderreihung heterogener Details dient der Behauptung der Nonexistenz des Ganzen.

Daß Einzelelemente sich zu keiner Einheit in der Mannigfaltigkeit mehr zusammenfinden, deutet der Titel *Fluchtpunkt* an. Fluchtpunkt nennt man in der Perspektive den Punkt, in dem sich parallele Gerade im Unendlichen vereinigen. Alle Bewegungen des Ichs sind aber bei dem Erzähler des Weissschen Romans von der gleichen reflexiven Grundhaltung des alles in sich selber Suchens. Sie laufen ‚parallel' ins Unendliche des Inneren, schneiden die Welt: das Endliche nie. Zwar sollen sie sich, nach des Erzählers Behauptung, durch Änderung des „Blickpunkts" am Ende treffen: in der „absoluten" Freiheit des Ichs (F 196). Diese aber ist imaginär. Denn der „Augenblick der Sprengung" (F 194), auf den der Erzähler stets in hochgradiger Spannung gewartet hatte — und in den er sich schon durch die Lektüre Henry Millers hineingerissen glaubte (F 164) —, ist momenthaft; Weiss bleibt, wie man festgestellt hat, „ein Meditierender, einer, der sich dem Leben verweigert".[6] Sein Rausch ist punktuell; er zerschneidet die Zeit wie eine Ejakulation oder ein Schuß.

Bezeichnend ist die ballistische Figur, in der Weiss seinen Lebensweg verlaufen lassen möchte. In seiner Kindheit sah er auf dem Theater,

> wie jemand meinesgleichen mit einem großen Maikäfer zum Mond hinaufgeschossen werden sollte. Peterchen wurde in das dicke Rohr der Kanone gesteckt, eine Gestalt mit goldenen Sternen am Mantel zündete die Lunte an, ich war aufgesprungen in namenlosem Schrecken vor dem, was jetzt geschehen sollte und was nicht mehr aufzuhalten war, ich stand, den Atem eingezogen, die Hände in die Lehne vor mir verkrampft, und wartete auf den Schuß, und als es krachte schwand der Boden unter meinen Füßen und ich flog im Rauch mit hinauf in die grenzenlose Höhe (F 165)

Aus Peterchens wurde später die Mondfahrt Peters, der immer wieder auf die namenlosen Erfahrungen aus ist, wie sie sich bei Detonationen, Explosionen, Revolten mit der Gewalt des Plötzlichen auftun. Wie beim Krach des Schusses ihm die Begrenzungen nach oben und nach unten schwinden, so sollen auch die

Namen schwinden, weil diesen Erfahrungen nichts in der geformten Welt Seiendes korrespondiert. Sie sind eindimensional, ja ihnen eignet nur die Ausdehnung des Punktes, also, mathematisch genau: des Nichts. Die absolute Freiheit ist die Leere, das Loch, in dessen bodenlose Tiefe zu fallen, das Ich des Erzählers sich vorzustellen gefällt, um das grausig-süße Gefühl der eigenen Auflösung — wenigstens im Bewußtsein — zu genießen.

Im Bewußtsein: dieses verläßt den Erzähler nie; selbst sein „Halbschlaf“ ist vom „Bewußtsein eines Triumphes“ über die Welt der „verkrüppelten Väter“ beherrscht (F 135). ‚Bewußtseinswelt‘ ist das in Weiss' Sprache Beschworene dabei nicht nur in dem für jede Äußerung gültigen Sinne, daß mit ihr ein Moment des Wissens über das Gesagte zum Ausdruck kommt; sondern in dem potenzierten Grade der Reflexion: des Wissens über die Bewußtseinszustände des Ichs. Diese Potenzierung des Bewußtseins in Weiss' Sprache geht so weit, daß darüber der erste (Normal-)Sinn von conscientia fast verloren geht. „Die Welt, die wir alle als einen gemeinsamen Grund für unsere Vorstellungen, unsere Untersuchungen hinstellten, existierte nicht, sie war ein Hirngespinst, dem jeder allein nachhing“ (R 1, 85). Wer Weiss' Erzählen als Niederschrift eines objektiv arbeitenden Kontrollapparates sieht, muß hinzufügen, daß nicht das pausenlos von außen Einströmende kontrolliert wird, sondern der Apparat; das Schreiben ist „Selbstprüfen“ durch „Journalführen“ (F 167). Selbst das Ergebnis der gewollten „Heraufbeschwörung von Visionen“ durch körperliche und geistige Übungen ist eben nur der „Rand der Umnachtung“ (A 127), der von der ständigen „Observationszentrale“ des Kopfes (F 127) beobachtet wird.

„Zum Zuschauer verurteilt“ (F 137) zu sein scheint auch der Erzähler des schon 1952 geschriebenen „Mikro-Romans“ *Der Schatten des Körpers des Kutschers*[7], eines Werkes, das sicherlich zum Bedeutendsten im Gesamtœuvre Weiss' zu zählen hat. Die Berichterstatter-Rolle nimmt der Schreibende allerdings nicht so ausschließlich ein, wie er den Anschein erwecken möchte. Es muß ja schon auffallen, daß der Erzähler einerseits sich zwar weitgehend — wenn auch nicht durchgängig — passiv verhält, andererseits aber bei der Bemühung, die durch das Medium der Sinnesorgane oder der Imagination erfolgenden Rezeptionen in sprachlichen Formulierungen festzuhalten, ununterbrochene Angestrengtheit an den Tag legt. Dabei ist der Anteil bloßer Vorstellungen, wie: Erinnerungen, Erwartungen, Erklärungen, Vermutungen — sogar Alternativvermutungen — sehr groß und steht von Anfang an gleichberechtigt und syntaktisch ununterschieden neben den Sinneswahrnehmungen. Auch die unmittelbar zunächst noch gar nicht auftretenden Gestalten sind im Bewußtsein des Schreibenden schon gleich gegenwärtig („Hausknecht“ [S 7], „Kutscher“ [S 8], „Hauptmann“ [S 16], usw.: die etwas auffälliger markierten und verrätselten An- und Vorausdeutungen auf den erst gegen Schluß erscheinenden Kutscher sind also kein Sonderfall). Und die Gestalten selbst werden in ihren meist Funktionen oder Berufe bezeichnenden Benennungen in einer Weise vorweg charakterisiert, daß es der angeblichen Genauigkeit des Beobachtens nicht entspricht. Lernt man die Figuren dann näher kennen (den Doktor etwa: „den Kopf mit dicken Verbänden umwickelt, ein Pflaster quer über der Nase und ein Pflaster auf der Oberlippe, einen Verband um den Hals, Verbände um die Handgelenke, unförmig dicke Bandagen an den Beinen“ [S 23 f.], oder den Schneider: „scheckig wie ein Harlekin“ [S 24]), dann stellt man fest, daß der Beobachtungsgestus die vorherige Leistung der Herstellung einer Fiktionswelt verdeckt. Gerade beim Auftauchen der Kutscher-Silhouette ist es evident, wie hier das dieser Figur schon vorher zugebilligte Merkmal der Rätselhaftigkeit erhalten bleiben soll. So ist — einschließlich dieser kafkaesken Figur — das ganze, sonst meist aus commedia-dell'arte- und Puppenspiel-Elementen zusammengesetzte Personal vorarrangiertes Klischee; es verhält sich durchaus nicht „abseitig“[8], sondern in karikaturistischer Überzeichnung, wie in einem Stummfilm, typisch (Familienszene!) oder situationskomisch. Es hat keinen anderen Zweck als den, in der Sprachmühle des Autors zermahlen zu werden, indem es einer Beobachtungshaltung, die quasi physikalisch gesetzmäßige Bewegungsabläufe und Phänomene protokolliert, das entsprechend mechanische Objekt bietet, das sich „in Scharnieren“ bewegt.[9] Die Genauigkeit bezieht sich also nicht auf das Beschriebene; sie ist lediglich eine Attitüde des Beschreibens, dem das ihm ausgelieferte Personal zuvor angepaßt wird. Als ein Nichtlebendes ist dieses dann leicht in seine verschiedenen Bestandteile zu zerlegen, die — wie man treffend bemerkt hat — „nur sich bewegende Raumkörper“ darstellen.[10]

Solche Methode, eine erst aus Schablonen aufgebaute Szenerie mittels verbaler Skelettierung der Schablonenhaftigkeit zu überführen, verwendet Weiss auch in der Wiedergabe direkter Rede durch Dialogfetzen, worin man ja ein besonderes Indiz für die „absolute Redlichkeit des Chronisten“ hat sehen wollen.[11] Tatsächlich wird aber erst auf dem Hintergrund eines dem Leser durchaus merklich gemachten Anspruches von Sinn dieser automatisiert durch bloße Weglassung der den Zusammenhang bewerkstelligenden syntaktischen Zwischenglieder. Der Rededuktus der Personen wird damit der rhetorischen Lieblingsfigur Weiss' angepaßt: der Aufzählung, deren Glieder nicht mehr — wie man in den Lehrbüchern lesen kann — die „koordinierten Teile eines Ganzen“, sondern nur noch Beweismittel universaler Partikularität sein sollen. Da Gegenstände und Vorstellungen nur in einer Art Inventarisierung erfaßt werden, stehen die partes von Gliedmaßen, Geräten, Schatten für sich, nicht pro toto.

Es ist bemerkenswert, daß es nur eine einzige Gestalt gibt, der ein grammatisch vollständiger Satz in den Mund gelegt wird: das Ich. Dieses nimmt eine Sonderstellung ein allen anderen Figuren gegenüber, denen mit der Schattenhaftigkeit des Kutschers nur das ihnen gemeinsame Attribut zugeschrieben wird, das sich aus ihrer Diskontinuität ergibt: Leblosigkeit. Das Ich allein, das sich zu artikulieren vermag, hat Bewußtsein; isoliert, wie Hieronymus im Gehäuse, kommen ihm, auf dem Abtritt hockend, Bilder in die Sinne und in den Sinn, die es stets in Zustands- und Bewegungspartikel zerkleinert und als Daten einer in ihrer Ganzheitsprätention unter allen Umständen zu zerstückelnden Welt notiert. Nur ein einziges Mal rafft es sich zu einem in direkter Rede formulierten Satz auf. Die Frage, die es zweimal innerhalb des Erzählten — dem Kutscher und dem Hausknecht — und zwei weitere Male als Erzähler sich selbst vorlegt (S 96f.), ist ihm offenbar sehr wichtig: sie betrifft den Eindruck, daß die Rauminhalte der gleichen Kohlenladung an verschiedenen Orten unterschiedlich gewesen seien. Damit wird — deutlich genug — die Thematik genannt, die für diesen Prosatext wie für Weiss' gesamtes Werk grundlegend ist: Körper im Raum und ihr Verhältnis zum Bewußtsein. Mit den vielfältigsten Körperbewegungen füllt das Ich seine Vorstellungen und belegt gerade durch die scheinbar mathematisch exakte Präzision, mit der es immer wieder, „gegen den Widerstand der Gegenstände" angehend[12], den mechanisch leeren Charakter ihrer Abläufe zähflüssig beschreibt, seine absolute Einsamkeit, die nur ganz gelegentlich unmittelbar — als „plötzlich aufsteigendes Gefühl der Unendlichkeit dieses Morgens" (S 67) oder als „umfassende Gleichgültigkeit" (S 92) — von sich Kunde gibt.

Das Nicht-zueinander-Kommen der beiden Seiten: der Welt von Dingen und Leibern, in der wir leben, und unseres Denkens, das in ihr wie ein Fremdling herumirrt oder sein Inneres wie ein Maulwurf nach außen herauszuwölben sucht, thematisierte Weiss in zwei kurzen Prosa-Arbeiten.[13] In Form eines — wenn auch nur „Fragment" genannten — Prosabuches hat er seine Bewußtseinswelt dann nur noch einmal zu Papier gebracht: in dem *Gespräch der drei Gehenden.* Er verwendet hier Techniken, wie er sie aus Filmen (Buñuels vor allem) erfahren wie auch in eigenen Versuchen in diesem Medium erprobt hatte. Die dort exzessiv genutzten Möglichkeiten willkürlicher Montierungen von Bildelementen transponiert Weiss, surrealistischen Beispielen und Theorien eines psychischen Automatismus (Breton) folgend, auf die Herstellung eines Sprachwerkes. Unverkennbar ist die Lust des Autors an außerlogischen Geschehnisketten, die immer wieder abbrechen; an ausgiebig eingeblendeten Wortpermutationen; an Figuren, die ins Hampelmann-, Marionettenhafte oder Archetypisch-Klotzartige verdinglicht sind; kurzum: an der beliebigen Knet- und Formbarkeit eines nur noch als „Rohmaterial für die Phantasie" (R 1, 33) behandelten Sprachstoffes. Doch überträgt sich diese den Schreibenden zu immer neuen Imaginationskapriolen anregende Faszination nicht in gleichbleibender Weise auf den Leser. Daß sich gegen Weiss' Theorie und Absicht gerade die sich sprachlich und gehaltlich als Lebens-Erfahrungen ausweisenden Partien im Niveau abheben von den surrealistischen Übungen, in deren Rahmen sie eingefügt sind, liegt vielleicht daran, daß die unüberbrückbare Fremdheit zum eigenen Leib, zur Familie, Ehefrau, Haus, Stadt und Land sich eindringlicher mitteilt in Konfrontation mit dem Geheimnis, als welches das Ich sich selber sieht, denn allein durch die oft eher ulkig wirkende

Verselbständigung von Körperteilen, Geräuschen und Bewegungen. Das bloß Groteske nutzt sich relativ schnell ab. Nur da, wo der Traum aus dem Vermoderten, Quallig-Brodelnden, Ekelhaften heraufsteigt, gewinnt er sprachliche Kraft: Schwerkraft eines wie aus Verschüttungen bloßgelegten leblosen Körpers. Das ganz innen hockende Bewußtsein schaut, von Nervenreizen erregt, angezogen, irritiert, verständnis- und hilflos zu: „und sah die nächtlichen Erscheinungen und die Erscheinungen bei Tag, und was sich zeigte war unerklärlich, und nur Vorspiegelung" (G 106).

Die Möglichkeit, die bisher nur in die Vorstellungen des Ichs als Material eingegangene Körperwelt in dem ihr zukommenden Raum tatsächlich sich bewegen und aufeinanderprallen zu lassen, und die Hoffnung, auf diese Weise die Wände des Denkens zu durchstoßen und zu ‚Welt' zu gelangen, dürften die Hauptantriebe Weiss' gewesen sein, sich mehr und mehr dem Dramatischen zuzuwenden. Schon früh übte er sich darin, doch erst seit 1963/64 widmet er seine schriftstellerische Tätigkeit vornehmlich der Bühne. Weder der Selbsteinschätzung des Autors noch seiner heutigen Geltung in der Öffentlichkeit dürfte es entsprechen, wenn ich die Behauptung wage, daß seine Dramatik an die Bedeutung seiner Prosa nicht heranreicht. Von der Gattung des Dramas: eines zwischen Menschen sich abspielenden, sich als gegenwärtig gebenden Geschehens sind ja so etwas wie Handlung und, damit verbunden, ein in der Zeit zum Austrag kommender Konflikt nur schwer zu trennen. Weiss knüpft in seinen theatralischen Versuchen hingegen an seine eigene durchaus statische Situation an: die des isolierten Individuums, und damit freilich auch an eine schon gar nicht mehr junge Tradition der europäischen Dramatik. Zumindest seit Ibsen nämlich versucht diese immer mehr die oben genannten Bedingungen einer Bühnenaktion zu unterlaufen: in den bei Ibsen meist noch als bürgerliche Wohnstuben dekorierten, bei Strindberg, Maeterlinck u. a. schon zu Traum- und Symbolstätten verwandelten Innenräumen des Selbst ist die Handlung fast nur noch ein Anbohren und Ausloten des Ichs, das nach und nach in seiner Blöße freigelegt, ‚enthüllt' wird.

Peter Weiss hat seinem zweiten schwedischen Buch *De Besegrade* (Die Besiegten) — in dem das Ich in den Trümmern des Nachkriegs-Berlins auf der Suche nach sich selbst ist — das Motto vorangestellt (es könnte von Ibsen stammen): „Schicksal: das ist das Vergangene". Diese Sentenz ließe sich auch auf sein erstes 1948 entstandenes Drama *Der Turm* beziehen. In ihm sind Handlung und Raum — das Innere eines Turms — nur noch Parabel. Deren Deutung unternimmt der Autor selbst in seinem „Prolog zum Hörspiel" (als solches hatte er das Stück wohl konzipiert und jedenfalls zuerst veröffentlicht). Der Turm ist des Helden Pablo Inneres, in das dieser eindringt, um sich dort mit den Schemen seiner ihn knechtenden Vergangenheit auseinanderzusetzen; indem er sich noch einmal von ihnen binden läßt, will er sich endgültig ihrer Fesseln entwinden und aus dem Gefängnis seines Inneren ausbrechen. Die auftretenden Figuren, die oft nur akustisch als Stimmen im Echoraum des Ichs widerhallen, verkörpern allegorisch Mächte der Erziehung (Elternhaus) und Tradition, die ihrerseits von der (Freudschen) Todessucht — der „stärksten Macht des Turms“ (D I 259)— beherrscht werden und in unnatürlichen Dressurakten alles Lebende im Menschen, sein „Wildes und Unbändiges“, zum Verkümmern bringen und abtöten. Freilich: die Sprache zeigt, daß die Befreiung aus der Überlieferung — die Weiss als äffisch und unverstanden nachgeplapperte „taradition“ verhöhnt (D I 20, 33) — nur eine aus sich selber ist; die gleiche Bedeutung der beiden Aussagen: „Ich bin hier, um mich auszubrechen“ (D I 13) und: „Ich werd' euch aus mir herausreißen (D I 17) geht auf die Identität des „ich“ mit den „euch“ zurück. Wenn Pablo, der nach seinem Vorbild in Hesses *Steppenwolf* sich Nichts („Niente“) nennt[14], sich weigert, „Blutsbande“ anzuerkennen und sich als Erbe zu verstehen (D I 14), erhebt er das Kaspar-Hauser-Schicksal gleichsam zum Programm und befindet sich damit in einer Tradition der Befreiungen, die — zusammen mit den Meer und Weite assoziierenden Bildern des Offenen (D I 22, 32) — so alt ist wie das Bürgertum selbst.

Es ist ein Irrtum zu glauben, Weiss habe in seinen folgenden Dramen den Turm jemals verlassen, sei jemals aus ihm ausgebrochen. Dieser Irrtum konnte nur deswegen entstehen, weil man die von ihm ausgiebig verwendeten pantomimisch-optischen Spielelemente, die auf der surrealistischen Bühne von Jarry, Artaud bis zu Adamov und Genet zu einer turbulenten Aktion verselbständigter Gegenstände auswuchern, als Bestandteile von Welt und Gesellschaft mißverstand. Sie sind das aber nur insofern, als sie aus ihnen entnommen sind, um den Zuschauer vor das Totalerlebnis der eigenen, durch das Hineinpumpen von Dingen, Geräuschen und Bewegungen grotesk aufgeblähten Psyche zu bringen. Es ist das magische Theater Pablos aus Hesses *Steppenwolf*, das Weiss mit der Collage-Technik seiner Dramatik[15] zu realisieren trachtet: „Wir zeigen demjenigen, der das Auseinanderfallen seines Ichs erlebt hat, daß er die Stücke jederzeit in beliebiger Ordnung neu zusammenstellen und daß er damit eine unendliche Mannigfaltigkeit des Lebensspieles erzielen kann. Wie der Dichter aus einer Hand von Figuren ein Drama schafft, so bauen wir aus den Figuren unseres zerlegten Ichs immerzu neue Gruppen, mit neuen Spielen und Spannungen, mit ewig neuen Situationen.[16]

So ist das 1952 geschriebene, so ambitiöse wie mißlungene Drama *Die Versicherung* zwar bis zum Bersten vollgepfropft mit allen möglichen Gegenständen und Bildprojektionen, Grotesk-Figuren und Horror-Szenen, doch das mimisch-gestische und bruitistische Tohuwabohu, das hier in einer „Mischtechnik“ (D I 260) von theatralischen und filmischen Mitteln[17] veranstaltet wird, gibt ‚Außenwelt nur so wieder, wie sie die pure Innerlichkeit des Weissschen Ich versteht: nämlich als pure Äußerlichkeit. Und da grundsätzlich alles Erscheinende als Begrenzung der Selbstverwirklichung gilt, wird es in die Bewegung eines immer geschwinderen und rasenderen Wirbels gebracht, um auf solche Weise als ein stets Schwindendes dem Ich den dem Unendlichen so weit wie möglich angenäherten Spielraum zu schaffen, den es für seine Freiheit zu brauchen vorgibt. Es ist bezeichnend, daß sich die in solche Absolutheit auf- und ausbrechende Wildheit als eben dieselbe Figur darstellt wie im *Turm:* als — dort schon totgesagter — Löwe. Viel lebendiger erscheint der als Tiermensch mit rotem Borstenfell immer noch genügend symbolische „Leo" freilich auch nicht (trotz Schmutz, Unflätigkeiten und häufigem Geschlechtsverkehr kann er die Gedankenblässe nicht verbergen, die ihm anhaftet). Der surrealen Phantasie des entfesselten Ichs beliebt es, die übrigen Traditions- und Konventions-Mächte verkörpernden Figuren — ‚Menschen' kann man nicht sagen — den Sachen, die hart im Raume sich stoßen, zuzuordnen, so daß sie wie diese bearbeitet, abmontiert, hin- und hergeworfen, breitgeschlagen oder aufgehängt werden können. Solche die Menschen genau wie Dinge erfassende Verfügbarkeit entspringt der Selbstherrlichkeit des mit seinem Material frei schaltenden Dichters, der keine Schranken seiner Produktionsweise anerkennen möchte, und erlaubt sicherlich eine gewisse Parallelisierung mit dem Autonomiewahn des modernen Menschen, der seinesgleichen wie die Natur rücksichtslos zu verplanen berechtigt zu sein glaubt. Aber nicht das will uns der Autor nahelegen; vielmehr baut er, um die Totalisierung der poetischen Mittel in der Handlung zu motivieren, eine entsprechend willkürlich konstruierte, in allen ihren Gliedern beliebig austauschbare Sozialfassade auf, einen wahren Papiertiger, der dann von einem Theaterwind, der sich „Revolution" nennt, auch prompt hinweggefegt zu werden vermag. Interessant und beunruhigend ist in diesem Stück nur das Mitspielen von Tieren — Hunden und Ziegen —, die gleichberechtigt neben den anderen Dramatis Personae aufgeführt werden. Dabei drängt sich der Verdacht auf, daß nicht so sehr Tiere für Menschen als Menschen für Tiere stehen. Denn die zu widerlicher Gemeinschaft mit Ziegen oder Ratten gesellten Figuren werden nicht etwa (wie uns Weiss später gern glauben machen möchte [D I 260]) durch ein kapitalistisches Gesellschaftssystem entmenscht — der Revolutionär Leo vertiert ja in gleicher Weise wie Doktor Kübel oder Grudek die ihm Hörigen (vgl. etwa D I 70, 78 f.)! —, sondern von ihrer Kostümierung als Mensch ‚befreit'. Nicht nur die Vaterfigur (der Polizeipräsident), der Mensch überhaupt wird abgewrackt: „verwilderte Hunde" (D I 77) — das Hundemotiv geht durch das ganze Stück! — repräsentieren die Freiheit.

Von der ärgerlichen Unerklärlichkeit seiner selbst geht die Fluchtbewegung des Subjekts, wie man sieht, in Richtung auf die Realisierung einer von ‚Menschen' möglichst entleerten Bewegung von Dingen, die mechanisch umfallen, herumrollen, hin- und herflattern, gegeneinanderstoßen und übereinanderpurzeln. Es war ein glücklicher Gedanke Weiss', zu diesem Zweck für sein 1962/63 entstandenes, als „Moritat" bezeichnetes Kurzstück *Nacht mit Gästen* Formen des

Kasperletheaters fruchtbar zu machen. Hier endlich gab es keine Menschen mit inneren Problemen mehr, sondern nur noch hölzerne Körper, die munter mit Knüppeln aufeinander losschlagen.

> Es gab keine Intrigen und es wurden keine Seelen geschildert, die Probleme wurden mit Ohrfeigen und Messerstichen gelöst. Es ging Schlag auf Schlag, mit hinausgeschrienen Witzen und Knittelreimen. Jeder war ein Typ, leicht zu erkennen, mit greller Maske und groben Gebärden. Alle hintergingen alle, alle waren Possen und Zoten ausgesetzt, niemand wurde ernst genommen. Und sie waren alle unsterblich, sie waren alle nur krachendes Holz und standen gleich wieder auf und grinsten mit ihren geschnitzten Gesichtern. (D I 261)

Mit dem Kasperletheater knüpft Weiss zugleich an eine sehr alte literarische Tradition an: die der Typenkomödie (schon im *Schatten* fanden wir ja Spuren davon); doch spiegeln diese Typen in Weiss' Einakter nichts wider als gegenseitig Hauende und Stechende sowie diejenigen, auf die eingehauen und in die hineingestochen wird. In der Abstinenz von allen anderen Bezügen gesellschaftlicher oder moralischer Art liegt die Stärke dieses dramatischen Versuchs, des geschlossensten und insofern gelungensten, den Weiss überhaupt vorgelegt hat. Die Verwendung originaler Kinderreime und einer durchgehend dem angepaßten Sprache; die Anweisung zur unnaturalistischen Stimmen- und Bewegungsbehandlung, zu einem „stark vereinfachten Dekor", einer „stilisierten Gestik" (D I 262): all das betont die gewollte Seelenlosigkeit der Personen, in die die Messer wie in Strohpuppen hineingesteckt werden. Das Puppenbild, das damit — für Weiss' Entwicklung ganz folgerichtig — als das des Menschen demonstriert wird, ermangelt, wie zu bemerken wichtig ist, allerdings ganz und gar jener Unschuld, wie sie der Marionette etwa bei Kleist noch eigen war. Ganz im Gegenteil: in den Figuren wird durch die Reduktion auf ihren Mechanismus eine Bösartigkeit frei, die sie ausstoßen wie Automobile Abgase. Sie sind Buhmänner, deren transparenzlose Faktizität durch soziale oder psychologische Motivierungen nur banalisiert werden kann.[18]

Leider trägt in dem etwa zur gleichen Zeit in ähnlicher Spielweise konzipierten, doch erst 1968 fertiggestellten Stück *Wie dem Herrn Mockinpott das Leiden ausgetrieben wird* der Autor solche Banalisierungen selber vor. In der Gestalt der clownesken, Chaplin imitierenden Hauptfigur, die ständig über die Außenwelt — selbst die eigenen Körperteile — stolpert und zu Fall kommt, soll der alte Weisssche Traum: die Befreiung „von allen Leiden" dieser Welt (D I 153) völlig übergangslos, wie im Sprung, durch die bekundete Wut über widerfahrene Ungerechtigkeiten gelingen. Obgleich das Stück — trotz virtuoser Einzelheiten — davon zu zeugen schien, daß eine Weiterführung des in der *Nacht mit Gästen* versuchten Schaubudenstils kaum möglich sei, hat Weiss diese doch erreicht in seiner — zu einem Kassenschlager an den deutschen Bühnen gewordenen — *Verfolgung und Ermordung Jean Paul Marats dargestellt durch die Schauspielgruppe des Hospizes zu Charenton unter Anleitung des Herrn de Sade,* indem er dort den Mechanismus von Puppen wieder auf menschliche Figuren übertrug und dieses losgelöste Spiel körperlicher Bewegungen auf der Bühne mit Kundgebungen menschlichen Bewußtseins (mit einer Art Dialog, genauer: mit monologisierenden Äußerungen) konfrontierte. Zu dieser Technik — die in der ersten, noch weitgehend Filmprojektionen verwendenden Fassung des Stückes von 1963 durchaus schon vorhanden war, im Laufe der Bühnenarbeit für die Berliner Aufführung unter Konrad Swinarski und in weiteren Überarbeitungsvorgängen durch den Autor ausgebaut und vervollkommnet wurde[19] — hat Weiss sich durch die Lektüre von de Sades *La philosophie dans le boudoir* (1795) anregen lassen. Nicht nur die gewollte totale Verletzung jeder Norm zog den — von je schon „Gegen die Gesetze der Normalität" (R 1, 72 ff.) streitenden — Weiss bei de Sade an, sondern auch (wie er selbst schreibt) die dort sich manifestierende „dramatische Auffassung", „in der analysierende und philosophische Dialoge gegen Szenerien körperlicher Exzesse gestellt werden" (D I 267). D i e s e r von Weiss selbst herausgestellte Gegensatz — von dem es fraglich sein mag, ob es sich dabei wirklich um einen „dramatischen" handelt — bestimmt die Struktur des Stückes, nicht etwa die angebliche Antithetik in den Auffassungen Sades und Marats.

Schaut man allein das Personenverzeichnis durch, so bemerkt man, wie bei fast allen Personen die in den meisten Fällen unwillkürlichen, durch die jeweiligen Krankheiten der Betreffenden bedingten Bewegungsarten verzeichnet sind. Es handelt sich dabei um Spielanweisungen, die nur schwach ahnen lassen, was sich im Stück selbst dann zu einem Totalitätsspektakel choreographischer und dekorativer Arrangements entfaltet, mit melodramatischen Effekten, Gruppierungen, Prozessionen, Pantomimen, Kostümierungen und Zurschaustellungen oft gewalttätiger und psychopathischer Art. Für die theatralische Darbietung ist der Text das Unwichtigste an diesem Stück; auch die Handlung ist nicht nur dürftig (schon der Titel verspricht davon mehr, als dann wirklich vorkommt), es gibt sie — nämlich als bewußtes, zweckgerichtetes Tun — im Grunde gar nicht. Es gibt nur — wie es in den Szenenanmerkungen mehrmals sehr richtig heißt — „Tableaus", Schaubilder, von denen immer wieder neue und andersartige den Blikken gaffender Zuschauer präsentiert werden und auf die der Ausrufer (im „Harlekinskittel" [D I 158]) mit seinem Zeigestock zeigt. Zu diesen ausschweifenden Revuen der Augenlust kommt ein Ohrenschmaus, der seinesgleichen sucht. Außer einer Menge musikalischer Elemente, die das Ganze der Oper annähern: der Untermalung durch Orchesterbegleitung (Harmonium, Laute, Flöte, Trompete und Trommel; ursprünglich war nur ein Harmonium vorgesehen) und dem Vortrag vieler Textpartien im — zum Teil chorischen — Gesang, im „Singsang", als Arie, Rezitativ und Litanei werden noch alle möglichen weiteren Geräusche auf die verschiedenste Art hervorgerufen: Pfiffe, Geschrei, Klopfen, Klatschen, Zungenschnalzen, Peitschenhiebe, Hospizglocke, Holzrassel, Füßescharren und

-trampeln, kurzum: ein Höllenlärm, der durch Pausen und gelegentlich kontrastierende Stille sich nur noch ohrenbetäubender bemerkbar macht.

Dieser ganze auf das Publikum losgelassene Paroxysmus brutaler kinetischer und akustischer Phänomene zieht, wie ein zum Scheinleben erwecktes Panoptikum, seine Hauptwirkung aus der Exhibition eines Universums von Details, bei denen die Voyeur-Gelüste einer glotzenden Menge angenehm-fröstelnd auf ihre Kosten kommen. Auch die mehrfache Verschachtelung der Zeit- und Ortsebenen dient nicht der Distanzierung des Zuschauers im Sinne eines Nachdenkens über das Gezeigte. Vielmehr werden dadurch, wie in der abstrahierenden Darstellung eines physikalischen Experimentes, Bewegungen schematisiert oder in Teilstücke zerlegt, die jeweils in sich selbst erstarren. Was ein Mensch tut, gliedert sich nicht; es zerfällt. Durch den „Interruptus" etwa, den Sades „künstlerischer Duktus" auf dem Höhepunkt der Ermordung Marats einschaltet (D I 248), oder durch die „einstudierten" Bewegungen, „wie sie in Jahrmarktsbuden üblich" sind (D I 163), werden Momentaufnahmen entwickelt, die, schnappschußartig oder wie Einstellungen im Film, Leben fixieren, nicht mehr Bestandteile eines leibseelischen Ganzen sind. Der Abstand, in den durch diese wie andere Mittel der seiner Vernunft noch mächtig bleibende Betrachter gebracht wird, ist der des Schreckens, den man angesichts des Sezierens am lebenden Objekt erfährt. Was demonstriert werden soll, ist, daß alles, was hier geschieht und was in den Sprüngen über die verschiedenen Zeitebenen bis auf die Gegenwart, den Augenblick der Aufführung, als simultan behandelt wird, ein schon Geschehenes sei, Präparat, d. h.: Totes. Ein für allemal erledigt ist es, unterworfen und verfallen den Mechanismen einer allgewaltigen Maschinerie. Das Toben der Leiber wird durch Determinanten bestimmt, die vom Willen nicht beeinflußbar sind. Somnambulen, Paranoiker und Erotomanen werden in ihrer „stereotypen" oder „zwanghaften" Motorik von — ihnen durchaus unbewußten — Kräften gelenkt, die die Erscheinungsbilder bestimmen. Daß sogar Sade, der am Ende über die sich steigernde Unkrontolliertheit und Gewaltsamkeit des tumultuösen Schlußmarsches „triumphierend" Lachende (D I 255), von dieser mechanistischen Allmacht abhängig ist, verraten seine eigenen „schwerfälligen" Bewegungen, sein „zuweilen" mühsames und asthmatisches Atmen (D I 157): auch sein Leib unterliegt, wie alles andere, der sinnlosen Gesetzlichkeit einer gleichgültigen Natur. Was sich in diesem Schau-Stück ohne alle Worte durch die Sinne aufdrängt — und was in der Tat zur Reflexion Anlaß geben sollte —, ist das Spectaculum des Menschen in der Verstrickung der Körperlichkeit.

Um eben dies — und um nichts anderes — geht es nun aber auch in den analysierenden Textpassagen, vor allem dem Schein-Dialog zwischen Sade und Marat. Der Streit der Interpreten um die Frage, wem der beiden die Vorliebe des Verfassers gehöre — an dem sich auch Weiss selbst (mit wechselnden Standpunkten[20]) beteiligt hat — ist müßig, weil die Differenzen in den Anschauungen beider minimal sind. Von ‚Dialektik' oder auch nur von „Antithesen", wie Sade sich ausdrückt (übrigens, soweit ich sehe, erst in der letzten Fassung [D I 253][21]), kann gar keine Rede sein. Im entscheidenden sind die beiden sich völlig einig, in der Meinung nämlich, „daß dies eine Welt von Leibern ist" (D I 244). So sagt es Sade; und Marat geht in seinen — von Weiss durch die auftretenden Figuren Voltaire, Lavoisier und schließlich von Roux referierten und glossierten — Schriften (vor allem *De l'homme* [1775]) ausdrücklich von der Ansicht des menschlichen Körpers als einer Maschinerie aus (D I 221). Der Vorstellung einer nach mechanischen Gesetzen beherrschten Welt bloßer Körper stellt sich die Frage nach der Stelle und dem Bezugspunkt des Bewußtseins — der „Träume" (D I 203) oder „Gedanken" (D I 253) bei Sade, der „Seele" (D I 221, 223) oder des ‚Erfindens' (D I 180) bei Marat — als eine unlösbare Rätselfrage. Vor ihr stehen Marat und de Sade als Opfer eines Dualismus, der seit Descartes die Welt — trotz vieler Vermittlungsversuche — immer schärfer und auswegloser in die zwei Teile: Idee und Materie, Nichts-als-Geist und Nichts-als-Stoff, zerschnitt. Bewußtsein und Körper: kein Weg führt von einem zum anderen.

Unter der absoluten Einsamkeit des Ichs, dem — wie Sade bei Weiss sagt — „Alleinsein mitten in einem Meer von Mauern" (D I 244) leidet in derselben Weise auch Marat. Schon seine das ganze Stück hindurch fast völlig unbewegliche Stelle auf der Bühne in der Wanne, die seine „Welt ist" (D I 197) und den Zuschauern als seine einzige Existenzform suggeriert wird[22], deutet seine Abgeschlossenheit an, über die Simonne wacht („Wir wünschen keine Besucher" [D I 172]). Er sitzt, „ein Visionär"[23], „in seines Fiebers und Traumes Wolke" (D I 268), und in dem allgemeinen Bewegungszirkus um ihn herum ist — außer dem fiktiven Autor de Sade — er allein es, der „reglos" zusieht, obgleich er theoretisch gerade das ablehnt (D I 180). Sein ‚Handeln' besteht in nichts als in einer einzigen Tätigkeit, die die gleiche ist wie die des Marquis: er schreibt.

Das — bei Sade wie Marat völlig gleichartige — Problem der Isoliertheit eines ausdehnungslosen, ungreifbaren Inneren in einem sich im Raume ausbreitenden, undurchdringlichen Äußeren findet bei beiden keine Lösung, doch dieselbe Reaktion: Gewalt. Diese Gewalt aber ist eine in Gedanken, bei Sade wie auch bei Marat. Der — Weiss selbst offenbar aufgefallene — Widerspruch zwischen dem immer wieder vermerkten ‚Schreiben' Marats (vgl. z. B. D I 159, 170, 206 f., 207) und seinem eigenen Dictum „Mit der Schreibfeder kannst du keine Ordnungen umwerfen" (D I 187) wird durch seine Beteuerung „Wenn ich schrieb / so schrieb ich immer mit den Gedanken an Handlung" (D I 235) nur scheinbar gelöst. Denn ebendies — G e d a n k e n an Handlung — kann Sade für sich gleichfalls in Anspruch nehmen: auch seine „gewaltsamen Meditationen" (D I 245) geben Regeln an für menschliches Verhalten, genauer gesagt: für ein planendes Denken, dem die Menschen zu Material werden. Der als bloßer Denkgestus zu verstehenden Tätigkeit — dem Schreiben, den Reden und Pamphleten Sades und Marats —

bleibt das in der Außenwelt ihr Entsprechende „imaginär"[24]: das gilt von den Guillotinierungen des einen ebenso wie von des anderen Experimenten mit sich ineinander verhakenden und verschlingenden Körpern. Beider Denken ist also ein Denken abgekapselter Individuen und gerade deshalb ein nach dem Vorbild der Naturwissenschaften ethikfreies Planen der Determinierung von Körperbewegungen nach den Gesetzen von Druck und Stoß. Marat und Sade sind Gewalttäter der Schreibfeder.

Die Gewalt, die Sade und Marat propagieren, ist zunächst die des Ausbruchs aus den „Gefängnissen des Inneren", die „schlimmer [sind] als die tiefsten steinernen Verliese" (D I 245). Marat gebraucht dafür das Bild vom Zopf des Münchhausen, ein Bild, wie es schärfer für den Individualismus kaum gefunden werden kann: „Es kommt drauf an / sich am eigenen Haar in die Höhe zu ziehn / sich selbst von innen nach außen zu stülpen / und alles mit neuen Augen zu sehn" (D I 180). Tatsächlich kann aber dieser Ausbruch deswegen ebensowenig gelingen wie der des jungen Pablo aus dem Turm, weil die Ursache der Einkerkerung: die Entgeistung der Materie und die Entmaterialisierung des Geistes nicht nur nicht beseitigt, sondern ins krasseste, absurdeste Extrem getrieben wird: in die prästabilierte Disharmonie des Menschen, der, als „irrsinniges Tier", aus „Käfig" und „Fesseln" sich hinauszuwühlen vergeblich sich bemüht (D I 185). Was ihm bleibt, ist, die äußeren Verhältnisse, in denen er lebt, restlos von allem zu ‚befreien', was als eine nicht rein mechanistischen Gesetzen entsprechende Normierung angesehen werden kann, von allem also, was man heute als ‚Tabus' in der Moral und im menschlichen Zusammenleben zu bezeichnen sich angewöhnt hat. Das Verbrechen ist demnach gestattet. Sade behauptet zwar: „In einer Gesellschaft von Verbrechern / grub ich das Verbrecherische aus mir selbst hervor / um es zu erforschen" (D I 203); doch von Erforschung ist wenig zu spüren. In Wahrheit hebt er umgekehrt in der Gesellschaft das Verbrecherische nur deshalb hervor, um es in aller menschlichen Geschichte zur einzig maßgeblichen Gewalt zu erklären, die nicht anzuwenden keinerlei vernünftiger Grund vorhanden sei. Auch für den Menschen, wie in der ganzen Natur, gelte der Grundsatz, „nach dem der Schwache dem Starken / auf Gnade und Ungnade ausgeliefert ist" (D I 178). Der Mord insbesondere ist erlaubt, ja geboten, denn er ist „die letzte Tat", „mit der der Beweis meines Daseins erbracht werden" kann (D I 204), weil allein dadurch das Ich sich völlig in die allgemeine Gesetzlichkeit des mörderischen Ganzen einzuordnen vermag. Nur mit seiner Hilfe ist das Ärgernis des in der Theorie unmöglichen Lebens — der Verbindung und Durchdringung nämlich von Körper und Bewußtsein — zu widerlegen: die Tötung beweist dem Leben, daß es tot ist. „Das Prinzip alles Lebendigen", hatte Marat bei Sade gelesen, „sei der Tod" (D I 177). Diesem Prinzip ist auch Marat verpflichtet.

Der Unterschied zwischen beiden, zwischen Sade und Marat, liegt nur darin, daß Sade als Person zur Durchführung seiner Theorie: zum Mord „nicht fähig war" (D I 204). Und Marat seinerseits leugnet die „völlige Gleichgültigkeit", die de Sade der Natur zuschreibt (D I 177), keineswegs: er stellt ihr nur „eine Tätigkeit" entgegen, er „erfindet" in ihr „einen Sinn" (D I 180). Dieser mit dem Begriff „Revolution" etikettierte Sinn ist eine Setzung des Ichs: „Das Geschrei ist drinnen in mir ... I c h b i n d i e R e v o l u t i o n " (D I 171). Die Frage ist: hat das, was hier Revolution genannt wird, eine über das Gesetztsein durch das Ich hinausgehende inhaltliche Bedeutung? Genauer gefragt: ist Weiss' Marat als Sozialist, ja — wie der Autor selbst behauptet — als ein Vorläufer Marx'[25] zu verstehen? Die Antwort muß lauten: nein. Denn allen Revolutionen seit dem 18. Jahrhundert wie auch den sie auslösenden Bewegungen des Sozialismus liegt die aus der Ablehnung der Lehre von der Erbsünde resultierende Rousseausche Denkvoraussetzung zugrunde, die auch noch für Marx gültig ist (wenn er sie auch nur gelegentlich erwähnt): die — übrigens metaphysische — humanistische Prämisse der „ursprünglichen Güte" des Menschen.[26] Jeder Gedanke an die Veränderung einer Gesellschaft durch Revolution o h n e diese Voraussetzung kann auf nichts anderes hinauslaufen als auf die Inthronisierung einer nur durch sich selbst gerechtfertigten Gewalt. Das aber kann nie und nimmer der Sinn einer sozialistischen Revolution sein. Was immer man nun aber über Weiss' Marat/Sade denken mag: keinen Zweifel kann es daran geben, daß das in ihm zur Erscheinung kommende Bild des Menschen alles andere ist als das eines von Natur auf das Gute gerichteten animal rationale. Vielmehr basiert das ganze Stück durchaus auf der gegenteiligen Ansicht. Nicht nur, daß Sade mit seinem — sein literarisches Vorbild Richardson widerlegenden — schriftstellerischen Unternehmen (soweit es in Weiss' Stück zur Sprache kommt) gerade den Beweis antreten will, die Annahme naturgegebener ethischer Normen für den Menschen sei falsch[27]; nicht nur, daß den zum größten Teil Geisteskranke — und damit, nach Weiss' Absicht, „ganz gewöhnliche Leute"[28] — darstellenden Personen eine vehemente Aggressivität eigen ist, die auf nichts ‚Gutes' schließen läßt; sondern vor allem hat auch Marat dem radikalen Sadeschen Skeptizismus nichts zu erwidern als seine Entschlossenheit. Sades Einsicht, daß er nicht wisse, „was falsch ist und was recht ist" (D I 184), steht bei Marat keine andere Einsicht gegenüber; vielmehr setzt er sie gerade voraus, wenn er erklärt: „Ich ... ernenne gewisse Dinge für falsch" (D I 180). Allein die aus der „tyrannischen"[29] Gebärde des Subjektes geborene Festlegung dessen, was gut und böse ist, soll den „Drang mit Beilen und Messern / die Welt zu verändern und zu verbessern" (D I 253) rechtfertigen. Die Geburt der Aktion aus dem bloßen Entschluß zu ihr ist ein vom Autor offenbar theoretisch nicht durchschauter Dezisionismus, der den Lehren Nietzsches näher steht als denen Marx'. Für die Revolution Marats sind daher auch weniger konkrete oder gar sozialökonomisch formulierbare Ziele wichtig (abgesehen von vagen Andeutungen über eine allgemeine Gütergemeinschaft heißt es sogar ausdrücklich, die Ordnungen des neuen „Paradieses" seien „ungeahnt"

[D I 197]) als das „Dröhnen der Handlungen" (D I 235) als solcher, zu denen immer wieder in emotional aufgeladenen Szenen, Reden, Sprechchören aufgerufen wird. Die — nicht eben häufig angegebenen — Motivationen bieten nur Vorwände für die Aktionen. D a h e r gibt es „nur ein Niederreißen bis zum Grunde" (D I 199), d a h e r ist „die Auflösung und das Chaos" „gut" (D I 230): allein um der Gewalt der Bewegungen willen, die dabei mit den Körpern veranstaltet werden. So ist es kein Wunder, daß sich in Weiss' Stück „Revolution" auf „Kopulation" reimt (D I 244, 245, 255) — ein nicht etwa ironisch zu verstehender Stilzug.[30] Marat ist nur der auf größerer Bühne Vergewaltigungen veranlassende — sie diktierende — Exekutor de Sades. In dem Zwang, der den menschlichen Leibern angetan wird, soll ihnen jeder von ihrer Leiblichkeit abweichende ‚Gedanke', jede ihre mechanischen Eigenschaften übersteigende Qualität ausgetrieben werden, bis sie, von Kraft und Stoff sich nicht im geringsten mehr unterscheidend, endgültig auf jene Gleichheit gebracht sind, die angeblich das einzige in der Natur herrschende Prinzip darstellt: den Tod. Denn „unterm Beil sind sie ihresgleichen / und nicht voneinander zu unterscheiden als Leichen".[31]

Daß Peter Weiss seit 1965 einen unverrückbaren politischen Standpunkt einzunehmen sich entschied[32], ist nicht etwa deswegen erwähnenswert, weil er selbst es immer wieder für erwähnenswert hält, sondern weil er seine schriftstellerische, fast nur noch für die Bühne bestimmte Produktion seither von dem Wunsch hat bestimmen lassen, nicht mehr sein Ich, sondern „die Welt im größeren Sinne darzustellen".[33] Weiss sieht nunmehr eine „Zweiteilung der Welt (R 2, 15) für gegeben an, angesichts welcher der einzelne, wie zwischen Gut und Böse, nur „zwei Wahlmöglichkeiten" habe (R 2, 22). Als Dramatiker muß er damit einer „Schwarz/Weiß-Zeichnung" verfallen, deren Anwendung er auch ausdrücklich für „berechtigt" hält (D II 469).[34] Nun mag das einem Verkündigungsstil dienlich sein, der auf Proselyten aus ist, auch ließen sich in der Wiedergabe eines Kampfes, der nach dem Märtyrer- oder Tyrannenmodell ausgefochten wird, dramatisch wirksame Handlungen spiegeln. Der Darstellung von ‚Welt' jedoch steht — und, wie Weiss' Produktion zeigt, anscheinend kaum überwindbar — sein auch nach seiner Konversion nicht aufgehobener Bewußtsein-Körper-Dualismus entgegen, dem es, bei aller äußeren Bewegtheit, auf Fixierung von Zuständlichkeiten, nicht auf Handlung ankommt. (Ein ‚theatralisches' Werk kann unter solcher Voraussetzung nur bei einer besonderen Konstellation, wie beim *Marat/Sade* entstehen, wo die Variationen des Zustandes wie eine Folge sich steigernder Chocs den Zuschauer aufpeitschen.)

Um Fixierung eines Zustandes — eines unheilvollen, Hörer wie Leser zum Entsetzen versteinernden — geht es Weiss auch in seinem Auschwitz-*Oratorium*, zu dem er, so scheint es, über Giotto und Dante kam. Er studierte die *Divina Commedia,* weil er „ein Welttheater" plante, und dabei zog ihn vor allem der „Inferno-Teil" an: freilich dessen „Einzelheiten", nicht das Sinn-Ganze (Weiss sagt „Überbau"), in dem sie eingebettet sind (R 1, 142 ff.).[35] Ähnliche Folterqualen, wie Dante sie mit den dort verhängten Strafen verband, waren Weiss aus de Sades — mehr noch als aus Artauds — „Theater der Grausamkeit" (in der *Juliette*) bekannt. Beim Auschwitz-Prozeß (1964), dem er beiwohnte und von dem er „an Hand von stenographischen Notizen ein Gedächtnisprotokoll" verfaßte[36], sah er nun leibhaftig „Gepeinigte vor ihren Peinigern stehn, letzte / Überlebende vor denen, die sie zur Tötung bestimmt hatten" (R 1, 133). Der Versuch, das für den Menschen nicht Faßliche, in Auschwitz und den Lagern des Dritten Reiches aber Geschehene mit der Sprache — und d. h. mit dem Geist — zu begreifen, und zwar nicht als irgend etwas, das außerhalb des Normalen, im kriminellen Bereich, sich begab, sondern als Teil unserer Geschichte, als Teil unser selbst: dieser Versuch verdient, auch als ein gescheiterter, höchste Anerkennung. Dennoch wird man nicht umhin können, dieses Scheitern zu konstatieren.

Auswahl und Anordnung der Aussagen in Weiss' Stück sind, nach seinen eigenen Worten, durch die Absicht bestimmt, die Angeklagten nicht als die vor Gericht erschienenen Einzelpersonen, sondern als „Symbole für ein System, das viele andere schuldig werden ließ", auftreten zu lassen (D II 9); und zweifellos macht erst solche Absicht es sinnvoll, einen Text, der ein „Konzentrat" von „Fakten" bietet, als ein Bühnenwerk zu beurteilen. Die erste Frage: die nach dem Durchführungsmodus dieser Absicht, erweist sich jedoch angesichts des Stükkes selber als sekundär, weil dessen weitaus größten Teil — auf der Grundlage des Prozesses vielleicht unvermeidlich — Berichte über die von viehischen Handlangern verübten sadistischen Folterungen und Tötungsprozeduren, über den Hunger und die körperlichen Entbehrungen der Häftlinge ausmachen. Ganz abgesehen von der, vom Autor wohl nicht bedachten, geheimen Attraktivität des Grauens auf unbewußte Schichten der menschlichen Psyche, ist die Wirkung des Stoffes auf alle Fälle so ungeheuerlich, so niederdrückend, daß eine Reflexion des Zuschauers über die dieses Geschehen ermöglichenden Voraussetzungen im Bewußtsein seiner Veranlasser und in der Gesellschaft kaum aufkommen kann. Sicherlich wollte der Autor solche Betäubung des Publikums — das, wie Joachim Kaiser schrieb[37], „den Fakten parieren" muß, ihnen gegenüber „keine Freiheit" hat — gerade nicht bewirken. Aber gegen die zermalmende Kraft der Stofflichkeit können weder seine Gliederungen[38] noch andere Mittel[39] sehr viel ausrichten. In der Dichotomie von Stoff und Geist sieht sich das Bewußtsein hilflos dem schauerlichen Mechanismus der Ausrottung lebender menschlicher Leiber konfrontiert. Wie paralysiert von dieser, von den Schmerzen und Martern der Körper erfüllten Hölle muß es dem Zuschauer entgehen, was Weiss ihm eigentlich sagen will: daß die Grausamkeiten der Subjekte, über die im Auschwitz-Prozeß ermittelt wurde, das nicht nur in-, sondern (schlimmer noch) ahumane ‚System' eher verdecken als offenlegen. Es hat sie wohl ermöglicht, bedürfte ihrer aber nicht. Weiss läßt auch an verschiedenen Stellen — in der Aussage eines Zeugen z. B. über zwei Angeklagte (D II 74)[40] oder in dem Bericht über Worte des Kommandanten (D II 168)[41] — anklingen, worin das ‚Programm' Auschwitz eigentlich bestand: in der möglichst hygienisch perfekten Vertilgung von Menschen im Zuge eines Verwaltungsaktes. Diese Erkenntnis aber erreicht den Zuschauer kaum; es wird ihm nicht klar, warum Auschwitz für die Gegenwart so aktuell bleibt: wegen der Abstraktheit mehr als der Grausamkeit jener Täter, die ihre Taten nicht selbst ausführten, sondern von Schreibtischen aus ihre Direktiven gaben. Daß solch bürokratisch verordnete und von prinzipientreuen Beamten durchgeführte Vernichtungsaktion bestimmte — keineswegs verschwundene — Strukturen der modernen Gesellschaft zur Voraussetzung hat: wer wollte das leugnen? Weiss meint (wie man beim aufmerksamen Lesen seines Stückes wohl bemerken kann), diese Voraussetzung liege allein in einem „System der Ausbeutung", das „von einem anderen Gesichtspunkt aus schönfärberisch ‚Freies Unternehmertum' genannt wird" (R 2, 47).[42] Aber spielen sich die „greifbaren Erklärungen" für Auschwitz wirklich „im Bereich der Ökonomie" ab (R 2, 49)? Muß man sie nicht eher in der überall in der Welt zu beobachtenden Tendenz suchen, die Totalerfassung aller Menschen durch eine — ihre Auswertungskriterien von außen empfangende, selber möglichst automatisch arbeitende — Maschinerie zu betreiben?[43]

Der Eindruck ist kaum von der Hand zu weisen, daß der Auschwitz-Prozeß für Peter Weiss die entscheidende Erfahrung war, durch die er zum Parteigänger zu werden sich verpflichtet fühlte. Das macht sein politisches Engagement verständlich. Indessen ist den Antinomien durch Zerschlagen am wenigsten beizukommen. Das einzige, was letztlich dadurch geleistet wird, ist, dem Selbst den Schein eines unangreifbaren Platzes zu sichern. „Je mehr ich die Zeichen der Niedertracht und der Gewalt um mich herum erkannte", gesteht Weiss auch in seiner Princetoner Rede, „desto besser ging es mir." Politik wird zum subtilsten „hiding place"[44] des Ichs, das nach all den artistischen Kunststücken im Zirkuszelt seiner selbst seine Introvertiertheit am besten in der Öffentlichkeit tarnen zu können glaubt. So wiederholt sich für Peter Weiss mit seiner Konversion jenes Knabenerlebnis der Eingliederung in eine Gemeinsamkeit, die er einst — als Mitglied eines Pfadfindertrupps — wollüstig genossen hatte: erfüllt „von kurzem Glück", „daß ich zu den Starken gehören durfte, obgleich ich wußte, daß ich zu den Schwachen gehörte" (A 53). Weiss' Schwäche aber, das Wissen um die Zerbrochenheit des Menschen in seiner Subjektivität, war seine schriftstellerische Stärke gewesen. Sich zu den Starken gesellend, beginnt Weiss nunmehr, Marx auf den Kopf zu stellen: die im Ich existierenden Ketten werden in die realen und objektiven verwandelt. Entsprechend konstituiert sich aus der Übertragung der inneren Gespaltenheit auf die — wie es groben Blicken bis vor kurzem noch scheinen mochte — Spaltung der Welt in zwei Lager das von Weiss nach seiner

„Entscheidung" gepflegte politische Theater. Die Probleme, um die es hier weiter geht und die durch die Apparatur des Gehirns nur als Schemen nach außen geworfen und dadurch ins Globale vergrößert werden, sind solche des Ichs, mit denen Weiss von jeher rang: Versuche, „mich aus der Eingeschlossenheit zu befreien" (so in den *10 Arbeitspunkten eines Autors in der geteilten Welt*; R 2, 20). Daß solche Befreiung durch den Sprung in eine voluntaristische Sinn-Setzung geschehe, ist die ‚Lehre', die man aus den nächsten beiden Bühnenwerken Peter Weiss', dem *Gesang vom Lusitanischen Popanz* (1967) und dem *Vietnam Diskurs* (1968) ziehen kann. Beide Stücke stellen ja praktische Beispiele für ein Dokumentartheater dar, wie Weiss es versteht. Und Weiss versteht es — wie zu berichten nötig erscheint — so, daß der Terminus irreführen muß. In seinen *Notizen zum dokumentarischen Theater* nämlich führt er aus, es lege wohl „Fakten zur Begutachtung" vor, sei aber „parteilich" (D II 468 f.): es liefert also Begutachtungen gleich mit.

Partei nimmt das Weisssche Dokumentartheater nun — und wer identifizierte sich nicht gern mit solch moralischer Anstrengung? — für die Unterdrückten und gegen die Unterdrücker. Wer anders aber war bei Weiss von je unterdrückt als das Ich? Dieses wird (auch wenn der Autor sich das selbst kaum eingestehen wird) nach dem Hesseschen Rezept vom „magischen Theater" zur unterdrückten Menge pluralisiert und dagegen der ‚Turm' gestellt, diesmal als ein aus Eisenschrott bestehender überlebensgroßer Roboterpopanz mit seinen Helfershelfern. Sich die Mühe ersparend, die verschiedenen Rollen mit — eh schon altmodischen — Charakteren auszustatten, hat Weiss die Spieler und Spielerinnen ganz zutreffend mit arabischen Zahlen bezeichnet, den Menschen damit kurz und bündig zur Nummer degradierend. L'homme plus que machine ...[45] Simpler fast noch als im Kasperletheater gibt es nur die beiden Rollengruppierungen der Guten und der Bösen, in die die Schauspieler jeweils hineinschlüpfen. „Einfachste" Requisiten genügen dafür (D II 202); wie den Teufel an den Hörnern erkennt man an „Tropenhelm", „Kruzifix" und „Bischofshut" die Unterdrücker. Das Ganze, in den afrikanischen Kolonien Portugals spielend, bringt dokumentarisches Material mehr oder weniger zutreffend auf die Weisssche Generallinie[46] und hat natürlich keine ‚Fabel', sondern spiegelt, wie eine ausgedehnte Kabarett-Nummer, einen stets konstanten Zustand wider: den der Ausbeutung. Was Weiss in anderem Zusammenhang von den Vertretern der Institutionen aus dem 13. Jahrhundert und denen unserer Gegenwart schreibt: „Sie ändern ... nur wenig ihr Gewand. Ihre Machenschaften sind die gleichen. Hinter ihnen ist immer wieder das Schnuppern des Luchses zu verspüren, das Brüllen des Löwen zu hören und das Heulen der Wölfin" (R 1, 160), kennzeichnet auch die im *Lusitanischen Popanz* durch die verschiedenartigen Kostümierungen wie auch den raffiniertesten Einsatz der vorgesehenen theatralischen Mittel (Pantomime, Musik, chorisches Sprechen usw.) nicht aufhebbare Monotonie von Geschehnissen, die nichts ausdrücken als den Zwang, dem der Mensch durch äußere Gewalt unterliegt. Des Autors sich darin manifestierendes Geschichtsverständnis ist nicht dialektisch, sondern stationär. Ist Geschichte wirklich so? Wenn ja, ist wohl die Ablösung einer Herrschaft durch die andere begreiflich, aber völlig unerfindlich muß es bleiben, wie eine Aufhebung dieses zuvor als Strukturkonstante zehnfach eingetrichterten Verhältnisses möglich sein soll. Wenn der „Mechanismus" der Popanz-„Konstruktion" „mit gewaltigem Krach" zu Boden fällt (D II 263 f.), so erinnert man sich, daß seinerzeit schon der Turm auf ähnliche Weise versunken sein sollte.

Im *Vietnam Diskurs* gar — den genauen Titel möge man in der Anmerkung nachlesen[47] — wird die Diskrepanz zwischen Struktur und beabsichtigtem Effekt noch augenscheinlicher. Das Stück soll wohl, nach des Autors Vorbemerkung, „einen bestimmten historischen Prozeß verdeutlichen" (D II 269), auch hat Weiss zu diesem Zweck sicherlich umfängliche Vorstudien getrieben (ein „wissenschaftlicher Mitarbeiter" [D II 268] stand ihm zur Seite). Doch nicht die Differenzen der Geschichte, sondern ihre, in Weiss' Sicht, jeweils gleichbleibenden Abläufe, die aus Befreiungsversuchen und erneuten Unterdrückungen bestehen, müssen sich dem Zuschauer einprägen. Dazu trägt auch die starke Ritualisierung der Vorgänge bei: der Text liest sich streckenweise — das gilt besonders für den ganzen ersten, die vietnamesische Geschichte rekapitulierenden Teil — als bloß erklärende Erläuterung der gleichzeitigen pantomimisch-tänzerischen Bewegungen, deren adäquate Durchführung durch eine Ballettgruppe das Ganze freilich noch langwieriger machen würde, als es jetzt schon ist, an dem Grundcharakter der variierten Repetition des Immergleichen aber auch nichts ändern könnte. Auch wird durch den ständigen Rollenwechsel der Schauspieler die Austauschbarkeit von Unterdrückern und Unterdrückten geradezu aufdringlich demonstriert. Und der politische Nachhilfeunterricht des zweiten Teils — er ist eher ein Schulungs- als ein Diskurs über die Ereignisse von etwa 10 Jahren (1954—1964) — indiziert mit den Worten seines Schlußchores „Der Kampf geht weiter" (D II 458) nicht etwa, wie Weiss möchte, Hoffnung, sondern Resignation. Ganze Säle von Historiengemälden, auf denen immer nur die von gleichen kontrastierenden Gruppierungen beherrschten Tableaus zu sehen sind, erregen außer Langeweile auch Gewöhnung und widerstreiten damit gerade der pädagogischen Zielsetzung des Autors: Erweckung des Glaubens an eine durch Revolution zu erreichende Herstellung einer kontrastlosen, heilen Welt.[48] Nach ausgiebigster Einbläuung der tristen ewigen Wiederkehr einer Amboß/Hammer-Relation in der Geschichte (einer Geschichtsauffassung, die der eines Gottfried Benn gar nicht unähnlich ist), bleibt das Heil, wenn überhaupt, nur noch als Sprung aus der Geschichte denkbar. Nur ein solcher, ein veritables Wunder also, könnte den Ausbruch aus dem mechanistischen Welttheater vollziehen, in welchem das Weisssche Ich sich gefangen gehalten wähnt.

Unverhüllter wieder wird dieses Ich zum Thema des Weissschen Schreibens in seinen nächsten zwei — den bislang letzten — dramatischen Produktionen, in denen er auch äußerlich zur Darstellung eines Individualschicksals zurückgekehrt ist: *Trotzki im Exil* (1970) und *Hölderlin* (1971).[49] Beide Werke können zusammen behandelt werden, da sie beide — nur in unterschiedlicher Verkleidung — dieselbe uns schon bekannte Ich-Figur und deren Gefangensein repräsentieren. Dabei unterscheiden sie sich vom Pablo des *Turms* allerdings dadurch, daß bei ihnen am Ende nicht der Ausbruch, sondern der Turm steht. Insofern sind sie als Regreß zu begreifen, in dem die Befreiung nur noch als Postulat der Imagination aufrecht erhalten wird.

Sympathisch, wenn auch erstaunlich weltfremd ist die Naivität, mit der Weiss glaubte, mit Partnern in den sozialistischen Ländern ausgerechnet über Trotzki in ein Gespräch kommen zu können.[50] Aber die Wahl der Trotzki-Gestalt wie auch die Hölderlins zu dramatischen Helden hängt — genau wie die Glorifizierung der von Weiss in Hölderlins *Empedokles* gespiegelten Che-Guevara-Figur — mit einer ihnen allen gemeinsamen Qualität zusammen: mit ihrem Scheitern an der — wie es im Klappentext zum *Hölderlin* heißt — „eigensüchtigen Umwelt". Zweifellos hat sich Weiss um historische Wahrheit bemüht (sie freilich nicht immer eingehalten); um so eindrucksvoller ist es, wie er die ja doch sehr unterschiedlichen Stoffvorlagen über denselben Leisten seiner Ich-Problematik schlägt.

Strukturbildend ist wiederum das Gegen-, besser: Nebeneinander von Diskussion und körperlicher Bewegung. Die Beziehungslosigkeit dieser beiden Seiten sucht der Autor etwas gezwungen auszunutzen, wenn er z. B. meint: „Der spätere philosophische Disput kann einen spielerischen und ironischen Anklang gewinnen, wenn die Sprecher gleichzeitig mit dem Aufhängen der Dekorationselemente beschäftigt sind" (H 13); und bei den diskutierenden Revolutionären geht es gar so zu: „Im Verlauf der Diskussion ständige Unruhe. Man kratzt sich, steht auf, schlägt mit den Armen um sich, tritt mit dem Fuß aus, schleudert ein Buch in eine Ecke. Hier und da geht einer wie ein Schlafwandler umher" (T 26). Solche einmal geradezu als „gymnastische Übungen" (T 42) bezeichneten Körperbewegungen werden im *Hölderlin* noch durch eine Reihe von Schau-Elementen, wie sie aus dem *Marat/Sade* bekannt sind (Tableaus, körperliche Züchtigung, Irrenhaus usw.), ergänzt und theatralischer Wirksamkeit nahegebracht; dagegen kann die Bemühung im *Trotzki*, den Reden mit begleitenden Gruppen- und Massenbewegungen[51] die Dynamik der Revolution zu verleihen, auf der Bühne wohl nur schwer den gewünschten Effekt erzielen.

Choreographisch sorgte Weiss dafür, daß als Kontrast und Mittelpunkt aller Bewegungen in *Trotzki* das Requisit des Denkens erscheint: ein Schreibtisch, an dem Trotzki sitzt, „den Federhalter in der Hand" (T 9), sich immer wieder mit Papieren und Schreibgerät zu schaffen machend (vgl. etwa T 38, 97 u. ö.). Trotz früher — übrigens von Lenin widersprochener! — Resignation im Hinblick auf die Rolle des Geistes (T 54 f.) wird oft, unmarxistisch genug, die Denkgebärde[52] als Realgrund der um sie herum eintretenden Aktionen verstanden; das geht u. a. aus Trotzkis Ausschreiben von Zetteln hervor: sie bringen ihn über „Meldegänger" mit dem Proletariat in Verbindung, dessen Vertreter außer zu Rapporten offenbar nur zu kollektiven, manchmal auch chorisch vorgetragenen Bekundungen, wie „Tumult", „Jubel" oder „Begeisterung", fähig sind (z. B. T 74 f.; im *Hölderlin* treten sie fast nur als Statisten auf; vgl. z. B. H 104). Daß insgesamt aber, der Realität gegenüber, auch Trotzkis Bewußtsein schließlich „bei der Anstrengung scheitern" muß, „dir die Grenzen deines Denkens zu erweitern", wie der Sänger von Hölderlin sagt (H 154), kann bei der Weissschen Voraussetzung einer unheilbaren Kluft zwischen Ich und Welt gar nicht anders sein.

Es besteht daher für den Autor wenig Grund zu dem „Gelächter", in das er die Umstehenden über Hugo Balls mißlungenen Flugversuch („Leben ist Fliegen"; vgl. das Motiv schon im *Abschied* 46) ausbrechen läßt (T 53): was Hugo Ball das Fliegen, ist Trotzki das Fernrohr (vgl. T 79, 100, 113 u. ö.), mit dem der Chiliast vom Gegenwärtigen weg ins Visionäre schaut. Genauso „idealisch" (H 180) betreibt Hölderlin die Revolution: „schreibend" (H 58) will er sich „aus der Eingesperrtheit brechen", „zu denen sprechen, die in der Zukunft leben" (H 49 f.). Seinem „innern Blick" bleibt das, „was außen ist", verschlossen (H 50 f.). „Entsetzlich" kommt ihm die von Wilhelmine Kirms sehr handgreiflich vor Augen geführte Körperlichkeit vor („wie sich die Welt / mit ihren Leibern wälzt" [H 52]); „wichtig" erscheint sie Trotzki: Körperprozesse nehmen ihn „oft tagelang in Anspruch" (T 58, auch 113 f.)[53], und den Zwang der leiblichen Gewalt, wie er sie angewendet hat (T 108) und wie sie gegen ihn angewendet wird (z. B. T 12), erfährt er sinnbildlich dadurch, daß er — während sich die Szenen aus den Moskauer Schauprozessen im Hintergrund abspielen — „vorn, mit entblößtem Oberkörper" steht, „das Hemd in der Hand" (T 115), um anschließend vor plötzlichem Maschinengewehrfeuer hinter einem Tisch Dekkung suchen zu müssen (T 132).

Wie das Ich selbst des eigenen Körpers nicht Herr ist, hat es im Räumlichen überhaupt, im Ausgedehnten des Hiesigen keine Bleibe: „Uns bleibt nichts / als daß wir wie Ulyss / den Wanderstab ergreifen und / das Weite suchen" (H 99); jeder Raum ist ihm nur „Provisorium" (T 9), aus dem es — wie Pablo ein „Ausbrecherspezialist" (T 44) — hinausdrängt („Den Aufenthalt verändern. Den Aufenthalt verändern" [T 46]), bis es am Schluß in sich selbst zurückkehrt, wie „in einer mittelalterlichen Burg", hinter „schweren Türen" und „Mauern" eingeschlossen sitzend: „wie in meinem ersten Gefängnis in Kherson" (T 135). So war es also schon immer: die „Ausgangssituation" im *Trotzki* entspricht „den letzten Augenblicken des Stückes" (T 9); die „verschiedenen Zeitebenen" (mehr als ein Dutzend von 1900 bis 1940) — das Springen von einer zur anderen kann vom Zuschauer kaum nachvollzogen werden — sind nur verschiedene Facettierungen eines Zustands: des Zustandes des „Denkens", das durch die „Umstände" (die Realität) „entstellt" wird (H 11).

Denken aber bleibt — auch wenn es heißt, die „Rede von den Einzelnen" sei „elitär Gewäsch" (H 70) — unbarmherzig dem Ich vorbehalten. All seine drängenden Versuche, die Begrenzungen, die „eiskalte Zone" (H 67) des jeweils Bestehenden und ihrer bornierten Vertreter zu durchbrechen, bleiben umsonst. Trotzki als der Ibsensche Dr. Stockmann, der als „geistiger Aristokrat" vergebens gegen eine lügenhafte Gesellschaft ankämpft und der die „verfluchte kompakte Majorität" der Masse „verachtet" (T 114)[54], findet seine Auferstehung in Hölderlins Empedokles/Che Guevara, der als „VolksFeind" die Beschlüsse der Mehrheit" „betrogen" hat (H 117). Das Ich steckt in sich selbst, der Turm am Ende ist zu Anfang „schon da" (H 13), wie er auch heute „noch da" ist (H 181). Als „Wächter" (H 162) nur des Acheron, im Reiche des Pluto (H 158), der sein Regiment hier auf Erden errichtet hat, hat Weiss' Hölderlin sich in die Abgeschiedenheit des „großen Schweigens" „von der Welt" abgetrennt (H 153).

Denn tiefste Not in dem Verhältnis des Inneren zum Äußeren bereitet, als ‚Äußerung', die Sprache. Selbst Trotzki macht sie Schwierigkeiten; indem er sie nur telegrammstilartig, in einem „sternheimschen Lakonismus"[55], als Waffe zur „revolutionären Handlung", nicht zum „Kampf der Ideen", benutzt (T 38), tut er in praxi der theoretischen Deklaration der Dadaisten Genüge, die „wahre Stimme" sei „im Geratter der Tanks, im Krachen der Shrapnells, im Dröhnen der Aeroplane", im „Stöhnen, Röcheln, Furzen, Rülpsen, Grölen" zu vernehmen (T 52). Das sind Gewaltstreiche, die die „unverständlichen Beziehungen" der Sprache (T 58 f.) um nichts verständlicher machen. Der Qual des Geistes aber, der im Wort Gestalt gewinnen will und den doch schon „ein Laut" trübt, gibt Hölderlin in der Szene mit Fritz von Kalb Ausdruck. Während Fritz allen Worten entgegen „verzweifelt" die nackte Leiblichkeit des Geschlechts herausschreit, läßt Hölderlin die grauenhafte Drohung „ins Verstummen" in drei sechsversigen Strophen Wort werden, die sich einer beliebten (heute noch vor allem durch Matthias Claudius' *Der Mond ist aufgegangen* bekannten) Kirchenliedform bedienen (H 53—55). Thematisch stehen sie dem Lied des Breslauer Predigers Johann Heß (1490—1547) O *Welt, ich muß dich lassen* nicht fern; auch für Hölderlin ja ist des Bleibens „hier nicht mehr"[56]: nur daß sich ihm sogar die Sprache, die dem Protestanten noch als Gotteswort wahrheitshaltig war, zum Bestandteil des Mechanismus der Außenwelt, dieses „Irrenhauses" (T 43), verwirrt: Worte klirren „wie Automaten", Bilder „gefrieren". In dieser „Hölle" (T 57) des „lebendgen Todes" (H 54 f.) ist das einzig verbleibende Rückzugsgebiet „das Verstummen" (H 180), der schweigende, verborgenste Innen-Raum des Ichs, der Turm.

Wie ist in diesen Zusammenhängen noch die erstrebte und zu erkämpfende

Revolution zu verstehen? Offenbar, wie Karl Heinz Bohrer schon anläßlich des Weissschen Che-Guevara-Manifestes[57] mutmaßte, als Metapher.[58] Der Entschluß zur Aktion, zur „äußersten Gewalt" (T 108), eines Niederreißens „von Grund auf" (H 66), einer unaufhörlichen, permanenten Revolution, geschieht, um die Verkrustung von Bestehendem zu verhindern und das Tote der mechanischen Welt in einen Strudel von Bewegungen zu versetzen, der lebendig wenigstens scheint, und ist nichts als der aktive modus der Verwerfung von Welt, der Fluchtbewegung des Ichs aus den Schranken des Irdischen, dieses „Asyls voll Wahn und Qual" (H 66), das zu „Schutt und Staub" (H 55) werden muß. So erscheint Hölderlin der junge Marx wie ein Bote aus einer anderen Welt, „blendend Helle" in „tiefster Finsternis" (H 177), ein Engel der Verkündigung, der „grundlegende Veränderungen" „als wissenschaftlich begründete Notwendigkeit" verheißt (H 177). In der Welt aber, selbst in der des triumphierenden Sozialismus, herrscht weiter „menschliche Schwäche, menschliche Feigheit, menschliche Niedertracht", kurz: „Gebrechlichkeit" (T 140). Aufgehoben werden kann sie — das ist die Aussage, die im *Trotzki* angelegt[59], in der Empedokles-Szene des *Hölderlin* unmißverständlich vorgetragen wird — nur durch das Opfer. Der Scheiternde erhält eine gerade seinem Scheitern innewohnende Qualität, die, da sie ja gleichzeitig auf Che Guevara bezogen wird, eine offenbar zeitlose Gültigkeit haben soll: das Dargestellte findet statt „Funfhundert Jahr eh / unsere ZeitRechnung begann / und heut" (H 42). Wer „durch einen freywilligen Entschluß" „aus der Idee sich raussprengt" (H 113), durch „eine außerordentliche That" (H 114) ein „Vorbild" für die „nach ihm Kommenden" (H 135) abgibt, zur Nachfolge aufrufend (H 138), wird allerdings zu einer „mythischen Figur" (H 113). Und mag Weiss persönlich auch das Christusbild zurückweisen (R 2, 82): das Modell der Passion in den von ihm gesetzten Akzenten der Empedokles-Handlung ist unübersehbar. Mit dem Leiden und dem Tod nimmt der Held das auf sich, was man nicht anders als die Sünden der Welt nennen kann. „Ihr" ruft Hölderlin seinen kleingläubigen Freunden zu, „seyd die Verblendeten / versteht ihr nicht / daß dieses Fiebern der Atemnoth / eure Seuche ist / die ihn überkommen muß . . ." usw. (H 131 f.). So ist der scheinbare Sieg der „Schergen" (H 132) und „Schächer" in Wahrheit „ihre Niederlage" (H 135); der einzelne, der sich — nicht um unmittelbar praktischer Ziele willen — opfert, ist „lebendiger" „als mancher / der sich blühend wähnt" (H 131). Sie aber, für die er gekommen ist, die Mühseligen und Beladenen, ließen ihn vorübergehen (H 137): Εἰς τὰ ἴδια ἦλθε, καὶ οἱ ἴδιοι αὐτὸν οὐ παρέλαβον. „TodtFeind aller einseitigen Existenz" (H 111) — alles Bedingten nämlich in der Realität — verkörpert er das „erschreckend Unerwartete" (H 114), vor dem die Freunde „betroffen" (H 135) zurückweichen: die im Opfertod „SinnBild" (H 56) werdende Einung von Geist und Leib. Das Zeichen, das sie setzt, ist ein christliches, Hoffnung, die auf Unirdisches zielt: Aufhebung der Trennung von „Wirklichem" und „Traum", von „Fantasie" und

„Handlung“ (H 181), von Geist und Körper. Solange das nicht satthat — und wann anders könnte das sein als am Tag der Auferstehung des Fleisches? —, solang wird „ein solcher noch in seinem Turme“ schreien (H 12).

Der Turm: das Eingeschlossensein im Innern ist die Gefahr des modernen Menschen, dem alles in Raum und Zeit Gegebene fremd und fern ist: noch im Leben befindet er sich unter lauter Totem. Ein bedeutendes Dokument dieses Zustandes liegt im Werk Peter Weiss' vor, in welchem die „Erfahrung der Hölle“, wie Best schreibt, „ein zentrales Motiv“ ist.[60] Der Sartresche Irrtum freilich (dem Weiss wohl gleichfalls unterliegt), ist zu glauben, die Hölle: „das seien die anderen“.[61] Die Hölle: das ist das Ich. Die anderen sind nur dessen Projektionen auf den Wänden der Kerkermauern des Inneren. So hängt die Bedeutung der Hölle für den Menschen der Neuzeit eng mit seinem Individualismus zusammen, seinem Versuch der Emanzipation, der einen einzigen Kommentar zu dem ungeheuren Wort des Pascal darstellt, daß das Ich „haïssable“ sei, „injuste en soi en ce qu'il se fait centre du tout“.[62] In den Abgründen des Selbst allein brennt jenes Feuer, in dem der Quälende — unendlich — sein eigenes Opfer bleibt. Daher spielen die Weissschen Dramenfiguren auf Brettern, die keine Welt bedeuten, nur das Ich.

Anmerkungen

Texte

Der Schatten des Körpers des Kutschers. Tausenddruck 3, Frankfurt a. M. 1960; zit. nach edition suhrkamp 53, 4. Aufl., 1969 (= S).

Abschied von den Eltern. Frankfurt a. M. 1961; zit. nach edition suhrkamp 85, 1961 (= A).

Fluchtpunkt. Frankfurt a. M. 1962; zit. nach edition suhrkamp 125, 1966 (= F).

Das Gespräch der drei Gehenden. edition suhrkamp 7, Frankfurt a. M. 1963 (= G).

Bericht über Einrichtungen und Gebräuche in den Siedlungen der Grauhäute; in: Aus aufgegebenen Werken, hrsg. v. S. Unseld. Frankfurt a. M. 1968, 83—105.

Dramen 1 / Der Turm / Die Versicherung / Nacht mit Gästen / Mockinpott / Marat/Sade. Frankfurt a. M. 1968 (= D I).

Dramen 2 / Die Ermittlung / Lusitanischer Popanz / Vietnam Diskurs. Frankfurt a. M. 1968 (= D II).

Trotzki im Exil. Bibliothek Suhrkamp 255, Frankfurt a. M. 1970 (= T).

Hölderlin. Bibliothek Suhrkamp 297, Frankfurt a. M. 1971 (= H).

Rapporte. edition suhrkamp 276, Frankfurt a. M. 1968 (= R 1).

Rapporte 2. edition suhrkamp 444, Frankfurt a. M .1971 (= R 2).

Notizen zum kulturellen Leben in der Demokratischen Republik Vietnam. Frankfurt a. M. 1968.

Literatur

Otto F. Best: Peter Weiss. Vom existentialistischen Drama zum marxistischen Welttheater. Eine kritische Bilanz. Bern 1971.

Über Peter Weiss, ed. V. Canaris. edition suhrkamp 408, Frankfurt a. M. 1970.

Der andere Hölderlin. Materialien zum ‚Hölderlin'-Stück von Peter Weiss. Hrsg. von Thomas Beckermann und Volker Canaris. Suhrkamp Taschenbuch 42. Frankfurt/Main 1972.

Weitere Literatur in der Bibliographie von Peer-Ingo Litschke. In: „Über Peter Weiss", S. 151 ff.

Nachweise

1 Ibsen, Sämtliche Werke, ed. Eliasberg / Schlenther, Berlin 1908, IV, 511.

2 Vor allem die Auszüge aus dem *Kopenhagener* (1960) und dem *Pariser Journal* (1962); in: R 1, 51 ff., 83 ff. — Nicht berücksichtigen konnte ich die vier in schwedischer Sprache erschienenen Werke: *Från ö till ö* (Von Insel zu Insel), Stockholm 1947; *De Besegrade* (Die Besiegten), Stockholm 1948; *Dokument I*, Stockholm 1949; *Duellen* (Das Duell), Stockholm 1953. — Die offenbar zum Teil recht bedeutenden Texte bedienen sich, außer dem letzten, der Ich-Form und scheinen — nach dem Bericht Herrn J. Reichels (Heidelberg), dem ich auch an dieser Stelle herzlich danken möchte — schon die im deutschen Werk Weiss' zentrale Ich-Problematik und viele der dort dafür eintretenden Motive zu enthalten.

3 Goethe, Faust, V. 6687 f.

4 Vgl. etwa A 118 f.

5 Hier nur ein kurzes Wort zu möglichen Beeinflussungen, denen Peter Weiss ausgesetzt war und auf die ich am allgemeinen nicht weiter eingehe. Von zentraler Bedeutung für das gesamte Werk ist zweifellos Hermann Hesse. Wichtig sind auch Strindberg, Sartre und die Surrealisten, in diesem Zusammenhang auch der experimentelle Film. Kafka scheint mir im wesentlichen nur aufs Technisch-Formale gewirkt zu haben. Gar nichts gemein hat Peter Weiss mit Henry Miller. — Einzelheiten über Einflüsse findet man in den Arbeiten von H. Rischbieter (Peter Weiss. Friedrichs Dramatiker des Welttheaters 45, Velber bei Hannover 1967), Otto F. Best (Peter Weiss. Bern/München 1971) und vor allem Manfred Karnick (Peter Weiss' dramatische Collagen: In: G. Neumann, J. Schröder, M. Karnick: Dürrenmatt, Frisch, Weiss. München 1969, 115—62).

6 Marianne Kesting, N. Dt. Hefte, Jg. 10, H. 92, 1963, 128.

7 Zuerst erschienen Frankfurt 1960 als „Tausenddruck 3". Obgleich die für die Erstausgabe von Weiss selbst gefertigten Collagen in den späteren Ausgaben wegen des kleineren Formats mehrerer Bildelemente beraubt werden mußten, hat sich ihre Formqualität dadurch nicht wesentlich verändert. Sie führen „die Partikeltechnik der Prosa optisch fort" (Gerhard Schmidt-Henkel: Die Wortgraphik des P. Weiss. Über Peter Weiss, 17).

8 Gerhard Schmidt-Henkel, 23.

9 So K. Krolow, Dt. Rundschau 89, 1963, H. 6, 63.

10 Helmut J. Schneider: Der Verlorene Sohn und die Sprache. Über Peter Weiss, 37.

11 Schmidt-Henkel, 23. — Abgesehen davon, daß die äußere Motivation einer flüsternd-undeutlichen Aussprache oder eines akustisch erschwerten Verständnisses gar nicht immer gegeben ist (vgl. etwa die Antworten des Kutschers und des Hausknechts auf die Frage des Erzählers: S 96), werden keineswegs nur zufällig aufgenommene Satzbrocken von einem getreu rezipierenden Beobachter protokolliert; vielmehr verzeichnet der Erzähler gerade die s i n n tragenden Vokabeln in einer Wortreihe, deren Bedeutung dadurch ebenso wie durch einen grammatisch vollständigen Satz gesichert ist (vgl. z. B. S 35, 36 und passim).

12 Helmut J. Schneider, 35.

[13] *Bericht über die Einrichtungen und Gebräuche in den Siedlungen der Grauhäute* (1953); *Der große Traum des Briefträgers Cheval* (1960; R 1, 36 ff.)

[14] „‚Sind Sie Pablo?' fragte ich. ‚Ich bin niemand', erklärte er freundlich" (H. Hesse: Der Steppenwolf, Frankfurt a. M. 1961, 227).

[15] Zum Collage-Prinzip in Weiss' Dramen und den surrealistischen Anregern vgl. die schon genannte Studie Karnicks (mit reichhaltigem Material und vielen wertvollen Hinweisen).

[16] H. Hesse, a. a. O., S. 229.

[17] Aufschlußreich für Weiss' dramatische Technik nicht nur in diesem Stück ist sein — in Schweden schon 1950 erschienener (vgl. Rischbieter 10) — Aufsatz *Avantgarde Film* (R 1, 7—35). Auf ein Lautréamont-Zitat in der *Versicherung* weist Rischbieter hin (34). Vgl. auch Karnick, 117 ff.

[18] Weiss tat daher gut daran, die alberne Schlußmoral, die er auf Wunsch des Regisseurs für die Berliner Uraufführung schrieb, nicht in die Buchausgabe aufzunehmen (D I 261).

[19] Über die im einzelnen sehr interessanten Änderungen kann man sich überblicksweise informieren durch den Bericht Karlheinz Brauns; Über die verschiedenen Fassungen des Stückes. In: Materialien zu Peter Weiss' ‚Marat/Sade'. edition suhrkamp 232, Frankfurt a. M. 1967, 29 ff.

[20] In seinen „Anmerkungen zum geschichtlichen Hintergrund des Stückes", die schon der ersten Fassung von 1963 beigegeben waren, vergleicht Weiss de Sade mit einem „modernen Vertreter des dritten Standpunktes" (D I 267), zu welchem er sich selbst bis 1964 wiederholt bekannt hatte (siehe etwa Materialien 99). In einem Gespräch vom 3. 3. 1965 behauptet er: „Ich habe immer wieder betont, daß ich das Prinzip Marats als das richtige und überlegene ansehe" (Materialien 101).

[21] Nämlich am Eingang des aus der ersten Fassung hier wieder eingefügten ersten Teils des Epilogs.

[22] „Marat / wie hast du gelebt / in deiner Wanne / in deiner Kasteiung" (D I 234).

[23] Materialien 112.

[24] Als „imaginär" wird auch Marats Rede vor der Nationalversammlung bezeichnet (D I 226).

[25] Materialien 93.

[26] Vgl. Karl Marx: Die heilige Familie; zit. nach: K. M., Ausgewählte Schriften, ed. B. Goldenberg, München 1962, 237. Auch für Brecht war es noch der — nur durch die Umstände behinderte — ‚eigentlich' gute Mensch, dem schließlich ein „guter Schluß" zukommt (oder zukommen „muß").

[27] Dieser Beweis wird auch und gerade an der Figur vorgenommen, deren Handeln, ihrem eigenen Selbstverständnis zufolge, eben auf Rousseaus anthropologischem Optimismus fußt: an der Corday. Wolfram Buddecke hat in einem bemerkenswerten Aufsatz im einzelnen nachgewiesen, wie eben die „Theorie von der natürlichen Güte des Menschen" sowohl durch „Cordays lustbetontes Tatverhalten" als auch durch de Sades Kommentare widerlegt wird (W. B.: Die Moritat des Herrn de Sade. In: Geistesgeschichtliche Perspektiven, Festgabe f. R. Fahrner, Bonn 1969, 317 ff.).

[28] Materialien 98.

[29] Das Wort wird für Marat mehrmals in den Bühnenanweisungen verwendet (D I 170, 233).

[30] Auch die erst in die letzten Fassungen eingefügte körperliche — und endlich auch verbale — Opposition Roux' (D I 255) bringt nur ein weiteres Bewegungselement in den Tumult, erwirkt keine Distanzierung von ihm. Eben die Entfesselung der Triebkräfte, die in der Schlußturbulenz ihren Höhepunkt erreicht, war es ja auch schließlich, die sowohl Roux als Marat mit ihren Aufrufen und Manifesten, Emotionen erweckend und

an menschliche Neidinstinkte appellierend, hervorgerufen hatten; wie auch ihre Agitationen selbst Resultat nicht etwa rationaler Erwägungen, sondern von Erregungs- oder gar Krankheits-Zuständen waren (Marat „schrieb immer im Fieber“ [D I 235]). Ausführliches und Ausgezeichnetes zu der Dominanz der Triebkräfte im *Marat/Sade* bringt W. Buddecke, a. a. O.

31 So die „den vierten Stand“ repräsentierenden (D I 157) Sänger drastisch in der ersten Fassung (als Manuskript gedruckt, Frankfurt a. M. 1963, 134; Materialien 52). Die Formulierung hat den Vorzug der Deutlichkeit.

32 Die auffällige Häufigkeit, mit der Weiss auf den ‚Entscheidungs‘-Charakter seiner — und jeder entsprechenden — Meinungsänderung hinweist (z. B. R 1, 132, 138; 2, 18), legt die Vermutung nahe, daß es sich um einen im wesentlichen dezisionistischen Akt handelte. Vgl. dazu auch H. M. Enzensberger in: Kursbuch 6, 1966, 171: „Peter Weiss wird es seit einigen Monaten nicht satt, uns zu versichern, er habe sich entschieden“.

33 Materialien 110.

34 Man vergleiche auch die auf den Schwarz-Weiß-Kontrast abgestimmten Kostümierungsvorschriften für den *Vietnam Diskurs* (D II 270).

35 Daran übte er eher Kritik, wobei er seine (und der Neuzeit) eigene Leib-Seele-Trennung Dante unterschiebt: Dante habe Beatrice „verraten“, indem „er sie, die Körperlose, als Kunst verherrlichte“, „während ihr Leib verblutete“ (R 1, 141). Auch hier spiegelt sich wahrscheinlich Autobiographisches wider (Otto F. Best, 38 f.).

36 Vgl. Kursbuch 1, 1965, 202; dort 152—188 ein Teilabdruck dieses Protokolls unter dem Titel *Frankfurter Auszüge*. Außer auf dieses Protokoll stützte sich Weiss bei der Ausarbeitung des Bühnentextes auf die Prozeßberichte Bernd Naumanns in der „Frankfurter Allgemeinen Zeitung“ (nach Rischbieter, 38 f.).

37 Süddt. Ztg. 4./5. 9. 65.

38 Etwa des Aufbaus in 11 „Gesängen“ zu je drei Abteilungen; oder der Sprache durch typographisch kenntlich gemachte Kleineinheiten (nicht Verse). Im Zusammenhang mit dem Aufbau sei auf die — von Karlheinz Braun vermerkte (Materialien 31) — Vorliebe Weiss’ für die Zahl 33 und deren Dreiteilung (nach dem Vorbild der *Göttlichen Komödie*) hingewiesen. Gewicht ist darauf nicht zu legen.

39 Dazu gehören Wiederholungen und prononcierte Stellung gewisser Arten von Aussagen und Gesten (z. B. Lachen der Angeklagten).

40 „Sie töteten nicht aus Haß und nicht aus Überzeugung / sie töteten nur, weil sie töten mußten / und dies war nicht der Rede wert / Nur wenige töteten aus Leidenschaft“ (D II 74).

41 Dieser Bericht wird übrigens bestätigt in den auch sonst sehr aufschlußreichen, in der Krakauer Untersuchungshaft niedergeschriebenen autobiographischen Aufzeichnungen Rudolf Höß’ (Kommandant in Auschwitz, ed. Broszat. Quellen und Darstellungen z. Zeitgesch. 5, Stuttgart 1958, 122 f.).

42 Das macht sich im Text selbst z. B. durch die betonte Hervorhebung der Rolle der Großindustrie bemerkbar. Meint Weiss, eine verstaatlichte — oder ‚volkseigene‘ — Industrie hätte sich den Machthabern weniger willfährig gezeigt?

43 Auch für Weiss sind ökonomische Faktoren nicht die allein möglichen Ursachen für die Entstehung von Massenvernichtungslagern; „völlig andere ... Gründe“ sind es, die „in einem von totalitärer Despotie beherrschten Sozialismus“ dazu geführt hätten (R 2, 47 f.). Könnte dann aber nicht der — in West und Ost auftretende — Totalitarismus gemeinsame, nicht nur im Ökonomischen liegende Wurzeln haben?

44 Über Peter Weiss 13, 9.

45 Man kann dem konvertierten Weiss den Vorwurf nicht ersparen, daß er sein Bild vom Menschen als einer Maschine manchmal auch auf Lebende überträgt. Man ver-

gleiche seinen Bericht über den gefangenen amerikanischen Piloten, der ihm in Vietnam vorgeführt wurde (*Notizen zum kulturellen Leben der Demokratischen Republik Vietnam.* Frankfurt a. M. 1968, 138 f.). Weiss kennzeichnet ihn als „ausgelöschten Menschen", als „Automaten", obgleich Weiss wohl bemerkt, daß ihm „die Furcht im Gesicht geschrieben" stand. Doch Weiss sieht sein „Zittern" nicht als menschliche, nur als „mechanische" Regung. Begründung: „Er hat nichts zu fürchten".

46 Dabei ging es nicht ohne kräftige Retuschen der Wahrheit ab. Vgl. dazu Otto F. Best, 153 ff.

47 Der Titel lautet: *Diskurs / über die Vorgeschichte und den Verlauf / des lang andauernden Befreiungskrieges / in Vietnam / als Beispiel für die Notwendigkeit / des bewaffneten Kampfes / der Unterdrückten gegen ihre Unterdrücker / sowie die Versuche / der Vereinigten Staaten von Amerika / die Grundlagen der Revolution / zu vernichten.*

48 Auf diesen Widerspruch zwischen Absicht und Struktur hat schon Hellmuth Karasek aufmerksam gemacht (in der Stuttgarter Zeitung v. 22. 3. 68; nach M. Karnick 158).

49 Auf die Frage nach dem Verhältnis zu den Quellen gehe ich nicht ein; sie ist sekundär. Gutes dazu findet man (im Hinblick auf *Trotzki*) bei Otto F. Best, 172 ff., und (im Hinblick auf *Hölderlin*) bei Georg Hensel: Hölderlins Stiefeletten über Marats Leisten. In: Theater heute 1971, H. 11, 24 f. — Möglicherweise hat Weiss sich zur Abfassung seines *Hölderlin* durch Stephan Hermlins 1969/70 geschriebenes Hölderlin-Hörspiel *Scardanelli* (Berlin 1970) anregen lassen.

50 Vgl. dazu L. Ginsburgs zuerst in der Literaturnaja Gaseta vom 31. 3. 70 erschienene Kritik des *Trotzki*: ‚Selbstdarstellung' und Selbstentlarvung des Peter Weiss; und Peter Weiss, *Offener Brief an die ‚Literaturnaja Gaseta', Moskau* (beides in: Über Peter Weiss, 136 ff.).

51 Zum Beispiel im Gleichschritt marschierende Soldaten der Roten Armee, die Lenin im Feldbett wie eine Pagode tragen (T 59 u. ö.); demgegenüber das gewaltsame Wegschleppen Trotzkis nach vorherigem gemeinsamen Absingen der Internationale (T 77 f.).

52 Auch bei Lenin: dort erscheint sie als Pressen der Hände gegen Stirn und Schläfen (z. B. T 22, 97 u. ö.).

53 Übrigens ist interessant, daß Weiss sich, wo immer es die Quellen gestatten, nicht enthalten kann, Krankheiten der Haut — als der Stelle des Übergangs zur Außenwelt — zu vermerken: nicht nur bei Marat, sondern auch bei Lenin (T 58) und Susette Gontard (H 144).

54 Trotzki kritisiert zunächst zwar Lenins Ausleseprinzip („Bei uns die Zukünftigen ... Die Auslese" [T 32]), wenn er meint: „Wenn Lenin Diktatur des Proletariats sagt, meint er Diktatur über das Proletariat" (T 30); doch in der Oktoberrevolution hat er die Leninsche Elitethese übernommen: „Jetzt kämpfen nicht die Massen. Nur die Avantgarde des Proletariats" (T 70).

55 Otto F. Best 174.

56 Vielleicht war auch Gryphius' *Die Herrlichkeit der Erden muß Rauch und Aschen werden* die unmittelbare Anregung für Weiss?

57 Kursbuch 11, 1968; R 2, 82 f.

58 Merkur 22, 1968, 284 ff.

59 Otto F. Best (185) schrieb noch ohne Kenntnis des *Hölderlin*: „Peter Weiss' Trotzki ist ein ‚theologisierter' Trotzki, eine Legendenfigur — der Erlöser". Auch im *Marat/Sade* wurde Marat schon mit dem „Gekreuzigten" verglichen (D I 197).

60 Otto F. Best 191.

61 Ebd.

62 Pascal, Pensées 455.

Marcel Reich-Ranicki

HEINRICH BÖLL

Abgesehen von einigen Kurzgeschichten, hat Böll nichts geschrieben, was auch nur annähernd als vollkommen gelten könnte. Alle seine Romane und seine größeren Erzählungen haben ärgerliche Schönheitsfehler und Schwächen; in dieser Prosa finden sich häufig Motive und Abschnitte, die selbst seine treuesten Anhänger schwerlich verteidigen möchten. Er macht es seinen Gegnern leicht: Sie können jedem seiner Bücher Beispiele und Zitate entnehmen, die auch heftige Angriffe gerechtfertigt erscheinen lassen. Doch wer Böll rühmt, hat nie ausschließlich seine künstlerische Leistung im Auge. Wer ihn ablehnt, mag sich zwar vor allem auf die künstlerische Fragwürdigkeit seiner einzelnen Werke berufen, meint aber zugleich seine Haltung, die diese tatsächliche oder angebliche Fragwürdigkeit verursacht haben soll.

„Daß der Autor engagiert sein sollte", sagte Böll 1961, „halte ich für selbstverständlich. Für mich ist das Engagement die Voraussetzung, es ist sozusagen die Grundierung, und was ich auf dieser Grundierung anstelle, ist das, was ich unter Kunst verstehe."[1] Bölls Engagement entspringt jedoch nicht einem gedanklichen System, sondern resultiert vor allem aus seinem Verhältnis zu der ihm umgebenden Realität: „Die Wirklichkeit", schrieb er 1953, „ist eine Botschaft, die angenommen sein will — sie ist dem Menschen aufgegeben, eine Aufgabe, die er zu lösen hat." Der Schriftsteller habe mit Hilfe seiner Phantasie „aus den Tatsachen die Wirklichkeit zu entziffern".[2]

Welchem Zweck soll diese Entzifferung der Realität dienen? Schon in einem seiner frühesten Aufsätze (*Bekenntnis zur Trümmerliteratur,* 1952) deutet Böll sein literarisches Ideal an: Er will auf die Zeitgenossen wirken, die Menschen erziehen, er möchte wie Dickens, auf den er sich beruft, zur Veränderung des Lebens beitragen. Aber dieser programmatisch engagierte Schriftsteller kann mit keinem Programm identifiziert werden. Er ist ein radikaler und oft aggressiver Zeitkritiker, sein Kampf gilt vielen gesellschaftlichen und politischen Erscheinungen, doch nicht den Grundlagen der bürgerlichen Gesellschaftsordnung.

Mitunter wurde versucht, die geistigen Wurzeln des Schriftstellers Böll im Katholizismus zu suchen. Böll ist gläubiger Katholik, und gläubige Katholiken stehen meist im Mittelpunkt seiner Romane und Erzählungen. Elemente des katholischen Rituals spielen in manchen seiner Arbeiten eine wichtige Rolle. Dennoch müssen derartige Interpretationsversuche unergiebig bleiben. Eine prinzipielle Auseinandersetzung mit dem Katholizismus ist in Bölls Epik überhaupt nicht zu finden. Gewiß werden die Kirche, ihre Organisationen, ihre Repräsentanten und manche andere Phänomene der katholischen Welt mit vielen kritischen Bemerkungen bedacht, aber es handelt sich im Grunde immer nur um eine aus Seitenhieben bestehende Kritik. Bölls Betrachtungsweise des menschlichen Lebens läßt sich nicht mit dem Dogma des Katholizismus erklären — wie sie auch freilich nicht gegen dieses Dogma ausgespielt werden sollte.

Begriffe wie „Christliche Literatur" und „Christlicher Autor" werden von dem Christen Böll entschieden abgelehnt. „Solange das Geheimnis der Kunst nicht entziffert ist", schrieb er in einem Aufsatz über *Kunst und Religion*, „bleibt dem Künstler nur ein Instrument: sein Gewissen; aber er hat ein Gewissen als Christ und eins als Künstler, und diese beiden Gewissen sind nicht immer in Übereinstimmung ... So bleibt das Dilemma, Christ zu sein und zugleich Künstler und doch nicht christlicher Künstler."[3]

Der Christ und Künstler Böll ist vor allem ein emotionaler Moralist. Daher würde ihm als ideelle Grundlage seines literarischen Werks ein einziger Satz ausreichen — jenes Wort aus dem Dritten Buch Mose: „Du sollst deinen Nächsten lieben wie dich selbst."

Böll gehört zu der Generation, die ihre wichtigsten Erfahrungen in der Zeit zwischen 1933 und 1945 sammeln mußte: Er wurde am 21. Dezember 1917 in Köln geboren, war 1938 und 1939 — nach dem Abitur und der Buchhändlerlehre — im Arbeitsdienst und 1939 bis 1945 Soldat; nach dem Krieg hat er zunächst in einer Behörde als Angestellter gearbeitet; seit 1951 lebt er als freier Schriftsteller in Köln. Da die Erlebnisse im Dritten Reich und in seiner sechsjährigen Soldatenzeit sein Werk entscheidend beeinflußt hatten, wurde er rasch als Dichter der „unbewältigten Vergangenheit" abgestempelt. Indes empfangen seine Bücher ihren moralischen Impuls vor allem aus dem Bewußtsein dessen, was ist. Sie sind immer im Hier und Heute verwurzelt. „Der Schlüssel zum Wirklichen" sei für ihn — sagt Böll ausdrücklich — „das Aktuelle".[2]

Freilich sieht er im Heutigen stets auch die Spuren und Folgen des Gestrigen. Mehr noch: für ihn bilden Vergangenheit und Gegenwart eine tiefere Einheit; und er hält es für seine schriftstellerische Pflicht, an diesen Zusammenhang zu erinnern, indem er ihn sichtbar macht. Wann immer er darstellt, was früher geschehen ist, er sieht es vom Resultat her, wie es sich jetzt darbietet. Nicht ein Dichter der „unbewältigten Vergangenheit" ist Böll, sondern der unbewältigten Gegenwart. In einer seiner frühesten Veröffentlichungen, der 1947 gedruckten Kurzgeschichte *Die Botschaft*, findet sich der Satz: „Da wußte ich, daß der Krieg niemals zu Ende sein würde, niemals, solange noch irgendwo eine Wunde blutete, die er geschlagen hat." Wenn Böll die Frage *Wo warst du, Adam?* stellt, mit der er seinen ersten Roman betitelt hat, so geht es ihm im Grunde — zugleich und vor allem — um die Frage: Wo bist du, Adam?"

In der Titelgeschichte des Bandes *Wanderer, kommst du nach Spa ...* (1950)

erzählt Böll von einem verwundeten Soldaten, der auf einer Bahre liegt, nicht weiß, wie er verletzt wurde, sich überhaupt nicht bewegen kann und nun in den Operationssaal eines provisorischen Lazaretts hinaufgetragen wird: „Ich lag auf dem Operationstisch und sah mich selbst ganz deutlich, aber sehr klein, zusammengeschrumpft, oben in dem klaren Glas der Glühbirne, winzig und weiß, ein schmales, mullfarbenes Paketchen wie ein außergewöhnlich subtiler Embryo." Gegen Ende der Geschichte heißt es: „Ich zuckte hoch, als ich einen Stich in den linken Oberschenkel spürte, ich wollte mich aufstützen, aber ich konnte es nicht: ich blickte an mir herab und nun sah ich es: sie hatten mich ausgewickelt, und ich hatte keine Arme mehr, auch kein rechtes Bein mehr, und ich fiel ganz plötzlich nach hinten, weil ich mich nicht aufstützen konnte; ich schrie."

So extrem die Lage dieses Ich-Erzählers ist — sie kann als exemplarisch für die Epik des jungen Böll gelten. Seine Helden sind beklagenswerte Opfer der historischen Verhältnisse, hilflose Durchschnittsmenschen, herumirrende Individuen, die nicht einmal die Möglichkeit erwägen, für etwas oder gegen etwas zu kämpfen. Sie versuchen auch nicht, sich zu wehren. Sie ertragen ihr Schicksal. Weder sind sie imstande, das allgemeine Geschehen zu begreifen, noch können sie die konkrete Situation, in der sie sich befinden, erkennen: Sie sehen sich selbst — wie der Ich-Erzähler in der zitierten Geschichte — zwar „ganz deutlich", aber „sehr klein, zusammengeschrumpft".
Schließlich fallen sie „ganz plötzlich nach hinten" und können nur noch schreien. „Ich liege auf dieser nackten Straße, auf meiner Brust liegt das Gewicht der Welt so schwer, daß ich keine Worte finde zu beten ...", heißt es am Ende der Erzählung *Der Zug war pünktlich* (1949). Mit dem Schrei des Helden endet auch der Roman *Wo warst du, Adam?* (1951): „... Er schrie laut auf, bis die Granate ihn traf, und er rollte im Tod bis auf die Schwelle des Hauses. Die Fahnenstange war zerbrochen, und das weiße Tuch fiel über ihn."

Die Helden des jungen Böll werden getreten und getrieben. Sie schreien und verzweifeln, sie beten und sterben. Sie handeln nicht, sie leiden. Und sie kosten ihr Leid aus, verdanken ihm mitunter eine gewisse moralische Entlastung. So etwa der in einem Lemberger Bordell plötzlich von panischer Todesangst befallene Soldat Andreas in der Erzählung *Der Zug war pünktlich:* „Und ich bin froh, daß ich leide, ich bin froh, daß ich vor Schmerz bald umsinke, ich bin glücklich, weil ich leide, wahnsinnig leide, weil ich hoffen darf, daß mir verziehen wird, daß ich nicht bete ..."

Diese Äußerungen des jungen Andreas werden in der Erzählung *Der Zug war pünktlich* noch durch die Worte der Polin Olina ergänzt, einer ehemaligen Musikstudentin, die im Auftrag einer polnischen Widerstandsorganisation ihre Tugend auf dem Altar des Vaterlandes opfert und als Freudenmädchen Informationen von deutschen Soldaten sammelt: „Das ist furchtbar, daß alles so sinnlos ist. Überall werden nur Unschuldige gemordet. Überall. Auch von uns."

Und etwas später: „Es gibt ja nur Opfer und Henker." Auf dieser Basis können sich der deutsche Soldat und die polnische Patriotin schnell einigen. Es versteht sich, daß Andreas und Olina sich selber für Opfer höherer Gewalten halten und gern bereit sind, sich auch gegenseitig eine solche Rolle zuzuerkennen.

Der Mensch ist gut, aber die Welt ist schlecht — so lautet die zwar niemals so nackt ausgesprochene, doch in den Büchern des jungen Böll allgegenwärtige These, der die Zweiteilung der Menschen in Opfer und Henker entspricht. Aus derartigen Anschauungen ergibt sich ebenfalls sein grundsätzliches Verhältnis zum Phänomen Krieg. Ein nennenswerter Unterschied zwischen der Perspektive des Autors und derjenigen seiner Helden ist übrigens kaum vorhanden.

Der Krieg erscheint in diesen Büchern nicht als Folge menschlicher Handlungen, die sich erfassen und analysieren lassen, sondern als ein undurchschaubares und grausames Phänomen, als eine furchtbare Krankheit, deren einzelne Symptome schmerzhaft bekannt, deren Ursachen aber unbegreiflich sind. Der junge Böll zeigt nicht, wie die Menschen den Krieg machen, sondern was der Krieg aus den Menschen macht. Natürlich wird der Krieg von ihm verabscheut und mit größter Heftigkeit abgelehnt, allein es handelt sich um einen vorwiegend intuitiven Antimilitarismus. Die Anklage ist unmißverständlich, aber ihr fehlt eine präzise Adresse. Es dominiert immer die Klage.

Gewiß spricht Böll in diesen Büchern nicht als Außenstehender oder als Richter, sondern als Mitschuldiger. Andreas aus *Der Zug war pünktlich,* Feinhals aus *Wo warst du, Adam?* und die Landser aus den während des Krieges spielenden Kurzgeschichten werden jedoch von ihm höchstens in einem metaphysischen Sinne für schuldig erklärt, hingegen von konkreter und individueller Schuld freigesprochen und stets nur als Leidtragende dargestellt. Diesen Umständen vor allem verdankte Böll die Sympathie vieler Leser, die während des Krieges die Uniform der deutschen Wehrmacht getragen hatten und denen es nun leicht gemacht wurde, sich mit einem Helden zu identifizieren, der einerseits alltägliches Kriegsschicksal erfährt und andererseits durchschnittliche Mentalität mit moralisch einwandfreier Haltung verbindet.

Auch die nach 1945 spielenden Geschichten und Romane Bölls werden durch die gleiche oder doch zumindest sehr ähnliche Problemstellung, Konstellation und Haltung gekennzeichnet. Sein Kriegsheld — denn im Grunde haben wir es mit einer einzigen Gestalt zu tun, die mit verschiedenen Namen versehen und in verschiedenen Situationen gezeigt wird — ist nun vor einem gänzlich gewandelten Hintergrund sichtbar, aber er bleibt Mitleid erregendes Opfer der Verhältnisse. Es wird die durch zeitgeschichtliche Fakten und Umstände verursachte Misere des Individuums dargestellt, seine materielle und psychische Not, die Verwirrung der Gefühle und der moralischen Kriterien.

Wie der Krieg so erscheint auch die Nachkriegszeit als ein Fatum, dem die Kreatur rettungslos ausgeliefert ist. Der halbwüchsige Held der Geschichte

Lohengrins Tod, der Kohlen zu stehlen versuchte und dabei von einer Kugel getroffen wurde, liegt ebenso hilflos da wie der Soldat in *Wanderer, kommst du nach Spa ...* Wie Andreas und Olina leidet auch der Ich-Erzähler des Prosastücks *Geschäft ist Geschäft* an der Sinnlosigkeit der Umwelt: „Ich rechne mir dann aus, wieviel hunderttausend Arbeitstage sie so an einer Brücke bauen, oder an einem großen Haus, und ich denke daran, daß sie in einer einzigen Minute Brücke und Haus kaputtschmeißen können. Wozu da noch arbeiten? Ich finde es sinnlos, da noch zu arbeiten."

Den vollendeten parabolischen Ausdruck für die Situation des Böllschen Helden bietet die Geschichte *Der Mann mit den Messern,* in der sich ein verzweifelter und hungernder Mann zu einem lebensgefährlichen Varieté-Auftritt hergibt. Der letzte Satz lautet: „Ich war der Mensch, auf den man mit Messern warf ..." Und die Geschichte *Die Botschaft,* deren Held einer Frau mitteilen muß, daß ihr Mann in einem Kriegsgefangenenlager gestorben ist, endet mit den Worten: „Da war mir, als sei ich für mein ganzes Leben in Gefangenschaft geraten."

Diese Kurzgeschichten von unglücklichen Einzelgängern, auf die mit Messern geworfen wird und die für ihr ganzes Leben in einer Art Gefangenschaft zu sein glauben, sind — zumindest in ihrer Mehrheit — frei von jener Sentimentalität, die für die Erzählung *Der Zug war pünktlich* bezeichnend ist. In ihnen spricht nicht ein Schmerzen lindernder Tröster, wohl aber ein Schmerzen verdeutlichender Dichter des Mitleids. Er zeigt die ganze Härte und Grausamkeit der Zustände im Krieg und in der Nachkriegszeit — es ist jedoch vorerst nicht sein Ehrgeiz, ein epischer Chronist zu sein. Indem er einen durchaus unheroischen Helden mit einer übermächtigen, anonymen Instanz konfrontiert, erweist er sich vor allem als Sachverwalter der Erniedrigten und der Beleidigten.

Die Erzählung *Der Zug war pünktlich* erreicht ihren allerdings recht zweifelhaften Höhepunkt mit einer melodramatischen, keuschen Liebesszene in einem Bordell. Zu den schönsten Stücken des Bandes *Wanderer, kommst du nach Spa ...* gehören Liebesgeschichten: *Kumpel mit dem langen Haar, Abschied, Wiedersehen in der Allee.* Von der Liebe des deutschen Soldaten Feinhals zu der ungarischen Jüdin Ilona wird in der zentralen Episode des Romans *Wo warst du, Adam?* erzählt. Eine verkappte Liebesgeschichte, freilich sehr eigener Art, ist auch der Roman *Und sagte kein einziges Wort* (1953).

Die Wirkung des Buches beruht auf der expressiven, wenn auch nicht immer wählerischen Zusammenstellung von Kontrastmotiven: Sichtbar gemacht wird das für die Jahre nach der Währungsreform charakteristische Nebeneinander von Nachkriegselend und beginnender Prosperität. Hier Ruinen, dort Neubauten, hier die seelischen Folgen der Katastrophe, dort die Anzeichen der Wirtschaftswunder-Mentalität, hier heillose Lethargie, dort aufdringliche Betriebsamkeit. Hier wird das mehr als kümmerliche Untermieter-Zimmer geschildert, in dem die Familie Bogner hausen muß, dort eine von ihren Inhabern meist nicht bewohnte, riesige Luxuswohnung.

Wenn die Zeitatmosphäre in vielen Abschnitten des Buches mit großer Suggestivität vergegenwärtigt wird, so vor allem dank der charakterisierenden Details, der realistischen Einzelbeobachtungen und mancher psychologischer Nuancen, deren Stimmigkeit und Ausdruckskraft stark genug sind, um bisweilen sogar die Fragwürdigkeit der Hauptfigur vergessen zu lassen. Denn jener Fred Bogner, der es mit seiner Frau und seinen Kindern in der engen Behausung nicht mehr aushalten kann und sie deswegen kurzerhand verläßt, der trinkt und sich unaufhörlich selbst bemitleidet, scheint — entgegen den Absichten Bölls — nicht eine typische Zeitgestalt, sondern ein Hysteriker zu sein, ein bedauerlicher pathologischer Fall. Traurig ist sein Schicksal, nicht tragisch.

Deshalb vor allem wirkt die Geschichte des unglücklichen Ehepaars, das sich von Zeit zu Zeit in ärmlichen Absteigequartieren trifft, eher rührselig als ergreifend. Die Zentralszene des Buches, die in einem solchen Hotelzimmer spielt und in der Böll erotische und religiöse Motive verbindet, nähert sich an einigen Stellen bedenklich einer unbeabsichtigten Parodie. Daneben mangelt es aber nicht an Szenen und Passagen — zumal in dem verhalten geschriebenen Schlußkapitel —, deren Schlichtheit und Innigkeit zu bewegen vermögen.

Der Roman *Und sagte kein einziges Wort* zeigte wiederum sehr deutlich Bölls künstlerische Möglichkeiten, doch auch — und dies in stärkerem Maße als etwa der Roman *Wo warst du, Adam?* — die Gefahren, die seine Epik von Anfang an bedrohten. Es erwies sich unter anderm, daß der naive und passive Held aus den frühen Büchern Bölls wenig geeignet war, als Kontrastfigur zu den gesellschaftlichen Verhältnissen in den fünfziger Jahren zu dienen. Dennoch versuchte Böll, seiner Konzeption treu zu bleiben.

In dem Roman *Haus ohne Hüter* (1954) projiziert er abermals unschuldige Opfer auf einen minutiös gezeichneten Zeithintergrund — nur daß es diesmal Frauen und Kinder sind: zwei Kriegerwitwen und zwei elfjährige Knaben, die ohne Väter erzogen werden. In der Erzählung *Das Brot der frühen Jahre* (1955) sieht Böll die Welt aus der Perspektive eines Jugendlichen. Im Mittelpunkt der Erzählung *Im Tal der donnernden Hufe* (1957) stehen Halbwüchsige. Mit solchen Gestalten hatte Böll allerdings das Problem des zeitgerechten Helden keineswegs gelöst — er war ihm eher ausgewichen.

Schon diese Arbeiten lassen erkennen, was in den späteren Büchern Bölls in noch stärkerem Maße auffällt — daß nämlich Alter, Beruf, soziale Position, Bildung und Konfession kaum einen Einfluß auf die Charaktere und Anschauungen seiner zentralen Gestalten haben: Ob Angestellter oder Architekt, ob Clown oder Großkaufmann — es sind immer wieder unglückliche Sonderlinge und bedauernswerte Außenseiter, hilflos passive und doch protestierende, naive und unentwegt räsonierende Menschen.

Damit mag auch die fast unbekümmerte Wiederholung bestimmter Motive zusammenhängen. Der junge Mechaniker Walter Fendrich erklärt im *Brot der frühen Jahre*: „Ob aus mir etwas geworden war oder nicht — es war mir gleichgültig." Nahezu dasselbe hatte Fred Bogner behauptet, wobei man freilich dem entgleisten Helden des Buches *Und sagte kein einziges Wort* die Gleichgültigkeit eher glauben konnte als dem tüchtigen und erfolgreichen Mechaniker. Wenn Walter Fendrich über sich und seine Freundin sagt: „Wir beide sind in der Wüste und wir sind in der Wildnis" — so wiederholt Böll die Situation der Liebespaare aus seinen ersten Büchern, nur daß früher derartige Erklärungen durch die Umweltbedingungen gerechtfertigt waren, was sich von der Geschichte Walters und seiner Hedwig nicht mehr sagen läßt. Wenn Paul im *Tal der donnernden Hufe* mitteilt, er „möchte was zerstören", denn „es ist so sinnlos", so zeugt diese Klage, die in manchen der vorangegangenen Arbeiten Bölls im selben Wortlaut zu lesen war, nicht mehr vom Leiden an der Zeit, sondern nur von gewöhnlichen Pubertätsleiden.

Zugleich sind die Bücher der fünfziger Jahre als hartnäckige Bemühungen um die große epische Form zu verstehen, als Annäherungen an den Roman. „Bölls Kunst", schrieb Wolfdietrich Rasch, „ist ausgesprochen erzählerisch, aber nicht eigentlich episch. Das weitverzweigte Gewebe eines Romans, der Totalität intendiert, ist nicht so sehr seine Sache."[4] In seiner Prosa aus jenen Jahren flammen zwar Blitze auf, aber eine Welt vermochte er nicht zu beleuchten.

Wo warst du, Adam? ist eher eine Serie nur lose miteinander verbundener Episoden als ein Roman. Für das streng komponierte Buch *Und sagte kein einziges Wort* ist ein novellistischer Grundriß bezeichnend. Das erste Buch scheint aus einzelnen Geschichten, das zweite aus einer Novelle entstanden zu sein. In *Haus ohne Hüter* werden vorwiegend einzelne Momentaufnahmen seelischer Krisen und kleine Genrebilder geboten. Abermals erweist sich Böll als ein glänzender Beobachter, dem es an psychologischer Sensibilität nicht fehlt, nur daß ihm diese Aufnahmen — es sind in der Regel Nachsichtbilder — die Perspektive versperren und oft die Entwicklungslinien und Zusammenhänge verdecken. Bei der Erzählung *Das Brot der frühen Jahre* drängt sich der Verdacht auf, dies seien die ersten Kapitel eines plötzlich abgebrochenen Romans. Auch dem *Tal der donnernden Hufe* haftet etwas Fragmentarisches an.

Lediglich in einigen satirischen Prosastücken — enthalten in der kleinen Sammlung *Doktor Murkes gesammeltes Schweigen* (1958) — vermochte Böll in diesen Jahren seine gesellschaftskritischen Absichten ganz ins Erzählerische umzusetzen. Das gilt vor allem für die Titelgeschichte, einem vollendet hintergründigen Gleichnis vom Kulturbetrieb in der Bundesrepublik und von der Manipulierbarkeit Gottes in unserer heutigen Welt.

Jenen Kritikern, die Böll auf die kleinen Formen festlegen wollten, die ihn nur als harmlos-biederen Humoristen oder als einen poetischen Schilderer fremder Länder (*Irisches Tagebuch*, 1957) rühmten, antwortete er mit dem Buch *Billard um halbzehn* (1959), einem ehrgeizigen Versuch, von der Kurzgeschichte und der Novelle zum Roman überzugehen, „der Totalität intendiert".

Fast alles spielt sich hier im privaten Raum ab. Aber sämtliche Episoden des Buches führen konsequent zu den großen und zentralen Fragen hin: Es geht um die Schuld und die Unschuld jedes einzelnen an den Katastrophen des deutschen Volkes in der ersten Hälfte dieses Jahrhunderts, es geht um Untergang und Bewährung des Menschlichen in unserem Zeitalter. Um die Schicksalsverflechtungen der letzten Generationen ins grelle Licht zu rücken, verknüpft Böll die Geschichte einer Architektenfamilie mit der Geschichte eines Bauwerks, einer Abtei, die einst vom Großvater errichtet und vom Sohn 1945 gesprengt wurde — und die nun vom Enkel wieder aufgebaut wird.

Auch wenn die Fabel ein halbes Jahrhundert umfaßt, ist der Roman vom historischen Akzent frei. Dem entspricht die formale Lösung: Böll konzentriert die äußere Handlung auf einen einzigen Tag des Jahres 1958 und läßt die Schicksale von drei deutschen Generationen lediglich in Erinnerungen, Berichten und Reflexionen seiner Gestalten sichtbar werden.

Indes ist die Rückblende ihm nicht nur ein technisches Hilfsmittel: In *Billard um halbzehn* durchdringt tatsächlich das jetzige Bewußtsein der verschiedenen Ich-Erzähler ihre Schilderungen von Erlebnissen, die Jahrzehnte zurückliegen. Zugleich werden diese Geschehnisse durch den hochgespannten Ton der subjektiven Darstellung und durch den individuellen Blickwinkel der auftretenden Personen stets moralisch gekennzeichnet. Somit gibt es in *Billard um halbzehn* mehrere Bewußtseinsebenen, die ineinander verschoben sind, sich kreuzen und gegenseitig ergänzen, doch nur eine Zeitebene: die Gegenwart.

Es gelingt Böll, dem Abteimotiv, das die Kompositionsachse des Romans bildet, überraschende und unheimliche Aspekte abzugewinnen; aber es bleibt doch der Eindruck einer aufdringlichen Symbolik und eines allzu offensichtlich konstruierten Schemas. Das trifft auch auf die verschiedenen Bilder und Zeichen, Sätze und Begriffe zu, die Böll leitmotivisch wiederholt; sie sollen die Phänomene verallgemeinern und zugleich verdeutlichen, beeinträchtigen jedoch die Konkretheit zeitgeschichtlicher Erscheinungen, die dadurch bisweilen sogar vernebelt werden.

Die bereits in Bölls erstem Buch auffällige Vorliebe für die primitive Zweiteilung der Menschen in Opfer und Henker kehrt hier in symbolischer Verschlüsselung wieder. Die Alternative — „Lämmer" oder „Büffel" — mußte die Realität verzerren und zu groben Vereinfachungen führen, die durch die diskursiven Partien keineswegs verringert werden. Ähnliches gilt für die Hauptfigur: Der Architekt Robert Fähmel ist wiederum ein leidendes Opfer der Zeit, ein räsonierender Beobachter und ein mit seiner Umwelt hadernder Sonderling. Aber nur einzelne isolierte Episoden aus seiner Vergangenheit wirken glaubwürdig. Bölls Bemühung um einen Romanhelden, der mit der bundesrepublikanischen Welt konfrontiert werden könnte, hatte sich erneut als erfolglos erwiesen.

Die psychologische Fragwürdigkeit, der vordergründige Symbolismus, eine störende Direktheit und ein mitunter allzu komplizierter Aufbau sollten jedoch nicht den Blick für die Tatsache verstellen, daß Böll in einigen Teilen des Werks viele gute Eigenschaften seiner Prosa zu vereinigen wußte. Die Prägnanz der frühen Kurzgeschichten, deren Stil sinnlich und trocken zugleich ist, der Perspektivenwechsel und die Simultaneität, einst erprobt in dem Roman *Und sagte kein einziges Wort*, die aus *Haus ohne Hüter* bekannte Technik der Milieuschilderung und der Momentaufnahme, die im *Tal der donnernden Hufe* erreichte Meisterschaft der Dialogführung und die Signifikanz des charakterisierenden Details, die satirisch-groteske Sicht aus *Doktor Murkes gesammeltem Schweigen* — alle diese Ausdrucksmittel und Elemente finden in *Billard um halbzehn* zwar nicht zu einer Einheit zusammen, verleihen indes vielen einzelnen Abschnitten des Zeitpanoramas eine ungewöhnliche Intensität.

Vor allem aber: Erst mit dem Roman *Billard um halbzehn*, der wie kein anderes Werk Bölls vom moralischen Pathos getragen wird, hat er den gegen einige seiner Bücher nicht zu Unrecht erhobenen Vorwurf entkräftet, er verbinde harte Zeitkritik mit Innerlichkeit und getarnter Idyllik. In dieser zornigen Abrechnung treibt er die Frage nach der Haltung des Deutschen gestern und heute bis zum Äußersten. Die Anklage erreicht ihren Höhepunkt in den Monologen einer alten Frau, der die Irrenanstalt ebenso im „Dritten Reich" wie in der Bundesrepublik zum Zufluchtsort und zur Stätte der „inneren Emigration" wird. Ihr Fazit lautet: „Verlorene Kinder, das ist schlimmer als verlorene Kriege."

Böll schrieb einmal über Thomas Wolfe: „Es kommt darauf an, wieviel Sympathie ein Autor einflößt und wieviel man ihm verzeiht, und Thomas Wolfe verzeiht man eben, was bei anderen nicht durchgehen würde."[5] Dies gilt nicht nur für *Billard um halbzehn*, sondern auch für das ganze Werk Bölls. Er nötigt uns, mit dem Vortrefflichen und dem Unvergeßlichen fast immer auch das Schwache, oft das Mißlungene, bisweilen das Peinliche hinzunehmen. Die allen seinen größeren Arbeiten eigentümliche Parallelität der guten und der schlechten oder zumindest fragwürdigen Passagen wurde besonders deutlich in dem Roman *Ansichten eines Clowns* (1963).

Diesmal versucht Böll — zum erstenmal —, einen nicht-katholischen Helden in den Mittelpunkt zu stellen: Der Clown Hans Schnier, ursprünglich evangelisch, ist Atheist. Zugleich wird der Problematik des Katholizismus weit mehr Raum gewidmet: Was früher nur e i n Element der Böllschen Zeitkritik war und nicht das wesentlichste, rückt in den Vordergrund. Zu intensiv ist jedoch die kritische Teilnahme des Clowns Schnier am dargestellten katholischen Milieu, und zu sehr regt ihn die Fragwürdigkeit seiner Repräsentanten auf, als das man glauben könnte, man hätte es mit einem Nicht-Katholiken zu tun.

Es ist nicht Bölls Sache, ein ihm vertrautes Milieu aus einer verfremdenden Perspektive zu zeigen. Schniers Blickwinkel unterscheidet sich daher kaum von demjenigen seiner Vorgänger. Er hat über die katholische Welt zwar quantitativ mehr als sie zu sagen, indes zählt auch er lediglich Symptome auf und versetzt unentwegt Seitenhiebe, die hier — anders als in den früheren Büchern Bölls — irritieren, weil ihnen sehr viel Platz eingeräumt wird und weil die Ergebnisse dieser Kritik in keinem Verhältnis dazu stehen. Meist beschränkt sich Böll darauf, menschliche Schwächen katholischer Funktionäre aufs Korn zu nehmen und sie der Heuchelei und des Konformismus, der Hartherzigkeit und des Snobismus zu bezichtigen. Statt jedoch mit epischen Mitteln zu überzeugen, reiht er Mitteilungen und Einzelheiten, Behauptungen und Fakten aneinander.

Während in der Darstellung der katholischen Welt eine fatale Abneigung gegen das Intellektuelle bemerkbar wird, dominieren in der nicht weniger bedenklichen Kritik des Industriellenmilieus Elemente eines kleinbürgerlich-primitiven, proletenhaft-naiven Protests, der allerdings schon in *Billard um halbzehn* auffiel. In den *Ansichten* ist dieser Protest besonders fragwürdig, weil Böll gegen den Stil und die Moral einer großbürgerlichen Familie die saubere und gesunde Welt einer proletarischen Familie auszuspielen versucht.

Überdies scheinen die *Ansichten* weniger ein Buch der moralischen Entrüstung und des Aufruhrs zu sein als vor allem des Mißmuts und der Verärgerung. Da Böll sich immer wieder an Belanglosem reibt, kann er keine Distanz zum behandelten Milieu gewinnen. Der katholische Klüngel von Köln und Bonn verstellt ihm den Blick in die Welt. Der Roman hat infolgedessen keinen Hintergrund, keine Perspektive.

Gewiß haftete Bölls früheren Büchern ebenfalls etwas Provinzielles und Enges an. Aber die Schicksale der Helden ließen mannigfaltige Phänomene ahnen, die in diesen Büchern nicht dargestellt und nicht einmal erwähnt wurden. Denn es waren die Zeitverhältnisse, der Krieg vor allem, die aus den Menschen Bölls Sonderlinge und Außenseiter der Gesellschaft gemacht hatten. Der Clown Schnier hingegen soll eine andere Generation repräsentieren — er wurde 1935 geboren. Dennoch hat ihn Böll mit Erfahrungen, Besonderheiten und Ressentiments der eigenen Generation ausgestattet. Das mußte eine widerspruchsvolle Gestalt ergeben, die letztlich nur eine epische Hilfskonstruktion ist. Schnier scheitert auch nicht etwa an seiner Umgebung, sondern an seiner eigenen Unzulänglichkeit, für die man nicht die Zeit verantwortlich machen kann. Sein Schicksal mag traurig sein — symptomatisch oder aufschlußreich ist es nicht.

Aber so ärgerlich die meist lauten und aufdringlichen Schwächen dieses Buches, so bemerkenswert seine Schönheiten, die freilich meist still und diskret sind. Schnier sagt einmal: „Ich bin ein Clown ... und sammle Augenblicke.“ Augenblicke sind es auch, die Böll vor allem festhält, Augenblicke aus dem Zusammenleben zweier junger Menschen. Denn das Buch des Mißmuts ist zugleich ein Buch der Liebe. Mit diesen Momentaufnahmen, die immer aus geringer Entfernung gemacht werden, gelingt es ihm auch, die Gefühle des Helden zu seiner Freundin zu vergegenwärtigen und eine leise, eine unpathetische und häusliche Liebe zu zeigen. Er kann darstellen, was so selten dargestellt wird: den Alltag einer erotischen Beziehung.

Böll bietet hier geradezu eine Fülle von Beobachtungen, die ebenso den psychischen Bereich wie auch die sichtbare und greifbare Welt betreffen. Neben den eindringlichen Erinnerungen des Clowns an die Augenblicke gemeinsamen Glücks mit der Freundin, die ihn verlassen hat, stehen seine qualvoll-exakten Visionen: Er stellt sich ihr Zusammenleben mit dem Mann vor, den sie geheiratet hat. Und das sind die Höhepunkte des Buches. Während nämlich Böll die gesellschaftskritischen Passagen meist nachlässig geschrieben hat, erweist er sich hier als ein Meister, der den Winzigkeiten — zumal in den Schlußkapiteln — zu gewaltiger Ausdruckskraft verhelfen, der tote Gegenstände zu ungeahntem Leben erwecken kann.

Der Erfolg der Geschichte vom Clown Hans Schnier, zu dem die in einigen Kapiteln unverkennbare Sentimentalität viel beigetragen haben mag, war in Deutschland und in zahlreichen anderen Ländern sowohl der westlichen wie der östlichen Welt außerordentlich stark. Doch gerade dieser Roman zeigte mit besonderer Deutlichkeit, wie fragwürdig Bölls Sozialkritik im Laufe der Jahre geworden war.

Der wenig begreifende und doch vieles leidenschaftlich beanstandende Held war als Kontrastfigur zu den bundesrepublikanischen Verhältnissen schon in dem Buch *Und sagte kein einziges Wort* höchst problematisch gewesen — und mußte es ein Jahrzehnt später um so mehr sein. Aus der Perspektive einer derartigen, im Grunde doch primitiven Gestalt, ließ sich der komplizierten deutschen Gegenwart nicht mehr beikommen. Böll blieb indes auch in den nächsten Büchern bei seinem Modell des auf die Umwelt nur oder vorwiegend allergisch und bisweilen hysterisch reagierenden Helden und konnte daher einem gewissen Anachronismus der Betrachtungsweise nicht entgehen.

Auch der unglückselige Inhaber einer Kaffee-Großhandlung, der in der *Entfernung von der Truppe* (1964) einige skurrile Abenteuer aus seinem Leben erzählt, zumal aus jener Zeit, da er Uniformträger war, scheint weniger eine typische Zeitgestalt als vor allem ein pathologischer Fall zu sein. Sehr möglich, daß ein Schelm skizziert werden sollte, doch entstanden ist eher die Figur eines Schwachsinnigen, jedenfalls aber die unbeabsichtigte Karikatur des bisherigen Böll-Helden.

Während Böll in der *Entfernung von der Truppe* offensichtlich mit verstellter Stimme zu sprechen versucht hatte, war er mit seinem nächsten Buch, der größeren Erzählung *Ende einer Dienstfahrt* (1966), zu seiner ureigenen Diktion zurückgekehrt. Ein uraltes literarisches Modell, beliebt zumindest seit dem *Zerbrochenen Krug* und seitdem immer wieder variiert, feiert hier fröhlich Urständ: Von einem Gerichtsprozeß wird berichtet, der in einer Kleinstadt stattfindet, wo sich alle — Richter und Angeklagte, Zeugen und Sachverständige — natürlich bestens kennen. Böll weiß diesem Umstand viele komische Wirkungen abzugewinnen.

So harmlos ist allerdings die Geschichte, die er beschaulich und größtenteils auch sehr amüsant erzählt, wieder nicht. Denn angeklagt sind zwei skurrile Handwerker, die als Akt des Protests gegen ihre Umwelt einen Bundeswehrjeep verbrannt haben. Das Ganze, das sich im rheinischen Milieu abspielt, ergibt eine hintergründige Idylle mit sarkastischen Akzenten, eine genüßliche Humoreske mit tieferer Bedeutung. Das eher beschauliche und versöhnliche als aggressive Buch ist nicht mehr und nicht weniger als ein kauziges und wertvolles Nebenwerk, in dem sich Böll als populärer Erzähler bewährt hat.

Das umfassendste und reichhaltigste, wenn auch nicht ehrgeizigste Buch Bölls ist der Roman *Gruppenbild mit Dame* (1971). Was hier als Geschichte und Porträt einer 1922 geborenen Kölnerin beginnt, weitet sich rasch zu dem vom Titel angekündigten Gruppenbild aus und erweist sich als ein Gesellschaftsquerschnitt, der ebenso den Multimillionär wie die Männer der Müllabfuhr erfaßt, und als ein Zeitpanorama, das von der ausgehenden wilhelminischen Ära bis heute reicht.

Daß Böll die Einfalt liebt und die Armut zum Wert an sich avanciert und gern besingt, daß er Zivilisatorisches nachdrücklich verspottet und dem Geist und der Bildung ein für allemal mißtraut, zeigt auch dieser Roman. Doch fällt es auf, daß er seinen Helden mit der Zeit immer weniger Verstand gönnt. Der Clown Hans Schnier durfte noch gelegentlich Intelligentes äußern, was sich dem Ich-Erzähler der *Entfernung von der Truppe* nicht mehr nachrühmen ließ: Er bezeichnete sich selber — und nicht zu Unrecht — als „tumb". Leni, die Heldin des *Gruppenbilds,* ist es ebenfalls, nur daß sie sich dessen nicht einmal bewußt werden kann.

Diese Figur entspricht einem alten, sentimentalen deutschen Mädchenideal: Sie ist blond und einfältig, treuherzig und hilfsbereit, weltfremd und naturverbunden. Sowenig sie begreift, soviel fühlt sie. Mitten im Zweiten Weltkrieg liebt sie einen jungen russischen Kriegsgefangenen, und diese erotische Beziehung soll als subtile Rebellion gegen die Ungerechtigkeit und Grausamkeit der Welt verstanden werden.

Aber in der zweiten Hälfte des Romans verliert Böll seine liebende und später vom Pech verfolgte Leni immer häufiger aus dem Auge, was dem Buch nie schadet. Gerade jene Szenen und Episoden, in denen von der Heldin kaum oder überhaupt nicht die Rede ist, sind die interessantesten Partien des Buches.

Doch leidet es an seiner Komposition: Böll läßt sich von seinen Einfällen treiben — er bietet eine fast schon verwirrende Fülle der Motive und Milieus, der Figuren und Schauplätze —, bisweilen jagt förmlich ein Einfall den nächsten, aber ein Formprinzip ist überhaupt nicht erkennbar. Sorglos und ganz ohne Skrupel reiht er viele einzelne Stücke aneinander: Geschichten und Skizzen, Humoresken und Genrebilder, Plaudereien und Anekdoten.

Einiges in diesem Buch, zumal das Schlußkapitel, in dem die Handlung rasch zum Märchenhaften und zum Wunderbaren hingebogen und in resignierende Heiterkeit aufgelöst wird, erinnert an das *Ende einer Dienstfahrt*. Von dem halbwegs fröhlichen Finale her erhält vieles auch in dem *Gruppenbild*, vor allem das Anarchische, einen Stich ins Gemütliche, vieles wird auch hier unzweifelhaft verharmlost. Wahrscheinlich wollte Böll die Abwendung von der bundesrepublikanischen Konsumwelt und dem, was er Leistungsgesellschaft nennt, schließlich doch nicht allzu programmatisch verstanden wissen und mit leiser Ironie und mit augenzwinkerndem Schmunzeln relativieren. Jedenfalls hat das Ganze durch die Mischung aus Verzweiflung und Verschmitztheit, aus harter Anklage und saftigem Spaß, aus Bitterkeit und Vergnüglichkeit nur gewonnen.

Miniaturen, in denen beides zugleich und auf einmal zum Vorschein kommt — Bölls Entsetzen und Bölls Humor — beweisen, daß seine hier so häufig spürbare Nachlässigkeit nicht etwa vom Nachlassen seiner epischen Kraft zeugt. Was immer gegen das *Gruppenbild* einzuwenden ist, es enthält eine nicht geringe Zahl schlechthin meisterhafter Streiflichter und Impressionen, Nahsichtbilder, Episoden und Reminiszenzen. In diesen Abschnitten zeigt es sich, daß Böll immer wieder Nuancen und Details, Stimmungen und Redewendungen zu beobachten und zu fixieren weiß, die sofort, gewissermaßen mit schlagender Wirkung spürbar und anschaulich werden lassen, was man etwas feierlich den Geist der Epoche zu nennen pflegt.

Doch wer sich Gedanken über die einzelnen Bücher Bölls macht, darf nicht vergessen, daß er ungleich mehr als die Summe seiner literarischen Arbeiten ist. Er möchte nicht verschlissen werden — sagte er 1967 — „als etablierter Aufpasser, als Teil des ‚guten Gewissens', als einer der ‚funktionalisierten Schreihälse' vom Dienst, als willkommener Bösewicht, der immer wieder durch seine Existenz bestätigt, wie wunderbar frei wir sind".[6] So begreiflich der Überdruß, den Böll hier andeutet, so erfreulich die Tatsache, daß ihn letztlich nichts davon abhalten kann, zu sagen, was er für nötig hält, und an die Öffentlichkeit zu appellieren „vom unruhigen Rand der Zeitgenossenschaft, von einem Standpunkt aus, wo Sicherheit bröckelig wird, Selbstsicherheit unmöglich; von wo aus das Kritische als Ärgernis mißverständlich klingen mag, so, als enthielte es nicht das Angebot, sich selbst mit einzubeziehen".[7]

Mit wechselndem Erfolg zwar, aber unbeirrbar versucht er, im Dienste der Gegenwart die Einheit von Sprache und Gewissen, von Kunst und Moral zu verwirklichen. Der Schriftsteller als das Gewissen der Nation? Das ist eine altmodisch klingende Formel, betulich und pathetisch zugleich. Doch Heinrich Böll ist es tatsächlich gelungen, sie wieder glaubhaft zu machen.

Aber er, der längst arrivierte Einzelgänger und der allseits sanktionierte Rebell, der repräsentative Außenseiter der bundesrepublikanischen Gesellschaft und ihr in Bonn und Ostberlin, in Rom und Moskau akkreditierter Ankläger, hat auch das einzigartige Kunststück vollbracht, ein Praeceptor Germaniae zu werden und ein rheinischer Schelm zu bleiben. Autorität und Leichtsinn — das reimt sich natürlich nicht. Doch heutzutage, scheint es, sind Prediger nur noch erträglich, wenn sie sich zugleich als Spaßmacher bewähren. Damit hängt wohl Bölls Erfolg zusammen und auch sein internationaler Ruhm.

Denn er hat der Welt zu bieten, was sie nach wie vor, bewußt oder unbewußt, von einem deutschen Schriftsteller erwartet und verlangt: Moral und Schuldbewußtsein. Indes verweigert er ihr, was man gemeinhin für deutsch hält: das Gründliche und das Feierliche. Und gerade das, was die Welt bei den Nachkommen jener, die im Teutoburger Wald leider gesiegt haben, am wenigsten vermutet, findet sie bei Böll: Charme und Humor, eine nicht zu unterschätzende Portion Schalkhaftigkeit und auch rührende Schwäche.

Er ist ein Prediger mit clownesken Zügen, ein Narr mit priesterlicher Würde. Aber er ist kein Komödiant. Er macht den Leuten nichts vor. Ungleich klüger als alle seine Helden, ist er ebenso unsicher wie sie und ebenso ratlos. Er denkt nicht daran, seine Ohnmacht zu tarnen oder zu verbergen, und er hat andererseits nichts mit jenen deutschen Schriftstellern gemein, die sie zu Markte tragen und als letzten Trumpf auszuspielen versuchen.

In der authentischen Hilflosigkeit, in seiner Schwäche steckt paradoxerweise Bölls Stärke: Sein Ruhm kann nichts daran ändern, daß er einem — und das ist ganz ohne Herablassung gemeint — immer auch etwas leid tut. Dieses mit lauem Wohlwollen nicht zu verwechselnde Mitgefühl, das er nie provozieren wollte und das gleichwohl viele seiner Leser kennen, trägt ebenfalls zu seinem Erfolg bei. Es gibt Schriftsteller unserer Zeit, die wohl mehr geschätzt und mehr bewundert werden als er. Aber Böll, glaube ich, wird geliebt. Und damit mag es auch zusammenhängen, daß er dem Amt des Schriftstellers in Deutschland eine neue Würde zu verleihen vermochte.

Anmerkungen

Texte

Der Zug war pünktlich. Opladen 1949.
Wanderer kommst du nach Spa . . . Opladen 1950.
Wo warst du Adam. Opladen 1951.
Und sagte kein einziges Wort, Roman. Köln 1953.

Haus ohne Hüter, Roman. Köln 1954.
Das Brot der frühen Jahre, Erzählung. Köln 1955.
Irisches Tagebuch. Köln 1957.
Doktor Murkes gesammeltes Schweigen und andere Satiren. Köln 1958.
Billard um halbzehn, Roman. Köln 1959.
Erzählungen, Hörspiele, Aufsätze. Köln 1961.
Ansichten eines Clowns, Roman. 1963.
Entfernung von der Truppe, Erzählung. Köln 1964.
Ende einer Dienstfahrt, Erzählung. Köln 1967.
Aufsätze, Kritiken, Reden. Köln 1967.
Gruppenbild mit Dame, Roman. Köln 1971.

Literatur

Es werden hier nur die Buchveröffentlichungen über Heinrich Böll angeführt.

Der Schriftsteller Heinrich Böll. Ein biographisch-bibliographischer Abriß. Köln 1959. Berichtigte und ergänzte Auflagen: Köln 1960, Köln 1962, Köln 1965. Erweiterte Ausgabe: München 1968.

Hermann Stresau: Heinrich Böll. Berlin 1964 (Köpfe des XX. Jahrhunderts, Bd. 33).

Léopold Hoffmann: Heinrich Böll. Einführung in Leben und Werk. Luxemburg 1965.

Albrecht Beckel: Mensch, Gesellschaft, Kirche bei Heinrich Böll. Osnabrück 1966. (Fromms Taschenbücher „Zeitnahes Christentum", Bd. 39.)

Wilhelm Johannes Schwarz: Der Erzähler Heinrich Böll. Seine Werke und Gestalten. Bern 1967.

Günter Wirth: Heinrich Böll. Essayistische Studie über religiöse und gesellschaftliche Motive im Prosawerk des Dichters. Berlin (Ost) 1967.

Marcel Reich-Ranicki (Hrsg.): In Sachen Böll. Ansichten und Einsichten. Köln 1968. Dritte erweiterte Auflage: Köln 1970.

Klaus Jeziorkowski: Rhythmus und Figur. Zur Technik der epischen Konstruktion in Heinrich Bölls „Der Wegwerfer" und „Billard um halbzehn". Bad Homburg v. d. H. 1968.

Hans Joachim Bernhard: Die Romane Heinrich Bölls. Gesellschaftskritik und Gemeinschaftsutopie. Berlin (Ost) 1970.

Nachweise

1 Horst Bienek: Werkstattgespräche mit Schriftstellern. München 1962, S. 149.
2 Heinrich Böll: Erzählungen — Hörspiele — Aufsätze. Köln 1961, S. 344 ff.
3 Ebd., S. 401 ff.
4 Wolfdietrich Rasch: Lobrede und Deutung. In: Der Schriftsteller Heinrich Böll — Ein biographisch-bibliographischer Abriß. 3. Aufl. Köln 1962, S. 8.
5 Böll, a. a. O., S. 351.
6 Heinrich Böll: Aufsätze — Kritiken — Reden. Köln 1967, S. 503.
7 Heinrich Böll: Georg Büchners Gegenwärtigkeit. Süddeutsche Zeitung, Nr. 253/1967

Susanne Müller-Hanpft

GÜNTER EICH

Das Werk, das uns Günter Eich nach seinem Tode zurückgelassen hat, ist nicht umfangreich. Ein halbes Dutzend Gedichtbände, an die zwanzig publizierte Hörspiele, dazu eine Reihe nicht im Druck vorliegender, zum Teil nicht einmal mehr im Manuskript erhaltener Funkwerke, zwei Marionettenspiele, zwei Prosabände, ein paar Kurzgeschichten, an verstreuten Stellen abgedruckt, und wenige Miszellen: das ist die äußere Bilanz einer mehr als vierzigjährigen schriftstellerischen Tätigkeit. Das ist gleichzeitig ein aufschlußreicher Hinweis auf das Charakteristische an der Schreibweise Günter Eichs. Denn Eichs Schreiben stellt keinen unmittelbaren Reflex seines Erlebens dar. Seine Sprache ist nicht sinnlich, nachvollziehbar, beschreibend. Was er zu Papier brachte, ist kontrolliert, gibt sich karg, spröde, im Laufe der Zeit mehr und mehr formelhaft. Mit Wörtern versucht er nicht die empirische Wirklichkeit abzubilden, im Bewußtsein eingeprägte Partikel facettenartig aneinanderzureihen; vielmehr Wirklichkeit zu definieren, indem er mit Begriffen absichtsvoll spielt, damit sie ihre semantischen wie phonologischen Verflechtungen vorzeigen und ihr Sinn in seiner historischen Relativität erkennbar wird.

„Eigentlich schreibe ich, weil ich gar nicht schreiben kann."[1] Dieses für einen Autor ungewöhnliche Bekenntnis deutet an, daß der schriftstellerische Impuls Eichs nicht einem elementar sinnlichen Bedürfnis entspringt, weder vitaler Fabulierlust noch kommunikationssuchendem Mitteilungsbedürfnis gleichzusetzen ist. Seine poetische Artikulation ist der Versuch, durch Sprache einen Erkenntnisprozeß in Gang zu setzen, Realität ihrer jeweiligen historischen, sozialen und ästhetischen Ummantelung zu entkleiden.

„Ich bin Schriftsteller, das ist nicht nur ein Beruf, sondern die Entscheidung, die Welt als Sprache zu sehen."[2] Der Anspruch dieser Äußerung verbietet es, Sprache in ihrer allgemein verständlichen Form als Gebrauchsmittel der Übereinkunft einzusetzen. Diesem Sprachgebrauch versucht Eich kritisch zu begegnen, indem er ihn kontrolliert und Alternativen anbietet, deren angestrebter Grenzwert in der Identität von Sprache und Erkenntnis besteht.

> Ich bin nicht fähig, die Wirklichkeit so, wie sie sich uns präsentiert, als Wirklichkeit hinzunehmen ...
> Nun gut, meine Existenz ist ein Versuch dieser Art, die Wirklichkeit ungesehen zu akzeptieren. Auch das Schreiben ist so möglich. Aber ich versuche, noch etwas zu

> schreiben, was anderswo hinzielt. Ich meine das Gedicht.
> Ich schreibe Gedichte, um mich in der Wirklichkeit zu orientieren. Ich betrachte sie als trigonometrische Punkte oder als Bojen, die in einer unbekannten Fläche den Kurs markieren. Erst durch das Schreiben erlangen für mich die Dinge Wirklichkeit. Sie ist nicht meine Voraussetzung, sondern mein Ziel. Ich muß sie erst herstellen.[3]

Dieses Selbstverständnis Eichs, das er im Jahre 1953 vortrug, als er sich das einzige Mal in seinem Leben in eine öffentliche poetologische Diskussion eingelassen hat, läßt die Anstrengung ahnen, die für Eich mit dem Schreiben verbunden ist, für die artistisches Talent nicht ausreicht. Ihm addiert sich das ständige Infragestellen auch der eigenen Produktion; die Reflexion der eigenen gesellschaftlichen Position; die Auseinandersetzung mit der Rezeption. So schreibt Eich auch gegen sich selbst als Teil einer Gesellschaft, die er kritisiert. Und weil er sein Schreiben schon im Akt des Entstehens einreihen muß in jenes Allgemeine, das er durch die Konstitution eines Neuen, der Alternative, überwinden will, muß er es immer wieder tun, immer vertrackter, komplizierter, immer weniger direkt; mit Wörtern, Formeln, montierten Redensarten, die alle ihre beschädigte Geschichte vorzeigen. Das ist Schreiben für Günter Eich: kein Redefluß aus übervollem Herzen, sondern aus ihrer historischen Prägung isolierte Wörter, neu definiert.

Das war nicht von Anfang an so. Als der zwanzigjährige Günter Eich erste Gedichte in der *Anthologie jüngster Lyrik* unter dem Pseudonym Erich Günter veröffentlichte, da stand er noch ganz im Banne der Expressionisten. Damals hat er über die Voraussetzungen seines Schreibens nicht reflektiert. Er hat sich intuitiv als leidendes Individuum begriffen, von romantischen Nachwehen erfaßt, von Gefühlen der Angst und des Überdrusses bewegt.

> O ich bin von der Zeit angefressen und bin in gleicher Langeweile vom zehnten bis zum achtzigsten Jahre.

So heißt eine Zeile in dem Gedicht Eichs, mit dem er in der Öffentlichkeit debütierte. Trakl, Heym, der junge Gottfried Benn, wie er sich in den Gedichten aus der *Morgue* präsentiert, der frühe Bert Brecht — aus dem Werk dieser Vorbilder gewinnt Eich mehr unbewußt als wissentlich seine ersten Schreiberfahrungen. Das lyrische Ich begreift sich nicht als gesellschaftliches Subjekt, das in einem Funktionszusammenhang mit seiner Zeit steht, sondern als ein enthistorisiertes, biologisches Gattungsexemplar der Spezies Mensch. Die Umwelt stellt sich nicht als bestimmender Faktor dar. In diesen frühen Gedichten erscheint Leiden für Eich als ontologische menschliche Qualität; in seinen Nachkriegsgedichten gewinnt Leiden einen sozialen Bezug.

In jener frühen Zeit gründet die literaturwissenschaftliche Einordnung der Gedichte Günter Eichs, die man auch später — und das fälschlicherweise — beibehalten hat, nämlich als „naturmagische" Poeme in der Nachfolge von Oskar Loerke und Wilhelm Lehmann. Zur Zeit ihrer Entstehung blieben die frühen Gedichte Eichs ziemlich unbekannt. Erst nach dem Krieg wurden sie von der Literaturwissenschaft als das Jugendwerk eines dann bekannten zeitgenössischen Schriftstellers entdeckt, neu gedruckt und häufig interpretiert. Da diese Gedichte dem Philologen mehr Möglichkeiten bieten als die eher unvergleichbaren Nachkriegsgedichte Eichs, weil sie Übernahmen von Vorbildern, sowohl in Zitaten als auch in allgemeinen Stimmungslagen, nachweisen lassen, wurden sie trotz ihrer, am späteren Werk gemessenen geringeren Bedeutung viel beachtet und prägten das Bild des Dichters als Nachromantiker und Spätexpressionist. Für ihn selbst aber setzte das Jahr 1933 eine deutliche Zäsur; von diesem Zeitpunkt an schrieb er keine Gedichte mehr, sondern trat erst 1945 mit gänzlich anderen, von der historischen Erfahrung des Krieges direkt geformten Gedichten wieder hervor.

Im Berlin der dreißiger Jahre arbeitete Eich für den Rundfunk. Der am 1. Februar 1907 in Lebus an der Oder geborene junge Mann studierte seit 1925 an der Berliner und der Pariser Universität Sinologie. Die Wahl dieses ausgefallenen Studiums ist charakteristisch für ihn; denn dieses Studium konnte nur schwer seine gesellschaftliche Nützlichkeit vorweisen. Eich wollte sich schon damals mit seiner Tätigkeit der leichten Verwertbarkeit entziehen. Diese Konstante sollte sich später durch sein gesamtes Werk ziehen. „Seid unnütz", fordert er die Zeitgenossen in seinem berühmten Hörspiel *Träume* auf; und „Späne sind mir wichtiger als das Brett", sagt er noch 1968 in seinen *Maulwürfen.*

Mit ersten Hörspielen verdient sich Eich seinen Lebensunterhalt. Seinen Einstieg bildet 1929 das in Kooperation mit Martin Raschke geschriebene Funkwerk *Leben und Sterben des Sängers Caruso.* Es folgen eine Anzahl von Spielen, die nicht mehr erhalten sind; Umarbeitungen von literarischen Stoffen, featurehaft gebaute Stücke, die Eich nachträglich selbst als reine Auftragsarbeiten charakterisiert. Noch vorhanden sind die in Buchform vorgelegten *Monatsbilder des Königswusterhäuser Landboten*; es sind auf die Jahreszeit bezogene, für den Funk eingerichtete Kalendergeschichten, die jedoch die Qualität der traditionellen Kalendergeschichten von Johann Peter Hebel bis Bert Brecht und Franz Kafka bei weitem nicht erreichen.

Eines aber gelingt Eich in dieser Zeit. Er gewinnt Routine in der Arbeit mit dem technischen Medium. Er war daher mehr als andere darauf vorbereitet, nach dem Krieg und den durch ihn veränderten Erfahrungen das Hörspiel in Deutschland als eine poetische Gattung zu etablieren.

Von 1939 bis 1945 war Günter Eich Soldat. Anschließend geriet er in amerikanische Gefangenschaft. Aus dieser Zeit stammen seine bekanntesten Gedichte, die sogleich nach 1945 seinen Ruhm begründeten.

Denn, in der grausam existenziellen Not, der psychischen Verzweiflung und kommunikationslosen Armut des Gefangenendaseins hat Günter Eich wieder mit dem Dichten begonnen. Dieses eine Mal schreibt er privat; verhält sich so, wie es dem Schaffensprozeß der Dichtenden seit Goethe nachgesagt wird; er schreibt, um sich von der seelischen Bedrängnis zu befreien. Dabei gelingt es ihm, zu notieren, was viele empfinden; er ist mitten in seiner historischen Situation, er wird verstanden.

Sein berühmtestes Gedicht aus dieser Zeit heißt:

Inventur[4]

Dies ist meine Mütze,
dies ist mein Mantel,
hier mein Rasierzeug
im Beutel aus Leinen.

Konservenbüchse:
Mein Teller, mein Becher,
ich hab in das Weißblech
den Namen geritzt.

Geritzt hier mit diesem
kostbaren Nagel,
den vor begehrlichen
Augen ich berge.

Im Brotbeutel sind
ein Paar wollene Socken
und einiges, was ich
niemand verrate,

so dient er als Kissen
nachts meinem Kopf.
Die Pappe hier liegt
zwischen mir und der Erde.

Die Bleistiftmine
lieb ich am meisten:
Tags schreibt sie mir Verse,
die nachts ich erdacht.

Dies ist mein Notizbuch,
dies meine Zeltbahn,
dies ist mein Handtuch,
dies ist mein Zwirn.

Diese Inventur ist keine geschichtliche Bestandsaufnahme. In diesen Versen fehlt jeder Rückblick in die Vergangenheit, fehlen alle deutenden, metaphysischen Momente. Eich notiert, was ihn umgibt, registriert, was von den Ansprüchen seiner Generation noch übriggeblieben war. Dieses Gedicht zeigt eine kindliche

Perspektive. Der Schreibende muß sich in der Wirklichkeit neu orientieren und hält diesen Vorgang in einer ganz und gar lapidaren Sprache fest. In ihr deutet sich ein Glaube an die Möglichkeit eines Neubeginns an; die Hoffnung auf eine voraussetzungslose Gegenwart. Nicht umsonst ist *Inventur* dasjenige Gedicht Eichs, das die größte Wirkung erzielt. Mit ihm gehört er zu der Generation des sogenannten „Kahlschlags"; die *Gruppe 47* konstituiert sich in dem Glauben an eine sprachliche Erneuerung; ihr Gründer und Initiator Hans Werner Richter zählt Eich zu den ersten Mitgliedern; die Gruppe verleiht ihm ihren ersten Preis. Noch 1962, als ein Almanach der *Gruppe 47* zum 15jährigen Bestehen der Vereinigung ediert wird, bekennt sich Richter zu den „Kahlschläglern", die die „Sklavensprache zu roden" trachteten, um sie vom „Gestrüpp der Propagandasprache zu reinigen". Als ihren programmatischen Leitfaden zitiert er Günter Eichs Gedicht. „Es sei erlaubt, das, was ich meine, durch ein Gedicht zu exemplifizieren, durch die außerordentlichen Verse Günter Eichs, die er ‚Inventur' überschrieben hat."[5]

Der später berühmt gewordene Gedichtband, der *Inventur* enthält, heißt *Abgelegene Gehöfte* und erschien 1948. Er enthält außer den Gefangenengedichten wie *Camp 16* — in dem der grausame Inhalt durch die schöne, sehnsuchtsvolle, von Heine tradierte Volksliedform ironisiert wird — und *Latrine*, das desillusionierend „Hölderlin" auf „Urin" reimt und trotz des zur Sprache gebrachten Ekels durch Klang und Reimgefüge ein schönes, ruhiges Gedicht ist, auch Poeme, die traditionsgebunden sind, die keinen Bruch mit der Geschichte, sondern Kontinuität zum Prinzip haben.

Das Titelgedicht *Abgelegene Gehöfte* ist eine Genrezeichnung vom beschädigten Leben einer ehemals idyllischen bäuerlichen Gegend. Es versucht, Momente von abendländischer Kultur festhaltend neu zu definieren. Ein anderes Gedicht, in dem diese Intention vorrangig ist, heißt *Aurora.*

Aurora, Morgenröte,
du lebst, oh Göttin, noch!
Der Schall der Weidenflöte
tönt aus dem Haldenloch.

Wenn sich das Herz entzündet,
belebt sich Klang und Schein,
Ruhr oder Wupper mündet
in die Ägäis ein.

Uns braust ins Ohr die Welle
vom ewigen Mittelmeer.
Wir selber sind die Stelle
von aller Wiederkehr.

In Kürbis und in Rüben
wächst Rom und Attika.
Gruß dir, du Gruß von drüben,
wo einst die Welt geschah.

Diese Verse demonstrieren den Widerspruch im Autor, den Anspruch der Vergangenheit, der abendländischen Geschichte, mit der Gegenwart zu versöhnen. Zerrissenheit wird deutlich; Erinnerung drückt sich aus im wehmütigen Vergleich; ein Abschied von der Vergangenheit findet wider Willen statt. Die real verlorene Tradition soll ästhetisch hergestellt werden und wird, in den banalsten Dingen des Alltags, lebendig gesehen. Die Zweifelhaftigkeit dieses Bemühens wird nirgends deutlicher als in den Zeilen, die Ruhr und Wupper miteinbeziehen, jene sozialkritische Assoziationen auslösenden Namen.

Die vielzitierte Spracherneuerung, die in dem Band *Abgelegene Gehöfte* stattfinden sollte und die einer voraussetzungslosen Denkweise korrespondieren sollte, hat es nie gegeben. Gleichwohl nehmen die frühen Nachkriegsgedichte Eichs eine besondere Stellung innerhalb der lyrischen Landschaft in Deutschland ein. Sie gehören zu dem Wenigen, was damals geschrieben wurde, das weder sofort in eine idyllische Isolation auswich, noch zum bloßen Zeitdokument herabgekommen ist; die Ehrlichkeit, die in dem Bemühen liegt, die Realität nicht trostreich zu transzendieren, sondern sich ihr bewußt zu stellen, diese Ehrlichkeit teilt sich mit, wirkt fort. Günter Eich ist erfolgreich, wird zu einer bekannten Größe.

In den fünfziger Jahren motiviert sich Eichs Schreiben aus der Haltung des Mißtrauens und des Zweifels: Mißtrauen gegenüber jeder Erscheinung, die als positive auftritt; gegenüber jeglicher als gesichert erscheinender Einsicht; selbst gegenüber den Institutionen der Natur. Zweifel in die Möglichkeiten unserer Sinneswahrnehmungen, in die Vollständigkeit dessen, was sich dem Menschen als Realität präsentiert. „Nein, ich bin nicht auf Antworten aus, ich optiere für die Frage.“[6] So plädiert der Schriftsteller für das In-Frage-Stellen sämtlicher Erscheinungen. „Unsere Sinne sind fragwürdig und ich muß annehmen, daß auch das Gehirn fragwürdig ist.“[7]

Mit dieser Skepsis, die sich in seinem Werk materialisiert, reiht sich Eich in eine Gruppe seiner Zeitgenossen ein, die mit dem Ballast einer noch nicht verarbeiteten Vergangenheit auf das Unbehagen der gegenwärtigen gesellschaftlichen Lage mit einer Haltung des „totalen Ideologieverdachts“ reagierte.

Für Eich und viele seiner Zeitgenossen wird Ideologie zwar als total begriffen, jedoch nicht als Möglichkeit zur historischen Erkenntnis wie in der Wissenssoziologie Karl Mannheims[8], sondern als permanente Gefahr. Der Entzug vom „schlechten Allgemeinen“ (Adorno) wird durch den totalen Ideologieverdacht erklärt und gerechtfertigt. Jede Ideologie birgt Gefahren für die Individuen, weil sie Machtansprüche in sich trägt. Diese halten sich deshalb im Raum ständiger Verweigerung auf; alle Systeme sind suspekt, jede positive Äußerung hat totalitären Charakter, jeder Machtanspruch birgt Gefahr. Da es nichts Handelndes gibt, das nicht in diesem Sinne positiv und damit ideologisch wäre, kann die Position des Wachsamen nur in der permanenten Verweigerung bestehen. Das Warnen vor positivem praktischem Handeln und dessen Überprüfung wird für ihn zur einzigen Praxis. Diese Haltung artikuliert Eich 1959 bei der Verleihung des Georg-Büchner-Preises noch einmal deutlich resümierend:

> Ich gestehe, daß ich über die Macht recht unvernünftig denke. Wenn sie die unauflösbare Materie unserer Welt ist, so erfüllt mich die Entdeckung der Anti-Materie mit einigem Trost. ... Und voll höchsten Mißtrauens bin ich gegen die Meinung, Macht müsse erstrebt werden, um einen Wert durchzusetzen. Gut und Böse sind in ihren Entscheidungen keine Wahl, sondern Zufallsergebnisse.

Eich plädiert für die „Außenseiter, die Ketzer in Politik und Religion, die Unzufriedenen, die Unweisen, die Kämpfer auf verlorenem Posten, die Narren, die Untüchtigen, die glücklosen Träumer, die Schwärmer, die Störenfriede, alle, die das Elend der Welt nicht vergessen können, wenn sie glücklich sind.“[9]

Diese enthusiastische Parteinahme für alle Nicht-Angepaßten, denen der „Menschheit Würde in ihre Hand gegeben ist“, hat Eich in vielen Hörspielen demonstriert.

Sein technisches Vorgehen wiederholt sich in fast allen Spielen: es beginnt alles ganz harmlos, alltäglich. Der Hörer wird eingeführt in ihm vertraute Situationen. Doch dann verändert sich die Szenerie, der feste Boden gerät ins Schwanken, wird durchlässig für eine andere Wirklichkeitsebene, die die Protagonisten des Spiels und den Hörer als ungekannte und nie gesehene verunsichert. Anlaß für eine solche Auflösung der vertrauten Sphäre ist häufig eine Reise. Dieses Motiv zeigt den Aufbruch an, den die Gestalten vollziehen, aus dem Gewohnten in einen Wirklichkeitsbereich, der den normalen als scheinbaren erkennen läßt. In dem Hörspiel *Die Andere und ich* zum Beispiel fährt die amerikanische Touristin Ellen an ihrem 41. Geburtstag mit Ehemann und zwei Kindern von Venedig nach Florenz; durch ein Erlebnis, den Anblick einer alten Frau in einem Fischerdorf, erfährt sie sich identisch mit deren Tochter Camilla. „Hieß ich nicht wirklich Camilla? War ich nicht wirklich ihre Tochter? Ellen Harland? Wer war Ellen Harland? Das hatte ich vielleicht nur geträumt.“

Die Bereiche des Traums und der Wirklichkeit verkehren sich in ihr Gegenteil. Traum wird Realität, Realität Unwahrheit, Fiktion.

In *Blick auf Venedig* sinnt der blinde Bettler Benedetto auf eine Sprache der Blinden. Seine Weltsicht ist gläubig und naiv. Sein Kamerad Emilio schafft es, durch eine Operation sehen zu können. Seine Welt, die verkehrte „heile Welt“ der Blinden, bricht zusammen. Die Wirklichkeit demonstriert ihre gesellschaftlichen Härten. Erst als Emilio durch einen Schuß, mit dem er sich das Leben nehmen wollte, das Augenlicht wieder verliert, kann er zu einer neuen Identität mit sich kommen.

Das vollkommenste Hörspiel Eichs, das die Imaginationskraft der Sprache für eine neue, im Bewußtsein erarbeitete Wirklichkeitssetzung vorführt, ist *Die Mädchen von Viterbo.* Zwei Geschichten, eine reale und eine geträumte, werden in diesem Spiel auf das kunstvollste und beziehungsreichste miteinander verquickt. Ein alter jüdischer Mann lebt mit seiner Enkelin im Versteck und bangt, entdeckt zu werden. Dieser Realität steht die im Traum erinnerte Geschichte von einer Mädchengruppe gegenüber, die sich in den Katakomben von Viterbo verirrt hat und wünscht, entdeckt zu werden. Was für die einen tödliche Gefahr, bedeutet für die anderen einzige Hoffnung auf Leben. In einem diffizilen Prozeß der Identifikation des jüdischen Mädchens mit einer der Gefangenen von Viterbo werden Zeit und Raum aufgehoben, wird die Realität qualitativ verändert. In diesem Hörspiel Eichs führt — wie auch in *Sabeth* und *Festianus Märtyrer* und anderen — jener Realitätsverlust, jene Einsicht in andere Wirklichkeitsebenen zu einer Gewißheit, die Eich als einzige für gesichert hält, zum Tod. In ihm werden Zeit und Raum aufgehoben und alle Punkte der Geschichte als gleichwertige bestimmbar.

Benjamins geschichtsphilosophische These: „Erst der erlösten Menschheit ist ihre Vergangenheit in jedem ihrer Momente zitierbar geworden“[10] hat in Eichs Dichtung eine parallele Konkretisation. Nur daß jene vom materialistischen Standpunkt aus eine Erlösung der Menschheit im veränderten gesellschaftlichen System vorstellbar macht, während diese aus dem Mißtrauen gegenüber jeglicher Ideologie Erlösung erst im Tod erkennt.

Das berühmteste Hörspiel Günter Eichs wurde 1950 zum ersten Mal gesendet. Heinz Schwitzke bezeichnete es als „die Geburtsstunde des poetischen Hörspiels“.[11] Karl Korn schrieb zur Buchausgabe des Funkwerks, in der zum ersten Male das Hörspiel der Literatur als angemessene Gattung anerkannt wurde, im Jahre 1953: „Traumdeutung ist Günter Eichs Gedicht, und man kann zu seinem Ruhme wohl nicht mehr sagen, als daß er unser aller Träume dichtet. ... Günter Eich ist ein Dichter, einer der wenigen Lebenden, die das hohe Wort zu Recht tragen. ... Eich ist ein romantischer Fabulierer von einer ungeheuren Einfallsfülle. ... Ein Dichter, der den Zauberstab zu den versunkenen Gründen unserer Kindheit, aber auch unserer geheimsten Ängste und Hoffnungen besitzt.“[12]

Es ist das Hörspiel *Träume,* das aus fünf einzelnen Stücken gebaut ist, die jeweils durch mahnende, suggestive Verse verbunden sind, die den Hörer unmittelbar, aus der Fiktion des Spiels ausbrechend, adressieren.

> Nein, schlaft nicht, während die Ordner der Welt geschäftig sind!
> Seid mißtrauisch gegen ihre Macht, die sie vorgeben für euch erwerben zu müssen!

Wacht darüber, daß eure Herzen nicht leer sind, wenn mit der Leere eurer
Herzen gerechnet wird!
Tut das Unnütze, singt die Lieder, die man aus eurem Mund nicht erwartet!
Seid unbequem, seid Sand, nicht das Öl im Getriebe der Welt!

Diese suggestiven, pathetischen Verse sollten sich untrennbar mit dem Namen des Dichters Günter Eich verbinden; ja, in vielen Fällen, diesem als Etikett vorgeschoben werden, ohne daß ihre Aufforderung mit praktischem Handeln beantwortet worden wäre.

1955 legt Günter Eich wieder einen Gedichtband vor: *Botschaften des Regens.* Das Titelgedicht führt exemplarisch die neuen Ansätze Eichs vor:

Nachrichten, die für mich bestimmt sind,
weitergetrommelt von Regen zu Regen,
von Schiefer- zu Ziegeldach,
eingeschleppt wie eine Krankheit,
Schmuggelgut, dem überbracht,
der es nicht haben will —
. . .
Bestürzt vernehme ich
die Botschaften der Verzweiflung,
die Botschaften der Armut
und die Botschaften des Vorwurfs.
Es kränkt mich, daß sie an mich gerichtet sind,
denn ich fühle mich ohne Schuld.
. . .

Natur ist hier nicht mehr die das Subjekt versöhnende Kraft, sondern eine Macht, die sich gegen es richtet und darum Mißtrauen herausfordert. Die Verdinglichung aller Bereiche menschlichen Lebens artikuliert sich in den Gedichten Eichs, die er in den fünfziger Jahren schrieb. Jede Anlehnung an lyrische Traditionen, sei es inhaltlich oder formal, werden aufgegeben. Eich montiert Realitätspartikel, die durch sein Bewußtsein in einen Zusammenhang gebracht werden, obwohl sie scheinbar auswechselbar sind. In dem Gedicht *Gegenwart* heißt es:

Und immer Gespinste, die uns einspinnen,
Aufhebung der Gegenwart,
ungültige Liebe,
der Beweis, daß wir zufällig sind,
geringes Laub an Pappelbäumen
und einberechnet von der Stadtverwaltung,
Herbst in den Rinnsteinen
und die beantworteten Fragen des Glücks.

Das lyrische Subjekt tritt in diesem Gedicht in die Rolle des Zuschauers. Es wird zu einem passiven Element, vor dessen Augen sich die Dinge und die zum Ding gewordene Geschichte abspielen. Kommunikation zwischen den Individuen ist nicht mehr möglich. In einer früheren Strophe steht die Frage: „Wo bist du, wenn du neben mir gehst?“ Eine Antwort wird nicht mehr gegeben. Dafür erscheinen Dinge. In ihnen demonstriert sich Geschichte, nicht als Prozeß, sondern in toten Gegenständen; Hoffnungslosigkeit wird zum Prinzip und macht die Gleichzeitigkeit von Vergangenheit und Zukunft möglich; ebenso die Parallelsetzung von Steinen, Gartensträuchern und „ausruhenden alten Männern“ auf der Anlagenbank.

Ein weiteres Beispiel für die Rolle des Menschen als Zuschauer ist das großartige Gedicht *D-Zug München—Frankfurt.*

Die Donaubrücke von Ingolstadt,
das Altmühltal, Schiefer bei Solnhofen,
in Treuchtlingen Anschlußzüge —

Dazwischen
Wälder, worin der Herbst verbrannt wird,
Landstraßen in den Schmerz,
Gewölk, das an Gespräche erinnert,
flüchtige Dörfer, von meinem Wunsch erbaut,
in der Nähe deiner Stimme zu altern.

Zwischen den Ziffern der Abfahrtszeiten
breiten sich die Besitztümer unserer Liebe aus.
Ungetrennt
bleiben darin die Orte der Welt,
nicht vermessen und unauffindbar.

Der Zug aber
treibt an Gunzenhausen und Ansbach
und an Mondlandschaften der Erinnerung
— der sommerlich gewesene Gesang
der Frösche von Ornbau —
vorbei.

In diesem Gedicht gelingt es Eich meisterhaft zu zeigen, daß Natur kein Gegensatz zu Gesellschaft mehr ist, nichts Unberührtes, sondern, daß menschliche Bewußtseinslagen auf sie projiziert werden. Nur in der Zeit „zwischen den Ziffern der Abfahrtszeiten“, einer Dimension, die es nicht gibt, breitet sich ein Ort aus, der die Welt umschließt, das Disparate zur Versöhnung bringt. Nur in jenem Punkt, der die Identität von Subjekt und Objekt bewirkt, ist Raum für humanes Handeln, dort „breiten sich die Besitztümer unserer Liebe aus“. Diese Sehnsucht nach dem Ungetrennten deutet wieder auf eine vorindustrielle Harmonie. Die empirische Wirklichkeit wird mit dem Wörtchen „aber“ in Gegensatz gesetzt zu jener Utopie. In den Gedichten Eichs aus jener Epoche wird der scharfe Gegensatz sichtbar zwischen der historischen Realität und einer Sphäre, in der als utopisches Ziel Liebe und Harmonie denkbar wird. Wo die verdinglichte Welt dem Lyriker nur noch die Beobachtung der toten Dinge und Gedanken übrigläßt und wo die Dinge den aktiven Part übernommen haben, reagiert Eich mit der Geste der Verweigerung und der Suche nach einem außerhalb der empirischen Realität liegenden Leben. Er findet Chiffren für diesen Bereich in dem „Vogelzug", der „Hähenfeder", im „Gerüst des trigonometrischen Punkts".

In den späteren Gedichten der Bände *Zu den Akten* und *Anlässe und Steingärten* — der Titel bezieht sich auf die japanischen Meditationsstätten aus Steinen und Sand — wird auch jene utopische Setzung fast ganz eliminiert. Die Gedichte werden von einem totalen Pessimismus bestimmt.

> Steh auf, steh auf!
> Wir werden nicht angenommen,
> die Botschaft kam mit dem Schatten der Sterne.
> Es ist Zeit, zu gehen wie die andern.
> ...
> Komm, ehe wir blind sind.

Das Motiv des „Zu-spät" wird in vielen Variationen angesprochen. *Zu spät für Bescheidenheit* ist der Titel eines Gedichts. „Vergeblich die böse Hoffnung, daß die Schreie der Gemarterten die Zukunft leicht machen", heißt es unter dem Titel *Topographie einer schönern Welt.* In diesen letzten Gedichten erstehen die Schemen des Dritten Reichs erneut. Das Erlebnis Hiroshima spiegelt sich in einigen Gedichten, deren eindrucksvollstes *Geometrischer Ort* überschrieben ist.

Die Gedichte aus den beiden letzten Gedichtbänden führen technisch einen Prozeß vor, der sich korrespondierend der dargestellten Aussichtslosigkeit für das Individuum in einem Umkreis, wo alles vergesellschaftet ist und jede Aussage erniedrigt wird zum Bildungsballast und Aufsagen von Klischees, bis an den Rand des Verstummens begibt. Das geschieht durch äußerste Reduktion, durch Aussparen jeglichen Kontextes, der erläuternd zum Verständnis beitragen könnte, der aber um so notwendiger vom Leser addiert werden muß. Die äußerste Konsequenz dieses formalen Vorgehens manifestiert sich in den „Formeln".

In *Lachreiz vor Säulen* zum Beispiel reduziert Eich seine Abendlandmüdigkeit.

Nach jener Verknappung, der Tendenz zu immer indirekterer Ausdrucksform überraschte es besonders, daß Eich auf der letzten Tagung der *Gruppe 47* im Herbst 1967 mit kurzen Prosastücken an die Öffentlichkeit trat, die er *Maulwürfe* nannte. Inzwischen liegen zwei Bände vor: *Maulwürfe* und *Ein Tibeter in meinem Büro.*

In den *Maulwürfen* montiert Eich nicht mehr nur heterogene Inhalte, wie schon in seiner Lyrik — und fast aller modernen Lyrik —, sondern er montiert ebenso poetische Gattungsstücke, die er nicht fertigstellt. Ohne Verknüpfung, ohne synthetische Kausalität stehen aphoristische Sätze (denen jedoch der absolute Gültigkeitscharakter fehlt) neben Alltagsgeschwätz; stehen Redewendungen und Sprichwörter neben Lyrismen, die vorwiegend aus dem eigenen Werk stammen; stehen Wortspiele (die oft Nonsens-Charakter haben) neben intellektuellen radikalen Slogans und Sprachklischees. In der Technik der Reihung von einfachen Aussagesätzen, Parallelisierungen, werden entlegene Bereiche so gekoppelt, daß sie zwar nicht willkürlich, jedoch völlig austauschbar erscheinen. Die *Maulwürfe* stellen keine geschlossene Form dar. Durch die schockhafte Montage von Sprachmaterial heterogener Bereiche, die jeweils als historisch gewordene definiert sind, treten Bedeutungen hervor, die sich oft einer synthetischen Interpretation, erst recht einer Systematik entziehen und nur im Auseinanderbrechen der übereingekommenen Zusammenhänge produktiv für das Bewußtsein werden. War Eichs Dichtung in den früheren Jahren immer noch als Ausflucht in den Trost der „reinen Dichtung", der Bewältigung durch Form, gedeutet worden, so machen die neuen Prosastücke Eichs eine solche Interpretation unmöglich. Denn immer wenn sich Zusammenhänge definitiv ergeben könnten, werden sie zerstört; Eich jongliert zwischen Illusion, die für Momente zur antizipierten Utopie werden könnte, und deren Unmöglichkeit.

So ist Eich nicht wie manche seiner Zeitgenossen den Weg von der Verknappung zum Verstummen gegangen; sondern er hat aus der Reflexion der eigenen Arbeit und der Reaktionen darauf, eine künstlerische Form entwickelt, die sprach- und ideologiekritisch motiviert ist; dies nicht inhaltlich, sondern durch die Sprachform selbst. Er hat mit diesen Stücken eine literarische Irritation hervorgerufen, wie sie die Literatur der letzten Jahre in Deutschland kaum mehr kannte. Günter Eich starb am 20. Dezember 1972.

Anmerkungen

Texte

Gedichte. In: Anthologie jüngster Lyrik, hrsg. von Willi Fehse und Klaus Mann. Hamburg 1927.

Gedichte. Dresden 1930.

Abgelegene Gehöfte. Frankfurt 1948.

Botschaften des Regens. Frankfurt 1955.

Zu den Akten. Frankfurt 1964.

Anlässe und Steingärten. Frankfurt 1966.

Fünfzehn Hörspiele. Frankfurt 1966.

Maulwürfe. Frankfurt 1968.

Ein Tibeter in meinem Büro. Frankfurt 1970.

Günter Eich — Ein Lesebuch. Frankfurt 1972

Literatur

Reinhold Grimm: Nichts — aber darüber Glasur. In: Radius, September 1959.
Text und Kritik, Heft 5, 1964; Neuauflage, verändert, 1971.
Egbert Krispyn: Günter Eich and the birds. In: The German Quarterly, Jg. 27, 1964, S. 246—256.
Albrecht Zimmermann: Das lyrische Werk Günter Eichs. Diss. Erlangen 1965.
Horst Ohde: Günter Eich. In: Deutsche Literatur seit 1945, hrsg. von D. Weber. Stuttgart 1968, S. 38—61.
Über Günter Eich, hrsg. von Susanne Müller-Hanpft. Frankfurt 1970.
Egbert Krispyn: Günter Eich und die Romantik. In: Festschrift für Detlev W. Schumann. Brown University, Rhode Island 1970.
Ders.: Günter Eich. Monographie. New York 1971.
Susanne Müller-Hanpft: Lyrik und Rezeption. Das Beispiel Günter Eich. München 1972.

Nachweise

[1] Zitat aus einem Gespräch mit der Autorin.
[2] Der Schriftsteller vor der Realität. In: Über Günter Eich, S. 19.
[3] Ebd., S. 19.
[4] Es gibt allerdings für dieses berühmteste Gedicht Eichs eine Vorlage von Richard Weiner: Jean Baptiste Chardin. In: Die Aktionslyrik, Bd. II, Berlin 1916.
[5] Hans Werner Richter: Fünfzehn Jahre. In: Almanach der Gruppe 47, Hamburg 1962, S. 9.
[6] Rede zur Verleihung des Georg-Büchner-Preises 1959. In: Über Günter Eich, S. 30.
[7] Der Schriftsteller vor der Realität; a. a. O., S. 19.
[8] Karl Mannheim: Die Methoden der Wissenssoziologie. In: Kurt Lenk: Ideologiekritik und Wissenssoziologie, Neuwied 1961, S. 252—262.
[9] Rede zur Verleihung des Georg-Büchner-Preises, a. a. O., S. 37.
[10] Walter Benjamin: Geschichtsphilosophische Thesen. In: Illuminationen, Frankfurt 1961, S. 269.
[11] Heinz Schwitzke: Das Hörspiel. Geschichte und Dramaturgie. Köln, Berlin 1963.
[12] Karl Korn: Günter Eichs Traumspiele. Frankfurter Allgemeine Zeitung, 13. 3. 1954.

Horst Meller

HILDE DOMIN

I.

Seit längerem ist es einer der „Gemeinplätze, die Neueste Literatur betreffend", daß wir zur Zeit „eine Literatur nur noch auf Verdacht hin haben". In der Geschichte der Kulturen wäre das nicht ohne Präzedenz. Hans Magnus Enzensberger gab die Parole im Jahre 1968, weltweit einem „Jahr der jungen Rebellen", als Kursnotierung aus: daß „es prinzipiell nicht auszumachen ist, ob im Schreiben noch ein Moment, und wärs das winzigste, von Zukunft steckt"[1]. Wer sich das bislang vorliegende Werk Hilde Domins vor Augen hält, hat Gelegenheit, auf zwei Ebenen Indizien zur Erhärtung des Verdachts zu finden, daß in der Literatur, die wir haben, ausmachbar Zukunft steckt.

Nicht nur das kreative Werk Hilde Domins gibt Antwort, explizit und implizit, auf die Frage, ob es heutzutage wirklich „aus und vorbei sei mit dem Schreiben". Auch ihre Beiträge zur Kritiktheorie haben den Kursbuch-Auskünften über die Legitimation des Schriftstellers in unserer Gesellschaft Erhebliches beizusteuern. So soll zunächst von einem Dokument die Rede sein, das — in beherztem Widerspruch zum Kulturdefaitismus aktionistischer Gemeinplatzverwaltung — dem Enzensbergerschen Exposé in seinem Erscheinungsjahr zuvorgekommen war: Hilde Domins Buch *Wozu Lyrik heute: Dichtung und Leser in der gesteuerten Gesellschaft.*

Dort wird kein System der Literatursoziologie mit modischer Begriffspolitur entwickelt, wohl aber eine Schule der Dichtungsästhetik, „eine sorgfältig und systematisch aufgebaute moderne Poetik mit einem soliden gesellschaftskritischen Sockel" (Werner Ross)[2]. Eine in der Tat kritische Theorie zeichnet sich ab: ein Verstehensentwurf, der zur Praxis hellwacher Kulturteilhabe in einer umdunkelten Übergangszivilisation vermitteln will, die Funktionsbedingungen und die akute Gefährdetheit einer solchen Praxis unbeschönigt in Rechnung stellt und durch die Verarbeitung eines prekären geschichtlichen Standorts hindurch auf ein Angehen der kulturellen Geschichtsnöte dieses Standorts hinaus will.

Diese Kunst- und Wirkungslehre der Dichtung wird aus dem komplexen Befund des Jetzt und Hier abgeleitet. Das Résumé ist ein mit Umsicht geführtes Plädoyer für die Verbindlichkeit von Sprachkunst, trotz allem und also *à rebours.* Man wird Hilde Domin mithin einige Erfolgschancen bei der Sisyphus-Übung einräumen dürfen, für unsere Epoche haargenau eine solche Rechtfertigung der Dichtung entworfen zu haben, wie sie jede Kulturepoche aufs neue zu artikulieren aufgefordert ist: auf dem Bewußtseinsstand der Zeit und im trübungsfreien Blick auf deren Geschichtlichkeit und auf das Konkrete ihrer revolutionierten Wirklichkeitenstruktur.

Eine derartige Bemühung hat immer schon viel verlangt. Wenigen ist sie geglückt. Bedingt doch das *up-dating* der Poesieverteidigung stets auch eine Revision des überkommenen Beschreibungsrepertoires der Poetik. Dessen Begriffsbildung muß indes heute mehr denn je zuvor, soll sie nachvollziehbar sein, auf den Nenner der aktuellen Produktions- und Rezeptionsbedingungen von Kunst gebracht und mit dem Gesamtbild der sozio-ökonomischen Realien der Zeit konfrontiert (oder konfrontierbar gemacht) werden. In der „modernen" Phase des abendländischen Dichtungsgesprächs, in der, seit Huysmans unbestreitbar, „unter einem von den Trostfanalen der alten Hoffnung nicht mehr erleuchteten Firmament" geredet wird, ist das poetologische „Make It New" (Ezra Pound) vorwiegend Sache der Poeten selbst gewesen. Eine Gratlinie der Anstrengungen in der Chronik dieser speziellen Kulturrevolution in Permanenz verläuft von Mallarmé und Valéry über Pound, Eliot und Empson zu Brecht und Benn. Als Fortschreibung dieser Linie möchten wir den Dominschen Versuch betrachten, seit Benns Marburger Vortrag *Probleme der Lyrik* (1951) „die bedeutendste Aussage über Lyrik von deutscher Seite, weit über Benn hinaus den heutigen gesellschaftlichen Raum ... bedenkend" (Paul Konrad Kurz)[3].

Eine außergewöhnliche Doppelbegabung wurde aktiviert und für die Synopse einiger der Hauptfragwürdigkeiten der geistigen Situation unserer Zeit genutzt. Die disziplinierte Intelligenz einer Dichterin, „deren Werk zu den gültigen der gegenwärtigen deutschen Lyrik gehört" (Käte Hamburger)[4], stellt sich der heiklen Forderung, sich und den Konsumenten ihres Kunstfleißes öffentlich Rechenschaft abzulegen über die handwerkliche Empirie ihres Schreibens und über die ihre Produktion begleitende Reflexion. Das ist bereits sehr viel. Da es solches aber nicht nur offenzulegen, sondern auch im gesellschaftlichen Kontext redlich zu verankern gilt, kommt die zweite — zeitlich primäre — Berufsqualifikation der Autorin glückhaft zum Tragen, ihr Studium der Soziologie und insbesondere der dialektischen Methode. Sie erweist sich als ein in Ideologiekritik, Wissenssoziologie und Kommunikationstheorie beschlagener Beobachter der Kulturszenerie. Mit unbestechlich registrierender Sensitivität und prägnant arbeitendem Abstraktionsvermögen analysiert sie die Rolle der „Ware" Lyrik im Bezugsgefüge der Konsumgesellschaft, in der der Lyriker als ihr „schreibender Hofnarr" (Günter Grass) sein gespanntes Verhältnis zu ihr für gewöhnlich nur kulinarisch zu verarbeiten weiß, als wohlintegrierter Masochist oder in abstraktionsblindem Aufschrei.

Das Verfahren ist multiperspektivisch. Die Abschnitte des Arguments, zwischen 1962 und 1967 entstanden und aufeinander bezogen als eine Folge von interdependenten Diagnose-Protokollen, umschreiben den ganzen Problemhorizont, in den das Kulturphänomen „Lyrik" als dialektischer Kommunikationsprozeß und als eine Spezialform gesellschaftlicher Arbeit hineingestellt ist. Gemäß dem Leitsatz, „die Materie zu entgeheimnissen" — auf diesem Gebiet keine Selbstverständlichkeit — wird der facettenreiche Komplex aus verschiedenen Positionen gespiegelt, seine Kernfrage, das „Wozu", vor wechselnden Hintergründen relativiert. Der Analyse der Daseinsberechtigung der Lyrik folgt die des Reagierens auf poetische Produkte, des Aneignungsprozesses und der literarischen Meinungsbildung. Es wird danach gefragt, ob und wie zeitgenössische Dichtung beurteilt und „gebraucht" werden kann, welche Maßstäbe für ihre Bewertung gelten können. Höchst scharfsinnig wird über das Handwerkszeug des Poetologen gehandelt, über Strukturparadoxien und Bedeutungsstrata im lyrischen Text, die Arbeitsbedingungen des Machens von Gedichten und die ihres verstehenden Auslegens.

Ausgangspunkt ist das persönliche Alibi des Schreibenden: „Hat, von der Gesellschaft her gesehen, der Lyriker ein Recht, das zu tun, was er mit solcher Leidenschaft und Ausschließlichkeit tut . . .?" In der Formel „von der Gesellschaft her" spielt die Literaturproduzentin den Ball der Soziologin zu. Diese weicht der Frage nicht aus, inwieweit der Literatur heute überhaupt noch irgendwelche Lebensrechte und Überlebenschancen zukommen. Unser Partizipieren an dieser Gegenwart durchleuchtet sie als mehrfach gesteuerte Verhaltensschematik: innengesteuert „diachronisch" aus den Programmierungsmodellen der Tradition und „synchronisch" aus den verinnerlichten Anpassungszwängen des kapitalistischen Leistungswettbewerbs, perfekt außengesteuert durch ein System „von Vorder-, Hinter-, Nebenmännern". Auf diesen Hintergrund projiziert sie ihre Grundüberzeugung: daß die moralische Verpflichtung von Lyrik in einer immer totaler sich automatisierenden Gesellschaft nur Widerstand gegen Automatismus sein kann, ihre soziale Aufgabe nachgerade nur die, Freiheit und Individualität als konstituierende Momente humaner Existenz zu retten.

Auf dieses Konzept, das kein posierendes Credo ist, sondern der Extrakt der Erfahrungen eines Denkens und eines Lebens, bezieht sich der poetologische Entwurf Hilde Domins als auf seinen Fluchtpunkt. Leitmotivisch beherrscht es das Buch, wie es direkt und indirekt allerorten ihre Gedichte thematisieren. Es gründet auf dem Postulat, Dichtung sei als Modus und Ort der „aktiven Pause" zu verstehen: einerseits als das je eigenständige Ausklinken aus fremdgesteuertem „Funktionieren" und verdinglichender „Verapparatung", als ein Mittel zur Überwindung des als „Erziehung zum Selbstverrat" verstandenen Konformismus und der Identitätskrise des entfremdeten Individuums; andererseits als ein solidarisierendes, weil immerhin punktuell manipulationsfreies Regenerationszentrum, das den einzelnen davor bewahren hilft, zu einer kommunikationslosen Partikel in der „einsamen Masse" zu werden. Hilde Domin bekennt sich also zur

Umwertung des Refugiumscharakters von Kunst, der zumal in jüngster Vergangenheit unter heftigem Beschuß stand: „Rückzug" — allerdings nicht in die Innerlichkeit einer konservativen Utopie — wird ihr in heutigen gesellschaftlichen Kontexten zur Voraussetzung für bewußtes Handeln. Er ereignet sich in einer — immer dialektisch verstandenen — „Klausur ohne Wände", von der aus solidarisierende Impulse auf die Wirklichkeit hinausgehen und in der die Realität an der utopischen Forderung gemessen wird.

Dem unmutigen Mißtrauen so vieler Zeitgenossen gegenüber dem Wirkungspotential von Lyrik setzt Hilde Domin ihr unbeirrbares Vertrauen in die Ansteckungskraft des zur Wahrhaftigkeit erziehenden genauen Benennens entgegen:

> Dies ist unsere Freiheit
> die richtigen Namen nennend
> furchtlos
> mit der kleinen Stimme
>
> einander rufend
> mit der kleinen Stimme
> das Verschlingende beim Namen nennen . . .[5]

Als Sprachmoralist sieht sie in der Erziehung zur genauen Benutzung des Worts nicht den Gegensatz, sondern die Vorbedingung zu realem gesellschaftlichem Tun:

> Dichtung kann Menschenveränderung bewirken, und der Mensch kann die Welt verändern. Dichtung macht den Menschen zunächst einmal zu ihm selbst. Sie verhilft ihm zur Möglichkeit, auf einen Augenblick Subjekt zu sein, wo er sonst Träger von Funktionen ist. Und ohne daß der Mensch er selber wäre, wäre er gar nicht Subjekt, das Geschichte verändern könnte. Indem er sich selber in einem Gedicht erkennt, erkennt der Mensch, daß nicht ihm allein etwas passiert, sondern daß er ein Teil des Ganzen ist, ein Teil des Musters. Er wird aus der Isolation befreit. Dichtung hält also die Kommunikation aufrecht. Und ohne Kommunikation kann keinerlei Gesellschaft existieren.[6]

Für ein solches Bekenntnis zur Lyrik als zu einem ausgezeichneten Medium der Einübung in Freiheit und Menschlichkeit lassen sich Eideshelfer aufbieten. Uns geht es hier allerdings nicht um Belege dafür, auf welche „Quellen" man Hilde Domin verpflichten könnte. Vielmehr um den Nachweis, daß ihre originäre Parteinahme, hochgradig zeitgenössisch und persönlich wie sie ist, eingebunden ist in die Ideentextur aufklärerisch-humanistischer Kunstapologetik, und daß sie in Konsonanz mit den progressiveren Wortführern der Auseinandersetzung geführt wird.

Überraschen wird weder ein Einklang der Dominschen These mit dem moralistischen Idealismus Schillers, dem Kunst in freiheitsfeindlichen Zeitläuften als Hort der Freiheit erschien, noch mit dem revolutionären Romantikertum P. B. Shelleys. Dieser hatte — als utopischer Sozialist *ante verbum* unter dem Eindruck des Jahres 1789 schreibend (wie Hilde Domin unter dem der Jahre 1933 bis 1945 schreibt) — die Daseinsberechtigung der Dichtkunst so leidenschaftlich verteidigen zu müssen geglaubt, weil er in den vulgarisierenden Turbulenzen bereits des zum Hochkapitalismus drängenden Fortschritts die individuelle Psyche tödlich bedroht sah. Wie die *Ästhetischen Briefe* von sozio-moralistischem Ansatz zur Fürsprache für die Erziehung zur Kunst vorstoßen, steht in Shelleys *Defence of Poetry* das in psychologischen Kategorien der „seelenhygienischen" Funktionsweise von Dichtung gekleidete Plädoyer auf gesellschafts- und ideologiekritischer Basis.

Frappierender ist die Gleichgestimmtheit unter den modernen Gewährsleuten für den Bekenntnisgrund von *Wozu Lyrik heute,* von denen wir nur ein paar herbeizitieren möchten. In den Zwanziger Jahren hatte der britische Literaturpsychologe I. A. Richards für das von der Massenzivilisation „außengesteuerte" Akkumulieren fetischisierter Scheinwerte und für die Reizüberflutung des Bewußtseins mit unverbundenen Informationsinhalten, die das Identitätsgefühl porös werden läßt und das geistig-seelische Bewältigungsvermögen zu übersteigen droht, Remedur durch das aktive Pausieren im Rezeptionsprozeß der Sprachkunst empfohlen. In einem Bewußtseinsklima, in dem der Veräußerlichung des Wertvollen zwangsläufig und auf breitester Front die Verinnerlichung des Wertlosen entspricht, stellen für ihn wie für Hilde Domin die griffbereit sich anbietenden Ideologien das Angebot eines präfabrizierten neuen Elfenbeinturms dar. Beide sind von beträchtlichem Mißtrauen erfüllt gegen jegliche Art von festem Halt. Als behavioristischer Analytiker des individuellen Bewußtseinswachstums würde Richards Hilde Domin auch in ihrer gesellschaftsbezogenen Versicherung recht geben, Lyrik verspreche keine „Fluchtburg des Privaten, sondern Erhöhung von Bewußtsein und ein Akutmachen von Erfahrungsmodellen"[6].

In den sprachpsychologischen Folgerungen des ethisch-pädagogischen Konzepts einer „Kräftemobilisierung" durch Lyrik, die ein „Höherlegen der Schwelle der Manipulierbarkeit"[7] ermöglicht, greifen die Anschauungen der angelsächsischen Richards-Schule zur Poetologie des linguistischen Strukturalismus über. Roman Jakobsons 1933 vorgetragene Apologie gründet auf den gleichen Prämissen: „Gerade die Dichtung sichert ab gegen Automation, gegen das Einrosten unserer Formel von Liebe und Haß, von Aufbegehren und Versöhnung, von Glauben und Ablehnung."[8]

Auch in der kritischen Theorie Theodor Adornos lagern sprachkunstästhetische und gesellschaftsphilosophische Axiome eng beieinander im Fundament seiner Inschutznahme von Dichtung gegen Banausie:

> Die Idiosynkrasie des lyrischen Geistes gegen die Übergewalt der Dinge ist eine Reaktionsform auf die Verdinglichung der Welt, der Herrschaft von Waren über Menschen ...[9] Noch das kontemplative Verhalten zu den Kunstwerken ... fühlt sich als Kündigung unmittelbarer Praxis und insofern ein selbst Praktisches, als Wider-

> stand gegen das Mitspielen. ... Kunst ist nicht nur der Statthalter einer besseren Praxis als der bis heute herrschenden, sondern ebenso Kritik von Praxis als der Herrschaft brutaler Selbsterhaltung inmitten des Bestehenden und um seinetwillen.[10]

Hier markiert sich eine kunstapologetische Position, wie sie allerjüngst auch Herbert Marcuse bezogen hat — als hätten ihn die Appelle Adornos und Hilde Domins zur Rückbesinnung auf das „innere revolutionäre Potential der Kunst" gebracht: „Jedes Kunstwerk ist ja die Negation von Nicht-Kunst, von der gesellschaftlichen Realität, und kraft der ästhetischen Form klingt eine bessere Realität, eine ‚reale Utopie', herauf."[11] Man braucht nicht die chiliastische Erwartung des „neuen Menschen" zu teilen, um mit Marcuse den Wirkungsfaktor von Kunst als Sensibilisierung verstehen zu wollen, durch welche die Subjekte an Gerüstetheit gewinnen, gesellschaftlich zu handeln. Als Verfechter der klassischen Bildungstradition postuliert Heinz-Joachim Heydorn die gleiche Funktion der Sprachkunst, nur etwas nüchterner: „Es ist schwieriger, den Menschen an der langen Leine zu halten, wenn er eine differenzierte Bewußtseinsbildung durchläuft."[12]

Selbst so flüchtiges Namhaftmachen von Reisegefährten dürfte verdeutlichen, wie sehr die in *Wozu Lyrik heute* gesetzten Wegzeichen den Hauptweg der europäischen Kritiktradition seit und trotz Plato lokalisieren. Auf unserer Wegstrecke dieses Camino Real der Dichtungsverteidigung weist Hilde Domin nach, daß, wenn Lyrik eine „Gegenkraft gegen Außensteuerung" ist, sie heute in dem Maße notwendiger ist, wie sie sich fortschreitend heimtückischeren Gefährdungen ausgesetzt sieht. Das Verdienst ihres Arguments besteht darin, daß es den in der labyrinthischen Geographie unserer Gegenwartswirklichkeit verbindlich neu georteten Weg auch plastisch vermißt — und den Nachweis seiner unverminderten Gangbarkeit erbringt.

II.

Was Hilde Domins Buch zu einem der aufregendsten zeitgenössischen Beiträge zum Thema macht, ist nicht allein der stimulierende Reichtum ihrer provokanten Denkansätze und ihre temperamentvolle Denkgenauigkeit im Theoretisieren, sondern vor allem der Ausweis der Lyrikapologetin durch ihre eigene lyrische Praxis. Diese begann in einem Lebensalter, das in Künstlerviten öfter das Versiegen der Kreativität als ihr Aufquellen mit sich bringt. Zu wissen, daß die Autorin sich zu einem vergleichsweise späten Zeitpunkt, aus dem Moment einer äußersten persönlichen Krise, eines möglichen Selbstmords, in die Sprache rettete, ist nicht nur für die Neugier des Biographen von Belang. Es erhellt die Spezifik dieses schriftstellerischen Werks. Als Hilde Domin mit dem Schreiben von Gedichten begann, „am Rande der Welt, wo der Pfeffer wächst und der Zucker und die Mangobäume, aber die Rose nur schwer, und Äpfel, Weizen, Birken gar nicht"[13], trat sie mit einer unschätzbaren Vorgabe an: eine junge Schaffenspotenz, in einem total neuen Lebens- und Zeitgefühl eruptiv zur Bewußtheit gekommen, steckte in einem Menschen mit langer, auch sehr komplexer Lebenserfahrung. Ein wie vielschichtiges Erleben in die Texte dieser „Lyrikerin, die zu warten verstand" (Walter Jens)[14] gegangen ist, läßt die Benennung einiger verifizierbarer Daten der Biographie erahnen.

Hilde Domin wurde am 27. Juli 1912 in Köln als Tochter eines Rechtsanwalts geboren. Aufgewachsen in einem Ambiente, in dem jüdisch-großbürgerliche Weltoffenheit und kantianische Unbedingtheitsethik in charakteristischer Symbiose standen, studierte sie nach umhegter Kindheit und dem Besuch des humanistischen Gymnasiums erst Jura, dann Nationalökonomie, Soziologie und Philosophie in Köln, Berlin und Heidelberg. Ihre akademischen Lehrer waren vor allem Karl Jaspers und Karl Mannheim. Was ihre Sehweise als Lyrikerin ihnen verdankt, hat sie selber für uns umrissen:

> Jaspers sieht das Sichauffangen im Scheitern und das Seiner-selber-Innewerden im Scheitern, also in der Grenzsituation. Das ist eine Sache, die habe ich gelebt... Mannheim hat uns das Sich-selber-Relativieren beigebracht, d.h. die eigene Situation dauernd in Beziehung sehen zu der Gesamtsituation und von daher zu versuchen, den archimedischen Punkt zu bekommen, von dem aus man selber nur ein anderer Punkt ist... Man konnte ja nicht wissen, wie anwendbar alle diese Sachen sein würden. Sie waren es in hohem Maße. Es hat das Erleben erkenntnisträchtiger gemacht, daß man diese Art von Training hatte... Es waren schlechte Konditionen im Exil, aber für diese schlechten Konditionen war man extrem gut ausgebildet...[6]

Im Exil fand sie sich schon 1932, kurz bevor man es ihr staatlicherseits aufgezwungen hätte. Neben dem Kennenlernen des Partners und der Selbstfindung als Künstlerin gehört das Weggehen aus Deutschland — und danach das Verlassen der Alten Welt — zu den bewußtseinsverändernden Zäsuren ihres Lebenslaufs. Das Emigrieren war für sie wie für Walter Benjamin oder Carl Einstein ein persönlicher Akt, der unabtrennbar von ihrem Werk gesehen werden muß. Zunächst zwar war sie abwartend emigriert, als Jüdin wie aufgrund ihrer politischen Überzeugungen, versuchsweise, „wie man ins kalte Wasser geht, auf Zehenspitzen". Sie ging nach Italien, weil Italien das Arbeitsgebiet ihres Mannes war, des Schriftstellers und Kunstwissenschaftlers Erwin Walter Palm, den sie 1936 heiratete. Als das „Exil auf Probe" sich zum wirklichen Exil deklariert hatte, promovierte sie in Florenz über Staatstheorie der Renaissance — Pontanus als Vorläufer Macchiavellis. 1939 gingen die beiden nach England. Italien hatte aufgehört, ein Asyl zu sein. Weiter westwärts fliehend fanden sie 1940 in der Dominikanischen Republik eine Bleibe. Sie arbeitete viel in all diesen Jahren: als Sprachenlehrerin, an wissenschaftlichen und literarischen Übersetzungen, mithelfend als Forschungsassistentin, Photographin und Sekretärin bei den Projekten ihres Mannes. Ab 1947 war sie Lektorin für Deutsch an der Universität des Trujillo-Staates.

Zu einer totalen wurde ihr die Emigration, als auch ihre Eltern Deutschland verlassen hatten. Das empfand sie als den eigentlichen Moment des Verlorenseins: keine Eltern mehr zu Hause zu haben. Ihr Vater starb 1941, an den Aufregungen und Demütigungen der Vertreibung. Bewunderung für ihn hatte sie einst das Studium der Rechte beginnen lassen. Seine Kompromißlosigkeit in unbedanktem Eintreten für Belange des *underdog* prägte ihr Rechtsgefühl, als sie jung war[15]. Sie wurde in ihrem eigenen öffentlichen Engagement zum anverwandelten Erbteil.

Ihre Mutter starb 1951, wenige Wochen bevor Hilde Domin ihr erstes Gedicht schrieb. Was diese Frau ihrer Tochter bedeutet hat, der Abgesang des Gedichts *Herbst* teilt davon mit:

Eine alte Frau, die vor uns stand,
war unser Windschutz,
unser Julilaub,
unsere Mutter,
deren Tod
uns
entblößt.[16]

Zweiundzwanzig Jahre hatte Hilde Domin in fremden Ländern gelebt, als sie Santo Domingo endgültig den Rücken kehrte, die exotische Insel, nach der sie sich ihren Dichternamen wählte. 1954 kam sie erstmals nach Deutschland zurück. Drei Jahre nach der ersten Gedichtveröffentlichung (*Schale im Ofen*, im *Hochland*) verhalf die Vorstellung dreier ihrer Texte in der *Neuen Rundschau* ihrem Talent zum Durchbruch: *Herbstzeitlosen*, das Trostlied derer, „denen der Pfosten der Tür verbrannt ist"; *Wo steht unser Mandelbaum*, das Lied zweier ortlos Liebender, die einander zum Existenzort werden; und die tragische Bilanz der „durch kein kennbares Verdienst" dem Verfolgungsinferno Entgangenen, *Wen es trifft*.

Noch neun Jahre, vom Aufbruch aus Santo Domingo gerechnet, lebten die beiden ein von Existenznöten bedrängtes Nomadenleben, ehe sie sich 1961 wieder in Heidelberg niederließen, ihr Mann als Universitätslehrer, sie als freie Schriftstellerin. Fünf Lyrikbände, einen Roman, zahlreiche Essays und Kurzprosa hat sie inzwischen veröffentlicht. Mit zwei programmatischen Anthologien, *Doppelinterpretationen* und *Nachkrieg und Unfrieden*, setzte sie vielbeachtete literatur- und geschmackspolitische Akzente. Lese- und Vortragsreisen führten sie durch viele Länder. 1968 wurde sie mit dem Ida Dehmel-Preis ausgezeichnet, 1971 mit dem Droste-Preis, 1972 mit der Heinrich Heine-Plakette.

III.

In den 46 Texten ihrer ersten Gedichtsammlung, *Nur eine Rose als Stütze* (1959), sind die Bitternisse und Glücksbegegnungen, die Ängste, Abschiede und Verzichte der transkontinentalen Wanderschaft zwischen Deutschland, Italien, England, Mittelamerika, Nordamerika, Spanien und wieder Deutschland zu Erlebniskondensaten von bestürzender Authentizität destilliert. Eine Phänomenologie des Unterwegsseins ohne Heimstatt wird aufgefächert. Liebende, über Länder und Meere gehetzt, suchen Geborgenheit und erfahren nur die ubiquitäre Unverfügbarkeit alles Bergenden. Topographien von weltweiter Buntheit durchdringen die lyrische Präsenz und einander, emporsteigend aus Erinnerung, Hoffnung und Traum: „die dunkeln Mangobäume / und die Kastanien / wachsen Seite bei Seite“[17]. Es sind nostalgische und doch nie sentimentale, herb resignative und zugleich in der Tiefe helle Momentaufnahmen aus dem Bewußtseinskontinuum stellvertretend erfahrener Unbehaustheit.

Die Sprache dieser stenogrammhaft ökonomischen Aussagemuster ist von kristalliner Schönheit. Sie teilt sich dem Leser als ungebrochene Spontaneität mit, die gleichwohl eine beherrschte, fast asketisch strenge Transparenz gewonnen hat. Gänzlich unartistisch und den Rhythmen der Prosasyntax angenähert, gestattet die anmutige Simplizität dieser Wortkunst Kühnheiten härtester Fügung und virulentester Suggestivkraft. Die emotionale Variationsbreite reicht von der „laotsehaft“ anmutenden Bukolik hauchzart aquarellierter Impressionen wie *Im Regen geschrieben* oder *Möwe zu dritt* bis zur odischen Beschwörungsintensität des großen Atems, der ein Gedicht wie *Wen es trifft* trägt — sicher eine der bleibenden Aussagen über die Innenperspektive des Verfolgtwerdens in unseren Tagen, neben Celans *Todesfuge* und den *Chor der Geretteten* der Nelly Sachs zu stellen. Überwiegend ist die tonale Stimmführung jedoch ein zurückgenommenes Parlando, noch wo Vergänglichkeitstrauer übermächtig zu werden scheint. Die reimlosen, freirhythmischen Verse strömen in oszillierender Schwerelosigkeit, „in staunendem Gleichgewicht“ dahin, um dennoch nirgendwo zügellos rhapsodisch zu werden. Ihr Duktus ist die „Grazie der Klarheit“ (Karl Krolow)[18], ein mediterranes Melos von gelöster Verhaltenheit, „schwebend und treffsicher, musikalisch und zupackend zugleich“ (Walter Jens)[19].

Im Experimentierraum deutscher Nachkriegsdichtung leistete dieser Sprachton befreiende Wegweisung zu rechter Zeit, heraus aus eskapistischer Verinnerlichung und provinzieller Epigonalität, nicht zuletzt durch das Fruchtbarmachen des iberischen Modernismus für das lyrische Idiom. Eine mehr als zwölfjährige Abkapselung hatte die Entwicklungen des Auslands für die Daheimgebliebenen in akademische Distanz rücken lassen. Was nun gerade frisch importiert und als Wunder bestaunt wurde, Hilde Domin hatte es für die deutsche Sprache bereits assimiliert. Sie hatte, als sie zu schreiben begann, schon fast zwei Jahrzehnte im romanischen Sprachbereich gelebt. Die ihr am nächsten stehenden Dichter sind Rafael Alberti und Giuseppe Ungaretti, in zweiter Linie Pablo Neruda und Juan Ramon Jiménez.

Ihre Bildersprache ist wie ihre Wortwahl und Syntax frei von dunkelheitsfixierter Preziosität und surrealistischen Manierismen. Sie arbeitet mit von Bildungsballast unbeschwerten Realien, einfachen Alltagsmaterialien, die sie gemäß des Benjaminschen Begriffs der „Variante" in der kleinen, kaum spürbaren und doch entscheidenden Abänderung in ihre poetischen Kontexte stellt. Die Bildkonfigurationen nehmen zuweilen die heraldische Leuchtkraft inständig bedachter Meditationsembleme an, zuweilen die psychedelische Unbefangenheit von Traumveduten. Schwebend spielerisch noch *in extremis,* sind sie überall, statt zu mystifizieren, von klassischer Diesseitigkeit.

Thematisch wird die Grundkonstellation archetypischer Erfahrungsmodelle umkreist, die von jeher den lyrischen Ausdruckskosmos innerweltlicher Sinnergründung ausgemacht hat: Heimatferne und Heimatsuche, unbeugsame Liebesgewißheit und die auslöschende Zärtlichkeit des Entsagens, Entgrenzungssehnsucht und wissender Verzicht auf jegliches Heimischwerden, Fluchtangst immer eng benachbart dem unverlierbaren Zufluchtsort der Todesbestimmtheit, stoisches Vergeblichkeitsbewußtsein, die Trauerarbeit des Abschiednehmens und der tastende Mut eines desillusionierten Hoffens, die im Spiel der *création absurde* sich selber setzende utopische Epiphanie.

Was diese Dichtung zu einer „poetic justification of man" (Richard Exner)[20] werden läßt, ist die Katholizität der Erfahrungsfülle, die ergreifende Lauterkeit der Erlebenstiefe, die Weisheit unter dem kaleidoskopischen Reichtum der poetischen Verwandlungen der Wörter, Bilder und Dinge: daß in einem Dasein voller Abschiede, unter der Leidbürde schutzlosen Unverankertseins, am Ende nur das Hinfälligste zum Verläßlichsten werden kann. Die Rose, zartestes Inbild alles Vergänglichen im Individuationsprozeß, wird nach dem Brüchigwerden aller Konsistenz zum dauerhaftesten und unwiderlegbarsten aller Erscheinungsbilder, „zu einem fast unzerbrechlichen Halt". Auch Hilde Domin, die von Ferne zu Ferne Gejagte, kann anstelle von Heimat nur die Verwandlungen der Welt halten. Wie Nelly Sachs schreibt sie, um zu überleben. Beiden war das Anschreiben gegen das Sterben nach kollektiver und personaler Krisenerfahrung zur Auffangstation geworden. So erscheint im Bedeutungsprisma der Kontexte die Rose, die allein noch stützt, auch als eben das, dem sie ihre Sichtbarmachung dankt: sie ist der reine Widerspruch der Poesie selbst und Beleg von deren Unverzichtbarkeit für das in seinen Atemnöten auf Stützung angewiesene Subjekt. Und sie ist schließlich auch Sigle dessen, was einem Exilierten nach allem Weggehenmüssen als sein unverlierbares Gepäck bleibt: der Muttersprache, die im Gegenprozeß zu seiner Selbstentfremdung zum Identifikationsort seines Daseinsverständnisses wird.

Der zweite Gedichtband, *Rückkehr der Schiffe* (1962), schließt an die Titelsektion des ersten an. Zentrales Thema bleibt das Exiliertsein: in seiner Plurisignation als ontologische Chiffre der *conditio humana* in der Welt und als ganz unmetaphorische Erlebniswirklichkeit durchlittener Geschichte; und in seiner Verknüpfung mit dem komplementären Thema ethisch orientierter Reflexion über dichterische Sprache. „Der Dichter ist immer aus dem Selbstverständlichen ausgewandert" (H.-G. Gadamer)[21]. Ist seine Sprache von jeher Auswanderung gewesen, für Hilde Domin wurde sie es in existentiellem Sinne: „das Medium, in das der Fliehende flüchtet, und durch das er flüchtet."

Das Buch ist kein Rückkehrerbuch, trotz des Titels. Überschriften wie *Losgelöst, Warte auf Nichts, Letzte Mitteilung, Unterwegs* herrschen vor, Vokabeln des Gehens, Schwebens und Gleitens. Die Texte sind Unruhe-, Angst- und Warngedichte, Erfahrungsspiegelungen eines Treibens auf den bittersten Wassern der Zeit, nicht eines Ankommens. Inbildlichkeiten von Flucht und Vereinzelung, heftiger Sehnsucht nach den „einfachen" Dingen und Preisgegebensein an das Leidbergende kommen in Versen von dunkler Kargheit zur Evidenz. Die Welt entzieht sich dem Ausgebürgerten mehr und mehr, die Mitteilung zum Andern droht abzubrechen, wo der Abgrund erfahren wird, der sich von Mensch zu Mensch immer bodenloser auftut. Mit der sich perpetuierenden Entfremdung wird für den Herumgetriebenen noch das schüchternste Sichgewöhnen sinnlos, wo alles Augenblicklichkeit bleibt und einzig die Unfestigkeit verläßlicher *cantus firmus* ist. Solches unerwähltes Reisen im Ungastlichen kennt nicht die Tröstungen der Kauffahrtei, und sei es der abenteuerlichsten, nicht die Perspektive erwarteter Heimkunft des odysseisch Verschlagenen. Es lehrt allein das „Haben, als hätte man nicht", das Reifewissen dessen, der seine Verstoßung überlebt. Ihm kann das Rückkehren seiner Schiffe, deren Fracht in Traum, Wunsch und Erinnerung besteht, nur ein heikles Grenzglück sein. Daß es sich ereignen kann, daß Verlorenes punktuell unverlierbar gemacht, Bitterkeit und Trauer im Eschaton eines neuen Jerusalem „aus Nichts" aufgehoben werden kann, in einer sonnenumglänzten Stätte des Verzichts, davon teilt der Gesang der drei *Lieder zur Ermutigung* am Ende des Bandes mit. Diese waren in Spanien, kurz vor der Übersiedelung nach Deutschland, entstanden. Eigentlich hatte ein ganzes neues Buch des Beschenktseins, in Umkehrung des Themas vom Verlust, aus ihnen erwachsen sollen.[22] Es wurde nicht geschrieben.

Geschrieben wurden zwei andere Gedichtbände und ein Roman. Der Lyriksammlung *Hier* (1964) war die Entscheidung vorausgegangen, im anders gewordenen Deutschland den Neubeginn zu wagen. So wird nun die Frage nach der Identitätsbestimmung im Rückkehren zum Angelpunkt der Lebensparadoxien:

als Problematik der Zugehörigkeit schlechthin. Das *hic et nunc* dieser Gedichte ist der Ort der Ausgesetztheit des zutiefst beschädigten Menschenbildes und Versammlungspunkt der ethischen Anwesenheitspflicht. „Hier" kann in jedem Moment der Prüfstand für die Wahrhaftigkeit der Humanität sein. „Hier" ist auch das „Land / wo wir das Fremdsein / zu Ende kosten", wo das Exil kein äußeres mehr ist, kein zeitlich definiertes und also aufhebbares, sondern ein transportables Wanderhabitat:

Unverlierbares Exil
du trägst es bei dir
du schlüpfst hinein
gefaltetes Labyrinth
Wüste
einsteckbar.[23]

Wie in *Hier* die Erfahrung des Wiederankommens im Nichtmehrgleichen verarbeitet wird, ist auch der Roman *Das zweite Paradies* (1968) — noch in Spanien begonnen, etwa gleichzeitig mit den *Liedern zur Ermutigung* — Diagnostik des Rückkehrens als eines höchst zweideutigen Geschenks. Rückkehr „ist nicht ein Zurückbekommen dessen, was man verloren hatte, sondern zugleich neuer Verlust. Und was ist ihr Gewinn? Die Rückkehr beschenkt mit Wiedererkennen, jedoch im gleichen Atemzuge erschreckt sie durch Nichtwiedererkennen" (H.-G. Gadamer)[21]. Gerade dieses schmale, vielumstrittene Prosabuch führt vor Augen, daß Hilde Domins Kunst ebenso aus dem tiefen Erstaunen über das Zurückgehenkönnen lebt wie vom Weggegangensein.

Erzählt wird die Geschichte einer Ehe- und Daseinskrise, musikalisch komponiert bis zum Verschwimmen der Handlungskonturen, verwirrend anspielungsreich, weitgehend bar des im Roman doch gemeinhin unverzichtbaren epischen Spannungstempos, und gleichwohl von eigentümlich intensiver Spannung. Es ist ein dichterisches Seelen-Röntgenogramm in der Nachfolge des *Werther* und des *Adolphe*, mit autobiographischen Zügen ausgestattet, in seiner Technik zur lyrischen Fluidität hin offen. Innenmonologe, Rückblenden, Wunschskizzen und Traumprotokolle sind in den elegischen *stream of consciousness* eingebettet. Aus dem lockeren Ensemble von acht „Erzählsegmenten" erschließt sich vom Erschütterungszentrum der Krise her die *éducation sentimentale* einer Frau in mittleren Jahren, vertrieben aus dem Elternhaus, dem Vaterland und der fraglosen Unangefochtenheit ihrer einzigen großen Liebe, nun heimgekehrt in das Land ihrer Geburt. Die bundesrepublikanische Restaurationsphase der Fünfziger Jahre erlebt sie als albtraumhafte Realitätsmontage, in labilem Gleichgewicht zwischen Vergangenem und Gegenwärtigem. In der unaufhörlichen Entdeckung des einen im andern findet sie ihren Existenzmodus. Dabei stellt sich für sie die Verunsicherung aller Zugehörigkeiten als eine potenzierte dar: durch die Widerspiegelung ihres öffentlichen, historisch auferlegten Gruppenschicksals in ihrem intimsten Gefühls- und Bindungserleben.

In der poetischen Equilibristik von Vorwärts- und Rückwärtserinnerung gelingt es diesem amphibischen Formexperiment, dessen ungemein weitgetriebene Stoffsublimierung nicht einfach als epische Stoffarmut des Lyrikers abgetan werden kann, die „dünne Linie“ zwischen Lyrik und Prosa durchlässig zu machen, psychologische Feinfühligkeit der Empfindungsanalyse mit scharfsichtiger Zeitkritik zu einem betroffen machenden Einklang zu bringen. Paradigmatische zwischenmenschliche Verhaltenskonstellationen werden an den drei Protagonisten konjugiert, im Innenraum der Reflexion durchgespielt wie intellektualisierende Kammermusik. Die Abgründigkeit der Frage tut sich auf, ob und wie weit ein Wiederangenommenwerden in der Heimat und ein Zuhause im Du auf einer neuen Ebene möglich sind, nachdem einmal beides bis in die tiefste Tiefe hinein erschüttert, die Verlierbarkeit des Unveräußerlichen als nicht mehr vernarbendes Trauma dem Lebensgefühl eingebrannt worden ist. Jene Ebene, das Wegziel, kann nur die eines Entsagens und des Sichbescheidens in einer „unselbstverständlichen Selbstverständlichkeit“ sein. Sie leuchtet als die zarte Utopie des zweiten Paradieses auf, eines durch die Offenkundigkeit seiner neuerlichen Widerruflichkeit um so kostbareren.

In der seither geschriebenen Lyrik Hilde Domins hat der Anteil an „öffentlichen Gedichten“ zugenommen. Eine eigentliche Entwicklungstendenz ihrer Technik läßt sich dennoch nicht behaupten — es sei denn, man spräche von einer Intensivierung der „negativen Rhetorik“. Ein Vergleich der bisher letzten Sammlung, *Ich will dich* (1970), mit der erst 1968 unter dem Titel *Höhlenbilder* veröffentlichten frühen Liebeslyrik erhellt, daß die Synthese von bebender Gefühlsstärke und romanischer Aussageluzidität eine von Anbeginn konstante Charakteristik dieser künstlerischen Handschrift war. Nur scheint zwischen den Zeilen immer mehr weggelassen worden zu sein, der Stimmton gedämpfter, der Ausdruck bis an den Umschlagpunkt seiner Selbstauslöschung frugaler zu werden. Die gelungensten Produkte dieses Reduktionsprozesses — handle es sich um haikuhaft zerbrechliche Epigramme wie *Wer es könnte* oder um trauerschwer strömende Meditationsappelle wie *Aktuelles, Das ist es nicht* und *Graue Zeiten* — gewinnen die elektrisierende Qualität einer auf vielen Bewußtseinsschichten kommunizierenden Bedeutungsoffenheit. Wie sie die Transparenzen der Gedankenbewegung mit ihrem ins Atemlose drängenden Gefühlssubstrat zur Deckungsgleichheit bringen, aktivieren sie im Leser die ästhetische Sensibilität simultan mit seiner Ratio. Sie werden in der Tat bei jeder neuen Begegnung zu jener „Versuchung unserer Feinfühligkeit“, als die Karl Krolow die Lyrik Hilde Domins bezeichnet hat[24]. Daß sie das immer wieder werden können, bestimmt ihren Rang und verstärkt den Verdacht, daß wir durchaus nicht in „einer schlechten Zeit für Lyrik“ leben, daß im Schreiben solcher Gedichte Zukunft steckt.

Hilde Domin

Anmerkungen

Texte

Nur eine Rose als Stütze. Frankfurt 1959.
Rückkehr der Schiffe. Frankfurt 1962.
Hier. Frankfurt 1964.
Höhlenbilder, Gedichte 1951—1952. Hundertdruck mit Graphik von Heinz Mack. Duisburg 1968.
Ich will dich. München 1970.
Wozu Lyrik heute: Dichtung und Leser in der gesteuerten Gesellschaft. München 1968.
Das zweite Paradies. Roman in Segmenten. München 1968.
Die andalusische Katze. Erzählung. Stierstadt 1971.
Spanien erzählt, hg. von Hilde Domin. Frankfurt 1963.
Doppelinterpretationen: Das zeitgenössische deutsche Gedicht zwischen Autor und Leser, hg. von Hilde Domin. Frankfurt 1966.
Nachkrieg und Unfrieden: Gedichte als Index 1945—1970, hg. von Hilde Domin. Neuwied 1970.

Literatur

Kurt Pinthus: Die Schiffe können wiederkommen. In: Die Zeit (13. 7. 1962), S. 12.
Joachim Günther: Mein Kopf liegt nach Süden. In: Frankfurter Allgemeine Zeitung (26. 9. 1964).
Richard Exner: Schöner sind die Gedichte des Glücks. In: Die Zeit (9. 10. 1964), S. 11.
Edgar Lohner: Hier. In: Neue Rundschau 76, 1965, S. 339—345.
Manfred Seidler: Aus Anlaß des dritten Gedichtbandes: Hilde Domin. In: Die pädagogische Provinz, 1965, S. 122—133.
Hans-Georg Gadamer: Lied zur Ermutigung II. In: Doppelinterpretationen, 1966, S. 195—197.
Paul Konrad Kurz, S. J.: Lyrik heute?. In: Stimmen der Zeit 182, 1968, S. 274—278. Nachgedr. in: Über moderne Literatur, II. Frankfurt 1969.
Paul Konrad Kurz, S. J.: Auf der Suche nach dem verlorenen Paradies. In: Stimmen der Zeit 183, 1969, S. 92—106.
Hans-Georg Gadamer: Hilde Domin, Dichterin der Rückkehr. In: Neue Zürcher Zeitung (8. 8. 1971).

Nachweise

1 Hans Magnus Enzensberger, Gemeinplätze, die Neueste Literatur betreffend, in: Kursbuch 15, 1968, S. 195.
2 Werner Ross, Lyrik als Selbstverteidigung, in: Die Zeit (20. 9. 1968).
3 Paul Konrad Kurz, S. J., Lyrik heute?, in: Stimmen der Zeit 182, 1968, S. 274.
4 Käte Hamburger, in: Poetica 3, 1970, S. 311.
5 *Salva nos*, 2: Hier, S. 16.
6 Hilde Domin, in einem dem Verfasser gewährten Interview, im Herbst 1971.

7 Hilde Domin, Nachkrieg und Unfrieden, S. 161.
8 Roman Jakobson, Poesie und Sprachstruktur. Zürich 1970, S. 21.
9 Theodor W. Adorno, Noten zur Literatur I. Frankfurt 1958, S. 78.
10 Theodor W. Adorno, Ästhetische Theorie. Frankfurt 1970, S. 25 f.
11 Herbert Marcuse, auf der Kölner Konferenz zur Kunsttheorie, 1971; vgl. Georg Jappe, Die Verstörung der Avantgarde. In: Frankfurter Allgemeine Zeitung (18. 6. 1971), S. 32.
12 Heinz-Joachim Heydorn, Zur Aktualität der klassischen Bildung. In: Jenseits von Resignation und Illusion (Beiträge anläßlich des 450jährigen Bestehens des Lessing-Gymnasiums, der alten Frankfurter Lateinschule von 1520). Frankfurt 1971, S. 188.
13 Hilde Domin, Unter Akrobaten und Vögeln. In: Besondere Kennzeichen: Selbstporträts zeitgenössischer Autoren, hg. von Karl Ude. München 1964, S. 69.
14 Walter Jens, Vollkommenheit im Einfachen. In: Die Zeit (27. 11. 1959).
15 Hilde Domin, Unter Akrobaten . . ., S. 71. — Vgl. auch: Wie ich ihn erinnere, Hilde Domins Beitrag zu der von Peter Härtling herausgegebenen Anthologie Die Väter (Berichte und Geschichten). Frankfurt 1968, S. 137—144.
16 Nur eine Rose als Stütze, S. 62. — Geringfügig abgewandelt stehen die Mittelzeilen dem Roman Das zweite Paradies voran, der dem Andenken der Mutter gewidmet ist.
17 *Apfelbaum und Olive:* Nur eine Rose als Stütze, S. 11.
18 Karl Krolow, Grazie der Klarheit. In: Stuttgarter Zeitung (11. 8. 1962).
19 Walter Jens, a. a. O.
20 Richard Exner, Tradition and Innovation in the Occidental Lyric of the Last Decade, in: Books Abroad, Summer 1962, S. 251.
21 Hans-Georg Gadamer, Hilde Domin, Dichterin der Rückkehr. In: Neue Zürcher Zeitung (8. 8. 1971). — Aus der Rede zur Verleihung des Droste-Preises.
22 Hilde Domin, Unter Akrobaten . . ., S. 74.
23 *Silence and exile*: Hier, S. 28. — Dieses und das vorangehende Textzitat sind Teile der *Fünf Ausreiselieder*.
24 Karl Krolow, Unaufhaltsame Reise nach oben. In: Deutsche Zeitung (28. 7. 1962).

Grete Lübbe-Grothues

CHRISTINE LAVANT

Die Gedichte von Christine Lavant sind erstaunlich; erstaunlich und ungewöhnlich ist auch ihre Rezeption und Produktion. Schwer erschließbar wie viele Gedichte unserer Epoche, befremden sie doppelt, weil sie das epochale Befremden, die schon geprägte Formerwartung, nicht bestätigen. Unmittelbar wirkend wie wenige Gedichte unserer Epoche, muß man sie nicht schon explizierbar verstehen, um von ihnen betroffen zu sein. So hat diese lyrische Stimme nur wenige Kenner der Gegenwart zu Interpretation und Reflexion herausgefordert[1]; so hat sie viele Gedichtfreunde erreicht, die erschrockene Bewunderung bezeugen.[2]

Weder der Sprachbehandlung noch dem Thema nach zeigen diese Gedichte dem ersten Blick zeitgenössisch vertraute Züge. Distanz, Parlando, Lakonismus, Ironie, literarische Allusion, syntaktische Experimente, Reduktion, Montage, Ausweitung des Vokabulars auf Worte aller Textklassen — all diese Stichworte der Moderne charakterisieren Christine Lavants Lyrik nicht. In überraschend altem Gewand erscheint das Neue: direkt, distanzlos spricht in ungebrochenem Pathos ein lyrisches Ich. Viele Verse sind durch Endreim gebunden, die reimlosen meist durch kräftige Rhythmen geregelt. Die Satzmuster sind intakt und eindeutig; die Worte — bei den Komposita: deren Bestandteile — einfach und althergebracht, beschränkt auf den Vorstellungskreis von Dorf, Feld und Wiese, von Märchen, Naturmythen, Legende und biblischer Geschichte. Das Material verrät die Entstehungszeit dieser Dichtung nicht.

Aber auf sehr besondere Weise verfährt diese Gedichtsprache mit den einfachen Worten; sie zwingt aus unerhörten Verbindungen der Bedeutungselemente neue Bedeutung heraus. Dem Hörer und Leser entsteht der Eindruck überwältigender Bildlichkeit. Diese Kennzeichnung ist ebenso genau wie emphatisch. Eine Analyse dieser Sprache kann zeigen, daß nicht nur viele Metaphern vorkommen, sondern das gewohnte Verhältnis von eigentlichem und bildlichem Sprechen umgekehrt ist.[3] Es ist die Sprache eines träumenden Ich, das in Bildern und Bildfolgen ursprünglicher als in diskursiven Gedanken sich und die Welt begreift. Das mag auch der Grund dafür sein, daß diese Lyrik in all ihrer Dunkelheit den sensiblen ungeübten Leser anrührt und zugleich dem sensiblen geübten die theoretische Sicherung der Evidenz ihres Ranges und ihrer Zeitgenossenschaft schwer macht.

Man könnte angesichts dieser Wort-Träume nach den besonderen Bedingungen zurückfragen, die einer so direkten verbalen Bild-,Generation' günstig sind; man könnte (wozu das moderne Gedicht selten motiviert) nach dem empirischen Ich dieses lyrischen Ich fragen.

Tatsächlich hält man heute so allgemein differenzierte lyrische Produkte für Ergebnisse komplizierter Reflexionsvorgänge, daß man dazu neigt zu bezweifeln, was man von den biographisch faßbaren Voraussetzungen der Produzentin hört. Jedenfalls hat das Phänomen solcher „Naturbegabung“ von Anfang an Staunen erregt.[4]

Christine Thonhauser wurde am 4. Juli 1915 in Groß-Edling bei St. Stefan im Lavanttal geboren. Den Flußnamen ihres Heimattales wählte sie später als Dichternamen. Sie war das neunte und jüngste Kind in der Familie eines Bergarbeiters, der im heimischen Braunkohlenwerk früh invalide geworden war, eines wortkargen Waldläufers, der mit Iltisfang und Verkauf der Bälge wenig verdiente. Körperlich schwach und oft schwer krank, bis zu ihrem 14. Lebensjahr immer an offenen Wunden leidend, verbrachte Christine Lavant eine Kindheit in Armut und Enge, aber im Schutz doch der strengen Güte einer Mutter, die mit nächtlichem Stricken das Brot für ihre Kinder verdiente und „sich selber nie sattessen“ konnte. Sieben Jahre besuchte das Kind mit vielen Unterbrechungen die dreiklassige Grundschule seines Heimatortes, dann noch ein Jahr die Hauptschule.

Nachdem ihre Geschwister aus dem Hause und ihre Eltern 1937 und 1938 gestorben waren, heiratete Christine Lavant 1939 einen sehr viel älteren Maler. Diese Ehe scheint ihre Einsamkeit nicht gemindert zu haben.

Christine Lavant sieht schlecht, hört schwer, leidet unter Kopfschmerzen, Rheumatismus, Asthma. Tuberkulöse Krankheiten haben Spuren hinterlassen. Armut ließ Pflege und Schonung kaum zu. Viele Jahre hindurch hat sie sich und ihren Mann durch Stricken erhalten.

Der Besucher lernt in ihr eine kleine, zarte, lebhafte und spannungsreiche Frau kennen, die genau weiß, was sie kann und beurteilen kann, die — wenn es ihr relativ gut geht — einfallsreich, schlagfertig, ja scharfzüngig zu reden weiß. Von Dichtungstheorie versteht sie sicher nichts, von Theorie überhaupt nur, wo sie handlungsbezogen ist: da zeigt sich ihre nicht-intellektuelle Klugheit vor allem als Problemempfindlichkeit, gepaart mit Ideologieresistenz.

Geschrieben hat Christine Lavant „schon immer“. Gelesen hat sie beim Strikken, was sie nur bekommen konnte in ihrem Dorf. Sie war über 30 Jahre alt, als sie Rilkes Gedichte kennen lernte. Sie sagt, daß es sie „getroffen“ habe „wie mit einer Rute“. Sie hat sich sozusagen mit einem Schlage den Formenreichtum des Dichters angeeignet:

> Wehe weiter, wilder Wind,
> denn du mußt noch viel vollbringen
> von den übergroßen Dingen,
> die uns ernst verheißen sind ...[5]

oder:

> Du Großer, mir von Gott Bedachter
> und lange schon vor mir Vollbrachter ...[6]

Das ist, bis in Wortwahl und Syntagmen hinein, Rilke-Nachfolge, und kaum einmal läßt eine Zeile spätere Lavant-Sprache ahnen:

> Man hat mir heute nacht mein Herz vertauscht.[7]

Auf die ersten Erzählungen und Gedichte machte die steierische Dichterin Paula Grogger den Verleger Victor Kubczak aufmerksam, der im Brentano-Verlag 1948 und 49 die autobiographischen Erzählungen *Das Kind* und *Das Krüglein,* 1949 den Gedichtband *Die unvollendete Liebe* herausbrachte.

In den Erzählungen, besonders denen des 1969 veröffentlichten, aber früher entstandenen des Bandes *Nell* und mit Ausnahme der poetischen *Baruscha,* erkennt man Impulse naturalistischen Schreibens, aufs ländliche Proletariat gewendet. Es sind Geschichten von Armen, von Außenseitern, von Einsamen und Schlechtweggekommenen, deren Elend und Trost, Angst und Mut, Hinfälligkeit und Stolz in der kraftvollen, aus dem Dialekt genährten Sprache Glaubwürdigkeit gewinnen. „Eminent soziale Prosa“[8], aber ohne Moralismus, ohne Wissen vom besseren Weltzustand im Hinterhalt. — Das Erzählen ist ungebrochen in seinem Vertrauen, Wirklichkeit zu erreichen, es reflektiert nicht auf sich selbst. Insofern kann man sagen, daß die Erzählwelt „hier noch ganz heil“[9] sei. Aber es überschreitet nie den Bereich psychischer und ethno-sozialer Wirklichkeit, in dem die Autorin sich auskennt. Das läßt die unheilvolle erzählte Welt authentisch erscheinen. — Bezeichnend für die Erzählungen ist, daß sie als „Prosa mit frommem Schwert“[10] wie als „Horrorgeschichten“ im Sinne von Peter Handkes ‚gewöhnlichem Schrecken‘[11] gelesen werden können.

Sieben Jahre liegen zwischen den ersten Erzählungen, dem rilkisierenden Frühband *Die unvollendete Liebe,* den die Dichterin selbst ihrem eigentümlichen Werk nicht mehr zurechnet, und dem lyrischen Hauptwerk, mit dem sie alle regionale Begrenztheit durchbricht und in Gedichtsprache und Vers den unverwechselbaren Lavant-Ton findet.

1951 hat der Maler Werner Berg mehrere Lavant-Portraits gemalt und in Holz geschnitten. Auf diesen Bildern, die heute in Galerien in Wien, Graz, Klagenfurt, Bleiburg hängen, ist die Erscheinung dieser Dichterin in expressiver Steigerung erfaßt.

Welches biographische Ereignis auch immer den Ausbruch der Gedichte bewirkte, der mit der *Bettlerschale* 1956 beginnt — W. V. Blomster erschließt die Geschichte einer „unrequested love“ zu einem Mann, der das Priestertum wählte —: selbst die Erfahrung einer radikalen Liebe, die nicht gelebt werden konnte, wäre nur Auslöser zur Gestaltung einer Erfahrung, die weit darüber hinausgeht. Wir werden es im folgenden damit zu tun haben, was dieser Vulkan aus unserm Erdinnern zutage förderte.

Nach der *Bettlerschale* erschien 1959 *Spindel im Mond*, 1962 *Der Pfauenschrei.*

1956 bekam Christine Lavant den Förderungspreis für Lyrik des Österreichischen Staatspreises. 1964 erkannte man ihr den Trakl-Preis, den sie 10 Jahre zuvor mit drei anderen Autoren geteilt hatte, allein zu, und Ludwig von Ficker stellte sie in einer großen Laudatio neben Georg Trakl. 1970 wurde sie mit dem Österreichischen Staatspreis geehrt.

Seit einigen Jahren erlaubt eine Staatspension ihr ein Leben ohne unmittelbare Sorge ums tägliche Brot. Nach dem Tode ihres Mannes zog sie nach Klagenfurt, lebte erstmals warm und zuggeschützt, aber heimwehkrank in der Wabe eines modernen Hochhauses. Jetzt ist sie zurückgekehrt nach St. Stefan, muß aber oft monatelang im Wolfsberger Pflegeheim leben.

☆

Beschreibt man die Sprache der Gedichte, so bemerkt man nicht nur ständig überraschende Wortkonstellationen, sondern auch eine komplizierte Wechselwirkung zwischen den Vorstellungsebenen, die durch solche Konstellationen provoziert werden. Das sei angedeutet an einer Gedichtzeile:

Zieh den Mondkork endlich aus der Nacht!

Mit sieben Worten ist die Situation eines Sprechenden gegenwärtig, deren Explikation viele Sätze erfordern würde. Wie ist das, sprachlich, gemacht?

Zwei Worte stehen fremd in einem Satz, der etwa heißen könnte: „Zieh den Korken endlich aus dem Krug!" In Küche oder Keller gesprochen wäre seine Meinung harmlos. Hier bilden „Mond" und „Nacht" befremdlichen Kontext und bewirken, daß der Krug nicht mehr der Alltagskrug bleibt und die Alltagsnacht nicht mehr nur diese. Zunächst gehören Mond und Nacht der Alltagserfahrung zu, die Worte wecken die Vorstellung eines in der Nacht zum Mond aufschauenden Sprechers. In dessen Mund aber bekommt der Satz seine alles andere als harmlose Meinung: Aus dem Krug ruft die Stimme, der Rufende sitzt darin gefangen, und einem jenseitigen Angerufenen wird die Macht zur Befreiung zugetraut. In der Realsituation wird eine Existentialsituation deutlich.

Normalerweise entsteht eine Metapher, indem einzelne Worte als Bildspender in einen bildempfangenden Text eingeblendet werden. Hier ist es umgekehrt: Die Bildempfänger ‚Mond' und ‚Nacht' sind in den bildspendenden Text vom Krug eingeblendet. Entsprechend überfällt den Leser mit diesen wenigen Worten die Bildpräsenz des gefangenen Ich. Die Bildebene ist die tragende Schicht dieser Zeile und des ganzen weiteren Textes, in ihr wird differenziert, in ihr wird dargestellt, was geschieht. Im Verhältnis zu ihr ist später das Gewitter, der

Realsituation zugehörig, Bildspender: Blitze sind Sprünge im Krug. Das Sprechen selbst gehört, mehr als der realen Nachtebene, der bildlichen Krugebene zu: Für das sprechende Ich ist der Mond ein Kork, die Nacht ein Krug, verschlossen, ausweglos: Weltkrug — Krugwelt.

Zieh den Mondkork endlich aus der Nacht!
Viel zu lange lebt der Geist im Glase
und das Elend bildet eine Blase,
wer hat uns in diesen Krug gebracht?

Wem zum Heiltrunk sind wir angesetzt?
Wilde Kräuter, keines ganz geheuer,
soviel Gift verbraucht nur ein Bereuer —
Vater-unser, ich bin ganz entsetzt.

Bist du der, der solche Gärung braucht,
meinst du wirklich, dieser Trunk wird munden?
Du — ich fürchte — deine Leidensstunden
finden uns am Ende ausgeraucht.

Zieh den Mondkork früher aus der Nacht!
Vom Verlangen wird der Saft zu bitter.
Ach! — nur Sprünge hat jetzt das Gewitter
in die Wölbung unsres Krugs gebracht.

Gelbe Sprünge, die von oben sich
rasch verschließen. — Stieg in deine Nase
eine Ahnung von der Pest im Glase?
Gelt, du fürchtest — wir vergiften dich![12]

*

Deutet man die Bilder dieser Gedichte, so erscheint ihre Botschaft weniger eindeutig, als manche Leserzeugnisse vermuten lassen. Ist darin ein „Licht“, das „den Sinn der Schöpfung bestätigt“? Erscheint wirklich „die Angst zuletzt als die Folie, vor der sich Trost und Gewißheit um so wirklicher abzeichnen“?[13]

Im Verlauf des Weltkrug-Gedichts wird deutlich: Das mit Gott redende Ich lebt im paradoxen Zustand hoffnungslosen Hoffens. „Wem zum Heiltrunk sind wir angesetzt?“ ist die Frage nach dem Schöpfungssinn angesichts menschlichen Leidens. Sie enthält den Keim zur radikalen Umdeutung des Verhältnisses Gott — Mensch: Sie hegt Heilserwartung für Gott. Beantwortet wird sie mit neuen Fragen, in denen die Geburt der umstürzenden Erkenntnis vorgeführt wird. Dem leidenden Ich dämmert mit ‚Entsetzen‘ — während es noch zu den gewohnten Gebetsworten flüchtet, aber die Vater-Anrede wird hier bitter absurd —, daß es zu spät sei für Erlösung. Das Leiden der Menschen hat das Leiden von Golgatha eingeholt. Deshalb muß Bereuen nun bei Gott vermutet werden, die Rollen von Gott und Mensch erscheinen vertauscht.[14] Aber der Mensch kann Gott auch nicht erlösen. Der Geist im Glase würde, aus seinem Gefängnis befreit (hier wirkt die Märchenvorstellung vom Geist im Glase als dritte Bedeutung von „Geist“ herein), seinen Befreier umbringen.

Durch Verbindung des Gewitterbildes mit dem Krugbild wird die Vorstellung eines Gottes, der, was er in Gang gesetzt hat, nicht mehr zu einem guten Ende führen kann, ganz und gar sinnlich: Gott, der von der Ausdünstung seiner eigenen Schöpfung die Nase abwendet, der von außen den berstenden Krug zusammenpreßt. Auf Katastrophe ist die hoffnungslose Hoffnung des Menschen gerichtet. Gott verhindert die Katastrophe und verlängert die Qual des Menschen, weil die Katastrophe auch die seine wäre. Solch einem Gott fühlt sich das Ich inmitten seines Elends gewachsen. „Du, ich fürchte ...“, das ist der Ellbogenstoß in die Rippen des Durchschauten. „Gelt, du fürchtest ...“, da ist augenzwinkernde Vertraulichkeit der Hexe mit dem Teufel. „Du, ich fürchte ...“ — „Gelt, du fürchtest ...“: In der Parallelstellung und in dieser Abfolge erscheint die Furcht Gottes schließlich durchschlagender als die Gottesfurcht.

„Lästergebete“ hat Ludwig von Ficker die Gedichte der Lavant genannt.[15] Das scheint eine genaue Formel zu sein, wenn man die Paradoxie radikaler hört als ihr Erfinder. „Lästergebete“ sagt er und hofft, daß es schließlich doch, generell, Gebete sind, mit der spezifischen Differenz des Lästerlichen. Denn am Schluß seiner Laudatio spricht er im Hinblick auf Georg Trakl und Christine Lavant davon, „daß es eine vis major, eine Kraft der Erleuchtung — ich hoffe, von oben! — war, der ich in beiden Fällen erlegen bin„.[16] Die Annahme eines festen und guten Oben charakterisiert den Laudator. In der Gedichtwelt Christine Lavants bleibt nichts mehr fest, und Orientierungspunkte wie oben und unten, dunkel und hell, Himmel und Hölle lassen sich nicht mehr gegen ihr Gegenteil lokalisieren.

DU BIST DA! Und dort der Haftherr
meiner ausweglosen Hölle,
niemals dürft ihr euch vergleichen,
nie um mein Gehorchen würfeln
und die Finger eurer Hände
müssen sich verschieden winkeln,
wenn ich Blinde danach greife
für den Heimweg durch den Mohn ...[17]

Im Weltkrug-Gedicht verschoben sich die Züge des Vaters zu denen des Quälers. Hier spricht das Ich aus der bergenden Hand Gottes, aber während es noch bittet, daß Gott ihm kenntlich, unterscheidbar vom Teufel bleiben möge, wächst die Hand, läßt das Ich gleichgültig durch die Fingerspalten fallen. Wehrlos gleitet es aus Gnade in Verdammnis.[18]

Die Korrelation Gott — Mensch wird nie aufgegeben. Wo Gott ins Teuflische changiert, nimmt das Ich oft Hexenzüge an. Auf der Folie des Teufelsgottes muß man die Märchenbilder von Hexentanz, Giftküche, Seiltanz, Beschwörung, Mondsucht, Hexenritt sehen; man spürt dann im kindlichen Leierreim, in den vielen Diminutiven, in der Bildfluktuation das Kindische und Fahrige einer bis an die Irrsinnsgrenze getriebenen Verzweiflung.

Muß jetzt einen Singsang finden
für das bißchen Haut und Knochen,
und den gelben Schierling kochen
und das Seilchen richtig winden.

Jahr war voller Schlangenschlingen,
jeder Tag ein Löwenzähnchen —.
Finger rupft das rote Hähnchen,
bald wird es im Feuer singen.

Jemand hat das aufgetragen,
kam auf schwarzem Wolf geritten,
jemand hat das Seil beschritten
und ein Zelt ist aufgeschlagen.

„Sklavin!" sagt der Augenlose,
mein Gesicht muß vor ihm knieen.
Schierling, Seil und Hähnchen fliehen,
Löwenzahn und Samenrose.

„Jede Stunde ist die erste —",
sagt wer mundlos, sät im Winde
taubes Korn für eine Blinde,
blühen wird das Allerschwerste.[19]

☆

Lästergebete — Betlästerei: Das bleibt in dieser Dichtung in vollkommener Schwebe, mögen auch einzelne Gedichte stärker beten, stärker lästern. Die besten lästern. Das besagt nichts über die Position der Autorin oder die Beschaffenheit der Wirklichkeit. Es beweist nur wieder einmal, daß die Welt „vorwiegend in ihrer Negativität literarische Gestalt annimmt".[20]

Einige der besten Gedichte ziehen ihre Wirkung aus der paradoxen Spannung, mit der sie Gegen-Bilder und -Geschichten zu überkommenen biblischen Gleichnissen und Glaubensvorstellungen entwickeln. So ist im Krug-Gedicht Heilsgeschichte bei partiell vertauschten Rollen zur Unheilsgeschichte verkehrt. So stellt das Gleichnis vom bösen Hirten das vom guten Hirten auf den Kopf, und das Gedichtbild wertet mit schlagender Evidenz den bösen Hirten zum besseren um.[21] So erleidet das lyrische Ich (das zuweilen gar nicht in der ersten

Person, sondern als Hexe, als Närrin, als Füchsin verfremdet erscheint), als Hündin eine Anti-Passion:

Kreuzzertretung! — Eine Hündin heult
sieben Laute, ohne zu vergeben,
abgestiegen in die Hundehölle
wird ihr Schatten noch den Wurf verwerfen.

Oben bleibt der Vorhang ohne Riß,
nichts zerreißt um einer Hündin willen,
und der Herr — er ließ sich stellvertreten —
sitzt versponnen bei den ganz Vertrauten.

Auch die Toten durften nicht herauf!
Vater, Mutter, — keines war am Hügel,
und die Sonne hat sich bloß verfinstert
in zwei aufgebrochnen Augensternen.

Von der Erde bebte kaum ein Staub,
nur ein wenig sank die Stelle tiefer,
wo der Balg, dem man das Kreuz zertreten,
sich noch einmal nach dem Himmel bäumte.

Der Kadaver — da ihn niemand barg —
kraft der Schande ist er auferstanden,
um sich selbst in das Gewölb zu schleppen,
wo Gottvater wie ein Werwolf haust.[22]

Dies Gedicht erscheint als blasphemische Perversion der Todesstunde Christi. Mit dem einschlagenden ersten Wort ist die symbolische Handlung gemeint, durch die sich, nach der Heiligenlegende, die verfolgten Christen vorm Marytrium retten konnten. Mit der Zertretung des Zeichens, in dem sie sich erlöst glaubten, sagten sie sich öffentlich von ihrem Gott los. Kreuzzertretung war — und ist hier — die Lästertat. Das Wort steht als Fanal vor einem Gedicht, das ein einziges Lästerwort ist. Aber das Heulen der Hündin läßt einen Doppelsinn ahnen, der im Gedichtverlauf bestätigt wird: Man hat der Hündin das Kreuz, das Rückgrat zertreten.[23] Diese Kreuzzertretung durch Gott ist nicht als symbolische, sondern als wirkliche vorgestellt. — Leicht wiegt das Lästerwort des Gedichts gegen die in ihm vorgestellte Lästertat Gottes.

Man sollte sich der Problematik der Zuordnung bewußt sein, wenn man diese Dichtung christlich nennt. Zweifellos transzendiert sie nie das geschlossene System tradierten Glaubens, aber sie sprengt es durch systemimmanent erfahrene Absurdität.

Hier wird in der Vorstellungswelt des letzten uns bekannten stabilen Wert- und Ordnungssystems, des Christenglaubens, die Erschütterung einer säkularen Erfahrung registriert: Je mehr Wissenschaft Realität im einzelnen erforscht, um so undurchschaubarer kompliziert sich dem Menschen Realität im ganzen. Nie wußten wir mehr von unserer Welt, nie sahen wir ihren zukünftigen Zustand weniger weit voraus. Die Menschheit ist mit sich allein. Sie hat sich innerhalb unseres Jahrhunderts erstmalig als Ganzes selbst in den Blick bekommen; die Medien erlauben eine Teilnahme an fast allem, was gleichzeitig irgendwo Menschen Erhebliches geschieht. Der zweite Weltkrieg hat zudem weltweite Gefährdung bewußt gemacht. Das fordert den politischen Willen heraus, die Geschicke der Menschheit im ganzen zu steuern, aber sie zeigen sich als nicht steuerbar. Wir müssen uns fragen, ob nicht alle Antworten auf die Frage nach dem Geschichtssinn als ideologisch entlarvt werden können, und es scheint, daß in bezug aufs Ganze von Welt und Geschichte nichts als orientierungslose Existenz bleibt.

Mit Vorstellungen und Dogmen im tradierten christlichen Verständnis sind solche Fragen nicht beantwortbar. Wenn diese in Bildern artikulierte systemsprengende Erfahrung einer katholischen Dichterin überhaupt noch mit Differenzierungen einer rationalen Theologie ins Gespräch zu bringen ist, dann nur mit solcher Theologie, die das Kat'holon radikalisiert bis an den Punkt, wo Christ und Mensch identische Bezeichnungen werden, einer Theologie, die selber den Verdacht erregt, das trojanische Pferd in der Stadt Gottes zu sein.[24]

*

Die Ausschließlichkeit, mit der in dieser Dichtung das Ich auf Gott (oder Natur oder Himmel oder Erde), d. h. aufs Ganze bezogen ist und sich mit dessen Veränderungen korrelativ verändert, läßt noch einen anderen Aspekt zu. Das einzige Du steht auch für das Mitmenschliche; als nie eindeutig antwortendes läßt es das Ich exemplarisch das Scheitern von Beziehung nach außen überhaupt erfahren. Auf sich zurückgeworfen, entzweit sich das Ich, teilt sich vielfach in sich selber, setzt sich auseinander mit seinem Herzen, seinem Gedächtnis, seinem Mut, seiner Schwermut, seiner Angst . . .[25]

Die reale Voraussetzung solcher poetisch vorgeführten Erfahrung ist die, daß auch der Mensch, zunächst, mit sich allein ist. Auf dem Hintergrund Wittgensteinscher Sprachphilosophie ließe sich das so formulieren: Der Mensch ist in die Innenwelt seiner Sprache eingeschlossen. Diese seine Sprache ist zugleich das menschliche Mittel der Objektivierung. Normalerweise gelingen durch sie Realitätsbezug und Kommunikation. Wiederum aber steht Literatur „da, wo es schmerzt"[26], beim Scheitern von Gesprächen, beim Verfehlen des Du, beim Mißlingen von Beziehung oder, ganz allgemein, bei der Problematik von Realitäts- und Du-Bezug. Diese Erfahrung erscheint in der Gegenwartsdichtung oft thematisiert und als Erfahrung mit Sprache durchgespielt. Christine Lavants Gedichte sprechen kaum einmal direkt über Sprache, aber das Sprachverfahren der Lavantschen Lyrik zeigt paradigmatisch eine abgekapselte Innenwelt.

Wenn diese These im folgenden mit drei Hinweisen expliziert werden soll, wird man dazu Tendenzen, Linien, die diese Gedichtsprache bestimmen, idealtypisch ausziehen müssen. Sprachliche Innenwelt in reiner Form wäre ohne Vermittlungsleistung. Innenwelt nicht als paranoiden Einzelfall, sondern als Muster erscheinen zu lassen, läuft auf die Schwierigkeit hinaus, Unvermittelbarkeit zu vermitteln. Wie geschieht das?

1. In der Lavant-Lyrik erscheint ein begrenzter Bestand einfacher Worte in immer neuen Kombinationen. Dabei haben die Worte in wechselnden Umgebungen wechselnde Bedeutung. Das läßt sich am leichtesten zeigen an den Doppelworten: Hungersterne, Sternenbaum, Sonnenbaum, Sonnenspindel, Herzrad, Radgebet, herzverzwergt, halbschlafklug, schoßverstockt, mondverhetzt, heimbeten... Hunderte solcher Neukompositionen lassen den Eindruck entstehen, daß jedes Element dieses Sprachschatzes mit jedem anderen zusammentreten kann zur Erschließung neuer Bedeutungen, die in momentaner Komposition ihre punktuelle Gültigkeit haben. Man kann die Beschränktheit des Vokabulars nicht bemerken, ohne der unbeschränkten Bedeutungen der Worte im Gebrauch inne zu werden. Und man könnte der unbeschränkten Bedeutungen nicht so eindringlich inne werden ohne die Beschränktheit des Vokabulars. Die Spannung zwischen Sprachbestand und Sprachbehandlung, zwischen den Worten und ihrer metaphorischen Kombinatorik läßt die Worte als gleichsam nicht abgenabelt vorkommen. Sprache als Möglichkeit scheint in der wirklichen Rede durch, oder mit dem berühmten Begriffspaar de Saussures ausgedrückt: diese „paroles" sind „langue"-wertig. Ein Charakteristikum belangvoller Gegenwartsdichtung, hier auf eine Weise erreicht, die nicht nur Umblick ins Funktionieren von Sprache gewährt, sondern, wegen der Überschaubarkeit des Wortschatzes, Überblick erlaubt. Nicht Sprachwelt zeigt sich, sprachliche Umwelt, sondern sprachliche I n n e n w e l t.

2. Das Einzelwort dieser Gedichtsprache hat kaum noch eine fixierbare Bedeutung, als potentielle Metapher ist es nicht definierbar.[27] Das sachkennzeichnende Element des Wortes ist durch seine Behandlung reduziert; derart begriffsfern hat es eine geringe Informations- und Kommunikationsleistung. Ein Rezensent nennt diese Dichtung gespenstisch und inhuman. „Eine Grenze wird fühlbar, hinter der das Wort nicht mehr standhält, sich auflöst in die Erscheinungen und deren unerschöpflichen Mutterschoß."[28] Bei aufgelöster Syntax würde diese Sprache wahrscheinlich unverständlich. Sie braucht die Gerüste von Sprachgewohnheit und Kunsttradition; bekannte Satzmuster und vertraute Kunstformen wie Rhythmus und Reim helfen, trotz der tendenziellen Auflösung der Begrifflichkeit dieser Sprache beim Leser das Zutrauen zu ihrer Vermittelbarkeit, d. h. Vernünftigkeit, zu erhalten. Aber Syntax, Rhythmus, Reim leisten keine selbständige Bedeutungsvermittlung. Wo liegt das Logische dieser Sprache, das das Poetische trägt?

3. Die in den einfachen Einzelworten abgebaute Bedeutung baut sich durch Wortgruppen in Bildern auf; Bilder sind die Elementarteile der Bedeutung — hier scheint der charakteristische Unterschied zu anderen Gedichtsprachen zu liegen —, und ihre Abfolgen, Schichtungen, Kombinationen, Verschiebungen leisten die Sinn-Differenzierung. Wie Traumbilder kennzeichnen sie Innenwelt — und sind doch transsubjektiv. Begreifbar, ergreifen sie auch ohne Begriffe.

Eine Ahnung von der Innenwelt, der sich solches Sprachverfahren verdankt, bezeugt der oben zitierte Rezensent: „Der Leser bangt für die Dichterin, daß der Faden, den sie auf ihrer Herzspindel dreht, plötzlich reißen könnte.“[28]

Ludwig von Ficker faßt mit direkteren Worten den „Anschein von Verrücktheit“ ins Auge, aber ohne das ästhetische Verhältnis zu diesem Werk aufzugeben. Er kannte als Mensch und Freund von Georg Trakl wie Christine Lavant die individuellen Leiden der Dichter, hielt sich aber als Kunstbetrachter an die „formale Bewältigung“ eines „Überwältigtseins von Drangsalen aller Art im Resonanzbild einer scheinbar sehr diffusen, im Grunde aber ungeheuerlich verdichteten Fähigkeit lyrischer Vergegenwärtigung“.[29]

Den vorwiegend konstruktivistischen Verfahren heutiger Lyrik gegenüber befindet sich Christine Lavants Dichten nahe dem entgegengesetzten Pol der Skala dichterischer Produktion „zwischen Inspiration und Anstrengung“.[30] „Ich schreib aus Verzweiflung“, sagte sie, was aber zunächst nur besagt, daß sie den Auswahlprozeß, der zwischen Empfindung, Gefühl, Erfahrung, Intuition und deren poetischer Verbalisierung liegt, nicht durchschaut, vielmehr als Automatik empfindet: „Wenn es kommt, kann man nichts dagegen machen.“ Sie sagt, daß das Dichten bei ihr über Träume verliefe: Schlafträume, Wachträume, Halbträume. Sie spricht von der Mühe und Anspannung, auszuhalten, bis die Träume „klar“ werden und davon, wie „Kopf“ und „Herz“ im Augenblick des Schreibens „eins“ sind.[31] Traumautomatisches Schreiben: Hier scheint es realisiert, aber ohne reflektierten Abbau von Reflexion, ohne willkürlich erreichte Unwillkürlichkeit.

Die Gedichte „wissen“ mehr als die Dichterin. Das weiß auch sie, das ist wiederum aus dem Bilde eines Gedichtes ablesbar:

> Die Allernächsten gaben mich dem preis,
> was in den Höhlen der Verlassenheiten
> begreifbar ist, und meine Finger gleiten
> entlang der Bilderschrift, die alles weiß.[32]

In Fernen beginnender Geschichte reicht das Bild zurück; als Bruder des Urmenschen findet sich das Ich, mit sich allein, in einer Welt, die mit sich allein ist. Aus Tiefen vorbegrifflicher Erfahrung schöpft diese Gedichtsprache. T a s t e n d, mit dem ältesten, unmittelbarsten, abstandlosesten der Sinne, wird die Bilderschrift wahrgenommen. Die Bilderschrift „weiß“ „alles“: Sie bewahrt die ältesten

Erfahrungen der Menschheit, Angst und Ungeborgenheit vor allem, unzerlegt und unbewältigt. Momentane Bewältigung allenfalls ist das Dichten:

> ... aber jetzt in dieser Schwebung stehen
> und zu spüren, wie im Hirn die Risse
> sich erweitern für die große Flut
> einer unfaßbaren Einsamkeit —
> das ist Angst! Das ist ein Tier und schreit
> und zugleich ein Stein, der Wunder tut,
> wenn man sich auf seine Spitze stellt.[33]

Schrei und Wunder „zugleich": Mit dem Fassen des Unfaßbaren, dem Ins-Wort-Bringen, dem Festhalten jener Traumbilderschrift gewinnt das Ich Stand gegen die Flut der Angst. Alle Metaphern für das Dichten und fürs Gedicht enthalten die Momente der Gefährdung und Überwindung. Die „Glockenkuh" der wilden Herde des Menschenschlafs, der ‚eigene Traum' muß auf gewagtem Gang zum Grenzanger über wiegenden Sumpf herausgeholt und angebunden werden.[34] Das „Kind", mit dem ärgsten Knechte (dem Zorn?) gezeugt — „ein Krüppelchen aus Wut und Galle" —: Das gottverlassene Herz, auf Zehen im Höllenfeuer stehend, hält es hoch, dankbar ob seiner Mutterschaft.[35] Als „Sterne" Gottes erscheinen Gedichte in jenem großen Lebensschiff-Gedicht, das den nüchternen Steuermann wegen seiner Untauglichkeit im Schicksalswind verwirft und sich auf die trunkene Mannschaft verläßt, die in der Not dem Verstand das Rettungsboot schnitzt. So wenig wie aus dem ‚Wunder-Stein' und dem ‚Kind' läßt sich aus den ‚Sternen' Gottes eine ästhetische Theodizee ableiten. Das Gedicht ist ein Hymnus auf die schöpferischen Lebenskräfte des Unbewußten, mit denen das Ich das Elend übersteht:

> ... Hau jetzt ab samt deiner Nüchternheit!
> Dieses Schiff wird nie verständig werden —
> melde oben bei dem Bootsverleiher,
> daß wir brüllend und das Maul voll Suff
> seine Sterne aus der Hölle holen.[36]

Anmerkungen

Texte

Lyrik:

Die unvollendete Liebe. Stuttgart 1949.

Die Bettlerschale. Gedichte. Salzburg 1956, 1959², 1963³.

Spindel im Mond. Gedichte. Salzburg1959, 1966².

Sonnenvogel. (12 Gedichte. Privatdruck von H. Heiderhoff, Aufl. 100 Exemplare.) Wülfrath 1960.

Der Pfauenschrei. Gedichte. Salzburg 1962, 1968².

Hälfte des Herzens. Band 27 der Reihe *Das Neueste Gedicht,* herausgegeben von H. Heiderhoff und D. Leisegang (16 Gedichte, davon 6 aus *Sonnenvogel*). Darmstadt 1967.

Prosa:

Das Kind. Erzählung. Stuttgart 1948.
Das Krüglein. Erzählung. Stuttgart 1949.
Maria Katharina. Erzählung. Stuttgart 1950.
Baruscha. Drei Erzählungen. Graz 1952.
Die Rosenkugel. Erzählung. Stuttgart 1956.
Nell. Erzählungen. Salzburg 1969.

Auswahl:

Wirf ab den Lehm. Ausgewählt und eingeleitet von Wieland Schmied. (Neu darin die Erzählung *Der Lumpensammler* und 15 Gedichte.) Stiasny-Bücherei 91, Graz und Wien 1961.

Christine Lavant, Gedichte. Hrsg. und mit einem Nachwort versehen von Grete Lübbe-Grothues. dtv sr 108, München 1972.

Literatur

Norbert Langer: Christine Lavant. In: Dichter aus Österreich. Zweite Folge. Wien 1957.

Wieland Schmied: Die Welt der Christine Lavant. Einleitung zu der Auswahl: Wirf ab den Lehm, a. a. O., 1961.

Werner Ross: Abenteuer und Alptraum des Glaubens. Die Gedichte der Kärntner Bäuerin Christine Lavant. Die Zeit, 1. 2. 1963.

Ludwig von Ficker: Lobrede auf eine Dichterin. In: Erinnerungspost. Ludwig von Ficker zum 13. April 1965 zugestellt. Salzburg 1965.

Siegfried J. Schmidt: Besuch bei Christine Lavant. In: BOGAWUS, Zeitschrift für Literatur, Kunst und Philosophie, H. 4. Greven 1965.

W. V. Blomster: Christine Lavant. In: Symposium. University of Colorado. Spring 1965.

Helmut Scharf: Christine Lavant. In: Kärntner Literaturspiegel, Klagenfurt 1966.

Beda Allemann: Die Stadt ist droben auferbaut. In: Doppelinterpretationen. Das zeitgenössische deutsche Gedicht zwischen Autor und Leser. Frankfurt/M. — Bonn 1966.

Grete Lübbe-Grothues: Zur Gedichtsprache der Christine Lavant. In: Zeitschrift für deutsche Philologie, Bd. 87, H. 4. Berlin 1968.

Anne E. Meixner: Motive und Einflüsse im Schaffen Christine Lavants. Versuch einer Deutung. Unveröffentlichte Magisterthese. University of Colorado, 1968.

Nachweise

1 Zum Beispiel Beda Allemann, a. a. O.

2 Eine große Zahl von Besprechungen vor allem in österreichischen und deutschen Zeitungen, Zeitschriften und Rundfunksendungen gibt Zeugnis von dem starken Eindruck, den diese Lyrik macht. Wo die Verse charakterisiert werden, verrät oft Lyrismus mehr

von der Wirkung als von der Eigenart der Dichtersprache. Analyse ist selten, ihre Möglichkeit wurde sogar bezweifelt.

3 Vgl. G. Lübbe-Grothues, a. a. O.

4 Ludwig von Ficker nannte Christine Lavant seinerzeit die größte lyrische Naturbegabung des gegenwärtigen Österreich. Hält man „naive" Autorschaft hohen Kunstranges im Bereich der bildenden Kunst noch für plausibel (ein Phänomen wie Séraphine de Senlis z. B.), so scheint sie kaum glaubhaft bei Wortkunstwerken. Verwunderung über solches Dichten verraten Interview-Berichte gerade solcher Autoren, denen der Rang der Gedichte evident ist, z. B. bei Werner Ross („kurioser Fall") und bei S. J. Schmidt.

5 Die unvollendete Liebe, a. a. O., S. 7.

6 A. a. O., S. 15.

7 A. a. O., S. 9.

8 Michel Raus, Die Macht des Schwachen. „Nell" von Christine Lavant. In: d'Letzeburger Land, Luxemburg, 24. 4. 70.

9 „Die literarische Welt ist hier noch ganz heil." Werner Schulze-Reimpell, Christine Lavants Kalendergeschichten. In: Die Welt der Literatur, Hamburg, 4. 12. 69.

10 Inge Meidinger-Geise, Besprechung von Christine Lavant: „Nell" Radio Wien, 2. 4. 1969.

11 Michel Raus, a. a. O.

12 Spindel im Mond, S. 146.

13 Aus einer Besprechung im Süddeutschen Rundfunk Stuttgart, zitiert als Klappentext zu Spindel im Mond.

14 Ein anderes Zeugnis solcher Umkehrung erschien im gleichen Jahr mit Paul Celans Gedicht *Tenebrae.* In: Sprachgitter, Frankfurt/M. 1959, S. 23 f.:

Bete, Herr,
bete zu uns,
wir sind nah ...

15 In: Lobrede auf eine Dichterin, a. a. O., S. 37.

16 A. a. O., S. 39.

17 Der Pfauenschrei, S. 24.

18 Man wird an Stevensons Schizophrenie-Geschichte erinnert. Aber hier liegt kein menschlicher „strange case" vor. Gott als Dr. Jekyll and Mr. Hyde: die Doppelnatur gut-böse wird universell.

19 Die Bettlerschale, S. 60. Vgl. auch Spindel im Mond, S. 69 und Der Pfauenschrei, S. 17.

20 Harald Weinrich, Drei Thesen von der Heiterkeit der Kunst. In: arcadia, Ztschr. f. vergleichende Literaturwissenschaft, Bd. 3, H. 2, Berlin 1968.

21 Spindel im Mond, S. 63, interpretiert bei G. Lübbe-Grothues, a. a. O., S. 617—622.

22 Die Bettlerschale, S. 72.

23 Ähnlich die Anklage in der Form bitteren Doppelsinnes bei Celan in *Tenebrae* (vgl. Anm. 10):

Es war Blut, es war
was du vergossen, Herr

Vgl. die Tenebrae-Interpretation bei Götz Wienold: Paul Celans Hölderlin-Widerruf. In: Poetica, 2. Bd., H. 2, April 1968.

24 Titel eines Buches von H. Hildebrandt, das im Interesse der Möglichkeit von Theologie, von Umriß und Unterscheidung, vor negativer Theologie warnt.

25 Eine Beziehung zu Nathalie Sarraute drängt sich auf: Einsames Bewußtsein schafft sich die widersprüchlichen Gespenster selbst, die das Ich deutend und selbstdeutend hin

und her ziehen. Ohne Minimum an äußerem Anhalt (Konsens, Intersubjektivität) wird das Bewußtsein diskontinuierlich, das Ich instabil.

26 Andrej Wosnessenskij über Poesie heute. In: Ein Gedicht und sein Autor. Lyrik und Essay. Literarisches Colloquium Berlin o. J., S. 438.

27 ‚Metapher' wird hier mit Harald Weinrich textlinguistisch als „ein Wort in einem konterdeterminierenden Kontext" verstanden (Die Metapher. Bochumer Diskussion. In: Poetica, 2. Bd., H. 1, Jan. 1968, S. 100). Ein Wort als Metapher ist außerhalb des Umkreises seiner lexikalischen Bedeutung determiniert.

28 Besprechung des Bandes *Der Pfauenschrei* im Eckart-Jahrbuch, Witten 1962/63.

29 Ludwig von Ficker, a. a. O., S. 36.

30 Hans Blumenberg, Sprachsituation und immanente Poetik. In: Immanente Poetik — Ästhetische Reflexion. Lyrik als Paradigma der Moderne. Hrsg. von W. Iser. München 1966, S. 147.

31 Die Verfass. bestätigt aus eigenem Sehen und Hören die Eindrücke, die S. J. Schmidt schon früher festgehalten hat (a. a. O.). Sie verdankt dem kleinen Bericht und seinen Überlegungen wichtige Anregungen.

32 Die Bettlerschale, S. 10.

33 Die Bettlerschale, S. 67.

34 Spindel im Mond, S. 7.

35 Die Bettlerschale, S. 64.

36 Die Bettlerschale, S. 16, interpretiert bei G. Lübbe-Grothues, a. a. O., S. 622—626.

Hans Peter Anderle

STEPHAN HERMLIN

Im Spannungsfeld der deutschen Nachkriegsliteratur nimmt Stephan Hermlin eine bemerkenswerte, doch noch kaum erforschte Stellung ein.[1] Suchten Bertolt Brecht, Johannes R. Becher, Anna Seghers oder Arnold Zweig, die ähnlich Hermlin die DDR als Wohnsitz und Plattform gewählt hatten, die Anpassung spätbürgerlichen Kulturbewußtseins an die Rollenerwartungen der sozialistisch orientierten Gesellschaft durch radikale oder doch zumindest partielle Abkehr von der Tradition zu vollziehen, so schwebt Stephan Hermlin die Synthese, ja die wechselseitige Durchdringung von bürgerlich-humanistischem und marxistischem Kunstanspruch vor.[2] Dies hat in Ost und West sowohl Mißverständnisse als auch Kritik, schließlich sogar verschiedene Positionswechsel Hermlins selbst ausgelöst. Indes bleibt trotz aller äußeren Widersprüche der vermittelnde Grundaspekt seiner künstlerischen Existenz unverkennbar. Das beginnt nach anfänglicher Weigerung nun auch die Literaturwissenschaft in der DDR einzusehen.[3]

In dem autobiographischen Fragment *Kassberg* schildert der als Rudolf Leder[4] am 13. April 1915 in Chemnitz, dem heutigen Karl-Marx-Stadt, Geborene die Eindrücke einer großbürgerlich behüteten, bildungsambitionierten, aber zugleich als bedroht empfundenen Kindheit:

> Die unerträglichen, unendlichen Sonntage sind voller Angst. Ich fülle viele Hefte mit Gedichten und kleinen Erzählungen. Ich lese, nach einem Plan, in rasender Eile: die antiken Dichter, die mich in der Schule langweilen, die Elisabethaner, Hölderlin, Novalis, des Knaben Wunderhorn, Büchner, die Russen und Franzosen des 19. Jahrhunderts. Die Bücher schützen mich vor dem Leben, das ich fürchte, vor einer Zukunft, die mich unausdeutbar anblickt.[5]

Mit diesem elegischen Bewußtsein wuchs der — mittlerweile in Berlin lebende — Gymnasiast in die Wirren der Weimarer Republik und die heraufkommende Gefahr des Nationalsozialismus hinein. Dabei übernahm der Kommunismus, zu dem er sich zunächst ideell, später auch organisatorisch bekannte, die Rolle einer hilfreichen, weil richtungsweisenden Utopie, die dem Selbstzweifel und Selbstekel des Bürgersohns die naive Solidarität und ungetrübte Heilserwartung einer politisch noch unverbrauchten Schicht entgegensetzte:

> Die Kommunisten zogen mich an, weil sie nie um eine Antwort verlegen waren und trotz ihres Elends eine gewisse zuversichtliche Fröhlichkeit zeigten, auch weil sich in ihrer Art, miteinander zu verkehren, trotz aller Kargheit des Ausdrucks eine tiefe innere Wärme und Verbundenheit kundtat. Ich sagte nichts. Vielleicht sprachen aber meine Blicke.[6]

Noch nach mehr als zwanzig Jahren schwingt in einer Erinnerung an den Hamburger Arbeiterführer Ernst Thälmann die Bewunderung des Ästheten für die „plebejische Intelligenz“[7] mit, durch die sich solcher Lebensoptimismus verwirklicht. Sie blieb und bleibt das Faszinosum Hermlins, gerade weil er sich ihr kraft seines eigenen Herkommens nur anzunähern vermag. Entscheidender allerdings als der demonstrative Milieuwechsel vom Gymnasium in die Druckerlehre und von da in die Illegalität wurde für ihn ab 1937 die Erfahrung der Emigration, die — in der erzwungenen Distanz zur Muttersprache — seine poetischen Energien endgültig freilegte. Ägypten, Palästina, England, Spanien, Frankreich und schließlich die Schweiz waren die Stationen auf den *Straßen der Furcht*[8], an die sich Hermlins erste öffentliche lyrische Konfession knüpfte. Bei aller Abhängigkeit von den künstlerischen Vorbildern Trakl, Rilke und insbesondere Georg Heym ist die unmittelbare Frucht dieser Jahre, der Gedichtband *Zwölf Balladen von den großen Städten*[9], eine überzeugende und originale Leistung.

Hans Mayer hat in einer ersten Würdigung dieses Balladenzyklus darauf hingewiesen, daß die Stadtlandschaft eine Art Schlüsselmotiv des frühen Hermlin darstellt, Basis zur „Bilanz eines Dichters der bedrohten Kultur, geboren aus Todessehnsucht und Müdigkeit, um sich in eine reiche, erfüllte, zukunftsfrohe Rechnung zu verwandeln, bei der alles, was unzerstörbar ist, aufgerufen wird und hervortritt, um für das Dasein, das sinnvolle Leben zu zeugen ...“[10]. Noch bedeutsamer freilich ist, daß jene Metamorphose mit den Mitteln eben der bedrohten Kultur erfolgt, und zwar nicht nur oberflächlich verbal, sondern auch in der Tiefe der Bildstruktur und in der Dialektik der Sprachführung:

Sage mir doch, als wir durch die Wälder des Grauens
Schritten, medusisch drohten dort die Alleen,
Weißt du noch, wer sich erwehrte des tödlichen Schauens
Blickloser Statuen, die auf uns niedergesehn?

O sie, die Angst auf sich nahmen! In ihrem Schweigen
War das Gebirge, das Licht des Mittags erträgt.
Und wir sahen um ihre Hände steigen,
Sinken Sonnen herrlich und unbewegt.

Ihre Sohlen verlangten nach Dornen, auf ihren Brüsten
Wiesen sie uns das Geheimnis narbiger Schrift,
Und sie kannten der Wasser Verführung in Wüsten
Ihres Alleinseins, das kein Vergleich übertrifft.

Sie, die Seltsamen, die an sich selber nie dachten —
Gab es denn nichts, gar nichts, was uns von ihnen schied?
Als wir die Stimme im brennenden Dornbusch verlachten,
Weilte ihr Wort, ihre Warnung in unserm Gebiet ...

Ihrer Gesichter sind viele, doch immer das eine.
Wie die Erde sind sie oder der wandernde Strom.

Ihre Stummheit, ihr Reden fallen wie Steine
Schwer in den Schacht unseres Seins seit Memphis und Rom . . .[11]

Die historische Dimension, der vielfache Appell an einen abendländischen Bildungsfundus als Stilmittel solcher Verse ist unübersehbar, ebenso das ausgeprägte Bemühen um die Balance von Reflexion und Emotion, die das Mythische mit dem Gegenwärtigen verbindet. Hermlin stellte sich damit in die Tradition vor allem des französischen Symbolismus, zu dem er im Exil besondere Beziehungen aufnahm und dessen Vermittlung in Deutschland ein halbes Jahrhundert nach George und Rilke durch ihn erneut in Gang kam.[12] Wie Reinhard Weisbach zu Recht feststellt, handelt es sich dabei aber nicht um einen bloßen Rückgriff, sondern gleichsam um die Wiederentdeckung einer Ausgangsposition.[13] Und obwohl Hermlin ausdrücklich gegen eine Grundforderung der marxistischen Ästhetik, das Prinzip der „Volkstümlichkeit", verstieß, indem er die Esoterik des Symbolismus in Kauf nahm, erwies sich dieser Neuansatz als ausgesprochen tragfähig. Nichts konnte Hermlins Glauben an die kommunistische Idee, nichts seine Erlösungssehnsucht adäquater ausdrücken als die assoziative Sprache des symbolistischen Gedichts. Doch ist die Licht- und Todesmetaphorik seiner Verse anders als bei Mallarmé oder Verlaine komplementär und zur Überwindung der *Königin Bitterkeit* angelegt; in ihr spiegelt sich, wie Gerhard Wolf es ausdrückt, das „militante Pathos der französischen Résistance"[14]. Daß manche der frühen (veröffentlichten) Gedichte Hermlins auf dem Umweg über den Symbolismus in die Nähe der Neuromantik und des Expressionismus zurück gerieten, demonstriert die dennoch oder vielmehr gerade darum bestehende Problematik seines Experiments. Interessant wäre in diesem Zusammenhang ein Vergleich mit der Bildwelt Peter Huchels und Paul Celans aus deren symbolistischen Schaffensperioden, wozu eine Huchels mediterrane Metaphorik beinahe vorwegnehmende Strophe anregen könnte[15]:

Grüne Blitze aus Oleander
Haben unsern Mittag entzückt.
Wenn des Blutes schwarzer Mäander
Das Pflaster der Städte bestickt,
Gekreuzigt von brüllenden Sonnen
Flogen Arme und Münder im Föhn
Der Revolten von Glorie umronnen,
Laßt sie, laßt sie wieder geschehn![16]

Es ist nicht ohne Reiz, die Hermlinsche Balladenstruktur mit dem in der französischen und der deutschen Literatur vorgegebenen Balladentypus zu vergleichen: Mit der Villon- oder der Bürger-Ballade hat diese im Grunde unepische, eher an Klopstock oder an Hölderlin erinnernde Version wenig gemeinsam. Um so unmittelbarer — selbst als die am Bänkellied orientierte Brecht-Ballade — wirkt sie auf ihr Publikum; ein Beschwörungsakt von äußerster Intensität, der meist in einen hymnischen Appell mündet. Von der künstlichen Hymnik Becherscher Provenienz trennt Hermlin gleichwohl eine Welt. Zur Konzeption Johannes R. Bechers liegt übrigens ein dezidiertes Urteil Hermlins vor, publiziert in der gemeinsam mit Hans Mayer nach zweijähriger in Frankfurt am Main ausgeübter Kritikertätigkeit veröffentlichten Aufsatzsammlung *Ansichten über einige Bücher und Schriftsteller*[17]:

> Tragisch ist der Fall eines der bedeutendsten Lyriker des heutigen Deutschland, der Fall des Johannes R. Becher. Sein letzter Gedichtband („Heimkehr", Aufbau Verlag Berlin) beweist neuerlich, daß Becher in seiner von sehr ernsten politisch-ästhetischen Motiven bestimmten Erneuerung, die er seit etwa fünfzehn Jahren unternommen hat, über jedes mit seiner hohen dichterischen Begabung verträgliche Ziel hinausgeschossen ist. Dieser Fall ist sehr kompliziert und erfordert eine gründliche Auseinandersetzung. Es liegt aber unleugbar der Beweis vor, daß die Bemühung um einen neuen Realismus hier die Substanz und Eigengesetzlichkeit des Lyrischen zerstört hat: Becher ist in neo-klassizistischer Glätte und konventioneller Verseschmiederei gelandet. Er hat eine politisch richtig gestellte Aufgabe mit dichterischen Mitteln falsch gelöst. Die Mittelmäßigkeit unserer Lyrik: muß das sein?[18]

Stephan Hermlins und Hans Mayers *Ansichten* gehörten zu den freimütigsten Büchern, die seinerzeit in Deutschland erschienen waren; unerschrocken hatten die Autoren vor allem die falschen Töne des Nachkriegs gegeißelt, den guten Willen, den Benn einmal als das Gegenteil von Literatur qualifizierte. Allerdings gehört es zur persönlichen Tragik Hermlins, daß auch er von der „neuen Innerlichkeit"[19] keineswegs frei war. Aus den späten vierziger Jahren stammt ein Stalin-Gedicht, aus den fünfziger Jahren das *Mansfelder Oratorium* zur 750-Jahrfeier des Kupferbergbaus in der DDR und ein Gedichtband *Der Flug der Taube*, denen allesamt jedes Augenmaß und Sprachempfinden abgehen; allenfalls Hermlins Hang zum Dekorativen und Plakativen mag diese später wenigstens teilweise widerrufene Entgleisung ins politische Bardentum begreiflich erscheinen lassen.

> Aus dem unendlichen Raunen von Inseln und Ländern
> Hebt das Entzücken sich mit seiner Botschaft dahin,
> Wo die Verheißungen leben und die Epochen verändern,
> Namenlos sich die Zeit endlich selbst nennt: Stalin.[20]

Es bedürfte kaum der Akzentuierung des Namens Stalin auf der zweiten Silbe, um die völlige Bedeutungslosigkeit derartiger Reimerei zu enthüllen, die bei der DDR-Kritik groteskerweise noch Verständnisprobleme aufwarf.[21] Indessen stellte sich neben solchem konventionellen Scheitern jetzt auch die prinzipielle Grenzerfahrung des Hermlinschen Gedichts ein:

> *Triolette*
> Rauschen die verdunkelten Gefälle,
> Blühn erloschner Augen schwarze Rosen.

In des Tiefschlafs Traummetamorphosen
Rauschen die verdunkelten Gefälle
Wie im Fall des Haares Sternenwelle,
Unvergeßlich rauschen Tränenlosen,
Rauschen die verdunkelten Gefälle,
Blühn erloschner Augen schwarze Rosen.

Mondverschwistert will ich für sie wachen,
Singende, von Schüssen überschrien,
Wo die Wolken vor Gestirnen ziehn.
Mondverschwistert will ich für sie wachen,
Netze meine Hand in lauen Lachen.
Namen, Namen schneien auf mich hin.
Mondverschwistert will ich für sie wachen,
Singende, von Schüssen überschrien.[22]

Dieses „Singende, von Schüssen überschrien" zeigt nicht Hermlins Indisposition allein, sondern ebenso die Grenzerfahrung lyrischen Sprechens nach dem Zweiten Weltkrieg überhaupt. Schöpferische und rezeptive Phantasie sind in seinen Erschütterungen derart aus dem Gleichklang geraten, daß eine einzige Bildüberschreitung genügt, um das lyrische Objekt wie ein Kartenhaus zusammenstürzen zu lassen. Nicht zuletzt hier (und weniger im Aufbrauch seiner Bildwelt, wie Weisbach meint[23]), liegt die Ursache für Hermlins auffällige lyrische Enthaltsamkeit in den Folgejahren und für sein — überraschend an Celans wachsendes Mißtrauen gegenüber der Sprache erinnerndes — endgültiges lyrisches Verstummen im vergangenen Jahrzehnt.

Als rhapsodisches Talent hat sich Stephan Hermlin freilich fast ebenso früh im Prosaschreiben erprobt; die ersten — veröffentlichten — Versuche datieren bereits aus den letzten vierziger Jahren. Auch hier finden sich literarische Anklänge, vor allem an Kleist, Kafka und die französischen Surrealisten, doch knüpft Hermlin nun anders als im lyrischen Werk eher thematisch als gestalterisch an die vorgefundenen Muster an. Insbesondere *Der Leutnant Yorck von Wartenburg*[24], seine epische Debutarbeit, präsentiert sich als Beispiel moderner psychologischer Prosa von höchster Konzentration. Die Handlung dieser erklärtermaßen dem Amerikaner Ambrose Bierce nachempfundenen Erzählung — ein gefolterter und zum Tode verurteilter Offizier des 20. Juli glaubt sich auf der geglückten Flucht in die Sowjetunion — läßt keinesfalls die epische Dichte und Suggestivität ahnen, die Hermlin ihr in seinem Text zu vermitteln weiß:

Er war ganz wach, in dem letzten, furchtbaren Wachsein seines Lebens. Es war die weite Sandfläche, die er zuerst erkannte. Sie war nicht mehr rostrot, sondern von einem Grau, als ob es nie eine Sonne gegeben habe. So war er also nicht befreit worden, hatte nicht zu Anna und dem Freiherrn gesprochen, war nicht in das große Land entkommen, in dem man alles ganz verstanden hatte: Ehre, Treue,

Pflicht, Heimat. So war er also nicht zurückgekehrt... Yorck, an der Schwelle des Todes, fühlte keinen Schmerz und hatte keine Furcht mehr. Der Tod hatte ihn zu spät geweckt. Auf der mitleidlosen Fahlheit zu seinen Füßen schaukelten Schatten.[25]

Das novellistische Zuspitzen ist die Stärke dieses Erzählens, die Hermlin — gemeinsam mit Anna Seghers[26] — für die deutsche Nachkriegsliteratur wiederentdeckte. Dabei schienen Rückblende, Montage und Wechsel der Bewußtseinsebenen, wie Hermlin sie praktizierte, dem alten Novellenschema durchaus zuträglich; andererseits zeigte sich an dem weitaus schwächeren zweiten Novellenband *Die Zeit der Gemeinsamkeit*[27], daß die Novellistik insgesamt bestimmten Stoffen neueren Ursprungs nicht gewachsen ist. Die mißlungenste der hier vereinigten Arbeiten ist die Titelnovelle selbst, eine sprachlich gespreizte, konstruiert wirkende Geschichte aus dem Warschauer Getto-Aufstand; zumindest annähernd das Niveau des *Leutnant* erreichte Hermlin nur in der Erzählung *Die Zeit der Einsamkeit,* einer Chronik der Entfremdung eines Ehepaars in der Emigration, die leider ein wenig hölzern endet.

Am Schluß des bisherigen erzählerischen Werks steht die umstrittene Novelle *Die Kommandeuse*[28], in der sich der Verfasser thematisch an die vorübergehende Befreiung der KZ-Wächterin Erna Dorn aus dem Hallenser Zuchthaus während der Unruhen des 17. Juni 1953 anlehnt. Hermlin kehrte mit diesem erzählerisch geschlossenen, psychologisch hervorragend pointierten Stück zum Surrealismus seiner epischen Anfänge zurück: Die Heldin, in deren Perspektive er schlüpft, sieht — irrigerweise — eine Woge der Begeisterung über sich zusammenschlagen. Natürlich konnte die DDR-Kritik die intellektuelle Provokation dieses keineswegs profaschistischen, sondern vielmehr die Risiken des 17. Juni kritisch abwägenden Textes nicht ohne erhebliche Einwände hinnehmen; vor allem das Fehlen jeder Orientierungshilfe für den ungeübten Leser, was Traum und was Wirklichkeit sei, mußte im Sinne volkspädagogischer Transparenz bedenklich stimmen. Hermlin freilich zog aus diesem Echo schwerwiegendere Schlußfolgerungen: Die produktive Auseinandersetzung mit einer wirksamen Tradition, ihre nutzbringende Verschmelzung mit den Erfordernissen einer littérature engageé im neuentstehenden ostdeutschen Kulturpanorama schien vorerst gescheitert. So mobilisierte er sein publizistisches Gespür, unternahm Reisen, die in differenzierende Reportagen einflossen, und begann, gleichsam in einem dritten Anlauf seiner schriftstellerischen Aktivität, ein umfangreiches Übersetzungswerk im Anschluß an verstreute, aber erfolgreiche frühere Versuche vorzulegen.[29]

Diese Übersetzungen — Nachdichtungen insbesondere moderner Weltliteratur von Paul Eluard bis zu Pablo Neruda, Nazim Hikmet, Attila Joszef und der amerikanischen Negritude — können neben der eigenen Prosa und Poesie Hermlins voll bestehen; gemeinsam mit den Übertragungen Erich Arendts gehören sie zu den wenigen Zeugnissen unüberbietbarer Einfühlung und Nachschöpfung in der Literatur der DDR. Gewiß suchte Hermlin durch solche Vermittlung die Kontinuität seines ursprünglichen Programms zu bewahren: Nur eine fortgesetzte Blutzufuhr hauptsächlich aus der europäischen Moderne konnte jene ihm selbst hinderliche Verkrampfung lösen, in der sich die DDR-Literatur kraft ihrer ungünstigen Startposition im literaturfeindlichen stalinistischen Kunstklima immer noch befand. Indessen mehrten sich die Anzeichen, daß Stephan Hermlin nun dennoch an einen Wendepunkt seiner gesamten künstlerischen Entwicklung gelangt war.

Hermlin erkannte ihn selbst nach einem von der DDR-Führung mißbilligten Lyrik-Abend Ende 1962, den er als Sekretär der Sektion Dichtkunst und Sprachpflege der Ostberliner Akademie der Künste zugunsten der nachfolgenden Generation veranstaltet hatte:

> Ich möchte übrigens sagen, daß ich zu den Gedichten stehe, die ich selber las. Der wirkliche schwere Fehler, den ich beging, bestand darin, daß ich den zweiten Teil des Abends, die Aussprache, schlecht leitete, daß ich diese Aussprache und weitere Gedichte, die einige Autoren vortrugen, nicht im Zusammenhang mit der Situation sah, in der der Abend stattfand. Das hängt wohl damit zusammen, daß ich Dichtung und Kunst, die mein Leben fast ausfüllen, oft unabhängig von Zeit und Ort betrachte, da und wo sie sich äußern. Ich erkenne das als einen Fehler an; aber ich weiß auch, daß ich vor der Wiederholung dieses Fehlers nicht gefeit bin.[30]

Hermlin also übte Selbstkritik, jedoch nicht ohne sie zugleich ironisch aufzuheben. Ein weitaus existentiellerer Aspekt dieser Rechtfertigung ist der nicht mehr zu erstickende Zweifel am literarischen Amt in der gelenkten Gesellschaft überhaupt, ein Zweifel, der seine schöpferischen Kräfte zunehmend lähmte. Schon in einer Mickiewicz-Rede hatte Hermlin die Frage nach der Funktion des Dichters „in den Zeiten der äußersten Zuspitzung des gesellschaftlichen Kampfes" gestellt[31]; er wiederholte sie im Kontext der literarkritischen Beiträge[32] und der sparsam edierten poetischen Schriften der sechziger Jahre bis zur jüngsten, einem Hölderlin-Hörspiel.[33] Nun, an der Schwelle des sechzigsten Geburtstages, stellt er sie weder als Häretiker noch als „innerer Emigrant", sondern in der naturbedingten Mischung aus Skepsis und Bewunderung für die jüngere Generation, die das Dogma in der Tat mit anderen Mitteln überwindet.

Anmerkungen

Texte

Bei allen bibliographischen Bemühungen um Stephan Hermlin ergeben sich besondere Schwierigkeiten dadurch, daß der Autor seine Texte größtenteils wiederholt veröffentlichte und dabei, sofern das in Sammlungen geschah, oft auch neu ordnete. Die folgende Auswahl von Primärliteratur geht von den wirkungsgeschichtlich wichtigen Titeln aus.

Wir verstummen nicht. Gedichte aus der Fremde von Jo Mihaly, Lajser Ajchenrand und Stephan Hermlin. Zürich 1945.
Zwölf Balladen von den großen Städten. Zürich 1945.
Die Straßen der Furcht. Ged. Singen o. J. (1947).
Zweiundzwanzig Balladen. Ostberlin 1947.
Stephan Hermlin / Hans Mayer: Ansichten über einige Bücher und Schriftsteller. Erw. und bearb. Ausg. Ostberlin o. J. (1947). Erstausg. u. d. T. Ansichten über einige neue Schriftsteller und Bücher. Wiesbaden 1947.
Zwei Erzählungen. Ostberlin 1947. Enth. Der Leutnant Yorck von Wartenburg (Erstausg. Singen 1946) und Reise eines Malers nach Paris (Erstausg. Wiesbaden 1947).
Auch ich bin Amerika. Nachdichtungen. Ostberlin 1948.
Russische Eindrücke. Ber. Ostberlin 1948.
Die Zeit der Gemeinsamkeit. Erz. Ostberlin 1950.
Das Mansfelder Oratorium. Ostberlin 1951.
Die erste Reihe. Porträts. Ostberlin 1951.
Der Flug der Taube. Ged. Ostberlin 1952.
Der Kampf um eine deutsche Nationalliteratur. Aufs. Ostberlin 1952 (Deutscher Schriftstellerverband).
Die Sache des Friedens. Aufs. und Ber. 1948—1953. Ostberlin 1953.
Die Kommandeuse. Nov. In: Neue Deutsche Literatur 10/1954. Auch in: In diesen Jahren. Deutsche Erzähler der Gegenwart. Herausg. von Christa Wolf. Leipzig 1960.
Ferne Nähe. Reise durch China. Ostberlin 1954.
Dichtungen. Ostberlin 1956 (Lyrik-Auswahl 1940—1953).
Nachdichtungen. Ostberlin 1957 (Auswahl bisher ersch. Übertr. und neuer Übersetzungen).
Begegnungen 1954—1959. Ess. und Reden. Ostberlin 1960.
Gedichte. Mit einem Nachwort von Gerhard Wolf. (Auswahl). Leipzig 1963.
Kassberg. In: Sinn und Form 5/1965. Auch in: Atlas. Zusammengestellt von deutschen Autoren. Westberlin 1968.
Balladen. Ausgew. von Sina Witt. Leipzig 1965.
Gedichte und Prosa. Westberlin 1965.
Die Städte. Ged. (Auswahl 1956—1963) München und Eßlingen 1966.
Die Zeit der Gemeinsamkeit / In einer dunklen Welt. Zwei Erz. Westberlin 1966.
Scardanelli. Ein Hörspiel. Westberlin 1970.

Literatur

Max Rychner: Stephan Hermlins Zwölf Balladen. In: Die Tat, Zürich, 19. Mai 1945.
Kurt Heyer: Stephan Hermlin — Dichter unserer Generation. In: Vorwärts, 14. Oktober 1947.
Rudolf Leonhard: Rede anläßlich der Verleihung des Heinrich Heine-Preises des Schutzverbandes Deutscher Autoren an Stephan Hermlin. In: Der Autor 3/4, 1948.
Nino Erné: Stephan Hermlins Balladen. In: Lit. Revue 4/1949.
Richard Drews: Die Zeit der Gemeinsamkeit. In: Die Weltbühne 16/1950.

Karl Krolow: Die Lyrik Stephan Hermlins. In: Thema 8/1950.

Heinz-Winfried Sabais: Deutsches Gespräch über die Klassiker oder Stephan Hermlin lind und leise. In: Neue literarische Welt 10/1950.

Karl Schönewolf: Das Beispiel des „Mansfelder Oratoriums". In: Die Weltbühne 41/1950.

Eduard Zak: Stephan Hermlins Aurora-Dichtung. In: Neue Deutsche Literatur, Sonderheft 1952.

Uwe Berger: Der Flug der Taube. In: Aufbau 1/1953.

Pierre Garnier: La jeune poésie en Allemagne de l'Est. In: Critique 11/1955 (üb. Kuba, Hermlin, Huchel).

Herausgeberkollektiv: Erich Weinert, Stephan Hermlin, Kuba. Reihe Schriftsteller der Gegenwart. Ostberlin 1955.

Martha Nawrath: Einwände gegen Stephan Hermlins „Kommandeuse". In: Neue Deutsche Literatur 3/1955.

Günther Deicke: Ich will eine neue Sprache. In: National-Zeitung, 14. März 1957.

Hans Mayer: Stephan Hermlins „Zwölf Balladen von den großen Städten". In: Deutsche Literatur und Weltliteratur. Ostberlin 1957. Auch in: Neue Schweizer Rundschau, Mai 1945.

René Schwachhofer: Von Pablo Neruda bis Mohamed Kamal. (Zu den Übertragungen.) In: Sonntag 49/1957.

Peter Huchel: „Drum gebt mir eine neue Sprache". Rede anläßlich der Verleihung des F. C. Weiskopf-Preises an Stephan Hermlin. In: Sonntag Nr. 17, 1958.

Jürgen Rühle: Beispiele der politischen Neurose. Kuba — Hermlin — Heym — Bronnen. In: Literatur und Revolution. Köln 1960.

Gerhard Wolf: Politische und ästhetische Maximen. In: Neue Deutsche Literatur 11/1961.

Marcel Reich-Ranicki: Stephan Hermlin, der Poet. In: Deutsche Literatur in West und Ost. München 1963. Auch in: Neue Rundschau 74/1963.

Lothar von Balluseck: Der Fall Hermlin. In: Literatur und Ideologie. Bad Godesberg 1964.

Gerhard Wolf: Deutsche Lyrik nach 1945. Reihe Schriftsteller der Gegenwart. Ostberlin 1964.

Hans Peter Anderle: Stephan Hermlin. In: Mitteldeutsche Erzähler. Eine Studie mit Proben und Porträts. Köln 1965.

Reinhard Weisbach: Probleme der Übergangszeit. Zur ästhetischen Position Stephan Hermlins. In: Positionen. Beiträge zur marxistischen Literaturtheorie in der DDR. Herausg. von Werner Mittenzwei. Leipzig 1969.

Th. Huebener: The Literature of East Germany. New York 1970.

John Flores: Stephan Hermlin: „Volkstümlichkeit" and the Banality of Language. In: Poetry in East Germany. Adjustments, Visions and Provocations 1945—1970. New Haven and London 1971.

Dieter Schlenstedt: Meßgeräte von Prozessen. In: Neue Deutsche Literatur 1/1971.

Werner Brettschneider: Zwischen literarischer Autonomie und Staatsdienst. Die deutsche Literatur in der DDR. Berlin 1972.

Fritz J. Raddatz: Bindung = Geborgenheit oder Solidarität. Stephan Hermlin. In: Tradition und Tendenzen. Materialien zur Literatur der DDR. Frankfurt/M. 1972.

Stephan Hermlin

Gerhard Wolf: Stephan Hermlin. In: Literatur der DDR in Einzeldarstellungen. Herausg. von Hans Jürgen Geerdts. Stuttgart 1972.

Nachweise

1 Vgl. die peinlich nekrologhaften Ausführungen Marcel Reich-Ranickis und Jürgen Rühles auf westlicher Seite, denen sich neuerdings auch Konrad Franke (Die Literatur der Deutschen Demokratischen Republik. München 1971, S. 216 f.), Jörg Bernhard Bilke (Literaturlexikon 20. Jahrhundert, herausg. von Helmut Olles. Reinbek 1971, S. 358) und Hans-Dietrich Sander (Geschichte der schönen Literatur in der DDR. Freiburg i. Br. 1972, S. 110 ff.) zugesellen. Eine ausführlichere Darstellung Hermlins in der DDR liegt außer den Beiträgen von Reinhard Weisbach und Gerhard Wolf (vgl. die vorstehende Bibliographie) noch nicht vor.

2 Auf Details der marxistischen Literaturtheorie kann hier aus Raummangel leider nicht eingegangen werden.

3 Vgl. Reinhard Weisbach: Probleme der Übergangszeit. Zur ästhetischen Position Stephan Hermlins. In: Positionen. Beiträge zur marxistischen Literaturtheorie in der DDR. Herausg. von Werner Mittenzwei. Leipzig 1969, S. 179 ff. Weisbach setzt sich u. a. auch mit dem entsprechenden Personalartikel im Lexikon sozialistischer deutscher Literatur von den Anfängen bis 1945. Halle/S. 1963, auseinander.

4 Das Pseudonym Stephan Hermlin stammt, soweit Einzelheiten darüber bekannt sind, aus der Exilpraxis. Reich-Ranicki möchte es freilich als „psychologisches Symptom" im Sinne der Sehnsucht „nach dem Exklusiven und dem Aristokratischen" gedeutet wissen. Vgl. hierzu Marcel Reich-Ranicki: Stephan Hermlin, der Poet. In: Deutsche Literatur in West und Ost. München 1963, S. 388 f.

5 Sinn und Form 5/1965. Zit. nach: Atlas. Zusammengestellt von deutschen Autoren. München 1968, S. 105.

6 Hammer und Feder. Deutsche Schriftsteller aus ihrem Leben und Schaffen. Ostberlin 1955, S. 154. — 1931 trat Hermlin in den Kommunistischen Jugendverband Deutschlands (KJVD) ein.

7 Die Straße. In: Sinn und Form 4/1958, S. 554.

8 Singen 1947. Enth. u. a. die *Ballade von den alten und den neuen Worten*, die vielfach, z. B. durch Reich-Ranicki, als programmatisches Gedicht gewertet, m. E. jedoch überschätzt wird.

9 Zürich 1945. Im Zentrum das apokalyptisch vorausgeahnte Berlin.

10 Hans Mayer: Stephan Hermlins „Zwölf Balladen von den großen Städten". In: Deutsche Literatur und Weltliteratur. Ostberlin 1957, S. 652.

11 Ballade von den Unsichtbar-Sichtbaren in der großen Stadt. Zit. nach Deutsche Lyrik auf der anderen Seite. Herausg. von Ad den Besten. München 1960, S. 39 f.

12 Als Herausgeber Georg Heyms (Gedichte. Leipzig 1965) bekennt sich Stephan Hermlin insbesondere zu Rimbaud, mit dessen Ophelia-Gedicht er sogar den Beginn der modernen Literatur datiert.

13 Weisbach, a. a. O., S. 192.

14 *Ballade von der Königin Bitterkeit*. In: Zweiundzwanzig Balladen. Ostberlin 1947, S. 8 f. — Hermlin erhielt für diesen Band den Fontane-Preis der Stadt Westberlin. — Zum „Pathos der französischen Résistance" vgl. Gerhard Wolf: Deutsche Lyrik nach 1945. Ostberlin 1964, S. 93.

15 Vgl. Peter Huchels Gedicht *Der Garten des Theophrast*. In: Chausseen Chausseen.

Frankfurt/Main 1963, S. 81, ebenso die Beiträge über Peter Huchel und Paul Celan in dem vorliegenden Band.

16 *Ballade nach zwei vergeblichen Sommern.* Zit. nach Deutsche Lyrik auf der anderen Seite, a. a. O., S. 42.

17 Beiträge zur Sendereihe „Neue Bücher" im damaligen Radio Frankfurt.

18 *Bemerkungen zur Situation der zeitgenössischen Lyrik.* In: Stephan Hermlin und Hans Mayer: Ansichten über einige Bücher und Schriftsteller. Erw. und bearb. Ausg. Ostberlin o. J. (1947), S. 191. Nur diese Ausgabe enthält den zitierten Essay. — Stephan Hermlin hat sein Urteil über Johannes R. Becher später wieder abgeschwächt. Vgl. hierzu Stephan Hermlin: Begegnungen 1954—1959. Ostberlin 1960, S. 261.

19 *Bemerkungen zur Situation der zeitgenössischen Lyrik,* a. a. O., S. 187.

20 Der Flug der Taube. Ostberlin 1952. — Mit dem *Mansfelder Oratorium* (Ostberlin 1951), für das er einen Nationalpreis III. Klasse erhielt, nahm Hermlin zum Teil die Intention des späteren *Bitterfelder Weges* vorweg. Vgl. hierzu Weisbach, a. a. O., S. 203.

21 Neues Deutschland, 9. März 1952.

22 Aus dem Zyklus *Die Erinnerung.* In: *Dichtungen.* Ostberlin 1956. Zit. nach Deutsche Lyrik auf der anderen Seite, a. a. O., S. 48. Vgl. auch das Gedicht *Die Asche von Birkenau,* ebenda, S. 46:

> Wo sich Tag und Nacht verflechten,
> Der Rost am Geleise frißt,
> Ist die Asche der Gerechten, Ungerächten
> Am Mast der Winde gehißt . . .

23 Weisbach, a. a. O., S. 206.

24 *Zwei Erzählungen.* Ostberlin 1947.

25 Zit. nach: Im Licht des Jahrhunderts. Deutsche Erzähler unserer Zeit. Ostberlin 1964, S. 168. — Als Vorbild diente wahrscheinlich Ambrose Bierces *An Occurence at Owl Creek Bridge.* Eine Untersuchung darüber liegt meines Wissens noch nicht vor.

26 Vgl. die Erzähltechnik in Anna Seghers' Novelle *Der Ausflug der toten Mädchen.* New York 1946.

27 Ostberlin 1950.

28 Neue Deutsche Literatur 10/1954.

29 Hermlin hatte bereits Eluard (1949), Neruda (1949), Aragon (1952) u. a. übersetzt.

30 Neues Deutschland, 6. April 1963. — Hermlin hatte auf dem betreffenden Lyrik-Abend Gedichte kritischer Nachwuchs-Autoren vorgelesen und war darauf gedrängt worden, seinen Akademieposten zur Verfügung zu stellen.

31 Begegnungen 1954—1959, a. a. O., S. 256: „In den Zeiten der äußersten Zuspitzung des gesellschaftlichen Kampfes hat die Dichtung keine andere Wahl als sich entweder, für das zum Absterben Verurteilte Partei nehmend, zu prostituieren oder, auf der Seite des Fortschritts, ihre eigentliche Domäne einzuschränken. Große menschliche Harmonie als Voraussetzung poetischer Gesamtentfaltung muß in solchen Situationen vom Dichter utopisch vorweggenommen werden; er steht dann freilich persönlich außerhalb des Kampfes."

32 Vgl. Hermlins Arbeiten vor allem für Sinn und Form und am ostberliner Rundfunk.

33 *Scardanelli.* Westberlin 1970. — Hölderlin, der nicht mehr Hölderlin heißen will, sondern beispielsweise Scardanelli, geht weg aus „einem Land, wo ich mit Menschen ins Gespräch nicht komme".

Klaus Jeziorkowski

KARL KROLOW

Die generelle Problematik des Bandes individuiert sich auch hier: Karl Krolow ist, zum Glück, noch nicht tot. Sein poetisches Œuvre ist noch nicht abgeschlossen, nicht fixiert. Es hat noch alle Entwicklungsrichtungen offen. Es kann also nicht darum gehen, ihm ein bestimmtes Etikett als Bauchbinde aufzukleben. Es ist gut, sich gleich zu Beginn darüber klar zu werden, daß hier nur unsere, meine Perspektive auf einen sich noch weiterentwickelnden zeitgenössischen Autor in Rede stehen kann. Ich als Zeitgenosse sehe das noch nicht abgeschlossene poetische Werk eines Zeitgenossen und versuche es zu deuten. Das ist die methodische und perspektivische Begrenzung dessen, was ich sage. Es ist nicht mehr als redlich, das von vornherein offenzulegen.

Mehrfach war früher die These zu hören, die politische Stunde Null im Jahr 1945 sei auch für die deutsche Literatur der Augenblick des Kahlschlags, der tabula rasa, der kompletten Traditionslosigkeit gewesen. Dementsprechend habe diese Literatur in ihren ersten Nachkriegsversuchen, etwa bei Borchert, als Kahlschlagpoesie wieder eingesetzt. Daran ist nicht alles falsch.[1] Krolow aber ist für seine Person und sein Werk zwar keine Widerlegung der These, wohl aber der — vielleicht repräsentativste — Beweis für die andere, konträre Möglichkeit, für die legitime Überführung einer Tradition über die Schlucht von 1945 hinweg auf die Nachkriegsseite. Krolow gehört zu der Generation, der allein das möglich war.

Geboren wurde er am 11. März 1915 in Hannover. Zwischen 1935 und 1941 studierte er in Göttingen und Breslau Germanistik, Romanistik, Kunstgeschichte und Philosophie. Seit 1942 lebt er als freier Schriftsteller zunächst in Göttingen und Hannover, seit 1956 in Darmstadt. 1956 erhielt er den Georg-Büchner-Preis, 1958 ein Unesco-Stipendium für einen Aufenthalt in Paris. Im Wintersemester 1960/61 war er Gastdozent für Poetik an der Universität Frankfurt am Main.

Krolows Werk ist das Exempel auf die Möglichkeit poetischer Kontinuität über die Nullstunde hinaus. Vielleicht gab es diese Chance nur deshalb, weil Krolow an eine speziell deutsche Tradition und Variante lyrischer Kunst anknüpfte, an das Natur- und Landschaftsgedicht[2], das seine Geburtsstunde mit dem Beginn der großen „Kunstperiode" hatte — Krolow selbst sieht die erste volle Verwirklichung bei Salis-Seewis[3] —, im 19. Jahrhundert in der Lyrik der

Droste kulminierte und später bei Loerke, der Kolmar, bei Lehmann und der Langgässer sich als eine Möglichkeit der Moderne ausprägte. Krolow nennt alle diese Namen auf seiner poetischen Ahnentafel.[4]

Krolow tat also genau das, was Brecht in den Svendborger Gedichten im Ton der Klage über finstere Zeiten „fast ein Verbrechen" genannt hatte und was Adorno später noch pauschaler als Möglichkeit negierte: er sprach nach dem Massaker „über Bäume", ja über besondere Baum-, Stauden- und Gräserspezies in Linnéschem Artenreichtum. Das war gerade kein Kahlschlag. Er sprach dafür — zunächst — so gut wie gar nicht über den vorausgegangenen Massenmord und dessen Folgen. Vielleicht weil das übergroße Entsetzen ihm nicht so bald artikulierbar erschien? War dieses „Schweigen über so viele Untaten" in dieser Weise beredt?

Krolow selbst hat an der Tradition des deutschen Naturgedichts eine Gefahr gesehen, deren erste Symptome er bei der Droste, deren volle Entfaltung er dann bei Loerke und besonders bei der Langgässer wahrnimmt: die Wucherung des botanischen und zoologischen Details im Gedicht, als deren Konsequenz die verbale Wucherung im Benennen dieser Details, Arten und Spezies, die Verselbständigung dieser Natur- und Sprachdetaillierung bis zur gespenstischen Automechanik und Autodynamik.[5] Hand in Hand mit der Wucherung des Natur- und Sprachdetails im Gedicht geht eine neue Dämonisierung und Mythisierung der Natur und ihrer naturierenden Energien zum „grünen Gott", zum „Laubmann". Es entsteht ein humides Zauberreich der Lurche und Kröten, aus dem der Mensch, die humane Person, verwiesen ist.[6]

Diese Gefahr, die Krolow in der naturmagischen und -mythischen Lyrik der Langgässer kulminieren sieht, hat auch ihn selbst und seine frühen Gedichte — *Gedichte* 1948, *Auf Erden* 1949, *Die Zeichen der Welt* 1952, spurenhaft bis hin zu *Wind und Zeit* 1954 und *Tage und Nächte* 1956 — zwar nicht überwältigt, aber immerhin gestreift. Diese frühen Gedichte — fast durchweg konventionell in der äußeren Form, in der Verwendung einfacher, vielfach vierzeiliger Strophenformen mit traditionellem Reimgebrauch bei seltenem Enjambement — sind vielfach Gedichte mit umgehängter Botanisiertrommel, in der Linnésche Spezialitäten für ein exquisites Herbarium gesammelt werden. Manches hier hat das Aroma von Kräuterlyrik:

> Ein Rasenstück, das in den Morgen sieht,
> Gelänge mir mit Beinwell und Ranunkel,
> Voll Wegerich und Tausendguldenkraut. —
> (*Traum von einem Wald*, in *Gedichte* 1948, S. 14.)

Das Gedicht *Salamander* im selben Band (S. 17 f.) nennt unter anderen Naturdetails „Eisenhut und Königskerze", „Klappertopf", „Giersch und Beifußkissen", „Klebkraut", „Lattich" und „Gauchheil". Die Reihe wäre durch Korb- und Lippenblütler aus anderen Gedichten noch fortzusetzen.

Die Spezialisierung im botanischen Detail hat einen besonderen Hintergrund, der sie verständlicher erscheinen läßt. Schon bei der Droste und mehr noch bei Loerke, Lehmann und der Kolmar war der Topos des symbolischen Naturgedichts der Klassik und Romantik in seinen großräumigen Naturprospekten derart von Epigonen- und Trivialliteratur zerschlissen, daß die Lebensfähigkeit des Genres offensichtlich nur durch ein Aufschließen des ganz Speziellen, des besonderen Details zu regenerieren war. Diese Situation traf der frühe Krolow bei seinen lyrischen „Lehrern" Loerke und Lehmann an. Es ist allein schon poetische Leistung, daß er hier Gefahr sah und diese Tendenzrichtung nicht schnurstracks weiter verlängert hat, sondern sich an dem orientierte, was er an Lehmann als eine Legierung aus „graphischer Genauigkeit" und „visueller Empfindlichkeit", als Präzisionsmoment rühmte.[7] Das führte Krolow schon früh zu derart vollkommenen Naturgedichten wie z. B. *Fische* und dem weniger bekannten *Sonnenblumen,* wo es unüberbietbar heißt:

Sie lodern steil und mittagstoll
Und leuchten groß wie ihr Geschick.
Gewitter fassen ihr Genick.
Sie sind vom Sommer übervoll.
(Beide in *Gedichte* 1948, S. 16 und 23.)

Allein an diesen selbstgesetzten Normen, die noch vielfach verwirklicht werden, sind schon die frühen Nachkriegsgedichte Krolows zu messen.

Noch in einem anderen Punkt geht Krolow gegen das an, was er als Gefahr der Naturgedicht-Tradition bis zu Lehmann sah: die Entindividualisierung, die Objektdominanz, die Menschenleere in diesem Genre.[8] Nicht daß Krolow nun seine Naturgedichte geradezu mit Menschen vollgestopft, sie übervölkert hätte; der menschenleeren Gedichte gibt es auch bei ihm unter den früheren genug. Oft aber ist der Naturszenerie ein einzelner da, ein lyrisches Ich zuweilen, ein exemplarischer, repräsentativer, ein erster oder letzter Mensch, der Mensch, eine Art Robinson-Wesen[9], das damit beschäftigt ist, die „einfachen" Dinge und Verrichtungen — Essen, Trinken, Schlafen, Lieben — nach einer Katastrophe wieder zu erlernen oder wieder in Ruhe und Gelassenheit vorzuführen.

Des Lichtes bitteres Gemisch
Mir in den Augen schmerzt,
Schlag in die Pfanne mit Gezisch
Das Ei ich mir und rück' den Tisch,
Die Daumen fettgeschwärzt.
Ich brech' mir weißes Brot dazu
Und lob' sein zartes Korn.
Das Eiweiß schluck' ich, nehm' in Ruh'
Den Mund voll Rum, fahr' in die Schuh
Und lausch dem Wind im Dorn
(*Morgenlied,* in *Die Zeichen der Welt* 1952, S. 8.)

Wie der Titel des Bandes sagt, geht es hier um semantische Grundeinheiten im Artikulieren des In-der-Welt-Seins, des „einfachen Lebens“, das nicht nur in der ideologisch verunstalteten Form Wiecherts, sondern beispielsweise auch in der amerikanischen Literatur, bei Steinbeck und Hemingway, als charakteristisches „Existenz“-Modell der Zeit entworfen wird.

Aus unserer späteren Perspektive kann dieses beim frühen Krolow variantenreich wiederkehrende lyrische Modell einfacher Lebensäußerungen eines Robinson-Menschen sich in der Tat als ideologische Deformation von Humanem nach dem Mythos der Verwurzelung in Mutterboden und Ackerkrume ausnehmen. Aber wie der Seitenblick auf die amerikanische Literatur zeigt, geht es hier auch um ein weiteres, dessen repräsentativer Ausdruck in der frühen deutschen Nachkriegslyrik Eichs berühmtes Gedicht *Inventur* geworden ist, das auch Krolow an einer Stelle[10] ausführlich würdigt:

> Dies ist meine Mütze,
> dies ist mein Mantel,
> hier ist mein Rasierzeug
> im Beutel aus Leinen.
>
> Konservenbüchse:
> Mein Teller, mein Becher,
> (...)
> Dies ist mein Notizbuch,
> dies ist meine Zeltbahn,
> dies ist mein Handtuch,
> dies ist mein Zwirn.

Bei Krolow und bei Eich die gleiche Modell-Situation: der Robinson-Mensch nach der totalen Katastrophe, der sich der „einfachen“ Dinge, seiner Habseligkeiten und der notwendigen körperlichen Verrichtungen, der Grundformen humaner Existenz versichert und sie wieder einübt. Hat man sich wie zunächst der frühe Krolow für die — auch moderne — Tradition des Naturgedichts entschieden, werden sich diese Grundformen in der Hauptsache eben auch über Naturbeziehungen äußern, anders als bei Eich, bei dem das gleiche Modell von vornherein technischer, zivilisatorischer, gesellschaftlicher, politischer strukturiert ist. Dieser gesamte Bereich tritt in den frühen Gedichten Krolows weit zurück, und er wird sich auch bis zu den seither letzten Gedichten, wenngleich quantitativ breiter, nur sehr mittelbar artikulieren. Es gibt bis heute bei Krolow nur sehr indirekt und verschlüsselt das, was wir — zumal nach Kenntnis der gestiefelten Spruchband- und Agitprop-Lyrik — als dezidiert politisches oder gesellschaftliches Gedicht definieren würden. Unserer heutigen Perspektive auf Literatur wird das problematisch erscheinen, aber wir sollten uns unserer derzeitigen Standortgebundenheit bewußt sein und uns vor vorzeitiger Abqualifizierung dieses Sachverhalts bei Krolow in acht nehmen. Wir müssen zumindest sehen, daß das frühe Krolowsche Konzept der „einfachen" Daseinsgrundformen das dem Naturgedicht einzig artikulierbare ist, daß die Krolowsche Robinson-Figur der dem Naturgedicht einzig mögliche Nachkriegs- und Nach-Katastrophen-Mensch ist und daß eben darin auch diese Gedichte ihr Politisches und Gesellschaftliches haben.

Wie schwierig es auch von heute aus wäre, dieses frühe Krolowsche Human-Modell nur als intellektfernes „einfaches Leben" oder gar als „heile Welt" ideologisch abzukanzeln, demonstriert, wie übrigens die gesamte Anlage des Bandes, gerade die Sammlung *Die Zeichen der Welt* mit ihrer *Huldigung an die Vernunft*:

> Zeige dich, schmal und elastisch, ein Spiegel der Klarheit,
> Aus Leben geschnitten wie ein Frohlocken, aus lauterer Wahrheit!

Und auf der nächsten Seite, im ersten der *Gedichte von der Liebe in unserer Zeit* heißt es:

> (...) Die Topographien
> Sind neu zu entwerfen. Die Fremde reicht überall hin.

Dieser Gedichtband ist Zeichen der Welt so gut wie der Veränderung innerhalb der Lyrik Krolows. Er steht am Beginn einer zweiten, „mittleren" Periode des lyrischen Werks, eines über die folgenden Bände hin andauernden Abschnitts des Übergangs und des Wechsels zu neuen Formen und Motiven. Eine zweigliedrige Anlage des Bandes *Die Zeichen der Welt*, mit dem, wie die Rezensionen erweisen[11], Krolow der endgültige Durchbruch zum Ruhm gelang, bleibt konstitutiv auch für die nächsten Sammlungen *Wind und Zeit* 1954 und *Tage und Nächte* 1956: Ein erster Teil mit relativ konventionell gereimten, strophischen Kurzzeilenformen, für Krolow offenbar fest mit der naturlyrischen Thematik und Tradition verbunden, gibt jeweils eine Art Retrospektive, Rückerinnerung und Rückbeziehung auf die eigene Werkvergangenheit, das eigene lyrische Vorleben in den bekannten Konturen des früheren Krolowschen Naturgedichts. Hier schafft der Autor selbst Kontinuität innerhalb des eigenen Œuvres, zeigt Übergang und Entwicklung aus dem bereits Geleisteten heraus. Ein zweiter Teil bringt das Neue in Technik, Form und Thema. In den *Zeichen der Welt* speziell sind es gesangartige, hymnisch-odische Langformen in zunächst noch gereimten, weiterhin auch reimlosen freirhythmischen Langzeilen — Gebilde, aus denen die vorigen Zitate stammen. Das Motto aus Saint-John Perse am Anfang des Bandes gibt wohl einen Fingerzeig auf einen möglichen äußeren Anstoß zu diesen bei Krolow vorher unbekannten Formen. Möglicherweise sind T. S. Eliot, W. H. Auden und die Poundschen Cantos weitere Geburtshelfer; doch das bleibt für uns sekundär.

Anschaulicher noch sind die von der formalen Metamorphose nicht zu separierenden Veränderungen in Thema, Motiv und Metapher. Die Lyrik der Kräuterspezialitäten und der „einfachen Dinge" tritt zurück vor Bildern und Zeichen des Krieges, des Gesellschaftlicheren und Politischeren in den reflexionsnäheren Langformen. Ein für den späteren Krolow wichtiges Moment tritt auf: die Bildungszitate und -intarsien, Anspielungen auf teilweise erlesene und entlegene Details aus der Geschichte der Literatur, Kunst und Musik. Krolows Lyrik wird hier „gebildeter", literarischer, zivilisatorischer und auch technischer in einer Trope wie der von der „schwarzen Rose aus Chemie" (*Lied, um sich einer Toten zu erinnern II*, in *Die Zeichen der Welt*, S. 54) — all das auch Symptome dessen, wie die lange isolierte deutsche Lyrik sich allmählich an den Stand der lyrischen Weltliteratur heranzuarbeiten beginnt. Die literarischen Motti des Bandes sind Zeichen dessen, daß Krolow im Dialog mit der französischen und angelsächsischen lyrischen Moderne ist, wie auch seine Übersetzungen belegen.

Die in den *Zeichen der Welt* angelegten Tendenzen setzen sich fort in der nächsten Sammlung *Wind und Zeit* 1954. Nach dem ersten, retrospektiven Teil mit den von früher her bekannten Formen folgen Gruppen von Langformen in freirhythmisch reimlosen Langzeilen, wie sie die vorausgegangene Sammlung zuerst vorgeführt hatte. Daneben erscheinen, noch relativ vereinzelt, zum erstenmal kürzere freirhythmische Gebilde, wie sie für Krolows spätere Bände und eigentlich für die gesamte spätere deutsche Nachkriegslyrik charakteristisch geworden sind. Diese kürzeren Formen vor allem sind durch ein ganz neues Moment gekennzeichnet: sie werden stoff- und schwereloser, luftig, leicht, spirituell, „graphisch",

> Aus Luft und Anmut ein
> Loses Gewebe ...
> (*Krümmung der Ferne*, in *Wind und Zeit*, S. 51.)

Sie haben das, was Krolow später in einer Kapitelüberschrift seines *Poetischen Tagebuchs* als „Literarische Leichtigkeit" bezeichnet.[12] Dort definiert er Schreiben als den Versuch, die körperliche Schwerkraft der Dinge aufzuheben, ohne allerdings ihre geformte Konsistenz dabei in Rauch und Nebel aufgehen zu lassen. Gemeint ist die gestochen präzise Leichtigkeit von „Graphik, genau im Umriß".[13] „Wer versucht, die Worte leicht werden zu lassen, gibt zugleich das wieder, was an ihm selbst bereit ist, sich zu erleichtern. Schreiben als ein Sich-zur-Wehrsetzen gegen die allzu große Dichte der Stoffe, gegen die unverrückbare Dingfestigkeit, gegen die enorme Widerstandsfähigkeit der Gegenstände, gegen die Selbstverständlichkeit des Beharrungsvermögens von Tisch und Stuhl."[14]

Die Gedichte leiten eine allmähliche Annäherung an abstrakte Figurationen ein. Bezeichnend ist eine Reihe von Gedichttiteln des Bandes. Innerhalb der Gruppe *Moralische Gedichte* gibt es eine zyklusartige Reihe, die von *Vorgänge I* bis *Vorgänge XII* reicht, ebenso eine Gruppe, die nach dem Titelgedicht *Aufschwung* benannt wird und z.B. auch das Gedicht *Orte der Geometrie* enthält:

Orte der Geometrie:
Einzelne Pappel, Platane.
Und dahinter die Luft,
Schiffbar im heiteren Kahne
In einer Stille, die braust.
(*Wind und Zeit*, S. 49.)

Hier initiiert Krolow das, was er in späteren Gedichten „cartesianisch" oder „euklidisch" nennt und zunehmend in seine Lyrik hereinholen wird: die Formensprache und Anschauungsweise von Geometrie und Mathematik, insgesamt ein charakteristisches Moment von Abstraktheit, technischer Konstruktivität und schwereloser Präzision, das direkt der spirituellen Leichtigkeit der Gebilde korrespondiert. Krolow sprach später in den *Minuten-Aufzeichnungen* von den „euklidisch geordneten Verhältnissen" und „der leuchtenden Logik der Dichtung Mallarmés" und der „sinnlichen Mathematizität der Sprache Paul Valérys".[15] Hier liegen für den Kenner und Übersetzer französischer Lyrik Inspirationen. Und von der Poesie im Gefolge des Surrealismus sagt er: „Das ‚Mathematische' — Algebra im weitesten Verstande — hatte die Gewichtsverhältnisse im Gedichtkörper auszubalancieren. Es ist — um es paradox auszudrücken — die Magie, die von der Logik (hier als einer poetischen Konsequenz) ausgehen kann, die dem Zahlenbereich innewohnt."[16] In der Nähe dieser Äußerung zitiert Krolow Hugo Friedrich, und in der Tat stehen solche Bemerkungen in direkter Nachbarschaft zu den Thesen in dessen bekannter *Struktur der modernen Lyrik*. Friedrich hat 1962 *Ausgewählte Gedichte* Krolows herausgegeben, und in einem sehr klaren Nachwort spricht er von Krolows „Blick, dem die lineare wie wesenhafte Reinheit der Erscheinung sich der abstrakten Reinheit mathematischer Formeln und geometrischer Gebilde anzugleichen beginnt".[17] Auch hier sieht Friedrich „die Annäherung von poetischem und mathematischem Sehen" auf dem Hintergrund einer sehr alten Tradition als „ein Symptom modernen Dichtens (...) Krolow teilt es mit Baudelaire, Mallarmé, Guillén".[18] Man kann noch weiter in die Moderne gehen und etwa auch in der Erzählprosa der fünfziger und sechziger Jahre Parallelen zum lyrischen Verfahren Krolows entdecken. Bölls Romane von *Billard um halbzehn*, hier mit Korrespondenzen zur Romantechnik Virginia Woolfs, bis hin zu *Gruppenbild mit Dame* sind durchweg strukturiert von einem geometrisch graphischen Bezugsgeflecht abstrakter Figurationen und Konstellationen, und auch die „Felder" und „Ränder" des anderen Kölners, Jürgen Becker, haben eine ähnliche Raum- und Ordnungsstruktur. Das ist wie bei Krolow — und z. B. auch in der zeitgenössischen Plastik — legitimes ästhetisches Spiel, zielt aber damit zugleich auch auf den Hintergrund eines Gesellschaftsgefüges, das heute allerorten als „verdrahtet" und „technokratisch" definiert wird, auf eine Welt, die sich mit zunehmendem Schrecken als totalen Computer begreift.

Vorgänge III summiert die neuen Form-Tendenzen von *Wind und Zeit* und führt zugleich noch ein neues, auf Späteres verweisendes Element ein:

Ein Hut voller Singvögel, in rosa Luft geschwenkt:
Versuch des Jahres,
Durch Wohllaut zu erschüttern!
Aber die arkadische Tonleiter
Wird rasch unsicher
Im Himmel, und die Käfige
Der Vogelfänger stehen weit offen.
Jemand ließ einen Entwurf machen
Von einem Leben ohne Trauer.
Die historischen Voraussetzungen indessen
Waren nicht günstig
(...)

Was in diesem Gedicht später „Zierlicher Vorgang" genannt wird, erweist sich zunehmend als ein dominantes Strukturelement der folgenden Gedicht-Sammlungen Krolows bis in die letzten hinein: ein Element des Surrealen und Absurden, in dem Spiel, Komik und Kritik sich gegeneinander ausbalancieren und das häufig einen erzählenden, kurzballadesken Duktus ins Gedicht einführt, den Hugo Friedrich als Merkmal einer „lyrischen Anekdote"[19] versteht. Damit ist zugleich gut gekennzeichnet, daß manche solcher Krolow-Gedichte auf eine Art Pointe zulaufen, die Krolow selbst als eine verbreitete Eigenart in der Lyrik seiner Zeit registrierte.[20]

Das teilweise zitierte Gedicht *Vorgänge III* gibt bereits eine Andeutung davon, daß der „anekdotisch" erzählte surreale Kurzvorgang bei Krolow des öfteren und später zunehmend sich in einer parataktisch gegliederten, rhythmisch fallenden, fast trocken und beiläufig sich artikulierenden Lakonik des Sprechens äußert. Friedrich redet von „Reihungsstil", „verbindungslosen Reihungen" und „ruhiger Bewegung".[21] Krolow hat sich später selbst *Über das Lakonische in der modernen Lyrik* geäußert. Dort verbindet er diesen Redeton ausdrücklich mit dem erzählenden, „anekdotischen" Duktus des Gedichts. „Der Lakonismus setzt ein kurzes Geschehen in Gang, das meistens in wenigen Zeilen abläuft"; darin sei er dem Prosa-Duktus verwandt.[22] Zumindest in der Lyrik Krolows stellt sich damit eine wechselseitige Korrespondenz unter den Momenten des Surreal-Absurden, des Erzählend-Anekdotischen und des Lakonischen her — eine Legierung, die zumindest bis zu den *Alltäglichen Gedichten* prägend für Krolow bleibt.

Krolow hat in theoretischen Äußerungen mehrfach erkennen lassen, daß er innerhalb der Geschichte der lyrischen Moderne den Surrealismus und dessen Folgeerscheinungen, Dada und die Gedichte Arps mit besonderer Aufmerksamkeit beobachtet hat. An Arp speziell registrierte er mit offenkundigem Interesse das Moment der Schwerelosigkeit, der luftig leichten Grazie des Surrealen und Absurden, des „verrückten" Spiels.[23] Hier sieht er „Leichtsinn", „Vergnügen",

„Jokus", „Heiterkeit", „Unschuld", „Schwebe"; hier wird für ihn „Bedeutungsballast, Bilderballast, Individualballast" abgeworfen.[24] Alle diese Perspektiven auf den Surrealismus und speziell auf Arp versammeln sich dann in der fünften von Krolows Frankfurter Poetik-Vorlesungen, in der über *Das Gedicht als Spiel.*[25] Dort rühmt er die „souveräne Beweglichkeit" und die „Grazie" des Arpschen Spiels in einer engagierten Weise, die zu erkennen gibt: mea res agitur.

Krolow gibt, auch in Gedichten, zu bedenken, daß dieses Spiel, zumal nach der Katastrophe, nicht der bloße verantwortungslose „Jokus", der „Luftsprung" aus Zeit und Geschichte heraus sein kann, daß es vielmehr ein Spiel um oder mit Kopf und Kragen ist, ein Spiel mit dem Grauen und den Höllen, ein Unternehmen der Groteske. „Dem Spieler wird heute mitgespielt."[26] Freilich ist das eine generelle Eigenart „spielender" Kunst in der Moderne, seit der Romantik, ja seit dem Manierismus.

Spätestens mit der Sammlung *Tage und Nächte* ist der „moderne" Krolow, den wir heute kennen, ausgeprägt, und wir brauchen die weiteren Lyrik-Bände — *Fremde Körper* 1959, *Unsichtbare Hände* 1962, *Landschaften für mich* 1966, *Alltägliche Gedichte* 1968, *Nichts weiter als Leben* 1970 — nicht mehr im einzelnen zu charakterisieren. Wir können uns von hier an darauf beschränken, weitere generelle Entwicklungslinien summarischer zu überblicken.

Krolow bleibt formal überwiegend bei den kürzeren freirhythmischen, reimlosen Gebilden, die ihrer formalen Variabilität und „Ungebundenheit" wegen das dominante lyrische Modell der deutschen Nachkriegslyrik trotz vehementer Veränderungen in der Thematik praktisch bis heute geblieben sind, sieht man ab von Eigenspezies wie z.B. der visuellen und konkreten Text-Lyrik, die im übrigen Krolow mehrfach mit seiner kritischen Ungnade bedacht hat.[27] Seine etwas prinzipienenge Kritik an den Gedichten Jandls z.B.[28] erscheint mir anfechtbar, obgleich verständlich von Krolows Position her.

Die für den poeta doctus charakteristischen und in meinen Augen nicht unproblematischen Bildungszitate und -anspielungen aus kostbar entlegenen Bereichen der Kulturgeschichte — oft aus der Kultur, besonders der Musik, des 18. Jahrhunderts — nehmen zu bis zu einem Höhepunkt in *Landschaften für mich,* gehen leicht zurück in den folgenden *Alltäglichen Gedichten,* um in der bislang letzten Sammlung, *Nichts weiter als Leben,* fast zu verschwinden.

Bis zuletzt progredierende Tendenz in der Lyrik Krolows ist generell eine zunehmende Reduktion aller Elemente in Richtung auf eine weitere Entstofflichung seiner präzisen, schwebenden Gebilde und in Richtung auf eine höchst kunstvoll kalkulierte „Natürlichkeit", Lässigkeit und Beiläufigkeit des Sprechtones — Momente, die für mich die unerhörte ästhetische Qualität vieler der späteren Gedichte mitverbürgen.

Das surreal-absurd-komische Moment, das vom Surrealismus und von Arp mitinspiriert war und seiner Herkunft und Natur nach stark von der Metapher und vom Sprachautomatismus getragen wird, geht zurück, gemäß der Einsicht Krolows in die Gefahren der „Autonomisierung des Bildes"[29] durch die surrealistischen Verfahren. „Dem poetischen Gegenstand war [...] das Klima entzogen, in dem es sich für ihn leben ließ. In dem ewig überheizten, tropischen Gewächshausklima der surrealistischen Metaphorik mußte er mehr und mehr ein Schattendasein fristen. Der Stoff begann dahinzusiechen."[30] Die Metaphorik bei Krolow ist mit einbezogen in den allgemeineren Reduktionsprozeß zu einer höchst artistischen Einfachheit hin.

Dafür verfeinert sich im Werk stetig die „cartesianische" und „euklidische" Komponente:

Zuverlässig
ist Geometrie

heißt es im Gedicht *Perspektive* (in *Nichts weiter als Leben*, S. 13). Das, was wir Reduktion nannten, führt „methodisch" (vom „methodischen Frühjahr" spricht Krolow im Gedicht *Cartesianischer Mai*, in *Landschaften für mich*, S. 26) und konsequent zu immer transparenterer Klarheit, Genauigkeit und Leichtigkeit graphisch exakter Figurationen. Von „genauem Wunder" und „mathematischem Entzücken" spricht das Gedicht *Drei Orangen, zwei Zitronen* in *Wind und Zeit* (S. 45). *Alles möglichst einfach* (*Alltägliches Gedicht III*, in *Alltägliche Gedichte*, S. 66) gibt die durchgehende Entwicklungstendenz dieses lyrischen Œuvres an. Damit im Zusammenhang steht die immer kunstvoller trainierte Lakonisierung des Tones zu einer, im Grunde disziplinierten und beherrschten, Lässigkeit des Duktus hin. *Ohne Anstrengung* heißt ein — sich selbst einlösender — Titel in *Landschaften für mich* (S. 91), und die „Umgangssprache leichter Kleider" in *Hitzelandschaft* (*Landschaften für mich*, S. 40) wird mehr und mehr zum exakt geschneiderten Sprachgewand der späteren Gedichte.

Diese Gedichte werden im Zuge der Reduktion und Entmetaphorisierung progressiv abstrakter. Das führt keineswegs zur fleischlosen Dürre von Strukturgerippen, sondern gerade so weit, daß in sie zunehmend auch ein reflektierender Gestus einziehen kann, der z. B. für politische, gesellschaftskritische Themen bis zu einer bestimmten Grenze offen ist.

Die Resultate all dieser Entwicklungstendenzen der späteren Lyrik Krolows ist eine generelle Entstofflichung zu einer klar konturierten, präzisen Leichtigkeit und Durchsichtigkeit der Gebilde hin. Es stellt sich im Ergebnis etwas ein, was man exakte Flüchtigkeit nennen könnte; exakte chinesische Tuschen entstehen, sofern man darunter nur nicht ein konturenschwaches Zerfließen, ein Zergehen der Struktur in ätherischen Duft und Nebel versteht.

Die Tendenz zur exakten Flüchtigkeit ist praktisch im gesamten Werk und „poetischen Naturell" Krolows angelegt, das einen — manchmal ins 18. Jahrhundert zurückverweisenden — Zug zur Kleinform, zur Miniatur erkennen läßt. Insofern wäre an Krolow — wollte man unbedingt an ontologischen Dichtertypologien festhalten — die charakteristische poetische Konstitution des Nur- oder Fast-nur-Lyrikers zu konstatieren. Epische oder dramatische Großformen scheinen außerhalb seines Arbeitsbereiches zu liegen, und auch die reflektierenden, theoretischen Äußerungen, die es bei ihm in erstaunlicher Titel-Anzahl gibt, haben diesen Zug zur — scharf gestochenen — Skizze oder Miniatur, zu kleinen Struktur-Einheiten, wie die späten *Minuten-Aufzeichnungen* demonstrieren. Im persönlichen Gespräch deutete Krolow an, daß er die Neigung zu präziser Flüchtigkeit, zu immer rascherem, aber möglichst genauem Zugreifen auch in der Konzeption lyrischer Formen zunehmend an sich registriere, eine wachsende Abneigung gegen die geduldig und langsam arbeitende poetische Feile — ein Verfahren, das, wie mir scheint, bei ihm legitimiert ist in einer zu erstaunlichen Graden angewachsenen Sicherheit in der Handhabung der poetischen Mittel und Verfahren, der handwerklichen „Kniffe" sozusagen.

So wenig wie Krolow selbst haben wir einen Grund, schamhaft zu verschweigen, daß er fast zugleich mit der letzten Sammlung unter dem Pseudonym Karol Kröpcke (das vermutlich auf seine hannoversche Herkunft verweist) einen Band mit *Bürgerlichen Gedichten* publiziert hat, die man nach derzeit eingebürgerter Terminologie als pornographisch oder obszön zu bezeichnen hätte. Moralisches Zeigefingern halte ich ihnen gegenüber für unangebracht. Mir scheint vielmehr, daß Krolow hier einer Gegebenheit erlegen ist, die er für sich selbst wohl am ehesten als eine in der literarischen Luft der Zeit liegende Nötigung zu derlei belletristischen Äußerungen empfunden haben mag, eine Situation, die ihn zu einem Genre nötigte, das, gemessen an Krolows poetischem Vorleben, außerhalb seiner literarischen Konstitution lag. Dementsprechend verlieren diese Gedichte nie den Gestus des Akademisch-Literarischen und Vorsätzlichen. Allenthalben offenbaren sie einen zwanghaft durchgehaltenen Vorsatz zum Schock, den Vorsatz, den Literaturbürger zu schrecken, und die Spuren der Überwindung eigener Hemmnisse, die sich äußern in einer starren Fixiertheit an die derbsten four-letter-words der populären Genital- und Analterminologie. Es scheint, als ob diese terminologischen Knallfrösche dem übrigen Kontext alle poetischen und ästhetischen Energien entzogen hätten, die allein dazu gebraucht wurden, die Klosettwand-Vokabeln auszusprechen. Entsprechend ausgedörrt und ausgezehrt wirkt der lyrische Kontext dieser Wörter; er fungiert praktisch nur als Garnierung, als — man erlaube mir neben dem wesentlich deftigeren Krolow das Bild — um die Genitalien verstreute Petersilie.

Eine bestimmte Qualität dokumentieren diese *Bürgerlichen Gedichte* Krolows weniger als alle seine anderen Werke, eine Qualität, die bei Krolow leitmotivisch zentral immer wieder das bezeichnet, was seiner Ansicht nach Lyrik und ihren Autor qualifiziert und definiert: „Sensibilität" oder auch „Sensitivität".[31] Diese termini sind Schlüsselvokabeln in fast allen theoretischen Äußerungen Krolows über Lyrik. Uns heute erscheint der Nachdruck auf Wort und Sache etwas bedenklich, gerade nach Kenntnis der surrealistischen Praktiken bei Schwitters, Dada, Arp, nach Kenntnis der „Konkreten", „Visuellen", der „Akustiker" wie Jandl, an denen wir — geformt auch von der leicht gewalttätig und forciert kühlen Bennschen Poetik des technischen Machens — den intellektuell-artistischen, vergnügt bastelnden und tüftelnden Aspekt von Spiel, ein hellwaches Jonglieren eher wahrnehmen als „Sensibilität". Wir haben sozusagen „Mein Gedicht ist mein Messer" im Rücken, dazu eine bewußt — vielleicht nur scheinbar — kaltschnäuzige Politlyrik und, derzeit dominierend, eine marxistisch infizierte Ästhetik, die in „Sensibilität" nur einen reaktionär ontologischen Beelzebub sieht, den sie zusammen mit anderen in der dialektisch-materialistischen Analyse der Klassenkampfhistorie zergehen läßt. „Sensibilität" hat es heute schwer und einen schlechten Markt, und auch ich habe, innerhalb der derzeitigen Diskussion, einige Mühe, in einem solchen terminus nicht nur das Relikt einer verspäteten Gefühlsästhetik zu sehen. Zumindest erscheint mir die durch Tradition beladene Bezeichnung, ihre Verwendung bei Krolow problematischer als die benannte Sache, die auch bei Krolow, wie aus dem Kontext zu erschließen ist, weniger eine ontische Mystifikation ist, sondern eher zu umschreiben wäre als die Fähigkeit zu gesteigerter, geschärfter, präziserer Wahrnehmung aller Phänomene, ein entwickeltes Vermögen weiterreichender Kombinatorik und damit agilerer, leichter spielender Phantasie im Bereich „reiner" und „praktischer Vernunft" und der „Urteilskraft" — um es kurz weiterhin mit Kant zu sagen: eine ausgebildetere, trainiertere, eine „euklidische" oder „cartesianische Einbildungskraft", die übers Ästhetische auch ins Moralische hineinreicht.

Gerade dieses Insistieren auf „Sensibilität" als einer zentralen Voraussetzung lyrischer Qualität in Krolows Schriften bringt uns auf eine Spur, die zu der Tatsache führt, daß Krolow einen Aufsatz über Storm, speziell über dessen Lyrik, geschrieben hat[32], zum Teil im Bewußtsein offenkundiger Wahlverwandtschaft mit dem Husumer Poeten. Es braucht kein dubioser Nadlerismus zu sein, wenn man — wie Krolow selbst es tut — diese Affinität zu einem Teil auch im gemeinsamen norddeutschen Habitus der beiden Autoren angelegt sieht, in einem Habitus, der sich bei beiden u. a. in einer auffallend parallelen Vorliebe für die flüchtig skizzenhafte, „impressionistisch" transparente Aquarelltechnik — ähnlich der Technik Emil Noldes —, in einer Vorliebe für die chinesische Tusche äußert. Dieser Technik kommen Traditionen des Landschafts- und Naturgedichts entgegen, die Krolow an Storm besonders aufmerksam beachtet und in denen er selbst zumindest seine eigenen früheren Gedichte sieht, theoretisch in wiederholtem Hinweis auf die gleichfalls im weiteren Sinne „norddeutschen" Meister des Genres: die Droste, Loerke und Lehmann, wozu man außer Liliencron noch Bobrowski und Huchel rechnen könnte. Krolow registriert auch an

Storm — einsichtig — dessen Sensibilität[33] und selbstverständlich auch dessen charakteristischen Gestus der Resignation, der „Schwermut"[34], die an Storm zu bemerken zwar längt ein verfestigter Topos, aber dennoch zutreffend ist und die Hugo Friedrich zu Recht auch am lyrischen Tonfall Krolows wahrnahm.[35]

In meinen Augen reicht in einigen problematischen Zügen die Wahlverwandtschaft zwischen Krolow und Storm noch weiter. Literarische Schwächen bei Storm, die besonders unserer heutigen Perspektive stärker auffallen, kehren bei Krolow in allerdings wesentlich gemildertem, nur spurenhaftem Anteil wieder, z. B. ein bildungsbürgerliches Moment, das bei Storm sich bis zu einer Philistrosität steigern konnte, die derzeit manches schwer lesbar erscheinen läßt, für ihn selbst aber zweifellos auch die Funktion des Selbstschutzes gegen ein leidenschaftliches, zum Unbürgerlichen tendierendes Naturell hatte. Bei Storm und, gedämpft, bei Krolow artikuliert sich dieses Moment literarisch in einer bürgerlich-historischen Neigung zu dem, was man als Vorgang Literarisierung, als Produkt Literatur- oder auch Bildungspoesie nennen könnte. Hier ist das poetische Produkt auffallend von Literatur inspiriert oder infiziert; es bleibt sozusagen innerliterarisch, literaturimmanent. Es ist in manchen Fällen von literatur- und kulturhistorischen Details und Verweisen überlastet; das Ergebnis ist dann — bei Storm vielfach noch bekräftigt durch die literarisierenden Chronik-Rahmen — germanistische Poesie, Bibliotheks- und Archivdichtung. Storm, der Bibliophile und Sammler literarischer Raritäten, und Krolow verweisen dabei mit paralleler Vorliebe auf entlegene, kostbare, mit Kennergestus zitierte Details aus der Kultur- und Literaturgeschichte des 18. Jahrhunderts, einer Zeit der Miniatur und einer bis ins pretiöse Detail verfeinerten aristokratisch geprägten Gesamtkultur. Was Gottfried Keller mit präzisem Tadel am Korrespondenzpartner Storm monierte, das Verfahren des „stillen Goldschmieds und silbernen Filigranarbeiters"[36], fehlt mit graduellen Einschränkungen als Moment auch bei Krolow nicht völlig.

Storm wie Krolow sind äußerst „sensible", dünn-nervige, zuweilen etwas geschmäcklerische Naturells, die eine vergleichsweise weniger robust ausgebildete Vitalität im Literarischen — was möglicherweise auch eine größere Distanz zu den Äußerungsformen des Humors und des „barock" Komischen begründet — auszugleichen versuchen durch eine konzentrierte Ökonomie und Disziplin im Einsetzen der poetischen Energien und handwerklichen Mittel ihres literarischen Talents. In ihrer zugunsten einer hochgradig verfeinerten Sensibilität schwächer ausgebildeten literarischen Vitalität — die zu registrieren kein deklassierendes Qualitätsurteil ist — wirken beide Autoren in vergleichbarer Weise als Spätlingsgestalten, als an der Grenze zur Überfeinerung stehende Nachgeborene einer langen Kultur- und Literaturtradition, speziell des aus der frühen Goethezeit herkommenden Natur-, aber auch des „Seelen-" und Liebesgedichts. Der Status des Spätlings und Erben steht bei Storm wie bei Krolow in direkter

Korrespondenz mit der Literarität ihrer Dichtung, mit der vergleichsweise schwächer ausgeprägten Tendenz, den literarischen Bereich zu transzendieren. Möglicherweise sind die obszönen *Bürgerlichen Gedichte* Krolows in ihrer etwas forcierten Vitalität als Versuch solchen Transzendierens, des Ausbrechens aus der Literarität des vorausgehenden Werkes leichter deutbar.

Gerade an diesem problematischen Punkt aber sollte man auf die außerordentlichen Qualitäten der Lyrik Krolows zu sprechen kommen, auf Qualitäten, die die kritischen Einwände schließlich weit hinter sich lassen.

Uns heute, die wir — bei welcher Bewertung auch immer — Erkenntnisse der marxistischen Philosophie nicht einfach vergraben können, werden in der Historisierung und Literarisierung der Natur bei Krolow lyrische Analogien zu den Aussagen der marxistischen Naturphilosophie sichtbar, Analogien, die im übrigen bei Krolow nicht bewußt angelegt sein müssen. Mir jedenfalls scheint die Annahme bedenkenswert, daß die Naturhistorisierung bei Krolow die poetische Mitteilung dessen sein könnte, was die marxistische Naturphilosophie als den — geforderten — historischen Aneignungsprozeß der Natur durch den Menschen, als die progredierende Humanisierung von Natur definiert. Daß die vom Menschen in Arbeit genommene Natur eine nicht nur biologische, sondern auch humane Geschichte habe, wäre dann bei Krolow zu lesen. Die Naturhistorisierung in den Gedichten wäre Artikulation dessen, daß die Natur und ihre Gegenstände eine Geschichte humaner Wahrnehmung, Kultivierung und Bearbeitung hinter sich haben. Die literar- und kulturgeschichtlichen Daten in den Gedichten dokumentierten dann diesen Prozeß. Daß es freilich Angaben nur aus dem literarischen, kulturellen Bereich der Geschichte sind, wäre hier das Problematische an solcher Historisierung.

Natürlich könnte, gleichfalls hypothetisch marxistisch argumentiert, der bei Krolow artikulierte Vorgang auch bedeuten, daß eine als ursprünglich und unmittelbar begriffene, eine ehemals „heile" und ungeschichtliche Natur — ein ontologischer Mythos — in der Geschichte ihrer Entfremdung und Denaturierung durch den „ausbeutenden" Menschen mit dieser Historisierung vorgeführt wird, die Geschichte der Verletzung einer ursprünglich heilen Natur durch den geschichtlichen Menschen. Das wäre, durch die rote Brille gesehen, der pervertierende Prozeß z. B. kapitalistischer Naturaneignung — ob von Krolow daraufhin durchschaut oder nicht, bliebe offen —, während die erste Deutungsmöglichkeit dann auf die intendierte utopische Aneignungsweise hinwiese.

Bleiben wir weiter bei dem, was ich als die großen ästhetischen Qualitäten der Krolowschen Lyrik ansehe. Was Krolow an Ökonomie und Disziplin im Einsetzen der technischen und künstlerischen Mittel von sich selbst und vom Lyriker generell fordert, verbürgt zugleich eine höchste „Solidität" und wache Kontrolliertheit des ästhetischen Niveaus seiner Gedichte. Krolow ist — und das will für den Fast-nur-Lyriker und zumal für die lyrische Nachkriegsszenerie in

Deutschland sehr viel heißen — in der Weiterentwicklung seiner formalen Möglichkeiten von einer ausnehmenden Verläßlichkeit und Kontinuierlichkeit, die in direktem Konnex stehen mit dem, was Hugo Friedrich als die besondere „künstlerische Gewissenhaftigkeit" an Krolow hervorhob. Er ist wahrscheinlich unter den deutschschreibenden Nachkriegslyrikern — Celan eingeschlossen — derjenige mit der stetigsten Entwicklung in Richtung auf konsequente Erweiterung und zeitgemäße Variation seiner künstlerischen Ausdrucksmittel. Darin ist er, wie ich meine, zu der Repräsentativgestalt der deutschen Nachkriegslyrik überhaupt geworden. Seine Entwicklung ist in singulärer Weise repräsentativ, muster- und modellhaft sozusagen für die Hauptstraße der Entwicklung in der deutschen Lyrik nach dem Zweiten Weltkrieg. Heute ist er der Doyen der deutschen Gegenwartslyrik.

Eine ästhetische Einschätzung dieser Gedichte hängt natürlich eng zusammen mit den methodischen Perspektiven und den Prämissen, unter denen hier Krolows Lyrik gesehen wurde. Ich bin nicht, wie es heute naheläge, unter soziologischen Gesichtspunkten an dieses Werk herangegangen, weil mir bei solchen Voraussetzungen derzeit fast nur noch verkappte dogmatisierende Glaubenskonfessionen möglich erscheinen, unter deren Prämissen eine qualitative Hinrichtung der Krolowschen Lyrik unausweichlich geworden wäre, was ich für eine totale ästhetische Verirrung hielte.

Die ästhetischen Kriterien freilich sind bei einem möglichst nichtdogmatischen methodischen Vorgehen naturgemäß diejenigen, über die am schwierigsten Rechenschaft zu geben ist. Dennoch versuche ich so viel zu sagen, daß ästhetische Qualität in der Lyrik für mich zum Maßstab hat, daß eine vollkommene Umsetzung der Mitteilung in sinnlich anschaubare Sprachvorstellung — was nicht unbedingt Metapher heißt — erreicht wird, wobei das Verhältnis zur intendierten oder erst resultierenden Mitteilung das einer quasi-notwendigen Deckung oder Kongruenz ist, in der „die Erscheinung und das Geschehende ineinander aufgehen".[37] Besser als die lakonische Hegelsche Formel vom „sinnlichen Scheinen der Idee" wird man es kaum definieren können, nur daß „Idee" heute zur Mitteilung, zur Intention des ästhetischen Gebildes herabzustimmen wäre. Überdies scheint mir speziell gegenwärtige Lyrik ohne die ironisierenden Verfahren der Darstellung von Surrealem, Absurdem künstlerisch kaum legitimierbar, jedenfalls zur Zeit noch.

Unter solchen Kriterien halte ich das lyrische Werk Krolows für im allerbesten Sinn brauchbar. Es sind Gedichte, die wir brauchen; es ist „Gebrauchslyrik" des höchsten Niveaus. Wir haben hier — gemessen auch an der später zunehmend egotistisch-hermetischen, sich selbst entleibenden Lyrik Celans — Gedichte, mit denen es sich leben läßt, menschlich leben läßt, die sozialen Konnex garantieren. An ihnen haben wir nichts geringeres als Gebilde von wahrhaft humaner Qualität, was mir als ein ästhetisches Kriterium erster Ordnung erscheint. Besseres läßt sich meines Erachtens von Lyrik nicht sagen.

Der wahlverwandte Storm, der höchst rigorose lyrische Qualitätskriterien hatte, die sich streng an der liedhaften Form des goethezeitlichen Natur- und „Bekenntnis"-Gedichts orientierten, schrieb im Juli 1878 an Keller, mehr als „höchstens ein halbes, allerhöchstens ein ganzes Dutzend" vollendeter Gedichte sei auch den größten Lyrikern nicht erreichbar.[38] Wir brauchen uns auf die Rigorosität im Numerischen schon deshalb nicht einzulassen, weil Krolow unter den — nicht sehr zahlreichen — Autoren ist, die die Gültigkeit des Stormschen Limits durch Überschreiten widerlegt haben.

Anmerkungen

Texte

Hochgelobtes, gutes Leben. Gedichte. Hamburg 1943; Gedichte. Konstanz 1948; Heimsuchung. Gedichte. Berlin 1948; Auf Erden. Gedichte. Hamburg 1949; Die Zeichen der Welt. Gedichte. Stuttgart 1952; Von nahen und fernen Dingen [Prosa]. Stuttgart 1953; Wind und Zeit. Gedichte. Stuttgart 1954; Tage und Nächte. Gedichte. Düsseldorf/Köln 1956; Fremde Körper. Gedichte. Frankfurt/M. 1959; Aspekte zeitgenössischer deutscher Lyrik [Frankfurter Vorlesungen]. Gütersloh 1961; Unsichtbare Hände. Gedichte 1959—1962; Frankfurt/M. 1962; Ausgewählte Gedichte. Frankfurt/M. 1962; Die Rolle des Autors im experimentellen Gedicht [Essay]. Wiesbaden 1962; Reise durch die Nacht. Gedichte. Darmstadt 1964; Schattengefecht [Essays]. Frankfurt/M. 1964; Gesammelte Gedichte. Frankfurt/M. 1965; Landschaften für mich. Gedichte. Frankfurt/M. 1966; Poetisches Tagebuch [Prosa]. Frankfurt/M. 1966; Das Problem des langen und kurzen Gedichts heute [Essay]. Wiesbaden 1966; Unter uns Lesern [Essays]. Darmstadt 1967; Minuten Aufzeichnungen [Prosa]. Frankfurt/M. 1968; Alltägliche Gedichte. Frankfurt/M. 1968; [pseud.: Karol Kröpcke:] Bürgerliche Gedichte. Hamburg 1970; Nichts weiter als Leben. Gedichte. Frankfurt/M. 1970.

Literatur

Hans Egon Holthusen: Naturlyrik und Surrealismus. Die lyrischen Errungenschaften Karl Krolows. In: Merkur 7, 1953, H. 4 (= Nr. 62), S. 321—347; später in: H. E. H., Ja und Nein. Essays, 1954.

Helmuth de Haas: Der grüne und der weiße Gott. Zu Karl Krolows Lyrik. In: H. d. H., Das geteilte Atelier. Düsseldorf 1955, S. 113—121 (zuerst in: Bremer Nachrichten vom 21. 4. 1951).

Hans Schwerte: Karl Krolow, Verlassene Küste. In: Wege zum Gedicht, hg. von Rupert Hirschenauer u. Albrecht Weber. München, Zürich 1956 u. zuletzt 7., erw. Aufl. 1968, S. 384—391.

Hugo Friedrich: Nachwort zu Karl Krolow, Ausgewählte Gedichte. Frankfurt/Main 1962, S. 75—90 (= es 24).

Heinz Winfried Sabais: Karl Krolow. In: Schriftsteller der Gegenwart, hg. von Klaus Nonnenmann. Olten, Freiburg 1963, S. 200—204.

Dieter Schlenstedt: Lyrisches Ich in der Zugluft. Bemerkungen zur Poetik Karl Krolows. In: Neue deutsche Literatur 11, 1963, S. 97—104.

Karl Krolow u. Benno von Wiese: Interpretation des Gedichtes „Robinson I". In: Doppelinterpretationen, hg. von Hilde Domin. Frankfurt/Main 1966, S. 199—206.

Wulf Segebrecht: Karl Krolows Kritierien. In: Streit Zeit Schrift 5, 1966, H. 2, S. 91 bis 100. Dazu: Karl Krolow antwortet, ebd., S. 100 f.

Heinz Piontek: Musterung eines Œuvres. In: Wort und Wahrheit 24, 1969, H. 4, S. 301 bis 311; später in: H. P., Männer die Gedichte machen. Hamburg 1970, S. 149—167.

Walter Helmut Fritz: Karl Krolow. In: Deutsche Literatur seit 1945 in Einzeldarstellungen, hg. von Dietrich Weber. Stuttgart 1970, S. 66—86.

Über Karl Krolow, hg. von Walter Helmut Fritz (mit einer ausführlichen Bibliographie), Frankfurt/Main 1972 (edition suhrkamp 527).

In Vorbereitung sind:

Karl Krolow: Interpretationen — Selbstinterpretationen (Arbeitstitel), Suhrkamp-Taschenbuch.

Annemaria Rucktäschel: Eine linguistische Dissertation über Karl Krolow, Wilhelm Fink Verlag München.

Nachweise

1 Zur Frage des „Nullpunkts" vgl. seit neuestem: Frank Trommler, Der zögernde Nachwuchs. Entwicklungsprobleme der Nachkriegsliteratur in West und Ost. In: Tendenzen der deutschen Literatur seit 1945, hg. von Thomas Koebner, Stuttgart 1971, S. 1.

2 Vgl. dazu Karl Riha, Das Naturgedicht als Stereotyp der deutschen Nachkriegslyrik. In: Tendenzen der deutschen Literatur . . ., S. 157—178.

3 Lyrik und Landschaft. In: K. K., Schattengefecht. Frankfurt/Main 1964, S. 7 und 9 f.

4 Möglichkeiten zeitgenössischer deutscher Lyrik; Möglichkeiten und Grenzen der neuen deutschen Naturlyrik. Beide in: K. K., Aspekte zeitgenössischer deutscher Lyrik. Gütersloh 1961, S. 21 f., 29 ff., 32, 38 ff., 49. — Die Rolle des Autors im experimentellen Gedicht, Akademie der Wissenschaften und der Literatur in Mainz, Abhandlungen der Klasse der Literatur, Jg. 1962, Nr. 1, S. 4 ff. — Lyrik und Landschaft, S. 14 f., 26 f., 29 ff.

5 Möglichkeiten zeitgenössischer deutscher Lyrik, S. 21; Möglichkeiten und Grenzen der neuen deutschen Naturlyrik, S. 29—54; Die Rollen des Autors . . ., S. 4 ff.; Lyrik und Landschaft, S. 15, 30 ff.

6 Ebd.

7 Lyrik und Landschaft, S. 29.

8 Siehe Anm. 3.

9 Vgl. dazu den kurzen dreiteiligen Zyklus *Robinson* in *Fremde Körper* 1958. Vgl. auch Karl Krolows u. Benno von Wieses Interpretation dieses Gedichtes in: Doppelinterpretationen, hg. von Hilde Domin. Frankfurt/Main 1966, S. 199—206.

10 Über das Lakonische in der modernen Lyrik. In: K. K., Schattengefecht, S. 101 ff.

[11] Vgl. dazu die Bibliographie in dem Band „Über Karl Krolow".
[12] Poetisches Tagebuch 1964/65. Frankfurt/Main 1966, S. 125.
[13] Ebd., S. 127.
[14] Ebd., S. 128 f.
[15] Minuten-Aufzeichnungen. Frankfurt/Main 1968, S. 105.
[16] Ebd., S. 106.
[17] Ausgewählte Gedichte. Frankfurt/Main 1963, Nachwort von Hugo Friedrich, S. 79.
[18] Ebd., S. 80.
[19] Ebd., S. 84.
[20] Poetisches Tagebuch, S. 34.
[21] A. a. O., S. 89.
[22] Über das Lakonische . . ., S. 92 f.
[23] Möglichkeiten zeitgenössischer deutscher Lyrik, S. 15.
[24] Ebd., S. 25.
[25] In: K. K., Aspekte . . ., S. 119—145.
[26] Das Gedicht als Spiel, S. 122.
[27] Verstummen, Schweigen und Leere im zeitgenössischen deutschen Gedicht. In: K. K., Aspekte . . ., S. 158 f.; Die Rolle des Autors . . ., S. 10 ff.; Poetisches Tagebuch, S. 59 ff.
[28] Verstummen, Schweigen und Leere . . ., S. 162.
[29] Das Gedicht als Spiel, S. 124.
[30] Ebd.
[31] Z. B. Möglichkeiten zeitgenössischer deutscher Lyrik, S. 19; Verstummen, Schweigen und Leere . . ., S. 149; Die Rolle des Autors . . ., S. 3; Poetisches Tagebuch, S. 8; Minuten-Aufzeichnungen, S. 11.
[32] In: Triffst du nur das Zauberwort.Stimmen von heute zur deutschen Lyrik, hg. von Jürgen Petersen. Frankfurt/Main — Berlin 1961, S. 146—158.
[33] Ebd., S. 147.
[34] Ebd., S. 148.
[35] Hugo Friedrich, a a. O., S. 80.
[36] Gottfried Keller in einem Brief an Emil Kuh vom 18. 5. 1875.
[37] Gottfried Keller in der vierten seiner Gotthelf-Rezensionen.
[38] Theodor Storm in einem Brief an Gottfried Keller vom 15. 7. 1878.

Norbert Oellers

JOHANNES BOBROWSKI

Einige von denen, die ihn kannten, haben ihn beschrieben: Er war ziemlich klein und sehr kräftig, eine „pyknisch-pantagruelische Gestalt"[1] mit schwerem Kopf und „schönen Nilpferdaugen"[2], eine „Urviechsnatur" offensichtlich bäurischer Herkunft.[3] Er war äußerst gesellig, begabt zur Freundschaft[4], ja sogar „ein Genie der Freundschaft", wie gesagt wurde[5], abhängig von Mitteilung und Disputation; ein Vertrauter der Melancholie, ein Apologet sinnlicher Vergnügungen, ein Verächter dressierten Wohlverhaltens und forcierter Vornehmheit. Gerühmt wurde seine Trinklust, und es ist hinzuzufügen: daß er die Lust zuweilen als Sucht empfand. Daß er leidenschaftlich lebte, konnte nicht zu dem Eindruck verleiten, er sei fanatisch. Er blieb skeptisch gegenüber der Qualität des eigenen Urteils und vermied sorgsam jede aufdringliche Selbstdarstellung: Ob er in lärmigen Kneipen derb-witzige Geschichten zum besten gab oder in seinem Hause Barockmusik auf dem Clavichord darbot oder öffentlich aus seinen Arbeiten vorlas („mit seiner schweren, rauhen, langsam sich lösenden Stimme"[6]), — er bestritt damit nur den ihm angemessen erscheinenden Teil eines Dialogs, der ohne Anregungen und Reaktionen des Partners für ihn nicht denkbar gewesen wäre.

Als er am 2. September 1965 an den Folgen einer Blinddarm-Operation starb, wußten nur wenige, daß er die Höhe seines Ansehens noch längst nicht erreicht hatte. Zwar waren ihm in vier Jahren vier literarische Auszeichnungen verliehen worden[7], aber er hatte auch als Poeta laureatus in keinem Teil des deutschen Sprachgebiets eine solche öffentliche Anerkennung gefunden, daß er als Erfolgsautor hätte gelten können. Erst nach seinem Tode stieg er (vor allem in der DDR) in der Gunst des Publikums und der Literaturkritiker. Aber es wird noch einige Jahre dauern, bis seine geschichtliche Leistung nicht mehr in Frage gestellt wird: daß er die Klage um das für immer Verlorene verband mit der unbestrittenen und oft ausgesprochenen Einsicht in den unlösbaren Zusammenhang von Schuld, Gerechtigkeit und Sühne; daß er das Recht, seiner Trauer Ausdruck zu geben, mit seiner Leidens- und Versöhnungsbereitschaft begründete; daß er das Unwiederbringliche im Wort beschwor, um es zu bewahren, und das Schreckliche, um es in „der Vergeßlichen Sprache" unvergeßlich zu machen: „Rede: Die Wälder tönen, / den eratmenden Strom / durchfliegen die Fische, der Himmel / zittert von Feuern."[8] Und: „[...] ich hab / aufgehoben, dran ich vorüberging, / Schattenfabel von den Verschuldungen / und der Sühnung."[9] Der das sagte, verstand sich nicht als Historiker.

Wie war sein Lebensgang? Was schrieb er?

Als Sohn eines Eisenbahners wurde Johannes Bobrowski am 9. April 1917 in Tilsit geboren; in seiner Ahnentafel erscheinen überwiegend Handwerker und Bauern. Er wuchs, christlich erzogen, in einem Land auf, „wo Deutsche in engster Nachbarschaft mit Litauern, Polen, Russen lebten, in dem der jüdische Bevölkerungsanteil sehr hoch war."[10] Er blieb in diesem Landstrich, als er 1925 in die Kreisstadt Rastenburg übersiedelte, wo er drei Jahre lebte. Dann erfolgte der Umzug nach Königsberg; zu bemerken ist: Besuch des humanistischen Kneiphof-Gymnasiums (wo die alten Sprachen mit energischer Gründlichkeit gelehrt wurden) — Begegnungen mit Herder, Hamann und Kant — Beschäftigung mit Musik und Musikern (mit Orgelspiel besonders und mit Bach, Buxtehude und Mozart, zum Beispiel) — erste Hinneigung zu schriftstellerischer Betätigung — und unverändert das Bekenntnis zum Christentum (aus Überzeugung und also auch in äußeren Bedrängnissen).

Nach dem im März 1937 abgelegten Abitur wird Bobrowski zum Arbeitsdienst verpflichtet, ein halbes Jahr später beginnt seine Wehrdienstzeit. Dieser Umstand hindert ihn, das geplante Studium der Kunstgeschichte aufzunehmen, und erlaubt auch nicht, daß er 1938 mit den Eltern nach Berlin zieht. Im September 1939 sieht er sich unter denen, die „über Polen gekommen sind"[11]; einem kurzen Intermezzo in Frankreich folgt, von 1941 an, ein achtjähriger Aufenthalt in Rußland, als Soldat und Gefangener. („Arbeitsreiche Jahre in der Gefangenschaft, Bergmann im Donez-Becken."[12]) Er beginnt Gedichte zu schreiben, unter dem Eindruck der Verwandlungen, die er fast täglich erfährt, betroffen von einer Landschaft, die ihm vertraut erscheint, verwundet durch Zerstörung und Leid: „[...] es fügt der Himmel / nur das zertretene Bild zusammen."[13] Nur? Oder so: „[...] es wäscht der / Regen zerbrochenes Gerät des Frommseins."[14] In späteren Jahren wird er sagen, er habe unmittelbar erlebt, was er „historisch von der Auseinandersetzung des Deutschen Ritterordens mit den Völkern im Osten und von der preußischen Ostpolitik aus der Geschichte wußte"[15].

Im Jahr 1949 kommt Bobrowski nach Berlin, wird 1950 Lektor im Altberliner (Kinderbuch-)Verlag Lucie Groszer, 1959 Lektor für Belletristik im Ostberliner Union-Verlag. — Als er am 7. September 1965 auf dem Friedhof in Berlin-Friedrichshagen begraben wurde, sagte Stephan Hermlin: „Er begann sofort, und zwar nicht mehr ganz jung, als ein großer Dichter; ihm blieb, zu unserem Unglück, nicht viel Zeit, einer zu sein."[16] Das ist nicht ganz richtig:

Als Bobrowski seine ersten für die Öffentlichkeit bestimmten Gedichte schrieb, war er noch ziemlich jung. Acht dieser — formal den Klopstockschen Anverwandlungen antiker Oden verpflichteten — Gedichte erschienen im März 1944 in der Zeitschrift *Das Innere Reich.*[17] Bobrowski hat später über diese Veröffentlichung geschwiegen. Den eigentlichen Beginn seiner poetischen Produktion datierte er auf den Anfang der fünfziger Jahre. Seit 1955 erschienen in verschiedenen Zeitschriften und Zeitungen beider Teile Deutschlands — zuerst in Peter Huchels *Sinn und Form* — immer häufiger Gedichte Bobrowskis; die meisten von den bis Ende 1960 publizierten (über 30 von annähernd 50) fanden dann Aufnahme in dem Band *Sarmatische Zeit,* der 1961 — wie die folgenden Bände auch: in zwei deutschen Ausgaben — vorgelegt wurde. Bereits im Jahr darauf erschien die zweite Gedichtsammlung: *Schattenland Ströme.* Es folgten, posthum, *Wetterzeichen* (1966, eine noch von Bobrowski selbst zusammengestellte Sammlung) und *Im Windgesträuch* (1970, mit 60 noch unveröffentlichten Gedichten).

Bobrowskis literarisches Werk besteht nicht nur aus Gedichten; es umfaßt auch zwei Romane, eine Reihe von Erzählungen und Kurzgeschichten, ein paar Essays, Skizzen und Rezensionen. — Trotz dieser Ausweitung über das lyrische Œuvre hinaus ist das Gesamtwerk recht schmal; es ist vor allem übersichtlich; denn das in der Lyrik dominante Thema beherrscht auch die meisten Prosaarbeiten, auch *Levins Mühle* und *Litauische Claviere,* die beiden Romane: Das Verhältnis der Deutschen zu ihren östlichen Nachbarn, ein Verhältnis, das seit vielen Jahrhunderten durch Ungerechtigkeiten, Mißverständnisse und Fehleinschätzungen bestimmt und bis auf den heutigen Tag in seinen Hintergründen, seinen tragischen Verflechtungen und unheilvollen Konfrontationen, nur unzulänglich bekannt ist oder falsch beurteilt wird. In seiner Lyrik hat Bobrowski, wie er selbst fand, dieses Verhältnis auf „mehr summierende oder mehr grundsätzliche" Art behandelt, in der Prosa ging es ihm um Details, um sehr spezielle Sachverhalte, um einzelne Charaktere und charakteristische Gesinnungen. „[...] da das Thema für mich so komplex angelegt ist [...], ergab sich ganz von selber die größere Form des Romans. Ich kann mir denken, daß es auch in Erzählungen abgehandelt werden könnte."[18]

Über ‚sein' Thema hat Bobrowski bei vielen Gelegenheiten gesprochen; einmal hat er gesagt: „Ich benenne also Verschuldungen — der Deutschen —, und ich versuche, Neigung zu erwecken zu den Litauern, Russen, Polen usw. Da ein solches Thema von historisch gewachsenen Vorurteilen und von aus Unkenntnis oder Voreiligkeit resultierenden Ressentiments weitgehend verdeckt ist, kann eine einfache Propagierung von Ansichten oder Empfehlungen nichts ausrichten. Ich beziehe mich also möglichst auf das, was ich selber kenne, ich will möglichste Authentizität [...]."[19] Ein anderes Mal erläuterte er: „Ich habe einiges an Kenntnissen und an Erfahrungen mitbringen können für dieses Thema, und sonst ist die Wahl dieses Themas so etwas wie eine Kriegsverletzung. Ich bin als Soldat der Wehrmacht in der Sowjetunion gewesen."[20] Das Thema würde, das wußte Bobrowski stets, sein ganzes Leben in Anspruch nehmen und das Leben anderer, und es würde nicht genug sein; die Verirrungen von Jahrhunderten lassen sich nicht mit wenigen Strichen nachzeichnen und schon gar nicht in kurzer Zeit aus dem Wege räumen; das Engagement Einzelner entzündet nicht immer, wenn es wichtig wäre, die Leidenschaft Vieler.

Wie begründete Bobrowski seine poetische Tätigkeit? Die bestehende Schuld, sagte er, sei zwar „nicht zu tilgen und zu sühnen, aber eine Hoffnung wert und einen redlichen Versuch in deutschen Gedichten."[21] Was ist zu erhoffen? Daß sich das Böse nicht länger fortzeugen werde. Was ist vorauszusetzen, damit die Hoffnung keine bloße Chimäre bleibt? Daß die Deutschen die Nachbarn im Osten kennenlernen, ihre Geschichte, ihre Landschaft, ihr Wesen; und also die tiefe Wunde, an der sie leiden. Bobrowski versuchte es, seinen „deutschen Landsleuten etwas zu erzählen, was sie nicht wissen. [...] Sie wissen etwas nicht, was ich glaube zu wissen, wo ich sehr viele Erfahrungen habe."[22]

Bobrowski hat sich nie der Illusion hingegeben, er könne durch das, was er erzählte, auf viele seiner Landsleute einen meßbaren politischen oder moralischen Einfluß ausüben. Er wußte, daß er nur wenige erreichen konnte, und erlebte auch, daß einige ihn ‚Verräter' nannten. Aber das war für ihn kein Grund, den begonnenen Weg nicht fortzusetzen; denn die Erfahrung bestätigte nur seine Überzeugung, daß Literatur vergleichsweise machtlos sei, auf jeden Fall keine Massenwirkung erzielen könne und trotzdem eine sinnvolle Aufgabe habe: das Notwendige zu sagen und damit, wie auch immer, zu wirken. Es fehlte nicht an Zuspruch alter und neuer Freunde. Für sie insbesondere schrieb Bobrowski.

Er war eigentlich altmodisch in seiner Auffassung über die Literatur im allgemeinen und sein eigenes Schreiben im besonderen: Er hatte Vertrauen zum poetischen Wort, das heißt zum Wort in einer bestimmten Form, im Vers etwa, den er als „Zauberspruch, Beschwörungsformel" nicht nur gelten ließ, sondern geradezu postulierte.[23] Er besprach nicht seine Sprachlosigkeit, sondern sprach in der Erwartung, Wirklichkeit zu evozieren, und handhabte auch eine metaphernreiche Sprache als ein nach seiner Ansicht verläßliches Mittel der Kommunikation. Daß er eine „Neigung zum Hermetismus" hatte[24], machte ihn noch nicht zum Hermetiker, auch wenn viele seiner Gedichte rätselhaft verschlüsselt erscheinen. Nichts wäre verkehrter, als anzunehmen, er habe jemals den Leser durch mythisch beschwertes, feierlich gedämpftes Raunen ins Unwegsame führen und allein lassen wollen. Dem zuweilen geäußerten Vorwurf der Dunkelheit und Unverständlichkeit mag es zum Teil zuzuschreiben sein, daß er sich, um darzustellende Sachverhalte eindeutig erkennbar zu machen, immer häufiger der Prosa bediente. Dabei wuchsen die Schwierigkeiten seiner späteren Lyrik.

Die Hartnäckigkeit, mit der Bobrowski sowohl im Vers wie in der Prosa das ihm eigene Thema behandelte, zeigt auf andere Weise, daß er den Galopp der Moden nicht mitmachte: Er demonstrierte sich nicht als fortschrittlich und verzichtete auf die Attitüde des allezeit gesellschaftsbewußt Handelnden. Er pochte nicht darauf, ein Bewahrer bestehender oder Vorkämpfer kommender Verhältnisse zu sein; er machte zwar kein Hehl aus seiner Auffassung, daß ein humaner Sozialismus — ein Sozialismus, der dem Wesen des Christentums entspräche — ein sinnvolles politisches Ziel sei, aber er hielt sein literarisches Werk von Propaganda und Agitation frei, weil er glaubte, daß dieses Werk weniger durch die Analyse bestehender Verhältnisse als durch die Hinwendung zu historischen Bedingungen des Bestehenden eine über den Tag hinausgehende Bedeutung gewinnen könne: „Ich bin dafür, daß alles immer neu genannt wird, was man so ganz üblich als ‚unbewältigt' bezeichnet, aber ich denke nicht, daß es damit ‚bewältigt' ist. Es muß getan werden, nur auf Hoffnung."[25]

Die Hoffnung, daß durch die Benennung des gewesenen Schrecklichen die Aussicht auf eine bessere Zukunft freier werde, mündet ein in die Sehnsucht nach einer „Zeit ohne Angst", von der Bobrowski in seinem Gedicht *Absage* spricht.[26] Diese Zeit ist nicht geschichtslos — denn „Neues hat nie begonnen", heißt es in demselben Gedicht —, sie ist nicht nebulos und unbestimmt, sondern sie ist bestimmbar als die ihre Grenzen überwindende „alte Zeit"[27], die immer schon war und ist, als Vorzeit und Gegenwart, als goldene Zeit und ‚Wolfzeit'[28], nicht zu sondern als Früheres und Späteres; eingewoben in einen Mythos, der die Wirkungsmacht des nach Versöhnung und Harmonie, nach dem Übertritt des Zeitlichen ins Ewige (also nach der Wiedergewinnung des verlorenen Paradieses) strebenden Menschen nicht als eine Realität anerkennen kann.[29] Der Mensch, heute mit den gleichen Leidenschaften geboren wie vor Tausenden von Jahren (was Herder in seinen *Ideen* bemerkte und Bobrowski in einem Vortrag zitierte[30]), eingesponnen in ein Geflecht von Vorurteilen und äußeren Abhängigkeiten, kann durch das Wort des Dichters, durch Warnungs- und Gedenkzeichen, die dieser zu setzen bestimmt ist — „Tafeln dem Künft'gen: mein Schrei"[31] —, seine Situation aus den Zusammenhängen des Vergangenen durchschauen und Notwendigkeit wie Möglichkeit des Wandels erkennen. Dann mag die Zeit über sich hinausgehen, das Schwein wird den Wolf töten[32], und wem die Ruder zerbrochen sind, der wird über den Strom gehen.[33] Der Dichter wird die Konsequenzen seines Engagements nicht mehr erleben, er schreibt „nur auf Hoffnung", immerhin:

Die mich einscharren
unter die Wurzeln,
hören:
er redet,
zum Sand,
der ihm den Mund füllt — so wird
reden der Sand, und wird
schreien der Stein, und wird
fliegen das Wasser.[34]

Bobrowskis leidenschaftliche Anteilnahme an dem Prozeß der Weltverwandlung, seine entschiedene Parteinahme für die Sache der Menschlichkeit und sein Glaube an eine durch das Wort beeinflußbare Moralität lassen es als beinahe selbstverständlich erscheinen, daß er die Aufgabe des Schriftstellers nicht in einer sich selbst genügenden Artistik sehen konnte. Daher mißtraute er beispielsweise Paul Celan, der für ihn fremd und faszinierend war, dessen „Hervorbringung" er achtete[35], ohne sie zu verstehen, und um dessen Freundschaft er sich bemühte, ohne sie zu erlangen: Er mißtraute Versen, die nur den Dichter etwas angehen, die sich anfassen wie „sehr kostbares altes Papier"[36], die anscheinend hergestellt werden in einer Art „Destillieranstalt"[37], — Verse wie Parfum. „Celan ist nichts", schrieb er[38], „bestenfalls eine Parfümfabrik, die jetzt Juchten liefert und früher Veilchen." Warum erschienen ihm 1957 die ersten Gedichte von Günter Grass lobenswert? Weil „hier auf eine gewisse, in den letzten Jahren in der Lyrik Westdeutschlands erfolgreich gewordene, ein wenig parfümierte, unverbindliche Melodik verzichtet wird."[39] Das ist nicht sehr gut gesagt, aber kaum mißverständlich.

Bobrowski hat zuweilen die Namen derer erwähnt, denen er sich besonders verpflichtet fühlte, die ihn beeinflußt oder wenigstens angeregt haben. Dabei hob er mit starkem Nachdruck Klopstock hervor; er nannte ihn seinen „Meister" oder gar seinen „Zuchtmeister"[40], an dem er sehe: „Verlebendigung der Sprache, ein Ausnutzen der sprachlichen Möglichkeiten, Neufassung der Metrik"[41]; hinzu kam, daß Klopstock unleugbar eine bedeutende moralische Instanz war. Hamann, der Königsberger ‚Magus', der seiner Zeit ein Geheimnis war und den Späteren nicht selten zum Spotte diente, gehörte ebenso zu Bobrowskis Vertrauten wie Herder und einige Zeitgenossen. Über Hamann legte sich Bobrowski eine Mappe an, in der sich zahlreiche Notizen zusammenfanden: biographische Daten, Exzerpte, Auswertungen. In seinem Werk taucht Hamann häufiger auf, als er genannt wird, meistens in dem Sinne: „Rede, daß ich dich sehe, sagen wir. Rede, daß wir dich sehn."[42] Bei Hamann, in der *Aesthetica in nuce,* heißt es nur: „Rede, daß ich Dich sehe!"[43] Aphorismen, Philosopheme, Elemente einer urwüchsigen schöpferischen Potenz, — das waren die Attraktionen Hamanns, die nach zwei Jahrhunderten ihre Wirksamkeit bewiesen.

Welt. Ich seh im Regen
weiß ein Gewölk. Ich bin's.
Auf dem Pregel hinab
der Kahn. Aus den Nebeln. Welt.
Eine Hölle, da Gott inwohnt.
Welt. Ich sag mit Sancho:
Gott, ich sag: er versteht mich.[44]

Durch Herder wurde Bobrowskis Geschichtsverständnis entscheidend mitgeprägt. Herders Einsichten galten: der Sinn der Geschichte könne nur in einer

„Beförderung der Humanität", also in fortschreitender Humanisierung liegen; ein Einzelmensch sei nicht unabhängig von den Bedingungen und der Entwicklung seines Geschlechts zu verstehen; und nicht oberflächliche Symptome, sondern nur tief liegende Ursachen könnten Aufschluß über Art und Gewichtigkeit einer historischen Erscheinung, also auch eines Unglücks durch Verschuldung, geben. Herder drängte sich Bobrowski noch in einem anderen Punkte auf: Er hat in seinen *Ideen zur Philosophie der Geschichte der Menschheit* von dem ungewissen Ursprung der Litauer, Kuren und Letten und von den Bedrängnissen, denen diese Völker in der Geschichte ausgesetzt waren, gesprochen: „Die Menschheit schaudert vor dem Blut, das hier vergossen ward in langen wilden Kriegen, bis die alten Preußen fast gänzlich ausgerottet, Kuren und Letten hingegen in eine Knechtschaft gebracht wurden, unter deren Joch sie noch jetzt schmachten. Vielleicht verfließen Jahrhunderte, ehe es von ihnen genommen wird, und man zum Ersatz der Abscheulichkeiten, mit welchen man diesen ruhigen Völkern ihr Land und ihre Freiheit raubte, sie aus Menschlichkeit zum Genuß und eignen Gebrauch einer bessern Freiheit neu bildet."[45]

Das Werk Bobrowskis handelt von den erwähnten und anderen Abscheulichkeiten und von der Region, in der sie sich zutrugen: Sarmatien. So hatten die Alten seit der Zeit des Augustus das Land östlich der Weichsel und der Karpaten genannt, so nannte nun Bobrowski ‚sein' Land, das für ihn schon östlich der Memel begann. Er sah es als ein Land der Schatten, ein Erinnerungsland, ein Land der Ströme und der endlosen Zeit, gleichermaßen real und fiktiv, geschichtsträchtig auf jeden Fall und ein Paradigma. Es war zu zeigen, wie dieses Land sich darbot und was es verbarg, wer in ihm lebte und was das Leben enthielt. Da war keine „unverbindliche Melodik" am Platz.

Bobrowski begann, nachdem er sich 1952 entschlossen hatte, wieder zu schreiben, mit der *Pruzzischen Elegie*[46], einer Klage („hell von zorniger Liebe") über das Schicksal des vor Jahrhunderten „zertretenen" Volkes; es wird dabei die Landschaft, die dazu gehört, in Umrissen beschrieben, und es werden die Gestalten eines dem Untergang geweihten Mythos dem Volk und der Landschaft zugeordnet:

Volk
der schwarzen Wälder,
schwer andringender Flüsse,
kahler Haffe, des Meers!
Volk
der mächtigen Jagd,
der Herden und Sommergefilde!
Volk
Perkuns und Pikolls,
des ährenumkränzten Patrimpe!

Volk,
wie keines, der Freude!
wie keines, keines! des Todes —

Dies und was damit zusammenhängt: die fortschreitende Gewalt, Kriege also bis zur jüngsten Vergangenheit, und die Transformation mythischer Gebräuche und die unwandelbare, aber nicht statische Landschaft und schließlich die persönliche Erinnerung in schillernder Mannigfaltigkeit, — das findet sich im Werk des durch Anruf beschwörenden Dichters, noch und noch.

Was Bobrowski vortrug, ist nicht das Produkt eines freischweifenden Poetengeistes. Nicht nur, wenn ihn die Erinnerung an Kindheits- und Kriegserlebnisse mühelos mit hinlänglich exakten Daten versorgte, sondern auch dann, wenn das Darzustellende sich nicht auf unmittelbar Erlebtes stützen konnte, wurde es zum Abbild oder Umbild einer durch verschiedene Medien erfahrenen äußeren Wirklichkeit. Bobrowski widmete sich geschichtlichen Studien, beschäftigte sich mit der Sprache der Pruzzen — „*Warne* sagt er und *wittan,* / die Krähe hat keinen Baum"[47] —, folgte topographischen Angaben[48], porträtierte Menschen, die ihm nahestanden, und übertrug Werke der bildenden Kunst in seine Sprache.[49] Er konnte von einer Photographie angeregt werden[50] wie von einem mündlichen Bericht[51]; er lernte Metrik bei Klopstock — griechische Vers-, Strophen- und Gedichtformen vor allem[52] — und vertraute sich Peter Huchel an, der ihm vorbildhaft zu zeigen schien, daß eine Landschaft nur insofern poetische Dignität besitzt, als sie um des Menschen willen, auf den sie wirkt und der sich in ihr erfüllt, zum Objekt beschreibender Kunst wird. Naturlyrik zu schreiben um der Natur willen, das kann für den, der mit der Literatur moralische Tendenzen verfolgt, sowenig ein Programm sein wie die lyrische Vergegenwärtigung von Vergangenem um des Vergangenen willen.[53]

Bobrowski scheute nicht die Mühe, sich einen Stoff verfügbar zu machen, bevor er ihn verarbeitete. Er brauchte gewöhnlich ein umfangreiches Material zur Verfertigung seiner Kunstgebilde, um selbst den Schein eines Mangels zu vermeiden; deshalb war er in der Lage und es stand ihm zu, die Fülle zu reduzieren, bis auch jede Spur von Redundanz getilgt war. — Einem Gesprächspartner sagte Bobrowski einmal, womit er sich bei der Vorarbeit zu *Levins Mühle* beschäftigt hatte: „Die ganze Reihe von Schwarten dort auf den drei Regalen ist Literatur über Land und Leute in der Weichselgegend, in der ich meine Geschichte spielen lasse, Dokumentarisches vor allem: Prozeßberichte, Chroniken, Beschreibungen aus dem vorigen Jahrhundert."[54]

Unter den Gedichten Bobrowskis gibt es nur wenige, die sich beim naiven Lesen ohne weiteres so erschließen, daß durch Erläuterungen nichts mehr gewonnen werden kann. Auch das tiefe Nachsinnen über Einzelheiten eines verschlüsselt erscheinenden isolierten Textes wird in der Regel nicht weiterführen. Die Quelle des Lichts liegt nicht in der Dunkelheit. Muß sich der Leser vielleicht doch auf die Annahme zurückziehen, Bobrowskis Gedichte seien hermetisch? Sie sind es in der Tat für den, der sie durch Mauern voneinander trennt. Wird die Deutung leichter, wenn der Zugang des einen zum andern nicht verstellt wird? Einige Rätsel werden durch Textvergleiche sicher lösbar, aber die Lösungen liegen nicht auf der Hand. Es ist deshalb angebracht zu sagen: Bobrowskis Gedichte sind esoterisch. Allerdings werden für die Aufnahme in den Kreis der ‚Eingeweihten' keine Bedingungen gestellt, die auf dem Prinzip der Esoterik beruhen. Schwierigkeiten bei der Beschäftigung mit Dichtung wird es immer geben.

Bobrowski hat im persönlichen Umgang und in seinen literarischen Arbeiten den Dialog gesucht; er strebte bewußt die Wirkung auf den Partner an, er wünschte, Einfluß auszuüben. Wie aber läßt sich verstehen, daß er zugleich engagiert und esoterisch war?[55] Er war überzeugt, daß engagierte Literatur nicht mit Volkstümlichkeit zusammenhinge und esoterische Literatur kein Destillat aus einer Alchimistenküche sein müsse. Das Engagement verträgt sich bei ihm mit poetischer Würde — wie bei Klopstock. Sollte der Dichter versuchen, Zeichen und Bezeichnetes in eindeutige Beziehung zu bringen? Sollte er Symbole erläutern, Metaphern auflösen? Sollte er ein Konzentrat verwässern, um es jedermann mundgerecht zu machen?

Bobrowski glaubte, daß seine Gedichte insgesamt „unmißverständlich deutlich" machen müßten, welche Absichten ihn beim Schreiben geleitet hatten.[56] Und er hat sicher recht; denn wer wird nicht fähig sein, die Landschaft Sarmatien zu sehen, deren Ebenen und Flüsse, deren Wälder und Sand, deren Pflanzen und Tiere immer wieder herbeigerufen werden? Wer wird übersehen, daß die Landschaft nur als geschichtliches Phänomen, das heißt in ihrer Beziehung zu den Menschen, die sie bewohnen, Reiz und Bedeutung hat? Und wer wird an dem Leid dieser Menschen, dem flüchtigen Glück und den Hoffnungen, die in der Zerstörung bewahrt bleiben, vorbeisehen?

Der genaue Beobachter wird weit mehr als nur das Generalthema Bobrowskis finden: Er wird bemerken, daß dieses Thema mit bestimmten Motiven, Wörtern und Wortpaaren, die immer wiederkehren (zum Beispiel Licht-Dunkel, Nacht-Tag, Schatten, Gestalt, Mond, Strom, Sand, Baum, Vogel, Schlaf), zusammenhängt; er wird erkennen, daß Bobrowski sich über syntaktische Regeln hinwegzusetzen beliebte, um ungesagt lassen zu können, was schwerer zu sagen als zu wissen ist. Der genaue Beobachter wird auch die rhetorischen Mittel des Dichters (außer Metapher und Ellipse besonders: Asyndeton, Anapher, Parallelismus, Alliteration, Antithese und Inversion) aufspüren und ins rechte Verhältnis zu Tendenz und Wirkung der Verse setzen; er wird schließlich imstande sein, über eine Wort- und Bildkonkordanz zu einer Gedankenkonkordanz im lyrischen Werk des gelehrten Poeten zu kommen. So läßt sich zweifellos vieles herbeitragen, das zur Erklärung und zum Verständnis eines Einzelgedichts wichtig ist.

Noch etwas anderes ist zu beachten: Da die Gedichte Bobrowskis weitgehend als Verarbeitung sinnlich vermittelter Erscheinungen anzusehen sind, kann es für den rezipierenden Dialogpartner nützlich sein, sich diese Erscheinungen als Ausgangssituation dessen, der den Dialog eröffnet hat, vor Augen zu halten. Etwa: Zitiert Bobrowski die Bibel? Zitiert er Hamann? Spricht er über ein ihm bekanntes Bild? Stellt er die Not eines Freundes dar? Und es wird sich zeigen: Das für Bobrowski und damit für das Verständnis eines Gedichts Entscheidende besteht in der Umwandlung des Vermittelten oder in der Art seiner Anverwandlung; die Entdeckung eines Zitats allein bedeutet noch nicht viel. Es wäre zu fragen: Warum stellte Bobrowski seinem Gedicht *An Nelly Sachs* ein Zitat aus dem Neuen Testament[57] voran? Warum schrieb er nicht „Füchse", sondern „Tiere"? Was bedeutet in diesem Fall der Wechsel von „Tieren" zu „Waldgetier"? Wie kommt es, anscheinend unvorbereitet, zum Zitat aus Nelly Sachs' Gedicht *Dieses Land / ein Kern*? Oder: Inwiefern ist die Feststellung, daß die beiden letzten Verse des Gedichts *An den Chassid Barkan* eine fast wörtliche Übernahme aus dem 126. Psalm sind, für das Verständnis des ganzen Gedichts bedeutsam? Welche Beziehung besteht zwischen dem Kontext des Zitats und dem Kontext des Zitierten? Und noch dieses: Das Gedicht *Hamann*, beispielsweise, kann nur angemessen aufgenommen werden, wenn die inspirierenden literarischen Ereignisse nachvollzogen und präsent sind, hier: Hamanns *Sibylle über die Ehe*, sein Brief an Herder vom 25. Juni 1780 und einiges andere.[58] — Bobrowskis Texte allein mögen genügen, ihn in das Koordinatensystem poetischer Qualitäten — ein Feld für Esoteriker — einzuordnen; mehr wird sich ergeben, wenn der Autor unter dem Aspekt seiner Möglichkeiten, seiner Tendenzen und seiner Expression, im Zusammenhang mit seinen individuellen Lebensbedingungen, erforscht und beurteilt wird.

Holunderblüte

Es kommt
Babel, Isaak.
Er sagt: Bei dem Pogrom,
als ich Kind war,
meiner Taube
riß man den Kopf ab.

Häuser in hölzerner Straße,
mit Zäunen, darüber Holunder.
Weiß gescheuert die Schwelle,
die kleine Treppe hinab —
Damals, weißt du,
die Blutspur.

Leute, ihr redet: Vergessen —
Es kommen die jungen Menschen,

ihr Lachen wie Büsche Holunders.
Leute, es möcht der Holunder
sterben
an eurer Vergeßlichkeit.[59]

Das Gedicht gehört zu denen, die kaum Rätsel aufgeben. Der Sachverhalt ist klar: Ein Jude erinnert sich an einen Tag seiner Kindheit, an dem zweifache Gewalttat sein Leben berührte. Es scheint in der ersten Versgruppe, als sei ihm die brutale Tötung der Taube wenigstens ebenso lebhaft gegenwärtig wie das Pogrom. Das mag mit der Realität des kindlichen Erlebens zusammenhängen — das Außergewöhnliche, die sinnlose Zerstörung tierischen Lebens, wirkte stärker als das im Ghetto fast Geläufige, die gewalttätige Aktion gegen Menschen —; doch läßt sich auch denken, daß der Erinnernde die Taube als Symbol der Unschuld und des Friedens versteht und andeuten will, was folgt: die Schrecknisse einer Zeit, die ohne Frieden ist. „Damals, weißt du, / die Blutspur." Die zweite Versgruppe spricht von dem Pogrom; vielleicht von mehreren Pogromen in mehreren Ghettos? Wann war „damals"? 1940? 1942? Vor Jahrhunderten und Jahrhunderte hindurch? Oder nur einmal, als er ein Kind war, der Babel, Isaak? Bobrowskis Thema ist das Schicksal des Judentums und die Verschuldungen seiner Verderber. — Der Vorstellung des Vergangenen schließt sich in der dritten Versgruppe die Erörterung einer möglichen Einstellung zu den Ereignissen der Vergangenheit an: es solle vergessen werden, was sich zugetragen hat. Bobrowski gibt die Folgen zu bedenken: Vergeßlichkeit kann tödlich sein.

Es bedarf nicht der Lektüre vieler Gedichte, um dieses eine Gedicht so zu verstehen, wie Bobrowski sein ganzes Werk verstanden wissen wollte. Über die Feststellung des manifesten Inhalts hinaus läßt sich auch die Art des Sprechens mühelos beschreiben: Der Gestus des Evozierenden, der gleichmäßige antithetische Aufbau, der zu schneidenden Kontrastierungen in allen drei Versgruppen führt, die kunstvolle Erhebung des Schlüsselwortes ‚Holunder' von der Ebene des normalen Sprachgebrauchs (Holunder als Busch oder Baum) über die Ebene des Vergleichs (das Lachen der jungen Menschen ist w i e Holunder) auf die metaphorische Ebene (der Holunder stirbt an menschlicher Vergeßlichkeit), — das alles zeigt sich dem Betrachter unverstellt. Wie aber verhält es sich mit dem Verständnis der Überschrift? Ließe sich auch sagen „Gefährdung der Holunderblüte"? und dann: „Gefährdung der jungen Menschen"? und schließlich: „Depravation des Menschlichen"? Es geht Bobrowski wohl darum, daß die Schrekken der Vergangenheit bewußt sein müssen, damit das Lachen der Gegenwart nicht auf falschen Voraussetzungen beruhe; das Lachen ist nur zu legitimieren und für die Zukunft zu retten, wenn die Trauer nicht übergangen wird. Der Raum der Freiheit, in dem sich Akte des Humanen ereignen, ist nur durch angestrengte Erinnerung, nie durch leichtfertige Vergeßlichkeit zu gewinnen.

Wenn auch das Gedicht *Holunderblüte* weitgehend aus sich selbst heraus verständlich ist, so besagt das keineswegs, daß nicht andere Gedichte Bobrowskis als weiterführender Kontext zu lesen oder etwaige Quellen des Dargestellten als Deutungshilfen brauchbar wären. Das Adjektiv ‚weiß' findet sich beispielsweise bei Bobrowski so oft in Bedeutungen wie ‚fertig', ‚endgültig', ‚eindeutig', ‚unbegrenzt', ‚konturlos' u. a., daß die Vermutung naheliegt, es sei im vorliegenden Gedicht ebenfalls mehr als eine Farbangabe und weise auch über den Kontrast zu „Blutspur" und die Assonanz zu „weißt" hinaus: Das Haus ist bestellt; da es den Mörder anzieht, wird die Schwelle nie mehr so weiß sein. — ‚Holz' und ‚hölzern' sind auch von Bobrowski gern gebrauchte Wörter, die Assoziationen an Wärme, Intimität und Zufriedenheit erwecken. — Oder das Wort ‚Holunder': Es findet sich bei Bobrowski einige Male, und es kann keinen Zweifel geben, daß er den Volksglauben kannte, der Holunderstrauch symbolisiere die Kraft des Lebendigen und seine Vernichtung ziehe Tod und Verderben nach sich. Denn nur von daher wird der Schluß des Gedichts *Namen für den Verfolgten* verständlich:

Zuletzt gebe ich ihm
den Namen Holunder, den
Namen des Unhörbaren, der
reif geworden ist
und steht voll Blut.[60]

Die Konsequenzen, die sich aus dem Sterben des Holunders, dem Sterben auf Grund von Vergeßlichkeit, ergeben, werden durch diese Textstelle unmißverständlich, wenn auch nur indirekt, vor Augen geführt.

Bobrowski hat das, was er aus der Vergangenheit berichtet — Pogrom und Tötung einer Taube — nicht erfunden; er hat den Stoff aus Isaak Babels Erzählung *Die Geschichte meines Taubenschlags*[61] übernommen. In der Erzählung wird dem elfjährigen Judenkind Isaak Babel eine rote Taube umgebracht: Ein Krüppel zerschmettert sie an der Schläfe des Knaben. „Diese Welt war klein und grausam."[62] Am selben Tag wird Isaaks Großvater ermordet. Die Ereignisse trugen sich 1905 in Odessa zu; die Mörder waren russische Bauern. — Indem Bobrowski das zeitlich und lokal fixierte Geschehen entgrenzte und ins Allgemeine überführte, konnte er zwanglos zu seinem Thema der deutschen Schuld kommen; denn wer wird übersehen, daß Bobrowski nicht an einen Einzelmord im Jahre 1905, sondern an Massenmorde in späterer Zeit erinnern will?

Warum Bobrowski überlieferte Daten und Fakten umwandelte und in ein Schema einpaßte, hat er selbst einmal in einem Gespräch über *Levins Mühle* so gesagt: „Nicht die Moral der Menschen interessiert, sondern hinzuweisen war auf die Immoralität der politischen Zustände, wo sich Verbrechen auf Macht und Macht schließlich auf Verbrechen stützt. Daß der Schurke meiner Erzählung ein Deutscher ist und ich mich gezwungen fühle, ihn ‚meinen Großvater' zu nennen, ist eben leider wahr, wenn es auch erfunden ist."[63]

Die Wahrheit darf nie in Vergessenheit geraten; sie zu sagen, ist die vornehmste Aufgabe des Schriftstellers. So sah es Bobrowski, und er hat es — gleichsam als ein dichtungstheoretisches Programm — in Versen gesagt:

Immer zu benennen

Immer zu benennen:
den Baum, den Vogel im Flug,
den rötlichen Fels, wo der Strom
zieht, grün, und den Fisch
im weißen Rauch, wenn es dunkelt
über die Wälder herab.

Zeichen, Farben, es ist
ein Spiel, ich bin bedenklich,
es möchte nicht enden
gerecht.

Und wer lehrt mich,
was ich vergaß: der Steine
Schlaf, den Schlaf
der Vögel im Flug, der Bäume
Schlaf, im Dunkel
geht ihre Rede —?

Wär da ein Gott
und im Fleisch,
und könnte mich rufen, ich würd
umhergehn, ich würd
warten ein wenig.[64]

Das Gedicht ist schon verschiedene Male verschieden gedeutet worden.[65] Es genügt hier, einige kurze Erläuterungen und Mutmaßungen zu notieren: Es sind Teile der sarmatischen Welt Bobrowskis, die in der ersten Versgruppe als vom Dichter zu Benennendes genannt werden. Sie sind zu benennen, um als Zeichen Wirklichkeit zu beschwören. Bilder einer erinnerten Welt sollen den Zusammenhang zwischen Landschaft, geschichtlicher Existenz und Auftrag an den Menschen herstellen. Dieser Auftrag liegt ganz wesentlich im Benennen, aber dieses Benennen ist nur sinnvoll, wenn sich die beabsichtigte Wirkung einstellt. Bobrowski ist, wie es in der zweiten Versgruppe heißt, „bedenklich, / es möchte nicht enden / gerecht." Wenn die Benennungen nur als ein Spiel mit Zeichen verstanden würden, wäre der gerechten Sache, um die es geht, der Sache der Humanisierung durch sprachliche Vergegenwärtigung vergangener Schicksale in benennbarer Landschaft, kein Dienst erwiesen; das Wissen des Dichters trüge keine Frucht. Vielleicht hat es der Dichter schwer, zu überzeugen, weil auch er zu wenig weiß? Er vermag nicht mehr — hat er es je vermocht? —, in die Geheimnisse der Natur, in den Schlaf der Steine und Vögel und Bäume einzudringen, er hat keinen Zugang zu ihrer Rede. Es scheint wie vergessen, und ein Lehrer ist zu fordern, der im beschwörenden Anruf vergessene Wirklichkeit vorstellt. Ist Christus dieser Lehrer? Er ist es nicht; doch er wäre es, wenn er anwesend wäre und rufen könnte; es wäre dann noch Zeit, umherzugehen (um Gleichgesinnte zu sammeln? um die Grenzen des vorhandenen Wissens zu erfahren?) und in Ruhe den Ruf abzuwarten. — Bobrowski entwirft ein Modell des Wünschbaren, an dem sich die Menschen in ihrem Tun orientieren sollen und das die Wirklichkeit beurteilbar macht. Er hat, anders als Kafka, sehr viel Hoffnung: „Jedes Tor ist offen. / Der Rufer steht mit gebreiteten / Armen. So tritt an den Tisch.“[66]

Auf der Suche nach Möglichkeiten, sich mitzuteilen, gelangte Bobrowski zur Prosa. In der Form von Romanen und Erzählungen sagte er das, was Gegenstand seines lyrischen Sprechens war, auf andere Weise: „einfach etwas breiter auserzählt“[67]. Dabei entdeckte er allerdings auch, daß ihm die Prosa Gelegenheit gab, einen ihm eigentümlichen Wesenszug zur Geltung zu bringen: den hintergründigen Humor, der sich selbst reflektiert, ironisch beiseiteschiebt, mit dem Witz jongliert und nicht zweifelhaft läßt, daß er auf doppeltem Boden zu Hause ist. Er entdeckte außerdem, daß ein gewisser Hang zur Volkstümlichkeit, den er nicht leugnen wollte, der Prosa besser anstehe als Versen, die mit Klopstocks Hilfe zustande gebracht wurden. Es schien ihm angebracht, in seine Romane und Erzählungen „volkstümliche Redewendungen, sehr handliche Redewendungen, eben volkstümliches Sprechen bis zum Jargon, mit einzubeziehen, um einfach die Sprache ein bißchen lockerer, ein bißchen farbiger und lebendiger zu halten.“[68] Und auch das noch: Bobrowskis Affinität zu den Werken Joseph Conrads, Robert Walsers und Hans Henny Jahnns konnte nicht für die Lyrik, wohl aber für die Prosa Wirkungen haben. Bobrowski studierte die genannten Vorbilder sorgfältig hinsichtlich ihrer literarischen Verfahrensweisen, das heißt der Technik des Schreibens, des Spiels mit wechselnden Perspektiven etwa oder der Verknüpfung von Wirklichkeitserfahrung und Imagination. In den letzten Jahren seines Lebens hat sich Bobrowski immer stärker der Prosa zugewandt; die lyrische Produktion nahm dementsprechend mehr und mehr ab.

Nach einigen tastenden Versuchen — deren erste schon in der Kriegszeit gemacht worden waren[69] — gewann Bobrowski erst 1961 Zutrauen zu seiner erzählerischen Begabung. Freilich sah er zu dieser Zeit noch einen mühsamen Weg vor sich: „[...] jetzt probiere ich Prosa. Das ist ein bitteres Geschäft. Weil ich erst lernen muß zu arbeiten.“[70] Bereits zu Beginn des Lernprozesses, im Sommer 1961, faßte er den Entschluß, einen Roman zu schreiben; zwei Jahre später meldete er: „Dieser elende Roman ist fertig und verkauft ... Außerdem ist er nichts geworden, ich ziehe mich mit ihm endgültig aus der Literatur zurück. Bloß lustig ist er.“[71]

Der Roman *Levins Mühle,* den Bobrowski in Anspielung auf den Roman seines Freundes Günter Bruno Fuchs: *Krümelnehmer. 34 Kapitel aus dem Leben des Tierstimmen-Imitators Ewald K.* mit dem Untertitel *34 Sätze über meinen Großvater* versah, erschien 1964 und wurde in Jahresfrist zweimal preisgekrönt. Bei der Verleihung des Heinrich-Mann-Preises sagte Alfred Kurella: „Mit großem sprachlichen und gestalterischen Können zeichnet Johannes Bobrowski in diesem Roman ein realistisches Bild von den Bewohnern des alten Westpreußen vor der Jahrhundertwende und beschwört an einer äußerlich unscheinbaren Geschichte ein Vorspiel zu den tragischen Ereignissen, die sich dort in jüngster Vergangenheit vollzogen.“[72] Bei der Verleihung des Charles-Veillon-Preises sprach Carl Zuckmayer: „Was uns vor allem an dem Roman *Levins Mühle* überzeugte, ja überwältigte, ist die Kraft des natürlichen Erzähltons, die gleichsam wellenhaft strömende Bewegtheit des vorgestellten Geschehens, und die Farbfülle seiner vielfältigen Figuren, die manchmal an die Fabelbilder eines Chagall oder an die aus der Folklore schöpfende Musikalität Béla Bartóks erinnern.“[73] Das sind Festreden-Sätze: mit und ohne Ornat.

Die „äußerlich unscheinbare Geschichte“, die zum großen Teil quellenmäßig belegte Vorgänge aufnimmt, verläuft so: Des Erzählers Großvater, christlich und deutsch, Mühlenbesitzer in Westpreußen, hat über Nacht die Mühle seines Konkurrenten Levin, eines armen Juden, fortgeschwemmt. Der Geschädigte prozessiert, die deutsche Obrigkeit, beeinflußt vom Großvater und seinen eiligst zusammengerufenen Helfershelfern, verschleppt das Verfahren. Es kommt zu Intrigen, Verhaftungen, Prügeleien. Levin gewinnt Freunde unter Zigeunern und Zirkusleuten, die zu dem Geschehen in einem öffentlich vorgetragenen Lied Stellung nehmen:

> Wo kam her das Wasser, großes,
> keiner weiß, auch nicht der Moses.
> [...]
> Aber hat man nicht gesehen
> einen nachts am Wasser gehen?
> [...]
> Nachts, wo alle Menschen schlafen,
> bloß die Frommen nicht und Braven.[74]

Das schafft Unruhe, aber der Prozeß wird trotzdem niedergeschlagen. Und Levin verläßt das Land, nachdem das Häuschen, in dem er lebte, vom Großvater erworben und angezündet worden ist. Doch kann der Großvater seines Sieges nicht froh werden, weil die Bewohner des Dorfes, sofern sie Gerechtigkeitssinn haben und mutig sind, offen aussprechen, was wahr ist: „Du bist ein ganz großer Verbrecher.“[75] Der Großvater zieht in die Kreisstadt. Als er einmal in der *Gartenlaube* etwas über „Auswüchse, Ausschreitungen und Anmaßungen der Judenschaft“ liest, schreibt er nach Berlin, an den Verfasser des Artikels: „Und fordere ich Sie hiermit auf, die ganze Frage nach meinem Beispiele unverzüglich zu lösen."[76] Er hat das Beispiel im Jahre 1874 gegeben. Zwei Generationen später weitet sich des Großvaters ‚Lösung' zur ‚Endlösung' aus. „Ich glaube auch", hat Bobrowski dazu bemerkt[77], „daß es nicht Aufgabe des Schriftstellers ist, vergangene Zeit zu repräsentieren aus sich heraus, sondern immer von der Gegenwart her gesehen und auf die Gegenwart hin wirkend [...]."

Die ernste Geschichte enthält viel Heiteres; wie der Erzähler nach eigener Auskunft „immer lustige Personen" braucht[78], so braucht der Leser nach des Autors Meinung den „Spaß", allerdings nicht nur um des unbeschwerten Vergnügens willen: „Ich möchte den Hörer und den Leser zu einem Gelächter kriegen und möchte dann durch den Fakt, den ich dahintersetze, bewirken, daß ihm das Lachen im Hals steckenbleibt. Das ist es."[79] In *Levins Mühle* sind die ‚Fakten' die Höhepunkte der unheilvollen Handlung; die Späße bestehen in eingestreuten Detailschilderungen zumeist derber Sitten und Gebräuche der Bevölkerung, in Erörterungen des Erzählers über beschriebene Verhältnisse oder Gegenstände (über die Zweckmäßigkeit des großväterlichen „Scheißhauses" etwa, das „eine solide Leistung" ist, „zweisitzig, ohne Trennwand" und geeignet für Überraschungen[80]), in parodistischer Verwendung geläufiger Zitate (der Flötist Johann Vladimir Geethe, beispielsweise, erzielt mit Goethe-Worten komische Wirkungen), oder auch in der Vermischung der den grammatikalischen Regeln nicht immer folgenden deutschen Sprache mit polnischen Wörtern und Satzfragmenten.

Der Erzähler arrangiert die Szene, integriert Einzelnes ins Ganze — anscheinend schlampig, in Wirklichkeit höchst kunstvoll —, beurteilt, was er sieht, und wirbt um den Leser; er vermischt Sprach- und Stilebenen, geht abrupt von epischer Weitschweifigkeit zu lyrischer Verknappung über (und umgekehrt), schiebt Dialoge, die er mit handelnden Personen führt, und solche, die er mit dem Leser führt, ineinander und bringt nach Belieben Dialoge und innere Monologe zusammen. Mit den 34 Sätzen hat er sich, wie er wohl bemerkt, etwas zuviel vorgenommen, aber es geht dann doch, der Einfall ist durch einen Kunstgriff zu retten: Ganz zum Schluß werden die noch fehlenden Sätze 31—34 angebracht, — „Nein" lautet der 34. Satz. So souverän ist der Erzähler: er zeigt, wie belanglos der Einfall für die Geschichte ist.

Es gehört zu Bobrowskis Technik der ständigen Bewegung des anscheinend längst Fixierten, der Brechung des Bedeutsamen im Unscheinbaren, daß doch in einem Satz über den Großvater gesagt wird, was es mit dem Roman und den Absichten des Autors für eine Bewandtnis hat: „Der fünfzehnte Satz gehört nicht zur Handlung. Wenn auch zu uns, er heißt, nicht ganz genau: Die Sünden der Väter werden heimgesucht an den Kindern bis ins dritte und vierte Glied."[81]

In seinem zweiten, kurz vor dem Tod geschriebenen und aus dem Nachlaß veröffentlichten Roman. *Litauische Claviere,* hat Bobrowski auch von Sünden gesprochen, aber er hat daneben auch Beispiele von Solidarität und Humanität festgehalten, die so wirksam sein können wie das folgenreiche Böse. „Alles auf Hoffnung" stellt Voigt, der Professor[82], der mit dem Konzertmeister Gawehn an einer Oper über den litauischen Pfarrer Donelaitis, der vor zweihundert Jahren Idyllen geschrieben und drei Klaviere gebaut hat, arbeitet und dadurch — der Gegenwart zum Nutzen — eine vergangene Zeit ins Licht bringen will: die durch den Willen zu Versöhnung und Brüderlichkeit geprägte Welt eines Mannes, der schmerzlich erfahren hatte: „Die Reinheit der Sitten schwinde mit dem Vordringen der Deutschen"[83], und der die Reinheit zu verteidigen bereit war, wo immer er wirken konnte. Diese litauische Donelaitis-Welt erscheint allerdings nur umrißhaft im Roman, und auch die Arbeit an der Oper wird nicht zum beherrschenden Thema. „Diese Oper. Wer wird sie aufführen wollen? Oder können, jetzt, in Deutschland? Und in Litauen, wie stünde es damit? Das sieht doch alles, hüben wie drüben, sehr ähnlich aus."[84] Wie sah es aus? Wann?

Die Handlung des Romans spielt 1936, genauer: am 23. und 24. Juni 1936, im ostpreußischen Tilsit zunächst, dann im benachbarten memelländischen Grenzstreifen. Das unter litauischer Oberhoheit stehende, aber selbständig verwaltete Memelgebiet war zu dieser Zeit ein Streitobjekt zwischen dem nationalistischen Deutschland und dem nationalistischen Litauen. Über eine Konfrontation von Deutschen und Litauern berichtet der Roman: Voigt und Gawehn fahren von Tilsit ins memelländische Willkischken, um für ihre Arbeit an der Oper die Hilfe des litauischen Lehrers Potschka in Anspruch zu nehmen. Sie erleben die Vorbereitungen für die Johannisfeiern des Vaterländischen Frauenvereins und des litauischen Vytautasbundes; und sie erleben, wie Angehörige der Memelländischen Partei — „:die irgend etwas ausrotten wollen. Wie es scheint Menschen"[85] — eine ‚Völkische Kundgebung' inszenieren und dabei die Litauer so provozieren, daß es zu einem Totschlag kommt; mit Schlägereien um das Johannisfeuer wird die Auseinandersetzung weitergeführt.

Die Fabel bietet nur Markierungspunkte für den, der sich auf den Roman einläßt; sie ist nicht mehr als ein Skelett, sichtbar und beschreibbar, aber vielleicht nicht einmal ganz vollständig. Das ‚Eigentliche' des Romans liegt nicht im greifbar Stofflichen, sondern in der sprachlichen Instrumentierung eines musikalischen Themas und der Amalgamierung dieses Themas mit Ereignissen wechselnder Epochen, in denen dieselbe Frage umkreist wird: Wie können benachbarte Völker miteinander leben? Donelaitis, der streitbare Verfechter der Humanität, der zur Christlichkeit der Mythen bedurfte, der seine Landschaft besang und die Jahreszeiten und über der Trauer die Hoffnung nicht verlor, — er geht durch die Zeit, die fragen läßt, was sie sei[86], und erscheint, von Potschka träumend in die Wirklichkeit geholt, auf einer litauischen Hochzeit, und Anna Regina, seine Frau, ist auch da; und so nennt Potschka seine Geliebte: Anna Regina. Diese sagt: „Potschka, komm wieder. Das von früher, das geht nicht mehr." Und

Potschka sagt — die Rolle des Sterbenden aufgebend (es ließ sich denken: er sei von einem Holzgerüst gestürzt worden, weil er, der Litauer, ein nicht-litauisches Mädchen liebte) —: „Herrufen, hierher. Wo wir sind."[87]

Die Beschwörung des Vergangenen durch das im poetischen Wort Erinnerte, die Coincidentia temporum, hat Bobrowski in den *Litauischen Clavieren* nicht weniger angestrengt versucht als in seinen Gedichten; und wie hier so bleiben auch dort Dunkelheiten und Rätsel, die durch Meditation sicher eher zugänglich werden als durch Reflexion. Unverhüllt erscheinen Motivation, Tendenz und Erwartung des Autors; sie sind bekannt.

Auch in seinen Erzählungen ist Bobrowskis ‚Generalthema' fast stets präsent: Not durch Schuld, Perversion des Menschlichen aus Mangel an Liebe, Hoffnungslosigkeit als Folge vergessener Vergangenheit. Was geschehen ist, muß wieder eingeholt werden, es ist zu zeigen, daß „der historische Bereich und die zeitgenössische Zeugenschaft" sich „ständig durchdringen"[88].

Bobrowski erzählt Geschichten aus der jüngsten Vergangenheit, Geschichten seiner Kindheit und Geschichten aus der Vorkriegs-, Kriegs- und Nachkriegszeit. Ganz unaufdringlich und leise — darum sehr eindringlich — wird davon berichtet, was Deutsche an Juden taten (zum Beispiel in den Erzählungen *Lipmanns Leib* und *Mäusefest*) oder wie Menschen in höchster Angst fortgingen, „und können erst wieder stehnbleiben und atmen, wo Deutschland zu Ende ist."[89] Neben solchen und ähnlichen Erzählungen, in denen Barbarei und Terror unmittelbar thematisch sind, gibt es andere, die sich anscheinend unbeschwert mit Land und Leuten Ostpreußens und Litauens beschäftigen, Miniaturskizzen von Volksgepflogenheiten und historische Schlaglichter. Aber auch sie sind nicht um ihrer selbst willen dahingestellt, sondern gehören zu der Antwort auf die Frage: „Sag doch, wie leben wir hier? Nimmt man das Vaterland an den Schuhsohlen mit?"[90]

Die Beschäftigung mit der Geschichte seiner Heimat und der sich östlich von ihr erstreckenden Länder ließ Bobrowski manche Menschen und Ereignisse des 17., 18. und frühen 19. Jahrhunderts entdecken, die er als literarische Sujets aufgriff und zu Gegenständen von Erzählungen machte, weil sie — wie Donelaitis und seine Welt — aus der historischen Distanz in ihrer ‚wahren Wirklichkeit' zu erkennen, zu beurteilen und zu vergegenwärtigen, das heißt in aktuelle Problemstellungen zu überführen waren. Vielleicht die schönste dieser ‚historischen' Erzählungen ist *Boehlendorff*. Die Lebensdaten und -umstände des — den Beflissenen als Briefpartner Schillers und Hölderlins bekannten — Poeten Kasimir Anton Ulrich Boehlendorff entnahm Bobrowski einem *Baltischen Dichterbuch*, das er 1964, zu seinem 47. Geburtstag, geschenkt bekommen hatte.[91] Er machte von den Angaben Gebrauch wie Büchner von der Quelle seines *Lenz*; er verfälschte sie nicht, aber experimentierte mit ihnen, bis sich alles zu einem beklemmenden Psychogramm zusammengefügt hatte. Der in den Wahnsinn Geworfene irrt ohne Schutz von Ort zu Ort, preisgegeben einer Welt, die „ökonomisches Unvermögen" bitter bestraft und nicht versteht, was die Frage soll: „Wie muß eine Welt für ein moralisches Wesen beschaffen sein?"[92] Er stirbt nur langsam, befrachtet mit Schmerzen und kaum Hoffnung, „grau, lang und dünn"; dann erschießt er sich: „im fünfzigsten Jahr seines Alters."[93]

„Guter Mensch. Was noch?

Das ist, womöglich, schon etwas, und, womöglich, ist es unnötig, mehr über Boehlendorff zu wissen."[94]

Nötig ist es aber auch zu wissen, daß eine Welt für moralische Wesen nur in einer Zeit ohne Angst einzurichten ist. Hinsichtlich der Hoffnung gibt es keine Alternative, und auch die Skepsis muß auf dieser Erkenntnis gründen. Stephan Hermlin hat die Dichtung Bobrowskis „brüderlich" genannt und hinzugefügt: „Ihr dämmerndes Licht schien einer langen Nacht voraus oder einem ungewissen Tag."[95]

Anmerkungen

Texte

Sarmatische Zeit. Gedichte. Stuttgart 1961 (und [Ost-]Berlin 1961). (Im vorliegenden Essay zitiert nach: Sarmatische Zeit. Schattenland Ströme. Gedichte. Neuausgabe in einem Band. Stuttgart o. J.).

Schattenland Ströme. Gedichte. Stuttgart 1962 (und [Ost-]Berlin 1963). (Hier zitiert nach: Sarmatische Zeit. Schattenland Ströme. Gedichte. Neuausgabe in einem Band. Stuttgart o. J.).

Levins Mühle. 34 Sätze über meinen Großvater. Roman. (Ost-)Berlin 1964 (und Frankfurt a. M. 1964). (Hier zitiert nach der 5. Auflage. [Ost-]Berlin 1967.)

Boehlendorff und Mäusefest. Erzählungen. (Ost-)Berlin 1965. (Hier zitiert nach der 3. Auflage. [Ost-]Berlin 1967.)

Litauische Claviere. Roman. (Ost-)Berlin 1966 (und [West-]Berlin 1967). (Hier zitiert nach der dtv-Ausgabe [dtv 695], München 1970.)

Wetterzeichen. Gedichte. (Ost-)Berlin 1966 (und [West-]Berlin 1967).

Der Mahner. Prosa aus dem Nachlaß. (Ost-)Berlin 1967 (und [West-]Berlin 1968).

Im Windgesträuch. Gedichte aus dem Nachlaß. Ausgewählt und herausgegeben von Eberhard Haufe. (Ost-)Berlin 1970 (und Stuttgart 1970).

Johannes Bobrowski. Selbstzeugnisse und Beiträge über sein Werk. (Ost-)Berlin 1967.

Johannes Bobrowski. Nachbarschaft. Neun Gedichte. Drei Erzählungen. Zwei Interviews. Zwei Grabreden. Zwei Schallplatten. Lebensdaten. (West-)Berlin 1967.

Literatur

Bernhard Böschenstein: Immer zu benennen. In: Doppelinterpretationen. Das zeitgenössische deutsche Gedicht zwsichen Autor und Leser. Hrsg. und eingel. von Hilde Domin. Frankfurt a. M. 1966, S. 103—105.

Sigfrid Hoefert: West-Östliches in der Lyrik Johannes Bobrowskis. München 1966.

Peter Jokostra: bobrowski & andere. München und Wien 1967.

Manfred Seidler: Bobrowski, Klopstock und der antike Vers. In: Lebende Antike. Symposion für Rudolf Sühnel. Hrsg. von Horst Meller und Hans Joachim Zimmermann. Berlin 1967, S. 542—554.

Gerhard Wolf: Johannes Bobrowski. Leben und Werk. Berlin 1967.

Alfred Behrmann: Metapher im Kontext. Zu einigen Gedichten von Ingeborg Bachmann und Johannes Bobrowski. In: Der Deutschunterricht 20 (1968), H. 4, S. 28—48.

Bernhard Gajek: Autor — Gedicht — Leser. Zu Johannes Bobrowskis *Hamann*-Gedicht. In: Literatur und Geistesgeschichte. Festgabe für Heinz Otto Burger. Hrsg. von Reinhold Grimm und Conrad Wiedemann. Berlin 1968, S. 308—324.

Joachim Müller: Der Lyriker Johannes Bobrowski — Dichtung unserer Zeit. In: Universitas 23 (1968), S. 1301—1311.

Dorothee Sölle: Für eine Zeit ohne Angst. Christliche Elemente in der Lyrik Johannes Bobrowskis. In: Almanach 2 für Literatur und Theologie (1968), S. 143—165.

Günter Hartung: Analysen und Kommentare zu Gedichten Johannes Bobrowskis. *Kindheit, Der Wachtelschlag, Brentano in Aschaffenburg. An Klopstock.* In: Wissenschaftl. Zeitschrift der Universität Halle 18 (1969), S. 197—212.

Renate von Heydebrand: Engagierte Esoterik. Die Gedichte Johannes Bobrowskis. In: Wissenschaft als Dialog. Studien zur Literatur und Kunst seit der Jahrhundertwende. Hrsg. von Renate von Heydebrand und Klaus Günther Just. Stuttgart 1969, S. 386 bis 450.

Dies.: Überlegungen zur Schreibweise Johannes Bobrowskis. Am Beispiel des Prosastücks *Junger Herr am Fenster.* In: Der Deutschunterricht 21 (1969), H. 5, S. 100 bis 125.

Helmut Kobligk: Zeit und Geschichte im dichterischen Werk Johannes Bobrowskis. In: Wirkendes Wort 19 (1969), S. 193—205.

Siegfried Streller: Zählen zählt alles. Zum Gesellschaftsbild Johannes Bobrowskis. In: Weimarer Beiträge 15 (1969), H. 5, S. 1076—1090.

Günter Hartung: Bobrowski und Grass. In: Weimarer Beiträge 16 (1970), H. 8, S. 203 bis 224.

Eberhard Haufe: Bobrowskis Weg zum Roman. Zur Vor- und Entstehungsgeschichte von *Levins Mühle.* In: Weimarer Beiträge 16 (1970), H. 1, S. 163—177.

Brian Keith-Smith: Johannes Bobrowski. London 1970.

Wolfram Mauser: Beschwörung und Reflexion. Bobrowskis sarmatische Gedichte. Frankfurt a. M. 1970.

Werner Weber: Forderungen. Bemerkungen und Aufsätze zur Literatur. Zürich und Stuttgart 1970, S. 216—235.

John Flores: Poetry in East Germany. Adjustments, Visions, and Provocations, 1945 to 1970. New Haven and London 1971, S. 205—272.

Gerhard Wolf: Beschreibung eines Zimmers. 15 Kapitel über Johannes Bobrowski. Berlin 1971.

Nachweise

1 K. Wagenbach in: Jahresring 66/67. Stuttgart (1966), S. 312.

2 So Günter Bruno Fuchs. Vgl. G. Wolf: Beschreibung eines Zimmers, S. 138.

3 Vgl. P. Jokostra: bobrowski & andere, S. 110.

4 Vgl. Bobrowski: Selbstzeugnisse, S. 74.
5 So Hans Werner Richter in seiner Grabrede (Bobrowski: Nachbarschaft, S. 44).
6 H. Bienek in: Merkur 20 (1966), S. 134.
7 1962 erhielt Bobrowski den österreichischen Alma-Johanna-Koenig-Preis und den Preis der Gruppe 47; 1965 den Heinrich-Mann-Preis der Deutschen Akademie der Künste und den (in Zürich verliehenen) Charles-Veillon-Preis.
8 Aus dem Gedicht *Der Wanderer* (Sarmatische Zeit. Schattenland Ströme, S. 65).
9 Aus dem Gedicht *An Klopstock* (Wetterzeichen, S. 20).
10 Bobrowski: Selbstzeugnisse, S. 24.
11 Boehlendorff und Mäusefest, S. 104 (aus der Erzählung *Mäusefest*).
12 Der Mahner, S. 65 (aus dem Bericht *Fortgeführte Überlegungen*).
13 Aus dem zuerst im März 1944 in der Zeitschrift *Das innere Reich* erschienenen Gedicht *Anruf* (Almanach 4 für Literatur und Theologie, 1970, S. 72).
14 Aus dem Gedicht *Klosterkirche*, 1944 veröffentlicht (vgl. Anm. 13) (Almanach 4 ..., S. 73).
15 Bobrowski: Selbstzeugnisse, S. 51.
16 Ebd., S. 202.
17 Die acht Gedichte wurden wieder veröffentlicht in: Almanach 4 für Literatur und Theologie, 1970, S. 70—73.
18 Bobrowski: Selbstzeugnisse, S. 46.
19 Ebd., S. 31.
20 Ebd., S. 51.
21 Ebd., S. 23.
22 Ebd., S. 69.
23 Vgl. P. Jokostra: bobrowski & andere, S. 201 (aus einem Brief Bobrowskis an Jokostra vom 4. März 1959); später verzichtete Bobrowski auf solche Bestimmungen.
24 Bobrowski: Selbstzeugnisse, S. 32.
25 Ebd.
26 Sarmatische Zeit. Schattenland Ströme, S. 53.
27 Vgl. das Gedicht *Das Holzhaus über der Wilia*, in dem die Wendung auch vorkommt (Sarmatische Zeit. Schattenland Ströme, S. 16—18).
28 Vgl. zu diesem Thema besonders den im Literaturverzeichnis genannten Aufsatz von Helmut Kobligk.
29 Vgl. hierzu auch den im Literaturverzeichnis aufgeführten Aufsatz von Dorothee Sölle.
30 Vgl. Bobrowski: Selbstzeugnisse, S. 26.
31 Aus dem Gedicht *Die Memel* (Sarmatische Zeit. Schattenland Ströme, S. 50).
32 Vgl. das Gedicht *Tod des Wolfs* (Sarmatische Zeit. Schattenland Ströme, S. 67).
33 Vgl. das Gedicht *Heimweg* (Sarmatische Zeit. Schattenland Ströme, S. 103).
34 Die letzte Versgruppe des Gedichts *Antwort* (Wetterzeichen, S. 46).
35 Vgl. Bobrowskis Brief an Peter Jokostra vom 21. Mai 1959. (In: DIE WELT, 30. Oktober 1971.)
36 Ebd.
37 Vgl. Bobrowskis Brief an Jokostra vom 14. August 1959. (In: DIE WELT, 30. Oktober 1971.)
38 Brief an Jokostra vom 5. Oktober 1959. (In: DIE WELT, 30. Oktober 1971.)
39 Zitiert nach: Weimarer Beiträge, 1970, H. 8, S. 222 (aus dem im Literaturverzeichnis genannten Beitrag G. Hartungs).
40 Vgl. Bobrowski: Selbstzeugnisse, S. 23.
41 Ebd., S. 78.

42 Litauische Claviere, S. 105.
43 J. G. Hamann: Sämtliche Werke. Hrsg. von Josef Nadler, Bd. 2, Wien 1950, S. 198.
44 Die letzte Versgruppe des Gedichts *Hamann* (Sarmatische Zeit. Schattenland Ströme, S. 68). Über die Quellen dieser Verse vgl. Renate von Heydebrand: Engagierte Esoterik, S. 438—441.
45 Aus dem 2. Kapitel des 16. Buchs (Werke. Hrsg. von B. Suphan, Bd. 14, Berlin 1909, S. 269—270).
46 Die Elegie erschien zuerst in: Sinn und Form, 1955, S. 497—500; sie wurde in die Berliner Ausgabe von *Sarmatische Zeit* aufgenommen (S. 45—47), nicht aber in die Stuttgarter Ausgabe.
47 Aus dem Gedicht *Gestorbene Sprache* (Sarmatische Zeit. Schattenland Ströme, S. 21); ‚warne' heißt ‚Krähe', ‚wittan' heißt ‚Weide'.
48 Vgl. z. B. Litauische Claviere, S. 102.
49 Vgl. dazu etwa G. Wolf: Beschreibung eines Zimmers, S. 124—133.
50 Die Gedichte *Barlach in Güstrow* und *Bericht* sind z. B. ebenso wie die Erzählung *Gedenkblatt* durch Photographien angeregt worden.
51 Vgl. P. Jokostra: bobrowski & andere, S. 119—120.
52 Vgl. Bobrowski: Selbstzeugnisse, S. 69; außerdem den genannten Aufsatz von M. Seidler sowie W. Mauser: Beschwörung und Reflexion, S. 74—80.
53 Vgl. Bobrowski: Selbstzeugnisse, S. 27 und 49—50.
54 Ebd., S. 61.
55 Renate von Heydebrand hat dieses Neben- oder Miteinander von Engagement und Esoterik in die Formel ‚engagierte Esoterik' zu bringen versucht; diese Formel ist nicht ganz korrekt, wenn sie, wie anzunehmen ist, Bobrowski als engagierten Esoteriker kennzeichnen soll.
56 Vgl. G. Wolf: Beschreibung eines Zimmers, S. 39.
57 Vgl. Matthäus 8, 20.
58 Vgl. dazu Renate von Heydebrand: Engagierte Esoterik, S. 434—441.
59 Sarmatische Zeit. Schattenland Ströme, S. 69—70.
60 Wetterzeichen, S. 54.
61 Vgl. Isaak Babel: Zwei Welten. 46 Erzählungen. Wien — München — Basel 1960, S. 7—25.
62 Ebd., S. 22.
63 Bobrowski: Selbstzeugnisse, S. 65.
64 Sarmatische Zeit. Schattenland Ströme, S. 103—104.
65 Vgl. z. B. die Interpretationen in den im Literaturverzeichnis aufgeführten Beiträgen von B. Böschenstein, Renate von Heydebrand, W. Mauser und Dorothee Sölle.
66 Aus dem Gedicht *Der Wanderer* (Sarmatische Zeit. Schattenland Ströme, S. 65).
67 Bobrowski: Selbstzeugnisse, S. 52.
68 Ebd., S. 53.
69 Vgl. dazu und zum folgenden E. Haufe: Bobrowskis Weg zum Roman.
70 Aus einem Brief Bobrowskis an Max Hölzer vom 29. Juni 1961; zitiert nach Haufe (Weimarer Beiträge 1970, H. 1, S. 166).
71 Aus einem Brief Bobrowskis an Elisabeth Borchers vom 6. August 1963; zitiert nach Haufe (Weimarer Beiträge 1970, H. 1, S. 167).
72 Bobrowski: Selbstzeugnisse, S. 192.
73 Ebd., S. 194—195.
74 Levins Mühle, S. 117—118.
75 Ebd., S. 217.
76 Ebd., S. 287.

77 Bobrowski: Selbstzeugnisse, S. 56.
78 Levins Mühle, S. 281.
79 Bobrowski: Selbstzeugnisse, S. 87.
80 Vgl. Levins Mühle, S. 204—205.
81 Ebd., S. 165.
82 Litauische Claviere, S. 76.
83 Ebd., S. 75.
84 Ebd., S. 77.
85 Ebd., S. 38.
86 Vgl. ebd., S. 104.
87 Ebd., S. 125—126.
88 Bobrowski: Selbstzeugnisse, S. 56.
89 Aus der Erzählung *Rainfarn* (Boehlendorff und Mäusefest, S. 115).
90 Aus der Skizze *Das Käuzchen* (Boehlendorff und Mäusefest, S. 152).
91 Vgl. dazu Bernd Jentzsch: Schöne Erde Vaterland. In: Selbstzeugnisse, S. 128—133. — Das *Baltische Dichterbuch*, herausgegeben von Jeannot Emil Freiherrn von Grotthuß, war in 2. Auflage 1895 in Reval erschienen.
92 Boehlendorff und Mäusefest, S. 14.
93 Ebd., S. 22.
94 Ebd., S. 25.
95 Bobrowski: Selbstzeugnisse, S. 203.

Der Essay konnte in der vorliegenden Form nur zustande gebracht werden, weil Eberhard Haufe (Weimar) mit sachlichen Auskünften und kritischen Einwänden geholfen hat. Dafür sei ihm herzlich gedankt.

Beda Allemann

PAUL CELAN

Czernowitz, in der Bukowina, war der Heimatort von Paul Celan. Am 23. November 1920 wurde er dort geboren. Sein bürgerlicher Name lautete Paul Antschel (rumänisch: Ancel). Erst 1947, anläßlich der ersten Veröffentlichung einiger Gedichte in der rumänischen Zeitschrift AGORA, benutzte er das Anagramm seines Nachnamens zu seinem von nun an geführten Namen: Celan.

In Czernowitz besuchte er das Gymnasium, dorthin kehrte er nach einem kurzen Studium der Medizin in Frankreich (Tours) zurück, dort begann er das Studium der Romanistik. Er erlebte die Besetzung durch russische, dann deutsche und rumänische Truppen, und schließlich kam er in das Ghetto von Czernowitz. Seine Eltern wurden in ein Vernichtungslager deportiert, er selbst wurde in einem Arbeitslager festgehalten. In dem inzwischen sowjetisch gewordenen Czernowitz konnte er 1944 noch einmal das Studium der Romanistik aufnehmen. Er reiste 1945 jedoch aus nach Bukarest und arbeitete nun in Rumänien als Übersetzer und Verlagslektor.

Ein immer wichtigerer Förderer seiner lyrischen Versuche wurde Alfred Margul Sperber (1898—1967). Die Hilfe und der Zuspruch von Sperber wie auch von Max Rychner, der in der *Basler National-Zeitung* Gedichte von Paul Celan und verbunden damit eine Würdigung brachte, ermutigten Celan, Rumänien zu verlassen und in den Westen zu gehen.

Obwohl 1948 der erste Gedichtband *Der Sand aus den Urnen* in Wien gedruckt wurde und Celan Kontakt zu Otto Basil, Klaus Demus, Milo Dor, Ludwig von Ficker, Edgar Jené gefunden hatte, konnte er in Österreich nicht recht Fuß fassen. Er zog nach Paris, erwarb die Licence ès Lettres und arbeitete als freier Schriftsteller und als Lektor für deutsche Sprache und Literatur an der Ecole Normale Supérieure.

Er heiratete die Graphikerin Gisèle Lestrange. Ab 1952 erschienen in verhältnismäßig rascher Folge die acht bekannten Gedichtbände von Paul Celan, davon zwei, *Lichtzwang* und *Schneepart,* erst nach seinem Freitod Ende April 1970.

Celan erhielt mehrere ehrende Auszeichnungen, litt aber doch sehr unter dem Gefühl einer Isolation.

Eine einzige kurze Erzählung, *Gespräch im Gebirg,* wurde von Paul Celan veröffentlicht. Mit der Idee eines Romans spielte er kaum ernsthaft.

Neben seinem lyrischen Werk zeugen die zahlreichen Übersetzungen aus verschiedenen Sprachen von der großen sprachschöpferischen Kraft Paul Celans.

Nicht nur im Deutschen hatte er ein untrügliches Gefühl für Stilebenen und die Präzision des Ausdrucks, er kannte auch mehrere Fremdsprachen gut. Das Französische war ihm fast so vertraut wie das Deutsche geworden. Dennoch war er nicht gewillt, Gedichte in der französischen Sprache zu schreiben. Um das Hebräische bemühte er sich besonders in den letzten Jahren.

Paul Celan war sehr zurückhaltend, wenn es um die Formulierung einer systematischen literarischen Theorie ging. Das macht es der Literaturwissenschaft kaum leichter, theoretische Kategorien für sein Werk zu finden. Überlegungen in dem hier notwendig beschränkten Rahmen können nur Vorüberlegungen grundsätzlicher Art sein.

Gedichte, sagte Paul Celan in seiner Bremer Ansprache von 1958, „halten auf etwas zu". Sie sind unterwegs, sind in Bewegung, suchen Richtung zu gewinnen. Den eigenen Anlaß, Gedichte zu schreiben, begründete Celan damals folgendermaßen: „um zu sprechen, um mich zu orientieren, um zu erkunden, wo ich mich befand und wohin es mit mir wollte, um mir Wirklichkeit zu entwerfen."

Man konnte dieses Motiv der Wirklichkeitssuche auch weiterhin und bis zuletzt als maßgebenden Grundzug von Celans Dichtung ansehen. Es ging ihr nicht darum, in welcher Form immer, Wirklichkeit wiederzugeben, sondern Wirklichkeit sollte mit Hilfe der Sprache erst gewonnen werden. Auch die ausführlichste und bekannteste Äußerung Celans über das Gedicht und seinen Ort, die Darmstädter Büchner-Preis-Rede, bestätigte diesen Anspruch.

Celan wußte, was er dem Gedicht und sich selbst damit abforderte. Er suchte sich die Dimension offenzuhalten, in die er vordrang, und wer sich anstrengte, ihm zu folgen, konnte wahrnehmen, daß er nicht stehenblieb. Aber läßt sich heute mit ruhigem Gewissen schon mehr über den Weg sagen, den er zurücklegte? Solange in regelmäßigen Abständen ein neuer Gedichtband Celans erschien, konnte die Aufmerksamkeit sich auf den einzelnen Schritt konzentrieren, der mit jedem dieser Bände getan wurde. Bis zum Ende der fünfziger Jahre mochte es sogar den Anschein haben, daß von einer wesentlichen Entwicklung in diesem lyrischen Œuvre nicht die Rede sein könne. Es schien hier ein Lyriker verhältnismäßig früh und endgültig seinen unverwechselbaren Grundton gefunden zu haben. Die beiden Gedichtbände, die Celans Ruhm begründeten, *Mohn und Gedächtnis* und *Von Schwelle zu Schwelle,* bildeten eine homogene Einheit. In ihrem Zentrum stand die *Todesfuge,* die rasch als das geradezu klassische Gedichtbeispiel jenes an großen Leistungen wahrhaft nicht armen lyrischen Jahrzehnts der neuesten deutschen Literatur empfunden wurde. Das Interesse der Kritik richtete sich von selbst auf die Frage nach der Herkunft und den historischen Voraussetzungen des Celanschen Gedichtprinzips. Man befand sich in der Phase, in der auch das literaturkritische Bewußtsein erst einmal den Zusammenhang mit den in Deutschland verschütteten Traditionen wiederherzustellen hatte. Man gab sich Rechenschaft von der führenden Rolle, die seit Baudelaire die französische Lyrik bei der Entfaltung und Durchsetzung des in einem spezifischen Sinn modernen Gedichts gespielt hatte. Man schlug kühne Verbindungen zwischen der alten europäischen Tradition des Manierismus in der Lyrik und diesem modernen Gedicht. In solcher historischen Interessenperspektive konnte Celan als später Surrealist erscheinen. In einem weiteren Sinn schloß er sich an die Errungenschaften des Symbolismus an. Die Dunkelheit und Faszinationskraft seiner Hervorbringung ordnete sich leicht den nun landläufig gewordenen Begriffen der Sprachmagie und -suggestion, des Hermetismus und der alogischen Dichtung unter. Die Eigenart Celans als eines führenden Vertreters seiner Generation in der deutschsprachigen Lyrik schien damit hinreichend erkannt und festgelegt.

Die Interpretation wird auch weiterhin die Ergebnisse dieser Einordnungsversuche im Auge zu behalten und die Hinweise, die sich aus ihnen für das Verständnis der lyrischen Wirklichkeitssuche Celans gewinnen lassen, fruchtbar zu machen haben. Der Bemerkung Harald Weinrichs ist zuzustimmen, daß Paul Celan „für seine Person und sein Werk ein Jahrhundert europäischer Lyrik resümiert".[1]

Die andere Frage, wie auf einer solchen historisch verifizierbaren Basis das moderne Gedicht weiterentwickelt werden könne, blieb zunächst im Hintergrund. Für Celan selbst war das allerdings die entscheidende Frage, die er nicht theoretisch, wohl aber im und durch den Fortgang seiner Produktion zu beantworten suchte. Deshalb blieb er jenen Ableitungsversuchen gegenüber skeptisch. Er sah zu deutlich die Gefahr, daß das moderne Gedicht einem Gespinst von Schlagworten zum Opfer fallen könnte, mit denen man seiner habhaft zu werden glaubte. Sein Unwille richtete sich keineswegs gegen die primären Analysen, um so stärker aber gegen den Chor der Nachsprecher. Er verachtete das Gerede über Lyrik, das seine Vokabeln aus einer hastigen Lektüre der Untersuchungen Hugo Friedrichs oder Gustav René Hockes bezogen hatte und vorgab, längst Bescheid zu wissen. Wo er solches witterte, konnte er so unwirsch werden wie in dem Brief vom 18. Mai 1960, den er Hans Bender für dessen Anthologie *Mein Gedicht ist mein Messer* zur Verfügung stellte.[2] Er verwahrt sich dort gegen die oft wiederholte Auffassung von der handwerklichen Machbarkeit des Gedichts. Fast zwangsläufig setzt sich ein Autor, der gegen ein solches immer noch besonders progressiv klingendes Versatzstück der modernen Lyrik-Theorie Protest einlegt, dem Verdacht aus, rückständig zu sein. Aber Celan ging es gewiß nicht darum, das ebenso konventionelle Gegenstück, das Bekenntnis zur dichterischen Intuition in Schutz zu nehmen.

Sein Widerstand dagegen, auf bestimmte Techniken des Machens von Gedichten festgelegt zu werden, auch und gerade wenn sie als besonders zeitgemäß gelten, läßt sich nur erklären von seinem Grundansatz her, das Gedicht als eine leidenschaftliche Suche zu verstehen. Von hier aus erklärt es sich aber auch, daß er nicht bei seinen frühen Erfolgen stehen bleiben konnte, um sie lediglich weiter auszubauen — so repräsentativ sie auch für das lyrische Jahrzehnt der fünfziger Jahre waren und weiterhin bleiben werden. Das Prinzip der Wirklichkeitssuche im Œuvre Celans hat auch den Aspekt, daß es den Charakter der Hervorbringung nicht zur Ruhe kommen ließ.

Bereits der Band *Sprachgitter* (1959) bestätigte diesen Befund. Seither hat jeder der weiteren Gedichtbände, bis zu *Schneepart* (1971), die Kritik dazu herausgefordert, die neue Station des Weges zu signalisieren und den eben vollzogenen Schritt mit ihren Mitteln zu beschreiben. Wie weit sie dieser Herausforderung, die weiter besteht, zu genügen vermochte, soll hier nicht im einzelnen erörtert werden. Es fehlte nicht an Stimmen des Zweifels und der Resignation. Manche Rezensenten, und es waren keineswegs nur die a priori verständnislosen darunter, sahen die Möglichkeit schwinden, den Weg Celans mitzuvollziehen. Die Schlußfolgerung lag nahe, daß hier ein von Anfang an hermetisch geartetes Werk sich dem Verständnis immer weiter entzog.

Es wäre falsch, diese Schwierigkeit nicht sehen zu wollen. Läßt sich die Sprache Celans wirklich jemals erlernen, und zwar bis zu dem Grade, daß nicht nur bestimmte Eigentümlichkeiten der Wortsequenz, bestimmte Bildfelder oder einzelne Passagen, auch einzelne Gedichte, sondern seine Gedichte im ganzen verständlich werden?

Wir haben uns zunächst mit dem Gedanken zu versöhnen, daß der Weg nicht fortgesetzt werden wird. Der Tod des Dichters verändert die Beleuchtung, in der sein Werk steht. Das gilt auch für diese Lyrik, die mit ihrer Thematik seit jeher in großer Nähe zum Tod stand. Ihr Autor hat die Wirklichkeitssuche, um die es ihm ging, abgebrochen. Die Interpretation kann sich in ihren Versuchen des verstehenden Einholens nicht mehr dabei beruhigen, daß der Autor ihr produktiv vorangeht. Sie sieht sich einem abgeschlossenen Werk gegenübergestellt. Das ist Anlaß genug, auf die Bedingungen zu reflektieren, unter denen die Wirklichkeitssuche im Werk Celans vor sich geht und unter denen sie — faktisch beendet, aber um so eindeutiger die Werkstruktur bestimmend — poetologisch verstanden sein will.

Die sachgerechte Analyse des grundlegenden Vorgangs in der Lyrik Celans würde wesentlich erleichtert sein, wenn die Wirklichkeit, die gesucht wird, in irgendeiner, sei es auch ungewöhnlichen und entlegenen Weise, als bekannt und gegeben vorausgesetzt werden dürfte. Aber eben das ist nicht der Fall. In der Bremer Ansprache wird daran erinnert, daß das Gedicht als eine Erscheinungsform der Sprache seinem Wesen nach dialogisch ist. Es wendet sich an ein Gegenüber. Celan gebraucht in diesem Zusammenhang das Bild der Flaschenpost. Eine Flaschenpost ist dadurch gekennzeichnet, daß sie sich wohl an einen Adressaten richtet, aber dieser Adressat ist unbekannt und es besteht nicht die geringste Gewißheit, bestenfalls die schwache Hoffnung, daß er jemals erreicht wird. Die

Frage, worauf denn das Gedicht zuhalte, beantwortet Celan sich selbst deshalb mit einer Formulierung, die jede voreilige Fixierung des Zielbereichs vermeidet: „Auf etwas Offenstehendes, Besetzbares, auf ein ansprechbares Du vielleicht, auf eine ansprechbare Wirklichkeit." In solchen vorsichtig und zurückhaltend programmatischen Sätzen — sie sind nicht zahlreich — suchte Celan gelegentlich die Zielrichtung seiner Gedichte zu umschreiben. In dem Satz scheint mir nicht zuletzt der zweifache Gebrauch des Adjektivs „ansprechbar" von großer Bedeutung zu sein. Man wird den Satz weiter so erläutern dürfen, daß das Gegenüber, dem das dialogisch gestimmte Gedicht zustrebt, etwas „Offenstehendes" das heißt Unbesetztes sein muß, um poetisch besetzbar zu werden. Ansprechbar in dem hier vorliegenden Sinn ist nur, was nicht schon von Worten besetzt ist.

In dem Band *Lichtzwang*, der noch im Todesjahr Celans erschienen ist, findet sich das folgende Gedicht:

FAHLSTIMMIG, aus
der Tiefe geschunden:
kein Wort, kein Ding,
und beider einziger Name,

fallgerecht in dir,
fluggerecht in dir,

wunder Gewinn
einer Welt.[3]

Schon die erste Strophe führt sehr direkt auf eine der für die Sprache Celans so charakteristischen Paradoxien, die dem Verständnis jedesmal einen Stoß versetzen und den Sinn der Wortsequenz über das wörtlich Gesagte hinaustreiben, weil das Gesagte, im üblichen Verstand wörtlich genommen, nur auf einen Widersinn führen würde: „kein Wort, kein Ding, / und beider einziger Name." Formal ließe sich die Wendung so beschreiben, daß aus einer zweifachen Negation (kein Wort, kein Ding) eine Position gewonnen wird, die beides umfaßt: der „Name". Aus einem Gespräch mit Paul Celan im Frühjahr 1968 habe ich mir den Satz notiert: „Worte werden Namen." Ich bin mir der Verfänglichkeit des Verfahrens bewußt, eine solche Äußerung ohne weiteres in Parallele zu setzen zu einer Gedichtstelle, in der die Wörter „Wort" und „Name" auch vorkommen. Es ist methodisch bedenklich, die Wörter eines lyrischen Textes als Vokabeln und Begriffe des literaturkritischen Sprechens über den Text zu verwenden. Nolens volens greift die Kritik immer wieder zu dieser, streng genommen, unerlaubten Abkürzung des Verfahrens. Der Grund dafür liegt darin, daß sie über keine Metasprache verfügt und verfügen kann, in der sich „über" Gedichte sprechen ließe. Der Lyriker selbst, wo er als Kommentator auftritt, ist dieser Problematik keineswegs enthoben, auch wenn man seinen theoretischen Äußerungen mehr poetische Lizenzen und gedankliche Abbreviaturen einräumen wird als dem analysierenden Kritiker. Aber selbst auf diese Problematik auch nur ausdrücklich hinzuweisen, ist schon verfänglich. Zu leicht scheint ein solcher Hinweis von der Sache selbst wegzuführen und in die populäre und resignierte Auffassung zu münden, daß man über Gedichte besser schweigt, weil man mit kritischen Mitteln doch nicht über eine hinter dem poetischen Wortlaut immer zurückbleibende Paraphrase hinauskommt. Diese Auffassung enthält ebensoviel Richtiges wie auch, zu naiv genommen, Grundfalsches.

Im Falle Celans kompliziert sich der mit dieser Zwischenbemerkung berührte Sachverhalt dadurch, daß seine Lyrik selbst in Weiterführung einer zentralen symbolistischen Tradition in sich eine bestimmte Art von poetischer Sprachreflexion enthält. Das angeführte Gedicht bietet ein deutliches Beispiel dafür. Wort und Name selbst, also sprachliche Gegebenheiten, werden in ihm zum lyrischen Vorwurf. Das heißt allerdings nicht, daß, gleichsam poetisch verbrämt, linguistische Aussagen gemacht werden. Immerhin liegt die Folgerung nahe, daß durch eine lyrische Sprachreflexion, wie immer sie bei genauerem Zusehen beschaffen sein mag, die Wirklichkeitssuche in den sprachlichen Bereich verlegt wird. Die Bremer Ansprache sagte abschließend vom Lyriker, daß er „mit seinem Dasein zur Sprache geht, wirklichkeitswund und Wirklichkeit suchend". Das vorliegende Gedicht endet mit der Strophe: „wunder Gewinn / einer Welt." Hält man die beiden Stellen nebeneinander, so mutet das Gedicht aus *Lichtzwang* wie ein Programmgedicht an, dessen inhaltliche Meinung nun deutlich ist. Sie ordnet sich ein in eine umfassendere, auch außerhalb des lyrischen Gedichts formulierbare Sprachreflexion. Sie ließe sich in Kürze etwa so umschreiben, daß jenseits von Wort und Ding, und das heißt jenseits ihrer traditionellen Trennung in unserer Vorstellung, auf eine Sphäre reflektiert wird, für die Celan den lyrischen Begriff des „Namens" bereit hat, der, „aus / der Tiefe geschunden", den Gewinn von Welt verbürgt. In dieser Welt ist ein Du ansprechbar (mittlere Strophe), auch wenn der lyrische Dialog die Färbung des Selbstgesprächs hat, und sie besitzt Wirklichkeit, wenn auch nur in der Sprache.

Mir scheint, daß man eine solche Auslegung gelten lassen kann, jedenfalls in der ersten kritischen Instanz: solange es um die Feststellung des umschreibbaren Gedichtinhalts geht. Die dem Gedicht entnommene und ihm zugrunde gelegte Sprachreflexion fügt sich in das symbolistische Konzept der Sprachmagie. Es wird die Forderung nach einer gesteigerten Sprache erhoben, die über die bloßen Worte hinausreicht. Daß Celan, ganz in der Tradition des modernen Gedichts, dem verbrauchten Wort mißtraut und es sozusagen in einen anderen Aggregatzustand überzuführen sucht, wurde von der Literaturkritik schon öfters vermerkt. Daß er das gesteigerte, vom bezeichneten „Ding" nicht mehr getrennte Wort „Namen" nennt, läßt sich mit der jüdisch-mystischen Tradition in Verbindung bringen, die auf den Namen des Höchsten im Bewußtsein seiner Unaussprechbarkeit reflektiert.

Die entscheidende Frage ist aber, ob eine solche, thematisch aus der Lyrik Celans abgeleitete Sprachreflexion schon den Kern dessen trifft, was sich als Sprachreflexion in den Gedichten selbst vollzieht. Diese Frage ließe sich ihrem ganzen Umfang nach nur durch komplizierte sprachtheoretische und poetologische Überlegungen entfalten. Sie hat es mit der scheinbar geläufigen, aber heute kaum schon völlig sachgerecht zu definierenden Differenz zwischen allgemeinem Sprachgebrauch und poetischer Sprechweise zu tun. Ich begnüge mich zunächst mit Hinweisen, die sich aus dem Text des vorliegenden Gedichts selbst anbieten.

Die paradoxe Wendung der ersten Strophe ist mit den Begriffen einer doppelten Negation und einer aus ihr hervorgehenden Position zweifellos nur sehr unzureichend umschrieben. Zwar negiert, ihrer Aussage nach, die Gedichtzeile „kein Wort, kein Ding" sowohl Wort wie auch Ding. Zugleich aber nennt sie Wort und Ding, und diesem simplen Faktum der Nennung und damit der Präsenz von Wort und Ding im Text gegenüber hat die Negation sekundären Charakter. Deshalb kann die nächste Zeile mit einem schlichten „und", ohne jedes grammatische Signal einer Entgegensetzung, zur Position weitergehen, die Wort und Ding umfaßt: „beider einziger Name".

Gewiß, indem wir die Wendung als paradox empfinden und bezeichnen, tragen wir den verschwiegenen Widerspruch nach. Zugleich sind wir aber offenbar auch bereit, der paradoxen Sequenz zu folgen, den Stoß gegen die plane Verständlichkeit aufzufangen und den darin verborgenen Sinn zu verstehen, als hätten wir den Zusammenhang immer schon verstanden. Diese Bereitwilligkeit, der Wortfolge einen Sinn abzugewinnen, hat nichts mit blindem und unkritischem Vertrauen auf ihre Sinnhaltigkeit zu tun. Sie ist die einfache und unerläßliche Voraussetzung dafür, daß wir einen Text, auch in nicht-poetischer Sprache, überhaupt verstehen. Die Konfrontation mit dunkler und schwieriger Dichtung kann uns darauf aufmerksam machen, wie weit diese Bereitwilligkeit geht. Sie ist unbegrenzt. Unverständlichkeit ist kein absolutes Kriterium bei der Beurteilung von Texten. Hinter jedem als unverständlich bezeichneten Text steht der Verdacht, er könne doch noch verstanden werden. Dieser Sachverhalt ist für den auf Beurteilung des poetischen Ranges und definitive Vergewisserung über den Text bedachten Kritiker unbequem, aber es wäre sinnlos, ihn zu leugnen. Eine Besinnung auf die Regeln des Umgangs mit dunkler Dichtung darf ihn nicht aus dem Methodenbewußtsein verdrängen, sondern hat ihn zu berücksichtigen.

Aber lockt der dunkle Autor den Betrachter nicht einfach in eine Falle, indem er ihn — um bei diesem deutlichsten Beispiel zu bleiben — dem Paradoxon aussetzt? Läßt er den Leser mit seiner Bereitschaft, den Sinn zu erkennen, nicht einfach auf dem Widerspruch sitzen? Dieser Zweifel ist berechtigt, wo das Paradoxon (die dunkle Wendung) unverbindlich gehandhabt wird, als leicht verfügbares Requisit moderner Auch-Lyrik. Welches ist dann aber dieser negativen Möglichkeit gegenüber die ebenfalls mögliche Verbindlichkeit der dunklen Wendung? Und ist diese Verbindlichkeit mit literaturkritischen Mitteln verifizierbar? Der Weg führt zwangsläufig über die einzelne Wendung hinaus. Er überschreitet auch die Grenze des einzelnen Gedichts. Der Sinnzusammenhang ist im Kontext des Gesamtwerks zu suchen.

Das bedeutet, konkret auf das vorliegende Gedicht bezogen, daß wir uns nicht dabei beruhigen können, es sei in ihm mit dem lyrischen Begriff des „Namens" eine Position ausgesprochen, die das Sprachproblem löst. Der „Gewinn einer Welt" ergibt sich nicht schon daraus, daß er postuliert wird, und das Gedicht wäre ein zweifelhaftes Gebilde, wenn es sich in diesem Postulat erschöpfte. Die Evokation von Wort, Ding, Name und Welt wird verbindlich erst dadurch, daß die dafür gebrauchten Vokabeln in einen Zusammenhang von Bezügen gehören, der seinen Rückhalt im Kontext aller Gedichte hat. Die Frage nach der Verbindlichkeit wird damit keineswegs nur hinausgeschoben und verallgemeinert. Es ist ein gutes Zeichen, daß die wissenschaftliche Auseinandersetzung mit dem Werk Celans früh auf die Rolle der Beziehungsfelder aufmerksam geworden ist, die diesem Werk seine eigentümliche Konsistenz geben. Daß in ihm ein offenes Gegenüber „ansprechbar" wird, ist offensichtlich in starkem Maße an die Bedingung gebunden, daß das lyrische Sprechen, das unterwegs ist und auf etwas zuhält, von sich her ein beziehungsstarkes Sprechen ist. Seine Dunkelheit, sein Hang zur kühnen Verknüpfung und zur Abbreviatur sind, so gesehen, Funktionen des in ihm herrschenden Bezugszwangs. Er wird punktuell faßbar in der Tendenz zur ungewöhnlichen Wortzusammensetzung. Peter Horst Neumann hat darauf hingewiesen und es auch wortstatistisch belegt, daß gerade die Schlüsselworte der Celanschen Lyrik im Laufe der Zeit immer häufiger zu Bestandteilen von Komposita werden.[4] In ihnen werden die in sich schon dichten, durch die Schlüsselworte signalisierten Beziehungsfelder noch einmal in sich verschränkt. Auch was wir, zunächst unter inhaltlich-thematischem Aspekt, als die Sprachreflexion im Werke Celans bezeichnet haben, läßt sich, immer auf der thematischen Ebene, als besonderes Beziehungsfeld aussondern. Aber es läßt sich nicht endgültig isolieren. Es gibt bei Celan den auffallenden Vorgang, daß er jene Wörter, die selbst Sprachliches bezeichnen, wie „Wort", „Name", und darunter auch geradezu sprachtechnische Ausdrücke wie „Silbe", „Satzzeichen", so gebraucht, als gehörten sie ohne kategoriale Differenz einer außersprachlichen Realität an:

am Handgelenk schießen
blinkend die Satzzeichen an,[5]

Ebenfalls im *Atemwende*-Band findet sich das besonders deutliche Beispiel einer Verschränkung von Sprach-Thematik und Natur-Thematik:

DAS GESCHRIEBENE höhlt sich, das
Gesprochene, meergrün,
brennt in den Buchten,

in den
verflüssigten Namen
schnellen die Tümmler,[6]

Es geht in solch ungewöhnlicher Verschränkung gewiß nicht darum, einen schlichten Zusammenfall von sprachlicher und außersprachlicher Realität zu suggerieren. Die beiden Strophen gewinnen ihre Spannung vielmehr daraus, daß wir die beiden Bereiche gemeinhin als getrennte verstehen. Indem sie dennoch den paradoxen Bezug herstellen, zeugen sie in einer sehr unmittelbar wahrnehmbaren Weise vom Grundantrieb dieser Dichtung, Wirklichkeit zu erreichen.

Es kann nicht Aufgabe der kritischen Untersuchung sein, eine Wirklichkeit nachträglich benennen und definieren zu wollen, die der Dichtung, die auf sie zuhielt, niemals Gegenstand einer poetischen Beschreibung, sondern das Ziel einer Suche war. Kritisch beschreibbar sind die Bedingungen dieser Suche. Zum vollen poetologischen Verständnis dieser Bedingungen wird es allerdings erst kommen können, wenn die Tatsache der Wirklichkeitssuche (nicht ihr Ziel) mit in die Voraussetzungen aufgenommen ist, unter denen interpretiert wird.

Die Formulierung aus der Büchner-Preis-Rede von der Neigung zum Verstummen des Gedichts heute und die korrespondierende Formulierung von seinem Sich-Behaupten am Rande seiner selbst, ist längst auch schon wieder zur Formel geworden, die leicht von den Lippen geht. Doch eben dieser Sachverhalt, daß Aussagen, die zutreffen, in einer zivilisierten Sprache jederzeit verfügbar sind, ist an der Randposition des Gedichtes beteiligt. Sie ergibt sich nicht aus einem leeren Ehrgeiz, ins Ungesagte vorzuprellen. Die Randposition des Gedichts kann und muß auch umgekehrt gesehen werden als der Versuch, erst wieder zur Sprache zu kommen. Die eigentümliche Variation einer berühmten Brechtstelle in einem Gedicht in *Schneepart*: „EIN BLATT, baumlos, / für Bertolt Brecht" ist unter manchen und wichtigen anderen auch unter diesem Aspekt zu sehen: „Was sind das für Zeiten, / wo ein Gespräch / beinah ein Verbrechen ist, / weil es soviel Gesagtes / mit einschließt?"[7] Gibt es aber zugleich eine poetische und in diesen Zeiten mögliche Form des Gesprächs, die das Gesagte nicht mit ein-, sondern vielmehr ausschließt? Einen Sprachgebrauch also, der eine andere Dimension gewinnt, der sich vom Sagen und seinem jederzeit möglichen Mißbrauch befreit hat? Das gibt es sowenig, wie es nach der ausdrücklichen Formulierung wieder in der Büchner-Preis-Rede das absolute Gedicht gibt. Aber man erinnert sich vielleicht unwillkürlich im Zusammenhang dieser Celanschen, Brecht variierenden Verse an das „Gespräch" aus den thematisch verwandten Versen Hölderlins: „Viel hat von Morgen an, / Seit ein Gespräch wir sind und hören voneinander, / Erfahren der Mensch"; Hölderlin konnte noch hinzufügen, als Verheißung: „bald sind wir aber Gesang".[8]

Das ist eschatologisch gemeint und zielt auf das Bild der am Abend der Zeit einkehrenden himmlischen Gäste und auf den Chor, zu dem die Menschen sich mit ihnen im Gesang als dem gesteigerten Gespräch vereinigen werden. Der Gesang ist die gesteigerte Sprache, in der die Mißverständlichkeit und der Mißbrauch des Gesagten und damit das fast Verbrecherische des Gesprächs getilgt sind. Ich würde nicht zögern, noch den sprachlichen Hermetismus der symbolistischen, selbst noch der surrealistischen Dichtung als eine säkularisierte Erscheinungsform dieser eschatologischen Erwartung anzusprechen. Die Alchimie des Wortes zielt auf Erlösung vom bloß Gesagten und von dem Unheil des in sich selbst widersprüchlichen Gesprächs. Indem diese Hermetik die verbalen Widersprüche und Paradoxien zur Erscheinung bringt, hat sie eine kathartische Funktion und dient in einem fundamentalen Sinn der Sprachreinigung. Sie verunsichert den beliebigen Sprachgebrauch und zwingt, aufs Wort zu achten. Aber sie kann den tiefer in der Sache liegenden Widerspruch nicht einfach beheben. Sie treibt ihn nur um so deutlicher hervor. Das Heil liegt nicht in der purifizierten, der verabsolutierten Sprache. Wo dergleichen postuliert wird, schlägt die gesteigerte Sprache in einen unzulänglichen Religionersatz um. Die Dichtung Celans ist zwar ohne diesen Hintergrund, der bereits seine Tradition hat, nicht zu verstehen. Aber er bildet nur ihre historische Voraussetzung.

Das eigentliche Problem der Sprachfindung im Werk Celans beginnt hier erst. Die Sprache Celans entfaltet sich aus der Anstrengung, sich mitzuteilen. Es fehlt ihr freilich die naive Zuversicht, die heute so weitverbreitet ist, Mitteilung ergäbe sich aus dem reibungslosen Funktionieren eines längst bereitstehenden und eingeschliffenen Kommunikationsschemas. Sie muß den ihr möglichen Sprachgebrauch erst gewinnen. Sie erringt sich ihn im je einzelnen Gedicht. Deshalb ist es auf so eklatante Weise unmöglich, über die Gedichte im ganzen etwas Abschließendes zu sagen. Entzögen sie sich endgültig in eine selbstgewählte Hermetik, so wäre die Technik des Entzugs wenigstens beschreibbar und diese Beschreibung zugleich das letzte Wort der Literaturkritik zu Celan. Die wirkliche Aufgabe ist schwieriger zu lösen. Sie verlangt die kritische Vergewisserung über die strukturellen Spannungen, die in diesem Gedicht die Möglichkeit von Mitteilung und Gespräch trotz allem offenhalten. Es heißt nicht, die bisherigen Ansätze und Vorstöße der Celan-Interpretation geringschätzen, wenn festgestellt wird, daß wir in dieser hier skizzierten Hinsicht erst am Beginn stehen. Es ist unerläßlich, den Celanschen Sprachgebrauch als spezifischen und eigenwilligen zu erhellen, ihm nachzuspüren. Manche Schritte sind in sorgfältiger Detail-Analyse schon getan worden. Die Fehldeutungen brauchen uns nicht übermäßig zu beunruhigen. Celans Gedichte sind nicht so beschaffen, daß sie der Verhärtung von Vorurteilen von sich her Vorschub leisten würden; eher verstehen sie es, auch noch die vorsichtigste Deutung von sich aus zu relativieren und den Interpreten zu doppelter Vorsicht anzuspornen. Aufs Ganze gesehen kann das Einlesen in die Eigentümlichkeit des Celanschen Sprachgebrauchs, seinen Idiolekt, wie die Linguisten sagen würden, nur ein erster Schritt sein. Seine Sprache ist grundsätzlich auch die unsere oder kann es doch werden. Es ist bekannt, wie aufmerksam Celan auf die Möglichkeiten der deutschen Sprache war, bis in entlegene und vergessene Vokabeln hinein. Das ist bei ihm nicht artistische Vorliebe für den exotischen Reiz des Nichtgebräuchlichen, sondern unverstellte Aufmerksamkeit und die Sorge, sich nichts entgehen zu lassen, was jener Tendenz zur Datierung und Präzisierung des Gedichts dienen kann, von der er selber spricht. Diese Tendenz steht nicht der notwendigen Mehrdeutigkeit des poetischen Textes im Wege, sondern spielt mit ihr vielmehr zusammen. Die kritische Analyse kann deshalb nicht beim Nachrechnen der Daten innehalten. Sie muß sich auch ihrerseits wieder einzusetzen verstehen in einen Kontext, der nicht durch seine thematischen Fixierungen, sondern durch seine Spannungen bestimmt wird.

Anmerkungen

Texte

Gedichtbände:

Der Sand aus den Urnen. Wien 1948. 500 Exemplare. Der Band wurde wegen zahlreicher, zum Teil nicht erkennbarer Druckfehler (statt „Leib" „Leid" usw.) zurückgezogen. Fünfzehn Gedichte dieses Bandes erschienen unter dem gleichen Titel in der österreichischen Zeitschrift ‚Plan', 2. Folge (1948), Nr. 6. Vier Gedichte erschienen als Vorabdruck in: Die Tat (Zürich) 7. Febr. 1948. Fünfundzwanzig Gedichte bilden den ersten Zyklus, ebenfalls unter dem Titel *Der Sand aus den Urnen,* des folgenden Gedichtbands:

Mohn und Gedächtnis. Stuttgart 1952.

Von Schwelle zu Schwelle. Stuttgart 1955.

Sprachgitter. Frankfurt am Main 1959.

Die Niemandsrose. Frankfurt am Main 1963.

Atemwende. Frankfurt am Main 1967. Davon erschien der erste Zyklus, *Atemkristall,* als bibliophiler Druck mit Radierungen von Gisèle Celan-Lestrange in 85 Exemplaren, Paris 1965.

Fadensonnen. Frankfurt am Main 1968.

Lichtzwang. Frankfurt am Main 1970. Davon erschienen zehn Gedichte unter dem Titel *Schwarzmaut* in einem bibliophilen Druck mit Radierungen von Gisèle Celan-Lestrange, Paris 1969. Das Gedicht *Todtnauberg* erschien als bibliophiler Druck in 50 Exemplaren in Paris 1968.

Schneepart. Frankfurt am Main 1971.

Gedichte, die nicht in den Gedichtbänden enthalten sind:

Irrsal; *Schlafendes Lieb*. In der österreichischen Zeitschrift ‚Plan', 2. Folge (1948), Nr. 6, S. 363, 364, in dem Zyklus *Der Sand aus den Urnen* (siehe oben).

Seelied; *Festland*; *Schwarze Krone*. Zusammen mit vier Gedichten aus *Der Sand aus den Urnen* unter dem Titel Gedichte. In: Die Tat (Zürich), 7. Febr. 1948 (siehe oben).

Großes Geburtstagsblaublau mit Reimzeug und Assonanz. In: ‚guten morgen vauo' — ein buch für den weißen raben v. o. stomps. Hg. von Günter Bruno Fuchs, Harry Pross. Vorwort Hermann Kasack. Frankfurt am Main 1962, S. 169. Dieses Gedicht erschien hier im Faksimile. Später wurde es in: Die Meisengeige (siehe unten) noch einmal gedruckt, dort wurde aus „Picasso", im vierten Vers, „Pik-As (so?)" (S. 47).

Abzählreime. In: Die Meisengeige. Zeitgenössische Nonsensverse. Gesammelt und herausgegeben von Günter Bruno Fuchs. Mit einer Zwischengeige in zehn Zeichnungen von Ali Schindehütte. München 1964.

Die entzweite Denkmusik. In: Les Cahiers de L'Herne. „Henri Michaux". Paris 1966, S. 32.

St / Ein Vau. In: Kontorbuch (Nr. 1). Der streitbare Pegasus. Ein Brevier zum 70. Geburtstag von V. O. Stomps. Rabenvater, Schriftsteller, Drucker, Buchbinder, Eulenvater, Weltreisender, Eremit. Hg. von Günter Bruno Fuchs, Berlin 1967.

Eingedunkelt (*Bedenkenlos*; *Nach dem Lichtverzicht*; *Deutlich*; *Vom Hochseil*; *Über die Köpfe*; *Wirfst du*; *Angefochtener Stein*; *Eingedunkelt*; *Füll die Ödnis*; *Einbruch*; *Mit uns*). In: Aus aufgegebenen Werken. Sonderband Bibliothek Suhrkamp, Frankfurt am Main 1968, S. 149—161.

Diese / freie, / grambeschleunigte / Faust, bibliophiler Druck *Portfolio Numéro VI. Six Gravures à l'eau-forte de Gisèle Celan-Lestrange*, Paris 1969.

Die Geisterstunde; *Es fällt nun Mutter*; *Russischer Frühling*; *Regennacht*; *Abschied*. In der rumänischen Zeitschrift Neue Literatur 21 (1970), H. 5, S. 98—101.

Beidhändige Frühe. In: L'Éphémère 14 (Été 1970), S. 174, Faksimile, datiert vom 29. September 1969.

Paul Celan — vier Gedichte (unter den Titeln: *cîntec de dragoste*; *regăsire*; *tristețe*; *poem pentru umba marianei*). In: Viața Românească 7 (1970), S. 53—54; mit der Fußnote: „Diese und ein paar andere Gedichte hat Celan auf rumänisch geschrieben." Sie sind wahrscheinlich zwischen 1945 und 1949 entstanden.

Ausgewählte Gedichte:

Paul Celan. Gedichte. Eine Auswahl. Auswahl und Anmerkungen von Klaus Wagenbach, unter Mitarbeit des Autors. Frankfurt am Main o. J. (1962), S. Fischer Schulausgaben. Texte moderner Autoren.

Paul Celan — gedichte. Darmstadt 1966.

Paul Celan. Ausgewählte Gedichte. Nachwort von Beda Allemann. Frankfurt am Main 1968, edition suhrkamp 262.

Paul Celan. Ausgewählte Gedichte. Hg. von Klaus Reichert. Frankfurt am Main 1970. Bibliothek Suhrkamp 264.

Prosatexte:

Edgar Jené und der Traum vom Traume. Begleittext zu acht Originallithographien von Edgar Jené, Der Traum vom Traume, Wien 1948; in 700 Exemplaren.

Gegenlicht. (Aphorismen), in: Die Tat (Zürich), 12. März 1949.

Rede anläßlich der Entgegennahme des Literaturpreises der Freien Hansestadt Bremen 1958; abgedruckt in einer Beilage zu Akzente 5 (1958); wieder gedruckt in: Paul Celan. Ausgewählte Gedichte. Nachwort von Beda Allemann, Frankfurt am Main 1968, edition suhrkamp 262, S. 127—129.

Kurzer Text ohne Titel. In: Almanach der Librairie Flinker, Paris 1958.

Kurzer Text ohne Titel. In: Almanach der Librairie Flinker, Paris 1961.

Gespräch im Gebirg. Geschrieben 1959. Zuerst erschienen in der Neuen Rundschau 71 (1960), H. 2; dann in: das atelier I — zeitgenössische deutsche Prosa. Frankfurt am Main und Hamburg 1962, Fischer Bücherei Nr. 455, S. 124—127.

Der Meridian. Rede anläßlich der Verleihung des Georg-Büchner-Preises, Darmstadt am 22. Oktober 1960; gedruckt im Jahrbuch der Deutschen Akademie für Sprache und Dichtung 1960, Heidelberg 1961, S. 74—88; auch als Sonderdruck, Frankfurt am Main 1961; wieder gedruckt in: Paul Celan. Ausgewählte Gedichte. Nachwort von Beda Allemann. Frankfurt am Main 1968, edition suhrkamp 262, S. 131—148.

Brief an Hans Bender vom 18. Mai 1960, in: Mein Gedicht ist mein Messer. Hg. Hans Bender. Erweiterte Taschenbuchausgabe. München 1961, Listbücher Nr. 187, S. 86 f.

Brief an Robert Neumann (*Die Wahrheit, die Laubfrösche, die Schriftsteller und die Klapperstörche*), in: 34× erste Liebe. Dokumentarische Geschichte. Hg. Robert Neumann. Frankfurt am Main 1966, S. 32 f.

Antwort auf die Umfrage des Spiegel: Ist eine Revolution unvermeidlich? — 42 Antworten auf eine Alternative. Von Hans Magnus Enzensberger. Hg. Spiegel-Verlag, Hamburg o. J. (1968), S. 9.

La poésie ne s'impose plus, elle s'expose. Einzelner Satz, Faksimile; datiert vom 26. März 1969, in: L'Éphémère 14 (Été 1970), S. 184.

Ansprache vor dem Hebräischen Schriftstellerverband in Tel Aviv 1969, in: Die Welt, 21. November 1970 (neben den zwei Texten aus dem Almanach der Librairie Flinker, siehe oben); auch in: die horen, 16. Jg. Ausgabe 83 (1971), S. 102.

Erau nopti (*Es gab Nächte*; Text aus den vierziger Jahren). In: Secolul 20 (rumänische Zeitschrift: 20. Jahrhundert). 1—2—3. 1971, S. 80.

Literatur

Die bisher umfangreichste Bibliographie zum Werk Paul Celans erschien in: Über Paul Celan. Hg. von Dietlind Meinecke, Frankfurt am Main 1970, edition suhrkamp 495; dort finden sich auch weitere Angaben zum Werk selbst.

Die Nummer 3 der Etudes Germaniques, 25. Année, Juillet — Septembre 1970, Hommage à Paul Celan, enthält ebenfalls Angaben zum Werk, insbesondere zu den Übersetzungen wie auch zu Übersetzungen von Gedichten Celans ins Französische.

Im folgenden wird eine Auswahl wichtiger Arbeiten angeführt, die in dem Band „Über Paul Celan" nicht mehr erfaßt wurden.

Leonard Forster: „Espenbaum". Zu einem Gedicht von Paul Celan. In: Wissenschaft als Dialog. Studien zur Literatur und Kunst seit der Jahrhundertwende. (Wolfdietrich Rasch zum 65. Geburtstag). Hg. Renate Heydebrand und Klaus Günther Just. Stuttgart 1969, S. 380—385.

Beda Allemann: Das Gedicht und seine Wirklichkeit. In: Etudes Germaniques, Hommage à Paul Celan, siehe dort, S. 266—274. (Der vorliegende Beitrag ist eine erweiterte Fassung dieses Aufsatzes.)

Gerhart Baumann: „... Durchgründet vom Nichts ...". In: Etudes Germaniques, Hommage à Paul Celan, siehe dort, S. 277—290.

Bernhard Böschenstein: „Lesestationen im Spätwort". Zu zwei Gedichten des Bandes *Lichtzwang*. In: Etudes Germaniques, Hommage à Paul Celan, siehe dort, S. 292 bis 298.

Renate Böschenstein-Schäfer: Hölderlin in der Dichtung des zwanzigsten Jahrhunderts. In: Neue Zürcher Zeitung, 22. März 1970.

Dieselbe: Allegorische Züge in der Dichtung Paul Celans. In: Etudes Germaniques, Hommage à Paul Celan, siehe dort, S. 251—265.

Claude David: *Préambule*. In: Etudes Germaniques, Hommage à Paul Celan, siehe dort S. 239—241.

Hannes Elischer: Koordinaten der Lyrik Paul Celans. Zum 50. Geburtstag des Dichters. In: Neue Literatur, H. 11 (1970), S. 19—21.

Etudes Germaniques, 25. Année, Juillet — Septembre 1970, No. 3, Hommage à Paul Celan, mit Beiträgen von Claude David, Henri Michaux, Renate Böschenstein-Schäfer, Beda Allemann, Philippe Jaccottet, Gerhart Baumann, Jean Starobinski, Bernhard Böschenstein, Peter Horst Neumann; Faksimile von Paul Celans *Lila Luft*; Abdruck von *Todtnauberg* und *Du sei wie Du* und ihren Übersetzungen ins Französische von Jean Daive; Bibliographie der Werke Paul Celans; Liste des poèmes de Paul Celan traduits en français.

Leonard Forster: A Note on Celan's „Todesfuge" and Heine's „Das Sklavenschiff". In: German Life and Letters, N. S., Vol. XXIV, October 1970, No. 1, S. 95 f.

Curt Hohoff: Poesie in Bildgedanken, die die Welt hinter sich gelassen hat. Gedichte aus den letzten drei Lebensjahren von Paul Celan (*Lichtzwang*). In: Kölnische Rundschau, 10. 10. 1970.

Philippe Jaccottet: Aux confins. In: Etudes Germaniques, Hommage à Paul Celan, siehe dort, S. 275 f.

Peter Jokostra: „Ich singe vor Fremden". Gedanken zum Leben und zum Tode Paul Celans. In: Rheinische Post, 26. 9. 1970.

Bernd Kolf: DU SEI WIE DU. In memoriam Paul Celan 1920—1970. In: Karpaten Rundschau 20. 11. 1970.

Hans Mayer: Erinnerung an Paul Celan. In: Merkur 272 (1970), 24. Jg., H. 12, S. 1150—1163; auch in: H. M.: Der Repräsentant und der Märtyrer. Konstellationen der Literatur. Frankfurt am Main 1971, edition suhrkamp 463, S. 169—188.

Henri Michaux: Sur le chemin de la vie, Paul Celan ... In: Etudes Germaniques, Hommage à Paul Celan, siehe dort, S. 250.

Joachim Müller: Paul Celan und sein lyrisches Lebenswerk. In: Universitas, 25. Jg. Oktober 1970, H. 10, S. 1015—1030.

Peter Horst Neumann: Ich-Gestalt und Dichtungsbegriff bei Paul Celan. In: Etudes Germaniques, Hommage à Paul Celan, siehe dort, S. 299—310.

Sebastian Neumeister: (zu Paul Celan). In: S. N., Poetizität. Wie kann ein Urteil über heutige Gedichte gefunden werden? Heidelberg 1970; S. 42—48, 54 f.

Joachim Schulze: Mystische Motive in Paul Celans Gedichten. In: Poetica. Jg. 1970, 3. Bd., S. 472—509.

Petre Solomon: Celan und Rumänien. In: Karpaten Rundschau, 20. 11. 1970.

Jean Starobinski: L'ayant écouté lire. In: Etudes Germaniques, Hommage à Paul Celan, siehe dort, S. 291.

Jürgen P. Wallmann: „Auch mich hält keine Hand". Zum 50. Geburtstag von Paul Celan (am 23. 11. 1970). In: Die Tat, Zürich 21. November 1970); auch in: Universitas 26. Jg. Januar 1971. H. 1. S. 37—47; auch in: die horen. 16. Jg. Ausgabe 83. (1971), S. 79—84.

Karl Krolow: Paul Celan. In: Jahresring 1970/71, S. 338—346.

Otto Basil: Wir leben unter finsteren Himmeln. In: Literatur und Kritik 52 (1971), S. 102—105.

Rudolf Hartung: Aus großer Ferne. Paul Celans nachgelassener Gedichtband *Schneepart.* In: Frankfurter Allgemeine Zeitung, 25. September 1971.

die horen 83, 16. Jg. (1971) widmen einen Teil dieser Nummer Paul Celan, mit Beiträgen von Karl Krolow, Hans Mayer, Arno Reinfrank, Hans-Jörg Modelmayr, Harald K. Hülsmann, Jürgen P. Wallmann, Paul Schallück, Bernhard Doerdelmann (bei den Autoren mit den gesperrt gedruckten Namen handelt es sich um Originalbeiträge); neben dem Abdruck der Ansprache Celans vor dem Hebräischen Schriftstellerverband 1969 und 15 Gedichten Celans, die bis auf die *Todesfuge* hier früher bereits als Erstdrucke erschienen waren.

Alfred Kelletat: (Interpretation von Paul Celan, *Niedrigwasser*). In: Drei Deutungen von Alfred Kelletat. Huchel, Celan, Uhlmann. Fridtjof-Nansen-Haus Göttingen. Hg. Gesellschaft „Internationale Studentenfreunde" E. V., Hamburg o. J. (1971).

Otto Knörrich: Die deutsche Lyrik der Gegenwart 1945—1970. Stuttgart 1971. Kröners Taschenbuchausgabe, Bd. 401; über Paul Celan in dem Kapitel: Nach Dada und Surrealismus; bes. S. 263—272; und passim.

Walter A. Koch: Der Idiolekt des Paul Celan. In: Walter A. Koch (ed.): Varia Semiotica. Series Practica, Band 3. Hildesheim. New York 1971, S. 460—470.

Ernst Kostal: Paul Celan zwischen Nihilismus und metaphysischer Spekulation. In: Literatur und Kritik 52 (1971), S. 105—110.

Walter Kratzer: Paul Celan, *Lichtzwang.* In: Literatur und Kritik 52 (1971), S. 111.

Harald Kyri: Interpretation und Essay. (Interpretation des Gedichtes *Espenbaum* von Paul Celan.) In: Neue Literatur. Bukarest 22 (1971), Nr. 2. S. 106 f.

James K. Lyon: Paul Celan and Martin Buber: Poetry as Dialogue. In: PMLA, Vol. 86, No. 1, January 1971, S. 110—120.

Clemens Podwils: Namen. Ein Vermächtnis Paul Celans. In: ensemble 2. Lyrik Prosa Essay. I. A. der Bayerischen Akademie der Schönen Künste hg. von Clemens Graf Podewils und Heinz Piontek. München 1971, S. 67—70.

Siegbert Prawer: (Anmerkungen zu den Gedichten *Espenbaum, Todesfuge, Die Krüge, Abend der Worte, Tenebrae, Psalm, Tübingen, Jänner, Hawdalah, Ein Dröhnen,*

Einmal). In: Seventeen Modern German Poets. Edited by Siegbert Prawer. Clarendon German Series. Oxford 1971.

Hans Dieter Schäfer: (zu Paul Celan). In: H. D. Sch., Zur Spätphase des hermetischen Gedichts; in: Die deutsche Literatur der Gegenwart. Aspekte und Tendenzen. Hg. Manfred Durzak. Stuttgart 1971, S. 148—169; 154—160.

Peter Szondi: Celan-Studien. Frankfurt am Main 1972. Bibliothek Suhrkamp 330.

René Wintzen: Paul Celan entre Ombre et Lumière. Une grande voix de la poésie allemande. In: Le Monde, 30. avril 1971.

August Stahl: Das „Verzweifelte Gespräch". Kommentar zu Paul Celans Gedicht *Oben, geräuschlos*. In: GRM, NF, Bd. XXII (1972), S. 57—74.

Heinrich Stiehler: Die Zeit der Todesfuge. Zu den Anfängen Paul Celans. In: Akzente, Februar 1972, H. 1, S. 11—40.

Götz Wienold: Die Konstruktion der poetischen Formulierung in Gedichten Paul Celans (1967). In: W. A. Koch (ed.): Strukturelle Textanalyse. — Analyse du récit — Discourse Analysis. Hildesheim. New York 1972. Collecta Semiotica, Bd. 1, S. 208—225.

La Revue de Belles-Lettres 2/1972. Hommage à Paul Celan. Beiträge von Ilse Aichinger, Maurice Blanchot, Yves Bonnefoy, Bernard Böschenstein, Jean Daive, André du Bouchet, Jacques Dupin, Günter Eich, V. Holan, John E. Jackson, Emmanuel Levinas, Rainer Michael Mason, Henri Michaux, Johannes Poethen, Florian Rodari, David Rokeah, Iliassa Sequin, Jean Starobinski, Pierre-Alain Tâche, Claude Vigée.

Nachweise

[1] H. W.: Linguistische Bemerkungen zur modernen Lyrik. In: Akzente 15, 1968, S. 29—47; 39.

[2] Mein Gedicht ist mein Messer. Erweiterte Taschenbuchausgabe. Hg. Hans Bender. München 1961. (Listbücher, Nr. 187), S. 86 f.

[3] Lichtzwang, S. 81.

[4] P. H. N.: Zur Lyrik Paul Celans. Göttingen 1968, S. 15 f.

[5] Atemwende, S. 75.

[6] Atemwende, S. 71.

[7] Schneepart, S. 59; vgl. Bertolt Brecht, An die Nachgeborenen. B. B., Gedichte 1—9, Frankfurt am Main 1960 ff.; Gedichte 4, 1934—1941, S. 143—145.

[8] Hölderlin, Friedensfeier. Hg. und erl. von Friedrich Beißner, Stuttgart 1954.

Karl Riha

HANS CARL ARTMANN

„Wer unter den menschenfressern erzogen, dem schmeckt keine zuspeis, es sei denn, sie hat hand oder fuß“
H. C. Artmann, *Von denen Husaren und anderen Seil-Tänzern,* 1959

Klaus Reichert als Herausgeber eröffnet den 1970 im Suhrkamp Verlag erschienenen Auswahlband *The Best of H. C. Artmann* mit jenem autobiographischen Statement, das Artmann 1964 an den Anfang seines experimentellen Romans *Das suchen nach dem gestrigen tag oder schnee auf einem heißen brotwecken, eintragungen eines bizarren liebhabers* gestellt hat. Es heißt dort: „Meine heimat ist Österreich, mein vaterland Europa, mein wohnort Malmö, meine hautfarbe weiß, meine augen blau, mein mut verschieden, meine laune launisch, meine räusche richtig, meine ausdauer stark, meine anliegen sprunghaft, meine sehnsüchte wie die windrose, im handumdrehen zufrieden, im handumdrehen verdrossen, ein freund der fröhlichkeit, im grunde traurig, den mädchen gewogen, ein großer kinogeher, ein liebhaber des twist, ein übler schwimmer, an schießständen marksman, beim kartenspiel unachtsam, im schach eine null, kein schlechter kegler, ein meister im seeschlachtspiel, im kriege zerschossen, im frieden zerhaut, ein hasser der polizei, ein verächter der obrigkeit, ein brechmittel der linken, ein juckpulver den rechten“ ... usw. usf. die Druckseite hinunter: „glücklich beim schneider, getauft zu St. Lorenz, geschieden in Klagenfurt, in Polen poetisch, in Paris ein atmer, in Berlin schwebend, in Rom eher scheu, in London ein vogel, in Bremen ein regentropfen, in Venedig ein ankommender brief, in Zaragoza eine wartende zündschnur.“ Das Ganze schließt: „Mickey Spillane gelesen, Goethe verworfen, gedichte geschrieben, scheiße gesagt, theater gespielt, nach kotze gerochen, eine flasche Grappa zerbrochen, mi vida geflüstert, grimassen geschnitten, ciao gestammelt, fortgegangen, a gesagt, b gemacht, c gedacht, d geworden. / Alles was man sich vornimmt, wird anders als man sichs erhofft ...“.[1]

Drei Jahre zuvor in Stockholm ausgegraben, erscheint ebenfalls 1964 — also gleichzeitig mit dem Roman — unter dem Titel *Lappländische Reise* Artmanns Übersetzung des Reisediariums *Iter Lapponicum* des schwedischen Naturforschers Carl von Linné, niedergeschrieben zu Beginn des 18. Jahrhunderts, privates Nebenprodukt zum eigentlichen wissenschaftlichen Bericht als Ziel der Forschungsreise. Artmann notiert dazu, Linnés Diarienpoesie sei „ganz und gar ohne jene üble Intention, Dichtung in die Wissenschaft zu bringen", sie wirke „desto stärker durch ihre beinahe zusammenhanglos aneinandergereihten Episoden, Observationen, Gefühlsbeteuerungen und Natureindrücke": „Erstaunliches tut sich auf. Mikrokosmische Abenteuer begegnen uns".[2] In der von Walter Höllerer besorgten Lyrikanthologie *Ein Gedicht und sein Autor,* 1967, greift Artmann auf dieses Diarium zurück und illustriert an ihm die Motivation zu seinem Gedichtzyklus *Landschaften,* der 1966 entstanden ist und — folgt man dem Motto nach Coillte Mac Rónáin — „westwärts gen tara" führt, das bislang keiner „vor mir" erreichte.[3] „Dieses Tagebuch", heißt es jetzt, „ist fetzenhaft, bruchstückartig und unvollkommen. ... Was mich faszinierte, war nicht der behäbige und distanzierende Bericht eines Naturforschers, sondern es waren die strahlenden Momentaufnahmen winziger Dinge, seien sie organischer oder anorganischer, materieller oder sozialer Art: abgesprungene, isolierte Details und im Strahlenglanz ihrer leuchtenden Faktizität. ... Es sind Beobachtungen, nicht feinsinnig, nicht ästhetisierend und exklusiv, sondern handfest und sich berufend auf die groben Tatsachen, denen das Leben gerade in diesem Landstrich unterworfen ist. Linné hat sich Wortlisten zusammengestellt, behelfsmäßige Vokabelsammlungen und alles trägt in sich ein Moment des Surrealen und gleichzeitig eine augenblickshafte Erscheinung des Willens und der Selbstbehauptung, die das einzelne Bild und das isolierte Wort hineinstellt in eine umgreifende Erfahrung. Wir kennen den Begriff vom automatischen Schreiben. Er ist hier nicht anzuwenden. Aber das erzwungene Schreiben unter widerstrebenden Umständen, das rasche Festhalten von Eindrücken hat ein ähnliches Ergebnis. Es sind Vorfabrikate an Worten und Erscheinungsketten, Erfahrungsbrocken, abgegrenzt und in der Abgegrenztheit spontan und versehen mit dem Reiz des Spontanen, den das feinsinnige, langsame Beobachten und Aufschreiben kaum zu erreichen vermag".[4]

Die Konstellation als solche ist aufschlußreich. Der Abriß der eigenen, in den Roman hinübergenommenen Lebensbeschreibung, eine Aufzählung unverbundener, abrupt die Perspektiven wechselnder Details, die sich zu keiner geordneten Chronologie zusammenschließen, findet seine deutende Entsprechung in den Anmerkungen zu Linnés Reisediarium, seinerseits zur Poesie erhoben. Ganz im Sinn dieser Anmerkungen ist H. C. Artmann — 1921 in Wien geboren, der selbst genährten, eine eigene Wirklichkeit beanspruchenden Legende nach aus St. Achatz im Walde gebürtig — erstaunlich auch und gerade in seiner Biographie. Das gelebte Leben ist ein wesentliches Stück Literatur: und alles dann tatsächlich Gedruckte, Lyrik, Prosa, Drama, häufig genug erst viele Jahre nach seiner Entstehung zu Buch gebracht, als Manuskript von Freunden aufbewahrt und ediert, ist sozusagen nur das Abfallprodukt aus einer sehr viel reicheren

Poesie. Das bestätigt unter anderem die *Acht-Punkte-Proklamation des poetischen Actes,* die Artmann schon 1953 verfaßt hat, eine der wenigen theoretischen Auslassungen des Autors: „Es gibt einen Satz, der unangreifbar ist, nämlich der, daß man Dichter sein kann, ohne auch irgendjemals ein Wort geschrieben oder gesprochen zu haben. / Vorbedingung ist aber der mehr oder minder gefühlte Wunsch, poetisch handeln zu wollen".[5] — Andererseits setzt der Roman die Auseinandersetzung mit Linnés Reiseeintragungen längst schon voraus, greift ihre Struktur auf und imitiert sie geradezu. Auch *Das suchen nach dem gestrigen tag* enthält Notizen zu einer Reise; statt nach Lappland führt sie freilich von Malmö nach Paris, Frankfurt/Main, Berlin und zurück nach Malmö. Krude Erlebnisstenogramme, verquere Augenblickseinfälle und einfach Quatsch mischen sich mit poetischen Exposés, Abrissen aus dem Taschenkalender im Kopf und Reminiszenzen einer seitab ausschweifenden Lektüre. Peter Ustinov (der Bärtige), Walter Höllerer (der Virulente), Bazon Brock (der Kopflastige) und Johann Beer (der längst Verstorbene) tauchen auf; darunter mischen sich von Tom Shark bis Donald Duck — „Der einzige mensch, der es heutzutage noch versteht, ordentlich die welt zu betrachten, ist Donald Duck"[6] — fast alle Haupt- und Magenkerle der Groschenheft- und Comic-strip-Poesie der letzten dreißig, vierzig Jahre, aufgegriffen und verarbeitet durch eine assoziative Phantasie, in der, kapriziert man sich auf historische Beispiele, Fischart, Jean Paul und Nestroy zugleich anwesend sind. In immer wieder eingestreuten kapriolesken Sprach- und Wortketten, Namenslisten und Satzreihen voll Laut- und Klangeffekten kommt es zu den kuriosesten Sinn- und Witzkonstellationen, die in etwa demselben Gesetz unterliegen, das Artmann am *Iter Lapponicum* herausgestrichen hatte und unter das er seine eigene Biographie gestellt sah, wenn er resümierte: „a gesagt, b gemacht, c gedacht, d geworden. / Alles was man sich vornimmt, wird anders als man sichs erhofft ...".

Wie viele phantastische Realisten oder realistische Phantastiker ist auch Artmann kein Theoretiker, Analytiker oder Poetiker, der sich erst mit Programmen Luft schaffen müßte; neben der genannten *Acht-Punkte-Proklamation* und den im Auszug zitierten Anmerkungen zu Linné sind lediglich noch ein *Manifest* gegen die Wiederaufrüstung in Österreich, gegeben am 17. Mai 1955 in Wien, und zwei kurze Aufsätze über Wieland Schmied und Federico Garcia Lorca — *Totenklage um den gefallenen Freund* — zu nennen: Schmied wird denen zugerechnet, „die in die moderne deutschsprachige poesie wieder den gegenstand und die person eingeführt haben. ich glaube in seinem gedichtband *landkarte des windes* findet man nicht mehr als sieben oder acht sätze, die eine abstrakte aussage haben. was er gibt sind beobachtungen, erfahrungen, erweiterungen"[7]; an Lorca wird „urtümliche Erdverbundenheit" und das Vermögen hervorgehoben, „die feinsten Regungen der menschlichen Seele spielerisch zu erfassen".[8] — Vielmehr gilt: Artmann sprengt Literatur, indem er sie gradweg adaptiert.

Dabei zielt er von Beginn an auf unterströmige und vergessene oder nie eigentlich ins allgemeinere Bewußtsein gelangte literarische Traditionen ab und hebt sie herauf, als habe es nie einen Riß gegeben. Hier liegt ein wesentlicher Grund dafür, daß Artmann dann doch — eben durch sein Werk — stark programmatisch wirken konnte.

Artmanns erste Veröffentlichungen — in der Hauptsache Gedichte und kurze Prosastücke, Greguerias nach spanischem Vorbild — erscheinen zu Beginn der fünfziger Jahre in der von Andreas Okopenko hektographiert herausgegebenen Zeitschrift *Publikationen einer Wiener Gruppe junger Autoren* und im Organ des Theaters der Jugend, der Zeitschrift *Neue Wege*. Die frühesten, nach 1945 entstandenen, mit dem Pseudonym Ib Hansen gezeichneten Verse — erstveröffentlicht in dem Sammelband *Ein lilienweißer brief aus lincolnshire, gedichte aus 21 jahren*, 1969, ediert von Gerald Bisinger — stehen im Bann der Naturlyrik, wie sie nach dem Zweiten Weltkrieg in der deutschen Literatur dominiert. Aber sehr rasch kommt es zu einer ersten und nie wieder aufgegebenen Rezeption des europäischen Surrealismus und in ihrem Zug zur Wiederentdeckung auch anderer avantgardistischer Literaturansätze der deutschen und europäischen Moderne seit etwa 1900, die in den Zeiten des nationalsozialistischen Literaturatavismus zugeschüttet worden waren. Gerhard Rühm bemerkt dazu anläßlich der Aktivitäten der sogenannten *Wiener Gruppe*, jener Wiener Literatengruppierung, die sich nach 1952 aus dem Autorenkreis der *Neuen Wege* unter starkem Einfluß Artmanns bildete: „Schnell wurde deutlich, daß die Mehrheit wohl vieles gegen die nazistische Kriegspolitik, aber im Grunde nichts gegen die ‚gesunde' Kulturpolitik einzuwenden gehabt hatte. Jetzt, da man der ‚entarteten Kunst' wieder offen begegnen konnte, erregte sie die Gemüter oft zu Handgreiflichkeiten. ... Holz, Scheerbart, Carl Einstein, Stramm, Schwitters, Nebel, Behrens, Raoul Hausmann, Serner, Arp, Gertrude Stein — das waren die Dichter, die, sofern überhaupt bekannt, kaum zur Kenntnis genommen und als zurecht verschollene Außenseiter abgetan wurden. Für uns repräsentierten sie die aufgefundene, eigentliche Tradition, der sich unsere Bestrebungen organisch anschlossen".[9] — Als spektakulären poetischen Primärakt veranstaltet die Gruppe am 22. August 1953 eine makaber-feierliche Prozession durch die Straßen Wiens; an markanten Stellen der Stadt werden Passagen aus den Œuvres von Charles Baudelaire, Edgar Allan Poe, Gérard de Nerval, Georg Trakl und Ramón de la Serna im Original rezitiert.

Von den Anregungen, die Artmann in die Gruppe einbringt, geben die späteren Berichte ihrer Mitglieder — Gerhard Rühms, Konrad Bayers, Oswald Wieners — ein anschauliches Bild; sie reichen von unterschiedlichsten Anwendungen der Sprach- und Textmontage (anfangs abgezogen aus den Beispielen und Sprachübungen eines *Lehrbuchs der böhmischen Sprache* aus dem 19. Jahrhundert) über die ‚poetischen Gesellschaftsspiele' der Stilimitation zum bewußten Einbeziehen des Dialekts, letzteres deshalb von besonderem Gewicht, weil eben durch solche moderne Dialektpoesie erstmals ein breiteres Publikum — auch außerhalb Wiens — auf die Gruppe aufmerksam wurde. Artmanns erste Buchpublikation überhaupt ist der Mundartgedichtband *Med ana schwoazzn dintn, gedichta r aus bradnsee,* 1958; 1959 folgt der Gemeinschaftsband *Hosn rosn baa* mit Texten von H. C. Artmann, Gerhard Rühm und Friedrich Achleitner. Hinzu kommt die Hinwendung zum ‚schwarzen Humor' als Hang zum Makabren und irrlichternd Traumhaften, am deutlichsten ausgeprägt in Artmanns *Blaubart*-Moritaten:

i bin a ringlgschbüübsizza
und hob scho sim weiwa daschlong
und eanare gebeina
untan schlofzimabon fragrom ...

heit lod i ma r ei di ochte
zu einem libesdraum —
daun schdöl i owa s oaschestrion ei
und bek s me n hakal zaum! (10)

Als Teil des Unbewußten, argumentieren die Wiener, sei der Dialekt bislang von den Surrealisten so gut wie unterschlagen worden. Der vulgäre Habitus des Dialekts sprengt das Zelebrale der Hochsprache, zieht niederstes und gewöhnlichstes Sprachgut in die Dichtung ein, gibt aber zugleich einem höchst artifiziellen Kunstwillen seinen Spielraum. Der phonetischen Notation, die das konventionelle Alphabet benutzt, dient nämlich der Dialekt nur als Vorwand: die exotischen Schriftbilder wollen die Aufmerksamkeit des Lesers auf jedes einzelne Wort lenken, die kuriosen Buchstabengebilde aber verrätseln das Wort und rauben ihm seine Vertrautheit. Obwohl er schließlich das Maskenspiel von Naivität und Raffinesse durchschaut, bleibt der Leser befremdet. Es genügt, auf Schreibungen wie „daschlong" (‚erschlagen'), „finztare" (‚finstere'), „ringlgschbüü" (‚Ringelspiel') und „kölaschdiang" (‚Kellerstiege') oder die Bilder wie „heit brennan ma keazzaln / in bumpadn bluad" (‚heut brennen mir Kerzen / im pochenden Blut') und „do reit me a koischwoazza kefa" (‚da reitet mich ein kohlenschwarzer Käfer') hinzuweisen.

Die Dramen — 1969 im Luchterhand Verlag unter dem Titel *Die Fahrt zur Insel Nantucket* aus entlegeneren Zeitschriften und verstreuten Manuskripten gedruckt, einiges bleibt verschollen, anderes, so das von Artmann selbst sehr geschätzte Stück *Der Tod eines Leuchtturms,* tauchte erst nach der Drucklegung auf — reichen zu gutem Teil in die Phase experimenteller Lyrik und damit in die gemeinsam mit Konrad Bayer, Gerhard Rühm, Friedrich Achleitner und Oswald Wiener betriebenen Aktivitäten der *Wiener Gruppe* zurück, wie sie in dem von Rühm herausgegebenen, im Rowohlt Verlag erschienenen Sammelband *Die Wiener Gruppe, Texte, Gemeinschaftsarbeiten, Aktionen,* 1967, dokumentiert sind. In den Arbeiten fürs Theater sind es Formen der Trivialdramatik wie Kasperlspiel, billiger Schwank, Zauber- und Gruselposse oder amerikanische Soap Opera, denen Artmann zur Literatur verhilft. Die letzten Stücke fallen ihrer Entstehung nach zeitlich in etwa mit dem Reisetagebuchroman *Das suchen nach dem gestrigen tag* zusammen, mit dem Artmann, als von ‚Pop' in Deutschland noch kaum jemand sprach, zum ersten Vertreter einer deutschen ‚Pop'-Literatur avancierte. 1964 zerfällt die *Wiener Gruppe*, aus der Artmann — 1962 von Wien nach Malmö, von dort 1964 nach Berlin übergesiedelt, seit 1968 ohne festen Wohnsitz, also auf Reisen — schon 1960 ausgeschert war.

Soviel macht die Lektüre sofort deutlich: im Vergleich mit dieser Dramensammlung müssen die Versuche zu einem absurden Drama à la Eugène Ionesco und Samuel Beckett, die sich in der nachkriegsdeutschen Literaturszene vor allem mit dem Namen Wolfgang Hildesheimers verbinden, noch konstruierter und blutleerer erscheinen, als sie es ohnedies immer waren, als dürre Parabeln, allzuleicht dechiffrierbare Metaphern, seichte Gesellschaftskritik. — ‚Pseudodrama' (*Opfer der Pflicht*), ‚Tragische Farce' (*Die Stühle*) oder einfach schlicht ‚Anti-Stück' (*Die kahle Sängerin*) heißen bei Ionesco die Untertitel. Artmann repliziert mit Anmerkungen zu „Zeit" und „Ort" seiner Stücke wie „nach dem spezialkalendarium des herrn von glonnensaltz ... kleidung fantasiehistorisch" (*Aufbruch nach amsterdam*), „unter einer imaginären gulden- & kronenwertung" (*Kein Pfeffer für Czermack*) oder „kleinstadt im königreich mohawk" (*Die schwalbe*), die anzeigen, daß wir uns im poetischen Imaginär und nicht in einer wie immer abgelichteten Wirklichkeit befinden, denn: „hier sehen sie, was sie noch nie gesehen haben und auch nie sehen werden".[11] Im Gegensatz zum Lehr- oder Dokumentartheater übertreiben der Franzose und der Österreicher Theater als Illusion: sie locken den Zuschauer auf die Bühne, ködern ihn mit allen Mitteln der Bühne, um ihm den Boden unter den Füßen wegzuziehen und ihn in eine rotierende Drehscheibe zu werfen, — auch eine Art ‚Verfremdung'! Was sich jedoch bei Ionesco als tragischer Spott artikuliert, der aus der Erkenntnis der Sinnlosigkeit abgeleitet ist, in die alle ‚Wesen' hinausgestoßen sind, hebt sich bei Artmann ins Pantomimische und streift damit das hochgestochene existenzialistische Moment ab. Mehrere der Stücke haben ‚caspar' zum Helden; das allein bewahrt schon davor, daß die Marionettendrähte abreißen. Andere Stücke wiederum unterbrechen sich oder enden, laut Regieanweisung, mit „applaus" und „frenetischem applaus" vom Tonband. Wenn Artmann Uraufführungen seiner Stücke mit den Filmstars Robert Hossein (als ‚attila'), Fernandel (als ‚ein roß') und David Niven (als ‚männl. löwe'), mit Romy Schneider (als ‚chaperon rouge') und Audrey Hepburn (als ‚weibl. okapi') fingiert, gibt er ihnen — durch die Parodie hindurch — das Air von Produktionen aktueller Unterhaltungsindustrie: die Illusion saugt eben all das, was auf der Straße liegt, was auf der Kinoleinwand flimmert oder aus der Schlagermusikbox tönt, in sich auf. „Daß doch die weisheiten trivial sein müssen!", lautet ein bezeichnender Dialog zwischen ‚Mumie' und ‚Herr' in *Prognose für den nachmittag* (Konrad Bayer gewidmet): „trivial, aber wunderbar!" / „das wunder im trivialen ...!" / „das mirakel der nebensächlichkeit!" / „WIR VERSTEHEN UNS!". Und: „wahrhaftig! man sollte alles aufschreiben!!".[12]

Donald Duck, Primus von Quack und Daniel Düsentrieb sitzen mit im Parterre. Während ein Trupp sindbadischer Verschlagener (Jake Sindbadi persönlich, ein Philatelist, ein Datumsstempel, Speedy Gonzales, ein legendärer Murphy und ein ebensolcher Bigelow, so im Einminutenstück *Postmens reunion*) auf einsamer Insel den nächsten Postdampfer erwartet, der's dann auch tatsächlich „ist", erfahren wir, wo zur selben Zeit Superman sich herumtreibt: er jagt im Kongo die listige Nazar und ihre Amazonen, blutdürstige Adepten der Göttin Shan. Das Spektrum der Stoffe, das solche frappierenden Simultaneitäten ermöglicht, reicht von den Stereotypen der Comedia dell'arte zum Horror-strip mit Dracula, dem wiederum die alt- und allbekannte *Rotkäppchen*-story sich entpuzzelt. Dies und das geht ins Kriminal- und Menschenfresserfach, in Pantomime, Mysterium und Chinoiserie oder zielt — *Kein Pfeffer für Czermack* — auf ein „Votivsäulchen für das Goldene Wiener Gemüt". Die jeweiligen Motti zitieren eine tatsächliche oder erfundene Weltliteratur von Lord Chesterfield über ‚alte Ballade' und ‚abraham von wil, 1503' zu den ‚erinnerungen' des Achatz de Brandebourg. Unter den Akteuren finden wir die Detektive Holmes und Maigret, einen Pompefüneberer, Präsident Lincoln, „welcher aber nicht auftritt", Krokodile, Jules Verne, den Riesen Sassafras, gute und boshafte Engel, die Herren Löffler, Gabler und Schlucker, Cleovigildo Rex und Ursaw von Glonnensaltz, Colombinen, Pierrots, Pulcinellen und Pimpinellen, ferner: eine mittlere Brechstange, eine seidene Taschenstrickleiter, eine sechsschüssige Pistole und selbstverständlich den Autor selbst, zum Beispiel als H. C. Bronislavio oder Venceslao García Artmann, „auf jedes datum verstellbar".

Ein solcher Aufriß des Personals quer durch die Dramen gibt eine ungefähre Vorstellung von den Effekten im Detail, von den irrlichternden Überraschungen, die an jeder Dramenecke lauern. Die Transponierung ins Groteske und Exotische — aufzufassen als Komplementärvorgang zur Rückbindung des Grotesken an vorgefundene Trivialität und Konsumkulturfertigware — ist ein durchgehender Grundzug. Handlung wird so zur Kette von Verwandlungen, wobei ‚Verwandlung' immer mehr ist als Kleidertausch, den's sicher auch gibt wie alle Slapstickgags aus frühen Stummfilmzeiten. Als würden in rascher Folge bis dahin unsichtbare Klappen weggezogen, werden wir in stets neue, verwirrende und verwirrendere Schichten des jeweiligen Sujets eingeführt, sitzen wir in einer Art Panorama, in dem grell belichtete Bilder Revue passieren und sich farbig überschlagen; dann aber wird wieder plötzlich das Licht ausgeschaltet, wir finden uns im

Dunkel, desillusioniert, vor den Kopf getippt, gezwungen, die gerade gewonnene Perspektive zu wechseln: Totes zwinkert mit dem Auge und grimassiert burlesk, Lebendiges erstarrt spaßig als Grusel.

Hinzu kommen die genannte Nestroysche Sprachhand, ein immenses, präzis imitatorisches Sprachvermögen und eine an Träumen geschulte exzentrische Kombinatorik, die jedoch stets — wie Peter O. Chotjewitz im Vorwort zur *Fahrt zur Insel Nantucket* richtig bemerkt — artmannesk bleibt. Das heißt: ihr hervorstechendes Merkmal ist, daß sie nichts außer sich selbst ist. Sie schafft sich ihre eigenen Bedingungen selbst, wie es — als Satzinhalt wie als Satzform — unser vorangestelltes, dem Prosaband *Von denen Husaren und anderen Seil-Tänzern*, 1959, entnommenes Motto vorführt, wonach eben dem, der unter Menschenfressern groß geworden, keine andere Zuspeis bekommen will, sie habe denn „hand oder fuß“. Die Zuspeis, von der da die Rede ist, ist nur die Spezifikation der ausgesparten Hauptspeis, die sich aber bei den Anthropophagen von selbst versteht: auch bei der Beilage bleibt der Menschenfresser — auf seinen Namen festgenagelt — „menschenfresser“. Doch mit der Redensart „hand und fuß“, auf die der Satz hinausläuft, entsteht eine ironische Brechung, die die Feststellung von hinten her aufrollt und unter die Botmäßigkeit der übertragenen Bedeutung zwingt. Der Sinn changiert: der Witz liegt ganz in der Sprache und verlöre sich, wollte man ihn mit anderen Worten zu umschreiben versuchen. — Dazu Chotjewitz: Artmanns Stücke „beschreiben oder illustrieren nicht Sachverhalte, Geschehnisse, Philosopheme, die außerhalb ihrer selbst liegen. . . . Die Stücke handeln von Wirklichkeiten, die es nur innerhalb dieser Stücke gibt, oder anders ausgedrückt: Die Dimensionen, von denen die Stücke handeln, sind mit den Dimensionen der Stücke identisch. Das ist nicht üblich“.[13]

Welcher Konvenienz auch die vorgefundenen Materialien sein mögen, die Artmann in seinen Dichtungen beizieht, sie kommen in seiner Umarmung um. Mit dem Motto des frühen Stücks *Nebel und blatt*: *für diesen frühling 55* kann man von der „patagonischen perspective“ reden, unter die alles gerät: „wol der reihe nach eingeordnet und seinem natürlichen zwecke entsprechend.“ Damit erhält das Dracula-Motiv über die bloß inhaltliche Entsprechung hinaus, die es beispielsweise in einigen der Dramen, den parodierten Kinderliedern *Allerleirausch*, 1967, oder in der szenisch-dramatischen Aufführung des dann von Uwe Bremer illustrierten und 1966 im Berliner Rainer Verlag herausgebrachten *Dracula Dracula, ein transsylvanisches abenteuer* hat, seinen tieferen poetischen Sinn. Wie der gräfliche Vampir läßt auch Artmann hinter sich zurück, woraus er eben noch sein Blut gezuzelt hat, und schwingt sich, ein fledermausflügliger Aviatiker, im Zickzackkurs davon. — Überflüssig der Hinweis, daß sich der konkrete Rekurs auf Bram Stokers *Dracula* ereignet, lange bevor es in der gegenwärtigen Literaturszene (siehe *Bibliothek Dracula* im Hanser Verlag und *Biblio-*

thek des Hauses Usher im Insel Verlag) zu einem Boom in Dracula- und Vampir-Literatur gekommen ist.

Anläßlich der Wiener Mundartgedichte — besonders mit Blick auf die beiden *blauboad*-Balladen und Verse wie „heit brennan ma keazzaln / in bumpadn bluad" oder „do reit me a koischwoazza kefa ...!" — spricht Friedrich Polakovics von Bereichen eines Humors, „der gewiß nicht im deutschen Sprachraum zuhaus ist." Die „makaber-flackernde Vorlust des Lustmörders" und das „rituell-Weihevolle"[14] dieser Moritaten finden in den Dramen mannigfache Entsprechung, am deutlichsten in *Kein Pfeffer für Czermack* und dort in der Figur des grausen Greißlers in seinem Altwiener Gewölb. — Als Beispiel jedoch ein Stück, in dem sich der schwarze Humor stärker spaßhaft variiert, also mehr im Sinn einer Berufung auf den „philosophisch-menschlichen Don Quijote" als auf den „satanistisch-elegischen C. D. Nero", die nach der *Acht-Punkte-Proklamation* „zu den verehrungswürdigsten Meistern des poetischen Actes zählen"[15]; zugleich ein gutes ad oculos für den typischen Ablauf einer Artmannschen Zauber- und Verwandlungskomödie, wie sie dann aber auch in der Prosa, etwa in Erzählungen des jüngst erschienenen Geschichtenbandes *How much, Schatzi?*, 1971, ihre Entsprechung findet. Die Posse *Fauler zauber in schwarzafrica*, laut Drucknachweis 1963 in Malmö abgefaßt, laut Auskunft des Autors am 24. April 1922 im Theatersaal der ‚British Legion' in Ramsay, Hunt., England uraufgeführt, entwirft eine „tarzanische" Urwaldszene. „Vor einem immensen affenbrotbaum befinden sich auf einer winzigen lichtung, die jedoch der einfallenden sonne genügend spielraum bietet, vier schlafende personen: cecil rhodes in victorianischem africadress, ein überaus hübsches weibl. okapi, florence nightingale in chicer, wenn auch etwas puritanischer schwesterntracht, sowie ein stark schnarchender männl. löwe mit tropenhelm und wickelgamaschen." Unter dem gemischten Viergespann kommt es zu folgendem Dialog:

cecil rhodes: ich bin ein mann namens cecil rhodes ...
weibl. okapi: ich bin ein mädchen namens weibl. okapi ...
nightingale: ich bin eine frau namens florence nightingale ...
männl. löwe: ich bin ein bursche namens männl. löwe ...
cecil rhodes: ich möchte ein mädchen namens weibl. okapi sein ...
weibl. okapi: ich möchte ein mann namens cecil rhodes sein ...
nightingale: ich möchte ein bursche namens männl. löwe sein ...
männl. löwe: ich möchte eine frau namens florence nightingale sein ...

Den gewünschten Veränderungen unter die Arme zu greifen, stellt sich, verkleidet als „zauberer aus matabeleland", Jules Verne ein und verspricht, gegen „hundert amerikanische greenbacks" den Identitätstausch zu arrangieren. Zu diesem Zweck hält der Scharlatan jedem der vier einen Spiegel vors Gesicht, doch alle miteinander sind auf einmal wieder mit sich zufrieden.

alle vier: ja, das sind wir! fabelhaft! fantastisch! exquisit! kolossal das!

Dann geht's ans Zahlen. Cecil Rhodes greift als erster in den Hosensack, muß aber verblüfft konstatieren:

cecil rhodes: verdammt, ich vermisse ein ding an mir, das ich als mann namens cecil rhodes nicht vermissen sollte!

Reihum wiederholt sich derselbe Befund! Das weibl. Okapi (dargestellt, wie gesagt, durch Audrey Hepburn) kneift erschrocken die weißfelligen Hinterschenkel zusammen:

weibl. okapi: verflixt, ich fühle ein ding an mir, das ich als mädchen namens weibl. okapi nicht fühlen sollte!

Jules Verne, durchaus überrascht, daß so etwas möglich sein soll, überläßt die angerichtete Bescherung sich selbst und flieht, schon das nächste Opfer, das nächste potentielle Zwitter-Quartett im Auge:

jules verne: sapprelotte! ein engländer, ein russe, eine livländerin und eine krankenschwester! mesdames & messieurs, ich vermute, sie gehören zu der crew des schottländers james mac boston, dessen umwerfende erkenntnisse in der paläontologie die fälschlichen annahmen des aeronautical club etc. etc. (16).

— Eine Lieblingsvokabel Artmanns, dem Verschiedensten angeheftet, nicht zuletzt der eigenen stilisierten Erscheinung, ist „martialisch".

Zum Scherz, der mit Entsetzen getrieben wird (und umgekehrt), gehört aber auch und erst recht das Publikum. Ein „sehr zu verzehrendes" ist es nach den Worten der schwarzen Köchin — ein Jahr nach dem Erscheinen des *Blechtrommel*-Romans von Günter Grass konzipiert, der ja ebenfalls mit der Apotheose einer schwarzen Köchin aufwartet — in *Die hochzeit caspars mit gelsomina.* Caspar soll der Tochter des Menschenfressers Sapristi di Mangiatutti angetraut werden; sozusagen als Vorgeschmack auf die Leckereien der Hochzeitstafel verrät die saubere Küchenfee in einem ausgedehnten Vorabmonolog den „anwesenden damen", nach welchen Rezepten sie heute noch einen „frischgefangenen installateur mit bratwurstfülle" und, zweiter Gang, einen „gefüllten handelsvertreter auf fein bürgerliche art" zubereiten wird: „ein mittelgroßer handelsvertreter wird sauber enthaart und ausgenommen. dann salzt man ihn ein . . .".[17] — Vertrackter noch! Unter Kanonendonner, Geigenmusik, *Wien, Wien, nur du allein,* Maschinengewehrgeknatter, Herbststürmen und unter ständigem Geklingel der Registrierkassa löst sich zu Schluß der Kaffeehaustragikomödie *Erlaubent, Schas, sehr heiß bitte, ein gleichnis* die süße Kellnerin Stephanie („Ui, die menschenfresserin, hilfe!") aus den Armen ihres Hitlerdolferls und konstatiert: „Die welt ist aus den angeln . . .". An die Rampe vortretend — Aufforderung zum Tanz, noch einmal Hinweis auf das mörderische Vergnügen dieser ‚Welt der

Phantasie', Maskenspiel, absurde Zumutung, echte Herausforderung — ruft sie ins Parkett: „Will mich denn keiner pempern? Ich bin die Nubierin aus Präuschers panoptikum!" / „Vorhang".[18]

Der enge Konnex zwischen eigener poetischer Produktion und Übersetzertätigkeit Artmanns beschränkt sich nicht auf die nachgewiesene Parallelität zwischen *Das suchen nach dem gestrigen tag* und Linnés verdeutschtem *Iter Lapponicum,* die den Ausgangspunkt unserer Anmerkungen bildete, sondern findet auch sonst ihre Entsprechung. Grundlage dieser Übersetzertätigkeit sind außerordentlich breit gestreute Sprachkenntnisse, die Artmann im wesentlichen vor dem eigentlichen Beginn seiner literarischen Arbeit gewonnen hat, sicher ein Phänomen, da es sich hier ausschließlich um autodidaktische Erwerbungen handelt: „Was treibt einen Hauptschulabsolventen zu den Sprachen und Wörtern? Ohne auch nur eine einzige Klasse Oberschule, Abendkurse oder sonstige sogenannte Fortbildung?".[19] Unter dem Stichwort ‚Sprachen die er spricht bzw. liest' stellt Klaus Reichert im Nachwort zu *The Best of H. C. Artmann* heraus: „arabisch, bretonisch, chaldäisch, dalmatinisch, estnisch, finnisch, georgisch, huzulisch, irisch, jütländisch, kymrisch, lettisch, malayisch, norwegisch, ottakringisch, piktisch, qumranisch, rätoromanisch, suaheli, türkisch, urdu, vedisch, wendisch, xuatl, yukutanisch, zimbrisch"[20]; einigermaßen von selbst verstehen sich die Sprachen, aus denen Artmann tatsächlich übersetzt hat: dänisch, englisch, französisch, gälisch, jiddisch, niederländisch, schwedisch und spanisch.

Vor der Übertragung des *Iter Lapponicum* liegen *Der Schlüssel des heiligen Patrick, religiöse dichtungen der kelten,* 1959, und die des *Abenteuerlichen Buscón* Francisco de Quevedos, 1963, die im Zusammenhang zu sehen ist mit Artmanns eigenem, barock stilisiertem, schon 1959 veröffentlichtem Abenteuerbuch *Von denen Husaren* und ähnlichen, Fragment gebliebenen oder verloren gegangenen Entwürfen wie *Der aeronautische Sindtbart, Seltsame Luftreise von Niedercalifornien nach Krain* und *Die Abenteuer der Robinsonia, ihre Reisen, Fluchten, Gründungen und Eroberungen.* Nach 1964, sicher dadurch mitbestimmt, daß es für die angehäuften oder gerade im Entstehen begriffenen eigenen Dichtungen immer noch nicht genügend verlegerisches Interesse gab, reihen sich in rascher Folge — allesamt für die Verlage Insel, Suhrkamp, Merlin und Walter — Verdeutschungen der *Balladn* und Lieder François Villons, zu Jazz von Fatty George in Wiener Mundart, also in Anlehnung an die Mundartgedichte der *Schwoazzn dintn* und deren Programmatik, auf die Schallplatte gesprochen von Helmut Qualtinger, 1964, der *Nonsense-verse* Edward Lears, 1964, jiddischer Sprichwörter unter dem Titel *Je länger ein blinder lebt, desto mehr sieht er,* 1965, Tage Aurells *Martina,* 1965, Daisy Ashfords *Junge Gäste oder Mr. Salteenas Plan,* 1965, Daisy und Angela Ashfords *Liebe und Ehe u.a.,* 1967, und lappländischer Mythen und Überlieferungen, überschrieben *Mein Erbteil von Vater und Mutter,* 1969. Die jeweiligen Übersetzungsobjekte fixieren sehr genau

Positionen, zwischen denen Artmanns eigene Poesie schwingt; sie haben somit Indizcharakter. Wie auf die Lyrik Artmanns die Heraldik der keltischen Gebetstexte, ihre kühle Geometrie, der stets aus der Sprache geborene und dennoch konkret satirische Nonsense Lears und die der Widerwärtigkeit der Zeit abgetrotzten, kraftvoll sich behauptenden Gesänge Villons ein nicht nur bezeichnendes, sondern wirklich erhellendes Schlaglicht werfen, so haben für die Prosa — neben Quevedos Schelmenroman mit seiner Neigung zum Grotesken und Verzerrten — Daisy Ashfords naiv überdrehte Absurditäten und die fremdartig-ursprünglichen Vorstellungen, wie sie in den Märchen und Sagen aus Lappland zutage treten, durchaus Koordinatenfunktion.

Neben die Beherrschung fremder Sprachen, neben das Denken in fremdsprachlichen Assoziationen und Bildvorstellungen, das auch in Artmanns eigenen Texten stets präsent ist und dem das Erfinden neuer, niedagewesener Sprachen korrespondiert (man vergleiche ähnliche Bestrebungen bei Paul Scheerbart, Christian Morgenstern und Raoul Hausmann), gehört gleichrangig die Beherrschung fremder, fremd gewordener oder noch gar nicht abgesteckter poetischer Formen. Das Buch *Von denen Husaren* beschließen *Vergänglichkeit und Aufferstehung der Schäfferey, XXV Epigrammata in teutschen Alexandrinern gesetzet* von Hieronymo Caspar Laertes Artmano, „weiland Obrister im Regimente Estanislao V. / Landgrafen zu Camprodón & Gurck". Verse wie

so laß dir reichen dar mein frisch gemetzelt hertze /
greiff zu / so lang es raucht & dampfft gibt es dir lust /
greiff nach der blutgen banck / die itzt mir ist die brust /
& treib dein scharlachspiel mit meiner trauer schwärtze ... (21)

vermögen gleichgearteten und aus einer ähnlichen Fiktion herausgetriebenen Versen bei Arno Holz durchaus standzuhalten; wie im *Daphnis* des Arno Holz ist die Anlehnung an barocke Verskunst nicht rein rückwärtsgewandt, bloß imitierend oder reproduzierend, sondern verbindet sich der poetischen Neufindung, dem Experiment. Dasselbe gilt für Poesien im Geiste *Böser formeln* und *Lieder zu einem gutgestimmten hackbrett, Treuherziger kirchhoflieder, Zaubersprüchlein* oder *Persischer quatrainen, ein kleiner divan,* alles Titel von Gedichtzyklen, Unterposten der Gedichtsammlung *Ein lilienweißer brief aus lincolnshire.* „Meinem lieben vater" gewidmet, der als selbständiger Schuhmachermeister in der Wiener Vorstadt Breitensee ansässig war, machen sich die Prosaskizzen *Fleiß und Industrie,* 1967, an alten Schaubüchern fest, die das Leben und Treiben von Handwerksständen vorführen, unterlaufen aber das Idyll, indem sie das ursprüngliche Muster in seine Klitterung auflösen; die Struktur der Texte ist mithin Wiederherstellung und Verlust des Emblems zugleich. — Am weitesten in experimentelles Neuland prellt Artmann in den 1954 abgefaßten Gedichtzyklen *Invenciones / inventionen, Verbaristische Szenen, Sieben lyrische verbarien, Erweiterte Poesie, Imaginäre gedichte* und *Böse Formeln* vor; ihnen entsprechen unter den Dramen Stücke wie *Die Fahrt zur Insel Nantucket,* Titelstück der gleichnamigen Sammlung, *Nebel und blatt* oder *Das los der edlen und gerechten.*

Nicht unterschlagen werden darf schließlich die Rolle, die Artmann im zeitgenössischen literarischen Leben spielte und spielt. Der Poetik und Poesie entsprechend, die er verficht und als Figur verkörpert, und unter Anrechnung der Tatsache, daß wesentliche Trends der deutschen Literatur der Gegenwart durchaus in andere Richtungen laufen, handelt es sich um eine zwar beschränkte, trotzdem aber wirkungsvolle Rolle. Von der zentralen Bedeutung, die Artmann innerhalb der literarischen Zirkelbildung im Wien der fünfziger und frühen sechziger Jahre hat, war andeutungsweise die Rede; nicht zur Sprache kam, daß Artmann in diesem Zeitraum nicht nur als „Gewürz und Katalysator", wie Andreas Okopenko es einmal formuliert, Gewicht gewinnt, sondern auch als Arrangeur und Organisator. 1957 übernimmt er für zwei Nummern die Redaktion der Zeitschrift *Publikationen einer Wiener Gruppe junger Autoren,* nachdem er bereits 1953/54, seinerseits nicht unvorbereitet, dem Rückzug der jungen Wiener Literatur in die *Katakombe* vorangezogen war, anzusehen als Versuch, in der ausweglosen kulturpolitischen Situation Wiens ein geeignetes unkonventionelles Publikationsmittel zu schaffen: der vier Stockwerke unter der Ballgasse liegende, mit dem Labyrinth der Wiener Katakomben verbundene Keller diente zu Lesungen, Konzerten, makabren Festen und Aufführungen unterschiedlichster poetischer ‚Acte'. Früh tauchen im Umkreis Artmanns Friederike Mayröcker und Ernst Jandl auf, die nicht eigentlich der *Wiener Gruppe* zugehören; so übergreift Artmann diese und andere Gruppierungen, die er initiiert oder wesentlich mitinitiiert. Diesen breiten Einfluß vergleicht Wieland Schmied dem Ezra Pounds in London bei Anbruch des Ersten Weltkriegs. — Nach 1964 in seiner Berliner Wohnung veranstaltet Artmann Lesungen im privaten Zirkel, zum Beispiel für Hans Christoph Buch, den damals, selbst in Berlin, noch kaum jemand kannte; mit seiner Aufführung von *Dracula Dracula,* 1966, auf dem Dach des Berliner Europa Centers gehört der Wiener in die frühe deutsche ‚Happening'-Szene. Zu erwähnen bleibt schließlich, ebenfalls als herausgegriffenes Faktum, das jüngst erschienene, von Artmann herausgegebene Magazin *Detective,* 1971, das eben in seinen Mitarbeitern Hans Christoph Buch, Peter O. Chotjewitz, Günter Bruno Fuchs, Andreas Okopenko, Klaus Reichert, Hannes Schneider, Urs Widmer, Wolf Wondratschek u. a. einen Kreis von Autoren ausbietet, die Artmann nahestehen, für die Artmann früh eingetreten ist und die, umgekehrt, für Artmann sich eingesetzt haben.

Unter anderem sicher auch der Tatsache Rechnung tragend, daß ein ansatzhafter Überblick über das literarische Schaffen wohl erst in den letzten Jahren überhaupt möglich geworden ist, daß zahlreiche Werke in kleinen avantgardistischen Zeitschriften und Verlagen publiziert sind, setzt die literaturkritische und literaturwissenschaftliche Beschäftigung mit H. C. Artmann verhältnismäßig spät ein oder steht überhaupt noch aus. Ich beschränke mich deshalb abschließend auf die Urteile einiger ihm Nahestehender, die zwar dem Vorwurf der Voreingenommenheit ausgesetzt sind, aber doch, wie ich meine, eine gültige Perspektive festhalten, und sei's die der unmittelbaren Wirkung. Konrad Bayer, Mitglied der *Wiener Gruppe*, selbst ein wichtiger experimenteller Autor der deutschen Nachkriegsliteratur, bringt diese Wirkung auf den Nenner: „Er (Artmann) war mir anschauung, beweis, daß die existenz des dichters möglich ist.“[22] „Vielleicht wiederhole ich meine Behauptung“, schreibt Peter O. Chotjewitz, „Artmann sei einer der letzten lebenden Dichter — wenn auch so etwas in den Ohren der meisten Menschen heute wie eine Beleidigung klingt.“[23] Zum Resümee eignet sich jener Passus, mit welchem Klaus Reichert das Nachwort des von ihm edierten Auswahlbandes *The Best of H. C. Artmann* schließt; er steht unter dem Stichwort ‚Leistungen unter anderem‘. Danach ist es Artmanns Verdienst, gezeigt zu haben, „daß man aus der Haut fahren kann, und zwar in jede beliebige andere hinein“, „daß sich alles in Sprache (Literatur) verwandeln läßt, und daß reziprok mit der Sprache alles angestellt werden kann, daß Literatur lesbar sein kann“ und „daß die Kenntnis ungezählter Sprachen und ein Literaturbegriff, der alles Gedruckte und alles Hörbare einschließt, die eigene Sprache durch Okulation ihr an sich fremder Systeme unendlich erweitern kann.“[24]

Anmerkungen

Texte

Med ana schwoazzn dintn, gedichta r aus bradnsee (mit Vorworten von Hans Sedlmayr und Friedrich Polakovics). Salzburg 1958.

Von denen Husaren und anderen Seil-Tänzern ... München 1959; 2. Aufl. Frankfurt/Main 1971.

Friedrich Achleitner, H. C. Artmann, Gerhard Rühm, Hosn rosn baa, mit einem Vorwort von Heimito von Doderer. Wien 1959.

Das suchen nach dem gestrigen tag oder schnee auf einem heißen brotwecken, eintragungen eines bizarren liebhabers. Olten und Freiburg 1964 (Walter-Drucke 1); 2. Aufl. Neuwied und Berlin 1971.

Dracula Dracula, ein transsylvanisches Abenteuer, mit 14 Radierungen von Uwe Bremer. Berlin 1966.

Persische quatrainen, ein kleiner divan. collispress. Hommerich 1966.

Verbarium, Gedichte, mit einem Nachwort von Peter Bichsel. Olten und Freiburg 1966.

Grünverschlossene Botschaft, 90 Träume, gezeichnet von Ernst Fuchs. Salzburg 1967.

Fleiß und Industrie. Frankfurt/Main 1967.

Tök ph'rong süleng oder notwendiger beitrag zur erlegung eines werwolfes. München 1967.

Shal-i-mar, persische quatrainen zweiter teil. collispress. Hommerich 1967.

Der Landgraf zu Camprodon, Festschrift für den Husar am Münster Hieronymus Caspar Laertes Artmann, hrsg. von Gerald Bisinger und Peter O. Chotjewitz (mit bis dahin unveröffentlichen Texten von H. C. Artmann und Beiträgen zahlreicher Autoren). Hamburg 1967.

Die Wiener Gruppe, Achleitner, Artmann, Bayer, Rühm, Wiener, Texte, Gemeinschaftsarbeiten, Aktionen, hrsg. und mit einem Vorwort von Gerhard Rühm. Reinbek bei Hamburg 1967.

Allerleirausch, Neue schöne Kinderreime. Berlin 1967.

Auf den Leib geschrieben. Hamburg 1967 (Merlin-Leporello 3).

Parodien, mit sieben Radierungen von Ali Schindehütte und Katinka Niederstrasser. Hamburg 1968.

Der handkolorierte menschenfresser, illustriert von Patrick Artmann. collispress. Stuttgart 1968.

Die Anfangsbuchstaben der Flagge, Geschichten für Kajüten, Kamine und Kinositze. Salzburg 1969.

Überall wo Hamlet hinkam. collispress. Stuttgart 1969.

Ein lilienweißer brief aus lincolnshire, gedichte aus 21 jahren, hrsg. und mit einem Nachwort von Gerald Bisinger, mit einem Porträt H. C. Artmanns von Konrad Bayer. Frankfurt/Main 1969.

Die Fahrt zur Insel Nantucket, Theater, mit einem Vorwort von Peter O. Chotjewitz. Neuwied und Berlin 1969.

Frankenstein in Sussex, Fleiß und Industrie. Frankfurt/Main 1969 (edition suhrkamp 320).

Das im Walde verlorene Totem, Prosadichtungen 1949—1953, mit einem Nachwort von Hannes Schneider. Salzburg 1970.

The Best of H. C. Artmann, hrsg. von Klaus Reichert. Frankfurt/Main 1970 (Bücher der Neunzehn 192).

How much, Schatzi? Frankfurt/Main 1971.

Die Jagd nach Doktor Unspeakable oder Ein einsamer Spiegel, in dem sich der Tag reflektiert. Salzburg 1972.

Der aeronautische Sindtbart oder seltsame Luftreise von Niedercalifornien nach Crain, hrsg. v. Klaus Reichert. Salzburg 1972.

Von der Wiener Seite, Geschichten. Berlin 1972.

Beiträge in zahlreichen Anthologien, u. a.: Atlas, außerdem, Deutsche Literatur minus Gruppe 47 gleich wieviel?, Ein Gedicht und sein Autor, Die Meisengeige, Transit.

Mitarbeit an zahlreichen Zeitschriften, u. a.: Akzente, Diskus, Eröffnungen, Manuskripte, Neue Wege, Publikationen einer Wiener Gruppe junger Autoren.

Editionen, Übersetzungen und Übertragungen:

Der schlüssel des heiligen patrick, religiöse dichtung der kelten. Salzburg 1959.

Francisco de Quevedo, Der abenteuerliche buscón. Frankfurt/Main 1963.

François Villon, Balladn. Frankfurt/Main 1963.

Carl von Linné, Lappländische Reise. Frankfurt/Main 1964.

Edward Lear, Nonsense-verse. Frankfurt/Main 1964.

Je länger ein blinder lebt, desto mehr sieht er, jiddische sprichwörter. Frankfurt/Main 1965.

Tage Aurell, Martina. Frankfurt/Main 1965.
Daisy Ashford, Junge gäste oder mr. salteenas plan. Frankfurt/Main 1965.
Daisy und Angela Ashford, Liebe und ehe u. a. Frankfurt/Main 1967.
Harry Graham und H. C. Artmann, Herzlose Reime für herzlose Heime. Zürich 1968.
H. P. Lovecraft, Ctulhu, Geistergeschichten. Frankfurt/Main 1968.
Mein Erbteil von Vater und Mutter, Überlieferungen und Mythen aus Lappland. Hamburg 1969.
Lars Gustafson, Die nächtliche Huldigung. Neuwied u. Berlin 1971.
Detective, Magazine der 13, hrsg. von H. C. Artmann. Salzburg 1971.
Für die Universal Edition, Wien, übersetzte Artmann 1969 ff.: Calderòn de la Barca, Dame Kobold; Goldoni, Der Lügner; Molière, George Dandin; E.-M. Labiche, Die Jagd nach dem Raben und Der prix Martin; C. Tourneur, Tragödie der Rächer.

Schallplatten:

Kinderverzahrer und andere Wiener, Qualtinger singt Lieder nach Texten von H. C. Artmann; Musik: Ernst Kölz. favorit, fep 524, preiserrecords, Wien.
Villon übersetzt von Artmann, gesprochen von Qualtinger mit Jazz von Fatty George, Vorspiele: Ernst Kölz. unikum un 307, preiserrecords, Wien 1964.

Literatur

Wieland Schmied: Der Dichter H. C. Artmann. In: Wort in der Zeit, Jg. 1959, Heft 3, S. 17—20.
Karl Riha: Moritat, Song, Bänkelsang, Zur Geschichte der modernen Ballade. Göttingen 1965, S. 137—148.
Ders.: Schwarze Tinte aus der Wiener Vorstadt. In: Diskus, Jg. 1965, Nr. 4, S. 9.
Hans Weigel: Zwischen bopöbahm und kölaschdiang, H. C. Artmanns Breitenseer Lyrik. In: H. W., Das tausendjährige Kind. Wien 1965, S. 221—223.
Peter O. Chotjewitz: Sechzehn Jahre Artmann. In: Literatur und Kunst, Jg. 1966, Heft 3, S. 18—32; unter dem Titel ‚Der neue selbstkolorierte Dichter' auch in: Der Landgraf zu Camprodon, hrsg. von Gerald Bisinger und Peter O. Chotjewitz. Hamburg 1967, S. 89—105.
Walter Höllerer: Über H. C. Artmann. In: Ein Gedicht und sein Autor, Lyrik und Essay, hrsg. und mit Einleitungen versehen von Walter Höllerer. Literarisches Colloquium Berlin, Berlin 1967, S. 343—346; 2. Aufl. München 1969, S. 232—235.
Curt Hohoff: Poeta doctus — oder poetischer Filou? Zu H. C. Artmanns gesammelter Poesie. In: Merkur, Jg. 1967, Nr. 257, S. 875—877.
R. Roček: Sprache, poetisch montiert. In: Wort und Wahrheit, Jg. 1967, S. 776—779.
Wieland Schmied: Einführung zu H. C. Artmann (Rede, gehalten 1958). In: Dichten und Trachten, Jg. 1967, Heft 29, S. 53—57.
Werner Welzig: Die Regel des Gegensatzes in H. C. Artmanns Dialektgedichten. In: Mundart und Geschichte (Studien zur österr-bairischen Dialektkunde 4). Wien 1967.
Vladimir Kafka: Proteus rakouského básnictí (Proteus der österreichischen Dichtung). In: Svetová literatura, Jg. 1969, Nr. 5/6.

H. Schneider: Brief an die Redaktion, Zu einem weißen Elefanten noch ein paar Splitter Elfenbein. In: Literatur und Kritik, Jg. 1969, Nr. 38, S. 463—466.

A. Brandstetter: Konkrete Bildlichkeit, Zu einem Gedicht H. C. Artmanns. In: Replik, Jg. 1970, Heft 4/5, S. 45—48.

Reinhard Prießnitz: H. C. Artmann. In: Forum, 1970.

Karl Riha: Cross-reading und Cross-talking, Zitat-Collagen als poetische und satirische Technik. Stuttgart 1971, S. 63—69.

J. C. Aldridge: H. C. Artmann an the English Nonsense Tradition. In: Affinities, Essays in German and English Literature. London 1971.

Über H. C. Artmann, hrsg. von Gerald Bisinger. Frankfurt/Main 1972.

H. Schneider: Der Siebengänger, Artmann und die phantastische Literatur. In: Insel-Almanach auf das Jahr 1971. Frankfurt/Main 1972.

Nachweise

1 Das suchen nach dem gestrigen tag, 1964, S. 7 f.
2 The Best of H. C. Artmann, S. 371.
3 Ein lilienweißer brief, S. 475.
4 The Best of H. C. Artmann, S. 374.
5 Op. cit., S. 363.
6 Das suchen nach dem gestrigen tag, S. 129.
7 The Best of H. C. Artmann, S. 369.
8 Op. cit., S. 365.
9 Die Wiener Gruppe, S. 9.
10 Med ana schwoazzn dintn, S. 17.
11 Die Fahrt zur Insel Nantucket, S. 247.
12 Op. cit., S. 141.
13 Op. cit., S. 5 f. (Vorwort von Peter O. Chotjewitz).
14 Med ana schwoazzn dintn, S. 12 (Vorwort von Friedrich Polakovics).
15 The Best of H. C. Artmann, S. 364.
16 Die Fahrt zur Insel Nantucket, S. 411 ff.
17 Op. cit., S. 249 f.
18 Op. cit., S. 428 f.
19 Der Landgraf zu Camprodon, S. 91 f. (Artikel von Peter O. Chotjewitz).
20 The Best of H. C. Artmann, S. 382 (Nachwort von Klaus Reichert).
21 Von denen Husaren, 1959, S. 127.
22 Ein lilienweißer brief, S. 7 (Porträt H. C. Artmanns von Konrad Bayer).
23 Die Fahrt zur Insel Nantucket, S. 13 (Vorwort von Peter O. Chotjewitz; vgl. dessen Artikel in Der Landgraf zu Camprodon, S. 90: der „Gedichtband ‚Verbarium' bestätigt . . .: daß nämlich Artmann der wahrscheinlich einzige wesentliche Dichter ist, den die deutsche Literatur nach 1945 hervorgebracht hat — allen seither hochgespielten Modebegabungen zum Trotz, von Bachmann bis Graß").
24 The Best of H. C. Artmann, S. 387 f. (Nachwort von Klaus Reichert).

Elisabeth Endres

HELMUT HEISSENBÜTTEL

Der Lebenslauf, die Vita, spiegelt Zeitgeschichte wider und verrät etwas über die Berufslage des modernen Schriftstellers: Helmut Heißenbüttel wurde am 21. Juni 1921 in Rüstringen bei Wilhelmshaven geboren, er verbrachte seine Jugend in Wilhelmshaven und Papenburg, wurde Soldat, 1941 im Osten schwer verwundet, verlor den linken Arm. Er studierte in Dresden und Leipzig, nach dem Krieg in Hamburg Architektur, Literatur- und Kunstgeschichte. Zwei Jahre lang, 1955 bis 1957, war er Werbeleiter und Lektor in einem Hamburger Verlag, dann kam er nach Stuttgart an den Süddeutschen Rundfunk, 1959 wurde er Leiter der dortigen Redaktion „Radio-Essay". Nicht nur als fördernder Redakteur, sondern auch als Kritiker und Essayist befaßt er sich mit den Strömungen der Kunst und des Geistes, mit Literatur, mit den bildenden Künsten, mit Musik. 1969 erhielt er den wohl angesehensten Literaturpreis der Bundesrepublik, den Georg-Büchner-Preis, im Februar 1971 nahm er den ebenfalls sehr berühmten Hörspielpreis der Kriegsblinden für 1970 in Empfang.

Die Biographie bietet keine Sensationen und Interessantheiten, das schriftstellerische Werk entzieht sich ebenso oberflächlichen Spekulationen, es stellt sich als ein konsequenter Weg dar zu einer neuen Art von Sprachkunstwerk, die anfangs befremdlich geklungen haben mag, die sich aber längst durch ihre innere Logik legitimiert hat.

An Anfang gab es zwei Lyrikbändchen, 1954 *Kombinationen,* 1956 *Topographien;* man muß Heißenbüttel gut kennen, um zu wissen, daß diese abstrakten Begriffe für ihn mehr sind als eine modische Namensgebung, daß sie Stichworte für sein Werk darstellen. 1960 veröffentlichte der nun 39jährige Autor das *Textbuch I,* ein Heft, das schon durch die Numerierung futurisch wirkt, einen Anfang setzt für das Kommende, für die fünf folgenden Textbücher, deren letztes im Jahre 1967 erschienen ist. Die Leser dieser in makellosem Weiß gestalteten, großformatigen Bände mochten anfangs so etwas wie eine Gemeinde bilden, sich als die Eingeweihten des Außerordentlichen fühlen; doch bald folgte der exklusiven Minorität eine Anerkennung zumindest der Bedeutung Heißenbüttels, seines Ranges, um den selbst seine Gegner wissen. — Es sind nicht mehr die Freunde, sondern die Feinde Heißenbüttels, die man mit dem Wort „eingeschworen" charakterisieren kann.

1966 erschien der Band, der Aufsätze und eine Poetik enthielt, *Über Literatur,* 1969 *Briefwechsel über Literatur*, geführt mit Heinrich Vormweg. 1970 kam die große Überraschung: ein Roman, genannt Projekt Nr. I *D'Alemberts Ende* — es war zwar schon viel darüber geredet worden; aber man hatte sich die Frage gestellt, kann Heißenbüttel mit seiner Kunst einen Roman schreiben, und fast jeder, selbst mancher Verehrer, verneinte diese Frage; das Erscheinen eines Buches, das wirklich ein Roman ist, nicht ein romanähnliches Prosagebilde, hat so überrascht, daß das Rezeptionsvermögen noch nachhinkt. Gleichzeitig begann die erstaunliche Explosion der Hörspiele; einige bezogen ihr Material aus dem Roman, doch alle, es sind im ganzen fünf, sind gekennzeichnet von jener sublimen intellektuellen Heiterkeit, die schon viele Partien des Romans bestimmte. Heißenbüttel wurde zum Klassiker seiner eigenen Kunst.

1954 hatte Hermann Kasack im Nachwort über die *Kombinationen* geschrieben: „Wenn es aber eine Flucht aus der Zeit ist, dann eine Flucht nach vorn.“ Heißenbüttels sprachbezogene Verse mochten damals, als der Kahlschlag noch nahe war, so empfunden werden. Es war sicher Avantgarde; man mag sich fragen, hat heute die Zeit Heißenbüttel eingeholt und wen oder was hat sie eingeholt?

Man gebrauchte die Bezeichnung ‚experimentelle Dichtung‘; das Adjektiv sollte einerseits den Versuchscharakter einer noch nicht erprobten Art der Poesie betonen, zum andern eine Assoziation nahelegen zum Bereich der Experimente, der Technik, der modernen Industrie. Freilich bleiben dergleichen Charakteristika vage. Der an und für sich geeignetere Ausdruck ‚Sprachdichtung‘ hat den Nachteil, es ist schon so oft gesagt worden, daß Dichtung aus Sprache besteht, daß sich der Erkenntniswert der Behauptung abgenützt hat. Der Leser hört Sprache und stellt sich darunter irgendeinen phonetischen Zauber vor, einen Rausch des Formalen. Nichts davon ist bei Heißenbüttel zu spüren. Seine Sprache liest sich so:

der Schatten den ich werfe ist der Schatten den ich werfe
die Lage in die ich gekommen bin ist die Lage in die ich gekommen bin
die Lage in die ich gekommen bin ist ja und nein
Situation meine Situation meine spezielle Situation.[1]

Solche Reihungen, Variationen und Erprobungen von möglichen Sprachzusammenstellungen lassen sich am besten als Demonstrationen bezeichnen, und zwar in der doppelten Bedeutung des Wortes: Demonstration heißt einmal Vorstellung, zum andern hat es den Beiklang von Protest, wird zur Demonstration, in der man auf der Straße geht. Heißenbüttels Texte sind Demonstrationen von etwas und gegen etwas; die Sprache, die und über die reflektiert wird, enthält dabei eine Totalität, die solches Demonstrieren erst ermöglicht.

Und die Doppeltheit war von Anfang an gegeben: Das *Textbuch I* hatte den Untertitel *Gedichte*, das *Textbuch II* den Untertitel *Prosa*; aber es ging eigentlich nicht um Unterscheidungen von Gattungen. — Sicher enthält das zweite Textbuch noch viele Stücke, die etwas mit Bericht und Beschreibung gemein haben, manches nahm sich wie eine Fortsetzung von Gertrude Stein und von Henri Michaux aus, die Absurdität war inhaltlich fixierbar. Es wurde von der schwarzen Geraden berichtet, die sich auf einen roten Fleck hinbewegt; in einem Text schlägt das, was man gewöhnlich Extremsituation nennt, ins Absurde um, die Überschrift — orientiert an einem indischen Zeitungsbericht — lautet: *Ich der Ermordete.* Aber es ereignet sich schon hier, daß Sprachberichte von Sprachmustern verdrängt werden, daß das, worum es geht, nicht mehr erzählt wird, sondern in seiner sprachlichen Manifestation demonstriert wird, so z.B. in den *Variationen über den Anfang eines Romans*: suggestive Szenen werden als Beispiel vorgeführt, so könnte etwas anfangen; und gleichzeitig wird die Position zur Diskussion gestellt: „Eine Person. Personalpronomen dritte Person Singular männlich. Eine Figur? Der Held einer Geschichte? Irgendjemand dem etwas passiert, mit dem etwas passiert (oder passiert ist?)“[2] Die Sprache, die Grammatik, in der sich ein Roman äußert, wird befragt. Die Darstellung wird zur Analyse. Dieser analysierende Charakter der Demonstration, die auch eine Demonstration gegen das Vorgegebene ist, tritt in den späteren Textbüchern immer stärker zutage. Im fünften Textbuch finden sich Variationen über das, was man mit einem Vokabular machen kann, Ausgangspunkt ist ein Thema wie z.B. *Endlösung*:

die haben sich das einfach mal so ausgedacht
wer hat sich das einfach mal so ausgedacht
das ist denen einfach mal eingefallen
wem ist das einfach mal eingefallen.[3]

Das, was man so sagt, steht zu einer Diskussion, die primär sprachlich ist. Die Fragen zielen auf die Leerstellen der Grammatik, auf ungedeckte Fürwörter, die ‚die‘, die, ‚denen‘ etwas einfällt, werden zum Indiz für das, was manchem unaussprechlich erscheint. Heißenbüttels Text wird zur Denunziation einer Sprachhaltung, die eine charakterliche Haltung manifestiert.

Heißenbüttel legt sich thematisch fest; in den *Monumenta Germaniae Historica* liefert er verfremdete Zeitgeschichte, seine Situationen sind gesellschaftlich zu orten. Ineinandergeschobene Strukturen, durchbrochene Rezeptionen einer Sprache, die gesprochen wird, werden für seinen Stil symptomatisch. Heißenbüttel schreibt in einem Brief an Heinrich Vormweg: „Sie haben an einer Stelle gefragt, lieber Herr Vormweg, ob ich denn Sprache für ein bloßes Material halte wie die Farben eines Malers. Die Materialität der Sprache liegt in den Bedeutungsfeldern, -varianten und -nuancen. Diese führen ein Eigenleben.“[4]

Das heißt etwas Wichtiges: Heißenbüttel nimmt mit der Sprache die Fülle des möglichen Sinnes auf, für ihn werden die Bedeutungsfelder der Wörter zur Sprache. Gerade darin unterscheidet er sich von den Vertretern der Konkreten Poesie, die sich mitunter auf die Isolierung des einzelnen Wortes festlegen. Mit Sprache ist bei Heißenbüttel auch immer etwas gemeint, und mit den Meinungen läßt sich spielen wie mit den Satzteilen. Man befragt die Nachbarn von Bedeutungsfeldern, jongliert mit Spracherwartungen, provoziert sie und enttäuscht sie; man stellt die Grenze fest, an der die Spannung einer frei schweifenden Erwartung übergeht in eine schon auf ein Ziel hingerichtete Erwartung. Heißenbüttel exploriert: wann weiß ich noch nicht, wann weiß ich, wohin der Satz will?

Diese Technik kann in Ironie übergehen, ihrem Wesen nach muß sie dies sogar. Wenn die Wahrheit des 20. Jahrhunderts sich nicht mehr in der ungebrochenen eigentlichen Rede offenbaren kann, dann beginnt die uneigentliche Rede, die Ironie, eine besondere Rolle zu spielen. Die Darstellung von Film- und Literaturschemen, von politischen Analysen, die Reduktion von vielfachen Inhalten auf eine Reihe von Intentionen, von Wortzusammensetzungen, die auf Ansatzpunkte verweisen, sind keineswegs Indizien dafür, daß Heißenbüttel dies alles sehr ernst nimmt. Nicht daß er sich menschlich irgendeiner Erschütterung, einer humanen Erkenntnis entziehen würde — im Gegenteil: die Ironie wird zum Ausdruck eines Engagements, das In-Frage-Stellen, Nicht-Ernst-Nehmen verweist auf die prinzipielle Nichtigkeit, die Konstatierung einer sprachlichen Brüchigkeit wird zur Anklage gegen das, was in dieser Sprache sich ausdrückt. Natürlich gibt es auch den reinen Ulk, den humoristisch-kauzigen Einfall, mit dem Sprachabläufe gleichsam vorexerziert werden; aber im allgemeinen hat die demonstrative Analyse in diesen Texten den Vorrang.

In den meisten Untersuchungen über Heißenbüttel werden die Texte vorrangig behandelt, in denen Sprache vorgestellt, in denen Wörter und Sprachteile neu verbunden werden. Wenn hier der umgekehrte Weg eingeschlagen wurde, Heißenbüttels Analysen zuerst betrachtet wurden, so geschah dies aus zwei Gründen. Einmal, diese Texte sind leichter verständlich und sie erklären, wie Heißenbüttel zu seiner nur scheinbar absoluten Sprache kam, zum andern enthalten meines Erachtens diese inhaltsbezogenen Prosastücke mehr Bedeutung für die Entwicklung der Literatur und für die Entwicklung Heißenbüttels. Die hier erkannte Tendenz erklärt die reine, radikale Demonstration von dem, was heute Sprache ist — nicht umgekehrt. Nehmen wir z. B. eine beliebige Strophe aus dem Text *Achterbahn*:

> (1) morgenflockig panoptikalisch einsehn (2) ein Einsehn haben ins Kaleidoskop der Details (3) Einsicht im Halbschlaf das was schläft Vorschau die noch nicht wach ist (4) Ideen mit Rückantwort panoptikalische Monstren (5) faltkulissig ich denke in unbeschäftigten Hypothesen Theorie ohne Dienstvertrag (6) faltkulissig der Aufflug der schräg aneinander geketteten Balkons (7) Kaleidoskop ohne Dienstvertrag (8) gröber gerissener Bittergelee grünspangrün.[5]

Das Wortmaterial ist angeordnet, und die Energie der Bedeutungsfelder wurde freigesetzt: „Ideen mit Rückantwort", das erinnert irgendwie an die surrealistischen Überschneidungen, „panoptikalische Monstren" verweist auf die Welt, die durch den Titel *Achterbahn* schon angesprochen ist, die des Rummelplatzvergnügens. Fast beschreibend wirkt hier (6) „faltkulissig der Aufflug der schräg aneinander geketteten Balkons". Solche Wortgruppen erinnern, daß die Wörter in Freiheit, die ‚parole in libertà' Marinettis sich zuerst einmal in einem Kontext befunden haben, daß sie selbst jetzt, da sie befreit worden sind, noch ein Stück ihres alten Kontextes mitschleifen. Ebenso wie es Beschreibungen gibt, finden sich auch Reste eines inneren Monologs. Man könnte sagen, der Mensch, der Achterbahn fährt, der sieht „faltkulissig" und er denkt: „wenn Sprache zu Haus ist Rede-Montage wenn Sprache zu Haus ist."[6] Aber derartige Rückübersetzungen in eine scheinbar doch noch realistische Faßbarkeit gehen an einer Dichtung wie *Achterbahn* vorbei. Daß man alles auch so interpretieren kann, verwundert nicht: man kann sagen, hier hat einer die psychologische Zerfaserung bis zur Absurdität getrieben, hier beschreibt einer einen Gedankenfluß, der sich der Grammatisierung entzieht. Man kann das über *Siebensachen* sagen, aber man verschweigt damit, daß bei Heißenbüttel bereits ein qualitativer Umschlag stattgefunden hat. Die Sympathie, die das *Gedicht über die Übung zu sterben*[7] gefunden hat, mag damit zusammenhängen, daß es sich am ehesten psychologisierend ergründen läßt. Aber selbst hier ist die Übung zu sterben eine Übung mit der Sprache zu leben, mit ihr und an ihr zu sterben; die Größe des Gedichtes — es gehört zu den besten Stücken, die Heißenbüttel schrieb — liegt gerade darin, daß die Vielschichtigkeit sprachlicher Verwendung, das irritierende Gewirr des Gehörten und Gesprochenen dargestellt wird und aus dieser Darstellung eine Konsequenz gezogen wird.

Im letzten, sechsten Textbuch, das den Untertitel trägt *Neue Abhandlungen über den menschlichen Verstand,* findet sich das Gedicht *eine 45 Jahre alte Engländerin aus Birmingham*; der Titel bezieht sich auf eine Zeitungsmeldung; die Engländerin aus Birmingham, Frau eines Schweißers, hat ihr zweiundzwanzigstes Kind zur Welt gebracht. Ein Paar Sätze, Darstellung des Familienlebens, sind um dies Faktum gruppiert. Bei Heißenbüttel weitet sich die Gruppierung aus, Satzkonstituenten, Syntagmen, andere Berichte und andere Erlebnisse verbinden sich mit der Meldung; in einer eigenwilligen Rhythmik werden Teile der einen Wortgruppe mit Teilen der anderen verbunden und wieder getrennt. Was macht dergleichen relevant? Vielleicht der Anfang: „erinnert an etwas das an etwas erinnert an etwas das ihn an ein Mädchen erinnert ..."[8] Die Erinnerung mischt die Sprachen, die einmal gehörten Sätze und Nachrichten, sie wird hier zu einer Art Ordnungsprinzip, nach dem sich das Spiel richtet. Natürlich hat auch diese Erinnerung keine psychologisierende Bedeutung; sie dient nicht dazu, einen Charakter zu schildern, sondern sie bewegt die Welt. Daß diese Welt subjektiv ist, hängt lediglich damit zusammen, daß die gehörten Worte und Satzteile die von Heißenbüttel gehörten Worte und Satzteile sind. Diese Tatsache, die von Heißenbüttel nie zugunsten einer Pseudoobjektivität verschleiert wird, führt dazu, daß das ‚Ich' des Dichters keineswegs zerstört ist. Heißenbüttels Texte sind einmalig; wer den Autor in einer Lesung erleben durfte, wer eine Schallplatte von Heißenbüttel hört, der weiß, daß diese norddeutsch karge Stimme, daß die insistierende Nüchternheit des Vortrags zumindest eine große Hilfe für das Verständnis bedeuten.

Heißenbüttel weiß zu spielen, wenn er Ketten von Wörtern aneinanderreiht, die durch einen ähnlichen Lautcharakter miteinander verbunden sind, und dann die Assoziationstechnik jäh verändert und so Überraschungseffekte erzielt, wie dies im Text „vokabulär" geschieht.

Der thematisch bedeutsamste Text des letzten Textbuchs verweist gleichzeitig auf Heißenbüttels weitere Entwicklung. Was Celans *Todesfuge* einmal bedeuten mochte, die fast schon repräsentative poetische Klage über das, was mit der Nennung Auschwitz gemeint ist, das wurde hier auf eine zumindest kongeniale Weise noch einmal in einem anderen, viel breiteren Stil geleistet — ich persönlich ziehe Heißenbüttels Text vor, schon weil er mehr umfaßt: *Deutschland 1944* ist eine Zitaten-Collage; aufgenommen werden die dröhnenden Worte der Propaganda (Reizwörter: „hängt ihr am Leben sie geben es brünstig für Höheres")[9], die Berichte einer Demoralisierung (Reizwörter: „die lange Dauer des Krieges hat zu einer allgemeinen Lockerung der strengen Auffassung über die Verwerflichkeit der zusätzlichen Versorgung der Volksgenossen geführt")[10], und dazwischen Texte wie dieser: „es mußte der schwere Entschluß gefaßt werden, dieses Volk von der Erde verschwinden zu lassen ... denn am Ende könne nur auf diese Weise der Bolschewismus und Kommunismus überwunden werden."[11] Satz wird gegen Satz, Satzteil gegen Satzteil gesetzt, ohne daß die Rede unterbrochen wird, die sich verschlingenden Zitate drängen einem Ende zu: „sie hörte wie der Todesschweiß plätscherte sie hörte wie der Todesschweiß plätscherte."[12] Der schrille Ton, die Diskrepanz werden zum Äquivalent von etwas, das sich einer direkten Aussage entzieht.

Heißenbüttels sechstes Textbuch endet ebenso wie die Zusammenfassung der verschiedenen Textbücher, die 1970 unter dem Titel *Das Textbuch* erschienen ist, mit der *abc-Ballade,* deren letzte Zeilen lauten:

wahnsinnig werden verrückten Munds Vogelfleisch und[13]

Und — das Wort zielt auf eine Fortsetzung, die freilich anders ist, auf das Projekt Nr. I, den Roman *D'Alemberts Ende,* der die Technik von *Deutschland 1944* aufnimmt und sich als eine gigantische Landschaft der Zitate-Montage vorstellt. Das Motto des Buches stammt nicht umsonst von Thomas Mann, dem Meister des Zitates in der Erzählkunst. Doch es gibt den Unterschied, Heißenbüttel bemüht sich nicht mehr um das, was der Amsterdamer Germanist Herman Meyer erforschte, um das Zitat, das in die erzählende Dichtung eingebaut ist. Heißenbüttels Technik ist radikal, weil sie auf einer radikalen Erkenntnis beruht; wir flechten nicht mehr hin und wieder Zitate in unsere Reden ein, nein, wir leben in einer Welt, in der alles, was alltäglich gesprochen wird, Wiederholung von Vorformuliertem ist. Nehmen wir die Sätze, die Heißenbüttel ‚zitiert': „(1) Er lügt. (2) Er säuft. (3) Er ist liberal. (4) Er raucht Pfeife. (5) Er ist konservativ."[14] Was sagen dergleichen Sätze aus? Nicht einmal das, was Max Frisch in seinem Stück *Andorra* anklägerisch konstatiert, nämlich, daß wir uns ein Bildnis machen von unserem Nächsten. Wir machen uns kein Bildnis, wir übernehmen, wir zitieren Bildnisse; wir haben einen Satz von Sätzen zur Verfügung, die wir irgendwo und irgendwie einsetzen. Heißenbüttel geht von diesem Sachverhalt aus, er hat die moralisierende Haltung von Max Frisch überwunden, er läßt sich auf das Spiel ein und fragt, was kommt heraus: das Ergebnis seiner Arbeit ist der absolut synthetische Roman, der die Pseudonatürlichkeit sämtlicher herkömmlicher realistischer Fiktionen hinter sich läßt. Das Subjekt hat mit dem Untergang des Bürgertums seine autonome Position verloren; was übrigblieb, was neu erkannt wird, das sind die Redegewohnheiten, die Redegewohnheiten der Personen selbst, aber auch die Redegewohnheiten der anderen über diese Personen.

Heißenbüttel hat seine Darstellungen auf ein Milieu beschränkt, das er sehr gut kennt; seine Personen sind Literaten, Maler, Intellektuelle, Rundfunkredakteure. Aber schon die Namen, die er diesen Personen gibt, sind Zitate, d'Alembert, Dr. Samuel Johnson, Andie W.; sein Anfang ist ein Zitat — denn wie kann man einen Roman anfangen lassen ohne Bezug zu nehmen auf den wohl berühmtesten Anfang eines deutschen Romans: „Eduard — so nennen wir einen Rundfunkredakteur im besten Mannesalter —"[15], Heißenbüttel zitiert variierend die *Wahlverwandtschaften,* er nimmt den Dialog auf, der dort zwischen Charlotte und Eduard geführt wird, und setzt an die Stelle des Hauptmanns, über den Goethes Gestalten reden, den „bekannten ortsansässigen Kunstkritiker, d'Alembert, Leonard, Lonnie".[16] Die Montage aus echten, abgeschliffenen und fingierten Zitaten basiert auf einer ungemein exakten Realitätsbezogenheit. Der Ort, Hamburg, der Tag, der 26. Juli 1968, werden rekonstruiert unter Verwendung aller sprachlichen Bezüge, von Namen und von Nachrichten. Ein erster Teil steckt den Rahmen ab, verweist auf mögliche Verwirrungen, der Mittelteil des Buches, die Party bei d'Alembert, wird zur großangelegten Parodie auf Parties, die zu dieser Zeit in einem solchen Personenkreis stattfinden konnten. Die politischen Gespräche, die Diskussionen über Kunst, der Klatsch über Personalien, werden satirisch entrückt, in die Zitate zurückverwandelt und als Zitationen von Floskeln entlarvt. Es entstehen sprachliche Magnetfelder, die die möglichen Sätze aus dem obligatorischen Redegemisch herausziehen, sich zuordnen, Ketten von Zufälligkeiten und Wahrscheinlichkeiten bilden; der komische Effekt derartiger Transpositionen hat im Grunde aufklärerischen Charakter. Heißenbüttels Darstellung und seine Darstellungsweise werden zur Erkenntnishilfe; ein sprachliches Meisterwerk, eine der großen grotesken Szenen der deutschen Literatur, offenbart die Absurdität des kulturellen Überbaus, der intellektuellen Gewohnheiten.

Der Rest ist blutig: d'Alemberts Schmerz, die homosexuelle Zuneigung und ihre Enttäuschung, die tödliche Liebe verlangt wieder das Zitat aus den *Wahlverwandtschaften,* Kapitel wie d'Alemberts Flucht, d'Alemberts Wahn (man denkt an Joseph Conrads *Almayers Wahn*), d'Alemberts Memoiren, d'Alemberts Träume verweisen auf die Sprachschichten, die sich ansammelten in diesem einen Menschen und deren Virulenz schon auf ein Ende hindeutet, auf den Tod, das einzig Unsagbare — und deswegen von Heißenbüttel nicht Ausgesprochene; Versatzstücke der Kolportage werden dort verwendet, wo die Sprache keine Erfahrungen mehr gespeichert hat.

D'Alemberts Ende ist ein Buch, neben dem sich die Hälfte der sogenannten experimentellen Kunst und der konkreten Poesie ausnimmt wie Vorstufen, wie bloße Etüden. Die fünf Hörspiele, die in kurzen Abständen bald nach diesem Werk von Heißenbüttel verfaßt wurden, wirken wie ein ‚relaxing'; die absolute handwerkliche Sicherheit ermöglicht ein spielerisches Verhältnis zur Kunst, das gerade jener Gattung guttut, der man Heißenbüttel zurechnet, dem sogenannten „Neuen Hörspiel"; die Ausnutzung der Stereo-Technik, die Virtuosität am Mischpult, die Kontrapunktik der Kanäle verbinden sich hier mit einer subtilen geistigen Leichtigkeit, ja Munterkeit. Zwei dieser Hörspiele, *2 oder 3 Porträts* und *Projekt Nr. 2,* basieren auf dem Material des Romans, ein drittes, mit dem Titel *Was sollen wir überhaupt senden,* stellt eine Collage über das eigene Medium, den Rundfunk, dar. Originalaussprüche zum Thema und Originaltöne werden in eine groteske Beziehung gesetzt, — und die satirische Wirkung ist der vergleichbar, die eine thematisch verwandte Erzählung hervorbrachte: Heinrich Bölls *Dr. Murkes Gesammeltes Schweigen.* Ein weiteres Hörspiel, *Max unmittelbar vor dem Einschlafen,* fixiert den Punkt eines Übergangs: Max schläft ein, Tagesgedanken und Tageswünsche werden — ganz buchstäblich — noch einmal laut; was im psychologischen Bereich hier gezeigt wird, das Hinübergleiten aus dem wachen Zustand in den Schlaf, das hat seine Analogie in der künstlerischen Produktion: hier wird der Übergang gezeigt von einer noch psychologisch differenzierenden Kunst zu einer reinen Zitaten-Collage.

Ich halte *Marlowes Ende* für Heißenbüttels bisher bestes Hörspiel. Zwei sprechen miteinander, beide tragen die Namen berühmter Dichter, doch der Name des einen ist auch der eines berühmten Detektivs. Was sie reden, klingt kriminalistisch, es sind die Floskeln, die in der einschlägigen Literatur auf etwas verweisen; hier freilich verweisen sie nur auf sich selbst:

> Bierce: Die Polizei war hier. Soll ich sie zurückrufen? Die Polizei würde sich vielleicht freuen Sie hier zu treffen.
> Marlowe: Tut mir leid. Manche Leute können mich nicht ausstehen. Weder tot noch lebendig möchte ich sagen.[17]

Die Polizei wird nicht zurückgerufen, man erfährt auch nicht, wer und warum er den Marlowe nicht ausstehen kann. Es geht um nichts als um die Atmosphäre der Phrasen und um das, was gewöhnlich im Zusammenhang steht mit diesen Phrasen und dieser Atmospäre, um den Tod. Zwischen den Dialog schiebt sich eine Handlung, die nur durch Geräusche signalisiert wird und deren Ziel das Ende des Marlowe ist; ein Sterben, das seinerseits durch nichts gedeckt wird als durch einige Zitate, die banal sind, aber ganz gut herpassen.

Wer behauptet, daß Heißenbüttel und die ihm verwandten Autoren keine Themen mehr kennen, der wird hier widerlegt: durch Heißenbüttels Gesamtwerk erstreckt sich die Auseinandersetzung mit dem Ende, auf das wir uns unaufhaltsam hinbewegen; das Ende relativiert die Sprache, die Heiterkeit und die kühnen Zusammensetzungen der Kunst.

Der Theoretiker Heißenbüttel steht dem Autor Heißenbüttel im Range nicht nach. Die bewußte Intelligenz, die ihn auszeichnet, entspricht einem genauen Wissen um den eigenen historischen Standpunkt. Wie falsch es ist, von Traditionslosigkeit zu sprechen, das verraten die Essays des Bandes *Über Literatur*, besonders die hier enthaltenen Frankfurter Vorlesungen. Der Autor bemüht sich um „Grundbegriffe einer Poetik im 20. Jahrhundert“[18]; er stellt die Tradition jener Entgrammatisierung dar, als deren konsequenter Erbe er sich selbst versteht. Sein Materialismus, d. h. sein Bezug auf das Sprachmaterial, die darin enthaltenen Bedeutungsfelder, erscheint nicht als neuerungssüchtige Willkür, sondern als folgerichtige ästhetische Entwicklung. Gegen die normative Poetik des Barock und die entsprechende Grammatik richtet sich die erste Emanzipation, die mehr bedeutet als eine stilistische Veränderung. Heißenbüttel baut seine Ästhetik in eine Geschichtserkenntnis ein; was sich damals sprachlich wie auch politisch emanzipierte, war das autonome Subjekt, die Ideologie der Klassik und des erwachenden Bürgertums. Was wir heute miterleben, was Heißenbüttel gestaltet, das ist die Auflösung dieses autonomen Subjekts — an seine Stelle treten die Phrasen, die beliebten Redewendungen, an seine Stelle tritt aber auch die wissenschaftliche Erforschung der Zwänge, denen der Mensch ausgeliefert ist. Heißenbüttels Kunst befindet sich im Zeitalter der Reproduzierbarkeit, der Multiplizierbarkeit von Erkenntnis- und Beobachtungseinheiten. Was er noch artikuliert, das ist die Irritation an dieser Welt; auf was er vertraut, ist die halluzinative Wirkung der Wörter, die ihre Geschichte mit sich schleppen.

Die Auseinandersetzung mit Heißenbüttels Büchern verlangt eine große Kennerschaft gerade dieses Autors und, wenn man dies nicht als Einschränkung versteht, kann nicht nur vom Standpunkt einer sogenannten Objektivität aus geleistet werden. Der Streit, der um Heißenbüttel immer wieder entbrannte, offenbart, daß hier weit mehr zur Diskussion steht als eine literarische Richtung. Wer die unverständliche Montagetechnik tadelte, der meinte nur allzuhäufig die Erkenntnis, ohne die diese Technik wirklich sinnlos wäre.

Die wichtigsten Darstellungen Heißenbüttels finden sich zuerst in der exemplarischen Studie von Jürgen Becker, bei Reinhard Döhl, der als Schüler von Max Bense die Richtung versteht und die Texte einordnet, bei Silvio Vietta, der besonders die theoretischen Schriften herausgreift. Vorzügliche Erklärungen einzelner Momente leisteten Max Bense und Franz Mon. — Auf einen Kritiker übte das Werk Heißenbüttels einen schlechthin entscheidenden Einfluß aus: auf Heinrich Vormweg, dessen Auseinandersetzung mit der gegenwärtigen Literatur bestimmt ist von den Erkenntnissen Heißenbüttels und von den Diskussionen mit Heißenbüttel. Wer sich mit Heißenbüttel beschäftigt, wird stets der klugen Analysen bedürfen, die Heinrich Vormweg leistete; wer auf der andern Seite die kritische Potenz Vormwegs beurteilt, wird nicht umhinkommen, sich ebenfalls an den Werken und Theorien Heißenbüttels zu orientieren. Eine solche fruchtbare wechselseitige Beziehung ist in der deutschen Literatur der Gegenwart einmalig. — Wie so vieles bei Heißenbüttel!

Anmerkungen

Texte

Kombinationen, Gedichte. 1954.

Topographien, Gedichte. 1956.

Textbuch I, Gedichte. 1960.

Textbuch 2, Prosa. 1961.

Textbuch 3. 1962.

Textbuch 4. 1964.

Textbuch 5, 3 mal 13 mehr oder weniger Geschichten. 1965.

Über Literatur, Aufsätze. 1966.

Textbuch 6, Neue Abhandlungen über den menschlichen Verstand. 1967.

Briefwechsel über Literatur. 1969; zusammen mit Heinrich Vormweg.

Projekt Nr. I: D'Alemberts Ende, Roman. 1970.

Das Textbuch. 1970; Zusammenfassung der sechs Textbücher; man beachte die Veränderungen gegenüber dem ursprünglichen Text; erschienen als Sammlung Luchterhand 3.

2 oder 3 Porträts, Hörspiel. 1970; zusammen mit Heinz Hostnig und Hansjörg Schmitthenner.

Projekt Nr. 2, Hörspiel. 1970.

Was sollen wir überhaupt senden, Hörspiel. 1970.

Max unmittelbar vorm Einschlafen, Hörspiel. 1971, als Schallplatte 1972.

Marlowes Ende, Hörspiel. 1971; Buchausgabe in: wdr-Hörspielbuch 9, Köln 1971, S. 93 bis 114.

Zur Tradition der Moderne, Aufsätze und Anmerkungen 1964—1971. 1972.

Literatur

Peter Härtling: Jahre, die ich gewesen bin. In: P. H., In Zeilen zuhaus. Pfullingen 1957, S. 47—52.

Karl August Horst: Kritik des Textbuches I. In: Merkur 15, 1961, S. 389—392.
Karl Krolow: Aspekte zeitgenössischer deutscher Lyrik. Gütersloh 1961.
Karl August Horst: Versuch einer Ortsbestimmung. In: Merkur 16, 1962, S. 294—295.
Jürgen Becker: Helmut Heißenbüttel. In Schriftsteller der Gegenwart, hrsg. Klaus Nonnenmann. Olten, Freiburg i. Br. 1963, S. 143—150.
Wilhelm Hoeck: ‚Vorrüberlied und Dennochlied'. Deutsche Lyrik zwischen Heißenbüttel und Benn. In: Hochland 56, 1963, S. 119—136.
Karl August Horst: Spekulationen über Helmut Heißenbüttels Texte. In: Merkur 18, 1964, S. 885—888.
Erasmus Schöfer: Poesie als Sprachforschung. In: Wirkendes Wort, 15, 1965, S. 275 bis 278.
Jens Hoffmann: Interpretation der ‚Rücksprache in gebundener Rede'. In: Doppelinterpretationen, hrsg. Hilde Domin. Frankfurt a. M. 1966, S. 324—327; siehe auch Fischer-Bücherei 1060, S. 269—272.
Gert Kalow: Einfache Sätze. In: Begegnung mit Gedichten, hrsg. W. Urbanek. Bamberg 1967, S. 284—286.
Paul Konrad Kurz SJ: Über moderne Literatur, Bd. I. Frankfurt a. M. 1967, S. 203 bis 225.
Heinrich Vormweg: Die Wörter und die Welt — Über neue Literatur. Neuwied, Berlin 1968.
Harald Weinrich: Linguistische Bemerkungen zur modernen Lyrik. In: Akzente 15, 1968, S. 29—47.
Elisabeth Endres: Eine neue Theorie der Literatur. Zu Helmut Heißenbüttels Essays „Über Literatur". In: Der Monat, Heft 224, 1966, S. 73—77.
Kurt Leonard: Helmut Heißenbüttel. In: Handbuch der deutschen Gegenwartsliteratur, hrsg. Hermann Kunisch. München ²1970, S. 265 f.; siehe auch Kleines Handbuch der deutschen Gegenwartsliteratur. München ²1969, S. 235—238.
Franz Mon: Collagetexte und Sprachcollagen. In: F. M.: Texte über Texte. Neuwied und Berlin 1970, S. 116—135.
Hans Erich Nossack / Ivo Frenzel: Für und wider Helmut Heißenbüttel. In: Merkur 24, 1970, S. 1083—1088.
Text und Kritik, Konkrete Poesie I und II. 1970/71, Nr. 25/30 (Heft I enthält u. a. die frappante Georg-Büchner-Preis-Rede von Helmut Heißenbüttel).
Max Bense: Ein Textbuch Heißenbüttels. In: M. B., Die Realität der Literatur. Köln 1971, S. 111—118.
Reinhard Döhl: Helmut Heißenbüttel. In: Deutsche Literatur seit 1945, hrsg. Dietrich Weber. Stuttgart ²1971, S. 546—576 (mit umfangreichem Werkverzeichnis).
Heinrich Vormweg: Eine andere Lesart — Über neue Literatur. Neuwied, Berlin 1972 (Sammlung Luchterhand 52).

Nachweise

1 Das Textbuch, S. 185.
2 A. a. O., S. 30.
3 A. a. O., S. 102.

[4] Heißenbüttel / Vormweg, Briefwechsel über Literatur, S. 29.
[5] Das Textbuch, S. 191.
[6] A. a. O., S. 191.
[7] A. a. O., S. 205 ff.
[8] A. a. O., S. 263.
[9], [10], [11], [12] a. a. O., S. 268—272.
[13] A. a. O., S. 282.
[14] D'Alemberts Ende, S. 81.
[15] A. a. O., S. 11.
[16] A. a. O., S. 11.
[17] wdr-Hörspielbuch 9, Marlowes Ende, S. 101.
[18] Über Literatur, S. 123.

Helga-Maleen Gerresheim

ILSE AICHINGER

Die Welt ist aus dem Stoff,
der Betrachtung verlangt:
keine Augen mehr,
um die weißen Wiesen zu sehen,
keine Ohren, um im Geäst
das Schwirren der Vögel zu hören.
Großmutter, wo sind deine Lippen hin,
um die Gräser zu schmecken,
und wer riecht uns den Himmel zu Ende,
wessen Wangen reiben sich heute
noch wund an den Mauern im Dorf?
Ist es nicht ein finsterer Wald,
in den wir gerieten?
Nein, Großmutter, er ist nicht finster,
ich weiß es, ich wohnte lang
bei den Kindern am Rande,
und es ist auch kein Wald.

In den beiden ersten Zeilen dieses Gedichts wird eine Behauptung aufgestellt, die, auch bei leichter Akzentverschiebung, direkt an den Shakespeare-Hofmannsthalschen Vers „We are such stuff / As dreams are made on" (Sturm IV, 1) oder, wie es in den *Terzinen über die Vergänglichkeit* heißt: „Wir sind aus solchem Zeug, wie das zu Träumen, / Und Träume schlagen so die Augen auf / Wie kleine Kinder unter Kirschenbäumen" erinnert und — wie ich glaube — auch erinnern soll. Nicht jedoch der gleichsam bewußtlose Zustand des Träumens als Form intensiven Verbundenseins mit der Wirklichkeit ist für Ilse Aichinger geeignet, den Blick aus der Gewöhnung zu reißen, vielmehr die Betrachtung, die den wachen Einsatz aller fünf Sinne verlangt. Ihre Tätigkeit wird in den anschließenden Zeilen durch eine Sequenz von Bildern in der Form der Verneinung beschrieben. Aus der Tatsache, daß der Mensch es verlernt hat zu sehen, zu hören, zu schmecken, zu riechen und zu tasten schließt die Großmutter, daß sich die Wirklichkeit verfinstert habe. Dieser Schluß ist falsch. Nicht die Welt ist von lauter Bäumen verstellt („Ist es nicht ein finsterer Wald, / in den wir gerieten?"), sondern der Mensch sieht vor lauter Bäumen die Welt nicht mehr. Das Dickicht seiner bewußtlosen Vorstellungen und Handlungen hat ihm die

Wirklichkeit verdunkelt. Das lyrische Ich gibt in seiner Erwiderung auf die Klage der Großmutter diese Antwort jedoch nicht direkt. Es stellt vielmehr mit dem Verweis auf seinen Wohnort in der Form der Begründung eine neue Behauptung auf: „Ich weiß es, ich wohnte lang / bei den Kindern am Rande." Die Großmutter, deren weltliterarisches Privileg es von jeher war, auch auf die diffizilsten Fragen — gerade der Kinder — die richtige Antwort zu wissen, wird von den Kindern, die „am Rande" wohnen, widerlegt. Sie sind es, bei Hofmannsthal wie bei Ilse Aichinger, die auf verschiedene Weise, jedoch in beiden Fällen vermöge ihrer unverbildeten Anlagen und Fähigkeiten, der wirklichen Wirklichkeit am nächsten stehen. Die Kinder Ilse Aichingers wissen, daß die Wirklichkeit nicht entstellt, sondern verstellt ist, und daß es nur der geeigneten Betrachtung bedarf, um sie wieder kenntlich zu machen. Darum sind sie es, die indirekt die richtige Antwort geben: „Nein, Großmutter, er ist nicht finster, ... und es ist auch kein Wald."

Das Gedicht entstand im Jahre 1960 und trägt den Titel *Winterantwort*.[1] Das Stichwort „Winter" signalisiert gewiß keine positive Lebenshaltung und der Antworten gibt es zwei: die der Großmutter und die der Kinder. Bezieht man den Titel auf die falsche Antwort der Großmutter, so ließe sich diese als eine tote, tödliche oder gar tötende Antwort deuten, vielleicht auch als die Antwort eines Menschen, der dem physo-psychischen Tod näher steht als dem Leben. Bezieht man den Titel auf die Antwort der Kinder, so ist diese zwar richtig, verliert jedoch nichts von der kalten Bedrohung, die auch und gerade im Erkennen der wirklichen Wirklichkeit liegt, in dem von dieser Erkenntnis bestimmten Verhalten in der Welt und ihrem Überstehen. In der Geschichte *Engel in der Nacht* heißt es hierzu von den „hellen Tage(n) im Dezember", daß sie ihre Helligkeit aus den langen Nächten gebären, daß sie „aus der Schwärze sonnig werden und nur daraus."[2] Das Paradoxon entbindet hier — wie auch im gesamten Werk Ilse Aichingers — seine autonome Moral.

Mit der Frage nach dem „Ausweis des Wirklichen" trifft das Gedicht *Winterantwort* in das Zentrum von Ilse Aichingers Dichtung. Die wirkliche Wirklichkeit unter der Kruste zu entdecken, unter der der allzu selbstverständliche und fraglose Umgang mit ihr sie hat erstarren lassen, sie mit der „Sicht der Entfremdung" neu zu dimensionieren, das ist das große Thema ihres Werkes. Der Preis dieser aus der Entfremdung gewonnenen Sicht ist die Freiheit, wie immer diese Freiheit auch geartet sein mag. Und so umschreibt die Suche nach der verlorenen Wirklichkeit die Suche nach der verlorenen Freiheit, die allein ihr diese Welt bewohnbar macht. Der „Wohnort" wird sich in der Terminologie Ilse Aichingers als jener Ort erweisen, von dem aus Wirklichkeit erkannt und erfahren wird, wo sich das Ich in bedingter Freiheit selbst verwirklicht. Mit dem Verweis auf den Wohnort wird darum in der schon einmal zitierten Zeile „ich weiß es, ich wohnte lang / bei den Kindern am Rande" mehr als eine unbewiesene

Behauptung ausgesprochen. Das Urteil wird vielmehr von einem Ort aus gefällt, von dem aus Wahrheit gesagt werden kann.

Wir haben dieses Gedicht von den Kindern, die das Wort erhalten, an den Anfang unserer Betrachtung gestellt, da es eine durch das Werk weithin verfolgbare Prämisse Ilse Aichingers ist, daß das Denken und Verhalten der Kinder näher an die Wirklichkeit heran oder tiefer in sie hineinführt als die Weisheit der Erwachsenen. In dem *Die Sicht der Entfremdung* betitelten Aufsatz über Berichte und Geschichten Ernst Schnabels heißt es hierzu: „Unsere Welt ist allzu bekannt geworden, sie ist durchfahren und überflogen und nach allen Richtungen durchquert . . ., nur den Anfang finden wir nicht mehr, die Sicht der Kindheit, die Orte zu Orten werden läßt und ihnen ihre Namen neu gibt. Man könnte diese Zeit die Zeit der erwachsenen Leute nennen; der tiefe Raum, in dem während der Kindheit und frühen Jugend die Szenen abliefen, hat seine Dimension verloren. Noch während wir hinsahen, ist der Vorhang niedergegangen, die Figuren sind eingezeichnet und bewegen sich nicht mehr."[3] Der gereiften Erfahrung der Erwachsenen, ihrer Ausdauer, aber auch ihrer Gewöhnung in der Ausdauer, wird in der Dichtung Ilse Aichingers das Wagnis immer neuen Vermutens, neuen Entdeckens, neuen Begreifens seitens der Kinder gegenübergestellt. Kindern ist selten etwas gewiß, aber sie sind instinktsicher. Zufall und Schicksal haben für Kinder gleichen Ereignischarakter, denn der Gedanke, etwas schuldig zu sein, sollte ihnen fern liegen. Raum und Zeit haben für sie keine beengenden Grenzen, und wenn Tiere, Gegenstände, Naturerscheinungen, Fabelwesen in menschlicher Sprache zu ihnen sprechen, so sind sie nicht verwundert, begreifen dies vielmehr als eine natürliche Bereicherung ihrer Welt. Vor allem aber ist es die in ihrer ursprünglichen Form dem Kind zugeordnete Verhaltensweise des Spielens, in dem sich für Ilse Aichinger ganz neue Schichten des Wirklichen ausweisen. In der Kurzgeschichte *Das Plakat* erlöst ein kleines Mädchen einen Jungen auf einem Werbeplakat von seiner quälenden Scheinexistenz, indem es mit ihm tanzt. In *Das Fenster-Theat*er überführt das pantomimische Spiel zwischen einem alten Mann und einem kleinen Kind im Gitterbettchen eine Frau indirekt ihrer lasziven Phantasie. Der Hauslehrer in der gleichnamigen Kurzgeschichte verbirgt seinen Verfolgungswahn unter der Maske des Spiels. Sein Schüler, der mit aller ihm zu Gebote stehenden Phantasie auf dieses Spiel eingeht, treibt ihn damit nur noch tiefer in seine imaginäre Welt hinein, bis er schließlich selbst zur Zielscheibe der Wahnvorstellungen wird. Die Eltern retten das Kind in letzter Minute und scheinen die Überlegenen zu sein. Der Junge aber beharrt auf dem Wahrheitsgehalt des Spiels: „‚Wir wollten doch nur spielen!' Und er mißtraute den Erwachsenen."[4] Auch der Roman *Die größere Hoffnung* erzählt die Geschichte von Kindern, die im Spiel ihre Welt erfahren, sich von ihrer Todesangst freispielen und im Vertrauen auf den Glanz einer größeren Hoffnung in den Tod gehen. Wir werden darüber an anderer Stelle noch ausführlich zu sprechen haben. Eine Szene des Romans sei jedoch jetzt schon vorweggenommen, da sie das Geschehen des zu Anfang zitierten Gedichts in anderem Zusammenhang noch einmal beleuchtet. In dem „Der Tod der Großmutter" überschriebenen Kapitel verlangt das Kind Ellen von seiner jüdischen Großmutter eine Geschichte, und es verlangt mit dieser Geschichte „inmitten einer schwarzen, gefährlichen Nacht die Bereitschaft zu leben."[5] Doch auch hier ist die Haltung der Großmutter, ihre Erfahrung, ihre Weisheit, ihr Glaube, alles was sie „groß" machte, wie es im Roman heißt[6], aufgezehrt von der Angst vor der Verschleppung und der Sucht nach dem Tod. Geschichten, die sie sonst „aus so vielen Verstecken" gezogen hatte „wie ein Hamster das Fett"[7], fallen ihr nicht mehr ein. So erzählt sich Ellen das verfremdete Märchen vom Rotkäppchen selbst, das unmerklich in die Realität übertritt, als Ellen der Großmutter das verlangte Gift reicht. Das Gegenbild des Märchens, das die Großmutter zu erzählen nicht mehr die Kraft hat, entbindet das wirkliche Bild, aus dem Ellen die Freiheit zur Handlung erwächst. Diese Freiheit zeigt sich eben darin, daß Ellen nicht der gewohnten Vorlage des Märchens folgt und abwartet, bis der Wolf in Gestalt der Häscher die Großmutter frißt, sondern dem Märchen zuvorkommt und damit das Leiden auf sich nimmt.

☆

Das Eingangsbild des Romans *Die größere Hoffnung* (1948), Ilse Aichingers erster Veröffentlichung, zeigt eine Landkarte, über die die Dunkelheit kriecht. Das dreimal genannte Wort „dunkel" bzw. „Dunkelheit" benennt zunächst ganz konkret die Erzählzeit des Romaneingangs: die einbrechende Nacht. Im übertragenen Sinn beschreibt diese über die Landkarte kriechende Dunkelheit sodann den historischen Zeitraum, in dem und von dem das Buch handelt: die durch die Gewaltherrschaft in Deutschland ausgelöste dunkle politische Situation der Jahre 1933—1945, im besonderen die Leidensgeschichte der Juden, deren Schicksal die Autorin und ihre Familie teilten. Drittens aber gerät dieser Bildausschnitt zum Sinnbild einer Welt, über der es Nacht geworden ist, weil sie ihren Stern verloren hat, eben jenen Stern, der in dem letzten Satz des Romans: „Über den umkämpften Brücken stand der Morgenstern"[8] hell erstrahlen wird. Nacht und Stern, Eingangs- und Ausgangszeichen des Romans, sind die beiden Pole, nach denen das Buch ausgerichtet ist, wobei jedem der beiden Schlüsselwörter ein Gefüge thematisch konkreter Situationen und ein Feld metaphorischer Bedeutung zugeordnet wird.

Seinen Bezug zum Erzählgeschehen hat das Bild der Landkarte in dem halbjüdischen Kind Ellen, der Hauptfigur des Romans, das sich im Büro des amerikanischen Konsuls versteckt hat, um von ihm zu ungewöhnlicher Stunde ein Visum für Amerika zu erzwingen. Ihrer „großen Hoffnung" folgend erträumt sich Ellen, auf der Landkarte liegend, eine Reise in die Freiheit: „Sie lag zwischen dem Kap der Guten Hoffnung und der Freiheitsstatue und war nicht wegzubringen."[9] Ellen erhält ihr Visum, jedoch nicht das verlangte. Vielmehr veranlaßt sie der Konsul, sich das Visum für die Freiheit selbst auszustellen, denn nur „wer sich selbst das Visum gibt, wird frei."[10] Es ist ein Visum, das nicht ein Versprechen gibt, sondern ein Versprechen abverlangt, das Versprechen, „immer daran (zu) glauben, daß irgendwo alles blau wird! Was auch immer geschieht."[11] Unter der einzigen Bedingung dieses Versprechens führt das Visum in das „gelobte Land" in einem höchst hintergründigen und komplexen Sinn, den zu enträtseln und zu verstehen Ellens Reise zugleich herausfordern und an ihr Ende bringen wird. Es ist das Land jener „größeren Hoffnung", die die „große Hoffnung" des Beginns in sich aufheben wird; es ist das „Heilige Land", das überall dort ist, „wo Hirten Schafe hüten und alles verlassen, wenn der Engel ruft"[12], Hirten, die nach der Überlieferung der Bibel den Stern gesehen haben.

Ellen schließt sich auf ihrer Reise jenen Kindern an, die den Stern tragen, und sie gehört trotz ihrer nur zwei „falschen Großeltern" ganz zu ihnen, als sie sich selbst freiwillig und stolz den Judenstern anheftet. Ihre Wirklichkeit entdecken auch diese Kinder im Spiel und spielend verwirklichen sie sich selbst. Sie spielen „Wiedergutmachung", wenn sie ein ertrinkendes Kind aus dem Fluß retten wollen, damit ihnen der Bürgermeister um dieser Tat willen die Schuld ihrer Großeltern vergesse.[13] Doch „Wiedergutmachung" ist ein falsches Spiel, da Schuld in diesem Roman, der das Leiden im Opfer bergen wird, nicht verteilt wird. Sie spielen Verstecken und erfahren, das der freigesprochen ist, der sich gefunden hat.[14] Sie spielen und merken kaum, wenn mit ihnen gespielt wird. Eine Schar von Pimpfen entdeckt das Versteck der jüdischen Kinder auf einem Dachboden. Diese Pimpfe spielen mit ihnen die Spiele in Uniform, sie spielen „Blaue Dragoner", „Maus, Maus komm heraus" und „Stille Post". Doch die bloße Anwesenheit der jüdischen Kinder setzt die brutale Realität ihrer falschen Spiele frei: „Die in Uniform fühlten sich hinter die Bühnen der Welt verschlagen, hinter alles, was man ihnen bisher nur von vorn gezeigt hatte, und sie erkannten, daß über den hellen Stuben hohle, hohe Dächer waren, die mit unsichtbaren Drähten die Spieler fingen. Und sie fürchteten sich."[15] Handelte es sich zu Beginn des Romans mehr um Zweckspiele oder Spiele nach Regeln, Kinderspiele im eigentlichen Sinn, so gewinnt der Spielbegriff im Fortgang des Buches immer mehr die Form einer ontologischen Kategorie. Als solcher behauptet er mit dem Kapitel „Das große Spiel" das Zentrum des Romans. „Die Kulissen schoben sich beiseite, die vier engen Wände der Faßbarkeiten zerschellten, siegreich wie fallendes Wasser brach das Unfaßbare hervor. Spielen sollst du vor meinem Angesicht!"[16]

In ihrem Krippenspiel wiederholen die jüdischen Kinder in höchst eigenwilliger Weise das Geschehen der Heiligen Nacht und sie wiederholen damit ein Schicksal, das sie selbst erleiden. Das, was mit den Kindern gespielt wird, verwandelt sich unter Schmerzen in das, was sie spielen.[17] Im Spiel lernen sie ihr Los begreifen und anzunehmen. Der Stern, den sie tragen, jene „geheimnisvollste Idee der geheimen Polizei“[18], trägt den Abglanz jenes Sterns, der einst über dem Heiligen Land stand. Dieser Stern verhieß den Gläubigen die Geburt des Messias, der nicht nur Jesus von Nazareth, sondern auch, wie das INRI des Kreuzes verkünden wird, der König der Juden war. Das Leiden des Christuskindes, das von den Juden verfolgt wurde, wiederholt sich in dem Leiden der Judenkinder, die von den Christen verfolgt werden, oder, wie die Großmutter sagt: „Sie sehen den Stern und höhnen. Aber sie sind den falschen Weg gegangen. Tausend unschuldige Kinder bringen sie um und keines ist das richtige.“[19]

Damit behält die Großmutter allerdings recht. Denn die Botschaft des Friedens als die der Aufhebung des Leidens in der Liebe und im Opfertod wird der nach dem Abtransport der jüdischen Kinder allein zurückbleibenden Ellen überantwortet. Sie ist ein Vermächtnis des Krippenspiels, in dem sich Ellen als Darstellerin der Welt für das Kind und damit für den Frieden entschieden hatte.[20] Diese Spielszene hebt zugleich das „Wiedergutmachungsspiel“ des Beginns auf, in dem Ellen in der Spielfigur des Bürgermeisters das Kind spontan zurückgewiesen hatte: „‚Aber ich will es nicht behalten‘, schrie Ellen verzweifelt, ‚es ist ein unnützes Kind. Seine Mutter ist ausgewandert und sein Vater ist eingerückt. Und wenn es den Vater trifft, darf es von der Mutter nicht reden‘.“[21] Mit sensiblem Gespür für ihre eigentliche Rolle erkannte Ellen in diesem Kind sich selbst. Und so wird auch die Verkündigung der Botschaft des Friedens, zu der sie sich mit der Übernahme des Kindes im Krippenspiel endgültig bereit findet, in ihrem stellvertretenden Tod als einer Wiederholung des Opfertodes Christi bestehen. „Sie lief dem König Frieden auf seinem Kreuzweg nach.“[22] Ilse Aichinger spielt hier auf das Motiv des Kinderkönigs an, der, als ein neuer Christus, noch einmal die Leiden der Welt auf sich nimmt und in seinem bewußten Sterben aufhebt. Daß dieser König entgegen jeder Überlieferung ein Mädchen ist, mag seinen Grund in autobiographischen Komponenten des Buches haben.

Das Motiv des Kinderkönigs verklammert nicht nur die Stationen des gesamten Romans, der nach dem Kapitel „Das große Spiel“ eine deutliche Zäsur aufweist. Es verklammert vor allem die sehr lose Kapitelfolge des zweiten Teils. Unter Hinweis auf dieses Motiv muß daher der Behauptung widersprochen werden, der Roman sei ein Gebilde aus ungefugten Teilen und daher ein Mißverständnis innerhalb seiner Gattung. Die Belege für dieses Motiv hat Ilse Aichinger allerdings sehr fein, wenn auch nicht minder sinnfällig versteckt. Sie fallen um so weniger auf, als sie niemals nur deutendes Hinweiszeichen sind, sondern immer voll in das konkrete Erzählgeschehen integriert werden. Wir können hier nur wenige nennen. Zunächst sei noch einmal an das schon erwähnte Kapitel „Der Tod der Großmutter“ erinnert, das unmittelbar auf „Das große Spiel“ folgt. Mit dem Märchen vom Rotkäppchen erzählt sich Ellen ja wiederum ihre eigene Geschichte, und sie sieht das rote Käppchen, ihr Erkennungsmal, als eine Mütze,

„so groß wie ein Heiligenschein, aber rot ... Aber als es die Mütze abends abnehmen wollte, ging sie nicht mehr herunter, sondern blieb wie ein roter Heiligenschein und brannte."[23] Indem sie wenig später der Großmutter das ersehnte Gift reicht und die Tote anschließend tauft, übt sie sich zum erstenmal bewußt-unbewußt in ihrer Rolle. Das Geschehen des darauffolgenden Kapitels „Flügeltraum", in dem Ellen ihre Verfolger verunsichert und in dem sie wie „ein versprengter, geschlagener König"[24] gejagt wird, wird als „Vorabend"[25] bezeichnet. Ihre Verschüttung in „Wundert Euch nicht" läßt sie auf die Engel hoffen, die den „Stein vom Grab" wälzten.[26] In der Dunkelheit vernimmt sie den Ruf zur Vergebung und zu den Taten der Liebe und wird gerettet. Nach dem apokalyptischen Inferno des Bombenhagels trifft Ellen in dem feindlichen Soldaten Jan (Johannes) den ersten und einzigen erwachsenen Menschen, der sie versteht. Jan krönt Ellen mit seiner Mütze: „Verwehtes Singen begleitete diese Krönung."[27] In der militärischen Order, die der schwerverwundete Jan Ellen übergibt, damit sie sie zu den feindlichen Linien an den umkämpften Brücken trage, erkennt sie endlich „die Deckung für die Sehnsucht, die Botschaft für die Brücken"[28], hinter denen es blau wird und über denen der Stern steht. Bei der Übergabe dieser Order wird sie von einer Granate zerrissen. Kurz vor ihrem Tod zählt sie genau zwölf Stationen ihres bewußten Lebens als die zwölf Stationen ihres Kreuzwegs auf, der nur ein „einziger Anlauf" war zu dem Sprung in den stellvertretenden Tod: „Sie wußte, daß sie bald springen würde. Es war alles ein einziger Anlauf gewesen, Vater und Mutter, der Konsul und Franz Xaver, der Kai und die englische Stunde, die Großmutter, der Oberst und die Einbrecher in dem verschütteten Keller, das tote Pferd, das Feuer am Teich und diese letzte Nacht."[29]

Die Darstellungsweise des Romans ist komplex. Epische, expressiv lyrische, dialogische und monologische Passagen schlagen ineinander um. Erzählung geht über in erlebte Rede und inneren Monolog; Wunschbilder und Angstvorstellungen verdichten sich zu Tag- und Nachtträumen; die Vieldeutigkeit von Zeichen, das poetisch-logische Spiel mit Wort- und Bedeutungsvarianten erschließt eine mehrdimensionale Wirklichkeit. In biblischen Zitaten und Gleichnissen kristallisiert sich die christliche Ethik des Romans, dessen größere Hoffnung sich als eine eschatologische Hoffnung erweist. Es ist ein schwierig geschriebenes Buch, das aber für den aufmerksamen Leser nicht schwierig zu lesen ist, denn nirgends entgleitet Ilse Aichinger der rote Faden der eigentlichen Erzählhandlung — der Geschichte des Kindes Ellen und seiner Spielgefährten. Darüber hinaus wird man es als ein Buch bezeichnen dürfen, das einen möglichen Weg weist, erlebte Zeitgeschichte im Roman überzeugend darzustellen.

Für die Arbeit an diesem Roman, der 1948 bei Berman-Fischer in Amsterdam verlegt wurde, brach Ilse Aichinger ein 1945 begonnenes fünfsemestriges Medizinstudium ab. 1949/50 arbeitete sie als Lektorin an der Wiener Filiale des Fischer-Verlages, danach an der Hochschule für Gestaltung in Ulm. Ilse Aichinger wurde am 1. November 1921 in Wien geboren und wuchs in Wien und Linz auf. Ihre Familie wurde von den Nationalsozialisten verfolgt. 1953 heiratete sie Günter Eich, den Dichter einer sehr zarten, sehr genauen und sehr skeptischen Poesie. Günter Eich starb am 20. 12. 1972 in Salzburg.

Nach dem Entwurf des Romans, einem Gefüge aus mehrfach verknüpften Teilen, stellte sich Ilse Aichinger mit dem Prosaband *Rede unter dem Galgen* (1952; in Deutschland unter dem Titel *Der Gefesselte* [1953]) der Erfahrung ihrer Generation, die die Gefahr für den Erzählenden nicht mehr darin sah, „weitschweifig zu werden", vielmehr befürchtete, „angesichts der Bedrohung und unter dem Eindruck des Endes den Mund nicht mehr" aufzubringen.[30] Inmitten einer Welt von Trümmern verschlug es dieser Generation die Sprache und dennoch begann sie, mit den Mitteln der Sprache aus diesen Trümmern eine neue Welt zu bauen. Ihr Instrument war die kurze Form, als Kurzgeschichte, Skizze, Szene, Parabel, Gleichnis, die auch Ilse Aichinger in ihrem ersten Erzählungsband verwandte und der sie für alle ihre folgenden Produktionen, vermehrt um Hörspiel, dramatischen Dialog und Gedicht, unter zunehmender Verknappung aller gefälligen Zutaten treu blieb.

Ilse Aichinger hat von den Texten dieses Prosabandes gesagt, sie spielten „alle deutlich vom Ende her und auf das Ende zu."[31] Dies stimmt in zweifacher Hinsicht. Alle diese Geschichten sprechen vom Tod und alle sind so angelegt, daß sie erst vom pointierten Erzählschluß her ihren Sinn erfahren. Vielleicht ist es diese Kongruenz von Erzählinhalt und Erzählform, die die Geschichten mit Recht hat so berühmt werden lassen. Für die *Spiegelgeschichte* wurde Ilse Aichinger 1952 mit dem Preis der Gruppe 47 ausgezeichnet; viele der Kurzgeschichten dieser Sammlung sind inzwischen Pflichtlektüre der Schulen geworden, und es steht zu vermuten, daß sich die Kenntnis der Ilse Aichinger noch lange auf diese Geschichten stützen wird.

In der Kurzgeschichte *Das Plakat* erkennt ein auf einem Werbeplakat abgebildeter Junge, daß man sterben muß, „um nicht überklebt zu werden."[32] Dahinter steht die Überzeugung, daß das Leben erst durch die Möglichkeit des Todes seine unverwechselbare Einmaligkeit und damit seine Dauer erhält, daß dem Menschen seine Zeitlichkeit erst durch das Wissen um den Tod zum Problem werden kann und daß nur ein in dieser Weise erfahrenes Leben für Ilse Aichinger Wirklichkeitscharakter haben kann. Wenn also erst der Tod das Leben geben kann, so fallen im Extremfall Geburt und Tod zusammen. Dies ist in der Geschichte *Das Plakat* der Fall und das ist auch das Konstruktionselement der *Spiegelgeschichte,* in der das Opfer einer mißlungenen Abtreibung im Sterben sein Leben in der Phantasie zurückverfolgt und in der Todesminute gerade zur Welt kommt. In der Titelgeschichte der österreichischen Ausgabe *Rede unter dem Galgen* heißt es hierzu: „So aber bist du, bist, weil du vergehst, weil du gewesen bist, drum wirst du sein, und weil das Ende nie ein Ende hat, so hast du auch kein Ende."[33] Das in der Erwartung des Todes gelebte Leben behauptet seine Unverwechselbarkeit über die Zeiten hinweg, bleibt dauerhaft in der Dauer und hat kein Ende, da das Ende immer wieder in den Anfang zurückführt, so wie der Anfang in das Ende.

In der *Rede unter dem Galgen* wird ein Mann, der zum Tod durch den Strang verurteilt wurde, in letzter Minute begnadigt. Er, der schon den Strick um den Hals fühlte, hat das Leben erkannt und gerade er muß es lernen, auf den Tod zu verzichten, um noch einmal in Gottes „traurigen Gärten (zu) lustwandeln". Ihm, der verurteilt wurde, weil er die „Ernte" seiner Mitmenschen verachtungsvoll vernichtete, wird geboten, stillezuhalten und den Himmel zu „ernten, der verheißen ist", wenn er auch nicht weiß, ob der Himmel „das Zelt oder das Feuer ist, an dem das Zelt verbrennt."[34] Eine höchst ungewisse Heilserwartung also verglichen mit der des Romans, in dem der unbedingte Glaube das Verhalten der Erzählfiguren herausforderte und in einem versöhnenden Schluß aufhob. Die Figuren des Kurzgeschichtenbandes werden in ihrem Wirklichkeitsverhalten zurückgeworfen auf ihre Diesseitigkeit. Das Postulat, unter dem sie antreten, ist nicht mehr der Glaube, sondern der Verzicht als Ausdruck ihres Gefesseltseins an den Tod und an die Bedingtheit ihrer irdischen Existenz. — Der Galgenvogel verzichtet auf den Tod, der Plakatjunge auf das leblose Leben. Die Gestalten der beiden so verschiedenen Geschichten *Die geöffnete Order* und *Engel in der Nacht* lernen, auf die Gewißheit zu verzichten, und die Schönheitskönigin in der romantisch-traurigen *Mondgeschichte* verzichtet auf den öffentlichen Preis um der verborgenen Preiswürdigkeit willen. Die Sterbende in der *Spiegelgeschichte* erkennt wie in einem Spiegel den Abschied vor allem Anfang. „Im Spiegel sagt man alles, daß es vergessen sei."[35] Der Gefesselte endlich trägt die Fessel, das Signum des Verzichts, für alle sichtbar auf seinem Leib. Er ist „das Gegenteil eines Gehenkten, er hatte den Strick überall, nur nicht um den Hals."[36] Die Fessel verlangt von dem Gefesselten den Verzicht auf die unkontrollierte Kraft der freien Bewegung. In einem schmerzhaften Prozeß muß er lernen, seine eigene Kraft der Zugkraft der Fessel anzupassen, ja, ihr zuvorzukommen. Und nachdem er erst einmal in der Lage ist, die Fessel zu beherrschen und nicht sich von ihr beherrschen zu lassen, bewegt er sich freier, anmutiger und auch erfolgreicher in ihr als jene, die die „tödliche Überlegenheit der freien Glieder" ihr eigen nennen, die sie „unterliegen läßt."[37] Die Freiheit in der Fessel gewährt dem Gefesselten Genuß, vielleicht sogar Glück. Die einzige Angst, die ihn manchmal überfällt, ist, die Fessel zu verlieren. Doch die Fessel hat ihn gelehrt, geduldig zu sein. Willig stellt er sich zur Schau, willig spielt er den Spaßmacher und läßt es sogar zu, daß mit ihm bösartige Späße getrieben werden. Jubel, Neugier, Gleichgültigkeit, Verachtung und Haß prallen gleichermaßen von ihm ab. Einzig die Fessel läßt er nicht in Frage stellen. Was ihn schließlich trifft, ist das falsche Mitleid der Frau des Zirkusbesitzers, die in einem Moment vermeintlicher Gefahr seine Fesseln durchtrennt. Anders als Kafkas *Hungerkünstler* — und diese beiden Parabeln weisen ja sowohl thematisch als auch formal viele Parallelen auf — ist es dem Gefesselten nicht vergönnt, in der Fessel zu sterben. In der Einübung in das Gefesseltsein und im Verlust der Fessel leistet er doppelten Verzicht. Die Freiheit in der Fessel als Ausdruck eines sich kontrolliert behauptenden Ich wird von der Gesellschaft nicht ertragen. Sie sinnt mit allen Mitteln darauf, den Gefesselten wieder in ihre unbeherrschte Mitte zu ziehen. Darum bleibt ihm vorerst nichts als die Flucht in die Einsamkeit.

Die einzige Gewöhnung, die die Fessel zuläßt, ist, sie keinen Moment zu vergessen, sich immer wieder neu in ihre Bedingungen einzuüben. Denn die Gewöhnung ist der Gegensatz des Verzichts und darum der Feind der Freiheit in der Fessel. Vielleicht muß der Gefesselte gerade deshalb seine Fessel verlieren, weil er sich nach dem geglückten Kampf mit dem Wolf zu „einig" mit ihr fühlt und der Wunsch, sie auf immer behalten zu dürfen, sein Denken zu bestimmen beginnt. Gewöhnung als Zeichen des Existenzverlusts ist das Thema des Hörspiels *Knöpfe* (1954). Dort lassen sich die Mädchen, die die Knöpfe herstellen, von ihrer stupiden Tätigkeit so in den Bann schlagen, daß sie schließlich das Gewöhnliche für ein Geheimnis halten. In der Sucht nach diesem vermeintlichen Geheimnis verflüchtigt sich ihr wirkliches Leben, bis sie schließlich selbst als Knöpfe neu erstrahlen, glitzernd und tot. Dies ist sicherlich eine Kritik an der modernen Arbeitswelt, aber es ist mehr als das. — Die Gefahr einer Verflüchtigung der Zeit durch die totale Bindung an das Gewohnte beschreibt auch der Band *Zu keiner Stunde* (1957), eine Sammlung dramatischer Dialoge, ebenso die Szenenfolge *Seegeister* aus *Der Gefesselte,* in der die Manie „Gäste" zu „Geistern" werden läßt.[38]

Die Titelgeschichte des Bandes *Wo ich wohne* (1963), der ausgewählte Stücke früherer Sammlungen um einige neue Texte, so um die Titelgeschichte, vermehrt, scheint mir in besonderem Sinn für das Werk Ilse Aichingers kennzeichnend zu sein. *Wo ich wohne* ist der Monolog einer Frau, die von dem unmerklichen Hinabgleiten ihrer Wohnung vom vierten Stock bis in den Keller und von der Aussicht auf ein weiteres Tiefersinken in den Kanal und schließlich in das Erdinnere berichtet. Diese innere Abwärtsbewegung einer Existenz als Ausdruck des Eindringens in immer tiefere und quälendere Schichten des Wirklichen wird in das Bild einer Umsiedlung gesetzt, von der, so außerordentlich sie ist, niemand Notiz nimmt. Die Bedeutung dieses Berichts für das Werk Ilse Aichingers liegt in der Beschreibung des Wohnorts ebenso wie in der Betonung des Ich. Ilse Aichingers Dichtung ist, wie ich glaube, nichts anderes als die Beschreibung i h r e s Wohnorts als des Ortes i h r e r Selbstverwirklichung, über den sie sich in ihren Büchern Rechenschaft ablegt und dessen Deutung seine Wandlungen erfährt, gemäß den Wandlungen dessen, der sie durchlebt. Nach der Mode hat sich Ilse Aichinger nie gerichtet, und die Mode hat von ihr keine Notiz genommen. Ilse Aichinger engagiert sich in ihrem Werk auf eine höchst persönliche Weise, ein zeitnahes Stück im ausdrücklich politischen oder gesellschaftskritischen Sinn hat sie nie geschrieben. Wenn sie trotzdem heute etwa zu sagen hat und des öfteren für preiswürdig befunden wurde[39], so liegt das nicht an der Aktualität, sondern an der Qualität ihrer Dichtung.

Dichtung als Bestimmung des Wohnorts: Betrachtet man das Werk Ilse Aichingers unter diesem Aspekt, so scheint es allerdings mehr als ein Zufall zu sein, daß ihre Arbeit mit der Beschreibung einer Landkarte — als Eingangsbild des Romans — anhebt und daß auch noch die Skizze *Ein Freiheitsheld* aus dem vorerst letzten Prosaband *Eliza, Eliza* eine mögliche Ortsbestimmung der Existenz in der Betrachtung einer Landkarte sucht. In beiden Fällen wird die imaginäre Reise auf der Landkarte als Flucht vor der Wirklichkeit, in der es den Ort persönlicher Freiheit zu bestimmen gilt, verworfen. Der Kreis hat sich vorerst geschlossen, wenn auch die Argumente ihre Differenzierungen erfahren haben.

In der Schilderung *Das Bauen von Dörfern* erstellen zwei Mädchen ein Dorf, das für beide in dem Maße den Charakter eines Wohnorts verliert, in dem es als Wohnstätte funktionabel wird. Obwohl beide dies erkennen, bauen sie, einem inneren Zwange folgend, unaufhörlich fort, bis das Dorf vom Wald an den See gerückt und damit der ursprünglichen Intention, „Dörfer zu bauen, die an den Wald" grenzen[40], davongelaufen ist. Das Bauen als überlegt-unüberlegte Tätigkeit und unter Bezug auf bestimmte Zwecke richtet sich gegen die eigene Absicht und kehrt sich damit gegen die Bauenden selbst. In der Geschichte *Mein grüner Esel* besteht umgekehrt die einzige Tätigkeit des erzählenden Ich in bezug auf das Objekt, den grünen Esel, in seiner Erwartung. Das Ich erlaubt sich weder die Frage nach dem Wohin noch nach dem Woher des Esels, weder nach seiner Abstammung noch nach seinen Bedürfnissen. Es streichelt, füttert und tränkt ihn nicht. Es verlangt noch nicht einmal die Regelmäßigkeit seines Kommens, übt sich vielmehr darin, auch sein Ausbleiben zu erwarten und endlich zu ertragen. Beide Geschichten sind dem Band *Wo ich wohne* entnommen und folgen dort unmittelbar aufeinander. Es gelingt ihnen nicht mehr, Maximen zu vermitteln, wie noch die früheren Beiträge Ilse Aichingers. Sie beschränken sich vielmehr darauf, Möglichkeiten des Wirklichkeitsverhaltens vorzustellen, die, indem sie sich gegenseitig beleuchten, ihren Sinn freigeben. Zumindest hier noch ist jedoch unschwer zu erraten, welcher der beiden „Tätigkeiten" Ilse Aichinger das Wort reden möchte.

In dem Band *Eliza, Eliza* (1965) geht sie noch einen Schritt weiter. Dort wird der Erzählzusammenhang auf die Demonstration von Modellen reduziert, in denen jeweils ein Ich, welche Gestalt es auch annehmen mag — die einer Maus, eines Vaters aus Stroh — eine bestimmte Verhaltensweise durchspielt. Jedes dieser Modelle enthält seine Negation bereits in sich, alle zusammen ergänzen einander und heben sich zugleich gegenseitig auf. Es kommt Ilse Aichinger in diesem Durchleuchten von Verhaltensmustern nicht darauf an, gültige Antworten zu finden, denn das Schweigen der Wirklichkeit auf die ratlosen Fragen ist Voraussetzung dieser Texte. Wohl aber werden von dem sich jeweils verhaltenden Ich, indem es sein Verhalten ständig in Frage stellt, Erfahrungen gesammelt, Erkenntnisse registriert, die es zwar objektiv verunsichern, ihm aber subjektiv jenen Raum an selbstgewählter Freiheit gewähren, in dem allein es „wohnen" kann. Indem es die Bedingtheit seiner Situation durchschaut und sich trotzdem zu ihr bekennt, bewahrt es seine Selbstachtung und damit eine resignierte Unverletzlichkeit. So weiß die Maus in der gleichnamigen Geschichte, daß es Ausgänge aus ihrem Versteck gibt, Hoffnungen, Tätigkeiten, Wünsche und Gemeinsamkeiten mit denen, die in der Außenwelt leben und deren Schritte sie hört. Und dennoch besteht ihr „Jubel" vielleicht gerade darin, „unauffindbar" zu sein.[41] Das Modell *Die Ankunft* beschwört die Seßhaftigkeit, jenen Ort, für den es „andere Orte" nicht mehr gibt und wo die Sucht „zu suchen", welche die „längste Übung" verlangt[42], endlich gestillt ist. Aber eben diese Seßhaftigkeit wird schon in dem Denkmodell selbst und erst recht durch den folgenden Bericht *Holzfahrscheine* in Frage gestellt, indem die Möglichkeit, sich mit den „Zweiäugigen (zu) verloben"[43], um Ruhe und Schlaf zu finden, aus jeder Vorstellung verbannt wird.

War in den genannten Texten schon ein Zurücktreten des epischen Elements zugunsten von Beschreibung und monologischer Ausdrucksform zu beobachten, so wird in den jüngeren Arbeiten von *Eliza, Eliza* — und dies gilt ähnlich auch von dem letzten Hörspiel *Auckland* (1969) — jede vordergründige Bindung an einen sich entwickelnden Erzählzusammenhang aufgegeben. Die Sprache der Bilder wird zum alleinigen poetischen Ort der jeweiligen Figuren. Der Erzähler selbst tritt völlig zurück. Hinweise sind Versinnbildlichungen gewichen, die nicht mehr in die Sprache des Verstehens übersetzt werden. Die Erzählwelt schafft sich gleichsam selbst, indem sie sich innerhalb ihrer eigenen Assoziationsfelder unaufhörlich fortbewegt, ohne daß die Autorin dem Leser einen Leitfaden in die Hand gäbe, den Nachvollzug dieser erinnerungsbedingten Assoziationen rezeptiv zu leisten. Es könnte sich hier um den Versuch handeln, sich der Wirklichkeit unmittelbar im Sichaussprechen der Sprache selbst zu nähern, die, indem sie sich nur nach den ihr innewohnenden Gesetzen richtet, vielleicht zur Wahrheit vorstoßen kann.

Richtig ist sicherlich, daß die Sprache der Autorin zunehmend zum Problem wird. In ihrem Roman hielt es Ilse Aichinger noch für möglich, die mißbrauchte Sprache „neu zu erlernen, wie ein Fremder eine fremde Sprache lernt, vorsichtig, behutsam, wie man ein Licht anzündet in einem dunklen Haus und wieder weitergeht."[44] Diese Abwehr gegen die mißbrauchte Sprache einer barbarischen, fremdgewordenen Welt ist der tieferen Angst vor der allgemeinen Undeutlichkeit des Ausdrucks in Verbindung mit hemmungsloser Sicherheit des Sprechenden gewichen. In der Studie *Der Querbalken* weichen die Sprechenden bei allen Fragen nach dem „Was ist er?" in ein Benennen von Akzidenzien, von „Kennzeichen, Merkzeichen" aus, die das Wesen des Querbalkens nicht erfassen oder gar in der scheinbaren Sicherheit des Urteils verfälschen. Um den Querbalken diesem verfälschenden Benennen zu entreißen, wird sein Name zurückgenommen: „Denn ich will ihn nicht mehr nennen."[45] Derselbe Umstand treibt Ajax in der gleichnamigen Geschichte[46] dazu, seinen Namen gleich seinen Vorvätern zu frühstücken. In anderen Berichten versucht Ilse Aichinger diese Verbindung von Ungenauigkeit und Unfehlbarkeitsanspruch, die das konventionelle Reden charakterisiert, durch bohrende Fragen aufzubrechen. Dies geht so weit, daß sich die Texte in und durch Fragen selbst aufzuheben scheinen. So etwa in dem dramatischen Dialog *Hohe Warte*[47] oder in *Port Sing*, wenn es am Schluß heißt: „Ist es denn erlaubt, von Hasen zu sprechen, wenn es nur noch vier sind? Welche Zahl ist es, die den Namen schützt? Nein, niemand von uns wird diese Frage abschütteln können: War es jemals erlaubt, von Hasen zu sprechen? Oder von Port Sing?"[48]

Als Ilse Aichinger zu schreiben begann, glaubte sie noch zu wissen, was Wirklichkeit sein und auf welche Weise sie sich kenntlich machen lassen könnte. Je tiefer sie sich jedoch in ihren Fragen nach dem Wirklichen verstrickte, um so unwirklicher zeigten sich alle möglichen Antworten, bis schließlich das Benennen in Frage und Antwort seine Unangemessenheit preisgab. Stück für Stück rückte an die Stelle des Auffindens von Wirklichkeit das Sich-Abfinden damit, daß sie sich nicht auffinden und vor allem nicht wahrhaftig darstellen läßt. Nur folgerichtig ist darum, daß sich über dem vorläufigen Abschluß ihrer Dichtung das Schweigen ausbreitet. In dem Essay *Meine Sprache und ich* (1968), in dem das sprechende Ich seiner Sprache gegenübertritt, hat sich die Sprache entschlossen zu schweigen. „Sie starrt nur [auf das Meer] und horcht auf die Brandung, meine Sprache."[49] Aber dieses Schweigen entläßt keine Bitterkeit, es vermittelt vielmehr eine Art von inwendigem Glück. Der Vater aus Stroh aus den jüngsten Erzählungen, der mit seinem leicht brennbaren corpus auf dem Eise hockt, fast erstarrt, doch immer in Feuersgefahr, ist die Verkörperung eines so verstandenen Schweigens. Denn wenn er „die Eiszapfen um sich hat, in Kreisen und Halbkreisen, hell wie Lanzenschäfte, aber klüger, ist er in seinem Glück. Er rückt dann den Kopf nicht mehr nach den Sternen und die Engel leuchten ihm."[50]

Anmerkungen

Texte

Die größere Hoffnung. Roman. Amsterdam 1948. Frankfurt/Main ²1966.
Rede unter dem Galgen. Erzählungen. Hg. von Hans Weigel. Wien 1952.
Der Gefesselte. Erzählungen. Frankfurt/Main 1953.
Zu keiner Stunde. Dramatische Dialoge. Frankfurt/Main 1957.
Besuch im Pfarrhaus. Ein Hörspiel. Drei Dialoge. Frankfurt/Main 1961.
Wo ich wohne. Erzählungen, Gedichte, Dialoge. Frankfurt/Main 1963.
Eliza, Eliza. Erzählungen. Frankfurt/Main 1965.
Auckland. 4 Hörspiele. Frankfurt/Main 1969.
Nachricht vom Tag. Erzählungen. Fischer Bücherei, Bd. 1140. Frankfurt/Main 1970. (= Erzählungen)
Dialoge, Erzählungen. Gedichte. Ausgewählt und hg. von Heinz F. Schafroth. Reclams Universal-Bibliothek, Nr. 7939. Stuttgart 1971.

Weitere Veröffentlichungen in Zeitschriften und Sammelbänden soweit aufgefunden:
Über das Erzählen in dieser Zeit. Die Literatur 1. 1952, S. 1.
Die Sicht der Entfremdung. Über Berichte und Geschichten von Ernst Schnabel. Frankfurter Hefte 9. 1954, S. 46—50.
Knöpfe. Ein Spiel. Neue Rundschau 65. 1954, S. 276—315. Auch in: Hörspiele. Fischer-Bücherei, Bd. 7010. Frankfurt/Main 1961 ff., S. 43—79.
Ernst Schnabel. In: Das Einhorn. Jahrbuch Freie Akademie der Künste in Hamburg. Hamburg 1957, S. 193—199.
Nichts und das Boot. In: Moderne Erzähler 11. Paderborn 1959, S. 5—10.
Im Beerenschlag. Kur- und Reisezeitung von Seefeld/Tirol 7. 1963. Nr. 20, S. 12.
Kleist, Moos, Fasane. In: Atlas. Zusammengestellt von deutschen Autoren. Berlin 1965, S. 273—280. Auch in: dtv, Nr. 513. München 1968, S. 212—217.
Unser Kaminkehrer. In: Porträts. 28 Erzählungen über ein Thema. Hg. von Walter Karsch. Berlin/München/Wien 1967, S. 155 f.

Literatur

Karl August Horst: In extremis. Merkur 6. 1952, S. 93—96.
Ruth Lorbe: Die deutsche Kurzgeschichte der Jahrhundertmitte. Der Deutschunterricht 9. 1957. Heft 1, S. 36—54.
Werner Zimmermann: Ilse Aichinger, Seegeister. In: Deutsche Prosadichtungen. Teil III. Düsseldorf 1960, S. 193—201.
Kristiane Schäffer: Mit den alten Farben. Renaissance des Expressionismus in der modernen Prosa. Der Monat 14. 1961/62. Heft 167, S. 70—72.
Carol B. Bedwell: Who is the Bound Man? Towards an Interpretation of Ilse Aichinger's „Der Gefesselte". German Quarterly 38. 1965, S. 30—37.
Rainer Lübbren: Die Sprache der Bilder. Zu Ilse Aichingers Erzählung „Eliza, Eliza". Neue Rundschau 76. 1965, S. 626—636.

Werner Weber: Ilse Aichinger. In: Schriftsteller der Gegenwart. Deutsche Literatur. 53 Porträts. Hg. von Klaus Nonnemann. Olten und Freiburg 1963, S. 11—18. Auch in: W. W., Tagebuch eines Lesers. Bemerkungen und Aufsätze zur Literatur. Olten und Freiburg 1965, S. 197—206.

Carol B. Bedwell: The ambivalent Image in Aichinger's „Spiegelgeschichte". Revue des langues vivantes 33. 1967, S. 362—368.

Werner Eggers: Ilse Aichinger. In: Deutsche Literatur seit 1945 in Einzeldarstellungen. Hg. von Dietrich Weber. Stuttgart 1968, S. 221—238.

Alexander Hildebrand: Zu Ilse Aichingers Gedichten. Literatur und Kritik 3. 1968, S. 161—167.

Ernst Oldemeyer: Zeitlichkeit und Glück. Gedanken zu Texten von Ilse Aichinger. In: Geistesgeschichtliche Perspektiven. Festgabe für Rudolf Fahrner. Hg. von Götz Grossklaus. Bonn 1969, S. 281—305.

Helmut Preuß: Die poetische Darstellung der Arbeitswelt im Hörspiel „Knöpfe" von Ilse Aichinger. In: Sprachpädagogik, Literaturpädagogik. Festschrift für Hans Schorer. Hg. von Wilhelm L. Höffe. Frankfurt 1969, S. 171—188.

Nachweise

1 Wo ich wohne, S. 125.

2 Erzählungen, S. 34.

3 Die Sicht der Entfremdung. Über Berichte und Geschichten von Ernst Schnabel. Frankfurter Hefte 9. 1954, S. 46.

4 Erzählungen, S. 33.

5 Die größere Hoffnung, S. 148.

6 Ebd., S. 144.

7 Ebd., S. 147.

8 Ebd., S. 237.

9 Ebd., S. 8.

10 Ebd., S. 15.

11 Ebd. Kristiane Schäffer hat die Symbolik der Farbe Blau in dem hier besprochenen Zusammenhang auf die Farbensprache des Expressionismus zurückgeführt. Danach deutet sie hier, wie auch bei Heym, Lasker-Schüler, Goll oder Trakl auf die Vision des Paradieses. — An anderer Stelle symbolisiert Grün den positiv gesehenen Aufbruch ins Ungewisse und unberechenbar Geheimnisvolle (vgl. z. B. den Dialog *Zu keiner Stunde* oder die Erzählung *Mein grüner Esel*); Schneeweiß deutet auf ein Verdecken der Erinnerung (vgl. *Der Gefesselte* oder das Gedicht *Selbstgebaut*).

12 Die größere Hoffnung, S. 68.

13 Ebd., S. 27 ff.

14 Ebd., S. 45.

15 Ebd., S. 81.

16 Ebd., S. 128.

17 Ebd., S. 127.

18 Ebd., S. 87.

19 Ebd., S. 156.

20 Vgl. ebd., S. 129.

21 Ebd., S. 28.

22 Ebd., S. 237.

23 Ebd., S. 150 f.

24 Ebd., S. 167.

25 Ebd., S. 186.

26 Ebd., S. 201.

27 Ebd., S. 227.

28 Ebd., S. 229.

29 Ebd., S. 236.

30 Über das Erzählen in dieser Zeit. Die Literatur 1. 1952. Nr. 6, S. 1.

31 Ebd.

32 Erzählungen, S. 27.

33 Ebd., S. 63.

34 Ebd., S. 65.

35 Ebd., S. 45.

36 Ebd., S. 12.

37 Ebd., S. 15.

38 Ebd., S. 56.

39 1952 Förderungspreis des österreichi-

schen Staatspreises; 1952 Preis der Gruppe 47; 1954 Literaturpreis der Freien und Hansestadt Bremen; 1955 Immermann-Preis der Stadt Düsseldorf; 1961 Literaturpreis der Bayrischen Akademie; 1971 Nelly-Sachs-Preis der Stadt Dortmund.

[40] Erzählungen, S. 70.

[41] Ebd., S. 83.

[42] Ebd., S. 90.

[43] Ebd.

[44] Die größere Hoffnung, S. 78.

[45] Erzählungen, S. 145.

[46] Ebd., S. 187 ff.

[47] Zu keiner Stunde, S. 84 ff.

[48] Erzählungen, S. 150.

[49] Meine Sprache und ich. In: I. A., Dialoge, Erzählungen, Gedichte. Ausgewählt und hg. von Heinz F. Schafroth. Reclams Universalbibliothek, Nr. 7939, S. 4.

[50] Erzählungen, S. 99.

Ulrich Profitlich

FRIEDRICH DÜRRENMATT

> Wie schreibt der Schriftsteller eines Kleinstaats, wie schreibt, um einen ganz kleinen Kleinstaat zu wählen, der Liechtensteiner? ... ich kann mir ... einen Schriftsteller ... [denken], der mit ungeheurem Vergnügen Liechtensteiner ist und nur Liechtensteiner, für den Liechtenstein viel mehr ist, unermeßlich viel größer als die 61 Quadratmeilen, die es tatsächlich mißt. Für diesen Schriftsteller wird Liechtenstein zum Modell der Welt werden, er wird es verdichten, indem er es ausweitet, aus Vaduz ein Babylon und aus seinem Fürsten meinetwegen einen Nebukadnezar schaffen. Die Liechtensteiner werden zwar protestieren, alles maßlos übertrieben finden, den liechtensteinischen Jodel und die Liechtensteiner Käseproduktion vermissen, aber diesen Schriftsteller wird man nicht nur in Sankt Gallen spielen, er wird international werden, weil die Welt sich in seinem erfundenen Liechtenstein widerspiegelt.[1]

Der Steckbrief des fingierten Liechtensteiner Autors paßt am genauesten auf den, der ihn entwarf. Auch Dürrenmatt sieht seine Zugehörigkeit zu einem Kleinstaat eher als Chance denn als Hindernis, auch er zeichnet in seinem Werk sein Heimatland und zeichnet es zugleich nicht: es „ausweitend" und „verdichtend", schafft er aus ihm ein „Weltmodell" — „patriotischer" zu sein, kann er sich „schon geschäftlich nicht leisten". Und auch ihm gelang es — innerhalb eines einziges Jahrzehnts — „international" zu werden: 1947 Uraufführung seines ersten Stückes in Zürich, 1949 erste deutsche, 1952 erste französische Dürrenmatt-Aufführung, 1958 *Der Besuch der alten Dame* (*The Visit*) in New York. Aufführungen in sozialistischen Ländern kamen hinzu; Verfilmungen, Literaturpreise und Ehrendoktorwürde blieben nicht aus ...

Als Dürrenmatt 1947 mit der Premiere von *Es steht geschrieben* die Zuschauer des Zürcher Schauspielhauses zu (an dieser Stätte ungewohnten) tumultuösen Reaktionen provozierte, war er 26 Jahre alt. Personalien des am 5. Januar 1921 in Konolfingen bei Bern geborenen Pfarrerssohnes, der von sich erklärte, er habe keine Biographie[2], sind schnell referiert. Die Vorfahren, seit Jahrhunderten im Bernischen ansässig, werden von Hans Bänziger, dem Biographen Dürrenmatts, als „ein Geschlecht von Politikern, Schriftstellern oder politisierenden Schriftstellern" beschrieben.[3] 1935 übersiedelt die Familie von Konolfingen nach Bern. Dort absolviert Dürrenmatt das Gymnasium, dort studiert er, nach einem in Zürich verbrachten Semester (1941), Philosophie, Literatur- und Naturwissenschaften. Er selbst sah den Sinn seiner zu keinem akademischen Abschluß geführten Studien nicht zuletzt darin, ihm „vom Bilde", dem er, der besessene Zeichner und Maler, in jenen Jahren zu verfallen drohte, „eine, wenn auch zuerst geringe, Distanz zu schaffen".[4] Neben zahlreichen expressionistisch beeinflußten Gemälden und Graphiken mit vorwiegend „grotesken Motiven"[5] entstehen erste dramatische Versuche, unter ihnen die weder veröffentlichte noch aufgeführte *Komödie* (1943), und die Mehrzahl der später in dem Band *Die Stadt* (1952) gesammelten Prosastücke. Es sind alptraumartige Gestaltungen einer „nachchristlichen"[6] Welt, in der sich Gott nur noch als Rächender und Strafender, in der Folterung des ohnmächtigen Opfers Mensch offenbart. Zur wichtigsten Lektüre dieser frühen vierziger Jahre gehörten — so berichten es die Biographen — Aristophanes, Kierkegaard und expressionistische Autoren. — Die weiteren Stationen: 1946 bis 1948 Basel, 1948 bis 1952 Ligerz am Bieler See. Dürrenmatt schreibt die ersten bekannt gewordenen Dramen (vgl. die Zusammenstellung im Anhang), daneben entstehen kleinere Werke, die ihre Fertigstellung zumindest teilweise der Notwendigkeit des Broterwerbs verdanken: Hörspiele, zwei Detektivgeschichten (*Der Richter und sein Henker* und *Der Verdacht*), Theaterkritiken für die *Weltwoche*, Kabarett-Sketches für das *Cornichon* und das Programm *Arche Noah*. — Seit 1952: Wohnsitz in Neuenburg. Reisen zu Vorträgen, zur Mitwirkung an Inszenierungen eigener Stücke; 1968—1969 neben Werner Düggelin Direktor des Basler Theaters; 1969 Miteigentümer und Mitarbeiter der liberalen Wochenzeitung *Zürcher Sonntags-Journal;* 1970 freier „künstlerischer Berater" von Harry Buckwitz am Schauspielhaus Zürich;[7] 1972 lehnt er die ihm angetragene Leitung dieser Bühne ab.

☆

> Für den tätigen Schriftsteller ... kann nur ein menschliches Verhältnis zu den Klassikern von Nutzen sein. (TR 215)

Dürrenmatt fordert für sich das Privileg der „Ungerechtigkeit den Vorfahren und den Kollegen gegenüber" (TR 146); er sieht in ihnen nicht unerreichbare Vorbilder, sondern „Anreger", „Gesprächspartner", die er, sollen sie ihn nicht lähmen, während des Schreibens „vergessen" muß; denn jedes Produzieren ist „an einen gewissen momentanen Größenwahn gebunden". Einige dieser Gesprächspartner nennt er selbst: Molière, Schiller, Kleist, Brecht, Wilder, Giraudoux, Frisch ...[8], und als die, von denen er die stärksten Eindrücke empfing: Aristophanes, Shakespeare, Cervantes, Swift, Nestroy, Karl Kraus und Wedekind. Wenn wir Dürrenmatts Beziehungen zu einigen von ihnen ein wenig verfolgen, so nicht, um Einflüsse festzustellen — bei der Art von Dürrenmatts Umgang mit diesen Autoren eine ohnehin unlösbare Aufgabe —, sondern um in der Betrachtung dessen, was Dürrenmatt mit ihnen verbindet, und noch mehr dessen, worin er sich ihnen entgegensetzt, Aufschluß über ihn selbst zu erhalten.

Sein „größtes literarisches Erlebnis"[9] nennt er Aristophanes. Was er über ihn in den *Theaterproblemen* (1954/55) und in der nicht minder wichtigen *Anmerkung zur Komödie* (1952) sagt, erläutert zugleich Ziele und Entstehungsbedingungen seines eigenen Komödienschaffens. Aristophanes gilt ihm als Vertreter einer Komödienkunst, die, statt vergangene Stoffe (Mythen) nach Tragödienart zur Erschütterung der Zuschauer zu vergegenwärtigen, gerade umgekehrt Personen, Geschehnisse und Zustände der Gegenwart in die „Distanz" des „Komischen" („Grotesken") rückt. Groteske und Komik, die es ermöglichen, Gegenwärtiges auf die Bühne zu bringen, versteht Dürrenmatt als Produkte des „Einfalls". „Es sind Einfälle, die in die Welt wie Geschosse einfallen (um ein Bild zu brauchen), welche, indem sie einen Trichter aufwerfen, die Gegenwart ins Komische umgestalten" (TR 133). Durch den „Einfall" sieht Dürrenmatt Aristophanes und die durch ihn repräsentierte alte attische Komödie nicht nur von den Tragikern, sondern auch von den Vertretern der neuen attischen Komödie (Menander) unterschieden. In der Gegenüberstellung von Aristophanes und Menander sucht er zwei prinzipielle Möglichkeiten des Komödienschreibens zu verdeutlichen: die eine ist politisch und aggressiv, die andere unpolitische Gesellschaftskomödie (nicht „Komödie der Gesellschaft", sondern „Komödie in der Gesellschaft"), die eine zielt auf Gegenwärtiges, die andere auf soziologisch und psychologisch bestimmte Typen ohne aktuellen Bezug; die eine wird strukturiert durch einen weltverwandelnden „zentralen, gewaltigen Einfall", die andere enthält höchstens „Einfälle", eine Mannigfaltigkeit momentaner „Pointen" ... Daß Dürrenmatt, aller Psychologie und aller Schematik der Typenkomödie abhold, in wesentlichen Zügen seines Komödienschaffens dem aristophaneischen Kunstprinzip zuneigt, ist nicht schwer zu erkennen. Immer wieder beschreibt er die Faszination, die auf ihn die „Freiheit" des Fabulierens, die Spontaneität des Einfalls ausübt, den Mut, den es erfordert, sich dem Einfall auszusetzen, die Vorsicht, deren es bedarf, ihm zu widerstehen, und auch die schrittweise Einengung der ursprünglichen Freiheit, ihr „Umschlagen", wenn im Verlaufe der Konzeption das Gefüge eines Werkes sich mehr und mehr selbst „determiniert".[10]

Festzustellen, Dürrenmatts Einfälle seien von der als aristophaneisch beschriebenen Art, ist nicht nur eine Aussage zur Schaffenspsychologie, sondern auch eine zur Bauform seiner Komödien. Dürrenmatt selbst nutzt den Doppelsinn der Metapher „Einfall": was ihm, dem schaffenden Autor, der von sich sagt, er müsse ins Blaue hineinschreiben, „einfällt", ist ein „Einfall" auch seinem Inhalte nach: eine fiktive Welt wird in Frage gestellt durch ein außerordentliches, unberechenbares Ereignis, das unvermittelt (wie ein „Geschoß") in die vermeintliche Ordnung „einfällt".[11] Extreme Hypothesen bestimmen den Grundriß vieler Dürrenmatt-Fabeln, Herausforderungen, Prüfungen, Versuchungen, denen der experimentierfreudige Autor seine fiktiven Akteure aussetzt, tatsächliche oder vermeintliche Chancen, die sie nutzen oder „vertun" können: ein vergessener Krüppel erhält Audienz beim Staatspräsidenten (*Stranitzky und der Nationalheld*); ein mit übermenschlicher Kraft ausgestatteter Heros steht den Eliern zur Veränderung ihrer Welt zur Verfügung, „die einmalige Möglichkeit, die kommt und geht“ (*Herkules und der Stall des Augias*); ein Engel erscheint in der zeitlosen Weltstadt Babylon und macht deutlich, wie sehr himmliche und irdische Ordnung einander ausschließen; durch einen märchenhaften Zufall zur Milliardärin geworden, kann Klara Wäscher mit einem ungeheuerlichen Angebot zu denen, die sie vertrieben, zurückkehren (*Der Besuch der alten Dame*); das Wunder der Auferstehung im *Meteor* trifft ausgerechnet einen Menschen, der sich darüber empört, schafft Verlegenheit in einer ungläubigen Welt ... Immer überprüft der Einfall eine fragwürdige „Gegenwart“, indem er sie „außerordentlichen“, ja im höchsten Grade „unwahrscheinlichen“ Bedingungen unterstellt (Schema: „was würde passieren, wenn ...“[12]).

Mit ein paar Andeutungen hat Dürrenmatt in der *Anmerkung zur Komödie* den Weg der alten attischen Komödie weiter verfolgt. Unter den Autoren, die er dabei als „Nachfahren des Aristophanes“ nennt, ist Frank Wedekind. Von der Faszination, die Wedekind auf Dürrenmatt, vor allem auf den Dürrenmatt der frühen Dramen, ausübte, zeugen nicht nur die konkreten Motive und Pointen, die 1952 in dem von Wedekinds Witwe erhobenen Plagiatsvorwurf aktenkundig gemacht wurden; erheblicher ist die gemeinsame Ablehnung des literarisch bestimmten Theaters, die Einbeziehung trivialer und kolportagehafter Stoffe, das Streben nach Bühnenwirksamkeit, die Hyperbolik, mit der beide ihre ohne psychologische Differenzierung gezeichneten Figuren zu Monstren („Ungeheuern“) steigern, die Verknüpfung des Pathetischen und Lächerlichen, die Vorliebe für tragikomische Konstellationen, für Moralistenfiguren, Monomane, die sich und oft auch ihre Mitwelt durch Gewissenhaftigkeit ruinieren, für potentiell tragische Helden, die auf mannigfaltige Weise „widerlegt“, von einer zynischen Gesellschaft mißbraucht und unschädlich gemacht werden. Dürrenmatt selbst hat zwei Momente hervorgehoben. Einerseits das Komödienhafte der Werke Wedekinds: „Noch hat man es nicht gelernt, in Wedekind Komödien zu sehen, daher läßt er die meisten kalt: sie nehmen ihn ernst, falsch ernst“ (TR 245). Diese von Wedekind ergriffene „Möglichkeit der Komödie“ ist eben die, zu der auch Dürrenmatt sich hingezogen fühlt: durch einen Einfall die Wirklichkeit „ins Groteske zu heben“. — Der andere Anknüpfungspunkt ist Wedekinds Behandlung seiner Figuren als Marionetten, die Technik, sie als Agenten von Mächten einzusetzen, als Träger von Ideen gegeneinander auszuspielen. In dieser „Dialektik mit Personen“ (TR 244) nennt Dürrenmatt Wedekind ausdrücklich seinen Lehrmeister. Von ihm, vor allem am Hochstaplerstück *Der Marquis von Keith*, habe er gelernt, „die Menschen als Motive einzusetzen“, „induktiv zu schreiben“, d. h. die Figuren auseinander hervorgehen zu lassen („eine aus der andern zu entwickeln“) — ein Verfahren, das am besten an der *Ehe des Herrn*

Mississippi zu beobachten ist, das Dürrenmatt aber auch in seinen späteren Dramen nicht aufgegeben hat. Mit einer immer bewußter werdenden Virtuosität stellt er die einzelnen Elemente seiner fiktiven Welt, Menschen, Themen, Schicksale, selbst die sinnlichen Elemente der Bühne, einander so entgegen, daß sie grelle, den Zuschauer fortwährend frappierende Kontraste bilden: jedes Thema ruft ein „Gegenthema", jeder Druck einen „Gegendruck" hervor. Dürrenmatt vergleicht seine dramaturgischen Operationen bald mit der Tätigkeit eines Malers — wer die Möglichkeiten eines Einfalls ausschöpfen, ihn „theatralisch" effektiv machen will, „sucht und wählt Kontraste wie ein Maler Farben" —, bald mit der Technik eines Komponisten, der einem gegebenen Motiv „kontrapunktisch" ein anderes entgegensetzt.[13] Man denke an die kontrastreichen Konstellationen der Frank-Komödie oder des *Meteor* oder auch an Dürrenmatts eigene Beschreibung des Prinzips, nach dem er die Figuren der *Wiedertäufer* auseinander entwickelt:

> Das Theater als Eigenwelt enthält als seine Themen erdichtete Menschen, es entwickelt sich kontrapunktisch. Zu einem Thema tritt ein Gegenthema usw. (Zu Don Quichote tritt Sancho Pansa.) Zu Bockelson tritt der Bischof: Zum Schauspieler tritt der Theaterliebhaber ... Zum verzweifelten Zuschauer ... treten die zynischen Zuschauer ... Die Welt der Fiktion ist eine in sich geschlossene Welt. Ihre Geometrie: Die Beziehung ihrer Gestalten zueinander. Ihre Dramatik: Die Schicksale, die sich auf dem abgesteckten Platz abspielen.[14]

*

Unter den „Nachfahren des Aristophanes" nennt Dürrenmatt auch Bert Brecht. Die Geschichte seiner Auseinandersetzung mit diesem „größten deutschen Dramatiker" unserer Zeit (TR 225) nachzuzeichnen, ist hier nicht der Ort.[15] Gemeinsam ist allen ihren Stadien die Mischung von „Bewunderung und Ablehnung".[16] Wir deuten einige Aspekte an, abermals um der Charakteristik Dürrenmatts, nicht um der Fixierung von Einflüssen willen. Zweifellos gibt es Züge, die die beiden Autoren miteinander verbinden, in großer Zahl: gewisse Momente im Verhältnis zur Tradition, vor allem in der Kritik am überkommenen Begriff der Tragödie und des tragischen Helden, die Ablehnung der absurden ebenso wie einer absoluten, ästhetisierenden Literatur, die Liebe zu trivialen Kunstformen, die Betonung der Fabel und der Situation vor den Charakteren und Leidenschaften, der Versuch, den Zuschauer an der distanzlosen Identifikation zu hindern, damit zusammenhängend mancherlei Techniken der Verfremdung und Episierung —, doch alle diese die beiden Autoren verbindenden Momente stehen in höchst unterschiedlichen Zusammenhängen, sind anders begründet oder erfüllen andere, häufig genau entgegengesetzte Funktionen, so daß sich Brecht schon in ihnen, den unbezweifelbaren Gemeinsamkeiten, in Wahrheit als Dürrenmatts extremer Widerpart erweist.

„Die Dramatik kann den Zuschauer überlisten, sich der Wirklichkeit auszusetzen, aber nicht zwingen, ihr standzuhalten oder sie gar zu bewältigen", lautet der letzte der „21 Punkte zu den Physikern". Während Brechts dramaturgische Überlegungen um die Frage kreisen, durch welche Techniken der Zuschauer am besten zur „Kritik", zu einem bei Brecht bekanntlich nicht nur kontemplativen, sondern gesellschaftlich „produktiven" Verhalten zu erziehen sei, gibt sich Dürrenmatt pessimistisch (einer der Züge, die er mit Max Frisch teilt): das Theater ist eine „Chance", aber es steht allein beim Zuschauer, ob er sie ergreift. „Das Theater ist nur insofern eine moralische Anstalt, als es vom Zuschauer zu einer gemacht wird."[17] Den meisten dient es als „Ausrede", auch durch sorgfältig berechnete Verfremdungstechniken sind sie aus ihrer Kurzsichtigkeit und ihrem Egoismus nicht aufzuschrecken, dem Textilkaufmann Alfredo Traps in Dürrenmatts Hörspiel *Die Panne* vergleichbar, der die im Laufe der vorgeführten Handlung gewonnene Selbsterkenntnis nach wenigen Stunden wieder verliert und sein rücksichtsloses Pannenleben unverändert fortsetzt.

Nicht als ob Dürrenmatt eine nachhaltige Wirkung überhaupt nicht wünschte — immer wieder beschreibt er den Sinn seines Dichtens mit Wendungen, die zweifelsfrei auf eine soziale Funktion hinweisen (auf Zielsetzungen, die Brecht freilich als unzureichend abgelehnt hätte): Aufgabe des Schriftstellers sei es, den Menschen „auf die Finger zu sehen", sie mit „unangenehmen", „unbequemen", „ungemütlichen" Fabeln von der Bühne aus „fordernd", „störend", „quälend" „anzufallen", zu „erschrecken", an ihr „Gewissen" zu appellieren, „ein gesellschaftliches Gewissen" zu entwickeln, Anleitung zu geben, „über die Wirklichkeit kritisch nachzudenken" und „sich mit sich selber auseinanderzusetzen", den „Widerspruch zwischen dem Denken und dem Handeln des Menschen" aufzudecken, ein „mahnendes", „warnendes" „Korrektiv" zu sein gegenüber „unmenschlichen", erstarrenden Doktrinen, „kritisches Theater . . , nicht nur im Sinne von Gesellschaftskritik, sondern hauptsächlich im Sinne einer Selbstkritik"[18] —, doch er mißtraut der eigenen Kraft, und so tritt der Gedanke an die Praktiken, die diese Wirkungen herbeiführen könnten, in den Hintergrund. Als beste Technik empfiehlt er geradezu, überhaupt keine zu haben, auf alle absichtsvollen Strategien zu verzichten, den Wünschen des Publikums nachzugeben und es so vielleicht zu „überlisten" — auch hier die Gegenposition zur Überzeugung Brechts, kritische Einsicht in die widerspruchsvolle und änderbare Welt sei selbst schon vergnüglich:

„Alles Moralische, Didaktische muß in der Dramatik unbeabsichtigt geschehen"[19] — „jede Gesellschaft neigt dazu, sich zu entschuldigen und nicht, sich beschuldigen zu lassen. Dem Publikum wohnt eine hartnäckige Kraft inne, zu hören, was es will und wie es will. Gerade jene, die eine Gesellschaftsordnung ändern wollen, liefern ihr daher nur allzu oft unfreiwillig die Ausreden, die sie zum Weiterwursteln benötigt. Gegen Mißverständnisse hilft nichts. Weder eine Dramaturgie noch ein Meisterwerk. Es ist darum vielleicht besser, sich auf einen Kampf mit dem Publikum gar nicht einzulassen. Man kann sehr viel mehr erreichen, wenn man ihm scheinbar nachgibt." (TR 153) Auf diese Weise werde es dann den „nichtsnutzigen Komödien" wenigstens gelegentlich glücken, den Zuschauer zu „beunruhigen", „im seltensten Falle" sogar, ihn zu „beeinflussen", wenn auch nie „die Welt [zu] verändern".[20]

Kehren wir von Dürrenmatts — keineswegs widerspruchslosen — Selbstdeutungen zu seinem Werk zurück.

Ein Autor, der eine chaotische, ungerechte Welt darstellt, wirft die Frage nach ihrer Veränderbarkeit auf. Was Übelohe in seinem Auftrittsmonolog über die Bedingungen seiner eigenen Entstehung sagt — der Autor habe ihn geschaffen aus Neugier, „ob der Geist ... imstande sei, eine Welt zu ändern, die nur existiert, ohne eine Idee zu besitzen, ob die Welt als Stoff unverbesserlich sei" —, gilt für viele Dürrenmatt-Figuren: kaum ein Stück, in dem Dürrenmatt nicht einem der Akteure den Drang, die Welt einer „Idee" gemäß zu formen, zugeteilt hätte. Die Ziele der Weltveränderer reichen von Mississippis Wiedereinführung des Mosaischen Gesetzes bis zu Stranitzkys „Paradies der kleinen Leute", von der Idee einer freien und gerechten Welt, die der vom Henker eingeholte Schriftsteller ein Leben lang „mit einer guten Prosa" zu befördern sucht (*Nächtliches Gespräch*), bis zur Güter- und Weibergemeinschaft in Münster in Westfalen. Und ebenso mannigfaltig sind die Methoden: Plädoyers im Namen der Vernunft, Versuche, den Mächtigen für die eigenen Pläne zu gewinnen, Diplomatie, Reformbestrebungen durch Änderung des Details, „Herumflicken" „an einer faulen Ordnung"[21] („im Unvernünftigen vernünftig bleiben"), Verstellung und scheinbare Loyalität nach der Art eines Schweyk, Widerstand, Weigerung, Protest, radikale Erneuerungsversuche des gesamten Systems durch offene Gewalt und schließlich das Bemühen einzelner, sich selbst zu ändern, im Glauben, dies sei die Voraussetzung für die Änderung der Welt.

Keine dieser Bestrebungen führt zum gewünschten Ziel: die meisten scheitern völlig, andere gelangen zwar zu gewissen Erfolgen, doch diese sind bald Karikaturen und Perversionen einer Erneuerung wie das von den Wiedertäufern errichtete Münsterische Jerusalem, bald schmerzlich eingeschränkt wie die Erfolge eines Akki (*Ein Engel kommt nach Babylon*) oder Gulliver (*Der Verdacht*): was sie erreichen, bessert die Welt nur punktuell; der Preis des Gelingens ist der Verzicht auf die fundamentale Änderung zugunsten der Korrektur unzusammenhängender Details. Auch das utopische Gemeinwesen auf dem Planeten Venus, in dem nach den Worten Woods „ein Ideal in der Wirklichkeit anzutreffen" ist, bildet keine überzeugende Ausnahme (*Das Unternehmen der Wega*). Es beruht auf extremen, irrealen Bedingungen, die obendrein nur vage angedeutet werden. Dürrenmatts Charakteristik, sofern man überhaupt davon reden kann, richtet sich mehr auf die Vorführung moralischer Haltungen als auf die Beschreibung politischer Strukturen.

Ob die auf Verwirklichung einer Idee ausgehenden Gestalten völlig scheitern, zu bescheidenen oder zu pervertierten Erfolgen gelangen, gemeinsam ist ihnen eine Darstellung, die den Glauben an die Veränderbarkeit der Welt eher zu mindern als zu stärken vermag. Das gilt nicht nur, wo sich dem Bemühen, die Welt zu ändern, Zufälle und ähnliche außergewöhnliche „Störfaktoren" in den Weg stellen, gegen die es wirksame rationale Vorkehrungen nicht gibt; es gilt ebenfalls für die Mißerfolge der in Dürrenmatts Werk am entschiedensten satirisch gezeichneten Bürger von Güllen, Elis, Babylon und Abdera, deren Schicksale zwar von unberechenbaren „Störfaktoren" nicht völlig frei, jedoch nicht definitiv bestimmt sind. Wenn die Güllener und Elier in ihrem Streben nach einer humanen, von Unrecht gereinigten Welt scheitern, so weil sie ihre „Ideale" an ihre auf Macht und Wohlstand gerichteten Interessen verraten. Das ist jedenfalls der Faktor, den Dürrenmatt akzentuiert: die Elier, „die Reichen, Faulen und Satten", erscheinen als Opfer ihrer eigenen Schwäche. Nicht bereit, den Verzicht zu leisten, an den die Verwirklichung ihrer so selbstbewußt vorgetragenen Prinzipien gebunden ist, „vertun" sie die ihnen gegebene „Chance". So auch die Güllener. Fasziniert und entsetzt wird der Zuschauer Zeuge, wie sie Schritt für Schritt einer Versuchung nachgeben, halb ahnungslos, halb im Bewußtsein der unausweichlichen Folgen ihres Tuns, sich selbst von ihren Skrupeln durch Entrüstung über den Mitbürger Ill ablenkend, schließlich überzeugt, den von ihnen verlangten Mord im Namen derselben Gerechtigkeit verüben zu müssen, um deretwillen sie ihn zunächst ablehnten.

Indem Dürrenmatt das Moment der moralischen Schwäche akzentuiert, läßt er die übrigen Faktoren, in die das Versagen der Güllener eingebettet ist, zurücktreten. Nicht als ob er die Darstellung der Ausgangslage, die für die Schwachen, zum Verzicht Unfähigen zur allzu schweren Bewährungsprobe wird, völlig aussparte — zumindest die in Güllen herrschende Armut samt ihrer im planvollen Handeln der Milliardärin gründenden Ursache bleibt keineswegs ungeschildert —, doch tritt sie gegenüber der Nachzeichnung des allmählichen moralischen Verfalls deutlich in den Hintergrund. Mehr als der Faktor, der das sittliche Versagen auslöst, interessiert den Autor dieses Versagen selbst. In der abweichenden Behandlung der Ätiologie des gesellschaftlichen Unheils liegt offenbar einer der fundamentalen Unterschiede, die Dürrenmatts Komödien (ebenso wie die Stücke Max Frischs) vom Theater Brechts trennen. Wo der Brecht-Zuschauer zur Reflexion auf die zugrunde liegende Situation und die soziale Ordnung veranlaßt wird, in der Verzicht und Opfer, ja Heldentum notwendig sind, Schwäche dagegen unausweichlich zur Katastrophe führt, richtet sich die Aufmerksamkeit des Dürrenmatt-Zuschauers mit Vorrang auf den nachlassenden moralischen Widerstand, die Mechanismen des Selbstbetrugs derer, die die Katastrophe unmittelbar hervorbringen. Wo Brecht und die Brechtianer, die Rückführung des Handelns auf die Ebene der Motivation für idealistisch und unzulänglich erklärend, fortwährend die historischen Kräfte und Widersprüche, die konkreten Bedingungen gegenwärtig zu machen suchen, die das asoziale Verhalten auslösen oder jedenfalls seine fatalen Auswirkungen möglich machen, akzentuiert der Autor der *Alten Dame* den psychologisch faßbaren Bereich der mit Leichtsinn und Selbstbetrug verbundenen menschlichen Versuchbarkeit.

☆

Den Eliern, Güllenern und den ihnen Gleichgesinnten steht die Gruppe der Weltverbesserer vom Schlage des Schriftstellers im *Nächtlichen Gespräch* gegenüber. Dürrenmatt zeichnet sie als „lächerlich", als — oftmals hagere — „Narren"- und Don-Quichote-Gestalten, die mit dem gerade entgegengesetzten Defekt behaftet sind: wenn jene nicht ernst genug wollen, was sie vollbringen könnten, fehlt diesen die Kraft zu vollbringen, was sie „mit rasender Tollheit und mit einer unerschöpflichen Gier nach Vollkommenheit"[22] herbeiwünschen. Daß sie ihrer Ohnmacht zum Trotz das Aussichtlose dennoch versuchen, macht ihre „Torheit" aus, läßt zu „Narren" werden, die unter anderen Bedingungen Helden sein könnten. Meist sind es einzelne gegenüber Aufgaben, deren Bewältigung, wie Dürrenmatt selbst wiederholt hervorhebt, die (womöglich mehrere Generationen übergreifende) Solidarität aller erfordert: Ämilian, der im Alleingang Römer und Germanen versöhnen möchte; die Physiker, auch ohne das Eingreifen des Zufalls auf die Dauer in hoffnungsloser Situation; Stranitzky; Übelohe, Saint Claude und Mississippi; Bärlach und Fortschig (*Der Verdacht*); der Intellektuelle in den *Wiedertäufern*; Matthison, als einzelner dem feindlichen Heere trotzend; der abderitische Stadtrichter Philippides, in gewissem Sinne auch der Bischof von Münster und der Bastard in *König Johann*, jeder seinen Gegnern vielmals unterlegen, „ein Bild einer jammervollen und aussichtslosen Anstrengung".[23] Nicht besser ausgestattet sind die Münsteraner Bürger im Wiedertäufer-Stück. Der Demonstration ihrer Kläglichkeit ist die ganze dritte Szene der zweiten Fassung gewidmet, in der sie, mit Spruchbändern nicht nur religiösen, sondern auch sozialrevolutionären Inhalts versehen, die vermeintlich bevorstehende Hinrichtung des Intellektuellen kommentieren. Ihre zugleich komische und quälende Borniertheit zeigt sich ebenso in der Verkennung wünschbarer, ihren wahren Interessen dienender Ziele wie in der mangelnden Einsicht in die tauglichen Methoden ihrer Verwirklichung.

Auch Brecht war von der Überzeugung ausgegangen, der einzelne allein sei zur Änderung der Welt unfähig. Auch er hatte den Ruin der unzulänglich Gerüsteten dargestellt, auch er hatte Volksmassen als unvorbereitet, ohne Klassenbewußtsein und ohne hinreichende Kenntnis revolutionärer Methoden gezeigt. Doch auch hier, in der Behandlung des Mißerfolgs derer, die eine Änderung ernsthaft zu wünschen vermögen, drängt sich die Gegensätzlichkeit der beiden

Autoren auf. Wiederum sucht Brecht zu historisieren, das vorgeführte Scheitern als an bestimmte aufhebbare Bedingungen gebunden zu erweisen. Mitunter ist es der Held selbst, der, lernend und lehrend zugleich, ausspricht, was zu tun ist, was zu tun gewesen wäre, und so auf die Hebel der Veränderung deutet; ein andermal bleibt er auf halbem Wege stehen, aber selbst dann wird dem Leser eine überlegene Perspektive angeboten, eine Einsicht in die dargestellte Welt, kraft deren ihm das Mißlingen als nicht zwangsläufig, ein erwünschter Ausgang als möglich erscheinen soll. Anders Dürrenmatt. Er macht die Welt nicht „praktikabel". In der Darstellung von „Paradoxien" und „Konflikten" verharrend, zeigt er die Ursachen für das Scheitern seiner Weltverbesserer-Narren nicht als aufhebbar, nennt keine Lösungen, händigt dem Zuschauer nicht den „Schlüssel für die Bewältigung der Probleme des gesellschaftlichen Zusammenlebens"[24] aus.

Bezeichnend ist, was er dem Scheitern der Weltverbesserungsversuche folgen läßt. Oft hören wir von Neuansätzen, sei es, daß die Gescheiterten selbst noch einmal eine Handlungseinheit beginnen — nicht alle, die ihren Mißerfolg überhaupt überstehen, sind ja der Möglichkeit weiteren Handelns beraubt (wie es Übelohe und Mississippi in der Drehbuchfassung oder die Physiker sind), und nicht alle der zu weiteren Aktionen Fähigen resignieren (wie Stranitzky oder die mit Hilfe von Drogen weiterlebende Ärztin Dr. Marlok) —, sei es auch, daß die gescheiterten Weltverbesserer Nachfolger finden, Gleichgesinnte, die ihre Arbeit weiterführen oder jedenfalls ein ähnliches Ziel durchzusetzen suchen. Alle diese Neuansätze bleiben, jeder auf eine andere Weise, unbefriedigend, am fragwürdigsten zweifellos jene, deren abermaliges Scheitern von vornherein antizipiert wird. „Immer aufs neue wird der Kampf aufgenommen, immer wieder, irgendwo, von irgendwem und zu jeder Stunde." Mit diesen Worten verabschiedet sich der Freiheitskämpfer des *Nächtlichen Gesprächs*. In der etwa gleichzeitig entstandenen *Ehe des Herrn Mississippi* erheben sich Mississippi und Saint Claude, die ermordeten Helden, die noch kurz vor ihrem Tod festgestellt haben: „Wir müssen immer wieder von vorne anfangen ... Wir gehören zusammen", und kommentieren ihr blamables Ende:

> Doch, ob wir auch liegen, hier in dieser Ruine ... Ob wir sterben an einer weißgetünchten Mauer, auf einem langsam zusammensinkenden Scheiterhaufen, aufs Rad geflochten, zwischen Himmel und Erde ... Immer kehren wir wieder, wie wir immer wiederkamen ... In immer neuen Gestalten, uns sehnend nach immer ferneren Paradiesen ...

Und Übelohe, der einzig Überlebende des Weltverbesserer-Trios, respondiert mit der ekstatischen Bejahung der „ewigen Komödie": unbeirrt wird er fortfahren, die Rolle des zusammengeschlagenen, immer wieder verlachten Don Quichote zu spielen, seiner Ohnmacht bewußt, wissend, daß auch seine künftigen Unternehmungen ihn jedesmal von neuem als Narren zeigen werden.[25] — Kaum ermutigender ist das hilflose „Diese unmenschliche Welt muß menschlicher werden", mit dem der gelähmte Bischof Franz von Waldeck, aus seinem Rollstuhl sich erhebend, die *Wiedertäufer* beschließt. Es ist das Pendant zu dem verzweifelten Schrei des in einer psychiatrischen Vorlesung vorgeführten Staatsanwalts am Ende der Filmfassung des Mississippi-Stücks: „Die Welt muß geändert werden ... Die Welt muß geändert werden." Trifft der für geisteskrank erklärte Staatsanwalt bloß eine Feststellung, so fügt der durch seinen eigenen Sieg widerlegte Sieger im Kampf um Münster die Frage nach dem Weg der Verwirklichung hinzu: „Aber wie? Aber wie?" Die Scham über den „Knäuel aus Schuld und Irrtum, aus Einsicht und wilder Raserei" mündet in Ratlosigkeit.

Gibt es Alternativen? Wenn der am Dazwischentreten eines Unvorhersehbaren „gescheiterte Politiker" Odoaker sich daran macht, „Sinn in den Unsinn zu legen", indem er „die Welt treu verwaltet", dann hat sein Beginnen in Dürrenmatts Darstellung die Chance des Erfolgs, eines Erfolgs freilich, der hinter der ursprünglichen Erwartung weit zurückbleibt. Die Begrenztheit dieses Erfolges zeigt sich schon in seiner zeitlichen Beschränkung: die „glückliche", „unheldische" Zeit des Friedens wird nur von kurzer Dauer sein; nach „einigen Jahren" bereits wird eine Zeit abermaligen Heldentums, abermaliger Verwirrung sie ablösen. So ist die Pflicht, die Odoaker zu erfüllen unternimmt, eine „traurige" und sein Verhalten in Wahrheit eine „Komödie"[26], ein „So-tun-als-Ob", dessen Vergeblichkeit, gemessen an dem absoluten Weltveränderungsanspruch, ihm schmerzlich bewußt ist. — Vergleichbar ist die Traurigkeit des schnapstrinkenden Juden Gulliver (*Der Verdacht*), der seine Erfolge einzig der Tatsache verdankt, daß er sich von vornherein mit punktuellen, den eigenen Kräften angepaßten Zielsetzungen begnügt. Durch diesen Verzicht erweist er sich als Geistesverwandter Akkis, der ausdrücklich als Gegenfigur der scheiternden Weltverbesserer-Narren entworfenen Zentralgestalt des Babylon-Stücks. Auch Akki ist erfolgreich, auch er überlebt, ein zweiter Azdak, in einer ihn bedrohenden Welt, und auch bei ihm gründen Erfolg und Überleben nicht zuletzt darin, daß er seinen Kampf um eine gerechtere Erde (einen Kampf, den er nicht minder ernst nimmt als die sich nutzlos opfernden Pseudohelden) auf bewußt unheroische Einzeloperationen einzuschränken weiß.

Und noch ein anderer Weg wird nicht von vornherein mit der Vorhersage der Vergeblichkeit belastet (freilich auch nicht als erfolgreich vorgeführt): der Weg, den Augias zum Erstaunen seines Sohnes und des Zuschauers am Ende des *Herkules*-Stücks enthüllt. Über Jahre hin hat der Elierkönig ein doppeltes Leben geführt, ein öffentliches und ein „heimliches", war nicht nur Politiker — und als solcher überzeugt von der Notwendigkeit, die elischen Gesetze allen ihren satirisch vorgeführten Nachteilen und Perversionen zum Trotz zu achten —, sondern baute zugleich, Mist in Humus verwandelnd, seinen Garten. Auch dieses Gartenbauen ist, so hören wir, eine letztlich auf Veränderung der Welt zielende Methode, ein langer, sehr langer Weg, dessen Erfolg obendrein vom Eintreten weiterer Bedingungen abhängt, die der einzelne nicht zu erzwingen vermag. Daß er zum Ziel führen werde, erwartet, der ihn beschreitet, selbst nicht mehr zu erleben:

> ... Weil die Vernunft große Zeiträume braucht, sich durchzusetzen und weil Ausmisten nicht die Sache eines Geschlechtes, sondern die vieler Geschlechter ist ... Ich bin Politiker, mein Sohn, kein Held, und die Politik schafft keine Wunder. Sie ist so schwach wie die Menschen selbst, ein Bild nur ihrer Zerbrechlichkeit und immer wieder zum Scheitern bestimmt. Sie schafft nie das Gute, wenn wir selbst nicht das Gute tun. Und so tat ich denn das Gute. Ich verwandelte Mist in Humus. Es ist eine schwere Zeit, in der man so wenig für die Welt zu tun vermag, aber dieses Wenige sollen wir wenigstens tun: Das Eigene. Die Gnade, daß unsere Welt sich erhelle, kannst du nicht erzwingen, doch die Voraussetzung kannst du schaffen, daß die Gnade — wenn sie kommt — in dir einen reinen Spiegel finde für ihr Licht. So sei denn dieser Garten dein. Schlage ihn nicht aus. Sei nun wie er: Verwandelte Ungestalt. Trage du nun Früchte. Wage jetzt zu leben und hier zu leben, mitten in diesem gestaltlosen, wüsten Land, nicht als ein Zufriedener, sondern als ein Unzufriedener, der seine Unzufriedenheit weitergibt und so mit der Zeit die Dinge ändert: Die Heldentat, die ich dir nun auferlegen, Sohn, die Herkulesarbeit, die ich auf deine Schultern wälzen möchte.

Die Alternative, die in diesem fast allzu planen, unverstellten Bekenntnis den scheiternden Narren-Helden entgegengehalten wird, ist abermals eine „traurige". Der unglückliche Elierkönig nennt seinen Garten selbst einen „traurigen", den Garten seiner „Entsagung". Daß er „entsagt", statt verzweifelnd zu „kapitulieren", reiht ihn in die Gruppe der sogenannten „mutigen Menschen" ein, deren Möglichkeit zu erweisen Dürrenmatt in einer berühmt gewordenen Passage der *Theaterprobleme* eines seiner „Hauptanliegen" nennt.

Augias' Forderung, das „Eigene" zu tun, meint offenbar dasselbe, was Dürrenmatt in der Schillerrede (1959) „das Seine tun" nennt. Für den politisch ohnmächtigen einzelnen, schreibt er dort, sei nun die Zeit gekommen, „entschlossen und tapfer das Seine zu tun". Und so hieß es schon einige Jahre vorher, die Chance liege „allein noch beim einzelnen", e r habe die Welt „zu bestehen", nur von ihm aus sei „alles wieder zu gewinnen" (TR 63). „Die Welt als ganze ist in Verwirrung ... Die Welt des einzelnen dagegen ist noch zu bewältigen, hier gibt es noch Schuld und Sühne ... Nur im Privaten kann die Welt auch heute noch in Ordnung sein" (TR 48). In diesen Äußerungen ist die Trennung von Privatem und Öffentlichem, eine Trennung, die Brecht, der Marxist, zu überwinden trachtet, noch weiter geführt als im Augias-Bekenntnis. Der Elierkönig hatte das Tun des „Eigenen", was immer das heißen mag, letztlich in den Dienst dessen gestellt, „was alle angeht", hatte es als „Voraussetzung" dafür begriffen, daß „unsere Welt sich erhelle". Hier dagegen wird es autonom gesetzt, ja mehr noch: die Welt des einzelnen, die noch „zu bewältigende" Sphäre des „Privaten", erhält eine Würde, die der des politischen Bereichs sogar überlegen ist:

> Erst hinter den Kulissen dessen, was von der Politik, vom Staat vernünftigerweise zu fordern ist und was auch zu leisten wäre, nämlich Freiheit und soziale Gerechtigkeit, beginnen die nicht selbstverständlichen, die entscheidenden Fragen, die nicht gemeinsam zu lösen sind, die aber jeder einzelne zu lösen hat. (TR 49)

Dorthin vorzustoßen, durch die Schichten der Politik hindurch, sei die Aufgabe des Schriftstellers. Vom Primat eines solchen gleichsam metapolitischen Bereichs handelt Dürrenmatt auch am Schluß der Schillerrede, wo er, Schillerdeutung und eigene Überzeugung zusammenfassend, kategorisch die mit Brechts marxistischer Dialektik unvereinbare These formuliert:

> Der Mensch ist nur zum Teil ein politisches Wesen, sein Schicksal wird sich nicht durch seine Politik erfüllen, sondern durch das, was jenseits der Politik liegt, was nach der Politik kommt. Hier wird er leben oder scheitern.

Interessant zu beobachten sind nun die Auswirkungen dieser Überzeugung auf die dichterische Produktion eines Autors, der nur zum geringeren Teil „private" Konflikte, zum größeren Teil auf Rettung der Welt zielende Unternehmungen zu seinem Gegenstand macht. Wir betrachten das Schicksal des „gescheiterten Politikers" Romulus. Die Wirklichkeit hat die Ideen dessen, der drei Akte lang der Überlegene schien, „korrigiert", sein Opfer wird „nicht angenommen", und er muß einsehen, daß er mit der Forderung, getötet zu werden, dem Feinde verweigert, ein „Mensch" zu sein, der „recht handeln will". Indem er im vierten Akt, statt auf einem inzwischen sinnlos gewordenen Tod zu bestehen, sich darein fügt, in der Pensionierung eine unheldisch-komödienhafte, darüber hinaus schuldbeladene Gegenwart zu durchleben, übernimmt er eine neue, vorher nicht bedachte Aufgabe, die ihm schließlich doch noch Gelegenheit gibt, „Weisheit" und „Größe"[27] zu zeigen. Lediglich diese Bewährung im Bereich des „Eigenen" ist es, die dem Scheitern des als Politiker zum „Narren" Gewordenen ein versöhnliches Moment von Größe und Vorbildlichkeit beigibt.

Romulus ist kein Einzelfall. Auch in anderen Werken begegnet es, daß Dürrenmatt dem Unheil der Welt als ganzer, einem Scheitern im politischen Bereich, einen Erfolg in der „Welt des einzelnen" entgegensetzt, sei es eine sittliche Bewährung, sei es das Erlebnis der Begnadung. Nicht als ob das politische Unheil durch die sittliche Bewährung oder Begnadung bagatellisiert würde, doch soll es als Unheil in einem Bereich deutlich werden, der nicht der einzige, ja nicht einmal der „entscheidende" ist. Zum ausschließlichen Thema wird der Übergang von der politischen zur privaten Zielsetzung in dem 1951 geschriebenen *Nächtlichen Gespräch mit einem verachteten Menschen.* Der Protagonist dieses *Kurses für Zeitgenossen* hat ein Leben lang für Ziele gekämpft, die er „Selbstverständlichkeiten", unbezweifelbare Rechte und Bedingungen eines menschenwürdigen Lebens nennt: „für ein besseres Leben auf dieser Erde . . ., dafür, daß man nicht ausgebeutet wird . . ., daß man nicht krepiere in irgendeiner Schinderhütte . . ."

Von dem Henker, den ihm die Machthaber des Unrechtstaates nächtlich in seine Wohnung schicken, erhält er eine Lektion in der Kunst des Sterbens. Der Dialog, in dem der zunächst Überlegene mehr und mehr in die Rolle des Belehrten und schließlich Überzeugten gerät, endet mit den Worten:

> Es war ein Kampf um Selbstverständlichkeiten, und es ist eine traurige Zeit, wenn man um das Selbstverständliche kämpfen muß. Aber wenn es einmal so weit ist, daß dein [des Henkers] riesiger Leib aus einem leeren Himmel in das Innere unseres Zimmers steigt, dann darf man wieder demütig sein, dann geht es um etwas, das nicht selbstverständlich ist: um die Vergebung unserer Sünden und um den Frieden unserer Seele. Das weitere ist nicht unsere Sache, es ist aus unseren Händen genommen.

Was der zum „Meister des Sterbens" Gewordene hier unternimmt, ist offenbar alles andere als eine grundsätzliche Entwertung des lebenslang geführten Kampfes. Er ordnet diesen Kampf lediglich anders ein, versteht, was er bisher als das einzig Verbindliche ansah, nun als eine Aufgabe unter mehreren, glaubt zu begreifen, daß seine gegenwärtige Situation, die aussichtslose Situation des Wehrlosen gegenüber dem Henker, von ihm etwas Neues, vorher nicht Bedachtes fordert: das richtige „Unterliegen" — eine Aufgabe, der gegenüber er paradoxerweise nicht mehr der „Narr" bleiben muß, der er sein Leben lang im hoffnungslosen Kampf des einzelnen gegen die Übermacht war: „Unser Kampf war ein guter Kampf, aber unser Unterliegen war ein noch besseres Unterliegen."

Fügen wir hinzu, daß dieses Prinzip, dem Scheitern der auf totale Veränderung und Rettung der Welt gerichteten Unternehmungen ein Gegengewicht zu setzen, vor allem Dürrenmatts frühere Werke (etwa bis zur Mitte der fünfziger Jahre) bestimmt. Vergebens sucht man in seinem späteren Schaffen nicht nur Figuren vom Schlage Odoakers, Akkis oder Gullivers, die Meister des Überlebens und Initiatoren einer nur punktuell und kurzfristig gerechten Welt; auch die von Knipperdollinck und Übelohe bis zu Bonstetten, Ill und (mit gewissen Einschränkungen) auch Traps reichende Filiation der nach Buße, Gnade und Rechttun im Bezirk des „Eigenen" strebenden Figuren hat keine wirklich vergleichbaren Nachfolger. Dabei fehlt es durchaus nicht an Situationen, die diese Einstellung nahelegen könnten. Die Lage der düpierten Physiker oder des von den Feldherrn ausgespielten Intellektuellen in den *Wiedertäufern* ist von der des Mannes, den der Henker einholt, nur wenig unterschieden. Doch wo dem gescheiterten Freiheitskämpfer aus dem frühen Werk die Erhebung zu bisher kaum bedachten Zielen („Vergebung unserer Sünden", „Frieden unserer Seele") und der Stolz auf das vorbildliche Unterliegen gestattet wird, da müssen die verzweifelten Physiker in zwecklosem Leerlauf eine Rolle fortführen, die ihren Sinn verloren hat, da wird der Intellektuelle, nahezu sprachlos und mit der Gebärde eines Verdutzten, brutal von der Bühne entfernt.

Am deutlichsten wird diese Tendenz in Dürrenmatts Neufassungen seiner eigenen Stücke. Partien, die die allgemeine Katastrophe balancieren könnten, Erhebungen und lyrische Aufschwünge, in denen die Helden ihr „im äußeren Sinne" nutzloses Tun als „in einer inneren Weise sinnvoll" (TR 223) erleben, werden bald gestrichen, bald gekürzt und verlieren den bevorzugten Platz am Dramenausgang. Mitunter handelt es sich um bloße Unterschiede in der Akzentuierung, doch sehen wir recht, so liegt hier eine der erheblichsten Entwicklungstendenzen des Komödienschreibers Dürrenmatt.

Anmerkungen

Texte

Die Werke Dürrenmatts liegen mit Ausnahme der beiden im Benziger-Verlag (Einsiedeln) veröffentlichten Detektivromane *Der Richter und sein Henker* und *Der Verdacht* in Ausgaben des Verlags der Arche (Zürich) vor. Jahreszahlen beziehen sich, soweit nicht anders angegeben, auf das Jahr der Erstveröffentlichung oder Uraufführung.

Theaterstücke:

Es steht geschrieben. Ein Drama. 1947. — Der Blinde. Ein Drama. 1948. — Romulus der Große. Eine ungeschichtliche historische Komödie in 4 Akten. 1949. — Die Ehe des Herrn Mississippi. Eine Komödie in zwei Teilen. 1952; Drehbuchfassung 1961. — Ein Engel kommt nach Babylon. Eine fragmentarische Komödie. 1953. — Der Besuch der alten Dame. Eine tragische Komödie. 1956. — Frank V. Oper einer Privatbank. Musik von Paul Burkhard. 1959. — Die Physiker. Eine Komödie. 1962. — Herkules und der Stall des Augias. Eine Komödie. 1963. — Der Meteor. Eine Komödie in zwei Akten. 1966. — Die Wiedertäufer. Eine Komödie in zwei Teilen. 1967. — König Johann nach Shakespeare. 1968. — Play Strindberg. Totentanz nach August Strindberg. 1969. — Titus Andronicus. Eine Komödie nach Shakespeare. 1970. — Porträt eines Planeten. 1970. — Sammelbände: Komödien I (Enthält: Romulus der Große, Die Ehe des Herrn Mississippi, Ein Engel kommt nach Babylon, Der Besuch der alten Dame). — Komödien II und frühe Stücke (Enthält: Es steht geschrieben, Der Blinde, Frank V., Die Physiker, Herkules und der Stall des Augias).

Hörspiele:

Der Doppelgänger. Ein Spiel. Entstanden 1946. — Der Prozeß um des Esels Schatten. Ein Hörspiel (nach Wieland — aber nicht sehr). 1951. — Nächtliches Gespräch mit einem verachteten Menschen. Ein Kurs für Zeitgenossen. 1952. — Stranitzky und der Nationalheld. 1952. — Herkules und der Stall des Augias. 1954. — Das Unternehmen der Wega. Ein Hörspiel. 1954. — Die Panne. 1956. — Abendstunde im Spätherbst. 1956. — Sämtliche Hörspiele sind vereinigt in dem Band: Gesammelte Hörspiele.

Erzählende Werke:

Die Stadt. Prosa I—IV. 1952. (Enthält die frühen, mit Ausnahme des 1952 geschriebenen *Tunnels,* in den Jahren 1943—1946 entstandenen bzw. konzipierten Prosastücke.) — Der Richter und sein Henker. 1950. — Der Verdacht. 1951. — Grieche sucht Griechin. Eine Prosakomödie. 1955. — Die Panne. Eine noch mögliche Geschichte. 1956. — Im Coiffeur-Laden. Zwei Kapitel aus einem unveröffentlichten Roman. In: Neue Zürcher Zeitung. 21. 4. 1957. — Das Versprechen. Requiem auf den Kriminalroman. 1958. — Der Sturz. 1971.

Reden, Kritiken, Essays, Aphorismen u.ä.:

Theater-Schriften und Reden. 1966. (Dieser von Elisabeth Brock-Sulzer herausgegebene Sammelband enthält Dürrenmatts nichtfiktionale Texte, z.T. vorher ungedruckte, bis zum Jahre 1965.) — Monstervortrag über Gerechtigkeit und Recht. Nebst einem helvetischen Zwischenspiel (Eine kleine Dramaturgie der Politik). 1969. — Sätze aus Amerika. 1970. — Dramaturgisches und Kritisches. Theater-Schriften und Reden II. 1972.

Interviews

Horst Bienek: Werkstattgespräche mit Schriftstellern. München 1965, S. 120—136.

Artur Joseph: Theater unter vier Augen. Köln 1969, S. 15—26.

Außerdem in: Theater heute 7, 1966, Heft 2, S. 10—12 und 9, 1968, Heft 9, S. 6—8; Sinn und Form 18, 1966, S. 1218—1232; Panorama. Eine deutsche Zeitung für Literatur und Kunst 5, 1961, Nr. 1, S. 5; Die Welt 11. 1. 1967; Christ und Welt 13. 9. 1968.

Bibliographie

Klaus W. Jonas: Die Dürrenmatt-Literatur (1947—1967). In: Börsenblatt für den Deutschen Buchhandel. Frankfurter Ausgabe. 23. Juli 1968, S. 1725—1738.

Johannes Hansel: Friedrich-Dürrenmatt-Bibliographie. Bad Homburg 1968.

Literatur

Wilfried Berghahn: Friedrich Dürrenmatts Spiel mit den Ideologien. In: Frankfurter Hefte 11, 1956, S. 100—106.

Beda Allemann: Friedrich Dürrenmatt ‚Es steht geschrieben'. In: Das deutsche Drama. Bd. 2. Hrsg. v. Benno von Wiese. Düsseldorf 1962, S. 415—432.

Elisabeth Brock-Sulzer: Dürrenmatt und die Quellen. In: Der unbequeme Dürrenmatt. Basel 1962, S. 117—136.

Reinhold Grimm: Parodie und Groteske im Werk Dürrenmatts. In: Der unbequeme Dürrenmatt. Basel 1962, S. 71—96.

Ernst Schumacher: Dramatik aus der Schweiz. In: Theater der Zeit 17, 1962, Nr. 5, S. 63—71.

Hans Mayer: Dürrenmatt und Frisch. Pfullingen 1963 (Opuscula aus Wissenschaft und Dichtung 4).

Jacob Steiner: Die Komödie Dürrenmatts. In: Der Deutschunterricht 15, 1963, H. 6, S. 81—98.

Elisabeth Brock-Sulzer: Friedrich Dürrenmatt. Stationen seines Werkes. Neue erweiterte Auflage. Zürich 1964.

Christian M. Jauslin: Friedrich Dürrenmatt. Zur Struktur seiner Dramen. Zürich 1964.

Günter Waldmann: Dürrenmatts paradoxes Theater. In: Wirkendes Wort 14, 1964, S. 22—35.

Hans-Jürgen Syberberg: Zum Drama Friedrich Dürrenmatts. München 1963.

Erich Kühne: Satire und groteske Dramatik. In: Weimarer Beiträge 12, 1966, S. 539 bis 565.

Veronika Mayen: Das Problem des Todes im Werk Friedrich Dürrenmatts bis zu dem Drama ‚Herkules und der Stall Augias'. Diss. Hamburg 1966.

Hans Bänziger: Frisch und Dürrenmatt. Fünfte, neu bearbeitete Auflage. Bern 1967.

Karl Pestalozzi: Friedrich Dürrenmatt. In: Deutsche Literatur im 20. Jahrhundert. Hrsg. von Otto Mann und Wolfgang Rothe. Band 2. 5. erweiterte Aufl. Bern 1967, S. 385—402.

Peter Schneider: Die Fragwürdigkeit des Rechts im Werk von Friedrich Dürrenmatt. Karlsruhe 1967 (Juristische Studiengesellschaft Karlsruhe. Schriftenreihe 81).

Hans Mayer: Friedrich Dürrenmatt. In: Zeitschrift für deutsche Philologie 87, 1968, S. 482—497.

Armin Arnold: Friedrich Dürrenmatt. Berlin 1969.

Beda Allemann: Die Struktur der Komödie bei Frisch und Dürrenmatt. In: Das deutsche Lustspiel. 2. Teil. Hrsg. v. Hans Steffen. Göttingen 1969, S. 200—217.

Walter Hinck: Von der Parabel zum Straßentheater. Notizen zum Drama der Gegenwart. In: Gestaltungsgeschichte und Gesellschaftsgeschichte. Stuttgart 1969, S. 583 bis 603.

Gerhard Neumann: Friedrich Dürrenmatt. In: G. Neumann, J. Schröder, M. Karnick: Dürrenmatt, Frisch, Weiss. München 1969, S. 27—59.

Hans-Georg Werner: Friedrich Dürrenmatt. Der Moralist und die Komödie. In: Wissenschaftliche Zeitschrift der Universität Halle. Gesellschafts- und sprachwissenschaftliche Reihe 18, 1969, H. 4, S. 143—156.

Urs Jenny: Friedrich Dürrenmatt. 4. Aufl. Velber bei Hannover 1970.

Siegfried Kienzle: Friedrich Dürrenmatt. In: Deutsche Literatur seit 1945. Hrsg. v. Dietrich Weber. Stuttgart 1970, S. 396—424.

Ulrich Profitlich: Der Zufall in den Komödien und Detektivromanen Friedrich Dürrenmatts. In: Zeitschrift für deutsche Philologie 90, 1971, S. 258—280.

Peter Spycher: Friedrich Dürrenmatt. Das erzählerische Werk. Frauenfeld 1972.

Manfred Durzak: Dürrenmatt, Frisch, Weiss. Deutsches Drama der Gegenwart zwischen Kritik und Utopie. Stuttgart 1972.

Ulrich Profitlich: Friedrich Dürrenmatt. Komödienbegriff und Komödienstruktur. Stuttgart 1973.

Nachweise

1 Theaterschriften und Reden (künftig abgekürzt: TR), S. 162.

2 Mitgeteilt in: E. Brock-Sulzer, Friedrich Dürrenmatt, S. 15.

3 Bänziger, S. 123.

4 Die Stadt, S. 197.

5 Bänziger, S. 128.

6 Vgl. die Charakteristik der frühen Prosawerke Dürrenmatts bei Pestalozzi, S. 385 f.

7 Vgl. den biographischen Abriß in der vorzüglichen Dürrenmatt-Einführung von Urs Jenny.

8 Am besten informiert die aus genauester Kenntnis geschriebene Studie von E. Brock-Sulzer, Dürrenmatt und die Quellen.
9 Bienek, S. 125.
10 Vgl. TR 114; dazu die Interviews in: Theater heute 1966, Heft 2, S. 12; Theater heute 1968, Heft 9, S. 8; Artur Joseph, Theater unter vier Augen. Köln 1969, S. 22.
11 Zum Gegeneinander von Einfall und Ordnung vgl. vor allem die Arbeit von Gerhard Neumann, S. 33 ff.
12 Theater heute 1966, Heft 2, S. 11.
13 „Ein Stück wird viel weniger gebaut als komponiert, fast musikalisch: Resonanzen, Entsprechungen, Gegensätze, Umkehrungen bestimmen seine Struktur." (Dürrenmatt in: Theater heute 1966, Heft 2, S. 12)
14 Die Wiedertäufer, S. 108 f.
15 Vgl. dazu Hans Mayer, Dürrenmatt und Frisch, S. 5—21, und Hans Mayer in: ZfdPh. 87, 1968, S. 482—498.
16 E. Brock-Sulzer, Dürrenmatt und die Quellen, S. 124.
17 Die Wiedertäufer, S. 107.
18 Vgl. Der Richter und sein Henker, 96 f.; TR 44, 73, 89, 128 ff., 209, 304, 350; Gerechtigkeit und Recht 97 ff.; Neue Zürcher Zeitung 16. 4. 1970; Frankfurter Allgemeine Zeitung 27. 1. 1968; Panorama. Eine deutsche Zeitung für Literatur und Kunst. Jahrgang 5, Nr. 1. Januar 1961, S. 5.
19 Bienek, S. 129.
20 Bienek, S. 132.
21 Die Wiedertäufer, S. 52.
22 Komödien I, S. 116.
23 Gesammelte Hörspiele, S. 130.
24 Brecht, Gesammelte Werke in 20 Bänden. Frankfurt 1967, Bd. 16, S. 568.
25 Saint Claude gibt nur einen beliebigen Ausschnitt dieser Fortsetzung, wenn er in seinem epischen Auftrittsmonolog Übelohe zeigt, als er in betrunkenem Zustand einem „lächerlichen" Zug der Heilsarmee nachläuft (Komödien I, S. 88).
26 Komödien I, S. 75.
27 Komödien I, S. 79.

Edgar Marsch

INGEBORG BACHMANN

Die Österreicherin Ingeborg Bachmann scheint sich gefügig in die Skala der Autoren einzufügen, die die Literatur der Gegenwart bestimmen. Die Grundkonstellationen ihres Werks tragen den für die Moderne charakteristischen Stempel sensiblen Sprachbewußtseins. Simplizität im Benennen und Komplexität im Bedeuten kennzeichnen Lyrik und Prosa. Peter Demetz sagt: „Sie schrieb an einem zentralen Punkt der intellektuellen Übergangssituation."

Ihr erster Gedichtband erschien 1953, ihr zweiter 1956. Nach einer Phase euphorischer Rezensionen beschäftigte sich seit etwa 1960 die Literaturwissenschaft eingehender mit dieser Lyrik. Schreiben bedeutet für I. Bachmann „Konflikt mit der Sprache". Symptome dieses Konflikts finden sich auch bei ihren lyrischen Weggenossen, bei Paul Celan, Nelly Sachs, Johannes Bobrowski, Ernst Meister u. a. Ingeborg Bachmann ging es um eine „hindernisvolle Herausführung aus der babylonischen Sprachverwirrung" (GE 300). In den Frankfurter Vorlesungen sagt sie dazu: „Mit einer neuen Sprache wird der Wirklichkeit immer dort begegnet, wo ein moralischer, erkenntnishafter Ruck geschieht, und nicht, wo man versucht, die Sprache an sich neu zu machen" (GE 305). Diese Worte galten sowohl der zeitgenössischen Literatur wie der Literaturwissenschaft: „Wo nur mit ihr hantiert wird, damit sie sich neuartig anfühlt, rächt sie sich bald und entlarvt die Absicht. Eine neue Sprache muß eine neue Gangart haben, und diese Gangart hat sie nur, wenn ein neuer Geist sie bewohnt" (GE 306).

Ingeborg Bachmann wurde 1926 in Klagenfurt am Wörthersee geboren und wuchs in Kärnten auf. Sie studierte Rechtswissenschaft und — später ausschließlich — Philosophie und promovierte mit einer Arbeit über die „Kritische Aufnahme der Existentialphilosophie Martin Heideggers" (Wien 1950). In der Zeit ihrer Tätigkeit als Funkredakteurin in Wien (1951—53) las sie ihre ersten Texte in der Gruppe 47 (1952), die ihr bereits 1953 den Preis zuerkannte. Ihr Werk ist schmal geblieben. Dennoch galt sie bereits 1960 als first lady in der neuen Literatengeneration. Ihre beiden Lyrikbände hatten einen soliden Ruf begründet. Sie machte den „letzten Sommer der deutschen Lyrik", wie es in Jens Rens' *Bestiarium* heißt, und früher als bei Celan, Krolow, Eich deutet sich bei ihr das Ende der Lyrik an. Von Jugend auf hatte sich I. Bachmann mit Musik beschäftigt. Ihr Werk weist intensive Bindungen an die Musik auf. Seit Anfang der 50er Jahre arbeitet sie mit dem Komponisten Hans Werner Henze zusammen, verfertigt Liedtexte und erstellt Libretti (für die Ballettpantomime *Der Idiot*, 1952; für die Oper *Prinz Friedrich von Homburg*, 1960).

*

Aus der Anonymität der jungen Autoren trat sie 1953 mit dem Gedichtband *Die Gestundete Zeit* hervor. Das erste Gedicht kennzeichnet den Ansatz: *Ausfahrt* (GZ 7). Dieses und alle Gedichte dieser Sammlung stellen Expeditionen dar: Fahrten mit einem fragilen Medium, der Sprache, in äußerste Bereiche des Bewußtseins. Wohlbekannte Dinge scheinen angesprochen zu sein: Ufer, Wasser, Fisch, Netze, Wind, Tau und Schiff. Das Ich, das sich selbst reflektierend im „Du" anspricht, erlebt den Aufbruch zur Fahrt mit dem Fischerboot „dreißig Tage lang". Diese alltägliche Erfahrung wird bei genauerer Prüfung transparent. Das scheinbar Konkrete erfährt Transformationen in andere Bedeutungsbereiche. Die Spannung im Gedicht beruht auf der Beziehung zwischen dem scheinbar alltäglichen Erleben und der bedenklichen Dimension der verfließenden Zeit. Jedes Ding scheint doppelt beobachtet: einmal konkret in seiner Phänomenalität, dann transformiert als Repräsentation des Vergänglichen im Zeitfluß: im Zentrum des *Ausfahrt*-Gedichts wird dieses Verfahren deutlich:

Die erste Welle der Nacht schlägt ans Ufer,
die zweite erreicht schon dich.
Aber wenn du scharf hinüberschaust,
kannst du den Baum noch sehen,
der trotzig den Arm hebt
— einen hat ihm der Wind schon abgeschlagen
— und du denkst: wie lange noch,
wie lange noch
wird das krumme Holz den Wettern standhalten.

Die Frage „wie lange noch" hat einerseits einen konkreten Bezugspunkt: den Baum am Ufer. Darüber hinaus steht sie auf einer weiteren Funktionsebene in textueller Relation zum Dasein schlechterdings. *Ausfahrt* bedeutet Abschied vom Jetzt, das sich im gerade noch Sichtbaren zeigt. G. Blöcker wies auf dieses charakteristische „Ineinander und Übereinander von Gegenständlichkeit und Abstraktion" hin. Die Zeit als „Jetzt" wird gespannt wahrgenommen. Der Augenblick als zeitgebundene Wahrnehmung des Sichtbaren bietet nicht Zeit zum idyllischen Verweilen. Er ist nicht expandierbar in ‚schöne' Zeitlosigkeit, sondern schmerzhaft wahrgenommenes, punktuelles Interim. Die Zeit-Thematik wird im ersten der drei Zyklen des Gedichtbandes kontinuierlich variiert: in *Fall ab, Herz* als Bewußtsein späten Herbstes (GZ 10), in *Die große Fracht* (GZ 13) mit frühexpressionistisch weichen, verschwimmenden Farbtönen, die an Trakls und Loerkes Gedichte erinnern, in *Herbstmanöver* (GZ 15) mit unnachgiebiger Härte:

die schuldbewußte Absage an das „Gestern“, das noch seinen Zoll vom „Heute“ verlangt, und im Titelgedicht des Bandes, *Die gestundete Zeit* (GZ 16), als Situation des zeitsensiblen Ichs angesichts einer abgelaufenen Frist. Zeit ist immer nur „gestundet“: „Dein Blick spurt im Nebel: / die auf Widerruf gestundete Zeit / wird sichtbar am Horizont.“ Auch in diesem Gedicht wird die konkrete Situation des Abschieds von einer herbstlichen Landschaft am Meer überblendet durch die pochende Erfahrung der vergehenden Zeit, die benannt sein will. Angesichts verschwimmender Sinnbereiche ist es kaum entscheidbar, wo die Grenzen des Eindeutig-Konkreten zum Metaphorisch-Ambivalenten liegen. Die „Geliebte“ versinkt „im Sand“. Sind es die Dünen, hinter denen die vertrauten Dinge verschwinden, oder ist der rinnende Sand Metapher für verfließende Zeit? Eindeutige interpretatorische Entscheidungen lassen sich in dieser Lyrik nicht fällen. Im zweiten Zyklus der *Gestundeten Zeit* finden sich Indizien für die Thematisierung einer Gemeinsamkeit, die sich als „wir“ bezeichnet. Dieses Kollektivum verweist auf allgemeines Schicksal, zum Beispiel in *Sterne im März* (GZ 19), aber auch auf die Pole „Ich“ und „Du“, die im „Wir“ vereint sind. In *Zwielicht* wird auf gemeinsame Erinnerung zurückverwiesen: „— es gilt, das Versäumte zu feiern —“ (GZ 20). Erlebtes hat in diesen Gedichten immer den bitteren Beigeschmack des Versäumnisses. Dies hat weniger seinen Grund in einem erlebnisarmen Gestern, als vielmehr in der Einsicht, daß es unmöglich ist, das „Ich“ mit dem „Du“ dauerhaft zu verbinden: „Erkannt ist, wer jetzt zögert, / erkannt, wer den Spruch vergaß. / Du kannst und willst ihn nicht wissen, / du trinkst vom Rand, wo es kühl ist / und wie vorzeiten, du trinkst und bleibst nüchtern, / dir wachsen noch Brauen, dir sieht man noch zu!“ Der Zauberspruch im rechten Moment ist versäumt.

Zielpunkt des Erkundens ist für diese Lyrik das richtig getroffene Wort: das Wort, „in die Rinden geschnitten, / wahr und vermessen“ (*Holz und Späne*, GZ 21). „Blätterverschleiß“, „Spruchbänder“, „schwarze Plakate“ verweisen auf eine verbrauchte Sprache. In der Zeit des „Lärms“ gilt es der „Lockung“ zu widerstehen, um zu einer ursprünglichen „wahren“ Sprache durchzustoßen: „Aber ins Holz, / solang es noch grün ist, und mit der Galle, / solang sie noch bitter ist, bin ich / zu schreiben gewillt, was im Anfang war!“ Diese Sprache versucht sich zu einem Ausdruckszustand zurückzutasten, wo sie noch nicht durch aller Munde gegangen, abgestumpft und spröde ist.

„Hätten wir das Wort, hätten wir Sprache, wir bräuchten die Waffen nicht“ (GE 298). Der zerstörerischen Sprache der Waffen sind viele Gedichte im zweiten Zyklus gewidmet. *Früher Mittag* projiziert auf der Folie der Mittagsruhe Reminiszenzen aus Deutschlands Kriegs- und Nachkriegszeit. Dargestellte Natur ist oft die Initialsituation der Gedichte. Der Versuch, diese Lyrik als Naturlyrik zu bestimmen, muß jedoch scheitern. Naturdetails scheinen nur konkret. Die Suggestion ist trügerisch, und der evozierte Naturzustand doppelbödig. Natur wird permanent durch metaphorische Transposition in kritische Bereiche der menschlichen Erfahrung verspannt. Diese Zurücknahme des Konkreten wird in den Schlußworten von *Früher Mittag* (GZ 26) deutlich: „Das Unsägliche geht, leise gesagt, übers Land: / schon ist Mittag." „Leises Sagen" ist Grundprinzip dieser Lyrik der Reduktion. Dennoch sind diese Gedichte offensichtlich engagiert. Sie sind nicht schreiende Plakate, die Sentenzen in die Welt trommeln. Sie geben vielmehr ihre Losungen chiffriert und unaufdringlich. Das Wort „Hoffnung" wird auf diese Weise im Gedicht der ersten Nachkriegsjahre wieder möglich: „Nur die Hoffnung kauert erblindet im Licht. // Lös ihr die Fessel, führ sie / die Halde herab, leg ihr / die Hand auf das Aug, daß sie / kein Schatten versengt!" (GZ 26).

Einsamkeit als grundlegendes Problem lyrischen Sprechens wird im dritten Abschnitt der *Gestundeten Zeit* lesbar. Metaphern der Brücke, des Flugzeugs am Nachthimmel, psalmodierender Monolog und weiträumige Landschaftsskizze verweisen auf die insulare Existenz des lyrischen Sprechers:

Einsam sind alle Brücken,
und der Ruhm ist ihnen gefährlich
wie uns, vermeinen wir doch,
die Schritte der Sterne
auf unserer Schulter zu spüren.
Doch übers Gefälle des Vergänglichen
wölbt uns kein Traum. (Die Brücken, GZ 33)

„Schritte der Sterne": das berührt viele Aspekte dieser Lyrik. Es wird die Nähe der Sterne angedeutet ebenso wie die in der stellaren Bewegung verfließende Zeit. Bereits die Schiffsmetaphorik ließ es anklingen. Hier wird dieser Ansatz konsequent weiter vorangetrieben: „Wir sind aufgestiegen von einem Hafen, / wo Wiederkehr nicht zählt / und nicht Fracht und nicht Fang" (*Nachtflug*, GZ 34). Die Position, die erzielt wird, erreicht den für Kometenerscheinungen kritischen Punkt: „Nenn's den Status der Einsamen, / in dem sich das Staunen vollzieht. / Nichts weiter." Einsamkeit, die eine Perspektive des Staunens ermöglicht, ist der eine Pol, der andere ist die nicht mehr souveräne Position des „einsamen" Lyrikers, wie sie in dem vierten *Psalm* angedeutet wird:

In die Mulde meiner Stummheit
leg ein Wort
und zieh Wälder groß zu beiden Seiten,
daß mein Mund
ganz im Schatten liegt.

Wo liegt der stimulierende Anstoß für diese Ausdrucksformen, die C. Heselhaus 1954 als eine „philosophische Bildersprache" bezeichnete? Die Tatsache, daß sich die Lyrikerin in ungewöhnlich großem Maße mit der Sprachkritik der Wiener

Neopositivisten im Gefolge Wittgensteins und Schlicks beschäftigte, ist nur Symptom für eine analoge „Bewegung“ (GE 286/7), nicht aber Grund und Anlaß für die „Gangart“ ihrer Sprache. Die Erprobung einer „neuen Sprache“ wird im zweiten Gedichtband *Anrufung des großen Bären* (1956) weiter vorangetrieben. Thematische Fragmente des ersten Bandes werden in den vier zyklischen Abschnitten der *Anrufung* aufgenommen und fortgeführt: die Zeit-Problematik, Landschaft, subtile Biographismen, das „Wir“ und das Problem des Sprechens.

Seit 1953 lebt I. Bachmann in Italien, vor allem in Rom und Neapel. In den Gedichten dieser Zeit sedimentiert mediterrane Thematik. Jedoch erstarrt sie nicht — wie etwa bei Benn — zu einer hart ziselierten Klassizität, sondern ist zur individuellen Erfahrung des Ichs in Beziehung gebracht.

Das erste Gedicht der *Anrufung* weist auf Kindheitsreminiszenzen: *Das Spiel ist aus* (AB 7). Erinnerung wird zum bestimmenden Prinzip der lyrischen Reproduktion. Dabei wird nicht etwa naiv unbekümmert eine jugendliche Idylle beschworen. Hinter „Indianer“- und „Zigeuner“-Spielen, „Märchen“- und Kinderglaube von „Schlaraffenland“ und „keimendem Dattelkern“ verbirgt sich vielmehr das Bewußtsein der Unwiederbringlichkeit:

> Nur wer an der goldenen Brücke für die Karfunkelfee
> das Wort noch weiß, hat gewonnen.
> Ich muß dir sagen, es ist mit dem letzten Schnee
> im Garten zerronnen.
>
> Von vielen, vielen Steinen sind unsre Füße so wund.
> Einer heilt. Mit dem wollen wir springen,
> bis der Kinderkönig, mit dem Schlüssel zu seinem Reich im Mund,
> uns holt, und wir werden singen:
>
> Es ist eine schöne Zeit, wenn der Dattelkern keimt! [...]

Der keimende „Dattelkern“ ist Mythologem einer poetischen Märchenexistenz. Jedoch ist es für die Lyrikerin unmöglich, diesen Zustand wieder herbeizuführen: das eine „Wort“, das den Zauber bewirkt, ist „zerronnen“. Das ‚Schlüsselwort‘ im „Mund des Kinderkönigs“ ist unerreichbarer Teil einer schönen Vorzeit: „Wir müssen schlafen gehen, Liebster, das Spiel ist aus.“ — das ist die bittere Erkenntnis. Zuweilen teilt I. Bachmann mit der Lasker-Schüler etwa den charakteristischen Hang zu einem privaten, märchenhaften Mythus. Es handelt sich dabei aber keineswegs um einen sentimental-weichlichen Rückzug in „Private Erinnerungen, Märchen und Mythen“, wie P. Demetz meint, der die Gedichte als „gelegentlich entstellt durch eine linkische Verbindung aus verfeinerter Kunst und sentimentalem Kitsch“ kritisiert. Die Lyrikerin zerstört immer wieder die Idylle, die sie zuweilen aufzubauen scheint, mit ‚männlicher‘ Härte. Das ‚weibliche Ich‘, das sich in den Gedichten personalisiert, vermag sich ohne weiteres in ein ‚männliches Ich' oder ein ‚Er' zu verwandeln. Das lange Gedicht *Von einem Land, einem Fluß und den Seen* (AB 9) setzt mit diesem „Er" ein und führt dann in ein „Wir" über. Dieses zehnteilige Gedicht spiegelt die große Bandbreite möglicher lyrischer Frequenzen. Es gehorcht wiederum dem Prinzip der lyrischen Reminiszenz an ein Land der glücklichen Jugend. Elemente der Sage, des Märchens mischen sich mit persönlichem Erleben von Jahreszeit und Landschaft. Dieses Gedicht aus liedhaften Vierzeilern scheint das richtige „Wort" zu treffen, das einen zündenden Kurzschluß zwischen Erinnerung und Vorzeit bewirkt. Dieses eine Mal scheint Erinnerung vor dem „Vergessen" bewahrt: „Erinnre dich! Du weißt jetzt allerlanden: / wer treu ist, wird im Frühlicht heimgeführt. / O Zeit gestundet, Zeit uns überlassen! / Was ich vergaß, hat glänzend mich berührt" (AB 10).

In *Anrufung des großen Bären,* dem Titelgedicht dieses zweiten Bandes Lyrik, schlägt der Ton des romantischen Zaubers um in die bei der Lyrikerin immer wieder zu spürende Härte. Der „Große Bär" — bald assoziierbar mit dem Sternbild, bald theriomorphe Personifikation der Nacht, bald Tanzbär, vom „blinden Mann" geführt, ist nicht possierlich plumpes Spieltier, sondern bedrohliche Gewalt. Für ihn ist die Welt ein „Zapfen", die Menschen, die „Herden" nur die „Schuppen dran" (AB 21). Man hat oft auf den besonderen Zeigegestus hingewiesen, der diese Gedichte in die Nähe des jüngeren Brecht rückt. Wie bei Brecht verharren sie nicht nur im Beschreiben, sondern gehen häufig in einen hämmernden Imperativ über: meist in Anaphern insistierend angeordnet, wie dies schon in *Gestundete Zeit* und *Früher Mittag* zu beobachten war: „Fürchtet euch oder fürchtet euch nicht! / Zahlt in den Klingelbeutel und gebt / dem blinden Mann ein gutes Wort, / daß er den Bären an der Leine hält. / Und würzt die Lämmer gut." Diese Imperative sind nicht — gleichsam monologisch — besinnlich auf das sprechende Ich zurückgerichtet, sondern eindringlich an den Leser adressiert. Die Lyrikerin kapselt sich nicht in ihren Gedichten ab, sondern versucht — trotz einer schwer kommunizierbaren Sprachgebung — zum Leser durchzustoßen: „Der Schriftsteller ist mit seinem ganzen Wesen auf ein Du gerichtet" (*Die Wahrheit ist dem Menschen zumutbar*, GE 295). In *Mein Vogel* (AB 22) wird das Anliegen dieser Lyrik als adressierter Kunst chiffriert deutlich gemacht. Mit Recht hat W. Rasch die Eule, die auf dem Turm wacht, als Symbol des Dichterischen gedeutet: „Mein eisgrauer Schultergenoß, meine Waffe, / mit jener Feder besteckt, meiner einzigen Waffe! / Mein einziger Schmuck: Schleier und Feder von dir."

Der zweite zyklische Abschnitt der *Anrufung* deutet an, wie Sprechen über kritische Erfahrung notwendigerweise in Reflexion auf diese Sprache umschlagen muß. *Scherbenhügel* (AB 40) weist auf die Verwundbarkeit der Sprache hin. Nur in „Furchen" vermag der Dichter „die Worte" zu bewahren „unter dem Hügel aus Scherben". Diese Lyrik versucht einen Rest von Sprache vor dem

„Zerbrechen" zu bewahren. *Holz und Späne* des ersten Gedichtbandes entspricht in der Thematisierung des Problems dem Gedicht *Rede und Nachrede* dieses Bandes (AB 46). Auch hier geht es um das falsche und das richtige Wort. „Nachrede" und leichtfertige Sprache sind „Drachensaat". Demgegenüber gilt es das eine Wort zu beschwören: „freisinnig, deutlich, schön".

Der dritte und der vierte Abschnitt gehören eng zusammen. Sie verarbeiten Eindrücke der Zeit in Italien. Korrespondenzen und Polaritäten zu den Gedichten des ersten Bandes werden sichtbar. Dort: Gebilde aus Nebel, Dünen, Herbst und grauem Meer des nördlichen Bereichs, hier: südliche Konturen, in denen Sonne und Blau dominieren. Die Lyrikerin ist zum „Schauen erwacht" (*Das erstgeborene Land*, AB 51). Im Gedicht *Herbstmanöver* war die Möglichkeit des Auswegs in den Süden noch verneint worden: „Mit wortlosem / Sommergeld in den Taschen liegen wir wieder / auf der Spreu des Hohns, im Herbstmanöver der Zeit. / Und der Fluchtweg nach Süden kommt uns nicht, / wie den Vögeln, zustatten." Im Gedicht *Nord und Süd* (AB 57) wird das Bild wieder aufgenommen: „Dir ist die Zeit entgangen, / seit ich mich aufhob mit dem Vogelzug." Apulien, Venedig, Neapel und Rom werden konturenfroh beschrieben. Das Ich, das seine farbigen Eindrücke lyrisch transformiert, scheint sich hier weniger als in der *Gestundeten Zeit* der Vergänglichkeit und des Vergessens bewußt zu sein: „Leicht ruht der Pfeil der Zeit im Sonnenbogen. / Wenn die Agave aus dem Felsen tritt, / wird über ihr dein Herz im Wind gewogen / und hält mit jedem Ziel der Stunde schritt" (*Nach vielen Jahren*, AB 64). Lyrische Zustände erscheinen im dritten Zyklus nicht mehr fragil. Ihre Perpetuierbarkeit scheint zu gelingen. Das hymnische Gedicht *An die Sonne* ist die überschwengliche Absage an die Nacht, die vorher immer auf kritisches Erleben verwies. Der Ton der Einsamkeit ist in diesem Gedicht ebenso aufgegeben wie die Begrenzung auf das Ich. Lyrisches Sagen wird bestimmt durch das harmonische „Wir". Diesen Strophen des begeisterten Glücks im dritten Abschnitt ist der vierte abrupt entgegengesetzt: es sind „Lieder auf der Flucht". Diese Lieder kehren wieder zur bitteren Einsicht in Vergänglichkeit zurück: „Umnachtet hältst du wurzellose Locken / Die Schelle läutet, und es ist genug" (XI. Lied). Im ersten Gedicht des Bandes hieß es: „Das Spiel ist aus."

*

Ingeborg Bachmanns Lyrik bricht 1956 ab. 1957 erhielt sie für die *Anrufung* den Bremer Literaturpreis. Zur gleichen Zeit entsteht das Hörspiel *Der gute Gott von Manhattan* (1958); 1959 wird sie dafür mit dem Hörspielpreis der Kriegsblinden geehrt. Der Übergang zur Prosa in dieser Zeit ist deutlich verbunden mit einem Prozeß der Intellektualisierung. Dies gilt für die philosophischen und poetologischen Essays ebenso wie für die Erzählungen, die bereits Modelle des in den späteren 60er Jahren entstehenden Romans darstellen. Zentrales Thema wird die Frage nach „Wahrheit“, die bereits in der Lyrik gestellt war. „Was wahr ist“ (AB 48) wurde allerdings noch nicht exemplarisch erörtert oder parabelhaft verdeutlicht, sondern durch teils melodisch weiche, teils hart versifizierte lyrische Synkopen umstellt.

Das als problematisch erfaßte Verhältnis der Sprache zur Wahrheit und zur Wirklichkeit wird seit dem Wittgenstein-Aufsatz (1953) laufend erörtert. In den Gedichten versuchte sie, durch annäherndes Benennen von Dingen und Erfahrungssachverhalten die Wahrheit zu „zeigen“. Nr. 7 der aphoristischen Thesen in Wittgensteins *Tractatus* lautet: „Wovon man nicht sprechen kann, darüber muß man schweigen.“ An dieser apodiktischen Schlußforderung Wittgensteins entzündete sich die Frage der Schriftstellerin: „Oder folgerte er auch, daß wir mit unserer Sprache verspielt haben, weil sie kein Wort enthält, auf das es ankommt?“ (GE 288). Nach Erprobung dieser Frage in der Lyrik wandte sie sich der Prosa zu.

1959/60 beschäftigte sich Ingeborg Bachmann, als erste Dozentin auf den neuen Poetiklehrstuhl der Universität Frankfurt berufen, in ihren Vorlesungen *Literatur als Utopie* mit poetologischen und literaturwissenschaftlichen Fragen. Im Zusammenhang mit dem Problem der Veränderbarkeit der Welt durch Sprache stellt sie fest: „Zeitlos freilich sind nur die Bilder. Das Denken, der Zeit verhaftet, verfällt auch wieder der Zeit.“ Auch dies verrät Auseinandersetzung mit Wittgenstein: „4.01 Der Satz ist ein Bild der Wirklichkeit. Der Satz ist ein Modell der Wirklichkeit, so wie wir sie uns denken.“ Sprache bedeutete für I. Bachmann seit dieser Zeit, die Wirklichkeit modellhaft darzustellen. Die Erzählungen tragen Merkmale solcher Modelle.

In ihrer Dankadresse anläßlich der Verleihung des Hörspielpreises sagte die Schriftstellerin über den „Schmerz“: „Er [der Schriftsteller] muß ihn [. . .] wahrhaben und noch einmal, damit wir sehen können, wahrmachen.“ Die Mittel, Erfahrungen „wahr“ zu machen, zeigen sich vor allem in der Prosa. Viele der Erzählungen in *Das dreißigste Jahr* (1961; Berliner Kritikerpreis) versuchen ein „Du“ erzählerisch zu umstellen, um das breite Spektrum menschlicher Erfahrung abbilden zu können. Die Erzählerin stellt das schon angedeutete proteische Vermögen unter Beweis, männliche wie weibliche Figuren in gleicher Weise glaubwürdig aufzubauen. Im Erzählband sind zwei Texte hervorzuheben: *Alles* und *Ein Wildermuth. Alles* ist der verzweifelte Versuch eines Vaters, das Verhältnis zum Sohn nach dessen unglücklichem Tod zu rekonstruieren und zu analysieren. Dieser Vater war besessen davon, den Sohn eine neue Sprache und ein neues Verhalten zur Welt zu lehren, denn er „wußte plötzlich: alles ist eine Frage der Sprache und nicht nur dieser deutschen Sprache, die mit den anderen geschaffen wurde in Babel, um die Welt zu verwirren. [. . .] Alles war eine Frage, ob ich das Kind bewahren konnte vor unserer Sprache, bis es eine neue begründet hatte und eine neue Zeit einleiten konnte“ (DJ 84). Das Kind vermag auf die Versuche seines Vaters nicht einzugehen, die „Schattensprache“, die „Wassersprache“, die „Steinsprache“ ihm beizubringen, da er selbst diese Sprache, in der Name und Ding sich völlig decken, nicht beherrscht. Der Versuch, das Kind durch eine „neue Sprache“ in eine andere „Richtung“ zu lenken und der Welt damit eine andere „Richtung“ zu geben, scheitert. Der plötzliche Tod des Kindes wird Anlaß einer Reflexion auf eigenes Verschulden. In dieser Erzählung wird wiederum ein wichtiges Problem deutlich gemacht: Erweist sich die Distanz zwischen der „babylonischen Sprachverwirrung“ und einer neuen kommunikablen Sprache als unüberbrückbar groß? Es wäre gewiß verfehlt, in dieser Erzählung ein Symbol der Resignation angesichts gescheiterter lyrischer Sprachexperimente zu sehen. Dennoch wird Sprache kritisch erwogen und auf das, was sie zu benennen vermag, befragt.

Ein Wildermuth behandelt das Problem unter einem anderen Aspekt: wie weit vermag Aussage über Wirklichkeit „wahr“ zu sein. Wildermuth geht nichts, da er Richter ist, über die Maxime: „Ein Wildermuth wählt immer die Wahrheit“, bis er im Fall des Vatermörders Josef Wildermuth den Vorsitz zu führen hat. Die „Wahrheit“ in diesem scheinbar klaren Fall kommt nicht zutage, obwohl über sie ständig geredet wird. Der Aufschrei des fast geistesabwesend zuhörenden Richters Wildermuth unterbricht den Prozeß der „Wahrheitsfindung“. Er kann das Wort „Wahrheit“ nicht mehr hören, da die „Wahrheit“ selbst nicht zutage tritt. Diese Fabel ist Ausgangspunkt einer Seelenanalyse, in der der Richter sein bisheriges Verhältnis zur Wahrheit prüft. Wahrheit ist *adaequatio mentis ad rem.* Der Richter ist nicht in der Lage, diese „Übereinstimmung“ herzustellen. Dies wird ihm zur Qual: „Ich möchte meinen Geist und mein Fleisch übereinstimmen machen, ich möchte in einer unendlichen Wollust unendlich lang übereinstimmen, und ich werde, weil nichts übereinstimmt und weil ich's nicht zwingen und nicht erreichen kann, schreien“ (DJ 210). Der Richter will das Unmögliche, die absolute Wahrheit: „Ein stummes Innewerden, zum Schreien nötigend und zum Aufschrei über alle Wahrheiten. / Eine Wahrheit, von der keiner träumt, die keiner will“ (DJ 230). Auch in dieser Erzählung scheint mittels einer exemplarischen Handlung ein Modell für eine Analyse konstruiert zu werden, die in der Lyrik noch nicht möglich war: sind die Prosastücke negative Befunde in einem experimentellen Vorgang, der in der Lyrik nicht endgültig durchführbar war? Deutlich ist die Tendenz des Erprobens: es geht darum, die Sprache auf das, was sie ist und zu leisten vermag, zu überprüfen.

Ein Ort für Zufälle war der Titel der Büchnerpreisrede (1964). Seither war es schweigsam um I. Bachmann geworden. 1965 erstellte sie noch einmal für Henze ein Opernlibretto: *Der junge Lord.* Die Zeit, die folgte, war nicht, wie man vielfach annahm, die Phase einer Schaffenskrise. 1971 widerlegte die Erzählerin diese voreilige Vermutung mit einem Roman: *Malina,* der völlig neue kompositorische Möglichkeiten aufwies. Dieser Roman erweckt formal wie inhaltlich den Anschein einer fiktiven Autobiographie. Im Zentrum steht eine blonde, braunäugige Frau mit der verräterischen Vornamensinitiale „I": auch sie ist in Klagenfurt geboren und wohnhaft in Wien. Aufenthalte in Paris und Rom und biographische Andeutungen scheinen auf die literarische Doppelgängerin der Autorin hinzuweisen. Dennoch ist dieses ‚erzählte Ich' gegenüber dem ‚produzierenden Ich' verschoben. Das erste Wort des Romans macht die „ironische Brechung", wie Hans Mayer sie nennt, sichtbar: „Die Personen" werden aufgezählt und kurz charakterisiert: Ivan, seine Kinder, Malina und „Ich". Mit „Wien" wird der Ort, mit „Heute" die Zeit bestimmt. Das produzierende Ich der Schriftstellerin benennt also unter den Personen des Romans auch das erzählende „Ich", welches fast ihr Ebenbild ist. Darin äußert sich, zur Vorsicht mahnend, ironische Distanz.

Die Zeit, die erzählt wird, ist ein permanentes „Heute", das für das erzählende Ich der Frau eine kritische Bedeutung hat: „Wenn ich hingegen ‚heute' sage, fängt mein Atem unregelmäßig zu gehen an." Die Frage nach der Ursache dieser „Arythmie" stellt sich ebenso wie die Frage nach dem „Gestern" und dem „Morgen". Daß von einem reflektierenden Ich ein permanentes „Heute" erzählt wird, verweist darauf, daß es um die Selbstvergewisserung eines sensiblen Bewußtseins geht. Was dem „Heute" voranging, kann nicht erzählt, wohl aber unbestimmt angedeutet werden: „Märchenzeit" (12). Eine Notenzeile aus Schönbergs *Pierrot lunaire* untermalt musikalisch diesen Erinnerungsreflex. Der Vorspann vor dem ersten Kapitel (7—25), wo sich der Übergang vom Schriftsteller-Ich zum erzählenden Ich vollzieht, vom dramatis personae zum „Spiel" dieser Personen mit- und gegeneinander, verrät die konflikthafte Gruppierung: eine Frau zwischen zwei einander ausschließenden männlichen Figuren: „Ivan und ich: die konvergierende Welt. Malina und ich, weil wir eins sind: die divergierende Welt" (129). Der Roman versucht die Position der Frau in ihrem Verhältnis zu sich selbst und zu Ivan und Malina zu bestimmen. Andererseits geht es auch darum, diese Geschichte durch den ständig mißlingenden Versuch einer Reproduktion der Erinnerung zu komplettieren: „Zu fragen habe ich mich nur mehr, seit alles so geworden ist zwischen uns, wie es eben ist, was wir denn sein können für einander, Malina und ich, da wir einander so unähnlich sind" (19) und weiter: „Mir scheint es dann, daß seine Ruhe davon herrührt, weil ich ein zu unwichtiges und bekanntes Ich für ihn bin, als hätte er mich ausgeschieden, einen Abfall, eine überflüssige Menschwerdung, als wäre ich nur aus seiner Rippe gemacht und ihm seit jeher entbehrlich, aber auch eine unvermeidliche d u n k l e Geschichte, die seine Geschichte absondert und abgrenzt" (19). Dieses Ich verspürt den Zwang, seine „Geschichte" zu erzählen: „Ich muß erzählen. Ich werde erzählen. Es gibt nichts mehr, was mich in meiner Erinnerung stört" (20). Dennoch gelingt es ihr nicht, zur „verschwiegenen Erinnerung" (20) zurückzustoßen.

Der Vorspann vor dem 1. Kapitel endet: „Ich will nicht erzählen, es stört mich alles in meiner Erinnerung."

Malina hat die Funktion, im Diskurs oder im Verhör die Situation der Frau zu erörtern. Sie kennt seine dienende Funktion wie seine Stärke: „Du bist nach mir gekommen, du kannst nicht vor mir dagewesen sein, du bist überhaupt erst denkbar nach mir" (260). Hans Mayer meint dazu: es ginge um die Darstellung eines „doppelten Ego", um „mann-weiblichen Dualismus", der bereits in *Das dreißigste Jahr* von der einen Seite her vormodelliert sei. Dafür spricht vieles: ihr „Horoskop" gibt nicht das Bild von einem Menschen, sondern von zweien, die in einem äußersten Gegensatz zu einander stünden. Es müsse eine dauernde Zerreißprobe für sie sein, erläutert die Astrologin Senta Novak, „Getrennt wäre [...] das lebbar, aber so, wie es sei, kaum, auch das Männliche und Weibliche, der Verstand und das Gefühl, die Produktivität und die Selbstzerstörung träten auf eine merkwürdige Weise hervor" (261).

Erzählt werden diese beiden Figuren getrennt, und doch scheinen sie, Malina und die Frau, auf paradoxe Weise wiederum im „Ich" vereint. Nimmt hier möglicherweise das Schriftsteller-Ich sich selbst mit in die erzählte Figur hinein? Dieser Prozeß der Selbstbespiegelung und der Bestimmung dessen, wer dieses Ich eigentlich ist, gehört mit zur nahezu ‚stationären Analyse' des Romans im „Heute": Bin ich eine Frau oder etwas Dimorphes? Bin ich nicht ganz eine Frau, was bin ich überhaupt?" (292). Gegenüber Ivan ist sie ohne Zweifel Frau, Malina gegenüber nicht unbedingt. Ivan scheint zum unwiederholbaren „Märchen" zu gehören, das verschlüsselt in der typographisch vom übrigen Text abgesetzten Geschichte „Die Geheimnisse der Prinzessin von Kagran" angedeutet wird (62 ff.). Zu Ivan besteht „Konvergenz". Jedoch ist sie einseitig und zudem fragil geworden. Die Frau vermag nicht mehr auf das „Spiel" einzugehen, das Ivan von ihr fordert. Sie vermag ihn daher nicht mehr zu „fesseln": „Man kann nur fesseln mit einem Vorbehalt, mit kleinen Rückzügen, mit Taktiken, mit dem, was Ivan das Spiel nennt. Er fordert mich auf, im Spiel zu bleiben, denn er weiß nicht, daß es für mich kein Spiel mehr gibt, daß das Spiel eben aus ist" (84). Immer wieder brechen in diesen Reflexionen Grundsachverhalte der Erfahrung durch, die bereits in der Lyrik „verschleiert" angesprochen wurden.

Neben der zentralen Frage der *certitudo* des Ichs finden sich auch Ansätze konkreter Handlung: Briefdiktate mit „Fräulein Jellinek", das Interview mit „Herrn Mühlbauer", der Aufenthalt bei den Altenwyls — dies alles im ersten Kapitel „Glücklich mit Ivan". In jedem dieser drei konkreten Bereiche spielt Sprache eine große Rolle: die Briefe und das Interview verweisen auf schiefe, teils wirklich unmögliche, teils ironisch verhinderte Kommunikation mit der Außenwelt, an die keine Bindung möglich ist. Dies gilt auch für die salzburgianisch versnobte Welt der Altenwyls, aus der sich das Ich durch eine überstürzte Abreise absetzt. Dieser Welt draußen setzt die Ich-Erzählerin einen Innenbereich entgegen, in dem es „ein Tabu wiederherzustellen" (30) gilt, und zwar gegen die Welt der „Altenwyls", das „Gemetzel" der „Gerüchte" auf den „Parties", gegen das Brechen der „Geheimnisse" (31/32). Der Titel des ersten Kapitels bezeichnet nicht den gegebenen Zustand, sondern verweist auf Vergangenes. Das „Heute" wird als ‚Galgenfrist' und Zeit des „Verlustes" empfunden, denn Ivan liebt sie nicht und braucht sie nicht (78). Worte wie „Mord", „Selbstmord" und „Tod" (79) antizipieren bereits den möglichen Untergang dieses Ichs. Immer wieder tritt das Motiv der „Mauer" und des „Spalts" auf.

Es scheint, daß ein Teil der lebensbedrohenden Gefahr von der Sprache ausgeht: „In sie müssen alle Dinge eingehen und in ihr müssen sie wieder vergehen nach ihrer Schuld" (98). Sprachlosigkeit scheint zum einzigen Ausweg zu werden, da Sprache in einem erlösenden Sinn weder mit Malina (303) noch mit Ivan möglich ist (106). Im zweiten Kapitel „Der dritte Mann" wird versucht, über die Analyse von Träumen aus der rätselhaften Vorzeit der „Erinnerung" beizukommen: „Malina soll nach allem fragen. Ich antworte, aber ungefragt" (181). Der „dritte Mann", der hier durch Träume umstellt wird, ist der „Mörder", der einerseits die „Störung" verursacht hat und andererseits auch das weibliche Ich in den Tod treibt. Er wird oft als „Vater" benannt, ist jedoch nicht der Vater. Es handelt sich um eine ähnliche doppelte Existenz, wie es die Frau selbst ist: ein „Drittes" aus Vater und Mutter, mit dem jedoch verstehendes Gespräch und Aussprache nicht zustande kommen kann (244). Die Konsequenz dieser Träume ist schließlich die Gewißheit: „hier wird man ermordet" (247). Das dritte Kapitel „Von letzten Dingen" setzt mit dem Bericht vom Briefträger, der um des „Briefgeheimnisses" willen Briefe bei sich stapelte, und dem Bericht über die betrügerische Arbeit im „Nachrichtendienst" (270) ein, wo die Sprache zum „Mordschauplatz" wurde (272). In dieser Zeit der „universellen Prostitution" der Sprache scheint auch das Erlebnis der „Störung" lokalisiert zu sein (273/274). Hier ist es zu einem Bruch mit der „Gesellschaft" gekommen: „Die Gesellschaft ist der allergrößte Mordschauplatz", da sie die Sprache der „Prostitution" preisgibt (290). Dies ist auch die Zeit des „vierten Mörders" gewesen, von dem sie nicht sprechen kann: „ich erinnere mich nicht an ihn, ich vergesse, ich erinnere mich nicht ..." (297).

In diesem letzten Kapitel des Romans kommt es zur Auseinandersetzung zwischen „Ivanleben" und „Malinaleben" und zur kritischen „Zerreißprobe" der Doppelexistenz. Deutlicher als sonst scheinen diese beiden Bereiche als die Sphären von „Geist" und „Fantasie" (321) bestimmbar, die miteinander in einem unversöhnlichen Kriegszustand liegen. Malina sagt: „Töte ihn!" (321/322). Diese stumme Forderung in der Frau richtet sich gegen die „Fantasie".

„Malina" erweist sich unter einer fiktiv-autobiographischen Blendfassade als Roman einer Künstlerexistenz. Das Künstler-Ich plant im 1. Kapitel ein Buch, in dem sie — in utopischer Absicht freilich — die Zeit ihres Glücks dauerhaft protokollieren und das verlorene Paradies der Vergangenheit wiederherstellen möchte. Trotz der stationären Analyse des Romans im „Heute" deutet sich in der Künstlerexistenz ein Prozeß an. Im Kapitel „Von letzten Dingen" wird schließlich resignierend gesagt: „ich kann das schöne Buch nicht mehr schreiben, ich habe vor langem aufgehört, an das Buch zu denken, grundlos, mir fällt kein Satz mehr ein" (320). Der Kontakt zu Ivan, der „Schönheit" und „Fantasie" verkörperte und an sie vermittelte, bricht mehr und mehr ab (331). Das „Spiel" neigt sich seinem Ende zu.

Malina deutet an, daß auf dieses Ich ein Schicksal, eine „Stelle", warte: „Du wirst dort so sehr du sein, daß du dein Ich aufgeben kannst." Die Stelle, von welcher gesprochen wird, ist die „Wand", die „einen Sprung bekommen hat, es muß ein alter Sprung sein, der sich jetzt leicht weitet" (335). Das „schöne Heute" des ersten Kapitels ist vorbei. Diese Wand, „an die ich wieder gehe in der Nacht" (60) und nach der sie immer wieder blickt, ist eine „Klagemauer" (59), da es für sie keine „Glücksmauer" gibt. Durch Ivan war es möglich, den Bruch zu kitten und der Vernichtung auszuweichen: „das Schizoid der Welt, ihr wahnsinniger, sich weitender Spalt, schließt sich unmerklich." Der Verlust Ivans vergrößert diesen Bruch wieder, aber noch gibt die „Wand" nicht nach: „Ich werde es erzwingen, daß die Wand sich öffnet, wo dieser Sprung ist" (335, 342). Schließlich geht dieses Ich in die Wand und wird zu einem „etwas" (354). Die andere Seite dieses „dimorphen" Ichs lebt weiter: Malina. „Schönheit" und „Fantasie" sind, wie Hans Mayer sagt, in einer „entfremdeten Welt" nicht möglich. Die eine Seite dieses Ichs hat sich in der Wand, in der „nie mehr etwas laut werden kann" (356) selbst vernichtet, „aber es schreit doch: Ivan!".

Faßt man diesen Roman als Künstlerroman auf, so scheint sich in der Formel „Ich habe in Ivan gelebt und ich sterbe in Malina" (354) ein schöpferischer Übergang parabelhaft anzudeuten: von der passiv emotionalen Phantasie der Lyrik zur intellektuell beherrschten Einbildungskraft der Prosa. Dabei geht es letztlich darum, der „Wahrheit" der eigenen künstlerischen Existenz auf den Grund zu kommen. In *Was wahr ist* (AB 48) war bereits vom „Sprung" als Konsequenz der Vergewisserung des schöpferischen Ichs die Rede: „Du haftest in der Welt, beschwert von Ketten, / doch treibt, was wahr ist, Sprünge in die Wand. / Du wachst und siehst im Dunkeln nach dem Rechten, / Dem unbekannten Ausgang zugewandt." So markiert der Roman den Abschluß eines Prozesses der dichterischen Positionsbestimmung, und es ist die Frage gestellt, was ihm folgen wird.

* Der neue Band „Simultan" (Erzählungen) konnte für diesen Aufsatz nicht mehr berücksichtigt werden.

Anmerkungen

Texte

GZ Die gestundete Zeit. Gedichte. München 1953; 2. Aufl., 1957.
AB Anrufung des Großen Bären. Gedichte. München 1956.
Der gute Gott von Manhattan. Hörspiel. München 1958.
Jugend in einer österreichischen Stadt. Bibliophile Ausgabe von Horst Heiderhoff, Wülfrath 1961.
DJ Das dreißigste Jahr. Erzählungen. München 1961.
Der gute Gott von Manhattan. Die Zikaden. Zwei Hörspiele. München 1. Aufl. 1963, 4. Aufl. 1969 (= dtv sr Bd. 14).
GE Gedichte, Erzählungen, Hörspiel, Essays. München 1964 (Die Bücher der Neunzehn, Bd. 111).
Ein Ort für Zufälle. Rede zur Verleihung des Georg-Büchner-Preises 1964. In: Jb. d. Dt. Ak. f. Sprache und Dichtung, 1964, S. 157—169.
Malina. Roman. Frankfurt am Main 1971.
Simultan. Neue Erzählungen. München 1972.
(Die zitierten Textstellen sind durch die oben angegebenen Quellensymbole gekennzeichnet.)

Literatur

Peter Härtling: „Es kommen härtere Tage". In: P. H., In Zeilen zuhaus, 1957, S. 32 bis 37.

Helmut Heißenbüttel: Gegenbild der heillosen Zeit. In: Texte und Zeichen 3, 1957, S. 92—94.

Hans E. Holthusen: Kämpferischer Sprachgeist — Die Lyrik Ingeborg Bachmanns. In: H. E. H., Das Schöne und das Wahre, 1958, S. 246—276.

Giorgio Tonelli: La nuova lirica tedesca. Ingeborg Bachmann. In: G. T., Aspetti della lirica tedesca, 1963, S. 159—182.

Werner Weber: Der gute Gott von Manhattan. In: NZZ v. 6. 12. 1958.

Hans E. Holthusen: Ingeborg Bachmann. Notizen aus dem Vortrag. In: Anstöße, 1959, S. 31—35.

Walter Jens: Über das Gedicht „Anrufung des Großen Bären". In: W. J., Marginalien zur modernen Literatur. Drei Interpretationen (Martin Heidegger zum 70. Geburtstag), 1959, S. 229—231.

Wolfgang Schadewaldt: Über das Gedicht „Anrufung des Großen Bären". In: W. S., Das Wort in der Dichtung (Wort und Wirklichkeit. 6. Folge des Jbs. Gestalt und Gedanke) 1960, S. 108—112.

Günter Blöcker: „Nur die Bilder bleiben". Zum Werk Ingeborg Bachmanns. In: Merkur 15, 1961, S. 882—886.

Rudolf Hartung: Vom Vers zur Prosa — Zu Ingeborg Bachmanns „Das dreißigste Jahr". In: Der Monat 13, 1961, H. 154, S. 78—82.

Clemens Heselhaus: Ingeborg Bachmanns gebrochene Symbolik. In: C. H., Deutsche Lyrik der Moderne, 1961, S. 444—449.

Dieter Schlenstedt: Falle und Flucht. Die ersten Erzählungen von Ingeborg Bachmann. In: ndl 9, 1961, H. 12, S. 109—114.

Werner L. Schlotthaus: Ingeborg Bachmann's Poem „Mein Vogel". An Analysis of Modern Poetic Metaphors. In: MLQ 22, 1961, S. 181—191.

Kristiane Schäffer: Mit den alten Farben. Renaissance des Expressionismus in der modernen Prosa. In: Der Monat 14, 1961/62, H. 167, S. 70—74.

Karl Krolow: „Erklär mir, Liebe!". Zu einem Liebesgedicht Ingeborg Bachmanns. In: Welt und Wort 17, 1962, S. 275.

James K. Lyon: „Nature". Its Idea and Use in the Poetic Imagery of Ingeborg Bachmann, Paul Celan, and Karl Krolow (Diss.). Harvard Univ. 1962.

Bruno Schärer: Ingeborg Bachmanns Erzählung „Alles". In: Muttersprache 72, 1962, S. 321—326.

Hans J. Baden: Religiöse Aspekte der zeitgenössischen deutschen Lyrik (über: K. Krolow, W. Lehmann, I. Bachmann). In: H. J. Baden, Der verschwiegene Gott, 1963, S. 11—53.

Hans Daiber: Ingeborg Bachmann. In: Schriftsteller der Gegenwart, 1963, S. 28—32.

Alfred Doppler: Die Sprachauffassung Ingeborg Bachmanns. In: Neophilologus 47, 1963, S. 277—285.

Marcel Reich-Ranicki: Anmerkungen zur Lyrik und Prosa der Ingeborg Bachmann. In: M. R.-R., Deutsche Literatur in Ost und West, 1963, S. 185—199.

James K. Lyon: The Poetry of Ingeborg Bachmann. A Primeval Impulse in the Modern Wasteland. In: GLL 17, 1963/64, S. 206—215.

Bernhardt Gajek: Ingeborg Bachmanns „Einmal muß das Fest ja kommen". In: Moderne Lyrik als Ausdruck religiöser Erfahrung, 1964, S. 62—70.

Gerhard Hoffmann: Sternenmetaphorik im modernen deutschen Gedicht und Ingeborg Bachmanns „Anrufung des Großen Bären". In: GRM 45 (N. F. 14), 1964, S. 198 bis 208.

Margot Jost: Ingeborg Bachmann „Ein Ort für Zufälle". In: M. J., Deutsche Dichterinnen des 20. Jahrhunderts, 1968, S. 109—112.

Joachim Kaiser: Ingeborg Bachmann. Werk und Interpretation. In: Universitas 19, 1964, S. 699—702.

Kurt Oppens: Gesang und Magie im Zeitalter des Steins. Zur Dichtung Ingeborg Bachmanns und Paul Celans. In: Merkur 18, 1964, S. 175—193.

Werner Weber: Rede auf Ingeborg Bachmann. In: Jb. d. Dt. Ak. f. Sprache und Dichtung, 1964, S. 145—156.

Joachim Müller: Ingeborg Bachmann, Paul Celan und Hans Magnus Enzensberger, ein lyrisches Triptychon. In: Universitas 20, 1965, S. 241—254.

Kôtichi Shôno: Die Krise im Lyrischen und der Prosa. Eine Skizze über Ingeborg Bachmann. In: Doitsu Bungaku 34, 1965, S. 73—83.

Manfred Triesch: Truth, Love und Death in Ingeborg Bachmann's Stories. In: Books Abroad 39, 1965, S. 389—393.

M. B. Benn: Poetry and the Endangered World. Notes on a Poem by Ingeborg Bachmann. In: GLL 19, 1965/66, S. 61—67.

Herbert Lehnert: Zur Interpretation und Kritik moderner Lyrik. Ingeborg Bachmann „Im Gewitter der Rosen" und Karl Krolow „Der Zauberer". In: H. L., Struktur und Sprachmagie, 1966, S. 100—106.

George C. Schoolfield: Ingeborg Bachmann. In: Essays on Contemporary German Literature. Hg. Brian Keith-Smith, 1966, S. 185—212.

Manfred Gsteiger: „Der Schwache ist in die Feuerzone gerückt". In: M. G., Poesie und Kritik, 1967, S. 82—86.

Hans Mayer: Malina oder Der große Gott von Wien. In: Die Weltwoche v. 30. 4. 1971, Nr. 17, S. 35.

Grethe Merck: Ingeborg Bachmann und Marie Luise Kaschnitz. In: Neue Sammlung. Göttinger Blätter für Kultur und Erziehung 7, 1967, S. 347—358.

Wolfdietrich Rasch: Drei Interpretationen moderner Lyrik (I: I. B.: Mein Vogel; II: I. B.: Anrufung des Großen Bären). In: W. R., Zur deutschen Literatur seit der Jahrhundertwende, 1967, S. 274—288.

Werner Zimmermann: Joseph von Eichendorffs „Mondnacht", Ingeborg Bachmanns „Anrufung des Großen Bären" und Paul Celans „Matière de Bretagne" als Beispiele religiöser Lyrik in Vergangenheit und Gegenwart. In: Gestalt, Gedanke, Geheimnis. Fs. Johanes Pfeiffer, 1967, S. 387—398.

Ingrid Aichinger: „Im Widerspiel des Möglichen mit dem Unmöglichen". Das Werk der österreichischen Dichterin Ingeborg Bachmann. In: Österreich in Geschichte und Literatur 12, 1968, S. 207—227.

Alfred Behrmann: Metapher im Kontext. Zu einigen Gedichten von Ingeborg Bachmann und Johannes Bobrowski. In: DU 20, 1968, H. 4, S. 28—48.

Rupert Hirschenauer: Ingeborg Bachmanns „Herbstmanöver". In: Wege zum Gedicht (7. Auflage), 1968, S. 399—402.

Peter Horn: Die vierzeilige Volksliedstrophe in Ingeborg Bachmanns Lyrik. In: Acta Germ. 3, 1968, S. 271—288.

Wolfgang Bender: Ingeborg Bachmann. In: Deutsche Literatur seit 1945 in Einzeldarstellungen. Hg. Dietrich Weber, 2., überarb. und erw. Ausg. Stuttgart 1970 (= Kröner Tb., Bd. 382), S. 556—575.

Peter Demetz: Die süße Anarchie. Deutsche Literatur seit 1945. Eine kritische Einführung. Aus dem Amerikanischen von Beate Paulus, Frankfurt am Main und Berlin 1970 [über Ingeborg Bachmann: S. 86—90].

Wolfram Mauser: Ingeborg Bachmanns ‚Landnahme'. Zur Metaphernkunst der Dichterin. In: Sprachkunst 1, 1970, S. 191—206.

Ingeborg Bachmann. Eine Einführung. Mit Beiträgen von Joachim Kaiser, Ingeborg Bachmann, Günter Blöcker, Siegfried Unseld, Wolfdietrich Rasch, Werner Weber, Heinz Beckmann und einem biographisch-bibliographischen Abriß. München 1963.

Ingeborg Bachmann. In: Text und Kritik 6, S. 1—17. Mit Beiträgen von Ingeborg Bachmann: „Erklär mir, Liebe", Lothar Baier: Zur Lyrik, Wolf Wondratschek: Zur Prosa und Michael Gäbler: Zum Hörspiel.

Ingeborg Bachmann „Lieder von einer Insel". Interpretationen von Ingeborg Bachmann und Rainer Gruenter. In: Doppelinterpretationen, 1966, S. 162—168.

Edgar Lohner

HANS MAGNUS ENZENSBERGER

Um Hans Magnus Enzensberger, den zornigen jungen Mann, dessen Advent die deutsche Öffentlichkeit in den fünfziger und sechziger Jahren teils mit Entrüstung, teils mit Begeisterung registriert hatte, ist es still geworden.[1] Jedenfalls steht die augenblickliche Stille in keinem Verhältnis zum Lärm und Ärgernis jener Zeit. Gewiß, man las gelegentlich bestimmte Protestschreiben in den letzten Jahren. Enzensberger richtete sie an den damaligen Justizminister Heinemann, an Edwin D. Etherington, den Präsidenten der Wesleyan University. Durch Zeitungen erfuhr man von jenem anderen, das er zusammen mit Sartre, Miller, Chomsky und Simone de Beauvoir zur Unterstützung des kubanischen Dichters Herberto Padilla an Fidel Castro adressierte. Doch von diesen unerfreulichen und erfreulichen Einzelbegebenheiten abgesehen, wurden keine etablierten Bilder mehr gestürmt. Diese perpetuieren sich in einem Maße, als ob es das Getöse und die Begräbniszeremonien der sechziger Jahre nie gegeben hätte. Hierher gehören die Bilder des literarischen Betriebs und die der „Hauptfiguren konservativer Rhetorik", die der Kulturpolizisten jenseits, der Kultursenatoren diesseits der Elbe, die Bilder der Mäzene aus Industrie und Wirtschaft, und die verblaßten der Gruppe 47. Auch *Der Spiegel* und die *Frankfurter Allgemeine*, deren Sprache und Nachrichtenvermittlung Enzensberger heftig kritisiert hatte, denen er das Recht zur Existenz absprach, erscheinen weiter. Das Informationsdefizit ist, seitdem das *Kursbuch* sich als kritisches Organ etablierte, wohl ausgeglichen. Hat Enzensberger, so könnte man fragen, angesichts der möglichen Aussichtslosigkeit der Lage weitgehend resigniert? Frönt er im Hinblick auf Ziel- und Sinnlosigkeit menschlicher Aktivität, angesichts politischer und wirtschaftlicher Macht- und Herrschaftsverhältnisse, der eigenen Ohnmacht? Oder ist er einfach müde geworden? Dieter Schlenstedt warnte schon 1966, daß die Enthüllung des Scheins von Sicherheit und Reichtum, die quälerische und schimpfende Erörterung der menschlichen Situation Gefahren enthalte, besonders die Gefahr der Reproduktion ein und desselben Gegenstandes. Es führe zur poetischen Ermüdung des großen Ansatzes, Resignation zeige sich, „die wohl ihren wichtigsten Grund darin hat, daß der ‚schwierigen Arbeit' des Dichters so wenig Echo oder so viel falscher Beifall begegnet."[2] Sicherlich trifft nicht zu, wenn der keineswegs zivilisationsmüde, beckmesserische Peter Hamm meint, Enzensberger habe sich auf die Seite der „Kulturlosen" geschlagen und vertrete nun die Ansicht, der

Gewalt könne nur noch mit Gewalt abgeholfen werden.[3] So läßt sich die Stille gewiß nicht deuten. Vielmehr ist zu erwarten und zu erhoffen, daß Sensibilität, gewonnene Einsicht und Erkenntnis Enzensberger aus dem ideologisch verkrusteten und doch gleichzeitig marktschreierischen Bereich der sogenannten „linken Front", wie unsicher vorerst auch immer, aufbrechen und zu jenem Ort zurückkehren lassen, der diesem Dichter bisher sein charakteristisches Gepräge verlieh, dem der lyrischen Dichtung. Im Grunde war es wohl immer dieses Dilemma von ideologischem, aktivem Engagement und dem Bewußtsein der Sprachgebung, das ihn von Anfang an Lyrik schreiben ließ.

Enzensberger wurde am 11. November 1929 in Kaufbeuren im bayrischen Allgäu geboren. Als der älteste von drei Brüdern wuchs er in einem bürgerlichen Elternhaus in Nürnberg (1931—1942) auf. Drei Jahre (1942—1945) des Krieges verbrachte er in der Evakuierung, besuchte die Oberschule im fränkischen Gunzenhausen und Oettingen. 1945 zog man ihn zum „Volkssturm" ein. Nach dem Krieg war er Dolmetscher und Barmann bei der Royal Air Force. Seinen Lebensunterhalt verdiente er sich durch Schwarzhandel. Das Abitur machte er 1949 in Nördlingen. Fünf Jahre studierte er Literaturwissenschaft, Sprachen und Philosophie in Erlangen, Freiburg, Hamburg und Paris. In Erlangen promovierte er 1955 mit einer Dissertation über „das dichterische Verfahren in Clemens Brentanos lyrischem Werk". Während des Studiums war er Mitglied der Erlanger Studiobühne. Nach der Promotion fand er als Rundfunkredakteur bei Alfred Andersch in Stuttgart und als Gastdozent an der Hochschule für Gestaltung in Ulm Beschäftigung. 1957 reiste er in die USA und nach Mexiko. Im gleichen Jahr brachte der Suhrkamp Verlag sein erstes Buch, die Gedichte *Verteidigung der Wölfe* heraus. Der Band, eingeteilt in „freundliche gedichte", „traurige gedichte" und „böse gedichte", offenbarte des Autors erstaunliche sprachliche Begabung. Er zeigte Enzensbergers unverwechselbaren Stil, der ihn auszeichnete unter den jungen zeitgenössischen Dichtern. Zeitkritik und anderes wird geboten. In vorwiegend polemischer, satirischer Form werden, gewandt und gekonnt, die gesellschaftlichen und politischen Mißstände entlarvt. Dem zivilisatorisch-enthumanisierten Bereich, insbesondere dem westdeutschen, steht ein von Plage und Elend unberührter, unschuldiger Raum, der der Armen, Kinder, Bauern und Hirten gegenüber. Die Gegensätze sind deutlich artikuliert. Spürbar ist die ätzende Kritik eines Dichters an der politisch und technisch verfremdeten Welt. Spürbar sind aber auch die Bilder der Flucht, Bilder der Zuflucht in einem Bereich unschuldiger Kreatur, jenseits der verwalteten Welt. Nach der Rückkehr aus Mexiko ließ sich Enzensberger in Norwegen nieder. Zwei Jahre darauf fuhr er als Villa-Massimo-Stipendiat nach Italien. Danach wurde er Verlagslektor bei Suhrkamp. 1960 erschien der zweite Gedichtband. Er setzt die polemisch-satirische, aber auch die distanziert-idyllische Thematik des ersten Bandes fort, nur schärfer, greller, auch exzentrischer. Den verschiedenen Abteilungen der *Landessprache* sind jetzt die von keinem Rezensenten beachteten lateinischen Zitate und eins von Góngora vorangestellt. Das ist bei diesem gelehrten, alexandrinisch gebildeten Dichter keine „flotte Mache", wie Krämer-Badoni meint, „gemixt aus Georges Zeitgedichtpathos und Buschs Bilderbogenwitz".[4] Mit beiden haben diese Produkte wenig, wenn überhaupt etwas gemeinsam. Kein kunstgewerbliches Programm wird hier aufgestellt, keine Feiern gekündet, mit Kerzenbeleuchtung und weißer Robe. Die Bilderbogen Buschs sind „friedliche Milch" im Vergleich zu dem, was in Hiroshima geschah und davor. Werner Weber hat, allerdings im Hinblick auf die vier Jahre später erschienene *Blindenschrift*, das dichterische Schaffen Enzensbergers treffender und ernsthafter charakterisiert. Die Hauptkraft der Gedichte, so schreibt er, ist das Gewissen. Das „Gewissen prägt jede Zeile ... Diesem Gewissen hält der Dichter, hält die Sprache des Dichters stand, indem sie nennt, was zu nennen ist, schafft, ohne Schmuck, ohne Flucht in eine trosttäuschende Melodie". „Und wenn wir fragen", so heißt es dort weiter, wie „die innerliche Gegend beschaffen ist, aus der Enzensbergers Gedichtmeldungen kommen, dann trägt diese Gegend den Namen Angst. Zur Angst gehört das ruhige, strenge Darleben und Durchhalten des Zweifels, der den Geist und die Seele hindert zu glauben und sich glaubend zu beruhigen: daß morgen auch ein Tag sei."[5] Ein Tag, so möchte man hinzufügen, der, wie Krämer-Badoni es sich wohl wünscht, wieder einmal die imperfekte Demokratie und das ungereinigte Christentum bringt, gegen die er, wie könnte er, Krämer-Badoni, auch, nicht die Stimme erhebt. 1960 erschien auch *Museum der modernen Poesie.* 1962 erhielt Enzensberger den Literaturpreis des Verbandes deutscher Kritiker; 1963, mit vierunddreißig Jahren und damit als jüngster Preisträger, den Georg-Büchner-Preis. Die Rede, die er bei der Verleihung hielt und die die gespenstische Frage der deutschen Identität aufwirft, war eine der ungemütlichsten, die man in Darmstadt je gehört hatte. 1963 reiste Enzensberger in die Sowjetunion, 1965 nach Südamerika. Zwischendurch war er Gastdozent für Poetik an der Universität Frankfurt. 1965 zog er von Tjörne, einer Insel im Oslo-Fjord, nach Westberlin. Im gleichen Jahr gründete er die Zeitschrift *Kursbuch,* eine Zeitschrift, die, wie es in der Ankündigung hieß, kein Programm habe, keine Richtungen vorschreibe, sondern Verbindungen angebe, die sich dem widme, was schon da sei. „Was schon da ist, muß aber erst aufgeklärt, und das heißt: revidiert werden". Zwei Jahre später trat er als Fellow am Center for Advanced Studies an der Wesleyan University seine zweite Reise in die Vereinigten Staaten an. Durch das Aufgeben des Stipendiums, vor allem aber durch die in seinem Brief an den Präsidenten der Universität dargelegten Gründe verursachte Enzensberger einen Skandal. Anschließend bereiste er die USA, dann den Fernen Osten, und verbrachte danach mehrere Monate in Kuba. Dazwischen hielt er Reden, zum Teil äußerst beachtliche Reden, die vom *Heizer Hieronymus* zum Beispiel, schrieb Rezensionen und Aufsätze über viele aktuelle Themen. Einer der aktuellsten ist der über das Verhältnis des Schriftstellers zur Politik. Aufsätze, Reden und Rezensionen hätten mehr Beachtung verdient als ihnen zuteil wurde. Beachtung fanden meist jene, die Skandale verursachten oder, wie *Klare Entscheidungen und trübe Aussichten,* die die „Revolution" verkündeten, wobei ganz offen blieb, wie diese Revolution betrieben werden sollte und was ihr Ziel war. 1970 schließlich löste sich Enzensberger vom Suhrkamp Verlag und begründete seinen eigenen in Berlin.

Überblickt man nun die fünfzehnjährige Tätigkeit dieses Dichters, so läßt sich mit Fug behaupten, daß es kein durchschnittliches und unauffälliges Leben war. In der Schärfe seines Intellekts, in der ätzenden Artikulation und virtuosen Kraft der von ihm meisterhaft beherrschten Sprache, in der Angst und Besorgnis um Mensch und Gesellschaft ist dieser Autor durchaus konsequent geblieben. Durch die von einem unruhigen, besorgten Gewissen getragenen, oft brillanten Polemiken, durch die artistische Schönheit vieler Gedichte, ja insbesondere auch durch diese, spiegelte er Hoffnung und Hoffnungslosigkeit einer jungen Generation. Ihm ist gelungen, was wohl kaum von einem anderen zeitgenössischen Dichter in solchem Maße behauptet werden kann, nämlich nicht nur der Dummheit, Gleichgültigkeit und Gewissenlosigkeit einer vom Konsum gezeichneten Gesellschaft treffend Ausdruck gegeben, sondern vor allem auch das Böse und Unmenschliche als integralen Teil unserer Welt ins Wort gebracht zu haben. So hat Enzensberger in der Tat seiner Generation im Zorn, in Bitterkeit und Verachtung, aber auch im wie immer kleinmütigen Glauben an die Möglichkeit einer Erneuerung Sprache verliehen. Nur Benn und Brecht, von denen er lernte, haben das vor ihm in der Moderne zustande gebracht.

Enzensbergers Werk spiegelt eine kosmopolitische Bildung, wie sie heute wohl bei keinem anderen deutschen Schriftsteller anzutreffen ist. Er beherrscht alle großen westlichen Sprachen, kennt ihre Literatur und einen erheblichen Teil der östlichen. Mit Pablo Neruda ist er vertraut wie mit César Vallejo, mit William Carlos Williams ebenso wie mit Franco Fortini oder Lars Gustafsson. Herausgegeben oder mit Nachworten versehen hat er Werke von Gryphius und Grimmelshausen, von Gunnar Ekelöf und Karl Henneberg, Fernando Pessoa und Giorgios Seferis. Thomas Wolfe, Beckett, Gide, Sartre, Borges gehören in diesen Bereich seiner Tätigkeit ebenso wie Schiller, Büchner, Huidobro und Faulkner. Übersetzt hat er er Gedichte von Alberti, Apollinaire, Auden, Eliot und Eluard, Lorca, Michaux, Paz und vielen anderen. Und seine eigenen Werke wurden in zwanzig Fremdsprachen übertragen. Doch auch die Protagonisten der „Moderne" sind ihm vertraut. Die Namen Nerval, Poe, Whitman, Baudelaire und Mallarmé tauchen wiederholt in seinen Schriften auf. Und so erfaßt Enzensberger, nach Hugo Friedrich, die zeitgenössische Poesie „als ein unabdingbares, als das jüngste und mächtigste Element unserer Tradition", als einen „Ort unaufhörlicher Wandlung".[6] Durch Verstehen, Kenntnis und Sammeln, als Herausgeber, Übersetzer und Interpret hat er dem deutschen Leser ein Museum der modernen Poesie aufgebaut. Er hat gezeigt, wie Übereinstimmungen „zwischen Santiago de Chile und Helsinki, zwischen Prag und Madrid, zwischen New York und Leningrad" zur „Entstehung einer poetischen Weltsprache"[7] führen.

Aus dieser Aufnahmefähigkeit, auch der allseitigen Aufgeschlossenheit, aus der Vielzahl der Impressionen wuchsen der ständig wachen Sensibilität Enzensbergers Anregungen, Motive und Themen für die Gestaltung der eigenen Lyrik zu. Sie zwangen ihn, ganz im Sinne der modernen, von Poe bis Valéry, von Pound bis Benn etablierten Tradition, zu Überlegungen über den Entstehungsprozeß des Gedichts. Bis zu welchem Grade dieser Dichter Kunstgriffe benutzt, sich sprachlicher und kompositorischer Merkmale bedient, welche die spezifische Dissonanz und Intensität, aber auch das artistisch Abgewogene seines Stils konstituieren, das ist wiederholt und ausführlich von zeitgenössischen Kritikern analysiert worden. Reinhold Grimm, Kurt Oppens, Herbert Heckmann, Holthusen, Walser und Werner Weber haben diesbezüglich schon Bemerkenswertes geleistet. Auf Enzensbergers stilistische Eigentümlichkeiten brauche ich hier nicht ausführlich einzugehen. Charakteristisch ist das Auseinandernehmen, das Umgestalten und disparate Koppeln des Wortmaterials. Seine Imagination fühlt sich von überall her, vornehmlich vom Vokabular entmenschter Massenmedien, zur Formulierung angeregt. Ein Überangebot von Sensationen, korrupten Tendenzen in einer aus den Fugen geratenen Welt bietet sich faszinierend an, um die moralische Defizienz dieser Welt, die ethische Verkrüppelung des Menschen zu geißeln, und dies unter Einbeziehung nahezu sämtlicher Sprachbereiche.

Grimm und Holthusen haben nachgewiesen, wie neben mythologischen, geographischen und historischen Reminiszenzen, neben Jargon, Redensarten und Sprichwörtern das Bibeldeutsch ebenso gebraucht wird wie französische, englische und italienische Sprachbrocken.[8] Andere Bereiche, die der Politik, der Geschäftswelt, der Wissenschaft und des Militärwesens kommen hinzu. Anklänge und Zitate tauchen auf aus Villon, Hölderlin, Heine, Trakl, Brecht, Lorca und Benn. Die ganze Skala rhetorischer Figuren beherrscht dieser Autor souverän. Oft wird man an die expressionistische, aber auch surrealistische Vorstellungswelt erinnert. Was Technologie und Kalkulation bei der Herstellung des Gedichts betrifft, so scheint ihm die Welt Góngoras ebenso vertraut wie die Valérys und Majakowskis. Auch Enzensberger arbeitet, wie vor ihm Mallarmé und Benn, im Laboratorium der Worte. Auch für ihn ist das Gedicht ein Kunstprodukt. Was Gottfried Benn in den *Problemen der Lyrik* und der *Ausdruckswelt* sagte, gilt als Arbeitsmethode auch für diesen Dichter, daß nämlich Worte modelliert und fabriziert werden müssen. Der Dichter öffnet, sprengt und zertrümmert sie, „um sie mit Spannungen zu laden".[9] Auch Enzensberger setzt den modernen Menschen neu zusammen „aus Redensarten, Sprichwörtern, sinnlosen Bezügen". Aus Spitzfindigkeiten entsteht ein Mensch in Anführungsstrichen. Seine Darstellung hält er in Schwung durch formale Tricks, durch Wiederholungen von Worten und Motiven. „Einfälle werden eingeschlagen wie Nägel und daran Suiten aufgehängt."[10] So gibt es auch in dieser Lyrik Formal-Spielerisches und Musikalisch-Automatisches und aufgrund dieser meisterhaften Artistik Verse, Fügungen und Metaphern, deren eindringlicher Wirkung sich kein Leser entziehen kann. Und all dies nicht Resultat von Geschwätzigkeit, einer, wie Werner Weber schreibt, „Armseligkeit des Herzens"[11], sondern auf der Basis eines aus Zweifel, Angst und Hoffnung konstituierten und engagierten Gewissens. Dieses stellt sich die im Gesamtwerk immer wieder hörbare Frage, welche Rolle ihm zukommt, angesichts einer Welt, die aus „Gewimmer", Ekel und Verfall besteht.

Wie läßt diese Welt sich bezwingen, verwandeln, anprangern, und mit welchen Mitteln? Gewiß nicht nur mit artistischer Kalkulation. Diese hat, wie bei allen begabten Dichtern, auch bei Enzensberger ihre Gefahr. Keiner, unter den traditionellen wie den modernen Poeten, scheint ihr zu entrinnen. Bei Góngora und Marino wird sie zum geschickt gehandhabten Prinzip, bei Pound, bei Eliot, bei Neruda, Majakowski und Benn spiegelt sie eine bisweilen peinliche Scharlatanerie durch zu weit getriebene metaphorische Konkretion. Bei allen, auch bei Enzensberger, entspringt sie der schier unerschöpflichen Begabung für ingeniöse Vernunftkunst. Sie entsteht aus intellektuellem Vergnügen am Tanz der Gedanken, am Manipulieren der Worte. So kommt oft eine Preziosität zur Darstellung, die im schiefen Verhältnis zum Ernst der Sache und der, trotz aller Fingerfertigkeit, nicht zu überhörenden Besorgnis steht. Die aus spielerisch zerebraler Überanstrengung resultierende Schwäche läßt das Produkt entweder allzu transparent erscheinen oder zu einem völlig undurchsichtigen Gebilde werden. Das Produkt gibt dann, von zweifelhaften Einfällen abgesehen, nichts mehr her. Die Anstrengung des Lesers, der einen identifizierbaren Zusammenhang sucht, bleibt in Frustration stecken.

Überliest man Enzensbergers Gedichte, dann wird einem jedoch bewußt, wie geringfügig die Zahl dieser Gedichte ist im Vergleich zu jenen, die ihn als Meister zeigen, jene, in der das lyrische Ich die vorher gestellte Frage nach der eigenen Position, nach dem Zustand von Mensch und Welt, wenn auch nicht beantwortet, ja im Grund nicht beantworten kann, so doch mit aller Präzision lyrisch zu formulieren versucht. Ich denke an Gedichte wie *jemands lied, anweisung an Sysiphos, la forza del destino* und *ratschlag auf höchster ebene*; ich denke an manchen Vers von Enzensbergers *bösen gedichten*, dann auch an *landessprache*, an die *oden an niemand* und an viele aus der *Blindenschrift*. Fast alle charakterisieren die innere Situation dieses lyrischen Ich als extreme Melancholie, genährt von einer im Grunde selbstgewählten und erlittenen Einsamkeit. Fast alle präsentieren das Getöse und den Rummel, den politischen, ökonomischen, kulturellen und technischen, der spätzivilisatorischen Welt in apokalyptisch-prophetischen Bildern und Versen, die oft den Verfall, ja den bevorstehenden Untergang des Weltlaufs anzeigen. Sie verkünden Steigerung des Leidens und der Trübsal. Sie zeichnen, ätzen, stechen in unmißverständlicher Weise die grausigen, von Krieg, Pestilenz, Hunger und Tod angerichteten Verwüstungen auf dieser Erde. Und alles dies nahezu ohne die Hoffnung auf eine bevorstehende Erlösung.

erde, auch du bist nicht sicher vor uns:
deine venen aus glimmer und malm,
dein balg aus bleiglanz und tuff,
und in der feurigen mulde, tief
unter gneis und magnetkies ruht
heikel, hell und geheim dein herz,
erde, auch du bist nicht mehr gefeit:
dein gläsernes herz,
wenn es zerspringt,
birst dein basaltener leib,
ein schindaas rauchend aus pech,
aus muschelkalk und pluton,
erde, aber dein brustkorb schwirrt
von drosseln und drosseln voll:
wer an dein herz rührt,
so steigen sie scharweis auf,
den glaser zu suchen, er wohnt
in den schwarzen nebeln der galaxie,
erdherz, der dich geblasen hat
aus seinem glashauch,
dankt es dem zornigen schwarm,
der schwarze glaser, verbirgt
im nebelglanz seinen gram
und weiß keine rache.[12]

Die Zeit ist in der Gewalt des Bösen. Die Zeit ist unmenschliche Finsternis. Keine Erneuerung der Schöpfung zeichnet sich ab, keine neue Erde und kein neuer Himmel. Ein Messias ist nicht zu erwarten, auch keine Erhöhung in die Transzendenz. Der Dichter selber jedoch, dieses melancholisch sprechende lyrische Ich, ist eingesogen in den Treibstrom der vorherrschenden Windrichtungen. Er „stäubt" in der Raserei seiner Einsamkeit, in der Isolation seiner Imagination, wie Odysseus, seinen „schrei", sein „lied"

über ein altes wasser aus irrtum
aus tränen aus kalk ...[13]

Er treibt, aber ohne Hoffnung auf Heimkehr, als

hirt der lügen
mörder schuldlos im heißen wind:
schlag die augen auf und sieh

diesen himmel aus kalk, trink
den tränenwein: das ist das herz der welt,
trink ihn dein lebtag, er ist alt,
er schmeckt nach vielen mündern,
nach vieler nacht, nach langer drift,
bitter, dunkel, nach asche.[14]

Im Grunde sind es nur die Lieder, die eine wie auch immer geartete Hoffnung vielleicht gewähren; denn

jeder mann hält angesichts
der vielen verfaulenden katzen, der helden,
die aus den kaminen ragen, den atem an,
ob nicht endlich das lied das lied wie eine sintflut
schön und unaufhaltsam über die dächer schäumend
käme und die hörrohre und die kuxe die stiefel
forttrüge und die gebetbücher forttrüge aber umsonst:
es kann keiner singen von dem was nicht singt
von uns.[15]

Neben diesen Gedichten gibt es in diesem Werk aber auch jene anderen Verse, frei von Hader, Zorn und Bitterkeit, frei auch von Ekel und der Widerwärtigkeit der Zivilisation, Verse, die Unschuldsbereiche besingen, Idyllisches und Ideallandschaften. In ihnen ist die Dissonanz nicht aufgehoben, nur gebannt. Ich nenne hier nur das eine, eins der schönsten Gedichte Enzensbergers: *kirschgarten im schnee*:

I
was einst baum war, stock, hecke, zaun:
unter gehn in der leeren schneeluft
diese winzigen spuren von tusche
wie ein wort auf der seite riesigem weiß:
weiß zeichnet dies geringfügig schöne geäst
in den weißen himmel sich, zartfingrig,
fast ohne andenken, fast nur noch frost,
oben und unten, unsichtig
die linie zwischen himmel und hügel,
sehr wenig weiß im weißen:
fast nichts —

II
und doch ist da,
eh die seite, der ort, die minute
ganz weiß wird,
noch dies getümmel geringer farben
im kaum mehr deutlichen deutlich:
eine streitschar erbitterter tüpfel:
zink-, blei-, kreideweiß,

gips, milch, schlohweiß und schimmel:
jedes von jedem distinkt:
so vielstimmig, so genau
in hellen gesprenkelten haufen,
der todesjubel der spuren.

III
zwischen fast nichts und nichts
wehrt sich und blüht weiß die kirsche.[16]

In der Beherrschung der Sprache, im geduldigen und künstlerisch gewissenhaften Abtasten und wahrnehmenden Ergreifen des Gegenstandes zeigt sich hier die Meisterschaft Enzensbergers. Dargestellt wird ein Garten, ein Kirschgarten im Schnee. Was je an konkret Gegenständlichem vorhanden war, ist jetzt nur noch in Luft, Frost, Schnee und Weiß andeutungsweise da. Worte wie „zartfingrig", „geringfügig", „fast", „kaum" und die Negativa demonstrieren es. Einzelheiten werden behutsam, fürsorglich, fast ängstlich vom Dichter Zug um Zug nachgezeichnet. Das einfache Vokabular, die parataktische Anordnung der Sätze unterstreichen das reine, ruhige „Nebeneinander". Die Zeit scheint stillzustehen; der Raum ist nur zart, nur spurenweise da, nahezu ausgelöscht in dieser Symphonie aus Weiß. Man kennt die Bedeutung, die Mallarmé dieser Farbe zumaß. Für ihn war sie die Farbe unverwirklichter Möglichkeiten und Chiffre für jenen Bereich, in dem alles sich auflöst. Rimbaud sprach von weißen Visionen. Weiß waren bei Trakl die Sterne, die eine „weiße Traurigkeit" verbreiteten. Benn sprach von „tod-weißen Rosen", der „weißen Perle" und von „Leuké — der weißen Insel des Achill". Doch nirgendwo sonst ist meines Wissens diese Farbe mit solcher Konsequenz in ein Gedicht verarbeitet worden wie hier. Deutet sie auch hier auf ein Lichtes, Durchsichtiges, auf eine seltene Art von Vollkommenheit, die, in der Tradition dieser Farbe, nur dort ist, wo das Gegenständliche kaum noch Spuren hinterläßt? Nein, in diesem Gedicht nimmt Weiß eine dem Lichten und Vollendeten nahezu gegensätzliche Bedeutung an. Im Ganzen des Gedichts vollzieht sich ein Erlöschen des Gegenständlichen zum kaum mehr Wahrnehmbaren, Nichtigen; es vollzieht sich, besonders in der ersten Strophe, der Übergang von der Anwesenheit in fast absolute Abwesenheit. Fast: denn vor der fast völligen Übernahme durch Weiß werden, in der zweiten Strophe, im Mittelpunkt des Gedichts, Modulationen von Weiß wahrnehmbar, Unterschiedliches, Unterscheidbares, „eine streitschar erbitterter tüpfel", die erst jetzt die eigentliche Bedeutung, den fatalen Charakter dieser Farbe enthüllen. Erst jetzt, im Gegensatz zu dieser zweiten Strophe, erhält die scheinbar leichte und friedliche Winterlandschaft der ersten Strophe ihr wahres, ihr grausiges Gesicht. In das lichte, frostige Weiß des Kirschgartens wird, in vielfältigen Assoziationen, ein schattierendes Weiß eingeschoben. Damit aber wird, ohne Verzicht auf die Präzision der Beschreibung und immer noch im Bilde bleibend, eine Perspektive eröffnet, die vom Besonderen auf die grauenerregende Sphäre des Allgemeinen verweist, auf einen Endzustand, der, thematisch vom lyrischen Ich in vielen seiner Gedichte beschworen, wohl nirgendwo sonst eine derart poetische Verdichtung erfuhr. Dem kunstvollen Bau der Ode nicht unähnlich, zieht der Dichter im Schlußgesang, in diesen zwei entscheidenden, abgewogenen und schönen Zeilen das Fazit. Auf dem schmalen Grat „zwischen fast nichts und nichts" findet das, was sich noch zu wehren vermag, das doch noch Lebendige, angesichts der drohenden Vernichtung eine isolierte, eine wenn auch prekäre, eine wenn auch geringe, eine fast hoffnungslose Stätte des Blühens.

Ich frage mich, ob ein solches Gedicht nicht mehr aussagt über unsere Situation, über Hoffnung und Hoffnungslosigkeit des heutigen Menschen, auch über die Position des Dichters Enzensberger selber als alle noch so deutlich ausgesprochenen und wohl auch geforderten Hinweise auf eine gesellschaftliche oder politisch-ideologische Frontstellung, die dann auch, leider, die Kriterien liefert, denen zufolge ein Werk als „gut" oder „schlecht" beurteilt wird. Ich frage mich, ob Gedichte dieser Art, die den Schmerz der Negation und die schmerzvolle Leidenschaft des Hoffenden zum Ausdruck bringen, nicht „gebrauchsfähiger", auch wirkungsvoller sind als plakative Provokationsformeln, die um der Provokation willen zu lyrischen Kurzschlüssen führen und letzten Endes aus dem engen und radikal verarmten Gefängnis einer wie immer gearteten Ideologie stammen. Der letzte Abschnitt von Enzensbergers einsichtsvollem Aufsatz über Pablo Neruda, den er als den Fall eines mutigen Mannes behandelt, an dem sich der Irrtum, „Poesie sei ein Instrument der Politik", gerächt habe, dieser letzte Abschnitt lautet: „Auf den Dichter, der die Zwickmühle sprengt, der weder die Dichtung um ihrer Zuhörer, noch ihre Zuhörer um der Dichtung willen verrät und der nicht die Poesie zur Magd der Politik, sondern die Politik zur Magd der Poesie, will sagen, zur Magd des Menschen macht: auf diesen Dichter werden wir vielleicht noch lange, und vielleicht vergeblich, warten müssen."[17] Es geht also um die Bestimmung des Verhältnisses von Dichtung und Politik, um, wie es im Deutschland der letzten fünf Jahre selbstmörderisch ständig propagiert wurde, um den ideologisch ausgerichteten Propheten und den gesellschaftlich wirkungslosen Poeten. Gewiß ist es für viele heute ein Anachronismus, eine mitleidig belächelte liberale Regression, auch eine Erweiterung des literarischen Narrenparadieses, in diesem Zusammenhang auf Goethe zu verweisen. Dieser hatte, wenn auch unter anderen Umständen und anderen Bedingungen, das Problem erkannt und in seiner späten Lyrik, im west-östlichen Divan, sogar sprachlich gelöst. Im Abschnitt „Mahomet" der „Noten und Abhandlungen" formuliert er die Unterscheidung, wie es klarer wohl nicht möglich ist:

> Wollen wir nun den Unterschied zwischen Poeten und Propheten näher andeuten, so sagen wir: beide sind von einem Gott ergriffen und befeuert, der Poet aber vergeudet die ihm verliehene Gabe im Genuß, um Genuß hervorzubringen, Ehre

durch das Hervorgebrachte zu erlangen, allenfalls ein bequemes Leben. Alle übrigen Zwecke versäumt er, sucht mannigfaltig zu sein, sich in Gesinnung und Darstellung grenzenlos zu zeigen. Der Prophet hingegen sieht nur auf einen einzigen bestimmten Zweck; solchen zu erlangen, bedient er sich der einfachsten Mittel. Irgendeine Lehre will er verkünden und, wie eine Standarte, durch sie und um sie die Völker versammeln. Hierzu bedarf es nur, daß die Welt glaube; er muß also eintönig werden und bleiben, denn das Mannigfaltige glaubt man nicht, man erkennt es.[18]

Fraglich ist in diesem Kontext nun nicht, da es sich um ein allgemeines Prinzip handelt, ob die von Goethe getroffene Unterscheidung aus dem Jahre 1818 auch noch für das Jahr 1970 verbindlich ist. Fraglich sind vielmehr, wie mir scheint, die im Hinblick auf dieses Problem jüngst angebotenen Lösungen. Über Goethe ist man, trotz Marx und Freud, hinsichtlich dieser spezifischen Frage noch nicht hinausgekommen. Dichtung als „Rauschmittel" und „Ersatzbefriedigung" ungenau zu definieren, wie es der myopische und mit ideologischer Blindheit geschlagene Peter Hamm tut, bringt für die Lösung des Problems keine neuen Ansätze.[19] Diese und eine mögliche theoretische Lösung böte nur eine völlig neue Fragestellung, also Fragen, die davon ausgehen, daß zum Beispiel die Vorstellung von der Unvereinbarkeit zwischen ästhetischem Erlebnis und politischer Erfahrung logisch und empirisch unhaltbar, daß „politische" Dichtung notwendigerweise eindimensional und unkritisch sei und nur temporäre Relevanz habe.[20] Dabei ist vorher zu klären, was mit „ästhetischem Erlebnis" und „politischer Erfahrung" tatsächlich gemeint ist. Eine ideologische Theorie sollten gewisse Kritiker Enzensberger in seiner lyrischen Dichtung nicht abfordern, obschon das immer wieder geschieht. Ihm den Mangel einer ideologischen Position vorhalten, können nur jene, die weder die Komplexität der Lyrik noch die einer Ideologie oder ihre Beziehungen zueinander genau durchdacht haben. Ich für meinen Teil sehe Enzensberger lieber als komplexen und komplizierten Charakter, als lebendigen Widerspruch, auch als Exzentriker, denn als einseitigen und dürftigen Ideologen. Exzentriker dieser Art, so bestätigte schon Kurt Oppens, sind das Gewissen der Welt, die das Zentrum bewahren. Sein Sich-Festlegen auf eine Ideologie ließe sicherlich seine Poesie verkümmern. Denn, so schreibt er ja selber, „die Poesie ist immer unvollendet, ein Torso, dessen fehlende Glieder in der Zukunft liegen. An Aufgaben und Möglichkeiten fehlt es ihr so wenig wie an Tradition; ob ihre Kräfte hinreichen, um diese Herausforderungen anzunehmen, darüber entscheidet nicht Kritik. Ihr Amt ist es, die Lage zu bestimmen, nicht Prognosen oder Horoskope zu stellen. Die Zukunft der modernen Poesie liegt in der Hand der Unbekannten, die sie schreiben werden."[21] Wenn ich die augenblickliche Lage richtig sehe, könnte der allerdings nicht unbekannte Enzensberger Wesentliches zur Zukunft der modernen Poesie, zu einer Revolution des lyrischen Stils, der lyrischen Sprache überhaupt beitragen. Das soll keine Prognose sein, noch will ich ihm das Horoskop stellen. Aber warum sollte nicht eintreten, was in Umkehrung eines Satzes aus dem Jahre 1965 die Schwedin Madelaine Gustafson sagte, und was heute notwendiger ist denn je, daß nämlich die Dichtung Hans Magnus Enzensbergers sprachlich radikaler sein sollte, als er es selber ist. Damit wäre nicht der Aufruf zu Aktionen gemeint, auch nicht das Herausarbeiten einer Ideologie, sondern der die Ästhetik und Politik kombinierende Vers. Enzensberger besitzt dazu alle Qualifikationen: einen außerordentlichen Grad an Sensibilität, einen kühlen Kopf, der die Dinge dieser Welt richtig sieht, Schärfe des Urteils und eine außergewöhnliche artistische Begabung.

Anmerkungen

Eine sehr zuverlässige und ausführliche Bibliographie der primären Werke wie auch der Arbeiten über H. M. Enzensberger findet sich, von Thomas Beckermann zusammengestellt, in Joachim Schickel (Hg.): Über Hans Magnus Enzensberger. Edition Suhrkamp 403. Frankfurt 1970, S. 280—306. Dieser entnehme ich hinsichtlich der Sekundärliteratur jene Arbeiten, die mir am wichtigsten erscheinen.

Texte

verteidigung der wölfe. Gedichte. Frankfurt 1957, 4. Aufl. 1963.
Zupp. Kinderbuch. Olten 1958.
landessprache. Gedichte. Frankfurt 1960, 4. Aufl. 1963.
Clemens Brentanos Poetik. München 1961.
Einzelheiten. Essays. I—IV. Frankfurt 1962.
Gedichte. Die Entstehung eines Gedichts. (Mit einem Nachwort von Werner Weber.) Frankfurt 1962.
blindenschrift. Gedichte. Frankfurt 1964, 2. Aufl. 1965.
Politik und Verbrechen. Neun Beiträge. Frankfurt 1964.
Deutschland, Deutschland unter anderm. Äußerungen zur Politik. Frankfurt 1967, 3. Aufl. 1968.
Staatsgefährdende Umtriebe. Berlin 1968 (= Voltaire Flugschrift 11).
Das Verhör von Habana. Dokumentation. Frankfurt 1970.
Gedichte 1955—1970. Frankfurt 1971.

H. M. Enzensberger als Übersetzer:

Jacques Audiberti. Quoat — Quoat. Ein Stück in zwei Bildern. In: Spectaculum 3. Frankfurt 1960.
John Gay. Die Bettleroper. In: Dreigroschenbuch. Frankfurt 1960.
William Carlos Williams. Gedichte. (Amerikanisch und deutsch. Mit einem Nachwort.) Frankfurt 1962.
Franco Fortini. Poesie. (Italienisch und deutsch. Mit einem Nachwort.) Frankfurt 1963.

César Vallejo. Gedichte. (Spanisch und deutsch. Mit einem Nachwort.) Frankfurt 1963.

Lars Gustafsson. Die Maschinen. Gedichte. München 1967.

Pablo Neruda. Poesie impure. Gedichte. (Spanisch und deutsch. Mit einer Nachbemerkung.) Hamburg 1968.

Aleksandr Suchovo-Kobylin. Der Vampir von St. Petersburg. Farce in drei Akten. Frankfurt 1970.

Literatur

Reinhold Grimm: Montierte Lyrik. In: Germanisch-Romanische Monatsschrift. 39. Jg., Band VIII, H. 2, April 1958, S. 178—192 (wiederabgedruckt in Heinz Otto Burger/Reinhold Grimm, Evokation und Montage, Bad Homburg, 2. Aufl. 1967).

Dieter Schlenstedt: Aufschrei und Unbehagen. Notizen zur Problematik eines westdeutschen Lyrikers. In: Neue deutsche Literatur. 9. Jg., H. 6, 1961, S. 110—127.

Gotthard Wunberg: Zu den politischen Gedichten von Hans Magnus Enzensberger. In: Duitse Kroniek (Amsterdam). 13. Jg., Nr. 2, 1961, S. 41—52.

Hans Egon Holthusen: Freiheit im Nirgendwo. In: Neue Zürcher Zeitung. 3. Februar 1963 (wiederabgedruckt in: h. E. H., Plädoyer für den Einzelnen. München 1967, S. 68 bis 88).

Paul Noack: Fremdbrötler von Beruf. In: Der Monat. Januar 1963, S. 61—70.

Kurt Oppens: Pessimistischer Deismus. In: Merkur. August 1963, S. 786—794.

Gotthard Wunberg: Die Funktion des Zitats in den politischen Gedichten von Hans Magnus Enzensberger. In: Neue Sammlung. 4. Jg., H. 3, 1964, S. 274—282.

Edgar Lohner: „An alle Fernsprechteilnehmer". In: Doppelinterpretationen. Hrsg. von Hilde Domin. Frankfurt/Bonn 1966, S. 176—179.

Dieter Schlenstedt: Unentschiedener Streit? Zur Poesie und Poetik Hans Magnus Enzensbergers. In: Sonntag (Berlin/DDR) Nr. 15, 1966, S. 11—12.

Peter Weiss: Enzensbergers Illusionen. In: Kursbuch. 6. Juli 1966, S. 165—170 (siehe hierzu Enzensbergers Replik, Peter Weiss und andere, ebd., S. 171—176).

Patrick Bridgewater: The making of a poet. In: German Life and Letters. 21. Jg., H. I, 1967, S. 27—44 (wiederabgedruckt in Essays on contemporary German literature. Ed. by B. Keith-Smith, S. 239—258).

Leonhard M. Fiedler: Hans Magnus Enzensberger, „geburtsanzeige". In: Wege zum Gedicht. München 1968, S. 423—437.

Yaak Karsunke: Vom Singen in finsteren Zeiten. In: kürbiskern. 3. Jg., H. 4, 1968, S. 591—596.

Otto Knörich: Hans Magnus Enzensberger. In: Deutsche Literatur seit 1945. Hrsg. von Dietrich Weber, Stuttgart 1968 (= Kröners Taschenausgabe 382), S. 524—545.

Klaus Werner: Zur Brecht-Rezeption bei Günter Kunert und Hans Magnus Enzensberger. In: Weimarer Beiträge. Brecht-Sonderheft 1968, S. 61—73.

Karl Heinz Bohrer: Revolution als Metapher. In: K. H. B., Die gefährdete Phantasie, oder Surrealismus und Terror. München 1970 (= Reihe Hanser 40), S. 89—105, bes. S. 96—99.

Helmut Gutmann: Die Utopie der reinen Negation. Zur Lyrik H. M. Enzensbergers. In: The German Quarterly Nr. 3. Mai 1970, S. 435—452.

Nachweise

[1] Der kürzlich erschienene Gedichtband Enzensbergers (Gedichte 1955—1970), der neue Verse enthalten soll, war mir noch nicht zugänglich.
[2] Über Hans Magnus Enzensberger, hrsg. v. Joachim Schickel. Frankfurt 1970, S. 126; im folgenden zitiert als Schickel.
[3] Opposition — am Beispiel H. M. Enzensberger, Kürbiskern 1968, S. 587 f.; auch Schickel, S. 254 f.
[4] Schickel, a. a. O., S. 72.
[5] Schickel, S. 99, 100, 101.
[6] Museum der modernen Poesie, S. 9.
[7] Ebd., S. 13.
[8] Schickel, S. 49 f., 42.
[9] Gesammelte Werke, hrsg. v. D. Wellershoff, Wiesbaden 1959, I, S. 495, 389 f.
[10] Ebd., IV, S. 163.
[11] Schickel, S. 90.
[12] Landessprache, S. 69.
[13] Verteidigung der Wölfe, S. 42.
[14] Ebd., S. 43.
[15] Ebd., S. 60.
[16] Blindenschrift, S. 86 f.
[17] Der Fall Pablo Neruda. In: Einzelheiten (Frankfurt 1962), S. 333.
[18] HA 2, (1949), S. 143.
[19] Vgl. hierzu Peter Hamm: Opposition — am Beispiel H. M. Enzensberger und Yaak Karsunke: Vom Singen in finsteren Zeiten, beide Aufsätze in: Schickel, S. 252—262 und S. 263—270.
[20] Ich verweise in diesem Zusammenhang auf die noch nicht abgeschlossene Dissertation (Stanford, Calif.) von Leslie Strickland, die mir in ihrer Arbeit „Aesthetic Problems in Political Poetry: Bertolt Brecht" die richtigen Fragen zu stellen scheint: How does the political message become integrated — or fail to be — with the aesthetic experience? Does the aesthetic structure merely serve as decoration for an ideological message? Does the aesthetic structure provide layers for meaning which give the political content a certain universality and enable it to transcend the praise of criticism of a particular political figure, sitation etc.?
[21] Einzelheiten, S. 272.

Colin A. H. Russ

SIEGFRIED LENZ

Siegfried Lenz ist Ostpreuße. Er wurde am 17. März 1926 in der masurischen Kleinstadt Lyck geboren. Über seine frühen Jahre berichtet faszinierend sein Aufsatz *Ich zum Beispiel. Kennzeichen eines Jahrgangs.*[1] In der Geschichtensammlung *So zärtlich war Suleyken* leuchten die Farben jenes verschwundenen Provinzlebens in sanft ironischer Optik wieder auf. Frühzeitig geriet das idyllische Dasein unter Fischern und polnischen Holzflössern in den Sog damaligen deutschen Schicksals, bis dann jene Flucht vom Osten erfolgte, die Lenz als junger Matrose miterlebte und später in der Geschichte *Schwierige Trauer* schildern sollte. Kurz vor Kriegsende desertierte er in Dänemark (heute lebt und schreibt er jeden Sommer dort). Nach kurzer britischer Gefangenschaft studierte er Literaturgeschichte, Anglistik und Philosophie an der Universität Hamburg und beschloß, sich auf die pädagogische Laufbahn vorzubereiten: Die zur Wahlheimat gewordene große Hafenstadt wie norddeutsche Küstengebiete überhaupt sollten den Hintergrund vieler seiner Geschichten und Romane bilden. Auf die Anfänge in Hamburg wurde später in *Lehmanns Erzählungen* augenzwinkernd zurückgeblickt, was über ihre tatsächliche Misere nicht hinwegtäuschen darf. Ziemlich zufällig wurde Lenz Journalist: 1948—51 war er bei der *Welt* als Volontär und Redakteur. Seit 1951 lebt er als freier Schriftsteller in Hamburg.

Der spektakuläre Erfolg des sechsten, bisher umfangreichsten Romans von Siegfried Lenz, *Deutschstunde,* besagt viel über das deutsche Leserpublikum unserer Zeit. Wie bei Grass' *Blechtrommel* war man bereit, einen langen, keineswegs leichten Roman zu lesen, und zwar in einer Periode, in der diese Kunstform in einer ihrer allerdings häufigen Krisen steckt. Nun dürfte die Resonanz dieser Werke unter anderem mit ihrer Bemühung um die Bewältigung der nationalsozialistischen Vergangenheit zusammenhängen. Anscheinend kommen die Deutschen immer noch nicht von dieser Frage los. Auch wenn die Gruppe 47 eingeschlafen ist, lebt jene geschichtskritische Tendenz in den neueren Romanen ihrer damaligen Vertreter, zu denen auch Lenz eine Zeitlang gehörte, hartnäckig weiter: neben *Deutschstunde* sind Andersch' *Efraim* und Bölls *Gruppenbild mit Dame* Beispiele dafür.

Nun wird die *Deutschstunde* manchen Leser auf die früheren Werke von Lenz aufmerksam gemacht haben. Zwei Jahre vorher — also 1966 — hatte die Neuauflage des längst vergriffenen, zuerst 1951 erschienenen Erstlingsromans *Es waren Habichte in der Luft* schon vom steigenden Interesse an ihm gezeugt. Es ist aufschlußreich, in der Perspektive des später Geleisteten die *Habichte* genauer zu betrachten. Allerdings fällt dort eine fast expressionistische Bildersprache auf, die in späteren Werken gezügelt wird. Es wird beispielsweise der Mond zur „Zielscheibe" des jungen Romanciers: „Stenka lief mit unverminderter Schnelligkeit weiter. Der Mond blieb vor ihm und schüttelte seinen gelben Schädel"; „Er trat in das Wasser und wusch sich die Füße ... Neben Stenka wusch sich der Mond die gelben, milchigen Schenkel".[2] Wichtiger ist, daß manches in der Themenwahl und Technik dieses Erstlings auf Lenz' spätere Romane vorausweist. Zunächst wollen wir also die *Habichte* zum Ausgangspunkt eines Überblicks der Romane nehmen.

Schon im Erstlingsroman klingen charakteristische Motive an: mißbrauchte Macht, Verfolgung und Flucht, gescheiterte Hoffnung. Das Titel- und Leitbild des Habichts bleibt gleichsam das Wappen dieses Schriftstellers. Immer wieder schwebt über seinen Charakteren eine Herausforderung bzw. eine Gefährdung, die sie um Ansehen, Sicherheit, Freiheit, ja selbst um das Leben bringt. Grob vereinfachend: Gute verlieren, Schlechte werden entlarvt. Wie sich der ausgelieferte Mensch in diesem unerwarteten „Augenblick der Wahrheit" verhält, was ihn einer solchen Krisensituation preisgegeben hat, oder wohin diese führt, das bildet den thematischen Kern der Lenzschen Erzählwelt, und in diesem Sinne ist in den *Habichten* das Schicksal des im russisch-finnischen Grenzgebiet verfolgten Lehrers Stenka — an der Grenze auch von Angst und Hoffnung, Vergangenheit und ungewisser Zukunft — durchaus exemplarisch. Ein Vergleich mit Hemingway hier und sonstwo liegt auf der Hand, und Lenz hat freimütig die auch von der Literaturkritik bemerkte Beeinflussung eingeräumt. Trotzdem sind hier Unterschiede wichtiger als Ähnlichkeiten. Im Aufsatz *Mein Vorbild Hemingway. Modell oder Provokation*[3] ist von allmählicher Distanzierung die Rede:

> Ich erfuhr, wie wichtig es ist, die Hypotheken der Vergangenheit anzuerkennen, überhaupt einen Gaumen für die Bedeutung von Vergangenheit zu zeigen — etwas, was mein literarisches Vorbild nicht tat, nicht tun konnte. Ich lernte einzusehen, daß Leben nicht nur aus Momenten gewaltsamer Erprobung besteht. Ich kam zu der Überzeugung, daß auch andere Augenblicke Würde beanspruchen oder verleihen als nur die Nähe des Todes. Und schließlich machte ich die Erfahrung, daß in dieser Welt eine verändernde Intelligenz wirksam ist, die bei Hemingway nicht vorkam. Was mich interessierte, und was ich bei meinem Vorbild vermißte, das ist die Zeit zwischen und nach den Niederlagen, das sind die Jahre der Entscheidungslosigkeit, das sind die Vorspiele und Nachspiele zu den Sekunden der Prüfung.[4]

Die von Lenz betonte Dynamik der Vergangenheit ist entscheidendes Moment im zweiten Roman *Duell mit dem Schatten* (1953). Auch hier wird der Held „geprüft", und zwar in jedem Sinne, denn die Wiederkehr des alternden deutschen Obersts zur nordafrikanischen Wüste — nochmals einer Art schonungslosem Niemandsland also — einem Schauplatz seiner militärischen Vergangenheit, führt dazu, daß er als nicht nur körperlich, sondern auch moralisch Gebrechlicher vor uns stehen muß.

In diesen frühen Romanen bekundet sich auch schon jene Erzählfreude, die eben so sehr wie das früher erwähnte zeitkritische Element dem Erfolg dieses Schriftstellers zugrundeliegt. Von Anfang an hat er seine Stoffe zu bereichern verstanden. Ständig begegnen dem Leser retardierende Ereignisse, ja Episoden, die aber unweigerlich in den Erzählfluß münden und ihn vertiefen. Das ist nun ein Zug, den Lenz mit Geschichtenerfindern ehrwürdiger Tradition gemeinsam hat. So bildet das dritte Kapitel des Erstlingsromans auch eine Erzählung für sich; und in *Duell mit dem Schatten* entsteht durch anekdotische Nacherzählungen ein Bild der Vergangenheit, bis dann der Oberst selber Entscheidendes ausführlich beichtet (S. 245 ff.).

Vom Beginn seiner Laufbahn an hat dieser Romancier es auch verstanden, einen Erzählfluß plötzlich und einfallsreich zu wenden. Das ist freilich wieder nichts Neues, verdient trotzdem Beachtung, denn dadurch wird eben jene Unberechenbarkeit des Lebens veranschaulicht, die zentrales Element des erwähnten Themenkreises bildet: es decken sich Technik und Tendenz. So wird die Flucht Stenkas von Phänomenen interpunktiert, auf welche er nicht gefaßt ist: einer Frage, einem Schrei usw., denenzufolge er „erbebt“, „zusammenzuckt“ und „sich von seiner Phantasie gefoppt glaubt“.[5] In *Duell mit dem Schatten* wird der Wüstenraum zum Schauplatz vieler unerwarteter, manchmal verblüffender Ereignisse, die den Leser fesseln. Die Überraschung und das häufig damit verbundene Moment der Spannung gehören zu den permanenten Bestandteilen Lenzscher Erzählkunst.

Mit *Der Mann im Strom* (1957) kommt der Romancier Siegfried Lenz nach Hause, genauer gesagt nach der wahlheimatlichen norddeutschen Hafenstadt. Im Mittelpunkt steht wieder ein alternder Mann am Kreuzweg, denn der Taucher Hinrichs muß sich bemühen, auch mit dem Strom der Zeit fertigzuwerden. Die leitmotivisch unterstrichene Analogie zwischen dem Taucher und den Wracks wird konsequent durchgeführt: auch er wird am Ende zum „alten Eisen“ geworfen. Wie der Oberst in *Duell mit dem Schatten* stellt nun Hinrichs jene in Lenz' Romanen und Geschichten immer wiederkehrende Figur des gefährdeten Vaters dar, was hier durch zusätzliche Familien- bzw. Generationenmomente akzentuiert wird, da Hinrichs auch mit dem jungen Taugenichts Manfred konfrontiert wird, von dem seine Tochter ein Kind erwartet. Diese düstere Seite des Romans wird aber durch die Schilderung der Liebe zwischen Hinrichs und seinen Kindern gemildert.

Im vierten Roman *Brot und Spiele* (1959) fällt viel Licht hinter die Kulissen des modernen Sportlebens. Wie beim Hafenmilieu im *Mann im Strom* hat Lenz hier eine eigengesetzliche Sphäre unserer Welt fachmännisch unter die Lupe genommen. Das Wechselspiel von „damals" und „jetzt" ist es aber, was die Struktur des Romans bestimmt. Anfang und Ende decken sich mit den Augenblicken gerade vor und nach dem Lauf, welcher dem im privaten Leben längst zwielichtigen Athleten Buchner die endgültige Niederlage im Wettkampf beschert. Innerhalb dieses Rahmens wird die Beschreibung des Laufes selbst mit eingeblendeten Rückblicken durchwirkt. Eine doppelte Lauf-bahn wird also geschildert, und zwar vom Standpunkt eines Ich-Erzählers, der Buchner allzu gut kennt und wiederholt die Vergangenheit heraufbeschwört, indem er dem Lauf zuschaut. Das Lenzsche Thema der Flucht bzw. Verfolgung klingt an, indem der Erzähler Buchners Desertion vor Kriegsende gedenkt[6], und wird in den Gegebenheiten des Laufes besonders eindringlich artikuliert. Vor allem aber stellt *Brot und Spiele* einen jener Lenzschen Versuche dar, die Vorgänge zu verstehen, die in einem „Augenblick der Wahrheit" gipfeln. Die Nachholungstechnik von *Duell mit dem Schatten* wird hier von der souveränen Handhabung eines wiederholten Zeitwechsels abgelöst. Hier gilt es nicht, Geheimnisse zu lüften, sondern eine allzu bekannte Vergangenheit rückschauend zu begreifen.

Auch in *Stadtgespräch* (1963) geht es darum, sich mit der Vergangenheit auseinanderzusetzen. Hier steht sie im Zeichen der militärischen Besatzung und der Geiselerschießung, so daß das Problem des Verstehens zugespitzt wird, ja zum Mittelpunkt wird, um welchen das Ganze sich dreht: Es kommt vor allem darauf an, das damalige Verhalten von Daniel, Anführer der Widerstandskämpfer, zu beurteilen. Wie in den ersten Romanen geht es wieder um Leben und — hier sogar mehrfachen — Tod. So treten typische Lenzsche Motive — Verfolgung, krisenhafte Augenblicke, die Überschattung der Gegenwart durch die Vergangenheit — noch einmal besonders nachdrücklich hervor. Dabei bleibt der Ich-Erzähler der Unzulänglichkeit seiner eigenen Bemühungen dauernd bewußt: „Etwas fehlt in jeder Geschichte. Etwas muß wohl ungeklärt bleiben, und wer könnte auch schließlich der alleswissenden Erinnerung des Erzählers glauben?" (S. 28) Häufig wird zurückgenommen, was eben berichtet wurde. Indem immer wieder von Daniel verlangt wird, er solle das Geschehene von seinem Standpunkt aus schildern, wird das Ganze zu einer Herausforderung, worauf keine Antwort geliefert wird. Das steigert auf bezeichnende Weise die ohnehin durch die „damalige" Geiselsituation geschaffene Spannung und läßt also die zwei Zeitebenen zusammenklingen. Noch mehr: Die heute gängige Skepsis gegenüber dem Erzählakt wird hier gleichsam im Ich-Erzähler, genauer Ich-Sprecher, eines Romans personifiziert, dessen Zweifel an der Stichhaltigkeit seines eigenen Berichts eben seinen Auslegungen paradox erhöhtes Interesse verleihen, denn: „Jede Geschichte hat ihr Delta mit vielen Mündungen und Möglichkeiten". (S. 110) Auch der Schluß bleibt völlig offen. Die geforderte, immer noch fehlende Argumentation Daniels könnte alles ändern, anders erscheinen lassen: „Eine Geschichte sollte zumindest zwei Erzähler haben, ich denke dabei an doppelte Buchführung, an doppelte Wahrheit". (S. 286) Wenn hier wieder mit dem Schatten der Vergangenheit duelliert wurde, so lautet diesmal das Ergebnis „unentschieden", und zwar deswegen, weil es sich nicht um den Bericht eines allwissenden Erzählers wie in den ersten drei Romanen und ebensowenig um die Darstellung eines freilich desillusionierten, doch gerade dadurch gewitzigten Augenzeugen (*Brot und Spiele*), sondern um die tastende Fragestellung eines Beteiligten handelt, den mangels Beweises immer noch kein Urteil zu befriedigen vermag.

Deutschstunde (1968) setzt die Reihe der Ich-Romane fort. Wie in *Stadtgespräch* wird der Bericht eines betroffenen, damals zur Nazizeit recht jungen Erzählers — hier Siggi Jepsen — gebracht. Das schon unterstrichene Lenzsche Wechselspiel von früher und jetzt ist in *Deutschstunde* noch subtiler, denn das „Jetzt" — also die Zeit der Entstehung von Siggis Strafarbeit — erscheint bald als Gegenwart, bald als erzählte Vergangenheit, und es kann sich sogar mit dem „Damals" — also der Nazizeit — überschneiden, ja davon übertönt werden: „Ich sah dem davonfahrenden Auto nach, blickte auch schon kurz zum Stall hinüber, wo sie immer noch bei ihrer Notschlachtung waren — [Zeitwechsel] so überhörte ich den Schlüssel im Schloß und Joswigs Schritte, und sogar seinen ersten Gruß beim Eintritt überhörte ich". (S.280) Das ist radikaler als die in *Brot und Spiele* wie in *Stadtgespräch* beobachtete Technik des Wechselspiels von erzählter Vergangenheit und Gegenwart des Erzählenden, denn hier lassen Siggis Worte weit auseinanderliegende Ereignisse eine Verbindung im Schmelztiegel der Zeit eingehen. Die psychische Fortwirkung der zu bewältigenden Vergangenheit könnte kaum drastischer herausgestrichen werden. Daß die Vergangenheit komplementär im Zeichen des Jetzigen steht, das resultiert unter anderem aus dem Selbstbewußtsein des Erzählers als Erzähler (was wieder an *Stadtgespräch* erinnert): Seine wiederholten, teils ironischen, teils grüblerischen Bemerkungen zu seinem im Entstehen begriffenen Bericht durchsetzen die Vergangenheit mit der Gegenwart.

Nun werden die literartechnischen Aspekte von *Deutschstunde* die Kritik lange beschäftigen. Untersuchungen auf diesem Gebiet werden aber natürlich nie genügen, um die ungeheure Resonanz dieses Buches zu erklären. Offenbar ist es Lenz hier gelungen, seinen Mitbürgern einen Spiegel vorzuhalten, in dem sie gewisse Dispositionen zu einem deutschen Verhängnis wiedererkannten. Für Lenz selber hatten nun die nationalsozialistische Epoche und ihr Ende exemplarischen Charakter. Jene „deutschen Stunden" führten ihn zu einem zentralen Thema seines Werkes: „Dann wurden die Mächtigen machtlos, die Meister der Gewalt büßten ihre Herrschaft ein, und seit damals hat mich dieser Augenblick immer wieder beschäftigt: Um selber verstehen zu lernen, was mit einem Menschen geschieht, der ‚fällt', abstürzt, verliert, habe ich einige Geschichten geschrieben, in denen der Augenblick des ‚Falls' dargestellt wird. Schreiben ist eine gute Möglichkeit, um Personen, Handlungen und Konflikte verstehen zu lernen".[7] In *Deutschstunde* geht Lenz weit über den „Augenblick" des Falls jener Mächtigen hinaus, wie seine früher zitierte Kritik an Hemingway erwarten ließe: „Die Zeit zwischen und nach den Niederlagen", von welcher dort gesprochen wurde, steht hier im Mittelpunkt. Dabei wird in erster Linie über die Deutschen unter Hitler erzählt, und zwar nicht solche Deutsche in Nordafrika (*Duell mit dem Schatten*) oder im besetzten Norwegen (*Stadtgespräch*), sondern Deutsche im damaligen Deutschland. Sowohl in der schon erwähnten zeitlichen als auch in räumlicher Beziehung wird jene Epoche dem Leser „nahegelegt". Was dabei die thematische Verbindung zu früheren Romanen von Lenz schafft, das ist unter anderem die Beschäftigung mit der Diskrepanz zwischen Gesetz und Gerechtigkeit, kurz mit der Schuldfrage. Hier wird das Schicksal des pflichtbewußten Polizeibeamten Jepsen stellvertretend für den Sturz der damaligen „Mächtigen". Schon bevor seine Befehlshaber fallen, wird seine eigene Autorität fragwürdig, und zwar in den Augen seines Sohnes. So wird jene Zeit in familiärer und eben deswegen für so viele Leser bedeutungsvoller Relevanz heraufbeschworen. Hierher gehört auch die Figur von Siggis Bruder Klaas, dem selbstverstümmelten Deserteur, welcher — wie der durch das Malverbot behinderte, an Nolde erinnernde Künstler Nansen — die Reihe der Verfolgten in Lenz' Romanen fortsetzt.

In *Deutschstunde* wird eine geschlossene Gesellschaft unter die Lupe genommen. Hier spielt sich das Landleben — Weltgeschichte hin, Weltgeschichte her — auf recht autonome Art und Weise ab (das gilt übrigens auch für die Routine der Anstalt, zu deren Insassen Siggi jetzt gehört). Noch einmal wird also eine eigengesetzliche „Welt für sich" zum Blickfeld; *Deutschstunde* bietet eine Chronik des mikrokosmischen Provinzlebens am Meer, dessen Verlauf durch einen Geburtstag, ein Treffen des Heimatvereins, eine Notschlachtung und ein Begräbnis interpunktiert wird. Die pointillistische Schilderung dieses Milieus wird sicherlich manchem Leser im Norden gefallen haben. Trotzdem ist von liebevoller Heimatkunst hier keine Rede, denn auch Problematisches wird aufgedeckt und in einem Dialog zwischen dem Künstler und seinem Freund Teo erkundet:

> Keinen Spaß, Max. — Was meinst du? — Dies Land hier, dein Land, es versteht keinen Spaß, nicht einmal heute, an solch einem Tag. Immer tief ernst, auch bei Sonne diese Strenge. — War es schwer zu ertragen für dich? — Du denkst, Max, du bist immer zu was verpflichtet. — Und was soll das sein? — Ich weiß nicht, vielleicht Ernst, Ernst und Stummheit. Auch mittags bleibt es unheimlich. Manchmal hab ich gedacht, dieses Land hat keine Oberfläche, nur —. Was? Wie soll ich sagen: Tiefe, es hat nur seine schlimme Tiefe, und alles, was dort liegt, bedroht dich. (S. 411)

Dieses Wissen um eine lauernde Gefahr durchzieht die Schilderung der Nazizeit. Das Bedrückende und Düstere wird jedoch durch drei Momente gemildert: erstens das vertrauensvolle Verhältnis von Siggi und dem Künstler Nansen; zweitens die hinreißenden, sehr „malerischen" Beschreibungen von Land, Himmel und Meer, die auf die Verwobenheit von Mensch und Natur in solchem Milieu hinweisen:

> alles sah anders aus jeden Tag, unter verändertem Licht, unter verändertem Himmel, mit wie vielen Überraschungen konnte allein die Nordsee aufwarten, die bei der Hinfahrt [zur Schule] noch breit, fast verschlafen den Strand leckte, auf der Rückfahrt dann taumelige Wellen aus grünblauer Tinte gegen die Buhnen schleuderte. Oder die Höfe: einmal bescheiden und wie verdammt unter langen Regenschleiern, verloren unter Grau; dann, wenn milchiges Weiß auf sie fiel oder wenn die Wiesen vor und hinter ihnen aufleuchteten, behäbig und selbstbewußt mit mittäglichem Schornsteinrauch. (S. 452/3)

Und drittens wird vom „Siggi-Standpunkt" aus die Vergangenheit, insbesondere die Dienstbeflissenheit des polizeilichen Vaters mit jener skeptischen Ironie gesehen, die hier und jetzt sowohl dem Direktor der Anstalt als auch dem Psychologen Mackenroth gespendet wird. Keiner von diesen drei kann Siggi Wärme und Sicherheit bieten: So bleibt für ihn und uns die glaubwürdigste väterliche Figur des Romans der selbst kinderlose Künstler, der zwei Waisenkinder aufgenommen hat und mit dem eigentlichen Familienvater des Buches — Jepsen — im Verhältnis dauernder Konfrontation steht, und zwar vor allem im Spiegel von Siggis Psyche. So wird dieser ironisch und — „schwer erziehbar".

Neben den Romanen hat der Erzähler Siegfried Lenz eine recht bunte Vielzahl von kurzen und langen Geschichten geschrieben. Erwartungsgemäß bestehen noch zu besprechende Querverbindungen zwischen diesen und den Romanen. Schon die Formen der Geschichte und der Erzählung an sich bieten aber Lenz die Gelegenheit dazu, das, was im Panorama des Romans zur allerdings bedeutungsvollen Kulisse gehört, hier in den epischen Mittelpunkt zu rücken. Das gilt zum Beispiel für den satirischen Humor, der in *Lehmanns Erzählungen* (1964) floriert. Wie dieses Buch läuft auch die Geschichtensammlung *So zärtlich war Suleyken* (1955) Gefahr, zugleich beliebt und unterschätzt zu sein. Es wird eine reizvolle Aufgabe für die Literaturkritik sein, die in den Situationen, Charakteren, insbesondere im Erzählton und in der Dialogführung liegende Komik dieser masurischen Karikaturen zu analysieren. Beim Leserpublikum waren es wohl aber gerade diese Geschichten, die zuerst das vereinfachte Image von Lenz als behäbig-gemütlichem, leutseligem Erzähler schufen. Es stehen jedoch andere Sammlungen von zum Teil recht ungemütlichen Geschichten dem *Suleyken*-Zyklus gegenüber, so daß man sagen möchte, daß die mit Recht berühmten masurischen Humoresken eben nicht den besten Zugang zu den kürzeren Erzählwerken des Masuren Lenz bieten. Allerdings können wir an diese anderen Sammlungen — *Jäger des Spotts* (1958), *Das Feuerschiff* (1960) und *Der Spielverderber* (1965) — herangehen, ohne zunächst den Bereich des Humors und der Satire zu verlassen. Aber — der Wind weht schärfer. Denn eine Anzahl der hier gebotenen Geschichten nimmt im Geist der Gruppe 47 die als parasitär gesehene bundesdeutsche Wohlstandsgesellschaft recht satirisch unter die Lupe. Wir erleben beispielsweise aus nächster Nähe jene Geschäftswelt, deren Reklamejargon gelegentlich im *Mann im Strom* und in *Brot und Spiele* anklingt; ja, aus einem traurigen „Amüsierdoktor“ dieser Welt, der im letzteren Roman eine untergeordnete Rolle hatte, wurde ein Jahr später die Titelfigur einer sozialkritischen Humoreske.[8] Er stellt sich so vor:

> seit drei Jahren beziehe ich mein Gehalt dafür, daß ich die auswärtigen Kunden unseres Unternehmens menschlich betreue: wenn die zehrenden Verhandlungen des Tages aufhören, werden die erschöpften Herren mir überstellt, und meinen Fähigkeiten bleibt es überlassen, ihnen zu belebendem Frohsinn zu verhelfen, zu einer Heiterkeit, die sie für weitere Verhandlungen innerlich lösen soll.[9]

Das ist wieder eine Lenzsche „Welt für sich“, eine Sphäre des bezahlten Parasitismus, in der auch der Held von *Mein verdrossenes Gesicht* (zeitweilig!) einen Schlupfwinkel findet. In anderen Geschichten erscheint die Geschäftswelt unserer Zeit als Dschungel, in dessen Dickicht nicht nur der kleine Mann (*Nachzahlung*), sondern auch der Chef (*Der große Wildenberg*) sich verstricken. In *Ein Haus aus lauter Liebe* wird der Vater eines Fabrikbesitzers sogar hinter Schloß und Riegel gehalten, da er sonst den arrivierten Sohn blamieren könnte.

Allerdings ist Lenz sowohl in den satirischen als auch in seinen anderen kürzeren Erzählwerken weit davon entfernt, einfach moralische Erzählungen zu liefern. Seine Geschichten leben nicht nur vom thematischen Interesse, sondern auch von einem ausgeprägten Form- und Stilgefühl. Schon der Titel einer Lenzschen Erzählung kann technisch wirksam sein: Manchmal versteckt sich hier Ironie (*Der seelische Ratgeber*; *Ein Freund der Regierung*), oder aber eine enigmatische Überschrift lädt zum Lesen ein (*Lieblingsspeise der Hyänen*; *Risiko für Weihnachtsmänner*). Diese Sprungbrettfunktion erfüllen auch gewisse Eingangssätze; auf der anderen Seite begegnen Schlußsätze, die Handlungsverläufe rückstrahlend in neuem Lichte erscheinen lassen. Von epischer List zeugen gleichfalls die retardierenden Elemente, welche auch in der kürzeren Erzählprosa nicht fehlen: In *Lukas, sanftmütiger Knecht* kommen sie besonders überzeugend zur Geltung. Andererseits beweist Lenz auch das für den Kurzgeschichtenerzähler unerläßliche Talent, multum in parvo zu bringen: Vielsagende Leitmotive und treffsichere, häufig dem Naturbereich entnommene Bilder sind in diesem Zusammenhang eben so wichtig wie zum Beispiel jene sorgfältig ausgesuchten, genau beobachteten visuellen und akustischen Details, die das Gefühl erlebter Wirklichkeit erwecken. Man stellt auch eine Technik der Aussparung fest, ja gerade die Kunst der wortkargen Andeutung verleiht Lenz' Geschichten eine nicht immer sofort zu sondierende Tiefe. So befindet sich jenes scheinheilige, einen gefangenen Vater bergende „Haus aus lauter Liebe" in einer Gegend, die laut dem ersten Satz nicht bloß fein, sondern „sehr fein" ist. Einen frühen Wink an den Leser gibt auch der zweite Satz vom *Sechsten Geburtstag*: Die Erzählerin wird von ihrem Mann, der zur Arbeit geht, geküßt, und zwar „wie früher" — durch diese zwei recht alltäglichen Worte werden sowohl die Fragwürdigkeit dieser Ehe als auch das Vorhandensein einer Ausnahmesituation angedeutet. Gerade die für den männlichen Geschichtenerzähler ungewöhnliche, auch in *Vorgeschichte* getroffene Wahl einer Ich-Erzählerin verrät übrigens jenen Willen zum Experimentieren mit dem Erzählerstandpunkt, der in Lenz' neueren Geschichten sichtbar ist und auch in *Stadtgespräch* und *Deutschstunde* festgestellt wurde.

Das oben erwähnte Motiv des hilflosen bzw. preisgegebenen Vaters steht auch im Mittelpunkt von anderen Geschichten, z. B. *Silvester-Unfall*, *Vorgeschichte* und *Die Glücksfamilie des Monats.* Man wird an die Erscheinung dieser Figur in den Romanen erinnert. So darf schon die Frage nach der Einheitlichkeit des Prosawerks als Ganzes gestellt werden. Zwischen den Romanen und den kürzeren Erzählwerken ließen sich nun weitere Korrespondenzen als die schon belegten mühelos aufreihen: So liest sich die Geschichte *Der Läufer* geradezu als Vorarbeit zum Roman *Brot und Spiele.* Auch einzelne Episoden bzw. Situationen entsprechen sich: Wie in den *Habichten*[10] so in der Erzählung *Stimmungen der See*[11] wird einer Demütigung eines Lehrers vor seinen Schülern gedacht; die mißglückte Suche nach versunkenem Gut, die Manfred sogar das Leben kostet (*Der Mann im Strom*) ist schon in der frühen Geschichte *Das Wrack* präfiguriert; der Unfall des Vaters in *Die Glücksfamilie des Monats*[12] spiegelt sich in einer Szene vom etwa gleichzeitigen Roman *Stadtgespräch.*[13] Weitgreifender als alle einzelnen Querverbindungen, für welche hier nur ein paar Beispiele genannt werden konnten, bleibt aber das Geschichten und Romanen gemeinsame Thema des preisgegebenen bzw. geopferten Menschen, der im früher definierten Sinne „fallen" muß und dessen Fall auch mit einem Vor- oder Nachspiel verbunden sein kann. Den in diesem Zusammenhang schon hervorgehobenen Figuren der Romane entsprechen in den kürzeren Werken zum Beispiel eine Anzahl von recht verschiedenartigen Ich-Erzählern. Diese schildern eigenes Mißgeschick, sei es komisch (*Die Lampen der Eskimos: Der Amüsierdoktor*) oder tragisch (*Lukas, sanftmütiger Knecht*; *Der sechste Geburtstag*). Andere Ich-Erzähler fungieren als Berichterstatter, welche die verdiente oder unverdiente Niederlage anderer aufzeichnen (*Schwierige Trauer*; *Die Festung*, zwei weitere Variationen des Motivs vom Vater als Verlierer). Auch ein allwissender Erzähler kann selbstverständlich diese Funktion erfüllen (*Jäger des Spotts*; *Der längere Arm*).

Für den Leser vom *Mann im Strom* oder von *Deutschstunde* bedeutet es keine

Überraschung, daß manche von Lenz' Geschichten vor dem unverkennbaren Hintergrund deutscher Küstengebiete spielen. Die folgende Stelle aus der Miniatur *Die Flut ist pünktlich* ist typisch in ihrer Unmittelbarkeit und Anschaulichkeit:

> Der Mann ging in die Hocke, rutschte das schräge Steinufer hinab und landete auf dem weichen, grauen Wattboden, der geriffelt war von zurückweichendem Wasser, durchzogen von den scharfen Spuren der Schlickwürmer; und jetzt schritt er über den weichen Wattboden, über das Land, das dem Meer gehörte; schritt an einem unbewegten Priel entlang, einem schwarzen Wasserarm, der wie zur Erinnerung für die Flut dalag, nach sechs Stunden wieder zurückzukehren und ihn aufzunehmen mit steigender Strömung. Er schritt durch den Geruch von Tang und Fäulnis, hinter Seevögeln her, die knapp zu den Prielen abwinkelten und suchend und schnell pickend voraustrippelten . . .[14]

Hinter allem Lokalkolorit in den Geschichten aber liegt genau wie bei den Romanen das Allgemeingültige. Gelegentlich findet sogar eine gewisse Beschränkung des Raumes statt, so daß ein Schauplatz nicht als Schauplatz, sondern als Brennpunkt zeit- und ortloser Probleme wirkt. Dieser Prozeß vollzieht sich etwa in einem dunklen Zimmer (*Die Nacht im Hotel*) oder auf Inseln (*Nur auf Sardinien*; *Drüben auf den Inseln*) oder in einem kleinen Boot (*Stimmungen der See*): In allen Fällen rücken dann psychologische Momente in den Vordergrund, was wohl immer — um an noch einen schon hervorgehobenen Aspekt des Romanwerks zu erinnern — in solchem Niemandsland vorkommt. Für die Allgemeingültigkeit der Lenzschen Erzählwelt liefert *Stimmungen der See* auch in anderer Hinsicht ein frappantes Beispiel. Es läßt sich nämlich nicht bestimmen, ob die Flüchtlinge aus der DDR oder aber aus Nazideutschland ausreißen. Auf die Spannungen zwischen ihnen im Kraftfeld des Bootes, nicht auf das Begrenzt-Politische kommt es an. Wie in den *Habichten* gilt Lenz' Interesse auch hier der für ihn urtypischen Situation der Flucht: einer Situation, die es überall und immer gibt. Auch wenn er „Geschichten aus dieser Zeit" schreibt, wie der an Hemingways *In our Time* erinnernde Untertitel der Sammlung *Jäger des Spotts* lautet, bleibt er zwar ein zeitgenössischer, aber kein zeitgebundener Erzähler; trotz dem realistischen Detail lassen sich die Szenen seiner Werke nicht räumlich oder zeitlich „festlegen", ohne daß ein Allgemeinverbindliches ja zugleich parabelhaft aufleuchtet. Diese Akzentgebung prägt auch die Romane: Im *Mann im Strom* ist Hamburg zwar leicht erkennbarer Schauplatz, wird aber nirgends mit Namen erwähnt; offensichtlich spielt *Stadtgespräch* im deutsch besetzten Norwegen, aber dieses Land als solches, Deutsche als solche werden nicht genannt. Trotzdem tritt das Geographische bzw. das Historische in den Romanen und Geschichten nicht „zurück": Die Handlung von *Stadtgespräch* wird stark von der norwegischen Landschaft bedingt; *Deutschstunde* ist unter anderem das, was der Titel meint — ein Zeitroman.[15] Aber das buchstäblich weltweite Interesse an dem Erzähler Lenz darf als Beweis gelten, daß es ihm gelungen ist, nicht nur etwa Deutsche unter Hitler oder Wirtschaftswundermänner, sondern auch allzu menschliche Menschen zu schildern. Dem entspricht es, wenn er vor direkter, zeitbedingter Polemik auf der Hut ist: „Ich schätze nun einmal die Kunst, herauszufordern, nicht so hoch ein wie die Kunst, einen wirkungsvollen Pakt mit dem Leser herzustellen, um die bestehenden Übel zu verringern".[16] Diese aus Engagement und Zurückhaltung gemischte Stellung als Erzähler spiegelt sich nun gewissermaßen in Lenz' Position auf dem Gebiet der Politik. Er hat sich häufig für die SPD eingesetzt, Wahlreden gehalten, Bundeskanzler Brandt 1970 nach Warschau begleitet und, selber Masure, die Ostpolitik der frühen 70er Jahre bejaht. Doch ist er kein Parteimitglied und bewahrt also in der Politik wie in seinen Erzählwerken das Recht zum Zweifel.

In der Literatur der Bundesrepublik haben sich die Grenzlinien zwischen schriftstellerischer Tätigkeit und „Dichten" mehr denn je verwischt. So kann Lenz, dessen erste Arbeiten in eine Epoche fielen, da die Massenmedien in Westdeutschland immer größeren Einfluß gewannen, durchaus positiv auf jene Lehrjahre zurückblicken, in denen er — wie so manche seiner Zeitgenossen — viel für Feuilleton und Funk schrieb. Insbesondere lobt er die journalistische Schule, wo er (gleich Hemingway) „streichen lernte".[17] Und seine ersten Versuche auf dramatischem Gebiet waren ja Hörspiele. Seitdem hat er weitere Werke dieser Gattung verfaßt. Einen Zugang zu seinen Hörspielen bietet der Sammelband *Haussuchung* (1967). In den vier dort enthaltenen Spielen klingen nun auch das Erzählwerk durchziehende Motive an. Beispielsweise wird auf extreme Situationen hingearbeitet, in denen die Betroffenen gezwungen werden, Farbe zu bekennen, sei es auf sozialer Ebene (*Das schönste Fest der Welt*) oder auf jener der Ehe (*Haussuchung*). Auf die Ansätze zum Surrealen und Absurden in den beiden anderen Spielen des Bandes, *Die Enttäuschung* und *Das Labyrinth,* wurde schon von Lachinger hingewiesen.[18]

Den Schritt vom unsichtbaren zum sichtbaren Theater unternahm Lenz 1961 mit *Zeit der Schuldlosen,* einem zum internationalen Erfolg werdenden Theaterstück, das aus zwei komplementären Hörspielen entstand. Dieses Stück und die beiden darauffolgenden Bühnenwerke *Das Gesicht* (1964) und *Die Augenbinde* (1970) variieren das Thema der mißbrauchten und korrumpierenden Macht, welches sich auch für den Erzähler Lenz als so fruchtbar erwiesen hat. In *Zeit der Schuldlosen* wird es durch das Moment der schuldig werdenden Gemeinschaft und das damit verbundene Sündenbock-Motiv komplementiert, was einen interessanten Vergleich mit anderen Dramen unserer Zeit — Dürrenmatts *Der Besuch der alten Dame*; Frischs *Andorra* — nahelegt. Ganz typisch für Lenz ist dabei, daß im ersten Teil der *Zeit der Schuldlosen* — wie übrigens auch im Hörspiel *Die Enttäuschung* — eine buchstäblich „abgeriegelte" Sphäre, wieder also ein Niemandsland, im Mittelpunkt steht. Auch die Situation im zweiten, in der requirierten Villa spielenden Teil ist gleichartig, was sofort in den Bühnenanweisungen unterstrichen wird. In jedem der beiden Teile wird in auf engem Raum geführten Dialogen eine gegenwärtige Krise zugespitzt, wobei es wie so oft in Lenz' Werken um den Versuch geht, Vergangenes aufzudecken. Die Krisen werden jeweils durch Probleme hervorgerufen, die ineinander verzahnt sind: Wer hat Sason bei dem mißglückten Attentat geholfen? Wer hat ihn beim Untersuchen dieser Frage umgebracht? Die Antworten bleiben aus. Dafür lassen sich andere verschleierte Wahrheiten erahnen; ein Ingenieur, ein Bankmann, ein Lastwagenfahrer zappeln im Gewebe von Argwohn und Schuld. Die dabei auftretenden Spannungen entladen sich — Menschen verraten sich — in gereizter Sprache und gewaltsamer Tat. Nichtsdestoweniger bleibt *Zeit der Schuldlosen* vor allem ein Diskussionsstück, in welchem gerade Aspekte der Schuldfrage „zur Rede" stehen, die in unserer Zeit besonders fühlbar geworden sind, ob es sich nun um das Motiv der kollektiven Verantwortung oder etwa um das Problem des Mordes auf Befehl handelt. Insbesondere wird an verschiedenen Figuren die nivellierende Macht der Angst und der Schuld sichtbar. Der in der Zwangslage hervorgerufene Konformismus wird ja auch in Lenz' drittem Stück eben durch das Ding-Symbol der *Augenbinde* veranschaulicht: Um nicht gefährdet und isoliert zu leben, muß man bereit sein, wie die anderen nichts zu sehen, die Augenbinde zu akzeptieren. Im *Gesicht* ist die Anpassung von Charakter und Verhalten in gewissem Sinne komplementär, denn hier gleicht sich nicht der Schein dem Sein an, sondern umgekehrt: Physiognomisch ist das Gesicht der Macht von Anfang an da, und im Verlauf der Handlung tritt es dann auf ethischer Ebene immer deutlicher hervor, indem der Untertan, der dem Herrscher „zum Verwechseln" ähnlich sieht und seine Rolle übernehmen darf, sich mit dieser identifiziert. Zusammenfassend kann man sagen, daß politische Momente in allen drei Stücken wichtig sind. Dabei geht es nicht um politisches Theater im „agitatorischen" Sinne, sondern um dramatische Parabel, deren Schauplätze überall und nirgends sind und die gelegentlich allgemein-didaktische Züge aufweisen. Die Einheit von Lenz' Erzählwerk und Theaterarbeit liegt also nicht zuletzt in ihrer gemeinsamen Suche nach der Wahrheit.

Es wäre verfrüht, Siegfried Lenz' Stellung im zeitgenössischen Theater bestimmen zu wollen oder Prognosen zu stellen. Einerseits bleibt das erste Stück freilich immer noch das erfolgreichste; andererseits scheinen manchmal die erzählenden Werke geradezu in die Richtung des Theaters zu weisen. Die Stimmen, die Lenz bauchrednerisch seine vielen Ich-Erzählungen und die drei Ich-Romane „sprechen" läßt, überzeugen in ihrer Verschiedenartigkeit; und das Talent zum pointierten Dialog, das sich sowohl im Erzählwerk als auch in den Hörspielen bekundet, könnte auch — vorsichtig ausgedrückt — als mimisch gelten.

Aus dem jungen Schriftsteller, der bei Camus, Hemingway, Dostojewski und

Faulkner in die Schule ging, ist ein mehrfach preisgekrönter Autor geworden, dessen eigenes, scharf profiliertes Werk zugleich bei der Kritik wachsendes Interesse erregt und in der breiten Öffentlichkeit große Resonanz findet und dessen Bücher in viele Sprachen übersetzt werden. Heute ist er ein Schriftsteller in den mittleren Jahren. Seine Arbeit ist nicht abgeschlossen, sondern im Gegenteil „work in progress". Er hat sie selbst einmal als „schwebendes Verfahren" definiert.[19] In solch ein Verfahren sollte man nicht endgültig urteilend eingreifen.

Anmerkungen

Texte

Romane:

Es waren Habichte in der Luft. Hamburg 1951.
Duell mit dem Schatten. Hamburg 1953.
Der Mann im Strom. Hamburg 1957.
Brot und Spiele. Hamburg 1959.
Stadtgespräch. Hamburg 1963.
Deutschstunde. Hamburg 1968.

Erzählungen:

So zärtlich war Suleyken. Hamburg 1955.
Jäger des Spotts. Hamburg 1958.
Das Feuerschiff. Hamburg 1960.
Lehmanns Erzählungen. Hamburg 1964.
Der Spielverderber. Hamburg 1965.
Gesammelte Erzählungen. Hamburg 1970 (= G. E.).

Bühnenstücke:

Zeit der Schuldlosen. Uraufführung 1961; Druck (Köln) 1962.
Das Gesicht. Uraufführung 1964; Druck (Hamburg) 1964.
Die Augenbinde. Uraufführung 1970; Druck (Reinbek bei Hamburg) 1970.

Hörspiele:

Haussuchung. Hamburg 1967.

Essays:

Beziehungen. Hamburg 1970.
Siehe auch die Bibliographie am Schluß des unten verzeichneten Aufsatzes von Johann Lachinger.

Literatur

Herbert Ahl: Ein männliches Talent. Siegfried Lenz. In: H. A., Literarische Portraits. München/Wien 1962, S. 36—43.

Herbert Lehnert: Die Form des Experiments als Gleichnis. Einiges über Siegfried Lenz. In: Frankfurter Hefte 18 (1963), S. 474—482.

Rudolf Walter Leonhardt: Siegfried Lenz. In: Schriftsteller der Gegenwart, hrsg. von Klaus Nonnenmann. Olten/Freiburg 1963, S. 214—221.

Marcel Reich-Ranicki: Siegfried Lenz, der gelassene Mitwisser. In: M. R.-R., Deutsche Literatur in West und Ost. Prosa seit 1945. München 1963, S. 169—184.

Colin Russ: The Short Stories of Siegfried Lenz. In: German Life and Letters 19 (1965/6), S. 241—251; übersetzt unter dem Titel: Die Geschichten von Siegfried Lenz. In: Siegfried Lenz, Ein Prospekt. Hamburg 1966, S. 41—59.

Werner Jentsch: Konflikte. Theologische Grundfragen im Werke von Siegfried Lenz. In: Zeitwende 37 (1966), S. 174—185, 247—259, 316—323.

Klaus Günther Just: Siegfried Lenz als Erzähler. In: Wirkendes Wort 16 (1966), S. 112 bis 124; auch in: Siegfried Lenz, Ein Prospekt. Hamburg 1966, S. 20—40.

Horst Krüger: Siegfried Lenz — angesagt von Horst Krüger. In: Siegfried Lenz, Ein Prospekt. Hamburg 1966, S. 5—10.

Sumner Kirshner: From the Gulf Stream into the Main Stream. Siegfried Lenz and Hemingway. In: Research Studies 35 (1967), S. 141—147.

Heinz Schwitzke: Nachwort zu Siegfried Lenz, Haussuchung. Hörspiele. Hamburg 1967, S. 205—213.

Johann Lachinger: Siegfried Lenz. In: Deutsche Literatur seit 1945 in Einzeldarstellungen, hrsg. von Dietrich Weber. 2., überarb. u. erweit. Aufl. Stuttgart 1970, S. 457—483.

Interpretationen zu Siegfried Lenz, verfaßt von einem Arbeitskreis. München 1969.

Colin Russ: Nachwort zu Siegfried Lenz, Gesammelte Erzählungen. Hamburg 1970, S. 621—632.

Albert R. Schmitt: Schuld im Werke von Siegfried Lenz: Betrachtungen zu einem zeitgemäßen Thema. In: Festschrift für D. W. Schumann zum 70. Geburtstag. Mit Beiträgen von Schülern, Freunden und Kollegen, hrsg. von Albert R. Schmitt. München 1970, S. 369—382.

Hans Werner Weber: Siegfried Lenz. Mensch, Gesellschaft und Natur. Ein thematischer Überblick. Diss. Princeton 1970.

Dietrich Peinert: Siegfried Lenz ‚Deutschstunde'. Eine Einführung in den Roman. In: Der Deutschunterricht 23 (1971), S. 36—58.

Albrecht Weber u. a.: Siegfried Lenz, Deutschstunde. München 1971.

Colin Russ: The Macabre Festival: A consideration of six stories by Siegfried Lenz. In: Deutung und Bedeutung. Literary Essays in Honour of K.-W. Maurer. (Im Druck).

Nachweise

[1] Beziehungen, S. 11—41.

[2] S. 150, 238: Nachweise nach der zweiten, neuausgestatteten Auflage 1966. Bei den anderen Romanen beziehen sich die Nachweise auf die Erstauflagen.

[3] Beziehungen, S. 50—63.

[4] Ebd., S. 59.

[5] Es waren Habichte in der Luft, S. 119, 182, 240 und dergleichen mehr.

[6] S. 22.

[7] Autobiographische Skizze, S. 77/8 (in: Stimmungen der See. Erzählungen. Stuttgart 1962) bzw. S. 12 im Wiederabdruck (in: Siegfried Lenz, Ein Prospekt. Hamburg 1966).

8 Die Geschichte *Der Amüsierdoktor* aus dem Jahre 1960. Die Daten der in diesem Aufsatz ohne Jahreszahlen erwähnten Geschichten werden in den Gesammelten Erzählungen, Hamburg 1970, angegeben. Zitate erfolgen nach dieser Ausgabe (= G. E.). Sie setzt sich aus den Geschichten der früher veröffentlichten Sammlungen *Jäger des Spotts, Das Feuerschiff* und *Der Spielverderber* zusammen.
9 G. E., S. 363.
10 S. 185.
11 G. E., S. 390.
12 G. E., S. 533.
13 S. 241.
14 G. E., S. 127/8.
15 Material dazu bei D. Peinert (siehe Literatur). Allerdings verrechnet sich Peinert, wenn er vermutet, daß Siggi Jepsen (geboren 25. September 1933) am Tag der Machtergreifung (30. Januar 1933) gezeugt wurde!
16 Im ersten Absatz von Der Künstler als Mitwisser. Eine Rede in Bremen (Beziehungen, S. 278—286).
17 Ich zum Beispiel. Kennzeichen eines Jahrgangs, a. a. O., S. 40.
18 A. a. O. (Literatur), S. 469.
19 Im letzten Absatz der Selbstdarstellung in: Jahr und Jahrgang 1926, Hamburg 1966, S. 59—87. Die Bemerkung fehlt im Neudruck dieser Arbeit unter dem Titel: Ich zum Beispiel. Kennzeichen eines Jahrgangs (siehe Nachweis 1).

Wilhelm J. Schwarz

GÜNTER GRASS

Bei dem Namen Günter Grass denkt man zuerst an die *Blechtrommel,* an lange, epische Werke, doch trat der Erzähler aus Danzig zuerst mit einem kleinen Gedicht an die Öffentlichkeit: im Lyrikpreisausschreiben des Süddeutschen Rundfunks erhielt er 1954 für das Gedicht *Lilien aus Schlaf* den dritten Preis. Auf der Tagung der Gruppe 47 im Jahre 1955 präsentierte Grass einige andere lyrische Kostproben und erntete mäßig anerkennende Kritik. Es folgten Gedichtveröffentlichungen in *Akzente* sowie in Walter Höllerers Anthologie *Transit,* es folgten die ersten eigenen Gedichtbände *Die Vorzüge der Windhühner* (1956) und *Gleisdreieck* (1960), die der Graphiker und Bildhauer Grass mit eigenen Zeichnungen illustrierte. Schon in diesen frühen Gedichten zeigt der Verfasser eine starke Vorliebe für das Konkrete, Banale, Vertraute und Kleinbürgerliche, eine Vorliebe, der er auch später treu blieb. Da ist die Rede von Bohnen, Kirschen, Birnen, Hammelfleisch, Hühnern, Heringen, Eiern, Kuchen, Muskat, Klappstühlen, Aschenbechern und Puppen. In dem Gedicht *Inventar* spricht Grass zwar auch einmal vom „Schall der süßen Nachtigall", doch geschieht dies auf eine mokierende, sarkastische Art. Die Sprache des Lyrikers Grass, die im ersten Band noch undifferenziert alltäglich ist, wird zunehmend nüchtern und salopp, knapp und lakonisch, den Themen seiner Gedichte angepaßt. Seine Lyrik ist nicht gefühlsmäßig, sondern verstandesmäßig orientiert und mit schlagkräftigen Wendungen und frappierenden, originellen Zusammenstellungen durchsetzt. In *Inventar* heißt es: „Der Schrank springt auf und erbricht / die Hüte, erwürgte Kravatten, / die Hemden, wechselnde Haut, / auch Hosen mit brauchbarem Schlitz ..." (Gleisdreieck, S. 28). Einige der zentralen Motive in den späteren Stücken und Romanen tauchen schon in den ersten Gedichten auf: Köche, Nonnen, Amseln, Vogelscheuchen, Bunker, Goldzähne. Völlig abwesend ist das romantisierende Vokabular der traditionellen Lyrik, Bächlein, Blumen, Wälder, das Loblied auf die Natur, alles das, was auch in den Stücken und Romanen nicht zur Sprache kommt. Eine markante Entwicklungstendenz läßt sich von Band zu Band verfolgen. Während die frühen Gedichte noch verspielt und persönlich sind, erscheinen in *Gleisdreieck* die ersten gesellschaftlichen Stellungnahmen, und in dem dritten Gedichtband, *Ausgefragt* (1967), tritt die politische Aussage in den Vordergrund.

Grass bezeichnet sich selbst als „eingefleischten Gelegenheitslyriker". Seine Gedichte sind nicht die Ergebnisse tiefsinniger Reflexionen und subtiler Formexperimente, sie sind Produkte einer jeweiligen präzisen Situation, einer augenblicklichen Eingebung. Von Gottfried Benn erhielt Grass schon 1953 den gutgemeinten Rat, sich erst einmal in der Prosa statt in der Lyrik zu versuchen. Die anspruchslose lyrische Prosaskizze *Meine grüne Wiese* erschien 1955 in *Akzente,* doch bevor Grass seine Begabung als Epiker unter Beweis stellte, schrieb er die Stücke *Onkel, Onkel* (1957, erschienen 1965), *Beritten hin und zurück* (1958) und *Noch zehn Minuten bis Buffalo* (1959). Diese wie auch die später erschienenen Stücke *Hochwasser* (1960), *Die bösen Köche* (1961) und *Die Plebejer proben den Aufstand* (1966) zeugen zwar von sprachlicher Ausdruckskraft, originellen Ideen und besonders einer Fülle von lebendigen Bildern, doch fehlt ihnen das eigentlich dramatische Element. Es sind Sprechdramen, denen hier und da etwas Handlung aufgepfropft wurde, welche aber kein überzeugendes Ganzes mit dem Text bildet. Von Kritik und Publikum wurden Grass' Bühnenstücke kühl und reserviert aufgenommen. Marianne Kesting vermißt in ihnen die soziologische Bezogenheit: „Hinter dem Aufwand seiner absurden Szenerie lauert — die Banalität."[1] Holthusen nennt *Die Plebejer proben den Aufstand* einen Fall „gehaltvollen Mißlingens" und urteilt ziemlich negativ über die dramatischen Versuche Grass'. Anerkennend äußern sich Martin Esslin und Peter Spycher. In seiner Einleitung zur amerikanischen Ausgabe von Grass' Stücken stellt Esslin die gesellschaftliche Stellungnahme in Grass' sogenannten absurden Dramen heraus. Auch Spycher will in dem scheinbar absurden *Die bösen Köche* einen durchaus sinnvollen Gehalt erkennen: „*Die bösen Köche* sind eine Art allegorische Parabel, oder auch ein Märchen, oder vielleicht besser: ein ‚Anti-Märchen', da es im Stück zwar märchenhaft zugeht, aber auf ein unmärchenhaftes Ende hinausläuft."[2]

Der eigentliche Durchbruch für Grass kam mit dem Erscheinen der *Blechtrommel* (1959). Im Jahre 1956 war er mit seiner Frau nach Paris gezogen, wo er in einem bescheidenen Hinterhaus der Avenue d'Italie mit der Arbeit an dem Roman begann. 1958 las der Autor zwei Kapitel der noch nicht ganz fertigen *Blechtrommel* auf der Tagung der Gruppe 47 und erhielt dafür den Preis der Gruppe. Von Marcel Reich-Ranicki, Hans Magnus Enzensberger, Joachim Kaiser, Walter Widmer, Karl Kirn und Heinrich Vormweg begeistert gefeiert, von Günter Blöcker und Karl-Heinz Deschner erbittert verworfen, wurde der Großroman das literarische Ereignis des Jahres 1959.

Mit den 736 Seiten der *Blechtrommel* hatte sich das Fabuliertalent des damals dreiunddreißigjährigen Autors keineswegs erschöpft. 1963 erschienen die *Hundejahre,* ein Opus von diesmal 682 Seiten. Ein Jahr vorher hatte Grass die Novelle *Katz und Maus* veröffentlicht, die ursprünglich als Episode der *Hundejahre* konzipiert worden war und dann eigene Länge und eigenes Leben angenommen hatte. Eine Reihe von Eingaben wegen angeblicher Pornographie und Blasphemie sowie die Weigerung des Bremer Senats, dem umstrittenen Autor den ihm von einer anerkannten Jury zuerkannten Literaturpreis der Stadt zu verleihen, verhalfen den drei Prosawerken, in die Bestseller-Listen aufzurücken. Der Autodidakt Grass, am 16. Oktober 1927 als Sohn eines Danziger Kolonialwarenhändlers geboren, war über Nacht das *enfant terrible* der deutschen Literatur geworden.

Form und Struktur der *Blechtrommel* sind denkbar einfach: Oskar Matzerath, der verwachsene dreißigjährige Insasse einer Heil- und Pflegeanstalt, erzählt in chronologischer Ordnung und vorwiegend in der ersten Person die Geschichte seines Lebens. Von Zeit zu Zeit unterbricht er seinen Bericht, um Details über sein Leben in der Anstalt einzuflechten. Eine Wiederbelebung des Entwicklungs- oder des Bildungsromans also? Ja und nein, denn die *Blechtrommel* hat wohl die Blickrichtung, die Ich-Form sowie die autobiographischen oder semiautobiographischen Merkmale des *Wilhelm Meister*. Man sollte jedoch eher von einer Parodie des Bildungsromans und des Entwicklungsromans sprechen, denn der dreijährige Oskar beschließt vorsätzlich, sein Wachstum, seine Entwicklung und seine Bildung zu unterbrechen und ein Zwerg zu bleiben. Die *Blechtrommel* hat zur gleichen Zeit mehrere Züge des pikaresken Romans und des Zeitromans. Oskar ist ein Held von ungewisser Abstammung, er wird in der Welt herumgestoßen, mit einer Mischung von Naivität und Durchtriebenheit entkommt er allen Gefahren, und schließlich erzählt er rückblickend seine eigene Geschichte. Die Fabel ist eingebettet in den Bericht von den geschichtlichen Ereignissen unseres Jahrhunderts, die mit gewissenhafter Genauigkeit wiedergegeben werden. Neben der durchaus realistischen Darstellung von fiktiven wie historischen Begebenheiten flicht Grass zusätzlich noch eine Anzahl grotesker, phantastischer Elemente ein, die die *Blechtrommel* wie auch die *Hundejahre* außerhalb der herkömmlichen epischen Gattungen stellen. Dabei ist das Werk von Grass keineswegs avantgardistisch: die konstituierenden Bausteine bleiben die Episoden, welche mit mehr oder weniger Zusammenhang chronologisch einander folgen. Die Einteilung der langen Romane in drei Bücher ist nur ein formaler Krückstock und wurde wahrscheinlich nachträglich vorgenommen, um dem Ganzen eine gewisse Form und Ordnung zu geben.

In den einzelnen Episoden aber, von denen man die meisten als formgerechte Kurzgeschichten bezeichnen könnte, entfaltet der Autor seinen eigentlichen Erfindungsreichtum und sein glänzendes Fabuliertalent. Eine Reihe dieser kurzen Abenteuer sind nur notdürftig oder gar nicht mit der Fabel verbunden, trotzdem fügen sie sich mühelos in den Strom der Erzählung ein. Schon in der ersten *Blechtrommel*-Episode, „Der weite Rock", in der von Oskars Großmutter, von ihren vielen Unterröcken, von kaschubischen Kartoffelfeuern und von leidenschaftlichen Brandstiftern die Rede ist, zeigt sich die naive, urwüchsige und starke Erzählkraft dieses Schriftstellers. Wohl hat Grass in *Katz und Maus* formstrenger und disziplinierter geschrieben, sicherlich sind Komposition und Struktur der *Hundejahre* um vieles anspruchsvoller und souveräner gehandhabt als bei der *Blechtrommel*, doch erreicht er in keinem seiner späteren Werke ein ähnlich primitiv großartiges Spinnen eines Garns, für das es in der zeitgenössischen Literatur nichts Vergleichbares gibt. Grass hält sich nicht mit psychologischen Charakterstudien oder Seelenanalysen auf, er beschäftigt sich nur andeutungsweise mit der geschichtlichen Bedeutung der Ereignisse, über die er berichtet. Er zeigt eine bunte, abenteuerliche, schillernde, gefährliche Welt, eine Oberflächenwelt, die mit allen Sinnen erfahren wird. Da werden Gestalten durch ihre Gerüche gekennzeichnet, da wird seitenlang mit Farben, mit Rot und Braun und Schwarz und Weiß gespielt, da werden zahllose Geräusche und Töne und Lieder evoziert. Grass bemüht sich auch nicht, den Handlungen einen tieferen Sinn zuzumessen, er erzählt unbekümmert wie ein Kind, das ein Ereignis additionsmäßig oder assoziativ an das andere reiht.

Die Wahl eines Zwerges zum vorgeschobenen Erzähler, eines Kindes mit der Intelligenz des Erwachsenen, ist, schon technisch gesehen, ein glücklicher Griff des Autors. Er ermöglicht eine Perspektive des Erzählens, die voller neuer, unerprobter Möglichkeiten ist. Oskar wird von den Erwachsenen als geistig zurückgeblieben betrachtet, doch ist er in Wirklichkeit allen anderen geistig überlegen. Folglich kann er Gespräche abhören und Vorfälle beobachten, die Kindern einerseits und Erwachsenen andererseits unzugänglich bleiben würden. Eine Reihe der phantastischen Elemente scheinen direkt aus dem Unterbewußtsein des Autors zu stammen. Der eben geborene Oskar beispielsweise ist von der Welt, wie sie sich ihm präsentiert, so angewidert, daß er am liebsten in den Leib der Mutter zurückkehrte, wenn es nicht schon zu spät wäre. Später entdeckt er dann, daß er mit seiner Stimme Glas „zersingen" kann, und rücksichtslos macht er von dieser Gabe Gebrauch, sobald man ihm zu nahe tritt.

Die phantastischen Elemente, die so zahlreich in der *Blechtrommel* und den *Hundejahren* vorkommen, fehlen völlig in der nüchtern und objektiv gehaltenen Novelle *Katz und Maus*. Es ist die Geschichte vom Aufstieg und Untergang des Sonderlings Joachim Mahlke, erzählt von seinem Freund Pilenz. Mahlke leidet unter der Tatsache, daß er einen ungewöhnlich großen Adamsapfel hat — die Maus des Buchtitels. Seine Schulkameraden, die Umwelt allgemein, spielen die Rolle der Katze, die ihn seine Anomalität nicht vergessen läßt. Mahlkes Leben wird bald eine einzige übergroße Anstrengung, durch ungewöhnliche Leistungen überall Bewunderung und Beifall zu erregen und so von seinem Adamsapfel abzulenken. Die Katze bleibt jedoch unnachgiebig, und als Mahlke einige Unvorsichtigkeiten begeht, verliert er allem Anschein nach das Leben. Dem Erzähler aber, der fleißig in der Rolle der „Katze" mitgespielt hat, läßt sein Gewissen keine Ruhe, und er versucht sich durch das Erzählen von seinen Schuldgefühlen zu befreien. Wir haben hier eine Novelle fast klassischer Struktur: eine „unerhörte Begebenheit" wird geradlinig und ohne Umschweife erzählt, es gibt nur einen einzigen zentralen Konflikt, die Handlung verdichtet sich dramatisch auf das Ende zu, wir haben sogar ein zentrales Leitmotiv, um das sich alles Geschehen dreht. Der Held von *Katz und Maus* ist wie der Held der *Blechtrommel* ein Außenseiter der Gesellschaft, doch wird hier erstmals das Thema einer komplexen Freundschaft angeschlagen, die von Bewunderung, Neid, Haß und anderem durchsetzt ist.

Die Freundschaft und „Blutsbrüderschaft" zwischen zwei Jungen, die zu Männern heranwachsen, steht im Mittelpunkt von *Hundejahre*, Grass' reifstem und kompliziertestem Werk. Der Müllerssohn Walter Matern und der Halbjude Eddi Amsel verleben ihre Kindheit zusammen, werden später zeitweilig voneinander getrennt, verlieren sich jedoch nie gänzlich aus den Augen. Matern ist der robuste, der „deutsche" Tatmensch, der den schwächeren Amsel beschützt. Dieser wiederum ist künstlerisch veranlagt und seinem Freund geistig überlegen, er besitzt jedoch gewisse Züge, die von Matern als zynisch und „typisch jüdisch" gedeutet werden. Nachdem der naive Matern Nationalsozialist geworden ist, kommt es zum Bruch, und er schlägt dem Halbjuden alle zweiunddreißig Zähne aus. Amsel taucht unter und macht als Künstler und Geschäftsmann Karriere, Matern eckt überall an und gerät in immer tiefere Gewissenskonflikte. Am Ende finden sich beide wieder, doch ist die Blutsfreundschaft der frühen Jahre ein leerer Begriff geworden. Die beiden letzten Sätze des Werkes bringen wenig Versöhnliches: „Beide sind wir nackt. Jeder badet für sich." Neben dem Hauptstrang der Erzählung gibt es mehrere Nebenstränge: die Geschichte einer Hundedynastie, aus der dann Hitlers Lieblingshund hervorgeht; die Geschichte der Rivalinnen Tulla und Jenny, die zeitweise in den Vordergrund rückt; die Geschichte des Erzählers Harry Liebenau, der manchmal eigene Wege geht. Harry ist der mit dem Erzähler Pilenz aus *Katz und Maus* verwandte Beobachter und Nichttäter, er bildet zusammen mit den beiden Protagonisten Matern und Amsel das sogenannte Erzählerkollektiv. Wie in der *Blechtrommel* wird weitschweifig erzählt, geschichtet, gehäuft, gewälzt, geschoben (Döblin), unzählige Anekdoten, Histörchen, Spukgeschichten, Legenden, Sagen und phantastische Einfälle werden eingeflochten. An Ideenreichtum stehen die *Hundejahre* der *Blechtrommel* kaum nach, wiederum hat man den Eindruck, daß hier ein Autor aus einer nicht versiegenden Quelle schöpft. Die gegebene historische Situation ist die gleiche wie in *Katz und Maus* und *Blechtrommel,* auch werden mehrere Gestalten aus diesen Werken wieder aufgegriffen, doch ist es noch etwas Wichtigeres, was die drei Bücher zu einer Einheit macht. Jedes von ihnen ist eine Rückkehr in die verlorene Kindheit, jedes lebt von Erinnerungen an die Stadt Danzig, die hier literarisch zum ersten Mal erschlossen wird. Mit dem Bericht von der Austreibung der Deutschen schwenkt auch die Handlung von *Blechtrommel* und *Hundejahre* auf den westdeutschen Schauplatz um, doch sind es vor allem die Teile, die in

Danzig spielen, welche der Trilogie Farbe, Reiz und unverwüstliches Leben verleihen.

Der Grass'sche Stil ist urwüchsig, vital, umgangssprachlich, hier haben wir einen Autor, der wie Luther und Döblin den Leuten aufs Maul sieht. Grass ist keinesfalls unempfindlich für Leiden und Tragik seiner Gestalten, doch trägt er die bizarren und urkomischen Ereignisse im gleichen kaltschnäuzigen Ton vor wie die tieftraurigen und erschütternden. Nirgends wird er wehleidig und sentimental, überall wahrt er eine angemessene sprachliche Distanz zum Geschehen. Dies hindert den Leser keinesfalls, die wahre Natur der jeweiligen Situation zu erfassen. In dem *Blechtrommel*-Kapitel „Desinfektionsmittel" berichtet eine übermüdete Ärztin in forschem, saloppem Ton: „War in Käsemark an der Fähre mit ostpreußischem Kleinkindertransport. Kamen aber nicht rüber. Nur die Truppen. So an die viertausend. Alle hops gegangen" (S. 510). In ähnlichem Stil wird in diesem Kapitel von den KZ-Erfahrungen eines Herrn Fajngold berichtet.

Günter Grass ist ein Virtuose der Parodie, und lange Stellen seines erzählerischen Werkes leben von der verzerrenden Nachahmung eines als bekannt vorausgesetzten Textes. Der Autodidakt Grass hat aufmerksam die Klassiker gelesen — in der *Blechtrommel* heißt es unter anderem: „Sucht er das Land der Polen auch mit seiner Seele?" (S. 125). In einem anderen Kapitel der *Blechtrommel* schreibt er: „Heiraten oder Nichtheiraten, das ist hier die Frage" (S. 570). In *Hundejahre* ist es nicht so sehr die Philosophie als die Sprache Heideggers, die seitenlang parodistisch verunglimpft wird. Halbgare Kartoffeln nennt Grass „seinsvergessene Bulwen" und Ratten heißen „im Grunde Gründende". Besonders gewagt sind die biblischen Parodien — die groteske Diskussionsfarce in *Hundejahre* beginnt mit den Worten: „Diskutanten! Junge Freunde! Das Wort ist wieder Fleisch geworden und hat in unserer Mitte Wohnung genommen" (S. 573). Das Grass'sche Sprachrohr Walter Matern bekennt auf den folgenden Seiten, er habe mit der Königin Luise, der Jungfrau Maria und Eva Braun geschlafen. Hier werden drei Zonen berührt, denen des Autors besonderes Interesse gilt: Der preußisch-deutschen Geschichte, dem Katholizismus und dem Nationalsozialismus gewinnt Grass ein Höchstmaß an Begriffen, Stichworten und Schlagwörtern ab. Von den Schlacht im Teutoburger Wald bis zu den beiden Weltkriegen sucht der Autor die Seiten des Geschichtsbuches ab — vom Blutbad zu Verden, vom Sieg auf dem Lechfeld, vom Gang nach Canossa, von Jung-Konradin, vom Bundschuh bis zu Pickelhaube, Stahlhelm und Marneschlacht wird die deutsche Vergangenheit noch einmal in Sprachfetzen lebendig. Warum wohl dieses Wühlen in halbvergessenen Bereichen? Grass gibt die Antwort selbst in einem Interview mit Berliner Studenten. Er sagt, er wolle die Vergangenheit lebendig erhalten, damit sie nicht historisch abgelegt werde, er wolle sie auch für sich selbst lebendig erhalten. Auf diesem Wachhalten beruht zu einem großen Teil die Anziehungskraft, die Grass auf seine deutschen Leser ausübt. 1945 war nicht nur die nazistische, sondern auch die germanisch-preußisch-deutsche Vergangenheit in Verruf geraten: Keiner der nach 1945 schreibenden Schriftsteller wagte es, Staatsmänner, Monarchen oder Feldherren dieser Vergangenheit als Helden auftreten zu lassen. Was die literarische Mode des neunzehnten Jahrhunderts gewesen war, wurde ein Tabu des zwanzigsten. Grass kennt grundsätzlich keine Tabus, mit naiver Unbekümmertheit und Respektlosigkeit behandelt er auch solche Themen, bei denen etwas Respekt nicht fehl am Platze wäre. Summarisch arrogant schreibt er über den Grafen Stauffenberg: „Dem Attentäter jedoch, der schon vor Monaten seine Proben mit Bombe und Aktentasche abgeschlossen hatte, gelang es nicht, in ein Kriegsgefangenenlager für Antifaschisten zu kommen. Auch mißglückte sein Attentat, weil er kein Attentäter von Beruf war, ungelernt nicht aufs Ganze ging, sich verdrückte, bevor die Bombe deutlich Ja gesagt hatte, und sich aufsparen wollte für große Aufgaben nach geglücktem Attentat" (Hundejahre, S. 395).

Ein vergleichbares sprachliches und thematisches Reservoir wie im Geschichtsbuch findet Grass im Katholizismus. Grass ist alles andere als ein orthodoxer Katholik, doch kann er seine katholische Kinderstube kaum verleugnen, auch wenn sie sich nur in gewagten parodistischen und blasphemischen Textstellen äußert. Er liebt es besonders, das Sakrale in Juxtaposition mit dem Zotigen, Vulgären zu setzen. Oskar gesteht einmal: „Ich gebe zu, daß die Fliesen in katholischen Kirchen, daß der Geruch einer katholischen Kirche, daß mich der ganze Katholizismus heute noch unerklärlicher Weise wie, nun, wie ein rothaariges Mädchen fesselt, obgleich ich rote Haare umfärben möchte, und der Katholizismus mir Lästerungen eingibt, die immer wieder verraten, daß ich, wenn auch vergeblich, dennoch unabänderlich katholisch getauft bin" (Blechtrommel, S. 163). Gleichsam als Beweis dieser Behauptung heißt es in *Hundejahre*: „Ein Engel geht durch die große fußbodengekachelte warme strengsüßriechende heilige katholische Männertoilette des Hauptbahnhofs Köln" (S. 447). Und an anderer Stelle im gleichen, den Schock suchenden Ton: „Jesus Christus, der uns allen verziehen hat, hat auch die Buhnen der Männertoilette frisch emaillieren lassen" (Hundejahre, S. 514). Nirgends sollte man bei Grass massive, logisch vorgebrachte Angriffe auf Christentum und Katholizismus suchen. Grass will nicht argumentieren, er will unterhalten, und er zieht das Religiöse von seinem Sockel, weil dies verboten ist — aus purer Freude am Verbotenen. Immer wieder setzt er die erotische und besonders die derb erotische Sphäre in Beziehung zu dem traditionell Geheiligten: „Als Oskar das Gießkännchen des Jesusknaben, das fälschlicherweise nicht beschnitten war, eingehend betastete, streichelte und vorsichtig drückte, als wolle er es bewegen, spürte er auf teils angenehme, teils neu verwirrende Art sein eigenes Gießkännchen, ließ daraufhin dem Jesus seines in Ruhe, damit seines ihn in Ruhe lasse" (Blechtrommel, S. 168). Dies ist berechneter Bürgerschreck, doch daneben gibt es auch zahlreiche harmlose Anklänge und Echos aus einer Sprache, die letztlich in der katholischen Kirche zu Hause ist, und mehrere Male kommen sogar lateinische Brocken aus der Messe in seinem Erzählstrom vor. Fast alle Gestalten in dem Grass'schen Prosawerk sind unverwechselbar katholisch, und einer von ihnen bekennt: „Ich ... früher mal Ministrant, wollte weiß nicht was alles werden, nun Sekretär im Kolpinghaus, kann von dem Zauber nicht lassen, lese Bloy, die Gnostiker, Böll, Friedrich Heer und oft betroffen in des guten alten Augustinus Bekenntnissen, diskutiere bei zu schwarzem Tee nächtelang das Blut Christi, die Trinität und das Sakrament der Gnade ..." (Katz und Maus, S. 100 f.). Die Lebensläufe der beiden zentralen Protagonisten von *Blechtrommel* und *Katz und Maus*, nämlich Oskar und Mahlke, weisen eindeutige Parallelen zum Leben Christus auf. Oskar sagt einmal von sich selbst: „Ich bin Jesus" (Blechtrommel, S. 455), und Mahlke wird mit einer ganzen Reihe von Erlöserattributen ausgestattet. Im Verlaufe der Handlung zeigt es sich allerdings, daß sowohl Oskar als auch Mahlke im Gegensatz zu vielen Erlösergestalten der abendländischen Literatur falsche Propheten sind, daß sie Erlöser sind, die ihre Jünger in die Irre führen.

Eine Quelle, die ebenso wichtig für Vokabular und Material der Grass'schen Prosa sein dürfte, ist der Nationalsozialismus. In dem Gedicht *Kleckerburg* bekennt Grass: „Und aufgewachsen bin ich zwischen / dem Heiligen Geist und Hitlers Bild" (Ausgefragt, S. 91). Den Nazijargon macht der Autor immer wieder parodistisch lächerlich: „Mitstumpfundstiehl", „tausendundabertausend Arbeitsdienstspatenblätter", „Wenndunichtdann", „sturmriemenumspannte Schweinsblasen". Hitler selbst wird häufig parodiert: „Ab heute früh vier Uhr fünfundvierzig. Vorsehung hat mich. Als ich damals, da beschloß ich. Zahllose. Schimpflich. Erbärmlich. Nötigenfalls. Darüber hinaus. Am Ende. Bleibt, wird wieder, niemals. Bildet eine verschworene. In dieser Stunde blickt. Wird sich die Wende. Rufe Euch auf. Werden wir antreten. Ich habe. Ich werde. Ich bin mir. Ich ..." (Hundejahre, S. 443). Wie so oft in seinem Werk arbeitet Grass hier mit Schlagwortfragmenten und Sprachskeletten, die das grollende Pathos von einst zwar noch ahnen lassen, die jedoch — aus ihrem Zusammenhang gerissen und scheinbar wahllos aneinandergereiht — in dem neuen Kontext komisch und erheiternd wirken.

Dies ist gleichermaßen der Fall, wenn Grass den Stil der DDR parodiert, wenn er von „volkseigenem Hafer" und „kapitalistischem Roggen" oder von „klassenbewußten Scheuchen" und dem „aufbauwilligen Elbsandsteingebirge" spricht. Auch hier handelt es sich eher um Spiele mit der Sprache als um aggressive Polemik. Geschichtliche, religiöse oder politische Parallelen und Analogien nehmen bei Grass den Charakter eines großen Ulks, eines bunten, ausgelassenen Treibens an. Nichts wird mit blutigem Ernst vorgetragen, überall herrscht die verspielte, verspottende Note vor. Mit Vorliebe fällt der Autor in den kindlichen, naiven Tonfall, auch wenn an sich grausiges Geschehen vorgetragen wird. In dem *Blechtrommel*-Kapitel „Soll ich oder soll ich nicht" erzählt er von der Stadt Danzig, sie sei zuerst von den Pruzzen und dann von Brandenburgern und Polen „ein bißchen zerstört" worden — diese Formulierung kehrt öfters wieder. Von den Hussiten heißt es, daß sie „hier und da ein Feuerchen" in Danzig machten (Blechtrommel, S. 491). Besonders bevorzugt wird von Grass das märchenhafte „Es war einmal": „Es war einmal ein Spielzeughändler ...", „Es war einmal ein Mädchen, das hieß ...", „Es war einmal ein Musiker, der hieß ...". Daneben stehen die vielen harmlosen Kinderliedchen, die Grass in seinen Text einflicht: „Backe, backe Kuchen", „Ist die schwarze Köchin da", „Grün, grün, grün sind alle meine Kleider", „Wer will fleißige Waschfrauen sehn". Ob kindlicher Tonfall, ob märchenhafte Formulierung oder harmloses Kinderlied — hinter allen diesen Fassaden verbirgt sich ein grotesker und noch öfters ein grausam-grotesker Inhalt, der durch die verniedlichende Sprache nur scheinbar auf die Ebene der bloßen Tändelei gerückt wird, in Wirklichkeit aber dadurch nur an Horror gewinnt. Sicherlich will Grass eher unterhalten als belehren, sicherlich erzählt er nicht mit dem erhobenen Zeigefinger eines Moralisten. Deswegen übersieht er keineswegs den Fluch unseres Jahrhunderts — er spricht von Krieg, Mord und Konzentrationslager. Die negative, pessimistische Einstellung wird sogar zum Prinzip erhoben, nirgends werden irgendwelche versteckten Ideale angepriesen.

Man hat das Grass'sche Werk schon zerstörerisch und inhuman genannt. Der Zwerg Oskar ist nicht nur gegen „braune" Versammlungen, sondern auch gegen rote und schwarze, gegen Pfadfinder und Spinathemden von der PX, gegen Zeugen Jehovas und Kyffhäuserbunde, gegen Vegetarier und Jungpolen: „Mein Werk war also ein zerstörerisches" (Blechtrommel, S. 147). Grass macht beim Zerstören der Denkmäler auch dort nicht halt, wo die Schriftsteller der Nachkriegsgeneration wie auf stillschweigende Vereinbarung Respekt zu zollen bereit sind. Die Juden und Halbjuden nehmen bei ihm nicht die idealisierte Sonderstellung ein, die man ihnen in der deutschen Nachkriegsliteratur einräumt, und die Gegner des Nazi-Regimes werden ebenso ironisch-sarkastisch beschrieben wie das Regime selbst. Grundsätzlich und überall bezieht Grass als Erzähler die Position eines kleinen Kindes, dem nichts heilig und nichts schmutzig und alles gleicherweise interessant erscheint. Geschlechtsverkehr beispielsweise wird bei Grass im Beichtstuhl wie auf stinkenden Mülltonnen vollzogen, und in beiden Fällen wird der Akt in salopper, nonchalanter Sprache beschrieben.

Eingangs wurde auf Grass' Vorliebe für das Konkrete hingewiesen, für das Vertraute und Alltägliche. Der Autor selbst gestand in einem Interview, Herman Melville habe ihn mit seiner Sucht zum Gegenstand entscheidend beeinflußt. Die Gegenstände, die Dinge erhalten bei Grass eine Bedeutung, die durch Oskars Blechtrommel charakteristisch illustriert wird. Durch die Grass eigentümliche

Verbindung von Naivem und Unheimlichem, von vordergründig Harmlosem mit hintergründig Bedrohlichem wächst die Trommel weit über das Ding „an sich" hinaus und entzieht sich allen endgültigen Deutungsversuchen. Was die Blechtrommel in dem einen Roman ist, sind die Vogelscheuchen in dem anderen. Sie erscheinen in immer neuen Zusammenhängen, Variationen, Bedeutungswandlungen und Bedeutungsumkehrungen, bis sie schließlich mehr und mehr in den Bereich des Magischen, Dämonischen, Mythischen rücken. Diese Bedeutungsentfremdung der Dinge ist zugleich eine Bedeutungsaufwertung, die sie als gleichberechtigt an die Seite des Menschen treten läßt. Von Zeit zu Zeit nehmen die Gegenstände bei Grass nicht nur magische, sondern religiöse Züge an. Der Ringfinger in der *Blechtrommel* wird von Oskar wie eine Relique verehrt und angebetet. Vom episodenhaften Strukturschema der Grass'schen Romane ausgehend läßt sich sagen, daß nicht nur jeder Roman und die Novelle, sondern auch die meisten Episoden von einem zentralen „Ding" gekennzeichnet sind, einem Leitmotiv oder Symbol, dessen Bedeutungswert nicht unbedingt fixierbar zu sein braucht. Einige wenige dieser „Falken" erscheinen nur in der durch sie gekennzeichneten Episode, wie die Galionsfigur in dem *Blechtrommel*-Kapitel „Niobe". Die meisten jedoch geistern durch das gesamte künstlerische Schaffen von Grass, werden hier bloß beiläufig erwähnt, dort ausführlich behandelt, und sie verwandeln sich allzuoft von dem ursprünglichen Produkt einer spielerischen Laune oder einem harmlosen Spielzeug in ein ominöses Gebilde, das den Menschen an Potenz und düsterer Ausstrahlung übertrifft.

Nirgends jedoch machen sich die Gegenstände selbständig, immer bleiben sie auf die Sphäre des Menschen bezogen. Die wiederkehrenden Motive — Blechtrommel, Vogelscheuche, Kleiderschrank, Schraubenzieher, Puppe, Kochlöffel, Taschenmesser, Knopf, Gutenbergdenkmal, Ritterkreuz — sind undenkbar ohne den Menschen, dem sie ihren Ursprung verdanken. Dieser Gedanke läßt sich auf die Tiere ausdehnen, die motivartig immer wieder erwähnt werden. Hunde, Hühner, Tauben, Ratten, Spatzen, sogar Möwen sind Tiere, die ihr Dasein in der Nähe des Menschen fristen, die vom Menschen abhängig sind. Im weiteren Sinne gilt das gleiche für den Rahmen, für den Hintergrund des Werkes. Hier besteht ein sorgfältig gewahrtes Gleichgewicht zwischen Stadt und Land, zwischen Industrielandschaft und ländlichen Bezirken. Die Reihenfolge sollte umgekehrt sein, denn in den ersten Teilen der Romane wird das Geschehen in ländliche Idylle versetzt, während dem Ende zu die Großstadt vorherrscht. Unberührte Natur dagegen erscheint selten. Sobald Grass sich einmal in Stifterschen Naturschilderungen verliert, „juckt es ihn" wie Brauxel in *Hundejahre*, in die Einöde „Leben zu pusten". Immer ist die Landschaft vom Menschen gekennzeichnet. Schon den Augen der Großmutter Bronski, die im ersten *Blechtrommel*-Kapitel am Rande eines Kartoffelackers hockt, bietet sich das Abseits der Kaschubei als Natur mit Telegraphenstangen und einer Ziegelei dar, ein durchaus ländliches Milieu, dem der Mensch aber schon sein Siegel aufgedrückt hat.

Je weiter sich Grass in seinen Büchern von der Landschaft seiner Jugend entfernt, desto weniger überzeugt er. Die Kaschubei, Danzig-Langfuhr und die Gegend der Weichselniederung versteht er zu zeichnen und mit glaubhaften Gestalten zu bevölkern, hier ist er in seinem ureigensten Element. In der Wohnküche, in der Kleinbürgerwohnung, im abgeschirmten Milieu von Dorf, Kleinstadt und Vorort treffen wir seine Charaktere, die als Originale mit unverwechselbaren Stärken und Schwächen erscheinen. In der westdeutschen Großstadt sind dieselben Gestalten heimatlose, umhergetriebene Miethausbewohner, was sehr wohl mit der tatsächlichen geschichtlichen Situation übereinstimmt. Darüber hinaus aber bleibt der bundesrepublikanische Hintergrund schemenhaft, unwirklich und verzerrt, hin und wieder glaubt man neben der unterdrückten, sehnsüchtigen Liebe des Autors für die verlorene Heimat so etwas wie unbewußte Antipathie gegen die Ersatzheimat zu fühlen.

Dennoch: Günter Grass bekennt sich zum westdeutschen Staat, er verteidigt ihn gegen Angriffe von rechts wie von links. 1965 veröffentlichte er seine *Fünf Wahlreden,* die er in jenem Jahr für den Kanzlerkandidaten Willy Brandt und die SPD hielt. In Reden, Aufsätzen und Briefen setzt er sich mit den verschiedensten Aspekten der bundesrepublikanischen Wirklichkeit auseinander — eine Sammlung dieser Stellungnahmen erschien 1968 unter dem Titel *Über das Selbstverständliche.* In den Wahlreden von 1965 hatte Grass noch sehr literarisch, mit geflügelten Walt Whitman-Zitaten, mit Klopstock, Lessing, Hans Christian Andersen und einer eigenen *Transatlantischen Elegie* den apathischen, apolitischen deutschen Bildungsbürger für demokratische, liberale und sozialistische Entwicklung zu gewinnen versucht. In den Wahlreden des Jahres 1969 wandte sich Grass, weit praktischer und nüchterner geworden, vor allem an die linksradikalen Studenten, um sie mit der These „Evolution statt Revolution" für eine fortschrittlich-gemäßigte Politik zu gewinnen.

Sechs Jahre nach Erscheinen der *Hundejahre,* also im Jahre 1969, erschien der bisher letzte Grass-Roman, *Örtlich betäubt,* der einen radikalen Bruch mit des Autors erzählerischer Vergangenheit darstellt. Ort der Handlung ist Westberlin im Jahre 1967, Themen sind, wie in dem einige Monate früher uraufgeführten Theaterstück *Davor,* die Protestaktionen gegen Vietnam sowie die beginnenden Jugendrevolten. Wohl besteht eine eher symbolische Beziehung zu den frühen Werken und zu Danzig, denn der Erzähler von *Örtlich betäubt,* der vierzigjährige Starusch, ist wie Grass 1927 in Danzig geboren und spricht öfters über seine Jugend. Nichts in dem Roman aber erinnert an die originelle, temperamentvolle und wildwuchernde Phantasie des *Blechtrommel-* oder *Hundejahre*-Erzählers, in mehr als einer Hinsicht handelt es sich um ein müdes, farbloses und synthetisches Buch, um ein typisches Alters- und Epigonenwerk. Keine Episoden, Anekdoten und blitzenden Einfälle beleben diese Seiten, vorherrschend sind Sentenzen, Reflexionen und gedrechselte Erwachsenenweisheiten. Die Resignation der im Leben „Erfahrenen" bestimmt den Ton, der angehende Revolutionär Scherbaum wird mit dem Hinweis beschwichtigt, daß alles schon mal dagewesen sei, daß die Revolte der Jugend lediglich eine neue Version des alten Generationskonfliktes sei. Starusch war einmal Störtebecker, der Danziger Anarchist und Bandenführer aus der *Blechtrommel*, heute ist er Studienrat und hat Zahnschmerzen. Sicherlich will Grass die hilflose Lähmung der mittleren Generation gegenüber den Problemen unserer Zeit aufzeigen, doch tut er es auf eine lähmende, monotone, gequälte Weise, mit künstlich wirkenden Metaphern, mit marionettenhaften Figuren und einer starren, verschrobenen, verkrampften Pop-Sprache. Seitenlange banale Fachsimpeleien, über Zahnheilkunde und Zementproduktion etwa, stehen in keiner Beziehung zum zentralen Thema, und kein Versuch wird unternommen, sie literarisch zu integrieren. *Örtlich betäubt* ist zweifelsohne der bisherige Tiefpunkt im Werke von Günter Grass — die kommenden Jahre werden zeigen, ob der Roman ein vorübergehendes oder ein endgültiges Vertrocknen seines früher wilden, reißenden und mitreißenden Erzählstromes darstellt.

Anmerkungen

Texte

Lilien aus Schlaf (Gedicht). In: Akzente 3 (1955), S. 259 f.

Meine grüne Wiese (Skizze). In: Akzente 6 (1955), S. 528—534.

Kürzestgeschichten aus Berlin. In: Akzente 6 (1955), S. 517 ff.

Die Ballerina (Essay). In: Akzente 6 (1956), S. 528 ff. (Neudruck: Die Ballerina, Berlin 1963.)

Onkel, Onkel (Stück, geschrieben 1956/57). Berlin 1965.

Die Vorzüge der Windhühner (Gedichte, Graphiken). Berlin 1956. (Neudruck: Berlin 1963.)

Der Inhalt als Widerstand (Essay). In: Akzente 3 (1957), S. 229—235.

Beritten hin und zurück (Stück). In: Akzente 5 (1958), S. 399 ff.

Die Linkshänder (Erzählung). In: Neue deutsche Hefte V, 1 (1958/59), S. 38—42.

Die Blechtrommel (Roman). Berlin 1959.

Noch zehn Minuten bis Buffalo (Stück). In: Akzente 1 (1959), S. 5 ff.

O Suzanna (Jazz-Bilderbuch, zusammen mit Horst Geldmacher). Köln 1959.

Die Erstgeburt (Gedicht). In: Akzente 5 (1960), S. 435.

Gleisdreieck (Gedichte, Graphiken). Berlin 1960.

Hochwasser (Stück). In: Akzente 2 (1960), S. 498 ff.

Im Tunnel (Erzählung). In: Nationalzeitung, 9. 1. 1960.

Stier oder Liebe (Erzählung). In: Deutsche Zeitung, 9. 10. 1960.

Katz und Maus (Novelle). Berlin 1961.

Die bösen Köche (Stück). In: Modernes deutsches Theater, Berlin 1961.
Fotogen (Gedicht). In: Akzente 5 (1961), S. 450.
Das Gelegenheitsgedicht oder — es ist immer noch, frei nach Picasso, verboten, mit dem Piloten zu sprechen (Essay). In: Akzente 1 (1961), S. 8—11.
Hochwasser (Stück, zweite Fassung). Frankfurt a. M. 1963.
Hundejahre (Roman). Berlin 1963.
Vor- und Nachgeschichte der Tragödie des Coriolanus von Livius und Plutarch über Shakespeare bis zu Brecht und mir. In: Spandauer Volksblatt, 26. 4. 1964.
Adornos Zunge (Gedicht). In: Akzente 4 (1965), S. 289.
Fünf Wahlreden. Berlin 1965.
Der Mann mit der Fahne spricht einen atemlosen Bericht (Gedicht). In: Akzente 2 (1965), S. 122 f.
Poum oder die Vergangenheit fliegt mit (Einakter). In: Der Monat, Juni 1965.
Die Plebejer proben den Aufstand (Stück). Berlin 1966.
Ausgefragt (Gedichte und Zeichnungen). Berlin 1967.
Briefe über die Grenze. Versuch eines Ost-West-Dialogs (mit Pavel Kohout). Hamburg 1968.
Über das Selbstverständliche (Reden, Aufsätze, offene Briefe, Kommentare). Berlin 1968.
Über meinen Lehrer Döblin und andere Aufsätze. Berlin 1968.
Örtlich betäubt (Roman). Berlin 1969.
Theaterspiele. Berlin 1970.

Literatur

Kurt Lothar Tank: Günter Grass, Berlin 1965.
Lore Schefter Ferguson; Die Blechtrommel von Günter Grass: Versuch einer Interpretation. Diss. Ohio 1967.
Norris W. Yates: Günter Grass. A Critical Essay. Grand Rapids (Michigan) 1967.
Gert Loschütz (Hrsg.): Von Buch zu Buch. Günter Grass in der Kritik. Berlin 1968.
Theodor Wieser (Hrsg.): Günter Grass. Portrait und Poesie. Berlin 1968.
Wilhelm J. Schwarz: Der Erzähler Günter Grass. Bern und München 1969.

Nachweise

1 Panorama des zeitgenössischen Theaters, S. 255.
2 Die bösen Köche von Günter Grass — Ein ‚absurdes' Drama? Germanisch-Romanische Monatsschrift, XVI (1966), S. 161—189.

Thomas Beckermann

MARTIN WALSER

„Vielleicht ist das, was er [der Schriftsteller] schreibt, eine Buße für ihn ... aber es ist nie — wenn es recht geschrieben ist — ein Aburteilen der Gesellschaft aus der elenden Distanz eines isolierten Schreibtischs ... Daß er ein Beobachter ist, das ist eine notwendige Arbeitsbedingung, aber ebenso notwendig ist es, daß er ein Mitleidender ist." — „*Arbeitsprogramm:* Voller Tendenz zeigen sich, wenn Du sie aufschreibst, Deine Erfahrungen. Aufmerksam geworden, machst Du neue Erfahrungen, die Du aufschreibst. Als Dein Leser entdeckst Du Deine Tendenz zum Sozialismus." Vierzehn Jahre liegen zwischen diesen beiden Äußerungen Martin Walsers. Die erste steht in der Rede, die er 1957 bei der Entgegennahme des Hermann-Hesse-Preises[1] hielt; die zweite trug er in einem Elf-Punkte-Programm[2] 1971 in Nürnberg auf dem kulturpolitischen Forum der DKP vor. Diese Sätze kennzeichnen die Kontinuität ebenso wie die intellektuelle und literarische Entwicklung des Romanschreibers, Dramatikers und Essayisten Walser: Es ist dies der Weg eines Literaten von der sensiblen Registrierung des Unbehagens an der Gesellschaft hin zum praktischen Engagement für deren Veränderung.

Martin Walser, einer der wichtigsten deutschen Schriftsteller, die nach der Gründung der Bundesrepublik zu schreiben begannen, wurde am 24. März 1927 in Wasserburg am Bodensee geboren. Sein Vater, der 1938 starb, war dort Gastwirt. Bis 1943 besuchte er die Oberschule in Lindau. Dann wurde er zum Arbeitsdienst und später zum Militär eingezogen. 1945 geriet er in amerikanische Kriegsgefangenschaft. Nach dem Abitur in Lindau begann er 1947 das Studium an der Philosophisch-Theologischen Hochschule in Regensburg. 1948 wechselte er nach Tübingen, studierte Literaturwissenschaft, Geschichte und Philosophie und promovierte 1951 bei Friedrich Beißner mit der Arbeit *Versuch über die epische Dichtung Kafkas. Beschreibung einer Form.* Seit 1949 arbeitete er beim Süddeutschen Rundfunk und Fernsehen, vor allem in der Abteilung „Politik und Zeitgeschehen", und inszenierte Hörspiele. Er heiratete 1950, zog 1957 zurück an den Bodensee nach Friedrichshafen und lebt seit 1968 in Nußdorf.

Ein Jahr nach seiner Promotion veröffentlichte er die Erzählung *Die Niederlage,* einen programmatischen Aufsatz *Kafka und kein Ende*[3], und der Süddeutsche Rundfunk sendete sein erstes Hörspiel, *Die Dummen.* Damit debütierte er in drei verschiedenen literarischen Genres, denen er noch heute, freilich in modifizierter Weise, verpflichtet ist (nebenbei schrieb er einige Gedichte). 1953 las er zum erstenmal in der „Gruppe 47" aus dem Prosatext *Schüchterne Beschreibungen*[4]; 1955 erhielt er dann den Preis dieser Gruppe mit großer Mehrheit zugesprochen für seine Geschichte *Templones Ende.* Diese Erzählung wurde in den Band *Ein Flugzeug über dem Haus und andere Geschichten* aufgenommen, der im gleichen Jahr erschien.

Schon in dem Brief an Walser, in dem sich Peter Suhrkamp zur Publikation bereit erklärte, kommt er auf die Beziehung dieser Prosa zu der Kafkas zu sprechen. So sollte zum Beispiel der Band ursprünglich *Beschreibung meiner Lage* heißen (die gleichnamige Erzählung wurde dann *Gefahrvoller Aufenthalt* genannt). Drei der eingereichten Erzählungen wurden nicht aufgenommen und gelten heute als verschollen.[5] Von dieser Nähe zur Erzählweise des Prager Schriftstellers ging dann auch die literarische Kritik in ihrer Beurteilung des Erzählbandes aus. Zweifellos verwendet Walser in seinen Geschichten einige Strukturmerkmale der Prosa Kafkas: so den Einbruch des Ungewöhnlichen ins banale Alltagsleben — „Die Realität macht Seitensprünge ..." (161)[6] —, so die Beziehungs- und Kommunikationslosigkeit der Personen untereinander und die Erfolglosigkeit des subjektiven Handelns, das sich in Wiederholungen aufhebt. Dennoch verdecken diese Übernahmen nicht die Eigenart des jungen Autors. Walser gibt kein Modell der deformierenden Gewalt der Umwelt; diese ist für ihn nicht rätselhaft, sondern nur übermächtig. Durch die forcierte Darstellung weniger Realitätsdetails protokolliert er, wie sich einzelne Individuen mit dem zerrissenen Universum der bestehenden Gesellschaft abfinden. Es ist dies eine Welt der kleinen Leute, der Mittelstandsbürger, die meistens in der Ich-Perspektive vorgeführt wird.

Kafka am nächsten kommen die Geschichten, in denen ein Ich aufhört, weiter mitzumachen (*Gefahrvoller Aufenthalt*).[7] Die Weigerung, die sich auf das erwartete Konsumverhalten bezieht, ist unwiderruflich, so daß die Umwelt nur noch den Tod des Mitbürgers feststellen kann. Dieser abstrakten Negation steht die bewußtlose Anpassung gegenüber (*Ich suchte eine Frau* und *Was wären wir ohne Belmonte*). Da in beiden Verhaltensmöglichkeiten die jeweils andere ausgespart bleibt, sind diese Erzählungen grotesk oder bloß ironisch. — In den Geschichten, die jedoch die Trennung des einzelnen von der Umwelt durch den Kontrast zur Sprache bringen, wird die erzählerische Intention Walsers deutlich. Da verliert etwa ein Pförtner seine Stellung, weil er sich strikt an die Anweisungen der Vorgesetzten hält (*Die Klagen über meine Methode häufen sich*). Oder es zerbrechen Ehen: die eine, weil sich die Frau eines Arbeiters in der erstarrten Welt der sozial Gesicherten wohler fühlt und dabei selbst erstarrt (*Der Umzug*), und die andere, weil sich die Ehefrau durch ihre Zugehörigkeit zu realitätsfremden Intellektuellen buchstäblich in ein Lagerhaus einschließen läßt (*Die letzte Matinee*).[8] Da die Ehemänner die gesellschaftliche Entfremdung, der ihre Frauen unterliegen, von sich abweisen können, machen sie diese sichtbar.

Diese Erzählungen sind kritisch in ihrem Anspruch; ihr moralischer Appell reicht jedoch lediglich bis zur ironischen Relativierung der gesellschaftlich anerkannten Verhaltensweisen. Walser kennt zwar die Differenz zwischen der Realität und ihrer Wahrnehmung — „... als wäre Realität das, was wir dafür halten ..." (171) —, aber es bleibt bei der resignierenden Feststellung: „Ich kann das nicht ändern." (175) Die Tendenz zur parabolischen Form läßt die genau erfaßten Einzelheiten sich verfestigen. Aber sie sind nicht Teile eines verschlüsselten Bildfeldes und deshalb offen für eine realistische Betrachtungsweise. — Die neun Jahre später veröffentlichten *Lügengeschichten* bringen kaum erzählerische Fortschritte. Die Übertreibung als Darstellungsmittel nimmt zu und verdeckt so den dargestellten Gegenstand. Nur die Satire *Nach Siegfrieds Tod* enthält eine neue Erzählmöglichkeit. Ein Direktor geht scheinbar auf die revolutionäre Aktivität seiner Firmenboten ein und bietet ihnen für die weitere Diskussion den Sitzungssaal an. Über so viel Verständnis vergessen die Boten ihr Vorhaben und kehren freudig an die Arbeitsplätze zurück. Die Konsistenz des erzählten Geschehens und dessen durchgehender Realitätsbezug bedürfen keiner zusätzlichen Auslegung durch eine betont symbolische Überhöhung.

Walser war über die einseitig an Kafka orientierte Aufnahme seiner frühen Erzählungen enttäuscht. Neben der sich konsolidierenden gesellschaftlichen Wirklichkeit war dies vielleicht mit der Anlaß, daß er sich der großen Erzählform zuwandte, in der er sein erkenntnistheoretisches und künstlerisches Grundproblem: Was ist die Realität und wie läßt sie sich darstellen? besser Ausdruck verleihen konnte. In seinem ersten Roman, *Ehen in Philippsburg*, der 1957 erschien, betont er den inhaltlichen Aspekt. Er entwirft ein Handlungsschema, nimmt Personengruppen auf und führt Motive ein, die für seine weiteren Romane bestimmend bleiben. Walser hofft (in einem Vorspruch), „daß seine von der Wirklichkeit ermöglichten Erfindungen" den Lesern „wie eigene Erfahrungen anmuten" (6). Erzählt wird das Leben verschiedener Individuen in einer städtischen Gesellschaft, das nicht durch seine ökonomische und politische Struktur, sondern als Kulturindustrie zur Erscheinung gelangt.

Die Form des Romans ist durch eine Rahmenhandlung (der soziale Aufstieg Hans Beumanns) bestimmt, der drei selbständige Handlungsverläufe (um Dr. Benrath, Dr. Alwin und Klaff) eingelagert sind. Hans Beumann kommt von Kümmertshausen nach absolviertem Studium in die Großstadt Philippsburg und tritt dort zum Aufbau eines Pressedienstes in die Firma Volkmann ein. Die dafür notwendigen Verhaltensweisen lernt er nach anfänglichem, moralisch bedingtem Zögern rasch. Um ihn in die Gesellschaft einzuführen, geben die Volkmanns eine Party, auf der er die Honoratioren der Stadt kennenlernt. — Dr. Benrath (von ihm handelt das zweite Kapitel) ist ein anerkannter Arzt und gern gesehener Gast. Seine Frau begeht Selbstmord, da er sie mit Cécile, der Inhaberin eines Kunstgewerbegeschäfts, betrügt. Dieser Tod, der ihn sozial ruiniert, führt zum Zusammenbruch seiner moralischen Person. Er verläßt Cécile und flieht aus der Stadt. — Der Rechtsanwalt Dr. Alwin hingegen verhält sich immer opportunistisch. Er heiratet karrierebewußt und paßt sein gesellschaftliches und politisches Rollenspiel exakt der jeweiligen Situation an. Auf der Heimfahrt von Hans Beumanns Verlobung mit Anne Volkmann (im dritten Kapitel) verursacht er einen Unfall, als ihn der Gedanke an Cécile ablenkt. Nur durch das rücksichtlose Ausnutzen seines Prestiges gelingt es ihm, sich den unangenehmen Folgen zu entziehen. — Der vierte Teil zeigt Beumanns vollständige Integration in die Philippsburger Gesellschaft. Dieser Aufstiegs- und Anpassungsprozeß wird kontrastiert durch den Freitod Klaffs, der sich weigerte, seine eigenen Vorstellungen zugunsten des sozial Geforderten aufzugeben.

In diesem Roman faßt Walser die Partikularität seiner Erzählungen zu einem geschlossenen Geschehensbereich zusammen. Ein allwissender Erzähler stellt die Gesellschaft aus der differierenden Sicht verschiedener Personen dar, die, bis auf Beumann, entwicklungsunfähig, also Vertreter typischer Verhaltensweisen sind (was die Kritik veranlaßte, Walser mangelnde Plastizität seiner Figuren vorzuwerfen). Fehlerhafte Assimilation ebenso wie Verweigerung führen zum Konflikt, zur Rollenspaltung zwischen der öffentlichen und der privaten Rolle; die Gesellschaft wird so zum subjektiven und psychischen Problem. Die Verhaltenszwänge werden vor allem an den Ehen, dem Hort der bürgerlichen Ordnung, offenbar. Dem dualistischen Weltbild — hier die moralische Person, dort die deformierende Gewalt der Gesellschaft — entspricht das Kompositionsschema der vier Erzählungen. Den harmonischen Schein entlarvt ein für sich sprechendes Ereignis (Unfall, Tod). Die Anpassung der einen wird gemessen am Weg der anderen in die Asozialität; je größer die Einbußen an Individualität, um so sicherer ist der gesellschaftliche Erfolg. Diesen individuellen Verlust verdeutlichen die stereotypisierte Rede (die dargestellte Welt als Redesituation) und der Zerfall in Körperdetails zur physiognomischen Besonderheit. Als zerstückelter biologischer Organismus erscheinen die Gesellschaft, die Stadt, aber auch Technisches. Durch Komposition und Sprache erklärt und wertet der anonyme Erzähler. Seine Verständnishilfen sind zugleich ein Ausdruck des Mißtrauens dem Erzählten gegenüber. Die Stationenformen, aber auch der Wechsel von Dialog, Beschreibung, erlebter Rede und Tagebucheintragung konstituieren den Gegenstand und verstehen sich als Protest gegen die traditionelle Romanform. Mit diesem Roman knüpft Walser an die realistische Erzähltradition an[9]; aber er verwendet bewußt triviale Situationen und Redewendungen[10], um dem Bedeutungsvollen zu entgehen. Diese satirische Gesellschaftskritik, für die er mit dem ersten Hermann-Hesse-Preis ausgezeichnet wurde, trifft auf die technischen Widerstände der Darstellung. Sie wird zum Problem der Form, das Walser im Experiment unterschiedlicher Erzählweisen zu lösen versucht.

Der Anselm Kristlein des 1960 erschienenen Romans *Halbzeit* kann als handlungstechnische, bewußtseinsmäßige und erzählerische Kontraktion der Figuren Beumann (sozialer Aufstieg), Dr. Benrath (Bewußtsein des Rollenkonflikts) und Klaff (Form des Ich-Berichts) angesehen werden. Anselm berichtet seinen Weg vom kleinen Vertreter über den Beruf eines Werbetexters in die höchste Gruppe dieser Stadtgesellschaft. Er erzählt von seiner Herkunft, von Alissa und den Kindern, von seinen erotischen Abenteuern und seinen Krankheiten. Sein Leben, sein Beruf, das ist seine Sprache. Anselm durchschaut die gesellschaftlichen Erwartungen und beherrscht souverän die erforderlichen Verhaltensmuster. Sein Konflikt besteht darin, daß er die Berufsrolle nicht mit den Ansprüchen Alissas (als Vertreterin des herkömmlichen Familienideals) verbinden kann und daß er durch das Rollenspiel für sich eine Unverwechselbarkeit zu erreichen sucht und sich gerade dadurch als sozialdeterminiertes Wesen erweist. Das ökonomisch sanktionierte Rollenspiel ist seine Individualität, die er freilich mit anderen teilen muß. Da Anselm diesen Zusammenhang zwar erkennt, aber nicht ändern kann, reagiert er mit einem unglücklichen Bewußtsein und flüchtet sich in die körperliche Krankheit. Im Durchgang durch diesen Bereich der zeitgenössischen bundesrepublikanischen Gesellschaft entwirft Walser ein vielfältiges, bis heute kaum übertroffenes Panorama sozialer Zusammenhänge und Mißstände (etwa die Vergangenheit des „Dritten Reichs", die Bundeswehr, die Anfälligkeit der öffentlichen Meinung).

In Anlehnung an die schriftstellerischen Erfahrungen von Joyce und Proust[11] wählt Walser als Erzählperspektive die des sich erinnernden Bewußtseins. Alles Äußere fordert diesen Erzähler heraus, für den nur existiert, was er erkennt, und der nur durch das ist, was in sein Bewußtsein eindringt. Durch Vergleiche, Zitate und apodiktische Verhaltensappelle sucht das Ich sich in der Darstellung der Umwelt zu behaupten. Und im einheitlichen Bildbereich beansprucht der Erzähler, seinen Gegenstand und seine Erzählsituation einer verbindlichen Deutung zu unterziehen. Diese Bilder entstammen vor allem der Verhaltensforschung (für die physische und soziale Desintegration Bilder der Mimikry aus der animalischen Natur) und der physikalischen Theorie (für die Konfliktsituation der erzählten Person das Bild der Sonne, das Dreikörperproblem, die Gravitation). Durch diese organologische und pseudowissenschaftliche Sprache tendiert der Erzähler zur Bestätigung dessen, was die Gesellschaft zerstört hat. Die Vorstellung, daß der biologische und soziale Verkehr durch Massenanziehung geregelt wird, läßt die Individuen weder zueinander noch zu sich selbst kommen. Handeln wird so zum unkontrollierten Ereignis.

Ähnlich der Bildwahl gerät die Erzählweise in Widerspruch zur Struktur des erzählten Geschehens. Den Rollenpluralismus kennzeichnet Walser durch den Wechsel von der Ich- zur Er-Perspektive. Während des Rollenkonflikts identifiziert sich der Erzähler mit der öffentlichen Rolle (Beruf), so daß dem sozialkonformen Anselm das Ich der familiären Rolle (Ehe) und der Rolle des Ausbruchs (das erotische Abenteuer) als entfremdete Person erscheint. Der schreibende Anselm ist derjenige, welcher das vergebliche Bemühen des handelnden Anselm erkannt hat, und der beschriebene Anselm stellt fest, daß der Erzähler daran nichts ändern kann: „Ich bin Don Quixote, nachdem er gelesen hat, was Cervantes über ihn schrieb." (889) Durch die Struktur der Darstellung, durch die Behandlung der Zeit, in der Kapitelanordnung und in seiner Erzähltechnik versucht dieser Erzähler, der tradierten Romanform zu entgehen; dennoch ist er in jeder Einzelheit der auktoriale Erzähler, dem die Darstellung der sozialen Misere zur Totalität des Bildzusammenhangs, zum vollendeten Kunstwerk gerät. Weil er sich von Anfang an zur sozialen Rolle seines dargestellten Ich bekennt, erweist sich der Erzählkonflikt insgesamt als beiläufig, als eine wenn auch virtuos beherrschte Methode, die die Form des realen Gegenstands im schmerzlichen Wissen um deren Unveränderbarkeit künstlerisch imitiert.

Zwischen 1952 und 1956 hat Walser sechs Hörspiele geschrieben. Nach den epischen Versuchen, die gegenwärtige Realität zu erfassen, nimmt er die Dialogform wieder auf und konzipiert 1961, wiederum als Hörspiel, den Einakter *Der Abstecher* (Uraufführung am 28. 11. 1961 in den Kammerspielen München unter der Regie von G. Gräwert). In der Wechselrede sieht er nun das adäquatere Mittel, Stoffe zeitgeschichtlicher Art darzustellen. „Es sind Fragen der politischen Auseinandersetzung, und da empfiehlt es sich fast unmittelbar, und ganz von selbst, daß man das als Dialog schreibt."[12] Das Stück enthält eine, den Kurzgeschichten vergleichbar, anekdotische Fabel: Der Geschäftsmann Hubert macht einen Abstecher nach Ulm, um dort seine Geliebte Frieda, die er Jahre zuvor verließ, zu besuchen. Friedas Mann, der Lokomotivführer Erich, kommt hinzu; beide halten Gericht über Hubert und wollen ihn töten. Doch da einigen sich die Männer, trinken zusammen und verabschieden sich freundschaftlich.

Der Abstecher beweist Walsers große Meisterschaft in der Dialogführung, aber er ist das Ergebnis eines noch unentschiedenen dramaturgischen Konzepts. Dieses dreiteilige Stück zerfällt in zwei Handlungen: Die eine (im Vor- und Nachspiel) behandelt eine Auseinandersetzung des Fahrers Berthold mit seinem Chef; die andere stellt dar, wie sich zwei Männer auf Kosten einer Frau arrangieren. Das Verhältnis der Sozialpartner zueinander erinnert an die Herr-Knecht-Thematik in den Stücken Brechts; die scheinbar ausweglose Ehegeschichte an das absurde Theater. Walser geht jedoch in beiden Fällen einen eigenen Weg. Berthold tastet die Herrschaftsstruktur nicht an, er akzeptiert das Abhängigkeitsgefüge als unveränderbar (wie später auch der Diener Ludwig im *Krott*). Und im Mittelteil kommt es nicht zur erwarteten Vergeltung; eine absurde Groteske wird vorgeführt, ohne daß die Verhältnisse insgesamt als absurd bezeichnet würden. Vielleicht ist gerade diese Mischung aus Lehrstück und Farce der Grund für den Erfolg des Stücks. — Ein weiterer Einakter, *Das Sofa*, in dem Walser das Gleichgewicht zwischen diesen Extremen nicht mehr herstellen konnte, blieb unveröffentlicht.[13]

Die Aufnahme seines zweiten Stücks, *Eiche und Angora. Eine deutsche Chronik* (Uraufführung am 23. 9. 1962 im Schiller-Theater Berlin unter der Regie von H. Käutner), war zwiespältig. Hiesige Bühnen spielten es bisher nur selten, dagegen wurde es 1963 in Edinburgh und 1968 in Paris mit großem Erfolg aufgeführt. Dargestellt wird die Entwicklung des Alois Grübel zum Mitläufer im „Dritten Reich" (als Kommunist war er eingesperrt und entmannt worden) und zum Pazifisten in der Nachkriegszeit, der jedoch immer wieder Rückfälle hat in das vorangegangene Stadium. Die fünf ersten Szenen behandeln die letzten Verteidigungsmaßnahmen und die Rettung der Stadt Brezgenburg durch Grübels weiße Angorafelle 1945. In der sechsten Szene wird 1950 eine pazifistische Gedenktafel an dieser Stelle enthüllt. Die letzten drei Szenen spielen um 1960 während eines Sängerfestes, bei dem Grübel und seine Frau in verschiedene Anstalten eingeliefert werden. (Walser kürzte das Stück, das elf Szenen hatte, zur Straffung der Fabel um eine Nebenhandlung.) Die Kontinuität dieser drei Stationen liegt in der Person des Alois Grübel, der mitmachen will, ohne aufzufallen, und doch immer zu spät kommt, weil er das Vergangene nicht ganz vergessen kann. Durch das ungleichzeitige und nie vollständig adäquate Verhalten eines „kleinen Mannes" hebt Walser satirisch die Anpassungsfähigkeit der anderen hervor. Die Diskrepanz der Denk- und Handlungsweisen ist zugleich das dramaturgische Mittel, die Scheinentwicklung vom alten zum neuen Nationalismus zu verdeutlichen.

Walser nähert sich mit *Eiche und Angora* der brechtschen Parabelform. Dieses Theaterstück ist realistisch in dem Sinn, daß Zuspitzungen allein durch die pointierte Behandlung möglicher Konstellationen erreicht werden. Das politische Geschehen wird getragen durch die Vielzahl kleiner Arrangeure. Der Kreisleiter Gorbach, der Oberstudienrat Potz und der Amtsarzt Dr. Zerlebeck (dieser Arzt erinnert in seiner rein technischen Auffassung von der Medizin an den Doktor in Büchners *Woyzeck*), sie alle überleben und machen mehr oder weniger Karriere. Damit aber geht Walser, im Gegensatz zu Brecht, aus von der Unveränderbarkeit der Verhältnisse, von ihrer nicht beeinflußbaren, immanenten Bewegung, so daß Einsicht in den historischen Ablauf allein dadurch möglich wird, daß sich jemand langsamer als andere das gerade zeitgemäße Bewußtsein aneignet.

Für die zeitkritische Tendenz des Stücks wurde Walser 1962 der Gerhart-Hauptmann-Preis zuerkannt. In der Dankrede, *Vom erwarteten Theater*[14], präzisierte er seine Theater-Konzeption. Das Theater muß sich nach „einer neuen Abbildungsmethode" (60) umsehen, da die absurde, freischwebende Fabel der Realität nicht gerecht wird und der aufklärerische Impetus der bürgerlichen

Fabel sich erschöpft hat. Walser fordert das „exakte Bild“ (62) einer Fabel, das die unauffällig gewordenen, weil verfeinerten gesellschaftlichen Zwänge aufdeckt.

Diese Forderung führt in dem Stück *Überlebensgroß Herr Krott. Requiem für einen Unsterblichen* (Uraufführung am 30. 11. 1963 im Württembergischen Staatstheater Stuttgart unter der Regie von P. Palitzsch) zur statischen Parabel, die Brecht bis in verschiedene Stillagen hinein imitiert. Nicht der normale Bürger, sondern der große Kapitalist wird gezeigt, der alles erreicht hat und der nun sehnlichst auf sein Ende wartet. Aber alle Anstrengungen, die seinen Tod herbeiführen sollen, gereichen ihm zur Gewinnmaximierung. Diese Steigerung eines einzelnen zum Bild des unsterblichen Kapitalismus hat zur Konsequenz, daß Widerstand allein als totale Anpassung denkbar ist (der Kellner Ludwig Grübel). Die stilisierte Theatralisierung dieser Problematik, das Ausschreiten des einen Zustands, gelingt nur in der Negation der Zeit, durch die Ausklammerung der geschichtlichen Kräfte. Damit aber unterbleibt der Beweis, daß das gezeigte ökonomische System wirklich unveränderbar ist. Die „ins Unwirkliche katapultierte Fabel“ (63) verfehlt so die gesellschaftlichen Verhältnisse; und der isolierte Bereich des Hochgebirgshotel Exzelsior führt zur allegorischen Behandlung der Titel-These.

1963/64 schrieb Walser zwei längere Essays, in denen er seine Gesellschafts- und seine Kunsttheorie verdeutlicht. In *Imitation oder Realismus*[15] entwirft er einen „Realismus X“ (83 ff.), der jenseits der Positionen Becketts und Brechts die gesellschaftlichen Bedingungen des Handelns aufzeigt. Auf diese Weise soll es der Fabel möglich sein, das, was ist, durch alle Masken und Täuschungsmanöver hindurch zu erkennen. Über die Oberflächenähnlichkeit hinaus wird sie dadurch der „Stoff“ und die „Formel des Stoffs“ (92). — Der zweite Essay, *Freiübungen*[16], entwickelt, ausgehend von der Sprache des Zweifels, eine Theorie der Anschauungsart. Die Kunst bewahrt ihre kritische Funktion dem Bestehenden gegenüber allein dadurch, daß der Autor sich selbst zum Thema macht und die Undurchschaubarkeit seines eigenen Bewußtseins offenlegt. Dieser Ansicht gemäß spricht er in *Ein weiterer Tagtraum vom Theater*[17] explizit vom Theater als „einem Ort, an dem Handlungen des Bewußtseins“ stattfinden (79). Walser wehrt sich mit dieser Theorie gegen alle Abbildungszwänge und hofft, die gesellschaftlichen Zurichtungen der Individuen einsichtig zu machen.

Eiche und Angora war als der erste Teil einer dreiteiligen „Deutschen Chronik“ gedacht. Das zweite Stück ist *Der Schwarze Schwan* (geschrieben 1961/64; Uraufführung am 16. 10. 1964 im Württembergischen Staatstheater Stuttgart unter der Regie von P. Palitzsch). Der dritte Teil, *Ein Pferd aus Berlin,* der die Spaltung Deutschlands zum Thema haben sollte, wurde nicht abgeschlossen. Im *Schwarzen Schwan* übernimmt Walser das schon dem Roman *Halbzeit* zugrunde gelegte Konzept, vom Bewußtsein der Personen auszugehen. Rudi Goothein hat erfahren, daß die Väter von ihm und Irm im „Dritten Reich“ bei der Euthanasie mitgewirkt haben. Er wirft für sie die Schuldfrage auf, versucht die Ärzte zur

Erinnerung und zum Geständnis zu zwingen. Aber beide haben das Vergangene auf ihre Weise bewältigt. So bleibt Rudi nur der Freitod.

Dieses Stück (in zwei Akten mit sieben Bildern; die erste Fassung hatte acht Bilder), von dem Walser sagte, es könne auch „Gedächtnisse“ heißen, stellt die Realität nicht als imitierte Bühnenwirklichkeit dar, sondern als inneres Geschehen, als eine Leistung der reproduktiven Erinnerung. Durch die Konfrontation der verschiedenen Möglichkeiten des Bewußtseins, mit einer belasteten Vergangenheit fertigzuwerden, gewinnt es seine Geschlossenheit. In einem Aufsatz, *Hamlet als Autor*[18], betont Walser nochmals den dramaturgischen Lösungsversuch. Rudi spielt den Vätern die Vergangenheit, wie er sie aufgrund historischer Studien kennenlernte, vor. Angesichts der real geleisteten Verdrängungsmechanismen wirkt das Spiel im Spiel jedoch nur als ästhetische Übung, es wird selbst zum Theater.

Eine Verbindung von Sartre und Brecht kann nicht gelingen, weil, was gesellschaftskritisch gemeint ist, über die psychologische Analyse einiger individueller Verhaltensweisen nicht hinauskommt.[19] Anders als *Die Ermittlung* von Peter Weiss und die Dokumentarstücke Kipphardts bleibt hier die historische Realität verschüttet, da sie weder als Schau-Spiel noch in subjektiven Erinnerungsakten wiederherstellbar ist. Damit hat Walser in den vier skizzierten Stücken vier verschiedene Theatermöglichkeiten durchprobiert, in denen das gesellschaftliche Thema zur Sprache kommt. Es sind dies Variationen einer Dramaturgie der Unveränderbarkeit, des „Stillstands“.[20]

In den folgenden Jahren blieb das künstlerische Verhalten Walsers unentschieden. Er wandte sich wieder der Prosagattung zu und veröffentlichte 1966 den Roman *Das Einhorn*. Anselm Kristlein ist Schriftsteller geworden. Im Bett liegend erinnert er sich an die Ereignisse, die ihn in diese mißliche „Lage“ (5 ff.) brachten, an den Auftrag, einen Liebesroman zu schreiben. Das erzählerische Interesse konzentriert sich ganz auf die Wiederbelebung dessen, was nun in der „Gedächtniskammer“ (32) abgelagert ist, nicht auf die Nachbildung der Erlebnisse mit Melanie Sugg, Barbara und Orli. Damit trägt dieses Buch bei zur innerliterarischen Diskussion, es negiert die üblichen Wiedererweckungsfeiern durch Kunst; in diesem Sinn kritisiert der Roman bis in Einzelheiten hinein das Kunstprinzip, das Proust in seinem Werk *Auf der Suche nach der verlorenen Zeit* verwirklichte.

Dieser epische Ansatz ist vor allem eine Herausforderung der darstellenden Form. Details aus der politischen Zeitgeschichte, aus dem Vorleben des Erzähler-Autors und aus dem gegenwärtigen Kulturbetrieb kommen lediglich als Zitate und als Demonstrationsobjekte vor. Was dieser Roman an Welthaltigkeit und realistischer Valenz einbüßt, versucht er durch ein Übermaß an Kunst, durch eine vielschichtig gebrochene Erzählhaltung und durch erklärende poetologische Exkurse zu kompensieren. Der geschilderte Personenzerfall geht ausschließlich zu Lasten einer Darbietungstechnik, die sich gegen Ende des Romans in die Darstellung der Natur, in die mythologische Paraphrase und in das Sprachengemisch flüchtet. Unkritische Stoffbefangenheit steht neben der höchst artifiziellen Konstruktion. Bei aller künstlerischen Intelligenz kommt die „Reise in die Wirklichkeit" (218) über die Unzulänglichkeit des subjektiven Erinnerungsvermögens und formal über die Zweidimensionalität der Erzählerfigur nicht hinaus.

1967 — in diesem Jahr erhielt Walser für sein Gesamtwerk den Bodensee-Literatur-Preis — regte Fritz Kortner an, aus dem Hörspiel *Erdkunde*[21] ein Theaterstück zu machen. Diesen Text hatte Walser 1962/63 geschrieben (thematisch erinnert er an den „Dialogue sublimé" (732 ff.) der *Halbzeit*), ihn dann aber liegen gelassen, weil er ihm im Vergleich zur politischen Thematik der anderen Stücke zu privat schien. Walser nahm diese Anregung auf, da er rückblickend meinte, daß die Personen seiner früheren Stücke zu viel kritische Funktionen zu erledigen hätten und deshalb von ihm mit zu wenig privaten Zügen ausgestattet worden seien. „Für mich ist es nicht richtig, wenn ich mich dem politischen Thema direkt nähere ... Es ist richtiger für mich, wenn ich es [das Stück] hauptsächlich mit meinen eigenen Bewußtseins-Inhalten speise ..."[22] Er schrieb einen zweiten Akt und nannte es *Die Zimmerschlacht. Übungsstück für ein Ehepaar* (Uraufführung am 7. 12. 1967 in den Kammerspielen München unter der Regie von F. Kortner).

Es wäre falsch, etwa im Vergleich mit Max Frischs *Biografie* von einem Rückzug ins Private zu sprechen, weil das individuelle Verhalten immer schon sozial bedingt ist. Walser versucht nun Ernst zu machen mit seiner Konzeption eines Bewußtseins-Theaters, in dem die Theaterfiguren die Stellen angeben, an denen Gesellschaftliches ins Persönliche dringt. Felix und Trude zeigen, als sie der Einladung eines Freundes nicht Folge leisten und einen häuslichen Abend planen, wie zwei Personen sich für ein lebenslanges Zusammensein (Ehe) einüben, nicht um sich besser zu verstehen, sondern um sich treffender Schmerz zufügen zu können. Dieses Eheduell ist eine Vivisektion eines kulturellen Zustands. Im zweiten Akt, der fünfzehn Jahre später spielt, wiederholt sich dieser Vorgang; es hat sich nichts geändert. Walser strich nach der Premiere diesen Teil wieder. Der Einakter ist bisher sein erfolgreichstes Stück; vielleicht, weil er vorführt, wieviel psychischen und rhetorischen Aufwand der Ehealltag erfordert und wie sehr das Miteinanderlebenmüssen ein dauerndes Theaterspielen ist.

Entsprechend der literarischen Bewußtseinsanalyse nahm, herausgefordert durch die politische Entwicklung der Bundesrepublik und der USA, Walsers praktisches Engagement in gesellschaftskritischer Absicht zu. Die mehr atmosphärischen und moralischen Essays der frühen sechziger Jahre, *Ein deutsches Mosaik* und *Skizze zu einem Vorwurf*, und der Aufruf von 1961, die SPD zu wählen[23], wurden nun abgelöst durch sozial-ökonomische Untersuchungen und die aktive Hilfe. Walser beteiligte sich am Anti-Notstands-Kongreß und redete auf DKP-Veranstaltungen, er gründete ein Vietnam-Komitee, bekannte sich zum politischen Auftrag der Studenten und forderte Freiheit für Angela Davis. Er trat für eine IG-Kultur ein und reiste auf Einladung des sowjetischen Schriftstellerverbandes nach Moskau.[24]

In dieser Situation der Diskrepanz von literarischer Tradition und politischem Bewußtsein suchte Walser neue künstlerische Ausdrucksformen. Er schrieb ein Vorwort, *Berichte aus der Klassengesellschaft*, zu Erika Runges *Bottroper Protokolle* und gab, hierdurch angeregt, zwei Sozialberichte[25] heraus, deren Informationswert nicht in der artistischen Formung, sondern in dem schriftlich fixierten Material einer bestimmten Bewußtseinslage liegt. — Für das Theater verfaßte er 1967 den Text *Wir werden schon noch handeln. Dialoge über das Theater* (Uraufführung unter dem Titel *Der schwarze Flügel* am 27. 1. 1968 in der Westberliner Akademie der Künste unter der Regie von G. Fiedler), der in kabarettistischer Weise die Funktion des Theaters zu einer Zeit, in der sich alles verfestigt, diskutiert. Das Stück *Welche Farbe hat das Morgenrot?*, an dem er 1968/69 arbeitete und das die Politisierung der Studenten zum Thema hatte, zog er zurück.
Sein bislang konsequentestes und politisch fortschrittlichstes Theaterstück ist *Ein Kinderspiel* (geschrieben 1969/71; Uraufführung am 22. 4. 1971 im Württembergischen Staatstheater Stuttgart unter der Regie von A. Kirchner). Im ersten Akt spielen Asti und Bille die Erziehungsversuche ihrer Eltern nach. Sie vergegenwärtigen sich in sieben, lose durch Beatmusik verbundenen Szenen die Dressur, der sie unterlagen, und kommen so zu ersten Ansätzen, sich den Verhältnissen zu entziehen: Dies alles sind Kinderspiele. Als Gerold, ihr Vater, mit Irene, seiner zweiten Frau, das Zimmer betritt, legt Asti auf ihn an. Der zweite Akt, der während der Proben erheblich umgearbeitet wurde, beginnt damit, daß der liberale Vater die Eltern-Kinder-Problematik souverän umfunktioniert, indem er Asti dazu verleitet, aus dem Stoff einen Film, ein ästhetisches Erwachsenenspiel zu machen. Astis Protest wird unsicher; hier weiß Bille weiter, die die Universität verließ und nun für den Rundfunk Dokumentar-Sendungen zu gesellschaftspolitischen Themen macht. Sie schlägt vor, einen Film über den Konzern ihres Vaters zu drehen, der die ökonomischen Grundlagen des Kapitalismus enthüllt.[26] Der nervös gewordene Gerold löst einen Schuß aus, aber das Drehbuch sieht vor, daß die Arbeiter ihn töten. Immer konkretere Details entlarven den Vater; er geht ab.

In diesem Stück gelingt es Walser, weit mehr als mit Rudi im *Schwarzen Schwan*, die Energie zu benennen, die für die Veränderung der Verhältnisse notwendig ist. Er artikuliert die Einsicht, daß Aktionen gegen Personen, gegen die Väter etwa, nichts nutzen, weil sie das System unangetastet lassen. *Ein Kinderspiel* ist der dargestellte Prozeß der Aneignung kapitalistischer Realität durch ein Bewußtsein, das sich nicht länger resignativ verhalten will. Die familiäre Neurose, der Zwang in der Privatsphäre, wird als gesellschaftliches Problem erkannt. Das mag auch den Mißerfolg der Premiere erklären: Wo man ein

Psychodrama erwartete, wurde man unversehens mit einer politischen Parabel konfrontiert, deren „exakte und aktive Fabel" alle Beschaulichkeit verhindert und zum Mitdenken provoziert. Das Stück verweigert den theatralischen Vatermord und endet mit einem Wortspiel über einen Begriff der kritischen Gesellschaftstheorie. „Asti: Bille, was sind sonstige Aufwendungen. — Bille: Das erklär ich dir sehr gern, Asti. — Asti: Klasse Schwester, sagte er und sprang hoch in die Luft. — Bille: Klasse Bruder, sagte sie und fing ihn auf." (350)

Wie sehr die Meinung der literarischen Kritik in die Irre ging, Walser habe sich mit der Herausgabe der Sozialberichte für die Dokumentar-Literatur entschieden, beweisen seine letzten Prosaveröffentlichungen. Nachdem 1969 der Text *Erlebnis*[27], zum erstenmal eine Geschichte als Aktion des Bewußtseins, erschienen war, publizierte Walser 1970 *Fiction* und 1971 *Aus dem Wortschatz unserer Kämpfe. Szenen,* beide Arbeiten sind 1969 entstanden. Das Ich in *Fiction* verzichtet darauf, Außenwelt zu erfinden. Es registriert sein eigenes Vorstellungsvermögen, das durch die gemachten Erfahrungen angeleitet wird. Dieses Bewußtsein ist der Ort, an dem das Subjekt sich selbst wahrnimmt und am anfälligsten ist für den gesellschaftlichen Zugriff. Die Selbstbeobachtung bedarf einer Sprache, die in nicht-imitativer Weise die Aktivität und Erleidensfähigkeit der Person ausdrückt. Handlung entsteht durch die Anstrengung, den eindrängenden Einflüssen standzuhalten. Der subjektive Ansatz erhält deshalb Objektivität, weil in allen Bewußtseinsinhalten der soziale Kontext anwesend ist: Es ist dies ein Realismus der Bewußtseinsreaktionen. Für das reagierende Ich sind die Erfahrungen im erotischen und gesellschaftlichen Bereich so negativ, daß es sich am Ende ins Heimleiterdasein zurückzieht. — Das dritte Kapitel endet mit einer Schlagsequenz. Was hier von innen heraus als Schmerz geschildert wird, wird in *Aus dem Wortschatz unserer Kämpfe* als abrufbares Zitat aus dem öffentlichen Sprachreservoir an Schlagritualen und Kampfszenen vorgeführt. Das Potential der allgemeinen Sprache simuliert Konflikte, indem es die in den Redewendungen aufbewahrte Geschichte preisgibt. Dieses gestische Reden bezeichnet Inhalte und nennt Täter, ohne auf ihre Individualität einzugehen.

In diesen beiden Prosastücken bleiben die subjektive und die objektive Sprache voneinander getrennt, da es Walser unterließ, die Entstehungsursachen und die wechselseitige Beeinflussung beider darzustellen. Die Vermittlung der Positionen versuchte er, wie schon bei anderen Anlässen, theoretisch und literarisch herbeizuführen. In seinem Festvortrag *Hölderlin zu entsprechen*[28] bestimmte er die gesellschaftliche Aufgabe des Dichters durch seine Teilnahme an der Arbeit, die Gegenwart auf ihre bessere Zukunft hin zu verstehen. Deshalb auch muß das Werk des Außenseiters die Züge der Unruhe, des Protests und des Ekels vor dem Stillstand tragen. Frühere Anschauungen revidierte er in dem Aufsatz *Über die Neueste Stimmung im Westen.* Er lehnt die zeitgenössischen Formen von Innerlichkeit und auch die eigene These, daß der Schriftsteller sich nur um sich selbst zu kümmern habe, ab, weil er darin nun gesellschaftlich angebotene Spielwiesen erkennt. Ebenso negiert er die Hoffnung, daß die allein aus subjektivem Erlebnis stammende Sprache auf andere Erfahrungsbereiche übertragbar sei. Das künstlerische Bewußtsein ist nur dann zur Kommunikation und Kritik fähig, wenn es den sozialen Rahmen seiner Erfahrungen und die Bedingungen seines Schreibens mitliefert. „Unsere Angepaßtheit, unsere Abhängigkeit und die Funktion, die wir erfüllen, sollten reflektiert, als Bewußtsein in unseren Produkten auftreten, sonst sind unsere Produkte blind und nur geeignet, andere in Blindheit zu erhalten.“[29]

Von diesen Voraussetzungen aus schrieb Walser den Entwicklungsroman *Die Gallistl'sche Krankheit,* der im Frühjahr 1972 erschien. Josef Georg Gallistl, der an sich, seiner Familie und seinem Beruf leidet, wird krank. Der Versuch, im gewohnten Freundeskreis Heilung zu finden, mißlingt, da auch sie von dieser Krankheit befallen sind, nur haben sie noch funktionierende Abwehrmechanismen. Gallistl zieht sich auf sein eingeschränktes Ich zurück; sein Sprach- und Kommunikationsvermögen ist zerrüttet. Die Niederschrift seiner Krankengeschichte leitet den Desillusionierungsprozeß ein, weckt in ihm die Sehnsucht nach neuen Gesprächspartnern. Schon im *Kinderspiel* findet sich die Erkenntnis, daß einer allein sich nicht helfen kann: „Asti: Ich bin die Revolution. — Bille: Einer allein kann sich nicht befreien. — Asti: Einen Kuß, Bille. — Bille: Zwei allein können sich nicht befreien.“ (331) Gallistl trifft Pankraz Pudenz und seine Freunde. Diese geben ihm eine neue Sprache und lehren ihn, seine individuelle Krankheit als eine durch das gesellschaftliche System verursachte zu erkennen. Sie bringen ihm die ökonomischen Grundbegriffe bei und diskutieren den richtigen Weg zum Sozialismus. Natürlich erleidet Gallistl Rückfälle und ist nicht sicher vor dem alten Konkurrenzdenken und den Angstzuständen. Aber das vierte Kapitel, „Es wird einmal“, endet mit einem Schluß voller verhaltenem Optimismus: „Obwohl wir lieber zu Fuß gegangen wären, klettern wir in das Kalvarien-Auto. Wo fährst du uns hin, Pankraz? Pankraz lacht. Das sieht ihm gleich.“ (128)

Mit der angedeuteten literarischen und intellektuellen Entwicklung ist Martin Walser ein eindrucksvolles Beispiel für die gesellschaftskritische Aktivität eines Schriftstellers heute. Im Gegensatz zu seinen Alterskollegen Günter Grass, der sich für die Ziele der SPD politisch einsetzt, und Hans Magnus Enzensberger, der die theoretische Analyse des herrschenden Gesellschaftssystems vorantreibt, nimmt er Partei in der Auseinandersetzung mit den traditionellen Darstellungsweisen und durch die inhaltlich bedingte Ausbildung neuer Theater- und Erzählformen.

Thomas Beckermann

Anmerkungen

Texte

Prosa:

Ein Flugzeug über dem Haus und andere Geschichten. Frankfurt 1955; edition suhrkamp 30, 1963.

Ehen in Philippsburg. Roman. Frankfurt 1957; rororo Taschenbuch 557, 1963.

Halbzeit. Roman. Frankfurt 1960; suhrkamp taschenbuch 94, 1973.

Lügengeschichten. Frankfurt 1964, edition suhrkamp 81.

Das Einhorn. Roman. Frankfurt 1966; Fischer Bücherei 1106, 1970.

Fiction, Frankfurt 1970.

Aus dem Wortschatz unserer Kämpfe. Szenen. Stierstadt 1971.

Die Gallistl'sche Krankheit. Frankfurt 1972.

Stücke:

Eiche und Angora. Eine deutsche Chronik. Frankfurt 1962 (1. Fassung); edition suhrkamp 16, 1963 (2. Fassung).

Überlebensgroß Herr Krott. Requiem für einen Unsterblichen. Frankfurt 1964, edition suhrkamp 55.

Der Schwarze Schwan. Frankfurt 1964, edition suhrkamp 90 (seit der zweiten Auflage die 2. Fassung).

Der Abstecher / Die Zimmerschlacht (mit einem zweiten Akt). Frankfurt 1967, edition suhrkamp 205.

Ein Kinderspiel. Stück in zwei Akten. Frankfurt 1970, edition suhrkamp 400 (1. Fassung).

Gesammelte Stücke (mit „Wir werden schon noch handeln. Dialoge über das Theater"; alle Stücke in der endgültigen Fassung). Frankfurt 1971, suhrkamp taschenbuch 6.

Essays:

Beschreibung einer Form. München 1961 (Druck der Dissertation).

Erfahrungen und Leseerfahrungen. Frankfurt 1965, edition suhrkamp 109.

Heimatkunde. Aufsätze und Reden. Frankfurt 1968, edition suhrkamp 269.

Bibliographie

Heinz Sauereßig / Thomas Beckermann: Martin Walser. Bibliographie 1952—1970. Biberach an der Riss 1970.

Literatur

Über Martin Walser. Hrsg. von Thomas Beckermann (Rezensionen und Aufsätze; mit einer ausführlichen Primär- und Sekundärbibliographie). Frankfurt 1970, edition suhrkamp 407.

Klaus Pezold: Martin Walser. Seine schriftstellerische Entwicklung. Berlin (DDR) 1971.

Wilhelm Johannes Schwarz: Der Erzähler Martin Walser (mit dem Beitrag „Der Dramatiker Martin Walser“ von Hellmuth Karasek). Bern/München 1971.

Thomas Beckermann: Martin Walser oder Die Zerstörung eines Musters. Literatursoziologischer Versuch über *Halbzeit*. Bonn 1972, Abhandlungen zur Kunst-, Musik- und Literaturwissenschaft 114.

Nachweise

1 *Der Schriftsteller und die kritische Distanz*, in: Frankfurter Allgemeine Zeitung, 4. Juli 1957.

2 *Elf Punkte für ein Arbeitsprogramm*, in: Volksstimme (Wien), 25. Juli 1971. Vgl. hierzu *Strophen* in: Kürbiskern 1/1972, S. 50—53.

3 *Die Niederlage* in: Die Literatur, Nr. 4, 1. Mai 1952, S. 5. — *Kafka und kein Ende*, in: Die Literatur, Nr. 2, 1. April 1952, S. 5.

4 Diese 1947/48 geschriebene Arbeit blieb unveröffentlicht. Winzige Teile daraus wurden in den Roman *Halbzeit* aufgenommen. Vgl. hierzu W. J. Schwarz, Der Erzähler Martin Walser, S. 67.

5 Es sind dies *Ein verdorbenes Geschäft*, *Der Schwächere* und *Eine Banane genügt*. In: Peter Suhrkamp, Briefe an die Autoren, hrsg. von S. Unseld, Frankfurt 1963, Bibliothek Suhrkamp 100, S. 123 ff.

6 Die Seitenzahlen im Text beziehen sich auf die Erstausgaben der Werke.

7 Das Motiv des Liegens nimmt Walser, wesentlich erweitert, in den Romanen *Halbzeit* und *Das Einhorn* wieder auf.

8 Die Kritik an realitätsfremden Intellektuellen zieht sich durch das ganze Werk Walsers, vom frühen Aufsatz *Jener Intellektuelle* (in: Akzente, Heft 2, April 1956, S. 134 ff.) über die *Skizze zu einem Vorwurf* (in: *Erfahrungen*, S. 29 ff.), den entsprechenden Passagen in seinen Romanen bis hin zu dem jüngsten Prosawerk *Die Gallistl'sche Krankheit*.

9 Vgl. hierzu K. Pezold, Martin Walser, S. 83, 95.

10 Vgl. hierzu W. Huber, Sprachtheoretische Voraussetzungen und deren Realisation im Roman „Ehen in Philippsburg“ in: Über Martin Walser, S. 202.

11 Siehe hierzu *Leseerfahrungen mit Marcel Proust*, in: *Erfahrungen*, S. 124 ff.

12 Interview mit Martin Walser (durch Josef-Hermann Sauter), in: Neue deutsche Literatur, 13. Jg., Heft 7, 1965, S. 102.

13 Vgl. hierzu K. Pezold, Martin Walser, S. 197 ff.

14 In: *Erfahrungen*, S. 59 ff.

15 In: *Erfahrungen*, S. 66 ff.

16 In: *Erfahrungen*, S. 94 ff.

17 In: *Heimatkunde*, S. 71 ff.

18 In: *Erfahrungen*, S. 51 ff.

19 Siehe hierzu *Unser Auschwitz*, in: *Heimatkunde*, S. 7 ff.

20 Vgl. hierzu R. Hagen, Martin Walser oder der Stillstand, in: Über Martin Walser, S. 268 ff.

21 Das Hörspiel *Erdkunde* erschien in: Kürbiskern, Heft 1, 1965 und wurde 1966 gesendet.

22 *Abschied von der Politik* (Interview mit Hellmuth Karasek), in: Theater heute, 8. Jg., September 1967, S. 7.

23 *Ein deutsches Mosaik*, in: *Erfahrungen*, S. 7 ff. — *Skizzen zu einem Vorwurf*, in:

Erfahrungen, S. 29 ff. — *Das Fundament der Saison*, in: Die Alternative oder Brauchen wir eine neue Regierung, hrsg. von M. Walser, Reinbek, August 1961, S. 5 f.

[24] *Praktiker, Weltfremde und Vietnam*, in: *Heimatkunde*, S. 24 ff. — *Amerikanischer als die Amerikaner*, in: *Heimatkunde*, S. 86 ff. — *Rede an die Mehrheit*, in: Kürbiskern, Heft 2, 1969, S. 335 ff. — *Die neuesten Nachrichten aus den USA*, in: Neue Volkskunst (Oberhausen), Nr. 92/93, 1971, S. 19 f. — *IG Kultur?*, in: Börsenblatt für den Deutschen Buchhandel, Nr. 97, 4. Dezember 1970 — *Wir haben dafür den Kapitalistischen Realismus* (Interview mit S. Maus), in: Kölner Stadtanzeiger, 13. August 1971.

[25] Ursula Trauberg, Vorleben, Frankfurt 1968. — Wolfgang Werner, vom Waisenhaus ins Zuchthaus, Frankfurt 1969.

[26] Siehe hierzu *Ist die Deutsche Bank naiv?*, in: Der Spiegel, Nr. 35, 24. August 1970, S. 128 ff. und *Kapitalismus oder Demokratie?*, in: Konkret, Januar 1971, S. 62.

[27] In: Die Zeit, Nr. 42, 17. Oktober 1969.

[28] In: Die Zeit, Nr. 13, 27. März 1970.

[29] In: Kursbuch 20, April 1970, S. 35.

Volker Canaris

PETER HACKS

> Er wirft der Welt vor, daß sie ist,
> und indem er diesen Vorwurf,
> der ein Lob ist, erhebt,
> weiß er der Kunst eine gesicherte Zukunft.[1]
> (Peter Hacks über Peter Hacks)

Über die Biographie des Stückeschreibers Peter Hacks ist wenig bekannt. Dieses wenige: Hacks ist am 21. 3. 1928 in Breslau geboren. Ab 1946 in Dachau wohnhaft, studiert er in München Soziologie, Philosophie, Literatur- und Theaterwissenschaften. 1951 promoviert er mit einer Arbeit über das Volksstück des Biedermeier. 1955 wird sein Theaterstück *Eröffnung des indischen Zeitalters* an den Münchener Kammerspielen uraufgeführt. Kurz danach verläßt Hacks die Bundesrepublik, geht in die DDR, nach Berlin. Er wird Mitarbeiter an dem von Brecht geleiteten Berliner Ensemble, später Dramaturg am Deutschen Theater. Nach der Aufführung seines Stückes *Die Sorgen und die Macht* verliert Hacks zum Ende der Spielzeit 1962/63 seine Stellung am Deutschen Theater. Seitdem lebt er als freier Schriftsteller in Ostberlin.

Im Januar 1965 schrieb Hacks folgende *Autobiographie:* „Der heilige Benediktus, der, wie man mir sagt, im Jahre 480 geboren wurde, befaßte sich vornehmlich mit der Lösung des Problems, wie einer auf Erden möglichst glücklich leben und doch eben noch in den Himmel kommen könne. Ich, der ich, wie man mir sagt, im Jahre 1928 geboren bin, befasse mich (das zu Ändernde geändert) ganz mit demselben Problem."[2] Ein seltsames Bekenntnis für einen, der Marxist ist, Dialektiker und Materialist. Was es mit dieser Seltsamkeit auf sich hat, wie diese *Autobiographie* sich verhält zu den Stücken — diese Frage zu klären, soll ein Gegenstand des folgenden Versuchs sein.

*

Die ersten Stücke schrieb Hacks noch in der Bundesrepublik: *Das Volksbuch vom Herzog Ernst, Eröffnung des indischen Zeitalters, Die Schlacht bei Lobositz.* Später hat Hacks darüber gesagt: „Anfangs in Westdeutschland hielt ich es für ein hinreichendes Grundthema, die Klassengesellschaft zu widerlegen."[3] Im *Volksbuch* (1953) übernimmt Hacks die alte Geschichte des Spielmannsepos von den Irrfahrten und Abenteuern des Herzog Ernst, aber er erzählt sie, natürlich, anders: als die Geschichte eines Mannes, der vom Anbruch einer neuen Zeit überholt wird und dessen Heldentum mit dem Verlust seiner Macht schwindet. Am Ende, bei seiner Heimkehr, ist Ernst eine ebenso exotische Figur wie seine aus der Ferne mitgebrachten Ungeheuer. Die Zeit ist über ihn hinweggegangen, zwischen der Allmacht des Kaisers und dem neuen Selbstbewußtsein der Städte findet der heroische Kriegsmann nur noch den Platz eines von allen bestaunten traurigen Clowns; im beginnenden Zeitalter der Geldwirtschaft ist der Herzog ein Anachronismus.

Hacks' historisierender Blick macht aus der Tragödie vom Fall des Helden Ernst also die Posse. Da Ernst nicht merkt, wie ihn der Gang der Geschichte überholt, wird er zur grotesken Figur. Übrig bleibt allein seine edle Abstammung; diese, die leere Hülse seiner einstigen Macht, bewahrt ihn als ein politischer deus ex machina davor, vollends aus der Geschichte und aus dem Stück herauskatapultiert zu werden. „Die Verluste wären tödlich für ihn, wenn nicht dreimal (am Schluß jedes Aktes) der Niedergang durch die fortbestehende Tatsache seiner privilegierten Geburt aufgefangen würde."[4]

Die historische Konstellation ist in diesem Stück vor allem nach dem dramaturgischen Prinzip angeordnet, die Fabel und den Fall ihres Helden zu bewegen. Der materialistische Blick auf die Geschichte konzentriert sich auf das Darstellen der ökonomischen Interessen (sprich: der Gier nach dem Geld) als der Triebkräfte der politischen Bewegungen. Die Dialektik wird benutzt, um den Witz der Szenen hervorzutreiben: Die zeitlosen Tugenden Heldentum, Edelmut, Größe usw. wechseln im szenischen Verlauf immer wieder flugs ihren Stellenwert, je nach ihrer Verwertbarkeit. Die Sprache geht direkt auf Pointen aus, auf decouvrierend anachronistische Wendungen und Bilder; die großen Gestalten der Geschichte werden reduziert auf ihre Funktionalität, die großen Ideale denunziert als von materialen Interessen abhängig. Mit den Zaubermitteln des Theaters wird das welthistorische Treiben der Figuren als Kulissengeschiebe attackiert. Die Dramaturgie fügt episch-additiv eine Szene an die andere; aus der immer wieder neu ansetzenden Reihung der Szenen entsteht eine lineare Kette von Situationen, in denen die Geschichte (als Fabel und Historie) sich fortbewegt.

Alles in allem: Ein witziges, gut gebautes, brechtisch-dialektisches Stück, von einem jungen Autor zu einer Zeit geschrieben, da Brecht alles andere als modisch war. Ein Talent betritt die theatralische Szenerie, mit der dem Metier angemessenen Lautstärke: „not with a whimper but a bang."[5]

Auch das Stück *Eröffnung des indischen Zeitalters* beschreibt einen Mann in der Umbruchsituation einer Zeitenwende: Christoph Columbus am Beginn des wissenschaftlichen Zeitalters. Columbus ist der Neuerer, der Revolutionär, der in die Zukunft drängt, aber gehindert wird von den Kräften des Bestehenden. Auch in diesem Stück zeigt Hacks dabei die ökonomischen Interessen als Basis der historischen Bewegung; nicht die „reinen" Erkenntnisse der revolutionären

Wissenschaft Mathematik, sondern erst die Nutzung dieser Erkenntnisse für die praktischen Interessen des spanischen Absolutismus bringen Columbus auf die Reise zur Entdeckung der neuen Welt.

Columbus ist der erste in einer langen Reihe von Gestalten des Peter Hacks, der ein Bild vom Möglichen entwirft, daran das Wirkliche mißt, und an seiner Aufhebung arbeitet. Die Widersprüchlichkeit der historischen Situation des Columbus hat Hacks dabei genau gestaltet. Columbus kämpft für den Fortschritt, für eine weitere, klarere, rationalere Welt; und das erste erreichte Ziel dieser Arbeit, die Entdeckung Amerikas, führt zugleich zur Ausrottung der Indianer, zur Vernichtung einer ganzen Welt. Die Eröffnung des indischen Zeitalters ist nicht nur die des Zeitalters von Vernunft und Wissenschaft, von Fortschritt und Zivilisation, sondern zugleich der Anfang der Epoche von Versklavung und Ausbeutung, von Imperialismus und Kolonialismus. Hacks benutzt diesen Widerspruch nicht, um die individuelle Tragik des Columbus zu zeigen; er zeigt vielmehr die Dialektik der Geschichte — mit Hilfe eines dramaturgischen Kunstgriffs. Er durchbricht die zeitliche Abfolge der Fabel und vertauscht die letzten beiden Szenen. Zuerst zeigt das Stück in einem (als reale Szene erscheinenden Traum des Columbus) die Landung in Amerika, die ersten Morde, die ersten Kämpfe um Gold und Land. Und danach, in einer großen optimistischen Schlußszene, zeigt Hacks die Ausfahrt der Schiffe, den Aufbruch in die neue Zeit. Die Konstruktion dieses Schlusses ist in ihrer Funktionalität ganz durchsichtig: Das Stück endet weder mit der Korrumpierung der revolutionären Idee durch die Wirklichkeit noch mit dem naiven Heroisieren des Fortschritts. Sondern: Die Skepsis gegenüber der Realität mündet in den Optimismus des Entwurfes; die Schönheit des Entwurfes wird gesehen vor der Folie ihrer Beschädigung durch die Wirklichkeit — gleichwohl wird der Entwurf realisiert. Mit Hilfe dieser Dialektik, die den historischen Denkansatz (wonach sich Geschichte nicht linear, sondern in Widersprüchen fortbewegt) im Szenenbau spiegelt und, umgekehrt, jenen in diesem erkennen läßt, entwirft Hacks am Ende des Sückes ein realistisches Geschichtsbild.

Das 1954 entstandene Stück *Die Schlacht bei Lobositz* formuliert am klarsten von allen frühen Stücken Hacks' das, was Brecht die „plebejische Perspektive" auf die Geschichte genannt hat. Hacks hat sie mit dem Stoff aus der 1789 erschienenen Autobiographie *Lebensgeschichte und natürliche Ebentheuer des Armen Mannes im Tockenburg* von Ulrich Bräker übernommen. Die Einsicht Bräkers „Die Größern richten solche Suppen an, und die Kleinern müssen sie aufessen"[6] prägt auch das Stück von Hacks, das, einen Teilaspekt der Geschichte Bräkers zum zentralen Thema nehmend, die Dialektik einer Herr-Knecht-Beziehung ausbreitet.

Als groteske Episode war diese Beziehung bereits im *Volksbuch vom Herzog Ernst* erschienen: Ernsts letzter Knappe Wetzel opfert sich, um seinen Herrn zu retten. Der Herr-Knecht-Mechanismus bewegt auf eine kompliziertere Weise und mit einem anderen Ausgang auch *Die Schlacht bei Lobositz*. Der Leutnant Markoni beherrscht seinen Knecht Bräker nicht mit Gewalt, sondern durch Liebe. Vor den anderen Offizieren prahlt er mit seinem Erziehungsprinzip: „Wie lenkt der Offizier den natürlichen Haß auf sich um in einen unnatürlichen auf den Feind? (...)[7] Meine Herren, der Mensch besteht nicht bloß aus Logik und Hintern; der Mensch hat vor allem ein Herz. Auch der Soldat, behaupte ich weiter, ist ein Mensch. Hieraus folgt, wir müssen den Soldaten vor allem am Herz dressieren. Keine Maschine ist berechenbarer als ein Mensch mit Herz. Wenn ich einen Mann mit Vornamen anred ... (...) ... und prügel ihn weniger oft eigenhändig, der gibt mir keine Ruh, bis er nicht dem Vaterland sein bescheidenes Opfer hat darbringen dürfen, er verschenkt sein Leben wie eine alte Wursthaut."[8] Die Geschichte des Stückes erscheint als Probe auf dieses Exempel, als Kette von Versuchen Bräkers, sich aus den Klauen solcher Liebe zu lösen. Bräker begreift zwar schnell rational den Widerspruch zwischen Markonis Schalmeientönen und der Wirklichkeit, aber er erleidet immer wieder emotionale Rückfälle. Seine komische Geschichte verläuft als Bemühen, seine Gefühle in Übereinstimmung zu bringen mit seinen Interessen.

Diese Geschichte ist für Hacks nur erzählbar in der Bindung an die konkrete historische Situation: Die Szenerie des Siebenjährigen Krieges wird scharf als von Klassengegensätzen geprägt beleuchtet, der Krieg als imperialistischer Raubkrieg mit kabarettistisch-aggressiven Mitteln decouvriert, die Beziehung Offizier — Soldat als Modell der Ausbeutung, die Methode Markonis als Prototyp einer Harmonisierungsideologie attackiert. Doch Ulrich Bräker, anders als der sich opfernde Wetzel, emanzipiert sich. Sein Weg in die Freiheit ist zugleich ein Gang in einen fröhlichen, allgemeinen Pazifismus; am Ende singt er: „Ich häng mein Flint / An den Weidenbaum in hellen Wind. / Häng, Bruder, deine auch dazu. / Dann habn wir alle Ruh."[9]

Hacks hat das Stück noch 1954 in der Bundesrepublik geschrieben, zu einer Zeit, da die öffentliche Diskussion um Wiederaufrüstung und innere Führung, EVG und Nato geführt wurde; *Die Schlacht bei Lobositz* ist gewiß auch als polemischer Beitrag zu dieser Debatte zu verstehen. Wie kommt Hacks dann aber zu dem positiven Schluß? Die Antwort auf diese Frage läßt sich herleiten aus einer Untersuchung der Fabelkonstruktion. Zwar ist die private Geschichte zu Ende erzählt, als Bräker sein Bewußtsein, seine Emotionen und seine Interessen in Übereinstimmung gebracht und diese praktisch bewährt hat: Er desertiert und liefert Markoni dem Feind aus. Aber erst eine Manipulation des Dichters belohnt den Helden mit dem Komödienschluß: Wie der deus ex machina taucht die österreichische Armee auf, versieht (statt sie in die eigene Uniform zu pressen) die Deserteure mit Geld und Pässen und entläßt sie in die Heimat. Personifikation dieses guten Endes ist ausgerechnet — ein Offizier. Die Allmacht des Autors hebt hier für einen Moment die historischen Klassenschranken auf, allerdings nicht ohne seinen Helden diese Lösung als außergewöhnliche kommentieren zu lassen: „So eracht ich den Fall des armen Mannes vom Tockenburg, meinen Fall, für merkwürdig: denn es ist ein Fall von vollzogener Gerechtigkeit in dieser Welt."[10]

Die Aufhebung der historischen Widersprüche in der Form der Komödie — hier erscheint zum erstenmal deutlich das Grundmodell der Hacksschen Dramaturgie; es erscheint sein Modell der Utopie, das nach der kritisch analysierenden Darstellung der Wirklichkeit die schönere Zukunft eines unentfremdeten, freien, heiteren, sinnlichen Lebens antizipiert in der Schönheit, Freiheit, Heiterkeit, Sinnlichkeit eines theatralischen Augenblicks.

Bei der Bearbeitung des Sturm- und Drang-Stückes *Die Kindermörderin* von Leopold Heinrich Wagner arbeitet Hacks mit einer ähnlichen Dramaturgie. Zunächst verdeutlicht die Bearbeitung die gesellschaftlichen Zusammenhänge an den Schlüsselstellen der Fabel: Der Kleinbürger Humbrecht hält auf die Ehre seiner Tochter, weil er diese als einziges Kapital in seiner von Adel und Großbürgertum abhängigen finanziellen Situation ansieht; das geschwängerte Evchen verweigert dem adligen Verführer von Gröningseck tugendsam den zweiten Beischlaf, um ihn desto sicherer ins E h e bett zu bekommen; der Leutnant Hasenpoth begeht seine Schurkereien, um seinen Freund vor einer unstandesgemäßen und zudem finanziell ruinösen Torheit zu bewahren; und Gröningseck kommt am Ende nicht (wie bei Wagner) durch bösen Zufall zu spät, sondern aufgrund gewichtiger Interessen, die es ihm ratsam erscheinen lassen, erst das Verhältnis zu seiner reichen und reizenden Cousine Odile ins reine zu bringen. Diese historisierenden Eingriffe in die Fabel (die nach Hacks' Meinung für den Zuschauer von heute klären, was für die Zeitgenossen Wagners dem Stück implizit war[11]) führen wieder zu einer utopischen Schlußkonstruktion; diese ironisiert die beiden Schlußversionen Wagners (die tragische wie die versöhnliche[12]) und hebt sie zugleich auf einer höheren Bewußtseinsebene auf: Evchen bringt ihr Kind nicht um, aber sie verweigert sich auch der harmonisierenden Lösung. Die Kleinbürgerin streift die Beschränkung ihres Klassenbewußtseins ab und ringt sich durch zur plebejischen Perspektive: „Komm; komm, mein Sohn, mein kleiner Bastard. Wir gehen fort aus diesem Kerker von Pflicht und Bosheit. Wir wolln uns zusammen durchs Land schlagen, bis wir eine menschliche Seele zum Brotherrn gefunden, die, wenn sie unsre gesunden Glieder abzählt, uns keinen Krüppel heißt, weil uns der Name eines Schurken fehlt."[13] Dieser Sprung geschieht plötzlich und unvermittelt und katapultiert Evchen hinaus in das Niemandsland einer Zukunft, die zu bestehen ihr der Schluß des *Lust- und Trauerspiels* erspart.

Hacks hat über die zweite Periode seiner Arbeit, zu der er die Stücke *Die Schlacht bei Lobositz, Die Kindermörderin, Der Müller von Sanssouci* und *Die Sorgen und die Macht* zählt, zusammenfassend gesagt: Sie „handelten über die Pflicht des Menschen, sich zu emanzipieren; es waren Geschichten von Leuten, die sich ihrer Schranken entledigen, (...) oder solche, die gegen unemanzipierte

Seelen, gegen lakaienhafte und opportunistische Haltungen polemisieren."[14] Zur letzteren Kategorie ist *Der Müller von Sanssouci* zu rechnen.

Das Stück, dessen Idee von Brecht stammt, verhält sich polemisch zu jener preußischen Anekdote vom aufrechten Müller, der den Alten Fritz mit dem Klappern seiner Mühle störte und den König, als dieser ihm Enteignung androhte, mit dem Ruf: „Es gibt noch Richter in Berlin" in die Schranken der Rechtsstaatlichkeit verwies und zum Verzicht auf die Zwangsmaßnahme bewegte. Der Witz des Stückes liegt in der dialektischen Verkehrung und Entlarvung der Werte, die die Anekdote zum Ruhm des preußischen Staates preisen soll: Der „aufrechte" Müller kneift im Angesicht der Macht, da er ihr doch trotzen sollte — und sein Trotz wird von eben jener Macht (als Alibi für ihre Rechtsstaatlichkeit) gewünscht und schließlich gekauft; die Unabhängigkeit erscheint als Abhängigkeit. Und die „Rechtlichkeit" Friedrichs, die doch seine Macht begrenzen sollte, dient nur zur Festigung eben dieser Macht. Das Gesetz wird dabei, gleichgültig, ob es Rechte zuerkennt (dem Müller) oder Pflichten auferlegt (dem Müllerburschen Nickel), so gehandhabt, daß es dem Mächtigen dient. Die Dialektik arbeitet in diesem Stück mechanisch genau, sie bewegt die Figuren als reibungslos funktionierende Gliederpuppen. Der Widerspruch, aus dem die Komödie ihren Witz schlägt, entsteht aus der außerhalb der Fabel liegenden Spannung von Vorlage und Umfunktionierung. Hacks hat also auch im Bezug auf die Dramaturgie recht, wenn er in seinen *Anmerkungen zum Lustspieltext* von der „völligen Negativität des Gegenstandes"[15] spricht. Die Aufhebung erfolgt auch keineswegs in der proletarischen Figur des Müllerburschen; auch Nickel bleibt auf sein bloßes Funktionieren beschränkt, ohne ihn würde die Mechanik der Komödie nicht ablaufen — ermöglicht doch einzig sein Vorhandensein die letzte Volte, mit der der König den Müller schachmatt setzt und Hacks die Anekdote widerlegt. Die Dramaturgie des Stückes verlegt die Aufhebung der Negation aus dem Stück heraus in das Bewußtsein des Zuschauers. Hacks: „Das Stück zeigt keine positiven Haltungen, der Stückschreiber erwartet sie vom Zuschauer. Es ist ein altes Theatervergnügen, m e h r z u w i s s e n als die auftretenden Personen. Der Stückschreiber schmeichelt sich, kein geringeres Vergnügen zu erzeugen, wenn er sein Publikum k l ü g e r s e i n läßt als die auftretenden Personen. Solcherart wird die formale Überlegenheit zur materialen."[16]

Die Dialektik hat im übrigen für Hacks als Mittel der Dramaturgie eine erkenntniskritische Funktion; das läßt sich (um nur auf ein Element etwas näher einzugehen) anhand der ideologiekritischen Strukturen von Hacks' Fabeln beschreiben. Ausgehend von der marxistischen Einsicht, daß die materiellen Interessen die Haltungen und Handlungen der Menschen bestimmen, daß also auch der Katalog einer bestimmten Ethik letztlich von der jeweiligen Interessenlage der Betroffenen abhängig ist, führt Hacks den Wechsel scheinbar frageloser Tugenden im Wechsel der Interessen vor. So ist die Treue des Knechts Wetzel für den Herzog Ernst eine Tugend, denn sie rettet sein Leben, für den Knecht aber ein Laster, denn sie kostet ihn sein Leben. So ist der Verrat für Bräker eine Tugend, denn er bringt ihm die Freiheit, für Markoni aber ein Verbrechen, denn er bringt ihn in Gefangenschaft. So ist des Müllers Gehorsam für Friedrich ein Vergehen, denn er braucht Widerstand; und für den Müller zahlt sich der Gehorsam, der sich in der Widersetzlichkeit äußert, so aus, als habe er sich widersetzt und Untertanengeist gezeigt. So sind die Lügen des Leutnants Hasenpoth Zeichen ehrlicher Freundschaft für von Gröningseck, für Evchen Humbrecht jedoch sind sie Unrecht und Verderben — dieses Unrecht freilich verhilft ihr, auf der dritten Stufe, auch zu ihrem Recht: Es ermöglicht ihr, sich zu emanzipieren. In allen diesen Fällen macht Hacks die entlarvenden Umschläge mit einer Wendung der Fabel deutlich, die intellektuelle Form der Dialektik wird so sinnlich vermittelt, der kritische Ansatz lustvoll genießbar.

Da es Hacks zudem erklärtermaßen nicht darum geht, die Welt im Theaterstück abzubilden, sondern darum, seine, des Autors, Haltung zur Welt zu formulieren[17], muß er es dem Zuschauer möglich machen, diese Haltung in der Gestaltung des Stoffes zu erkennen. Hacks benutzt dazu in den frühen Stücken die Mittel des epischen Theaters: Die Fabeln werden dem Zuschauer auf Distanz gehalten, die Lesart des Autors (das „wie") wird ihm nicht durch den Stoff (das „was") verdeckt. Deshalb das Setzen, Negieren und Aufheben vorhandener Stoffe und bekannter Situationen. Deshalb die epische Reihung der Szenen, die Erweiterung der dramatischen Ebene der Fabel durch die erzählende der Projektion, die lyrische des Liedes; deshalb die Adressen an das Publikum, die offenen Schlüsse. Deswegen vor allem der gestische, demonstrierende Duktus der Sprache, das Stauen des Dialogs durch Inversion und Parenthese, durch Apposition und Partizipialkonstruktion, das den Transport des Gedankens verzögert, den logischen Ablauf der Sätze formal verfremdet, um mit Hilfe der Grammatik die Information um so überraschender und deutlicher ausstellen zu können. Deswegen schließlich auch die Vorliebe für antithetische Metaphern („Wir gehen alle mit alten Schuhen ins neue Leben"[18]), für pointierende, sprichwortartige Sentenzen („Er hat einen Turm gebaut, um hoch vom Dach zu fallen"[19]), vor allem für paradoxe Formeln („Den, wenn ich lieben könnt, könnt ich lieben"[20], „Der stirbt, der kann lachen"[21], „Gute Gründe pflastern den Weg des Irrtums"[22]). Diese widersprüchlichen Wortbilder sperren sich, mehr oder weniger, gegen direktes Verständnis, sie geben ihre Schönheit und ihren Witz erst preis als Funktion der szenischen Situation. (Gelegentlich, vor allem in den ersten Stücken, hat Hacks' Sprache auch etwas Kunstgewerblich-Gezwungenes, sie wird dann auch sofort unverständlich.)

Diese (notgedrungen pauschale) Beschreibung der Theatermittel des Stückschreibers Peter Hacks und die Begriffe, mit denen versucht wird, sie zu fassen, verweisen natürlich auf das Vorbild Brecht. Hacks ist gelegentlich vorgeworfen worden, er habe die Eigenarten der Mittel Brechts bis zur Manier verunstaltet, ja er sei — etwa in einigen Szenen der *Eröffnung des indischen Zeitalters* — nicht über ein schwächliches Nachahmen des Meisters hinausgekommen. Die genaue Lektüre und Analyse der Stücke von Hacks beweist jedoch das Gegenteil — er ist in den frühen Stücken ein Schüler Brechts, aber ein Meisterschüler mit eigenen Stoffen, eigenen Formvariationen, vor allem mit einem ganz eigenen (und schon sehr früh sehr kunstvoll eingesetzten) Ton der Sprache. Daß der Meisterschüler Hacks zudem zumindest in seiner Bearbeitung der Aristophanes-Komödie *Der Frieden* ein Theaterkunstwerk geschaffen hat, das sich an Schönheit, Sinnlichkeit, Kraft und Komik mit jedem Stück Brechts messen kann, würde eine genaue — hier nicht einmal in Ansätzen zu leistende — Untersuchung von Text und Inszenierungsmodell des *Frieden* erweisen.

Hacks hat sich im übrigen sehr bald nach dem Tod Brechts von dessen Theater fortentwickelt und zu seiner ihm eigenen Meisterschaft gefunden. Das Stück, das einen Wendepunkt für Leben und Werk des Peter Hacks bezeichnet, heißt *Die Sorgen und die Macht.*

☆

Die Sorgen und die Macht ist Hacks' erster Versuch, seine Haltung zur DDR-Gesellschaft in einem Stück zu formulieren. Ausgehend von den Anregungen des Bitterfelder Weges nahm Hacks 1958 einen Beschwerdebrief dreier Arbeiter an das „Neue Deutschland" zum Anlaß des Stückes. Er zeigt in einer pointierten und wiederum streng dialektisch gebauten Komödie Widersprüche der „Tonnenideologie". Die Arbeiter eines Braunkohlewerks erarbeiten sich durch Übererfüllung ihres Plansolls auf Kosten der Qualität Sonderprämien; die Arbeiter der angeschlossenen Glasfabrik dagegen verdienen wenig, weil sie wegen der schlechten Briketts ihr Soll nicht erfüllen können. Der Konflikt wird aufgedeckt und mit Hilfe der Partei gelöst: es werden bessere aber weniger Briketts produziert, damit kann die Glasfabrik rentabel arbeiten. Nur: jetzt verdienen die Glasarbeiter viel Geld und die Braunkohlenleute entschieden weniger als zuvor. Diese ökonomische Zwickmühle löst Hacks mit einer Wendung der privaten Fabel, der Liebesgeschichte zwischen der Glasarbeiterin Hede Stoll und dem Brikettwerker Max Fidorra. Fidorra schafft durch seine Initiative und durch sein Vorbild einen praktikablen Weg, um Quantität u n d Qualität zu produzieren und die Interessen aller zu befriedigen. Diese Lösung entwickelt Hacks aus einem Stoffelement, das ihr ausgesprochen komische Züge verleiht: Fidorra verliert in der Phase, da er wenig verdient, zugleich seine sexuelle Potenz; deshalb vor allem kämpft er um die Lösung: am Ende, so darf vermutet werden, ist er wieder in jeder Beziehung produktiv. Die Sexualität als Triebkraft des sozialistischen Aufbaus — Hacks benutzt da als Pointe seiner Komödie einen Zusammenhang, der materialistisch-listig die Einheit von biologischem und ökonomischen Produzieren zur Herstellung eines Komödienschlusses ausbeutet.

Das Stück wurde nach einer Voraufführung in Senftenberg überarbeitet, dann im Herbst 1962 auf den Berliner Festtagen am Deutschen Theater gezeigt. Im Januar 1963 wurden Autor und Regisseur (Wolfgang Langhoff) auf dem VI. Parteitag der SED kritisiert, im März zog Professor Hager in einer öffentlichen Rede das Fazit: „Der Zuschauer sucht bei Hacks vergeblich Personen, die Eigenschaften von neuen Menschen haben. Er wird vielmehr zum Beobachter des sozialistischen Entwicklungsprozesses in der DDR gemacht."[23] Das Stück wurde vom Spielplan abgesetzt, zum Ende der Saison wurde Hacks entlassen.

Bemerkenswert erscheint dabei dreierlei: daß Hacks auch die Widersprüche der DDR-Gesellschaft mit der Lust der Komödie an Zuspitzung und Entlarvung vorzeigt; daß diese Widersprüche im Stück zwar von einer kollektiven Anstrengung gelöst werden, diese jedoch letztlich ausgelöst wird von den privaten Gelüsten eines Einzelnen; und daß die Lösung, was ihre Plötzlichkeit und Wirksamkeit angeht, durchaus als deus ex machina-Schluß ausgestellt wird. Hacks baut also auch eine Fabel, die der DDR-Realität nachgeht, auf das Verhältnis von widersprüchlich-dialektischem Konflikt und utopisch antizipierender Lösung.

Komplizierter und kunstvoller gestaltet Hacks diesen Zusamenhang in dem Stück *Moritz Tassow* (1961/65), das die Geschichte eines „poetischen" Sauhirten erzählt, der 1945 nach der Besiegung des Faschismus seine angenommene Taubstummheit ablegt und die Bewohner eines mecklenburgischen Dorfes zur Errichtung einer Kommune führt. Dabei gerät er in Widerspruch zur pragmatischen Politik der vom alten Kommunisten Mattukat vorgeschlagenen kleinen Schritte. Großspurig verkündet Tassow:

Der Mensch alleine ist des Menschen Maß
...
Ein Krüppel, Schrumpfobst, krankes Mißgebilde
Und unvollständiger Halbmensch aber ist,
Wer stehenbleibt vorm Rand der Möglichkeit,
Wer äußre Lenkung duldet, fremden Auftrag
Annimmt und macht, was er nicht will, und nicht
Macht, was er will, und weniger will als alles.[24]

Mattukat will, bescheiden, die Bodenreform. Und die List des Stückes besteht darin, daß hier der utopische (fast anarchisch) freie Mensch nicht als Zukunftsvision am Ende des Stückes auftaucht, sondern zu Beginn als Realität, als Gegenwart gesetzt wird. Mattukat, der antithetische Gegenspieler Tassows, pragmatisch auf Bewältigung der Gegenwart hinarbeitend, resigniert am Ende, erweist sich als von der Vergangenheit zerbrochen. Und zum guten Schluß — Tassow zieht sich optimistisch-resignierend zurück und wird Dichter — zaubert das Stück den „neuen Menschen" hervor: Blasche, den unproduktiven, unpraktischen, kleinbürgerlichen Ideologen. Von diesem Ende her schlüsselt sich das Stück auf.

Der neue Mensch, der da als Zukunftsvision von 1945 vorgeführt wird, entspricht ja der Gegenwart des Zuschauers von 1965. Danach wäre also dieser neue gegenwärtige Mensch unproduktiv, kleinbürgerlich, wäre Fiktion und Verschleierung der Widersprüche, nicht ihre Aufhebung, wäre ein ideologischer Entwurf ohne reale Identität? Und Tassow (die Dialektik der Komödie legt diesen Schluß nahe) wäre doch die wirklich utopische Figur des neuen Menschen, nur listig ins Gewand der Vergangenheit verkleidet und selbstverständlich auch nicht frei von Fehlern? Dann aber hätte Tassows Gegenspieler Mattukat die Funktion nicht nur der Antithese zu Tassow, sondern auch zu Blasche: die Lösung wäre zu suchen nicht in einem Zurückfallen Mattukats auf Blasche, sondern in einem Vorgriff auf Tassow, oder (entsprechend der Abfolge des Spiels formuliert) nicht in einem Vorgriff auf Blasche, sondern im Zurückgreifen auf Tassow?

Dieses Jonglieren des Stückes mit den Zeitebenen spiegelt genau Hacks' Haltung zur Situation der DDR wider. Hacks sieht sich vor den Fragen: Wie kann die utopische Kraft einer Revolution im Moment der Realisierung dieser Utopie erhalten werden? Wie kann die Tendenz auf Zukunft, auf Veränderung in eine Gegenwart eingebracht werden, die eine Revolution zur Vergangenheit hat? Und was geschieht, wenn die revolutionäre Aufhebung der gesellschaftlichen Widersprüche zur Realität geworden ist und damit selbst notwendig von Widersprüchen bewegt wird? Hacks stellt diese Fragen im *Tassow* als ungelöst dar, aber nicht als unlösbar: er schreibt ja eine Komödie.

✻

Die Grundkonstruktion des *Tassow* ermöglicht es, über das Stück hinaus, die ideologische und ästhetische Position von Hacks auszumachen. Hacks geht davon aus, daß die DDR aus einer erfolgreichen Revolution (von 1945) hervorgegangen ist, daß diese Revolution die gesellschaftlichen Grundwidersprüche aufgehoben hat, daß sie aber keine Gesellschaft geschaffen hat, die frei von jeglichen Widersprüchen wäre. Nur: diese Widersprüche sind nicht-antagonistisch, sie sind prinzipiell und praktisch in dieser Gesellschaft aufhebbar. Das hat für Hacks der ökonomische Fortschritt der DDR, den er als „Aufhebung der Vorzüge des Kapitalismus“[25] begreift, bewiesen. „Dieser weit übers Jahrhundert hinausgreifende Erfolg der DDR, in Verbindung mit ihren höchst lebendigen Widersprüchen, ermöglichte die Neuentdeckung der Kunst und die Wiederaufnahme der großen ästhetische Fragen.“[26]

Aus den Widersprüchen der neuen postrevolutionären Gesellschaft leitet Hacks seine dramaturgischen Konflikte und deren Lösung her. Gegen die nicht vollkommene Realität setzt er die Utopie: „Der Verfasser meint, daß auch die beste aller wirklichen Welten einen Fehler behalten muß: den, daß sie schlechter ist als die beste aller möglichen Welten. Gegenstand der jüngsten Kunst, glaubt er, ist das Verhältnis der Utopie zur Realität. Die Utopie hat keine andere Weise zu existieren als in einer sich zu ihr hin entwickelnden Realität; indem sie so existiert, existiert sie schon nicht mehr als solche. Der einzige der Realität erreichbare Zustand von Vollkommenheit ist der Prozeß des sich Vervollkommnens, also ein unvollkommener Zustand."[27]

Realisierung dieses Paradoxons ist für Hacks das Kunstwerk, die Komödie, die die Widersprüche der Gesellschaft aufhebt, sie inhaltlich bewahrt und zugleich formal löst; die Versöhnung der Widersprüche in der Form spiegelt und antizipiert zugleich ihre Versöhnbarkeit in der Wirklichkeit. Die Komödie hebt in diesem Sinn auch die Spannung von Gegenwart und Zukunft auf: „Indem Kunst Unbefriedigendes auf zufriedenstellende Weise abbildet, ist sie selbst das entzeitlichte Abbild des Verhältnisses von Aufgabe und Lösung."[28] Die Komödie, wie Hacks sie begreift, ist ein Stück „von morgen von heute".[29] In dieser Formel äußert sich die Haltung eines Autors, der in der Tat „mutatis mutandis" (nämlich nachdem das zu Verändernde prinzipiell durch eine Revolution verändert ist) nach nicht weniger strebt als nach dem Himmel auf Erden, und der sich deshalb in der zu Anfang zitierten *Autobiographie* als dem heiligen Benedikt gleich erachtet.

Hacks hat die Zusammenhänge zwischen politischer Ökonomie und Dramaturgie in vielen Versuchen untersucht. Konkreter Ausdruck dieser Überlegungen ist das Postulieren einer neuen Klassik, die sich der großen poetischen Gegenstände in großer Form anzunehmen habe. Diese Forderung gründet Hacks auf die Hoffnung: „Das sozialistische Bewußtsein wird sich durch einen ausgeprägten Sinn für Entwicklung auszeichnen, für die Veränderbarkeit aller Zustände, auch positiver Zustände. Einst konnte dem Positiven nur ein Negatives folgen. Man hatte allen Grund es festzuhalten, wie einen Traum. Morgen wird dem Positiven ein Positiveres folgen. Das Leben wird schön sein und seine Schönheit übertrefflich. Also wird die sozialistische Klassik die erste Klassik sein ohne jegliche apologetische und restaurative Züge. Sie wird frei sein."[30] Gerade weil er diese Sätze im Futurum formulieren muß, hat Hacks in seinen letzten Stücken versucht, Beispiele einer solchen sozialistischen Klassik zu entwerfen.

✡

Das wichtigste der „klassischen" Stücke von Peter Hacks ist *Amphitryon*. Hacks hat in der Vorbemerkung zum Erstdruck des Stückes formuliert, warum er sich den Stoff angeeignet hat: „Es ist bekannt, daß der Amphitryon-Stoff von vier erstklassigen Dramatikern behandelt wurde. Das ist der Grund, warum ich ihn wieder behandle. Wären sie weniger erstklassig, wäre kein Anlaß ihre Ergebnisse zu übernehmen."[31] Neben dem Selbstbewußtsein eines Dichters, der sich der Souveränität seiner Mittel fast zu sicher ist, äußert sich in diesen Sätzen auch das geradezu alexandrinische Vergnügen, die Artistik der eigenen Version aus dem Vergleich zu den Vorgängern herzuleiten.

Hacks' inhaltliches Interesse an dem Stoff konzentriert sich auf die Grundkonstellation, „was geschieht, wenn ein Gott sich in die Hantierungen der menschlichen Gesellschaft einmischt".[32] Darin erkennt Hacks einen immer wieder von ihm behandelten Konflikt: den zwischen der Welt, die ist, und der, die sein könnte, zwischen dem Sein der Menschen und ihren Möglichkeiten, zwischen Realitäten und Utopie. Jupiter erscheint als Verkörperung des Vorwurfs an die Welt, daß sie nicht die beste aller möglichen ist; seine Liebe zu Alkmene ist der Entwurf des Vollkommenen, des Himmels auf Erden. Und Alkmene durchschaut diesen Zusammenhang sofort: sie genießt (ja provoziert bei der zweiten Begegnung) die Vereinigung mit dem Gott — die Liebe erscheint, wie die Kunst, als Augenblick, in dem der Zwiespalt von Existenz und Projektion zur sinnlich genießbaren Einheit aufgehoben ist. Auf Amphitryons Frage, sie solle entscheiden, wer der „wahre, wirkliche Amphitryon" sei, wählt Alkmene bei Hacks bewußt den Gott; sie begründet das Amphitryon gegenüber: (deshalb) „Erkor ich den, der, wie du solltest, war: / Den, der aus deinem Leibe, was aus ihm, / Als nach dem angeerbten Muster möglich, / Du hättest machen können, hat gemacht."[33] Nicht der Identitätsverlust ist für Hacks der Kern des (etwa tragischen) Konflikts — seine Alkmene nimmt den gelassen zur Kenntnis —, sondern die Aufhebung der Entfremdung, die Stiftung der Identität von Sein und Wollen, Sollen, Können. Die Liebe zwischen Alkmene und Jupiter wird als Realisierung dieser Einheit gesetzt — und indem sie ist, ist sie sofort widersprüchlich: der Dialektiker Hacks gibt dem Amphitryon die ernstgenommenen Argumente dessen, der um das Sich-Behaupten in den kleinlichen Widersprüchen der Wirklichkeit kämpft. Hacks' Amphitryon hält Jupiter und Alkmene mit Recht entgegen: „Der Mann, der nicht die Welt verleugnen darf, / Kann sie doch auch nicht umstoßen, er nimmt, / Wie stark er sei, von ihrer Farbe an ..."[34] Der Streit Mattukat/Tassow wird hier wieder aufgenommen, in großer, reiner Form, als immer schon gewesener und immer wiederkehrender Konflikt, als eines der „Bewegungsgesetze der Welt", die darzustellen für Hacks Aufgabe des Klassikers ist.[35]

Das Stück mündet dabei keineswegs in Skeptizismus aufgrund einer Unlösbarkeit des Konfliktes. In der Figur des von ihm zum Philosophen gemachten Sklaven Sosias demonstriert und verspottet Hacks die „positive" Haltung gegenüber der Wirklichkeit. Der Vorwurf Jupiters an Sosias „Weil er an nichts glaubt, als was ewig ist, / Glaubt er an nichts, der Flachkopf"[36] ist die Attacke gegen jene kleinbürgerliche Ideologie, die das Bestehende für mit sich selbst versöhnt hält und die Widersprüchlichkeit der Wirklichkeit, als unaufhebbar, ignoriert. Der Konflikt Alkmene—Amphitryon —Jupiter endet dagegen in Formeln, die den Widerspruch offen halten und als weiterwirkend kenntlich machen: „Es ist von solchem Ernst die Welt beschaffen, / Daß nur ein Gott vermag ein Mensch zu sein."[37] Der offene Schluß der Komödie ist Abbild der Produktivität, die für den Dialektiker Hacks aus Widersprüchlichkeit entsteht und die der Stückeschreiber Hacks, sie darstellend, im Zuschauer freizusetzen hofft. Sein Verdikt „Das heute Veraltete am Plautus liegt darin, daß er an die griechischen Götter glaubte, das heute Veraltete am Kleist liegt darin, daß er nicht an sie glaubte"[38] formuliert metaphorisch den Glauben an die Existenz der Götter auf Erden; das ist: das Vertrauen auf die Möglichkeit, die Welt zu verändern und in einen Prozeß des sich Vervollkommnens zu stürzen.

Hacks' jüngstes Stück *Omphale* knüpft stofflich an den *Amphitryon* an: die Komödie ist um das mythische Abenteuer des Alkmene/Jupiter-Sohnes Herakles bei der lydischen Königin Omphale gebaut. Im Zentrum steht jene Szene, die der *Amphitryon* ausspart: die Liebesszene. Dabei zeigt Hacks, die Beziehung Mann—Frau als Urelement menschlicher Gesellschaft setzend, die Aufhebung der Gegensätze durch ihre Überführung ins Gegenteil: Herakles wird Omphale, Omphale wird Herakles — beide sind eins, indem jeder zugleich der andere ist. In einem kunstvoll ausbalancierten Dialog von großer Schönheit spielen Omphale und Herakles mit den Rollen Mann und Frau; sie zeigen dabei, gerade indem sie ihre Begrenzung durch diese scheinbar natürlichen Bedingungen zerbrechen, wie durch die Fixierung an die Ideologie gesellschaftlicher Rollen Entfremdung entsteht. Zugleich führt die Dialektik dieser Szene zu einem Moment von völliger Identität: beide sind da ganz bei sich, indem sie ganz außer sich und bei dem anderen sind. Kommunikation wird sichtbar als die Entfremdung aufhebend, Selbstbewußtsein als entstehend aus Interaktion. Dieser Vorgang wird keineswegs mystifizierend gefeiert, sondern ganz spielerisch demonstriert: in einem Maskenspiel, das die Größe der Situation durch Komik materialisiert und vermenschlicht.

Im übrigen ist diese Liebesszene zwar der Kern, aber nicht das Ende des Stückes: Vor dem Einbruch des Unmenschlichen können Herakles/Omphale ihre Liebe nur bewahren, indem sie sie selbst aufgeben. Nicht Omphale, nur Herakles kann das Ungeheuer Lityerses töten, er tut es in der Maske der Omphale. Aber in dem Moment, da Herakles wieder seine Männerrolle übernimmt, fallen Maske und Figur auseinander: der Held im Weiberrock ist lächerlich — und er rettet doch das Leben seiner bedrohten Freunde. Auch eine die Entfremdung aufhebende Organisierung von Menschlichkeit, so scheint das Stück zu zeigen, kann die Einbrüche der Barbarei nicht verhindern, ja sie muß sich, indem sie jene bekämpft, sogar mit ihr gemein machen.

*

Ein kritischer Durchgang durch die Stücke von Peter Hacks darf nicht enden, ohne daß von seiner Verskunst die Rede ist. Sie kann hier jedoch nur in ihrer poetologischen Begründung angedeutet werden, da sich die ganze Kunst der

Hacksschen Sprache nur bei genauer Analyse von vielen Szenen- und Dialogelementen aufschlüsseln ließe.

Moritz Tassow, Margarete in Aix, Amphitryon, Omphale sind Versdramen, geschrieben in Blankversen. Hacks hat in dem Aufsatz *Über den Vers in Müllers Umsiedlerin-Fragment* Grundsätzliches über die Struktur des Jambus gesagt: „Wert, Schönheit und Leben eines Verses beruhen nicht auf der Identität von Metrum und Rhythmus, sondern auf ihrem Widerspruch. Jamben, bei denen der natürliche Tonfall der Sprache, Hebung für Hebung und Senkung für Senkung, mit dem Vers-Schema zusammenstimmt, sind keine guten Jamben, sondern schlechte. Vielmehr ist die Dialektik die: das Metrum setzt ein Erwartungsschema, und in dem Wechsel von Erfüllung und Nichterfüllung der Erwartung liegt der ästhetische Reiz. Weit entfernt davon, Fehler zu sein, gehören Abweichungen vom Metrum gerade zum Wesen der gebundenen Sprache: Sie machen die formale Schönheit, und sie sind das einzige Mittel, inhaltliche Akzente in formale umzusetzen: sie ermöglichen Betonung."[39] Hacks hat den Gebrauch dieses „gestischen, plebejischen, dialektischen Jambus"[40] gebunden an die aus seiner Haltung zum Sozialismus entwickelte Poetik von der neuen Klassik: Versdramen sind Ausdruck jener Zeit, die den nichtantagonistischen Widersprüchen ihrer Gesellschaft ein „entzeitlichtes Abbild des Verhältnisses von Aufgabe und Lösung"[41] entgegensetzen. „Hochfahrende Gedanken gleiten auf breiten Flügeln"[42], große Gegenstände brauchen die große Form: „Wer jemals versucht hat, Verse zu schreiben, merkt, daß sie mühelos große Gedanken, große Gefühle und Leidenschaften aufnehmen, und daß sie aber ungeheuer spröde und widersetzlich werden, wenn sie beschreiben sollen, wie ein Kaffeetisch gedeckt ist."[43] (Hacks' Versuch, in *Die Sorgen und die Macht* alltägliche Reden in Versform zu fassen, ist denn auch weitgehend gescheitert: die Gegenstände wurden nicht durch die große Form auch groß, sondern sie wirkten, gemessen am Anspruch der Versform, lächerlich klein.)

Verse schließlich sind, indem sie das Unvollkommene der Welt in die Vollkommenheit der Kunstform aufheben, auch Ausdruck des zu Anfang zitierten „benediktinischen" Strebens des Peter Hacks nach dem Himmel auf Erden. Dabei gilt für die Verse von Hacks, was Hacks über die *Philoktet*-Verse von Heiner Müller geschrieben hat: „Hier ist eine Sprachkunst, die ich nicht nach Gebühr loben kann, weil ich sie übers schickliche Maß loben müßte."[44]

Anmerkungen

Texte

Fünf Stücke (Das Volksbuch vom Herzog Ernst, Eröffnung des indischen Zeitalters, Die Schlacht bei Lobositz, Der Müller von Sanssouci, Die Sorgen und die Macht). Frankfurt am Main 1965. (Im folgenden zitiert als *Fünf Stücke*.)

Vier Komödien (Moritz Tassow, Margarete in Aix, Amphitryon, Omphale). Frankfurt am Main 1971. (Zitiert als *Vier Komödien.*)

Adam und Eva — Komödie in einem Vorspiel und drei Akten. In: Theater heute 12/72.

Zwei Bearbeitungen (Der Frieden, Die Kindermörderin). Frankfurt am Main 1963, edition suhrkamp 47. (Zitiert als *Zwei Bearbeitungen.*)

Stücke nach Stücken — Bearbeitungen 2 (Polly oder Die Bataille am Bluewater Creek, Die schöne Helena). Frankfurt am Main 1965, edition suhrkamp 122.

Das Poetische — Ansätze zu einer postrevolutionären Dramaturgie. Frankfurt am Main 1972, edition suhrkamp 544. (Zitiert als Essays.)

Literatur

Klaus Völker: Drama und Dramaturgie in der DDR. In: Theater hinter dem „Eisernen Vorhang". Basel, Hamburg, Wien 1964.

Henning Rischbieter / Ernst Wendt: Deutsche Dramatik in West und Ost. Velber bei Hannover 1965.

Hellmuth Karasek: In grauen Tinten. Stuttgarter Zeitung, 31. 7. 1965.

Marianne Kesting: Marx, romantisch verarbeitet. Die Zeit, 5. 11. 1965.

Hans-Albert Walter: Ein Dramatiker und sein Vorbild. Frankfurter Hefte, Januar 1966, S. 57 ff.

Hans Dieter Zimmermann: Die Dialektik des Oben und Unten. Sprache im Technischen Zeitalter, 17/18 1966, S. 139 ff.

Ernst Wendt: Die späte Entdeckung des frühen Hacks. Theater heute, 1/67, S. 6 ff.

Ernst Wendt: Ein Trobador im Sozialismus? Theater heute, 2/67, S. 53.

Henning Rischbieter: Philosophie und Komödie. Theater heute, 3/68, S. 53 ff.

Henning Rischbieter: Auf dem Weg ans Ende einer Utopie? Theater heute, 10/69, S. 24 ff.

Fritz J. Raddatz: Traditionen und Tendenzen — Materialien zur Literatur der DDR. Frankfurt am Main 1972. Darin vor allem S. 420 ff.

Horst Laube: Peter Hacks. Velber bei Hannover 1972.

Hermann Kähler: Peter Hacks. In: Hacks, Ausgewählte Dramen. Berlin und Weimar 1972.

Theater in der Zeitenwende. Zur Geschichte des Dramas und des Schauspieltheaters in der Deutschen Demokratischen Republik. Zwei Bände. Berlin (DDR) 1972. Darin passim über Hacks.

Nachweise

1 Essays, S. 11.

2 Ebd., S. 97.

3 Ebd., S. 91.

4 „Anmerkungen des Autors" zum *Volksbuch;* in: Theater heute, 2. Jg. (1961), Heft 9, S. 56.

5 Essays, S. 136.

6 Bräker, *Lebensgeschichte . . .*; München 1965, S. 95.

7 *Fünf Stücke*, S. 176.
8 Ebd., S. 178.
9 Ebd., S. 233.
10 Ebd., S. 231.
11 Vgl. *Zwei Bearbeitungen*, S. 145 ff.
12 Vgl. *Sturm und Drang*. Dramatische Schriften; Heidelberg o. J., S. 627.
13 *Zwei Bearbeitungen*, S. 144.
14 Essays, S. 92.
15 Zitiert nach dem Programm der Westdeutschen Erstaufführung, Stadttheater Rheydt, Spielzeit 1965/66; Heft 14, S. 213.
16 Ebd., S. 212.
17 Vgl. Essays, S. 75.
18 *Fünf Stücke*, S. 133.
19 Ebd., S. 231.
20 Ebd., S. 209.
21 Ebd., S. 212.
22 Ebd., S. 302.
23 Zitiert nach Rischbieter / Wendt, Deutsche Dramatik in Ost und West, a. a. O., S. 103.
24 *Vier Komödien*, S. 15.
25 Essays, S. 9.
26 Ebd.
27 Ebd., S. 10.
28 Ebd., S. 7.
29 Ebd., S. 38.
30 Ebd., S. 41.
31 Theater heute, 9. Jg. (1968), Heft 3, S. 55.
32 Ebd.
33 *Vier Komödien*, S. 273.
34 Ebd., S. 277.
35 Essays, S. 89.
36 *Vier Komödien*, S. 264.
37 Ebd., S. 277.
38 Theater heute, 3/68, a. a. O.
39 Essays, S. 47 f.
40 Ebd., S. 51.
41 Ebd., S. 7.
42 Ebd., S. 33.
43 Ebd., S. 95.
44 Ebd., S. 117.

Gerda Wilmanns

CHRISTA WOLF

Im Jahre 1969 stand sie mit ihrem dritten Werk, *Nachdenken über Christa T.*, für einige Wochen auf den Bestsellerlisten in der Bundesrepublik. Bis dahin hatte man sie im westdeutschen Literaturbetrieb nur wenig beachtet. Kaum einer kannte ihre erste Veröffentlichung, die *Moskauer Novelle*, und es war den speziellen Interessenten für Literatur in der DDR vorbehalten gewesen, seit dem Erscheinen der Erzählung *Der geteilte Himmel* 1963 den Namen Christa Wolf mit einem ganz bestimmten Stellenwert in das Spektrum der Literatur „drüben" einzuordnen. Die Anerkennung des Talentes und die beifällige Registrierung, daß eine junge Schriftstellerin das Thema der deutschen Teilung, der Errichtung der Berliner Mauer, in einer überraschend unorthodoxen, menschliches Leid nicht verschweigenden Weise aufgegriffen hatte, stand freilich in keinem Verhältnis zum sensationellen Erfolg des Buches in der DDR, zur lawinenartig anschwellenden Diskussion dieses kleinen Werkes, das wie ein Ventil etwas von dem angestauten seelischen Druck zwischen 1961 und 1963 abgesaugt hatte. 1969 war es umgekehrt: Während in der DDR über dem 1968 in winziger Auflage erschienenen *Nachdenken über Christa T.* beklommenes Schweigen herrschte, weil sich das Bild von der Lebensproblematik einer früh verstorbenen Frau zu fremdartig in der literarischen Landschaft der DDR ausnahm, bewirkte die westdeutsche Lizenzausgabe eben dieses Buches ein vielstimmiges Echo in der Kritik und wurde zu einem großen Erfolg. Keine lärmende Propaganda-Apparatur hatte das Terrain für einen triumphalen Einzug auf dem Büchermarkt vorzubereiten brauchen, und das Mißtrauen gegenüber „gemachten" Bucherfolgen durfte füglich ausbleiben. — Das Unbehagen kam erst später: Wem galt eigentlich das Interesse? Wer oder was hatte die Federn namhafter Kritiker aller großen Zeitungen in Bewegung gesetzt? Galt die Anteilnahme dem Opus selbst, oder waren die Begleitumstände seines Erscheinens bzw. Nichterscheinens in der DDR das eigentlich interessante Phänomen? Diente man dem Werk und seiner Autorin mit einem Interesse, dessen äußerlich sichtbares Volumen umgekehrt proportional zum schmalen Umfang dieses Buches war?

Diese Fragen stellen, heißt, den rechten Blickwinkel zu suchen, unter dem Christa Wolf als deutsche Dichterin unserer Zeit ins Auge gefaßt werden kann. Derjenige, der sie nach ihrer letzten Veröffentlichung rasch als Sympathisantin für westliche Lebensdeutung mit Beschlag belegen will, hat den Satz überlesen:

> Denn die Neue Welt, die wir unantastbar machen wollten, und sei es dadurch, daß wir uns wie irgendein Ziegelstein in ihr Fundament einmauerten — sie gab es wirklich. Es gibt sie, und nicht nur in unseren Köpfen, und damals fing sie für uns an. Was aber immer geschah oder geschehen wird, es ist und bleibt unsere Sache. Unter den Tauschangeboten ist keines, nach dem auch nur den Kopf zu drehen sich lohnen würde.

Er kennt auch nicht den literaturkritischen Aufsatz der Redakteurin Christa Wolf aus dem Jahr 1958 zum Thema: *Kann man eigentlich über alles schreiben?*, wo es heißt:

> Der Kampf für den Sozialismus ist immer mehr zur einzigen Möglichkeit geworden, sich konsequent menschliches Handeln und Denken zu bewahren — schon heute. Der Sozialismus entreißt sich selbst und seine Umgebung der Finsternis Stück für Stück ... Man kann nicht nur, man soll über alles schreiben, was sich zum literarischen Thema formen läßt ... Zum Thema wird dieser Stoff für einen sozialistischen Autor erst, wenn sich ihm die seinem Sujet immanente künstlerische Idee erschließt — eine Idee, aus der sich eine Fabel ergibt, an der sich Gesetzmäßigkeiten der gesellschaftlichen Entwicklung zeigen lassen. (Neue Deutsche Literatur 1958, Heft 6)

Fangen wir also gar nicht erst an, von „notwendiger Tarnung", von „unerläßlichen Zugeständnissen" zu sprechen oder die möglicherweise „sehend gewordene" Schriftstellerin von 1968 gegen die ideologisch „harte" Mitarbeiterin im DDR-Schriftstellerverband auszuspielen! Gestehen wir es ein, daß wir Zeitgenossen der siebziger Jahre uns auf einer Spurensuche befinden, daß wir „Mutmaßungen" und „Ansichten" äußern können, ohne eine letzte Distanz zu überwinden. Nicht anders tut es Max Frisch, der Christa Wolf auf einer Reise durch die Sowjetunion begegnet und in seinen Notizen vom Juni 1968 vermerkt: „Ich begrüße Christa Wolf (DDR) und spüre Mißtrauen." Wenige Tage später, während einer Schiffsreise auf der Wolga: „Gespräch mit Christa Wolf und ihrem Mann bis vier Uhr morgens, draußen die helle Nacht über Wolga und Land. Labsal; daß man Widerspruch gelten lassen kann. Lange Zeit saß ein sowjetischer Genosse dabei, der zuhörte, aber mich nicht störte. Er scheint berichtet zu haben: Heute wissen meine Funktionäre, daß es ein sehr interessantes Gespräch gewesen sein soll, das wir geführt haben." Nach einem internationalen Schriftsteller-Bankett zu Ehren Gorkis in Gorki: „... ich beobachte Christa Wolf, manchmal versinkt sie, dann gibt sie sich wieder Mühe, wir heben das Glas auf Distanz, ohne es zu leeren" (Max Frisch: Tagebuch 1966—1971).

So schwierig es ist, das geistige Profil Christa Wolfs zu zeichnen, so klar läßt sich der äußere Lebensgang berichten: Geboren am 18. 3. 1929 in Landsberg a. d. Warthe, aufgewachsen in kleinbürgerlichem Milieu, das sie in der autobiographischen Skizze *Blickwechsel* (in: Christa Wolf: Lesen und Schreiben) schildert.

Es ist die gleiche beschränkte Welt wie die, in der Christa Wolf die Hauptgestalt ihrer Erzählung *Der geteilte Himmel* aufwachsen läßt. Wenn dort Rita Seidel der „Idiotie des Landlebens“ entrissen wird durch den Zugriff des sozialistischen Staates, der Lehranwärter sucht, so wird die halbwüchsige 16jährige Christa Wolf durch das grausige Fluchterlebnis aus ihrem Behaustsein vertrieben. Das Kriegsende wird zum entscheidenden Erlebnis der späteren Schriftstellerin, wird Wendepunkt und führt zum *Blickwechsel.* In Christa Wolfs erster Veröffentlichung, *Moskauer Novelle,* finden wir einen Niederschlag dieser elementaren Erfahrung, wenn es dort von der Hauptgestalt Vera heißt: „... das 16jährige Mädchen, das, verstört, in Fanatismus verrannt, als Flüchtling vor den sowjetischen Truppen vom äußersten Osten des damaligen ‚deutschen Reiches‘ bis nach Fanselow gekommen war.“ — Wie für die westdeutsche Generationsgefährten S. Lenz, G. Grass, M. Walser, G. Wohmann wird die Erfahrung des Zusammenbruchs zum Schlüsselereignis. Die damals 16jährige ist ihm wohl besonders stark ausgesetzt, weil die eigene Pubertätskrise zeitlich mit der politischen Katastrophe zusammenfällt. Die im Osten nach Rhythmus und Tenor so andersartig verlaufende Auseinandersetzung mit der Vergangenheit läßt dem jungen Menschen keinen Raum zum trotzigen Sichverschließen in der Haltung des „Ohne mich!“. Die gestern Gläubiggewesenen erhalten sofort neue Lebensdeutung und Verpflichtung und werden in ihrer Glaubensbereitschaft aufgefangen von solchen Lehrern, die sich 1945 keinem „dunklen Rätsel der deutschen Geschichte“[1] konfrontiert sehen, sondern den klaren Beweis für die Richtigkeit der marxistischen Geschichts- und Gesellschaftslehre in der Hand zu haben glauben.

Im Vorwort zur Anthologie *Wir, unsere Zeit* von 1959 legt Christa Wolf die geistige Neuorientierung ihrer Generation dar:

> Wie oft, wenn Menschen aus ihrem Leben erzählen, wenn sie von ihrer inneren Wirrnis nach dem Zusammenbruch des Hitlerregimes sprechen, wie oft nennen sie dann den Titel eines Buches, das ihnen Anstoß gab, nachzudenken, richtig zu fragen, sich über mühsam verarbeitete Antworten zur tiefgreifenden Entscheidung vorzutasten. Die Menschen — eine ganze Generation — fragten nach dem Sinn ihres Lebens, und die neue Literatur gab ihnen das Neue, das Einmalige unserer Zeit, das Geheimnis der Epoche; sie schlüsselte ihnen auf, was Joh. R. Becher in die Worte faßte: „Wir unsere Zeit, das Zwanzigste Jahrhundert!“ Die Bücher von Willi Bredel, Hans Marchwitza, Ludwig Renn, Anna Seghers, Bodo Uhse, F. C. Weiskopf, Arnold Zweig, die Gedichte und Stücke von Johannes R. Becher, Bertolt Brecht, Erich Weinert, Friedrich Wolf — sie waren uns doch mehr als Zufallslektüre, die man nach Belieben gut oder schlecht finden, die man lesen oder nicht lesen kann; sie wurden Bücher zum Weiterleben, zum Leben überhaupt. Neben ihnen lag auf dem Tisch die Broschüre über dialektischen und historischen Materialismus und lehrte: richtig denken. — Literatur hat ihren großen Anteil an der Wandlung in unserem Volk.

Immer wieder, zuletzt in ihrem Aufsatz von 1971 *Zu einem Datum* (in: Lesen und Schreiben) beschreibt sie diesen Vorgang, den sie im Engelszitat bündig artikuliert findet: „An die Stelle der absterbenden Wirklichkeit tritt eine neue, lebensfähige Wirklichkeit."

Es ist nur folgerichtig, wenn die 20jährige 1949 Mitglied der SED wird. Von 1949—1953 studiert sie in Jena und Leipzig Germanistik. In Leipzig ist sie Schülerin von Hans Mayer; Uwe Johnson ist ihr Kommilitone, Christa T. ist eine für Christa Wolfs Mitstudentinnen eindeutig wiedererkennbare Studienkameradin jener Jahre. — Nach Abschluß ihres Studiums wird Christa Wolf Redakteurin der *Neuen Deutschen Literatur,* der Zeitschrift des Schriftstellerverbandes, und Lektorin eines Jugendbuchverlages. 1959—1962 ist sie Lektorin im Mitteldeutschen Verlag Halle. Dort in Halle hat sie gemäß dem Aufruf der Bitterfelder Konferenz: „Schriftsteller, geht in die Betriebe, gebt euer individuelles Eigenbrötlertum preis!" im Eisenbahnwaggon-Bau gearbeitet. Einzelheiten ihrer dortigen Erlebnisse sind so genau in ihre spätere Erzählung *Der geteilte Himmel* eingearbeitet, daß ein Zirkel schreibender Arbeiter des VEB Waggonbau Auendorf der Meinung ist, eine genaue Abschilderung ihrer Welt in Händen zu haben, an der sie nun allerdings einige Abweichungen von der Realität zu monieren haben. So ist in einem offenen Brief in der *Freiheit* vom 12. 10. 63 zu lesen, die Genossen erkennten Rudi Schwabe nicht recht. Der richtige Meternagel sei schon im kommunistischen Jugendverband gewesen, warum sie die Hausfrauenbrigade nicht erwähnt habe ... Alles in allem aber ist man zufrieden. Der Brief endet: „Dein Buch regt zum Nachdenken an. Wir sind stolz auf Dich." Christa Wolf hat das Soll erfüllt, diese Schriftstellerin, das beweist gerade das rührende Mißverständnis, ist akzeptiert, integriert in die Gesellschaft der Werktätigen. Freilich zeigt die Art der Akzeptierung ebenso deutlich die Schwierigkeiten einer schriftstellerischen Existenz wie die parteiorthodoxen Beckmessereien, die der Autorin des *Geteilten Himmel* vorwerfen: „Christa Wolf spinnt an einigen Stellen und Figuren den Faden dekadenter Lebensauffassung in unserer sozialistischen Entwicklung" (Dietrich Allert und Hubert Wetzelt in: Freiheit, Halle 31. 8. 1963).

1961 hatte die bis dahin nur kritisch tätig Gewesene ihr erstes Werk, *Moskauer Novelle,* veröffentlicht und damit einen beachtlichen Erfolg errungen. Seit 1962 lebt sie als freie Schriftstellerin in Kleinmachnow bei Berlin. Sie ist verheiratet und hat zwei Kinder. In der autobiographischen Erzähl-Skizze *Juninachmittag* von 1968 findet sich ein Niederschlag ihrer derzeitigen familiären privaten Existenz.

Den literarischen Durchbruch erzielt Christa Wolf mit ihrer zweiten Erzählung, *Der geteilte Himmel,* 1963. Höchste Ehrungen erreichen die 34jährige: Sie wird Kandidatin für das ZK der SED, sie erhält 1963 den Heinrich-Mann-Preis, 1964 den Nationalpreis. Man hört, daß die so Ausgezeichnete sich charaktervoll für in Schwierigkeiten geratene Schriftstellerkollegen eingesetzt habe und darüber selber in Ungnade gefallen sei, 1967 sei sie von der Kandidatenliste des ZK gestrichen. Das 1968 schon durch einen Vorabdruck in *Sinn und Form* bekannt gewordene und mit Spannung erwartete Werk *Nachdenken über Christa T.* erscheint nur in einer winzigen Auflage — man spricht von 500 oder 800 Exemplaren — was praktisch einem Nichterscheinen gleichkommt. Der Verleger dieses Buches übt im *Neuen Deutschland* am 14. 5. 1969 Selbstkritik, und auf dem vom 28.—30. 5. 1969 stattfindenden VI. Deutschen Schriftstellerkongreß in Ostberlin spricht der Vizepräsident Max Walter Schulz in seinem Grundsatzreferat die für die Autorin vernichtenden Sätze:

> Wir kennen Christa Wolf als eine talentierte Mitstreiterin unserer Sache. Gerade deshalb dürfen wir unsere Enttäuschung über ihr neues Buch nicht verbergen. Wie auch immer parteilich die subjektiv ehrliche Absicht des Buches auch (sic!) gemeint sein mag: So wie die Geschichte nun einmal erzählt ist, ist sie angetan, unsere Lebensbewußtheit zu bezweifeln, bewältigte Vergangenheit zu erschüttern, ein gebrochenes Verhältnis zum Hier und Heute und Morgen zu erzeugen. — Wem nützt das? Wem nützt eine subjektiv ehrliche, parteilich gemeinte Absicht, wenn sie streckenweise im literarischen Text und im Gesamteindruck die Doppelbödigkeit der Aussage so eindeutig provoziert, daß sich die andere Seite nur zu wählen braucht, was ihr beliebt, nur herauszulesen braucht, was sie gern herauslesen möchte. Wir sind nun einmal nicht allein auf der Welt, wir Sozialisten ... In dieser Verantwortung rufen wir Christa Wolf zu: Besinn dich auf dein Herkommen, besinn dich auf unser Fortkommen, wenn du mit deiner klugen Feder der deutschen Arbeiterklasse, ihrer Partei und der Sache des Sozialismus dienen willst. (NDL 1969, H. 9)

Nach jener erschütternden Szene eines modernen Haeresieverfahrens wird es in der DDR um diese Schriftstellerin stiller. Einige Essays erscheinen verstreut, die dann 1972, zusammen mit einigen früheren Aufsätzen und Betrachtungen, in einem Sammelband *Lesen und Schreiben* veröffentlicht werden. Wenn dieser Band eingeleitet wird von einem am 29. 12. 1966 im *Neuen Deutschland* erschienenen Artikel *Deutsch sprechen* — es ist die polemischste Äußerung, die Christa Wolf je getan hat, eine aggressive Betrachtung zu rechtsradikalen Erscheinungen in der Bundesrepublik — so darf man dies wohl als ein Entreebillett deuten, mit dem der Wiedereintritt in die Autorengesellschaft bezahlt wird. Dieses rechtgläubige antifaschistische Bekenntnis ermöglicht offenbar das Erscheinen des letzten großen Essay von 1968, der dem ganzen Band den Titel gibt. Der Aufsatz enthält Reflexionen aus dem zeitlichen Umkreis der *Christa T.* Die Äußerungen zum Selbstverständnis des modernen Schriftstellers, die Antworten auf die Frage nach seiner Funktion und seinem gesellschaftlichen Ort zeigen, wie sehr sich auch die Theoretikerin Christa Wolf seit 1958 entwickelt hat. Der erste Satz enthält bereits das Bekenntnis:

> Das Bedürfnis, auf eine neue Art zu schreiben, folgt, wenn auch mit Abstand, einer neuen Art, in der Welt zu sein.

Die in jüngster Zeit von der Autorin bekannt gewordenen Bilder zeigen ein erstaunlich verwandeltes, ein reif und wissend gewordenes Gesicht.

Angesichts der massiven Beschuldigung auf dem VI. Deutschen Schriftstellerkongreß stellt sich die Frage mit Dringlichkeit, welche Stellung Christa Wolf in unserer Zeit habe. Tatsächlich ist Christa Wolf trotz der kleinen Zahl von Veröffentlichungen eine der interessantesten Erscheinungen in unserer Gegenwart, da sich in ihrem Werk und in seiner Rezeption in Ost und West literarische und außerliterarische Momente zu hochgradiger Repräsentanz durchdringen.

Von der Biographie her wird deutlich, daß mit Christa Wolf eine neue literarische Generation zu sprechen beginnt, die in der Nachkriegssituation so stark dem Einfluß der russischen Literatur und der Werke von sozialistischen Emigranten ausgesetzt ist wie ihre Zeitgenossen im Westen dem Anprall der bis 1945 unbekannt gebliebenen angelsächsischen und französischen und der verschwiegenen deutschen Literatur aus den 20er/30er Jahren und der Emigration. Während sich die ältere Generation sozialistischer Schriftsteller noch mit der Fülle von Gegenkräften aus dem bürgerlichen Lager auseinanderzusetzen hatte, wächst die junge DDR-Generation in den Zeitstil eines kanonisierten Realismus hinein, dessen Weiterentwicklung nur innerhalb eines vorgegebenen Rahmens exegetischer Möglichkeiten erfolgen kann. Die Thematik und die Antwort von Christa Wolfs literaturkritischem Aufsatz 1958 *Kann man eigentlich über alles schreiben?* ist symptomatisch für diese Situation.

Von allen literarischen Vorbildern ist Anna Seghers für die junge Autorin am bedeutsamsten. In zahlreichen Veröffentlichungen bekennt sie sich zu ihr als ihrer Mentorin. Im Essay von 1968 *Glauben an Irdisches* (in: Lesen und Schreiben) lesen sich ganze Abschnitte, die der Deutung Anna Seghers gewidmet sind, wie Selbstauslegungen der Verfasserin. Die junge Schriftstellerin kann in der älteren nicht nur die große Erzählerin bewundern, die Altkommunistin und Emigrantin, die im Gespräch mit Georg Lukács sich profilierende Theoretikerin des Realismus, sondern gleichzeitig die in der Öffentlichkeit wirkende, selbstsichere Frau einer sozialistisch geprägten Emanzipation. So ist es verständlich, daß Christa Wolf als Angehörige der neuen Schriftstellergeneration nicht nur bewußt an die realistische Erzählweise anknüpft, sondern auch das Bild der Frau in den Koordinaten eines neuen weiblichen Selbstbewußtseins entwirft. Alle Frauengestalten Christa Wolfs gehören demselben Typ an: innerlich selbständig, in Beruf und eigenem Werk nach Selbstverwirklichung strebend, dem Mann in einer stärker von Kollegialität als von Erotik bestimmten Partnerschaft verbunden, als Gesamtpersönlichkeit reicher, farbiger, kraftvoller gezeichnet als ihr männliches Gegenüber.

Wenn Gabriele Wohmann in einigen Passagen von *Nachdenken über Christa T.* nicht ganz zu unrecht das Timbre von „Frauenroman“ registriert (Christ und Welt, 5. 12. 1969), so bleibt insgesamt festzustellen, daß die Autorin nach einem eigenen Generationsstil der Frau sucht, in dem die Spannweite von Kampfgefährtin, „Genossin“, und neuer sozialistischer Intelligenz, von tatkräftiger, öffentlich-gesellschaftlicher und reflektierend-privater Existenz zur Einheit gebracht werde. Medium ist eine wach aufgenommene literarische Tradition kultivierten Fühlens und Empfindens, das sich ungebrochener, als es bei den gleichaltrigen Schriftstellern Westdeutschlands geschieht, auch zum klassischen Erbe bekennt. Christa Wolf selber, Kritikerin, Schriftstellerin, Nationalpreisträgerin, ZK-Kandidatin, Ehefrau und Mutter, erscheint zunächst geradezu als Idealtyp der Frau in der sozialistischen Gesellschaft. Stellen wir nun freilich fest, daß die literarisch schwächste Gestalt, die Ärztin Vera, nahezu deckungsgleich ist mit diesem Idealtyp und daß der künstlerisch unvergleichlich besseren Gestalt, Christa T., die Synthese von gesellschaftlicher und persönlicher Existenz nicht gelingt, so stehen wir vor dem Paradox der Schriftstellerin Christa Wolf.

Die Darstellung des literarischen Entwicklungsganges bei Christa Wolf kann dieses Paradox nicht lösen, sondern nur deutlich machen. — Christa Wolfs literarische Begabung gehört sicher nicht zu den kraftvollsten und originellsten der deutschen Nachkriegsliteratur, dennoch weiß ein Werner Weber ihr zu bescheinigen, in ihrer Prosa seien „bessere Zeichen für ein zeitgenössisches Deutsch gegeben“ als bei manchem anderen hochgelobten westdeutschen Autor (Neue Züricher Zeitung, 28. 9. 1969). Bis sie diesen Standard erreichte, hat sie einen erstaunlichen Entwicklungsprozeß durchgemacht, und im Hinblick auf diese Wandlungsfähigkeit steht Christa Wolf nahezu einzigartig da. Gerade dem Westdeutschen mit seinen mühelosen literarischen Kommunikationsmöglichkeiten nötigt diese Tatsache Hochachtung ab. Der Kritiker Werner Weber, der als Schweizer eher als die Deutschen hüben und drüben Christa Wolf ohne politische Implikationen zu betrachten vermag, stellt in seiner Besprechung von *Nachdenken über Christa T.* fest: „Christa Wolf kennt den Stand der Literatur, heute. Sie weiß, was davor liegt an Suchen, Finden und Verwandeln. Aber nun hantiert sie nicht an den Möglichkeiten der literarischen Moderne. Sie ist im Besitz solcher Möglichkeiten, selbstverständlich, als gehöre es zu ihrer Natur“ (a. a. O.). Tatsächlich wird die DDR-Schriftstellerin in der unverkennbaren, freilich völlig eigenständig vollzogenen Rezeption literarischer Mittel der westlich-bürgerlichen Literatur und umgekehrt in der starken westlichen Resonanz auf ihr jüngstes Werk zu einem Paradigma ost-westlichen Literaturgesprächs. Über den mit Händen zu greifenden Einfluß Max Frischs mit seiner Identitätsproblematik und Uwe Johnsons Mutmaßungsprosa sollte man nicht vergessen, daß die Rezensentin Christa Wolf sich 1957 intensiv mit H. E. Nossack befaßt hat, dessen Romane *Spätestens im November* und *Spirale* sie in NDL besprach. Wie eine Vorwegnahme der Christa-T.-Frage liest sich in dem Beitrag: „Fast alle Arbeiten Nossacks, von seinen frühen Erzählungen an, kreisen um e i n Thema: Wie der Mensch in dieser Welt zu sich selbst finden soll. Seine Gestalten sind auf der

Suche nach ihrem eigenen Leben" (NDL 1957, Heft 4). Wenngleich die Kritikerin von 1957 dem schwerblütigen, grübelnden Autor noch die Diagnose stellt:

> Man muß es fast tragisch nennen, daß solche ehrlichen Sucher wie Nossack die Rettung des ‹Menschlichen› auf einem Wege suchen müssen, auf dem es mit größter Sicherheit verlorengeht: In der absoluten, teils selbstgewählten, teils aufgezwungenen Isolierung, die unter allen Umständen zur Verarmung, zur Entleerung, zur Auflösung der menschlichen Persönlichkeit führen muß, da ihr doch nur eine Vielfalt aktiver menschlicher Beziehungen inneren Reichtum und echte Entwicklung gewährleisten

so hat sich die Autorin von *Nachdenken über Christa T.* die literarische Figur der Spirale, dieses insistierende Umkreisen einer individuellen Lebensproblematik, zu eigen gemacht, die Verlorenheit der Nossackschen Gestalten freilich insofern abmildernd, als von Christa T. aus der Perspektive eines Menschen berichtet wird, der die Verstorbene sucht und in leidenschaftlicher mitmenschlicher Anteilnahme dem Schatten noch ein wenig Leben gibt. Es steht fest, daß Christa Wolf seit 1968 eine primäre literarische Bedeutung für die deutschsprachige Prosa gewonnen hat; was vorausging, war lediglich deshalb interessant und wichtig, „weil es Nachrichten gibt aus einer hierzulande ignorierten Welt" (Fritz Raddatz: Traditionen und Tendenzen. Materialien zur Literatur der DDR, Frankfurt 1972). Nachricht gab die *Moskauer Novelle* über die Befreundung der jungen DDR-Generation mit der sowjetrussischen Welt, über die Bewältigung des Völkerhasses zwischen Siegern und Besiegten durch eine neue, sozialistisch geformte Intelligenz. Diese „Novelle", die in ganzen Passagen eher eine Reportage über eine höchst intensiv erlebte Rußlandreise ist, besitzt nicht die von der Gattung geforderte Dichte und innere Notwendigkeit der erzählerischen Fügung. Schicksalhaftes Wiederbegegnen zwischen ehemaligem russischen Besatzungssoldaten und deutschem Mädchen, Verwobensein von Schuld und Liebe, Bewältigung des Konfliktes exakt nach dem Erfordernis sozialistischer Moral — die die Lösung anbietende gesellschaftliche Dimension der Herzensverwirrung öffnet sich gegen Ende der Novelle so überraschend, wie andernorts nur der deus ex machina auf dem Plan zu erscheinen pflegt! — das alles ist so korrekt zusammengefügt, daß nur zu konstatieren bleibt: Der Plan ist erfüllt, den Christa Wolf 1958 selbst aufstellte, als sie eine von ihr zu beurteilende Erzählung kritisierte: „Nicht an einen objektiven Widerspruch ist der Ingenieur geraten, sondern an eine von zahlreichen Unzulänglichkeiten, die — wenn es sie nicht in der Wirklichkeit sowieso gäbe — der Schriftsteller geradezu erfinden müßte, um die Aktivität, die Charakterfestigkeit, die Ehrlichkeit seiner Figuren auf die Probe stellen zu können" (Christa Wolf: Kann man eigentlich über alles schreiben? a. a. O.). Die Liebe zwischen der Ärztin Vera und dem russischen Dolmetscher Pawel war nicht von zwingender Notwendigkeit, sondern diente Pawel nur als Vorwand, sich einer gesellschaftlich anspruchsvollen Aufgabe zu entziehen. Beide Liebenden erkennen erstaunlich einmütig den komplizierten psychischen Mechanismus, der die Unzulänglichkeit eines erotischen Abenteuers zum objektiven Sachverhalt hochstilisieren wollte, und landen beide nach bewunderswerter Seelenakrobatik unverletzt auf dem Boden ihrer je eigenen Lebenswirklichkeit.

Diese Nachricht von „Aktivität, Charakterfestigkeit und Ehrlichkeit" ist von der Verfasserin mit kunstgewerblichem Geschick übermittelt. Die Sensibilität für Umweltreize und seelische Schwingungen, die Lebensklugheit und Freundlichkeit Christa Wolfs teilen sich mit, doch hat der Leser an keiner Stelle das Gefühl, es mit Dichtung zu tun zu haben. Die Bilder sind zu gewollt, manchmal von geradezu aufdringlicher Symbolik, die Sprache besitzt keine eigene Mächtigkeit, und die Einschiebung einer Rückblende wirkt in ihrer zehnmaligen Wiederholung schematisch.

Rückblende als Kompositionsprinzip wird ungleich geschickter verwendet in *Der geteilte Himmel.* Hier hat die Bauform innere Notwendigkeit, da die gesamte Erzählung die Bewältigung einer vorausgegangenen Krise zum Gegenstand hat. Die Studentin Rita Seidel erwacht nach einem fast tödlichen Unfall auf den Schienen eines Eisenbahnwaggonbau-Werkes und verarbeitet in der Rekonvaleszenz die vorausgegangenen Ereignisse, die erkennen lassen, daß die physische Bedrohung nur ein Korrelat zur fast tödlichen seelischen Erfahrung war: Ritas Liebe war an der deutschen Teilung zerbrochen. Der Verlobte, der Chemiker Manfred, hatte infolge einer durch bürokratischen Starrsinn verursachten beruflichen Enttäuschung die Republik noch vor dem Bau der Mauer verlassen, und Rita Seidel, dem Aufbauwerk des Staates mit jeder Faser ihres Herzens verhaftet, hatte ihm nicht nach Westberlin folgen können.

Mit dieser Thematik und mit der Zuspitzung des Konflikts bis an die Grenze des Todes hatte Christa Wolf dem Leiden der Menschen seit Errichtung der Mauer Ausdruck verliehen. Diesseits und jenseits bewunderte man den Ernst, das Engagement, den Mut der Autorin, die bürokratische Fehlleistungen beim Namen nannte, parteidogmatisches Inquisitorentum so abstoßend schilderte, wie es ist, äußerste Härten der sozialistischen Arbeitsmoral im individuellen Schicksal nicht verschwieg, vor allem aber die das Fortgehen Manfreds nicht durch Verdammnis, sondern durch Trauer verurteilte. Die Frage nach dem literarischen Vermögen wurde drittrangig angesichts der Tatsache, daß endlich die Barriere von Formeln, Phrasen und gestanzten Wendungen durchbrochen war. Die Ventilfunktion in der DDR, verstärkt durch Verfilmung und Nationalpreisverleihung, der Nachrichtenwert[2] in der BRD verbanden sich zu einem zeitgeschichtlichen Faktum. Das Staunen über die freimütige Kritik an den Unzulänglichkeiten der DDR-Wirklichkeit mußte freilich von Anfang an die Tatsache mit umfassen, daß es sich in allem um systemimmanente Kritik handelte. Die Autorin durfte mit Recht bornierten Kritikern gegenüber für sich in Anspruch nehmen, sie habe zur moralischen Stärkung ihrer Republik, zur Klärung und Festigung der sozialistischen Lebensordnung beigetragen.

Der literarische Wert des *Geteilten Himmel* läßt sich nur relativ bestimmen. Er will gemessen sein an der Öde der sonstigen Produktion in diesen Jahren, bei der nicht nur bedacht sein muß, daß auf einem Feld im Schatten der Bitterfelder Konferenz nicht die interessantesten Früchte wachsen können, sondern auch der Umstand, daß die Isolation der DDR-Schriftsteller besonders verhängnisvoll ist, da in einem 17-Millionen-Bereich nach der Intelligenzdezimierung durch Weltkrieg und Abwanderung die Zahl der Begabungen nicht sehr groß sein kann, abgesehen von der geringen Chance des geistigen Austausches mit der deutschsprachigen Literatur in Österreich und der Schweiz. Vor diesem Hintergrund ist es erstaunlich, wie Christa Wolf die derb-biedere Treuherzigkeit so mancher Schriftstellerkollegen durch Sensibilität überwindet, wie geschickt sie die Erzähltechnik der Überblendung, der Verschiebung der Zeitebenen beherrscht. Was im Westen allenfalls als „gekonnt" empfunden wurde, erschien im Osten als virtuos und hatte sich sogar vor dem Vorwurf eines bürgerlichen Formalismus zu rechtfertigen. Das Verdikt aber konnte Christa Wolf nicht treffen, denn am grundsätzlichen Realitätsverständnis hält sie fest: Die Fabel ist eindeutig aus dem erzählerischen Ganzen herauszulösen, die Wirklichkeit wird nicht verfremdet oder fiktiv überhöht, sie wird nur insofern verwandelt, als sie in der Retrospektive bedacht wird. Gegenüber dem Erstlingswerk ist eine Konzentrierung der Sprache festzustellen, wenngleich dem westlichen, an Hemingwayscher Härte geschulten Geschmack manche Adjektiv-Häufungen unerträglich sind, und wo man im Osten dankbar feststellte, daß der schulterklopfende Ton „Nur Mut, Kamerad!" abgelöst wurde durch eine ganze Skala von empfindsameren Klängen, wurde im Westen der Vorwurf „sentimental!" erhoben.

Der Wandel zur uneingeschränkten Anerkennung Christa Wolfs vollzog sich mit ihrem neuen Verständnis von Realität. In ihrem Essay *Lesen und Schreiben*, in dem sie sich am tiefsten auf die Problematik der Erzählkunst im 20. Jahrhundert einläßt, kommt sie 1968 zu dem Schluß:

> Prosa, die wieder wirken wollte, mußte sich einer neuen Realität auf neue Weise bemächtigen, mußte, unter anderem, beginnen, sich von der zum Klischee erstarrten, aus Versatzstücken gefertigten Fabel alter Provenienz zu trennen; mußte und muß ein mechanisches zugunsten eines dialektischen Weltverhältnisses zu überwinden suchen ...
>
> Zu schreiben kann erst beginnen, wem die Realität nicht mehr selbstverständlich ist ... Es gibt eine Wahrheit jenseits der wichtigen Welt der Fakten. Hier endet die Affinität zu den Naturwissenschaften. Der Erzähler kann ihre Ergebnisse kennen und nutzen, aber was er selbst auf der Suche nach der Natur des gesellschaftlich lebenden Menschen entdeckt, darf wohl als wahr gelten, ohne daß der Nachweis der ‹Richtigkeit› erforderlich wäre, den jeder naturwissenschaftliche Schluß verlangt.

So wäre es richtig, daß wir, schreibend, die Welt neu erfinden müssen. (Christa Wolf: Lesen und Schreiben)

Von dieser Basis aus transzendiert Christa Wolf einen undialektisch verstandenen Realismus und dringt zu ganz neuen Inhalten und Gestaltungsweisen vor. In *Nachdenken über Christa T.* handelt es sich nicht mehr um einen handfesten literarischen Gegenstand. Die Autorin sagt in einem Selbstinterview: „Da ist kein ‚Stoff' gewesen, der mich zum Abschildern reizte, da ist kein ‚Gebiet unseres Lebens', das ich als Milieu nennen könnte ... In dem Strom meiner Gedanken schwimmen wie Inselchen die konkreten Episoden — das ist die Struktur der Erzählung" (Christa Wolf: Ein Selbstinterview. In: Kürbiskern 1968, Heft 4). Zu diesem neuen Umgang mit Wirklichkeit kann Christa Wolf vorstoßen, ohne den Eindruck zu erwecken, lediglich eine neue Erzähltechnik oder literarische Manier übernommen zu haben, weil sie mit Instinktsicherheit den Ausgangspunkt wählt, der eben diesen Umgang notwendig macht: Die Schreibende denkt einem schon abgeschlossenen Leben nach, dessen Sinnlinien noch entschlüsselt werden wollen. Der frühe, als absurd erfahrene Tod — Christa T. stirbt an Leukämie — verrätselt das vorausgegangene Leben, scheinbar eindeutig Gewesenes wird vieldeutig, und das schon früher als außer-ordentlich Empfundene will von der nach-denkenden Schreiberin vom Lebensende her behutsam gedeutet werden, aber jede Deutung wird wiederum ungewiß vor der alles überwölbenden Frage: „Was ist das: Dieses Zu-sich-selber-Kommen des Menschen?" Die Schreiberin hält eine Fülle von Äußerungen der Freundin in Händen — sie hatte „schreibend über die Dinge kommen" wollen — und angesichts dieser Zeugnisse vom beharrlichen, unruhevollen Suchen der Verstorbenen nach der Chiffre ihres Lebens, rückt der nach-denkenden Freundin nun auch das eigene Leben in den Horizont der Frage.

Eine unerhört polyphone Konzeption! Die sich überlagernden Erzählebenen und die Vielschichtigkeit der Lebensproblematik entsprechen einander, und in dieser Deckung von Form und Gehalt erreicht Christa Wolf ihre Meisterschaft.

Ihre Sprache bekommt einen völlig neuen Duktus. Während Christa Wolf früher die Dinge direkt beim Namen zu nennen versuchte und vieles „gut gemeint" sein lassen mußte, verschleift sie nun die Konturen der Wirklichkeit in der doppelten Brechung der nach-gedachten Reflexionen von Christa T., und gerade darüber erreicht sie einen neuen Grad von Wahrheit, von Genauigkeit. Von der schreibenden Christa T. heißt es: „Sie hatte Angst vor den ungenauen, unzutreffenden Wörtern. Sie wußte, daß sie Unheil anrichten, das schleichende Unheil des Vorbeilebens, das sie fast mehr fürchtete als die großen Katastrophen, Sie hielt das Leben für verletzbar durch Worte."

Man braucht gar nicht mehr auf Einzelheiten des Inhaltes zu verweisen, nicht auf die Passage der Trauer um Ungarn 1956, nicht auf das Verglühen des Sputniklichtes, das im *Geteilten Himmel* noch den Zukunftsglauben symbolisierte, man braucht nicht hervorzuheben, daß Christa T., die Einzelgängerin, wahrlich kein Vorbild für die sozialistische Gesellschaft ist, man kann der scharfsinnigen Entschlüsselung literarischer Anspielungen durch Hans Mayer und Fritz Raddatz Bedeutung beimessen oder nicht — fest steht: Eine Autorin, die das Leben für verletzbar durch Worte hält, eine Schriftstellerin, die sich in einer großen Elegie der Wirklichkeit des Todes stellt und das Leben in seiner Gebrochenheit sieht, steht fremd in einer geistigen Welt, wo man mit einer verbal übermittelten Lehre das Ganze fassen zu können meint.

Hüten wir uns davor, Christa Wolf vorschnell in irgendeiner anderen geistigen Heimat ansiedeln zu wollen: Über dem Grab der Christa T. wölbt sich kein Osterhimmel, unter den Tauschangeboten zur sozialistischen Lebensordnung „ist keines, nach dem auch nur den Kopf zu drehen sich lohnen würde". Die Künstlerin versucht, ihre Paradoxie zu leben, im Rückgriff auf das Leben selbst. Ein glühendes Verlangen nach Leben durchzieht alle ihre Äußerungen. 1965 schreibt sie über ihre Schriftstellerexistenz: „Diese Sehnsucht, sich zu verdoppeln, sich ausgedrückt zu sehen, mehrere Leben in dieses eine schachteln, auf mehreren Plätzen der Welt gleichzeitig sein zu können — das ist, glaube ich, einer der mächtigsten Antriebe zum Schreiben." Schon die tief verwundete Rita im *Geteilten Himmel* hatte wieder nach „diesem seltsamen Stoff Leben" gegriffen. Die junge Christa T. hatte niedergeschrieben: „Leben, erleben, freies, großes Leben! ... Nichts weiter als ein Mensch zu sein ..." In einer autobiographischen Erzählskizze, *Juninachmittag*, von 1968 sinnt Christa Wolf dem Verkehrstod einer Frau nach, ahnend, daß „wir unaufmerksam Lebenden" ihr Gesicht verloren hatten:

> Der ganze federleichte Nachmittag hing an dem Gewicht dieser Minute. Hundert Jahre sind wie ein Tag. Ein Tag ist wie hundert Jahre. Der sinkende Tag, sagt man ja. Warum soll man nicht spüren können, wie er sinkt: vorbei an der Sonne, die schon in die Fliederbüsche eingetaucht, vorbei an dem kleinen Aprikosenbaum, an den heftigen Schreien der Kinder, auch an der Rose vorbei, die nur heute und morgen noch außen gelb und innen rosa ist. Aber man kriegt Angst, wenn immer noch kein Boden kommt, man wirft Ballast ab, dieses und jenes, um nur wieder aufzusteigen ...

Diese Christa Wolf steht vor der Frage nach Sein und Zeit. Sie möchte sich „jeder Empfindung stellen, die ein tief beteiligtes Leben mit sich bringt", und sie hofft, daß ihrer Hand „schreibend eine Kurve gelingt, die intensiver, leuchtender, dem wahren, wirklichen Leben näher ist als die mancherlei Abweichungen ausgesetzte Lebenskurve". Max Frisch grüßte sie auf seiner Rußlandreise mit erhobenem Glas auf Distanz. In seiner Tagebuch-Notiz ist alles enthalten, was unter einem geteilten Himmel an Respekt und Freundlichkeit auszusagen möglich ist.

Christa Wolf

Anmerkungen

Texte

Aufsätze zu Literatur- und Zeitfragen (erschienen in der DDR):

Freiheit oder Auflösung der Persönlichkeit? Besprechung von H. E. Nossack: ***Spätestens im November*** und *Spirale.* In: NDL 1957, H. 4.
Kann man eigentlich über alles schreiben? NDL 1958, H. 6.
Literatur und Zeitgenossenschaft. NDL 1959, H. 3.
Gespräch mit Anna Seghers über *Die Entscheidung.* NDL 1959, H. 8.
Vorwort zur Anthologie *Wir, unsere Zeit.* Berlin 1959.
Gespräch mit Anna Seghers. NDL 1965, H. 6.
Einiges über meine Arbeit als Schriftsteller. In: Junge Schriftsteller der DDR in Selbstdarstellungen. Hrsg. Wolfgang Paulick, Leipzig 1965.
Lesen und Schreiben. Aufsätze und Betrachtungen. Berlin 1972.

Aufsätze zu Literatur- und Zeitfragen (erschienen in der BRD):

Selbstinterview. In: Kürbiskern 1968, H. 4.
Realitäten. In: ad lectores 9. Almanach des Luchterhandverlages, Neuwied 1969.

Erzählende Prosa:

Moskauer Novelle. Halle 1961.
Der geteilte Himmel. Halle 1963.
Nachdenken über Christa T. Halle 1968; Neuwied 1969.
Juninachmittag. In: Auf einer Straße. 10 Geschichten. Berlin 1968; abgedruckt auch in: Fahrt mit der S-Bahn. Erzähler der DDR. München 1971, dtv Nr. 778.
Blickwechsel. In: NDL 1970, H. 5; abgedruckt in: 19 Erzähler der DDR. Frankfurt 1971. Fischer Taschenbuch 1210.

Literatur

Gerda Schultz: Besprechung der Moskauer Novelle. In: NDL 1961, H. 7.
Christoph Funke: Besprechung der Moskauer Novelle. In: Der Morgen. Zentralorgan der liberal-demokratischen Partei vom 29. 10. 1961.
Martin Reso: Der geteilte Himmel und seine Kritiker. Halle 1965 (enthält alle in der DDR erschienenen Kritiken, auch einige aus der BRD).
Hans-Jürgen Geisthardt: Das Thema der Nation und zwei Literaturen. In: NDL 1966, H. 6.
Horst Haase: Besprechung von „Nachdenken über Christa T.". In: NDL 1969, H. 4.
Hermann Kähler: Besprechung von „Nachdenken über Christa T.". In: Sinn und Form 1969, H. 1.
Max Walter Schulz: Das Neue und das Bleibende in unserer Literatur. Rede auf dem VI. Deutschen Schriftstellerkongreß 1969. In: NDL 1969, H. 9.
Hans Mayer: Besprechung von „Nachdenken über Christa T.". In: Neue Rundschau 1970, H. 1.

Wolfgang Werth: Besprechung von „Nachdenken über Christa T.". In: Der Monat 1969, H. 253.

Hans Georg Hölsken: Zwei Romane: Christa Wolf „Der geteilte Himmel" und Hermann Kant: „Die Aula". In: Der Deutschunterricht 1969, H. 5.

Hans Peter Anderle: Mitteldeutsche Erzähler. Köln 1965.

Hans Mayer: Über die Einheit der deutschen Literatur. — Die Literatur der DDR und ihre Widersprüche. Beides in: Zur deutschen Literatur der Zeit. Hamburg 1967 und Rororo Nr. 1063 1968.

Fritz J. Raddatz (Hrsg.): Marxismus und Literatur. Hamburg 1969.

Konrad Franke: Die Literatur der Deutschen Demokratischen Republik. München 1971.

Fritz J. Raddatz: Traditionen und Tendenzen. Materialien zur Literatur der DDR. Frankfurt 1972.

Hans Jürgen Geerdts (Hrsg.): Literatur der DDR in Einzeldarstellungen. (Kröners Taschenausgabe, Bd. 416) Stuttgart 1972. — (Konnte nicht mehr ausgewertet werden.)

Nachweise

[1] Thema der ersten historischen Vorlesung an einer westdeutschen Universität von Prof. Kähler, Göttingen 1945.

[2] Bei einer aus heuristischen Gründen akzeptierten Unterscheidung zwischen Nachrichtenwert und echtem literarischen Wert (Fritz Raddatz) sollte man freilich stets mitbedenken, ob nicht manchem hochgelobten Opus der westdeutschen Literatur, wie etwa Walsers Halbzeit, vor allen Dingen Nachrichtenwert zukommt!

Gerhard Weiss

ROLF HOCHHUTH

Als Curt Hohoff im Jahre 1963 seine Neubearbeitung von Soergels *Dichtung und Dichter der Zeit* herausgab, da bedauerte er noch die so zögernde Entwicklung eines deutschen Nachkriegsdramas. Ausländer waren es, die die Bühne beherrschten, und die beiden Schweizer Frisch und Dürrenmatt.[1] Technisches Bühnenkönnen und gelungene Aufführungen konnten nicht darüber hinwegtäuschen, daß die deutsche dramatische Literatur zum Stillstand gekommen war. Nur auf dem Gebiet des Hörspiels waren neue Wege beschritten worden, und die führenden Schriftsteller der Zeit, Böll, Grass, Eich versuchten sich in dieser Form.

Während man noch den Mangel an deutschen Bühnenautoren beklagte, bereitete sich ein Ereignis vor, das mit einem Schlage die deutsche Bühne wieder in den Mittelpunkt der Diskussion rücken sollte und das Theater wieder zu der „moralischen Anstalt" werden ließ, wie es Schiller einst gefordert hatte. Im Frühjahr 1962 hatte Erwin Piscator die künstlerische Leitung der *Freien Volksbühne* in Berlin übernommen und sich die Aufgabe gestellt, „mit einem Volksbühnen-Spielplan das allgemeine Vergessen-Wollen in Dingen unserer jüngsten Geschichte aufzuhalten."[2] Auf der Suche nach geeigneten Stücken erhielt er von dem Verleger Ledig-Rowohlt die Druckfahnen eines Dramas, dem Erstlingswerk eines jungen deutschen Autors. Ledig-Rowohlt bemerkte dazu, das Stück „habe jeden, der es im Verlag gelesen habe, gewaltig aufgewühlt."[3] Für Piscator war dieses Drama genau das, was er gesucht hatte. Am 20. Februar 1963 brachte er es auf der *Freien Volksbühne* zur Uraufführung und löste damit einen Sturm aus, wie er in der Geschichte des deutschen Theaters selten ist. Die Szene wurde zum Tribunal, und Diskussion, Polemik, Stellungnahme erreichten nicht nur die deutsche, sondern die Weltöffentlichkeit. Die „stille Zeit" des deutschen Theaters war vorüber, die Bühne stand wieder im Brennpunkt des Interesses. Der junge Autor, der die Bühne wachgerüttelt hatte, war Rolf Hochhuth, sein Stück *Der Stellvertreter* — ein christliches Trauerspiel. Damit war der Anfang gemacht, und in kurzer Folge kamen die anderen, die der deutschen Bühne ihr heutiges Gepräge gegeben haben: Peter Weiss mit dem *Marat-Sade*, mit der *Ermittlung* und dem *Vietnam-Diskurs*, Heiner Kipphardt mit *In der Sache J. Robert Oppenheimer*, Günter Grass mit *Die Plebejer proben den Aufstand*, und wieder Hochhuth mit *Soldaten* und *Guerillas*.

Wer ist dieser Rolf Hochhuth, der am 20. Februar 1963 als gänzlich Unbekannter an die Öffentlichkeit trat und seitdem als Dramatiker und Polemiker im Mittelpunkt der Diskussion steht, der mit missionarischem Eifer für seine Sache kämpft, der verklagt und verklagt wird und der immer wieder Staub aufwirbelt?

Rolf Hochhuth wurde am 1. April 1931 in Eschwege an der Werra geboren, gehört also zu der Generation, für die das Dritte Reich und der Zweite Weltkrieg nur noch eine Kindheitserinnerung sind. Er wuchs in geordneten bürgerlichen Verhältnissen auf im Elternhaus in der Victoriastraße, das ihm später als Vorbild für seinen bisher unveröffentlichten Briefroman *Victoriastraße 4* dient. Dieter Vollprecht berichtet, daß Hochhuth schon in seiner Jugend die Literatur dem Sport und Spiel vorzog und auch dem Anspruch der NS-Organisationen nur widerwillig folgte. Freunde hatte er kaum, „er brauchte kein Publikum".[4] Hochhuth verließ die höhere Schule vor dem Abitur und entschloß sich, Buchhändler zu werden. Die Jahre seiner Ausbildung waren ausgefüllt mit eigenen literarischen Versuchen und einem eingehenden Studium der Historiker und Erzähler des 19. und 20. Jahrhunderts. Mommsen und Theodor Lessing wurden ihm wichtige Wegweiser. Besonders groß aber war der Einfluß von Thomas Mann. Hochhuth berichtet: „Als ich zu schreiben begann, war ich so unter dem Einfluß von Thomas Mann, daß alles, was ich schrieb, ein peinliches Echo des großen Mannes wurde."[5] Selbstverständlich las er auch die deutschen Klassiker und Shakespeare, dann Shaw, Hauptmann, Schnitzler, O'Neill. Von Brecht, so behauptete er später, habe er sich bewußt ferngehalten, „aus Selbsterhaltungs-Instinkt ... er hätte mich vielleicht derartig in sein Kraftfeld gezogen, daß ich meine eigene Richtung nie gefunden hätte."[6] So hatte er sich schon früh weitgehende literarische Kenntnisse angeeignet, die sich noch heute in seiner großen Zitierfreudigkeit spiegeln.

Im Jahre 1955 wurde Hochhuth Lektor beim Bertelsmann-Verlag in Gütersloh, widmete sich aber auch weiterhin seinen eigenen literarischen Studien und Entwürfen. Aus der Zeit seiner Verlagsarbeit stammen unter anderem eine Theodor Storm-Ausgabe und ein Wilhelm Busch-Sammelband. Das kurze Vorwort des Herausgebers deutet noch in keiner Weise die spätere Richtung von Hochhuts eigenem Schaffen an. Der Erfolg des Wilhelm Busch-Bandes brachte ihm einen dreimonatigen Studienurlaub in Rom ein. Hier arbeitete er am Konzept des *Stellvertreters*, dessen erste Skizze schon im Herbst 1959 fertig war. Drei Jahre feilte er noch an dem Werk, bis er es schließlich seinem Verlag vorlegte. Bertelsmann trat jedoch vom Druck zurück, und so gelangte das Manuskript an Rowohlt und endlich an Piscator. Die Buchausgabe erschien gleichzeitig mit der Uraufführung, einem Brauch, dem Hochhuth auch bei den *Soldaten* und den *Guerillas* folgte. Mit Aufführung und Veröffentlichung setzte der Streit um den *Stellvertreter* ein, der im In- und Ausland mit großer Schärfe geführt worden ist und dem Werk einen bedeutenderen Platz einräumte, als es das Stück vom literarischen Standpunkt aus verdient hatte.

So peinlich auch dieser Sprung in die Öffentlichkeit für Hochhuth zunächst gewesen sein mag (es wurde immer wieder von dem scheuen jungen Mann gesprochen, der sich etwas linkisch mit seinen von einer Gesichtslähmung verzerrten Zügen dem Publikum stellte), so wenig war er bereit, sich wieder in das stille Leben eines Verlagslektors zu finden. Im Gegenteil: der Erfolg des *Stellvertreters* hatte ihm solchen moralischen Kredit gegeben, daß man nun auch seine Pamphlete und Streitschriften beachtete, die er zu den verschiedensten Themen, wie Luftkriegsrecht, Bonner Sozialpolitik, das Obdachlosenproblem usw., veröffentlichte.[7] Dazu kommen zahlreiche Bemerkungen und Rechtfertigungen in eigener Sache, kurz, Rolf Hochhuth befindet sich seit 1963 in einer Art ständigem Kriegszustand. Dieser Kampf bringt es mit sich, daß der Kämpfer vielfach zur Überzeichnung getrieben wird und sich in Hyperbeln versteigert, die auch seine literarischen Werke beeinträchtigen.

Hochhuth liebt die Kontroverse, und so ist jedes seiner Werke mit Spannung erwartet worden. Die Themenwahl ist auch aufregend genug: Bloßstellung des Papst Pius XII. im *Stellvertreter,* Kritik an Churchill in den *Soldaten,* das Modell zu einem Staatsstreich in den USA in *Guerillas* und das Obdachlosenproblem in der Bundesrepublik in der *Hebamme.* Bei jeder Uraufführung wurden Theaterkrawalle und sonstige Sensationen vorausgesagt, Interviews mit dem Autor regten schon vor der ersten Aufführung zur Diskussion an, Aufführungsverbote (*Soldaten* in London) oder gerichtliches Eingreifen des Verfassers gegen Kürzungen (*Guerillas* in Hamburg) erhöhten die Erwartung des Publikums. Dennoch gingen die meisten Aufführungen ohne größere Zwischenfälle über die Bühne. Ein Gemisch von Applaus und Buh-Rufen ist ungefähr alles, was man wirklich bei einer Hochhuth-Aufführung erwarten kann.

Hochhuths Dramen fordern zur Diskussion heraus. Darin liegt ihre besondere Stärke. Es ist bezeichnend, daß sich von den vielen Schriften über den *Stellvertreter* die meisten mit der Tendenz des Werkes auseinandersetzen und nicht mit seinem literarischen Wert. Das ist bedauerlich, denn auf diese Weise wird die Beurteilung auf eine Ebene abgeschoben, auf der Gefühle und Gesinnung über sachlichem Urteil dominieren. Hochhuth selbst trägt dazu bei, indem er seine Werke mit einem pseudo-wissenschaftlichen Apparat überlädt, wie z.B. den ausführlichen Anmerkungen zum *Stellvertreter* und den langen Bühnenanweisungen und Kommentaren zu *Soldaten* und *Guerillas.* Die eingehende Dokumentation und der polemische Diskurs haben künstlerisch wenig Wert, sollen aber dem engagierten Hochhuth die wissenschaftliche Grundlage für seine Behauptungen geben. Manche seiner Kritiker haben es sich leicht gemacht, indem sie die oft recht dürftige Wissenschaft zerpflückten, während andere wiederum alle gegebenen Daten als eine Bestätigung Hochhuth'scher Thesen mit Dankbarkeit hinnahmen. Wer Hochhuth so beurteilt, tut ihm unrecht.

Hochhuth ist kein Historiker und schreibt auch keine historischen Dramen. Auch das Dokumentarstück im Sinne von Peter Weiss' *Ermittlung* oder dem *Vietnam-Diskurs* ist nicht Hochhuths eigentliche Sache. Wenn er Papst Pius XII. oder Winston Churchill in seinen Dramen auftreten läßt, so tut er das nur, um an diesen großen Persönlichkeiten, diesen beiden „bedeutendsten moralischen Autoritäten des Erdkreises"[8] ein moralisches Exempel zu statuieren. Sie sind ihm Mittel zum Zweck, an ihnen wird das große moralische Versagen unserer Zeit dargestellt. Ihm geht es um das „Erkennen von überzeitlichen Wahrheiten hinter zeitgebundenen Geschehnissen".[9] Als Anhänger Theodor Lessings glaubt er zwar an die Fatalität der Geschichte, meint aber im Gegensatz zu vielen seiner Zeitgenossen, daß der Mensch trotzdem zum verantwortungsvollen Handeln verpflichtet ist. Es ist die Bestimmung des Menschen, moralisch zu handeln, obgleich der Gang der Geschichte ihn in einen ständigen Konflikt mit den Mächten bringt, die ihn zum Scheitern verurteilen, die stärker sind als er und die ihn zerstören.[10]

So sind Hochhuths Werke im eigentlichen Sinne moralische Schaustücke mit oft stark polemischer und politischer Tendenz. Ihr Zeitpunkt ist immer die Gegenwart, um damit die Gültigkeit der These vom moralisch verantwortlichen Individuum für unsere Zeit zu erhärten. Es gibt nicht den Ausweg oder die Entschuldigung der „Vermassung", denn selbst im technischen Zeitalter „stirbt jeder Mensch als Individuum ‚seinen' Tod".[11] Auch den Ausweg in die surrealistische oder absurde Welt gebraucht dieser Autor nicht, da er darin eine Übertragung auf eine andere, harmlosere Ebene sieht, wo das dramatische Produkt „keinem ein Auge ausschlägt".[12]

Diese Haltung findet ihre natürliche Ausdrucksform in der Tragödie, die Hochhuth in fast klassischem Sinne aufbaut. Es ist die Pflicht des verantwortlichen Menschen, sich gegen die „Unmoral" aufzulehnen, es ist aber auch gleichzeitig sein Schicksal, durch diese Auflehnung zerstört zu werden. So gehen Riccardo Fontana, Sikorski, der Senator Nicolson zu Grunde, und zwar sehr modern: sie fallen einem „technischen Unfall" zum Opfer und unterliegen nicht im heldenhaften Kampf. Die Paragone der Moral hingegen, der Papst, das amerikanische Establishment, der Politiker Churchill, sie existieren weiter, da für sie Moral nur eine Konvenienz zur Erhaltung des status quo ist. Sie sprechen von Moral, ohne selbst moralischen Skrupeln unterworfen zu sein.

Auch in der Wahl der Sprache folgt Hochhuth traditionellen Wegen. Er bemüht sich um eine Kunstsprache, die dem Naturalismus und dem Expressionismus gleichermaßen fremd ist. So wählt er gewöhnlich einen freien Vers, der eher an Schiller erinnert als an die modernen Dichter und Schriftsteller. In seinem Vers verbinden sich heroische Sprache mit Alltagsjargon zu oft recht wirkungsvoller Form. Hochhuth gebraucht den Vers als eine Art „Verfremdungseffekt", um dadurch Gefühlsdistanz zu erreichen. Musterbeispiel dafür sind die drei großen Monologe zu Beginn des fünften Aktes des *Stellvertreters,* in denen das Leiden der Deportierten in der nüchternen Kühle einer elegischen Form zum Ausdruck kommt. Die Rhythmik der Sprache wird unterstrichen durch das monotone „Anschlagen der Waggonräder".[13] Der sorgfältige architektonische Aufbau des Verses gibt ein Gefühl der Ordnung, der resignierten Abgeklärtheit, im Gegensatz zu dem Chaos, dem man unweigerlich entgegenrollt. Nach dem letzten Monolog werden die Türen aufgerissen, und man hört „sehr naturalistisch wiederzugebende" Befehle wie „'raus da, los, los", usw., unterbrochen von Hundegebell, Trillerpfeifen und dem Dampfablassen der Lokomotive (182). Der kakophonische Lärm zerbricht die elegische Stimmung, der Rachen der Unterwelt hat sich geöffnet. Eine ähnliche Wirkung erreicht Hochhuth im „Everyman" Teil der *Soldaten,* besonders in den Gesprächen zwischen Dorland und dem Steinmetzen. In den *Guerillas* hingegen wirkt der heroische Vers eher störend, man glaubt den amerikanischen Putschisten das Schillersche Pathos nicht („Ihr wollt einen Ast abreißen — doch Bäume stürzt man mit der Wurzel"; „ich bin Establishment, den Nixon engagiert sich's nur!" [27] u. a. m.).

Die gehobene Sprache läßt nur eine begrenzte sprachliche Differenzierung zu. Dennoch gelingt es Hochhuth, besonders im *Stellvertreter,* einzelne Rollen auch sprachlich zu profilieren. So zeigt das gemütliche Schwäbeln der „Stimmungskanone" Professor Hirt („Isch jo scheußlich, Kender! Machets doch human! Warom schießet ihr se denn net wie in Rußland eifach über d'r Haufe?" [51]) in ganz klarem Licht die Banalität des Bösen, die da im Jägerkeller zusammengetroffen ist.

Oft mißlingt allerdings der Versuch, eine wirklich dichterische Sprache zu schaffen. Der Autor verliert sich immer wieder in sprachlichen Neuprägungen, die störend wirken. An einer der wichtigsten Stellen des *Stellvertreters* heißt es: „Das Gemüt eines Fleischwolfes setzte es voraus, um hier noch einen Sinn zu sehen. Soll ich mit dem berühmten Glasauge des Begriffs ... Vernunft in dieses Morden hineinhegeln?" (84). Besonders häufig allerdings finden wir diese sprachlichen Entgleisungen in den für den Leser bestimmten langen Bühnenanweisungen („Churchill, sofort eine Beute seiner Vorstellungskraft, wird wie ein Matrose hineingerissen ins Gefecht. ‚Natürlich' ist er hart im Nehmen." *Soldaten,* 134). Die Anführungsstriche sind symptomatisch für Hochhuths Stil. Man begegnet ihnen ständig. Sie sollen Nachdruck verleihen oder einen Begriff ironisieren, sind aber, wie ein ständig gehobener Finger, oft eher störend als wirkungsvoll.

Charakteristisch ist die Vorliebe für das Zitat. In allen drei Tragödien werden immer wieder literarische Sentenzen herangezogen, und zwar möglichst solche, die nicht sofort als geflügeltes Wort erkannt werden. So gibt dann der Verfasser, wie ein gebildeter Studienrat, auch gleich seine Quellen an („Wie Stendhal meinte"; „Ich las bei einem Deutschen, bei Lichtenberg ..."; „Kennen Sie Goethes

Definition des Genies?" usw.). Obwohl von Hochhuth ernst gemeint, entbehrt diese „Literatensprache" nicht einer gewissen Komik, wenn man bedenkt, wie in den Dramen oft recht unwahrscheinliche Personen die Zitate auf den Lippen führen. Das wird besonders krass in den *Guerillas,* wo sich die amerikanischen Verschwörer des längeren über Dutschke und Marcuse unterhalten, Gespräche, wie sie an der Freien Universität Berlin geführt werden könnten, aber schwerlich in Amerika (77).

Unter den bisher veröffentlichten Dramen ist der *Stellvertreter* noch immer das bedeutendste Werk. Im Gegensatz zu seinen späteren Werken verfolgt Hochhuth hier nur ein Thema, kann also eine geschlossene Form aufweisen. Das Thema läßt sich kurz zusammenfassen: der Jesuitenpater Riccardo Fontana versucht im Jahre 1943 den Papst dazu zu bewegen, in seiner Rolle als Christi Stellvertreter gegen die Judenvernichtung einzuschreiten oder wenigstens zu protestieren. Als der Papst jedoch aus weltlich-politischer Rücksicht nichts unternimmt, geht Fontana als wahrer Stellvertreter mit den aus Rom deportierten Juden in die Hölle von Auschwitz. Hochhuth nennt sein Drama ein „christliches Trauerspiel", obwohl er für seine späteren Werke das Wort „Tragödie" wählt. Er will damit nicht nur den tragischen Charakter des Werkes kennzeichnen, sondern gebraucht gleichzeitig das Wort im volkstümlichen Sinn, um das Versagen der Kirche in jener Zeit als ein rechtes „Trauerspiel" zu charakterisieren.[14]

Die fünf Akte des Dramas sind so gegeneinander abgestimmt, daß der Kontrast zwischen der Notwendigkeit der Hilfe und der Unfähigkeit oder Unwilligkeit zu helfen, immer größer wird. Zunächst ist die Judenverfolgung nur eine Statistik, von der man bei Kaffee und Kuchen im sicheren Raum der Nuntiatur in Berlin hört („London spricht von 700 000 Juden, allein in Polen" [18]). Das Abstrakte wird dann im folgenden konkretisiert, nach Hochhuths Ansicht, daß „nur bei der Beharrung auf der Individualität des Opfers ... das Ereignis nachvollziehbar" sei.[15] Die eigentliche Handlung beginnt mit dem Einbruch Gersteins in den Frieden der Nuntiatur. Der Augenzeuge des Schrecklichen bestätigt das Unglaubliche. Aber noch immer ist es schwer, das Grauen nachzuempfinden. So bringt Hochhuth Einzelschicksale, mit denen man Mitgefühl haben kann. Er führt uns zunächst das Einzelschicksal des untergetauchten Berliner Juden Jacobson vor Augen, bringt dann die Familie des Dr. Luccani in Rom und den Abtransport der römischen Juden, um schließlich die Einzelschicksale in der Hölle von Auschwitz zusammenstoßen zu lassen zu einem grausamen Finale. Die wachsende Einsicht in das Leiden der Verfolgten fordert immer stärker das Eingreifen des Papstes als dem moralischen Gewissen der Welt. Diese Forderung geht wie ein Leitmotiv durch das ganze Werk. So heißt es am Ende des ersten Aktes: „Der Vatikan wird handeln — weiß Gott, es wird geschehen, ich verspreche es Ihnen" (70). Am Ende des zweiten Aktes ruft Riccardo aus: „Wir müssen handeln, sofort" (100). Noch am Ende des dritten Aktes sagt Gerstein:

„Es wird sich bis — bis zu ihm (dem Papst) noch nicht 'rumgesprochen haben" (153). Im vierten Akt schließlich tritt Papst Pius XII. auf, der Vertreter Christi, auf den man mit solcher Hoffnung gewartet hatte. Der dramatische Höhepunkt ist erreicht. Aber in diesem Augenblick, wo wir die Erfüllung der Forderung erwarten, steht vor uns nicht die moralische Macht der katholischen Kirche, sondern eine Karikatur. Dieser Papst hat nur schöne Reden, sein Verhalten wird bestimmt durch politische Vorsicht, ja, schlimmer noch, durch kaltes Geschäftsinteresse. Seine ersten Worte klingen wie eine Parodie auf eine Enzyklika: „... von brennender Sorge um Unsere Fabriken erfüllt. Auch Kraftwerke, Bahnhöfe, Talsperren, jeder Betrieb fordern gebieterisch Schutz" (155 f.). Dieser vierte Akt, der allein vom Auftreten des Papstes beherrscht wird, bleibt völlig statisch. Hier herrscht sterile Unwirklichkeit, die Hochhuth in seinen Bühnenanweisungen beschreibt: „Es ist unvermeidbar, daß die Szene plötzlich irreal, ja phantasmagorisch wirkt. Worte, Worte, eine vollständig degenerierte Sprache als klassisches Mittel, zu reden ohne etwas zu sagen" (170). Der „Stellvertreter Christi" wird zum zweiten Pilatus, der sich die Hände wäscht und nichts weiter zu bieten hat, als beim Abtrocknen der Hände zu sagen: „Wir wollen, die wir in Christi Namen hier versammelt sind, zum Abschluß beten" (177). Im direkten Gegensatz zu der Scheinheiligkeit des Papstes steht die moralische Konsequenz Riccardos, der nun die Rolle des Stellvertreters Christi übernimmt und handelt, „weil ein Papst sich seinem Ruf entzieht" (176). Riccardo geht bewußt in den Tod wie der Held einer klassischen Tragödie. Aber, was nützt sein Opfer? Äußerlich gar nichts. Der Stellvertreter kann weder helfen noch retten. Selbst der Schuß, den er auf seinen Widersacher abgeben will, fällt nicht, denn Riccardo wird von der SS-Wache niedergeschossen, „bevor er selbst noch entsichern und abdrücken konnte" (225). Sein Opfer hat also keinerlei Einfluß auf den Gang der Geschichte, und um dies zu unterstreichen, läßt Hochhuth die kalte Stimme eines Ansagers das Drama beschließen: „So arbeiteten die Gaskammern noch ein volles Jahr ..." (227). Dennoch ist es ganz deutlich, daß Riccardos Ende nicht im nihilistischen Sinne gedeutet werden darf. Der Jesuitenpater ist der konsequente Moralist, der nach seinem Gewissen handelt, ohne nach der Zweckmäßigkeit zu fragen. Er erfüllt damit seine menschliche Pflicht. Der Papst, dem durch sein heiliges Amt diese moralische Pflicht besonders auferlegt worden war, hatte sich seiner Verantwortung entzogen. So mußte Riccardo auch sein Stellvertreter werden.

Ein wichtiges Kompositionsprinzip dieses Dramas ist der Kontrast. Oft stehen sich einzelne Szenen antithetisch gegenüber, und jedes Aktende führt zu einer genauen Umwertung im folgenden Handlungsabschnitt. So endet der erste Akt in der von einem Luftangriff beschädigten Wohnung Gersteins, einer zerbrochenen Welt, in der es keine Sicherheit und Zuflucht gibt. Der zweite Akt versetzt uns in die unwirkliche Sicherheit Roms, begleitet von dem friedlichen Glockengeläute von Sankt Peter, „weil der Papst heute früh die Welt dem unbefleckten Herzen der Gottesmutter weihte“ (78). Die Glocken sind die Begleitmusik dieses Aktes, so wie der Fliegeralarm den ersten Akt begleitete. In der letzten Szene des ersten Aktes erhält Riccardo von dem untergetauchten Juden Jacobson den Judenstern mit den Worten: „Mehr hab' ich nicht zu bieten: nur das Stigma des Vogelfreien“ (74). Zu Beginn des zweiten Aktes sehen wir Riccardos Vater, der soeben vom Papst den Christusorden erhalten hat. Vater Fontana wird fotografiert, mit „Sankt Peter im Rücken“, aber wie wenig diese Rückenstärkung noch bedeutet, wird im nächsten Akt klar. Der zweite Akt endet mit der Aufforderung des Dieners, zum Essen zu kommen: „Es ist angerichtet.“ Aus dieser unwirklich-friedlichen Welt, die den Kontakt mit der Realität verloren zu haben scheint, werden wir im dritten Akt herausgerissen. Wir sehen, was wirklich „angerichtet“ worden ist: die Deportation der Juden aus Rom. Wir befinden uns in der Dachwohnung der jüdischen Familie Luccani, durch deren Fenster man den päpstlichen Palast sehen kann, „doch erfüllt das aus dem zweiten Akt bekannte Bild der Kuppel von San Pietro den gleichen Zweck“ (101). Selbst diese direkte Nachbarschaft zum Vatikan hilft nichts, Sankt Peter ist nur noch Staffage, hat nur noch Ansichtskartenwert. Die Juden werden deportiert, und wir sind Zeugen der ungehemmten Gestapo-Brutalität. Die kataklysmische Situation dieses Aktes wird abgelöst von der phantasmagorischen Papstszene. Vom Thron des Stellvertreters Christi und seiner römischen Märchenwelt führt der Weg aber nicht in einen Himmel, sondern in die nackte, grausame Wirklichkeit der Hölle von Auschwitz, dem letzten Akt des „christlichen Trauerspiels“.

Trotz seiner sorgfältigen Konstruktion hat dieses Drama manche Schwächen. Neben gelungenen Szenen, wie z. B. dem Jägerkeller, wo Hochhuth das richtige Milieu für die „Banalität des Bösen“ gefunden hat, stehen Szenen, die unbeholfen und primitiv sind oder zerredet werden. So leidet die Auschwitz-Darstellung unter der oberflächlichen Rhetorik zwischen Riccardo und dem Doktor, und die Schlußszene des Dramas hat Züge eines Wildwestfilms. Die Papstszene ist so stark ins Groteske verzeichnet, daß sie an Glaubwürdigkeit verliert. Auch die Personengestaltung ist Hochhuth nur in einzelnen Fällen wirklich gelungen. Es gibt keinerlei Charakterentwicklung, und selbst Gestalten wie Riccardo und Gerstein weisen keine wirkliche Tiefe auf. Die interessanteste Figur ist der Doktor, der große Spieler und Planer, der „geheime Regisseur“ (29), für den Auschwitz ein lustiges Experiment zur Erforschung des homo sapiens ist: „Gestern sah ich, wie einer der Arbeiter im Krematorium unter den Leichen, die er zerhacken muß ... seine Frau entdeckte; w i e reagierte er?“ (200). Hochhuth hat mit dieser Gestalt eine großartige Verkörperung des „absolut Bösen“ geschaffen[16], und damit den dialektischen Gegenspieler zu Riccardo. Dem konsequenten Moralisten steht der konsequente Amoralist gegenüber, dem Idealisten der Nihilist. Dieser „Doktor“ hat keinen bürgerlichen Namen, ihm fehlen menschliche Züge. Er ist der reine Intellekt, der auch in krassem Gegensatz steht zu dem banalen Bösen, das immerhin mit einer spießbürgerlichen Menschlichkeit verbunden ist. Ausgerechnet diese Gestalt wird von Hochhuth in eine läppische Sexual-Affäre mit dem Blitzmädchen Helga verwickelt, einem Stilbruch, der peinlich wirkt. Das personifizierte Böse wird somit zum Biedermann auf Seitensprüngen verniedlicht und ihm die sonst so eindeutige Schärfe genommen.

Hochhuths zweites Drama, *Soldaten,* wurde 1967 in Berlin uraufgeführt. Er widmete es dem Andenken Erwin Piscators, dem er die Aufführung seines ersten Stückes verdankte. *Soldaten,* mit dem Untertitel „Nekrolog auf Genf", behandelt zwei Themen, die nur lose miteinander verknüpft sind: das Problem des unbegrenzten Luftkriegs und den Tod des polnischen Exilpremiers Sikorski, angeblich von Churchill veranlaßt. Das Drama ist eine Verbindung von Mysterienspiel und Welttheater. Es beginnt und endet mit einem Everyman-Spiel, in dem sich realistische Darstellung (Ruine der Kathedrale von Coventry, probendes Orchester, vorbeistolpernde Konferenzteilnehmer) mit metaphysischen Visionen verbinden (Erscheinen der „Toten von Dresden", Dorlands introspekte Selbstgespräche). Die Zeit ist 1964, der Held ist der ehemalige RAF Offizier Dorland, dessen Gewissen nicht zur Ruhe kommen will und der nun, zwanzig Jahre nach dem Kriege, das „Londoner Kleine Welttheater" inszeniert, um sich durch dieses „gute Werk" zu „entsühnen" (10) und seine Mitmenschen zur Annahme der Genfer Luftkriegskonvention zu bewegen. Im Mittelpunkt dieses „Londoner Kleinen Welttheaters" steht die Gestalt Churchills, der bei Hochhuth aber nur eine billige Karikatur des englischen Premiers wird. Er ist eher ein Biertischspießer, der bei der Nachricht von Sikorskis Tod „mit einem Lidschlag die Augen voll Tränen" hat (157), der „grinst", den „Finger auf den Mund" (155) legt, der „maulend" spricht, oder aber „brüllt wie ein tonnenschwerer Brecher, der sich auf den Strand wirft" (122). Dieser Churchill ist ein bauernschlauer Durchschnittsmensch. Dabei will Hochhuth ihn als tragische Persönlichkeit sehen, die durch den Kampf gegen Hitler gezwungen wird, selbst schuldig zu werden. Aber diese Schuld wird nicht zur Qual, sondern führt höchstens zu kindlichen Wutanfällen. Dies ist nicht der große Churchill, dies ist nicht der tragische Churchill, dies ist der verfehlte Churchill.

Churchills Gegenspieler ist der Bischof von Chichester, der konsequente Moralist dieses Dramas. Er stellt seinen Premier zur Rede wie ein alttestamentarischer Prophet seinen König. Ja, das religiöse Motiv der großen moralischen Auseinandersetzung zwischen Churchill und dem Bischof wird unterstrichen dadurch, daß wir uns im Apfelgarten von Checquers befinden. Aber dieser zweite „Garten Eden" ist nur ein ironischer Vorwurf, in dessen Hintergrund das Mahnmal der ausgebrannten Kathedrale von Coventry steht.

Hochhuths *Soldaten* haben auf der Bühne nur bedingten Erfolg gehabt. Geschickte Aufführungen, wie in Berlin bei Hans Schweikart und in London im

New Theatre, wurden keine Theatersensationen. In anderen Städten versuchte man, dem Werk durch starke Kürzungen beizukommen. Hochhuth berichtet, daß eine Bühne sogar die Rolle Sikorskis ganz streichen wollte.[17] Es fehlt diesem Drama die dramatische Spannung. Er wird zu viel geredet und zu wenig gehandelt. Da der Rede aber Schärfe und Witz eines G. B. Shaw fehlen, ist man bald ermüdet.

Hochhuths drittes Werk, *Guerillas,* ist reine Fiktion. Zwar spielt die Gegenwartssituation in diese Utopie hinein, doch sind Gestalten und Ereignisse frei erfunden. Hochhuth schildert hier die Vorbereitung zu einem Staatsstreich in den USA, der dazu bestimmt sein soll, „die plutokratische Oligarchie (zu) stürzen, den Club jener hundertzwanzig Familien, denen mehr als fünfundachtzig Prozent des ‚Volks'-Vermögens gehören".[18] Dieser Staatsstreich soll durch ein Mitglied des Establishments ausgeführt werden, nach dem Vorbild der Gracchen im alten Rom. Der Held des Stücks, der Senator Nicolson, ist „der gute Geist Amerikas"[19], der mit seinen Stadtguerillas sein Leben aufs Spiel setzt, um die Ideale der amerikanischen Verfassung zu verwirklichen.

Anstoß zu diesem Werk fand Hochhuth durch persönliche Erfahrung während einer Vietnam-Demonstration in New York[20], und durch die Lektüre von Servan-Schreiber, Lundberg und besonders L. L. Matthias, dem er das Drama gewidmet hat. Sein Amerikabild ist also recht einseitig und manchem Irrtum ausgesetzt. Die bösen Gestalten des Establishment sind der Requisitenkammer des Gangsterfilms entnommen, und man hat das Gefühl, statt einer Tragödie eine Groteske vor sich zu haben. Auch diesem Drama fehlt die mitreißende Handlung. Obgleich Mord und Totschlag, Vergewaltigung, Fenstersturz und Unterwassersabotage sozusagen an der Tagesordnung sind, bleiben sie so äußerlich, daß man vollkommen unberührt ist. Der gute Rat von Walter Muschg, Hochhuth sollte versuchen, dem Vorbild von Büchners *Woyzeck* zu folgen[21], hat keine Früchte getragen.

Guerillas ist Hochhuths schwächstes Stück. Ja, die Kritik hat hier von einer „Polit-Burleske" gesprochen und Hochhuth als „Autor gegen das Theater" bezeichnet.[22] Dennoch ist das Stück seit seiner Uraufführung in Stuttgart 1970 von vielen Bühnen gebracht worden, mit oft recht gutem Erfolg.

Hochhuths Dramen fehlt fast immer der Humor. Obwohl er sich schon seit vielen Jahren mit dem Plan getragen hatte, eine Komödie zu schreiben, ist sein bisher einziges Werk dieser Gattung, *Die Hebamme,* erst 1971 erschienen und als erstes seiner Dramen nicht sogleich zur Aufführung gekommen. Auch dieses Drama, das wie die früheren zu großen Längen neigt, hat eine tiefernste Grundhaltung, der nur eine recht dünne Schicht oft burleskhafter Komik aufgelegt worden ist. Man könnte über diese Komödie den Satz Stendhals stellen, den Hochhuth als Motto für sein Nachwort gewählt hat: „Und das ist der Unglücksstern unserer Tage: der Autor wollte sich heiteren Dingen widmen, aber seine Bilder werden am Ende von der politischen Trübsal verdunkelt" (*Hebamme,* S. 287). Das Grundthema des Dramas aber läßt sich zusammenfassen in den Worten der Hauptfigur, Oberschwester Sophie: „Ein Leben unter deutschen Vorschriften-Erlassern hat mich gelehrt, daß sehr oft Gesetze brechen muß, wer in diesem Lande dem Recht zu seinem — Recht verhelfen will" (258).

Oberschwester Sophie, von der es immer heißt „sie lacht wie ein Schuß", ist eine Mischung von Robin Hood, Mutter Wolffen, Senator Nicolson und Riccardo Fontana. Wie Fontana und Nicolson gehört auch Sophie zum „Establishment". Sie ist Stadträtin, natürlich CDU, ist Diakonisse und erfolgreiche Hebamme, führt dabei gleichzeitig noch ein Doppelleben als Feldherrnwitwe von Hossenbach, als welche sie der Bundeswehr einen Schellenbaum schenkt und im übrigen die Pensionsgelder und Wiedergutmachungsansprüche der in Wirklichkeit längst Verstorbenen zu wohltätigen Zwecken an die Armen und Verachteten in den Obdachlosenbaracken verteilt. Wie Nicolson kennt sie die Schwächen und Korruption des Establishment, wie er hat sie erkannt, daß eine Änderung nur von innen kommen kann. Ihr gelingt dann auch, was in Kassel nicht gelungen war: i h r e Obdachlosen besetzen mit Erfolg eine soeben fertiggestellte Bundeswehrsiedlung, aus der sie nicht wieder vertrieben werden, weil die Angst vor schädigender Publicity und das Geschäftsinteresse der Honoratioren der Stadt sowie der Herren in Bonn zum Nachgeben zwingen. Neben der schlauen Sophie (nomen est omen), die all dies geschickt eingefädelt hat, stehen die oft grotesk verzeichneten Bundesbürger, die typischen „deutschen Kleinstädter", die an Karikaturen von George Grosz erinnern. Da ist der evangelische Pfarrer Bohrer, der Oberstadtdirektor Gnilljeneimer, der Landgerichtsdirektor Bläbberberg, Autogroßhändler Koggelgritz, Musikprofessor Oberst Senkblei, Hauptmann Preller vom Antikorruptionsreferat Nordhessen, und viele andere mehr. Sie sprechen von Moral und sind dabei gänzlich unmoralisch. Sophie wiederum biegt das Gesetz, um damit dem Recht zu seinem Platz zu helfen.

Neben den Dramen hat Hochhuth bisher nur wenige Novellen veröffentlicht. Unter diesen ist die *Berliner Antigone,* 1961 geschrieben und 1965 erschienen, ohne aber viel Beachtung zu finden. Auch in diesem Werk steht das moralische Anliegen im Mittelpunkt. Hochhuth erzählt das Schicksal eines Mädchens, das im Kriegsjahr 1943 den Leichnam ihres Bruders, der als Defätist hingerichtet worden war, aus der Anatomie entfernt, um ihn in einem selbstgeschaufelten Grab zu bestatten. Sie verstößt dabei gegen einen Hitlerbefehl und gerät somit in die Antigone-Situation. Auch dieses Werk hat dramatische Züge. Es wurde 1968 im Hamburger Fernsehprogramm zur Aufführung gebracht, allerdings ohne großen Erfolg.

Rolf Hochhuth ist ein Schriftsteller, der sich und sein Werk sehr ernst nimmt. Er ist ein Missionar, der mit unbeirrbarem Eifer seine Sache vertritt: die moralische Verantwortlichkeit des Menschen. Für ihn gibt es keinen Kompromiß, für ihn gibt es keine Entschuldigung. Er selbst ist der konsequente Moralist, den er immer wieder in seinen Werken schildert. Er ist der ewige Protestant, und es ist kein Wunder, daß seine Schriften an die polemischen Kämpfe der Reformation erinnern. Als Autor mag Hochhuth noch viel zu lernen haben. In seinem konsequenten Moralismus aber ist er schon jetzt ein Beispiel für unsere Zeit.

Anmerkungen

Texte

1. Dramen

Der Stellvertreter. Mit einem Vorwort von Erwin Piscator. Hamburg 1963.

Der Stellvertreter. Mit einem Vorwort von Erwin Piscator und einem Essay von Walter Muschg. Hamburg 1967.

Soldaten, Nekrolog auf Genf. Mit einem Vorwort von H. C. N. Williams, Propst an der Kathedrale zu Coventry, und einem Nachwort von Kathleen Tynan. Hamburg 1967.

Guerillas. Hamburg 1970.

Die Hebamme, Komödie. In: Sammlung Bücher der Neunzehn, enthält außerdem Erzählungen, Gedichte, Essays. Hamburg 1971.

2. Novellen, Erzählungen

Die Berliner Antigone. Hamburg 1965. (Neu herausgegeben in: Die Hebamme. Sammlung Bücher der Neunzehn. Hamburg 1971.)

3. Schriften zur Politik und Literatur

Die Rettung des Menschen. In: Georg Lukács Festschrift zum 80. Geburtstag. Neuwied und Berlin 1965.

Krieg und Klassenkrieg. Mit einem Vorwort von Fritz J. Raddatz. Hamburg 1971. Enthält die wichtigsten Aufsätze zur Politik und zu den eigenen Dramen, die Hochhuth seit 1963 in verschiedenen Zeitschriften und Zeitungen veröffentlicht hat.

Literatur

Biographie

Siegfried Melchinger: Hochhuth. Friedrichs Dramatiker des Welttheaters, Band 44. Velber 1967.

Zu den Werken

Der Streit um Hochhuths „Stellvertreter“. Mit Beiträgen von Joachim Günther, Willy Haas, Rudolf Hartung, Dieter Hildebrand, Erich Klausener, Joachim Kaiser, Hans Kühner, Robert Leiber, Friedrich Luft, Johann Georg Reissmüller, Felix Troesch, Rolf Christian Zimmermann. Basel 1963.

Walter Adolph: Gefälschte Geschichte. Antwort auf Hochhuth. Berlin 1963.

Summa Iniuria, oder Durfte der Papst schweigen? Hochhuths „Stellvertreter“ in der öffentlichen Kritik, herausgegeben von Fritz J. Raddatz. Hamburg 1963.

The Storm over the „Deputy“, edited by Eric Bentley, New York 1964.
Josef-Matthias Görgen: Pius XII. Katholische Kirche und Hochhuths „Stellvertreter“. Buxheim 1964.
Weitere Literaturhinweise finden sich in den Nachweisen.

Nachweise

1 Albert Soergel — Curt Hohoff: Dichtung und Dichter der Zeit, Bd. II. Düsseldorf 1963, S. 844.
2 Der Stellvertreter. Hamburg 1967, S. 8.
3 Ebd., S. 8.
4 Dieter Vollprecht: Wer ist Rolf Hochhuth? In: Der Streit um Hochhuths „Stellvertreter“, S. 15.
5 Patricia Marx: Interview with Rolf Hochhuth. In: Partisan Review, Vol XXXI (1964), Number 3, S. 365. Ursprünglich als Radio-Interview gebracht über WNYC, New York. Der englische Text lautet: „When I started writing, I was so much under the influence of Thomas Mann that everything I wrote painfully echoed this great man.“
6 Er sah das Tragische nicht. Ein Brief Rolf Hochhuths über Bertolt Brecht. In: Theater Heute, Heft 2, Februar 1967, S. 8.
7 Die wichtigsten Schriften sind zusammengefaßt in dem Taschenbuchband Krieg und Klassenkrieg, Hamburg 1971.
8 Krieg und Klassenkrieg, S. 187.
9 Reinhardt Stumm: Nekrolog auf Genf. Ein Interview mit Rolf Hochhuth. In: Stuttgarter Zeitung, 7. Juli 1966.
10 Patricia Marx: Interview with Rolf Hochhuth. In: Partisan Review, Vol XXXI (1964), Number 3, S. 367—68.
11 Georg Lukács Festschrift zum 80. Geburtstag, S. 485.
12 Ebd., S. 489.
13 Der Stellvertreter. Hamburg 1967, S. 179. Im folgenden weisen Seitenangaben auf diese Ausgabe hin. Seitenangaben für *Soldaten* und *Guerillas* beziehen sich auf die im Literaturverzeichnis angegebenen Ausgaben.
14 Brief an Walter Kaufmann. Hinweis in: Walter Kaufmann: Tragedy and Philosophy. New York, 1968, S. 329/30.
15 Stuttgarter Zeitung, 7. Juli 1966.
16 Hierzu die ausgezeichnete Arbeit von Volkmar Sander: Die Faszination des Bösen, Göttingen 1968. Sander sieht in dem „Doktor“ die „Personifikation des absoluten Nihilisten“, S. 69.
17 Theater 1969, S. 10.
18 Über die Aussichten einer Revolution in den USA, der Autor zu den Tendenzen und Voraussetzungen seines Stücks. In: Stuttgarter Zeitung, 20. Februar 1970.
19 Ebd.
20 Alex Natan: Hochhuth geht in Stellung. In Christ und Welt, 31. Januar 1970.
21 Modell einer Revolution. Gespräch mit Rolf Hochhuth über sein neues Stück „Guerillas“. In: Weltwoche, 27. Februar 1970, S. 33.

Benno von Wiese

THOMAS BERNHARD

Als Thomas Bernhard noch nicht durch vielfache Literaturpreise (Österreichischer Staatspreis, Anton Wildgans-Preis, Georg Büchner-Preis) ausgezeichnet war und kaum jemand den jungen Autor der *Salzburger Sonette* (1954 in der *Stifter-Bibliothek* veröffentlicht) und einiger in Zeitungen und Zeitschriften veröffentlichten Prosa beachtete, schrieb er für die *Stimmen der Gegenwart* einen kurzen Lebensabriß. In dieser 1954 erschienenen Selbstdarstellung heißt es: „Mein Leben nahm im Februar 1931 in einem holländischen Kloster seinen Anfang. Meine Mutter war Hausgehilfin und eine wunderbare Frau, mein Vater Tischler. Bis zum siebenten Lebensjahr war ich teils in Wien, teils in Seekirchen am Wallersee, wo mein Großvater, ein bedeutender österreichischer Dichter, lebte." Thomas Bernhard wurde am 10. Februar 1931 in Heerlen bei Maastrich in Holland, als Sohn eines österreichischen Landwirtes und der Tochter des Schriftstellers Johannes Freumbichler geboren. „Die schönsten Jahre", so berichtet er weiter, „verbrachte ich anschließend im bayrischen Traunstein. 1945 wurde unsere Familie dort ausgewiesen und wir übersiedelten nach Salzburg, der Heimat meiner Vorfahren, wo ich das Gymnasium besuchte. Kurz darauf starb meine Mutter [1950]. Wenige Tage später erfuhr ich, daß mein Vater in Frankfurt an der Oder in den Kriegswirren zugrunde gegangen war [1943]. Ein paar Wochen später starb mein Großvater. In dieser Zeit ging ich zu einem Lebensmittelhändler in die Lehre. Das Lokal war in einem feuchten Keller, also verkühlte ich mich, bekam Rippenfellentzündung und wurde lungenkrank. Vier Jahre wurde ich von einem Krankenhaus zum anderen geschleppt, abgehorcht und ‚gefüllt'. In der Lungenheilstätte Grafenhof begann ich, immer den Tod vor Augen, zu schreiben [dort bis 1951]. Darauf wurde ich vielleicht wiederhergestellt. 1951 kam ich nach Wien, um dort an der Akademie, die mir einen Freiplatz gewährte, Musik zu studieren. Aber was tat ich? In quälendem Hunger räumte ich Misthaufen vornehmer Leute weg, zerkleinerte Beton auf dem Gelände des Arsenals, hauste in Waggons, trug Koffer auf dem Westbahnhof, schlief dort im Bunker, und pflegte schließlich eine häßliche, siebzigjährige Irrsinnige in Währing bis zu ihrem Tode, wofür ich zu essen bekam."[1]

Dieser chronologisch wohl nicht ganz zuverlässige Lebensabriß zeigt hingegen deutlich die von Jugend an bestimmenden negativen Faktoren im Leben von Thomas Bernhard: den relativ frühen Tod beider Eltern und vor allem auch den des für seine Entwicklung so bedeutsamen Großvaters, die lange schwere Lungenerkrankung und die soziale Elendsperiode in Wien mit der Pflege einer häßlichen siebzigjährigen Irrsinnigen. Tod, Krankheit, Verwahrlosung und Irrsinn hinterlassen ihre bleibenden, unausrottbaren Spuren in seinem literarischen Werk, und die Landschaften Österreichs bilden dafür den nicht etwa tröstenden, sondern bösartigen Hintergrund.

Die späteren Jahre bringen erst allmählich den literarischen Erfolg. Bis 1955 ist Bernhard als Gerichtsreporter des sozialistischen *Demokratischen Volksblattes* tätig, reist nach Jugoslawien, Sizilien, Bosnien und der Herzegowina, später nach England und zweimal nach Polen. Einige Lyriksammlungen, die in ihrer Melancholie und in ihren dunklen Farben den Einfluß Trakls erkennen lassen, erscheinen 1957 und 1958, bald danach das Libretto *Die Rosen der Einöde, fünf Sätze für Ballett, Stimmen und Orchester*; 1960 erfolgt die Aufführung mehrerer kurzer Schauspiele von Bernhard durch die Wiener Schauspieler des Theaters in der Josefstadt in Maria Saal in Kärnten. Aber erst mit dem Roman *Frost* gelingt 1963 der eigentliche Durchbruch. In den nächsten Jahren folgen rasch aufeinander die meist in der Edition der Bibliothek Suhrkamp erschienenen, oft nur kürzeren Prosastücke *Amras, Verstörung, Prosa, Ungenach, Watten. Ein Nachlaß* und die Erzählungen *An der Baumgrenze.* Im Jahre 1970 veröffentlicht Bernhard wieder einen größeren Roman *Das Kalkwerk,* ferner das Theaterstück *Ein Fest für Boris* und 1971 drei, bereits früher entstandene Erzählungen unter dem Titel *Midland in Stilfs.* (Nach Abschluß dieses Essays erschien 1971 noch bei Suhrkamp das Taschenbuch *Gehen.*)

Diese reichhaltige, überwiegend epische Produktion, der ein wachsender Erfolg nicht versagt blieb, ist von einer eindringlichen, aber extremen Eingleisigkeit. Die Faszination durch das Kranke, Böse und Irre beherrscht das gesamte Werk. Es ist erstaunlich, welche Denkenergien und Bildkräfte Thomas Bernhard aufbietet, um den Nachweis der absoluten Sinnlosigkeit des menschlichen Existierens zu erbringen. Es gehört zum Paradoxen seiner virtuos verwandten Kunstmittel, daß er mit ihrer Hilfe das monologisierend Niedergeschriebene im Prozeß des Schreibens wiederum zu löschen sucht, so daß der Leser sich in einen irritierenden Kreis der falschen Orientierungen, des Abbröckelns und des Bodenlosen hineingerissen sieht. Bernhard ist alles andere eher als ein gelassener Erzähler. Vielmehr soll im Erzählen einer Geschichte diese Geschichte als Geschichte gerade zerstört werden. Es ist oft, wie im *Kalkwerk* oder auch in *Verstörung,* eine fast ohne alle Absätze geschriebene Prosa mit einer komplizierten Mischung von vorwiegend indirekter und nur gelegentlich direkter Rede, mit zahllosen gewollten Wiederholungen und mit ebenso stereotypen wie übertreibenden Wendungen. Diese Prosa hat etwas Einhämmerndes. Sie zwingt uns in raffinierter Eintönigkeit die gleichbleibende Situation des Menschen zwischen Scheinexistenz und definitivem Untergang auf. Aber die Gestalten und der Autor verhalten sich zu dieser

Thematik verschieden. Die Gestalten kann ihre verzweifelte Situation bis zur Langeweile anöden. Der Autor hingegen spannt den Leser erbarmungslos an und gibt ihn nicht mehr frei; er „behämmert" ihn so lange, bis dieser der Suggestion dieses Stiles erliegt und erschöpft seinen Widerstand aufgibt.

Für diese Prosa ist eine Präzision des Ungenauen charakteristisch, das sich als Ungenaues dieser Präzision gerade wieder entzieht. Oft wird eine Behauptung durch eine entgegengesetzte abgelöst, und es stellt sich heraus, daß auch diese nicht richtig ist, obgleich jede dieser Behauptungen den Anspruch auf totale Geltung erhebt. Dabei löst sich die zunächst ans Anschauliche gebundene Reflexion, z. B. über Zimmer, Möbel, Türen, Dachböden, Bücher, Lokal- und Landschaftsverhältnisse, immer wieder ins rein Abstrakte auf. Einzelne Worte wie Mütze, Schnalle, Gummischuhe, Brille u. a. werden in der ständigen Wiederholung buchstäblich zu Tode gehetzt, so daß durch ihre „manisch fixierte Rotation"[2] eine bewußt gewollte Verzerrung und Sinnentleerung entsteht. Dazu gehören aber auch die zahlreichen superlativischen Wendungen und Zusammenballungswörter, mehr oder weniger abstrakter Art: die „Herzmuskelsprache pulsgehirn widerpochend", wie es im *Frost* einmal sehr manieristisch heißt. Im Zerfall der Rede spiegelt sich der Zerfall der Welt. Das geht bis an jene Grenze, wo ein scheinbar sinnvoller syntaktischer Zusammenhang sich inhaltlich ins Unverständliche auflöst. Mit Recht hat man auf die Gespaltenheit zwischen Rationalität und Irrationalität und auf die ständige Spannung zwischen den beiden Polen in Bernhards Sprache hingewiesen.[3]

Handlungselemente braucht Bernhard für seine Prosa nur wenige, aber diese sind dann meist gewaltsamer Art. Im *Frost* zeichnet ein junger beobachtender Mediziner die wild hervorstrudelnden Geständnisse, Reflexionen und Phantasien auf, die der ehemalige Maler Strauch aus seinem vulkanischen Existenzgrund herausschleudert; in *Amras* geht es um die Seelenfinsternis zweier Brüder, deren Eltern bereits durch Selbstmord umgekommen sind und von denen der eine Bruder auf die gleiche Weise endet, der zweite sich aber immer stärker bis an die Grenze des Irrsinns mit dem ersten identifiziert. In *Verstörung* erleben wir über hundert Seiten den vom Ich-Erzähler kommentarlos mitgeteilten Monolog eines wahnsinnigen Fürsten, der immer schon gefürchtet hat, „an dem Weltgestank ersticken zu müssen"; im *Kalkwerk* hat der mehr oder weniger vergeblich mit einer großen Studie über das „Gehör" beschäftigte Privatforscher Konrad seine verkrüppelte Frau umgebracht, und der Roman kreist nachträglich im indirekten Monolog und in der indirekten Rede um die möglichen Gründe und Hintergründe dieser Tat.

Zwischen Selbstmord und „Narrheit" bleibt dem Menschen nur die bange Wahl. Eigentlich sind nahezu alle Menschen, soweit sie nicht im banalen, stumpfsinnigen Strom der Masse schwimmen, prädestinierte Selbstmörder. Je mehr sie jedoch darüber reflektieren, um so mehr bleiben sie paradoxerweise manchmal, wenn auch keineswegs immer, davor bewahrt. Gerade von denen, die den Selbstmordgedanken zu ihrem einzigen Gedanken machen, wie z. B. von den Geschwistern in Stilfs, wird er zum mindesten zunächst, das heißt innerhalb des Erzählbereiches, nicht begangen. Die Reflexion stellt sich verstellend zwischen den Menschen und seine Tat, so daß er den Willen zur Tat dann doch nicht aufbringt. Man könnte meinen, Bernhard sei der realistische Psychologe extremer pathologischer Fälle. Aber Bernhard ist weder Realist noch Psychologe. Die Welt, die er schildert, — und das gilt auch und erst recht von seinen Naturdarstellungen, nicht nur von seinen Analysen der Menschen — ist eine ins absolut Sinnlose verfremdete Welt, die das sinnhaft Verständliche nur noch in der Sprache ihres Autors besitzt. Dieser Autor baut eine entweder distanzierende, formelhaft und sich eintönig wiederholende oder auch eine zu plötzlichen eruptiven Explosionen neigende Sprache wie einen vorläufigen Schutzwall auf, hinter dem er sich selbst zu verschanzen sucht, während seine Figuren, die einander ähnlich sind wie in einer großen Familie des Unheils, von ihm in den Sog des Untergangs hineingezogen werden.

Bernhards Menschen, die in die totale Isolierung gedrängt werden oder sie bewußt selber wollen und auf sich nehmen, geraten aber nicht etwa ins wortlose Verstummen. Sie reden fast ununterbrochen in geradezu geschwätzigen Wiederholungen. Aber ihre Rede bedeutet keine Brücke mehr von Mensch zu Mensch. Ihre Rede ist der vergebliche Versuch, sich einem anderen verständlich zu machen. Eben damit wird auch sie zum Werkzeug der Zerstörung.[4] In dem Roman *Verstörung* heißt es: Denn „die Wörter, mit denen wir reden, existieren eigentlich gar nicht mehr, das ganze Wortinstrumentarium, das wir gebrauchen, existiert gar nicht mehr. Aber es ist auch nicht möglich, vollkommen zu verstummen.“[5] Zwischen Wort und Wirklichkeit besteht die gleiche, nie zu schließende Kluft wie zwischen Denken und Tun oder bereits zwischen Denken und Gehen in den von Bernhard so gern geschilderten qualvollen Spaziergängen oder Wanderungen.

Wer sich um Sinn bemüht, endet im Wahn-Sinn. Die Sprache wird zum lebenslänglichen Kerker; sie beschädigt und verletzt den Menschen gleichsam in grausam verdoppelnder Weise, nachdem ihn ebenso Natur und Gesellschaft beschädigt und verletzt haben. Was immer der Mensch auch spricht, es wird zur Falle, die hinter ihm zuschlägt.[6] Alles Sprechen endet im Leerlauf, und der Autor kann das an und mit seinen Figuren nur immer wieder konstatieren. Dieses Fazit wird jedoch darum ästhetisch reizvoll, weil es Bernhard gerade mit den Mitteln seiner eigenen virtuosen Sprachkunst zu demonstrieren sucht.

Die Figuren des Dichters beobachten, je höher ihre Geistesstufe ist, in erster Linie sich selbst. Der kreisende Strudel dieser Selbstbeobachtung und einer eng damit verbundenen endlosen, wenn auch vergeblichen Selbstaussprache — denn Selbstbeobachtung ohne Mitteilung erweist sich als unmöglich — ist für Bernhards

Darstellungsweise charakteristisch. Es geht ihm dabei nicht eigentlich um die Psychologie verwickelter Charaktere, sondern um das zur Schau-Stellen ihrer prinzipiellen Unmöglichkeit, zu existieren, so daß das reale Weiterleben zur ununterbrochenen Kette von Irritation, Täuschung, gewolltem oder ungewolltem Betrug, zur Lüge, ja zum „Verbrechen" wird. Es ist ein Vorzug Bernhards, daß er Wehleidigkeit und Selbstbemitleidung meist, wenn auch nicht immer, dabei vermeidet. Die Protagonisten seiner Prosa, und er kennt eigentlich nur Protagonisten, zerdenken sich selbst und ihre inneren Abläufe bis zum Nullpunkt, den sie mehr oder weniger selbst herbeisehnen. Die so geschaffene Distanz zwischen Denken und Leben ist die eigentliche, den Tod vorwegnehmende Qual des Menschen, und doch ist ohne diese Distanz das Leben erst recht nicht erträglich, weil es nur aus dieser Distanz heraus noch wie ein seiltänzerisches „Kunststück" über dem Abgrund gelebt werden kann. „Wenn meine Existenz über mein Interesse an meiner Existenz hinaus dauert, bin ich in der Differenz nichts als tot" heißt es in der Erzählung *Am Ortler*.[7] Man könnte diesen von Bernhard gesperrt gedruckten Satz auch umkehren: Ich kann nur leben, soweit ich mich ununterbrochen für meine Existenz interessiere, das Existieren selber als eine Art Kunst auffasse. Jedoch ist eben diese Art zu leben zugleich ein fortlaufender Akt der vorweggenommenen Selbstvernichtung. „Die Existenz ist immer extrem und die Anstrengung zu existieren an sich größenwahnsinnig" heißt es in *Ungenach*.[8]

Der Standort Bernhards ist ein betont individualistischer, wenn auch mit negativen Vorzeichen. Der höhere, geistige Rang des Menschen beginnt erst mit Bernhards „Narren", die immer dicht an der Grenze des Wahnsinns stehen. Sie leben meist in der hochgelegenen Sphäre, im Schloß, in Gebirgen, in verfallenen Herrensitzen, in der Einsamkeit des Kalkwerkes. Erst der isolierte, um die Umwelt weitgehend betrogene oder sich selbst betrügende Mensch macht das allen gemeinsame Zerrbild des menschlichen Daseins und damit das Unmenschliche unseres Daseins voll sichtbar. Allerdings hat dieser Ruin auch seine sozialen Ursachen. Meist beginnen die Beschädigungen des Menschen schon in seiner Kindheit. Brutale Erwachsene, besonders die Eltern, legen die Fundamente für den künftigen Untergang. Verfinsterte und verkrüppelte Umwelt lauert überall, vor allem auf den sensiblen und damit erst recht anfälligen Menschen, sowohl als Natur — diese ist für Bernhard von einer kosmischen Bosheit — wie als Gesellschaft. Die Brüder in *Amras* sind bereits durch den Selbstmord ihrer Eltern zur Existenz von Ausgesetzten vorherbestimmt, gleichnishaft in einen Turm gesperrt. *Das Verbrechen eines Innsbrucker Kaufmannssohns* (in *Prosa*) begeht in Wahrheit nicht er selbst, als er sich umbringt, sondern es spielte sich bereits auf der „riesenhaften, eiskalten Bühne" seiner Kindheit ab, wo Vater und Mutter die „Triebkräfte" einer „tödlichen Szenerie" waren. Gleiches gilt in der Erzählung *Am Ortler* für den Vater, der als fanatischer Bergsteiger die Söhne immer wieder auf den hohen Ortler bis zu seinem Besitz, der Sennhütte, hinaufgehetzt hat.

Aber nicht nur die Familie beschädigt, das gleiche gilt von der modernen Konsumgesellschaft, den entleerten Formen der Zivilisation, den Strafvollzügen mit der Aussichtslosigkeit entlassener Strafgefangener, der unzulänglichen Betreuung in Krankenhäusern und Irrenanstalten oder dem Leerlauf der Bürokratie. Stellvertretend dafür stehen oft, ähnlich wie schon bei Kafka, Unmassen von beschriebenem Papier, bei denen der Versuch, es zu ordnen, die Papiere nur noch mehr in Unordnung geraten läßt. Eigentlich müßten sie verbrannt werden, ohne daß ihre Inhaber oder Verwalter die Kraft dazu aufbringen. Das gilt ebenso von den geistigen Produktionen, die, zu Papier gebracht, sofort ihre Bedeutung verlieren. Aber der Zwang für den reflektierenden und beobachtenden Menschen besteht trotzdem weiter, das Gedachte in Geschriebenes zu verwandeln. Meist gelingt selbst dies nicht, wie im *Kalkwerk,* wo es nur Vorstudien für die große Studie über das Gehör gibt und der Zwangsidee dieser Studie das sonstige Leben mehr oder weniger aufgeopfert wird, die Studie selbst aber ungeschrieben bleibt.

Die sozialen Beschädigungen des Menschen werden von Bernhard zwar mit Erbitterung, darüber hinaus mit pauschalen Abwertungen und mit unflätigen Beschimpfungen vorgetragen, aber weder Reformen noch Revolutionen wären eine befriedigende Antwort darauf. Moro in *Ungenach* spricht von der absurden Entwicklung im Gefolge von Sozialismus und Kommunismus, die nur tödliche Weltdepressionen und Weltperversionen und damit Vorankündigungen des unentrinnbaren Unterganges seien. Auch die Versuche, negative gesellschaftliche Zustände durch gesellschaftliche Proteste abzuändern, gehören in den Negativ-Katalog hinein, den der Autor so unermüdlich vortragen läßt. Er distanziert sich jedoch keineswegs kritisch von diesen affektiven Entladungen seiner Personen. Sie sind für ihn Ventile, in denen sich sein eigener „Irrationalismus“ durch dafür passende Sprachrohre entlädt. Dem steht zwar auf der anderen Seite die bohrende Rationalität des „existenziellen“ Fragens gegenüber. Aber das Ergebnis von emotionalem Ausbruch und rationaler Analyse ist das gleiche: beides führt ins Absurde.

Bernhard unterscheidet in seiner Prosa zwei Menschengruppen. Auf der einen Seite stehen die Unreflektierten, die bewußtlos in ihr Dasein verstrickt sind und zu denen immer wiederkehrende typische Berufe gehören wie Gastwirte, Viehhändler, Häuteverwerter, Fleischhauer, Waldarbeiter, Bauern usw. Auf der anderen Seite stehen die eigentlichen Protagonisten, die trotz Bernhards wiederholtem Randalieren über den „Bildungsschwachsinn“ meist aus dem gebildeten, traditionsüberladenen wohlhabenden Bürgertum stammen. In der unteren und untersten Sphäre des Sozialen herrscht die dumpfe Direktheit von Stumpfheit, Brutalität, Trunksucht, Sadismus und eine dazu gehörige körperliche Degeneration mit unterentwickelten, schwachsinnigen oder schwindsüchtigen Kindern. Aber Bernhards eigentliches Interesse setzt erst bei den intellektuell Abseitigen und Abgesonderten ein, die sich vergeblich um eine Zuflucht in der Einsamkeit bemühen. Sie bringen noch eine einst positive, aber inzwischen sinnlos gewordene Tradition mit. Es ist immer die Tradition Österreichs. Die Bindung an die hierarchischen Vorstellungen von einst bleibt überall spürbar, wenn sich ihr Sinn auch inzwischen in sein Gegenteil verkehrt hat. Aus der Idylle als Zuflucht ist nunmehr die Anti-Idylle als absurde Preisgegebenheit geworden, auch und gerade in der Einsamkeit. Was einst vielleicht noch Asyl sein konnte, entpuppt sich jetzt als Exil und damit nur als eine neue Gestalt des allgemeinen Welt-Gefängnisses. Große Vermögen werden weggeschenkt (*Ungenach, Watten*) oder die Eigentumsverhältnisse sind auf andere Weise gestört (*Amras, Das Kalkwerk*). Den Menschen mit Geld geht es in keiner Weise besser als denen ohne Geld. Das Fluktuierende des Geldes ist bedeutungslos geworden angesichts des Entsetzlichen, das den Menschen in jedem Falle, sei es offen oder aus dem Hinterhalt, überfällt. Auch schützt der private intellektuelle Aufstieg — mit erfolgreicher sozialer Einordnung ist er bei Bernhard nirgends verbunden —, sei er nun mehr künstlerisch oder mehr wissenschaftlich, keineswegs vor dem allgemeinen moralischen Verfall von Totschlag, Mord und Suizid und den Verkrampfungen und Verbrechen der sexuellen Sphäre bis in die ominösen Familien- und Verwandtschaftsverhältnisse hinein.

Dennoch steckt in Bernhard ein heimlicher Romantiker. Gerade in der bei ihm so vorherrschenden Thematik des Wahnsinns wird das deutlich. Poetische Gestaltung des Wahnsinns bedeutete bei vielen Romantikern, z.B. bei Tieck, Hoffmann, sogar noch bei Mörike, eine Chiffre für begnadete, außergewöhnliche, ja mystische Zustände der Seele. Zwar führte der Wahnsinn in die Selbstentfremdung des Menschen, in die Phänomene des Doppelgängertums und der Spaltung hinein bis zur völligen Auflösung der Identität, aber das konnte zugleich auch Steigerung der Sensibilität, Befreiung vom Zwang der Außenwelt und individualistische Herrschaft im Reich der Träume, der Visionen, der Ekstasen bedeuten.

Auch Thomas Bernhard ist in seiner poetischen Gestaltung des Wahnsinns keineswegs, wie Arthur Schnitzler oder früher schon Georg Büchner, ein realistisch beobachtender Naturwissenschaftler. Ebenso wie bei den Romantikern ist der Wahnsinn für ihn eine Chiffre, und es sind gerade die höheren, entwickelten Menschen, die den Wahnsinn nicht nur als leidvolle Krankheit, sondern auch als aristokratisches Zeichen einer souveränen Stellung noch jenseits aller von Bernhard verachteten Normalität in sich tragen. Das gilt besonders von seinem Fürsten in *Verstörung*, der freilich zugleich in seiner beklemmenden, ununterbrochen reflektierenden Selbstaussage etwas von der Unmenschlichkeit eines geistigen Roboters an sich hat. Gewiß: der Wahnsinn wird bei Bernhard gleichsam total gesetzt, er ist überall. Aber es gibt eine wichtige Unterscheidung, wie sie Moro in *Ungenach* vorträgt: „Innerhalb der Irrenhäuser ist der allgemein anerkannte Irrsinn ... außerhalb der Irrenhäuser der illegale Irrsinn."[9] Aber dieser „illegale Irrsinn" bedeutet eben nicht Verblödung, Idiotie, Bildungsschwachsinn, sondern gerade umgekehrt reflektierte, bewußte Existenz. Der mit ihm Geschlagene ist der Übersichtige, Hell-Sichtige, nur in diesem Sinne ist er wahnsinnig: „Mein Hirn, in das ich senkrecht hinunterschaue." Im Resultat freilich ist diese Mühe des senkrecht in sich Hinunterschauens, dieser Versuch, die Unerträglichkeit des Daseins in der Form des Wahnsinns auf sich zu nehmen und damit die Fähigkeit zu Schmerz und Leid bis ins Extreme zu steigern, ebenso wenig wert wie alle anderen Bemühungen des Menschen. Eine mystische Weihe erhält diese Identifizierung von gesteigertem Existenzbewußtsein und Wahnsinn hier gewiß nicht mehr. Dennoch ist Bernhard weit davon entfernt, die sogenannte „Sinnesverwirrung" nur als negative Erscheinung gelten zu lassen. Vielmehr wurde dieser Begriff mit Vorliebe dort herangezogen, wo, wie es in *Watten* heißt, bei den „Leuten, sie mögen noch so gebildet sein, ... Verstand und Vernunft und Gefühl am Ende" seien.[10] Alle exemplarischen Gestalten Bernhards sind nicht zuletzt dadurch der dumpfen, verachteten Masse überlegen, daß sie zur „Sinnesverwirrung" fähig sind. Sie gibt ihnen den geistigen Zugang zu den wenigen „ironischen Elementen" und zu dem „irrationalen Idiotismus", von dem Moro am Ende von *Ungenach* in seiner pathetischen, die Katastrophenstimmung geradezu genießenden Schlußrede spricht.[11] „Schwachsinn" und „illegaler Irrsinn" sind bei Bernhard deutlich voneinander geschieden; sie dienen ihm als verschiedene Wertstufen für seine Beurteilung der Menschen einerseits als Masse, andererseits als abgesonderte, individuelle geistige Existenz.

Der prinzipiellen Gestörtheit der menschlichen Existenz kann sich — genau gesehen — niemand entziehen. Am ehesten vermag noch der dilletantierende Naturwissenschaftler als der bloße Beobachter der extremen Fälle von Unordnung in Natur- und Menschenwelt aufzutreten und gewinnt auf diese Weise eine, freilich auch nur relative Distanz zu den katastrophalen Auflösungsprozessen des Lebens. Ihm steht jedoch oft, wie in *Amras*, der sensitiv und künstlerisch veranlagte Bruder an der Seite, der dem Todestrieb um so stärker ausgesetzt ist und damit den anderen mehr oder weniger infiziert. In solcher Monomanie des Entsetzlichen, sei es im Handlungsverlauf, sei es in der philosophierenden Reflexion der Personen, liegt die Grenze der Bernhardschen Darstellungskunst. Dieser Autor kennt keine Übergänge, keine Zwischentöne, keine Nuancen. Die in der indirekten Rede vorgetäuschte Distanz zu seinen Figuren hat mehr eine spielerische Funktion, die zu verdecken sucht, daß sich der Autor in Wahrheit mit der von den Figuren vorgetragenen Weltansicht identifiziert. Aus dem gleichen Grunde läßt er auch keine Gegenspieler zu. Selbst, wo schwache Versuche gemacht werden, Antagonisten aufzubauen wie den Engländer in der Erzählung *Midland in Stilfs* oder den Italiener in den Erzählungen *An der Baumgrenze* bleiben diese nur passive Beobachter, die überdies dazu neigen, auch ihrerseits eine nihilistische Philosophie vorzutragen und die sich nur etwas vitaler zur Daseinsbewältigung verhalten. Von den Brüderpaaren heißt es zwar oft, sie seien zwei grundverschiedene Menschen, aber das besagt wenig angesichts des gemeinsamen Sogs in den vorausgewußten und ständig reflektierten Untergang.

Eine solche extreme und damit notwendig überspannte Figurenwelt gerät in die Gefahr, lächerlich zu werden. Das wird freilich von Bernhard meist dadurch vermieden, daß er tragische und komische Situationen mit dem gleichen Grundton der Beklemmung gestaltet. Besonders deutlich wird das in seiner Auffassung vom Theater, die, in durchaus moderner Weise, die Differenz von Tragödie und Komödie annulliert. In der kurzen klugen Erzählung *Ist es eine Komödie? Ist es eine Tragödie?* (in *Prosa*) kommt es für den Ich-Erzähler nicht zu dem geplanten Theaterbesuch, weil ein merkwürdiger Mensch mit Frauenhalbschuhen und einem Frauenhut ihn anspricht, der — so stellt sich erst gegen Ende der Erzählung heraus — seine Frau vor zweiundzwanzig Jahren und acht Monaten im Donau-Kanal umgebracht hat, aber noch weiter ihre Kleider trägt. Heute Abend, so versichert er am Schluß der Erzählung, „wird in dem Theater da drüben, ob Sie es glauben oder nicht, eine Komödie gespielt. Tatsächlich eine Komödie." Der Kontrast zwischen Theater und Wirklichkeit ist offensichtlich. Aber während der Ich-Erzähler das Theater eigentlich haßt, liebt es der Frauenmörder. Sein eigenes theatralisches Auftreten könnte eine Szene aus einer Komödie sein, aber der Mord an seiner Frau, über den wir nur das Faktum und nicht die Ursachen erfahren, weist in die genau entgegengesetzte Richtung: „Die Welt ist eine ungeheure Jurisprudenz. Die Welt ist ein Zuchthaus." In Wahrheit bleibt es unentschieden, ob im Theater heute Tragödie oder Komödie gespielt wird. Im Resultat läuft es doch auf das Gleiche hinaus.[12]

Auch die meisterhafte Erzählung *Der Italiener. Fragment* (in: *An der Baumgrenze*) greift das Motiv des Theaters erneut auf. Der Italiener ist der Außenstehende, der von außen Kommende, der nur weitläufig mit dem Trauerfall in der Familie, von dem hier erzählt wird, zusammenhängt. Darum sucht ihn auch der Gastgeber von diesem Trauerfall, der ihn so wenig angeht, abzulenken. Der Vater der Familie, der sich selbst „auf die bekannte grauenhafte Weise" in seinem Zimmer erschossen hat, ist in einem „Lusthaus" aufgebahrt, das eigentlich zum Theaterspielen bestimmt war. Dem Italiener wird der in einem Schuppen an der Lusthauswand abgestellte Fundus von Theaterkostümen, Instrumenten usw. vorgeführt. Es sind Kostüme sowohl des Erhabenen wie des Lächerlichen. Eigentlich sollten die Kinder der Schwester an diesem Abend, so wie es die Familientradition für jedes Jahr einmal vorschreibt, ein Schauspiel aufführen; der älteste Sohn der Schwester, ein Dreizehnjähriger, hatte es gedichtet. Nun aber ist aus dem „Lusthaus", dem Haus des Theaters, ein Trauerhaus geworden. Auch das jedoch entpuppt sich als bloßer Vordergrund. Denn der schreckliche Tod des Vaters ist nur wie ein Echo auf die verborgen gebliebene Wirklichkeit des Lusthauses als „Schlachthaus", weil hier, zwei Wochen vor Kriegsschluß, eine Gruppe von fünfzehn- und sechzehnjährigen Polen, die an diesem Ort eine Zuflucht gefunden zu haben glaubten, von den aus dem Wald herausgekommenen Deutschen erschossen wurde. Die Idylle des Parks, in dem die Kinder gespielt haben, wird zum verheimlichten Massengrab deklassiert.

Die Erzählung kontrastiert den ästhetischen Aspekt — Lusthaus, Theater, Familienspiele, Parklandschaft, künstlerische und literarische Interessen —, der den Italiener unmittelbar anspricht, mit der Wirklichkeit von Selbstmord und Massengrab, auf die er nur zerstreut höflich reagiert, die ihm aber als Gesprächsgegenstand „unangenehm" zu sein scheinen. Jedoch ist es gerade diese Identität von Lusthaus und Schlachthaus, die der Autor Bernhard aufdecken will und von der aus gesehen es völlig gleichgültig ist, ob in dem unaufgeführt gebliebenen Schauspiel „Tragödie" oder „Komödie" gespielt werden sollte.[13] Der Ort des Theaters selbst ist zur Inkarnation des Grauens geworden.

Das gilt auch von Bernhards eignem Schauspiel *Das Fest des Boris.* So eindrucksvoll vor allem seine Schlußszene ist, als dramatisches Ganzes konnte es nicht recht gelingen, da sich ein Drama ohne Spiel und Gegenspiel, ohne Protagonisten und Antagonisten kaum aufbauen läßt. Hier jedoch sind alle Personen Krüppel und selbst die einzige Unbeschädigte, Johanna, wird soweit erniedrigt, daß sie im weiteren Verlauf noch die „Rolle" einer Beinlosen übernehmen muß. Theater kann bei Bernhard Kontrastsituation zum Absurden des Lebens sein, ist aber als solche bloße Täuschung, bloßer Schein, das heißt ohne jede Wahrheit. Das Theater erlaubt aber ebenso die direkte Bezugnahme auf diese Absurdität selbst. Beide Aspekte sind im *Fest des Boris* zu finden. Sofern die Krüppel, insbesondere die herausgehobene intrigierende, nur durch Wohlstand abgesonderte Gestalt der „Guten" — die Benennung ist natürlich ironisch gemeint —, eine Normalität vortäuschen, die in Wahrheit nicht mehr vorhanden ist, spielen sie „Rollen", nicht nur auf dem Theater, sondern auch auf der Bühne des Lebens. Ganz deutlich wird das in den „Methoden", sich das Leben in der Kiste (gemeint sind die zu kurzen Betten als Sargsymbol) im Krüppelheim erträglicher zu machen: das Schlafen im Stehen, das gemimte Halsabschneiden und Aufhängen, ohne daß es je zum Selbstmord kommt, das Verschwinden und Verdoppeln der Personen, das Kunststück der vier Köpfe, vor allem aber die mit ungeheurer Anstrengung vorgetäuschte Illusion, wieder Beine zu haben usw. Das alles ist Theater im Theater. Jedoch geschieht solche groteske Clownerie nur im Spiel der Phantasie, die reale Situation hingegen ist nur depressiv, nur aussichtslos. Am Schluß wird dann im unerwarteten, chaotischen Sterben des Boris jede Theaterrolle als Schein und Betrug entlarvt. Das Abtreten von der Lebensbühne des Unheils präsentiert sich als der unentrinnbare Augenblick der Desillusionierung, gegen den keine Verstellung, kein „Theater" mehr helfen kann. Das Theater gelangt an jene Grenze, wo es sich mit den Mitteln des Theaters als Theater zu annullieren sucht. Es übernimmt damit noch die ursprünglich aus dem Barock stammende Funktion, das Spiel des Menschen in der Welt als bloße, für Bernhard groteske „Rolle“ zu enthüllen, aber diesmal ohne jeden Hinweis auf eine wie auch immer beschaffene Transzendenz. Das Theater ist und bleibt sowohl als Tragödie wie als Komödie ein Spiegel der Welt in ihrer Nichtigkeit. Diesen Satz kann man bei Bernhard auch umkehren. Die Welt selbst ist komödiantisch und kabarettistisch und unter diesem Aspekt noch am ehesten zu ertragen.

Nicht ein „Realist“ ist Bernhard, sondern ein verkappter Pathetiker und Lyriker, der das Komische und Tragische mit dem gleichen tödlichen Ernst behandelt und keine Spur von Humor, bestenfalls nur Ironie und Melancholie, dabei aufkommen läßt. Seine Figuren vermögen ihre komischen Situationen nirgends von der heiteren Seite zu nehmen, ebenso wenig wie der Autor das tut. In jedem Falle, ob nun tragisch oder komisch, gerät der Mensch in Verstörung, Verkrüppelung und Wahnsinn. Da es keine Abmilderungen und Einschränkungen gibt, sondern nur den Superlativ des Entsetzlichen — auch und gerade das Banale wird demaskiert als Form des Korrupten und Infamen und damit des Entsetzlichen — wird der Leser ständig im gleichen Kreis des Irrsinns herumgejagt, zumal der Autor ihn sprachlich gleichsam erpreßt und nirgends zur Ruhe kommen läßt. Zwar wechseln die Namen und Masken der Personen, und es gibt auch Variationen in ihrem Lebenslauf, aber trotzdem läuft es immer wieder darauf hinaus, daß sie so oder auch so nicht leben können und doch leben müssen. „Es gebe . . . kein Mittel sich selbst zu entfliehen“, sagt der Italiener auf etwas orakelnde Weise am Schluß der gleichnamigen Erzählung.

Das Manieristische der Bernhardschen Prosa ist die Konsequenz ihres Weltentwurfes. Der Autor variiert unermüdlich das eine qualvolle Thema von der ihres Sinnes beraubten Welt. So liest man bei ihm — genau gesehen — immer nur das gleiche. Darin liegt seine Grenze. Aber dieses Zwangshafte der sich stets wiederholenden Abläufe bis in die komplizierten Stilfiguren hinein hat etwas Suggestives. Alle Darstellungsmittel werden zu Dauersignalen für die ständige Selbstunterhöhlung und Selbstuntergrabung des reflektierenden Menschen. Dabei kann vor allem das höher entwickelte Individuum weder mit noch ohne menschlichen Beistand existieren. So geraten denn alle versuchsweise, wie Experimente durchgeführten Formen der Kommunikation ins hoffnungslos Monologische. Bernhard kennt nur eine autonome, freilich stets auf ihre Weise irr-sinnige Ichwelt, keinerlei Du, höchstens das Kollektive und Ungestaltete des Massenwahns oder die Welt als bloßen Widerstand für das Ich, jedoch ohne eigenes Schwergewicht. Bernhard hat einen künstlichen, artifiziellen Raum geschaffen und eine ebenso künstliche Zeit, innerhalb derer es sinnlos wird, die Frage nach ihrer Beglaubigung durch die Wirklichkeit zu stellen. Soweit er sich als Autor dafür auf die von ihm bevorzugten Kleinformen: die Skizze, die kurze Erzählung, den novellistischen Entwurf, die dramatische Szene beschränkt, gelingt ihm dabei Beachtliches. Im Roman freilich werden die Grenzen solcher Monomanie des Extremen deutlicher sichtbar. Wo die Gesellschaft zum bloßen Schattenspiel geworden ist und sich statt dessen die unentrinnbare Qual der Einzelexistenz als unbedingter Anspruch durchsetzt, vermag alle artistische Routine nicht darüber hinwegzutäuschen, daß der Roman, auch als moderne Gattung, sich dabei auflösen mußte.

Aber trotz solcher Weltlosigkeit liegt Bernhards Stärke in der surrealen, indirekten Verdeutlichung einer Epoche, in der jedes und alles nicht mehr in Ordnung zu sein scheint. Solche Thematik verbindet ihn mit Franz Kafka, dessen objektive und plastische Darstellungskunst er freilich nirgends erreicht. Bei Bernhard klaffen das Dingliche und Zeichenhafte auf der einen Seite und die allzu ermüdenden und überhäuften Reflexionen auf der anderen zu sehr auseinander. Dennoch wird auch bei ihm, wie bei Kafka, die These von der unheilen Welt, in der wir leben müssen, mit imponierender Einseitigkeit absolut gesetzt. Ein Ausblick auf die Erzählung von mittlerer Länge, *Watten*, soll das zum Abschluß noch einmal zeigen. Ich halte sie für das beste Stück Prosa, das Bernhard bisher gelungen ist.

Die kunstvoll eingekleidete „Handlung" beschränkt sich auf ein Minimum. Der berichtende Ich-Erzähler, ein wohlhabender Arzt, der sein Vermögen weggeschenkt und dem man widerrechtlich die Praxis entzogen hat, weigert sich wiederholt, aber ohne nähere Begründung, seinem Besucher, dem Fuhrmann gegenüber, zum *Watten* (gemeint ist ein Kartenspiel, vielleicht aber auch noch andere versteckte Bedeutungsinhalte) ins Wirtshaus zu kommen. Jedoch gibt das Erzählte einigen Aufschluß darüber. Der Weg durch den Wald über die „faule Fichte" und an der Schottergrube vorbei bis zum Wirtshaus und damit bis zur Kommunikation mit anderen Menschen, ist für den Arzt unbegehbar geworden. Es sieht nur so aus, als ob der primitive Selbstmörder aus der ehemaligen Spielgemeinschaft daran schuld ist, der sich in eben diesen Wald an einem Baum aufgehängt hat und später auf abenteuerliche Weise dort gefunden wurde. In Wahrheit besiegelte dieses vorausliegende Ereignis nur den Entschluß des Arztes: „Ich muß in der Isolierung s e i n." „Da die Masse mich ausscheidet, habe ich keine andere Wahl, als mich nach einem Tod in mir selbst umzuschauen, so lange das noch interessant ist für mich."[14]

Watten ist nur ein „Spiel", als Spiel dem Theater benachbart. Aber diese wie jede andere Art des Spiels führt zu nichts, höchstens in den Unsinn. Der Wald, der sich zwischen den Arzt und das Spiel stellt, ja noch die Geschicke der Mitspieler mitbestimmt, wird zum irritierenden Ort der Desorientierung, aus dem man wie in einem Märchenwald nicht mehr heil herauskommt. Als der Erzähler das letzte Mal zum Watten gegangen ist, „ohne watten gehen zu können", wurde diese latente Gefahr für alle akut, die im Wirtshaus zusammentreffen wollten, jedoch vorher durch den Wald hindurch mußten. Der Papiermacher Silcher hat sich am Rand der Schottergrube erhängt, der Lehrer fiel in den Tümpel, die übrigen liefen wie blind im Kreise herum, ehe sie erschöpft zum Wirtshaus hinfanden. Der entsetzliche Wald ist damit zum Inbegriff der „ungeheuerlichsten Verletzungsmöglichkeiten" des Menschen geworden. Aber auch die scheinbare Gegenposition, der Verzicht auf das Spiel, die totale Isolierung, erweist sich in dieser „kabarettistischen Welt"[15], in der wir leben, als unmöglich. Der täglich auf theatralische Weise begangene Schein-Selbstmord ist nur eine gespielte Rolle, ein Kunststück auf dem Theater des Lebens.

Als der Arzt sein lange Zeit abgesperrtes Ordinationszimmer wegen des furchtbaren Gestankes aufschließen muß, findet er die Skelette zweier Dohlen, die dort „Zuflucht" gesucht haben, dann aber nach und nach „wahnsinnig geworden" sind, dabei das Zimmer total verwüsteten und schließlich im Todeskampf erstickten. Dieses Erlebnis bleibt freilich im Zwielicht zwischen Traum und Wirklichkeit, jedoch auch hier enthüllt sich das gesamte Dasein als „eine völlig durchinstrumentierte Partitur Wahnsinn".[16]

Der Ort der Zuflucht, das Gasthaus oder auch das Ordinationszimmer, erweist sich als der verstellte, der unerreichbar oder mörderisch gewordene Ort. Die faule Fichte, die Schottergrube, der Tümpel, der Wald, die toten Dohlen, sie alle sind Signale und Zeichen für eine Welt, in der alles zerfällt und zerbröckelt. Ausweglos ist die versperrte Flucht in das Spiel, ausweglos aber auch die in die Einsamkeit, die nur eine Abwandlung des bloßen „Spiels" bedeutet. Selbst derjenige, der, wie der Arzt, ein Mensch„ voller Kunststücke" ist, wartet nur ununterbrochen auf einen Menschen, „der ihm seine Kunststücke zertrümmert, indem er ihm seinen Kopf zertrümmert".[17]

Wer, so wie Thomas Bernhard, uns die Unmöglichkeit alles Existierens bis ins Abstruse vor Augen führt; wer, so wie er, den Aspekt des Unheils für total erklärt und damit die „hohe Kunst" des „Existierens" nur noch als verzweifelten Balanceakt gelten läßt, wird sich davor hüten müssen, daß ein solches ständig wiederholtes Verdikt nicht in Zukunft auch seine eigene Dichtung treffen könnte. Denn auch diese ist, ob nun gewollt oder nicht, nicht etwa gesellschaftlich „engagierte" Poesie, sondern, im guten Sinne des Wortes, ein „Kunststück".

Thomas Bernhard

Anmerkungen

Texte

1. Prosawerke

Frost, Insel-Verlag, Frankfurt am Main 1963.
Amras, 1964, edition suhrkamp 142, 1965.
Verstörung, 1967, Bibliothek suhrkamp, Bd. 229, 1969.
Prosa, 1967, edition suhrkamp 213.
Ungenach, 1968, edition suhrkamp 279.
An der Baumgrenze, Salzburg 1969.
Watten. Ein Nachlaß, 1969, edition suhrkamp 353.
Das Kalkwerk, Frankfurt am Main 1970.
Midland in Stilfs, 1971, Bibliothek suhrkamp, Bd. 272.
Gehen, 1971, suhrkamp taschenbücher 5.
Der Italiener, 32 Photos von Heindrin Hubert, Salzburg, Residenzverlag 1971. — Nach diesem 164 Seiten umfassenden Buch hat der österreichische Filmer Terry Radax einen Fernsehfilm gedreht.

2. Theater

Ein Fest für Boris, 1970, edition suhrkamp 440.

3. Lyrik

Auf der Erde und in der Hölle, Salzburg 1957.
Unter dem Eisen des Mondes, Köln 1958.

Literatur

Eine biographische Tabelle „Vita" und eine von Gerhard P. Knapp zusammengestellte Bibliographie der Prosatexte, Einzelveröffentlichungen, Bühnenstücke sowie der vorerst noch vereinzelten Sekundärliteratur findet man in dem Band: Über Thomas Bernhard, hg. von Anneliese Botond, edition suhrkamp, 1970. Folgende Aufsätze liegen dort vor:

Wolfgang Maier: Die Abstraktion von ihrem Hintergrund gesehen.
Hartmut Zelinsky: Thomas Bernhard „Amras" und Novalis.
Wendelin Schmidt-Dengler: «Der Tod als Naturwissenschaft neben dem Leben, Leben».
Otto Lederer: Syntaktische Form des Landschaftszeichens in der Prosa Thomas Bernhards.
Jens Tismar: Thomas Bernhards Erzählerfiguren.
Carl Zuckmayer: Ein Sinnbild der großen Kälte.
Günter Blöcker: Aus dem Zentrum des Schmerzes.
Marcel Reich-Ranicki: Konfessionen eines Besessenen.
Peter Handke: Als ich „Verstörung" von Thomas Bernhard las.
Urs Jenny: Österreichische Agonie.
Karl Heinz Bohrer: Es gibt keinen Schlußstrich.

Elke Kummer / Ernst Wendt: Die Schauspieler in den Schauspielern der Schauspieler.
Reinhard Prießnitz: Thomas Bernhard.
Herbert Gamper: „Eine durchinstrumentierte Partitur Wahnsinn".

Nachweise

[1] Stimmen der Gegenwart, hg. von Hans Weigel, Verlag Albrecht Dürer, Wien 1954. Die von mir in eckige Klammern gesetzten Lebensangaben nach der Vita. In: Über Thomas Bernhard.

[2] Vgl. dazu: Herbert Gamper „Eine durchinstrumentierte Partitur Wahnsinn". In: Über Thomas Bernhard, S. 135.

[3] Vgl. z. B. Jens Tismar: Thomas Bernhards Erzählerfiguren. In: Über Thomas Bernhard, S. 72: „Die lyrische Einheit unterläuft das rational logische Prinzip der syntaktischen Ordnung". Oder: Wolfgang Maier: Die Abstraktion vor ihrem Hintergrund gesehen, ebd., S. 20: es sei „eine Umfunktionierung der Hypotaxe festzustellen: weg von der trocken logischen Stringenz hin zur atemlosen Eruption, zum Emotionalen, Irrationalen".

[4] Vgl. dazu Elke Kummer / Ernst Wendt: Die Schauspieler in den Schauspielern der Schauspieler, ebd., S. 118.

[5] Vgl. Verstörung über „Empfindlichkeitswörter", S. 85, dazu auch Peter Handke. In: Über Thomas Bernhard, S. 101 ff., ferner ebd., Jens Tismas, S. 72 ff.

[6] Ebenso H. Gamper. In: Über Thomas Bernhard, S. 134: „jeder Satz, jedes Wort, selbst das Schweigen, ist eine Falle".

[7] In: Midland in Stilfs, S. 103.

[8] Ungenach, S. 17.

[9] Ebd., S. 44.

[10] Watten, S. 55.

[11] Ungenach, S. 93. Zur Ironie vgl. auch Verstörung, S. 101: „Das Ironische das die Unerträglichkeit abschwächt". Eine solche Funktion kann bei Bernhard auch die Melancholie haben.

[12] Vgl. zum Motiv der Welt als Probebühne und Komödie auch Verstörung, S. 136. Da ist sogar von dem „Vergnügen" an der Todeskrankheit des Menschen die Rede.

[13] Dazu auch Watten, S. 87, die Welt als Tragödie und Lustspiel zugleich.

[14] Watten, S. 23.

[15] Watten, S. 70; vgl. ebenso Verstörung, S. 142 über die „politische Theaterexistenz": „Der Wahnsinn ist erträglicher und die Welt im Grunde ein ganz und gar karnevalistisches System".

[16] Watten, S. 86.

[17] Ebd., S. 89.

Albert Berger

UWE JOHNSON

„,Was die Leute reden' sagte Jakob, er dachte wirklich: Dann haben sie Cresspahl bloß einsteigen nicht aussteigen sehen, nun machen sie eine Geschichte für Cresspahl als ob die Dinge wären wie einer sie ansieht."[1] — Die Kritik Jakobs an der Geschichte, die über Cresspahl im Umlauf ist, formuliert das zentrale Problem, dem sich Johnson in seinem Werk stellt. Zwischen den Dingen, „wie einer sie ansieht", von seinem Standpunkt aus, und der Wirklichkeit, die erst aus dem Zusammenhang erkennbar wird, besteht eine Diskrepanz, die nur dadurch überwunden oder wenigstens gemildert werden kann, daß der Autor mehr als eine Ansicht bietet. Aber auch dann bleibt das Risiko, daß immer noch eine — und vielleicht die wichtigste — Perspektive fehlt: ein unaufgelöster Rest. Die programmatischen Äußerungen Johnsons im Aufsatz *Berliner Stadtbahn* stimmen damit überein: „Unablässig ist der Autor in Gefahr, daß er versucht, etwas wirklich zu machen, das nur tatsächlich ist."[2] Was aber kann der Autor tun, um dem bloß Tatsächlichen zu entgehen und zur Wirklichkeit zu gelangen, und was ist das überhaupt — Wirklichkeit? Ist sie die Summe der möglichen Ansichten? Anstelle der Antwort gibt Johnson eine Bescheidenheitsformel: „Der Verfasser sollte zugeben, daß er erfunden hat, was er vorbringt, er sollte nicht verschweigen, daß seine Informationen lückenhaft sind und ungenau."[3] Trotzdem aber besteht er auf einer verbindlichen Basis für den Schriftsteller: „Genauigkeit wird von ihm verlangt."[4] Genauigkeit im Erfundenen also, ein Paradox, das Johnsons Suche nach dem besten Zugang zur Wirklichkeit bezeichnet; ein Paradox zugleich, das den Schreibenden in Gefahr bringt, zwischen Tatsächlichkeit und Wirklichkeit, zwischen empirisch-wissenschaftlicher Exaktheit und erstrebter Einsicht in die wahren Verhältnisse in einen Leerraum zu geraten, der beide verfehlt. Die Stärke der Bücher Johnsons liegt wie ihre Schwäche in der Art, wie der Autor diesem Risiko entgeht oder erliegt. So verschieden die Romane in ihrer epischen Technik und sprachlichen Gestaltung von den *Mutmaßungen über Jakob* bis zu den *Jahrestagen* sein mögen, ihnen allen liegt als gemeinsame Basis diese Differenz zugrunde: Immer ist die Anzahl der Unbekannten höher als die der Gleichungen.

Es ist nicht primär die staatspolitische Realität als solche, die den Stoff für Johnsons Erzählen bildet, sondern es ist die konkrete Situation von Personen, die ihre Lebenswelt zunächst als natürliche erfahren und erst in der Auseinandersetzung mit ideologischen Positionen wahrnehmen, daß sie als Individuen und ohne ihr persönliches Zutun immer schon politisch gebunden sind. Daß Johnson in der Kritik zum „Dichter beider Deutschland" avanciert ist und diese Etikette an seinem Namen klebt, ist Folge jener Sucht nach Erkennungsmarken, die man Leuten umhängt, um sie rasch identifizieren zu können. Der Autor selbst hat sich dagegen gewehrt, und es wäre mißverständlich, ihn auf dieses Schlagwort festzulegen. Politik beginnt für ihn nicht bei den großen Blöcken, sondern bei denjenigen, die sie erdulden müssen im begrenzten Bereich ihres individuellen Lebens. Aus der Konfrontation von zunächst isoliert gesehener privater Lebenswelt und übergeordneten Machtsystemen entfalten sich die Konflikte, die weder im Tod Jakobs, im mißglückten Versuch Karschs, Achims Leben zu schreiben, in der Flucht der Krankenschwester D. nach Westberlin noch in der Flucht der Gesine der *Jahrestage* in die Innerlichkeit eine annehmbare Lösung finden.

Johnsons Zurückgreifen auf die Gestalten seiner ersten Werke nach mehr als einem Jahrzehnt in dem Roman *Jahrestage. Aus dem Leben von Gesine Cresspahl* läßt es berechtigt erscheinen, sein Werk zusammenhängend zu lesen und im Weg der zentralen Figuren, Gesines vor allem, den Weg des Autors, seine immer erneute Suche nach einer möglichen Lösung, mitzuverfolgen. Denn es ist nicht so, daß bloß die Namen wieder aufgenommen wären. Zwar treffen sich in New York nur Gesine und Karsch, wobei erst später erzählt wird, woher Gesine den Karsch aus dem *Dritten Buch über Achim* überhaupt kennt, aber die andern Gestalten tauchen aus der Erinnerung auf, sind als erinnerte anwesend in Gesines Lebensraum: Jakob, der alte Cresspahl, die Babendererde, Jakobs Mutter ... Sie alle gehören in Gesines Welt, sind Bestandteil ihres Daseins. Insofern bilden die vorangegangenen Romane mit Ausnahme der *Zwei Ansichten* mindestens teilweise eine Exposition zu den *Jahrestagen*, der Zusammenhang reicht bis in die chronologischen Einzelheiten der Altersangaben und unmittelbar in das Leben Gesines, denn Jakob ist der Vater ihrer Tochter Marie. Dadurch wird eine Kontinuität erzeugt, die das individuelle Leben besser verstehen läßt aus seiner Geschichte. Das gilt indessen nicht nur für den vorläufig am Ende stehenden Roman, es gilt auch für die einzelnen Romane der früheren Jahre. Geschichte als Bedingung für das je gegenwärtige Leben aufzuhellen, ist der Versuch Johnsons in allen Werken, nur in den *Zwei Ansichten* erscheint Geschichte eingefroren in einem synchronen Zustand, der dem Bewußtsein der Gestalten die Freiheit nimmt. Aber Jakob ist tot, Karsch kehrt heim, ohne das Buch über Achim geschrieben zu haben, die Gesine der *Jahrestage*, obgleich selbst erst 34 Jahre alt, verlegt die Hoffnung in die nächste Generation, die ihre Tochter Marie verkörpert. So etwa läßt sich der vorläufige Weg Johnsons zeichnen: Während der äußere Schauplatz von Deutschland in die Vereinigten Staaten verlegt wird, kehrt dieses Deutschland als erinnerter Geschichtsraum wieder, gesehen aus einer anderen Perspektive und in einem weiteren Horizont. Begonnen hat dieser Weg mit den *Mutmaßungen über Jakob,* jenem Roman, mit dem der Autor fünfundzwanzigjährig an die Öffentlichkeit trat.

Die *Mutmaßungen über Jakob* erschienen 1959 im Suhrkamp Verlag, im selben Jahr war Johnson aus der DDR nach Westberlin übersiedelt. Er legt Wert darauf, daß dieser immerhin entscheidende Schritt nicht als Flucht verstanden wird, und er formuliert ihn als „Rückgabe einer Staatsangehörigkeit an die DDR nach nur zehnjähriger Benutzung und Umzug nach Westberlin mit Genehmigung eines dortigen Bezirksamtes“.[5] Maßgebend für seinen Entschluß waren nicht primär politische Gründe, obwohl solche natürlich eine Rolle gespielt haben, denn politischer Momente wegen konnte sein erster Roman, *Ingrid Babendererde,* den er ostdeutschen Verlagen angeboten hatte, nicht erscheinen.[6] In Westberlin bot sich Johnson die Möglichkeit, frei zu arbeiten, ohne den Kontakt zur DDR ganz zu verlieren. Es hat wenig Sinn, das politische Faktum der Teilung Deutschlands als Klischee über das private Leben des Autors zu legen und Polaritäten, die auf staatlicher Ebene gelten, auch für einen individuellen Entschluß zu behaupten. Es wäre überflüssig, das überhaupt zu erwähnen, wenn nicht die persönliche Erfahrung Johnsons auch in seinem Werk ihren Niederschlag gefunden hätte: daß Fakten, die als solche unbestritten bestehen, nicht gewaltsam und unbedacht in „Wirklichkeit“ umgedeutet werden dürfen. In den *Mutmaßungen über Jakob* verläßt Jakobs Mutter die DDR. Die Behörden nennen Flucht, was für einen unmittelbar Beteiligten ein „Wegfahren“ oder — wie für Jonas — beides war.[7] Das im Roman angeschnittene Problem der begrifflichen Fixierung von Sachverhalten stellt sich analog auch in der Biografie des Autors.

Diese Unentschiedenheit, die Weigerung, Wirklichkeit von vornherein auf polare Gegensätze zu reduzieren, wurde Johnson von Hermann Kesten in dem unerquicklichen Streit, der im November 1961 bei einem Verleger- und Literatentreffen in Mailand begann und sich in einer Pressefehde fortsetzte, als Opportunismus und Gesinnungslosigkeit ausgelegt, so als ob es zwischen Hölle und Himmel keine Erde gäbe, auf der zu leben wäre. Johnsons literarisches Werk steht ganz im Zeichen der Problematik, zwischen den eingefrorenen Fronten einen Weg finden zu müssen, beladen mit dem Risiko, daß auch der eigene Weg wiederum an eine Grenze stößt, wie es zuletzt in den *Jahrestagen* deutlich wird.

Uwe Johnson wurde am 20. Juli 1934 in Kammin in Pommern (Kamień Pomorski) geboren. 1944/45 in einem NS-Internat in Posen, nach Kriegsende Flucht der Familie nach Mecklenburg, Schulzeit in Güstrow bis 1952. 1952 bis 1956 Studium der Germanistik „und weiterer Folgen des Krieges“[8] in Rostock und Leipzig. Aus der Leipziger Zeit datiert der unveröffentlichte Roman *Ingrid Babendererde.* Nach dem Studium arbeitete er als Herausgeber und Übersetzer, versuchte den ersten Roman zu veröffentlichen und schrieb seinen zweiten:

Mutmaßungen über Jakob. 1959 Übersiedlung nach Westberlin, Erscheinen der *Mutmaßungen über Jakob,* Kontakt mit der Gruppe 47, 1960 Fontane-Preis der Stadt Berlin. Stipendien ermöglichten Johnson Aufenthalte in den USA (1961) und in Rom (1962). Ein zweiter Aufenthalt in den USA (1966—1968 in New York) schuf die Erfahrungsgrundlage für seinen jüngsten Roman, *Jahrestage.* 1971 Auszeichnung mit dem Georg-Büchner-Preis. Vier Romane, ein Bändchen Erzählungen und einige Aufsätze in Zeitschriften sind das Ergebnis seiner bisherigen literarischen Arbeit.

Es wäre nicht ganz gerechtfertigt, wollte man aus dem kaum mehr als ein Jahrzehnt umspannenden Werk schon so etwas wie eine Entwicklung ablesen. Die angedeuteten Grundpostionen Johnsons haben sich von den *Mutmaßungen* bis zu den *Jahrestagen* nicht wesentlich geändert, die Probleme erscheinen lediglich jeweils anders akzentuiert, der stoffliche und thematische Horizont hat sich mit den neuen Erfahrungen des Autors in den USA verschoben, ohne freilich seine Beziehung zum Ausgangspunkt Deutschland zu verlieren. Äußerlich am auffälligsten ist der Unterschied zwischen den einzelnen Romanen in Sprache und Erzähltechnik. Die Eigenwilligkeit Johnsons im Umgang mit der Grammatik und der Interpunktion, vor allem in den *Mutmaßungen über Jakob,* bildete den Anlaß für scharfe Polemiken, die etwa den stilistischen Wert der additiven Satzkonstruktion und der parataktischen Fügung an Stellen, wo der hochsprachlichen Konvention zufolge hypotaktischer Bau zu erwarten wäre, nicht einsehen wollten. Johnsons Ziel besteht jedoch gerade darin, sprachliche Gestaltung und Erzähltechnik der konkreten Situation anzupassen, die Mittel der Darstellung dienen nicht dazu, ein traditionelles Romanfluidum zu erzeugen, sondern die Verselbständigung des Scheins in der Fiktion vielmehr zu verhindern. Die jeweilige Sprechsituation ist maßgebend für Satzbau und Interpunktion: umgangssprachlicher Dialog, Erzählerbericht, innerer Monolog. Diese drei Arten der epischen Technik bilden das Hauptgerüst der Romane, am stärksten ausgeprägt in den *Mutmaßungen über Jakob,* am schwächsten in den *Zwei Ansichten.* Der Übergang von einer Art des Erzählens zur andern ist häufig unscharf, manchmal überhaupt nicht zu erkennen und verlangt ein ständiges Zurückgreifen des Lesers, um den Zusammenhang zu finden. Johnson erklärte in Interviews, es liege seiner Art zu erzählen keine Poetik zugrunde, es sei die Sache selbst, die jeweils die Form durchsetze und hervorbringe, bei den *Mutmaßungen über Jakob* etwa hätten die „Verhältnisse der Geschichte" einfach die Darstellung bestimmt: „Der Mann um den es geht, ist tot am Ende der Geschichte, das ist überhaupt die Geschichte!"[9] Ungesagt bleibt dabei, daß die Geschichte selbst eine Erfindung des Autors ist und ihre Problemstellung nicht in der Sache selbst, sondern in der mit der Erfindung verknüpften Vorentscheidung begründet ist. Das aber ist zuletzt doch wieder und gegen den Willen des Autors eine poetologische Angelegenheit, die der Analyse zugänglich ist: das Verhältnis von Erfindung und Genauigkeit.

Man hat hinsichtlich der *Mutmaßungen über Jakob* von „analytischer Technik" gesprochen[10] und Johnsons Äußerungen deuten in dieselbe Richtung. Doch das ist nur bedingt richtig. Gewiß, Jakob ist tot, hier liegt der Ausgangspunkt für die Geschichte. Aus den Erinnerungen derjenigen, die ihn gekannt haben — einschließlich des Autors —, wird nun ein synthetisches Bild des Toten angefertigt. Das Movens der Geschiche aber ist nicht einfach das Faktum, daß Jakob tot ist, sondern genauer, eine darin schon enthaltene Entscheidungsfrage: War der Tod Jakobs ein Unfall oder war es Selbstmord? Erst durch diese Zweideutigkeit gerät die Geschichte in Bewegung, dadurch, daß das Faktum des Todes erklärt werden soll. Doch gerade das geschieht nicht. Wenn der Ansatz des Romans noch analytische Technik vermuten lassen konnte, so wird diese Annahme durch den Roman selbst widerlegt. Es geht Johnson gar nicht darum, das Faktum (Jakobs Tod) a posteriori in Wirklichkeit zu verwandeln und damit in einen Verstehenszusammenhang zu integrieren, der Tod Jakobs soll ungeklärt bleiben, weil der Autor es so will, er weiß am Anfang schon das Ende. Der analytische Ausgangspunkt ist nichts anderes als ein Vorwand für die Geschichte — insofern ist Johnsons Selbstdeutung zutreffend. Doch die Geschichte erweist sich damit einem poetologischen Zwang unterstehend: Ist der Tod Jakobs als zu erklärendes Phänomen nicht mehr das Ziel des Romans, dann fällt dem Erzählen die Aufgabe zu, die „Wirklichkeit" der Person Jakobs in der Fiktion herzustellen, nicht als eine bloß mutmaßliche, sondern als reale Existenz. Denn was über Jakob erinnernd gesagt wird in den Gesprächen und in den Monologen von Rohlfs, Gesine, Jonas, hat innerhalb des Romans die Funktion und den Charakter von authentischen, vom Erzähler unabhängigen Aussagen. Auf diese Weise entsteht so etwas wie eine „realistische Fiktion", ein durch die Verflechtung mit der Erfahrungswelt des Autors gesättigtes Bild Jakobs, das freilich eine auf Eindeutigkeit des „Helden" gedrillte Lesererwartung enttäuschen muß, weil es sich nicht als Identifikationsobjekt eignet. Die Frage, die am Anfang steht, ob Jakob durch Unfall oder durch Selbstmord ums Leben gekommen ist, ist so sinnlos, weil unbeantwortbar wie die Frage, ob seine Mutter „geflohen" oder „weggefahren" ist; ihre Funktion aber wird damit nicht beseitigt, sie besteht darin, die Fiktion als Fiktion radikal in Zweifel zu ziehen, nicht eine zweite Scheinwirklichkeit neben der Realität ungehindert entstehen zu lassen, die dann als solche die ungelösten Probleme der politisch-sozialen Welt in der ästhetischen Anschauung aufheben würde. Weil die vom Autor provozierte Frage, warum Jakob gestorben ist, immer präsent bleibt, wird die Fiktion von der Realität unterwandert und ständig gemessen an der Erfahrung des Lesers, dessen Denken, einmal in Bewegung gesetzt, sich nicht mehr so leicht damit zufrieden gibt, aus vergangenen und unveränderlichen Tatsachen eine

Tatsächlichkeit und Unveränderlichkeit des Lebens abzuleiten. Diese Gefahr bestünde dann, wenn der Roman so angelegt wäre, daß aus der Vielzahl der Erinnerungen an Jakob ein klarer Fall und damit ein eindeutiges Urteil — Unfall oder Selbstmord — resultierte.

Es wäre ein Mißverständnis, daraus zu schließen, Johnsons poetologische Basis bestehe in einem prinzipiellen erkenntnistheoretischen Defätismus, so als ob Wirklichkeit ein Phantom wäre und außerhalb des Bereichs möglicher Erkenntnis. So ist es nicht gemeint, aber gemeint ist, daß Wirklichkeit, um als solche erkannt zu werden, einer bestimmten Reizstärke bedarf; bleibt ein Geschehnis unter der Reizschwelle, so dringt es nicht als Wirklichkeit, sondern als bloße Tatsächlichkeit ins Bewußtsein des Rezipienten und wird erst über den Umweg der Einformung in ein Klischee, das die Sehnsucht nach Identifikation oder wenigstens Integration der dem eigenen Leben äußerlich bleibenden Daseinsmomente befriedigt, zur — nunmehr falsch verstandenen — Wirklichkeit.

Falsch verstandener Wirklichkeit und damit falschem Bewußtsein kritisch zu begegnen ist Johnsons Versuch auch im folgenden Roman *Das dritte Buch über Achim* (1961). Gleich zu Beginn wird hier der Vermutung, wie sie beim Lesen auftauchen könnte, daß nämlich Wirklichkeit prinzipiell nicht richtig erkennbar sei, der Wind aus den Segeln genommen. Ausdrücklich erklärt Karsch als Erzähler: „Nun erwarte von mir nicht den Namen und die Lebensumstände für eine wild dahinstürzende Gestalt im kalten Morgennebel und kleine nasse Erdklumpen, die unter ihren Tritten auffliegen, wieder reißt der stille Waldrand unter menschlichen Sprüngen auf, eifriges Hundegebell, amtliche Anrufe, keuchender Atem, ein Schuß"[11] usw. Die Summe dieser Tatsachen heißt Flucht, das Wort bezeichnet in diesem Fall Wirklichkeit, kein Zweifel. Aber darum ist es Johnson nicht zu tun, es geht vielmehr um das durchschnittliche Leben, das weder mit einem Wort wie Unterdrückung noch mit Freiheit in seiner Wirklichkeit richtig erfaßt werden kann, und zwar beiderseits der Grenze.

Heißenbüttels Vorwurf, Johnson habe sich bei der Wahl des Radsportlers Achim als der zentralen Figur vergriffen, weil das Leben eines Radsportlers kein „einfaches Thema" sei[12], verkennt die Vermittlungsfunktion Achims, die gar keine einfache sein kann und auch nicht sein soll. Die Schwierigkeit besteht darin, daß Achim nicht bloß eine Rolle in einem System hat — Heissenbüttel reduziert den Sportler als Repräsentanten auf diesen Aspekt —, sondern daß er selbst sich diese Rolle bewußt zuteilt. Genau in diesem Punkt liegt der Kern des Problems: daß nämlich eine Person eine bestimmte Funktion in einem Ganzen erfüllen kann, ohne es zu wissen; daß sie aber auch wie Achim ihre Funktion erfüllen kann mit Bewußtheit und Willen. Auf diese Differenz stößt Karsch bei seinem Versuch, das Leben Achims in den Griff zu bekommen.

Der neue Akzent gegenüber den *Mutmaßungen über Jakob* tritt deutlich hervor. Jakob ist eine reduzierte Figur, insofern sein Leben nur synthetisch aus der

Erinnerung der andern hergestellt werden kann, und diese Erinnerungen sind ebenso unzuverlässig wie unzureichend, seinen Tod zu erklären; Achims Leben ist bis in Details hinein auffindbar, aber gegen die Fülle der Tatsachen, die Karsch beibringen kann, steht hier die Kontrolle des Betroffenen, der das Recht auf sein Leben behauptet: „Alles können Sie ja doch nicht schreiben, ja? sagte er. — Nu müssen Sie auswählen, ja, und da nimmt man doch das Wichtigste, ja? worauf es ankommt, Mensch!"[13] Achim argumentiert „von heute aus gesehen"[14], während Karsch den umgekehrten Weg gehen möchte: „Das Buch ... sollte enden mit der Wahl Achims ins Parlament des Landes, ... auf dieses Ende zu sollte der Anfang laufen und sein Ziel schon wissen."[15] Was an der Oberfläche des Romans sich als Differenz zwischen dem Westdeutschen Karsch und den Vertretern des östlichen Teils von Deutschland ausbreitet, hat eine viel tiefere Dimension, die in dem Modellfall anschaulich wird. Die Auseinandersetzung zwischen Karsch einerseits und Achim, Herrn Fleisg und Frau Ammann anderseits vollzieht sich darüber, was unter dem Begriff der objektiven, der wahren Geschichte, hier auf eine Biografie eingeengt, zu verstehen sei. Karsch müht sich ab mit der Vielzahl der Details, die der Interpretation bedürfen, um zum Leben des Radrennfahrers zusammenzuwachsen. Von sich aus ergeben die Einzelheiten keinen Sinn, sie bleiben hängen in der Frage „Ist wahr wie es gewesen ist?"[16] Je größer die Anzahl der Möglichkeiten ist, je mehr Ansatzpunkte sich für Karsch bieten, Achims Leben zu schreiben, um so ungreifbarer wird die Sinnganzheit, die Wahrheit dieses Lebens. Achim hat immer das längere Ende in der Hand: „Dir nicht und Karsch nicht gehört was Achim hergeben wollte von seinem Leben. Was am Ende bei Karsch stand auf dem Papier und käuflich wurde als Achims Leben in Worten: das sollte ihn zeigen wie er sich neuerlich verstand."[17] Nicht darum geht es, was faktisch geschehen ist, sondern um die Geschichte; so faßt Achim selbst seine Vergangenheit: „Es sollte nicht heißen: Achim ging nie über die Grenze und verbrachte nie Geld im Widerspruch zur zweiten Durchführungsbestimmung des Gesetzes über den innerdeutschen Verkehr der Währungen, es sollte nur nicht laut werden, unabgestritten blieb es im Leben."[18] Die Bereitwilligkeit des Zugebens hat aber ihre Grenze, und zwar dort, wo Karsch Achim mit einer Aufnahme konfrontiert, die ihn als Teilnehmer am Juniaufstand von 1953 zeigt. Achim leugnet, bestreitet gegen alle Indizien die Identität des Abgebildeten mit seiner Person, hier soll Geschehenes nicht nur „nicht laut werden", es soll vergessen, ausgelöscht sein. Denn da ist ein Ereignis berührt, das die Reizschwelle vom bloß Tatsächlichen zum Wirklichen weit überschritten hat, dessen Bedeutsamkeit bis in die Gegenwart hereinreicht und nicht den Charakter des Nebensächlichen haben kann wie etwa die Frage, ob es wichtig ist für die Biografie, daß Achim als Knabe die russischen Soldaten gehaßt hat. Das einmal von Frau Ammann gegenüber Karsch vorgebrachte Argument: „Was wir von Ihnen erfahren über Achims Leben gegen

Ende des Kriegs: sagte sie: Ist nicht genug. Daraus kann man nichts lernen"[19], müßte sich hier nun bewähren, denn aus der Erinnerung an die Juniereignisse wäre vielleicht etwas zu lernen, aber nicht das offenbar, was „von heute aus gesehen" für das Selbstverständnis Achims wichtig ist. Jene Erinnerung kann Achim daher nicht mehr in seine Selbstrechtfertigung, in sein politisches Bewußtsein „wie er sich neuerlich verstand" integrieren, er leugnet; Karsch seinerseits könnte darauf aber in der Biografie nicht verzichten. Kommunikation ist damit unmöglich gemacht, weil jenes Inventar von gemeinsam anerkannten Regeln, das als verbindlich vorausgesetzt werden muß, um Kommunikation überhaupt zu ermöglichen, von der anderen Seite nach aktuellem Bedarf verändert wird. Bestand für Karsch bis zu diesem Punkt die Schwierigkeit darin, w i e denn Achims Leben zu schreiben wäre, so ergibt sich für ihn jetzt die Einsicht, daß es überhaupt nicht auf einen Nenner zu bringen ist, den beide Seiten anerkennen wollten. Karschs privater Versuch der Wiedervereinigung auf der Basis der gemeinsamen Suche nach der authentischen Biografie des Radsportlers Achim ist damit gescheitert und mündet im Verzicht: „Mir fällt nichts mehr ein: sagte Karsch."[20]

In der Erzählung *Eine Reise wegwohin, 1960,*[21] greift Johnson das Thema gerafft noch einmal auf und führt es weiter: wie Karsch, nach Hamburg zurückgekehrt, seine Erfahrung umsetzt in die öffentliche Forderung nach Anerkennung der Teilung Deutschlands und wie das, was er als seine Erfahrung weiß, ihm ausgelegt wird als Opportunismus und Verdacht auf Landesverrat, so daß er schließlich vorzieht, außerhalb Deutschlands zu leben.

Die Unmöglichkeit, ein Leben zu schreiben gegen den, dem es gehört, hat für Karsch zur Folge, daß er glaubt, die Differenz, „die Grenze: den Unterschied: die Entfernung"[22] nicht bloß als Faktum, sondern als Wirklichkeit hinnehmen zu müssen. Von dieser Einsicht her, die Johnson in Karsch darstellt, ist auch der Roman *Zwei Ansichten,* 1965, zu verstehen. Von den anderen Romanen hebt er sich ab durch die unkomplizierte Fabel, die Symmetrie des Aufbaus und die Beschränkung der Figuren aufs Ausschnitthafte, Typische, Durchschnittliche. Es handelt sich bei der ostdeutschen Krankenschwester D. und dem westdeutschen Bildjournalisten B. um Personen, deren Horizont eingeengt ist auf das Nächstliegende, die jene Zustände, in denen sie leben, unreflektiert und gläubig als Geschick hinnehmen und Realität erst dann als Mangel und als ärgerlich erfahren, wenn ihre privaten Interessen von außen gestört werden. Das Verhältnis zwischen der Ostberliner Krankenschwester und dem Hamburger Reporter besteht zunächst in nicht viel mehr als einer beliebigen Bekanntschaft, in deren Verlauf B. wohl auch einmal in einem Brief an die Freundin „das dumme Zeug" von seiner Liebe[23] geschrieben hatte. Erst durch die Berliner Ereignisse im August des Jahres 1961 wird die Beziehung aktiviert, die gewaltsame Trennung in der Stadt, in der sie sich bisher ohne Schwierigkeiten und unverbindlich treffen konnten, wird in der Konzentration auf das äußere Hindernis zum Beweggrund der Geschichte. Was als Liebe zwischen D. und B. im Gespräch war und ohne das Hindernis einen aufs Private beschränkten und gleichgültigen Verlauf genommen hätte, gewinnt durch die Mauer plötzlich einen gemeinsamen und zugleich öffentlichen Bezugspunkt, der sich so sehr in den Vordergrund schiebt, daß die Liebe selbst in dem Hindernis aufgeht und, nachdem es durch die geglückte Flucht der D. nach Westberlin überwunden ist, sich in der Bedeutungslosigkeit, die ihr von Anfang an eigen war, verliert. Was Johnson hier aus der wechselnden Perspektive schreibt, sind Fragmente aus zwei Lebensläufen, die sich zufällig berührt haben, aber ohne die eigene Kraft einer inneren Konsequenz von außen geleitet sind und sich fast bewußtlos an der Oberfläche der Zeitereignisse bewegen, wobei sie diese als undurchschaute Reizquellen erleben und darauf reagieren, ohne je zielbewußt zu handeln. Selbst die Flucht „geschieht" der Krankenschwester eher, als daß sie sie von sich aus plante und verantwortlich in die Hand nähme. Der Rest von Bewußtsein, den der Autor seinen Figuren als lebensnotwendig beläßt, wird jeweils wieder der privaten Sphäre einverwandelt und kehrt so immer aufs neue zurück in bewußtloses Leben: ein neues Zimmer für die D., diesmal in Westberlin, ein neues Auto für B.: Geschichte aufgelöst in Geschichtchen, die nebeneinander herlaufen und dort abbrechen, wo sie eigentlich beginnen müßten: in einem durch die Erfahrung des politischen Geschehens veränderten und bewußten Leben. Doch der Autor stellt seine Gestalten unter den Zwang einer Lebenswelt ohne Wahl, er gestattet ihnen keine Alternative. B. und D. sind die Ausgelieferten, die alles Geschehen als fremde Gewalt erfahren, sie sind so eingeschränkt in ihrem Menschsein, daß sie darunter nicht einmal leiden, sondern sich nur mehr ärgern können und zuletzt völlig gleichgültig sind: B. wird von einem Autobus angefahren und verletzt: „Im Fallen war er ganz zufrieden."[24] Die D. besucht ihn im Krankenhaus: „Der Form halber, und weil die Wirtin ihr zugeredet hatte."[25]

Jakob ist in seinem Leben „quer über die Gleise" ums Leben gekommen, Achim hängt es an das, was er sein „politisches Bewußtsein" nennt, der Karsch der Erzählung verläßt Deutschland in die Resignation, B. und D. zuletzt kommen gar nicht dazu, ihr Leben selber in die Hand zu nehmen. So zeichnet sich die Linie ab, die durch das literarische Werk Johnsons geht und nach einer Pause von fünf Jahren in dem 1970 erschienenen ersten Teil des Romans *Jahrestage. Aus dem Leben von Gesine Cresspahl* ihre Fortsetzung findet.

Der äußeren Form nach handelt es sich bei Johnsons jüngstem Roman um eine Chronik, die in täglichen Aufzeichnungen vom 20. August bis zum 19. Dezember 1967, zusammengesetzt aus Berichten, Zeitungsausschnitten, Erinnerungen, Dialogen, Monologen, Kommentaren, das Leben Gesines und ihrer Tochter Marie aufrollt. Das Dasein der Bankangestellten Gesine in New York, eingeengt auf den Hohlraum der privaten Sphäre, wird einerseits aufgefüllt mit dem Wust der unendlichen Anzahl von Details, die durch das Medium der Zeitung als Reflexe des täglichen Geschehens sich zu einem chaotischen Bild der Welt summieren; anderseits wird das im Konzentrat der New York Times versammelte „Bewußtsein des Tages“[26] konfrontiert, gefiltert und überlagert mit der aus den Erinnerungen Gesines erwachsenden Geschichte ihres Lebens. Das „Stück Vergangenheit“, nicht abrufbar aus dem Speicher Gedächtnis, „Eigentum durch Anwesenheit“[27], das ist die Geschichte Gesines, eingefangen und aufbewahrt in diesem Hohlraum privaten Lebens, auftauchend durch die Berührung des Lebens mit den Reflexen der gegenwärtigen Welt. Die Erfahrung ihres Daseins versucht Gesine der zehnjährigen Tochter zu vermitteln: „Aber was sie [Marie] wissen will ist nicht Vergangenheit, nicht einmal ihre. Für sie ist es eine Vorführung von Möglichkeiten, gegen die sie sich gefeit glaubt, und in einem andern Sinn Geschichten.“[28] Maries Leben ist konzentriert auf die Gegenwart, die sie mit extremer Sensibilität registriert, Gesines erzählte Vergangenheit bleibt ihr äußerlich in der Simultaneität ihres momentanen Daseins, das offen ist auf eine nicht nur abzuwartende, sondern herzustellende Zukunft, dazu aber doch der Erfahrung der Mutter bedarf. Die Funktion des Erinnerungsraumes, den Gesine mit der deutschen Geschichte der Dreißigerjahre, mit NS-Herrschaft und Judenverfolgung, mit damals geahnter und zu wenig ernstgenommener Gefahr, mit den persönlichen Nöten ihrer Vorfahren und ihren in die Katastrophe mündenden Erfahrungen ausbreitet, besteht darin, in den aktuellen Ereignissen, wie die New York Times sie stellvertretend vermittelt und wie sie das tägliche Leben berühren, die analogen Gefahren zu entdecken und ihnen kritisch zu begegnen. Die intime Liebesbindung zwischen Mutter und Kind stellt eine Verschwörung dar gegen die chaotische Zeit, in der das nackte Datum allein noch eine wenigstens äußere Ordnung andeutet, ohne einen Sinn des Geschehens in der Welt zu enthüllen, weil die Abfolge der Tage zwar unvertauschbar ist, die Abfolge der durch die Zeitung vermittelten Geschehnisse — politische Unruhen, Morde, gefallene Soldaten, Rassenprobleme usw. — als ständig sich wiederholende aber durchaus vertauschbar. Die Zeit ist eine leere Form, die sich nur mehr an Ziffern festhält, der Sinn des Daseins zerbröckelt vor der heillosen Wirklichkeit und läßt sich bloß als verbliebener Rest negativ formulieren: Gesine erwidert in einem Disput, warum sie an einer Demonstration gegen die amerikanische Vietnampolitik nicht teilgenommen habe: „Es ist was mir übriggeblieben ist: Bescheid zu lernen. Wenigstens mit Kenntnis zu leben.“[29] Aber schon das einfache Leben selbst wird ihr zum moralischen Problem: „Haushaltsprodukte der Firma Dow Chemical [die Napalm erzeugt] kaufen wir schon lange nicht mehr. Aber sollen wir auch nicht mehr mit der Eisenbahn fahren, da sie an den Transporten von Kriegsmaterial verdient? ... Sollen wir verzichten auf jeden Einkauf, weil er eine Steuer produziert, von deren endgültiger Verwendung wir nichts wissen? Wo ist die moralische Schweiz, in die wir emigrieren könnten?"[30] Auch Deutschland, an das sie innerlich immer noch gebunden ist, kommt für sie nicht mehr in Frage: „In Deutschland möchte ich nicht noch einmal leben."[31]

Die Ohnmacht vor der realen Gewalt der Geschichte erzeugt die Exklusivität des privaten Freiraumes, in dem Gesine mit Marie lebt und dem die Brutalität der Wirklichkeit zuletzt äußerlich bleiben muß, weil Freiheit sich für Gesine nicht mehr verwirklichen kann in öffentlich-tätigem Leben, sondern nur noch in der Abstinenz von der Welt und im Rückzug auf Innerlichkeit. Im Schutzraum aus Erinnerung, Sehnsucht und Liebe wird die New York Times als Botschafterin der Außenwelt ironisch-pessimistisch zur „Person des Vertrauens"[32] und zur „alten Tante"[33] neutralisiert. Jakob, der geliebte Tote, der Vater Maries, steht zärtlich gehegt im Zentrum des Erinnerungsraumes, als Schmerz, in dem die ganze heillose Vergangenheit für Gesine versammelt ist. Die erst Vierunddreißigjährige will sich nicht mehr auf Menschen einlassen, einzig Marie ist davon ausgenommen: „Wenn ich mich auf einen Menschen einlasse, könnte sein Tod mich schmerzen. Ich will diesen Schmerz nicht noch einmal. Ich kann es mir also nicht leisten, mich auf jemand einzulassen.

Diese Bestimmung wird nicht angewandt auf ein Kind namens Marie Cresspahl."[34]

Zwischen der erinnerten Vergangenheit und der in Marie konzentrierten Erwartung der Zukunft bleibt die Gegenwart für Gesine der Ort der Entsagung. Sie fühlt sich aus der Geschichte entlassen, als Zaungast mit Kenntnis dessen, was da geschieht, aber ohne die Macht und ohne den Glauben, es verändern zu können. In der Mitte des Lebens sieht sie ihr Dasein gleichsam als beendet, nur einen letzten Rest behält sie von dem, was kommen wird, für sich, eine vage Hoffnung: Marie. In dem unbefangen-kritischen Verhalten der Tochter, für die Geschichte bloß ein Paradigma, noch keine persönlich erlittene Erfahrung ist, liegt der Keim zur Veränderung. Die scheinbar naive Frage der Zehnjährigen an den Vizepräsidenten der Bank, in der Gesine arbeitet: „Trifft es zu, daß die Kreditinstitute aus dem Krieg in Viet Nam Gewinne ziehen?"[35] enthält jenes Moment der Kritik, auf dem Gesines Hoffnung beruht.

1971 erschien der zweite Teil des umfangreichen Romans, der insgesamt drei Bände mit etwa 1500 Seiten umfassen wird. Die Dreiteilung hat keine inneren Gründe. Das diarische Prinzip mit seiner Unmittelbarkeit von Erfahrung und Erinnerung bleibt aufrecht, mit dem schrittweisen Fortgang des gegenwärtigen Lebens von Tag zu Tag entfaltet sich weiterhin das Gewesene, das Gesines Leben vom Ursprung her bestimmt. Der Zeitraum der Gegenwartsebene — 20. Dezember 1967 bis 19. April 1968 — rafft mit dem Ablauf der Tage die erinnerte Vergangenheit zusammen von 1936 bis zum Jahr 1945, in dem Gesines Vater von den Briten als Bürgermeister Jerichows eingesetzt wurde. In der gegenwärtigen Geschichte stehen die Prager Ereignisse und Vietnam, innenpolitische, wirtschaftliche und soziale Vorgänge in den USA im Vordergrund. Dazu kommen ausführliche, wissenschaftlich exakte Abhandlungen des Erzählers über Rassenprobleme, über die Wohnverhältnisse der Neger in den Slums, über die Ursachen der Verhältnisse: Verdeutlichung von Erfahrungen Gesines und ihrer Tochter, eingeschoben zwischen die nüchtern konstatierten oder ironisch-spöttisch kommentierten Tagesereignisse, aus denen wiederum einige besonders hervorgehoben werden: die Ermordung Martin Luther Kings etwa oder der amerikanische Eklat Hans Magnus Enzensbergers, zu dem die Deutsche Gesine ihren Gastgebern gegenüber Stellung nehmen soll.

Die Vergangenheit tritt in diesem zweiten Teil des Romans noch stärker hervor: Gesines Kinderjahre, Naziherrschaft, Verfolgung, Verhaftung und Flucht der Juden und der Regimegegner, der Tod der Mutter Lisbeth Cresspahl und der Verwandten, das Schicksal der Nachbarn, der Freunde und Feinde des Tischlers Cresspahl, sein Weg mit der Tochter durch die Vorkriegs- und die Kriegsjahre, seine Tätigkeit für den britischen Geheimdienst, die auf seinen früheren Aufenthalt in Richmond zurückgeht: das alles läßt Johnson Gesine erzählen für Marie, zum Teil auf Tonband für später. Die nach außen hin tüchtige, avancierte Bankangestellte bewahrt sich vor der Welt, mit der sie sich nicht identifizieren und verbünden mag, durch ihre „rundum belebte Vergangenheit, Gegenwart mit Toten", wie D. E. es in einem Brief ausdrückt: „Da ist etwas, ich treffe es nicht mit Worten."[36]

Die mecklenburgischen Passagen beherrschen den Roman und geben ihm das Gepräge. Geschichten werden erzählt, nicht Geschichte im üblichen Sinn: begrenzt auf den Lebensraum Heinrich Cresspahls und seiner Tochter. In der Erinnerung werden die mecklenburgischen Verwandten und Bekannten lebendig, in einer kargen und verhaltenen Sprache, die in der Beschränkung auf äußerste Genauigkeit und Knappheit ihre emotionale Kraft entfaltet: „Ihr [Lisbeth Cresspahls] Sarg war hell, glatt, nicht lackiert. Er sah sehr haltbar aus."[37] Im Intimbereich ihrer Seele sind die Toten für Gesine gegenwärtig, sind die Geschichten doch ihre Geschichte: persönlicher Besitz, unveräußerliches Anschauungsmaterial für sie und Marie in der Konfrontation mit dem Leben alle Tage.

Ein Anhang zum zweiten Teil — *Mit den Augen Cresspahls*[38] — ergänzt durch kurze Charakteristiken und Erklärungen zu einzelnen Personen und Familien aus Gesines heimatlichem Lebensraum das Bild der Vergangenheit für den Leser aus einem Blickpunkt, der zwischen Gegenwart und erzählter Vergangenheit liegt: „Auskünfte, gegeben unter den Umständen des Jahres 1949, auf die Fragen einer Sechzehnjährigen."[39] Indem der Autor von einem anderen Standpunkt aus die Figuren und ihre Geschichte noch einmal beleuchtet, betont er abermals die Genauigkeit der Fiktion. Roman und Zeitgeschichte, soziologische Analyse und kritische Auseinandersetzung, Erzählung, Gespräch, Bericht, Hochsprache und Dialekt stellen in den *Jahrestagen* eine Symbiose dar — Wahrheit und Dichtung, Genauigkeit und Erfindung als Mittel, der Wirklichkeit durch Anschauung, Erfahrung und Denken auf der Spur zu bleiben.

Dem bisherigen Werk Johnsons liegt die Differenz zwischen den als schicksalsmächtig erfahrenen politischen, ökonomischen, sozialen Faktoren und dem als persönlich und unteilbar empfundenen Leben zugrunde, und zwar — das ist in Johnsons Romanen der entscheidende Punkt — wird diese Differenz dargestellt an konkreten, zeitgenössischen Problemen. Die vom Autor in Interviews und im Aufsatz *Berliner Stadtbahn* betonte Forderung nach Genauigkeit meint diesen Bezug auf überprüfbare Realität. Seine Romane wollen verstanden sein als authentische Aussage über Wirklichkeit; sie wollen aber auch als „erfundene Genauigkeit" verstanden sein, als Fiktion. Dadurch erst erlangen die Figuren jenen Wahrheitsgehalt, der die empirische Wirklichkeit zugleich festhält und überschreitet und der sich nicht darin bestätigt, daß ein Ausweg aus dem geschichtlichen Dilemma beispielhaft vorgeführt würde, weil es den einfachen Ausweg nicht gibt. Das, was geschehen ist, das ist Gesines Leben noch heute, es kann nicht rückgängig gemacht werden und soll nicht verborgen bleiben, wie Achim für sein Leben es will. In den das Romanwerk begleitenden Aufsätzen wird allenthalben deutlich, was Johnson für notwendig hält, etwa in der Beschreibung *Ein Teil von New York*[40], wo jener Stadtteil, in dem die Gesine der *Jahrestage* lebt, unter Verzicht auf Fiktionalisierung in seinen historischen und sozialen Verflechtungen analysiert wird. Im Roman kehren die dort aus den persönlichen Erfahrungen des Autors während seines zweiten Aufenthaltes in den Vereinigten Staaten (1966—1968) aufgezeigten Zustände wieder, ja Johnson geht so weit, unter eigenem Namen in der Romanwelt zu agieren.[41] Aber es handelt sich dabei nicht einfach um die Technik des auktorialen Erzählens, sondern um den schon angedeuteten Versuch einer Synthese von Wirklichkeitsaussage[42] und Fiktion, ohne eins im andern auszulöschen. Das paradoxe Nebeneinanderstellen von Genauigkeit und Erfindung bei Johnson hat einen dynamischen Sinn: als radikale Analyse der konkreten Wirklichkeit und als intentional-praktischer Vorgriff auf das Mögliche, auf das, was in der je gegebenen Situation getan werden kann, sie zu verändern. Das „Scheitern" der Hauptgestalten in allen Romanen enthält die Aufforderung an den Leser, genau an dem Punkt, an dem Jakob, Gesine, Karsch, aber auch Achim und die anonymen Figuren B. und D. aus den *Zwei Ansichten* vor der realen Gewalt der politisch-sozialen Verhältnisse die freie Verfügungsmöglichkeit über ihr Leben verlieren, weiterzudenken und das Mögliche zu tun.

Anmerkungen

Texte

Mutmaßungen über Jakob. Roman. Frankfurt/Main 1959.
Das dritte Buch über Achim. Roman. Frankfurt/Main 1961.
Karsch, und andere Prosa. Frankfurt/Main 1964.
Zwei Ansichten. Roman. Frankfurt/Main 1965.
Jahrestage. Aus dem Leben von Gesine Cresspahl. Roman.
Teil 1: Frankfurt/Main 1970.
Teil 2: Frankfurt/Main 1971.
Teil 3: ist zur Zeit des Manuskriptabschlusses noch nicht erschienen.
Berliner Stadtbahn. In: Merkur 15, 1961, S. 722—733.
Boykott der Berliner Stadtbahn. In: Die Zeit, 10. 1. und 7. 2. 1964.
Eine Kneipe geht verloren. In: Kursbuch 1, 1965, S. 47—72.
Über eine Haltung des Protestierens. In: Kursbuch 9, 1967, S. 177—178.
Ein Brief aus New York. In: Kursbuch 10, 1967, S. 189—192.
Eine Abiturklasse. Aus einem aufgegebenen Roman. In: Aus aufgegebenen Werken, Frankfurt/Main 1968, S. 109—123.
Ein Teil von New York. In: Neue Rundschau 80, 1969, S. 261—274.
Versuch, eine Mentalität zu beschreiben. In: Ich bin ein Bürger der DDR und lebe im Westen. Interviews, hrsg. von Barbara Grunert-Bronnen, München 1970.
Nachforschungen in New York. Rede bei der Entgegennahme des Büchnerpreises. Abgedruckt in: Süddeutsche Zeitung, 30./31. Oktober/1. November 1971, Feuilletonbeilage.

Literatur

Verzeichnet werden hier nur größere Einzeluntersuchungen und neuere Ergänzungen zu der umfangreichen Bibliografie bei Schwarz (siehe unten).

Karl Migner: Uwe Johnson. Das dritte Buch über Achim. Interpretation. München 1966.
Hansjürgen Popp: Einführung in Uwe Johnsons Roman „Mutmaßungen über Jakob", Stuttgart 1967.
Reinhard Baumgart (Hrsg.): Über Uwe Johnson. Frankfurt/Main 1970 (mit Beiträgen von Günter Blöcker, Reinhard Baumgart, Gerd Semmer, Hansjürgen Popp, Ingrid Riedel, Herbert Kolb, Martin Walser, Helmut Heissenbüttel, Walter Jens, Karl August Horst, Marcel Reich-Ranicki, Dieter Sturm, Horst Krüger, Heinrich Vormweg, Hellmuth Karasek; Vita von Uwe Johnson selbst; Bibliografie).
Karl Migner: Uwe Johnson. In: Deutsche Literatur seit 1945, hrsg. von Dietrich Weber, 2. überarbeitete und erweiterte Auflage, Stuttgart 1970, S. 535—555.
Wilhelm Johannes Schwarz: Der Erzähler Uwe Johnson. Bern/München 1970 (mit umfangreicher Bibliografie).
Richard Alewyn: Eine Materialprüfung. Bei Durchsicht eines sechs Jahre alten Romans [Zwei Ansichten]. In: Süddeutsche Zeitung, 28./29. August 1971, Feuilletonbeilage. — Auf die Attacke Alewyns gegen Johnsons Sprache antwortet auf der gleichen Seite als Verteidiger Johnsons Joachim Kaiser: Nachprüfung einer Nachprüfung.

Manfred Durzak: Der deutsche Roman der Gegenwart. Stuttgart/Berlin/Köln/Mainz 1971 (Sprache und Literatur 70). Uwe Johnson: S. 174—249.

Dieter E. Zimmer: Das Gespräch mit dem Autor: Uwe Johnson. Eine Bewußtseinsinventur. In: Die Zeit, 26. November 1971, S. LIT 3.

Nachweise

Nachweise aus Texten, die in der Bibliografie verzeichnet sind, werden in Kurzform gegeben.

[1] Mutmaßungen, S. 62/63.
[2] Berliner Stadtbahn, S. 728.
[3] Berliner Stadtbahn, S. 733.
[4] Berliner Stadtbahn, S. 733.
[5] Uwe Johnson: Vita. In: Baumgart, Über U. Johnson, S. 175.
[6] Drei Kapitel dieses Romans in: Aus aufgegebenen Werken, Frankfurt/Main 1968.
[7] Mutmaßungen, S. 86.
[8] Vita, a. a. O., S. 175.
[9] Interview mit A. Neusüß. In: Konkret Nr. 1, 1962, S. 18.
[10] Popp, Hansjürgen. In: Über U. Johnson, S. 33.
[11] Achim, S. 8.
[12] Heissenbüttel, Helmut. In: Über U. Johnson, S. 105.
[13] Achim, S. 194/195.
[14] Achim, S. 195.
[15] Achim, S. 48/49.
[16] Achim, S. 235.
[17] Achim, S. 237.
[18] Achim, S. 238.
[19] Achim, S. 140.
[20] Achim, S. 331.
[21] Eine Reise wegwohin, 1960. In: Karsch, und andere Prosa, S. 29—81.
[22] Achim, S. 336.
[23] Zwei Ansichten, S. 26.
[24] Zwei Ansichten, S. 239.
[25] Zwei Ansichten, S. 242.
[26] Jahrestage 1, S. 68.
[27] Jahrestage 1, S. 64.
[28] Jahrestage 1, S. 144.
[29] Jahrestage 1, S. 209/210.
[30] Jahrestage 1, S. 382.
[31] Jahrestage 1, S. 422.
[32] Jahrestage 1, S. 74.
[33] Jahrestage 1, S. 75.
[34] Jahrestage 1, S. 388.
[35] Jahrestage 1, S. 464.
[36] Jahrestage 2, S. 817.
[37] Jahrestage 2, S. 762.
[38] Jahrestage 2, S. I—XVIII.
[39] Jahrestage 2, S. I.
[40] Vgl. dazu jetzt auch die Rede zum Büchner-Preis: Nachforschungen in New York (siehe Bibliografie).
[41] Jahrestage 1, S. 253 ff.
[42] Im Sinne von K. Hamburger, Die Logik der Dichtung, Stuttgart [2]1968.

Peter Pütz

PETER HANDKE

Wer künftig mit Abstand und Überblick die Literatur unserer Tage betrachten wird, der dürfte an ihr zwei besondere Merkmale erkennen: erstens die Politisierung der Poesie oder die Poetisierung der Politik (wir können das heute noch nicht deutlich genug unterscheiden) und zweitens das vorherrschende Thema der Sprache. Beide Besonderheiten verteilen sich fast regelmäßig auf zwei literarische Gruppen. Die Vertreter der einen setzen den Hebel an bei konkreten politischen Zuständen, üben Kritik und formulieren Alternativen. Die der anderen konzentrieren sich auf das Problem der Sprache; sie leugnen zwar nicht, daß auch dieses auf politische Ursachen zurückzuführen sein mag, sagen aber nichts darüber, ob unter veränderten gesellschaftlichen Bedingungen das Sprachproblem zu lösen wäre. Zur einen gehören Peter Weiss und Enzensberger, zur anderen Helmut Heißenbüttel und der 1942 in Kärnten geborene Peter Handke.

Wittgensteins *Tractatus logico-philosophicus* aus dem Jahre 1921 schließt mit den Worten: „Er muß diese Sätze überwinden, dann sieht er die Welt richtig. — Wovon man nicht sprechen kann, darüber muß man schweigen.“[1] In Deutschland setzte sich die sprachkritische Skepsis gegen die Metaphysik relativ spät durch. Erst in den 50er und 60er Jahren wuchs die Erkenntnis, daß die Sprache die Grenze unseres Denkens ist. Für einige Schulen reduzierte sich in der Zuspitzung des transzendental-idealistischen Ansatzes Welt auf Erkenntnis und Erkenntnis auf Sprache. Wenn auch viele diesen letzten Schritt nicht vollzogen, so wurde die Sprache doch weithin zum Hauptproblem geisteswissenschaftlicher Fragestellungen. Das gilt für den späten Heidegger ebenso wie für Wittgenstein, für die Logistik ähnlich wie für den Neomarxismus. Die zunehmende Theoriebildung über Sprache begünstigt das Anwachsen der einzelnen Sprachwissenschaften, die eine noch nie dagewesene Beachtung und Verbreitung fanden. Die Linguistik aller Richtungen ist heute im Begriff, die herkömmliche Philologie zurückzudrängen oder sogar zu verdrängen. Die wie Pilze aus dem Boden schießenden „Einführungen in die Linguistik“ gelten Tausenden von Germanistikstudenten noch als die wissenschaftsähnlichsten Produkte eines sonst verdächtigen Lehrzweiges. Die Sprachwissenschaft beansprucht genügend Verstandesstrenge, um Intellektuelle, und ausreichende Sozialgefühle, um Engagierte bei der Stange zu halten. Das Wort „Sprachbarriere“ kennt heute jedermann, ob er diesseits oder jenseits von ihr lebt.

Parallel zur Vorherrschaft der Sprachproblematik in Philosophie und Einzelwissenschaften beobachten wir einen ähnlichen Vorgang in Gedichten, Erzählungen und Bühnenstücken der 60er Jahre. Daß Literatur in der Sprache als ihrem ureigenen Element lebt, ist kein besonderes Merkmal der Gegenwart, sondern gehört zur Literatur wie das Wasser zum Fisch. Was aber das Verhältnis von Sprache und Literatur in unseren Tagen kennzeichnet, ist dies: Wenn Dichtung, nach einer Formulierung Kafkas, immer nur eine „Expedition nach der Wahrheit“[2] sein kann, so ist heute die Sprache nicht mehr das Vehikel, sondern das geheimnisumwitterte Ziel dieser Expedition; sie ist nicht mehr nur Mittel, sondern auch Zweck, d.h. Dichtung ist nicht nur *in* Sprache verfaßt, sondern sie zielt auch *auf* die Sprache.

Das gilt zwar für viele Autoren der Gegenwartsliteratur, besonders aber für Peter Handke, der nach eigenen Angaben vom französischen Strukturalismus, von Roland Barthes, beeinflußt wurde. Dieser Tatbestand ist bekannt. Darüber hinaus wird zu zeigen sein, daß Handke nicht beim Problem der Sprache stehen bleibt.

Wenn wir jedoch zunächst von der Thematisierung der Sprache ausgehen, so bietet sich als Beleg folgender Text aus *Die Innenwelt der Außenwelt der Innenwelt* (1969) an, der im Druckbild an ein Gedicht erinnert:

Der Rand der Wörter I

Der Stadtrand : Der Rand der Stadt
Der Gletscherrand : Der Rand des Gletschers
Der Grabenrand : Der Rand des Grabens
Der Schmutzfleckrand : Der Rand des Schmutzflecks
Der Feldrand : Der Rand des Feldes
Der Wegrand : Der Rand des Weges
Der Trauerrand : Der Rand der Trauer[3]

Der Text besteht aus sieben Nominalzusammensetzungen mit „rand“ auf der linken und aus den entsprechenden Auflösungen in attributive Genitivkonstruktionen auf der rechten Seite. Die Wortverbindungen scheinen sich alle nach einem einzigen Schema auseinanderlegen zu lassen. Der Systemzwang kommt bereits in der äußeren Form zum Ausdruck: Obwohl die Partner-Wörter für „rand“ zunächst ein-, dann zwei-, und schließlich wieder einsilbig sind, wird das Pyramiden-Schema beibehalten: Die Zeilen 5 und 6 werden nach dem einmal eingeführten Prinzip weiter nach außen gerückt, obwohl die verminderte Silbenzahl dazu keinen Anlaß gibt. Im letzten Beispiel versagt das System, wie sich wiederum in der graphischen Placierung zeigt: Die 7. Zeile tanzt buchstäblich aus der Reihe. Während in den sechs vorhergehenden Fällen die Bedeutungen der Komposita und die der Genitivkonstruktionen jeweils identisch sind, kommt es beim siebten Fall zu einem semantischen Bruch: „Rand der Trauer“ meint nicht dasselbe wie „Trauerrand“. Dieser läßt assoziieren: schwarzer Rand auf Traueranzeigen oder Trauerränder unter den Augen (vielleicht auch unter den Fingernägeln). Am „Rand der Trauer" dagegen steht beispielsweise die lustige Witwe. Damit ist das System der Genitiv-Auflösungen selbst bis an den Rand vorgedrungen und wird durchbrochen. Am „Rand der Wörter" zeigt sich die Grenze des sprachlichen Systems.

Um Bloßlegung von Systemen geht es auch in Handkes Stücken, die seinen Erfolg begründeten, vor allem in der *Publikumsbeschimpfung* (1966) und im *Kaspar* (1968). Die *Publikumsbeschimpfung* nimmt ihren Titel erst auf den letzten vier Seiten der Buchausgabe beim Wort; erst in diesem Schlußteil bekommen die Zuschauer Worte zu hören wie „ihr Nazischweine", „ihr jüdischen Großkapitalisten", „ihr roten Horden", „ihr Pazifisten", „ihr Syphilitiker" und „ihr potentiellen Kriegstoten".[4] Die voraufgehenden Partien (etwa 27 Druckseiten) werfen zwar dem Publikum keine Schimpfworte an den Kopf, beschimpfen es aber in einem weiteren Sinne, indem sie seine Theater-Erwartungen beim Namen nennen und zerschlagen. Vier Personen stehen auf der Bühne und sprechen in beliebiger Reihenfolge litaneihaft und im Stil der „Hitparade von Radio Luxemburg"[5] ungleich lange Textabschnitte. Diese bestehen aus locker aneinandergereihten Sätzen mit ständig sich wiederholendem, einhämmerndem Beat-Rhythmus. Er peitscht die kurzgefaßten Urteile, die ganz selten einen Nebensatz zulassen und die in ihrer apodiktischen Formulierung nicht nur keinen Widerspruch dulden, sondern das Publikum kaum zur Besinnung kommen lassen. Der Zuhörer wird mit einem Schwall von Behauptungen überschüttet, die seinen Erwartungen vom Theaterabend widersprechen und die ihm vorhalten, was er hier alles n i c h t geboten bekommt. Die Negationspartikeln „kein", „nicht" und „nichts" beherrschen den Text und verstärken in der häufigen Wiederholung die suggestive Monotonie. Sie ersetzt die fehlende logisch-syntaktische Fügung, die in der üblichen Rede mit Hypotaxe, mit Konjunktionen (weil, so daß, daher) usw. arbeitet. Hier ist jeder Satz in sich abgeschlossen wie eine Monade. Wenn dennoch ein Zusammenhang der Sätze, d. h. ein Text, entsteht, so wird er durch drei Faktoren bewirkt: durch die Konzentration der Abschnitte auf ein Hauptthema (z. B. auf Illusion, auf dramatische Zeit, auf die Bedeutsamkeit von Bühnenbildern und Requisiten); durch die rhythmisch-litaneihafte Wiederholung derselben Wörter und Satzkonstruktionen; durch sprachassoziative Verknüpfung der Sätze unter sich. Eine Behauptung schlägt in eine Gegenbehauptung um, indem die zugespitzte Antithese aus dem Wortspiel entwickelt wird: „Sie hören uns nicht z u. Sie hören uns a n."[6]

Dem Publikum, das aus verschiedenen Richtungen in den Theatersaal gekommen ist, das sich Eintrittskarten besorgt und seine Mäntel an der Garderobe abgegeben hat, das eine angemessene Kleidung trägt, das sich auf bestimmten Plätzen niederläßt, das ausnahmslos in ein und dieselbe Richtung blickt, soll bewußt gemacht werden, daß es in einem Sprach- und Zeichensystem und damit in einem Verhaltenssystem befangen ist, das durch die Mittel des herkömmlichen Theaters vorgeschrieben wird. Daher „muß gezeigt werden, daß schon der erste Blick des Zuschauers gelenkt ist".[7] In diesem Sinne wirkt der entfesselte Widerspruchsgeist. Um dem Publikum klar zu machen, was beherrschend i s t, wird befreiend ausgesprochen, was hier n i c h t ist, d. h. was sein k a n n. Indem die absolute Herrschaft des Faktischen verneint wird, kommt die Möglichkeit des „ganz anderen" ins Spiel. Alles, was das Publikum von einem Theaterabend erwartet, wird negiert: es gibt keine Auftritte, keine Dialoge, kein Bühnenbild und keine Pausen. Es gibt kein Erlebnis, keine Illusion von Wirklichkeit, keine Handlung, keine Dramenzeit, kein Gegenüber von Akteuren und Publikum. Es gibt keine Intrige, und es gibt keine Hintertür, aber es „gibt auch nicht keine Tür wie in neueren Dramen. Die Abwesenheit einer Tür stellt nicht die Abwesenheit einer Tür dar."[8] In den bisher genannten Beispielen wurden einzelne Elemente des Theaters (Bühnenbild, Handlung usw.) negiert. Nun aber wird der Angriff eröffnet gegen einen fundamentalen Satz der Dramaturgie und der gesamten Poetik: gegen das Gesetz vom Verweisungscharakter der Literatur. Handke hält dem entgegen: Hier wird nichts „dargestellt"; was gesagt wird, „bedeutet" nichts weiter als das, was gesagt wird. Es zeigt nicht auf Dahinterliegendes; es ist kein Symbol und nicht einmal ein Zeichen. Es geht also bereits in der *Publikumsbeschimpfung* um das Problem der „Bedeutung" von Worten und Bewegungen, das im *Ritt über den Bodensee* (1970) zum zentralen Thema wird. Dort heißt es: Wenn jemand mit gesenktem Kopf dasitze, so müsse er nicht traurig sein, sondern er sitze nur mit gesenktem Kopf da.[9]

Damit leistet die *Publikumsbeschimpfung* bereits mehr als bloße Kritik an verfestigten Redensarten und sprachlichen Klischees. Durch die Negation des eingefahrenen Theaterapparates soll dem Publikum an einem Beispiel bewußt werden, daß es unter dem Zwang von verfestigten Bedeutungen lebt und von seinen vorgeformten Erwartungen beherrscht wird. Insofern ist das Stück eine Antidramaturgie und zugleich ein Angriff auf jedes System von ausgelegten und zurechtgelegten Worten, Gesten und Zeichen aller Art. Die Publikumsbeschimpfung wird zu einer potentiellen Publikumsbefreiung. Zugleich aber wird dieses Antitheater zu einem neuen Theater; denn Handke spielt zwar m i t den dramatischen Mitteln und g e g e n sie, aber niemals o h n e sie.

Nicht Befreiung, sondern Bindung ist das Hauptthema im *Kaspar* (1968), und zwar die Bindung durch sprachlichen Lern- und Anpassungsprozeß. Wie in der *Publikumsbeschimpfung* wird wieder gegen den Strich dramaturgischer Regeln gekämmt. Im herkömmlichen Drama treten Personen auf, die als solche „fertig" sind und eine Vorgeschichte haben. Daher beginnen Bühnenstücke ungern mit der Geburt oder Kindheit des Helden. Entwicklung und Bildung des Menschen darzustellen, ist vielmehr Sache des Romans. Im Unterschied zur traditionellen Dramenliteratur betritt im *Kaspar* keine „fertige" oder gar historische Person die Bühne, sondern eine Theaterfigur wird allererst aufgebaut und schrittweise in Bewegung gesetzt. Diese Figur hat keine Vorgeschichte; auch die Requisiten verraten laut Regieanweisung nichts, was mit ihnen vorgefallen sein könnte.[10] Umständlich und mühsam, wie Mephisto aus dem Pudel, so entwickelt und löst sich Kaspar aus dem Theatervorhang. Er versucht seine ersten Bewegungen und Schritte; er muß alles lernen, und es dauert lange, bis das erste Wort aus seinem Munde kommt. Die im Stück entfaltete Identitätsproblematik hat beim Namen der Titelfigur an Kaspar Hauser denken lassen. Ebenso zu beachten ist jedoch die Beziehung zur Kasper-Figur des Puppenspiels oder noch eher zum Kasper, der seit dem Ende des 18. Jahrhunderts den Hanswurst auf der Bühne ablöst. Handke beschreibt das Aussehen seines Kaspar als „pudelnärrisch"[11], und auch die theatralische Aufmachung Kaspars deutet auf die bühnenmäßige Herkunft. Kaspar ist weder eine Theatergestalt von Fleisch und Blut, noch eine leblose Kasperlefigur. Es heißt: „Seine Art zu gehen ist eine sehr mechanische, künstliche, eine, die es nicht gibt. Er geht freilich auch nicht wie eine Marionette."[12] Er geht vielmehr wie einer, der gehen lernt und der sich sein Sprechen erst bewußt machen muß. Kaspar erwacht gleichsam aus einem präexistenten Zustand mit einem Minimum an Vergangenheit und mit zukunftgerichtetem Willen, denn sein einziger Satz ist: „Ich möcht ein solcher werden wie einmal ein andrer gewesen ist."[13] Dieser Beginn einer „modernen ‚Education sentimentale'"[14] orientiert sich in ihrer futurischen Intention an einem Gewesenen, einem Vorbild vielleicht. Um es aber gleich vorweg zu sagen: Die Zeitmodi der Vergangenheit und Zukunft, an denen Möglichkeiten sichtbar werden, kommen Kaspar allmählich abhanden. Schon in der Mitte des Stückes ist er auf die Gegenwart des Faktischen reduziert, die nur noch die Tautologie zuläßt: „Ich bin, der ich bin."[15] Die Erstfassung des Stückes schloß: „Ich: bin: nur: zufällig: ich:"[16]

Im Unterschied zur *Publikumsbeschimpfung* hat der *Kaspar* eine „Handlung"; sie besteht in der Erziehung zur Sprache und in der sukzessiven Eingliederung in eine Herde von Kaspars. Wie kommt es dazu? Kaspar, der die Öffnung des Vorhangs gesucht und gefunden, der gehen und sprechen gelernt hat, wiederholt ständig seinen einzigen Satz: „Ich möcht ein solcher werden wie einmal ein andrer gewesen ist." Er sagt ihn immer wieder, zu sich und zu den Dingen, um ihn zu befestigen und sich daran festzuhalten. Nicht einmal diesen einzigen Satz „hat" er, sondern er muß ihn sich erst noch zu eigen machen. Da lassen sich „Einsager" vernehmen, die von nun an alle Worte und Bewegungen Kaspars mit ihren Stimmen begleiten. Zunächst preisen sie Kaspar die Vorzüge seines Satzes, wie man einem Kind die Verwendungsmöglichkeiten eines Spielzeugs schmackhaft macht. Doch dann beginnen die Einsager mit ihrer eingliedernden Verführung. Sie weisen Kaspar auf die Möglichkeit weiterer Sätze hin: „So wie du lernst, daß es andere Sätze gibt, so wie du andere Sätze lernst, und zu lernen lernst; und du lernst mit dem Satz, daß es Ordnung gibt, und du lernst mit dem

Satz, Ordnung zu lernen."[17] Die „Ordnung" ist ein zentraler Begriff des Stückes, und das Sprachsystem ist ihr Ausdruck und Werkzeug. Wenn Kaspar später die Sprache beherrscht, d. h. von ihr beherrscht wird, sagt er: „S e i t ich sprechen kann, kann ich mich ordnungsgemäß nach dem Schuhband bücken. S e i t ich sprechen kann, kann ich a l l e s in Ordnung bringen."[18]

Doch noch ist Kaspar nicht so weit; noch wehrt er sich und hält verbissen an seinem einzigen Satz fest. Die „Einsager" lassen sich immer neue Mittel einfallen, um Kaspars Satz zu zerstören; sie sprechen eindringlicher, schmeicheln und locken, überreden und lullen ein, zerhacken ihre Sätze und bieten eingängige Phrasen an. Nun bestätigt sich, was Handke in den Voranmerkungen schreibt: „Das Stück könnte auch ‚Sprechfolterung' heißen."[19] Kaspar wehrt sich mit seinem Satz, aber dieser zerfällt ihm allmählich. Sein Widerstand wird schwächer, er wird wehrlos, von seinem Satz sind nur einzelne Laute übrig, bis er schließlich verstummt. Nachdem die Einsager Kaspar seinen Satz wie in einem Exorzismus-Ritual ausgetrieben haben, beginnen sie, ihn mit ihrem Sprechmaterial zu füllen. Erst lehren sie ihn die Dinge benennen (Tisch, Stuhl, Besen), dann füttern sie ihn mit Redensarten und Lebensmaximen, die zu einem großen Teil die Ordnung preisen, danach bringen sie ihm die gebräuchlichsten Satzmodelle bei (zwar-aber, je-desto, sowohl- als auch). Es geht weiter mit Negationen (kein, niemand), Verallgemeinerungen (jeder, alle) und schließlich mit dem Gebrauch der Zeitformen. Nachdem Kaspar durch die Sprache vergewaltigt worden ist, bleibt ihm nur die Identitätsformel: „Ich bin, der ich bin"[20], und die Einsager bestätigen das wenig später mit den Worten: „Du kannst dich mit Sätzen beruhigen ... Du bist aufgeknackt."[21]

Analog zur Vervielfältigung des einen Satzes vervielfältigt sich nun auch Kaspar: Es kommen ein zweiter, dritter, vierter und schließlich ungezählte Kaspars auf die Bühne. Sie kichern, blödeln, verursachen Geräusche und verhöhnen die Dinge. Der erste Kaspar schwört alle individuellen Merkmale ab; er wiederholt jetzt sklavisch die Phrasen der Einsager und bekennt: „Ich möcht jetzt kein andrer mehr sein", sondern: „Ich möchte ein Mitglied sein"[22], d. h. ein Mitglied der Kaspar-Herde. Eines seiner letzten Worte lautet: „Ich leiste keinen nennenswerten Widerstand."[23]

Dennoch scheint ein Rest von Nonkonformismus erhalten geblieben zu sein. Nach seiner resignierenden Formel „Ich bin, der ich bin" sagt Kaspar einen ahnungsvoll dunklen Satz, wie ihn die Einsager niemals aussprechen: „Warum fliegen da lauter so schwarze Würmer herum?"[24] Etwas Vergleichbares sagt er kurz vor dem Ende des Stückes: „Der Fuß schläft sich tot: Kerzen und Satzegel: Kälte und Mücken: Pferde und Eiter: Rauhreif und Ratten: Aale und Ölkrapfen."[25] Diese Worte fallen — wie auch der Satz mit den fliegenden schwarzen Würmern — ganz aus dem Rahmen der übrigen schablonenhaften Sätze heraus. Sie entstammen nicht der Sprache der Einsager, sondern eher einem trotz aller Folterung erhalten gebliebenen Reservoir aus Kaspars präexistentem Zustand. Diese Sprachfetzen aus dem Bereich des Absurden und Grotesken sind vielleicht Indizien einer tiefen Unlust an der neuen sprachlichen Normiertheit und einer geheimen Sehnsucht nach dem Zustand vor der Anpassung, aber Waffen des Widerstandes sind sie nicht.

Handkes Entdeckung und Bloßlegung von Systemen dringt in zunehmend umfassendere Bereiche vor. In der *Publikumsbeschimpfung* ging es um das System des Theaters, im *Kaspar* um das der Sprache, im *Ritt über den Bodensee* (1970) geht es darüber hinaus um das System aller Zeichen, Gesten und Gebärden. Nicht nur die Worte und Sätze haben sich verfestigt, sondern auch die Wahrnehmungen, ja die Dinge schlechthin. Die ganze Welt ist „systematisch" ausgelegt, und sie indoktriniert mit ihren bereits interpretierten und schablonenhaft hergerichteten Erscheinungen jede Beobachtung, jedes Gefühl und jeden Gedanken. Sinnfälliger Ausdruck dieses Tatbestandes sind die Requisiten im *Ritt über den Bodensee*: „Alle Gegenstände stehen so sehr auf ihrem Platz, daß es schwer vorstellbar ist, sie woanders stehen zu sehen; sie könnten es nicht einmal ertragen, auch nur ein bißchen verrückt zu werden. Alles ist wie eingerastet, nicht nur die Gegenstände, sondern auch die Abstände und ‚Zwischenräume'."[26] Die Figuren, als Filmgrößen wie Emil Jannings, Heinrich George und Elisabeth Bergner maskiert, reiten gleichsam über einen vermeintlich festen Grund von Ausdrucks- und Kommunikationszeichen, die aber in Wahrheit nicht mehr als solche fungieren. Da alle Bewegungen und Worte schon eine feste Bedeutung haben, sind sie im schlechten Sinne allgemein und daher ungeeignet, Individuelles und Einmaliges zu bezeichnen. Daher kommt es dauernd zu Fehldeutungen und Mißverständnissen, und die Figuren müssen ihre Aussagen ständig einschränken oder zurücknehmen: „Das wollte ich damit nicht sagen." Wie sehr Wörter, Dinge und Menschen durch einen bestimmten Kontext festgelegt sind, zeigt folgendes Beispiel: Jannings will sich den Polypenarmen der Bedeutungen entziehen und zeigt gerade dabei, wie sehr er ihnen ausgeliefert ist: Er erwähnt eine „Stewardeß, aber eine häßliche" oder „eine Frau auf der Straße . . ., keine Nutte, muß ich dazusagen".[27]

Nicht nur sprachliche Klischees und festgelegte Bedeutungen üben Herrschaft aus, sondern auch die geltenden Werte. Macht über andere gewinnt, wer auf Konsequenz (Logik) und richtiges Handeln (Ethik) drängt. Dabei kann die Forderung: „Wer a sagt, muß auch b sagen"[28] zur Tortur werden. Terror betreibt ebenso, wer von einem andern die Wiederholung einer Handlung verlangt, sei es auch einer guten. Jannings befiehlt Stroheim: „Geben Sie mir noch eine Flasche!" Auf die Frage „Warum?" erfolgt die Antwort: „Weil Sie mir schon einmal eine Flasche gegeben haben!"[29] Hier ist jemand durch das, was er einmal getan hat, verfügbar geworden. Die Festnagelung auf ein Stück seiner Vergangenheit macht den Betroffenen hilflos. Als Stroheim sich auf ein Sofa setzen will, herrscht Jannings ihn an: „Auf Ihren Platz!"[30] Stroheim setzt sich dann auf seinen Platz. Die Forderung, daß jeder auf seinen Platz gehört, d. h. seine Rolle spielt, zielt auf Dressur; einen Hund verweist man auf seinen Platz. Am Ende des *Kaspar* „schnüffeln" die Kaspars.[31]

Alles bisher Gesagte findet sich konzentriert und vertieft in Handkes Roman *Die Angst des Tormanns beim Elfmeter* (1970). Der Autor hatte seinen literarischen Einstand mit seinem Roman *Die Hornissen* (1966) gegeben, dem er 1967 seinen zweiten, mit dem Titel *Der Hausierer,* folgen ließ. Ersten Erfolg erzielte er jedoch nicht mit seiner Prosa, als deren Väter Kleist, Kafka, Camus, der nouveau roman, Dieter Wellershoff u. a. genannt werden, sondern mit seinen dramaturgie-rebellischen Bühnenstücken. Erst danach konnte seine dritte größere Prosaarbeit gehörige Beachtung finden. Der *Tormann* stand wochenlang auf den Bestsellerlisten, und der Suhrkamp-Verlag hatte mit der stattlichen Erstauflage von 25 000 das große Geschäft geahnt und ermöglicht. Ich halte den *Tormann* für Handkes bisher bestes Prosawerk; die genannten früheren Romane stehen so in seinem Schatten, daß sie hier nicht ausführlich behandelt werden müssen.

Die Angst des Tormanns beim Elfmeter ist im Schema und gegen das Schema des Kriminalromans erzählt. Hier in gebotener Knappheit die Skizze des Inhalts:

Josef Bloch, früher ein bekannter Tormann, jetzt Monteur, glaubt sich aufgrund der Tatsache, daß beim morgendlichen Betreten der Bauhütte nur der Polier aufschaut, entlassen. Er schlendert durch die Stadt, wobei ihn alle Wahrnehmungen stören. Stationen sind u. a. eine Wurstbude, der Naschmarkt, ein Hotel, ein Kino, ein Kaffeehaus, das Stadion, Telephonzellen und Gaststätten. An einem Abend begleitet er eine Kinokassiererin nach Hause und verbringt die Nacht mit ihr. Am nächsten Morgen, nachdem das Mädchen ihn gefragt hat, ob er heute zur Arbeit gehe, erwürgt er es ohne erkennbares Motiv.

Danach verläßt er die Stadt und begibt sich per Bus in den südlichen Teil des Landes, nahe der Grenze. Hier nimmt er Quartier in einem Ort, in dem eine frühere Bekannte als Pächterin eines Gasthofes wohnt. Er geht unstet durch die Gegend und leidet unter den stereotypen Sinneswahrnehmungen ebenso wie unter den verwirrenden Eindrücken. Alles wird ihm zum rätselhaften Zeichen, nicht nur die Zeitungsnachrichten über die Fahndung nach ihm, sondern auch die Gendarmen des Ortes, die nach einem vermißten Kinde suchen, dessen Leiche Bloch schließlich im Wasser findet, ohne darüber Meldung zu erstatten. Er betrinkt sich, wird in Schlägereien verwickelt, die er selbst halbwegs provoziert; er ruft seine ehemalige Frau an, die am Telephon flüstert und schließlich einhängt.

Die zwanghafte Vorstellung, daß alle Dinge zu ihm reden wollen, um ihm zu befehlen oder ihn zu warnen, wird immer bedrückender. Nach einem Gespräch mit einem Zollbeamten, der ihn über das Fangen und Entwischen von Grenzgängern aufklärt, besucht er ein Fußballspiel. Der Tormann der einen Partei vermag einen Elfmeter zu halten. Der Bezug zu dem Gespräch mit dem Zollbeamten über Fangen und Entwischen ist dabei unübersehbar.

Ein Schlüsselwort des Romans lautet: „Aufdringlichkeit". Bloch leidet unter der „Aufdringlichkeit der Umgebung"[32] sowie unter der noch schlimmeren „Aufdringlichkeit der Wörter für die Sachen in der Umgebung".[33] Später ist von den „aufdringlichen Einzelheiten" die Rede, und die Ausrufe der Leute, das So? und Aha! kommen Bloch „aufdringlich" vor.[34] Wir kennen bereits Handkes schwieriges Verhältnis zur Sprache, und es drängt sich vordergründig der Vergleich mit Hofmannsthal auf. Doch der Unterschied ist erheblich: Bei Hofmannsthal ist zwar auch die Beziehung zu den Wörtern gestört, aber auf ganz andere Weise als bei Handke. Bei Hofmannsthal sind die Wörter gleichsam wählerische Damen, die sich dem eindringlich Werbenden entziehen, für Handke dagegen sind die Wörter heruntergekommene Nymphomaninnen, die sich jedem an den Hals werfen. Bei Hofmannsthal lassen die Wörter sehnsüchtige Melancholie zurück, bei Handke erwecken sie Ekel.

Aufdringlichkeit und Ekel sind auch die Gründe für den Mord. Bloch bemerkt, daß die Kinokassiererin von Dingen, die er ihr gerade erst mitgeteilt hatte, schon wie von ihren eigenen redet. Das stört ihn, da das Mädchen sich sozusagen seinen Dingen aufdrängt. Umgekehrt behandelt er die Mitteilungen des Mädchens distanziert, indem er ein „dieser" oder „dieses" davorsetzt. Erwähnt er einen Namen, so nimmt ihn die Kinokassiererin auf und geht sogleich vertraulich mit ihm um. Nennt sie einen „Freddy", so spricht Bloch von „diesem Freddy".[35] Als Höhepunkt der Aufdringlichkeit muß er es empfinden, daß sie im Anschluß an die gemeinsam verbrachte Nacht die Frage nach dem weiteren Verlauf des Tages stellt. Unmittelbar nach ihren Worten: „Ob er heute zur Arbeit gehe?"[36] würgt er sie und bringt sie um.

Mit dem *Tormann* tritt Handke endgültig aus dem engen Kreis der Sprachkritik heraus. Nicht nur Wörter, sondern alle Eindrücke sind aufdringlich und irreführend, und jede Wahrnehmung ist ein Mißverständnis. Aus der Stadt kommend, erwartet Bloch auch auf dem Lande das Geräusch des Müllwagens, bis er bedenkt, daß es hier gar keine Müllwagen gibt.[37] Er hat Töne ganz anderer Herkunft gehört, doch sie sind sofort in seine Apperzeptionsschablonen eingerastet. Nicht nur die Sprache, sondern das gesamte Wahrnehmungsinstrumentarium ist automatisiert; das wird besonders an den außersprachlichen Erscheinungen, an den Geräuschen, erkennbar. Alle auftretenden Dinge sind bereits genormt, jeder Wahrnehmung geht schon ein Vor-urteil voraus, alles ist a priori schon gedeutet, und die Erfahrungen klappern mechanisch ab. Da aber die verfließende Zeit neue Situationen und Konstellationen bringt, bedeuten die Zeichen im Einzelfalle nicht mehr das, was sie herkömmlicherweise bedeuten. Hier bietet sich das Schema der Kriminalgeschichte an, in der es immer um Deutung von Zeichen, um Indizien geht. Handkes Roman ist kein Text im üblichen Sinne mit Bedeutsamkeiten, sondern er handelt über Bedeutsamkeit. Er stellt den Verweisungscharakter von Gesprochenem und Wahrgenommenem, d.h. von Welt, in Frage.

Aufdringlichkeit und Mißverständlichkeit hängen zusammen; denn die Dinge befallen immer wieder und schematisch ein sich veränderndes oder sich verändern wollendes Individuum. Dieses kann sie gar nicht anders sehen, als sie gesehen werden wollen; sie werden zu bedrängenden Wesen: „‚Als ob sie mir zuzwinkern und Zeichen geben!' dachte Bloch."[38] Als wahrgenommene sind die Gegenstände immer schon zurechtgelegt, und zwar durch Übereinkunft, Gewohnheit, Umwelt, Interessen usw. — alles Mächte, denen der Wahrnehmende unterliegt. Hin und wieder sucht er dem ewigen Gleichlauf zu entkommen; dann schaut er z.B. nicht auf den herunterlaufenden Tropfen, sondern auf die Stelle, auf die der Tropfen fallen könnte. Hierin liegt ein scheinbarer Rest von Ungewißheit, von Spielraum und Freiheit.[39] Ebenso verhält sich Bloch, wenn er einen Habicht beim Sturzflug beobachtet.[40] Doch alle Versuche, dem Zwang der Dinge und Sinnbezüge zu entgehen, scheitern: Bloch empfindet auch die „so daß, „weil" und „damit" als bedrängende Vorschriften; „er beschloß sie zu vermeiden, um sie nicht —".[41] Auch der Entschluß, sich zu befreien, führt zu einem erneuten „um", d.h. zu einem erneuten zwanghaften Zweck.

Der Zusammenhang von Aufdringlichkeit und Mißverständnis wird besonders deutlich an den beiden folgenden Beispielen: „Vor dem Fenster gab es ein Geräusch, als löse sich ein schwerer Apfel von einem Zweig. Der Aufprall aber blieb aus."[42] Durch Erfahrung und Gewohnheit hat sich die notwendige Folge von Loslösung des Apfels und Aufprall eingeprägt. Hier wie auch an einigen anderen Stellen des Romans entsteht Komik. (Sie kommt auf ähnliche Weise zustande, wie in folgender Filmsituation: Ein Hotelgast wird vor dem Einschlafen dadurch aufgestört, daß der über ihm Wohnende sich aufs Bett wirft und einen seiner Schuhe mit Getöse fallen läßt. Der Gestörte erwartet nun auch den zweiten und da dieser nicht fällt, wartet und wacht er die ganze Nacht.) Im Falle des nicht aufprallenden Apfels, so überzeugt sich Bloch durch einen Blick nach draußen, werden die Früchte mit einem Obstpflücker abgenommen. Wenig später schreit draußen jemand auf, weil nun doch ein Apfel zu Boden gefallen ist. Die Leute draußen und Bloch haben völlig verschiedene Erwartungsschemata.

Das zweite Beispiel steht am Anfang des Romans: Weil nur der Polier aufblickt, als Bloch die Bauhütte betritt, glaubt dieser, er sei entlassen.[43] Das Nichtaufblicken als Nicht-beachten ist für Bloch ein eingefahrenes Zeichen für Zurückweisung. Indem das Zeichen automatisch auch auf diese konkrete Situation bezogen wird, obwohl es möglicherweise andere Ursachen und Bedeutungen hat, entsteht die Verstörung. Handke läßt nicht erkennen, ob es sich dabei um ein vermeidbares Mißverständnis handelt. Würde nämlich Bloch das Zeichen anders deuten, so stünde wahrscheinlich auch die andere Deutung im Banne eines Schemas. Das zeigt sich vor allem in der darauffolgenden Szene, bei der alle Signale durcheinandergewirbelt werden: Bloch hebt den Arm, aber das Auto war kein Taxi; auch hatte Bloch den Arm nicht für ein Taxi erhoben, sondern er hatte den Arm einfach nur erhoben. Da bremst ein Auto, Bloch dreht sich um, hinter ihm steht ein Taxi, Bloch dreht sich wieder um und steigt ein.[44]

Die sich aufdrängenden Sinneswahrnehmungen haben zwei Effekte: Sie laufen ekelerregend bekannt und automatisch ab. Da sie aber zum Verständnis der konkreten Situation nichts beitragen, verhüllen sie angsterregend ihren Sinn. Bloch beobachtet zum Beispiel einen Mann mit einem Kind und einem Hund. Der Vorgang ist völlig von ihm getrennt und steht in keiner Beziehung zu ihm. Dennoch fragt er: „Wem hat das gegolten?"[45] Die Dinge werden zu rätselhaften Indizien. Sie scheinen etwas zu bedeuten, aber es bleibt rätselhaft, w a s sie bedeuten. Am Anfang des Romans herrschen die ekelerregenden Wirkungen vor; später verstärken sich die angsterregenden. Alle Dinge werden zu Wesen, die den Mörder suchen, jagen, warnen und verstören. Die Dinge beginnen zu reden; sie werden Sprache. Daher gehen auf Seite 117 die Worte in gezeichnete Dinge über, die sich wie eine Bildersprache lesen: ging zum Fenster, aus dem Haus, auf die Straße, über die Grenze mit Hilfe einer Leiter. Fahrrad, Brief und Eisenbahnweichensteller könnten Hinweise auf Beziehungen zur Außenwelt und auf Flucht sein. Das alles erklärt sich vordergründig aus der kriminalistischen Situation eines Verfolgten, dem jede Erscheinung die mißtrauische Frage nach ihrer Bedeutung entlockt. Doch die Intention des Romans zielt auf Grundsätzliches: Der gesuchte Mörder verkörpert lediglich die zugespitzte Daseinsweise eines Menschen, dem alle Dinge zu rätselhaften „Rufzeichen"[46] werden. Aus diesem Grunde wird das Schema der Kriminalgeschichte durchbrochen. Daß der Tormann am Ende den Elfmeter hält, ist ein weiteres dunkles Zeichen und kann nichts darüber sagen, ob Bloch gefangen wird oder nicht. Der Schluß ist konsequenterweise offen.

*

Mit Handkes wachsendem Ruhm mehren sich auch die Stimmen der Kritik. Vorgeworfen werden ihm „Formalismus", „Romantizismus", Sitzen im „Elfenbeinturm", „Rückzug in die Innerlichkeit", mangelnde „gesellschaftliche Relevanz" — alles Wörter, an denen der Sprachkritiker Handke seine helle Freude haben dürfte. Abgesehen davon aber reizen Handkes Produkte tatsächlich in besonderem Maße zu der schlichten Frage: „Was soll das?" Ist Bloch schizoid, dann können wir den armen Kranken beruhigt bemitleiden. Soll es um mehr als um Bloch gehen, ist Handkes Befund alarmierend; dann sind wir umringt von scheinbar durchschauten Mächten, die uns als Vorurteile, Klischees, Worte, Wahrnehmungen und Gegenstände täuschen und somit beherrschen. Dann aber lautet die entscheidende Frage: Ist das ein spezielles Problem unserer Zeit, und worin liegen die Ursachen? Darüber sagt Handke nichts, und interpretatorische Hinweise auf Reklame, Bildzeitung und Massenmedien reichen nicht aus. Handelt es sich nicht vielmehr um ein überzeitliches Phänomen, das grundsätzlich mit Sprache und Wahrnehmung verbunden ist? In diesem Falle wirft man Handke „ahistorischen Erkenntnisskeptizismus"[47] vor. Sprachwissenschaftler weisen auf die Binsenweisheit hin, daß zur sprachlichen Bezeichnung auch immer eine partielle Verfehlung gehört, daß ein Code stets beschränkt, ausschließt und verallgemeinert, daß er aber notwendig ist, soll ein Minimum an Verständigung möglich sein.

Bis zu einem gewissen Grade brauchen wir Vorurteile, Verallgemeinerungen, Schablonen, logische Formen und ethische Normen, um handeln und miteinander umgehen zu können. Wahrscheinlich kam mit der notwendigen ersten sprachlogischen Verallgemeinerung die „Sünde" in die Welt. Zu sagen: „die Steine", „die Schafe", „die Zahlen" war ein wichtiger Schritt der menschlichen Bewußtwerdung. Aber es hatte Folgen, vom Baume der Erkenntnis gegessen zu haben; denn zu sagen: „die Juden", „die Gastarbeiter", „die Homosexuellen" ist zwar logisch, aber unmenschlich. Handke lehnt es leidenschaftlich ab, „Menschen auf einen Begriff zu bringen".[48] Ich sagte, daß ordnungstiftende Verallgemeinerungen bis zu einem gewissen Grade unvermeidbar sind, aber nur bis zu einem gewissen Grade, und diesen sieht Handke heute offenbar überschritten. Es sind Zeiten der Auflösung denkbar (z.B. um das Jahr 1945), in denen das Pendel nach der anderen Seite ausschlägt, in denen Festigung und Ordnung lebensnotwendig werden. Es gibt aber auch Zeiten, in denen das Gegenteil not tut. Heute müssen Verfestigungen aufgebrochen, Gerede durchschaut und Dinge neu gesehen werden.

Auf dem Weg zu diesem neuen Sehen ist Handke offenbar in dem soeben erschienenen autobiographischen Buch *Der kurze Brief zum langen Abschied.* Hierin heißt es: „Erleichtert schaute ich, in einem paradiesischen Zustand, in dem man nur sehen wollte und in dem einem das Sehen schon ein Erkennen war."[49]

Anmerkungen

Texte

Prosa Gedichte Theaterstücke Hörspiel Aufsätze. Frankfurt/Main 1969.
Kaspar. edition suhrkamp 322. Frankfurt/Main ³1969.
Die Angst des Tormanns beim Elfmeter. Frankfurt/Main 1970.
Der Ritt über den Bodensee. edition suhrkamp. Frankfurt/Main ²1971.

Werke Handkes

Die Hornissen. Frankfurt/Main 1966 (Roman).

Publikumsbeschimpfung. Frankfurt/Main 1966 (Stück).
Weissagung. Frankfurt/Main 1966 (Stück).
Selbstbezichtigung. Frankfurt/Main 1966 (Stück).
Der Hausierer. Frankfurt/Main 1967 (Roman).
Hilferufe. Frankfurt/Main 1967 (Stück).
Kaspar. Frankfurt/Main 1968 (Stück).
Das Mündel will Vormund sein. Frankfurt/Main 1969 (Stück).
Die Innenwelt der Außenwelt der Innenwelt. Frankfurt/Main 1969 (Texte).
Quodlibet. Frankfurt/Main 1970 (Stück).
Die Angst des Tormanns beim Elfmeter. Frankfurt/Main 1970 (Roman).
Der Ritt über den Bodensee. Frankfurt/Main 1970 (Stück).
Der kurze Brief zum langen Abschied. Frankfurt/Main 1972 (Autobiographischer Reisebericht).
Außerdem: Hörspiele, ein Film, Gedichte, kurze Prosatexte und Essays.

Literatur

Bibliographie:

Harald Müller: Auswahlbibliographie zu Peter Handke. In: Text und Kritik 24/24 a, 2. Juli 1971, S. 69—79.

Aufsätze:

Hans Schwab-Felisch: Die „Gruppe 47", Peter Handke und die Folgen. In: Merkur, Juni 1966, S. 598—601.

Walter Hinck: Von Brecht zu Handke — Deutsche Dramatik der sechziger Jahre. In: Universitas 24, 1969, S. 289—301.

Hartmut Lange: Handke, Herr Karasek und die neue Linke. In: Theater heute 1969, Heft 8, S, 54—55.

Heinz Ludwig Arnold: Peter Handke „Kaspar" Versuch einer Beschreibung. In: Text und Kritik. Heft 24, Oktober 1969, 2. Aufl. Heft 24/24 a, Juli 1970 (hiernach zitiert), S. 23—31.

Lothar Baier: Aus der Satzlehre des Unmenschen. Ebd., S. 8—13.

Jörg Drews: Sterile Exerzitien. Zu Peter Handkes „Die Innenwelt der Außenwelt der Innenwelt". Ebd., S. 63—68.

Helmut Heißenbüttel: Peter Handke. Ebd., S. 1—7.

Hans Mayer: Kaspar, der Fremde und der Zufall. Literarische Aspekte der Entfremdung. Ebd., S. 32—44.

Stephan Reinhardt: Handkes „Tormann", Handkes Skrupel. Ebd., S. 50—55.

Uwe Schultz: Zwischen Virtuosität und Vakuum. Über Peter Handkes Stücke. Ebd., S. 14—22.

Klaus Stiller: Die Verwandtschaft des Erzählers. Peter Handkes Prosa. Ebd., S. 56—62.

Uwe Timm: Peter Handke oder sicher in die 70er Jahre. In: Kürbiskern 4, 1970, S. 611—621.

Martin Walser: Über die neueste Stimmung im Westen. In: Kursbuch 20, 1970, S. 19 bis 41.

Nachweise

1 Ludwig Wittgenstein: Tractatus logico — philosophicus. Logisch-philosophische Abhandlung. edition suhrkamp 12. Frankfurt/Main 1963, S. 115.
2 Gespräche mit Kafka. Erinnerungen und Aufzeichnungen von Gustav Janouch. Frankfurt/Main 1951, S. 99.
3 Handke: Prosa Gedichte Theaterstükke Hörspiel Aufsätze, S. 119.
4 Ebd., S. 201 f.
5 Ebd., S. 180.
6 Ebd., S. 185.
7 Handke: Natur ist Dramaturgie. In: Die Zeit 30. 5. 1969, S. 17.
8 Handke: Prosa Gedichte . . ., S. 190.
9 Handke: Der Ritt über den Bodensee, S. 48 f.
10 Handke: Kaspar, S. 8.
11 Ebd., S. 11.
12 Ebd., S. 12.
13 Ebd., S. 13 ff.
14 Hans Mayer, a. a. O., S. 32.
15 Handke: Kaspar, S. 56.
16 Zitiert nach Hans Mayer, a. a. O., S. 32.
17 Handke: Kaspar, S. 21.
18 Ebd., S. 30.
19 Ebd., S. 7.
20 Ebd., S. 56.
21 Ebd., S. 58.
22 Ebd., S. 69.
23 Ebd., S. 101.
24 Ebd., S. 56.
25 Ebd., S. 101.
26 Handke: Der Ritt über den Bodensee, S. 11.
27 Ebd., S. 82.
28 Ebd., S. 61.
29 Ebd.
30 Ebd.
31 Handke: Kaspar, S. 101.
32 Handke: Die Angst des Tormanns beim Elfmeter, S. 20.
33 Ebd., S. 21.
34 Ebd., S. 85.
35 Ebd., S. 22.
36 Ebd., S. 23.
37 Vgl. ebd., S. 43.
38 Ebd., S. 91.
39 Vgl. ebd., S. 36.
40 Vgl. ebd., S. 35.
41 Ebd., S. 121.
42 Ebd., S. 42.
43 Vgl. ebd., S. 7.
44 Vgl. ebd.
45 Ebd., S. 96.
46 Ebd.
47 Stephan Reinhardt, a. a. O., S. 54.
48 Handke in der ARD-Sendung „Titel, Thesen, Temperamente“, am 25. 2. 1972.
49 Handke: Der kurze Brief zum langen Abschied, S. 36.

NAMENVERZEICHNIS

Das Namenverzeichnis erfaßt die Namen aus der Einleitung und den Textteilen der Essays. Namen, die in literarischen Werken vorkommen, sind nicht berücksichtigt. Kursiv gesetzte Seitenzahlen bezeichnen den Essay über einen Autor.

HERAUSGEBER UND AUTOREN DES BANDES

BENNO VON WIESE, Professor Dr. phil., Dr. phil. h. c., Universität Bonn, 53 Bonn-Ippendorf, Bergstr. 33

BEDA ALLEMANN, Professor Dr. phil., Universität Bonn, 53 Bonn-Ippendorf, Gudenauer Weg 79

HANS PETER ANDERLE, Dozent, Deutsches Buchhändler-Seminar Frankfurt/Main, 6472 Altenstadt/Oberhessen, Waldsiedlung, Pappelweg 8

THOMAS BECKERMANN, Dr. phil., Suhrkamp Verlag, 6 Frankfurt/Main 70, Burnitzstr. 3

ALBERT BERGER, Dr. phil., Universität Wien, A-1010 Wien 1/Österreich, Universitätsstr. 7

WERNER BRETTSCHNEIDER, Dr. phil., 334 Wolfenbüttel, Rilkeweg 8

VOLKER CANARIS, Dr. phil., Westdeutscher Rundfunk, 5 Köln 41, Löwenburgstr. 1

MANFRED DURZAK, Professor Dr. phil., Universität Kiel, 2308 Preetz, Am Krankenhaus 14

HERBERT EISENREICH, A-1210 Wien/Österreich, Autokaderstr. 5/12/3

ELISABETH ENDRES, Dr. phil., 8 München 19, Gernerstr. 12

HELGA-MALEEN GERRESHEIM, Dr. phil., 53 Bonn-Oberkassel, Broichstr. 36

ERWIN JAECKLE, Dr. phil., Redakteur, CH-8053 Zürich/Schweiz, Drusbergstr. 113

KLAUS JEZIORKOWSKI, Professor Dr. phil., Universität Frankfurt, 6056 Heusenstamm, Landgrebeweg 9

LOTTE KÖHLER, Professor Dr. phil., The City College of the City University of New York, 36 West 84th Street, New York, N. Y. 10024/USA

EDGAR LOHNER, Professor Dr. phil., Stanford University, Stanford, California 94305/USA. Ab Mai 1973 Universität Mainz, 65 Mainz, Saarstr. 21

KÄTE LORENZEN, Professor Dr. phil., Pädagogische Hochschule Kiel, 2305 Kitzeberg, Schönkamp 1

GRETE LÜBBE-GROTHUES, CH-8840 Einsiedeln/Schweiz, Birchli, Haus Claudia

WOLF R. MARCHAND, Dr. phil., DAAD-Lektor, Trivandrum 1/Indien, Museum Bains Compound

EDGAR MARSCH, Professor Dr. phil., Universität Fribourg/Schweiz, CH-1700 Fribourg/Schweiz, rte de Beaumont 14

INGE MEIDINGER-GEISE, Dr. phil., 852 Erlangen-Alterlangen, Schobertweg 1 1/2

HORST MELLER, Dr. phil., Universität Heidelberg, 6901 Gaiberg ü. Heidelberg, Kirchwald 3

PETER MICHELSEN, Professor Dr. phil., Universität Heidelberg, 6901 Wilhelmsfeld, Erlbrunnenweg 9

SUSANNE MÜLLER-HANPFT, Dr. phil., 6 Frankfurt/Main, Winterbachstr. 32

NORBERT OELLERS, Dr. phil., Universität Bonn, 53 Bonn-Bad Godesberg, Rüdigerstr. 14

ULRICH PROFITLICH, Professor Dr. phil., Freie Universität Berlin, 1 Berlin 45, Pfleidererstr. 7

PETER PÜTZ, Professor Dr. phil., Universität Gießen, 6302 Lich, Schillerstr. 8

WOLFDIETRICH RASCH, Professor Dr. phil., Universität Münster, 8 München, Klementinenstr. 18

MARCEL REICH-RANICKI, Dr. phil. h. c., Literaturkritiker, 2 Hamburg 61, Ubierweg 10 b

KARL RIHA, Privatdozent Dr. phil., Technische Universität Berlin, 1 Berlin 19, Angerburger Allee 27

DIERK RODEWALD, Dr. phil., Universität Bonn, 53 Bonn-Beuel, Elsa-Brandström-Str. 99

COLIN RUSS, M. A., Senior Lecturer, Darwin College, University of Kent at Canterbury, Kent/England

WENDELIN SCHMIDT-DENGLER, Dr. phil., Universität Wien, A-1010 Wien 1/ Österreich, Hanuschgasse 3

GERHARD SCHMIDT-HENKEL, Professor Dr. phil., Universität Saarbrücken, 66 Saarbrücken 11

HELMUT SCHNEIDER, Universität Bonn, 53 Bonn-Beuel, von-Sandt-Str. 7

ROLF SCHROERS, Theodor-Heuss-Akademie, 527 Gummersbach 31

WILHELM J. SCHWARZ, Professor Dr. phil., Université Laval, Faculté des Lettres, Quebec 10e/Canada

LILI SIMON, Dozentin Dr. phil., Jugendakademie Radevormwald, 56 Wuppertal 2, Ottostr. 9

SIEGFRIED SUDHOF, Professor Dr. phil., Universität Frankfurt, 6237 Liederbach/ Taunus, Wachenheimer Str. 32

GERHARD H. WEISS, Professor Dr. phil., University of Minnesota, 219 Folwell Hall, Minneapolis, Minnesota 55455/USA

GERDA WILMANNS, Studiendirektorin, 56 Wuppertal-Barmen, Ottostr. 9